國家"雙一流"擬建設學科"南京大學中國
語言文學藝術"資助項目
江蘇省 2011 協同創新中心"中國文學與
東亞文明"資助項目
國家社科基金重大項目"東亞古代漢文學史"
（19ZDA260）階段性成果
南京大學域外漢籍研究所專刊

縞紵風雅

卞東波 編

第二屆南京大學域外漢籍研究
國際學術研討會論文集

中華書局

圖書在版編目(CIP)數據

縞紵風雅:第二屆南京大學域外漢籍研究國際學術研討會論文集/卞東波編. —北京:中華書局,2021.12
ISBN 978-7-101-15474-0

Ⅰ.縞… Ⅱ.卞… Ⅲ.漢學-研究-學術會議-文集
Ⅳ.K207.8-53

中國版本圖書館 CIP 數據核字(2021)第 255045 號

書　　名	縞紵風雅:第二屆南京大學域外漢籍研究國際學術研討會論文集
編　　者	卞東波
封面題簽	徐興無
責任編輯	齊浣心
出版發行	中華書局
	(北京市豐臺區太平橋西里 38 號　100073)
	http://www.zhbc.com.cn
	E-mail:zhbc@zhbc.com.cn
印　　刷	北京瑞古冠中印刷廠
版　　次	2021 年 12 月北京第 1 版
	2021 年 12 月北京第 1 次印刷
規　　格	開本/787×1092 毫米　1/16
	印張 57¾　插頁 2　字數 1300 千字
國際書號	ISBN 978-7-101-15474-0
定　　價	380.00 元

目　次

朝鮮半島漢籍研究

日本漢籍研究

越南漢籍研究

東亞漢籍交流研究

東亞文人交流研究

開幕詞一

徐興無

（南京大學）

各位嘉賓、各位學者、朋友們、老師們、同學們：

上午好！

我想，此時大家和我有着同樣激動和喜悦的心情，因爲見到了這麼多的新朋舊友，從中國的大陸和臺灣，從日本、韓國、越南、新加坡、美國、加拿大等國家來到南京大學，參加由南京大學"中國文學與東亞文明研究"協同創新中心和南京大學域外漢籍研究所共同舉辦的第二屆南京大學域外漢籍研究國際學術研討會，其中有不少朋友在十年前就參加過首屆南京大學域外漢籍研究國際學術研討會。現在的江南，已經進入黃梅季節，古詩説："黃梅時節家家雨，青草池塘處處蛙。"今天，我們就用一場學術盛會來代表喜悦的蛙鳴，請允許我代表文學院、代表協同創新中心對大家的光臨表示衷心的感謝和熱烈的歡迎。

本次會務組別出心裁，將清代畫家朱鶴年的《秋史餞別圖》作爲會議的美學設計，這幅畫生動傳神地描繪了 207 年前，幾位聲名卓著的中國官僚、學者在北京法源寺爲韓國學者餞行的場景，其中的兩位主人，中國大學者阮元和韓國大學者金正喜之間最重要的學術交流，就是關於中國和域外漢籍的交流與討論。我們都知道阮元校刻十三經是清代經學文獻整理的大工程，他十分注重採用日本的漢籍，其實就經學而言，南宋的朱子在撰寫《四書章句集注》時，就已經引用所謂的"外國本"，可以説，十三經和《四書章句集注》作爲經學和儒學最重要的兩部經典叢書，是由中國和域外漢籍共同建構的。還可以説，域外漢籍研究是古代東亞的傳統學術，只是東亞近現代化的過程無情地打斷了這個傳統的發展。我想，今天我們研究東亞漢籍的學術理想，決不會局限於考訂文獻、博物稽古的領域，而是要從這個傳統中尋求有利於我們當今東亞文明和世界文明發展的經驗和教訓。因此可以毫不誇張地説，域外漢籍研究的學術工作，既是爲往聖繼絕學，又是爲萬世開太平。由此我們對張伯偉教授在十七年前創立海内外第一個域外漢籍研究所的遠見深識表示由衷的敬佩。十七年來，域外漢籍研究所在文獻整理研究、承擔國家哲學社會科學重大重點項目、國際學術合作與交流、學術人才的培養等方面都取得了令人矚目的成就，在此基礎上，我們創立了"中國文學與東亞文明研究"協同創新中心。這些成就都離不開學界和在座各位長期的扶持，在此，我對大家表示由衷的感謝，並期望繼續幫助我們前進。

當前，中國正在大力提倡傳承創新中華優秀傳統文化，同時開展了建設世界一流大學和一流學科的工程，南京大學和我們中國語言文學學科都有幸列入了建設項目，我們一定會充分把握這個時代的機遇和一切有利的條件，爲域外漢籍研究提供更好的資源和服務，作出更多的奉獻。

2009 年，張伯偉教授編輯出版首屆南京大學域外漢籍研究國際學術研討會論文集時，用了"風起雲揚"作爲書名，這讓人想起漢高祖唱的歌："大風起兮雲飛揚"，他是在呼喚域外漢籍研究的時代，呼喚天下的英雄能夠風雲際會。經過十年的努力，而今已是氣象萬千，比起《秋史餞別圖》上題寫的"一時盛會"四個字要盛大許多。因爲是在法源寺的佛家場地，他們話別時只能清茶一杯，而今晚伯偉教授爲大家備下了美酒，也比古人要盛大許多。我真誠地祝願本次會議取得豐碩的成果，祝願各位與會學者在南京期間身體健康，生活愉快。

謝謝大家!

開幕詞二

張伯偉

（南京大學）

各位學者和來賓：大家早上好！

"浮雲一別後，流水十年間。"十年一度的"第二屆南京大學域外漢籍國際學術研討會"今天開幕了。十年在歷史的長河中，只不過是幾朵小小的波浪，而作爲一門學問的域外漢籍研究，在過去的十年中，卻得到了快速的成長。如果把今天的會議與十年前相比，參加者從東亞擴展到北美，在東亞内部，也增添了越南學者。尤其令人欣喜的是，一大批年輕學者成爲研究隊伍中的生力軍，她象徵着這項研究事業輝煌燦爛的前景。

"江南重會面，聊話十年心。"回顧這個十年，域外漢籍研究在重視新材料的同時，也在逐步探索新問題、新理論和新方法。對於東亞地區的學者來説，百年來的人文學研究，除了文獻考證以外，無論是馬克思主義者還是非馬克思主義者，基本上都是對於西方學術的亦步亦趨。也有一些學者是反過來，拒絶對於西方學術的關注。陳寅恪當年説的"田巴魯仲兩無成"，是針對歷史學界的新舊兩派，或有學無術，或有術無學。而在現代的人文學研究中，也明顯存在着對西洋學術或模仿或對抗的誤區。如何使我們的觀念和方法自立於而不自外於、獨立於而不孤立於西方的學術研究，正有待後起諸君的努力。當然，這並不意味着年長的學者就可以放棄這一方面的追求。前天美國哈佛大學的宇文所安、田曉菲夫婦來訪，我贈送了他們一册新書——《東亞漢文學研究的方法與實踐》。我對宇文教授説："這本書中引用了你對中國學者的批評，我認爲你的批評是有道理的。在某種意義上説，這本書也是對你的回應。"他説："我很有興趣。"我當然很期待來自西方學術界的批評。這本書也奉送給了在座的各位學者，我同樣期待着你們的批評。

從研究的層面來説，域外漢籍當然還是一個剛開始探索的領域，雖然這是一個新領域，但僅僅就其中的文學部分而言，在世界學術的框架中，並非沒有可以參照或衡量的對象。2000 年出版的《諾頓英國文學選集》(*The Norton Anthology of English Literature*) 第七版，編者 M. H. Abrams 在序言中，特別提出了一個"文學史的'國家'"概念，在這個概念中，英國文學不只是英格蘭或者大不列顛的文學，它可以指主要是居住在英格蘭、蘇格蘭與愛爾蘭的作家撰寫的作品，同時又可以指使用英語創作的文學作品。它已經不能被"固守爲單一國家的產物，它是一個全球性概念"。作爲一本選集，編者可以通過選本來展現其文學觀念，這當然是一種非常傳統的手法。所以，有關的理論和方法並沒有能夠在書中展開。而在 2010 年出版的《法語區文學：問題、爭辯、論戰》一書中，編者 Dominique Combe 在引言中就提出了一系列問題，其中包括概念問題，如何釐清"法語區文學"(Francophone)，或者是在無法釐清的基礎上如何明晰它的適用範圍和面向；如何在研究過程中恢復法語區文學的文學本質，從而更進一步審視其中涉及的文學理論問題，而不是僅僅把它當做某種民族社會學的文獻資料。作者回顧在 1960 年代，當法語區文學被引進法國的大學和批評界，它們曾經被描述成法國文學史的附庸，好像是其自然的延伸。其中的主要作家，被刻板地與他們的"大師"或法國樣板聯繫在一起，將法國文學或歐洲文學作爲"正典"對他們進行分析和評斷。他們常常試圖縮減法語區作家的獨特性和原創性。批評家也總不能逃脱民族中心主義的偏見，對"外圍"採用略顯高傲的家長作風。而到了今天，法語區文學已經獲得了某種制度的合法性，反而時常人爲地將它們與"法國"文學以及其他歐洲文學尤其是英語區文學斬斷關聯，而實際上他們與這些文學一直保持着緊密而持久的交流。這些問題在東亞漢文學研究中也時常遇到，各種文學的觀念、文體的變遷、典範的形成與轉移、書籍的環流與閱讀等等，往往遭遇很多新問題，並且需要用新的方法來處理。我們完全可以把東亞漢文學研究當成一個文學理論的實驗室，重新思考東亞漢文學的位置和意義。一切文學史都是某種歸納出來的結構，研究者和批評家有義務賦予這些概念、範疇某種關聯性，而單純的民族語言學歸類法不足以對它們加以論證。

域外漢籍的範圍遠遠大於域外漢文學。因此，其在理論和方法上探索的前景就更加令人嚮往。這樣一塊富饒的學術領地就像是枝繁葉茂的熱帶雨林，探險家到了這兒就會流連忘返，每向前走一步他都可能有新的激動人心的發現。以至於我們完全無法想象，在下一個十年，也就是"第三屆南京大學域外漢籍國際學術研討會"舉辦的時候，會是一場怎樣的學術盛宴。讓我們爲她而努力、爲她而獻身、爲她而付出所有的熱情和才華吧。

謝謝大家！

東亞古代漢文學研究

漢字的魔力

——朝鮮時代女性詩文的新考察

張伯偉

（南京大學）

一、引言

　　人類爲了克服方言造成的彼此溝通的困難，用智慧創造了文字，將自己的想法向四方（"四方上下曰宇"）向未來（"古往今來曰宙"）傳播。按照《出三藏記集》的説法，有了文字，就可以在很大程度上突破時空的限制，所謂"文字應用，彌綸宇宙"。據説世界上的文字，最初就是由兄弟三人創造的："長名曰梵，其書右行；次曰佉樓，其書左行；少者蒼頡，其書下行。"① 或由左向右書寫（如英文），或由右向左書寫（如阿拉伯文），只有蒼頡創造的漢字系統，是由上向下書寫的。根據《聖經》的記載，人類的語言本來是與上帝一樣的，神變亂了衆人的語言，於是就形成了高低，神的語言當然優於並高於人的語言。文字也一樣，僧徒爲了自神其説，固然要提高自身文字的地位，所以在僧祐看來，梵、佉文字"取法於净天"，"爲世勝文"，"天竺諸國謂之天書"②，當然要優於並高於蒼頡文字。這些觀念主要出於宗教的迷戀，較少歷史依據，但僧徒的自我標榜，也是可以理解的。

　　然而即便在人世間的不同語言文字中，由於各種原因，在人類歷史中延續了漫長的歲月，形成特殊的文化景觀。在歐洲，從中世紀到二十世紀中葉，"拉丁文成了名副

① 僧祐《出三藏記集》卷一《胡漢譯經文字音義同異記第四》，北京：中華書局，1995 年，頁 12。
② 僧祐《出三藏記集》卷一《胡漢譯經文字音義同異記第四》，頁 12、頁 13。

其實的 ‘歐洲符號’"①。在政治、宗教、知識等領域中，它作爲一種具有 "權勢" 的語言，不爲任何一個民族所獨享，其地位遠遠高於每一種 "方言"。拉丁文被賦予了崇高的地位，是 "一門純粹體面的學問"②。儘管大多數作家筆下的拉丁文絕不純粹，甚至有錯誤，但只要使用了拉丁文，就能 "勾勒出無知者的巴別塔和學者的一元化社會之間的分野"③。不懂拉丁文，其交際範圍就限定在社會的下層或一隅——彼此語言不通的 "巴別塔"（Tower of Babel）中；掌握拉丁文，則是成爲上流社會紳士的一個必要條件，這樣，彼此就能共用其文化。在這個意義上，拉丁文是有 "魔力" 的。對於英國作家托馬斯·哈代（Thomas Hardy）筆下的裘德（Jude）來説，拉丁文就有這樣的 "魔力"，可以讓他離開鄉下、進入基督寺和大學——那個 "由學問和宗教守衛着" 的 "城堡"④。因此，這種語言既權威又神秘，一旦掌握了它，就意味着擁有了某一特定的文化工具；擁有這一工具的人，就成爲 "文學共和國"（Respublica litteraria）中的一員⑤。身處這一 "共和國"，不管來自哪個國家，拉丁文纔是他們共同的語言。在十八世紀的歐洲，一個人即便再怎麼博學多聞，如果他不能或没有使用拉丁文，就可能受到同儕的無情嘲弄⑥。

語言學家和歷史學家常常把歐洲的 "拉丁文" 世界與東亞的 "漢字" 世界相提並論，比如羅兹·墨菲（Rhoads Murphey）説："在歐洲和東亞，拉丁語和中文分别象徵着各自地區内在的文化統一。"⑦ 羅傑瑞（Jerry Norman）説："在遠東地區，漢語起着

---

① 瓦克（FranÇoise Waquet）著，陳綺文譯《拉丁文帝國》（*Le latin ou L'empire d'un signe：XVIᵉ—XXᵉ siècle*），臺北：貓頭鷹出版，2015 年，頁 172。

② 瓦克著，陳綺文譯《拉丁文帝國》，頁 298。

③ 瓦克著，陳綺文譯《拉丁文帝國》，頁 219。

④ 托馬斯·哈代著，劉榮躍譯《無名的裘德》（*Jude the Obscure*），上海：上海譯文出版社，2007 年，頁 18。

⑤ 這個詞出現於十五世紀，在十七世紀中期之後被頻繁運用，1684 年法國還創立了一本名爲《文人共和國新聞》（*Nouvelles de la République des Lettres*）的期刊。

⑥《拉丁文帝國》第一部第三章曾這樣描寫當時的狀況："古柏（Gisbert Cuper）力勸友人拉克羅兹（Mathurin Veyssière de La Croze）用拉丁文撰寫世界史。他明確指出，法文雖然 ‘對一些小書和當代書籍來説，很普遍且值得讚賞，……但一部爲學者而寫的著作，依我看，應該用拉丁文發表纔是’。佩婁（FranÇois Peleau）在寫給英國政治哲學家霍布斯（Thomas Hobbes）的信中不怎麼爭辯：他承認用法文寫，‘用非學科的語言與您交談’，讓他甚感 ‘羞愧’。拉丁文是知識界的組成要素。博物學家雷伊（John Ray）曾經譴責對手：‘他無知到連寫拉丁文都有語病。’霍夫曼（Christian Gottfried Hoffmann）責備博學多聞的同胞用德文寫作：照他的説法，那是不學無術的人纔做的事。"頁 117。

⑦ 羅兹·墨菲著，林震譯《東亞史》第四版（*East Asia：A New History*，4E），北京：世界圖書出版公司，2012 年，頁 2。

類似拉丁語、希臘語在歐洲所起的作用。"又説："在這三個國家（指朝鮮、日本、越南），古代漢語是他們的官方書面語，猶如拉丁語在以前的歐洲一樣。"① 史蒂文·羅傑·費希爾（Steven Roger Fischer）也説："漢語成了東亞的'拉丁語'，對所有的文化産生了啟迪，其程度遠遠超過了拉丁語在西方的影響。"② 上述引文裏的"中文"或"漢語"，實際上應該理解作"漢字書面語"③。無論是從時間、空間還是在社會細胞中的滲透，或者僅僅是依據印刷品及抄寫本的數量，漢字的影響力都遠遠超過拉丁文。所以，漢字所擁有的"魔力"，至少也不會遜色於拉丁文，如果不説是大於的話。在典籍中尋找漢字誕生的記録，那可是一件動天地、泣鬼神的大事，所謂"蒼頡作書而天雨粟，鬼夜哭"④。東亞各國除了通用漢字以外，也早晚不等地在漢字的基礎上，創造出本民族的文字，如假名（日本）、諺文（朝鮮半島）、喃字（越南），與之相對的漢字則被賦予了真名、真文、真字的稱呼，"真假"之間寄寓的優劣高下之意是顯然的。然而具體到東亞的歷史和社會，漢字的"魔力"究竟如何表現，與拉丁文在歐洲的表現有何異同，實有待從各個不同的方面和層面予以闡釋。本文擬以朝鮮時代女性詩文爲例，看漢字是如何表現其"魔力"，從而導致了語言風格、意識形態的改變和女性地位在家庭、社會關係中的升降。

二、男性化——朝鮮時代女性詩文之一特徵

回到歷史上的朝鮮時代，所謂"詩文"，一般都理解爲用漢字撰寫的詩或文。儘管就文學創作使用的媒介來説，除了漢字，他們尤其是她們，也使用諺文即本國文字創作，但韻語往往被稱作"歌"（在不同的時代被賦予不同的名稱，如新羅時代的"鄉歌"、高麗時代的"詞腦"、朝鮮時代的"時調"等），其他就是一些故事小説之類，也不以

---

①羅傑瑞著，張惠英譯《漢語概説》（*Chinese*），北京：語文出版社，1995 年，頁 21、71。

②史蒂文·羅傑·費希爾著，李瑞林等譯《閱讀的歷史》（*A History of Reading*）第三章"閱讀的世界"，北京：商務印書館，2009 年，頁 93。

③這裏之所以要把"中文""漢語"理解成"漢字書面語"，是因爲在歷史上的東亞地區，儘管大家使用着同樣的漢字，卻有着不完全相同甚至完全不同的讀音，但都能根據字形理解字義。十六世紀的葡萄牙神父沙勿略（Francisco Xavier）曾經有這樣的觀察："雖然是相同的字，日本人讀時用日語，中國人讀時用中文。儘管説話時互不能通，但書寫時僅憑文字便能相互理解。他們的口語不同，但字義相通，所以彼此能夠理解。"（河野純德譯《聖フランシスコ·ザビエル全書簡》，東京：平凡社，1985 年，頁 555。此據日語撮譯大意。）

④劉文典《淮南鴻烈集解·本經篇》，北京：中華書局，1989 年，頁 252。

"文"名。《高麗史·樂志》中記載的"俗樂"，其原作都一概以"歌"名之，但經李齊賢（1287—1367）用漢字改寫後的作品則稱爲"詩"（所謂"李齊賢作詩解之"）。所以，這裏所説的"詩文"，指的就是漢文學作品。朝鮮時代的女性詩文，目前資料最爲完備的總集是《朝鮮時代女性詩文集全編》，本文使用的相關資料，便以此書爲依據。

本文所概括的朝鮮時代女性詩文的特徵，是通過與以下兩個方面的比較得出的：其一，與朝鮮時代女性諺文創作（主要是歌謠）的比較；其二，與東亞其他地區（如中國、日本）女性創作的比較。因此，這樣的特徵是獨一無二的，也因此，這樣的特徵是值得作深入研究的。

簡要地説，這裏所揭示的朝鮮女性詩文的特徵，指的是其創作中表現出的"男性化"。所謂"男性化"，一似説"女性化"，其判斷在某種文化中具有不言自明的性質，一旦落入言筌，很可能招致許多反證，本文以中國文學批評傳統中衆多事實判斷爲基礎來認識和理解"男性化"。以詩文的性格而言，文偏於男性，而詩偏於女性；以詩而言，古體偏於男性，而近體偏於女性；以風格而言，豪放偏於男性，而婉約偏於女性；等等。這些並不絕對的評價指標，無疑是在中國文學傳統中形成並潛在地確立。如果瀏覽明清以降的婦女著作，不難發現，詩佔據了95%以上的比例，而在詩集之中，又以近體爲主，當然還有通俗文體如彈詞等。儘管人們可以找出揮動如椽大筆纂修史書、指導大儒馬融讀通史書的曹大家（班昭），或是精於金石學的李清照，長於史論的徐德英，在晚清還可以舉出女報主筆薛紹徽，但畢竟只是兩千年女性文學長廊中的鳳毛麟角。清人沈大成曾對惠棟説："昔河南女子傳《説卦》，濟南博士女傳《尚書》，劉子駿婦、女傳《左傳》，韋逞母宣文君傳《周禮》，五經皆女子所傳。"[1] 頗得惠棟首肯。但揆諸實際，女性作文多與經史、性理、社會之學絕緣，而以尺牘序跋等小品見長者爲衆[2]。日本女性文學頗爲發達，尤以"女官"和"女歌"文學著名，但在漢文學領

---

[1] 惠棟《南樓授詩圖序》，徐暎玉《南樓吟稿》附，胡曉明、彭國忠主編《江南女性別集》初編，合肥：黃山書社，2008年，頁186。

[2] 王秀琴編《歷代名媛文苑簡編》二卷（上海：商務印書館，1947年）是一部較爲大型的女性文章總集，"論"體僅上卷六篇，下卷四篇，相對於序跋書信數量很小。除此以外，王氏又編《歷代名媛書簡》八卷（長沙：商務印書館，1941年），這一文體上的比例也是顯然的。所以胡明《關於中國古代的婦女文學》説："中國古代婦女文學獨偏於韻文尤其是詩詞和彈詞，這實際上也就決定了她們在整體戰略上畏懼並放棄了古文。"（《文學評論》1995年第3期）前人對歷代女性文章研究亦少，其中明代部分有曹虹《明代女性古文家の登場》，載松村昂編著《明人とその文學》，東京：汲古書院，2009年。關於薛紹徽，有 Nanxiu Qian, *Politics, Poetics, and Gender in Late Qing China: Xue Shaohui and the Era of Reform*, Stanford: Stanford University Press, 2015，皆可參看。

域數量極少，存世者多爲吟風弄月的小詩。以假名創作的文學堪稱豐富，且有《源氏物語》等傳世名著，其佳者也只限於物語、和歌、日記等文體，主要表現男女之間的"物哀"之情。但這一切，在朝鮮時代女性的詩文中，卻表現出根本的差異。

　　文章衆多是朝鮮女性文學現象之一，在現存的約三十家別集之中，以文章見長或詩文兼擅者就在半數上下，但更值得注意的是其內容。辭賦作爲文章一體，在中國女性的文章撰作中，也佔有一定的比例。《歸去來辭》是陶淵明的一篇名作，自蘇軾和作以後，回應者衆多。不僅在中國文學史上如此，在朝鮮文學史上的和作也層出不窮①，其中一篇還出自女性之手，這就是徐令壽閣（1753—1823）的《次歸去來辭》。朝鮮文人不無自傲地說："我東世家夫人徐氏……次彭澤《歸去來辭》，以夫人而有此，乃是創聞，雖中原女士無此作也。"② 如果必定要在中國女性創作中找出近似之作，明代徐淑英、徐德英姊妹的《歸田賦》《歸田辭》差可比擬。據《歸田賦序》云，這兩篇作品的寫作完全出於父命："今還綬於官家，歸去來兮，爾姊妹盍爲我各賦一篇？"故作爲此賦，"俚言殊慚夫平子，故事漫擬於陶公，聊以復大人之命，爲之道志焉耳"③。所以，這是一篇"應命代言"體作品，綜合了張衡的篇名和陶淵明的故事，與徐令壽閣自道心志——"與夫子而偕隱，雙垂白髮莫相疑"④ 的實踐活動是不能同日而語的。在東亞傳統社會中，一般女性的活動範圍在家庭，出仕遊宦乃男性的作爲，既無所謂"出"，當然也就談不上"歸"，所以這一題材無疑是屬於男性的。"中原女士無此作"本屬正常，朝鮮女性作此文，恰恰體現了"男性化"特徵。

　　金氏（1681—1722）《浩然齋集》中《自警篇》六章，由"正心章、夫婦章、孝親章、自修章、慎言章、戒妬章"構成。"自警"的概念，始於《周易》乾卦的"君子終日乾乾，夕惕若厲，無咎"，以及《論語》所說的"吾日三省吾身"。"自警"傳統的建立，始於宋儒，以趙善璙《自警編》九卷爲標志。至明清理學家，崇尚正心誠

---

① 僅據南潤秀《韓國의"和陶辭"研究》（首爾：圖書出版亦樂，2004 年）一書所涉者，從高麗時代到光復以後（1956 年）就多達 150 餘篇含和、次、擬、步、敬、仿、反《歸去來辭》的作品，可參看。

② 李圭景《詩家點燈》卷二 "《歸去來辭》唱和"條，趙鍾業編《修正增補韓國詩話叢編》第 12 冊，漢城：太學社，1996 年，頁 67。

③《歷代名媛文苑簡編》卷上，頁 87。

④ 張伯偉主編，俞士玲、左江參編《朝鮮時代女性詩文集全編》上冊，南京：鳳凰出版社，2011 年，頁 664。案：曹虹有《論朝鮮女子徐氏〈次歸去來辭〉》（收入《中國辭賦源流綜論》，北京：中華書局，2005 年），可參看。

意之學，甚至將敦倫之事也——記入日記，以爲自警①。顯然，"自警"的文字原屬士大夫事。趙氏《自警編》在朝鮮時代影響甚巨，朴世采（1631—1695）曾記録東人之言曰"《自警編》學問，《古文真寶》文章"，並評論道："蓋謂用功近而收效多也。"②任埅（1640—1724）也有"案上唯留《自警編》"③之句。金浩然齋撰寫《自警篇》，一方面有其家族傳統，其族祖金壽恒（1629—1689）、族叔父金昌集（1648—1722）或喜讀《自警編》，或采東國名臣言行撰《續自警編》；另一方面也出於其自身"夙夜憂懼，不能一日而安"④的精神狀態。該書原以漢字書寫，爲了便於家族中婦女誦習，改爲諺文，流傳日久，漢文本反而遺失，我們現在看到的是其外孫金鍾傑（1755—1812）的漢字翻録本，翻録動機就在於其内容"不獨婦女之所可儀則，潛心玩索，亦多爲戒於丈夫者"⑤。甚至可以説，主要（如果不説僅僅）是爲了男性閲讀的目的而翻録，這也從另一方面揭示了其文所具的"男性化"特徵。

最以文章著名的當推任允摯堂（1721—1793）。現存《允摯堂遺稿》凡上下兩篇，略分傳、論、跋、説、箴、銘、贊、祭文、引、經義，絶無一詩。其中最引人注目的是論、説和經義。現存十一篇"論"皆史論，從春秋時人到宋代人物，一一予以褒貶，尤其善作斬釘截鐵之言。如《論豫讓》云："世稱豫讓爲義士，以吾觀之，非真義士也。"⑥《論顔子所樂》云："或問於余曰：夫子稱顔子不改其樂，顔子所樂者何事歟？曰：樂天也。"⑦《論司馬溫公》云："司馬溫公，宋之賢相也。其平生所行，無不可對人言者，則其賢可知耳，復焉有可論也哉？然其見識尚有乖於《春秋》大義者。"⑧《論岳飛奉詔班師》云："或曰：人皆以岳武穆之班師爲非，然孔子之趨君命，不俟駕而行，則武穆一日奉十二金牌，而可以不班師乎？曰：不然。"⑨ 成海應（1760—

①參見袁枚《子不語》卷二十一"敦倫"條，其中記載了理學家李恕谷的日常作爲。王英志主編《袁枚全集》第4册，南京：江蘇古籍出版社，1993年，頁409—410。

②《南溪集》正集卷六十九《跋新定自警編》，《韓國文集叢刊》第140册，漢城：民族文化推進會，1994年，頁403。

③《水村集》卷四《謝遂庵借自警編》，《韓國文集叢刊》第149册，漢城：民族文化推進會，1995年，頁78。

④《浩然齋自警篇序》，《朝鮮時代女性詩文集全編》上册，頁468。

⑤《浩然齋自警篇跋》，《朝鮮時代女性詩文集全編》上册，頁476。

⑥《朝鮮時代女性詩文集全編》上册，頁528。

⑦《朝鮮時代女性詩文集全編》上册，頁531。

⑧《朝鮮時代女性詩文集全編》上册，頁538。

⑨《朝鮮時代女性詩文集全編》上册，頁542。

1839）曾經把她與其兄弟同評："任夫人號允摯堂，豐川人，其兄弟並好學：曰聖周以經行聞，曰相周以文學稱，夫人長於史學，爲文皆典實，可爲師法。"① "説"凡六篇，皆闡發儒家性理學説。《理氣心性説》長達五千三百餘字，文氣充沛，筆力雄健。《人心道心四端七情説》則爲理學命題，其持論折衷於朱子。"經義"兩篇，凡《大學》六則，《中庸》二十七則，多有與其兄弟聖周（1711—1788）、靖周（1727—1796）討論者。靖周稱贊她爲"閨中之道學，女中之君子"②。又以《中庸》"君子之德，闇然而日章"形容其文學經術③；李敏輔（1717—1799）推崇她"天授經識，性理仁義之論，又古今閨閣中一人也"④；朴胤源（1734—1799）也以她"學問高明，簪珥之身而卓然爲儒者事業"是"數千年一人而已"⑤。雖然這些文字出於序文、書信或家人評論，表彰難免略有誇張，但其中有一致之處，都是從女性善爲男性文字的角度出發的。

與文相較而言，詩是東亞女性更爲普遍使用的文學體裁。詩有古體、近體之別，中國歷代女性詩歌，從詩體的選擇來看，主要是近體。正如茗溪生指出的："大凡閨秀詩，清麗者多，雄壯者少；藻思芊綿者多，襟懷曠達者少。至詩體亦多五七言絕句及律詩，能古風者絕少。"⑥ 這幾乎是古人的共識，不妨再引述幾則評論，如袁枚説："閨秀少工七古者。"⑦ 雷瑨説："閨秀能爲長歌甚鮮，以其氣薄而力不足也。"⑧ 這種狀況，在日本女性詩歌創作中也類似。從這個意義上説，"古體"詩更能顯示男性的豪邁之氣。但是在朝鮮時代女性的筆下，詩體的比例就呈現出不同的樣態。以存詩較多的幾家爲例，《蘭雪軒集》有五古 15 首，七古 5 首，五律 8 首，七律 13 首，五絕 24 首，七絕 142 首；《浩然齋集》中有古詩 32 首，律詩 42 首，絕句 66 首；《令壽閣稿》有古詩 32 首，律詩 104 首，絕句 53 首。如果考慮到朝鮮一般文人也不擅長古體詩的文

---

① 《研經齋全集》卷五十六《草榭談獻》三，《韓國文集叢刊》第 275 册，漢城：民族文化推進會，2001 年，頁 174。

② 《遺事》，《朝鮮時代女性詩文集全編》上册，頁 582。

③ 《遺事》，《朝鮮時代女性詩文集全編》上册，頁 582。

④ 鹿門先生文集序》，《鹿門集》卷首，《韓國文集叢刊》第 228 册，漢城：民族文化推進會，1999 年，頁 3。

⑤ 《近齋集》卷八《與任稚共》，《韓國文集叢刊》第 250 册，漢城：民族文化推進會，2000 年，頁 153。

⑥ 《閨秀詩話》卷四，王英志主編《清代閨秀詩話叢刊》第 2 册，南京：鳳凰出版社，2010 年，頁 1681。

⑦ 《隨園詩話》卷十，北京：人民文學出版社，1982 年，頁 337。

⑧ 《閨秀詩話》卷五，《清代閨秀詩話叢刊》第 2 册，頁 1034。

學環境①，那麼，女性的古體詩創作就更顯突出了。以明人吴明濟的《朝鮮詩選》七卷爲例，五古作者 12 人，選詩 28 首；七古作者 15 人，選詩 27 首，其中最多的是許蘭雪軒（1563—1589），一人佔五古 7 首，七古 6 首。再以藍芳威的《朝鮮詩選》爲例，其書收五古作者 29 人，選詩 68 首，女性作者 3 人 15 首，許蘭雪軒入選 12 首；七古作者 22 人，選詩 43 首，女性作者 2 人 10 首，許蘭雪軒入選 9 首②。從比例上來看，女性作品也顯然佔據了絶對優勢。

　　詩體是一個因素，畢竟還屬於形式上的，題材和主題也許更能説明問題。在中國儒家傳統構築起來的家庭觀念中，男主外，女主内，女性的關注重心和活動範圍一般都限定在家族關係之内，詩歌抒發的也多屬於個人的喜怒哀樂之情，與社會、政治、軍事等問題很少聯繫。朝鮮時代以儒學治國，以上觀念通過各種禮法滲透到家庭。但朝鮮女性詩歌的題材和主題，常常逸出既定的規範。以教育而言，讀書（當然都是漢籍）是男子的事，與女子教育相關者，多教養類書，一似中國的《禮記·内則》《女誡》《女四書》等。初有德宗昭惠王后（1437—1504）《御制内訓》三卷，後有李師朱堂（1739—1821）《胎教新記》一卷。或者將漢籍譯成諺文，如《三綱行實》《小學》《五倫歌》等書皆有諺譯，俾使閭巷婦女便於誦讀。而一般的經史類典籍，都不在女性教育的規定之内。所以李能和（1869—1943）説：“我朝鮮自古以來，絶無教養女子之事。……以國用之文既是漢字，則雖男子猶難通曉，況在女性乎？況不之教學乎？”③即便大家世族的女性，也只能通過“肩外見學”④ 的途徑，多非直接受教者。只有妓女能夠在教坊中習得，或在與文人交往中習得，爲人妾室者也能夠從夫受學。所以通常而言，讀書爲男子事。但這一題材卻爲女性所常用，如金浩然齋的《觀書》：“静對

①洪良浩《與宋德文論詩書》云：“僕嘗西遊中國，見華人詩話云：高麗人好作律絶，不識古詩。使我顔發駢也。”（《耳溪集》卷十五，《韓國文集叢刊》第 241 册，漢城：民族文化推進會，2000 年，頁 261）所謂“華人詩話”即指王士禛《漁洋詩話》。故朴永漢《石林隨筆》云：“及於半島也，著古詩者甚少，唯以近體中七言律絶爲酬唱之正宗。故王阮亭《采風録》有言：朝鮮人詩殊多近體，絶少古詩云。”並自嘲多近體、少古詩“自爲半島體制”（《修正增補韓國詩話叢編》第 13 册，頁 309—310）。案：《采風録》爲康熙年間孫致彌所編，王士禛在看到此書後發表了上述議論。
②此處統計的數字，若將不同文獻加以比較，會發現其中存在矛盾。這是因爲《朝鮮詩選》（尤其是藍芳威所選）有不同版本，各家對古詩和絶句的判斷有異，加上有些作品的來源未必可靠，導致了統計數字稍有出入。但大體來看，反映的總體傾向——女性在古體詩方面有較大作爲是一致的。
③李能和《朝鮮女俗考》，京城：翰南書林，1927 年，頁 170。
④此朝鮮俗語，李能和解釋爲“在家塾之内，姊妹在兄弟讀書之傍，從肩外聞而知之故”。《朝鮮女俗考》，頁 133。

明窗萬卷書，聖賢心跡坐森如。天淵大道雖難見，猶使迷情暫覺且。"① 又如金三宜堂（1769—1823）《讀書有感》九首，所讀者即《論語》《詩經》，並領會了孟子"以意逆志"的讀詩法（"於此始知觀詩法，其意不可害以辭"）②。此外，如徐令壽閣《冬夜讀書》、姜靜一堂（1772—1832）《讀中庸》等皆是。取其醒目，這裏選擇的是以"讀書"爲標題的作品，至於詩句中表達讀書自勵的内容也不少見。這些以讀書爲題材的作品，其主題大多自勉成賢成聖。與此相聯繫的就是一些以性理學爲題材的作品，如安東張氏（1598—1680）的《聖人吟》《蕭蕭吟》《敬身吟》，黄情静堂（1754—1793?）的《恒字義示學者》，姜静一堂的《自勵》《性善》《主敬》《仰孔夫子》《誠敬吟》，南貞一軒（1840—1922）的《太極》《愛蓮》等。從詩學角度視之，這些作品往往"理過其辭，淡乎寡味"（借用鍾嶸《詩品序》語），但從題材和主題着眼，則都是屬於"男性化"的。還有一些題材涉及軍國大事，或懷古傷今，如許蘭雪軒《皇帝有事天壇》，金浩然齋的《國哀》《青龍刀》《聞嗣王即位》《武侯》，徐令壽閣《三閭廟》，黄情静堂《命子廷烈曆謁金文忠公墓》，南貞一軒《補天》，金清閑堂（1853—1890）《題文天祥》，崔松雪堂（1855—1939）《聞歐西戰報有感而作》等，都稱得上"重大題材"。甚至妓女也有"中華吾東邦，捷書報箕城"③ 之作，乃以明軍收復平壤、大敗倭寇爲題材。至於近代的吴孝媛（1889—?），她已經邁出國門，其作品更以東亞和世界爲關心對象，這些題材雖然得之於世界形勢的刺激，然而從年鑒派史學家費爾南·布羅代爾（Fernand Braudel）的"長時段"（longue durée）④ 觀念和"新文化史"注重文化内部考察的眼光看，也是由其自身寫作傳統潛在決定的。試讀"乘風快渡長江去，殺盡群凶復大明"⑤，"擬將良弼擎天手，願作清朝（指政治清明之朝代）補衮賢"⑥ 等句，無一不是超軼了女性的藩籬。

三、朝鮮女性聲音"變調"之形成

朝鮮女性的諺文創作，無論是書信還是歌謡，題材取自日常生活，主題多男女間

---

① 《浩然齋集·遺稿》，《朝鮮時代女性詩文集全編》上册，頁501。
② 《三宜堂稿》卷一，《朝鮮時代女性詩文集全編》中册，頁731。
③ 金泠泠《琴仙詩》，《朝鮮時代女性詩文集全編》上册，頁248。
④ "長時段"表達的是一個歷史時間概念，指以一個或幾個世紀爲單位來研究歷史的方法。
⑤ 《青龍刀》，《浩然齋集·遺稿》，《朝鮮時代女性詩文集全編》上册，頁495。
⑥ 《補天》，《貞一軒詩集》，《朝鮮時代女性詩文集全編》中册，頁1246。

喜怒哀樂，風格是柔和温婉的，而她們的詩文創作，就顯示了截然不同的“變調”，其原因是值得探索的。

簡捷地説，不同文字的使用是其根本原因。在朝鮮時代以前，半島没有自身的文字，使用的都是漢字。至朝鮮世宗二十八年（1446）創制二十八字，名曰《訓民正音》公佈天下，朝鮮半島開始有了自己的文字。《增補文獻備考·藝文考》四云：“上以爲諸國各制文字，以記其國之方言，獨我國無之，遂制子母二十八字，名曰諺文。”① 案《廣韻》云：“諺，俗言。”② 所以“名曰諺文”是與文字（即漢字）相對而言，記録的是“方言”。依小倉進平的意見：“向來朝鮮人使用‘方言’一語的内涵，並非 dialect 之意，而是相對漢語而言的‘本來的朝鮮語’，亦即‘鄉言’、‘諺語’之意。”③ 用諺語抄録下來的文件，士大夫也往往以“土書”稱之。而日語假名在朝鮮士人的眼中，也同樣是“諺文”或曰“倭諺”，以此與“文字”（漢字）相對④。十八世紀以降，西洋文字大量進入東亞，在朝鮮士子看來，也無非“西洋諺字”⑤，或貶爲“略似胡書”⑥，或擬作“諺字蟹文”⑦。有些士人對此現象深感痛心疾首，崔漢綺甚至提倡以漢字統一世界文字，使“西域諸國，同行華夏文字”⑧，可見漢字在他們心目中的地位。從文化史上來看，朝鮮世宗大王頒佈《訓民正音》，是一重要的歷史事件。無論是贊成者或反對者，也無論是褒揚者或貶抑者，其共同的認識就是這種字簡單易學，適用於婦孺。如果説，漢字是男性的、士人的，諺文就是女性的、鄉間的。申景浚（1712—1781）《〈訓民正音〉韻解序》云：“書之甚便，而學之甚易，千言萬語，纖悉

---

①張伯偉編《朝鮮時代書目叢刊》第 6 册，北京：中華書局，2004 年，頁 2976。

②《宋本廣韻》卷四“線第三十三”，北京：中國書店，1982 年影印本，頁 389。

③小倉進平著，河野六郎補注《增訂補注朝鮮語學史》，東京：刀江書院，1964 年，頁 126。原文爲日語，兹譯其大意。

④姜沆《看羊録·倭國八道六十六州國》，《海行總載》一，京城：朝鮮古書刊行會，1914 年，頁 368。

⑤洪大容《湛軒書》外集卷七《燕記·劉鮑問答》，《韓國文集叢刊》第 248 册，漢城：民族文化推進會，2000 年，頁 249。

⑥成海應《研經室全集》外集卷五十九《蘭室譚叢·西洋舶》，《韓國文集叢刊》第 278 册，漢城：民族文化推進會，2001 年，頁 83。

⑦金澤榮《韶濩堂集》卷二《送洪林堂歸堤川序》，《韓國文集叢刊》第 347 册，漢城：民族文化推進會，2005 年，頁 250。

⑧崔漢綺《神氣通》卷一《四海文字變通》，《增補明南樓叢書》第 1 册，漢城：成均館大學校出版部，2002 年，頁 20。

形容。雖婦孺童騃，皆得以用之，以達其辭、以通其情。"① 柳僖（1773—1837）《諺文志序》引鄭東愈（1744—1808）對他的教導云："子知諺文妙乎？……子無以婦女學忽之。"② 卷末又云："然今人之尊文而賤諺者，豈以其不能成章歟？特以覺之難易尊之賤之，故可哈爾。"③ 李圭景（1788—？）也慨歎"世人何藐視其易而不講哉"④。這裏所説的"文字"、"文"指的都是漢字，漢字難，故尊之，諺文易，故賤之。在鄭東愈、柳僖、李圭景等人看來，這種態度是不足取的。但在朝鮮時代，有一些士大夫就是以掌握漢字爲榮，不學（至少宣稱不學）諺文。作爲一種地位的象徵，既然諺文是爲"婦孺童騃"、"愚夫愚婦"所用，學習它就有失身份。其中尤以理學家爲多，如傳説中金長生（1548—1631）"昧諺文"⑤，其子金集（1574—1656）也説父親"未習諺字"⑥，看來是可信的；朴世采（1631—1695）自陳"鄙人不識諺字"⑦；而著名文學家朴趾源（1737—1805）引爲平生遺憾之事，就是從未與老妻通過一封信："吾之平生，不識一個諺字。五十年偕老，竟無一字相寄，至今爲遺恨耳。"⑧ 女性通常不學漢字，僅以諺文與家人互通音訊，而一旦使用漢字寫信（如果有此能力的話），往往是要表達一番莊嚴鄭重的意思。比如李徽逸（1619—1673）患消渴疾，又飲酒過甚，其母張氏用漢字給他寫信，並且在末尾强調説："諺書不見信，書此以送。"⑨ 意思是"用諺文給你寫信恐怕不會引起你的重視，所以用漢字寫了這封信給你"。

　　在中國，通行的文字就是漢字，無論男女貴賤，同用一種文字。由於在日常生活中無從比較，漢字的地位也就無所謂高低⑩。文字本身沒有性別差異，女性創作也就是

---

①申景濬《旅庵遺稿》卷三，《韓國文集叢刊》第 231 册，漢城：民族文化推進會，1999 年，頁 35。
②柳僖《校刊柳氏諺文志》，韓國中央圖書館藏《姜園叢書》鉛活字本，奉天，1934 年，頁 12。
③柳僖《校刊柳氏諺文志》，頁 57。
④李圭景《五洲衍文長箋散稿》卷二十八"諺文辯證説"，漢城：東國文化社，1959 年影印本，頁 801。
⑤權綠《謾録》云："沙溪亦昧諺文。"《灘村遺稿》卷七，《韓國文集叢刊續》第 52 册，首爾：民族文化推進會，2008 年，頁 179。
⑥宋浚吉《同春堂集》別集卷四《上慎獨齋先生》，《韓國文集叢刊》第 107 册，漢城：民族文化推進會，1993 年，頁 362。
⑦《南溪集》外集卷四《答尹子仁》，《韓國文集叢刊》第 141 册，漢城：民族文化推進會，1995 年，頁 317。
⑧《燕岩集》卷三《答族孫弘壽書》，《韓國文集叢刊》第 252 册，漢城：民族文化推進會，2000 年，頁 78。
⑨《寄兒徽逸》，《貞夫人安東張氏實記》，《朝鮮時代女性詩文集全編》上册，頁 273。
⑩葛洪《抱朴子·譏惑》云："余謂廢已習之法，更勤苦以學中國之書，尚可不須也，況於（轉下頁）

内心世界的自然流露。日本兼用漢字和假名，既然是兩種文字，相較起來就有優劣。
“女的文學”並不限定在女性所作的文學，而是由文字決定的。漢字是男性的文字（男
のことば），假名是女性的文字（女のことば）①。比如平安時代有代表“女人的心”
的“物語”以及“和歌”、“日記”等，但“男性貴族輕視女性的假名創作，更多的是
持續從事漢詩漢文的寫作”②。男女之間的書信來往，男性用漢字書寫，女性用假名作
答③。儘管如此，由於日本女性用假名創作了很多傑作，已經形成了深厚的傳統，所以
到江戶時代出現較多女性漢詩時，也仍然保留了其細膩、精緻的文學本色。何況包括
男女在内日本文學的傳統，本來就有“脱政治性”的特徵，文學中的最重要的主題是
“戀愛”與“無常”，“物哀”就是一種“日本式的悲哀”④。這種審美傾向固然充斥於
假名文學傳統中，其實在漢文學中（兼有男女）也仍然有其底色。正如五山詩僧希世
靈彦（1403—1488）説：“唐詩與和歌，但造文字有異，而用意則同矣。”⑤這種底色
從某種意義上説，就是日本文學（無論男女作者）都具有“女性化”的特徵⑥。

　　然而在朝鮮時代則完全不同。諺文創制以後，它成爲女性學習的文字。我們在很
多朝鮮男性給家族中女性撰寫的行狀、墓志等文獻中，常常可以看到其筆下的女性
“五歲通諺文”、“六歲能通諺文”或“七歲解諺文”等記載，大概屬於知識或官僚家
族中的女性常態。洪大容（1731—1783）也説：“我國婦人，惟以諺文通訊，未嘗使之
讀書。”⑦ 對於讀書習字，一般並不主張。李瀷（1681—1763）曾比較中朝兩國女教之

（接上頁）乃有轉易其聲音以效北語，既不能便，良似可恥可笑。”（楊明照《抱朴子外篇校箋》卷
　二十六，下册，北京：中華書局，1997年，頁12）又顔之推《顔氏家訓·教子》云：“齊朝有一
　士大夫，嘗謂吾曰：‘我有一兒，年已十七，頗曉書疏，教其鮮卑語及彈琵琶，稍欲通解，以此伏
　事公卿，無不寵愛，亦要事也。’吾時俛而不答。異哉，此人之教子也！若由此業自致卿相，亦不
　願汝曹爲之。”（王利器《顔氏家訓集解》（增補本）卷一，北京：中華書局，1993年，頁21）在
　與“北語”和“鮮卑語”的對比中，漢語的地位纔凸顯出來。
①金田一春彦《日本語》，東京：岩波書店，1957年，頁47。
②西鄉信綱、永積安明、廣末保《日本文學の古典》第二版，東京：岩波書店，1966年，頁50—51。
③金田一春彦《日本語》，頁51。
④參見本居宣長《石上私淑言》《紫文要領》，收入王向遠譯《日本古典文論選譯》古代卷，北京：
　中央編譯出版社，2012年。
⑤《奉和典廐所詠相君席上倭歌二首並序》，《翰林五鳳集》卷二十七，《大日本佛教全書》本，東
　京：佛書刊行會，1914年，頁522。
⑥參見增田裕美子、佐伯順子編《日本文學の女性性》，其書第一部即爲“男性文學の女性性”，京
　都：思文閣，2011年。
⑦《乾净衕筆談》，《湛軒書》外集卷二，《韓國文集叢刊》第248册，首爾：民族文化推進會，2000
　年，頁136。

異云："東俗與中土不侔，凡文字之工，非致力不能，初非可貴也。"① 因爲漢字難學，對於女性來説既非必要也不值得追求。但如果有特別的稟賦或特殊的機緣，女性掌握了漢字，並能夠使用漢字寫作詩文，那她們就擁有了與男性同等的權力——討論學術、互相倡和、彼此爭論（儘管只是在家族内部）。因爲漢字是男性的文字，漢詩文是士大夫的工具，女性在學習這種能力之初，其樣板就是男性。

朝鮮時代最早有文集問世的女性是許蘭雪軒，這是許筠（1569—1618）爲他的姊氏編纂的。爲使其編纂進而出版具有"合法性"，他利用與明代正使朱之蕃、副使梁有年的交往，請他們爲這部詩集作序或題辭。在朱之蕃的序中，他舉出中國漢代的曹大家、唐代的徐賢妃，以及宋代女詞人朱淑真、李清照爲比；梁有年的題辭則舉出新羅朝真德女王織錦《太平詩》，以表明東方女性詩文之源遠流長。這樣的表彰方式，是非常"中國式"的。中國人在評價女性創作時，其標準就是歷史上的女性楷模，不妨以清代女性文集的序跋文字爲例，如李因《玉窗遺稿題辭》云："名亞左棻，才同道韞。"② 高望曾《舞鏡集序》云："曹則大家，左爲嬌女。"③ 俞承德《月蕖軒詩草跋》云："雖左棻之解綴文，曹昭之能續史，方斯巨制，不讓前徽。"④ 翁端恩《獨清閣詩詞抄序》云："羨左棻之嗜學，媲鮑妹以摛辭。"⑤ 而朝鮮時代女性詩文的評價標準或比擬方式，與此是大相徑庭的。

因爲漢字是男性的文字，所以，使用漢字創作詩文，其文學典範便與男性無異，在朝鮮時代也就是陶淵明和杜甫⑥。李象靖（1711—1781）曾記載其祖母申氏"毅然有男子之志，……喜誦晉淵明《歸去來辭》"⑦。洪奭周（1774—1842）記録其母親令壽閣事云："在枕上每誦古人詩以遣思慮，然所喜誦，唯陶、杜二詩。"⑧ 在其母《墓表》中也説："自少日常喜誦《蒹葭》《衡門》詩及陶淵明《歸田園作》。"⑨ 又撰《貞

①安鼎福編《星湖僿説類選》上輯卷三"婦女之教"，漢城：明文堂，1982年，頁191。

②《江南女性别集》初編上册，頁129。

③《江南女性别集》初編下册，頁921。

④胡曉明、彭國忠主編《江南女性别集》二編下册，合肥：黄山書社，2010年，頁930。

⑤胡曉明、彭國忠主編《江南女性别集》二編下册，頁1155。

⑥關於這個問題，可參見張伯偉《朝鮮時代女性詩文總説》二"文壇典範"，載韓國《中國語文學志》第39輯，2012年6月。

⑦《祖妣恭人鵝洲申氏壙記》，《大山集》卷四十七，《韓國文集叢刊》第227册，漢城：民族文化推進會，1999年，頁422。

⑧《家言下》，《朝鮮時代女性詩文集全編》上册收爲《令壽閣稿》附録，頁673。

⑨《朝鮮時代女性詩文集全編》上册，頁670。

敬夫人行狀》云：“先妣自年少時，常喜誦祝牧《偕隱歌》及陶淵明《歸園田作》。”①
翻閱《令壽閣稿》中次韻之作，就以杜甫居首，共二十八題②，王維次之，共九題，
陶淵明三題，孟浩然兩題，若將陶詩與王、孟合作一派觀，總計十四題。朝鮮時代女
性詩文以陶、杜爲典範，令壽閣是一典型。上文提及其《次歸去來辭》，也是類似一
例。洪原周（1791—？）是令壽閣之女，其《幽閑集》中次韻之作甚多，也以和杜爲
首，達三十八題。又有《和陶讀山海經韻》《次陶歸田園居》《次陶》等，還以《陶徵
君》爲題，提煉出陶淵明作品的精神所在。男性鼓勵女性學詩，提供的樣板也是杜詩，
許筠（1551—1588）就曾以他在中國所獲邵寶《杜律鈔》贈送給其妹蘭雪軒，並勉勵
她“無負余勤厚之意，俾少陵希聲復發於班氏之手可矣”③。這裏的“班氏”就是以班
固之妹班昭爲喻，代指蘭雪軒。閨秀之作如此，妓女的作品也類似，如琴仙
（1581—？）《逢故人》之“耽佳欲學杜工部”④；又《次楚葵堂所贈韻》的“偶逢文士
乞佳句，開口何能詠鳳凰”⑤，顯然從杜詩《壯遊》之“七齡思即壯，開口詠鳳皇”⑥
脫胎而來。又如徐藍田（1849—1894）《松館賦》中“身羲皇之上人兮，臥北窗而引
觴”⑦，則化用陶淵明“常言五六月中，北窗下臥，遇涼風暫至，自謂是羲皇上人”⑧，
以及“引壺觴以自酌，眄庭柯以怡顔”⑨ 等成句。他人評論女性作品，也往往以陶、
杜爲標準。趙仁壽跋《林碧堂遺集》云：“沖淡閑雅，絕無脂粉習氣，實有陶、韋趣
味。”⑩ 南九萬（1629—1711）序該書亦云：“可與陶彭澤、林孤山諸作相上下。”⑪ 全
毅洙《松雪堂記》云：“陶靖節之清趣，撫孤松而盤桓；孟浩然之高致，冒寒雪而遨
遊。”⑫ 即以松、雪上比陶、孟，用來贊美崔松雪堂。《李朝香奩詩》編者評梅竹堂李

①《令壽閣稿》，《朝鮮時代女性詩文集全編》上冊，頁 666。
②據題目明確標識者統計是二十七，左江指出《憶清潭》亦次杜甫《寄高三十五詹事》，其説可從。
　　參見《朝鮮時代的知識女性與杜詩》，《域外漢籍研究集刊》第 8 輯，北京：中華書局，2012 年。
③《荷谷集·雜著補遺》，《朝鮮時代女性詩文集全編》上冊收爲《蘭雪軒集》附錄，頁 163。
④《琴仙詩》，《朝鮮時代女性詩文集全編》上冊，頁 263。
⑤《琴仙詩》，《朝鮮時代女性詩文集全編》上冊，頁 261。
⑥仇兆鰲《杜詩詳注》卷十六，第 3 冊，北京：中華書局，1979 年，頁 1438。
⑦《藍田詩稿》，《朝鮮時代女性詩文集全編》中冊，頁 1339。
⑧《與子儼等書》，逯欽立校注《陶淵明集》，北京：中華書局，1979 年，頁 188。
⑨《歸去來兮辭》，逯欽立校注《陶淵明集》，頁 161。
⑩《林碧堂遺集》，《朝鮮時代女性詩文集全編》上冊，頁 18。
⑪《林碧堂遺集》，《朝鮮時代女性詩文集全編》上冊，頁 25。
⑫《朝鮮時代女性詩文集全編》下冊，頁 1480。

氏《秋情》云："宛若杜詩中意。"① 李能和評吳孝媛《和寒雲袁公子克文》云："飄泊異域，對境傷感，如讀一篇老杜之詩。"② 這些評論或形容是否中肯姑且不論，但皆以陶、杜詩作比，正體現了一種評價傳統。這與中國女性的創作追求有很大不同，如梁孟昭就明確指出："我輩閨閣詩，較風人墨客爲難。……諷詠性情，亦不得恣意直言，必以綿緩蘊藉出之，然此又易流於弱。詩家以李、杜爲極，李之輕脱奔放，杜之奇鬱悲壯，是豈閨閣所宜耶?"③ 當然，女性的作品若真能擺脱"閨閣氣"、"脂粉味"，也能夠得到正面肯定。反之，男性作品若過於柔弱，就難免"女郎詩"之譏④。而在朝鮮，類似的譏諷就是將漢文作品貶作"諺文"。崔慎（1642—1708）曾贊美其師宋時烈（1607—1689）的文章"辭約而意盡，可謂妙入神也"，但宋子卻悻悻然地回答："吾之文字，多尚宋朝文章，故調格甚卑矣，頃聞李台瑞以余之文爲'諺文'云也。"⑤ 顯然，他對這一"惡評"是深不以爲然的。但這樣的比擬，也顯示了兩種文字在時人心目中的地位。

如果説，詩歌創作所涉及的還多是文學的題材、體裁、主題和風格等問題，那麼文章所涉及的，就更有女性的人性自覺。在詩歌中，女性偶爾還會對自己身爲"女兒"而哀歎⑥，在文章中，女性常常流露出的就是性別的"平等"了。既然漢字是男性文字，女性也能夠熟練運用，與男性一起討論經史，就説明從受之於天的本性而言，男女並無本質差異。女性完全可以像男性一樣追求成賢成聖，即便在現實社會中難以踐行，至少在精神領域是可以這樣期待的。金浩然齋《自警篇·正心章》云："陰陽異性，男女異行，女子非敢妄追聖賢之遺風，然而嘉言善行教化之明，豈可嫌男女異宜而不思慕效哉?"⑦ 任允摯堂説："我雖婦人，而所受之性，則初無男女之殊。縱不能學顏淵之所學，而其慕聖之志則切。"⑧ 她的意見對姜静一堂影響很大，後者進而發揮

---

① 《朝鮮時代女性詩文集全編》下册，頁 1800。

② 《小坡女士詩集》中編，《朝鮮時代女性詩文集全編》下册，頁 1571。

③ 《寄弟》，出《墨繡軒集》，引自王秀琴編集、胡文楷選定《歷代名媛文苑簡編》卷上，頁 45。

④ 最早以"女郎詩"譏諷男性詩人的是元好問《論詩三十首》，其中將韓愈的詩與秦觀的詩作對比，貶稱後者爲"女郎詩"。

⑤ 《華陽聞見録》，《鶴庵集》卷三，《韓國文集叢刊》第 151 册，漢城：民族文化推進會，1995 年，頁 258。

⑥ 如金浩然齋《自傷》云："可惜此吾心，蕩蕩君子心……自傷閨女身，蒼天不可知。"《浩然齋集·遺稿》，《朝鮮時代女性詩文集全編》上册，頁 491。

⑦ 《浩然齋集》，《朝鮮時代女性詩文集全編》上册，頁 469。

⑧ 《克己復禮爲仁説》，載《允摯堂遺稿》，《朝鮮時代女性詩文集全編》上册，頁 556。

道："雖婦人而能有爲，則亦可至於聖人"①。所以在與兄弟子侄討論經史時，毫不氣餒，勇下斷語。她們不止於平等對話，有時更有居高臨下之勢。金清閑堂常與其弟商討文史，其弟曾引述其語："論史則曰：'定名分，不可不讀《春秋》，抑其次，紫陽《綱目》。'論文則曰：'韓文汰健，柳文巧雕，歐文內剛而外柔。兼得韓、柳，方可爲文。'論詩則曰：'詩言志也，言志莫如老杜，其餘吐芳咀華、買櫝遺珠之不能使人屈膝者流，無足齒算。'"② 全然一種傲視群雄的態度。不僅士大夫家族女性有此自覺，就是出身青樓者也有驚人之語，如金錦園（1817—1887 後）云："天既賦我以仁知之性、耳目之形，獨不可樂山水而廣視聽乎？天既賦我以聰明之才，獨不可有爲於文明之邦耶？既爲女子，將深宮固門、謹守經法，可乎？既處寒微，隨遇安分、湮沒無聞，可乎？"③ 這些都是從天賦之性的根本處立論，來表明追求男女平等的意願。而事實上，這裏所流露出的種種追求，並非紙上談兵的文字遊戲，在實際生活中，女性一旦使用漢字作爲交流思想的工具，無論是其自我感覺，還是家族內外男性的態度，都會發生很大的改變，好像他們處於同一個知識共和國，並構成了統一的知識共同體。

四、男女在家庭與社會中的移位

在人們的通常印象中，古代朝鮮半島深受儒家思想教化，女性在家庭中的地位必然低下，在夫婦關係中，女方總是俯首帖耳的一方。事實上，史料中對這一方面的記載非常缺乏，女性在家庭生活中的真相如何，只能給人留下一些刻板的印象。但總體來説，在不同的歷史階段存在着較大變化，不可一概而論。從三國時代到統一新羅時代，新羅曾出現過三任女王（善德女王、真德女王、真聖女王），女性地位不可謂不高。就婚姻關係而言，在朝鮮時代以前，往往"男歸女家"。李能和曾針對這一現象説："其俗尚矣，蓋自高句麗已然，高麗時亦如之。"④ 所以，東國人娶妻稱作"入丈家"。朝鮮時代初期，已有人對此提出警告，如鄭道傳（？—1398）説："男歸女家，婦人無知，恃其父母之愛，未有不輕其夫者。"⑤ "男歸女家"所造成的直接後果，就

---

① 《尺牘並上夫子》，載《静一堂集》，《朝鮮時代女性詩文集全編》中册，頁 818。
② 金商五《清閑堂散稿序》，《朝鮮時代女性詩文集全編》中册，頁 1361。
③ 《湖東西洛記》，《朝鮮時代女性詩文集全編》中册，頁 1148。
④ 《朝鮮女俗考》，頁 34。
⑤ 《朝鮮經國典·禮典·婚姻》，《三峰集》卷七，《韓國文集叢刊》第 5 册，漢城：民族文化推進會，1990 年，頁 431。

是女性在家庭中的實際地位較高。隨着儒家思想的不斷强化，這一習俗在朝鮮時代逐漸被更改。柳馨遠（1622—1673）《磻溪隨録》指出：“今國家王子、王女昏姻，皆行親迎之禮。而士大夫家因陋苟簡，婿留婦家，故不曰‘娶妻’而曰‘入丈’。是陽反從陰，大失男女之義。宜明飭禮法，以正人倫之道。”① 儘管“親迎之禮”未能徹底貫徹，但“男歸女家”的習俗是逐步廢棄了。從社會對女性以及女性對自身的一般期待來看，乃以“順”爲第一義。故朝鮮時代女性名字中，“從順字者十居八九”②。昭惠王后《御制内訓·夫婦章》云：“妻雖云齊，夫乃婦天。禮當敬事，如其父焉。卑躬下意，毋妄尊大。唯知順從，不敢違背。……欲家之興，曰和與順。何以致斯，又在乎敬。”甚至要求女性“雖被箠鞭，安敢怨恨”③。此書成於朝鮮成宗六年（1475），據尚儀曹氏《跋》，該書雖以漢字編纂，但“繼以諺譯，使之易曉”④，並且在朝鮮時代多次由官方和地方印行，王室對此書的刊印品質也有很高要求，往往視印刷效果優劣而賞罰分明⑤。從十五世紀到十八世紀乃至以後，此書對於朝鮮各階層女性的約束有重要作用。因此，就朝鮮時代一般士大夫家庭而言，女性在家庭中以“順”爲主，大概與事實相去不遠。

然而對於能夠使用漢字的女性來說，情況就大不一樣了。在家庭中，妻子對丈夫的平等相勉已屬常態，批評指責亦時有發生，“和容婉辭”、“以弱爲美”⑥ 的戒條完全不起作用。重要的是，處在這種情況下，丈夫總是受之泰然，甚至頗以爲榮。他人也交口稱贊，羨慕嚮往，乃至高調表彰。女性的家庭和社會地位，在以漢字構築的世界中，發生了很大改變。

金三宜堂年十八，嫁與同年同月日生、居同邑同里閈之河湜爲妻。晉陽河氏家族

---

①《磻溪隨録》卷二十五《續篇上·昏禮》，漢城：東國文化社，1958 年，頁 485。

②《朝鮮女俗考》，頁 95。

③《朝鮮時代女性詩文集全編》下册，頁 1718。

④《朝鮮時代女性詩文集全編》下册，頁 1743。

⑤宣祖六年（1573）二月二十五日傳曰：“近日印出《内訓》與《皇華集》，字畫熹微，纖斷不端，多有不精處。校書館官員與所印下人，推治。”（《朝鮮王朝實録》第 21 册，頁 257）“推治”即審問治罪，此爲罰例。光海君四年（1612）二月二日，“司諫院連啟：‘（趙存世、元裕男、尹應瑞等及《璿源録》纂集，《通鑑》《史略》《詩經諺解》《内訓》校正等）賞加大濫，請並命改正。’王答曰：‘查仿舊例，酌施賞典，不可改正。勿爲煩論。’”（《朝鮮王朝實録》第 27 册，頁 307）此爲賞例。從光海君回答中可見，此類“賞典”因屬“舊例”，故“不可改正”，並申斥諸大臣“勿爲煩論”。

⑥《御制内訓·夫婦章》，《朝鮮時代女性詩文集全編》下册，頁 1718—1719。

乃儒學世家,湜父經天（？—1804）亦秉持家風,嚴守傳統,其《教子十三條》中就有
"勿聽婦人之言,必乖骨肉;勿用婦人之計,必敗道義"① 之訓。河氏夫婦禮成之夜,
湜問道:"終身不可違夫子,則夫雖有過,亦可從之歟?"金氏答曰:"夫婦之道,兼該
五倫。父有爭子,君有爭臣,兄弟相勉以正,朋友相責以善。至於夫婦,何獨不然?
然則吾所謂不可違夫子者,豈謂其從夫之過歟?"② 終其一生,他對妻子之言、之計心
悦誠服,完全不用其父之教。如果説,這種現象姑且還可以用夫婦之間燕婉情深來解
釋,那外人的評論就更能説明問題了。鄭鍾燁（1885—1940）《晋陽河氏五孝子傳》
云:"湜妻金氏,⋯⋯早受家學,涉獵經史,一覽輒記,而文思水湧風發,金精玉美,
雖許蘭雪、李玉峰蔑以過此。而至於義理處,辭氣森嚴,實有丈夫之所難及。"③ 名爲
河氏立傳,用筆則多在金氏。至於"辭氣森嚴"四字評論,與要求女性的"和容婉
辭"相較,不啻天壤之别,非但沒有受到貶抑,得到的反是高度褒揚。鄭迴澤《三宜
堂稿跋》更以男女對比而言,認爲著書立言乃人生事業之最大者:"然有此事業者,千
百人中一男子。男子子之所不能,女子子而能之,具鬚眉冠帶而讀此者,其頫能無泚
乎? 又使女子子讀之,其奮發思齊之心烏可已也?"④ 這些文字在一定程度上反映了社
會輿論。在漢字的"文學共和國"中,由於男女發聲標準的統一,女性的地位也與男
性等同,有時甚至還超而上之。

　　宋德峰（1521—1578）是柳希春（1513—1577）正室,柳氏號眉巖,是朝鮮宣祖
時代碩學名流,所以宋氏也被封爲"貞敬夫人"⑤。宋氏素有孝婦、賢妻、良母之稱,
但在宋氏文字中,每有對眉巖的微諷或譏斥,有時甚至毫不留情。朝鮮恩津縣出産佳
石,宋氏長年渴望取其地之石爲其父立碑墓側,恰值宣祖四年辛未（1571）眉巖出任
忠清道監司,可利用職權之便完成此事。宋氏屢促之,而眉巖卻"不顧私事"有所拖
延。宋氏乃撰《斲石文》再三質問之:"此獨何心,得非惡累清德而然耶? 等差妻父母
而然耶? 偶然不察而然耶? ⋯⋯且君在鍾山萬里之外,聞吾親之歿,惟食素而已,三
年之内,一未祭奠,可謂報前日款接東床之意耶? ⋯⋯我亦非薄施而厚望於君也,姑

---

①轉引自朴堯順《三宜堂과 그의 詩研究》,《韓南語文學》第 11 輯,韓國大學校韓南語文學會,
　　1985 年。
②《三宜堂稿・禮成夜記話》,《朝鮮時代女性詩文集全編》中册,頁 780。
③《修堂先生文集》卷四,《韓國歷代文集叢書》第 396 册,漢城:景仁文化社,1999 年,頁 262。
④《朝鮮時代女性詩文集全編》中册,頁 784。
⑤據《校注大典會通》卷一"吏典・外命婦・文武官妻":"貞敬夫人,正、從一品。"漢城:保景
　　文化社,1985 年據朝鮮總督府中樞院 1938 年版影印,頁 57。

氏之喪，盡心竭力，葬以禮、祭以禮，余無愧於爲人婦之道，君其肯不念此意耶？君若使我不遂此平生之願，則我雖死矣，必不瞑目於地下也。"[1] 按照朝鮮時代對女性言語的一般要求，應是"徐緩、温恭、謙讓、斂退"，"言語之快，非婦人之本色也。一爲快言，其害三至"[2]。即便丈夫有過失，正確的處理方式是："夫苟有過，委曲諫之。陳説利害，和容婉辭。"[3] 然而宋氏的文章卻是氣勢洶洶，滔滔不絶，數落責難，再三再四。又如眉巖在京獨處四月，致書宋氏，自矜不近聲色之好，宋氏回曰："三四月獨宿，謂之高潔有德色，則必不澹然無心之人也。恬静潔白，外絶華采，内無私念，則何必通簡誇功，然後知之哉？……以此觀之，疑有外施仁義之弊，急於人知之病也。"[4] 眉巖書信今不存，以其夫婦關係之昵愛，也許只是一個玩笑，卻引來宋氏一番義正辭嚴的駁斥，甚至有誅心之論，但眉巖同樣安然受之，不僅抄入當天日記，還評論説"夫人詞意俱好，不勝嘆服"[5]。在日記中，我們常常看到眉巖對宋氏文學才能的服膺，或曰"余翻譯《類合》下卷，多咨於夫人而改正"[6]，或曰"夫人和我詩甚佳"[7]，還將宋氏評論其詩之語録於日記："夫人謂余曰：'詩之法，不宜直説若行文，然只當起登山渡海，而説仕宦於其終可也。'余即矍然從之。"[8] 其次韻宋氏《醉中偶吟》，末句爲"不如歸舍饌前榮"，特加自注云："'舍'改作'去'，從夫人指也。"[9] "矍然從之"、"從夫人指"云云，活現出眉巖對夫人的佩服已至五體投地之境。作爲一代大儒而能如此行事，更可見漢字的"魔力"。日記屬於"私人性"文體，但正因爲其"私人性"，其中反映的家庭關係也更加可信。

在朝鮮時代的夫婦關係中，姜静一堂所處的主導地位以及在社會上獲得的良好聲譽可能是最突出的。姜氏年二十，歸於坦齋尹光演（1778—？），和眉巖不同，光演只是一介書生。所以，姜氏有着强烈的"引夫當道"的自覺，也有充分的實踐。她雖爲女性，卻有男性的擔當。其《遺稿》中有大量的"代夫子作"，反映的實爲自己的心聲，如《孺人金氏墓志銘》（代夫子作）云："夫子或有過，從容辨析，引而當道；有

①《德峰集》，《朝鮮時代女性詩文集全編》上册，頁41—42。
②金浩然齋《自警篇·慎言章》，《朝鮮時代女性詩文集全編》上册，頁473。
③《御制内訓·夫婦章》，《朝鮮時代女性詩文集全編》下册，頁1718。
④《答文節公書》，《德峰集》，《朝鮮時代女性詩文集全編》上册，頁50。
⑤《眉巖日記草》二，漢城：國學資料院，1982年據朝鮮總督府1936—1938年版影印，頁293。
⑥《眉巖日記草》四，頁313。
⑦《眉巖日記草》五，頁85。
⑧《眉巖日記草》五，頁290。
⑨《德峰集》，《朝鮮時代女性詩文集全編》上册，頁44。

憂戚，則輒以理寬譬。"① 在現存的八十二通"尺牘"中，除少數者外，都是對丈夫的勸誡勉勵。有些屬於原則上的大道理，更多的是生活細節，比如責人時"聲氣過厲"，偶入賣酒之家，未挽留賢友吃飯，衣服不整潔等等。這類勸勉，儘管不如宋氏對眉巖的表述那麼激烈或情緒化，但字裏行間有一種不可違逆的威嚴，因爲姜氏所依憑的是儒家正論而非夫婦情感。他們之間的關係與其說是夫婦，不如說是師生。對此，作爲丈夫的光演也坦陳不諱，姜氏去世後，他寫了三篇祭文，其中之一云："念吾室人之亡，吾有所疑，誰其釋之？吾欲有爲，誰其成之？吾有錯誤，誰其正之？吾有過尤，誰其戒之？中正之論，奧妙之旨，何從而聞之？操存之工，涵養之方，何從而講之？"② 其自省之際，亦每以"未能遵先人之訓、奉尊師之教、從孺人之戒"③ 三者並舉。他人評論亦類似，如洪直弼嘗謂光演云："孺人，君之師也。君更讀十年書，可以知孺人之德。"④ 卷末輯録的他人挽章，發表此類看法者衆多，這樣的評論，在朝鮮半島的歷史上，也是絶無僅有的。儘管人們對姜氏有一些微弱的異議，但佔據主流的聲音是對她的高調讚美。從家庭到社會，她收穫了雙重的頌揚。在朝鮮時代的夫婦關係中，姜氏的地位已遠遠高於其丈夫。

以上所舉女性皆爲閨閣中人，有的雖然在經濟上不免窘迫，但就階層而言，總屬於書香門第。擅長寫作詩文的另一類人是妓女，這樣的出身，決定了其地位的低下。然若真能寫出一手好文章，也會改變其自身的形象和地位。金錦園少年時曾女扮男裝，遊歷四方，有《湖東西洛記》記其行。又與金芙蓉（約 1800—1860）、朴竹西（約 1820—1845）、瓊山、鏡春結爲吟社，五人皆一時名妓，其後分別成爲諸名流小室，錦園嫁與金德喜爲妾。李裕元（1814—1888）曾評論錦園之"詩文俱麗"，又特別指出其祭金德喜文"非比女史作也"⑤。金正喜（1786—1856）與德喜爲從兄弟，讀錦園祭文，亦由衷讚歎云："寧有如此奇文者乎？最是辭氣安閑，體裁雅正，行中璜佩，顏叶彤管，有古女士閨閣風概，無一點脂粉黛綠氣味。頷下橫三尺髯，胸中貯五千字者，直爲羞欲死也。"這還只是就文章論文章，以爲此文之傑出，足可令男子羞慚。接着就感歎其在家族中的地位："家中有如此人而不識何狀，視一尋常勾欄中一輩人，非徒爲

---

① 《静一堂遺稿》，《朝鮮時代女性詩文集全編》中册，頁 824。
② 《祭亡室孺人姜氏文》之一，《朝鮮時代女性詩文集全編》中册，頁 850。
③ 《祭亡室孺人姜氏文》之三，《朝鮮時代女性詩文集全編》中册，頁 852。
④ 《孺人晉州姜氏墓誌銘》，《朝鮮時代女性詩文集全編》中册，頁 848。
⑤ 《林下筆記》卷三十三《華東玉糝編》一 "諸女史" 條，漢城：成均館大學校大東文化研究院，1961 年，頁 831。

此人悼歎，懷書抱玉之人，終古何限！"將她與歷史上"懷書抱玉"不得知音的文士相提並論。最後表彰她心中追求之廣之高，以一唱三歎結束全文："一寸錦心中，藏得巨海崇山有不可測者，烏乎異矣！烏乎異矣！"[①] 李裕元官至領議政，爲一品大員，金正喜（阮堂）是將清代考據學傳入朝鮮半島的學術巨匠[②]，他們的褒獎一方面代表了家族，另一方面也會影響到社會。由於驅使漢字表情達意的能力，金錦園獲得了極高的表彰，原先較爲負面的妓女身份反而顯得微不足道了。

在朝鮮半島歷史上，漢字寫作本是男性的作爲，女性一旦擁有這種能力，就同時擁有了與男性平等對話的場域。她們並不僅僅滿足於詩歌唱和或文字遊戲，而是試圖深入到讀史、論學、講經等更爲莊重、嚴肅的層面，與男性有時相互討論，有時代爲發言，有時予以指點。即便在詩歌領域，她們心中的典範也是陶淵明、杜甫等人，而古詩體的寫作，在文字風格上也具有了"鬚眉氣"。與此同時，當她們用漢字與男性交往之際，其家庭地位和社會地位也獲得了空前的提高[③]。

五、餘論：拉丁文世界與漢字世界中的女性

據英國歷史學家彼得·伯克（Peter Burke）的説法，知識社會學的興起可以追溯到二十世紀初，並且在法國、德國和美國出現了三個不同的學派，關注的重心是知識和社會的關係。但經過一陣短暫的輝煌之後，這個領域便失去了吸引力，至少在社會學範圍中已日趨遜色。二十世紀六十年代之後，知識社會學再度復興，形成了第二次浪潮。同時，也在四個方面表現出與"老知識社會學"的差異，其中之一就是"德國社會學派主張知識是具有社會情境的。……現階段，人們更加關注的是性別和地理研究"[④]。

如果説本課題處理的內容也可以屬於知識社會學的話，那麼，其關注的重心恰恰就是知識在"社會情境"中緣於"性別和地理"所發生的改變。一些歷史學家和語言

①《阮堂集》卷三《與再從兄》，《阮堂全集》第 2 册，大田：學民文化社，2005 年，頁 355。

②參見藤塚鄰《清朝文化東傳の研究—嘉慶·道光學壇と李朝の金阮堂—》，東京：國書刊行會，1975 年。

③如果説也存在別種聲音的話，許蘭雪軒可能是一個特例，對於她的爲人和作品，既有"不虞之譽"，又有"求全之毁"，形成這種後果的因素也很複雜，此處暫不討論。

④參見彼得·伯克著，陳志宏、王婉旎譯《知識社會史》（*A Social History of Knowledge*）上卷第一章"導論：知識社會學與知識史"，杭州：浙江大學出版社，2016 年，引文見頁 9。

學家喜好做這樣的類比，把歐洲的拉丁文世界與東亞的漢字世界相提並論。這樣做當然是有一定依據的，比如這兩種文字都具有相當的"魔力"，而且這種魔力並非自身攜帶，而是由社會賦予的；又比如在相當長的歷史時期，拉丁文或漢字都是男性"上流人士"在正規場合中"專用的"文化工具；再比如與歌唱的語言、素描或繪畫的語言相比，拉丁文和漢字都屬於"雕刻的語言"①，能夠持久而廣遠地傳播。但我們若進一步追問，這兩種文字"魔力"的範圍、機制、結果有何異同，以及爲何出現種種異同，既有的學術積累在提供答案時就會顯得力不從心。本文專從女性（性別）和東亞（地理）切入，希望得出一些新鮮而具體的結論。

性別和地理，在本文中是聯繫在一起的概念。也就是説，我們需要闡釋的是，唯獨在朝鮮半島歷史上女性的漢詩文寫作具有的某些特徵，以及這些特徵形成的原因和引起的後果，同時，在有限的範圍内，也可以與拉丁文在歐洲世界中的情形作一些對比。

如上所述，朝鮮時代女性詩文具有"男性化"特徵，這一特徵形成的根本原因是漢字，所以説，漢字是有"魔力"的，然而這種"魔力"是由特定社會的文化氛圍賦予漢字的。第一部女性詩文集的作者是許蘭雪軒，她的才華曾在後來引起包括衆多中國人在内的選家、批評家的注目和好評，但是當她辭世之際，卻囑託家人將其所有的詩文付之一炬。至少在她看來，這些心血結晶是無需傳於世、傳於後的，儘管是用漢字撰作。現存的詩集是由其弟許筠根據自己的記憶恢復而成，編成後他特別請當時在政壇和文壇都有地位的柳成龍（1542—1607）寫序作跋，柳氏一方面高度肯定蘭雪軒作品"鏗鏘則珩璜相觸也，挺峭則嵩華競秀也。……至其感物興懷，憂時悶俗，往往有烈士風"，但最後還是希望許筠"收拾而寶藏之，備一家言，勿使無傳焉可也"②，主張秘藏於家，而非公開印行。這篇跋文作於萬曆十八年（1590），而許筠刊刻此書是在萬曆三十六年（1608），在這十八年中，先是吳明濟、藍芳威（尤其是後者）將蘭雪軒詩大量選入《朝鮮詩選》（1600、1604）；然後是在中國刊行其書（1606 年前沈無非刊本）；繼而朱之蕃、梁有年爲之作序題辭（1606）；之後在中國再次刊行其書（1608

---

①借用法國文學批評家布倫蒂埃（Ferdinand Brunetière）的話説："拉丁文是雕刻的語言，它刻下的内容不可磨滅。我們可以説，不是放諸四海皆準或永恒的事，都不是拉丁文。"（轉引自《拉丁文帝國》，頁 366）而在傳統東亞，幾乎所有在金石上銘刻的文字都是漢字，雖然經過時間的侵蝕，大量保存至今的銘刻文字仍在默默而頑强地呈現着昔日的榮耀。
②《跋蘭雪軒集》，《西厓集》別集卷四，《韓國文集叢刊》第 52 册，漢城：民族文化推進會，1990年，頁 483。

年春潘之恒刊本）。在朝鮮方面，許筠也作了多方面的鋪墊，先是在其《鶴山樵談》中高調表彰蘭雪軒的作品（1593）；繼而請海東名筆韓濩（石峰，1543—1605）書寫蘭雪軒《廣寒殿白玉樓上樑文》，許筠爲之刊刻印行（1605）；最後纔在萬曆三十六年夏刊刻了第一個朝鮮本[1]。在朝鮮時代女性"文墨之才，非其所宜"[2]的觀念世界中，並非只要用漢字寫作，女性就天然擁有了公之於世的權力，至少在蘭雪軒本人尚無此意識。許筠在那個時代是一個思想上的先行者，但他要將思想落實到行爲，也需要藉助許多"外力"，使得社會輿論形成出版該書的必要性（比如中國人到朝鮮，紛紛向人索取蘭雪軒詩）。而一旦出版，也就賦予了"漢字"的特權，此後，不僅有《蘭雪軒集》的重刊、再刊，到高宗三十二年（1895）爲止，又有十種女性詩文集公開刊行。這也表明，漢字的功效是由社會賦予的。而在東亞社會的知識社群中，來自中國本土的人士（尤其是衆多男性）發揮了最初的重要"推力"。

反觀拉丁文世界中的女性，就沒有那麼幸運。儘管使用拉丁文，知識階層組成了一個學問共同體——"文人共和國"，這當然只是一個"想象的共同體"，然而靠着這樣的想象，知識階層把自己和"異己者"劃清了界限。可是那個時代的知識女性卻"幾乎被排擠出學問追求的行列"，"女性不能和男性一樣加入文人共和國之中"。即便有少數"開明的"男士，願意"用淺顯的語言向女性解釋新科學"，但也往往"以恩人姿態自居"[3]。"淺顯的語言"就是"非拉丁文"。據說在十八世紀初的歐洲有這樣一句諺語："女人講拉丁語，準沒好下場。"瓦克在他的書中列舉了一些人的解釋，比如拉丁語中含有一些通俗語言説不出口的淫詞穢語，不懂拉丁文有助於使女性保有純真。還有人説，男女的"天職"不同，女性的職責是在家裏，所以不適合也無必要學習拉丁文，與"才智"無關。這也得到了部分女性的認同，英國散文家夏博恩夫人（Hester Chapone）説，基於"賣弄學問的危險，以及想象的天賦可能被學者嚴肅、力求精確的態度取代"，女人應避開拉丁文和其他"深奧的學問"。就連支持女子教育改革的《淑女雜志》也説："我們絕不希望社會上充滿了穿着襯裙，用拉丁文和希臘文對着我們大説特説的女學者。"而隨着教育的普及，以及巴黎大學女生數量的增多，導致的最終結果是，"在女性化的過程中，拉丁文失去了它的威望"[4]。

---

[1] 參見張伯偉《明清之際書籍環流與朝鮮女性詩文——以〈蘭雪軒集〉的編輯出版爲中心》，韓國高麗大學校《漢字漢文研究》第10號，2015年8月。
[2] 魚叔權《稗官雜記》卷四，《大東野乘》本，京城：朝鮮古書刊行會，1909年，頁587。
[3] 彼得·伯克《知識社會史》上卷，頁21—22。
[4] 參看《拉丁文帝國》第八章"階級劃分"，頁312—317。

如果説，拉丁文的"威望"是被法國女性"往下拉"，那麼，漢字的"威望"就是將朝鮮女性"往上提"。首先，女性創作被用來激勵男性。用漢字撰作的作品，是可以達致"不朽"之目標的，所以，在表彰女性作品的同時，伴隨着的就是對男性的刺激。上文引用他人對《三宜堂稿》《静一堂稿》之評已多此論，又李殷淳《情静堂遺稿跋》亦云："世之身爲丈夫、名爲士子，而浪度光陰，不下魚魯，終歸於秦不關、楚不關者，其視夫人言，果何如哉？"① 至於金正喜讀金錦園文而生"頷下橫三尺髯，胸中貯五千字者，直爲羞欲死也"之慨，就更是由衷欽佩之語。其次，女性也因此而生發著述不朽的意識，毫無愧色地主動加入"作者之林"。很多女性生前就編定自己的文集，任允摯堂《文章謄送溪上時短引》云："逮至暮年，死亡無幾，恐一朝溘然，草木同腐，遂於家政之暇，隨隙下筆，遽然成一大軸，總四十編。"② 據申奭相（1738—？）《祭姑母尹夫人文》所云："自以爲《芙蓉堂集》者亦且數卷。"③ 可知其集亦申芙蓉堂（1732—1791）自編。又《三宜堂稿》有金氏自序，必是出於自編。姜静一堂原有《文集》三十卷、《經説》三卷，均歸散佚，又有《答問編》《言行録》，生前已失。她曾發出這樣的自欺："平生精力，盡歸烏有矣。"④ 流露出無限惋惜之情。她們對於漢文學世界，並不滿足於被動接受，還要積極創造，有所作爲。這與社會情境對她們的鼓勵也是密切相關的。當然，從整體數量上看，朝鮮女性中能夠以漢文書寫者的數量只佔很小的比重，他們在家庭和社會中的地位，也不足以代表朝鮮時代一般婦女的實際情形，但也正因爲是少數，恰恰體現了漢字的"魔力"，它扭轉了世人的一般觀念，以統一的標準對待女性詩文，並進而對其作者也另眼相看。這在歐洲的拉丁文世界中幾乎是不可思議的。

西方從上世紀六七十年代開始的後現代之風，在史學上的最佳表現是"新文化史"。他們拋棄了年鑒派史學的宏大敘事方式，關注的不是整體，不是本質，而是"歷史碎片"；或者説，他們認爲本質不在於歷史之樹的樹幹或樹枝，而是在樹葉上。這種史學趨向的得失很難一言而盡。從積極的方面看，這樣的史學必然是多元的、自主的，强調研究者用各種不同文化自己的詞語來看待和理解不同時代、不同國族的文化，從而打破了自啟蒙時代以來根深柢固的西方中心普遍主義的牢籠。但值得警惕的是，這

---

① 《情静堂遺稿》，《朝鮮時代女性詩文集全編》上册，頁 695。
② 《允摯堂遺稿》，《朝鮮時代女性詩文集全編》上册，頁 569。
③ 《山曉閣芙蓉詩選》，《朝鮮時代女性詩文集全編》上册，頁 611。
④ 姜元會《行狀》，載《静一堂稿》，《朝鮮時代女性詩文集全編》中册，頁 844。

種研究也容易導致"碎片化"①。有鑒於此，本文採用了年鑒派史學的"長時段"觀念，又吸收了"新文化史"注重從不同文化自身出發的路徑，希望能夠對需要處理的問題作一個動態的把握。研究模式之間的競爭永遠都存在，宏大叙事在今日也並非一蹶不振，史學界也在呼喚"長時段"的回歸②。我們期望的是宏大而不空洞，細緻而非瑣碎的研究，並願意通過具體的個案將這一理念付諸實踐。

①參看弗朗索瓦·多斯（François Dosse）著，馬勝利譯《碎片化的歷史學：從〈年鑒〉到"新史學"》（*L'histoire en miettes：Des Annales àla "nouvelle historie"*），北京：北京大學出版社，2008 年。又弗朗索瓦·多斯等人著，顧杭等譯《19—20 世紀法國史學思潮》（*Les courants historiques en France：siecles 19ᵉ- 20ᵉ*）第五章"擴展和碎化：'新史學'"，北京：商務印書館，2016 年，頁336—414。

②參看喬·古爾迪（Jo Guldi）、大衛·阿米蒂奇（David Armitage）著，孫岳譯《歷史學宣言》（*The History Manifesto*），上海：格致出版社、上海人民出版社，2017 年。

朝鮮漢文小說選《花夢集》探析

王國良

（臺北大學）

一、引　言

　　《花夢集》是朝鮮無名氏編纂的漢文文言小說選集，大約成書於十七世紀中葉前後或者稍晚，是古代朝鮮半島具有代表性意義的一部古典文學作品①。全書蓋由《崔陟傳》《周生傳》《雲英傳》《英英傳》《洞仙傳》《夢遊達川錄》《元生夢遊錄》《皮生冥夢錄》《金華靈會》《姜虜傳》等十篇短篇漢文文言小說構成。其中《崔陟傳》《周生傳》《夢遊達川錄》《元生夢遊錄》及《姜虜傳》，可以知道作者，其餘五篇作者不詳②。

　　《雲英傳》《英英傳》《夢遊達川錄》《元生夢遊錄》《皮生冥夢錄》五篇，撰於十六世紀後半到十七世紀初葉，基本上以朝鮮爲故事的場域；《崔陟傳》《周生傳》《洞仙傳》《金華靈會》《姜虜傳》等五篇撰於十七世紀初、中葉之際，或以中國歷史爲時代背景，或借助中國歷史元素構建故事情節。集內篇章多處有詩詞唱和之句，皆仿唐宋，尤其推尊李白、蘇軾，文辭優美，意蘊深遠，具有濃厚的漢文文學色彩。研究

---

① 《花夢集》首葉殘存 "略舉其概時天啟元……"（孫得彪、周安平、趙凱點校《花夢集》整理本，北京：人民出版社，2010 年，頁 1，"元" 誤作 "六"）八字，原係《崔陟傳》之末行，不少校注研究者皆誤會它是原書之序文殘存（按：天啟元年，公元 1621 年），遂作出《花夢集》成書於十七世紀上半葉的推斷，不確。說詳本論文 "三、《花夢集》各篇之作者、別題及版本（一）《崔陟傳》"。

② 參考汪燕崗《韓國漢文小說研究》（上海：上海古籍出版社，2010 年）；金寬雄、金晶銀《韓國古代漢文小說史略》（北京：北京大學出版社，2011 年）。

《花夢集》，一方面可增進我們對朝鮮歷史文化以及古典文學發展的認識，另一方面，也可加深我們對古代中朝之間文化交流的理解。

二、書籍命名暨流傳概況

《花夢集》是朝鮮民主主義人民共和國金日成綜合大學科學圖書館皮藏的一部珍貴圖書。被認定屬於"稀貴" 2080，館藏號爲 12718。230 —259。自下方所蓋圖書館館藏圖章，可推知此書於 1960 年入藏。該書寬 18.5 釐米，高 21 釐米（一說高 24 釐米，寬 22 釐米，當指原書紙張大小而言），紙張爲高麗紙，右側 5 眼穿線縫製①。封面裏葉題"花夢集"（毛筆大字，豎寫）"周生　雲英　英英　洞仙　達川/元生　　靈會　姜虜"（毛筆小字，豎寫，雙行）"。我們猜測這可能是抄寫流傳者所題，而非編者自署，否則封面於"周生"之前，不應該少題"崔陟"兩字；"元生"、"靈會"之間也不應落掉"皮生"兩字。其内文抄録有十篇漢文文言小説。（其中，《崔陟傳》僅殘存半行文字，《皮生幽冥録》殘存篇名及五行文字，《金華靈會》缺篇名及前六行文字，另外七篇完整無缺。）近年已有學者專家對《花夢集》所收録的十篇漢文小説的字跡進行了辨別，發現至少有四種字體筆跡②。

目前我們所能擁有的《花夢集》各種文本，都是根據朝鮮金日成綜合大學科學圖書館所藏朝鮮舊鈔本影印或者整理而成。不管"花夢集"是否爲原書名，我們對它命名之由來所知甚少；到目前爲止，也無人加以解釋爲何稱"花夢"？經過仔細閱讀原書，我們發現其中所收作品，幾乎與"中華"脫不了關係；再者，原書編選完成於明朝覆亡，清人入主中原之後。因此，個人大膽地推測"花夢"應是"華夢"（即"夢華"）之意。編者或其傳承者借着書中諸多與"中華"關係緊密的作品，懷念惋惜宗主國的淪落不振，馴至滅亡；而朝鮮的遭遇與内部矛盾，也令人傷心歎息不已啊！當然，我們似乎也可以聯想到，中、朝兩國的命運，豈非如"花"之凋零一般，讓人想躲入"夢"裏哪！

1959 年 5 月 29 日在朝鮮科學院會議室，由語言文學研究所文學研究室同仁主持，做了一次學術報告。其中關於《花夢集》部分，請金日成綜合大學語文系柳樹老師負

---

① 參考崔雄權、褚大慶《韓國古典漢文小説〈姜虜傳〉的文本結構及其文化意蘊》，《外國文學研究》2011 年第 1 期。

② 參考崔雄權、褚大慶《韓國古典漢文小説〈姜虜傳〉的文本結構及其文化意蘊》，《外國文學研究》2011 年第 1 期。

責。他分析、報導了《花夢集》所錄《夢遊達川錄》《金花靈會錄》《洞仙傳》《雲英傳》《英英傳》等十篇作品，説它們與《金鼇新話》一樣，帶有不少傳奇色彩①。這是《花夢集》首次露面。1986 年金春澤發表《關於中世紀作品集〈花夢集〉》，則列舉了《周生傳》《雲英傳》《英英傳》《洞仙傳》《夢遊達川錄》《元生夢遊錄》《皮生冥夢錄》《金華靈會》《姜虜傳》等九篇短篇文言小説名稱②。柳樹與金春澤兩人所説《花夢集》的篇數，已有一篇之差。

2009 年 10 月，韓國昭（曉）明出版社印行崔雄權、馬金科、孫得彪合撰《〈花夢集〉校注》（漢韓雙語）。2010 年 11 月，人民出版社、西南大學出版社共同印行孫得彪、周安平、趙凱聯合點校《花夢集》。它們的内容及解題，也都宣稱包含了九篇短篇文言小説。

三、《花夢集》各篇之作者、别題及版本

《花夢集》總共包含多少篇，目前無從考知。但由現存殘留抄寫卷，至少全書應有《崔陟傳》《周生傳》《雲英傳》《英英傳》《洞仙傳》《夢遊達川錄》《元生夢遊錄》《皮生冥夢錄》《金華靈會》《姜虜傳》等十篇短篇文言小説。今依序對其作者、作品別名及版本略作介紹。

（一）《崔陟傳》

作者趙緯韓（1567—1649）。緯韓，字持世，號素翁、玄谷。朝鮮光海君元年（1609）文科及第，歷任東副承旨、直提學，官至工曹判書。爲人有氣節，且以文章名於世。其詩文收錄爲《玄谷集》。所撰小説《崔陟傳》（又名《奇遇錄》），據金興圭、崔溶澈、張孝鉉等合編的《韓國漢文小説目錄》記載，目前有韓國高麗大學薪庵文庫所藏筆寫本；首爾奎章閣一蒉文庫所藏筆寫本；日本天理大學今西龍文庫所藏筆寫本；朝鮮李樹鳳所藏筆寫《於于野談》卷一載有無題作品一篇（今暫題爲《紅桃傳》），亦即《崔陟傳》③。另外，尚有朝鮮金日成綜合大學所藏筆寫《花夢集》載錄殘存本，

---

① 轉引自崔雄權《解放後朝鮮對古典小説的收集、整理》，《東疆學刊》2003 年第 1 期。
② 轉引自崔雄權《解放後朝鮮對古典小説的收集、整理》，《東疆學刊》2003 年第 1 期。
③ 金興圭、崔溶澈、張孝鉉等合編《韓國漢文小説目錄》，《古小説研究》第 9 輯，漢城：韓國古小説學會，2000 年，頁 375—376。

臺北林明德編《韓國漢文小説全集》排印本（卷七）。

《花夢集》所載殘存本，目前僅保留末行"略舉其概時天啟元"八字，比傳世通行本多出一個"時"字。雖然無法拿來作爲全篇校勘的參考，卻明確指出《花夢集》原本包含《崔陟傳》，吾人不應視而不見①。

（二）《周生傳》

作者權韠（1569—1612），字汝章，號石洲，原籍慶南安東，出生於官宦之家，性格豪放，剛正不阿，不貪富貴功名，終身未登仕途。"壬辰倭亂"時，他是强硬的主戰派，經常以詩文諷刺時政，作品有《石洲集》。所撰《周生傳》據金興圭、崔溶澈等合編的《韓國漢文小説目録》記載，目前有韓國鄭景柱、李憲洪、文璿奎所藏筆寫本，以及朝鮮金日成綜合大學科學圖書館收藏的古小説集《花夢集》中收録的筆寫本②。另外，則爲臺北林明德編《韓國漢文小説全集》（卷七"愛情、家庭類"）排印本。

（三）《雲英傳》

《雲英傳》又名《柳生傳》《柳泳傳》《壽聖宮夢遊録》，作者不詳，有人猜測乃作品中夢遊者柳泳所撰，但可信性不大③。大約完成於十七世紀初葉。據金興圭、崔溶澈等合編的《韓國漢文小説目録》記載，該書現存三十五種抄本，分別收藏在韓國、朝鮮、日本及美國等地④。

（四）《英英傳》

《英英傳》又名《相思洞餞客記》《相思洞記》，作者不詳。大約撰於十七世紀初葉或者稍晚。據金興圭、崔溶澈等合編的《韓國漢文小説目録》記載，該書現存十八種抄本，分別收藏在韓國、朝鮮⑤。

---

①《花夢集》影印本，孫得彪、周安平、趙凱點校本附，北京：人民出版社；重慶：西南師範大學出版社，2010年，葉一上。

②金興圭、崔溶澈、張孝鉉等合編《韓國漢文小説目録》，頁376。

③參考金寬雄、金晶銀《韓國古代漢文小説史略》，頁186—187。

④金興圭、崔溶澈、張孝鉉等合編《韓國漢文小説目録》，頁376—378。

⑤金興圭、崔溶澈、張孝鉉等合編《韓國漢文小説目録》，頁378—379。

（五）《洞仙傳》

《洞仙傳》，別題《洞仙辭》《洞仙記》《西門勣傳》等，作者不詳。從書中描寫的内容來看，作者應該是一位與功名無緣的落魄文人。金臺俊（1905—1950）《朝鮮小説史》懷疑它是金萬重（1637—1692）所作。然而從文筆及思想傾向看，《洞仙記》應該不是金萬重的作品。《洞仙記》的成書時間雖然還不能確定，但它收録於短篇小説集《花夢集》中（題作《洞仙傳》），而《花夢集》一般認爲是編撰於十七世紀中期前後，這是《洞仙記》最晚應成於十七世紀中期的一個旁證。此外，從《洞仙記》所反映的内容來看，它作於中國明朝滅亡（1644）不久的可能性比較大①。

據金興圭、崔溶澈等合編的《韓國漢文小説目録》記載，該書現存八種抄本，分別藏於韓國、朝鮮②。

（六）《夢遊達川録》

作者尹繼善（1577—1604），字而述，號坡潭，京畿坡平人。朝鮮宣祖丁酉年（三十年，1597）登第，歷任典籍、玉堂編撰、禮曹佐郎、兵曹佐郎等職。繼善是尹春年（1514—1567）之孫，明宗時權臣尹元衡（1509—1565）之近親。尹元衡在朝中失勢後，尹春年也受到連累並遭彈劾。尹繼善出世時，黨爭正處於白熱化狀態，因此他早就知道宦海無常，並不迷戀仕途。

此篇大約是宣祖三十三年（1600）尹繼善二十四歲時所創作。據金興圭、崔溶澈等合編的《韓國漢文小説目録》記載，傳世的版本有：朝鮮金日成綜合大學圖書館所藏《花夢集》本、高麗大學圖書館所藏筆寫本兩種（C14—A35；C19—B10）、奎章閣所藏筆寫本（收録於趙慶男《亂中雜録》卷4）、誠庵古書博物館所藏筆寫本、鄭明基所藏筆寫本等③。

（七）《元生夢遊録》

作者林悌（1549—1587），字子順，號白湖，又號謙齋，出生於羅州官宦之家。二十八歲舉進士，先後出任了興陽縣監、西道兵馬使、北道兵馬使、禮曹正郎等官職。

---

① 參考汪燕崗《韓國漢文小説研究》，頁 141—142。
② 金興圭、崔溶澈、張孝鉉等合編《韓國漢文小説目録》，頁 441。
③ 金興圭、崔溶澈、張孝鉉等合編《韓國漢文小説目録》，頁 409。

但是他並不迷戀官場，而是留連於自然山水，自我放逐於山野。《元生夢遊錄》蓋寫於林悌二十歲時，此後他又寫了《愁城志》《花史》《鼠獄説》等短篇寓言小説。這些寓言小説辛辣地諷刺了現實社會，表達了他對現實政治的强烈不滿。林悌在文學史上的貢獻，正在於這些富含强烈諷刺精神的寓言小説①。

《元生夢遊錄》載入林氏詩文集《白湖先生文集》，有木活字本及石印本；又被收錄於《藥坡謾錄》《朝野輯要》《朝野僉載》《青野謾輯》《夢遊野談》《大東稗林》《郗睡謾錄》《觀瀾遺稿》《秋江集》《文苑》等書中②。另外，臺北林明德編《韓國漢文小説全集》（卷三）亦收錄本篇。

（八）《皮生冥夢錄》

作者未詳，大約撰於十七世紀初葉。據金興圭、崔溶澈等合編的《韓國漢文小説目錄》記載，傳世的版本有：韓國國立中央圖書館藏筆寫本，朝鮮金日成綜合大學所藏筆寫《花夢集》所載（殘存篇名及五行文字）③，以及臺北林明德編《韓國漢文小説全集》（卷三）排印本。

（九）《金華靈會》

《金華靈會》，又名《金華寺太平會記》《金山寺夢遊錄》《金山寺夢會錄》《金華寺慶會錄》《金華靈會錄》《帝王宴會錄》《金華寺記》等，作者不詳。韓國學界推斷該作品大約完成於光海君、仁祖年間（十七世紀前半葉）④。據金興圭、崔溶澈等合編的《韓國漢文小説目錄》記載，該書現存二十八種抄本，分別收藏於韓國、朝鮮、日本等地⑤。朝鮮金日成綜合大學藏筆寫《花夢集》所載，缺篇名及前六行文字。

（十）《姜虜傳》

《姜虜傳》迄今已發現的主要版本有四種，即韓國民族文化促進會發行的李健（1614—1662）《葵窗遺稿》中收錄的版本（以下簡稱葵窗本），黄丙秀抄錄韓國江原

---

① 參考金寬雄、金晶銀《韓國古代漢文小説史略》，頁98—99。
② 金興圭、崔溶澈、張孝鉉等合編《韓國漢文小説目錄》，頁406—409。
③ 金興圭、崔溶澈、張孝鉉等合編《韓國漢文小説目錄》，頁409。
④ 參考孫惠欣《冥夢世界中的奇幻叙事——朝鮮朝夢遊錄小説及其與中國文化的關聯》（北京：北京大學出版社，2009年），頁46—47；金寬雄、金晶銀《韓國古代漢文小説史略》，頁184。
⑤ 金興圭、崔溶澈、張孝鉉等合編《韓國漢文小説目錄》，頁406—409。

道江陵郡崔祺植珍藏的版本（以下簡稱崔本），日本天理大學收藏今西龍文庫《東事雜録》中所收録的版本（以下簡稱今西本），以及朝鮮金日成綜合大學圖書館收藏的古小説集《花夢集》中收録的版本（以下簡稱《花夢集》本）。其中前三個版本一般都能見到，並有所研究；而《花夢集》本《姜虜傳》僅由朝鮮所珍藏，迄今還比較少被學界提及。

據研究者統計，《花夢集》本《姜虜傳》脱落 599 個字，遺漏 12 個字；今西本脱落 39 個字，遺漏 10 個字；崔本脱落 4 個字，遺漏 14 個字。《花夢集》本有 14 處訛誤，崔本有 35 處訛誤，今西本有 19 處訛誤。比較而言，《花夢集》本的錯誤最少，今西本次之，崔本的錯誤最多，而且相對前兩個版本來説，崔本的錯誤也是比較嚴重的。綜合以觀，我們認爲《花夢集》本爲善本，崔本爲工整本，今西本爲足本，至於葵窗本則係由韓文譯成的簡縮本。

《姜虜傳》的作者至今還難以確定。韓國朴熙秉教授提出此篇作者爲權侙（1599—1667）的觀點並不能令人十分信服。崔本和今西本文末均記爲"無言子記"，遺憾的是《花夢集》本恰恰脱落了這一重要的文字記録，或許如同葵窗本一樣根本就没有這樣的記述。所以，有關《姜虜傳》作者的研究還有待進一步深入①。

四、《花夢集》内容分析

（一）《崔陟傳》

《崔陟傳》以"壬辰倭亂"、"薩爾滸之戰"爲社會背景，用朝鮮、日本、中國、安南爲空間背景，描寫了中韓兩個民族崔陟、玉英、夢釋、夢仙、紅桃、陳偉慶等六個人之間悲歡離合的聚散及愛情故事。這篇作品在整個韓國古代漢文小説史上是獨一無二的。其特點可歸納爲如下三個方面：

（A）具有紀實小説的性質

《崔陟傳》篇末作者明確交代了素材的來源："余流寓南原之周浦，陟時來訪余，道其事如此，請記其顛末，無使湮滅。不獲已，略舉其概。（時）天啟元年辛酉閏二月日，素翁題。"這種交代方式，固然可能是作者爲了加強其作品的真實性或者信賴度，

---

① 參考崔雄權、褚大慶《韓國古典漢文小説〈姜虜傳〉的文本結構及其文化意藴》，《外國文學研究》2011 年第 1 期。

因而採取的敘事策略。然而與作者同爲宣祖—光海君時期的文人、詩人柳夢寅（1559—1623）的《於于野談》中也有類似的記載，可見《崔陟傳》的素材在一定程度上來自真人真事的可能性很大，並非全由作者憑空虛構而成。

（B）作品中所涉及到的事件、人物基本上符合歷史真實

《崔陟傳》中所涉及到的諸如"丁酉再亂"、"薩爾滸之戰"中發生的事件，大部分史實基本上符合歷史真實；而有關"薩爾滸之戰"明軍的敗績，以及朝鮮援軍元帥姜弘立向後金投降的經過等，在細節上也頗符合歷史真相。

（C）在人物形象、性格塑造及主題思想上，展現了非凡韓國女性的人格魅力

《崔陟傳》中的女主角玉英，體現了韓國女性堅忍不拔、不屈不撓的頑強意志，以及敢同不幸命運抗爭的精神和人格力量，終生不渝，實在令人敬佩[1]。

（二）《周生傳》

《周生傳》這篇以中國爲時空背景的愛情小説，篇末記載作者於朝鮮宣祖二十六年（1593）春，在松都（今朝鮮特級市開城）遇見主人公周生，通過筆談，瞭解到周生的愛情經歷，回家後寫成了這篇作品。其作品意涵及人物描寫特色如下：

（A）意涵剖析

《周生傳》關注的是小説結尾對李朝"至誠事大"的描寫，並借明神宗皇帝之口表現出來：

> 會朝鮮爲倭賊所迫，請兵於天朝甚急。帝以朝鮮以至誠事大，不可不救。且朝鮮破，鴨緑江以西必不得安枕而卧矣。況存亡繼絶，王者之事也，特命提督李如松帥師討賊。[2]

神宗皇帝之所以派大軍幫助朝鮮抗倭，朝鮮對皇明誠心"事大"是重要原因之一。面對朝鮮"事大"之誠，明朝也以"字小以仁"作爲回報，於是在朝鮮面臨國破家亡之危時，神宗皇帝纔言"不可不救"，小説從一個側面反映了朝鮮對明朝的"至誠事大"態度。

（B）人物描寫

《周生傳》中俳桃的戀人周生與丞相小姐仙花私通被俳桃發現後，俳桃静等周生酒醒後對質的一段描寫，相當精彩。

---

①參考金寬雄、金晶銀《韓國古代漢文小説史略》，頁214—216。
②孫得彪、周安平、趙凱點校《花夢集》整理本，頁12。

　　生酒醒，俳桃徐問曰："郎君久於此而不歸，何也？"曰："國英時未卒業故也。"桃曰："教妾之弟，不用（可）不盡力也。"生報報然回頸發赤曰："是何言歟？"桃良久不言。生惶惶失措，以面掩地。桃乃出其詞，投之生前曰："踰牆相從，鑽穴相窺，豈君子所可爲哉？我將白於夫人。"便引身起。生怳惘抱腰，以實告之，且叩頭哀乞曰："仙娥與我永結芳盟，何忍致人於死地？"桃意方回，曰："郎君便可與妾同歸，不然，則郎君既背約，妾豈守盟？"①

　　俳桃先假意詢問周生不歸的原因，而周生絲毫沒有覺察到俳桃的異常，仍以教書爲不歸的理由。接着，俳桃淡淡的一句"教妾（妻）之弟，不用（可）不盡心也"。周生在强大的心理壓力下，最終"惶惶失措，以面掩地"。這時俳桃纔亮出證據，並威脅周生隨其回家。這段文字寫周生的表情、行動簡潔而富有表現力。周生從最初的"回（面）頸發赤"，到"以面掩地"，再到最後的"怳惘抱腰"、"叩頭哀乞"，寥寥數語就把一個負心男子面對過去戀人的窘態生動地展現在我們面前。

（三）《雲英傳》

　　不知作者名的《雲英傳》是韓國古代漢文小説中的名篇，以情節曲折多變取勝。它講青坡士人柳泳到安平大君舊宅壽聖宮去遊歷，因飲酒，醉臥岩邊，夢見一對男女。男叫金進士，女叫雲英。雲英是安平大君宮中"十仙女"之一，與金進士愛得死去活來。金進士也被描寫爲"容儀神秀，若仙中人也"。

　　這篇小説描寫始終未離開道教的圈子，進士與大君交往寫詩，比喻爲"李白天上神仙，長侍玉皇香案前"，或云"求神仙，則如使東方朔侍左右，西王母獻金桃"。有趣的是他們相愛急求暗中見面，便去找一位巫女，經過進士與巫女一番感情糾葛以後，巫女施起交感巫術，並決定幫助他們兩人見面。這一段落短短兩百多字，情節幾變，寫得甚爲精彩。而故事最後雲英、進士雖然雙雙身亡，但小説描寫他們是入了道教的仙界。金生曰："吾兩人素是天上仙人，長侍玉皇香案前。一日，上帝御太清宮，命我摘玉園之果。我多取蟠桃瓊實金蓮子，私與雲英而見覺，謫下塵寰，使之備經人間之苦。今則玉皇已宥前愆，俾陞三清，更侍案前，而時乘飆輪，復尋塵世之舊遊處耳。"可見，小説所刻畫的大抵是道教化的意境②。

---

① 孫得彪、周安平、趙凱點校《花夢集》整理本，頁 8。

② 參考高國藩《幻化人生，把苦當樂——論韓國道教化漢文小説》，《鹽城師範學院學報（人文社會科學版）》2011 年第 1 期。

（四）《英英傳》

《英英傳》篇幅並不太長，但狀情寫景都很出色。其中寫金生冒險入檜山君宫宅一段，把金生夜進深宫的忐忑心情刻劃得十分生動。當其聽聞到開户之聲，即“屏息潛聽”。由於係伏在暗處，因此先聽到脚步聲，再聞到衣香，最後纔看到人。接着，又用了“動輒九跆”、“汗自踵出”、“塗壁累足”等詞語，形容金生的驚惶之態；而英英則顯得從容不迫，鎮定自若，不僅大膽地把金生留在屋裏，還笑着打趣他。兩相對照，形象十分鮮明。

《英英傳》裏英英寫給金生的信上，直接運用中國古典詩歌中“春風桃李”、“梧桐夜雨”的意象。又如傳中寫金生思念英英，焦急地等待她的消息，用青鳥和白雁代稱信使：“青鳥不來，消息難傳；白雁久斷，音書莫寄。”“青鳥”最早出現於古代神話中，傳説是爲西王母取食傳信的神鳥。“白雁”又稱“朔雁”、“鴻雁”，“鴻雁傳書”是盡人皆知的成語。不過在中國古代詩歌中，“青鳥”和“朔雁”（或“鴻雁”）二典多單用，少合用。而且與《英英傳》用典相比，中國詩歌用“青鳥”雖相同，但卻少用“白雁”。值得一提的是，李白《閨情》組詩中不僅表達懷人之情，而且“青鳥”、“白雁”並用。因此，從小説的内容來看，《英英傳》中的“青鳥”、“白雁”之典受李白詩作的影響似乎更爲直接①。

（五）《洞仙傳》

無名氏的《洞仙傳》採用的是“仙人謫降相遇”的結構方式。西門生與洞仙相逢之日，在夜夢中就有“黄帽青衣者”來告訴他：“汝逢洞仙，可謂三生好緣。”而洞仙聞知西門生述夢後，則大爲驚愕，云：“吾亦有是夢。果有黄帽青衣者謂妾曰：‘不識西門氏乎？玉洞吕仙之靈，移托於萬歲山，孕出西門勣，乃是洞賓也。汝則本以桓公之女，玉洞之仙，據床吹笛，誤了别曲，謫來海中，今數百紀於兹。……爾後十餘年，當入福地，其勿舍西門氏云。’”小説以寓言的方式，告知二人“後十餘年，當入福地”最終的結局。但作品主要部分乃是寫兩人在這十餘年中經歷的相思、别離、磨難等諸般痛苦，尤其刻畫了洞仙的高風亮節、生死不渝的崇高愛情②。

强調女性的貞節，是韓國漢文小説的特點。此篇作品由一首《洞仙詞》引出男女

①參考王治理《〈朝鮮時代漢文小説〉用典考》，《浙江社會科學》2010年第11期。
②參考汪燕崗《韓國漢文小説研究》，頁140—141。

主角的相識、定情與相愛，頗具新意。儘管一些細節描寫，未脫傳奇小說之窠臼，但從整體上來看，它塑造了一位富有犧牲精神的義妓，表現了對弱勢群體的同情贊美，十分難得可貴。

（六）《夢遊達川錄》

在《夢遊達川錄》中，夢遊者坡潭子與“壬辰倭亂”中陣亡的鬼魂們聚在一起吐露無辜死去的悲憤心情，對直接導致戰敗的嫉賢妒能的小人和敗將進行了諷刺和嘲笑。小說中雖未對現實政治進行直接的抨擊，但卻通篇多角度地影射出各階層對現實政治的不滿。這種特殊的敘事模式是對腐敗無能的政治最有力的鞭撻，而小說尾處夢遊者在歸途所見眾鬼對元均的戲弄情節，既是對朝廷賞罰不公的嘲諷，更是反映出對現實政治不滿的民眾意識。

“壬辰倭亂”後不少夢遊錄通過特殊的藝術形式，不同的表現手法謳歌了在戰爭中英勇殉國的愛國英靈。其中，尹繼善的《夢遊達川錄》對此描寫最爲深刻和具體。通過愛國亡靈的言懷抒志，謳歌了愛國勇士克敵制勝的豪氣，體現了他們無端被讒的悲憤，表明作者通過夢中所見這一特殊形式來追慕他們的英雄氣節，安慰他們的孤獨靈魂。後來，夢遊者坡潭子同陣亡的李舜臣、郭敬明、趙憲等將軍坐在一起互相以詩唱答，抒發情懷，足可見作者對將士們的敬意與頌揚。尹繼善的此篇夢遊錄對愛國英靈的形象塑造細膩飽滿，情節描述詳盡具體，充分體現出對“壬辰倭亂”中英勇獻身之愛國忠魂的熱情歌頌這一創作主旨①。

（七）《元生夢遊錄》

《元生夢遊錄》是以端宗被害、忠臣慘遭殺戮的世宗篡位事件爲題材，而作品中塑造的夢遊者元子虛乃是林悌自身的寫照。主人翁元子虛是一位“氣宇磊落，不容於世，累抱羅隱之恨，難堪原憲之貧”的慷慨之士。他“嘗閱史，至歷代危亡運移勢去處，則未嘗不掩卷流涕，若身處其時，汲汲焉見其垂亡而力不能扶者也”。所以當元子虛在詩宴中聽到端宗亡魂與幾位大臣的悲吟，自己也忍不住“拭淚悲吟”。在小說的末尾，元子虛醒來之後，他的朋友梅月居士的一番話，深刻地揭示了小說的主題意蘊：

> 大抵自古昔以來，主暗臣昏，卒至顛覆者多矣。今觀其王，想必賢明之主也。
> 其六人者，亦皆忠義之臣也，安有如此之臣，輔如此等主，而如是其慘酷者乎？

---

①參考孫惠欣《冥夢世界中的奇幻敘事——朝鮮朝夢遊錄小說及其與中國文化的關聯》，頁79—81。

嗚呼！勢使然耶？時使然耶？可以歸之於天歟？不可歸之於天歟？不可不歸之於時與勢，而亦不可不歸之於天也。歸之於天，則福善禍淫，非天道也。不可不歸之於天，則冥然茫然，此理難詳（覈）。宇宙悠悠，徒增志士之惻耳！①

林悌在朝廷士林黨爭的社會背景下，創作了《元生夢遊録》。小説作者以驚人的膽魄關注朝鮮歷史上最爲忌諱的政治話題——世祖篡位，把端宗與死六臣作爲描寫對象，對於朝鮮歷史上倍受人們尊敬的死六臣給予批評。小説結尾的奇男子云："哀哀腐儒，不足與成大事也。"作者之所以如此，實欲批評士林黨爭，感慨歷史興革，而非評判死六臣的歷史功過。文末海（梅）月居士題跋云云，署作"戊辰仲秋，海（梅）月居士林子順志"②。李家源（1917—2000）藏《元生夢遊録》抄本末題："戊辰仲秋，梅月居士志，林白湖悌記。"此蓋爲最早版本，係由林悌於戊辰年（宣祖元年，1568 年）假託梅月居士所記。

（八）《皮生冥夢録》

《皮生冥夢録》是以"壬辰倭亂"後的社會問題爲素材所完成的作品。這篇小説篇幅很短，但所揭示的問題卻是多方面的。首先，批判了不道德的官吏，曝露其未能盡孝道，刻畫其僞善和利慾薰心的嘴臉。其次，則從側面反映了"壬辰之亂"後朝鮮的慘狀。

《皮生冥夢録》通過李憲、李克信、金儉孫三個形象飽滿的人物及其之間複雜的關係展開情節。此篇小説中對李憲以儒家立場批判李克信悖德不孝行爲的細緻描寫，以及旁聽者皮生站在李憲一方對金儉孫"三世輪回説"的批判等情節，反映出作者借夢遊者皮生嚴厲批判了官吏李克信，而李克信是統治階級的代表，他欺世盜名的醜陋形象實質上是腐敗墮落的統治階級的縮影，對他的批判即是對當時道德墮落的社會現實的批判③。

（九）《金華靈會》

《金華靈會》結構緊湊，故事情節生動而豐富，表現手法相當洗煉，惟其主題不十

①孫得彪、周安平、趙凱點校《花夢集》整理本，頁102。
②參考孫惠欣《冥夢世界中的奇幻叙事——朝鮮朝夢遊録小説及其與中國文化的關聯》，頁103。
③參考孫惠欣《冥夢世界中的奇幻叙事——朝鮮朝夢遊録小説及其與中國文化的關聯》，頁85—87；汪燕崗《韓國漢文小説研究》，頁104。

分明確，解讀者間頗有歧見。至於品評中國歷代帝王，基本上沿習了以往的評價而無作者獨特的真知灼見。

小説中有兩處描寫表現出作者"攘夷"的思想傾向：一是對明太祖的極度贊揚和崇敬；一是結尾處元太祖率兵問罪時自稱"蠻夷"，後慘敗而歸。從現實上講，在與滿人的戰爭中，明朝最終戰敗滅亡，這是讓朝鮮人痛心疾首的事實。作者只有在小説中，寫夷狄入侵終以慘敗收場，這是無奈的一種心靈慰藉。華夷思想强調"夷夏之分"、"内諸侯外夷狄"、"尊周攘夷"等觀念，滿人一統中原，屬於"鳩佔鵲巢"的行徑，始終經不起華夷正統的質疑與拷問。所以，作者這樣寫戰爭的結局，無疑是在虛構的小説中得到心靈的慰藉，並以此來緬懷明朝的滅亡，表達滿腔仇恨，其"尊明貶清"的情緒也在小説中自然地流露出來①。

（十）《姜虜傳》

"薩爾滸戰役"發生於 1619 年（明萬曆四十七年，後金天命四年）二三月間。在此次戰役中，明朝爲了更加順利地征伐後金，對藩屬國朝鮮下達了出兵支持的命令。朝鮮國王光海君在國家的軍事、政治和經濟嚴重不佳的情況下，經過深思熟慮，以文官姜弘立（1560—1627）爲都元帥，派出了一萬三千名的將士。在戰爭中，都元帥姜弘立審時度勢，爲了保存自國的實力在明朝和後金勢力之間斡旋取捨，最終在不得已的情況下，帥殘軍投降於後金。

由有關歷史文獻可以獲悉當時朝鮮的權力核心傾向於親明排後金。朝鮮中期漢文小説《姜虜傳》，以姜弘立爲主要人物，以朝鮮出戰薩爾滸爲背景，描寫了姜弘立在薩爾滸戰中以及戰後的表現。《姜虜傳》中姜弘立的形象是一個叛臣逆賊的形象，與可以推斷出的真實的歷史人物姜弘立有相當大的差異，雖然歷史上對姜弘立這個人物也普遍持貶斥的態度。《姜虜傳》中還描寫了後金攻打朝鮮的戰爭——丁卯戰爭。朝鮮朝中期的程朱理學大家宋時烈（1607—1689）與他的弟子李栽（1657—1730），以及學者李萬敷（1664—1732）、文臣尹鳳朝（1680—1761）等都把丁卯戰爭歸咎於姜弘立。不過根據有關歷史文獻和如今對當時歷史的理解，能夠很容易地推斷出這樣的論斷是有失公正的②。

---

① 參考馬高麗《韓國漢文小説中的華夷思想研究》，四川師範大學 2015 年碩士學位論文，頁 29—30。
② 參考朴愛燕《朝鮮朝漢文歷史小説〈姜虜傳〉的新歷史主義解讀》，延邊大學 2014 年碩士學位論文，頁 11—53。

五、綜合述評

《花夢集》乃朝鮮佚名者所編纂，大約成書於十七世紀中葉前後或者稍晚的短篇漢文小說選集，是古代朝鮮半島具有代表性意義的一部古典文學作品。以其所收錄作品完成的時間來看，林悌《元生夢遊録》當屬最早一篇。從結構形式層面而觀之，它頗符合"夢遊録小説"的範式，對於後世同類作品影響甚大。《夢遊達川録》以"壬辰倭亂"後期朝鮮的社會現實爲題材，一方面歌頌英勇獻身的愛國忠魂，一方面則諷刺嘲笑嫉賢妬能的小人與敗將。《皮生冥夢録》雖也採用了"夢遊録小説"的結構，但蘊含其中的内容則是非常現實的，夢遊主角皮生夢中所見所聞，實際上是當時社會現狀的真實寫照。

通過對"壬辰倭亂"素材夢遊録小説的分析可以看出，它們借特定地域和特定人物，通過獨特的叙事結構表達了對現實社會的關心，注重探究戰亂原因，揭露統治階級矛盾，關懷以及醫治戰爭創傷，解決戰後遺留問題等，包含着深刻的主題意蘊。吾人對此類夢遊録小説的研究，有助於瞭解其時代特徵、作者意識，並從中窺見特定時期特殊類型小説的創作規律、結構模式等文學審美取向，在文學史上具有重要的意義①。

《金華靈會》完成於十七世紀中期。經歷了明清鼎革，一直被朝鮮鄙視的後金入統中原，朝鮮被迫向其俯首稱臣。這對秉持儒家華夷思想的朝鮮來講，帶來了前所未有的信仰危機。在明亡後，朝鮮表面上歸順清朝，對其恭行事大，但卻極力否認清朝的正統，大講"尊周攘夷"，貶斥清朝，追憶明朝。因此"尊周攘夷"思想傾向在《金華靈會》小説中表現出來②。

《周生傳》是以中國爲主要時空背景的愛情小説。它選取了耳目之内的日常平凡生活做素材，擺脱了非現實性傳奇的手法，基本上具備了寫實小説的品格。從人物性格和人物形象的塑造上來看，作者採取了冷靜客觀的叙述態度，表現出客觀化的傾向。若從審美風格與叙述技巧的角度而論，這是一篇悲劇性因素佔主導地位的愛情故事，與一般具有大團圓結局的愛情小説大異其趣。它所達到的思想藝術成就，在韓國古小

---

① 參考孫惠欣《冥夢世界中的奇幻叙事——朝鮮朝夢遊録小説及其與中國文化的關聯》，頁163—166。
② 參考馬高麗《韓國漢文小説中的華夷思想研究》，四川師範大學2015年碩士學位論文，頁28—30。

説史上佔有重要地位①。

《崔陟傳》以“壬辰倭亂”、“薩爾滸之戰”爲社會背景，以朝鮮、日本、中國、安南爲空間背景，描寫了中韓兩個民族六個人之間的離合聚散及愛情故事。這篇作品在整個韓國古代漢文小説史上實在十分罕見。同時值得一提的是，《崔陟傳》與姜沆（1567—1618）《看羊録》、魯認（1566—1622）《錦溪日記》，同樣描寫了“壬辰倭亂”、“丙子胡亂”時期被俘人員悲歡離合的痛苦生活經歷，可謂形成一種特殊的文學類型——“俘虜文學”②。

《雲英傳》以雲英與金進士之間的愛情故事爲線索，通過雲英等宮女們的形象塑造，揭示了朝鮮十七世紀“壬丙兩亂”（即“壬辰倭亂”和“丙子胡亂”的合稱）後逐步被喚醒的女性意識，以及女性對自我的整體性的認識和對個性解放的渴求。當然，在朝鮮朝小説中，像《雲英傳》這樣人物性格和思想主題賦有近代因素的實例還不多見，因此這部作品在朝鮮古代小説史上的意義和地位就顯得尤爲重要③。

《英英傳》也和《雲英傳》一樣，描寫宮外書生與宮女之間的愛情故事，也同樣富於現實主義因素。《英英傳》的主題思想傾向是對自由戀愛的張揚，所反映的是人們心中最真實普遍的本能欲求，這在當時程朱理學佔統治地位的環境中，可以説是一種大膽的嘗試。之所以出現這樣的作品，是因爲經過“壬辰倭亂”和“丙子胡亂”之後，朝鮮王室在百姓心目中的威望與信任度大爲降低；還有程朱理學所鼓吹的道德規範，在現實的衝擊之下逐漸喪失了至高無上的權威性使然④。

《洞仙傳》描寫中國杭州一位妓女洞仙之崇高愛情，塑造了一位富有犧牲精神的義妓形象。不過作品中插入男主角西門勛妻子倒在洞仙的棺槨上放聲痛哭，遂使洞仙死而復生；已經死去的西門勛，在洞仙百般治療後又復活兩段情節，一般只能在新羅、高麗或朝鮮初期的傳奇小説看到。如今竟然出現在這篇大約成於十七世紀中期的作品，難免令人稍稍感到有些不可思議⑤。

《姜虜傳》以非正面人物姜弘立在戰爭和愛情兩個方面的表現爲基本視角，在萬字左右的篇幅中，描寫的時間跨度長達十年，人物活動空間橫跨中國東北和朝鮮半島，

---

① 參考孫惠欣《冥夢世界中的奇幻叙事——朝鮮朝夢遊録小説及其與中國文化的關聯》，頁 21—24。
② 參考金寬雄、金晶銀《韓國古代漢文小説史略》，頁 216—217。
③ 參考孫惠欣《冥夢世界中的奇幻叙事——朝鮮朝夢遊録小説及其與中國文化的關聯》，頁 96—98、124—127。
④ 參考金寬雄、金晶銀《韓國古代漢文小説史略》，頁 193。
⑤ 參考孫惠欣《冥夢世界中的奇幻叙事——朝鮮朝夢遊録小説及其與中國文化的關聯》，頁 198。

細膩地刻畫其性格的疑似性和兩棲性特徵，藝術化地展現了對真實自我的私欲和個體生命體驗的遵從，消解了君權和道德禮法的神聖與崇高，具有對韓國士人命運及其內心複雜性探詢的深刻意義。該作品可以視之爲韓國中世紀小說向近現代小說過渡的重要標誌①。

六、結語

中國與朝鮮地理位置相接近，兩國的文化交流歷史悠久，中國的許多文學作品通過各種途徑不斷傳入朝鮮半島，並被當地讀者所接受、模仿，中國文學深深影響了朝鮮漢文小說的創作。《花夢集》中的十篇漢文小說，就是在這樣一個文化大背景下產生的。其創作的成功，固然展現了朝鮮文人的優秀文學素養與書寫能力，當然也離不開中國文學的影響。

對《花夢集》的研究多以校注整理暨單篇探究爲主，目前仍處於初期階段，並沒有對《花夢集》全書進行系統深入研究的論著。因此，在掌握現有研究成果的基礎上，吾人應該進一步加重研究的深度和廣度，特別是借鑒比較文學中的影響研究方法，更好地研究中國文學對《花夢集》的影響。例如：中國史傳文學對《花夢集》漢文小說敘事方式與模式、小說語言、人物塑造和題材方面的影響；中國傳奇小說對《花夢集》漢文小說在故事情節、人物塑造特別是女性形象塑造方面的影響和敘事手法方面的影響；中國古典詩歌對《花夢集》中漢文小說語言和情節等方面的影響等。若能通過這些探討，進而凸顯出中國文學對《花夢集》全方位的影響，應該是可以預期的事②。當然，有關《花夢集》相關文獻的發掘，也是我們所期待的焦點之一。

---

①參考崔雄權、褚大慶《韓國古典漢文小説〈姜虜傳〉的文本結構及其文化意蘊》，《外國文學研究》2011 年第 1 期。
②參考馬長偉《中國文學對〈花夢集〉的影響》，延邊大學 2012 年碩士學位論文。

文本沉浮與外交變遷

——權近《應制詩》的寫作、刊刻與經典化

陳彝秋

（南京曉莊學院）

引　言

　　洪武二十九年（朝鮮太祖五年，1396），身處大明京師的朝鮮文臣權近（1352—1409）作命題應制詩二十四首，並獲賜明太祖朱元璋御製詩三首。翌年，權近還國，感此非凡際遇，"敬書御製及應制詩若干篇，藏之巾衍"①，在他身後，其子權蹍刊板《陽村集》，據家藏手稿將其編在卷首，以示珍重。朝鮮肅宗十五年（清康熙十三年，1674），《陽村集》又得權儔重刊，這二十七首作品更易爲人所見。但回溯明太祖《賜朝鮮國秀才權近》與權近應制詩的閱讀歷史，卻可發現大多數朝鮮文人以及赴朝明使對這些作品的瞭解與闡繹，並非藉由《陽村集》，而是一部通稱爲《應制詩》②的單行文本。

　　《應制詩》有權近手編無注本、權擥（1416—1465）增注本兩個系統。權近手編本曾兩次應王命板行：朝鮮太宗二年（明建文四年，1402）的初刊本除收錄明太祖御製詩、權近應制詩外，另附有明使陸顒、祝孟獻、端木智所作三篇題跋；世宗二十年（明正統三年，1438）的重刊本，則又添入權採跋文一篇。權擥增注本初刻於世祖八年

----

① 李詹《應制詩序》，權近撰、權擥集注、權光旭譯注《應制詩集注》，漢城：日出文化社，1999年，頁243。
② 在《應制詩》的流傳過程中，出現了《應制詩注》、《權氏承恩錄》、《寶翰承恩錄》等不同書名，爲行文之便，如無特別需要，本文在敘述時統稱之爲《應制詩》。

（明天順六年，1462），後經多次刊板、傳寫①，除了多出兩篇權擥的跋文，還新增了明使陳鑑、高閏、倪謙和張寧題跋各一篇，因而，增注本《應制詩》載録的明使題跋就多達七篇，這是很特別的現象。

與此同時，赴朝明使閱讀《應制詩》的印記，又不僅限於《應制詩》這一文本的附載。檢諸《皇華集》，可以看到華察、薛廷寵、王鶴、許國、魏時亮、黃洪憲、王敬民、顧天埈、崔廷健、朱之蕃、梁有年、熊化、姜曰廣、王夢尹、劉鴻訓等人都有關於《應制詩》的題跋。這條評述《應制詩》的隱然線索，始自嘉靖十八年（朝鮮中宗三十四年，1539），終於天啓六年（朝鮮仁祖四年，1626），持續時間之長久、題跋對象之集中、題跋內容之豐贍，非同尋常。

但長久以來，對權近《應制詩》的研究，卻和它在明與朝鮮詩賦外交史上的實際地位、影響很不相稱②。如所周知，一部文本最重要的意義往往來源於、亦多取決於讀者的閱讀過程，《應制詩》凝聚了命題者、應制者、前後多名赴朝明使，以及朝鮮君臣上下的深切關注，其與衆不同的閱讀史本身就非常值得也很有必要加以專門研究。基於以上認識，本文將關注特定歷史語境中《應制詩》被如何閱讀以及爲何被閱讀的問題，並從文本形態、文本闡繹的變化歷程中，審視《應制詩》在明與朝鮮文學、文化、政治交流中的意義變遷。

---

①權擥增注本《應制詩》刊本存世頗多，韓國高麗大學圖書館、成均館大學尊經閣、日本天理大學圖書館、成簣堂等皆有收藏；寫本則以韓國首爾大學奎章閣韓國學研究院所藏 76 張本最爲常見。這些版本的著録情況，可詳參《韓國古書綜合目録》（漢城：國會圖書館，1968 年，頁 570、1143、1213）、藤本幸夫《日本現存朝鮮本研究·集部》（京都：京都大學學術出版會，2006 年，頁 208—210）。

②現有成果或是對《應制詩》作簡單的文本解題，如權泰檍《應制詩注解題》（《韓國文化》1982 年第 3 輯）、權光旭《머리말》（《應制詩集注》，頁 5—8）；或是將權近的應制與朱元璋的御賜用作明初中朝關係研究的史料，如朴天圭《權陽村의應制詩와對明外交》（《漢文學論集》1983 年第 1 輯）、姜錫久《여말선초（麗末鮮初）대명외교（對明外交）에서의사행시（使行詩）에대하여》（《韓國漢詩研究》第 22 輯，2014 年）、葉泉宏《權近與朱元璋——朝鮮王朝事大外交的重要轉折》（《韓國學報》第 16 期，2000 年）、郭利利《洪武末年明與李氏朝鮮關係研究——以權近出使爲中心》（吉林大學 2015 年碩士學位論文）等；或是將權近的應制詩視爲文學研究的對象，如徐首生《權陽村의文學研究》（岭南大學校國語國文學科同門會編《碧松李根厚華甲紀念文集》，慶山碧松李根厚先生華甲紀念文集刊行委員會，1985 年，頁 279—340）、정재철《응제시에나타난권근의세계관》（《漢文學論集》1990 年第 8 輯）、주경렬《陽村漢詩의研究》（高麗大學 1993 年碩士學位論文）、俞成雲《陽村權近的南京使行與詩歌創作研究》（陳輝編《韓國研究》第 10 輯，北京：國際文化出版公司，2010 年，頁 398—418）、이광소《陽村權近의詩文學研究：館閣風詩를중심으로》（高麗大學博士學位論文，2015 年）等。

一、觀察與回應：權近《應制詩》的成書

明與朝鮮頻繁而密切的宗藩往來，被視爲古代中國與周邊國家和平外交關係的典型代表。但兩國關係的發展並非坦途，在朝鮮立國前後尤多反復與動盪。雖然"對明朝的事大政策，從李成桂自威化島回軍後便持續着；但這僅止於外交禮儀的讓步，內部仍與明朝維持緊張關係，並追求實利與擴張版圖"①。洪武時期，明廷譴責朝鮮有暗誘女真人口、賄賂遼東邊將、越禮私交明朝藩王、派遣間諜刺探邊情、表箋語涉譏訕等失禮、啟釁之舉，絕非空穴來風。本着"從其自爲聲教"②，不願輕啟戰事的態度，明太祖的主要策略是：將對邊界問題的警覺、對朝鮮君臣的疑慮訴諸朝鮮進獻表箋本身就存在的失體、失禮③，由此就出現了數次比較大的表箋風波。

權近正是在洪武二十九年的賀正表箋風波中自請赴明的。因朝鮮賀正"表箋文內輕薄戲侮"④，朱元璋通過賀正使柳玽得知撰表人是鄭道傳，遂遣使牛牛、宋孛羅、王禮等至朝鮮徵其入京。但李成桂回護鄭道傳之意明顯，鄭道傳亦辯稱並未參與表文撰寫與潤色，稱病不行。爲解君國之憂，權近主動請行曰："臣無徵自往，罪或可恕；病不往者，亦可免疑矣。"赴京路上，權近從明使宋孛羅處探知朱元璋有"見人忠直，則雖罪必原"的處政偏好，君前專對時，便強調表箋失禮是因爲朝鮮文臣不熟習吏文體式，"使我王忠誠不能明白以達，是實臣等之罪，非我王所知"⑤，極力維護本國國君。在帝都的日常行止，權近也極盡敬慎之道，這一姿態果然得到朱元璋的好感，被朱元璋稱許爲"老實秀才"。

除了給予優禮，朱元璋決定選擇權近作爲應制的對象。權近三次應制共作詩二十四首，其中，九月十五日應制八首與九月二十二日應制十首由朱元璋命題，十月二十七日的六首應制，具體所詠則由權近自主安排。朱元璋此舉之用意，盡見於權近應制的內容與經過。

---

①李元淳等著，詹卓穎譯《韓國史》，臺北：幼獅文化事業股份有限公司，1987 年，頁 173。
②《明太祖實錄》卷二百二十一，二十五年九月庚寅，臺北：中研院歷史語言研究所，1962 年，頁 3234—3235。
③詳參夫馬進《明清時期中國對朝鮮外交中的"禮"和"問罪"》，《明史研究論叢》第 10 輯，北京：故宮出版社，2012 年。
④《太祖實錄》卷九，《朝鮮王朝實錄》第 1 冊，漢城：韓國國史編纂委員會，1973 年，頁 89。
⑤權擥《陽村先生文忠公行狀》，《應制詩集注》，頁 327，328，328。

朱元璋厚遇權近，"勑有司備酒饌，具妓樂，使之遊觀三日"①，權近在來賓、重譯等官建酒樓中賞景、暢飲、聽曲、觀劇後，應制作《聽高歌於來賓》、《閱伶人於重譯》、《引觴南市酩酊而歸》、《開懷北市落魄而還》、《醉仙暢飲遊目於江皋》、《鶴鳴再坐聞環珮而珊珊》六首，表達遠人對天子恩榮的感激。朱元璋命權近遊觀賦詩，意在瞭解藩臣對帝都繁華、天朝文明的觀感，此爲古天子借臣下"陳詩以觀民風之遺意"②，同時，他也想通過這位"秀才"的詩筆，將本朝文物禮樂之盛、撫綏天下之心播至域外，以助懷柔遠人。

觀風、懷柔之外，朱元璋的命題表現出對信息收集的重視。按照彼得·伯克的界定，信息分爲兩種類型，"一種是統治者們獲取的關於他們的鄰國、對手甚或敵人的情報；而另一種則是他們自身便擁有的有關其控制範圍内的信息。"③ 洪武十四年（1381）建立完善黄册制度、洪武十五年（1382）改制錦衣衛等舉措，都是朱元璋收集、控制域内信息用心的典型體現。對域外的情況，朱元璋也有並不淺薄的瞭解。仔細考察權近九月十五日、九月二十二日的十八首應制詩題：《王京作古》、《李氏異居》、《出使》、《奉朝鮮命至京》、《道經西京》、《渡鴨綠》、《由遼左》、《航萊州海》、《始古開闢東夷主》、《相望日本》、《金剛山》、《新京地理》、《辰韓》、《馬韓》、《弁韓》、《新羅》、《耽羅》、《大同江》，再結合明廷因朝鮮數生邊釁做出的應對，即可略見朱元璋天下認知的視野與格局：朱元璋的命題絕不囿於瞭解朝鮮半島的歷史與地理，他是要借助作爲官方共同語的漢字，以應制詩爲載體，觀察作者的思想情感與政治傾向。在朱元璋的情報體系中，以鄭道傳爲首的朝鮮激進派"秀才"對大明遼東領土的覬覦，導致明、鮮邊境問題頻生④，他曾對此多次表達厭惡之情："此輩略通古今，未知大道"⑤，"如鄭道傳等，乃小人之尤者，在王左右，豈能助其爲善？"⑥ 不過，他也深知並非所有的朝鮮"秀才"都是鄭氏那樣狂妄激進的主戰派，因此，他也想進一步探知權近這類"老實秀才"們的想法。

---

① 《太宗實錄》卷十七，九年二月丁亥，《朝鮮王朝實錄》第1册，頁474。
② 端木智《題權近應制詩卷》，《應制詩集注》，頁320。
③ 彼得·伯克著，陳志宏、王婉旎譯《知識社會史》上，杭州：浙江大學出版社，2016年，頁132。
④ 韓國學者朴元熇認爲，因爲此前鄭道傳主導的遼東攻伐計劃已爲明廷察覺，所以在這次表箋風波中，明太祖不斷對朝鮮施加壓力徵召鄭道傳等人入明，是想借機將其從朝鮮王廷中清除出去，可備一說。詳參氏著《明初朝鮮關係史研究》，漢城：一潮閣，2002年，頁33—61。
⑤ 《明太祖實錄》卷二百四十七，洪武二十九年九月丁卯，頁3585。
⑥ 《明太祖實錄》卷二百五十，洪武三十年三月丙戌，頁3616。

藉助二十四首應制詩，權近主要從五個方面回應了洪武帝的觀察與探問：

一、反復强調朝鮮君民上下的事明之誠。權近不僅在文淵閣與翰林學士劉三吾、許觀、景清、張信等人周旋遊從時，每每稱道本國國王李成桂事大之誠，應制詩中，他也反復表白事明以大是朝鮮君臣共同的選擇。《李氏異居》詩曰：“東國方多難，吾王功乃成。撫民修惠政，事大盡忠誠。錫號承天寵，遷居作邑城。願言修職貢，萬世奉皇明。”① 他如“萬里梯航常入貢，三韓疆域永爲藩”（《道經西京》）、“海國千年遇聖明，我王歸附貢丹誠”（《新京地理》）等等，皆陳此意，這無疑讓朱元璋頗感欣悦。故而權近賦“《大同江》，云‘需然入海朝宗意，政似吾王事大誠。’帝曰：‘人臣之言當如是。’大加寵異。”② 權近此行“願陳忠款志，萬一達宸旒”（《出使》）的願望成爲現實。

二、從歷史的角度解讀了朝鮮事大慕明的文化淵源。《始古開闢東夷主》詩曰：“聞説洪荒日，檀君降樹邊。位臨東國土，時在帝堯天。傳世不知幾，歷年曾過千。後來箕子代，同是號朝鮮。”③ 詩中，權近介紹了檀君開國的傳説，明確肯定了箕子東封之於朝鮮半島的意義，在權近等東方儒者的認知中，“箕子受封，以行八條之教，文物禮義之美，實基於此”④，而朱元璋賜國號“朝鮮”，即爲視朝鮮爲禮義之邦、“小中華”的證明，其應制詩所詠“千載箕封枕海門，八條遺俗至今存”（《道經西京》）、“牧民寵受朝鮮號，作室新開漢邑城”（《新京地理》）、“遠方慕義修朝聘，諸將宣威拓土疆”（《由遼左》）等等，概不出“三韓非化外”⑤ 之意。

三、評述本國歷史變遷，反對戰爭，堅持事大主義與仁政理想。權近用“三韓曾鼎峙，千里困兵爭”（《辰韓》）、“紛紛蠻觸戰，擾擾弁辰韓”（《弁韓》）等詩句表達了對民生困於分裂與內戰的心痛。在《王京作古》詩中，他稱美統一的高麗政權，“王氏作東藩，維持五百年”是順應了天道，但也直陳“衰微終失道，興廢實關天”，指出高麗失國與不能“撫民修惠政，事大盡忠誠”（《李氏異居》）有關，從行仁政與

---

①《應制詩集注》，頁 287。

②金烋《海東文獻總録》，張伯偉編《朝鮮時代書目叢刊》第 7 冊，北京：中華書局，2004 年，頁 3505—3506。按，此説本自權近外孫徐居正所作《東人詩話》。詳參趙鍾業編《修正增補韓國詩話叢編》第 1 冊，漢城：太學社，1996 年，頁 485—486 頁。

③《應制詩集注》，頁 295—296。

④權近《三國史略序》，《陽村集》卷十九，《韓國文集叢刊》第 7 冊，漢城：民族文化推進會，1996 年，頁 196—197。

⑤權近《紀地名詩三首》其一，《韓國文集叢刊》第 7 冊，頁 71。

事明以大的角度肯定本朝代高麗而立的正義性與合理性。

四、稱美天朝文明與洪武帝的君恩。一路行來，權近看到"諸將宣威拓土疆"，"名藩碁布總雄強"（《由遼左》），令人心折。來到帝都，則既有"鬱蔥佳氣皇居壯，煥赫文章帝業昌"（《奉朝鮮命至京》）的觀感，也有"萬國來賓會玉京，高樓爲向路傍營"（《聽高歌於來賓》）、"長街萬貨紛交錯，華屋千間遠接連"（《引觴南市酩酊而歸》）的震撼，又得"屢引金觴看妙舞，更聞瑤瑟賦新篇"（《引觴南市酩酊而歸》），自認"遠人遊賞知多少，争似微臣此日榮"（《聽高歌於來賓》），惟有"深感皇恩祝萬年"（《醉仙暢飲遊目於江臯》）。

五、表達對倭寇的看法。《相望日本》詩曰："東望洪濤外，倭奴稟性頑。未嘗沾聖化，常自肆凶奸。剽竊侵鄰境，偷生寄海山。願將天討去，問罪凱歌還。"[1] 當時倭寇時時侵擾半島邊民，故而權近的言辭也就甚爲激切，認爲倭人稟性凶頑，又未得聖人禮義之感化，語意間充滿優越感十足的痛恨。朱元璋以此爲題，關注東亞其他國家之間的關係，體現出他視東亞爲一個區域戰略整體的政治眼光。

通過對朱元璋命題、權近應制政治文化心態的考察，可得結論如下：權近對本國事大慕明的堅定強調，減輕了朱元璋對朝鮮表箋失禮等事實的不滿；權近評述本國歷史時的濃烈厭戰情緒，讓朱元璋看到有影響的朝鮮文臣並非全部好戰激進，因此所謂的遼東攻伐計劃并非沒有轉寰的餘地；權近詩中輕視、痛恨倭寇凶蠻的情緒也頗讓朱元璋滿意，這或許有助於朱元璋相信，即使明與朝鮮終有遼東一戰，朝鮮與"雖朝實詐"的日本聯手攻擾大明沿海的可能性不大。

權近的應制起到了緩解朱元璋心中疑慮的效果，朱元璋也通過對權近應制詩的閱讀得到了自己想要瞭解的大部分信息，於是，朱元璋寫下《賜朝鮮國秀才權近》三首。朱元璋的三首御賜詩分別是《題鴨綠江》、《高麗古京》與《使經遼左》，詩中明確了他對這次表箋風波的態度。《題鴨綠江》詩曰：

> 鴨綠江清界古封，强無詐息樂時雍。
>
> 逋逃不納千年祚，禮義咸修百世功。
>
> 漢伐可稽明載册，遼征須考照遺蹤。
>
> 情懷造到天心處，水勢無波戍不攻。[2]

《使經遼左》詩曰：

---

[1]《應制詩集注》，頁297。
[2]《應制詩集注》，頁244—254。

入境聞耕滿野謳，罷兵樔種幾經秋。

樓懸邊鐸生銅綠，堠集煙薪化土丘。

驛吏喜迎安遠至，馹夫忻送穩長遊。

際天極地中華界，禾黍盈疇歲歲收。①

這兩首詩表達的理念是一致的：遼東自古以來就是"中華界"，明廷接受鴨綠江以南地區成爲兩國邊界緩沖地帶的既成事實，以此爲外交底線，明廷秉持順天守土，與民休息的一貫立場，也希望朝鮮當國儒生們"以道助人主，不以兵强天下"②，停止在中朝邊境的使詐生事，真正做到慕華事大，謹守禮義。

"水勢無波戍不攻"可以視爲御賜三首的核心詩句，既是承諾，也是警告。首先，它是對大明定鼎之初所立德化外交政策的重申。《皇明祖訓》載曰："（海外夷國）限山隔海，僻在一隅，得其地不足以供給，得其民不足以使令，若其自不揣量，來撓我邊，則彼爲不祥。彼既不爲中國患，而我興兵輕伐，亦不祥也。"③ 朝鮮列在"不征諸夷國"之列，戍而"不攻"之意即此。其次，"不攻"是以"水勢無波"爲前提的。"皇風不限華夷界，地理何分彼此疆"（權近《渡鴨綠》）只限於禮義文化的層面，若朝鮮以此作爲解釋兩國邊境摩擦的含混藉口，則明廷勢必不能認同。與此同時，朱元璋的御製三首暗示：若朝鮮繼續在邊境等問題上頻加挑釁，明廷必將出師征討，屆時，也許今日"遷遺井邑市荒涼，莽蒼盈眸過客傷"（朱元璋《高麗古京》）的高麗舊都，就是"一水繞南流蕩漾，三山鎮北聳崢嶸"（權近《新京地理》）的朝鮮新京可以預見的明天。

朱元璋、權近間的命題、應制、御賜，承載着禮義、文化和雙方的政治立場，特別是御製三首，名爲賜詩權近，但朱元璋意指中的閱讀者與回應人卻是朝鮮君民，儘管朱元璋有生之年沒有等到他希望中的回應。權近回國以後，鄭道傳等主導的遼東攻伐計劃仍在繼續籌備，明與朝鮮的關係依舊摩擦不斷，朱元璋以《賜朝鮮國秀才權近》的方式向朝鮮君臣傳達的以禮義爲本的和平外交理念並沒有得到朝鮮方面的足夠重視。而權近本人，也因爲朱元璋的優禮遣還，受到本國激進派的彈劾，多次被"誣以入上國，有所言也"④，雖有李成桂知其情僞，並給予維護，但終究地位尷尬。因此，權近

---

① 《應制詩集注》，頁 267—268。

② 《明太祖實錄》卷二百四十七，洪武二十九年九月丁卯，頁 3586。

③ 張德信、毛佩琦主編《洪武御製全書》，合肥：黃山書社，1995 年，頁 390。

④ 《太祖實錄》卷十一，六年四月壬寅，《朝鮮王朝實錄》第 1 冊，頁 105。

回國後謹加繕寫的"御製及應制詩若干篇"，暫時也就只能以詩卷的形式藏之巾衍，僅作爲一家之寶而存在。

從手抄本的應制詩卷到刊本《應制詩》的文本轉折發生在朝鮮太宗二年（1402）。"一日殿下（指太宗李芳遠）徵之，觀覽既訖，以爲東人之入覲天庭，展布所學，以見知於天下者，絕無而僅有矣。況得蒙御製之賜，與日月爭光者乎？宜圖所以不泯也。遂命知申事朴錫命下議政府板刊施行。"① 李詹的序文寫於本年四月下澣，太宗李芳遠決定刊印《應制詩》，應在此前不久。問題是：李芳遠爲何會在此時徵覽、刊印權近的應制詩卷？

建文帝即位以後，明與朝鮮的關係趨向緩和，是《應制詩》得到國家刊板的政治背景。建文三年（朝鮮太宗元年，1401），明廷遣章謹、端木禮册封李芳遠爲朝鮮國王，默認其奪權即位的事實。同時，明廷派往朝鮮的使臣也改由文化修養較高的文臣、監生充任，這些人在朝鮮的文學活動頻繁②，引發了朝鮮君臣對詩歌外交的重視，並直接催生了一系列詩卷與詩軸。這些詩卷、詩軸大多創製於建文三年六月到四年五月間，可分爲兩種類型：一種應明使所請而作，僅收録朝鮮文臣的作品。如明使章謹所求之榮親詩卷，明使潘文奎、祝孟獻、端木智的贈行詩軸，監生劉敬、相安、栗堅、張緝的贈行詩軸等；另一種則既收録明使的詩歌，也收録朝鮮文臣的和作，酬唱性質明顯。明太僕寺少卿祝孟獻首唱、朝鮮文臣權近等人賡和的監生柳榮贈行詩軸，明兵部主事端木智首唱、朝鮮文臣河崙等人賡和的監生董遷贈行詩軸等，皆爲此類。在這場朝鮮官方製作外交詩卷、詩軸的風潮中，權近的應制詩卷也獲得明使陸顒、祝孟獻、端木智等人的稱美，順理成章地引起太宗李芳遠的特別矚目。

權近應制詩卷所録二十七首作品，文化、政治意涵的文學性表達與李芳遠和平事大的對明外交國策不謀而合，這是朝鮮太宗決定板行《應制詩》的主因，而這份用心又因權近請赴國難的人臣忠義得到加持。明太祖贈詩權近的初衷終於得到遲來的回應。三十多年以後，此板年久字刓，世宗又"紹述先旨"，令江原道監司權孟孫"重鋟於梓"③，作爲刊本的《應制詩》就又融匯了朝鮮太宗、世宗兩代國王的政治文化訴求。

①李詹《應制詩序》，《應詩詩集注》，頁243。
②詳參馬鐵浩《明代詩賦外交的先聲——建文時期中朝交往中的文學訴求》，《河南理工大學學報》2012年第4期。
③權採《應制詩跋》，《應制詩集注》，頁322。

二、典範文本的建構：從《應制詩》到《應制詩注》

太宗、世宗朝的兩次國家刊板擴大了權近《應制詩》在朝鮮的影響和傳播，權近後人感受家族榮耀的同時，有憾於既有版本並非盡善盡美，因此想要刊製一部更爲精良的《應制詩》。權擥自述其"先人（指權踶，1387—1445，權近子，權擥父）常寶玩此集無已，欲用王右軍字入石，以傳永久，方礱石拾字，事未集而捐館。擥懼先志之墜，思欲卒功，字多缺欠，竟難補完，撫膺號痛者累稔"①，但十七年後，權擥終於續成其父未竟之志，家聲再得丕振。

圓庵居頂禪師《應制（和賜朝鮮國秀才權近）》的意外獲得，是權擥重啟《應制詩》增補、改刊事宜的重要契機。景泰六年（朝鮮世祖元年，1455）十月，權擥充"權署國事"李琛謝恩使從漢城出發，翌年正月抵達北京，居留北京會同館期間，權擥因"榮親宴集詩卷，請於倪學士謙序，有先祖（指權近）受御製之賜之語，謹録奉御製三篇"，倪謙看到之後，便將圓庵禪師應制唱和三首抄録給了權擥，權擥攜之東歸。天順庚辰（1460）春三月，權擥正式著手此書增注、補佚事宜，作有《應制詩注跋》，追憶此事，感慨不已，曰："御製則如日月焉，照耀已久；若師之應制，中國人尚罕得知，況海外乎？非徒人之不知，想必先祖亦未得而知也。先祖親受御製之賜，以爲家寶，而不得附録於後。擥今得而附之，豈特悅圓庵之作而已哉？想念當時寵眷不已，至命圓庵輩而應制，則其始賜製，非出於一時欬唾之餘，而廣載之盛，有光於虞朝，亦因以想見矣。以先祖之所不得知，而得於六十餘年之後，以附家集，此予之所以悲且幸也。"② 欣慰、向慕之情溢於言表。

《應制詩》文本自帶的政治、文化價值十分有利於它的典範建構，但來自閱讀過程的襃揚依然必不可少，特別是文學權威們的意見。在朝鮮文人的意識裏，出使朝鮮的明廷文臣在一定程度上被視爲明代文壇的權威，權近本人就曾主動求取陸顒、端木智、祝孟獻三位明使的題跋，祝孟獻即云權近"手持此卷復尋訪，欲求短語相流傳"③。權擥重刊《應制詩注》，新增了明使陳鑑、高閏、倪謙、張寧的四篇題跋，也是出於這方面的考慮。陳鑑、高閏、倪謙的三篇題跋是因權擥個人禮請而作。陳、高二人於天順

---

① 權擥《應制詩注跋》，《應制詩集注》，頁331。
② 《應制詩集注》，頁270。
③ 《題應制詩卷後》，《應制詩集注》，頁321。

元年（朝鮮世祖三年，1457）頒英宗復位詔於朝鮮，陳鑑所云“近之孫吏曹判書擎來求予題”①是直陳其事，高閏所言“題其末，以勉先生之後昆”②，亦點明了請題人的身份。倪謙《書朝鮮詩集後》亦云：“吏曹判書擎爲近之孫，有事天朝，以謙嘗使於其國也，出以見示，屬綴一言”，篇末自記此跋寫於“天順三年己卯歲（1459）夏六月初伏日”③。但細繹權擎生平行跡，本年他並未奉使前往北京，且前文已揭倪謙初見明太祖《賜朝鮮國秀才權近》，是在景泰七年（1456）正月權擎請題榮親宴集詩卷時，故而，倪謙的跋文當是應權擎再請而作，其稱《應制詩》爲“《朝鮮詩集》”，或因時隔甚久，記憶模糊的緣故。權擎、倪謙關於此跋的交流往復，極有可能借由本年的朝天使臣代爲傳達。

張寧《題權氏承恩後》的寫作情況則比較特殊。天順三年（1459）八月，朝鮮誘殺明屬女真毛憐衛都督僉事浪孛兒罕父子等十六人，天順四年（1460）正月，明廷遣禮科給事中張寧、錦衣衛都指揮武忠頒勅朝鮮並問罪。或因張寧赴朝的特殊使命，這次權擎並未如前親自出面求取題跋，但是，《應制詩》卻以一種更加特殊、醒目的方式出現在這次詩賦外交的場合。三月初七日的思政殿國宴上，“上（指世祖李琇）令右議政權擎持陽村《應制詩》一部示張寧，曰：‘此人乃陽村權近之孫。大人幸看高皇帝御製詩。’寧起謝云：‘吾在中國飽聞久矣。’看訖，即賦詩以進。”④ 李琇此舉，因私而言，可能是受了權擎的請託，但主要還是順勢而爲，想借《應制詩》文本既有的文化政治意蘊，表明朝鮮事大字小的基本國策，不會因爲這次邊境糾紛發生改變，延續的是賦詩言志的外交傳統。因張寧賫來聖旨中有“王宜從實開奏，要見是非明白，毋或隱情掩飾”，“不然兵連禍結，自取不靖，非保境睦鄰之道也”⑤ 的嚴厲言辭，所以，李琇請張寧觀覽“高皇帝御製詩”，既有尊禮明廷之意，也是提醒明太祖“不攻”聖諭的存在。深諳個中微妙的張寧雖以詩句稱勉朝鮮“此時民俗淳，文獻須繼紹”，但卻在詩序中回應說：“御製詩並應制詩共一帙，前輩題贊詳矣。夫復何言？況奎章宸翰，照映古今，膠轕宇宙。近之辭語，亦婉順得體，讀之可喜，宜爲國之所什襲也。然洪武至今，世次已久，不知朝鮮之詩，果能皆如近否？”名爲説詩，實則論政：高皇帝的聖諭固爲恒久之至道，但事殊時異，朝鮮擅殺明朝勅封的官員，已失至誠事明之心。

①《跋權近應制詩》，《應制詩集注》，頁 322。
②《書權氏應制詩後》，《應制詩集注》，頁 323。
③《書朝鮮詩集後》，《應制詩集注》，頁 323，324。
④《世祖實録》卷十九，六年三月甲申，《朝鮮王朝實録》第 7 册，頁 377。
⑤《世祖實録》卷十九，六年三月己卯，《朝鮮王朝實録》第 7 册，頁 374。

張寧問今日"朝鮮之詩，果能皆如近否"，其實是問今日"朝鮮君臣之心，果能皆如近否"，可謂"豈惟詞語間，政治實樞要"①。含而不露的外交辭鋒間，《應制詩》已然成爲雙方用以委婉傳達政治立場的媒介，這一文本功能的新變化立刻引起了權擥的高度重視。

天順四年（1460）三月初七日，《應制詩》在明與朝鮮詩賦外交中重要地位的展現，直接誘發了權擥對《應制詩》的增注。這個時間節點是不容忽視的：整理已有相關文稿之餘，權擥是在"天順四年蒼龍庚辰春三月日"方纔補記了此前赴明得到圓庵《應制（和賜朝鮮國秀才權近）》三首的經過，而且，他對《應制詩》正式展開"考古訪今，隨事附注"的工作，也是"把筆於庚辰春"。雖然權擥自謙"雌霓之呼、金根之改，恐貽人譏，將遺我子孫"，"豈敢强作解事，聊以遂先志耳"，但也説："此應制之作，出於公（指權近）忠誠懇惻之餘，既能格天以紓國患，竟能受天章之賜，爭光日月，照耀宇宙。則是編，真天下萬世之所共寶也，豈但一家一國而止哉？"②將《應制詩》樹爲外交文學典範文本，以傳之久遠的苦心昭然。

注釋是閱讀、理解文學作品，並擴大其傳播與影響不可或缺的裨助，同時也是建構經典文本的重要方式。朝鮮世宗即位以來，大興文教，整理、刊刻、注釋詩文集寖成風氣，《纂注分類杜詩》《八家詩選》《香山三體法》《半山精華》《宛陵梅先生詩選》《山谷精粹》等紛紛纂刊③，權擥即以集賢殿禄官長期預此潮流，参與過《兵書音注》等典籍的修撰。特別引人注意的是，注釋書籍本就是權氏家族源遠流長的家學與門風。在權擥注釋《應制詩》之前，東人注釋的東人別集、總集文本載諸文獻者，就多與權氏有關，如李仁老（1152—1220）的《銀臺集》即由"菊齋權溥（1262—1346）撰注"④，而由鄭道傳手編的《三峰集》初刊本，亦有權近的批點，另外，世宗二十七年（明正統十年，1445）纂成的含注總集《龍飛御天歌》，則爲權擥之父權踶、鄭麟趾諸臣奉王命而撰。因而，權擥採用注釋《應制詩》的方式建構理想中的經典文本，不僅是繼承先人之志，也是賡續先人之學。

此處將權擥《應制詩注》的體例特徵，擇要略述如下：

一、注釋對象僅限於《應制詩》載録的三首御製詩與二十四首應制詩。增補的圓

---

① 《題權氏承恩録後》，趙季輯校《足本皇華集》，南京：鳳凰出版社，2013 年，頁 131—132。
② 《應制詩注跋》，《應制詩集注》，頁 331。
③ 詳參黃渭周《關於韓國編纂的中國詩選集的研究》，《中國詩歌研究》第 2 輯，北京：中華書局，2003 年。
④ 金烋《海東文獻總録》，《朝鮮時代書目叢刊》第 7 册，頁 3463。

庵和詩以及明人的題跋，僅作爲附録，以相參閲。

二、保留權近應制詩原有的十四條自注，以標明"自注"、"增注"的方式區分舊注與新注，新注不取代舊注，而是與權近自注一起構成新的注釋文本。因此，權近手編《應制詩》的文本樣貌並没有被新的《應制詩注》覆蓋。

三、只作注釋，不加評論。詩歌注釋與文學批評相輔相生是中國古典注釋學的基本特徵，金台鉉（1261—1330）《東國文鑑》、崔瀣（1287—1340）《東人之文五七》、趙云仡（1332—1404）《三韓詩龜鑑》等早期的東國詩選本也沿襲了這一風格。權擥的《夾注應制詩》對詩歌文本只注不評，與著者身份有直接關係：身爲藩臣，點評宗主國開國之君的文字，殊爲越禮；身爲權近之孫，評論指摘先祖詩文，涉嫌不敬。這一處理方式内藴權擥的忠孝敬慎之心。

四、注釋内容以字詞的音義、版本考辨及史料補充爲主，不涉及章句疏解與義理闡發，大略可以用權擥自言之"雌霓之呼"、"金根之改"與"考古訪今，隨事附注"相概括。"雌霓之呼"涉及的是字、詞的音注，"金根之改"常指妄改原本正確的文本，主要涉及版本異文的考訂，二者皆爲權擥的自謙之辭。試舉朱元璋《題鴨緑江》詩下兩條注釋爲例。"强無詐息樂時雍"句下注曰"强，渠良切，暴也；詐，側嫁切，欺也，僞也；雍，和也"；"禮意咸修百世功"句下除注釋"世"的字義，還考辨曰："'意'，諸本或作'義'，今者最久寫本及舊鑄字本皆作'意'，從之。二十年爲一世，又父子相繼爲一世"。兩句都不涉及句意、詩意的解釋。"考古訪今，隨事附注"是權擥增注本中最重要的内容，注釋的重點主要是史實、地理的解釋、增補與考證等。其特點如下：（一）從引述史料的具體内容看，二十七首詩歌涉及的所有事件、人名、地名及相關的歷史沿革都有詳盡豐贍的注釋，提供了大量有助於更深入理解原文的史料，幾可當作瞭解朝鮮半島歷史、地理的百科全書，以至權擥增注後的《應制詩》又曾被稱作《東國記》①。（二）從隨事附注的材料來源看，既有古代之典籍，又有今人的口述。如權近《聽高歌於來賓》題下注曰：

　　自注：來賓，樓名。

　　增注：老譯金宰相乙玄謂吾先人曰："僕赴南京，登來賓樓，看陽村詩掛版。禮部尚書李原明跋云：'近，朝鮮人，承命來觀，應制而作，奉勑鏤板。'傍有人云：'他樓共如是。'"②

---

① 《韓國古書綜合目録》著録忠南大學圖書館藏本《東國記》，頁183。
② 《應制詩集注》，頁314。

這則材料僅見於《應制詩注》，不僅提供了鮮活的文化交流史料，也有助於瞭解明初官建十六樓的一些細節和側影。（三）從隨事附注的體例看，以互相參見的方式避免了相關材料的重複徵引。具體文本處理時，常用“見上××題下注”、“××解，見下××注”等作爲閱讀時翻檢查詢的提示。（四）從對注釋內容的處理方式看，不僅進一步針對所引注文再作注釋，注上加注，而且也對注文內容進行考辨，或者參列其他文獻，直接下肯定的判斷，或者盡引相關文獻，稍作提點但又存而不論，注釋態度較爲嚴謹。總體而言，權擥的“隨事附注”雖有釋事忘義的偏頗，也略顯繁冗，但旁徵博引，內容宏贍，注釋使《應制詩》的文本得到很大增值。

　　五、撰寫詳細的《陽村先生文忠公行狀》，“歷叙祖父勛舊世系”[1]，爲讀者提供知人論世的裨補。

　　另外，爲使《應制詩注》更臻經典之境，權擥還對書籍的出版細節下足了功夫。天順六年刊板的《應制詩注》幾乎集合了當時一流的製作水準：崔恒參校文字，李坡書寫序、跋，姜希顏摹篆書跋，成任、鄭蘭宗、安惠書字，張自純書稿，尹英和刻字，金仲連鏤板。博覽群書的大家李仁榮在《清芬室書目》中，曾用罕見的稱美語氣著録此書曰：“書字雕鏤精雅，李朝初期本之極精者，由是足觀姜希顏、成任、鄭蘭宗、安惠諸家之書法。”[2]

　　而將《應制詩注》置諸明與朝鮮詩賦外交的文學進程中，又可觀察到，此書出現在《（陳鑑、高閏）丁丑皇華集》、《（陳嘉猷）己卯皇華集》、《（張寧）庚辰皇華集》相繼刊刻，《皇華集》傳統逐步確立的同時，因而在承繼家聲之外，別立一部可傳後世的文學典範，也是纂注者不容漠視的公心。權擥的增注之舉，是對《應制詩》外交地位、意義新變的敏感與先覺。

三、象徵與期待：明中後期赴朝使臣闡繹《應制詩》發微

　　在《皇華集》的光芒下隱身將近百年之後，《應制詩》又重新進入赴朝明使的視野。嘉靖十八年（1539），華察、薛廷寵前往朝鮮頒冊立皇太子詔，賓主酬唱之餘，館伴金安國以權近《應制詩》進呈請題，華、薛二人皆製詩相贈，從此揭開自嘉靖、隆慶、萬曆以迄天啓六年（1626）的《應制詩》又一題詠傳統。除《（張承憲）乙巳皇華集》

---

[1]《世祖實録》卷三十，九年五月庚寅條，《朝鮮王朝實録》第7冊，頁573。
[2]《清芬室書目》，《朝鮮時代書目叢刊》第8冊，頁4520—4521。

（1544）、《（歐希稷）戊辰皇華集》（1568）、《（成憲、王璽）戊辰皇華集》、《（韓世能、陳三謨）癸酉皇華集》（1572）沒有收録相關作品外，其他九次使行的十六位使臣，有十五人以或詩、或跋的形式對《應制詩》進行了闡繹。明朝使臣賦予《應制詩》同而不同的閲讀角度、理解，或在朝鮮君臣企盼之中，或又出乎對方意想之外。

　　《應制詩》重回詩賦外交的場合，是出於朝鮮官方的意志。《應制詩》文本本身的政治文化内涵，十分符合朝鮮君臣想要表達的本國形象，即朝鮮是禮義文獻之邦、文翰興盛之地，是明廷可以視同内服的“小中華”。嘉靖十八年的《應制詩》請賦行爲，就與這層意義直接相關。在此之前兩年，翰林修撰龔用卿、户科給事中吴希孟出使朝鮮，深感東方文獻之盛，回國之後，奏稱“朝鮮素稱恭順，較之諸夷不同。而國家禮遇其國，亦未嘗以夷禮待之。邇者賫詔至彼，其王李懌又能恪遵典禮，敬事不違，良可嘉尚。請自今凡詔告勅諭事關禮制者，宜使之一體知悉，不必遣官，但因其朝貢陪臣即令賫回，庶以見朝廷殖有禮、懷遠人之意。”“禮部覆：如其議。詔：可。”① 以此爲背景，由朝鮮官方主導的明使對《應制詩》的閲讀，與朝鮮方面同時進行的宗系辯誣有關。

　　因《皇明祖訓》的一段誤記，朝鮮經歷了始自洪武年間，終以萬曆十七年（朝鮮宣祖二十二年，1589），近兩個世紀不斷遣使赴明告奏的宗系辨誣之路。《皇明祖訓·首章》載曰：“朝鮮國即高麗，其李仁人，及子李成桂今名旦者，自洪武六年至洪武二十八年，首尾凡弑王氏四王，姑待之。”② 經朝鮮遣使辯解，朱棣曾傳旨准予改正，但事未果行，故而弘治、正德刊本《大明會典》依然引用了《皇明祖訓》的這段誤記。後因朝鮮遣使交涉，明廷又先後於正德十三年（1518）、嘉靖八年（1529）勅諭禮部通查改正。可是，要删改《祖訓》之語，畢竟事關重大。如果僅看《皇明祖訓》的記載，很容易讓人產生朱元璋厭惡朝鮮，認爲朝鮮王權所得非正的印象，故而，朝鮮方面認識到，要順利修正宗系，温和地扭轉《祖訓》所造成的影響非常必要。這就需要朱元璋視朝鮮爲崇禮尚義之邦，而非篡逆禽獸之域，並寵眷之、優禮之的有力實證。權近的《應制詩》無疑符合這個要求。明中後期赴朝明使對《應制詩》的題詠，首肇於嘉靖十八年四月身在漢城的華察、薛廷寵，而本年閏七月壬戌，“冬至使任權、（宗系改正）奏請使權橃奉表如京”③，兩相結合，亦可略證其中關聯。

---

① 《明世宗實録》卷二百四，嘉靖十六年九月庚寅，頁4267。
② 《洪武御製全書》，頁390。
③ 《中宗實録》卷九十一，《朝鮮王朝實録》第18册，頁321。

　　向明使請題《應制詩》既然是服務於宗系辨誣的外交策略，朝鮮方面在講述既往史實時，自然會有意識地將明使們的闡繹角度引向明太祖對朝鮮的寵綏涵育、視同一家。因而，明使們的題詠也幾乎無一例外側重於贊美明太祖的御賜恩榮。如華察《讀高皇帝賜朝鮮陪臣權近御製詩》詩云：“爲重藩臣眷，親題御墨香。雲霞朝散彩，奎璧夜騰光。寵過千金賜，家傳什襲藏。東人亦何幸，留此鎮封疆”①，頗言御賜之珍、帝寵之盛。許國《恭題高皇帝御製詩卷後》則稱明太祖：“異權生以樹（東方）風教，譬設標命賞，射者競趨。迺今文苑之士彬彬蔚起，雲蒸霞爛不減中夏。雖其遺俗由來者遠，要以作新成就，則本高皇帝標表權生之所爲風也”②，極盡誇美，以至言過其實。王鶴則在《書陽村先生應制詩卷》中極稱“是册豈但可以爲國之珍，雖以之爲天下萬世珍亦可也。仰讀之餘，不能不感於中，遂繼之以言曰：聖人之文，不世文章。奎璧之輝，日月之光。陽村有之，什襲珍藏。松嶽蒼蒼，鴨綠洋洋。視此宸翰，與山水長。嗚呼東國，萬世無疆”，“余捧讀再四，迺知聖人以天下爲一家，以萬物爲一體之心也。其包荒無外之仁，固不與天地同其悠久也哉？”雖然題目是《書陽村先生應制詩卷》，於權近的應制之作，卻僅以“入朝對、製稱旨”一語帶過③。薛廷寵則認爲“（《應制詩》）集中有高皇帝御製詩，名之以《陽村先生應制詩》，似乎不恭，宜改曰《應制承恩録》”④，魏時亮更認爲“《録》舊本作《陽村先生應制詩》，又曰《應制承恩録》，予莊誦御製三詩在卷端，而權秀才應制諸作，無非仰聖祖高厚恩眷，故得獻一藝以吐赤誠也。《録》宜欽尊聖翰，應制次之，謹爲題曰《寶翰承恩録》云。”⑤推尊御製之用心可謂盛矣。在賓主交歡，講究得體、分寸的外交場合，應對方之請題詠《應制詩》，無論是從外交禮節，還是爲文、爲人之道，都不應對權近的應制表現出如此的漠視，因此，比較合理的解釋只能是：這些偏重於稱揚朱元璋御製之美，御賜之恩的明使，在作文之前受到了朝鮮文臣的暗示，甚而是請托。

　　魏時亮和黃洪憲的題跋，更是直接將題詠《應制詩》行爲與朝鮮的宗系辨誣明確聯繫起來。此處爲免叙述繁瑣，節録二文如下：

　　　　聖祖視東土如一家，嘉海邦之忠順，即内藩之忠；悦權生之才翰，即内臣之才，聖心不私若此，曾謂聖心如天，而有能自外於天之所賦者哉？是以權得盡吐

①《己亥皇華集》卷五，《足本皇華集》卷二十七，頁925。

②《丁卯皇華集》，《足本皇華集》卷三十，頁1031。

③《丙午皇華集》，《足本皇華集》卷二十九，頁1023。

④《中宗實録》卷九十，三十四年五月乙未，《朝鮮王朝實録》第18册，頁298。

⑤《丁卯皇華集》，《足本皇華集》卷三十，頁1032。

赤誠，述本國秉禮之忠，叙東方效順之福，即海邦藻翰之奇，自權一發之，世益振焉。迄今太平之福，世世享之，無非聖祖天心之所貽也。予之重權不以其文，以其忠於國主，而奏對克當帝心，真東土之吉士焉。列聖相承，同天法祖，是以東方愈福。恭惟先皇帝嘉東方忠順，屢請命禮官，將《會典》"四世"之載且削之。聖祖之進權生，開萬世之忠；先帝之命筆削，教萬世之孝，東方其世世繹思之。

——魏時亮《題寶翰承恩録後》（1567）①

洪憲濫竽史局，閱朝家典訓，至朝鮮李仁人（引者按："人"當作"任"）兩世篡逆事，髮未嘗不上指冠也。永樂、正德間，國中屢疏明世系非篡者，後請更正。累朝温綸褒諭，咸讓未遑。今天子觀光揚烈，紹明祖制，命史官重修《會典》，因使臣請，亟令釐正，俾國統世系昭然復明，釋千古不韙之疑，國不有厚幸哉！然愚竊思之，高皇帝聖謨傳信萬禩，何獨令此國蒙詬千載？求其説而不得。會皇嗣誕生，上命充詔使詔其國，獲睹高皇帝御製賜陪臣權近詩，暨近應制諸篇，頗及王、李代禪事，高皇深信然之，寵賚特至。以斯知草昧勳勤，傳聞未據，即高皇帝已心知其非。幸今上洗垢滌瑕，嘉與更始，正善體高皇帝懷柔遠人之意，而御書國典，若操右券而合。則是帙也，非惟權氏子孫家藏什襲，當且代爲國寶，與丹書鐵券帶礪永存矣。不佞幸睹此編，歸承明金馬著作之庭，奉揚休德，明徵信史，不可謂非周咨一助也。

——黄洪憲《恭題高皇帝御製詩章後》（1582）②

魏文認爲嘉靖帝命削"弑王氏四王"之誤記，與洪武帝寵遇權近的原因一樣，是因爲朝鮮世守禮義，主賢臣忠，故篡弑之言不足憑。至於黄洪憲，在爲朝鮮宗系辨誣成功高興之餘，更是進而妄測《皇明祖訓》的誤記，明太祖生前"已心知其非"，黄洪憲的依據即爲《應制詩》所載明太祖御製《賜朝鮮國秀才權近三首》和權近的應制詩。經歷自嘉靖十八年（1539）以來近半個世紀的努力，朝鮮方面終於如願通過明使之口，完美達成了扭轉《皇明祖訓》影響的目的，並借由收録這些明使題跋的《皇華集》，進一步擴大了影響傳播的範圍。

作者之用心未必然，而讀者之用心何必不然，即使是面對《應制詩》這種政治意涵相對穩定的特殊文本，身處特定歷史語境中的讀者，其閱讀立場、心理依然會賦予

---

① 《丁卯皇華集》，《足本皇華集》卷三十，頁1032。
② 《壬午皇華集》卷二，《足本皇華集》卷三十六，頁1195—1196。

它新的解讀方式與内容。因朝鮮宗系辨誣需要建立起來的《應制詩》題跋傳統一直延續到明末天啓六年（1626）的姜曰廣、王夢尹使行，在此期間，壬辰倭亂（1592—1598）、薩爾滸之戰（1619）等改變明、鮮兩國命運，以及東亞政局的大事件相繼發生，直接影響到明使們關於《應制詩》的闡繹風格，論古及今的解讀比重不斷增强。如崔廷健《又題寶翰承恩録後》（1602）曰：“故皇上篤念祖德，家視萬方之心，亦以高皇帝能激勵權秀才，而權秀才能激勵通國臣民，俾世砥藩節，故有是今日也。權氏於今日亦可謂與有力焉。於是仰見高皇帝真天地之仁，能萬世覆露朝鮮，而權秀才亦可謂君子之澤，百歲不斬可也。”[1] 或者從非戰、厭戰角度頌美明太祖敷文懷遠之德，並與權近詠本國史時流露的情感遥相呼應，如熊化《恭題高皇帝御製賜權秀才詩卷》（1609）認爲朝鮮“當漢唐之世，以兵力自雄，雖天威時勤，恩信未洽。我聖祖御極，不以兵車之力，正朔遠加，視古爲烈”，“而權秀才以海邦下士，搖筆彤墀，忻承睿藻，令其國奕世以後潰而復完。”[2] 崔、熊二使的題詠，均將權近、朱元璋詩歌酬唱中體現出的宗藩之情，與明廷助平壬辰倭亂的恩義相聯繫。

特別值得注意的是梁有年的《題寶翰承恩録後》（1606）和姜曰廣的《書權氏寶翰承恩録後》（1626），這兩篇題跋都結合時局，重點闡發了朱元璋命題、權近應制的《相望日本》。梁有年評論曰：“《相望日本》之詠，既備寫其凶奸，復明罪其侵竊，近之虞深遠慮，當其主有國之初，已具見於詞矣。使後權氏者，能世世誦述以告於其國，國之君若臣者，能人人繹思綢繆於未雨，豈至有壬辰之瑣尾哉！”[3] 痛惜與反思的同時，又頗具理性之見。姜曰廣則明言“倭爲封豕長蛇，綸音中深致意焉。關白之難，聖天子早明見百世後矣”，並感嘆“三韓分土，越在遐荒”，然“聖祖用未雨之謀，告戒在先；神宗取既屋之社，扶全於後。可不謂深仁厚澤哉！”有此事實爲基，再强調朝鮮“猶行箕子之道也，吾夫子浮海居夷之歎，其在斯乎？其在斯乎？他日嘗讀《金史》，予甚惑焉。金人謂宋幾不擇音，有‘我直奴視’之語，高麗豈其負之耶？何以至此？金酉之桀慢無人禮，蓋不自今日始哉”[4]。一面是深恩，一面是羞辱，在後金憑陵的局勢下，姜曰廣重提往事，並兼及華夷之辨，希望以春秋義理堅定朝鮮不事後金的決心，繼續與明休戚與共，紓救危難時局的良苦用心畢見。

---

[1]《壬寅皇華集》，《足本皇華集》卷三十七，頁 1222。
[2]《己酉皇華集》，《足本皇華集》卷四十三，頁 1429。
[3]《丙午皇華集》卷五，《足本皇華集》卷四十二，頁 1386。
[4]《丙寅皇華集》卷四，《足本皇華集》卷四十七，頁 1528—1529。

結　語

　　明與朝鮮的詩賦外交歷程中，《應制詩》是一部與之相終始的特殊文本。朱元璋與權近的詩歌酬唱是明、鮮詩賦外交的開始，而在明廷使往朝鮮最後一任使臣的皇華唱和中，《應制詩》又作爲被閱讀的文本參與其間。在不同的閱讀語境中，《應制詩》的文本形態與文本闡繹也發生了相應的變化，承擔着不同的使命。

　　正如文學經常通過詩化的政治擴展其傳播與交流一樣，政治也需要藉助文學、文本完善自我形象的詩化建構，《應制詩》的刊板就是由多重政治、文化的考慮共同成就的。它承載了明太祖觀風覽政、體察人心、搜集信息的外交藝術，以及息民柔遠、恩威並舉的帝王深心；它鎔鑄了權近爲國輸誠，爲君盡義的儒臣情懷，以及揚一己文才、一國文華的詩人風采；它又是朝鮮太宗、世宗慕明事大、敬禮崇義治國方略的一次詩性處理。

　　注釋是文本閱讀的一種方法，也是擴大文本傳播，並進而將文本引向典範的重要手段。天順四年張寧出使朝鮮時，《應制詩》意義的新變化，直接促使權擥克紹箕裘，踵武權氏家門特重的注釋之學，纂成《應制詩注》，不僅使先人遺志得以完成，家聲家學有所寄託，更於《皇華集》之外，別立了一部可經流傳的外交文學經典。明代中後期，《應制詩》與《皇華集》相生相輔，共同成爲外交場合下朝鮮事大慕華、久被文明的詩意象徵。

　　權力優待符合自身意志的文學，朝鮮官方因宗系辨誣的政治需要，主導了明使對《應制詩》文本的閱讀。借道明使的題詠，朝鮮方面意在以《應制詩》逐步消解《皇明祖訓》誤記的影響，《皇華集》中因此出現一個新的文化意象，《應制詩》亦得廣其流傳；明使閱讀《應制詩》的視角與内容，既有朝鮮官方的暗示，也受壬辰倭亂、薩爾滸之戰等明末重大事件的直接影響，從而出現新的文本闡繹。

　　尋繹一部文本所經歷的閱讀歷程，關注其文本形態與意義的變遷，在一個較長的時間範圍内，將那些原本分散、脱離的歷史文化"碎片"視爲一個統一的整體加以觀照，不僅有利於深入理解文本本身，同時也有助於發現一些"小事件"在"大歷史"中的意義，從而更爲具象、清晰地理解文本，以及文本背後的政治與文化。

麗末鮮初科舉試賦變律爲古述論

權赫子

（山東理工大學）

一、唐宋科制東傳與高麗朝科舉考律賦

朝鮮半島在高麗光宗朝九年（958）採納後周人雙冀之建議設置科舉制度，其時借鑒唐朝科制，最重制述業。制述業的科目有詩、賦、時務策，科試賦體爲律賦，後人亦云："高麗光宗，始用雙冀言，設科取人。冀即中國秀才，附商舶東來，官至翰林學士者也。其法頗用唐制，以詩、賦、頌、策取士，兼取明經、醫、卜等業。所謂詩，即十韻排律之類；所謂賦，即八義賦之類。唐賦有官韻，其體如駢儷，宋初亦以此取士"①。具體試賦情況及文體程式記載於《高麗史·選舉志二》，兹引二例如下：

> 仁宗十年（1131）閏四月，崔滋盛知貢舉，林存同知貢舉。存出賦題云："聖人耐以天下爲家。"省奏："按，'耐'古'能'字，奴登切，今以奴代爲韻，非是。請改命他人再試。"不允，因命滋盛等更試之。又命題云："天道不閑而能久。"省臺又奏："按，《禮記》云：'天道不閉而能久。'鄉本《家語》，以'不閉'爲'不閑'者，蓋謬語耳。今貢院不考正經，而據錯本，請罷兩貢舉職，仍停今年選舉。"王不允，命簡取經義論中格者。

又如：

> 忠烈王十三年五月，林貞杞掌試，出律賦題曰："太宗好堯舜之道如魚依水不可暫無"，以"好堯舜道不可暫無"爲韻。諸生進曰："韻中六字皆則音，何如？"

①柳壽恒《迃書》卷一《論麗制·科目》，漢城：民族文化推進會，1981年，頁2。

貞杞慚，改之曰：“好堯之道如魚依水。”諸生又進曰：‘韻中五字皆平音，何如？’貞杞大慚，又改之曰：“好堯舜道如魚依水。”

二例分別是進士科與監試賦題相關內容，反映了科賦出題的各種避忌和程式之嚴格，還有科賦限韻由字數不定變爲八角，且須嚴格遵守四平四仄規則。較之科舉開設時依唐賦之“有官韻，其體如駢儷”，程式更爲嚴格。

《東文選》收有高麗朝律賦十餘篇，可藉以深入瞭解程式要求在創作中的反映情況。如從崔滋《相如避廉頗以先國家之急賦》，姜彰瑞《成王氣稟胎教德與年豐賦》，金富軾（1075—1151）《仲尼鳳賦》《啞雞賦》，鄭義（？—1223）《道閎一和槐橘合爲兄弟賦》，李堅《春雷作龍蛇不安於蟄戶賦》，閔漬《李勣應時掃雲布唐陽春賦》，無名氏《志士口與心誓守死無二賦》《嗜欲皆同惟賢者節之賦》《賈誼請獵猛敵不搏畜兔賦》《漢成帝勿易折檻以旌忠臣賦》等篇，可知內容多爲經史類，皆較精緻，一些賦作則呈現了宋律賦特徵。茲引崔滋（1188—1260）《相如避廉頗以先國家之急賦》如下：

> 相如所避，廉氏之奇。以我國急難之故，非予心畏懼之爲。顧彼大賢，與私讎而不遇；殆非他故，念我邦之將危。
>
> 昔者臣惠王者雖多，肩藺氏者未有。奉使於外，則得還和氏之璧；從上而遊，則俾擊秦王之缶。然則且論功考績，雖大山莫及其高；故越序超資，於中國卓居其右。
>
> 時廉頗謂，伊人身起於賤，何今日位居我先。吾不忍爲之下矣，若相逢必當辱焉。相如曰，俾吾國鼎峙而安，唯二人耳；儻異日角鬥而死，若兩虎然。
>
> 於是君臣之會則稱疾不朝，道路相逢則回車而避。如此者何畏於彼，唯止乎爲國而已。讓其讎敵，居常隱匿而行；以我邦家，恐有危亡之事。
>
> 何則？壯士一怒則不死何俟，賢人俱亡則治國者誰。故我公之避也，念此邦之殆而。笑宰嚭有隙於子胥，吳國見敗；美玄齡同音於如晦，唐室致綏。
>
> 有以見一則戰攻而日闢四方，一則智勇而威伸列域。儻二子爭相爲死，彼一邦罔有定極。始同遷史不與會而不與爭，終合軻書利吾家而利吾國。
>
> 夫然後負荊謝罪而永無嫌隙，刎頸爲交而罔不協和。既當時合謀相輔，伊爾國不固而何。昔反以我爲讎，無幾相見；今聊與子如一，亦孔之嘉。
>
> 向若既妬嫌，我亦振怒。以一朝睚眦之憤，有兩臣死亡之故。則安得以弱趙千乘之威，使諸侯而畏怖。

此賦“用散文句法敘說，未拘泥於嚴格的對偶”，其“以古爲律”的做法與元稹相近，用一些散文化的句法穿插在四六駢對之間，追求疏宕流走的效果，避免句法板滯之弊①。也許，崔滋是有意作出散文化句式，以此爲改革文壇時弊、貫徹自己文學觀的具體實踐。

上述高麗朝科試律賦的程式與特徵，實爲高麗科舉制度之演進表徵之一。高麗科舉考試開始用唐制，但在之後的演進過程中考試種類漸增，内容漸變。就考試種類而言，先後設置了國王親試即覆試（或重試）及國子監試（亦稱進士試）、國學升補試，另有文官考試②。科試内容的顯著變化則是以詩賦爲主，漸增經義且重視策、論，呈現了重經學、經世（策問時政）的演進特徵。這些變化主要緣於宋朝科制的接受，正如宋朝使臣徐兢所指，高麗朝取士“用詩、賦、論三題，不策問時政”，“自政和間（1111—1118）遣學生金端等入朝，蒙恩賜科第，自是取士，間以經術、時務策，較其程試優劣，以爲高下。故今業儒者尤多，蓋有所向慕然耳。”③ 此即睿宗十年（1115）進士金端等人赴宋入大學之事。睿宗十三年（1118），國王“遣鄭克永、李之美如宋，謝賜權適等制科還國，御筆詔書。王親製表文手書。”其實，宋、麗之間此類交流更早，如景宗元年（976），金行成入學宋國子監，明年在宋登第；成宗五年（986）崔罕、王琳如宋入學，十一年罕、琳登賓貢科，授秘書郎；穆宗元年（998），金成積入宋登第。隨人員交流的增多，高麗朝多次借鑒宋制改革科舉制度：穆宗七年（1004）施行三場連券法，初場帖（禮）經（十條），中場考詩、賦，終場考時務策；顯宗二年（1011）定糊名試式；仁宗十七年（1139）十月，（高麗）禮部貢院引范仲淹慶曆三年（1043）《答手詔條陳十事》中一段議論，提出經義與詩賦應並重，“今後初場試經義，二場論、策相遞，三場詩、賦，永爲格式”④。

在科舉考試、君王愛好、外交目的驅使下，高麗中期開始出現了衆多辭賦高手和律賦傑作，徐居正概括高麗一朝賦壇盛況及其原因，曰：

> 高麗光宗，始設科用詞賦。睿宗喜文雅，日會文士唱和。繼而仁、明亦尚儒雅。忠烈與詞臣唱酬，有《龍樓集》，由是俗尚詞賦，務爲抽對。如朴文烈寅亮、

---

① 詹杭倫《韓國（高麗、李朝）科舉考試律賦舉隅》，《西南民族大學學報》2012 年第 1 期。
② 成宗十四年（995）春二月，國王“恐業文之士纔得科名，各牽公務以廢素業，其年五十以下未經知制誥者，翰林院出題，令每月進詩三篇、賦一篇，在外文官自爲詩三十篇、賦一篇，歲抄附計吏以進，翰林院品題以聞。”《高麗史·世家》卷三，漢城：亞細亞文化社，1972 年，頁 589；李成茂《韓國的科舉制度》，坡州：韓國學術情報，2004 年，頁 53—54。
③ 徐兢《宣和奉使高麗圖經》卷十九《進士》、卷四十《儒學》，《叢書集成初編》第 3236、3239 册，北京：中華書局，1985 年，頁 66、141。
④ 毅宗八年（1154）又改爲“初場迭試論、策，中場試經義，終場試詩、賦”，見《高麗史·選舉志一》，頁 589。

金文成緣、金文烈富軾、鄭諫議知常、李大諫仁老、李文順奎報、金內翰克己、金諫議君綏、俞文安升旦、金貞肅仁鏡、陳補闕澕、林上庠椿、崔文清滋、金英憲之岱、金文貞垍，尤其傑然者也。高麗中葉以後，事兩宋、遼、金、蒙古強國，屢以文詞見稱，得紓國患，夫豈詞賦而少之哉。①

徐居正概括了高麗一朝賦壇盛況及其原因，同時也指出其弊端即抽對之風的興起。

二、科弊、復古與反對科舉考律賦

在高麗科舉一百多年間的演進史中，各種弊端漸顯，其一便是長期鼓勵詩賦科所導致的駢儷之風的熾盛。對此金富儀、林椿、李奎報、崔滋等人相繼反對駢儷、形式化，主張復古即古學與古文，隨之"真實"、"致用"、"尚情"的呼聲漸滋，《詩經》《楚辭》、秦漢古文、唐宋古文家作品成爲學習的典範。改革文風的呼聲與《楚辭》爲範本的文人古賦之創作，爲接受元朝科制而改考古賦提供了理論認識和創作經驗。由重詩賦而滋生各種弊端及隨之提出的補救之方，實際爲一場詞章經義之論，爲高麗科舉走向重經學、經世之路起到推波助瀾的作用。

仁宗朝金富儀（1079—1136）指出科舉之選拔人才不力、促成學風不實之弊端：

> 《史》曰："國之將興，尊師重傳。"《詩》云："樂只君子，邦家之光。"然則崇師傅之任者，蓋本重其綱常；立邦家之基者，所不廢於選舉。姬劉而上，故先德行之科；隋唐以來，又設文章之試。善學中國，厥惟本朝。遠自祖宗之時，已尊賢聖之教。然賢關未闢，城闕有挑撻之徒；而古學不興，詞賦取雕蟲之末。伏遇睿宗大王（1105—1122），靡待臣僚之上言，獨觀理亂之所在，沛然綸旨，創以黌堂，法羲易之大烹，務周詩之樂育，命鑾輿而幸學，迎儒匠以講經，兼施御帤之珍，備厚聖師之奉。作新一代，風動三韓。讀書者無不極神天至聖之宗，奮筆者爭欲窮性命道德之妙。②

此文指出科舉考試之不足：一曰選拔人才不力；二曰促成學風不實。將古學與詞賦對立，認爲律賦爲主要形式的科舉文體導致文風衰弱，因而提倡復古即古學與古文：古學即經學，古文則指內容之"真"與形式之散，於科賦而言是重經史內容和打破形式規範之束縛，創作上具體表現爲科舉律賦的散體化，以及文人賦傾向古體而學習楚辭、

---

① 徐居正《東人詩話》卷下，漢城：螢雪出版社，1981年，頁265。
② 金富儀《辭知貢舉表》，《東文選》卷四十二，漢城：民族文化推進會，1989年，第4冊，頁812。

文賦等。另外肯定了睿宗的文化中興之功。據《高麗史》，睿宗時做出重建國學、改革科舉等多項舉措：睿宗二年（1107），置學養賢；三年（1108），親試進士，開覆試之始；四年（1109），國學置七齋；十四年（1119），"東堂始用經義"；多次送進士入宋學習和應舉。金富儀於睿宗六年（1111）、仁宗二年（1124）兩度使宋。

繼而，仁宗時期（1122—1146）的林椿更是一語道破場屋文字之弊害："取時所謂場屋之文讀之，工則工矣，非有所謂甚難者，誠類俳優者之説。因自計曰：如是而以爲文乎，則雖甲乙，可曲肱而有也。"又云："近世取士，拘於聲律，往往小兒輩咸能取甲乙，而宏博之士，多見擯抑，故朝野嗟冤"，以賈誼、司馬遷、韓愈、柳宗元、歐陽修、王安石、蘇軾等爲"宏博之士"①。他以救弊之策，提出"文體改革"與"文風大振"之必要，"寄語高第後的皇甫沆，像韓愈那樣在高麗文壇發起古文運動"，其創作有"文得古文，詩有騷雅之風骨"之譽②。

李奎報（1168—1241）辭任考官時指出律賦取士之弊云："竊以詞賦之選，古今所難。才長者或局於對偶而騁氣未周，識近者或工於剽掠而使人易眩。苟不精於取捨，即有濫於賢愚。"③ 他認爲對偶等形式束縛才能且助長剽竊之風，因而學習詞賦只能"虛薄靡爲醇儒，枉承睿哲之知"④，而科舉之目的應是培養選拔醇儒與睿哲。這説明他更看重考試之內容而非形式，若擺脫形式限制則有助於舉子表意酣暢，繼而也引導其備考時由重視形式轉向思想內涵之豐厚深廣，而古賦也許是最恰當、最直接的矯正之方。

李奎報曾閱友人古賦、古詩，感歎"風、雅、楚詞不作久矣，不意復見於今矣。非惟格韻警絶，其所諷興，足以激時俗反之正者已"⑤。他不滿當下文風之浮靡衰弱，肯定友人復古、神世之作，由此表達了自己的文學主張。實際創作中亦學習《詩經》《楚辭》、陶詩⑥。其文集中載有《畏賦》《夢悲賦》《放蟬賦》《祖江賦》《春望賦》《陶罌賦》等六篇賦，全爲古賦體式，且特意標明"古賦"體。《祖江賦》《春望賦》

---

① 林椿《西河集》卷四《與趙亦樂書》《與皇甫若水書》《答靈師書》，《韓國文集叢刊》第 1 册，漢城：民族文化推進會，1988 年，頁 243—246。

② 金乾坤《李齊賢文學研究——以詩、古文爲中心》，韓國精神文化研究院 1982 年碩士學位論文，頁 217。

③ 李奎報《東國李相國全集》卷二十九《琴諫議讓同知貢舉表》，《韓國文集叢刊》第 2 册，漢城：民族文化推進會，1988 年，頁 7。

④ 李奎報《東國李相國全集》卷三十六《同前謝表》，《韓國文集叢刊》第 2 册，頁 29。

⑤ 李奎報《東國李相國全集》卷二十七《答李允甫手書》，《韓國文集叢刊》第 1 册，頁 573。

⑥ 金小鈺《李奎報對〈詩經〉、〈楚辭〉、陶詩的接受研究》，崇實大學 2015 年碩士學位論文。

《夢悲賦》三篇騷體，爲《海東辭賦》置於賦首。《祖江賦》序云："貞祐七年四月，予自左補闕被劾，尋除桂陽守，將渡祖江，江水本迅激，適值暴風，困而後濟。爲賦以悲之，卒以自寬。"賦文尤得騷韻。其後的李承休、李達衷、李穡等人的賦作多用主客問答體，如李承休賦多爲騷體，1296 年所作《旦暮賦》標明爲"古賦"，《梅川賦》則似《秋聲賦》，可見其時傾向古賦體的風尚已顯著。這些古賦又呈現律賦的整飭特徵，疑爲律賦創作向古賦過渡時期的表現。

關於科舉考律賦的態度，李奎報弟子崔滋闡述較詳：

> 古四六龜鑑，非韓柳則宋三賢，不及此者，以文烈公爲模範可矣……予少時嘗頌貞肅公場屋賦，願一效嚬。及登第後，慕林宗庇、鄭知常之爲四六，竊欲畫虎焉。乃今反視從前所作，皆生澀荒虛反類狗也。恨不當時畫鵠於三賢及文烈公，雖未得寫真，庶可仿佛於鶩也……蓋魏晉間著述者，爲文上長，欲其覽之易也。章分句斷，駢四儷六，以爲箋表啟狀，此亦文之爲偶對者。後因變爲簾角音律之賦，行於場屋，欲試其代言奏章之才也。如代王言，雖散辭無對亦可。今人以四六別作一家，抄摘古人語，多至七八字或十餘字，幸得其對，自以爲工，了無自綴之語，況敢有新意耶……秉筆小兒樂其體效之，由是辭蔓而不精實，意迂而不真切……①

此段評論四六駢文，涉及崔滋對科試律賦的看法：科舉與官場作文的需求下四六文倍受重視，導致包括自己在內的文人趨於功利、急於求成，注重形式模擬，不遺餘力地摘抄剽竊，引發了"辭蔓而不精實，意迂而不真切"的文風之敗壞，脱離了文學之目的與意義。崔滋梳理了駢文發展歷史，肯定其最初的功用是使讀者"覽之易"，也並未否定偶對駢文本身的價值，但反對科舉採用偶對、押韻的律賦。他認爲考賦要舉子"如代王言，雖散辭無對亦可"，即相對文章內容而言形式的偶對是次要的，文意之真、之新纔是應用文的關鍵所在。這裏提及的貞肅公即金仁鏡（？—1235），初名良鏡，因善詩賦而被稱"良鏡詩賦"，崔滋早年學習律賦即以他爲模範。此處則後悔不如學習韓、柳、宋三賢及文烈公金富軾文之意"真"與文"散"，因而體現出内容上的反虛倡真（實）或反無倡有，形式上的反駢而倡散，從而趨於復古。《東文選》載有崔滋《三都賦》，賦文直接模仿柳宗元《晋問》，用七體之結構表現了京都大賦，獨具匠心。崔滋編選的《東人之文四六》收金富軾文 48 篇。金富軾律賦《啞雞賦》《仲尼鳳賦》亦呈現散文化傾向，對偶明顯減少，平仄不工整，四六句式不整齊；内容説理、詠史、

---

①崔滋《補閑集》下，大邱：啟明大學出版部，1984 年，頁 398。

頌贊風格不同，亦呈現宋律賦的特徵①。

　　考察以上復古學風、文風產生的社會文化背景，正值宋朝與高麗恢復外交後五十年之間，隨着兩國交好，各方面交流頻繁，宋代學風、文風逐漸東傳，文壇興起推尊唐宋古文、追蹤蘇黃之風②。其表現有：崔惟清（1095—1174）奉詔注解並刊印《柳文事實》；蘇軾文集盛行於世③；"東坡熱"之熾與海東江西詩派出現。"高麗文士專尚東坡，每及第榜出，則人曰：'三十三東坡出矣。'"④ 堪比南宋"建炎以來，尚蘇氏文章，學者翕然從之……有語曰：'蘇文熟，吃羊肉；蘇文生，吃菜羹'"的現象。自北宋後期歐、蘇爲首的元祐諸家賦、文備受青睞，呂祖謙（1137—1181）所言"留意科舉文字之久，出入蘇氏父子波瀾"現象，同樣出現在高麗朝，説明它們分別是由北宋流出後獨立並行的兩條支流。換言之，直至元代中期以前，元祐文風流傳域外後在高麗文壇獨立發展，與南宋、元朝同時並進。因而高麗中期的復古不僅是"構成高麗漢文學主幹的重要支流"⑤，也是北宋復古文風在域外的發展支流。隨着理學東傳，元代復古學風、文風亦影響高麗士人，或者與高麗士人原有的文學觀相合，引起共鳴，北宋復古的兩條支流得以並軌。元代科舉考古賦繼承了道文並重的精神，是繼宋代科舉在經學和詞章的爭議之後，最終引出的結果。高麗後期在調和經學與詞章的摸索中，科舉或罷除詩賦或以古賦代替律賦，而後者則是仿照元制而成。

三、元代科制東傳與麗末科舉考古賦之嘗試

　　元代延祐恢復科舉（1314）後，調和理學派與文學派之矛盾，以德行明經科爲主，同時廢律賦、省試詩而（漢人、南人）考古賦。"至元廢科"六年後，至正元年（1341）復科，實行復古政策，依延祐亦變律爲古，此後科試古賦成爲定制，元代科舉考賦制度最終確立⑥。正如元人戴良所云："嘗合異時明經、詞賦及博學宏詞、制策諸

①金星洙《韓國賦的理解》，漢城：國學資料院，1996 年，頁 107。
②裴仁秀《李奎報詩文學考：以蘇軾影響爲中心》，東國大學 1987 年碩士學位論文；鄭墡謨《唐宋古文早期接受情況考》，《韓國漢文學研究》第 48 輯，2011 年。
③李奎報《東國李相國集》卷二十一《全州牧新雕東坡文集跋尾》，《韓國文集叢刊》第 1 册，頁 515。
④徐居正《東人詩話》卷上，頁 252。
⑤李丙疇《古典漫步》，漢城：民族文化文庫刊行會，1985 年，頁 73—93。
⑥黃仁生《論元代科舉與辭賦》，《文學評論》1995 年第 3 期；李新宇《論元代考賦制度的變遷》，《文學評論》2009 年第 1 期。

科而爲一。"①

  隨着元朝恢復科舉制度，設征東行省鄉試"選合格者三人貢赴會試"，高麗後期入元應舉者尤多，留學元國子監學習者亦不少。高麗自後期忠肅王始，陸續有安震（1318）、崔瀣（1320）、安軸（1324）、李穀（1332）、李仁復（1342）、李穡等人入元應舉登第，甚至授元朝官職②。安響、李齊賢等人與元朝文人交友廣，與元明善、趙孟頫、姚燧、閻復、虞集、王構等人有過交誼。李穀1326年入元鄉試合格，與揭西斯、歐陽玄、謝端、焦鼎、岳至、宋本、程益、程謙、郭嘉、王士點、王沂、潘迪等人交遊。李穡與歐陽玄、虞集、元明善等人交遊③。這些人顯然熟悉元制，爲有元學風文風浸染，待其學成歸國之後，位居要職，獻議國政，同時充當考官，對於制度改革乃至學風、文風都起到了極大的導向作用。其中影響最大者有李齊賢、李穡、李仁復等人④。

  "始以古文之學倡"的李齊賢向忠宣王建言廣學校、謹庠序、尊六經、明五教，以闡先王之道，以致無人背真儒、舍實學，使雕蟲篆刻之徒，盡爲經明行修之士。又如李穡，於恭愍王元年（1352）建議"爲官者必由科舉出，應舉者必經成均館國學授業"，並得以實施。恭愍王十六年（1367）任成均館大司成，用心普及新儒學和性理學，並以古文之學"延引諸生"。又於後年八月，與李仁復同爲考試官通考三場文字，取李崇仁、朴實、權近等人。李穡《觀魚台小賦》篇後注云："予年十七歲赴東堂賦《和氏璧》，二十一歲入燕都國學月課。吳伯尚先生賞予賦，每曰可教。既歸，赴癸巳東堂賦《黃河》，鄉試賦《琬圭》，會試賦《九章》。今皆不錄，非古文也，非吾志也。非吾志而出身於此，非此無階於榮養耳。嗚呼悲哉！"⑤ 體現了自己"尚古"、"尚真"的文學觀。其詩句"泰山北斗韓吏部，力排異端仍補苴。歐王曾蘇冠趙宋，中間作者皆丘墟。程朱道學配天地，直揭日月行徐徐。《文選》《文粹》《宋文鑑》，《通典》《通考》精英儲。微辭奧義盡呈露，精鑒博採相乘除。"⑥ 體現了文道並重、學習古文典範

①戴良《九靈山房集》卷十三《贈葉生詩序》，《叢書集成初編》第2093冊，上海：商務印書館，1935年，頁116。
②鄭道傳等《高麗史·選舉志二》，頁613。
③李慧淳《高麗後期士大夫文學與元代文學的關聯狀況》，《韓國漢文學研究》第8輯，1985年。
④李炳赫《高麗末性理學接受與漢詩》，漢城：太學社，2003年，頁230。
⑤李穡《牧隱稿·詩稿》卷一，《韓國文集叢刊》第3冊，漢城：民族文化推進會，1988年，頁521。
⑥李穡《牧隱稿·詩稿》卷十《寄贈金敬叔少監》，《韓國文集叢刊》第4冊，漢城：民族文化推進會，1988年，頁79。

的態度。

高麗後期效法元朝科舉，多次嘗試科目與科制改革。今見記錄者有①：

忠肅王七年（1320）六月，李齊賢、朴孝修典舉，革詩賦，用策問。

忠穆王即位年（1344），秋八月，"改科舉法，初場試四書疑義，中場試古賦，終場試策問"，親試用經義。

恭愍王二年（1353）五月，李齊賢與洪彦博爲知貢舉、同知貢舉，以策問取進士，賜乙科李穡等三人……

恭愍王十六年（1367），國子監試改爲進士試，升補試改爲生員試，合格者可入成均館國學學習 300 天后有資格參加禮部試。

恭愍王十八年（1369）八月，"一遵元制"，實行鄉試、會試、殿試三層法，通考經義、古賦、策問三場，革去詞賦之陋。

辛禑十二年（1386），李穡知貢舉復用策問取士。

辛禑二年（1376），罷除科舉三層法，恢復國子監試，實行改革之前的原制度。

昌王即位後（1388），恢復三層法。

由上可歸納三點：首先，科舉場次有所變化，"遵元制"而實行科舉三層法，國子監試、東堂試、親試改爲鄉試、會試、殿試；其次，考試科目偏向經學和實用，取消詩賦而代以策問或古賦，"由詞章爲主逐漸轉變爲經學爲主"，其實三場中終場最重要，忠烈王至恭愍王初期考策問爲主，恭愍王十六年（1367）以後經學爲主，禑王時考詩賦，恭讓王以後考經學爲主；再次，高麗末期的科舉改革未能成爲定式。然而此時的古文之"道"增强了理學性、實用性，考策問便是重實用的文學主張之貫徹。

由取消詩賦而考策問或古賦，反映了高麗末期借鑒元朝詞章派和理學派折中之結果，預示着科舉考賦中理學内容的增加。高麗末期引進元朝科制，經歷多次存廢，未成定制，但也開啟了科舉考古賦的先例，使之能夠延續至朝鮮朝直到高宗三十一年（1894）科舉制度廢止爲止，歷時五百餘年。明清科舉常科不考賦，其他考試也只考律賦，因而元代科舉考古賦制度在國内停廢，卻在國外得以長期延續。元代鄉試作品選《新刊類編歷舉三場文選》在麗末鮮初傳入朝鮮，多次翻刻、重刻，其中的《古賦》卷便是舉子學習古賦之範本。另外，恭愍王"革去詞賦之陋"的舉措，爲朝鮮朝科制

---

① 鄭道傳等《高麗史·選舉志二》，頁 613；金宗瑞等編《高麗史節要》，漢城：亞細亞文化社，1972年，頁 612—817。

改革提供了依據，成爲朝鮮前期詩賦經義之爭的發端。

四、朝鮮朝前期科試古賦之確定

朝鮮朝初期一百年間因不同勢力的文學觀乃至賦用觀之異，導致科舉考古賦制度發生了多次變化，如廢考古賦、古賦在科試中的重要性降低、古律兼試等，然而最終没能改變科舉考古賦的制度，並能夠延續四百餘年，推助了考生習賦行爲進而客觀上爲辭賦創作的延續和繁榮起到了關鍵作用。

朝鮮朝建國後太祖元年（1392）新定科舉法，明示“今後內而成均正録所，外而各道按廉使，擇其在學經明行修者，開具年貫三代及所通經書，登於成均館長貳所，試講所通經書。自四書、五經、《通鑑》已上通者，以其通經多少，見理精粗，第其高下爲第一場；入格者送於禮曹，禮曹試表、章、古賦爲中場；試策問爲終場。通三場相考入格者三十三人，送於吏曹，量才擢用。”[1] 此法在高麗朝舊制基礎上修改科舉制度，因而與元朝科制大體相同，多出“中場古賦外加表、章二體”一條。表、章之功用爲“對揚王庭，昭明心曲；既其身文，且亦國華”，是“經國之樞機”，加試章、表反映了科舉對實用性的要求加强。

新科舉法由鄭道傳（1342—1398）制定，他接受了前朝恭愍王調和經學與詩賦的改革内容，主張初場講經、中場考古賦、罷去監試（即進士試），代表理學家與古文家的辭賦觀。鄭道傳在《經國大典》卷三《禮典·貢舉》中交代了罷去主考詩賦的監試，將大科中的詩賦科目代以古賦的原因：

> 前朝自光王始用雙冀之言行科舉法，掌選者稱知貢舉、同知貢舉，試以詞賦。至恭愍王一遵原（元）制，革去詞賦之陋。然所謂座主門生之習，行之甚久，不能遽除，識者歎之。殿下即位，損益科舉之法，命成均館試以四書、五經，蓋古明經之意也；命禮部試以賦、論，古博學宏詞之意也；然後試以對策，古賢良方正直言極諫之意也。一舉而數代之制皆備，將見私門塞而公道開，浮華斥而真儒出，致治之隆，軼漢唐而追成周矣。嗚呼盛哉！[2]

“恭愍王一遵元制，革去詞賦之陋”，當指以律賦、六韻十韻詩之罷黜。鄭道傳視其爲

---

[1]《太祖實録》卷一，《朝鮮王朝實録》第 1 册，漢城：國史編纂委員會，1959 年，頁 22。

[2] 鄭道傳《三峰集》卷七《朝鮮經國典》，《韓國文集叢刊》第 5 册，漢城：民族文化推進會，1988 年，頁 429。

鄙陋，又於大科中場保留古賦一體，可見他對作爲詞章之學的詩、律賦和作爲與論體並舉的古賦的看法是迥異的，即詞章造成浮華之氣，而古賦則爲博學之體，對道德經學之發揚有益而無害，因此可以説他是本着"以擇制誥之才"的實學精神而堅持中場考古賦的。其旨意一如元朝科制，因古賦含有"理學家與文士共有的致用精神和博學思想"，遂定爲科賦。他指出"命禮部試以賦、論，古博學宏詞之意也"，正是同元朝理學家對於古賦的理解一脈相承。此"博學宏詞"，當指唐宋吏部科目選，而《宋史全文》卷十八《宋高宗》六寫出其考試内容："己未，置博學宏詞科……其法以制、詔、書、表、露布、檄、箴、銘、記、贊、頌、序十二件爲題，古今雜出六題，分三日試。"再結合清人對其評價如"宋自紹聖置宏詞科，大觀改詞學兼茂科，至紹興而定爲博學宏詞之名，重立試格。於是南宋一代通儒碩學多由是出，最號得人"①，可以推知鄭道傳是將古賦與論、表、制、詔等文體等而視之的。另外，他本人留有《陽村賦》《墨竹賦》《梅川賦》三篇賦作，前者爲四言，後二者屬於文體賦，典重質實。

其後，隨着本國實情的變化和掌文（政）壇之柄者及其所屬集團之傾向不同，圍繞着科舉初場講經還是制述及考賦與否而發生過多次爭論，涉及到辭賦在科舉考試中的存廢問題。歷史上，由科制與辭賦的關係引發的爭議點大抵有經義與詩賦、古賦與律賦之爭辯。朝鮮一朝圍繞科制而對於辭賦的態度，表現爲經義與詩賦、古賦與律賦、程式與反程式之爭以及實用與否之辯。初期則主要表現爲經義與詩賦之爭、實用與否之辯，而前者之内容與宋元之情形大同小異，後者即賦的實用與否則與注重外交的政策有關，由朝鮮朝的特殊國情所決定，與宋代賦策之爭略異。總之，古賦更近律賦還是更近古文的觀點差異引發了爭論，易言之古賦是屬於辭章抑或經學。藉此又可瞭解東人對於科舉考賦的目的與意義的認識。

朝鮮朝初期科舉改革包含了進士試的罷與復，且改律賦爲古賦、除去十韻詩等措施，此爲詞章、經義折中之結果。太祖四年（1396），禮曹詳定科舉式，將資格考試類的小科中"罷進士爲生員試"，明年開始具體施行。生員試只考經學即"四書疑、五經義"各一題，而考詩賦的進士試罷黜，已初顯科舉傾向經學的端倪。朝鮮朝的進士試相當於高麗朝的國子監試，由高麗"德宗始置，試以賦及六韻、十韻詩"②，是專門以

①紀昀等《四庫全書總目》卷一百三十五"《玉海》提要"，北京：中華書局，1997年，頁1786。
②《高麗史·選舉二》和《世宗實録》二十一年正月十一日，左參贊河演議論："昔在高麗，以古賦十韻詩爲進士試，特遣試員取之，簾前放榜。又以六韻八角，並試於及第。"

評價舉子之文章能力爲目的，對當時文風及舉子的習業具有直接導向作用。此科被罷之後，隨着有關文科初場科目的爭論紛起，至世宗朝出現復立呼聲。如世宗十年（1428），成均司成鄭坤上書，以學生多而取士之途徑狹爲由，請設進士試，並請"試以賦、表，以振多士之氣"。世宗以爲可"增長童稚辭氣"，許設進士試，並令二十五歲以下者赴試，於是世宗二十年（1438）第一次施行了進士試，取申叔舟等一百人。進士試科目爲賦一題、排律十韻詩一題，此時的進士科賦應爲古賦。世宗二十年，集賢殿直提學崔萬里等人上疏："竊謂國家復立進士試，取以古賦與排律十韻詩，所以興起詩學也"①，可作佐證。之後幾經停立，終於端宗二年成爲定式，得以與生員試一併施行至朝鮮朝終結。

進士試原是針對二十五歲以下的童稚所設，試題也相對簡單，因此很多舉子年齡超過卻冒年應考，以求入格。針對這一弊端，朝臣建議加大試題之難度、放寬年齡限制，如文宗二年，王欲恢復進士試，命禮曹商議合行條件，禮曹以十韻詩易作，可導致冒濫之弊爲由，"乞除十韻，進士依生員試例，皆以古賦及古律詩中一篇取之"。又端宗即位年（1452），集賢殿在興學事目中提出恢復進士科，但是要"除十韻詩，悉用古賦，加以古律詩中一篇"，故"宜除年限，以廣取才"②。自此以後，古賦便成爲進士試必考科目，且成爲定式。

科舉改革還有文科中場古賦的罷與復，這是詞章派對古賦的認識由"無實用"、"非急務"轉向肯定詩學振興之手段。倡導者權近繼承鄭道傳文學思想，傾向於詞章，其《勸學事目》肯定了文學的獨特作用，並提出振興詩學之舉措，如：

一、中場古賦，初學之士所不能作，且無實用，雖不肄習可也。乞罷古賦，試以論、表各一道及判一道。……一、詩章唱和，儒者末技，然亦關於人才盛衰，不可偏廢。且其吟詠性情，有所感發而興起，即古者教胄子典樂詠歌之遺意也。前朝之時，內有九齋，外置都會，每於夏月賦詩爲課，東堂監試亦試以詩，今皆革罷，專務經術，棄末趨本，可謂令典。然今儒者，雖號通經，鮮有文章傑出之才，其於詩道，亦多不工，蓋兩失之矣。儻有中國詞臣奉使而來，相與唱和，寧不取笑？乞自今時散文臣三品以下，每年春秋仲月，會藝文館，館閣提學以上，出題賦詩以考能否，具名申聞，以憑敘用。中外學校，每年春秋季月，復行課詩

①《世宗實錄》卷八十一，《朝鮮王朝實錄》第 4 册，頁 149。
②沈慶昊指出，崔萬里要求以古律詩代十韻，目的在於反對形式限制，然而沒有言及加强科試難度之一面。見其《纂注分類杜詩解題》，《國文學研究與文獻學》，漢城：太學社，2002 年，頁 435。

之法，監司守令監學之時，亦令賦詩，旌其能者，以加勸勉。①

然而對於古賦，權近認爲在外交上的實用性不如表、論，反對作爲科舉科目，於太宗七年（1407）上書"乞罷古賦"，代之以日常功令文體表、箋。這一點也是能説明其重視文學之原因的極好例子。自此，文科中場考賦廢除，直至十八年之後的世宗七年（1425），經國王"令今後文科中場，或論、表或賦、表中，出二題制述"，並於明年（1426）即中場考古賦。此時古賦在中場的地位與論、表、章等文體同等。就此而言，朝鮮朝初期的制述、經義之爭，還内涵着詩賦、策論之議論。《勸學事目》提倡詩文，可視爲詞章派，然而古賦被排除，説明古賦介於學問與詞章的尷尬地位。加之，被認爲無實用性，使古賦很快廢考。

然而隨着明鮮詩賦外交的開展，"中國使臣奉使而來，相與唱和"的還有賦體，辭賦的重要性逐漸與詩歌等同，遂由詞章派中一些人認爲賦體實用而主張復考。世宗十三年（1431），藝文館提學尹淮、同知總制申檣提出"表、箋文字，事大切務。我朝初學之士，專業疑、義、論、策，不知對偶聲律之文，及至老大，骨骼既成，不知下字之法。前朝取士之制，雖不可取，然試以八角、古賦，故人人自幼興起對偶之風，文章華國之士輩出。窺見今日初場試四書疑，中場試論，舉子多不致力，一人成篇，諸輩效之，似違國家作成之義。臣等切望於初場之疑，代以八角，中場之論，代以古賦，庶幾開趨向之路，期後日之效"，以"文人不知對偶聲律之文，不知下字之法"爲由，建議"於初場之疑，代以八角，中場之論，代以古賦"②；又世宗十七年（1435），集賢殿大提學李孟畇上"詩學興行策"，請復進士科，並請文科中場以賦及排律十韻詩中一題代論；同年九月，成均館知事許稠上書，復考古賦。

其後，也有一些議論，但都没有導致制度變化。若世祖朝集賢殿直提學梁誠之（1415—1482）亦以"非急務"爲由，主張廢古賦：

> ……蓋今文科初場講經之時，四書、五經外，如韓文、柳文等書，任意試講，實無定規。中場則並試古賦，本非急務，又進士以此取之。終場則諸史、時務，雖參酌出題，至論歷代之事，權辭以對曰，漢唐之治，何足論於今日，取之者亦不以爲意。以此，史學不明，甚爲不可……文科則四書、五經外，只講《左傳》《史記》《通鑑》《宋元節要》《三國史記》《高麗史》。中場試表、箋，以習臣子事上之文；試詔教，以習君上令下之文；終場，歷代、時務，迭出爲題，如今年

①《太宗實録》卷十三，《朝鮮王朝實録》第 1 册，頁 388。
②《世宗實録》卷五十二，《朝鮮王朝實録》第 3 册，頁 310。

試歷代，明年試時務。以此定制，以新科舉之法。①

建議中場"試表、箋，以習臣子事上之文；試詔教，以習君上令下之文"，這與權近之古賦"無實用"的觀點相契。權、梁二人的議論反映了他們將古賦和表、箋等應用文體區別開來的古賦觀。文宗即位年（1450），工曹判書鄭麟趾所啓有關文科加額及試取節目一案，河演以秋場日短之故，提出表、賦、策各爲一場，同知春秋館事李先齊則認爲"賦特詞章之小技"，不可以賦准策而導致輕重不均。

以上議論反映了朝鮮前期文人對於賦體的不同認識，以及辭賦介於文學和經義、應用文之間的文體特徵。這決定了辭賦作爲科目而不斷升降黜陟的命運，進而影響辭賦創作的多樣性和文體發展的有限性。

世宗二十年（1438）進士試、漢城會試連魁申叔舟，於漢城會試所制程文，五十年間"爲舉子模範"②，文集所載《八駿圖賦》用漢賦體式歌頌太祖建國之功，《雅樂賦》以騷體形式贊美國初建制之盛，《廣居賦》則贊美仁道，亦用騷體。這些賦當是應試或應製作品，體現了作爲官方文體的"古賦"之特徵。世宗二十三年（1441）"漢城試魁"李石亨《捷雲峰賦》，具體展現了科試"古賦"之面貌。此賦命題出於"洪武庚申，我太祖戰接雲峰，以安東南"③的歷史事件，李石亨以騷體盛贊太祖英勇與不朽之功，如"意上天之生聖兮，實靖夷乎大東。宜天命之攸歸兮，陟元後而垂無窮。何幸添身於聖澤兮，若親見於目中。偉萬世之永賴兮，極天地而彌隆。嗚呼！荊山晏駕，鼎湖棄弓。恨余生之不及兮，目未接於重瞳。撫遺跡以遑遑兮，想盛德於古彊。吾知雲峰勝地，德澤惟香。億萬斯年，壯圖洋洋。風颯颯以傳聲，水溶溶以流芳。"④賦文將太祖建國歸之於天命，也不忘描繪捷雲峰之景，可以説至爲切題。此類科試古賦擔負了建國初"歌功頌德、潤色鴻業"之使命，同時擺脱了押韻、平仄、對偶等形式束縛。

五、結語

高麗朝科舉仿唐制而開設初期重詩賦，在演進過程中接受宋代科制而漸呈重經學、

---

①梁誠之《訥齋集》卷二《便宜二十四事》，《韓國文集叢刊》第 9 冊，漢城：民族文化推進會，1988 年，頁 302。

②姜希孟《文忠公行狀》，《保賢集·附錄》，《韓國文集叢刊》第 10 冊，漢城：民族文化推進會，1988 年，頁 156。

③權近《健元陵碑》，《太宗實錄》卷十七，《朝鮮王朝實錄》第 1 冊，頁 483。

④李石亨《樗軒後集》卷一，《韓國文集叢刊》第 9 冊，頁 434。

經世的特徵，律賦的道學性、政論性增強即其典例。與此同時，士人指摘科舉重詩賦導致的各種弊端，並提出以復古救弊，文壇尚古文、古賦之風漸盛，宋朝復古文風東漸正是其背景。據此，高麗末期接受兼顧詞章、經學的元朝科制，取消詩賦代以策問、古賦，開啟了朝鮮半島科舉考古賦的先河。朝鮮朝建國之後，古賦正式成爲科舉文體，歷時五百餘年，使得元代科制在域外長期延續。朝鮮朝初期針對科舉考賦問題，發生過經義與詩賦、古賦與律賦、實用與否的多次爭論，反映了時人對古賦文體及科舉考賦問題的不同認識。朝廷爲鼓勵舉子學習古賦以應舉，多次印頒元代程墨《新刊類編歷舉三場文選·古賦》作爲範本，客觀上推助了元代科舉文及古賦的域外傳播。

論初盛唐歌行與七言短歌的同構現象*

——兼論日本七言短歌"河陽十詠"

劉　一

（安徽大學）

一、引言

梁以降，詩歌史上出現一類有聲病的七言四句齊言短歌。後世一般將這類作品看作近體七言絕句體式演進過程中的不成熟形態，并從其中擇取聲律、偶對較符合後世近體詩標準者，作爲七絕先聲。雖然七言短歌確爲七言絕句的源頭之一，但從唐前留存的作品來看，其自身的體式已獨備一格，在近體詩規範確立之後，這種獨特的詩歌體式也未被七絕取代，而是穩定地保持着自身的特點繼續發展，在唐代詩歌史和域外詩歌史上仍或多或少有其迴響。如果將域外七言短歌與後世中土作品綜合起來審視，七言短歌與近體七絕之間的區別會變得愈發鮮明，它與初盛唐常見的齊梁體歌行之間的聯繫也愈加明朗。以此問題爲基礎，本文還希望探討結合域外詩學資源，從詩歌體式的角度切入來鈎沉詩歌史上被忽視的現象，并展開綜合研究的方法之可能性。

二、七言短歌的淵源、體式及其在唐代的發展

胡應麟《詩藪》在討論七絕的源頭時首次明確提出"七言短歌"這一概念，并簡述了它的淵源和體制：

---

* 本文爲安徽省教育廳高校人文社會科學研究項目"中日近體詩體式比較研究"（項目編號：SK2018A0026）階段性成果。

> 七言短歌，始於垓下，梁、陳以降，作者垒然。第四句之中，二韻互叶，轉
> 换既迫，音調未舒。①

這種七言短歌是整齊的七言四句，它源自項羽《垓下歌》，最初句句押韻，兩句一轉
韻。獨備的體式使七言短歌具有了區別於七言絕句的依據。胡應麟據此判定，以往被
視爲絕句之祖的《挾瑟歌》等作品，從體制上看其實都應歸入七言短歌：

> 《品彙》謂《挾瑟歌》《烏棲曲》《怨詩行》爲絕句之祖。余考《烏棲曲》四
> 篇，篇用二韻，正項王《垓下》格。唐人亦多學此，如李長吉"楊花撲帳春雲
> 熱"之類。江總《怨詩》卒章俱作對結，非絕句正體也；惟《挾瑟》一歌，雖音
> 律未諧，而體裁實協。②

這段文字中，胡應麟結合具體作品傳達出兩個重要觀念，十分值得注意：

首先，七言短歌最初都用樂府題，在句法和聲情上與同時存世的非樂府七言詩有
很大區別。以蕭綱爲例，他在《烏棲曲》這類七言短歌之外也創作了不少非樂府題七
言古詩，比如《雜句春情詩》首聯爲"蝶黃花紫燕相追，楊低柳合露塵飛"，此詩能
在一句内包含多層含義，也不使用樂府常用的頂針、連綿、回文等句法，無論在寫作
手法或是聲情上，都表現出一種曲折凝練的風格，與徒詩系統中的五言古詩關係更爲
密切③。而以《烏棲曲》爲代表的七言短歌則句法平直，風格流暢，比如"芙蓉作船
絲作絆，北斗横天月將落"，前四字與後三字一意貫穿，且穿插疊字，兩句一氣而下，
整首七言短歌讀起來流暢順口，與樂府淵源更深。

其次，胡應麟還對七言短歌的體式在唐前的演進過程進行了初步梳理：蕭梁時七
言短歌仍遵循《垓下歌》舊體，逐句押韻，兩句一轉韻，蕭氏兄弟、蕭子顯等人創作
的《烏棲曲》皆句句押韻，平仄通押，兩句轉韻。因在很短的篇幅内快速轉韻，造成
聲情上的繁弦促柱之感，與《垓下歌》無異。陳代以後，七言短歌的押韻方式由逐句
押韻、兩句換韻逐漸變爲一、二、四句押韻，一韻貫穿到底，這使詩歌節奏由峻急轉
爲悠揚，江總《怨詩行》、魏收《挾琴歌》都已改用這種新法：

> 春風宛轉入曲房，兼送小苑百花香。白馬金鞍去未返，紅妝玉筋下成行。（魏
> 收《挾琴歌》）④

---

① 胡應麟《詩藪》内編卷六，上海：上海古籍出版社，1958 年，頁 105。
② 胡應麟《詩藪》内編卷六，頁 106—107。
③ 參見葛曉音《初盛唐七言歌行的發展——兼論歌行的形成及其與七古的分野》，《文學遺産》1997
　年第 5 期。
④ 逯欽立輯校《先秦漢魏晋南北朝詩》卷下北齊詩卷一，北京：中華書局，1983 年，頁 2269。

此詩一、二、四押韻，且以對結，體裁和韻味都與後世的七言絕句比較接近，但因句中有數處平仄不調，所以最終仍被胡應麟歸入七言短歌類。

初唐，七言短歌的創作與七絕律化的進程并行不悖。初唐宮廷詩人只寫律化程度較高或完全合律的七言絕句，不寫七言短歌。四傑中的王勃和盧照鄰都有七言短歌存世。王、盧二人突破樂府舊題的範圍，開始用七言短歌書寫日常生活與情感體驗。從體式上看，初唐七言短歌仍有兩句一轉韻的，比如王勃《寒夜懷友雜體二首》其二：

> 複閣重樓向浦開，秋風明月度江來。故人故情懷故宴，相望相思不相見。①

此詩前兩句押平韻，聲情諧緩，後兩句押仄韻，情緒轉入淒冷感傷，以快速換韻的方法造成情緒的動蕩，與《垓下歌》無異。中唐時，李賀的《蝴蝶飛》亦用此格，憑此也足可見出唐人對七言短歌的體式規則仍有自覺。不過，初唐時兩句轉韻的七言短歌已不多見，一般作品都采用陳以來流行的一、二、四句押韻的方式。初唐的七言短歌常用複沓重疊的字法和句法造成急促的聲情，除王勃"故人故情懷故宴，相望相思不相見"之句外，尚有"九月九日望鄉臺，他席他鄉送客杯"（王勃《蜀中九日》），"九月九日眺山川，歸心歸望積風煙"（盧照鄰《九月九日登玄武山旅眺》）等等，相同字句高頻複現，給初唐七言短歌帶來峻急緊湊的節奏感。

盛唐，七言短歌與七言絕句的創作共同繁榮，而且，這兩種詩歌的創作主體趨於合流，即，創作七言短歌的詩人如王維、王昌齡、李白、岑參等，也同時是最擅長七絕的詩人。盛唐七言短歌在體式上繼承了初唐特色，但在詩歌組織方式上則向梁代回歸，有許多七言短歌以組詩形式出現。盛唐七言短歌組詩的數目一般不少於四首，多者達十首以上，比如王維《少年行》四首、王昌齡《從軍行》七首、李白《永王東巡歌》十一首、岑參《獻封大夫破播仙凱歌》六首等等。

綜合以上論述可知，七言短歌源於漢代歌謠《垓下歌》，興盛於蕭梁，它講聲律又不完全合律，風格染上梁代詩歌尖新柔靡的特點。陳代，七言短歌的押韻方式由句句押韻，二句一轉韻，變爲一、二、四句押韻。初唐，七言短歌的創作與七絕的律化并行不悖，四傑突破樂府舊題的範圍，用七言短歌自由書寫獨特的個人經驗。盛唐，七言短歌與七絕的創作同步繁榮，以組詩形式寫作七言短歌的現象十分突出。獨特的體式和明晰、連續的演進蹤跡都能説明，七言短歌的確是一種獨立、獨特的詩歌體式，絕非近體七絕附庸。

---

①王勃著，蔣清翊注《王子安集注》卷三，上海：上海古籍出版社，1995 年，頁 104—105。

三、初盛唐齊梁體歌行與七言短歌的同構現象

上節論及七言短歌并非七絶附庸，而是與七絶保持同步發展的一種獨立詩歌體裁。由梁至唐，它一直穩定保持着有聲病的體調和樂府的風味，與近體詩系統劃然而別。胡應麟認爲：“六朝短古，概曰歌行。”① 這很明白地提示我們注意七言短歌與歌行體的親緣關係，民國時范况《中國詩學通論》討論詩歌規式時，也認爲有一種七言四句一韻短詩“體近歌而非絶句者”②。那麼，七言短歌與歌行的聯繫何在，又有何具體表現，這是本節試圖解決的問題。

梁代是歌行體最初確立的時代，被明清詩話奉爲七言歌行成立標誌的古辭《東飛伯勞歌》辭藻華艷，追求工細的聲律但又有樂府的活潑和流轉，是爲齊梁體歌行的先聲。到梁代，齊梁體歌行與七言短歌的演進已表現出相當的同步性，假如不論其篇幅的長短，單從體式上看，蕭綱、劉孝威等人的《東飛伯勞歌》與同時的七言短歌無異：

> 翻階蛺蝶戀花情，容華飛燕相逢迎。誰家總角歧路陰，裁紅點翠愁人心。天窗綺井曖徘徊，珠簾玉簟明鏡臺。可憐年幾十三四，工歌巧舞入人意。白日西落楊柳垂，含情弄態兩相知。（蕭綱《東飛伯勞歌》其一）③

首先，梁代《東飛伯勞歌》的押韻方式和七言短歌的早期形態一樣，都是句句押韻，兩句一換。其次，促句換韻使詩意以兩句爲單位快速轉變，上下韻之間的邏輯關係因而產生很大的跳躍性，給詩歌帶來奇麗之感。當時的七言短歌《烏棲曲》以四句爲一章，即使動蕩不多，胡應麟仍以“奇麗”目之，而《東飛伯勞歌》的篇幅較長，所以篇法的駘蕩開合處更多，意脈發展難以琢磨，跳躍飛動之感更加強烈。要言之，梁代的七言歌行和七言短歌一樣，同用《垓下》舊格，二者的體式完全一致，連奇麗的風格也互相仿佛，只不過在篇幅上有用長和用短之別。

梁末，齊梁體歌行的押韻方式由兩句換韻變爲四句或六句換韻，節奏漸趨流暢悠揚，蕭子顯、庾信、王褒、蕭繹等人的《燕歌行》皆用此法，已漸開初唐風調。但是，當時歌行韻腳的轉換與意義的轉換尚不完全合拍，比如王褒《燕歌行》韻腳是六句一轉，意義卻是四句一層，一韻內括入的內容不是一個完整的意義單位，因此體氣與内

---

① 胡應麟《詩藪》內編卷六，頁105。
② 范况《中國詩學通論》第一章第一節，北京：商務印書館，2017年，頁3。
③ 吳冠文、談蓓芳、章培恒彙校《玉臺新詠彙校》卷九，上海：上海古籍出版社，2014年，頁648。

容不能配合無間，始終有隔膜支離之感。至北朝盧思道《從軍行》，韻腳與意義始完全協調，一韻四句一個意義單位，層層遞轉，搖曳不盡，這種體式已與初唐歌行無異。胡應麟《詩藪》認爲盧思道《從軍行》、薛道衡《豫章行》屬"六朝歌行可入初唐者"，且稱其"音響格調，咸自停勻，體氣豐神，尤爲煥發"①。體氣風神的煥發應當與詩節中音響與意義的協調不無關係。要而言之，盧思道、薛道衡等人將近體詩的格調與樂府的句法、篇法相結合，使齊梁體歌行換上了新貌，即：大體四句一節，每節換韻，平仄韻通押，整篇歌行像是若干首絕句的連綴；同時，回文、頂針等寫作手法的運用，又給詩歌帶來纏綿往復的旋律，因而它既得力於聲律的協調，又不拘束於聲律規則，出入於古近體格之間，自在灑脫。

初唐，盧照鄰、駱賓王、李嶠、張若虛等人創作的歌行辭藻巧麗且用聲病，與北朝《從軍行》一脈相承，同屬齊梁體歌行，區別於後來李白、杜甫筆下不用聲病的古調歌行。這類歌行除有時在篇首加"君不見"形成一個十字句外，餘者都是整齊的七言句。盧照鄰《長安古意》《行路難》，駱賓王《艷情代郭氏答盧照鄰》《代女道士王靈飛贈道士李榮》，李嶠《汾陰行》都屬此類，其中最爲典型的是張若虛《春江花月夜》。從整體上看《春江花月夜》分九節，每四句一頓，每節換韻，平韻仄韻錯落穿插。前兩節起題，後兩節收束，中間五節爲腹，因有作者一腔微情渺思灌注其中，所以九個詩節意思相生，無人力織造之跡而宛然成章。切分來看，歌行中每一個單獨的詩節，也可視爲一首首獨立的短歌，比如：

　　江天一色無纖塵，皎皎空中孤月輪。江畔何人初見月，江月何年初照人。

　　斜月沉沉藏海霧，碣石瀟湘無限路。不知乘月幾人歸，落月搖情滿江樹。②

以上摘取的是《春江花月夜》的第三節和第九節。第三節把月這一主角放在江的背景下寫，澄明一片。第九節則扣住離人之情寫斜月之光，情思纏綿。二節各有側重，不粘不滯，皆可視爲兩首獨立的作品。從體式上看，這兩個獨立章節均以一、三、四句押韻，一押平聲，一押仄聲；注意偶對，但又不完全合律；頂針、複沓的使用使四句內的聲情流轉搖曳，實爲七言短歌中的上品。所以，這首長篇巨幅的《春江花月夜》，從其內在的組織和肌理上看，其實是連綴了九首七言短歌而來的。

在《春江花月夜》之後，盛唐王維、孟浩然、高適、岑參等詩人的齊梁體歌行仍然與七言短歌保持着類似的同構性。王維《燕支行》《洛陽女兒行》《不遇詠》，孟浩

①胡應麟《詩藪》內編卷三，頁 47。
②郭茂倩編《樂府詩集》卷四十七，北京：中華書局，1979 年，頁 679。

然《夜歸鹿門山歌》，高適《燕歌行》《古大梁行》《秋胡行》《漁父歌》等作品均是四句一節，四句一轉韻，每一節有相當的獨立性，整篇又渾然一體。在這些詩人中，岑參的歌行最爲特別也最引人注意，他對兩句換韻的古老押韻方式情有獨鍾，《涼州館中與諸判官夜集》《輪臺歌奉送封大夫出師西征》《天山雪歌送蕭治歸京》《喜韓樽相過》等篇的主體部分均用二句一換韻的押韻方法，造成强烈的跳蕩感，篇末纔恢復傳統的四句一韻的押韻方式，歸於舒緩。張弛有致，創造出更出色的聲情效果。一般認爲這種押韻方式是岑參的新創，但回顧七言歌行的發展歷程會發現，這其實是岑參對七言短歌的源頭《垓下歌》押韻方式的回顧與學習。在岑參之外，王維、孟浩然、高適的齊梁體歌行均是整齊的四句一節，四句一轉韻，每一節保持相對獨立，按節安歌，步武整肅，繼承了北朝《從軍行》和初唐《春江花月夜》的特點，整篇歌行像是若干七言短歌的連綴。

以上論及，假如根據內部構造的肌理來透視初盛唐齊梁體歌行，會得到若干首意義互相連綴的七言短歌。其實相反的狀況同樣存在，且十分常見，即：初盛唐有一類不完全合律的“七絶”組詩，組詩中的每一首各自是段落分明的個體，但是從意脉和邏輯上看，又互相輾轉相繼，它的組織方式像是對一首七言長篇齊梁體歌行的割截和分段陳列。上節論及的那些擅長創作長篇齊梁體歌行的盛唐詩人，也同時創作這類七言短歌組詩，比如王維《少年行》四首、高適《行路難》二首、岑參《獻封大夫破播仙凱歌》六首等。王昌齡不常作長篇齊梁體歌行，但常作組詩式的七言短歌，他的《青樓曲》二首、《采蓮曲》二首、《從軍行》七首，都是膾炙人口的佳作。以下僅取王維《少年行》四首爲例來分析其體例和結構的一般模式：

（其一）新豐美酒斗十千，咸陽遊俠多少年。相逢意氣爲君飲，繫馬高樓垂柳邊。

（其二）出身仕漢羽林郎，初隨驃騎戰漁陽。孰知不向邊庭苦，縱死猶聞俠骨香。

（其三）一身能擘兩雕弧，虜騎千重只似無。偏坐金鞍調白羽，紛紛射殺五單于。

（其四）漢家君臣歡宴終，高議雲臺論戰功。天子臨軒賜侯印，將軍佩出明光宮。①

一般認爲王維《少年行》是一組七言絶句，但從聲律上衡量，四首中其實只有第三首

①王維撰，陳鐵民校注《王維集校注》卷一，北京：中華書局，1997年，頁33—36。

完全合乎近體詩聲律規則，另外三首皆有聲病，相較於絶句更宜視爲七言短歌。四首短歌各自獨立成章，但細細尋繹，其意脉又是相互聯繫、一氣貫穿的：組詩第一首寫長安少年高樓縱飲的豪邁之擧，第二首寫少年從軍報國的壯懷，第三首承報國之志寫少年征戰沙場的驍勇，最後寫百戰歸來卻功成無賞的遭際。從首至末，可以看到鮮明的邏輯發展鏈條，四首短歌聯繫緊密，假如合并起來，則與一首意脉連貫的長篇齊梁體歌行無異。

從以上兩方面的論述可以看出，七言短歌與齊梁體歌行有緊密的親緣關係。齊梁體歌行於梁代初創時，句句押韻，兩句一轉韻，辭藻巧麗，聲情流轉，在體制、風格上與當時的七言短歌無異。在齊梁體歌行的體式演進過程中，曾有一段時間韻段與意群不能完全合拍，進入北朝，協調韻腳與意義之後，即形成四句一節，每節換韻，平仄韻通押，旋律纏綿往復的新體式，整篇歌行像是若干首七言短歌的連綴。入唐後，四子、劉希夷、張若虚等人歌行，皆爲其餘緒。盛唐王維、孟浩然、高適、岑參等人齊梁體歌行和七言短歌兼擅，這兩種體裁在盛唐詩人手中或斷或連、變換無跡，長則爲歌行，短則爲組詩式的七言短歌。

四、域外七言短歌“河陽十詠”

以上兩節在中國宋前詩歌的範圍之内討論了七言短歌這一體裁的體制、源流，與近體七言絶句的區别，及其與初盛唐齊梁體歌行的同構現象。事實上，七言短歌的傳播和發展并非以中國爲止，在日本平安詩壇上也有其迴響，這一現象或可作爲中土七言短歌的旁證。

日本平安時代的勅撰漢詩集《文華秀麗集》“雜詠”類下收録了一組總題爲“河陽十詠”的七言四句詩。它是一次宫廷唱和活動的産物，此次唱和由嵯峨天皇發起，藤冬嗣、良安世、仲雄王、朝鹿取、滋貞主等朝臣參與。組詩共十四首，總題爲“十詠”但只有九題留存至今，分别是《河陽花》《江上船》《江邊草》《山寺鐘》《故關柳》《五夜月》《河上船》《水上鷗》《河陽橋》，每首皆以整齊明快的三字短語爲題，并以題終字爲韻，形式上是近似絶句的七言，比如：

三春二月河陽縣，河陽從來富於花。花落能紅復能白，山嵐頻下萬條斜。（嵯峨天皇《河陽花》）[1]

①小島憲之校注《文華秀麗集》卷下，東京：岩波書店，1964 年，頁 277。

　　晴初駐蹕馳玄覽，一點孤浮江上船。爲虚物情不相怨，乘吹遥度浪中天。（仲雄王《江上船》）①

　　河陽別宫對江流，不勞行往見群鷗。能知人意狎不去，或泝或沿與波遊。（朝鹿取《水上鷗》）②

與中土詩歌發展軌跡相似，絶句在日本漢詩系統中的發展較其他體裁也是相對滯後的。第一部漢詩集《懷風藻》中收録的多是四韻或以上的五言齊梁體，絶句數量極少，僅五首，其中七絶又少於五絶，僅一首存世。日本七絶是在《凌雲集》和《文華秀麗集》的創作編纂時代迎來最初繁盛的。在這個過程中，嵯峨天皇起到舉足輕重的作用，他是日本最早大量創作七言絶句的詩人，首部勅撰漢詩集《凌雲集》中共收録六首七言絶句，其中《河陽驛經宿有懷京邑》《和進士貞主初春過菅祭酒宅悵然傷懷簡布臣藤三秀才作一絶》《史部侍野美聞使邊城賜帽裘》三首都出自嵯峨天皇之手，中間一首是日本漢詩史上第一首以"絶"命名的七言詩。除以一己之力積極投身創作之外，嵯峨天皇還常發起文宴和唱和活動，組織身邊文臣共同創作七絶，在他的示範和帶領之下，在《凌雲集》稍後編纂的《文華秀麗集》中，七絶已成爲較爲常見的詩歌體裁，無論是作品數量或是參與創作的詩人數量都有大幅提升。

（一）"河陽十詠"與絶句體式的差異

　　不過，"河陽十詠"這組七言短詩，雖然形似絶句，但考其體制，又與《文華秀麗集》"遊覽""宴集""餞別""贈答"等類目下收録的絶句差別較大，這表現在三個方面：

　　首先，"河陽十詠"組詩不取作者個性化的視點，詩中場景也不與作者的個人經驗直接相關，而采用一種代言體的口吻，作客觀化的陳述。良安世《五夜月》以一個客子爲主人公，揣摩這個客子在無意中抬頭見到圓月時的心境。藤冬嗣《故關柳》末二句説"春到尚開舊時色，看過行客幾回久"③，意爲被攀折的柳樹春天會重綻生機，而當時折柳惜別的行人卻大半難以歸來。這表述的是一個具有普遍性的事實，而非作者個性化的鮮活生命體驗。與"河陽十詠"迥異的是，《文華秀麗集》其他門類下收録的絶句一般都以暢達地抒發真切生動的個人感情爲務。以"餞別""贈答"類下各一

---

① 小島憲之校注《文華秀麗集》卷下，頁281。
② 小島憲之校注《文華秀麗集》卷下，頁284。
③ 小島憲之校注《文華秀麗集》卷下，頁280。

首絕句爲例：

    地勢風牛雖異域，天文月兔尚同光。思君一似雲間影，夜夜相隨到遠鄉。（桑腹赤《月夜言離》）①

    枕上宮鐘傳曉漏，雲間賓雁送春聲。辭家里許不勝感，況復他鄉客子情。（滋貞主《春夜宿鴻臚，簡渤海入朝王大使》）②

桑腹赤詩如與友人話別，似開解友人，又似自我開解。説兩人雖然即將分開在遥不可及的兩個地方，但總能仰望同樣的星空。點出離別的事實之後，用與《聞王昌齡左遷龍標遥有此寄》類似的以象引情的手法，轉指月亮而言，把對友人的難捨之情抒寫得含蓄感人。滋貞主詩的感情更爲親切由衷，先由自身感官體驗入手，寫離家棲宿在禁掖内一夜無眠的經驗，繼而以温煦的同理心推測離家萬里的渤海使者鄉思之深。可見，與《文華秀麗集》其他門類中靠真摯、幽微的情思取勝的七言四句詩相比，"河陽十詠"的代言體和客觀化的風格展現出與樂府的親緣關係，前者纔更典型地體現出近體絕句興到自然的美學特質。

    其次，"河陽十詠"組詩合律程度普遍較低，有時押仄韻，既不甚講究粘對，也不太注意平仄的調配，最突出的如仲雄王《水上鷗》有十一字出律，一般的像良安世《五夜月》、朝鹿取《江上船》也總有三、五字出律。那麼，這種聲律上的不完備在當時的七言四句詩中是普遍的存在，抑或是僅在"河陽十詠"組詩中表現出的特例？以嵯峨天皇爲例，他的"河陽十詠"諸作中《江邊草》押仄韻，五處平仄不調，《山寺鐘》失粘，五處平仄不調，《河陽花》《江上船》也多處違拗聲律規則。但是，《凌雲集》中收有他的《史部侍野美聞使邊城賜帽裘》《河陽驛經宿有懷京邑》等絕句，卻很少違反近體詩的聲律規則：

    歲晚嚴冬寒最切，忠臣爲國向邊城。貂裘暖帽宜羈旅，特贈卿之萬里行。（嵯峨天皇《史部侍野美聞使邊城賜帽裘》）③

    河陽亭子經數宿，月夜松風惱旅人。雖聽山猿助客叫，誰能不憶帝京春。（嵯峨天皇《河陽驛經宿有懷京邑》）④

第一首完全符合近體詩的聲律規則，第二首不失粘對，僅"數""助"二字平仄不調。

---

①小島憲之校注《文華秀麗集》卷上，頁219。
②小島憲之校注《文華秀麗集》卷上，頁226。
③塙保己一編《群書類從》本《凌雲集》，東京：續群書類從完成會，1932年，頁455。
④塙保己一編《群書類從》本《凌雲集》，頁454。

考慮到《凌雲集》的編纂時間還較《文華秀麗集》稍早，可知，嵯峨天皇并非因無法駕馭近體聲律規則而導致“河陽十詠”的低合律率，而有可能是在以嵯峨天皇爲代表的組詩作者看來，“河陽十詠”本來就是與近體七絕做法不同的一種無需特別在意聲律的詩歌類型，所以纔在創作中放寬了對聲律調諧的追求。

第三，“河陽十詠”組詩常用樂府詩慣用的頂針、複沓等字法句法，製造一種累累如貫珠的流暢聲情。比如嵯峨天皇《河陽花》曰：“三春二月河陽縣，河陽從來富於花。花落能紅復能白，山嵐頻下萬條斜。”由於在句間接連使用頂針字法，使這首七言四句詩具有一種圓轉連貫的聲情，讀來宛轉悦耳。此外，組詩還常用叠字法造成聲音的前後勾連和照應，比如嵯峨天皇《江邊草》：“春日江邊何所好，青青唯見王孫草。風光就暖芳氣新，如此年年觀者老。”[①]“青青”和“年年”兩組叠字使音節在第二句和第四句之間產生一種回旋感。叠字有時也在一句之內出現，比如朝鹿取《水上鷗》“能知人意狎不去，或泝或沿與波遊。”[②] 兩個“或”字在較短的音節内造成頓挫、複沓的節奏感。由此可見，“河陽十詠”組詩宛轉流暢的語言節奏也區別於七言絕句的典雅凝練，而更近樂府活潑流轉的聲情。

以上論述可知，“河陽十詠”組詩從形式上看雖然是整齊的七言四句，但若從體式的層面上分析，它雖講究平仄的調配又不能完全合律，在視角、口吻、聲情方面又與樂府的風格相近，這些都與典型的近體七言絕句有顯著差別，它的性質屬於帶有樂府風味的七言短歌。

（二）“河陽十詠”與平安朝齊梁體歌行的同構性

另一方面，七言短歌“河陽十詠”也與同時代的日本齊梁體歌行表現出一定的同構性，平安時代的三部漢詩集《文華秀麗集》《雜言奉和》《凌雲集》中收録了數組君臣唱和性質的齊梁體歌行，如《神泉苑花宴賦落花篇》《神泉苑九日落葉篇》《春閨怨》《江上落花詞》《惜秋玩殘菊》《和内史貞主秋月歌》等，這些歌行大體上以七言四句爲一節，節一、二、四句押韻，意義上四句一轉，音律和諧，聲情宛轉。只不過這些歌行内部構造并不都像“河陽十詠”那樣均爲七言四句一段，有時是六句一段，有時七言中摻雜三言。其中，《文華秀麗集》中所收嵯峨天皇《和内史貞主秋月歌》的肌理比較規整，將它的構造剖析并依次標示如下：

---

① 小島憲之校注《文華秀麗集》卷下，頁278。
② 小島憲之校注《文華秀麗集》卷下，頁284。

　　（一）天秋夜静月光來，半捲珠簾滿輪開。舉手欲攀誰能得，披襟抱影豈重懷。（二）雲暗空中清輝少，風來吹拂看更皎。形如秦鏡出山頭，色似楚練疑天曉。（三）群陰共盈三五時，四海同瞻一月輝。皎潔秋悲班女扇，玲瓏夜鑒阮公帷。（四）洞庭葉落秋已晚，虜塞征夫久忘歸。賤妾此時高樓上，銜情一對不勝悲。（五）三更露重絡緯鳴，五夜風吹砧杵聲。明月年年不改色，看人歲歲白髮生。（六）寒聲淅瀝竹窗虛，晚影蕭條柳門疏。不從姮娥竊藥遁，空閨對月恨離居。①

這六個部分各自篇意完足，有相當的獨立性，完全可以視爲有關秋月的六首七言短歌。每一首從不同的角度切入，抒情寫景，靈巧自然。比如，第二首專力描摹秋月形、色之清明，以一對比喻收住，含而不露。第五首的前兩句寫秋夜月景，後兩句結出人世變遷的寓意，立意警策。又由於抒情短歌在體制上天然具有言盡意不盡，情含於境的特點，所以它們在各自獨立的同時又具有一種微妙的可接可續性。比如，第三首扣住月的主題，寫月光無差別地普照人間悲歡；第四首扣住悲秋寫去，以思婦登樓對月抒懷結束，二者都采取化用典故的手法，在韻腳上又做出隔聯交互押韻的安排，這就使兩首相對獨立的短歌相互交融起來，共同爲歌行整體帶來鋪陳敘述的藝術效果。像這樣，六支七言短歌首尾相銜，貫穿爲一，構成了這首長篇齊梁體歌行《和内史貞主秋月歌》。

　　但是，平安朝漢詩人很少像盛唐詩人那樣創作意義連貫、首尾相銜的七言短歌組詩，這可能與平安時代日本漢詩創作被"賦題"這一大傳統所籠罩的原因有關。本來，從短歌創作的角度來看，詩人不一定非得在四句內包攬點題的任務，而是有相當的靈活性和機動性，可隨興選擇合意的角度切入。但"河陽十詠"卻是一組賦題詩，製題是重要的創作標準，切題和盡題是寫作的主要任務。賦題詩要求在首聯點題，詩人須依照題目按部就班地運思庇才。"河陽十詠"現存的九個詩題均是整齊的三字短語，最後一字是一物，前兩字是對此物的限制，如"山寺鐘""故關柳""江邊草"等。詩人最常用的點題方式是以首聯上、下句分別去賦寫題中的一個要素，比如嵯峨天皇的《江上船》，首聯上句扣"江"，下句扣"船"。藤冬嗣《河陽花》，首聯上句扣"河陽"，下句扣"花"。雖然偶有特殊情況，如仲雄王《江上船》將題字全部放在下句，但首聯必須點題，這是沒有例外的。以詩爲證：

---

①小島憲之校注《文華秀麗集》卷下，頁 307—308。

　　一道長江通千里，漫漫流水漾行船。（嵯峨天皇《江上船》）①

　　春日江邊何所好，青青唯見王孫草。（嵯峨天皇《江邊草》）②

　　河陽風土饒春色，一縣千家無不花。（藤冬嗣《河陽花》）③

　　晴初駐蹕馳玄覽，一點孤浮江上船。（仲雄王《江上船》）④

首聯點題的要求在很大程度上限制了作者謀篇命意的自由，詩人很難在兼顧題字的前提下做到自出機杼，興到自然。除此之外，首聯點題也影響了詩歌的結構和走向，一二句交代詩歌主旨之後，三四句的發展方向也隨之確定，或正接或反接，前者順承題意平平寫去，後者反着說開去，只能因思致的曲折而略生波瀾而已，不能隨意馳騁詩思，比如：

　　風帆遠没虚無裏，疑是仙查欲上天。（嵯峨天皇《江上船》）⑤

　　風光就暖芳氣新，如此年年觀者老。（嵯峨天皇《江邊草》）⑥

嵯峨天皇《江上船》屬正接，首聯點出江與船之後，第二聯承首聯之意寫船順水而去，漸行漸遠，望之仿佛仙槎航向天邊。《江邊草》則是反接，一二句點出春日江草返青的主題之後，三四句宕開，轉而寫人世年華的一逝不返，與首聯形成對照，產生蘊藉的藝術效果。可見，賦題的要求使“河陽十詠”的作者在四句之内點出題字，緊扣題目展開詩歌内容。所以，組詩看起來都像是新體歌行的開頭四句。

　　除上文引述的《和内史貞主秋月歌》之外，《雜言奉和》中收錄的《奉和聖制河上落花詞》以及《文華秀麗集》中的《神泉苑九日落葉篇》等齊梁體歌行，若取其前四句，也與“河陽十詠”具有極高的相似度，比如：

　　天子乘春幸河陽，河陽舊來花作縣。一縣併是落花時，落花飄颻映江邊。（坂田永河《奉和聖制河上落花詞》）⑦

　　河陽二月落花飛，江上行人花襲衣。夾岸林多花非一，飛滿空中灑江扉。（紀御依《奉和聖制江上落花詞》）⑧

---

① 小島憲之校注《文華秀麗集》卷下，頁 277。
② 小島憲之校注《文華秀麗集》卷下，頁 278。
③ 小島憲之校注《文華秀麗集》卷下，頁 279。
④ 小島憲之校注《文華秀麗集》卷下，頁 281。
⑤ 小島憲之校注《文華秀麗集》卷下，頁 277。
⑥ 小島憲之校注《文華秀麗集》卷下，頁 278。
⑦ 塙保己一編《群書類從》本《雜言奉和》，頁 258。
⑧ 塙保己一編《群書類從》本《雜言奉和》，頁 259。

以上例子足以説明，只要從當時日本漢詩人創作的齊梁體歌行的篇首截取篇意相對完足的四句，就能得到與“河陽十詠”類似的、不完全合律又帶有樂府風味的七言短歌。

綜上，“河陽十詠”這種不完全合律又帶有樂府風味的詩歌與近體絶句差異較大，從體制上看屬於七言短歌。域外詩壇中“河陽十詠”之類詩歌的存在，再次證明了七言短歌這種文體活躍的生命力及其獨立存在的價值。但是，作爲中土文學在域外繁衍的新枝，七言短歌這一文體傳入日本詩壇之後，也根據當時當地的詩歌風氣發生了相應的變化，展現出獨特的面貌。比如，與平安詩歌史“賦題”的大背景相應，“河陽十詠”即是一組賦題詩，點題和製題的要求使它們像一組只寫出四句就匆匆煞尾的齊梁體歌行。

結語：中日漢詩比較視野下的詩體學研究

以上，本文用互相映照的雙向視角審視了中土文學中的七言四句短歌和日本平安時代的組詩“河陽十詠”。經分析後可知，七言短歌源於漢代歌謠，興盛於蕭梁，它與同樣在梁代興起的齊梁體歌行關係緊密，兩者與樂府的關係甚深，同屬齊梁舊體，入唐之後也没有完全并入近體詩系統。七言短歌和齊梁體歌行體量不同，前者善於用短，後者精於用長，但是創作手法是類似的，兩者在體制上呈現出一種同構性。而七絶則是典型的新式詩體，它本來與樂府歌行的關係是最爲疏遠的。初唐時，寫近體七絶的詩人都不寫樂府詩，但在盛唐之後，王維、孟浩然等詩人又開始吸收七言短歌的傳統，用樂府舊題創作“絶句”組詩。其實從體式上看，這些組詩應該歸於七言短歌的系統，與當時的近體七絶迥然有異。

日本的“河陽十詠”，從體制上看也來源於梁陳以降四句式七言短歌的傳統，它是七言短歌這一文體綻放於域外的花朵。在比較中可以看出，日本漢詩人對中土詩歌的仿效并不是亦步亦趨的，“河陽十詠”并未過多沾染齊梁體歌行華艷靡麗的風格，而更多地表現出對樂府風格的刻意學習，風格質樸真率，聲情自然活潑。從《江邊草》《故關柳》《五夜月》等題目中，我們仍可較明顯地看出中國樂府傳統中離別、閨怨、關山、行路、思婦等重要主題在其中的濃重投影。更不用説它采用的賦題式創作方法，也與樂府有千絲萬縷的聯繫。“河陽十詠”獨特的藝術特徵表現了日本漢詩人在學習中土詩歌的基礎上求變求異的努力。這種努力，也使日本漢詩成爲源於中土而又獨具特色的域外奇葩。

與此同時，日本漢詩“河陽十詠”也給我們提供了將七言短歌這一文體從錯亂堆積的詩學文獻中挖掘出來，并將它作爲一個獨立、獨特的詩歌體裁加以審視，進而研究其體制和源流的重要證據。正如學界已經普遍認識到的，留存至今的六朝詩學文獻，有很大概率并非其創作時的原貌，很可能經過無意或者刻意的編纂，這種編纂有時不僅表現在個別字句的優選和增損上，文獻整理者根據自己特定的需求而做出的剪裁和拼貼，很可能損害到詩歌固有的體式和内部肌理。所以在進行詩歌體制的研究時，無法毫不懷疑地將它們視爲原貌、當作可靠的依據展開研究。更不用説，還有更多與詩歌體式有關的文獻僅存其名，或者完全亡佚，根本不爲後人所知。由於早期日本漢詩的創作是建立在對中土詩歌極强的模仿性上的，這種模仿有時會達到程式化、模塊化的程度，所以在某些特殊情況下，一些留存於日本詩歌史上的與詩歌體式相關的文獻就可以成爲我們反觀中土詩歌、鈎沉其缺漏的難得線索和啓示。在這種研究視角下，日本詩學文獻的功能將不再局限於文字上的校勘和輯佚，它也將成爲我們“校勘”和“輯佚”古代詩歌體式的一個寶貴資源庫。

古代詩歌的辨體之學，在明清兩代曾經結出豐碩的成果，《詩藪》《詩源辯體》等著作即是其中的翹楚，當今的學術研究者在這些辨體之作的基礎上繼續發展和深入詩歌的體式研究，已取得很大的成績。但是新的學術資源的出現，總是推動我們反思之前的研究方式是否徹底、有效，并召喚我們更新能够與之相匹配的新的研究方法。在域外漢籍研究方興未艾的今日，研究古代詩歌體式問題時，在借鑒古代辨體學成果的基礎之上兼顧域外的漢詩資源，是一個值得考慮的新方向。

《鳳城聯句集》與後陽成院聯句

楊昆鵬

（日本武藏野大學）

一、書志與作者

《鳳城聯句集》① 是日本第 107 代天皇後陽成天皇讓位於其子後水尾天皇之後，作爲太上皇與近臣及五山禪僧詩友創作的聯句作品集。集中所收聯句每句五言，每百句爲一篇，共計三十篇。聯句作品創作於慶長十六年（1611）至十九年（1614）的四年間，後流傳於民間，由"超然主人"家藏，於元禄三年（1690）加注訓點並刻印成書。書序中寫到"慶長年間，太上皇遊思典籍名屢搢紳緇徒催此遊於鳳城，逸韻佳對積盈竹素，我家珍藏什襲久矣。近加訓點以便童蒙"。

《鳳城聯句集》原爲上下二卷，上卷五十四葉，下卷四十九葉，後合訂共九十七葉。每半葉八行，每行十二字，板心上部單魚尾，刻"鳳城聯句集上（下）"，四周單邊，無界限。卷末刻有"日本元禄三年江戶藤本兵左衛門、京都山本八兵衛、淺井喜兵衛刊"。全書施朱點，點者不明。該書現有三種藏本，首先有東京大學史料編纂所兩足院舊藏本，其次元禄三年刊本二卷二册現藏於日本國立國會圖書館和京都大學圖書館等十一處，此外國立國會圖書館還另藏有年代不明的刊本六册。上述國立國會圖書館藏元禄三年刊本可在其官網數據庫閱覽，而筆者在下文的記述依據多次查閱的京

---

① 《俳文學大辭典》（東京：角川學藝出版，2008 年）及《增訂版國書總目録》（東京：岩波書店，1990 年）都收有本書詞條但詳略不一。筆者對該書作了訓讀和注解，以《〈鳳城聯句集〉訓注稿》爲題，分九次連載於《京都大學國文學論叢》第 34 期至第 44 期。本文是在訓注稿的基礎上對全書的整理和綜述。

都大學藏本。

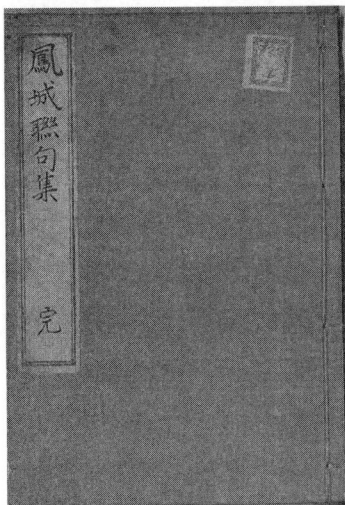

"鳳城聯句"的中心人物後陽成院（1571—1617）天正十四年（1586）即位，慶長十六年（1611）三月讓位給其長子後水尾天皇，改稱太上天皇（後世被追謚"後陽成院"），移居仙洞御所。在位的二十五年裏歷經豐臣秀吉和德川家康兩個武士政權，即戰國時代的終結和江戶時代的開啟，是日本歷史上重要的過渡時期。他下令用豐臣秀吉作爲戰利品從朝鮮帶回的銅活字製版印刷了《古文孝經》，成爲日本最早的銅活字印刷品，另外還有慶長勅版《錦繡緞》等，這些都是日本出版史和文化史上的重要事件。天皇作爲宮廷文化和貴族文化的中心，每月都在宮中定期舉行"和歌會"與"連歌會"以及將在後文中所述"聯句"與"和漢聯句"等文學創作的集會。此外後陽成院還對《源氏物語》和《伊勢物語》作有注解，這些成就在歷代天皇中也比較突出，可以説是一位詩人學者型天皇①。

聯句作者中還有一位重要人物八條宮智仁親王（1579—1628），是後陽成院的胞弟。後陽成天皇曾數次想讓位給他，可見對這位弟弟的手足情誼和信任。智仁親王也是後陽成天皇和漢聯句會的主要成員。在公家貴族一方主要作者還有明經博士舟橋秀賢（1575—1614），後陽成天皇和後水尾天皇的侍讀，有日記《慶長日件録》傳世。另有山科言緒（1577—1620），著有日記《言緒卿記》。此外五山寺院方面的作者都是名聲顯赫的高僧，例如南禪寺住持古澗慈稽②（1544—1571）、相國寺和鹿苑寺住持有節瑞保（1548—1633）、建仁寺住持三江紹益（1572—1650）、東福寺住持集雲守藤（1583—1621）、東福寺剛外令柔（1583—1627）、南禪寺住持以心崇傳（1569—1633）。他們經常被邀請在宮中講解儒家經典，同時也是後陽成院和漢聯句會的重要成員。

本書首先對瞭解後陽成院畢生傾心的詩歌創作活動具有重要意義；其次，書中所收作品集中反映了當時以天皇爲頂點的貴族文壇和五山禪林聯句創作的特點，體現了

---

①日下幸男在《後水尾院研究》（東京：勉誠出版，2017 年）一書第一章對後陽成院的文學創作做了整體概述，内容主要集中在和歌與宮廷儀式方面，本文所述聯句尚未提及。

②堀川貴司《五山僧侶の教養——古澗慈稽を例に》，載鈴木健一編《形成される教養——十七世紀日本の"知"》，東京：勉誠書店，2015 年，頁 48—69。

室町時代以來兩者在文學文化方面的交流；第三，本書展現了漢文學在域外的吸收和傳播的實際狀況，更可以看作域外漢籍創作再生產的一个典型。

二、日本的聯句以及作爲方法的聯想

聯句這一體式早在平安朝前期就傳入日本，752 年以前成書的《懷風藻》收入兩聯 "後人聯句"。平安貴族經常會在詩宴和歌會之後偶爾吟對數聯，不過都沒有作品留存下來，這也反映出聯句作爲餘興的遊戲性質。但是在聯句的影響下，由和歌衍生的 "短連歌" 實現了長篇化，也变爲百句一篇，最終成爲日本古典詩歌的代表性體裁[1]。室町時代的五山文學中聯句得到了長足發展，在禪僧的日記中可以看到聯句不僅是其日常錘煉詩作和對偶功力的手段，也頻頻被用於各種社交場合，留下不少長篇大作。例如橫川景三《東遊聯句》、策彥周良與江心承董的《城西聯句》[2]、萬里集九的《梅花無盡藏》等。值得注意的是五山聯句和上述平安貴族的聯句並沒有承接關係，而是直接學習於唐宋聯句的結果。從 "鳳城聯句" 的作者即太上天皇和貴族詩人以及五山禪僧的身份來看，《鳳城聯句集》應該看作是自古以天皇貴族爲中心的漢文學傳統和五山禪林漢文學新傳統的交彙之作。

聯句在傳入日本之後創作方法發生了很大變化。從漢至宋歷經時代變遷，中國的聯句無論字數和句數長短，無論幾人參與吟對，其作品都有一個共同的明確主題[3]。或 "鬥雞" 之種種神態，或 "城南" 之風景轉換，詩人们都會圍繞同一個題材或者場景展開描寫，彼此呼應又相互制約[4]。

然而日本的聯句尤其是五山禪僧的聯句在受到連歌以及和漢聯句的影響後逐漸 "本土化"。首先日本聯句與連歌相同，除了第一聯描寫眼前景物和當下的現實情形之外，從第二聯開始就跳出當下的現實情形，所詠所述幾乎全爲虛構。也正是因爲有了這種不受現實描寫限制的自由，日本的聯句儘管保持了一聯之內的對偶，但是在整體上放棄了主題的統一而追求通過聯想不斷轉換場景，以致於前一聯上句和後一聯下句

---

[1] 長谷川千尋《和漢聯句略史》，載《京都大學藏實隆自筆和漢聯句譯注》，京都：臨川書店，2006年，頁 19—24。

[2] 深澤真二《策彥周良的聯句文藝》，載鈴木健一編《形成される教養——十七世紀日本の"知"》，頁 25—47。

[3] 何新所《宋代聯句詩考論》，《中國韻文學刊》，2004 年第 3 期，頁 40—44。

[4] 川合康三《中國の聯句》，載《京都大學藏實隆自筆和漢聯句譯注》，頁 1—18。

的內容幾乎完全風馬牛不相及。因此相比中國的聯句或者"聯句"本來的定義，五山之後的聯句已經發生了本質的變化，無論多麼華麗的修辭、工整的對偶和新奇的思路都與現實情境無關，詩人們足不出戶只需留心上一句的字詞即可，因此聯句往往成爲單純錘煉對偶和搜羅典故的文字遊戲，有時甚至顯得生拼硬湊。

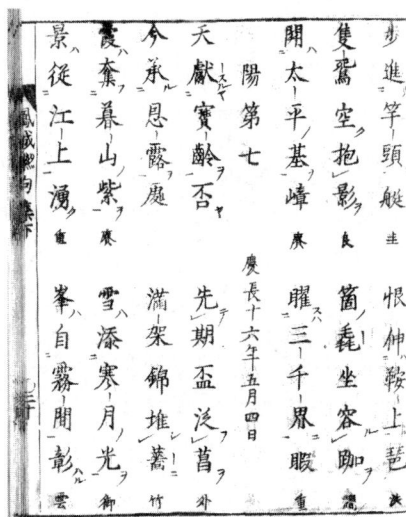

例如慶長十六年五月四日的作品（下卷第七陽韻）的開篇數聯。五言句之後的漢字爲作者的略稱。

1 天獻寶齡否		2 先期盃泛菖	外
3 今承恩露處		4 滿架錦堆蕹	竹
5 霞奪暮山紫	廣	6 雪添寒月光	御
7 景從江上湧	重	8 峰自霧間彰	雲

最初兩聯緊扣聯句會舉辦當天五月四日即將迎來端午佳節這一時間特點，作者"外"即禪僧剛外令柔在第二句寫到提前一天就在酒杯中放上菖蒲，體現出當時後陽成院與一衆臣下詩友提前慶祝端午的心情。第二聯兩句也是描寫實際存在的景色。從第三聯起上下兩句分別由不同作者創作，相互對偶，從第五句開始就不再是針對仙洞御所的景觀和人事的描寫，譬如第六句的雪景和月光就完全脫離了五月四日這一時間範圍。

由於無需拘泥眼前的實景且聯想不必圍繞共同的主題，後一句作者在與前一句內容有某種承接關聯的前提下即可自由展開聯想。例如慶長十六年六月二十三日（下卷第一先韻）最初幾聯如下。

| 1 香雪雜紅白 | | 2 觀奇炎日蓮 | 雲 |

3 雕甍輝彩鸌	4 工施紫宸橡	賢
5 蓬夢鐘成弱　良	6 蘇才錦織川	節
7 風漪簾救月　外	8 午院茗烹泉	御
9 鼎力分三教　泂	10 杯看並八仙	竹

前兩聯詩人將目光集中在六月盛開的蓮花和仙洞御所的建築，第三聯的"蓬夢"即夢境中出現蓬萊仙島，這個轉換應該來自第二聯兩句中紫宸殿雕樑畫棟的形象，而此夢境也因鐘聲喚醒而變得依稀。下句"蘇才"特指蘇軾的才華。

再看第四聯上句。首先"風漪"可以看作是受到前一句中"川"字的啟發，作者從一個"川"字想到清風徐起河面漣漪頓生的情形，再將"風漪"用在清風搖蕩的竹簾上。其次"救月"一詞指月食發生時以矢射日的迷信風俗，用在此句中顯得十分突兀，而且與前一句的關聯不明。但是既然前一句寫到蘇軾的詩才，那麼在蘇軾的詩作中或許可以找到作者特意使用"救月"的緣由。蘇軾詩《田國博見示石炭詩，有鑄劍斬佞臣之句，次韻答之》中有"玉川狂直古遺民，救月裁詩語最真"的句子，寫玉川子盧仝作月蝕詩的事跡。作者剛外令柔正是把前一句"蘇才錦織川"中的"川"字同時看作玉川子，結合"蘇軾"和"玉川子"兩個詩人，在句中寫出"救月"一詞。儘管"救月"在句中具體描寫的情形不是十分明確，但是作為與前句接續和聯想的手法可以說還是十分巧妙。

第四聯下句為後陽成院所作，描述一個午後的禪院泉水烹煮茗茶的場景，與上句大致構成對偶。第五聯上句的"鼎"指煮茶的器具，而下句的"杯"則與之對偶。此外"三教"與下句"八仙"也構成對偶。

從以上幾聯可以看出日本聯句基本的創作特點和聯想方向。作者只需關注前一句，或者從一句的詩境出發，或者依賴單純的對偶關係，或是以中國詩歌典故為依托，不斷展開和營造新的場景。值得注意的是在場景轉換中還受一些其他因素影響，尤其需要強調的是偶數句末字必須押韻這一規定。出於押韻的需要，一句的聯想方向或者用字都會受到一定限制。

以下為上卷第九佳韻的第31句到40句。

31 蘆交勞過渡　良	32 芍發忽翻階	竹
33 舞象箭游蝶　御	34 戞鼉鼓怒蛙	外
35 戴雲林絮帽　重	36 入碓米糠篩	洞
37 宗鏡誰勤拭　竹	38 健毫姑倩揩	雲
39 榮辱炊未熟　洪	40 徵羽樂無哇	節

在31句寫蘆葦繁茂的同時包含了達摩祖師一葦渡江的典故，與此對偶的32句則糅合了《文選》"紅藥當階翻，蒼苔依砌上"一句。33句引用了《左氏春秋》"見舞象箾南籥者，曰美哉猶有憾"，而且結合前句階前芍藥的場景將舞蹈的主語設定爲翩翩蝴蝶。34句中以"蛙"與"蝶"對偶似乎顯得頗爲滑稽，但作者在這裏更加重視的應該是"蛙"字的押韻功能。與此同理32"階"、36"篩"、38"揩"、40"哇"都是作者在同一韻腳可用韻字的範圍內挑選出來的。因此上一聯下句（偶數句）和下一聯上句（奇數句）之間句意上的內在關聯更加緊密一些，而一聯之內上下句之間的內在的聯想關係則相對鬆散，大多只是出於字面對偶的需要。

三、鳳城聯句的文學特色

首先在詞彙使用方面，由於鳳城聯句的作者幾乎一半是五山禪僧，必然包含不少佛教用語和禪宗典故。

50 活衲越群機	澗	51 未顯真溪說	竹	上卷第五微韻
9 學拾廬顏笑	重	10 仰迦竺梵伸	緒	上卷第十一真韻
89 空棺磨變易	澗	90 百則顯提撕	良	上卷第八齊韻
69 五百廬猶小	宰	70 尺迦就獨尊	御	上卷第十三元韻

50句"活衲"即活衲僧，51句"未顯真"是佛教典籍裏多見用語，例如《無量義經》"復雲未顯真實，始發求實之冥機"等；9句"拾"即唐代高僧寒山拾得，10句"迦"爲中國禪宗師祖迦葉；89句"空棺"指達摩大師圓寂後被埋葬在定林寺，後來卻被目擊只履西歸，而定林寺的棺木內空空如也，僅餘一履的典故。90句"顯"指宋代高僧雪竇重顯，著有《頌古百則》；69句"五百"指"五百毳徒"（《景德傳燈錄》），70句"尺迦"即釋迦，"就"或爲"鷲"指靈鷲山。

其次，本聯句集中所收聯句爲三年多時間內每月一次的御前聯句會上的作品，創作時間跨度不大，在三十篇中可以看到十分近似的詞語表達。

73 壺華坡目玩	良	74 柴泰舜功巍	竹	上卷第五微韻
15 高僧卓泰華	澗	16 四友雜洮端	雲	上卷第十四寒韻
46 戰棋蠻又觸	竹	47 壽算泰兼華	圭	下卷第六麻韻
99 風高卓泰華	丸	100 朝運等虞唐	重	下卷第七陽韻

東岳泰山和西岳華山都因巍峨險峻而聞名於世，而上述幾個例子都是把泰山和華山搭配使用，作爲參照物以顯示某種東西的偉岸高大。

另外通過一些重複使用的詞彙可以明顯看到當時的作者們對蘇黄等宋代詩人的偏愛。比如上卷第一篇東韻中如下一聯。

95 吟高鏖睡鳥　洪　96 占法夢祥熊　竹

上句寫到鳥鳴高亢使人睡意全無。此處鳥聲驅走睡意的動詞用“鏖”字表達十分生動而且非常有新意。這種用法在中國詩歌中並不多見，在黄庭堅的詩作中可以找到兩處用例。

市聲鏖午枕，常以此心觀。(《平陰張澄居士隱處三詩》其一《仁亭》)

西風鏖殘暑，如用霍去病。(《又和斌老病起獨遊東園二首》其一)

脱離“鏖”字用於戰鬥場面的原意轉而用於風聲和鳥聲，比喻“赶儘滅絶絲毫不留”。這應該是黄庭堅一個獨特的創新，而且這種用法在五山禪林詩歌中被廣爲模仿。

47 鄉談窗既白　岳　48 涼意暑皆鏖　竹　下卷第四豪韻

65 波没羽蘆箭　雲　66 午鏖眠茗鐺　超　下卷第八庚韻

15 棹歌鏖旅枕　村　16 詩味代嘉肴　绪　下卷第三肴韻

正是通過這種反復使用，列席聯句會的作者们得以對新奇的詞彙逐漸熟稔。

第三，在聯想方向的方面，我们還可以看到一些特殊的情形。例如上卷第五篇微韻中的以下兩句。

6 僞逋列壑譏　溪　7 冰重泉咽愴　雲

上句“列壑譏”和下句中“泉咽愴”均爲來自《古文真寶》所收《北山移文》中“列壑争譏，攢峰竦誚”和“風雲淒其帶憤，石泉咽而下愴”兩句。下句作者一定是在明確理解上句詞語出處的前提下，從同一名篇中抽出詞語與之對偶。與此相类似的情形還可以在上卷第三篇江韻中看到。

45 若遁富蔬蜀　外　46 宜居産茗蒙　雲

上句的“富蔬蜀”出自蘇軾詩句“豈如吾蜀富冬蔬，霜葉露牙寒更茁”(《春菜》)。下句作者則是從蘇轍詩句“南來應帶蜀岡泉，西信近得蒙山茗”(《次韻子瞻道中見寄》)中摘出“茗”和“蒙”二字來與之呼應。前文提到一聯之内(相鄰的奇數句和偶數句)上下兩句的内在關聯相對鬆散往往只限於字面對偶，而此處45和46句之間句中詞彙同出於蘇軾蘇辙兩兄弟，或許可以看作作者匠心獨運的聯想。以下同篇中的一聯也有相似的聯想。

94 喚雄百拙鸝　澗　95 殘生林有素　洪

上句“百拙”和下句“有素”各自在宋詩中不乏用例，然而我们也可以發現這兩个詞分别出現在黄庭堅“機巧生五兵，百拙可用過”(《和答魏道輔寄懷十首》其十)和蘇

軾 "高人自與山有素，不待招邀滿庭户"（《越州張中舍壽樂堂》）兩句，因此不禁會
推測下句作者正是出於對蘇黄二人詩作的偏好而定向性地從蘇軾詩中尋找詞彙與上句
構成對偶。

　　《史記》典故同樣也是"鳳城聯句"作者们激發聯想的重要素材源泉。以下幾聯
除了字面上對偶工整外，句中都使用了出自《史記》的典故。反而言之下句作者模仿
上句作者把聯想和構思定向於《史記》，同樣在《史記》中尋找適當的典故和措辭。

　　　　85 直下冠猴羽　御　　86 奇謀羅雀巡　圭　　上卷第十一真韻

上句 85 用《項羽本紀》的沐猴而冠（人言楚人沐猴而冠耳，果然），下句 86 則用出自
《汲鄭列傳》的門庭羅雀（始翟公爲廷尉，賓客闐門。及廢，門外可設雀羅）對偶。

　　　　39 鸝再越聲舃　雲　　40 鴟沉吴思員　齡　　　上卷第十二文韻

39 句出自《張儀列傳》（莊舃越聲），40 句爲《伍子胥列傳》（吴王聞之大怒，乃取子
胥尸盛以鴟夷革，浮之江中）。

　　　　19 良媒琴挑卓　雲　　20 説士璧頌虞　澗　　上卷第七虞韻

上句 19 用司馬相如卓文君的故事（《司馬相如列傳》），20 句出自《平原君虞卿列傳》
（虞卿者，遊説之士也。蹑蹻檐簦，説趙孝成王。一見賜黄金百鎰，白璧一雙）。後者
遠不如前者那麼聞名遐邇。

　　如上所述作者在聯句中的詞彙選用和整句的表達既要滿足字面上對偶要求，同時
還要展開聯想。作者展開聯想的基礎是對中國詩歌典籍的熟稔。這些詞彙和表達背後
的同一詩歌典故或相關聯的詩人以及作品纔是決定聯句作者聯想方向的關鍵。

　　最後，鳳城聯句的作者們在創作中還需要滿足押韻和平仄規定。尤其是對於非母
語使用者來説，需要牢記每个字的韻腳和平仄聲調絶非易事。從作品中我們也可以看
到他們往往爲了遵守平仄規定而犧牲詩句最基本的語序。例如慶長十七年三月十三日
上卷第十篇灰韻第 21 句和第 22 句一聯。

　　　　19 燈吾床主伴　雲　　20 詩某境良媒　澗

　　　　21 霜葉舟如畫　竹　　22 宫花錦似裁　良

"霜葉"一詞是由上一句聯想到"御溝題紅"的典故而引出，然而"霜葉舟如畫"一
句整體的含義卻令人費解。可以猜測作者在這裏是調整了字面的順序。如果把這句所
要描寫的情境看作御溝中順水漂流的霜葉恰似一葉扁舟，則字面應爲"霜葉如畫舟"。
但是如此一來，第二字"葉"爲仄聲，第四字"畫"字同爲仄聲，違反平仄"二四不
同"的基本要求。作者爲了避免這種情形而特意把"畫"字和平聲"如"字位置做了
互換。與此同理，第 22 句原本亦非"宫花錦似裁"，而應爲"宫花似裁錦"。聯句作者

出於平仄需要而調整用字順序，往往不惜犧牲漢文語法和基於此的句意，這也可以看作是日本詩人運用漢文創作的一種局限性的體現。

四、詩人天子後陽成院

後陽成院十六歲時從祖父正親町天皇手中接過天皇之位，登基不久就顯示出對和歌創作的熱情，在宮廷組織各種定期的、大規模的和歌會，充分展示出天皇作爲貴族文學文化核心和領袖的角色。例如在天正十五年僅在三个月內就實現了組織創作"和歌五千首"的壯舉。後陽成天皇畢生都十分鍾情"和漢聯句"，先後組織和參與了大量的和漢聯句創作，其中包括四次"和漢千句"①。天皇的影響力也促進了貴族文壇以及五山禪林對和漢聯句的熱愛，無論在作品數量還是文學水準上都爲和漢聯句迎來了最繁榮的時期②。後陽成天皇作爲皇位繼承人必定受到了極好的漢文教育。有了漢文學知識素養的支撐，青年時期的天皇主要作爲漢句一方的作者出現在和漢聯句創作中。因此在他隱退仙洞御所之後，將創作熱情全部投入頻繁的聯句創作之中並非偶然，甚至可以説《鳳城聯句集》是後陽成天皇漢文學素養與漢詩創作的集大成之作。

上文中已經提到後陽成院與其他作者共通的聯想方法和創作特點，而以下幾個例子可以反映出天皇自身的風格。前文已經提到日本聯句不必描寫現實場景也不需共同營造同一個主題，只要和前一句有所關聯即可。因此這種充滿随機的自由聯想在整體看來恰恰可以顯示作者的思維傾向。

95 恢武武興漢	御	96 被堅堅次汜	竹	上卷第五微韻
31 錦詩唐盛事	竹	32 光武漢中興	御	下卷第十蒸韻
25 今是勃興李	御	26 古稀至孝萊	竹	上卷第十灰韻
37 師古唐騷杜	賢	38 王邦齊正桓	御	上卷第十四寒韻
41 拙似鳩苛政	御	42 獲非熊兆畋	賢	下卷第一先韻
79 苛政不寒慄	御	80 宗猷以道弘	雲	下卷第十蒸韻
21 閑徹僧房島	召	22 久要帝座遵	御	上卷第十一真韻

作者"御"即後陽成院屢屢將漢唐盛世或者中國古代治世明君的事蹟納入句中，同時

---

①一般來说一篇和漢聯句由百句構成。"和漢千句"是衆多作者聚集一堂在三天內連續創作十篇的大規模活動。需要事前精心準備，對參會者的才華和體力都是考驗。

②楊昆鵬《後陽成院の和漢聯句と聯句》，《國語國文》第86卷第5號，2017年，頁304—319。

也反復使用"苛政"一詞，這足以體現後陽成院作爲君王的自負和對中國歷史上強大王朝的憧憬。衆所周知自從幕府誕生之後天皇的政治實權就日益微弱，尤其是從織田信長經豐臣秀吉再到德川家康，幕府將軍指點江山，而天皇只是被供奉在京都深深的皇宮之內。後陽成天皇在位期間豐臣秀吉出兵朝鮮，德川家康建立江戶幕府完成天下一統的大業。我们不難想象身爲"萬世一系"的天皇卻幾乎只是一个旁觀者的内心。後陽成院在讓位之後，極少再像青年時代那樣頻繁主持和歌會創作，讓位的一个多月之後就全然沉浸於聯句世界，召集在位期間曾一起創作和漢聯句的貴族大臣和五山禪僧每月舉行一次聯句會，三年多之内一連作出三十篇，把平水韻的三十个韻字各用一次。正如上述例子所顯示，這三十篇"鳳城聯句"中頻頻使用以《史記》爲代表的漢籍典故以及大量與政治有關的話題和素材。由此我们或許可以推測，太上皇後陽成院正是在這精心計劃的聯句創作期間沉浸於漢文典籍世界，借聯句創作表達了對上古漢土主明臣直的嚮往，對中國帝王文韜武略的憧憬，甚至通過聯句抒發天子親政的志向。

鳳城聯句中我们還可以看到不少"龍"和"虎"的對偶。"龍"的形象在古代日本遠不如在中國那樣深入人心，文學作品中幾乎看不到龍的描寫。和龍相比描寫虎的例子要多一些，但也夾雜不少佛教傳說的要素和異國情調。然而在鳳城聯句後陽成院所作句中"龍"字屢屢登場。

23 何龍興魏蹬	御	24 乘虎坐臺干	節	上卷第十四寒韻
13 湖漲鴛浮没	重	14 瀑飛龍蹄跳	御	下卷第二蕭韻
71 松橫龍臥嶽	御	72 花馥蝶過墻	廣	下卷第七陽韻
31 橫水梅龍種	御	32 歸空蔗鶴林	雲	下卷第十二侵韻
49 瀑凍白龍蟄	御	50 泥融玄虬喃	澗	下卷第十五嚴咸韻

23句所用典故猶存不明，14句與49句用龍比喻瀑布或動或静奔騰下洩的氣勢，71句和31句則用來形容松樹和梅花枝蜿蜒遒勁的形態，很明顯31句結合了林逋寫梅花"疏影橫斜水清淺"的意境，顯得剛柔結合意趣深遠。聯句中所顯示出的後陽成院對

"龍"的偏好，毋需多言當然來自龍作爲中國古代天子的象徵意義，是太上皇作爲君王的自我意識。然而遺憾的是後陽成院體弱多病，他所傾心的文學創作和略顯失意的帝王生涯都在讓位的六年之後終止，享年四十七歲。上頁圖片爲後陽成院親筆題字，現藏於東京國立博物館。無論是御筆揮毫還是五言聯句，"龍""虎"兩字似乎都透露出這位詩人天子強烈的個性和複雜的内心世界。

五、結語

或許是因爲後陽成院的文學活動正值中世與近世的轉換期，也或許是因爲他傾注大量熱情的和漢聯句本身很少受到矚目，至今的日本文學史上就後陽成院的評述並不詳盡。本文通過對《鳳城聯句集》一書粗略的描述，首先分析日本聯句與中國聯句的差異，第二把握本書在素材和聯想方法等方面的特點，第三試圖通過作品去接近和理解後陽成院這位詩人天皇。《鳳城聯句集》本身是由古代日本作者在立足於日本文學傳統創作的域外漢籍，在創作方法上體現了日本聯想文學獨特的構思和方法。同時作品中所用中國漢籍典故之豐富和精妙，也爲我们研究日本貴族文學和五山文學中吸收運用漢文學提供了佐證。對於志向遠大卻又不能親政的天皇來説，漢籍不僅是學識和教養的源泉，或許更是理想的精神世界。

戲擬之間：日本漢文假傳集 《器械擬仙傳》 的叙事張力

卞東波

（南京大學）

一

在中國傳記文學中有一種特殊的傳記，即"假傳"。"假"有假託、假借之意，"假傳"即假託某物，並爲之作傳。假傳的特色除了學者指出的"借鑒史書人物傳的寫作手法爲器、物作傳，並寄寓作者一定的創作觀念和社會理想"[1] 之外，還有明顯的戲謔性、遊戲性[2]。明代的文體學著作亦已注意到假傳的創作狀況，徐師曾在《文體明辨序説》中曾將傳記分爲四種："一曰史傳（有正、變二體），二曰家傳，三曰托傳，四曰假傳。"[3] 賀復徵的《文章辨體彙選》卷四百八十三亦指出了七種史傳體："按傳之品有七：一曰史傳，二曰私傳，三曰家傳，四曰自傳，五曰托傳，六曰寓傳，七曰假傳。"[4] 他們都單列假傳爲傳記之一種，可見在明人意識中，假傳已經成爲獨立的傳記類型。

假傳的創作可以追溯到唐代韓愈的《毛穎傳》，唐代以降延綿不絶，歷代皆有不少

---

[1] 參見婁欣星《論古代假傳的文體特點》，《浙江師範大學學報（社會科學版）》2014 年第 1 期。

[2] 參見劉成國《宋代俳諧文研究》，《文學遺産》2009 年第 5 期；《以史爲戲：論中國古代假傳》，《江海學刊》2012 年第 4 期。又參見黃小菊、趙維國《論假傳的文人旨趣及其"以文爲戲"的理論反思》，《文藝理論研究》2018 年第 6 期。

[3] 徐師曾《文體明辨序説》，北京：人民文學出版社，1962 年，頁 153。

[4] 賀復徵《文章辨體彙選》卷四百八十三，《景印文淵閣四庫全書》第 1408 册，臺北：臺灣商務印書館 1983 年，頁 63。

假傳名篇，如蘇軾的《杜處士傳》（杜仲）、秦觀《清和先生傳》（酒）、張耒《竹夫人傳》（竹几）、陳造《蘄處士傳》（象棋）等。據學者統計，《全宋文》中現存假傳 46 篇，《全元文》中有 23 篇，明代的假傳作品則有 200 多篇①。假傳雖淵源於中國，但並不是中國古代文學獨有的現象，在朝鮮半島、日本等國的古代漢文學中都存在着或多或少的假傳文學。假傳近年來亦成爲學術界的研究熱點，學者們相繼發表了不少研究論著，不但對中國歷代假傳的内容、歷史、文體特色進行了全面的論述，而且還關注到東亞漢文化圈其他國家的假傳，如朝鮮漢文學中的假傳②。不過，目前東亞學術界尚没有一篇論文討論到日本的漢文假傳，應是緣於文獻的不足徵。最近，筆者在哈佛大學哈佛燕京圖書館發現了一部日本漢文假傳集《器械擬仙傳》（以下簡稱《擬仙傳》）的寫本，不但證明了日本亦有假傳創作，而且這部假傳集獨具特色，具有較高的文學與文化價值。

二

《擬仙傳》不分卷寫本一册，無界，每半葉九行，行二十字。哈佛燕京圖書館著録爲"山口玄耕著，玉山畫"。卷端次行題"仙臺山玄耕撰"，第一傳《明鏡先生傳》後有圖，落款爲"東法橋玉山寫"，鈐印"玉山士印"。山玄耕生平不詳，從題署知其爲仙臺人。書首有"天明壬寅春三月鼎湖南知稠"之序，序稱："山子名耕，字子牛，東

---

① 參見劉成國《宋代俳諧文研究》、《以史爲戲：論中國古代假傳》二文。
② 除上揭論文外，亦可參見俞樟華、婁欣星《古代假傳與類傳研究》，哈爾濱：黑龍江人民出版社，2015 年；瞿静《明代假傳體作品研究》，四川師範大學 2014 年碩士論文；陶傑文《明清假傳研究》，浙江師範大學 2015 年碩士論文；林芳《明前假傳研究》，浙江師範大學 2015 年碩士論文；黄小菊《唐宋假傳研究》，華東師範大學 2015 年碩士論文；林藝紅《明代假傳研究》，華東師範大學 2016 年碩士論文。從文體角度研究假傳的論文，參見張振國《中國古代"假傳"文體發展史述論》，《華南師範大學學報（社會科學版）》2012 年第 2 期；趙維國、黄小菊《論假傳虛實二元性及其對文體發展的影響》，《江西社會科學》2019 年第 5 期。關於朝鮮半島的漢文假傳，參見李杉嬋《朝鮮高麗朝假傳體文學研究》，中央民族大學 2012 年博士論文；張海峰《韓國酒擬人假傳研究——對照中國同一素材假傳》，四川外語學院 2012 年碩士論文；崔鐵柱《中韓假傳文學比較研究》，延邊大學 2018 年碩士論文，等等。韓國的相關研究可見曹壽鶴《假傳文學研究》，嶺南大學碩士論文，1972 年；曹壽鶴《假傳的編綴性》，《嶺南語文學》第 1 輯，嶺南語文學會編，1974 年；安秉卨《韓國假傳文學研究》，明知大學碩士論文，1974 年；梁光錫《關於假傳的創作動機》，《WOORI 文學研究》，WOORI 文學研究會編，1981 年；安秉烈《開化期假傳作品研究》，《安東大學論文集》第四輯，1982 年；金昌龍《韓中假傳文學研究》，漢城：開文社，1984 年，等等。

奥城之三株人。"所謂"東奥"，即古代日本東北部的陸奥國，仙臺所在的宫城縣即在其地。"天明壬寅"，即天明二年（1782），可見該書撰成於江户時代中期。《擬仙傳》以假傳的形式爲三十五種"器械"一一作傳，這些器物都是日常生活中的用品，其目如下：

明鏡先生	磁甌	木偶	白杵道人	衣裳氏	紙鳶
燧笐	庖竈子	毛穎陳玄楮先生陶泓	席處士	三弦郎
檟叟	香爐公	陶甓	杖翁	犢鼻褌	帚仙姑
几山人	棋子	籃夫	印真人	煙管煙苞	橐囊仙
劍隱士	枕逸人	巾帽	釣竿	斧斤	簾箔子
燈檠丈人	屨道士	團扇郎	鎖鑰	匙箸	笠簑翁

從上可見，該書以"以物爲人"①的方式，用了"先生""道人""處士""郎""公""翁""仙姑""山人""子""夫""真人""仙""隱士""逸人""丈人""道士"等名稱，將這些器物全部擬人化。這些名相的使用有明顯的道家、道教色彩，是以該書名爲"擬仙傳"。

從東亞的視角來看，《擬仙傳》收入了三十五篇假傳，也是引人注目的。隨着假傳創作的成熟與數量的增加，中國明清時代也産生了一些假傳集，如《十處士傳》《香奩四友傳》《豆區八友傳》等，但所載之傳數皆不及《擬仙傳》。明人支立所撰的《十處士傳》爲布衾、木枕、紙帳、蒲席、瓦爐、竹床、杉几、茶甌、燈檠、酒壺十物立傳，從傳目來看，有一些與《擬仙傳》相重，如該書的《元安傳》與《擬仙傳》中的《枕逸人傳》皆爲枕立傳。不過，兩書不同之傳甚多，頗有相互補充之處。但從數量上來看，《擬仙傳》所收之傳超過了中國文人創作的假傳小集②。

支立《十處士傳小序》交代了爲這十器作傳的原因：

　　　　予見世人之於器用，多愛其貴重華靡者，而輕其樸素清淡者。予則以爲器者，大要在能適其用而已，豈可取其名而遺其實哉？九事之於予，其情甚適，其功甚多，雖金玉錦繡之飾者，不是過也。③

---

①"以物爲人"即擬人之意，借用吴沆《環溪詩話》卷中"山谷除拗體似杜而外，以物爲人一體，最可法"（北京：中華書局，1988年，頁133—134）之語，原來是評論黄庭堅《演雅》的。

②當然，《擬仙傳》所收之傳的數量無法與《廣諧史》之類的假傳總集相比，後者收録了中國歷代的假傳。

③陳邦俊輯《廣諧史》卷三，《四庫全書存目叢書》子部第252册，濟南：齊魯書社，1995年，頁288。

支立爲之立傳的十器皆是日常生活中的器物，講究的是"能適其用"，並不在意於金玉錦繡之飾，這種態度與《擬仙傳》的觀點很相似，《擬仙傳》也是講究器物的"用"，故選擇的三十餘物也都是日用之物。《十處士傳》與《擬仙傳》都爲枕立了一傳，我們可以比較一下兩書敘事的不同：

十處士傳·元安傳木枕

元安，字以寧，鄧林人。貌樸實，而中心亦不虛假，立志高出物表，嘗以明堂之器自期，久居山林，遂爲市井人所短。同類戲之曰："向則棟樑，今則棁梲矣。"時同類方衣文繡錦縠，安乃對曰："不知者以爲弸中彪外，知者必笑若草草矣。"同類憾之。安聞善言從之若轉圜，或曰："子性好圓，不至於言圓、行圓、動圓、靜圓不已也。"安曰："吾豈好圓者哉！正欲動之不息，以法乾道耳。且人生百歲，如飛鳥遺音，苟無善以聞於後，亦徒生也。晝夜乾乾，猶恐不及，豈可縱其安逸，以惰其志而昏其氣乎？"是以醉者見之而警，嗜臥者見之而警，有功於學者最多。晚年有知者欲薦之，中心不欲仕，乃筮之得兌之困，其繇曰："臀困於株木，入於幽谷，三歲不覿。"解之曰："臀困於株木，以陰柔之質處困之底而無所庇也，入於幽谷，益入於困，無自出之勢也。三歲不覿，不遇其所亨也。"因歎曰："使元首尊安者，舍我其誰。與如時之不至，何且其象曰：尚口乃窮。又豈可盡言，以取困窮乎？"遂隱處深密，終身不言。

十竹軒主人曰：君子教人不於言傳，而於心悟。言傳有限，而心悟無窮。且學者勤則成，惰則隳。悟矣，勤矣，學其有不成者乎！若安者，亦可謂善教人者矣。①

器械擬仙傳·枕逸人

枕逸人，一號曲肱子。安神靜想，極事玄默。楚襄王時，憩息臺上，邂逅神女，遽然悟道。退後在寢室，爲床榻處士見知。數遊華胥，調混沌譜。嘗所精究昏睡之法、遊仙之術。升沉萬態，榮悴千端，悉莫不靈異。至如謀伉儷於金閨，慰旅愁於逆旅，則皆出度世術。其奇跡詳載《國風》之什。

從上可以看到，二書其實有相同的"趣味"，即對隱逸的推崇。所謂"處士"即隱士，與"逸人"意思相同，可見兩傳主人公的身份都是隱士。《元安傳》稱元安"中心不欲仕"，最後"隱處深密，終身不言"；《枕逸人傳》稱其"極事玄默"，《文選》卷九揚雄《長楊賦》云："且人君以玄默爲神，澹泊爲德。"李周翰注："玄默，無事也，

①陳邦俊輯《廣諧史》卷三，《四庫全書存目叢書》子部第252冊，頁291。

淡泊清静也。"[1] 故玄默意同於棲隱。

但兩書的假傳書寫亦有明顯的不同。首先，《十處士傳》篇幅較長，既有對元安性情的描述："貌樸實，而中心亦不虛假，立志高出物表，嘗以明堂之器自期。"又有一定的叙事性，稱其被"市井之人"和"同類"攻擊和嘲弄，以及其與同類之間對話。《擬仙傳》篇幅要短得多，但也凝練得多，用了很多與睡眠、作夢有關的典故，同時又突出枕逸人的仙性，稱其不但"遽然悟道"，而且通"遊仙之術"。其次，《十處士傳》用了中國傳統的史傳體，除了傳文之外，還有一段"十竹軒主人曰"，明顯模仿的是《史記》中的"太史公曰"或其他正史中的"史臣曰"模式，而這在《擬仙傳》中並没有。最後，《十處士傳》的傳文議論性很强，作者主要是通過木枕來表達自己的觀點。《四庫全書總目》卷一百四十四"《十處士傳》提要"云："取布衾、木枕、紙帳、蒲席、瓦爐、竹床、杉几、茶甌、燈檠、酒壺十物，仿《毛穎傳》例，各爲之姓名里貫。蓋冷官遊戲，消遣日月之計。"[2] 對其評價不是太高。但我們從《元安傳》可以看出，其並非"冷官遊戲"，而是寄寓了作者深刻的思想。木枕乃圓物，人枕其上容易滑落而驚醒，故"醉者見之而警，嗜卧者見之而警，有功於學者最多"，最後作者又推導出"勤則成，惰則隳"的道理，這些都是借傳而發的。《擬仙傳》則完全没有議論，説到枕的功能，並不從修身進業的角度而言，而説其"謀仇儷於金閨，慰旅愁於逆旅"，也是日常之功用。從以上的比較和分析可以看出，《十處士傳》是典型的假傳，而《擬仙傳》則似變體的假傳，戲謔成分更濃，雖是"擬仙傳"，但好像更富人間煙火氣。從文學性的角度而言，《十處士傳》文末有較長的議論，這是韓愈《毛穎傳》以來的書寫傳統，而《擬仙傳》則不假言議，直述其事，行文雅潔，雋若小品。

《十處士傳》分別書寫了十個器物之傳，十傳是獨立的傳記，其間並無聯繫。《擬仙傳》有三十五個傳，但各傳之間卻有聯繫。如《杖翁傳》，稱杖翁"與屨道士在户外而立譚"；《巾帽傳》，稱巾帽"遇屨道士於道"，可見二者與"屨道士"之間有着互動關係。而且《擬仙傳》還專門爲屨道士立了一傳，詳叙其事，其中也提到，其"偶與杖翁談道"之事，從而與《杖翁傳》形成文本上的呼應。《杖翁傳》《屨道士傳》都提到二者相遇之事，但《屨道士傳》最後説到，其"頃刻棲止牖上，群童兒戲弄而廋之"。那麽屨道士怎麽會"棲止牖上"的呢？可能是被杖翁挑放上去的。這裏就産生了

---

①蕭統編，李善、吕延濟、劉良、張銑、吕向、李周翰注《六臣注文選》，北京：中華書局，1987年，頁174。

②紀昀等纂《四庫全書總目》，北京：中華書局，1965年，頁1234。

叙事上的互文與互補。

三

　　從《擬仙傳》的撰作來看，受到中國傳統文學很大的影響，特別是其叙事行文，很多即來源於中國文獻，試舉數例：

　　　　《几山人傳》：時著烏皮，憑坐南窗，嗒焉喪耦，自號太嘘子，亦稱天然處士。此段文字出自《莊子·齊物論》："南郭子綦隱機而坐，仰天而嘘，嗒焉似喪其耦。"①上文不但在文字上脱胎於《莊子》，而且對几山人之描寫亦神似《莊子》中的南郭子綦，几山人之號"太嘘子"似亦來自於《莊子》中"仰天而嘘"之句，而其另一個號"天然處士"亦頗具典型的道家色彩。《擬仙傳》的戲仿比較成功，生動刻畫了几山人的仙風道骨，也緊扣全書的"仙傳"特色。除了此處，《釣竿傳》"大鉤於巨鼇，細綸於小鮮，不如兩相忘也"亦用到《莊子》之典，"兩相忘"之説亦見於《莊子·大宗師》："泉涸，魚相與處於陸，相呴以濕，相濡以沫，不如相忘於江湖。與其譽堯而非桀也，不如兩忘而化其道。"②

　　又《履道士傳》云：

　　　　履道士名屬，户外人。其母褉氏，偶履大人之趾而有震，生屬於草芒中。此段叙事的原始出處見於《詩經·大雅·生民》："履帝武敏歆，攸介攸止，載震載凤。載生載育，時維後稷。"③又《史記·外戚世家》引《史記索隱》："系本云：帝嚳上妃有邰氏之女，曰姜原。鄭玄箋《詩》云：姜姓，嫄名，履大人跡而生後稷。"④孔穎達《毛詩正義》卷十七之一引《河圖》曰："姜嫄履大人跡生後稷。"⑤同樣的叙事亦見於司馬貞《史記索隱》卷三十《三皇本紀》："太皞庖犧氏，風姓。代燧人氏，繼天而王。母曰華胥，履大人跡於雷澤，而生庖犧於成紀。"⑥"履大人跡"而有娠的故事頗具神話色彩，這裏的"大人"也可以理解爲神人，中國文獻都是女性"履大人跡"而孕的叙事模式，《擬仙傳》則套用這種模式，説褉氏"履大人之趾"而"生屬於草

---

①郭慶藩《莊子集釋》，北京：中華書局，1987年，頁43。
②郭慶藩《莊子集釋》，頁242。
③孔穎達《毛詩正義》，《十三經注疏》整理本，北京：北京大學出版社，1999年，頁1240。
④司馬遷《史記》，北京：中華書局，1974年，頁1967。
⑤孔穎達《毛詩正義》，《十三經注疏》整理本，頁1245。
⑥司馬貞《史記索隱》，《景印文淵閣四庫全書》第426册，頁662。

芒中”，遊戲的意味十足。《説文解字》卷五云：“襪，足衣也。”既爲“足衣”，隨足而動，則“履大人之趾”的機率是非常大的。襪不但可以“履大人之趾”，而且事後“有震，生屬於草芒中”，則是奇中之奇了。此傳雖用了中國古典中的叙事模式，但也頗合屬之特性。《漢書·卜式傳》：“初式不願爲郎，上曰：‘吾有羊在上林中，欲令子牧之。’式既爲郎，布衣草蹻而牧羊。”顔師古注：“蹻，即今草屨也，南方謂之蹻。字本作屩，并音居略反。”[1] 故其生於草芒之中亦屬自然。

還有一些傳亦用到中國古典，如《犢鼻褌傳》云：

> 寧不如弊汙而養蟣虱矣，竟遯逸而不出，偶遇司馬長卿傳，見知名於大邦云。

這裏用到《史記·司馬相如列傳》之典：“文君當壚，相如身自著犢鼻褌，與保庸雜作，滌器於市中。”[2]“犢鼻褌”有短褲、圍裙之説，其實並不準確，其在古代雖然也屬內衣，但又有所不同。犢鼻褌先用布纏着腰兩邊，再從襠下穿過，從而在襠前形成一種類似“犢鼻”狀的短褲。犢鼻褌本爲販夫走卒幹活時所著，不登大雅之堂，但因爲司馬相如曾經穿過，反而沾染上一點文人風雅之氣。給犢鼻褌立傳已經頗有遊戲色彩了，但在叙事過程中，又能指涉《史記》之典，則予人以戲而不謔，俗中有雅之感。

另外，《擬仙傳》的叙事受到中國史傳文學，特別是雜傳較大的影響。很多叙事話語就來自於中國的雜傳，如《犢鼻褌傳》云：

> 犢鼻褌，字大布，不知何許人。其妻襠氏，俱有隱操。

所謂“不知何許人”多見於六朝時期的“高士”類雜傳中，嵇康《聖賢高士傳贊》中所見尤多：

> 石户之農，不知何許人，與舜爲友，舜以天下讓之。
> 伯成子高，不知何許人也。
> 榮啟期者，不知何許人也。
> 長沮、桀溺者，不知何許人也，耦而耕。
> 荷蓧丈人，不知何許人也。[3]

另外，皇甫謐所著的《高士傳》中亦多見這種句式，茲不備舉。使用這一句式，影響最大的文獻應是陶淵明的《五柳先生傳》，其曰：

---

① 班固《漢書》，北京：中華書局，1962 年，頁 2616。
② 司馬遷《史記》，頁 3000。
③ 熊明輯校《漢魏六朝雜傳集》第一册，北京：中華書局，2017 年，頁 584、586、589、590、591。

先生不知何許人也，亦不詳其姓字，宅邊有五柳樹，因以爲號焉。①

《聖賢高士傳贊》《高士傳》《五柳先生傳》都是隱士之傳，傳主身份不詳，亦在情理之中，而《犢鼻褌傳》中亦有"俱有隱操"之語，可見犢鼻褌亦是一位隱遁之士，故其用"不知何許人"也是對中國"高士類"雜傳的呼應和戲仿。"隱操"一詞亦見於中國正史中的"隱逸傳"：《南齊書·高逸傳·褚伯玉傳》："伯玉少有隱操，寡嗜欲。"② 同上《顧歡傳》："（顧）黯字長孺，有隱操，與歡俱不就徵。"③ 對這些"隱逸"話語的襲用都有利於將犢鼻褌塑造爲一位高逸之士。

除了有意識地戲仿"高士類"雜傳外，《擬仙傳》說得很清楚，其擬的是"仙傳"。所謂"仙傳"即《列仙傳》《神仙傳》等，《擬仙傳》叙事頗受《神仙傳》之影響。試看《神仙傳》卷四《劉政傳》：

> 劉政者，沛國人也。高才博物，學無不覽，深維居世榮貴須臾，不如學道，可得長生。乃絶進取之路，求養性之術。勤尋異聞，不遠千里。苟有勝己，雖奴客必師事之。後治墨子《五行記》，兼服朱英丸，年百八十餘歲也，如童子。好爲變化隱形，又能以一人作百人，百人作千人，千人作萬人。又能隱三軍之衆，使人化成一叢林木，亦能使成鳥獸。試取他人器物，以置其衆處，人不覺之。又能種五菓之木，便華實可食，生致行廚，供數百人。又能吹氣爲風，飛沙揚石。以手指屋宇、山林、壺器，便欲傾壞，更指之，則還如故。又能化作美女之形。及作木人，能一日之中行數千里。噓水興雲，奮手起霧，聚壤成山，刺地成淵。能忽老忽少，乍大乍小。入水不濕，步行水上。召江海中魚鼈蛟龍黿鼉，即皆登岸。又口吐五色之氣，方廣十里，氣上連天。又能騰躍上下，去地數百丈，後不知所在。④

此傳全篇都在渲染劉政的神仙色彩，不但壽考過人，"年百八十餘歲也，如童子"，而且能夠"變化隱形"，其他各種神異的本領更是數不勝數，完全是一個超凡的仙人形象。

《擬仙傳》的叙事模式基本上承襲的是《神仙傳》，如《杖翁傳》：

> 杖翁，字伯筇，其先鳩氏，偶逢異人，得靈壽之訣。時年始六十，肌骨清臞，

①袁行霈《陶淵明集箋注》，北京：中華書局，2003年，頁502。
②蕭子顯《南齊書》，北京：中華書局，1972年，頁926。
③蕭子顯《南齊書》，頁930。
④葛洪撰、胡守爲校釋《神仙傳校釋》，北京：中華書局，2010年，頁130。

實心輕健，能使扶老羸、起跛躄，遊歷四方，日行千里，嘗無疲憊之狀。阮家之酒錢不爲重，葛陂之龍猶可顧視。翁又憫恬瞽者，侍而左右之，取其道也不欺，如蝦於水母然矣。國俗每正月必使延翁而咒里婦無孕者，皆果有震，稱之粥杖仙。晚好浮屠氏，身著金錫，而事津梁，濟世之慈仁，概如此矣。一日，與屨道士在戶外而立譚，遂不知所之。謚九節真人。

《擬仙傳》傳主的名稱一般都是緊扣傳主的身份特徵，其字"伯箈"，杖一般都是老者所持，故將其想象爲"翁"。《仙翁傳》如《神仙傳》，都圍繞着杖翁的"仙"性而談，始則"得靈壽之訣"（《劉政傳》亦有相似的描繪，只不過說劉政是"服朱英丸"而致壽考），雖已年過花甲，但毫無老態，不僅仙風道骨，"肌骨清臞，實心輕健"，而且從其"遊歷四方，日行千里，嘗無疲憊之狀"可見其仙性十足，這是竹杖"扶老羸、起跛躄"現實功能的神化描述。不但如此，"里婦無孕者"得翁之"咒"，立即能夠"有震"，更賦予其仗地而行之外的功用，仿佛送子觀音，這是其仙性的進一步發揮。因仗翁爲仙，其結局也不能太凡俗，依常理應是日久而壞，但《擬仙傳》故意言其最後"不知所之"，給人以升仙而去的遐想，時刻緊扣其仙翁之身份。

《杖翁傳》與《劉政傳》的叙事模式相似，都以渲染傳主之仙性神力爲主，並以"後不知所之"或"後不知所在"結尾。不過，從上面兩傳亦可看出《擬仙傳》與《神仙傳》有所不同。《神仙傳》中的神仙雖然有凡人之名姓，但大多神力廣大，而且不食人間煙火，與日常生活距離很遠。《神仙傳》對傳主的描寫也是極盡誇張之能事，動輒上天入地，諸如"奮手起霧，聚壤成山，剌地成淵"的神力使讀者感覺傳主是一個想象中的人物。《神仙傳》之叙事充滿神話色彩，雖是仙傳，但與正史中的列傳無異，比較剛性。《擬仙傳》中的傳主都是日常生活中之器物，雖然也是"仙"，但這種"仙"更接近人，充滿人間氣息，甚至富有人性，"翁又憫恬瞽者，侍而左右之，取其道也不欺"，杖翁雖有異事，但在常識範圍之內，傳文比較有人間性，杖翁仿佛現實中鄰家的老伯。《擬仙傳》雖然是在擬"仙傳"，但在叙事之時卻用文學的方法淡化"仙"性，從而與《神仙傳》的誇張形成一種張力關係。

四

《擬仙傳》在叙事上特別注意貼近傳主的特性，因爲本書所寫全部爲器物之傳，故在叙事時比較注意結合這些器物的特性：

《明鏡先生傳》：神姿明徹，照鑒萬物，雖鬼神無以匿其真狀。常服玄錫金膏，又善相人，曲直美醜，移而不遺。

"神姿明徹"或"神姿高徹"多見於中國古典文獻，是對人的神情和姿態的描寫，如《世說新語·賞譽篇》載："王戎云：'太尉（王衍）神姿高徹，如瑤林瓊樹，自然是風塵外物。'"① 這裏用來形容明鏡先生，一語雙關，既因爲明鏡可以"照鑒萬物"，又用來形容明鏡的神情和姿態。"善相人"亦是雙關之語，既指明鏡可以照出人之"曲直美醜"，又指善於識人，這在中國史書中多見，如《晋書·劉元海載記》云："有屯留崔懿之、襄陵公師彧等，皆善相人，及見元海，驚而相謂曰：'此人形貌非常，吾所未見也。'"② 本處將明鏡可以照人與能夠識人的特性結合起來，也是物性與人性的結合。

再如《帚仙姑》云：

　　仙姑生而有奇操，性好潔，善掃灑，自謂蕪穢之蹊、塵埃之廬，是所以修吾道也。

掃帚本無男女之別，但因爲古代女性的家庭角色多事灑掃庭除，所以這裏自然將帚設定爲女性，又因爲是"擬仙傳"，故名爲"帚仙姑"。因其身份是帚，故自然"性好潔，善掃灑"，但其又爲仙姑，故而言打掃"蕪穢之蹊、塵埃之廬"是其修道之法。總之，這種叙事方法，非常好地體現了假傳的特色：假物而不滯於物，但又不離於物。

在叙事上，《擬仙傳》特別突出傳主的隱逸特色與道家色彩，可能與"仙傳"的定位有關，這樣的例子在傳文中不勝枚舉：

　　《衣裳氏》：能以嘉遯爲意云。

　　《几山人傳》：惟以臥隱爲事，性耽經籍，尚友終日，守静之外無他。

　　《煙管煙苞傳》：及老，苞曰：余雖斷錦碎繒，斑爛粲美，要非全幅，今已散矣，將隱跡於笥中。

　　《釣竿傳》：釣竿字叔鉤，江上人，以漁隱稱，其形籊籊然。

　　《斧斤傳》：驟請歸隱弗措，竟肆意深入山中，不返。樵者惟聞丁丁聲耳。

　　《燈檠丈人傳》：遂逃於寢室，修真向明而隱。

　　《笠簑翁傳》：恬憺寡欲，志存遯逸……及其老也，毛髮種種，憔悴無狀。稍乞骸骨，改名敗天公，退隱於田畝……其道德隱操，至今多存異跡。

《擬仙傳》傳主的命運主要有兩種，一種就是隱遁歸田，這一方面是仙傳的一般叙事模

---

① 劉義慶著，劉孝標注，余嘉錫箋疏《世說新語箋疏》，上海：上海古籍出版社，1997 年，頁 428。
② 房玄齡等《晋書》，北京：中華書局，1974 年，頁 2646。

式;另一方面也與著者對道家思想的領悟有關,從上文的用典我們可以看出,著者對《莊子》比較熟悉。該書傳主的另一種命運就是書中頻繁出現的所謂"屍解""羽化""坐化""化"等,這又與道教有關,更是傳主仙性的反映,唯其如此,方能顯出其神仙的身份:

> 《席處士傳》:不患爲解說所奪,而患爲羞作所刮矣。今也繕完未成,破壞已極,圖當填於溝壑矣。後果見屍解於糞壤。

> 《香爐公傳》:終與玉合子,在匱董鋪而坐化。

> 《籃夫傳》:終屍解去。他日見兄弟於鄰舍,各著楮衣,染以柿汁,儀容雖異,精健倍往昔。

> 《煙管煙苞傳》:管曰:固余之志也,金形毀矣。鋈飾銷矣,豈何爲智,而辱孔方兄爲乎? 忽投於爐炭而化。

> 《釣竿傳》:乃投身於江潭而化,後有煙霞釣徒,能傳其道。

> 《團扇郎傳》:殆疲指麾,會屍解於蚊燧之傍。

《擬仙傳》頻繁地强調傳主的"屍解"和"化",非常好地演繹了"仙傳"的特色,也讓這部假傳集充滿了戲劇性和遊戲性,不但人可以羽化升仙,而且俗如席、香爐、籃子、釣魚竿之類的器物也可以化而成仙,這無形中也增加了叙事的彈性。當然,這種對"屍解"和"化"的描繪也是受到中國仙神類雜傳的影響,如《神仙傳》卷四《太玄女傳》稱其"行三十六術,甚有神效,起死無數,不知其何所服食,顏色益少,鬢髮如鴉,忽白日升天而去"[1];卷五《馬鳴生傳》載其"後乃修大丹,白日升天而去也"[2];《淮南王傳》亦稱:"淮南王安,好神仙之道,海内方士從其遊者多矣……其後,王母降時,授仙經,密賜靈方,得屍解之道。"[3]

所謂"白日升天而去""得屍解之道"是仙傳的標準描繪,不過筆者亦在《擬仙傳》中發現其中"嘲戲"與"反諷"的一面:

> 橐仙,褚氏子也。少小善懷大,綠綈烏革,其腹便便,修包括術,一世無毁譽。晚著布被,能節清儉,常不屑錐末之利。蓄積嘗無貪,唯任其所有。一日陪白水真人,與行纏就市而飲,酩酊無度,懸罄其裝,少頃仙蜕酒肆中。人怪其隤然,而蕩之,惟空殼耳。(《橐囊仙傳》)

---

[1] 葛洪撰、胡守爲校釋《神仙傳校釋》,頁159。
[2] 葛洪撰、胡守爲校釋《神仙傳校釋》,頁167。
[3] 葛洪撰、胡守爲校釋《神仙傳校釋》,頁201—202。

橐仙自然是仙，但似乎人性的成分更多一點，不但"修包括術，一世無毀譽"，能容萬物，不隨便毀譽他人，而且"能節清儉，常不屑錐末之利"，品行十分高潔。這樣一個完美的仙人，一旦與白水真人①相遇，酣飲於市，酩酊大醉後便現出其"原形"——"惟空殼耳"。這裏的叙事較有意蘊，"就市而飲"應該指橐仙與白水真人一同飲酒，所謂"飲"，應指酒入其腹，但結果卻是酒入他人之腹，且自己也"懸罄其裝，少頃仙蛻酒肆中"，即傾盡其橐中之物。不但失去其平日"其腹便便"之態，而且變得"隤然"不堪，"隤然"既有沉醉之意，亦有衰頹之意，顯示出其仙性的消失。這段叙事一方面指出了"橐仙"其實亦有人性的弱點（好酒），雖貴爲仙，且品德高尚，但一沾上酒，便會展露出其本質；另一方面，"惟空殼耳"也暗含一種嘲戲，"橐仙"雖然看起來"其腹便便"，其實内裏空空如也，只是一個空殼而已。仙人尚且如此，芸芸衆生中的很多凡夫俗子不亦如是乎？

再如《陶罌傳》的叙事也頗令人回味：

> 陶罌，字仲缸，生於備前州。其形長頸皤腹，齊嵌臀坩。性嗜酒。無他才藝，或爲弄丸郎，屢與大菽圓石交，能售其技，觀者如堵。每當午出於市，就壚而飲，必有酒限，不敢踰。偶遇奴輩之躓，觸石而墜碎，衆駭而掣之，則無涓滴矣。缺片猶存布袋師之像。

這段叙事，如本書的其他傳記一樣，亦是結合傳主的特性來寫，同時在此基礎上又有所發揮。所謂陶罌本就是用來裝酒的，但作者想象其"皤腹"之狀是因其"性嗜酒"之故，但因爲陶罌容量有限，不可能無限制飲酒，故又云："必有酒限，不敢踰。"所謂"弄丸"指的是古代的一種雜技，兩手上下抛接好多個彈丸，不使落地。這裏抛接的不是彈丸，而是陶罌。雖然"能售其技"，從未失手，但不幸被奴輩絆倒（"躓"），立刻粉身碎骨，而且内中之物也化爲烏有。照例叙述到"無涓滴矣"，故事也可以結束了，但最後卻還有一句"缺片猶存布袋師之像"，仿佛是一個特寫，聚焦在打碎的陶罌"缺片"之上，上面畫着"布袋師之像"，最後定格，戛然而止，讓人回味無窮。布袋師，即布袋和尚，《五燈會元》卷二《明州布袋和尚》載："明州奉化縣布袋和尚者……蹙額皤腹，出語無定，寢卧隨處，常以杖荷一布囊並破席，凡供身之具，盡貯囊中。"② 布袋和尚"皤腹"的樣子頗與陶罌之狀相合，同時布袋和尚又傳説是彌勒佛

---

① 所謂"白水真人"乃錢之别稱，典出《後漢書·光武帝本紀》："及王莽篡位，忌惡劉氏，以錢文有金刀，故改爲貨泉。或以貨泉字文爲'白水真人'。"（北京：中華書局，1965 年，第 86 頁）
② 普濟《五燈會元》，北京：中華書局，1984 年，頁 121。

之化身，換言之，亦是法力無邊。但即使在陶罌上畫上布袋師之像，亦不能改變其最後成爲一堆碎片的命運。反諷的意味隱然其間。

此傳亦呈現出《擬仙傳》的另一個特色，即假傳這種中國文體中亦有日本元素。《陶罌傳》明確提到，陶罌“生於備前州”，備前州即今天日本岡山縣東南部及兵庫縣一部分，當地盛產陶器。再如《明鏡先生傳》載：“明鏡先生，平安城人。”平安城，即京都。《團扇郎傳》云：“盛夏六月，數撲流螢，而遊鴨水之上。”鴨川是流經京都市內的名川。《團扇郎傳》又云：“或慶兆以幣之，戎事以麾之，後折疊在西京御影堂而修真。”西京，即京都。御影堂，指的是安放寺院開山祖師畫像而建立的祭堂。如京都東寺、仁和寺都有御影堂。又《棋子傳》云：“（棋子）竟坐隱於東都本因坊。”東都，即當時的江户，今天的東京。本因坊家是日本江户時代圍棋四大家之一，正好切合傳主棋子的身份，又具有日本特色。再如《燈檠丈人傳》：“偶謂其徒曰：凡神祠佛宮之下，署余曰‘永代常夜燈’。雖曰未見燃，吾必謂明矣。”常夜燈，是指供奉在佛前，無分晝夜、一直點燃的燈，在日本的寺院中極其常見，而且日本的常夜燈一般都是石制的，上面寫着“永代常夜燈”。《杖翁傳》還説到日本“國俗每正月必使延翁而咒里婦無孕者”，寫到日本用杖來助孕的風俗。《擬仙傳》雖用的是中國傳統的假傳文體，但作者有意識地使用了一些日本元素，無疑在提醒我們這是一部日本的假傳集。

雖然《擬仙傳》是一部虛構的作品，但書中有些地方也講到當時的日本現實，《劍隱士傳》云：“方今海波晏然，升平百年，匕首免其懷，劍氏永藏其室。韜衣十襲，時時見精靈云。”江户幕府建立後，結束了日本戰國時代的混亂，幕府大力推廣儒教，同時又實行鎖國政策，故造就了江户時代二百多年的安定，上文説“方今海波晏然，升平百年”，也並不是無中生有，應是時人對現實的看法。

五

假傳産生於中國，但並不是中國特有的文類，東亞漢文學中亦有同樣的創作，日本、朝鮮半島漢文學中皆有數量頗多的假傳文學。學術界對中國和朝鮮半島漢文學中的假傳創作已經有了不少研究，但對日本漢文假傳的研究尚付之闕如，本文第一次向學術界披露了有關日本漢文假傳以及假傳集《器械擬仙傳》的情況，並在東亞漢文學的視域下對《擬仙傳》的叙事特色及其中國淵源作了探究。

《擬仙傳》是筆者寓目的東亞地區收錄假傳最多的古代漢文假傳單集，其爲三十五種日常的器物一一作傳，這些傳文雖然簡短，卻富有韻味，宛似《世説新語》中的小故事。《擬仙傳》運用的是中國古代的假傳文體，同時受到中國史傳文學明顯的影響，從中可以見到中國高士類、神仙類雜傳的痕跡，其叙事也用了很多中國文獻中的典故，可見東亞古代漢文學與中國古代文學的淵源。《擬仙傳》有意識地對假傳這種文體進行創新，一是在叙事中使用了一些日本的元素，顯示出假傳文學在東亞漢文學流傳中的地域性與地方特色；二是叙事上的呼應與互文，中國的假傳集，各傳之間基本上是獨立的，但《擬仙傳》不少傳記之間卻有一定的關聯性，並非鬆散的集合；三是《擬仙傳》雖有意模擬中國神仙類雜傳，但與《神仙傳》之類的雜傳凸顯傳主的神力不同，《擬仙傳》在叙事中有意呈現傳主仙性之外的人間性。

　　將《擬仙傳》放到整個東亞的漢文假傳創作傳統中來看，該書中所收的假傳呈現出東亞假傳創作的共同特色，都是賦予器物以人格，並爲之作傳，具有"以史爲戲"的特色，蓋所謂"不直戲文，蓋戲史矣"①。不同於中國假傳有或多或少的議論色彩，《擬仙傳》傳文以叙事爲主，幾乎没有議論，讀來較爲輕靈。《擬仙傳》雖給諸種器物作傳，但在雜多中也有統一的特色，如在叙事中，幾乎每篇都在强調歸隱、隱逸。《擬仙傳》叙事言簡意賅，每篇傳記篇幅不長，注意結合器物的自身性質，同時又注意突顯"仙傳"的特色，塑造傳主的仙性；有些傳記在叙述傳主仙性的同時，有一定的嘲戲與反諷色彩，又淡化了其仙性。在文學的戲擬之間，讀者可以讀到《擬仙傳》在叙事上形成的多層張力。總之，《擬仙傳》可謂研究東亞假傳文學，以及假傳文學在日本漢文學中的流傳與演變的極佳文獻。

---

① 郭正域《韓文杜律》，吴文治編《韓愈資料彙編》第二册，北京：中華書局，1983年，頁815。

定位：日本江户時代
漢詩中的地名書寫*

馬修凡（Matthew Fraleigh）

（美國布蘭戴斯大學）

　　自文字出現在日本列島之後，本地專有詞的正確書寫——不論是涉及人名、神名、地名，或是具體的文化符號和重要語彙——一直便是日本抄寫者所熱切關注的問題。我們立刻可想到的一個典型例子便是太安万侣爲《古事記》所寫的序言，其中作者論及文字書寫應該表音或表意的一個困境①。自古以來，一種常見的書寫方式是用漢土資料中具有文化典故的地理名稱來指涉日本相似的地點。最爲人熟知的例子可能是用"長安"或"洛陽"來指平安時期都城京都。從日本古代到現代所創作的大量漢詩②中，以漢語語彙爲表、通過聯想來暗示日本地名的創作方式經常可以産生一種雙重意

---

* 本文曾在 2017 年夏天，於南京舉辦的"第二屆南京大學域外漢籍國際學術研討會"上用中文發表。筆者感謝會議參與者所提出的問題與建議，也感謝寇陸將本文翻譯爲中文。

① 《古事記》："已因訓述者，詞不逮心。全以音連者，事趣更長。是以今或一句之中，交用音訓；或一事之内，全以訓録。"《新編日本古典文學全集》第 1 卷，東京：小學館，1997 年。

② 考慮到論述的方便與清晰，筆者在此使用"漢詩"一詞，但需要注意的是，文章中所討論的文本在其創作的歷史語境中並不被稱爲"漢詩"。在當時，它們只被看作"詩"，而"詩"也泛指廣義漢語圈内用漢語而創作的詩歌。在日本，直到十九世紀九十年代左右，"漢詩"纔開始被廣泛運用。該術語内涵的轉變在一定程度上伴隨着一個更早發生的現象，也即"詩"開始成爲英語"poetry"的翻譯。隨着"詩"指稱"poetry"在含義上的擴大並且快速地流行起來，人們開始認爲有必要在"詩"前面加"漢"來指漢語詩歌。然而，如此的變化引起了一些明治詩人的强烈反對。比如，在 1890 年代中期，一位致力於漢詩、並且爲初學者出版了若干行詩入門讀物的日本詩人野口寧齋（1867—1905）充滿憤慨地寫了一篇文章來批評新創術語"漢詩"。在其去世後纔出版的《少年詩話》中，他將前綴"漢"稱爲"無用的贅疣"并懇請讀者不要使用這個新詞。關於漢詩的名稱可參考拙著《採菊：成島柳北和近代日本漢文學的多樣性傳統》（*Plucking Chrysanthemums：Narushima Ryūhoku and Sinitic Literary Traditions in Modern Japan*）第一章，麻省劍橋：哈佛大學亞洲中心，2016 年。

境（見立て［讀作 mitate］）的效果，成爲該文體的一個重要表達技巧①。甚至日本早期勅撰漢詩集中，詩人的名字也經常被簡寫，以合乎漢土更常見的單音節的命名形式，譬如以"菅"來指"菅原"。

隨着日本江户時期漢詩創作規模的空前擴大，人們開始更多地思索詩人如何在漢詩中表現日本人名、地名或其他專有名詞。這些江户時代的詩人與學者們的論争展現了一系列關於漢詩創作的問題以及對漢詩本質最基本的思考：比如，應該用什麽樣的標準來評價漢詩？如何理解日本漢詩與漢土詩歌的關係？日本漢詩作者們想象中的理想化讀者是什麽樣的？

之所以關於漢詩的討論在江户時期變得更加深入，其背後有着若干相互聯繫的原因。首先應該指出的便是該時期漢詩詩人的人數劇增。同時，文人詩社在城市中心和周邊形成，人們的識字率和文化素養持續提高，如此也讓更多人擁有受教育的機會。也許最重要的一個因素是商業化的出版繁榮發展，向市場提供了豐富的閱讀和參考材料，如工具書、入門手册以及爲尚在學詩者而編纂的、可作爲範本的詩選。

最早用較長篇幅討論詩歌用語的詩人是來自紀伊的祇園南海（1676—1751），他同時也是一位儒學家、著名的文人畫家。在他去世後纔編纂出版的詩話中，我們可以看到南海不斷提醒弟子區分"雅"與"俗"的重要性。例如，在南海《詩訣》中，作者提到：

> 凡是有志於作詩者，入門之初其心必先辯"雅""俗"二字。此是大乘之法門也。如不用心於此，只逞技巧之能，即雖千篇萬篇，如雲之湧，如海之廣，非詩也，詞而已。②

在南海看來，漢詩的第一要義是"雅"，正如他在論述中重複强調"詩歌是'雅'之器，不能淪爲俗用"③ 或者"詩歌寫作根基於'雅'"④。在其著名的詩論《詩訣》

---

①魏樸和（Wiebke Denecke）討論了以"河陽"來指稱嵯峨天皇位於淀川北部的離宫以及由此體現的詩歌潛能。請參考 Wiebke Denecke, The Power of Syntopism: Chinese Poetic Place Names on the Map of Early Japanese Poetry, *Asia Major* 3rd series 26：2，2013.

②祇園南海《詩訣》，見池田四郎次郎、國分高胤編《日本詩話叢書》全 10 卷，東京：文會堂，1920—1922；重印版《日本詩話叢書》第 1 卷，東京：鳳出版，1972 年，頁 15。基於上下文語境，這裏的"詞"指"言詞"。在同一節的其他部分，南海將"詞"用爲動詞"言ふ"的賓語，或"詞"與"go 語"處於同樣的語法結構中，或"詞"與"文字"對應。筆者需要指出這裏的"詞"不是作爲詩歌文體的"詞"（如"宋詞"）。

③該引文來自《詩學逢源》，見重印版《日本詩話叢書》第 2 卷，頁 27。

④該引文來自《詩訣》，重印版《日本詩話叢書》第 1 卷，頁 13。兩篇文本皆在作者亡故後出版，因此無法編年。兩部作品的序文由後代詩人分别於 1762 和 1787 年所作。

中，南海列出若干因爲“俗”而不能入詩的話題：

> 又如，凡下卑劣者之常談，尺牘小説之語，金銀買賣、飲食猥雜之詞，田夫野人婦女倡劇之語等，皆俗也。雖文字可風雅，然其語勢卑劣，亦入俗。①

正如上文所展現的，南海對“雅”與“俗”的劃界並非只局限於語言風格，也在於文字的内容。譬如在討論詩中的飲食意象時，他提到雖然唐詩中零星有以食物爲題的詩歌，但這些僅僅是少數的特例。對於南海來説，相較於唐詩，以飲食爲話題的詩歌在宋代劇增正是“宋詩卑劣之一據”。選此等詩歌入一代之文集可謂讓人“汗顏”，甚至可以説是“詩歌之衰”的體現②。可見，“雅”“俗”的區分不僅是南海爲日本弟子所提供的綱領性建議，也是其在更廣泛範圍上評價漢土詩歌的標準。基於此觀點，南海稱贊盛唐詩歌，批評白居易詩歌表達的淺薄，指責宋詩的粗俗。

如果説南海的“雅”“俗”之分同樣適用於中國詩歌和日本漢詩的話，他也認識到日本詩人因用外語進行創作而面臨的額外挑戰。這個區別是南海立論的基礎，正如他如事實陳述般地宣稱——“詩歌是由漢土文字組成的”③。在後續的解釋中，南海説明漢語的“異域性”意味着本土詩人要格外注意，以防日語俗話會不知不覺地被運用到漢詩創作中。他寫道：“衆人皆知日語中的俗語不能入漢詩，但當遇物之名或所之名時，詩人卻經常誤用入詩。”以“祇園”這個地名爲例，南海説到：“‘祇園’是古字。但因其爲日本本土地名，因而爲俗。”④考慮到“祇園”正是這位批評家的姓氏，將此地名作爲例證來進行論述並非偶然。可能正是在如此“雅”“俗”的考量下，南海没有用“祇園南海”來署名自己的作品，而是將其姓氏變爲漢土姓氏“阮”，以“阮南海”來自稱⑤。通過以上兩段引文和帶有自我指涉意味的“祇園”小論，我們看到南海對“雅”的追求使其摒棄任何他認爲“俗”或者具有日本“本土”特色的内容和風格。對於南海來説，漢詩創作是需要超越當下時空限制的，讓創作者可以有機會與古代偉大的詩人爲伍。而“鄙俗”則是如此具有表演性和想象力的創作理想的阻礙。

與南海生活於同一時代的學者荻生徂徠（1666—1728）也同樣對漢詩創作進行了類似的論證。徂徠所堅持的“漢文”直讀法對日本文學史與思想史界帶來了很大的影

---

①《詩訣》，《日本詩話叢書》第 1 卷，頁 15。
②《詩訣》，《日本詩話叢書》第 1 卷，頁 19—20。
③《詩訣》，《日本詩話叢書》第 1 卷，頁 20。
④《詩訣》，《日本詩話叢書》第 1 卷，頁 21。
⑤用漢土常見的單音節姓氏來改寫日本姓氏是自古以來衆多漢詩詩人的做法，但從江户時期到明治時期的選集和文集中，漢詩詩人用單音節字來重新命名自己姓氏的情況變得越來越少見。

響。徂徠對詩歌的批評和其本人對唐詩美學的偏愛主導了整個十八世紀的日本漢詩詩壇。正如南海選取單音節"阮"作爲自己的姓氏，徂徠也以漢化姓名"物徂徠""物茂卿"來自指而爲人所知（或者爲人所争議）。單音節姓氏"物"是其家族姓氏"物部"的簡寫①。然而，如果像南海或徂徠所論，日本漢詩詩人不可將本土詞彙寫入詩歌中，那麼他們如何在詩中表現日本的地理呢？關於該問題，徂徠所創建的、位於江户"茅場町"的"蘐園學派"名稱本身便揭示了他們的解決辦法：即用漢語詞彙和表達習慣來重寫日本地名②。

當然，"蘐園學派"並非唯一使用漢語方式來展現日本地名的詩派。正像杉下元明所指出的，類似的書寫方式以及對盛唐的推崇也同樣可以在室鳩巢（1658—1734）、新井白石（1657—1725）以及其他師從木下順庵（1621—1699）的木門詩人的作品中找到③，但"蘐園學派"的詩人對如此的寫作方法有着特别的熱情和堅持。可以看到，如此以漢土語彙表達日本地名的方法在當時非常流行，以至於十八世紀六十年代出版了若干部參考書籍來記載蘐園詩派以及其他同時代詩人書寫日本地名的方法。在蘐園詩派影響下最早出現的參考文獻之一是永田觀鵞（1738—1792）編纂的《大東詩家地名考》（出版於1760年）④。以該書的第一個地理名詞爲例。關於城市"江户"，觀鵞列舉了若干當時可用的指稱方式，如東都（東方之都）、東武（結合地理方位"東"和"武藏"）、武陵（指"武藏"，也暗示與漢土城市"武陵"對等）、武昌（同樣指"武藏"，但也暗示了與中國"武昌"的比對）等⑤。這個手册所囊括的例子體現了不同的書寫策略。比如不用更改的詞彙（Aoyama"青山"，漢字同樣爲"青山"Seizan）、縮減或其他細微的改動（Atagoyama"愛宕山"變爲"宕丘"Tōkyū；Saginomori"鷺ノ森"變爲"鷺林"Rorin）、面目全非的改寫（Meguro"目黑"變爲"驪山"Rizan）。

---

①荻生徂徠又稱爲"物徂徠"或"物茂卿"，兩個姓名的第一個字來自其所屬的"物部"家族，而後面的名字則是徂徠的"號"與"字"。

②"茅場町"中的"茅"指一種莎草植物，但"茅"（kaya）在日本一直以來是漢語"萱"的對應，即萱草。"蘐園學派"中的"蘐"是萱草的另一種稱呼。

③見杉下元明《江户漢詩：影響と變容の系譜》，東京：ぺりかん社，2004年，頁85、頁142。

④1798年出版、由三熊花顛和伴蒿蹊編纂的《續近世畸人傳》裏面收錄了永田觀鵞的傳記。據載，觀鵞以技藝超群的書法聞名，並且特别喜愛豆腐，對泡菜充滿了恐懼，和天台僧六如爲摯友，而後者是日本十八世紀最爲出名的漢詩詩人之一。見宗政五十緒《續近世畸人傳》，東京：平凡社，1972年，頁430—433。

⑤永田觀鵞《大東詩家地名考》，寶曆十年（1760）京都佐佐木惣四郎刊本。該書的縮微膠片爲筑波大學所有，因國文學研究資料館惠允可在網絡瀏覽，見 http：//doi.org/10.20730/100000889。

第三種改寫的背後往往涉及複雜的典故或類比①。

這些例子展現了改寫方式在蘐園詩派内部並不具有統一性。當時的參考文獻經常爲一個地點列出多個選擇，一位詩人可以根據具體的創作語境在其中進行選取。聲音的韻律也許是一個重要的考量方面，但詩人也會思考某一個漢語地名所引出的典故聯想是否和本詩的主題契合②。如此，這些原本爲了克服某些詩歌表達障礙而存在的手册反而擴大了表達的可能性。然而，支持如此更改地名書寫形式的詩人學者們，他們最根本的論點是什麼呢？他們的態度反映或者暗示了哪些前提？其中包含的話語形式告訴我們這些作者如何理解漢詩創作——它的困難、樂趣、目的和界限。最後，這些書目又展現了漢詩創作者如何想象他們的讀者。

這些手册的序文、凡例等副文本（paratext）可以提供一些答案。服部蘇門（1724—1769）爲《大東詩家地名考》創作了序文。在介紹這部地名參考文獻的同時，蘇門也概括性地探討了詞彙運用的問題，而他的論述關注宏觀上的漢詩文表達，並不僅限於日本作家的漢詩文創作：

> 弇老評史云："子長不絶也，其書絶矣。"③ 而其歷舉所以然，以西京以還，地名不雅，不稱書矣，爲其一也。辟之匠石伐，良則良矣，苟非得其材，安所施其巧。是故蔽牛之櫟，過之而不顧④，必也來松甫栢，是斷是度⑤，而後可以致輪奐之美也。吾東方淳樸風，郡邑山川，其名不雅馴，薦紳先生，操觚之間，多難言之。而猶且謙讓，未遑改作，一仍舊貫，是以往往有"姬隅躍清池"之陋焉。

蘇門所引的詩句來自於《世説新語》的一個條目，記載了發生在公元四世紀的一次詩歌雅集。在這次集會的詩歌競賽中，士人不能作詩者以喝酒作爲懲罰，將軍郝隆首先因此被罰飲三升酒，進而借酒攬筆寫下引文中難解的詩句"姬隅躍清池"。郝隆的

---

①觀鵞解釋 "驪" 的意思爲黑色馬匹。《大東詩家地名考》，11b。"目黑" 周邊以出産眼部有黑色條紋的馬匹而聞名，這正是徂徠用 "驪山"（黑馬之山）指稱 "目黑" 的基礎。關於具體的解釋，請見胡正怡《地名表記から見る漢詩の作り方：古文辭派を中心に》，《國語國文》第 82 卷第 11 號，2013 年 11 月。

②在上方所引的文獻中，胡正怡列舉了若干情況，并討論了對於某一個地名書寫的選取如何可以擴大詩歌的主題表現和其他的聯想。參見胡正怡《地名表記から見る漢詩の作り方：古文辭派を中心に》。

③引文來自《藝苑巵言》，一部廣博的藝論專著，作者爲明朝復古學者王世貞（1526—1590）。

④匠石的典故來自《莊子》。見《莊子集釋》，頁 843。

⑤這裏作者化用并縮減了《詩經·魯頌·閟宮》中的語句。《閟宮》慶祝魯國君主重建廟宇："徂徠之松，新甫之栢，是斷是度，是尋是尺。"

上級桓溫詢問這個詩句的意義，郝隆解釋"蠻名魚爲娵隅。"這個簡答讓充滿疑惑的桓溫繼續發問："作詩何以作蠻語?"郝隆回答其歸於桓溫麾下，只得"蠻府參軍"一職，所以言蠻語也不足爲怪①。用這個典故來評價日本詩人的不足，也即無法達到漢詩語言的文雅，服部蘇門無疑在日本語言和蠻語之間畫上了等號。二者在普通的漢人看來都充滿着異域色彩，入於漢詩是可笑和刺耳的。

隨着序文論述的展開，蘇門繼續強調日本本地語彙無意中入於漢詩是有害無益的。作者用"侏鴂"這一漢語詞彙，同樣指難以理解的外語。"侏鴂"的本義是怪異聒噪的言語。

> 逮乎蘐園之詩教興也，還丹一粒，點鐵成金，侏鴂之習，爲之一洗，豈不愉快乎? 自是之後，騷壇詩社，約束一定，奉以爲三尺也，而新學小生，猶或募聞焉。予嘗爲蒙生，就物門諸公之作，略口説以啓迪焉，亦唯舉一隅已。近永俊平，乃能以三隅反②，博搜徧考，遂成斯編，業亦勤矣。今也應剞劂氏請，梓而行之，爲厚後生，是可嘉矣。乃爲之序。

庚辰之秋

蘇門服天瑞

蘇門所提到的"還丹一粒，點鐵成金"典故出自黃庭堅（1045—1105）。黃以此來描述善於作文者對古人的"陳言"進行語言上的"鍛煉"：

> 古之能爲文章者，真能陶冶萬物，雖取古人之陳言入於翰墨，如靈丹一粒，點鐵成金也。③

蘇門的序文因此承諾《大東詩家地名考》將呈現給讀者徂徠"點鐵成金"的秘訣。有志於創作漢詩可以用其中的範例來讓自己的詩歌更加文雅和悦耳——當然是從漢語運用的角度來評價的。

就在幾年之後，萩野復堂在1767年編纂了一部非常相似、也更聞名的詩歌參考文獻：《東藻會彙》④。和其所效仿的先例一樣，該資料彙編集合了徂徠詩派追隨者和其

---

① 典故來源見《世説新語·排調》。

② 這段文字引用《論語》中孔子所説的一句話來評價永田觀鵞的捷思。引文中的"俊平"爲永田觀鵞的字。《論語》中的原文爲："舉一隅不以三隅反，則不復也。"

③ 該句出現在黃庭堅的《答洪駒父書》中。

④ 萩野復堂《東藻會彙》，明和四年（1767）東都須原屋市兵衛刊本。該文本也被名爲《東藻會彙纂略》或《地名箋》。此處所引文獻爲安永八年（1779）刊本的再版，因國文學研究資料館惠允可在網絡瀏覽，請見 http://doi.org/10.20730/200002957。

他志趣相同的同僚詩人們所使用的日本地名名稱和其他語彙。它收録了宇佐美灊水（1710—1776）的一篇序文，序文作者同樣將編纂此書的目的與掌握外語詩歌創作聯繫起來。值得注意的是，正如蘇門將"蠻族"俗語與日語地名做對比，灊水序言中所討論的也是超越日本國境更廣泛的漢詩創作。

> 古云："'言以足志，文以足言。'不言誰知其志。言之無文，行而不遠……慎辭哉！"①夫辭之不修也，雖才思不群，興趣可喜，俚言鄙語往往而有，玉石混淆，不能純美矣。何得傳之後而不悔乎？亦何行遠乎？修辭之不可以已也②。夫彼土藻華之邦，文人才子猶難修辭。況吾邦與彼土言語不同，而效彼土文字以文飾？侏離冗長語，下筆唯懼其不相似，何暇問修辭邪？彼土官名地名等，可直用之文辭，猶稽之往昔以古其辭，恐或鄙陋也。吾邦事物稱呼不入文辭，何比彼土常稱乎？其意匠之所名人人以爲雅亦有巧拙不能盡美矣。修辭不得雅名不能爲焉，操觚之士所苦是耳。

如蘇門一樣，灊水的論述開始便引用儒家經典文獻，指出所有漢詩作者——不論其國別——都會面臨的一個困境，即如何避免"俚言俗語"。如此不同地域所共有的問題讓灊水繼續討論日本漢詩作者如何面臨更大的困難。隨後，他特別指出徂徠在這個問題上的介入與討論具有劃時代的意義：

> 及物夫子倡古文辭，鄙俚稱謂琢成雅言，當入文辭者稍多焉。門下及慕倣者，造語亦有可觀矣。吾藩復堂先生留意於此，求雅名可以傳者，每睹近世名家之集，抄録而藏之。積成篇卷，名曰《東藻會彙》。操觚之士有以稽焉。其意可美矣！其息求之③從予游，好學善文辭。先生命求之刪補，且使予叙其由，因漫題鄙辭云。
>
> 寶曆辛巳之冬
>
> 南總宇惠撰

正如"地名箋"的副標題所示，復堂所編《東藻會彙》的大部分都是關於日本地名的雅化説法，但最後一卷也包括了一系列關於日本草木花卉、物質及傳統文化的語彙。

---

① 典故來自《左傳·襄公二十五年》。見鐮田正編《春秋左氏傳》4 册，東京：明治書院，1971—1989，頁 1058—1060。郁賢皓、周福昌編《新譯左傳讀本》第 3 册，臺北：三民書局，2002 年，頁 1106—1112。《左傳》中，引文部分爲孔子所言。我加了省略號來指出灊水所遺漏的《左傳》原文："晉爲伯，鄭入陳，非文辭不爲功。"
② 這裏作者化用了《荀子·勸學》的開篇："君子曰：學不可以已。"
③ "求之"爲萩野復堂之子萩野鳩谷（1717—1817）的字。

很明顯，兩部著作的序文都把日本詩人的漢詩創作置於一個可以與漢土詩歌傳統對話的地方語境之中。通過運用漢土的文化典故（王世貞對後《史記》史學著作的批評，《左傳》中對文雅的評價），兩篇序文强調不論其文化背景如何，詩人們在創作時都面臨着選擇合適用語入詩的問題。但同時，將日本漢詩傳統歸納在廣義漢詩創作的框架之下，序文作者們也承認日本詩人在這個方面尤其面臨特殊的挑戰——畢竟，正如他們强調的，日語和中文是兩種截然不同的語言。

兩篇序文對荻生徂徠地位和貢獻的强調明顯説明將日本地名以漢語習慣表達出來的做法尤其與蘐園詩派相關——雖然當時的學者已經意識到荻生徂徠並非第一位如此創作的詩人①。隨着蘐園詩派的影響力在十八世紀晚期逐漸消退，日語地名的漢語化開始受到各個方面的批評，最具有影響力的論述之一來自京都學者江村北海（1713—1788）。他在1783年出版的教學筆記《授業編》包含了對這個問題非常充分的討論。在討論日本地理名稱的開篇，北海提出"（漢）詩文爲漢土之業"。因此，雖然在"和歌"中日語地名聽起來是悦耳的，但"將吾邦地名入（漢）詩中是牽强和不自然的"，因爲"（漢）詩文爲漢土之業"②。

關於日本地名和漢詩語言之間潛在的排斥性，北海與上文兩部蘐園學派的工具書以及序言作者的觀點相似。但同時，北海也對日本名稱漢語化這一行爲——尤其是它的過度使用——持批判態度，繼而較爲客觀地提供了反方的觀點，如宇野明霞（1698—1745）的看法，後者對"改寫"的做法是完全拒絕的。包括明霞在內的一些學者（尤其是活躍於京畿地區的）認爲詩人隨意改寫地名是傲慢的，日語地名應該原封不動地出現在漢詩中。與上文所論祇園南海的看法截然相反，這個群體認爲對"雅""俗"的討論和地名稱謂無關，而且，漢語地名本質上是"雅"的、日本地名是"俗"的這一觀點本身便是無稽之談。這些反對者認爲以徂徠爲首的詩人自以爲用換名的方法可以避免"和習"（日本的風格）的拙劣，但事實上，將"廣島"換寫成"廣陵"并認爲如此更改可以讓該地名聽起來文雅本身就是更爲可笑的"和習"。

北海提供了一種"折中"的妥協辦法。他認爲漢詩的重要特徵之一是音律之美，但是對音律悦耳的追求卻要以詩句的"可理解性"爲前提，這個觀點貫穿了北海的其

---

①江村北海在他的《授業編》中提到，儘管人們大多認爲以文雅漢語來重寫日語名稱出自徂徠，但是同樣的寫作方法也可以在五山詩僧的文集中看到，比如雪村友梅（1290—1348）的《岷峨集》。見江村北海《授業編》（1783），同文館編輯局編《日本教育文庫·學校篇》，東京：同文館，1911年，頁570—740。此處引文出自第714頁。

②江村北海《授業編》，同文館編輯局編《日本教育文庫·學校篇》，頁712。

他作品①。該看法的一個重要前提便是中國詩人同樣以音律美爲基準來選取地名入詩。北海從他所讀過的地方志中選取例子，告訴讀者當一個特殊的地點有衆多可選取的稱謂時，中國詩人也會傾向於那些聽起來更悦耳、更文雅的詞彙。從中國詩歌創作先例中尋找證據這一做法與明霞的邏輯大相徑庭，後者認爲日本地名是完全不可以被改寫的，更改是無禮的。

北海同樣給出了一些具體的例子來討論對日本地名如何改寫是可以允許的、如何改寫是應該拒絶的。除了對音律的追求之外，北海評判地名變更是否合宜的主要標準是文字背後的所指是否可以被人們理解。他寫道，一位詩人根據需要將"梅木村"變成"梅村"或者"梅樹村"當然是"自然的"，兩種改寫所指的地點是清楚的。但是如果把"目黑"變成"驪山"便"僅僅是孩童的謎語兒戲"②。

説到詩歌的"可理解性"，北海顯然在思考日本漢詩的讀者。也許讓人感到吃驚的是，就其對地名參考書目中的改寫的建議來看，北海眼中漢詩的理想讀者是需要懂得日語的。他説到，只要一個具體地名的訓讀是相同的，用什麽樣的漢字來表示其讀音是無所謂的。比如，"高瀬川"（Takasegawa）也可以被寫爲"鷹背川"。之所以該觀點讓人感到意外，是因爲在另一方面北海不斷强調漢詩的中國起源，認爲日本地名與漢詩的文雅特徵有潛在的矛盾，也因此論述到對某些地名文雅化改寫是必要的。但儘管如此，在其他語境下，北海也確實注意日本以外的潛在讀者，雖然該讀者群可能只存在於他的想象中。據説當他在1774年編纂《日本詩選》———一部收録日本詩人所創作的漢詩選集時，北海決定放棄一首服部南郭（1683—1759）的詩歌，因爲它有可能給清朝讀者帶來理解上的歧義。北海所拒收的這首詩的内容關於《平家物語》中的一個片段。一個名爲小督的女官是宮裏的美人，也是彈琴的高手，但她被相國清盛逼迫出宮③。没有小督陪伴，天皇終日長歎，請求彈正大弼源仲國出宮尋找。這位天皇親信最終在一個月光如洗的夜晚通過琴聲曲調找到了小督。南郭的詩歌重叙了這段故事，但

---

①在其專著《日本詩史》的序文中，北海指出他選擇將日本專有詞完整地寫出來，其背後的原因主要便是它們便於讀者理解。"我邦多復姓，操觚之士或以爲不雅馴，於是往往減爲單姓，不翅代北九十九姓。其義僅失姑置之。是编多完録姓氏，要使後人易檢索。……地名亦然，遠江州稱袁州、美濃州稱襄陽、金澤爲金陵、廣島爲廣陵之類，於義有害，是以一概不書。"見清水茂、揖斐高、大谷雅夫編《日本詩史·五山堂詩話》，《新日本古典文學大系》第65卷，東京：岩波書店，1991年，頁42、470。

②江村北海《授業編》，同文館編輯局編《日本教育文庫·學校篇》，頁714。

③詩中所指的故事可見佐竹昭廣編《平家物語·小督》，《新日本古典文學大系》第44卷，東京：岩波書店，1991年，頁331—338。

北海卻因詩人用漢語官名“御史中丞”來指稱“彈正大弼”而決定不選該詩入集。北海當然認識到漢語改寫也出現在這首詩的其他地方，比如將平安時代的宮殿稱爲“漢宮”，但他論證道：

> 漢土“御史中丞”一職爲位高權重之輩，非中夜蹲於階旁之人，何況出行尋被棄之官女。如此詩爲漢土人所見，必爲所惑。故余未將此詩載入詩選。①

無獨有偶，在北海選詩的若干年前，另外一位同時代的漢學家清田儋叟（1719—1785）也反對南郭的漢化官職，並且想象潛在漢土讀者的疑惑②。一方面，官名的漢語改寫可以在具體的字詞層面讓中國讀者更容易理解；但另一方面，北海最終拒收南郭詩歌的原因在於詩歌整體的閱讀效果同樣會給缺少具體文化知識的讀者帶來困惑。

和地名、官名的可理解性相關的另一個問題是詩歌表達的真實性。也即：在多大程度上詩歌語言應該和日本文化現實完全對應？畢竟，如果某些漢語地名自帶典故，它們可能會遮蔽或者掩蓋其所要指涉的日本地理③。用文雅的漢語詞來指日本地名便像是一種虛構手法，而北海對如此“失真”的創作表示懷疑。正如他在論述漢詩表達的界限和極限時所説：

> 至於漢詩所用的物與事，我們大抵應該避免描寫吾土没有的物與事。往年，來自韓國某人對那波魯堂（1727—1789）説：“爲何貴邦漢詩中，不論工拙，多爲浮虛之語？貴邦無驢，而詩歌‘騎驢’‘驢背’之屬多也。何其怪哉！”他們經過磨針嶺，在望湖亭小憩。韓人爲詩一首。他將詩示於魯堂，魯堂回詩一首，其中一句有“雨晴”二字。當時雨並没有停止。韓人拍了拍魯堂的肩膀，然後指着雨説：“日本流。”二人大笑。④

這則軼事所探討的中心議題爲詩歌表達的現實性，在之後的幾年，這個問題會被諸如山本北山（1752—1812）等詩人繼續深入探討。

---

① 津阪東陽在《夜航餘話》中重述了北海的觀點并表示贊同，見《日本詩史·五山堂詩話》，頁349。他進而提出日語官名應原封不動地出現。

② 見清田儋叟《孔雀樓筆記》卷四，明和五年（1768）京都河南四郎右衛門刊本，葉七 a—b。西島蘭溪在《孜孜齋詩話》將儋叟的論點翻譯爲漢文，並且表示贊同。見《日本詩史·五山堂詩話》，頁277—278。

③ 三浦梅園（1723—1789）在其天明六年（1786）的詩論著作《詩轍》中基於此觀點來論述地名學問題。雖然他允許因爲運用具有典故的地名而給詩歌帶來些許“失真”，但與事實違背的名稱不可出現在詩歌非韻文的題目中，而後者特別“需要以直筆來記録”。見重印版《日本詩話叢書》第7卷，頁160—161。

④ 江村北海《授業編》，同文館編輯局編《日本教育文庫·學校篇》，頁698。

　　另外一位加入討論地名入詩的學者爲津阪東陽（1757—1825），他也是北海的相識。東陽創作了兩部關於漢詩創作的詩論：《夜航餘話》和《夜航詩話》，皆在作者去世十一年後的 1836 年出版①。東陽在兩部詩論中都提及了地名的問題，並且在很多方面與北海的論點相呼應。在論述的開端，東陽承認漢詩音律優美的重要性，並且意識到對日本地名進行文雅化的改造是必要的。而且與北海相似，東陽也經常把“謎語”般的地名改寫批評爲“無聊的戲謔”。他尤其“厭惡”一些詩人在“追求新奇”的驅使下爲地名創造新的書寫方式，雖然那些地名本身已經足夠優雅。他也同樣輕視“喜好引證古語而炫耀自己宏博”②的行爲。當代學者日野龍夫在評價江村北海對地名改寫的接受時總結：“對於北海來説，哪裏可以劃線（來區分是否一個改寫可以接受）是非常武斷的。”③同樣，東陽的“雅”“俗”評判也非常主觀和任意，比如他認爲用“國府臺”來指稱今天千葉縣的一個地方是文雅的，而一些人提出的替代詞“鴻臺”則更低俗。

　　上文提到北海將其對地名的討論置於一個廣義漢詩創作的地方語境之下。同樣，東陽的論點也建立在他對中國詩人運用地名的歸納和列舉上。北海從地方志和遊記中選取例子，探討中國詩人如何在衆多候選詞語中挑取更文雅的詞彙。東陽則集中討論唐朝詩人在詩作中對地名的選取和運用，並且強調地名所含有的意象可以凸顯詩歌的主題。正是在這一點上，他認爲日本漢詩詩人是不足的，因爲很多人會以“膚淺的”原因來對地名進行改寫。這裏他又一次與北海的看法相呼應。

　　本文討論的最後一位思考和論述這個問題的學者是江户晚期的西島蘭溪（1781—1853）。蘭溪在 1800 年，也即他二十歲時，完成了《孜孜齋詩話》，其中討論了地名入詩的問題④。在蘭溪寫作的時代，受護園詩派啟發、對日本地名改寫的詩歌實踐大勢已去。蘭溪稱贊如此風向的轉變，並且引用兩位前輩學者對地名改寫的批評，進而提到他們的看法如何未受到當時人的重視。蘭溪論述的開端大量引用梁田蜕巖（1672—

------

① 《夜航餘話》的重印版可見《日本詩史・五山堂詩話》，頁 281—366，或重印版《日本詩話叢書》第 3 卷，頁 1—88。下文引用自《日本詩史・五山堂詩話》。
② 《五山堂詩話》，頁 295—296。
③ 日野龍夫《漢詩の近代化一地名の表記をめぐって一》，《文學》第 4 卷第 2 號，2003 年。日野龍夫《日野龍夫著作集》第 3 卷，東京：ぺりかん社，2005 年，頁 489—505。
④ 根據跋尾，蘭溪在二十一歲完成了《孜孜齋詩話》。作者聲稱他在幾十年之後重新發現了自己青年時候的著作，做了細微的修改，加了一些額外的内容，最終以《弊帚詩話》出版。《弊帚詩話》的重印版可見《日本詩話叢書》第 4 卷，頁 505—581。此處的引文來自大谷雅夫的注解本，見《日本詩史・五山堂詩話》，頁 231—280。

1757）爲《稱呼辨正》所寫的序文，而該書是一部由大阪出身的儒學家留守友信（希齋，1705—1765）所寫的名稱專著。蜕巖將地名改寫和人名改寫結合起來討論，并認爲那些肆意更改姓氏的人爲可鄙的親漢者。

> 大抵文儒之癖，尚雅斥俗。甚者面目眉髮倭，而其心腸，乃齊魯焉，燕趙焉，沾沾自喜，其勢不得不削複爲單也，忠信愿愨，以道自任，如中村惕齋，亦不免削村爲中，況於餘子乎！①

儘管蜕巖對親漢的實踐持懷疑與反對的態度，但他也認爲有些語境下改寫是合宜的。他將自己的論述基於漢土詩歌的先例上：

> 詩用地名，鑄俗於雅，陳國稱宛丘，燕京稱長安。雖異方亦然，此方謂武藏爲武昌，播磨爲播陽，筥根爲函關，若是類滿，斧鑿無痕，假用入歌詩可也。目黑稱驪山，染井稱蘇迷，芝門稱司馬門，天滿稱天馬，則小大不論，名實俱亡，可謂兒戲已，夫改複姓之與革地名，二者亦唯翰墨社是用。殆不與俗士大夫相關，則宜若無咎也，其實蔑祖先，紊亂志，罪莫大焉。②

蜕巖的“中間道路”和幾年後北海的看法不謀而合，也即漢詩中某些以文雅爲目的的改寫是可行的，但不能沉迷於“兒戲”。當蜕巖和另外一位學者貝原益軒（1630—1714）“痛砭時弊”時，蘭溪歎息道，“徠學大行，勢焰萬丈”將二人的聲音和努力淹沒了③。

因此蘭溪的詩論響應了當時逐漸形成的共識，即反對徂徠派影響下的對日本地名雕琢、怪異的改寫。該詩論也論及日本漢詩所預期的讀者問題。在詩論的結尾，蘭溪討論了豬飼敬所（1761—1845）一首關於“舟岡”的漢詩，這首詩在蘭溪閱讀1790年編纂的《皇都名勝集》時發現。“舟岡”爲京都郊外的一個處所。在這裏，平安時期的貴族經常出遊娛樂，並且參與到如採摘菜花（nanohana）等季節性的慶祝活動中：

> 有豬飼元博舟岡詩云：“摘菜公卿設春宴。”若示諸異邦人，則必謂：“身已居重任，苟以摘菜蔬爲遊戲，何其鄙也。”所謂實用而害於詩者。屬子在頰則醜，是也。抑好用本邦典故，宜無如咏國歌矣。（引者按：“國歌”即和歌）④

---

①《日本詩史·五山堂詩話》，頁275、頁569。中村惕齋（1629—1702）是江户時代早期的儒者。
②《日本詩史·五山堂詩話》，頁275、頁569。
③蘭溪提到京都學者清田儋叟不僅是蜕巖的摯友而且也師從於後者，但還是變複姓“清田”爲“清”作爲姓氏。“將時勢使之乎？”蘭溪不禁發問。對於蘭溪來說，更不可饒恕的人是“改易其姓，曰劉，曰孔，曰諸葛，曰司馬”，這是“不諱之尤，不容先王之誅者也”。
④《日本詩史·五山堂詩話》，頁569。

　　雖然蘭溪同意蜕巖的看法，批判親漢者對日本地名和地理事實的歪曲，他也看到了如實記録可能會帶來的誤解。此外，正如江村北海、清田儋叟、津阪東陽等人，蘭溪也在想象來自他域、並不瞭解日本特有文化的讀者如何理解日本創作的漢詩。

　　在上文討論的江户時代學者們及其詩歌論集與文獻中，我們看到了對是否以及如何在漢詩中重寫日本人名與地名的討論是衆説紛紜的。然而，學者們一系列不同的觀點反而證實了該時代特有的對漢詩表達富有活力的辯論。不論是支持還是拒絶蘐園詩派的改寫，這些學者們都會從中國詩歌創作傳統中尋找先例來進行相關的論證，這是他們共同持有的一個基本看法。雖然日本漢詩詩人會以當地景觀爲題作詩，他們也不可避免地將自己置於一個超越國境的、廣義漢詩創作下的地方語境之中。

（寇陸　譯）

地理學家志賀重昂的漢詩

——兼論美國得克薩斯州的漢文 "阿拉莫之戰紀念碑"

稻畑耕一郎

（日本早稻田大學、南京大學）

前　言

　　志賀重昂（1863—1927）是日本近代的地理學家。其主要著作《日本風景論》是一部從地理學的角度來探討日本風景的特質以及由此特質所構成風景之美的著作。本書在 1894 年發行之時便轉瞬間成爲暢銷書籍，除了給當時日本人的風景審美觀帶來巨大的改變，還對當時年輕的讀者們造成影響，促成了近代登山活動流行的風氣。不僅如此，本書並非只在出版當時受到歡迎，一個世紀以來，至今仍然以各種不同版本不斷再版，成爲論及日本景觀時不可或缺的著作①。可以説，本書是近代日本具有代表性的名著之一②。

　　然而近年來，曾被視爲名作的此書，由於筆鋒間多留有訓讀文的文風，同時又以

①《日本風景論》最初於明治二十七年（1894）十月由政教社刊行以來，立刻就重版、增訂共計十五次。封面的圖案隨着每次改版都有改變，文章及插圖也逐次增加。以洋裝本問世的 "增訂十五版" 於明治三十六年六月由文武堂（東京）出版，當初 "五十錢" 的定價到了第十五版增加到 "九十錢"。其後，1937 年 1 月以岩波文庫本推出，另於 1976 年被收録在講談社學術文庫中。岩波文庫版後又根據近藤信行的校訂，於 1995 年 9 月復刊。其間，政教社的初版本於 1975 年 10 月以 "復刻日本的山岳名著（日本山岳會創立七十周年紀念出版）" 系列由大修館書店（東京）推出，飯塚書房（東京）另於 1977 年 3 月及 1979 年 1 月出版了附有別冊《解題》的版本。另外，關於各種全集的收録情況參照本頁注②、頁 135 注③。

②中央公論社《日本的名著》收録了日本自古代至近代的各種 "名著"，其中第 39 卷《岡倉天心·志賀重昂》（色川大吉編集，1970 年 3 月）中收録了《日本風景論》。

原文的形式大量引述江户時期的漢文文獻，現代的讀者多視爲畏途，成爲一部難讀難懂的書籍而被束之高閣，實遺憾之至。

這部《日本風景論》的作者志賀重昂在一百多年前，曾在美國得克薩斯州聖安東尼奧（San Antonio）的阿拉莫（Alamo）要塞遺址樹立了一座漢文的"紀念碑"。這座石碑之建立，當時成爲得州當地的重要話題，至今仍然受到細心的維護與保存，但不幸的是，此事在日本卻逐漸爲人們所遺忘。筆者有幸 2017 年春在當地看到石碑的真跡，在此撰文介紹石碑建立的經過，並藉本文簡述自己受到這座位於遥遠的北美"域外"漢文碑刻所帶來的啟發與思考。

一、志賀重昂其人

志賀重昂，字矧川，愛知縣岡崎人①。岡崎藩儒學家志賀重職長子，生於江户時代末期的文久三年（1863）。重昂少時喪父，由母親志久（淑子）的娘家松下家撫養長大。十一歲（1874）入學東京的攻玉塾（初級中學、海軍預校），但四年後退學，報考大學預科門（後來的第一高等學校），並被順利録取。然而在這所學校也不到半年便自動退學，改去剛剛開辦的札幌農學校（日後的北海道大學）。當時，札幌農學校的課程由來自英、美的教師擔任，課堂上的討論也全都以英語進行。可以想象志賀的英語能力在此獲得了長足的進步。

除了教師之外，這所學校較日本當時其他學校擁有更豐富的英文書籍、期刊、報紙，志賀重昂在學期間，以英文讀完查爾斯·羅伯特·達爾文（Charles Robert Darwin）的《物種起源》（*The Origin of Species*），瞭解到達爾文曾乘坐帆船"小獵犬號"（HMS Beagle）航行環遊世界一事。

不過志賀第一次讀到達爾文的《小獵犬號航海記》（*A naturalist's Voyage：The Voyage of the Beagle*）是他從農學校畢業後的 1885 年，當時他在東京的丸善書店工作，負責校正日本最早的日英辭典，詹姆斯·柯蒂斯·赫本（James Curtis Hepburn）的《和英語林集成》（*Japanese-English Dictionary：with an English and Japanese Index*）。在

---

① 與志賀有關的衆多研究資料及評論資料皆附有志賀重昂的年譜，但未有完整之年譜。本文以相對而言内容較爲充實的《生誕百三十年記念志：志賀重昂——回顧與資料》（户田博子編，1994 年自印版）中收録之高林公毅編《年譜·解説》爲基本資料，並參照其他年譜，盡可能根據第一手資料記述。

從事此一工作之餘，志賀閱讀了《小獵犬號航海記》，他自幼以來愛好冒險的精神受到刺激①，立志要往海外發展，並立刻付諸行動。這樣的行動力乃是他日後持續保有的優秀特質。

他首先於 1885 年 11 月，通過海軍友人的介紹，隨行參加海軍軍校的航海實習，乘坐軍艦筑波號自對馬出發前往朝鮮海峽探察。翌年 2 月，他再次搭乘筑波號，參加了爲期九個月的“南洋航海”，前往澳大利亞、新西蘭、斐濟、薩摩亞、夏威夷等地。由於達爾文乘坐的小獵犬號是英國海軍的帆船，可以説這是模仿了達爾文的行動。在這段漫長的航程中，志賀帶上船準備閱讀的書籍除了達爾文的《小獵犬號航海記》外，還包括了他同鄉的先儒曾我景章（1816—1870）的漢詩集《耐軒詩集》。這兩部書作爲志賀在船上的案頭書，在思考他日後生涯之際具有極大的引導性的意義。簡而言之，志賀的環遊世界與他的漢詩創作具有無法分割的密切關聯。此一關聯將於後文中詳述。

這次南洋航海回國後，志賀完成了他的第一本書《南洋時事》（東京：丸善商社書店，1887 年）。這本書記録了他在這次航海中所見所聞的南洋各國國情，一出版即成爲暢銷書籍，不斷再版。可以得知，儘管當時志賀僅二十四歲，他的構思及文筆已有可觀之處。他在書中詳盡地介紹了當時南洋各國逐漸受到歐美列强殖民支配的狀況，同時也對致力邁進西歐化的日本發出警告。此外，志賀最初的外洋之行目的地不是當時流行的歐美，而是大洋洲這一點，也可對志賀後來的思想帶來了重大影響。

《南洋時事》一書出版，讓志賀重昂這個名字廣爲人知。此書出版的第二年（1888），他便與札幌農學校的老同學以及當時一流的年輕知識分子，一同創辦了政治評論社團“政教社”。由於社團發行的期刊《日本人》一再對時局進行鋭利的批判，多次受到禁止發行的處分。然而，社團採用各種手段，包括將刊物更名爲《亞細亞》等，持續刊行。其根本主張，在對明治新政府及官僚組織中佔據中樞地位的藩閥政治進行批判，以及對新政府所主導的文化政策提出異議。就後者而言，該社反對以“鹿鳴館時代”爲代表的全盤歐化風潮，提倡應將西歐文明消化並同化於日本文化，截長

---

①《讀賣新聞》1909 年 7 月 10 日的早報載有題爲《名士的小學時代》的連載，此系列的第十八回爲志賀重昂。文中“理想的人物與事業”項目下，可見到志賀本人言及“十四歲時初次閱讀格堅勃斯（G. P. Quackenbos）的美國史，讀至哥倫布發現新大陸之處，甚爲感動。自此之後，心中一直嚮往海外異域，哥倫布爲理想人物，發現新大陸則爲理想的大事業”。文中提到的“格堅勃斯的美國史”指的是由岡千仞、河野通之所翻譯（漢譯）的格堅勃斯《米利堅志》四卷（東京：博聞社，明治七年［1874］序，早稻田大學圖書館藏）。然而，本書記述止於 1811 年，因此在這個階段志賀應該還不知道阿拉莫之役（1836 年）。

補短地吸收有益之處，稱"國粹保存旨義"。由於該期刊的相關人士對西歐的實情及歷史、文化皆十分熟悉，他們的主張和舊有的頑迷固陋的保守主義有明顯的區別。

以志賀爲首主辦的《日本人》是一份在日本近代黎明時期發揮了重要作用的期刊，爲數衆多的知識分子對這部刊物表示支持並投稿。其中，包括了岩谷小波、田岡嶺雲、坪内逍遥、尾崎行雄、高浜虛子、市島謙吉、德富蘇峰、犬養毅、正岡子規、内村鑑三、藤田豐八、梁啓超、高田早苗、幸德秋水、鈴木大拙、小島烏水、長谷川如是閑、牧口常三郎、中村不折等人，上述每一位皆爲日後在各自領域中發揮其影響力、對近代日本文化帶來了變化的人物①。

年輕的内藤湖南（1866—1934）也曾經在這個期刊社做過記者，並參與了編輯工作。湖南獲得志賀的推薦，一度在志賀的故鄉岡崎擔任當地《三河新聞》的主筆，不久後被叫回東京（1890），成爲《日本人》的記者。該期刊改名爲《亞細亞》後擔任編輯，也曾爲志賀和政教社的其他中心人物三宅雪嶺、杉浦重剛等人代筆撰寫社論②。這是内藤湖南二十五歲到二十七歲間的經歷，當時志賀僅僅比内藤大三歲。

志賀除了以《日本人》爲中心推動上述的政治評論外，政教社另於 1894 年刊行了《日本風景論》。如前文所述，本書在社會上發揮的重要影響，遠非《南洋時事》所可比擬。

其後，志賀成爲東京專門學校（日後的早稻田大學）地理學的教授，並曾兩度出任國會衆議院議員。然而，其活動的中心逐漸移往在野的報紙及期刊等評論活動。

其中特別值得關注的，是他未曾間斷地往返海外並從事各項活動。志賀的經歷中最具代表性的，是他曾經三度環遊世界，與到訪地各界人士進行廣泛的交流。他以此期間的經歷及見聞爲基礎，在日本國内發表文章和演講。

志賀第一次環遊世界是 1910 年，他以《國民新聞》通信員身份，參加在倫敦舉辦的日英博覽會以及阿根廷獨立一百週年紀念典禮。當時的環遊世界行程也乘海軍之便，搭乘軍艦生駒號自新加坡前往毛里求斯，繞過好望角，在阿根廷登陸，又途經巴西進入英國南部康沃爾的法爾茅斯港。回程取道法國、德國、荷蘭、比利時，自埃及通過蘇伊士運河，途經錫蘭（斯里蘭卡）返國。

---

① 參照《雜志〈日本人〉〈日本及日本人〉目次總覽》全 5 卷，東京：日本近代史料研究會，1977年 7 月—1984 年 9 月。
② 參照内藤湖南《別三河》，《内藤湖南全集》第 1 卷，東京：筑摩書房，1970 年。《内藤湖南全集》第 14 卷"年譜"。

第二次的旅程自 1922 年夏季起到第二年的春天爲止，從越南、馬來亞出發，經錫蘭繞過好望角，考察巴西、烏拉圭、阿根廷、巴拉圭、智利、秘魯、玻利維亞、墨西哥、美國、夏威夷等地。最後的第三次環遊世界於 1923 年的年底出發，自緬甸、印度，途經巴基斯坦等地，橫越地中海，繞行南美，次年七月回國。僅上述的三次周遊，累積的旅程便長達了 "鵬程實二十六萬英里"①。

在一百多年前，還沒有飛機的時代便三度環遊世界，除了與當地各國的政治領袖及學者會晤外，還廣泛地考察了各地的社會狀況及產業結構，同時與當地人密切往來，拓展見聞。除了志賀外，日本未見有其他學者的例子。如果勉强要舉出類似的人物，可以想起獨自跨越喜馬拉雅山脉並深入西藏的河口慧海（1866—1945）、前往參觀世界各地古建築的建築大師伊東忠太（1867—1954）、調查佛教史蹟並拍攝照片記録的常盤大定（1870—1945）、在人類學領域中持續田野調查的鳥居龍藏（1870—1953）等，皆造就了偉大的業績。更讓今日的我們驚訝的是，他們幾乎都是同時代的人物。

志賀的環遊世界也並非單純的遊山玩水，同時還肩負了調查各地社會狀況，與重要人士會晤、參加會議、演講等任務。除了環遊世界外，類似這樣的外國訪問還有不少次，例如 1899 年在福建省調查鐵路。1904 年日俄戰争爆發，搭乘 "滿洲丸" 赴前線採訪。1905 及 1906 年調查庫頁島（樺太島），並介紹間宮林藏的事蹟。1912 年，爲調查美國當時日益發生的排斥日本風潮，前往加利福尼亞州，並於回程訪問夏威夷。1914 年夏季，志賀再度訪問美國夏威夷、加州、得州及加拿大等地，同年秋季受邀，以第十九屆萬國美國會議的演講者身份前往華盛頓，又從新奥爾良出發訪問古巴（玖馬），與古巴總統梅諾卡爾（Aurelio Mario Garcia Menocal）會晤。經過墨西哥，於旅途中順道拜訪了得州的聖安東尼奧，並於阿拉莫要塞前樹立了石碑。實際上，早在他從日本出發前便已經以信件聯絡、告知當地人樹立石碑的計劃。可以看出他不僅具有大膽的行動力，還有緻密準備的細心之處。然而根據志賀本人描述，由於他没有能在出發前接獲當地的回信，因而留下了些許的顧忌。但實際上一到達聖安東尼奧，除市長親自出來迎接外，全城皆熱烈歡迎他的來訪②。

---

①後藤狂夫《吾人之鄉土所誕生的世界先知　志賀重昂先生》（東京：警眼社，1931 年）"橫跨世界的南船北馬" 一章。另文中有 "至於内地，環遊瀏覽不知幾十回" 的記載。
②志賀重昂《美國旅行中的見聞感想》，《早稻田講演》第 5 卷第 3 號，東京：早稻田大學出版部，1915 年。另於《朝日新聞》1914 年 12 月 16 日早報中，可見到題爲《玖馬（古巴）之大歡迎，阿拉莫建碑式》的報導，記録了 "志賀重昂氏的談話"。與本文相關的加州排日問題報導其後繼續連載了四次。

在上述這樣的環遊世界旅程中，志賀不論前往何地，皆留下了詩作。作品多呈現了志賀豪放不羈的文風，亦時有破格之處。但他本人將破格之作稱爲“新體漢詩”，毫不介意打破傳統的格律，反映了他的性格。儘管已有不少研究表彰《日本風景論》《南洋時事》等著作並論及志賀的作品，但卻未有檢視其漢詩的文章。實際上，通過漢詩纔能真正見到他發露的性情和胸中的襟懷。就此言之，缺乏這方面研究的現狀可說是令人十分遺憾的。

二、關於志賀重昂的漢詩

因爲沒有集結了志賀詩作的“全集”，無法得知他一輩子究竟作了多少首漢詩。然而，在《志賀重昂全集》的第七卷《詩藻》中，收錄了他一直以來的詩學主張《濠州詩論》，以及一百數十首漢詩。除此之外，他的詩作也散見於本人的文章及知音好友的相關文章中，因此光是留存至今的作品至少也有兩百首以上。

那麼具體而言志賀的漢詩究竟是什麼樣的風格呢？以下摘錄幾首他的作品以便進行研究。

例如在《南洋時事》的《自跋》中，記載了他在航程船上所作的漢詩：

舷燈照枕滅還明，吊榻欹危夢未成。蜑雨鯷風人萬里，愁心一夜聽潮聲。

根據《南洋時事》第一章的介紹，這是他在前往澳洲途中，經停克撒以島（今日的密克羅尼西亞聯邦加羅林群島的科斯雷島）時的作品。

流落天涯歲月過，悠悠行路奈蹉跎。濠蘭夜雨蓬窗底，幾片暗愁添得多。

自注：克撒以島，一名稱濠蘭。明治十九年（1886）二月廿六日，予到此島。此夜雨。

另外，在薩摩亞（Samoa）所作的七言律詩《撒謨亞客中》：

飄零天外歲華流，行李匆匆不暫休。東海風濤歸昨夢，南洋鯨鰐入新愁。紅輪直下三經月，黃道圈中再會秋。最是銷魂痛絕處，慘雲妖霧撒謨州。

此外，在他回國並完成《南洋時事》的初稿後，又以“《南洋時事》稿成，會得三絕詩，乃取以附卷尾云爾”爲題，留下三首詩作。從第一首中，可以瞭解到志賀嗜讀宋詩：

咄咄書空彼一時，先生深意少人知。漫論得失非吾事，日暖南窗讀宋詩。

通過閱讀志賀的全集，可以發現除宋詩外，他還引述了眾多其他時代的詩作，這看出他一直以來便通曉中國的古典詩詞。此外，他還對英詩及日本的俗謠有所關注，對詩歌全體皆有深厚素養。他不僅引用了各類詩作，在《南洋時事》的扉頁中揭載了題爲“Arise! Ye Sons of Yamato's Land”的自作英文詩，作爲自序之一[①]。此一作品不是老人對年輕晚輩們的呼喚，而是當時僅僅二十三歲的志賀將自己的決心傳達給同輩年輕人們的訊息，作中充分展現了志賀的意氣軒昂。

《日本風景論》中，也引用了爲數不少的前代漢詩文及日本的短歌、俗謠，就連英詩也成爲他所引用的對象。在本書開頭的《緒言》中，志賀留下了題爲《妙義山下遇雨》的漢詩，以顯示自己的決心，作品如下：

> 不信人間竟無力，欲倩神斧破天慳。遺恨力薄破未了，枉教馮夷癡且頑。大塊文章看何日，黑風白雨妙義山。

另外，《日本風景論》中插入了不少山岳風景的繪畫[②]，這也是使本書廣受歡迎的原因之一。志賀以題畫詩的方式，將自己的七言絕句記錄於插畫中，並在詩中寄托自己胸中的襟懷。

在一副螃蟹以蟹腳夾住菊花的畫作中，題詩如下：

> 江湖十載儘橫行，黃菊青橙舊酒盟。懶向漢廷誇鳳喙，清秋風味付儒生。

松葉與松球的繪畫中題詩：

> 靈南丘山避塵喧，滿院松花晝掩門。三徑久無詩客跡，半庭過雨又黃昏。

黃鶯停在柳椿之間的畫中：

> 怕被人間識姓名，描山寫水寄平生。日長春晝椿花落，柳裏鶯兒時一生。

《日本風景論》原本是從地理學的觀點考察日本風景的書籍，然而書中隨處夾雜了類似的漢詩文，花了不少功夫讓讀者能夠以文學作品的角度來閱讀[③]。不僅如此，每經改版，他所作的漢詩數量也隨之增加。

實際上，在散文中插入漢詩的作風不限於這兩本書。舉此二書爲例，不過是因爲兩書作爲志賀的代表性著作，廣被閱讀之故。儘管他的書籍廣爲人知，志賀的漢詩至今卻未曾受到矚目。如同插圖未受論及一樣，詩作也被視爲書中的附屬品。對由他人所繪製的插圖採取這樣的態度還情有可原，然而漢詩是志賀本人的作品，其內容關乎對兩書本質的理解。

---

①《南洋時事》中除英文詩外，還有題爲“諷詞”的志賀本人所作之漢文序。

②《南洋時事》中的插圖大多由樋畑雪湖所繪製，一部分西畫風格的畫作出自海老名明四的手筆。

③《日本風景論》另外還收錄於《現代日本文學全集》第 36 卷（東京：改造社，1929 年）以及《明治文學全集》第 37 卷《政教社文學集》（東京：筑摩書房，1980 年）之中。

更何況，除了這兩本書外，志賀的其他散文及演講稿中，也常見他插入的自作漢詩。例如他在一篇題爲《不爲人知的國度》（1925 年 11 月，地理調查會）中，除了論及南美、阿拉伯諸邦、南非等地的國情，倡言石油資源的重要性外，也留下了類似的詩句。

這次南美之行的主要任務是視察農業，但在巴西所作之詩内容如下：

咖啡肯不向君誇，萬里巴西莫憶家。少女水晶簾外立，慧心留客薦唐茶。

乘坐有護衛隨行的汽車，自伊拉克的首都巴格達西行，橫穿沙漠，經叙利亞的大馬士革，到達地中海沿岸海法（今日爲以色列領土）的旅途中，對廣大的沙漠風景及其中所見的海市蜃樓，詠詩如下：

太陽流影日牢晴，惟見珠樓縹緲生。俯仰乾坤誰管束，無邊大漠放歌行。

抵達海法並見到地中海後，一邊以當地的酒把酒言歡，一邊作詩，提及《隋書》《唐書》中所記載的地中海沿岸“拂林”究竟所指爲何處。

目送亞洲將了青，阻風今夜暫淹停。何時同酌拂林酒，一味春寒話地經。

通過這次橫穿沙漠之旅的體驗，志賀認爲要從日本前往歐洲，與其從印度的孟買坐船通過蘇伊士運河，不如取道波斯灣，通過陸路沙漠經地中海，以船隻、車輛登陸馬賽纔是最便捷的方式。這次的旅程中，他親自實踐了上述路線。

像這樣志賀再三環遊世界，並每於所到之處就將當時的胸懷寄託在詩作之中。他似乎一旦心中有所感觸，立刻就出口成詩，化爲詩作的字句。本文所引用的僅僅是志賀漢詩中的一小部分，從漢詩的角度來看，環遊世界的作品群頗有“坤輿放歌行”之感。在古巴所作之詩如下：

鴻爪雪泥何往還，安南之海瑞西（即瑞士）山。半生詩句聊成集，多獲風衫雨笠間。（《不爲人知的國度》）

志賀的漢詩中必然包含了世界各地的地名及風土習俗，因而形成了過去漢詩中罕見的獨特漢詩世界。在當時，批評者稱他的詩作帶有“黃油味”，亦即他的作品具有西洋風格。對此，志賀本人竟毫不介意，甚至直言“予甚愛黃油”。儘管志賀自稱其詩作爲“惡詩”“第八流”，並將當時“具漢學性質的文士之詩”評爲“第十三流”①。然而，在他的言談間足以感到志賀對新時代新漢詩所懷抱的大志，並通過自身的實踐展現了其應具備的新姿態。

①《志賀重昂全集》第八卷《坤輿放歌行》（東京：志賀重昂全集刊行會，1929 年）所收詩作《惠那（Jena）山下春雪融》的自注。

例如《志賀重昂全集》第八卷《坤輿放歌行》中，收錄了如下的詩句：

惠那（Jena）山下春雪融，融入蘇水水初翠。雲鬢十八映波紋，何來神女踏紋至。抱琴上石彈四弦，洞淵蟄龍亦垂淚（Drachenfels）。

兩涯杜鵑花如烘，生憐纈纈別樣紅。真成傾城又傾國，如今初悟色即空。

志賀將日本岐阜縣的惠那（日語發音 ena）與德國的耶拿（Jena）互相關聯，並將木曾川比擬作萊茵河，喚起蘿蕾萊傳說的詩情（Loreley，美若天仙的少女佇立於急流洶湧的巖壁上誘惑掌舵，讓船隻被吸入漩渦中的傳說故事）。德拉亨費爾斯（Drachenfels）是建於萊茵河畔山上的古城，"Drachen"之意爲龍，"Fels"則是指巖石。

從今日的觀點來看，儘管志賀的漢詩不能算作傳統的風格，但除他以外未有多次環遊世界並創作漢詩的人物。他可以說建構了一座獨一無二的漢詩世界。從創作漢詩的文化傳統已經消失的今天的日本來看，其作品更顯得具有光輝燦爛的價值。

儘管如此，志賀本人從未以漢詩人自詡，甚至實際上他反倒否定自己的詩人身份。然而，志賀自札幌農學校求學以來，直到晚年爲止，終其一生都將自己的襟懷托付於漢詩中，加以表達。對於自幼即接受漢學素養薰陶的當時知識分子而言，以漢詩表達自己的感懷，可以說是理所當然之舉。只不過陳舊的漢詩手法恐怕不是志賀所要追求的理想。

其後，歐化的腳步違背了志賀的心願，且日益凸顯其影響力。隨着此一風潮愈加深入到社會的各個角落，不僅創作漢詩的風潮隨之減退，就連理解漢詩的人也日益減少。雖然閱讀志賀的《日本風景論》以及《南洋時事》的人不曾停歇，但聚焦於書中的漢詩，介紹志賀的人卻不見了。這樣的做法，恐怕不足以道盡志賀重昂這位人物的全貌。豬瀨直樹曾以《評傳·志賀重昂與日本風景論》爲題撰寫志賀的評論，書中一開頭便將志賀稱爲"被遺忘了的思想家"[1]。如借用他的說法，志賀重昂也是一位"被遺忘了的漢詩人"。

三、阿拉莫的詩碑

在介紹建立於美國得州聖安東尼奧阿拉莫遺址的志賀重昂漢文"紀念碑"之前，

---

[1] 豬瀨直樹《日本風景論解題》（收錄於《日本風景論》第 1 版複製本的《別冊》，東京：飯塚書房，1977 年）。豬瀨在其著作《天皇的肖像》第 14 章《三島由紀夫的風景》（東京：小學館，1986 年）一書中也詳細地論述了志賀的成就。

先在此簡述阿拉莫之戰的概略。

墨西哥於 1821 年自西班牙獨立時，得克薩斯被劃分爲墨西哥領土的科阿韋拉·特哈斯州（Coahuila Tejas）的一部分。墨西哥政府當時爲促進此地的開發，最初對來自美利堅合衆國的移民採取歡迎的態度。然而，隨着美國移民的增加，移民與墨西哥政府間的摩擦也隨之擴大，最終導致墨西哥政府於 1830 年起禁止美國人移居此地。爲報復此一政策，美國移民於 1835 年策動叛亂，謀求得州從墨西哥的獨立。到了 1836 年，未經墨西哥政府的同意便單方面宣布獨立，自稱得克薩斯共和國。當時居住於得克薩斯的墨西哥人，爲脫離墨西哥中央政府的强權支配，也贊同了獨立運動。

爲阻止此一運動，墨西哥共和國軍於當地和獨立派發生了武裝衝突，此一戰役的舞台便是聖安東尼奧的阿拉莫要塞。阿拉莫要塞原本是墨西哥騎兵隊的駐地，當時由獨立派所佔領。戰役從 2 月 23 日爆發，爲期十三天，持續至 3 月 6 日。墨西哥的將軍兼總統聖塔·安納（Santa Anna）率領兩千餘人的兵力包圍聖安東尼奧，而獨立派守軍僅有不到二百人，坐困於阿拉莫要塞。在武器裝備上，墨軍也佔了絕對的優勢。敵衆我寡的態勢十分明顯，肩負守城任務的威廉·特拉維斯（William B. Travis）騎兵中校爲向得克薩斯臨時政府求援，派出了以詹姆斯·伯納姆（James Butler Bonham）爲首的傳令隊。然而未能來得及等到援軍抵達，便彈盡糧絕，部隊全軍覆没。突破重圍回到阿拉莫的伯納姆最終也一起犧牲了。

阿拉莫戰役之後，由山姆·休士頓（Samuel Sam Houston）將軍率領的得克薩斯軍擊敗了墨軍，並迫使墨西哥承認得克薩斯的獨立。由於這次的勝利，美國獲得了向西發展的橋頭堡，日後發展爲東西兩側面臨大西洋與太平洋的大國。這次的戰役成爲美國向全世界發展的重要歷史轉捩點。

因此，作爲美墨戰争的前哨戰，阿拉莫的悲劇在美國是人所皆知的一段史實。不僅對得克薩斯而言，對美國來説阿拉莫也是重要的精神寄託，戰役中英勇犧牲的將士被視爲英雄，其事蹟一再被後人宣揚，並受景仰至今。

志賀似乎對上述歷史一直以來抱持關注，正巧在他來訪期間美國的排日風潮日益加强。在這樣的背景下，儘管日本人此前來到此地後受到了極大照顧，卻未能對美國做出具體的貢獻。志賀發覺，如此下去日人會被視爲忘恩負義之徒，因此在以碑銘彰顯阿拉莫之役的將士同時，還順便介紹了日本歷史上犧牲小我的戰役事例。藉此，志賀意在使當地人知道日本人絕非忘恩負義之輩，以進一步打消反日的風潮①。

———————————

①志賀重昂《美國旅行中的見聞感想》，《早稻田講演》第 5 卷第 3 號。

志賀日後在《史學雜志》第27編第4號（1916年4月）中，撰寫了題爲《阿拉莫之戰（與日本的關聯）》的文章。在當時（今日也不例外），恐怕有不少人會訝異於美國得克薩斯的阿拉莫之役與日本有什麼樣的“關聯”。這篇文章的前提即著眼於此。

志賀所舉出的，是阿拉莫之役與日本的長篠之戰的類似點。長篠之戰發生於天正三年（1575），織田信長及德川家康的聯軍，以三河國長篠城（今日的愛知縣新城市長篠）爲戰場，與武田勝賴的部隊作戰。由於信長方面使用鐵炮，織田德川聯軍獲得了壓倒性的勝利，被視爲日本戰術史上空前的一場戰役。

志賀將兩場戰役的共通點概括如下。

▶得克薩斯國聖·安東尼奧城阿拉莫寺[1]　主將　威廉·巴雷特·特拉維斯年二十五。

◁日本參州設樂郡長篠城　主將　奧平九八郎貞昌（後改爲信昌）　年二十二。

▶得克薩斯軍勢寡，肯塔基州之大衛·克倫凱特、南卡羅萊納州之伯納姆，援兵參戰。

◁長篠軍勢寡，參州五井之松平彌九郎景忠、同州竹谷之松平又七郎家忠，援兵參戰。

▶阿拉莫義徒一百五十人，援兵三十二人，合計一百八十二。墨西哥總統聖塔·安納親率敵兵五千圍攻，即守軍之二十七倍。

◁長篠之奧平勢五百餘人，兩松平之援兵三百餘人。甲州大將武田勝賴親率敵兵二萬一千圍攻，即守軍之二十七倍。

▶阿拉莫糧秣彈藥既絕，伯納姆突破十重、二十重之圍，外乞援軍，復命（結果而言）殉節。

◁長篠糧秣彈藥既絕，鳥居强右衛門突破十重、二十重之圍，外乞援軍，復命（結果而言）殉節。

由於上述的類似之處，志賀稱“阿拉莫乃美國之長篠，長篠乃美國之阿拉莫。知長篠之戰壯烈者，不可不知阿拉莫之戰”。

實際上，阿拉莫與長篠二役之結果不盡相同。相較於阿拉莫守備隊將士的全數犧

---

[1]“阿拉莫寺”指的是阿拉莫要塞中的“傳道所”。其正式名稱爲聖安東尼奧·狄·瓦雷洛傳道所（Mission San Antonio de Valero）。作爲“San Antonio Mission”的組成資産，此一傳道所於2015年被列爲聯合國教科文組織的世界文化遺産。

牲，長篠的奧平等到了信長的援軍，並擊敗武田軍。從這一點來看，志賀特別想強調的共通點是戰役中不顧自身危險，突破重圍求援的自我犧牲精神，並贊賞"復命"的伯納姆與鳥居强右衛門的英勇行動。伯納姆成功歸隊，而强右衛門在途中被敵軍擄獲，大聲地向守軍宣告援軍將至，並因而斷送了性命。

志賀的主張反映於碑文中，碑石的背面刻有 "Stone from the native province of Suneemon Torii, The Bonham of Japan; in the province is Nagashino, The Alamo of Japan." 同時，以漢文書有 "此石於日本鳥居强右衛門故土所獲。日本　北條時雨書。日本酒井孫兵衛刻"。

不用説，這原本就是十分牽强的比較。然而，志賀當時有不得不作此一比較的具體原因。他之所以要刻意將阿拉莫與長篠兩場戰役並列，是由於當時日本的一般大衆和學者未能充分理解阿拉莫之役的重要性。每個美國人都熟知的阿拉莫之役帶有建國神話的色彩，在理解美國歷史以及美國人的想法和心境時，對阿拉莫的認識是不可或缺的。因此，援引長篠之戰爲例，介紹了阿拉莫之役。另一方面，美國人無由得知長篠之戰的歷史，作爲讓美國人知道日本也有和阿拉莫同等壯烈的戰役之手段，志賀刻意將石碑運往聖安東尼奧，並樹立於此。可以看出志賀不可小覷的熱忱。

志賀這樣做的目的，是希望美日兩國都能瞭解彼此皆具有的類似歷史，並促進雙方的相互理解。因此，在阿拉莫建立紀念碑的同時，在長篠之戰爆發地的愛知縣岡崎的岡崎舊城也樹立了同樣的碑石①。

但志賀真正想要解釋的是，類似這樣的戰役並非僅僅發生於日美兩國。他引用了描述唐代安史之亂時睢陽之役（756 年）的漢詩，暗示這樣的戰役於古今中外皆可找到類似的事例。

---

①志賀從聖安東尼奧回國後，製作了一部名爲《阿拉莫之戰》的小册子（早稻田大學圖書館、岡崎市立中央圖書館藏）。這部小册子於 "大正四年（1915）四月十六日、十七日，於愛知縣岡崎町家康忠勝兩公三百年祭舉行之際" 發行。召開此一典禮的旨趣如下："於岡崎舊城之石垣（鳥居强右衛門告知家康公長篠之危處）揭示阿拉莫之紀念，以示東西之契合。" 這部共計十二頁的小册子除了有阿拉莫之役的故事説明及插圖外，並揭載了建立於阿拉莫的石碑兩面的拓本及這首漢詩的訓讀及注解，另外還收錄了一位居住在聖安東尼奧、名爲 Amy Pearl Coaby 的人士所作的英詩 "The Fall of The Alamo"。這應該是一部爲使與會者瞭解何謂阿拉莫之戰而製作的小册子。志賀本人所書之漢詩注解如下："（1）將軍乃指特拉維斯。（2）甕壁　非守城，據阿拉莫寺，故甕壁。（3）南加之一男子乃指南卡羅來納州之伯納姆。（4）天塹意爲 Rio Grande。（5）河北　得克薩斯州在 Grande 河以北。（6）《後漢書》，桓帝延熹九年，大秦王安敦遣使。大秦即羅馬，安敦即 Antonius。（7）夾竹桃即 Oleander。"

"紀念碑"的上半部刻有"To The Memory of The Heroes of The Alamo", 下半部則有"Prof. Shigetaka Juko Shiga, San Antonio, Texas, September, 1914"的碑文。志賀本人將此一碑文稱爲"得克薩斯獨立戰役殉難烈士碑"①。

> 敵五千我百五十，彈盡況又絕糧粒。三十二人聞急馳，飛刀亂斫冒圍入。入見將軍血被面，兵皆露刃嬰壁立。誰哉南加一男子，見義不爲固所恥。疾馳白馬又入圍，握手笑曰與君死。裹瘡復戰氣益振，不說睢陽有張巡。百八十二人駢屍，生而降者無一人。二十四郡舉感義，初知人和勝地利。天塹百里何保障，河北遂歸唐天地。我今海外經九譯，萬里下馬安敦驛。爛漫夾竹桃滿地，恍疑當年劍血赤。君不見張巡許遠南霽雲，貞風於今吹芳芬。西俗未必忌降服，斷頭將軍所不聞。寧期阿墨洲盡處，忽見斷頭勇將軍。意氣豈有東西別，莫怪葡萄酹哭君。且磨日本所載石，淋漓爲勒旌烈文。

西曆一千九百十四年九月　　日本　志賀重昂譔又建

這首詩中引用的典故並非日本的長篠之戰，而是唐代安史之亂時睢陽城的守城之役。在睢陽的守城戰中，太守張巡、將軍許遠受安祿山之子安慶緒所率領的大軍包圍，在漫長的抵抗後，張巡、許遠以及突破重圍求援兵後又回到睢陽的南霽雲等皆殺身成仁，與阿拉莫之役並無二致。太守張巡將軍事指揮權委託給許遠，這一點也和阿拉莫的鮑伊上校因結核病臥病在床後，將所有權力移交給特拉維斯的史實相同。因此，實際的碑文上列舉了"張巡""許遠""南霽雲"之名，並在三人的名字旁如同附加注腳一般地刻有阿拉莫的"David Crockett""Bowie""Bonham"的將兵姓名。另於"安敦驛"的文字旁刻有"San Antonio"，"勇將軍"則搭配了"Travis"將軍。

上述這樣的類比實爲令人十分感興趣的現象。不難想象，志賀在下筆作詩時，中國古典文學的知識十分自然地浮出他的腦海，這樣的變換是十分自然而精彩的。實際上，採用"漢文"(Classical Chinese)來撰寫紀念碑的行爲本身，便充分説明了前一個時代的日本知識分子知識涵養的依歸。不過，就連和他同時代的知識分子也並非人人皆具備同樣的學養，更遑論一般人了。恐怕也是在這樣的背景下，於岡崎城遺址和阿拉莫石碑同時建立的對應碑文改以日文撰寫②。

---

① 《阿拉莫之戰（與日本的關聯）》，載《史學雜志》第 27 編第 4 號，1916 年。
② 參照頁 140 注①。建立於岡崎城遺址的碑文中有以下的文字："三州長篠古戰場鳥居強右衛門ノ墓畔ニ二石ヲ獲、一石ヲ米國テクサス州殉難烈士の碑ニ充テ、一ヲ龍城神社ニ奉納ス。　鳥居ノ忠烈ハ當時我ガ兩公ノ嘉ミサセラレタル所ナレバナリ。大正三年七月　岡崎　志賀重昂誌，水戶　北條時雨書"。撰文及書寫皆與阿拉莫的石碑相同。龍城神社位於岡崎城遺址。

　　簡言之，在近代化來臨之前，東亞知識分子的共同書面語言"漢文"在"文明開化"的這個時代開始出現衰退的徵兆，不久此一傾向逐漸增强，並於二十世紀後半葉加速地進行下去。將漢文衰退的現象放在綿長的東亞文明史中檢視時，我們應如何理解這樣的狀況呢？於"明治維新一百五十週年"時，在一路邁向近代化未曾停歇的腳步下，被人遺忘的事物是否太多了？將"文化"視爲"遺産"加以"保存"就足夠了嗎？

　　如果不能隨心所欲地撰寫漢詩文，我們所謂的中國古典研究真的能夠繼續發展和進步嗎？如果真有什麼可以談得上是進步的，我們又應該把什麼樣的成果留給後世，又有多少能在將來被視爲 21 世紀日本漢學的成果？這是我在看了佇立於得州聖安東尼奧阿拉莫要塞的志賀重昂漢文碑時，所觸發的想法①。

---

①阿拉莫的詩碑旁有 "Japanese Monument" 的標示。雖然其意爲 "日語紀念碑"，但説明文中卻記有 "the poem in classical Chinese"。

中越詩歌關係視野下的
阮保詩歌創作考論

劉玉珺

（西南交通大學）

　　越南漢詩是在中國古典詩歌的影響下發展起來的，它不僅反映了越南的古代文學成就，也反映了中越古代文學存在着密切關係。然而目前學術界對越南漢詩的研究儘管成果豐富，卻仍多停留在概括式和全景式的總體觀照，對於越南漢詩史上重要詩人的個案研究還處於草萊荒蕪之境，這勢必影響越南漢詩史的建構，以及中越比較詩學研究的深入。有鑑於此，本文選擇越南文學史上具有重要個案意義的黎朝詩人阮保爲研究對象，擬對其生平、創作概況作一番考述，並從中國古典詩歌接受史的角度，對其藝術風格、詩學淵源，及其創作所展現的中越古代詩歌關係進行探討。

一、阮保的生平及其詩歌的流存

　　關於阮保的生平，可考資料極少，黎朝黎貴惇所編《全越詩録》卷十二詩人小傳記録得最爲詳細，其曰：

　　　　武仙芳萊人，洪德三年壬辰科進士。應制作《月》詩五篇及《月桂賦》，稱旨，特命入東閣。二十一年，朝論以有學行，擢左春坊左司講。數年，吏部銓海陽參議，上不允，特勅曰：“阮保乃東宮輔佐太子，密而之臣，吏部宜別除他員。”二十六年，陞左春坊右説書。憲宗即位，特陞禮部左侍郎，兼翰林院侍讀，掌院事。景統四年，進本部尚書，寬大簡重，論思獻納，多有裨益。帝甚敬信，嘗賜詩曰：“謀國有如唐李泌，執經還似漢桓榮。”又賜誥文曰：“禮樂雍容，茂贊累朝之盛。文章典雅，追還三代之風。"數年卒，贈少保。①

武仙芳萊舊時屬越南南定省建昌府所轄，與其他府縣相比，武仙縣的經濟及漢文化發展都相對較好。對此，《皇越地輿志》卷一記叙建昌府曰："府在南定之中，南東際海。舒池、武仙並在中土，與渭潢夾壤，其地廣邈肥衍，物力稍稠，二縣文學相當，真定則稍遜云。"又有小字注曰："舒池、武仙登科各七員，真定二員。"② 越南獨立自主以來，一直實行以推行漢文化爲實質的科舉制度，阮保也正是通過科舉選拔脫穎而出的武仙著名文人。關於他的登第其他文獻也多可印證。《大越史記全書》卷十二記載洪德三年（1472）曰："會試天下舉人，取黎俊彦等二十六人。"③ 雖然未具體列舉登第者姓名，但《鼎鍥大越歷朝登科錄》卻有較爲詳細的補充：是年賜進士二十七名，分別賜進士及第三名、進士出身七名、同進士出身十七名，其中阮保獲賜第三甲同進士出身④。

越南正史《大越史記全書》對阮保的仕宦只有兩條間接的零星叙述，可補充《全越詩錄》小傳的説法。根據前文所引的《全越詩錄》小傳，阮保是在黎憲宗即位後，纔被擢升至正三品的禮部左侍郎。《大越史記全書》卷十四記載黎憲宗即位的第二年（1499），阮保仍爲東閣學士，是年七月：

> 初九日，殿試策問以人才王政，命北軍都督府左都督華林侯鄭遜、吏部尚書陳瑾提調，刑部尚書丁逋剛監試，東閣學士阮保、翰林院侍講參掌翰林院事黎彦俊讀卷。⑤

到了景統五年（1502），《大越史記全書》卷十四則明確記録他已任禮部尚書，並兼翰林院侍讀掌翰林院事，是年二月：

> 會試天下舉人，應試者五千人，取陳翼等六十一人，吏部以其名聞。上親策問以帝王理天下，命南軍都督府左都督駙馬都尉臨准伯黎達昭、户部尚書武有提調，兵部左侍郎楊直源、御史台僉都御史裴昌澤監試，禮部尚書左春坊右諭德兼東閣大學士覃文禮、禮部尚書兼翰林院侍讀掌翰林院事阮保、禮部左侍郎兼東閣

---

①黎貴惇編《全越詩錄》卷十二，越南漢喃研究院所藏 A.1262 號抄本，下文若不特別標出，所有出自《全越詩錄》的引文與作品，均來自此抄本，不再出注。
②佚名《皇越地輿志》卷一，越南明命十四年（1833）刻本，葉四十。
③吳士連等《大越史記全書》本紀卷十二，東京：日本東京大學東洋文化研究所，1986 年，頁 691。
④武橚等編《鼎鍥大越歷朝登科錄》卷一，越南國家圖書館所藏 R.114 號抄本。
⑤吳士連等《大越史記全書》本紀卷十四，頁 762。

學士黎彥俊、國子監祭酒何公程、司業黃培、太常寺卿嚴琳進讀試卷。①
對於阮保所任的最高官職，諸書記載一致，《鼎鍥大越歷朝登科錄》《皇越地輿志》均
云其"仕至禮部尚書，掌翰林院事"。

據《全越詩錄》所云，阮保於景統四年（1501）任禮部尚書後，"數年卒，贈少
保"，那麼我們可以推測阮保至早當卒於 1503 年以後。現《全越詩錄》卷六收錄有黎
憲宗的作品《賜禮部尚書阮保》："薇閣多年對掌綸，白頭入座曳緋新。君王暇日無餘
事，草字成書賜舊人。"據《全越詩錄》卷十二阮保小傳可知黎憲宗還嘗賜其詩云：
"謀國有如唐李泌，執經還似漢桓榮。"又賜誥文曰："禮樂雍容，茂贊累朝之盛。文章
典雅，追還三代之風。"他去世後被加封正一品少保，以上足可見黎憲宗對他生前非常
倚重。

被贊爲"文章典雅，追還三代之風"的阮保，其詩文作品曾由門人陳鞏淵編輯爲
《珠溪集》八卷②。《歷朝憲章類志·文籍志》的記載略有出入，曰："《珠溪詩集》八
卷，阮保撰，門人陳鞏淵編輯並序其詩'簡重有氣骨'。"③ 云其別集僅爲詩集。根據
《全越詩錄》卷十二阮保小傳所引的陳鞏淵序文可知，《珠溪集》八卷實乃詩文合集，
如下：

> 門人憲使陳鞏淵類編其詩文曰《珠溪集》八卷，行於世。序之曰："意以爲
> 主，辭以爲衛，氣以爲輔，而貫之以理。"又曰："玄酒太羹，知味者鮮。"又曰：
> "學貫三才，雄於文，長於詩，神生境具，愈出愈新。"蓋實錄云。

《歷朝憲章類志·文籍志》所謂的《珠溪詩集》八卷恐誤。《鼎鍥大越歷朝登科錄》與
《大南一統志》的相關記錄亦說他有詩集流傳，其云："號珠溪，有詩集行於世"，"爲
人寬大簡重，有《珠溪詩集》"④。所以綜合上述記載可知，阮保生前雖也有文章流
傳，但作品在後世仍以詩名爲盛。

在目前所知見的越南古籍中，未見有完整的《珠溪集》，阮保的詩歌見錄於《全越
詩錄》《皇越詩選》等越南漢詩總集。其中黎貴惇所編的《全越詩錄》越南漢喃研究
院所藏 A.1262 號抄本⑤，收錄阮保古體詩 5 首，近體詩 141 首，《全越詩錄》越南漢

---

①吳士連等《大越史記全書》本紀卷十四，頁 773。
②《全越詩錄》《皇越詩選》阮保小傳均如是記載。
③潘輝注《歷朝憲章類志》卷四十三，河內：越南教育文化部 1974 年翻譯版附影印原文，頁 52a。
④武樲等編《鼎鍥大越歷朝登科錄》卷一；阮朝國史館編《大南一統志》（嗣德），越南漢喃研究院
　所藏 A.69/1—12 號抄本。
⑤下文所引的阮保詩歌，均出自此抄本，並校以 A.132/2 號抄本，擇善而從，不再出注。

喃研究院所藏 A. 132/2 號抄本所錄《種蓮》《苦寒》《送別》《惜春》四題 5 首近體詩不見於 A. 1262 號抄本，二種版本的《全越詩録》合計收録阮保詩歌 151 首。其中裴輝璧所編的《皇越詩選》卷四著録有《餞太子詹事快州武先生致仕》《餞刑科范公奉北使》《送禮部侍郎横山黎公回鄉》《歲暮述懷》《春日即事》《澄邁村春晚》《餞承旨申公回鄉》《餞東閣學士杜公回鄉》《送外朗進士陳鞏淵》《奉賡御制題盤阿山》《謝賜乘官馬》《再奉賡憲宗御制觀稼亭中秋玩月賜侍臣宴詩十五韻》12 首阮詩，則均見載於《全越詩録》，僅個別詩在詩題和文字上略有差異。

二、阮保詩歌的體裁與題材

《全越詩録》等收録的 151 首詩歌中，除去 5 首古體詩，共有近體詩 146 首，其中七絶 14 首，五律 4 首，七律 125 首，七言排律 2 首，五言排律 1 首。阮保的格律詩佔到他詩歌總數的 96.7%，七律佔到總數的 82.8%。從詩歌體裁來看，阮保的詩歌與他同時代的絶大多數詩人一樣，也具有獨尊近體、專重七律特點。筆者曾在《越南詩人蔡順及〈呂塘遺稿詩集〉考論》一文中指出：至晚從陳英宗興隆十二年（1304）科舉開始，唐代定型、成熟的格律詩就成爲了越南科舉考試的重要科目，其中又以七言律詩爲重。在越南進士科考試最爲繁榮的黎朝洪德年間，試詩賦形成了“詩用唐律，賦用李白”的文體規定，並被後世所沿襲和推崇①。在科舉制度的影響下，格律詩成爲了越南詩人最爲重要的創作體裁，因此曾爲洪德士子的阮保在詩歌創作體裁上也不可避免地具有鮮明的時代特點。

中國古典詩歌最爲常見的題材，阮保的詩歌基本都有涉及，如山水田園、詠史懷古、應制酬唱、詠物抒懷等。其中應制詩與送別詩不僅就其本人的創作而言值得特別關注，同時在越南漢詩發展史上也具有一定的代表性，分別述論如下。

首先是應制詩。阮保自從洪德三年（1472）入仕以來，有二十六年是在黎聖宗朝爲臣。這一時期，越南封建社會的發展達到了鼎盛，黎聖宗不僅在政治上重視文教，而且他本人也是一位出色的漢語詩人，他在位期間，組織了越南文學史上規模最爲浩大的君臣唱和詩會——“騷壇會”，有《古心百詠》《春雷詩集》《瓊苑九歌》《文明鼓吹》《明亮錦繡》《英華孝治詩集》等御制詩集和君臣酬唱集。處於權力中心的阮保所作的應制詩，均爲應帝王之命所作的應詔一類，他在黎聖宗和黎憲宗當政時期都有應

---

① 劉玉珺《越南詩人蔡順及〈呂塘遺稿詩集〉考論》，《外國文學評論》2013 年第 4 期。

制詩產生。阮保現存有應制詩十首，其中《月應制》五首作於黎聖宗時期。《全越詩錄》卷十二記載阮保曰："應制作《月》詩五篇及《月桂賦》，稱旨，特命入東閣。"在中國古代，應制詩在宮廷文學的場域中是朝臣置換權力的一種優質文化資本①，阮保因應制詩寫得好，而被黎聖宗欽點入東閣，可見越南應制詩也具有相似的文化功能和政治功用，亦表明越南知識分子的漢文學創作才華曾在帝王拔擢人才時起到過重要作用。

越南黎朝之前的應制組詩，目前僅見存蔡順《書堂四景應制》與阮保《月應制》五首。蔡順《書堂四景應制》雖由四首七律構成一組，卻各有獨立的詩題，分別吟詠春、夏、秋、冬四景。因此阮保的《月應制》是現存最早的一題多詠的應制詩。宋葛立方《韻語陽秋》卷二曾云："應制詩非他詩比，自是一家句法，大抵不出於典實富艷爾。"② 但蔡順《書堂四景應制》用典不多，重在描繪四季景色和抒發個人情感，不以頌聖爲主旨，詩風清雅。相比之下，阮保《月應制》用典豐富，對仗工整，有明顯的歌功頌德之意。如其二"赤壁當年空變鶴，錦衣何處獨騎鯨"，此聯用了兩個事典，前句典出蘇軾《後赤壁賦》，詩人夜遊赤壁之後，夢中見到了曾經化作孤鶴的道士，後句出自《舊唐書》李白騎鯨捉月的典故。此外，像桂影、珠簾、玉笛、水晶、蟾影等語典遍佈整組詩。其三以"合璧嘉祥今快睹，願賡佳什頌升平"束尾，仍不脫離應制詩頌聖的格套。全詩讀來清麗流轉，抒發的情感也較爲哀婉感傷，例如"西南機上懷今古，一夜淒然感片情"（其二），"何處人情離別久，台前相憶片心同"（其四）等。其整體藝術風格正如黎貴惇在《全越詩錄》阮保小傳中所評："保學問淵博，詩詞清婉。"

阮保的十首應制詩中，有7首寫到月亮，其中包括2首排律《奉賡睿聖御制觀稼亭中秋玩月賜侍臣宴詩十五韻》。前文談到越南漢詩具有獨尊近體、專重七律的特點，然而黎睿宗《觀稼亭中秋玩月賜侍臣宴十五韻》與阮保的兩首奉和應制之作，是《全越詩錄》收錄的寫作時代最早的七言排律詩。從這個意義來看，阮保的這兩首應制排律對於全面瞭解越南漢詩的各類體裁有着重要價值。試列一首如下：

> 勅使傳呼自九天，恭承溫詔侍瓊筵。賞蓮樓北霞棲塢，觀稼亭西玉綴田。喜見周禾呈上瑞，絕勝漢麥衍遺編。雁從沙漠隨陽至，帝在欄干睹物先。退想廣寒邀羽客，遙臨汗漫望飛仙。臺前滿酌衢樽酒，湖畔初聆太古絃。何處涼飆蘋末起，

---

① 程建虎《中古應制詩的雙重觀照》，北京：人民出版社，2010年，頁106—120。
② 葛立方《韻語陽秋》卷二，何文煥輯《歷代詩話》（第二版）下，北京：中華書局，2004年，頁498。

當空素魄桂花圓。翩翩黃帽梢脩艇，嫋嫋紅裙詠短篇。翠釜駝峰初入筋，金盤珍果豈論錢。鮫綃渺渺鼇官外，花影迢迢鶴夢邊。細聽更籌纔報二，回看塵世已踰千。元規不淺登樓興，謝尚頻移泛渚船。寸念每思恩寵重，壯懷漸覺歲時遷。三秋好景陪今夕，兩度奇逢憶去年。但願此生長此樂，淹留到曉竟忘眠。

明人周叙云："排律，即律詩排敘者也。須先將己之胸次放闊，以次取詩之指意。展開鋪陳錯綜，有條不紊。天吳紫鳳，粲然盈幅，及其冠冕佩玉，球琳鏗鏘，擲地當金石之聲。"① 這段話指出錯綜有序的鋪陳、通篇的琳琅辭藻，是排律的主要特徵。這些特徵決定了排律的表現功能適用於應酬類題材，正如盧世㴶所說："夫排律原爲酬贈設。"② 因而清人宋犖又曰："初唐王、楊、盧、駱，倡爲排律，陳、杜、沈、宋繼之，大約侍從遊宴應制之篇居多，所稱'臺閣體'也。"③ 阮保的這首排律鋪陳淋漓有序，聲韻鏗鏘頓挫，遣詞華美粲然，與上述詩家所論相符合。作爲一首應制詩，它也具有初唐應制排律聲格流麗、從容頌美的臺閣風範。杜甫《麗人行》曾以"紫駝之峰出翠釜，水精之盤行素鱗"來描寫酒宴上器皿的精緻奢華、佳餚的精美豐盛，以諷刺楊玉環姊妹的驕貴暴殄。阮保此聯詩巧妙化用爲"翠釜駝峰初入筋，金盤珍果豈論錢"，雖然與杜詩一般，也展現了宴席的豐盛奢華，字裏行間流露的卻是對黎睿宗以珍饈美饌款待侍臣的感激，而且從句式來看，對仗嚴整，與原詩相比，增添了一份駢儷之美。整體來看，全詩文詞典雅豐贍，通篇的儷偶排比，造成了風格上的繁複雍容、結構上的勻稱工整。

其次是送別詩。這一類詩歌在阮保詩歌中數量最多，佔到了三分之一，共計 53 首④，其中古體詩 4 首，近體詩 49 首。據筆者統計，阮保至少是越南阮朝之前留存送別詩數量最多的詩人。其中，送人回鄉省親的詩歌數量居首，共 21 首，約佔到他本人送別詩的 40%，在越南阮前回鄉省親送別詩中則佔據了半壁江山。數量排在第二的是送人出使的詩歌，共 18 首，約佔到阮保送別詩的 34%。從送別對象來看，阮保的絕大多數送別詩都有特定的送別對象，且以他的同僚爲主。總體來看，這些作品由於交際、應酬的社交功能突出，送別的抒情功能被弱化，客套、禮儀的成分增加，詩歌中不時

①周叙《詩學梯航》，周維德集校《全明詩話》第 1 冊，濟南：齊魯書社，2005 年，頁 97。

②盧世㴶《盧世㴶詩話》，吳文治主編《明詩話全編》第 9 冊，南京：江蘇古籍出版社，1997 年，頁 9121。

③宋犖《漫堂說詩》，北京：中華書局，1985 年，頁 8—9。

④其中的《送外朗進士陳鞏淵》依詩題，暫將其歸入送別詩統計。從內容上來看，此詩更類似普通的贈詩，並無鮮明的送別詩特徵。

可見贊揚稱頌、祝福恭維之語，卻少有抒發個人的離愁別緒。例如《送太醫大使李公回鄉》："收拾參苓藥籠中，醫人惠澤及無窮。故園清興知多少，仙杏成林滿院風"；《送戶部都給事中黎公北使》："千古文風推魯衞，百年勁氣屬青徐。懸知司馬奇觀富，偉識歸來更有餘"；《送戶部右侍郎金堆阮公北使》："擬古有時提健筆，懷賢終日駐雙旌。美談流遍斗南北，從此各家播頌聲"等。這些作品中，詩人與被送者之間缺乏個人情感的溝通和交流，送別也從一種私人活動轉變成了儀式化的人際應酬。

阮保少數没有特定送別对象，或者送別对象較爲模糊、寬泛的送別詩，反而寫得更有藝術美感，從中可以感受到較爲真摯的離別之情。試看這首《曉江送別》：

> 日蘸滄浪曉色紅，送行如在畫圖中。傾流急逝情無奈，別酒頻斟意莫窮。客裏轉教愁思苦，夜來應覺夢魂通。晴川皓皓秋天遠，望斷人間一片鴻。

詩歌首聯從送別當時的環境起筆，描繪清晨初升的太陽與江水相接，紅霞映照下的江面如同圖畫一般秀美。頷聯和頸聯則切入送別主題，以流水、酒等傳統的送別意象，展現了送別的依依不捨和離後相思的傷感。尾聯上承別後相思之苦，卻有意將詩境擴大，筆落晴川寥廓與鴻雁傳情，以秋寫愁，融情於景。

阮保的送別詩總體上偏離了中國古典送別詩重在抒發離情別意的傳統，而以稱頌、祝願作爲詩歌的主題，詩歌的功能也從側重抒情轉爲側重交際，並造成了送別雙方在情感上的疏離，但卻有一定的歷史價值。從宋開寶八年（975），宋太祖封丁部領爲交趾郡王開始，中越兩國正式建立起宗藩關係，直至1884年越南淪爲法國殖民地。此間的一千多年裏，使臣往來是兩國最重要的文學交流形式，阮保送別越南使臣的作品，正是中越兩國密切的外交往來在文學上的反映，可作詩史互證。例如《大越史記全書》卷十三記載洪德十九年（1488）："十二月十一日，遣使如明。覃文禮、王克述、范勉麟賀即位。"[1] 這段記録非常簡略，根據阮保《餞校書覃公奉北使》《次韻送覃校書文禮北使》《餞校書覃文禮回覽山鄉》諸詩可知，使臣覃文禮時爲東閣校書，是同樣在東閣任職的阮保關係最爲密切的同僚之一。《大越史記全書》對覃文禮出使的記載，也表明《餞校書覃公奉北使》《次韻送覃校書文禮北使》二詩當作於覃文禮諸人正式出使的洪德二十年（1489）。又如，中國從周代起，開始逐漸形成官員七十致仕的退休觀念。如《禮記·曲禮》曰："大夫七十而致事"，"致事"即"致其所掌之事於君而告老也"。《儀禮注疏》亦曰："古者年七十而致仕，老於鄉里，大夫名曰父師，士名曰少師，而教學焉，恒知鄉人之賢者。"而越南相關的歷史記載較少，阮保有若干送別詩

---

①吳士連等《大越史記全書》本紀卷十三，頁733。

寫到越南官員致仕的年齡，如《送兵部侍郎海天裴公致仕》云："四品名卿七十年，四頭便是地行仙"；《餞王傅蘭洲鄧先生致仕》云："天壽先生已七旬，只應歸夢繞松筠"等，可見越南在鞏固統治，促進國家機構更新換代方面，也遵循了中國士大夫七十而致仕的傳統和官員管理制度。

三、阮保詩歌創作的中國詩學淵源

從詩學淵源來說，阮保的漢詩創作仍然脫離不了中國古代漢語詩歌這個文化母體，他的作品處處可見中國古典詩歌對他創作的影響。首先，最顯而易見的是唐人名篇名句對其創作的影響。這又具體表現爲如下幾種形式：

一是直接將唐詩移植到自己的詩歌中。例如阮保的古體詩《賦黃江風土示門生》第一句即是"君不見黃河之水天上來，紀綱南國無津涯"，直接把李白《將進酒》的首句用來開篇。

二是化用、借鑒唐詩名句。如《送嘉林監察公北使》的"客思青山外，詩情白雪邊"顯然模仿自王灣《次北固山下》首聯："客路青山外，行舟綠水前。"王詩以偶句發端，頗顯工麗，客路青山、行舟綠水，字裏行間流露出的是飄泊的羈旅之情；阮詩置之於頷聯，以符合律詩工整的基本要求，青山客思、白雪詩情，描述的卻是詩人對監察公冬末初春出使中國的情景想象，句式結構和意象都明顯脫胎於王詩。又如《白蓮》"一曲清歌九夏天"化用殷堯藩的《漢宮詞》"一曲清歌在九天"，《歲暮述懷》"每逢歲晏倍思親"本自王維的《九月九日憶山東兄弟》"每逢佳節倍思親"等。

三是以唐人名句爲詩題和主題進行吟詠。阮保的《雞聲茅店月》《人跡板橋霜》二詩題出自溫庭筠的《商山早行》，二詩也抒發了與原詩相同的羈旅思鄉主題，並且風調更加清冷，如《人跡板橋霜》云："板橋霜重日漫漫，霜氣侵人作曉寒。誰踏素華穿月去，獨臨曙色拂煙看。攜笻過處光猶濕，曳履遺跡冷未乾。無限歸心催曉發，白雲紅日是長安。"類似的詩作還有《落霞與孤鶩齊飛》《秋水共長天一色》，詩題源自王勃膾炙人口的《滕王閣序》，詩歌均以清婉的語言描繪了晚霞飛縷、孤鶩爭翅的深秋江天美景，前者的"高翻散彩看如畫，斜內流光望欲迷"，後者的"澄澄秋水蘸遙空，雲影波光碧色同"，雖然在藝術上沒有原作的曠遠之致，但在原作的既定框架內，盡力描繪出了碧水連天、晚霞明麗的變幻流動之美。

在總體創作上，阮保的部分作品還採用了中國同類詩作的一些創作模式。美國哈佛大學宇文所安教授《初唐詩》一書指出：唐代宮廷詩是一種規範化的藝術，體現在結構、主題範圍、詞彙範圍及摒棄強烈的政治道德和個人感情。這種規範化表現在具體的詩歌結構上即是三部式，即"首先是開頭部分，通常用兩句詩介紹事件。接着是可延伸的中間部分，由描寫對偶句組成。最後部分是詩篇的'旨意'，或是個人願望、感情的插入，或者巧妙的主意。或是某種使前面的描寫頓生光彩的結論。有時結尾兩句僅描寫事件的結束"①。阮保的應制寓目詩也可以三部式來賞讀。試以他的三首七律爲例，兹列如下：

《奉賡御制題盤阿山》：突兀層巒壓大堤，乾坤軒豁露端倪。氣含龍虎寰中勝，興引煙霞洞裏棲。宵宵梵宮神物護，陰陰春樹彩禽啼。上頭仿佛奇觀發，知是宸章燭寶奎。

《奉賡御制題浴翠山》：亭亭梵刹倚層岏，黄繖高臨翠巘端。四顧關河經國壯，萬年盤泰奠民安。宸奎上燭疑天近，碩澗中薈佔地寬。何幸塵蹤陪法從，翩然雲翼九霄摶。

《奉賡御制題隻箸山》：誰將砥柱障狂瀾，蟻視愚公著手難。削玉孤撐天半壁，搷金高插水中間。雁抛碣石尋河遠，鼇負方壺出海寬。更向滄溟投一隻，東西雄峙莫區寰。

景統四年（1501），黎憲宗出巡，相繼登臨留作《題盤阿山》《題浴翠山》《泛神符海頓隻箸山留題》諸詩，《題浴翠山》一詩的小注對創作緣由記録得最爲詳細，曰："景統四年（1501），青春之仲，余拜謁寢陵，路經佛刹，乃維舟岸上，信步岩頭。濟勝層嶺，即空犬室。登泰山而小天下，望滄海而會朝宗。佳興忽生，永留於石。"（《全越詩録》卷六）阮保的這三首詩是對黎憲宗諸詩的奉和應制之作。首聯均點出所描寫的對象，從"層巒"、"層岏"、"砥柱"等詞彙可知，作者登臨寓目的是峰巒疊嶂。頷聯與頸聯以工整的對偶句，展開描寫登臨盤阿、浴翠、隻箸三大名山所見所感，或選用"龍虎"、"彩禽"等吉瑞之物象，或以"國壯"、"民安"表達自己作爲朝臣對社稷的關心，或以"削玉"、"搷金"營造富艷輝煌之氛圍，均是常見的應制詩叙述口吻和慣用詞彙。這三首詩的尾聯均收束全詩：第一首爲直接頌聖，吹捧皇帝的詩文；第二首是典型的臣子口吻，表明自己對能夠陪同皇帝出行感到榮幸；第三首的境界較之前兩首略顯開闊，以頌山峰雄偉，但實際上也是對黎憲宗原作結句"鯨浪鰍旗今已息，英雄一目小塵寰"的刻板呼應。總之，三首詩歌尾聯的情感反應均未超出唐代應制詩的寫作模式和慣例。

---

① 宇文所安著，賈晋華譯《初唐詩》，北京：生活·讀書·新知三聯書店，2004 年，頁 183—184。

據宇文所安的研究，三部式在唐代的送別律詩中也表現得很明顯①。同樣，阮保留存數量最多的送別詩，也有不少篇章採用了三部式來組織結構。我們以送人北使類爲例進行分析。首聯一般破題，對事件作一般性的描述。具體來説，或開門見山，點出送別對象即將北使，如"路近鄉關上北頭，行行且復一停輈"（《送郭先生北使》）；"渺渺關河入望初，使君北上意何如"《送户部都給事中黎公北使》；或是描寫旅途的遥遠和艱難，如"把酒問前途，前途萬餘里"（《餞青威黄監察北使》）；"燕臺漠遠天，北望正蒼然"（《送嘉林監察公北使》）；或以當前舉酒相送的場景起筆，如"義概桓桓指萬程，陽關休向醉中賡"（《送户部右侍郎金堆阮公北使》）；"眼前笑指萬山青，浩浩情懷酒易醒"（《送右春坊右司講杜公北使》）等。中間兩聯對句大多對行人旅途過程作一番想象性的情景描寫，如"如雲冠蓋情情重，入畫江山處處新。旅舍光陰看物候，客槎昏曉望星辰"（《送檢校蔡公北使》）；"香傳五嶺初梅路，寒及三湘欲雪天。夜静望回丹禁月，秋高喜上潞河船"（《送侍書武公北使》）等。結尾通常是對北使歸來情形的推測。這種推測有的著眼於景，如"料想歸期春色好，故園桃李正開花"（《送監察御史范公北使》）；有的重在寫人，如"前途歆羨知多少，曾想班生聳後塵"（《送檢校蔡公北使》）；也有的同時描寫人和物，如"客路相逢如舊識，歲寒莫是雪中梅"（《送校書黎公俊彦北使》）。

上文所述，無論是對中國古典詩歌名篇名句的移植和模仿，還是對中國古典詩歌結構模式的遵循，都能直接看到阮保的漢詩創作與中國古典詩歌之間存在着的密切關係。阮保有一些作品，雖不能如此直接體現與中國詩歌的文學淵源，卻更能體現中國古典詩學傳統對他創作的影響，或者説更能反映中越詩歌之間深層次的文學關聯。我們先來看一看下面這首《黄梅雨》：

> 溪橋細雨濕斜陽，落泊梅梢露淺黄。庭院晚來孤樹暗，池塘夢覺小窗涼。亂飄葉外跳珠碎，淡灑枝間墜粉香。想是江南春盡日，隴頭凝望九回腸。

從詩歌藝術的角度來看，此詩筆法精細，描寫細膩，不失爲阮保的代表作。然而它的創作並非來源於阮保對梅雨的真實感受，而是他熟讀中國古典文學作品、充分掌握了中國古典詩歌藝術技巧之後，根據閱讀體驗和生活想象而創作的一首詩歌。

中國史籍關於梅雨的記載很多，《初學記》卷二引《纂要》云："梅熟而雨曰梅雨"，又注云："江東呼爲黄梅雨。"② 明謝肇淛《五雜組》記述更爲全面："江南每歲

---

① 宇文所安著，賈晋華譯《初唐詩》，頁 228。
② 徐堅等編《初學記》，北京：中華書局，1962 年，頁 23。

三四月，苦霖雨不止，百物黴腐，俗謂之梅雨，蓋當梅子青黃時也。自徐、淮而北，則春夏常旱，至六七月之交愁霖雨不止，物始黴焉。”① 梅雨是東亞地區特有的氣候現象，在世界上，只有我國長江中下游兩岸，大致起自宜昌以東、北緯29度至33度的地區，以及日本東南部和朝鮮半島最南部有梅雨出現②。阮保一生既沒有出使過中國，也未曾有日本和朝鮮半島的旅行經歷，換而言之，他並沒有梅雨季節的真正生活體驗。

我們來詳細分析這首詩歌。起句“細雨濕斜陽”意境優美，“濕”字深得詞人之妙。陳秋帆《陽春集箋》評價馮延巳的“細雨濕流光”云：

> 按“細雨濕流光”，昔人多激賞之。周方泉、王荊公均極贊其妙。余謂馮此語，實本溫庭筠《荷葉杯》“朝雨濕愁紅”、皇甫松《怨回紇》“江路濕紅蕉”而來。又陳鵠《耆舊續聞》稱趙彥端《謁金門》“波底夕陽紅濕”，蓋用“細雨濕流光”與“一簾疏雨濕春愁”之“濕”云云。“一簾疏雨”，孫光憲《浣溪沙》詞。詞人善用“濕”字，《陽春》則承先啟後耳。③

本來雨濕萬物，是最爲平常的自然景象，溫庭筠、馮延巳、孫光憲等人之詞妙在雨打“濕”的流光、愁緒都是無形的抽象之物。雖然阮保筆下細雨打濕的“斜陽”是有形的事物，而且前人也有過“重霧凝朝雨斜陽”（楊萬里《白沙買船晚至嚴州》）“細雨斜陽橫吹笛”（舒頓《百牛圖歌》）等相似意境的營構，但阮保高妙之處在於增加了“濕”這一動詞後，斜陽就成爲了細雨的施動對象，從而形神兼備地描繪出了江南在梅雨季節如煙似夢的朦朧暈染之美。頸聯寫景也頗爲傳神細緻，“跳珠碎”生動地展現了雨珠滴落在樹葉上那一瞬間的靈動樣態。整首詩的視野從微雨斜陽映襯下的溪橋，逐一轉換到雨中的梅梢、庭院、池塘、樹葉、花枝，最後思緒展向整個江南大地，借美景抒發情思，既有微距離的特寫，也有廣闊背景空間的映襯。未曾身臨其境，卻能寫出這樣一首描寫精細、語言尖新的漢語詩歌，足見阮保曾長期浸潤在中國古典詩學傳統之中，對漢語的精妙有着深刻的體悟。

四、結論

與黎朝絕大多數詩人一樣，阮保是一位在以推行漢文化爲實質的科舉制度下成長

①謝肇淛《五雜組》天部一，上海：上海書店出版社，2009年，頁10。
②楊華編著《科學第一視野：天氣》，北京：現代出版社，2013年，頁92。
③陳秋帆《陽春集箋》，《詞學叢刊》，南京：南京書局，1933年。

起來的越南知識分子。他的詩歌無論是體裁還是題材，都具有鮮明的時代共性，同時也深刻反映出中越古典詩歌深厚的文學淵源。這種文學淵源直接表現爲阮保對中國詩歌體裁、題材、意象、結構的學習，以及名篇名句的移植和模仿。在前文的論述中，我們曾以宇文所安總結的三部式來觀照阮保的應制寓目詩和送別詩與中國詩歌之間的密切關係。以一種較爲粗糙的模式來概括某類詩歌的創作，不可避免地會有削足適履之嫌，但也可説明阮保的詩歌創作始終置於中國古典詩歌的詩學傳統中。

　　需要特別指出的是，阮保甚至更多的越南詩人在學習中國古典詩歌的模式化創作過程中，也會因爲對那些傳統詩歌慣例、法則和標準的選擇，在客觀上進一步推動了詩歌在功能上發生改變。仍以送別詩爲例來説明，宇文所安總結唐代送別詩結尾云："傳統的流淚反應是送別詩結尾的流行形式"①，例如楊炯《送李庶子致仕返洛》的"灞池一相送，流涕向煙霞"，最爲有名的例子莫過於王勃《送杜少府之任蜀州》的"無爲在歧路，兒女共沾巾"。可在阮保的53首送別詩中，竟然沒有一首寫到流淚這種私人化情感的真摯表達，甚至在他數量衆多的送人回鄉、省親的詩歌中，更多的是喜樂歡欣之語，如"門闌喜氣知多少，全是乾坤造化仁"（《餞户部侍郎回鄉省親》）；"高門福履知多少，眉上洋洋喜氣生"（《餞吏科給事中回鄉》）；"到家底事真堪樂，七袞慈親慶壽康"（《餞校書覃文禮回覽山鄉》）。即便是寫景，也是常以樂景爲主，例如"林塘美景閑清晝，紅藕花開黄雀飛"（《餞王傳潘公回鄉》）；"名園勝賞偏宜夏，花木陰陰笑語間"（《餞校理潘公回鄉》）等。對於這種現象，我們固然可以理解爲詩人的個人創作風格和積極樂觀的人生態度，但是聯繫阮保其他題材的詩歌風格偏於清冷婉麗，聯繫本文第二部分談到的阮保送別詩客套、禮儀的成分增加，筆者認爲更合理的解釋是，在亦步亦趨追隨中國古典詩歌創作法則和規範的過程裏，詩人的創作潛力受到了某種限制，縮小了詩人個性化的表現空間，詩人的私人情感反應也隨之減弱，使得詩歌的應用性、功利性增強。同樣，阮保因爲創作了五首詠月的應制詩而進入東閣任職，不僅是越南文學史上通過詩歌創作這種文化資本，獲取更高官職的著名實例，也是阮保漢詩應用功能的重要體現。

　　從越南漢詩整體來看，類似《黄梅雨》一詩的虛擬化寫作，在阮保個人的創作中並非個例，甚至在整個越南漢詩史上都是一種普遍的文學現象。越南阮朝詩人阮綿審曾云："雁與雪，我南所絶無。人以爲詩中善字，多好用之，不知虛言終亦奚取。"②

---

①宇文所安著，賈晉華譯《初唐詩》，頁230。
②阮綿審《倉山詩話》，越南漢喃研究院所藏 VHv.105 號抄本。

阮保的詩歌不僅時常用到這兩種意象，還作有《雁陣》《月夜聞雁》以雁爲主要對象的詠物詩。除阮保以外，還有范仁卿《雁字》、阮夢荀《金甌山莊池中雙雁》、尹衡《題食雁圖》、蔡順《老雁暮景》《老雁旅夕》《雁聲》《雁陣》、阮秉謙《雁詩》等專門詠雁的詩歌。據筆者的統計，在《全越詩録》這部越南古代規模最大的一部詩歌總集中，雪和雁的意象就出現了三百餘次以上。換而言之，在越南詩人的漢詩作品中，無論是整篇作品的虛擬，還是遣詞造句和意象情景的虛擬，都是極其常見的寫作方式。從某種意義上來看，這些作品表明對中國詩學傳統的繼承和借鑒，已成爲了越南詩人核心的創作手段和途徑。

華夷之辨與中越唱和詩的創作動機

——以越南鄧黃中與華僑葉遇春的詩歌交往爲例

何仟年　陳雪

（扬州大學）

中國政治傳統中，文學與使節的關係頗爲重要。外交場合中的賦詩是溝通的手段，也可據此判斷雙方外交人員的才幹。孔子説："誦《詩》三百，授之以政，不達；使於四方，不能專對；雖多，亦奚以爲？"朱熹解釋説："詩本人情，該物理，可以驗風俗之盛衰，見政治之得失。其言溫厚和平，長於風諭。故誦之者，必達於政而能言也。"[1] 所以孔門四科中，子貢善於言語，故孔子讓他出使齊吳越等國。後世文學發展，詩文也即成爲外交人員交往的必要手段。從個人角度説，使節可以用詩獲得異國的聲譽；政治上，文學作爲文明的體現，可以提陞國家的形象。越南作爲接受中國政治理念和文化成果的國家，常以文獻之邦自稱，認爲本國與東南亞諸國不同，與北方中國一樣擁有文明，如范廷琥曾説："我國之於中州，具体而微者也。"[2] 越南小説中有很多故事表達了這種心態：

> 公（阮貴德）初知國子監，以我國祠宇只襲具文，而荒漠退陋，非聖人陟降之所，其奉事頗疏略。嘗一夜夢見先聖來臨，語北語，謂公曰："安南文獻之邦，我亦時嘗往來，且命冉有守之，卿其勿疏略。"公跪而應諾。[3]

這是以神道設教，利用孔子爲越南的文明屬性背書。在一些故事中，甚至出現越南文人以詩折服中國人的情節[4]。越南現存詩集中，北使詩在其中佔據較大比例，而成就較

---

[1] 朱熹《論語章句集注》，《宋元人注四書五經》上册，北京：中國書店，1985 年，頁 55。

[2] 范廷琥《雨中隨筆》，越南河内漢喃研究院，索書號 A. 1297。

[3] 武芳堤《公餘捷記》，孫遜等主編《越南漢文小説集成》第 9 册，上海：上海古籍出版社，2010 年，頁 155。

[4] 參見李文馥《掇拾雜記》，孫遜等主編《越南漢文小説集成》第 16 册，頁 56。

高的作家幾乎都有與中國詩人投贈唱和的詩篇。因爲在越南方面，言語專對與外交之間也有類似的關係。武輝瑨説："吾之使者，例用科甲名臣，蓋取其能以文章達，必能以專對著也。"[1] 可以説，越南漢文詩具有先天的與中國詩文對話的目的。而這種對話的必要性與中國古代的文明中心論"華夷之辨"有關。

中國自古有所謂"華夷之辨"，中原地區的漢族先民以華夏自居，稱周邊少數民族爲夷、狄、戎、蠻。"華夷之辨"既是中國古代政治哲學的核心觀念，也是封建意識形態的核心觀念之一。王夫之在《讀通鑑論》中説：

> 天下之大防二：中國、夷狄也，君子、小人也。非本末有別，而先王强爲之防也。夷狄之與華夏，所生異地，其地異，其氣異矣；氣異而習異，習異而所知所行蔑不異焉。乃於其中亦自有其貴賤焉，特地界分、天氣殊，而不可亂；亂則人極毀。[2]

王夫之在此將中國夷狄與君子小人這兩組關係看作是天下最重要的關係，接着他又總結説：

> 以要言之，天下之大防二，而其歸一也。一者，何也？義、利之分也。

這就是説華夷之分和君子小人之分一樣，歸結起來都是義利之分。所謂義利實質上也就是善惡，這就把華夷之間的分別建立在哲學的基礎上了。夏夷的區別是義利的區別，也即是文明和野蠻的區別，也即是人性與獸性的區別。這種夏夷觀雖然並未拒絶具體個人從夷狄進入華夏的可能性，但善惡的對立既永遠存在，華夷的對立也就永遠存在。正因爲華夷之辨不僅僅是民族學意義上的族群區別，而是有此深刻的哲學基礎，所以即使在清代，滿族統治者也不能擺脱"華夷之辨"的思維模式，乾隆帝就曾明確説"内中華而外夷狄，此天地之常經，古今之通義"[3]。

"華夷之辨"的觀念不僅存在於中國，隨着漢文化的向外傳播，東亞漢文化圈最終接受了中國文化的基本論述包括華夷之辨的思想。如當清代統治者自認爲華夏時，周邊國家如朝鮮卻頗有異議，朝鮮人朴趾源談及其國有士人批評清人"一薙髮則胡虜也，胡虜則犬羊也，吾於犬羊也何觀焉？"[4] 這是以民族習俗與漢人的不同來否定滿人的華

---

[1] 武輝瑨《華原隨步集》，葛兆光、鄭克孟主編《越南漢文燕行文獻集成》第 6 册，上海：復旦大學出版社，2010 年，頁 196。

[2] 王夫之《讀通鑑論》，北京：中華書局，1975 年，頁 372。

[3] 商輅撰，乾隆御批《御批續資治通鑑綱目》，影印文淵閣《四庫全書》第 693 册，上海：上海古籍出版社，1987 年，頁 3。

[4] 朴趾源《燕巖集》卷十二《熱河日記》，《韓國文集叢刊》第 252 册，漢城：民族文化推進會，2001 年，頁 176。

夏屬性，但華夷有別，仍是立論的基礎。越南也不反對華夷之辨的觀念，相反，他們曾把此觀念移植到本國的政治話語中來，以建立自己的一套類似於中國與周邊國家那樣的國際關係。如越南阮朝早期對待西方人通商的要求時，也像中國一樣，用華夷之辨的理論作依據加以拒絕：

> 紅毛遣使獻方物，表求通商，又請留國人沱㶞，往來商賣。帝曰：“先王經理天下，夏不雜夷，此誠防微杜漸之意也。紅毛人狡而詐，非我族類，其心必異。”①

越南官方在對待周邊國家或民族如真臘、老撾等時，也稱自己爲“漢”，朝廷爲“天朝”，對對方常用鄙視的態度，並使用歧視性的稱謂：

> 帝謂廷臣曰：“魔蟄逆命，未肯即來。”……阮登洵對曰：“王者之於夷狄，不拒其來，不追其往，逆獠乍臣乍叛，亦蠻夷之常態。”……帝曰善，乃降諭曰：“魔蟄乃蠢爾無知之一老獠。”②

> 帝召見，問以邊情，對曰：“蠻獠久霑聲教，民間服用多尚漢風。”③

不僅觀念上如此，政治實踐中越南還建立了類似的藩屬朝貢制度：

> 真臘匿禛遣其臣屋牙位奔瀝來請封，帝許之……定三年一貢，以是年爲始。④

從這些文字看，其心態和中國封建統治者又可説是毫無差別的。但越南面對中國，越南使臣面對中國官員時，雙方對於越南的華夷屬性必然有所衝突。

當越南隸屬中國時，並不存在華夷屬性問題。柳宗元《爲安南楊侍御祭張都護文》：“聖唐宣風，初鮮寧歲。稍臣卉服，漸化椎髻。卒爲華人，流我愷悌。”⑤ 明確稱安南人民爲華人；《全唐詩》卷七八四懿宗朝舉子《刺安南事詩》曰：“南荒不擇吏，致我交趾覆。聯綿三四年，致我交趾辱”，稱交趾爲我，即説明此時交趾被認同爲國家之一部分，當然屬於華夏。其獨立之後，最初宋人頒賜的封號只是交趾郡王、節度使一類，目之爲割據，並曾設安南行營經略、招討使的官職，説明此時仍有重新統一之幻想。但據《宋史》卷三十四淳熙元年“以交趾入貢，詔賜國名安南，封南平王李天祚爲安南國王，”此事標誌着隨南宋國勢日漸衰弱，只好承認安南爲獨立之國，自此以

---

①張登桂《大南實録正編第一紀》卷二十三，慶應義塾大學語學研究所，1974 年。

②潘清簡《大南實録正編第二紀》卷四十，慶應義塾大學語言文化研究所 1974 年。

③潘清簡《大南實録正編第二紀》卷五十三。

④張登桂《大南實録正編第一紀》卷三十。

⑤柳宗元《柳河東全集》，北京：中國書店，1991 年，頁 430。

後，安南即成爲"夷狄"了①。所以元明時期，安南都被中國士人稱爲蠻夷。清代時，官方文件中中國君臣也徑直以夷或交夷稱之。如：乾隆五年六月戊戌（1740 年 7 月 22 日）兩廣總督馬爾泰奏稱"此交夷世有之事"②。乾隆五十四年四月癸丑（1789 年 5 月 21 日）又諭："天朝撫馭外夷，逆則加以征討，順則永受寵榮"等等。

但對越南士人而言，夷除了國家和民族含義外，也有極強的文化上的鄙視意味，朱熹甚至以爲夷狄不能算真正的人，他説："到得夷狄，便在人與禽獸之間，所以終難改。"③ 因而難以想象越南知識分子會接受自己被稱爲"夷"。但他們既然接受了漢文化，對於其中"華夷之辨"的觀念該如何取捨？越南歷代文人對此問題的討論很少，或許是有意回避這一困境，但也有若干材料對我們認識越南士人於此的態度頗有意義。如紹治元年（1841）李文馥事：

> 遣侍郎黃濟美、郎中李文馥如清。……馥至燕，就館，見清人大書"越夷會館"四字於壁間，馥甚怒，誚讓館伴官，聲色俱厲，不入館。令行人裂碎夷字，乃入。仍作《辨夷論》以示之，其略曰：越南原聖帝神農之後，華也，非夷也。道學則師孔孟程朱，法度則遵用漢唐宋，未始編髮左衽爲夷行者，且舜生於諸馮，文王生於岐周，世人不敢以夷視舜文也，況敢以夷視我乎？清人大慚謝。④

此事陳益源先生考證是發生在明命十二年（1831）福州⑤，是。李文馥堅稱越南人是華，而非夷，這樣鮮明的態度在越南是極少見的。他的論證理由有三點。一是從種族起源上説，越人是神農之後；二是從文化的角度，越南的道學和禮法制度與中國相同；三是從歷史角度，説明華夏文化本身即含有夷狄因素。這樣的證明看起來無疑是有説服力的，據越史的記載也取得了很好的效果。李文馥《閩行雜詠》附錄了中國人對《辨夷論》的評論，其中有人説"議論正大，佩服之至"，"持論高明，筆氣遒勁"⑥。

---

① 越南被認爲自何時淪爲夷，各家説法小異。明張燮《東西洋考》説："宋綏嶺表，（丁）璉内附，封交趾郡王，蓋於是淪爲夷矣。"見《東西洋考·交趾》，北京：中華書局，1981 年，頁 1。明邱濬所言中國對交趾之態度爲最得事實，邱言，交趾本秦漢以來中國郡縣之地，至宋初始封爲郡王，然猶授中國官爵，皆如内地，孝宗時始封以王，稱國，而天下因以高麗真臘視之。見《大學衍義補》卷一百五十三，影印文淵閣《四庫全書》第 713 冊，頁 763。
② 雲南省歷史研究所編《清實録越南緬甸老撾史料摘抄》，昆明：雲南人民出版社，1985 年，頁 30。
③ 黎靖德編《朱子語類》卷四，北京：中華書局，1986 年，頁 58。
④ 潘叔直《國史遺編》，香港：香港中文大學新亞研究所，1965 年，頁 346。
⑤ 陳益源《越南漢籍文獻述論》，北京：中華書局，2011 年，頁 230。
⑥ 李文馥《閩行雜詠》，《越南漢文燕行文獻集成》第 12 冊，頁 262、263。

還有一件事與此類似，也與中越士人對越南屬夷屬夏的不同態度有關，但發生在越南國內。該事被記錄於《鄧黃中詩鈔》（VHv.833/1—6）第三卷。書作者鄧輝燨，字黃中。《大南正編列傳》二集卷二十有傳。根據傳記，他爲鄧文添之姪，其父鄧文倜爲五科秀才，但未中舉人。紹治元年（1841），鄧黃中領鄉薦，丁未科（1847）他考中解元，走上仕途。據本傳和個人詩文集，他對軍事也頗有興趣，曾作《武經摘注》（據《詩鈔》卷三），他也是當時的少有重視商業的文人，曾請立平准司，被派海外籌辦貿易，但因經營失敗而降職，並曾到香港學習造船（據《詩抄》卷八）。嗣德二十七年（1874）卒。平生所著現存《鄧黃中詩抄》《鄧黃中文鈔》。他還主持刊刻有《從政遺規》《二味集》等書。《鄧黃中詩鈔》編輯頗爲完善，全書按年代排序，卷帙較多，由廣東拾芥園梁惠存校刊，是現存阮代較爲完好的詩集刻本之一。

《詩鈔》第三卷版心題丁巳，説明詩作於 1857 年。其中有一些詩是與一位叫葉遇春的中國人的贈和作品。觀詩及序可知：葉遇春爲廣東潮州人，生於 1808 年，因兵亂於 1856 年攜二子遷徙至越南。二人相遇頗有戲劇性，其大致經過如下：丁巳年正月十二日，鄧黃中於安壽村亭東馬伏波寺見有二首題壁詩，詩中流露出輕視越南人之意，鄧便在旁邊步韻二首，對前詩進行了駁斥。葉遇春看後又和了二詩，表明接受批評，並在序中叙述了自己的身世。正月十五日鄧黃中看後，又步韻和作二首，在序中顯示了對葉詩贊賞的態度和二人和解的意思，並在當日攜友人往訪葉遇春，與之款談後，兩人結爲朋友，然後鄧又作三首和詩粘壁。從此二人有了交往，某日葉遇春來訪鄧黃中，鄧贈其律詩一首，又依律詩八句，以每句爲題作了八首律詩，二人還曾同遊彌陀寺。以後二人的交往似有中斷，至第八卷中又有記載。卷八版心題乙丑即 1865 年，此時鄧黃中受派往中國。據本卷《試駛我國新製暗機大銅船追志小引》，此行目的爲往香港學習制造火船技術。臨行前葉遇春贈送乾墨魚給鄧，鄧寫了答謝詩，並作留別詩一首。在《鄧黃中詩抄》中保存的二人相關詩作共二十三首，序四篇，數量可謂不少，且叙述的事件因果清晰，可謂中越文學交流和華僑生活史的重要史料。

二人的交往起因於葉遇春題詩流露的華夷觀念引起了鄧黃中的不滿。後者記錄了葉氏的二首詩：

新唐自嘆

此地原來是近戎，顛顛倒倒不相同。雲遮岸樹連重黑，塵染江花異樣紅。道路不分男與女，山川惟見雨兼風。欲求樂國全天合，誤入烏州路不通。

晚至伏波公寺感作

朝去匆匆古樹邊，暮行踽踽大江前。枝頭數鳥飛還集，沙上群鷗斷復連。座酒一樽愁獨酌，家鄉萬里苦相牽。棲禽失所無人問，分付仁翁作轉旋。

在這二首詩裏，葉氏表達了對越南風土的陌生感，“近戎”“顛顛倒倒”“不分男與女”，言語間帶有較強的鄙視意味，自傷之餘，也希望有人能幫助自己。鄧黃中讀到此詩後，對第一首詩的首句“近戎”尤其不滿，他的步韻詩第一首寫道：

> 到此紛紛説夏戎，北南人物自雷同。（原注：我國廣平以南，古蠻居也。先君自北來，開基順化，用夏變夷，神傳聖繼，三百年來，今盡爲華風矣。乃唐人到此，一以戎目之，遂使北南人物，此曰夏，彼曰戎，曲相回護，終亦雷同而已。）波澄桂海雲偏白，春盎屏山日正紅。（原注：是夏是戎，觀此氣象可見）紫極百年開帝道，烏州萬古變夷風。祇今千里初來客，國俗人情未盡通。

鄧的這首詩指出順化雖原爲古蠻之地，但阮氏政權來此開基，通過教化，已經盡變其爲華風，因而此地已經屬於華夏，而非夷戎。作者在此顯然是把夏當作文化上的概念，文化上接受禮義教化，其人其地就是夏。作者在詩句“波澄桂海雲偏白，春盎屏山日正紅”後自注曰“是夏是戎，觀此氣象可見”，顯然不是指自然景象，自然景象的海雲山日當然無關於華夷之辨，作者説的是自己詩句中的氣象，即由詩的語言描繪出的壯闊精煉的意象，以及由此顯示的文學修養，言外之意是自誇有這樣優秀的漢文詩，已與中國詩人無異，自然見出本地是夏而非夷了。作者以詩句的藝術成就來自證屬夏，非常值得留意。葉氏在讀到這二首詩以後，又寫了兩首詩並序，仍流露請越南士人憐惜之意，序曰：

> 愚唐山遊士葉遇春也。去臘以兵火故，父子相挈而南到此，米貴民饑，俗又與唐異，因題壁二律以寫幽懷焉耳。不知我者，云我傲氣。棲禽失所，原屬可憫。諸君子念起斯文一脈，必爲隱隱相譏，惟望心心相照。兹將原韻相和，以俟誨正何如？

今按，唐山爲華僑自稱中國，上文新唐亦即初到越地之唐人。葉氏將“斯文”作爲雙方的共同點，要求化解歧見。他的二首和詩如下：

> 聖主當年已化戎，北南風味本相同。祇今江雪連鬢白，爭似山花滿臉紅。一片祥光來曉日，全身炎氣得清風。地之相去千餘里，無奈騷人俗未通。
>
> 問渡迷津綠水邊，途窮日暮到尊前。相傳古寺遺容在，惟見雲箋錦字連。透雪梅花非是傲，臨風柳線欲相牽。如今特向江南士，肯與隣翁一斡旋。

在詩中，葉氏承認了鄧黃中的看法，稱阮主爲聖主，認爲此地已不是夷戎，筆下的風景也由原來怪異陌生變成光明舒適。在讀到此詩後，鄧黃中又有二首和詩並序。在序中他也和緩了語氣，對葉氏進行了寬慰。他説：

葉遇春何如人也？今惟有安土樂天，與一二文人前川吟弄，庶無負此春光，知不知夫何損？余與子未曾半面，昨見所題，稍有氣骨，但戒之一字，竊不之取，故正之耳。譏云乎哉？今至此，復見題壁，其辭婉其意雅，余悦之，是以復，誨則烏乎敢？他山之石，可以攻玉。遇春亦曾讀此詩否？

其中一首詩寫道：

　　栖栖客地嘆蒙戎，誰識春光到處同。梅自雪中傳舊白，桃經雨後染新紅。莫愁世路無知己，且向花衢學御風。若得東君長作主，一生心事付窮通。

由於雙方在華夷論爭中達成了一致，並在詩歌唱和中找到了共同愛好，鄧黃中便去尋訪葉氏。雙方相見後言談甚歡。鄧爲隨後和的三首詩寫了較長的序言，談及此事的經過，全文及標題整理如下：

　　既見新唐葉遇春復倒前韻三首粘壁有序十五日

　　西北神京在焉，士夫冀北也。余離群索居，今三年矣。客夏公餘，徙居明鄉以講習消悶。地勢紛囂，州才雋鮮有來者。孤居一室，有伐木鳥鳴想，未有得。昨至伏波寺，見新唐題壁二律，往觀之，傲氣畢露，不覺激憤，但亦有風骨，不忍以言廢人也。立步原韻，伻人粘壁以挫折之。後數日至，則新唐已別和粘壁矣。聞之一遍，詞甚忠厚，頗有悔心。索姓名，乃潮洲遊士葉遇春也。余心稍下，復和原韻，粘壁以俟。是日同鄉秀陳貞吉遍訪市庸間，午後至天妃寺南，得之遇春自內出，牽余就坐，以筆楮爲話，問以來故。答云：僕廣東潮洲人。年五十，生長世家，素業儒，又知醫，父廩生，叔舉人，未仕而没。長子熅，年二十四，未讀多少書，次子烔，年十六，遍六經，稍知文。去冬唐山匪伙與英吉利燒掠庸舍，至數千餘民，多有流散者。僕早失怙恃，中年有炊臼夢，惟有二仲形影相弔，窮而南徒。至此米貴民饑，未知所出，庸之東，伏波寺在焉，輒不自揣，拙吟二律題壁，薄言往愬焉耳。諸君子屈體相見，僕雖江湖落魄，三生有幸矣。答訖，訪古典，應答如響，其詩草多有佳句，容止辭氣有儒者風。余寄居此地久，厭繁華，一見遇春，不覺心悦，因再步原韻，用倒鈎體示，復粘於壁以表奇遇。彼城市之士，間有盛飾衣服誇炫市童，而處己接物，曾無一善可采，亦有溺娼妓，習歌舞，喜飲博，嗜鴉片，不顧廉恥，自謂風流，及問以前言往行，終不能言，甚有欺友背師無所不至，如見遇春，能不报顏耶？無怪乎有近戎之笑也。滄浪之水清，斯濯纓；濁，斯濯足。士有志者勉之勉之，無爲遇春笑。

從此之後，二人開始了密切交往，互有往訪，並曾同遊彌陀寺。在以後的唱和中，鄧黃中寫下了"北南自古一車書""中天文軌本相同""胡越一家今日盛，問君誰夏又誰戎"的詩句。在詩的自注中，鄧氏有直接的論述：

> 北國與本國，山川風氣有相別，而文軌相同，無貴賤一也。其貴者，馳使節
> 於榆關之北，而講信修睦，有以篤邦交。其賤者駕歸帆於桂海之東，而藏市出塗，
> 無不遵王道。則北南風俗未嘗不相通也。

從以上文字中可見出，葉遇春當年以"近戎"來看待越南，對鄧黃中的刺激極深，日
後的文字顯示他一直不能忘懷於此，即使葉氏已經認錯，仍然不停地在詩中談越南的
"華夷"屬性問題。此序的意思是南北文軌也即文明制度相同，則貴賤同一；雙方都遵
守王道，則風俗也相近。結論當然是，中國與越南皆是華夏。此後，兩人相交事跡長
期闕略，但八年以後鄧黃中出使前有詩題《故人葉遇春送乾墨魚》，另有《別葉遇
春》，均見於《鄧黃中詩抄》第八卷，後一首詩如下：

> 與子相知今八年，善交深慕晏嬰賢。伏波寺壁吟題局，天后祠門邂逅緣。（原
> 注：事見第三草）贈紵又逢吳季札，浮槎共道漢張騫。羊城燕嶼原非遠，君返明
> 鄉我上船。（引者注：越人稱華人所居地為明鄉，華人為明鄉人。）

顯示此時二人的交誼已經很深厚了。

從上述李文馥和鄧黃中二人的經歷和相關文字看，越南士人在華夷之辨中，對己
方的歸屬與中國人的看法顯然不同，他們提出越南屬華夏的理由主要還是在制度和文
學等文明成就上。

"華夷之辨"是中國傳統文化的核心觀念之一，它的理論前提是一元文明觀，即世
界上只有一個文明，並為華夏所獨有。其觀念一直延續到近代，成為中國官方的世界
圖景，也成為漢民族自我認同的基本依據。這種觀念對越南顯然是不利的，但越南完
整地接受了它，並利用其邏輯，引導出對自己有利的結論。之所以能如此，是因為
"華夷之辨"的觀念本身，也存在含糊矛盾之處，中國古人的判斷也常在政權、種族、
文明這三個層面之間徘徊。當華夷的含義偏向國家政權時，華夷就成為一種權力話語，
即得"中國"政權者為華夏正統，其他政權即使用漢字，崇儒教，也最多是"近於華
夏"、"頗有華風"，而不可能是真正的華夏。所以，越南政權在面對中國皇權時也自稱
戎夷，《八旬萬壽盛典》卷八十六《南交問答》記乾隆八十壽辰時阮主的話："聖主八
旬萬壽，庶幾從九夷八蠻七戎十狄之後，備爻闈門外之數，以展微忱。"[1] 這時自稱夷
狄只是表達在清帝國強權下的臣服態度。"華夷之辨"的含義偏向種族時，就為某種修
正留下通道，如後世少數民族政權入主中國時，就可以追溯族源至炎黃而將自己定義

---

①阿桂編《八旬萬壽盛典》，影印文淵閣《四庫全書》第661冊，頁338。

爲夏。孟子"用夏變夷""用夷變夏"則是站在文明的角度來說的，所以後人就有"春秋之法，中國而夷狄則夷狄之；夷狄而中國則中國之"的論述[1]，顧炎武也堅持政權和文化的區別，因而有"有亡國，有亡天下"的說法[2]。此三個層面上，都有利用其邏輯爲越南華夷屬性的論述提供依據的可能。當越南與其周邊的民族如高棉老撾建立起另一套"華夷"系統時，它用的權力邏輯，背後是國家實力的強弱對比；而針對中國人稱其爲夷時，李文馥、鄧黃中等人使用了另一種羅輯，即種族起源或文明屬性的判斷，尤其是文明的邏輯。阮思僩在《辨夷說》講"古來必夷夏之辨者，則亦視乎禮義之存亡，文行之同異焉耳"[3]，李文馥在《書繆蓮仙手訂珠江群英會册後》中也說："疆域雖分，同得天地正氣"，"同是鄒魯一脉"，因此中越之間的會晤，是"文字會文字""同類會同類"[4]。這些人與鄧黃中可謂同聲一詞。在組成這一邏輯推論的概念中，詩歌是核心之一。從鄧黃中詩中的注語可知，漢詩的成就被當作屬戎屬夏的直接依據，詩是雙方士人最可靠的文化認同手段。其他很多文獻都曾記載，當中國文人進入越南時，越南士人常常要求與中國人唱和、品題，而當越南士人出使中國，也多攜帶詩文集請中國文人品評，即使越南皇帝也是如此。明命帝（1821—1840 年在位）在十八年曾問李文馥中國文人對其詩作的評價：

> 帝嘗與諸臣論詩，問李文馥曰："汝前者如東，會帶領御製詩集，清人觀者以爲何如？"則曰："清士嘗言，北朝諸帝詩集，惟乾隆帝爲多，然亦不如御詩之平淡。"[5]

一般情況下，多是越南士人主動贈詩、求題，這是因爲他們需要以此向中國人證明自身具有的文明屬性。在筆者搜輯到的 2867 首中越贈和詩中，越方有 1736 首；唱和作者共 428 位，越南作者共 151 位。中國作者數量較多，是受場合條件的影響。因爲越南使者來華，人數較少，沿途接觸到的中國人較多，故作者中中國人數量佔大半，而詩作中，越南佔大半，可見出越南詩人對唱和的態度遠較中國人爲積極。

李文馥在《辨夷論》里說："通乎華夷之義，但當於文章禮義求之。"[6] 文章被列於禮義之前，說明在越南士人那裏，詩在雙方交往中，是"文明"甚至是"人性"的

---

①湛若水《春秋正傳》，影印文淵閣《四庫全書》第 167 册，頁 607。
②王夫之著，黃汝成集釋《日知錄集釋》，長沙：岳麓書社，1994 年，頁 471。
③阮思僩《燕軺詩文集》，《越南漢文燕行文獻集成》第 20 册，頁 231。
④李文馥《粵行吟草》，《越南漢文燕行文獻集成》第 13 册，頁 73。
⑤潘清簡《大南實錄正編第二紀》卷一百八十五。
⑥李文馥《閩行雜詠》，《越南漢文燕行文獻集成》第 12 册，頁 262。

重要證明。李文馥在看到公館扁額“粤南夷使公館”時，頗爲憤慨，作了《抵公館見門題夷字作》，其中説：“斗次輝華文獻國，星槎忝竊誦詩人。”[①] 通過詩表現自己的文明，是越南詩人普遍的動機，而在具體過程中，交往性質（朝貢還是商貿或具體公務），人物身份（雙方官員的層級），或是政治形勢的變化等外部因素，也會使當事人對詩歌唱和的態度和藝術評論的結果有所不同。

①李文馥《閩行雜詠》，《越南漢文燕行文獻集成》第 12 册，頁 262。

《列女傳》敘事在東亞漢文化圈的傳衍與流變

錢南秀

（美國萊斯大學）

一、引言

漢文化圈指位於東亞，包括中國、日本、朝鮮—韓國、越南等在内的一片廣袤政治地理區域。因漢文或文言曾是這一區域官方的、正式的書寫語言，大量漢文典籍因此產生，爲後世瞭解這一區域的歷史文化提供了豐富的資源。然而十九至二十世紀之交的世界動蕩，造成漢文化圈諸國先後終止了漢文的書面寫作應用，這一豐富資源遂少人問津，而形成今日東亞歷史文化研究的斷層。重新翻開這些書頁，實爲今日全球化語境之下重修東亞史的根本，不僅可以加强對於東亞文化形成之複雜過程的理解，亦可爲世界其他類似文化進程研究提供其亟需的思考方法。爲此我們必須打破長期以來的中國中心模式，顯示文化產品一旦進入另一地域空間，便會迅疾植根於其物質與精神語境，而演化爲具有當地特質的生命形式，且回饋原生地，對其發生長足影響。

這批篇帙浩繁的典籍，也包含了婦女史的書寫，其中“列女”、“賢媛”兩大傳統尤爲可注意者。兩者均源於劉向（约前 77—前 6）《列女傳》，並同起於劉宋時期（420— 479）①。范曄（398—445）於其《後漢書》首立“列女”專章，爲後世“紀傳

---

①按《列女傳》是否爲劉向所撰？現存宋本是否爲其原貌？至今學界聚訟紛紜。然而班固《漢書·劉向傳》明文記載劉向撰《列女傳》，後世正史志列女，亦往往稱述劉向。本文意在溯源文體傳承，不在辨證文本正僞，故依班固之説，其論云：“向以爲王教由内及外，自近者始。故採取《詩》、《書》所載賢妃貞婦，興國顯家可法則，及孽嬖亂亡者，序次爲《列女傳》，凡八（轉下頁）

體”正史仿效。“賢媛”初見於劉宋臨川王劉義慶（403—444）及其幕僚所撰《世説新語》。《世説》收漢末魏晋（約 150—420）人士言行佚事，其中婦女事跡即載於“賢媛”門，延及後世《世説》仿作，多設此門。“列女”、“賢媛”效法劉向原著，記載婦女在家庭社會的作用，但各有專旨。“列女”因隸於正史，而自律於儒家道德規範，帝制晚期尤甚；“賢媛”植根魏晋玄風，且爲私家所修，更爲側重自足自强的知識女性。兩種文體均於明清時期傳入漢文化圈諸國。研讀相關著作，可揭示婦女生命的多重方面及其不同訴求。本文係筆者目前有關此專題研究中一部分，側重“列女”書寫傳統在漢文化圈的流傳衍變。

二、“列女”書寫傳統在日本

劉向《列女傳》最早可能經由日本遣唐使帶入日本，時間大約在七世紀初至九世紀中，藤原佐世（卒年 898）修撰於 876 至 884 年間的《日本國見在書目録》有劉向《列女傳》著録，可資佐證。此書從平安（794—1185）到鎌倉（1185—1333）時期的影響偏重日本文學創作，如紫式部（約 978—約 1014 年在世）《源氏物語》、藤原成範（1135—1187）作於 1165—1176 年間的《唐物語》、作於 1252 年的《十訓抄》（編著者未詳），皆可見其痕跡。然而此段時間日本婦女社會地位略似中國魏晋，較後世爲高，毋需以道德訓條楷模等特飭約束，且婦女鮮能閲讀漢文，縱有相關著作，婦女亦礙難領受①。劉向《列女傳》的教化作用是在德川時期纔得彰顯，一是此時明木刻本《列女傳》經由朝鮮進入日本，另一更爲重要的原因是德川幕府以朱熹理學爲正統，加强婦女道德教育②。兩者均激發了德川時期《列女傳》的書寫熱潮。而明治時期國家主義興起，更加强了這一趨勢。

《列女傳》之熱，在德川承應年間（1652—1655）同時以三種形式表現。首先是日

（接上頁）篇，以戒天子”（班固《漢書·劉向傳》，北京：中華書局，1962 年，卷三十六，册 7，頁 1957—1958）。有關劉向寫作《列女傳》的教化性目的，參閱劉静貞《劉向〈列女傳〉的性別意識》，《東吴歷史學報》第 5 期，1999 年，頁 1—30。有關劉向《列女傳》的版本傳承，參閱張濤《劉向〈列女傳〉的版本問題》，《文獻》1989 年第 3 期，頁 249—257。

① 見笠井清《假名草子に及ぼした〈列女傳〉の影響》，《比較文學》1961 年第 4 期，頁 34；嚴紹璗《漢籍在日本的流布研究》，南京：江蘇古籍出版社，1992 年，頁 94；王慧榮《劉向〈列女傳〉在日本的流傳及影響》，《或問》第 22 號，2012 年，頁 87—93。

② 見笠井清《假名草子に及ぼした〈列女傳〉の影響》，頁 34—35。

本本土刻印之劉向《列女傳》。承應二年（1653），京都小嶋彌左衛門重刻明胡文煥校本，包括原署劉向所著《古列女傳》七卷、及《續列女傳》一卷（此卷雖仍署劉向，但可能爲班昭所增）①。封面署《劉向列女傳》，正文卷首印"新刻古列女傳卷之一"，下署"漢光禄大夫劉向子政撰、明錢唐後學胡文煥德甫校"（圖一）②。此本與刊於明萬曆三十四年丙午（1606）黃嘉育刻本高度相似，而黃本據學者考證，乃本於傳世《列女傳》最古刻本之南宋建安余氏勤有堂本。不過余氏本卷首標題"晋大司馬參軍顧愷之圖畫"，黃本圖畫則另出自明人手筆③。一如黃本，日本承應二年重刻胡校本前有萬曆三十四年黃嘉育《新刻〈古列女傳〉叙》，唯字體迥異（圖二與圖三），繼之以摹刻黃本原載宋王回嘉祐八年（1063）《〈古列女傳〉序》、曾鞏《〈古列女傳〉序》、蔡驥嘉定七年（1214）識語，及正文與全部插圖，但排版有參差，未知胡校原本即如此，抑或因承應本在原漢文文本上添加返點與送假名，以助日人閱讀，而須重新排版所致。

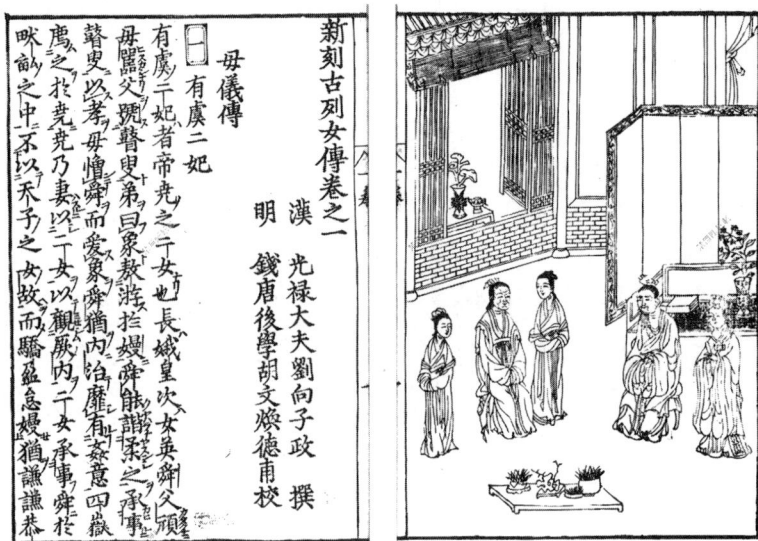

圖一　承應本《新刻古列女傳》卷之一首頁

---

① See Anne Behnke Kinney, trans. and ed., *Exemplary Women of Early China：The Lienü zhuan of Liu Xiang*（New York：Columbia University Press，2014），xxxiii.

② 胡生卒年不詳，據《四庫全書總目》卷一百一十四"《文會堂琴譜》提要"，是書刻於萬曆丙申（1596），則胡應爲明萬曆年間人。

③ 參閱張濤《劉向〈列女傳〉的版本問題》，《文獻》1989 年第 3 期；Michela Bussotti，"Editions of *Biographies of Women* as Examples of Printed Illustrations from the Ming Dynasty"，《漢學研究》第 28 卷第 2 期，2010 年。

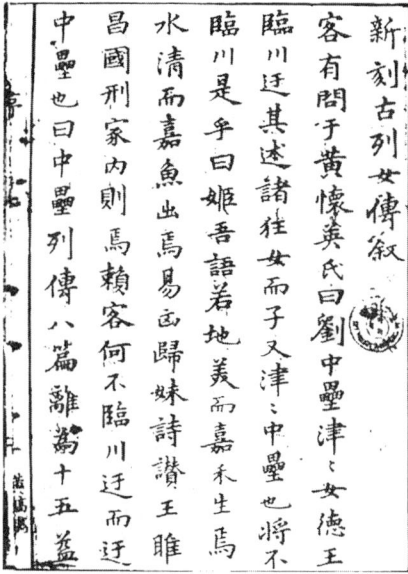

圖二　黃嘉育本之黃《叙》字體①　　圖三　承應本之黃《叙》字體

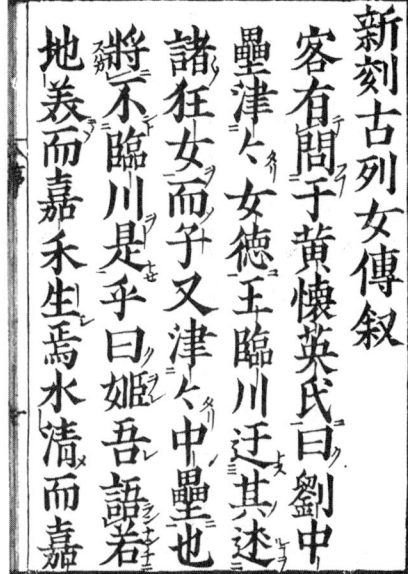

　　翌年，即承應三年（1654），京都小嶋彌左衛門更增補三卷本《新續列女傳》，收有西周至明一百九十則列女傳記，輯自四部明列女仿作，與一部朝鮮列女仿作。計收明仿作解縉（1369—1415）《古今列女傳》六十八條，茅坤（1512—1601）《增補列女傳》三十條，黃希周（明嘉靖二十三年 [1544] 進士）《閨範圖集》二十二條，陳伯全《音釋列女傳》十五條，另有五十五條錄自偰循（？—1435）遵朝鮮世宗（1418—1450在位）命所作《三綱行實》。此本與承應二年刻本合署《劉向列女傳》，文本上亦添加返點與送假名。唯此三卷本《新續列女傳》未加插圖，亦未注明編者。有學者及書商因卷上首頁有："明黃希周偕商山州來氏諸子所輯也，共六卷"，而誤以此新續本爲黃希周等所輯②。其實這只是注明本頁所引《閨範圖集》的編者，并非全書編者（《新續列女傳》僅三卷，而《閨範圖集》有六卷，即此可知）（圖四），以下每新引一書，編者便如例説明。

　　承應本《劉向列女傳》引領了德川列女傳熱的第二組成部分，即令《列女傳》文本易爲婦女接受，表現在北村季吟（1625—1705）將承應本《劉向列女傳》前八卷首次譯成日文，保持其明插圖（唯將插圖置於傳後，而黃嘉育本與承應本置於傳前）（圖五），題

①録自 Bussotti，"Editions of *Biographies of Women as Examples*"，P. 213.

②見 Bussotti，"Editions of *Biographies of Women as Examples*,"P. 179，note 30.

名《假名列女傳》，於承應四年（1655）刊行①。北村在跋文中明確指出，他翻譯此書的目的，乃在勗助婦女"侍奉父母，曲從舅姑，順從夫君，生育子嗣，以全婦德"②。

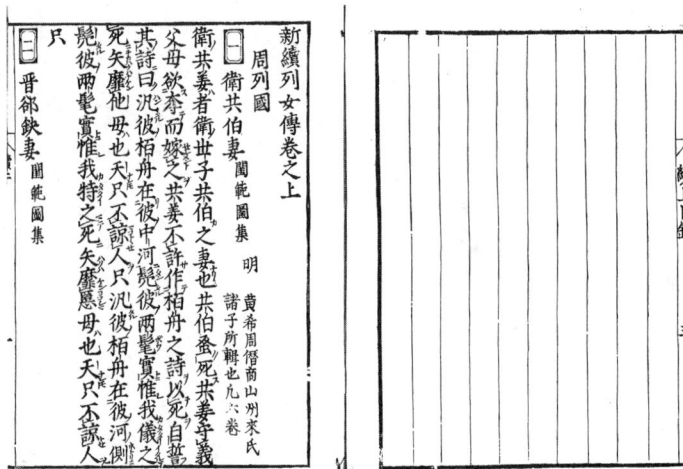

圖四　日本承應摹刻《新續列女傳》卷上首頁

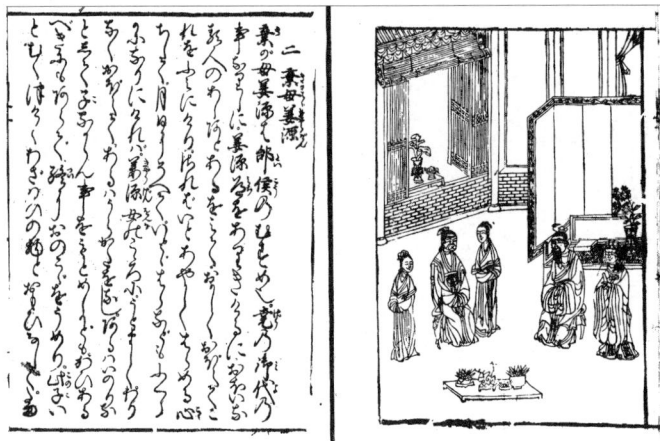

圖五　《假名列女傳·母儀》

承應年間劉向《列女傳》的日刻與日譯導致其後大量日本仿作的出現，而成爲德川以及其後明治時期《列女傳》熱的第三組成部分，大大加強了這一文體的本土化。就我

---

① 見王慧榮《劉向〈列女傳〉在日本的流傳及影響》，頁 91。
② 見王慧榮《劉向〈列女傳〉在日本的流傳及影響》，頁 91。

目前所收日本仿作而言（見下表），自十七世紀中葉始，至十九世紀末，共十三種，可據其書寫語言約略分成兩類。一、三、四共三種爲漢文，其餘均爲漢文與假名結合體。書寫形式之別，反映了不同的編撰動機與所擬面對的讀者群體。簡言之，前者爲立史，故須使用其時書寫正式文件的漢文；而後者爲教化婦女，則輔以較易爲婦女閱讀的假名。

表一：日本《列女傳》仿作

	編撰時間	作者	書名及版本信息	傳記數及時代
1	德川時期（1603—1867）	安部弘忠（又名黑澤弘忠）（1612—1678）撰	《本朝列女傳》（又名《全像本朝古今列女傳》作者明曆元年（1655）自序，全十冊，大阪：前川文榮堂，1668 年，十卷。	217 則，起垂仁天皇（前 29—70），終平安時代（794—1185）。
2	德川	浅井了意（約 1612—約 1691）撰	《本朝女鑑》，寬文元年（1661）初版，全二冊，東京：勉誠社，1972 年。	85 則，起垂仁天皇終平安時代。
3	德川	藤本箕山（1628—1704）撰	《扶桑列女傳》，爲《色道大鏡》第十七章，完成於元祿元年（1688），新版《色道大鏡》，東京：八木書店，2006 年，十八卷。	19 則，德川早期，起寬永（1624—1643）終寬文（1661—1672）。
4	德川	德川光圀（1628—1700）編	《列女傳》，爲《大日本史》列傳第一百五十一，卷二百二十四，1715 年完成。全書完成於明治時代全十七冊，東京：大日本雄辯會，1928—1929 年，三百九十七卷。	42 則，平安時代。
5	德川	松平賴紀（又名源鶯岳）（1751—1811）撰	《大東婦女貞烈記》，原爲手抄本，排印本一冊，東京：厚生閣，1937 年，三卷。	7 則，附 1 則，起平安弘仁（810—824），終德川享保（1716—1735）。
6	明治時期（1868—1912）	匹田尚昌（生卒年不詳）編	《本朝列女傳》全二冊，東京：文昌堂，1875，二卷。	18 則，平安時代。
7	明治	白勢和一郎（生卒年不詳）抄譯	《泰西列女傳》，全二冊，東京：白勢和一郎，1876 年，二卷。	19 則，14 至 18 世紀。
8	明治	宮崎嘉國（生卒年不詳）譯，片山淳吉（1837—1887）閲	譯自 Elizabeth Starling, *Noble Deeds of Woman; Or, Examples of Female Courage and Virtue*，《西洋列女傳》，全二冊，東京：錦森堂，1879 年，二卷。	49 則，起羅馬帝國（前 27—285/395），終 19 世紀中葉。

續表

	編撰時間	作者	書名及版本信息	傳記數及時代
9	明治	松平直温（1830—1856）編，榊原芳野（1832—1881）閲	《小學勸善本朝列女傳》，不分卷一册，大阪：實積堂刊，1879年。	19則，平安時代。
10	明治	白川幸（又名白川琴水）（1856—1890）編	《本朝肜史列女傳初編》，京都：雙玉樓，1879年，二卷。	25則，起平安承和（834—848），終德川享和（1801—1803）。
11	明治	日柳政愬（1844—1903）編	《本朝女鑑》，全二册，大阪：浪華文會，1884年，二卷。	88則，平安時代。
12	明治	山高幾之丞（卒於1908）編	《古今列女傳》，伊勢：郁文堂，1885年。	50則，德川晚期至明治時期。
13	明治	西村茂樹（1828—1902）、山田安榮（生卒年不詳）、加部巖夫（1849—1922）編譯	《婦女鑑》，全六册，東京：宮内省，1887年，六卷。	120則，包括日本、中國及西方婦女傳記。

　　先看三種漢文文本。其中安部弘忠《本朝列女傳》不僅著手最早（作者自序署明曆元年［1655］，但延至寬文八年［1668］始由大阪前川文榮堂付梓出版），且最具規模，全書收婦女傳記217人，釐爲十卷，爲後世立下標竿，故宜在此多加論述。

　　安部爲理學家林羅山（1583—1657）弟子，修《列女傳》顯然旨在弘揚儒家治道，所謂“王政必自内始，不可不慎矣夫！”[1]但安部並未照搬承應本《劉向列女傳》分類。劉向七類，依次爲“母儀”、“賢明”、“仁智”、“貞順”、“節義”、“辯通”、“孽嬖”[2]。安部分十類，依次爲“后妃”、“夫人”、“儒人”、“婦人”、“妻女”、“妾女”、“妓女”、“處女”、“奇女”、“神女”。如此安排，因早在日本奈良時代天平十四年（742），聖武天皇（701—756，724—749年在位）便已下令，“上孝子、順孫、義夫、節婦力田之名，表其門閭，免其徭賦”，目的在於“開寬裕之路，以延天下之英俊”。即令“古如斯也”，卻“於貞女節婦無全傳，雖古今大才碩筆，未暇斯舉”。憂慮“貞

---

①安部弘忠《本朝列女傳·序》，葉六下。

②按宋以後劉向《列女傳》分類，最早見於傳世《列女傳》最古刻本之南宋建安余氏勤有堂本所載宋王回嘉祐八年（1063）《〈古列女傳〉序》，此本經由清學者阮元（1764—1849）之子阮福（1801—1875）主持摹刻，揚州阮氏《文選樓叢書》刊發於清道光五年（1825），題曰《新編古列女傳》。參閱張濤《劉向〈列女傳〉的版本問題》，頁250—253。

婦之忠肝、節女之義膽，恐或久而漫滅”，安部遂不揣孤陋，集爲此編①。換言之，劉向七分，旨在立德，偏重傳主某一特殊品質；安部十分，意在志人，故相對鋪陳傳主全貌。每傳之後，安部效劉向例加“頌”，使讀者對傳主生命歷程瞭解之餘，亦能領略安部本人對傳主生命意義的價值判斷，並仿承應本《劉向列女傳》例加圖，突出全傳中最爲高潮部分。就全書總略而言，安部似亦上承劉向，兼重婦女才德，但期待“其才其德，使見者興起觀感”②。才德當如何定義、如何評鑑，安部似擬以傳主言行，激發讀者自行思索反應，故細玩其微言大義，十分必要。

安部之叙述，複雜精微，往往從婦女角度出發，撬動儒家正統思維。以山邊皇女（663—686）爲例。皇女在其夫大津皇子（663—686）被害後自殺，安部在傳後贊以長評，他首先表彰春秋時晉國大夫魏顆（前594年在世）違抗亡父遺命，不以父妾生殉，暗示山邊皇女殉夫，乃迫於外部壓力，並非自願，惜乎無仁人如魏顆者救助。復贊譽垂仁天皇（前29—70）改殺殉陋習，以土俑陪葬皇后，符合《孟子》所謂：“仲尼曰：‘始作俑者，其無後乎？’爲其像人而用之也。”③ 意謂改變殺殉生人，僅用像人之俑陪葬，同樣可以取悦祖先，而有後代。然而爲德川儒者所遵奉的朱熹，對此段的詮釋爲：“而［俑］大似人矣。故孔子惡其不仁，而言其必無後也。”④安部反對烈女殉夫，不惜違拗其時儒家權威，以其獨特理解稱引孔孟。安部並在山邊皇女傳贊中指出，那些促人生殉者，“未孔孟徒”（圖六）⑤。

然而對於二位尼平時子（1126—1185）的自殺，安部則冠以“義”而大加褒揚。壇之浦之戰（1185年4月25日），因母氏平家大敗於源氏，平時子攜其外孫、幼帝安德天皇（1178—1185）蹈海而亡。安部比之於南宋忠臣陸秀夫（1237—1279），於南宋覆亡後負幼帝趙昺（1272—1279）赴海殉國⑥。由此觀之，安部所謂平時子之“義”，乃在表彰她忠於由平家控制之國，略同於其時由德川家族控制之幕府政權。而在此政治層面之上，安部提供了更多細節，以彰顯平時子作爲女性的立場。當其攜孫跳海，她引導幼帝“先面東奉拜宗廟伊勢神，又向西念聖衆之來迎”，以求同時得到神道與佛教的精神庇護。然後她安慰幼帝：“此邦……千傷萬苦國也，今即可令帝幸快樂不退國。”

---

①安部弘忠《本朝列女傳·序》，册一，葉七下至八上。
②安部弘忠《本朝列女傳·序》，册一，葉八下至九上。
③④朱熹《孟子集注·梁惠王章句上》，《四書集注》，北京：中華書局，1983年，頁205。
⑤安部弘忠《本朝列女傳》卷二《夫人·山邊皇女》，册二，葉六上至七上。
⑥安部弘忠《本朝列女傳》卷二《夫人·二位尼》，册二，葉十二下至十三下。

正因平時子作爲女性護佑幼童的周詳，安部贊其“勇氣且熟”（圖七）①。

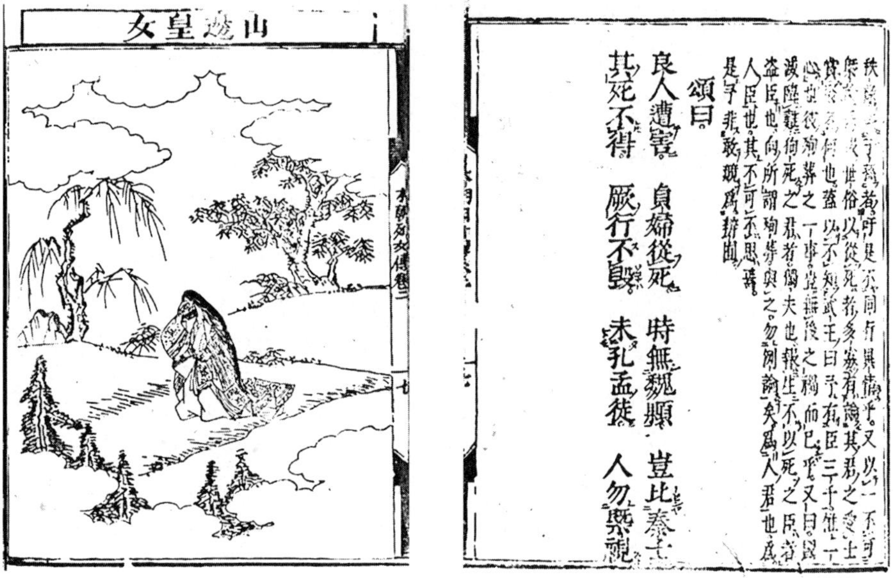

圖六 《本朝列女傳》卷二《夫人·山邊皇女》，圖示皇女從夫赴死。

圖七 《本朝列女傳》卷二《夫人·二位尼》，圖示二位尼攜孫跳海。

①安部弘忠《本朝列女傳》卷二《夫人·二位尼》，册二，葉十三上至下。

　　德川光圀爲德川時代早期大名，依中國正史條例，綜合日本歷代史志，修漢文《大日本史》，以爲德川幕府立國之本，其中便有《列女傳》專章。德川光圀既志在修立國史，則以婦女行爲彪炳儒家道德，乃題中應有之意，其論曰：

> 迨中葉文物聿興，才女踵出，華藻艷發者，世不乏其人。而操行貞特者，寥寥寡聞。亦由彤史之化不脩，内則之教有闕也。易曰："在中饋，貞吉。"女子以才稱，其殆德之衰也歟。若源賴朝妻以女流操天下之權，亦可以見世變。而楠正成妻、瓜生保母，果毅明敏，有大過人者，又豈區區詞章之比哉。今第其行事，先孝女，次節婦，舉母則，表才藝，作列女傳。[1]

所列歷代婦女四十有一，未分類，但"先孝女，次節婦，舉母則，表才藝"，將平安時代著名才女小野小町、紫式部等置於卷末，正體現了他重操行、輕才藝卻不排斥才藝的宗旨。但於才藝，則推崇婦女"操天下之權"而不欲其效仿平安才女，囿於"區區詞章"，應與德川早期立國需要有關。

　　淺井了意之《本朝女鑑》是第一部用漢文與假名合寫的日本《列女傳》仿作，刊行於 1661 年，晚於安部弘忠《本朝列女傳》自序所署時間（1655）六年，但出版早於安部之書七年。論者指出《本朝女鑑》内容與安部弘忠《本朝列女傳》多有重複，但二者的寫作應無甚關聯[2]。重複之處或因引用資料相似所致。而淺井了意的原創貢獻，更在於使用婦女易於把握的語言，達到教育婦女的目的，如其在《本朝女鑑序》中說明：

> 世人雖有明眸，卻不知觀其面，故撰此鑑，以照其面；雖有才智，卻不能明其心，故求諸道，以正其心……此《本朝女鑑》所載者上自鐘鼎之家、下及蓽門圭竇，皆爲本朝之名婦列女，堪當閨閣之典範也。今令愚頑之女朝夕誦讀，或可見賢思齊，庶有補益也。[3]

《本朝女鑑》收入八十五人傳記，釐作五類，依次爲"賢明"、"仁智"、"節義"、"貞

---

[1] 德川光圀（1628—1700）《大日本史·列女傳·序》，東京：大日本雄辯會，1928—1929 年，卷二二四，葉三下至四上。

[2] 見宇野田尚哉《女性関連資料》《江户期·本朝列女傳》，《奈良女子大學學術情報センター》（ht-tp：//www. lib. nara—wu. ac. jp/nwugdb/jindex. html）；笠井清《假名草子に及ぼした〈列女傳〉の影響》，頁 39。

[3] 引自王慧榮《劉向〈列女傳〉在日本的流傳及影響》，頁 91—92。王引用金子幸子、黑田弘子、菅野則子、義江明子編《日本女性史大辭典》（東京：吉川弘文館，2008 年，頁 671），謂淺井了意之《本朝女鑑》爲"日本本土《列女傳》的嚆矢"（《劉向〈列女傳〉在日本的流傳及影響》，頁 92），則王與金子幸子等或因安部弘忠《本朝列女傳》正式出版在《本朝女鑑》後，而有此說。

行"、"辯通"，多出於劉向《列女傳》，體現了淺井了意道德教化的意旨。其插圖則另繪，未注明繪圖者，或出淺井了意之手，待考。但《本朝女鑑》與《本朝列女傳》的歸類標準與配圖意旨有顯著不同。以倭迹迹日百襲媛命（倭迹迹姬，約生於前92年以前，卒於前88年後）爲例。倭迹迹姬系日本神話傳説中的女神，被大物主神附體，而能輔佐崇神天皇安定天下。"是後倭迹迹日百襲媛命爲大物主神之妻，然其神常晝不見而夜來矣。"倭迹迹姬欲留其夫至晨，以觀其"美麗之威儀"。大物主神遂留居其櫛笥之中。倭迹迹姬"待明以見櫛笥，遂有美麗小蛇……則驚之叫啼，時大神有恥，忽化人形……仍踐大虛，登於御諸山"，倭迹迹姬愧悔自殺①。《本朝列女傳》列其於卷十《神女》，插圖側重其見蛇驚叫②。《本朝女鑑》置其爲卷一《賢明上》首篇，插圖側重其跪諫崇神天皇③（圖八與圖九）。

圖八　《本朝列女傳》卷十
《神女·倭迹迹姬》

圖九　《本朝女鑑》卷一
《賢明上·倭迹迹姬》

松平賴紀《大東婦女貞烈記》也是漢文、假名結合體，作於德川晚期，對明治初

---

① 安部弘忠《本朝列女傳》卷十《神女·倭迹迹姬》，册十，葉二上至五上。
② 安部弘忠《本朝列女傳》卷十《神女·倭迹迹姬》，册十，葉五下。
③ 淺井了意《本朝女鑑》卷一《賢明上·倭迹迹姬》，東京：勉誠社，1972年，册一，傳記頁11—20，圖頁14。

年日本《列女傳》仿作有直接影響。匹田尚昌（生卒年不詳）《本朝列女傳》與松平直溫（1830—1856）《小學勸善本朝列女傳》均取材於《大東婦女貞烈記》[①]。其後數年，多種《列女傳》仿作陸續問世，僅 1879 年就有三種。筆者查到的七種明治《列女傳》仿作，均爲漢文、假名結合體，顯示明治維新對於婦女教育的重視。而婦女本身亦參與有關著述，如《本朝彤史列女傳初編》即爲女史白川幸（又署白川琴水，1856—1890）所作。

明治《列女傳》仿作，也體現了日本此時模仿西方的强烈願望，如刊行於 1879 年的《西洋列女傳》，乃宮崎嘉國（生卒年不詳）由美國女作家 Elizabeth Starling 所著《婦女高行》又名《女性之勇氣與德行》（*Noble Deeds of Woman：Or，Examples of Female Courage and Virtue*）（Boston，1858）[②] 之前四章編譯而成，但宮崎嘉國調換了原來四章的次序，以更符合儒家孝道爲先的原則：

	Noble Deeds of Woman		《西洋列女傳》
1	Maternal Affection	4	卷之下 之二《慈母之部》
2	Filial Affection	1	卷之上 之一《孝行之部》
3	Sisterly Affection	2	卷之上 之二《友愛之部》
4	ConjugalAffection	3	卷之下 之一《貞操之部》

八年之後的 1887 年，《婦女鑑》問世。編譯者西村茂樹（1828—1902）、山田安榮（生卒年不詳）與加部嚴夫（1849—1922）均爲新近成立的華族女校教師，衛皇后命編此書以爲教學之用。全書六卷，收日本、中國、西洋婦女傳記共 120 人，《序》曰：

> 顧世之誨女子者，大率曰，"婉婉聽從，奉箕帚、執鍼線、調酒食"，如此而足。不知扶夫教子，專由於學，則彝訓不可不講也，德行不可不修也，物理經濟不可不學也，書數不可不習也，古今興廢存亡不可不鑒也，外國語言文字不可不解也。[③]

則此書宗旨，較之同類著作，遠爲開放。編譯者一改前此囿婦女於内庭之儒家傳統教

---

① 見宇野田尚哉《女性関連資料》《明治期・本朝烈［列］女傳》與《明治期・小學勸善本朝烈［列］女傳》《奈良女子大學學術情報センター》（http：//www. lib. nara—wu. ac. jp/nwugdb/jindex. html）。

② Elizabeth Starling，*Noble Deeds of Woman：Or，Examples of Female Courage and Virtue*，Boston：Phillips，Sampson，and Company，1858.

③ 西村茂樹等《婦女鑑・序》，東京：宮内省，1887 年，葉三上至下。

化，强調婦女須胸懷天下，悉心向學，汲取古今中外一切新知舊識，蓋"一婦賢否，家道興衰之所關；一家興衰，即天下治化隆替之所基，婦女之任，不亦重乎!"[1] 因此書乃秉皇后懿旨而作，可知"天下"於明治皇室而言，已擴張爲整個世界，膨脹的帝國野心，亟需婦女襄助而成。

日本明治維新時期"列女"仿作大量湧現，蓋因教育婦女爲其時重要的社會變革目的，而《列女傳》文體最爲方便設立婦女楷模，同時，"天下"既已擴張爲整個世界，《列女傳》亦成翻譯介紹西方女性故事之載體，並借之形成"女傑"話語，挾社會達爾文主義之勢進入中國，與國族主義結合，成爲婦女革命主流。典型表現在日本婦女領袖下田歌子（1854—1936）發表於陳擷芬《續出女報》第九期（1902 年 12 月 30 日）之《論中國女學事》一文，指責中國"不能合全國國民之材智學問，以與列國抗衡，遂使優勝劣敗，不能逃天演之公例"。故振興黃種之關鍵，乃在教育國民，包括婦女。下田又特別表彰，當八國聯軍攻擊北京時，"女子之爲外國人所辱者，無不自殺"，勗婦女以此貞節心志，移諸保國。同期刊男性國家主義者蔣智由《愛國女學校開校演說》，提出"古之……貞孝節烈之女子，其志氣、其性情、其行品，今亦當師法之"。而陳擷芬於《女學報》第四期（1903 年 11 月，東京出版）的《中國女子之前途》，更大力褒揚中國傳統孝女節婦之"堅執心"，喊出"最毒婦人心"爲中國女子"特美性"，倡言以"報復心"參與抗清排滿的暴力革命。這一趨向在其後由秋瑾主編的《中國女報》中有更爲鮮明的表現，而男性革命報人陳以益之《神州女報》正是爲繼承秋瑾遺志而創辦。秋瑾後來成爲國民偶像，此類話語，有推動之力[2]。

三、"列女"書寫傳統在朝鮮

劉向《列女傳》在朝鮮太祖時（1392—1398）傳入朝鮮[3]，但在朝鮮王朝早期産生

---

[1]西村茂樹等《婦女鑑·序》，葉一下至二上。

[2]參閱 Nanxiu Qian, "The Mother *Nü Xuebao* versus the Daughter *Nü Xuebao*: Generational Differences between 1898 and 1902 Women Reformers," in *Different Worlds of Discourse: New Views of Gender and Genre in Late Qing and Early Republican China*, eds. Nanxiu Qian, Grace S. Fong, and Richard J. Smith (Leiden: Brill, 2008,) P. 257—291.

[3]見金泰俊《增補朝鮮小説史》，漢城：學藝社，1939 年，頁 64—65；參閱崔真娥《牢不可破的原典及其譜系：東亞書寫女性的歷史》，載崔麗紅主編《東亞女性的起源：從女性主義角度解析〈列女傳〉》，北京：人民文學出版社，2005 年，頁 64。

影響的則是明代仿作《古今列女傳》。《朝鮮王朝實錄》太宗（1401—1418 年在位）四年（1404），亦即明永樂二年，載三月戊辰（二十一日）朝鮮謝恩使李彬等自京師返，帶回“欽賜曆日書籍”，爲《永樂二年大統曆》一百本、《古今烈女傳》一百一十部①。此處《古今烈女傳》爲《古今列女傳》之誤。據《四庫全書·古今列女傳·提要》，此書爲明解縉（1369—1415）等奉勅撰，黃虞稷《千頃堂書目》稱此書成於永樂元年十二月，“書成上進，帝自製序文，刊印頒行。”則永樂帝以新頒典籍賜藩臣，正合禮儀。但於實用曆書之外，獨賜《古今列女傳》，應與成書背景有關，四庫館臣謂：“時［永樂帝］徐后作貞烈事實以闡幽微顯，頗留意於風教，故諸臣編輯是書，稍爲經意……所錄事蹟，起自有虞，迄於元明。漢以前多本之劉向書，後代則略取各史列女傳，而以明初人附益之，去取頗見審慎。”② 永樂自制序文謂：

> 朕聞：惟天下至誠，爲能經綸天下之大經，立天下之大本，知天地之化育。大經者，五品之人倫也。大哉經綸之道乎，而以人倫爲本。人之大倫有五，而男女夫婦爲先。有夫婦而後有父子，有父子而後有君臣。妃匹之際，生民之始，萬福之原。經訓之作，皆載之首篇。聖帝明王相傳之要道，豈有加於此哉！③

顯示永樂帝於靖難之亂後佔領儒家道德高地，以穩固其位的迫切之心。同樣，朝鮮王朝初立，一變高麗對於佛教的重視，改爲尊崇儒家思想，又因明朝爲其宗主國，故於永樂帝所頒書籍自然格外重視。因應三月永樂帝的賞賜，太宗四年四月己卯（六日）“遣參知議政府事呂稱如京師，謝改正宗系、放還拘留人、賜《列女傳》也”④，將《［古今］列女傳》與宗系大事並提。同年十一月己亥（一日）記進賀使李至等同自京師，奉永樂聖旨謂：“來的使臣告說：‘先蒙頒賜《列女傳》，分散不周，再與五百部，欽此！’”其下所附清單標明爲“《古今列女傳》五百部”，亦可見太宗迎合永樂之意⑤。

如此便可理解，何以學者多謂朝鮮李朝特別强調婦女貞操，以至“它被崇尚的程度要比儒家思想的發源地中國還更甚一籌”⑥。上文提到劉向七類，“貞順”僅其一，

---

①《朝鮮王朝實錄》“太宗四年”，卷七，葉十一上。

②《四庫全書總目》卷五十八“《古今列女傳》提要”，北京：中華書局，1965 年，頁 523。

③《古今列女傳原序》，《景印文淵閣四庫全書》第 452 冊，臺北：臺灣商務印書館，1983 年，頁 38。

④《朝鮮王朝實錄》“太宗四年”，卷七，葉十三上。

⑤《朝鮮王朝實錄》“太宗四年”，卷八，葉二十六下至二十七上。參閱姜賢敬《中韓女誡文學之研究》，臺灣師範大學博士論文，1990 年，頁 245—246。

⑥崔真娥《牢不可破的原典及其譜系：東亞書寫女性的歷史》，《東亞女性的起源：從女性主義角度解析〈列女傳〉》，頁 64。

而“節義”之節更在氣節。其餘“母儀”、“賢明”、“仁智”、“辯通”均著重婦女才智能力，即連“孽嬖”，也往往是因爲婦女太具能力與魅力，而對男性政權產生威脅，故遭劉向貶斥。全書所重，乃在婦女德能、不在貞操。故自范曄《後漢書》設立“列女”專章，其後歷朝正史“列女傳”仍承劉向餘緒。是從宋濂等奉明太祖之命編撰《元史》開始，爲體現新朝以儒學治天下，天下平定始於齊家，婦女貞操方成“列女傳”主旨[1]。解縉等奉勅撰《古今列女傳》，並趕在永樂帝元年印行，爲其爭取篡位合法性，更加强了這一旨歸。其書進入朝鮮，對於太宗朝廷自然產生直接影響。《太宗實錄》多次記載太宗與群臣有關女德方面的討論，如四年九月丁巳（十九日）議政府議各品陳言，有謂“崇獎義士節婦，國之常典，”請太宗“特下禁令，毋奪［夫亡守信之］節婦之志”[2]。明顯是受《古今列女傳》的影響，其後世宗（1418—1450 年在位）十七年（1434），朝廷刊行《三綱行實圖》，褒揚孝子、忠臣、烈女。成書於世宗末年文宗（1450—1452 在位）元年的《高麗史》，雖仿效中國各朝代正史，立專章收錄婦女傳記，亦易“列女”爲“烈女”，所收十一位，三人寧死護夫，其餘盡皆守貞拒辱殞身者。如此則與劉向原旨之重視婦女才德相差甚遠，但卻吻合明初對於女性貞節的强調。

但女德之偏執如斯，卻不利於現實社會中的施行，故而中宗（1506—1544 年在位）十二年（1517）六月辛未（二十七日），弘文館啓曰：

> 故欲教化之行，未有不自其本而推之，蓋純敬篤恭之道，始於牀笫椸席之微，而其功極於位天地、育萬物。苟慢忽本領，而徒規規於法度文爲之末，欲厚倫善俗遠矣！近者道學不明，教化陵夷，閨門之内，褻慢顛紊，無所不至。本既如是，其末可知！夫婦妒悖，父子反目，兄弟相殘者，比比有之。風俗之壞，莫甚此時，蓋有由矣！聖上沉潛心學，懇厚人倫，既命撰《續三綱行實》，又命印《小學》，欲廣頒中外。意甚盛也！然《三綱行實》所載，率皆遭變故艱危之際，孤特激越之行，非日用動靜常行之道，固不可人人而責之。小學之書，迺切於日用，而閭巷庶民及婦人之目不知書者，難以讀習矣！乞於群書内最切日用者，如《小學》、如《列女傳》、如《女誡》、《女則》之類，譯以諺字，仍令印頒中外，俾上自宫掖，以及朝廷卿士之家，下達於委巷小民，無不周知而講習之。使一國之家皆正，

---

[1] 參閱拙著《“列女”與“賢媛”：中國婦女傳記書寫的兩種傳統》，載胡纓、季家珍、游鑒明合編《重讀中國女性故事》，臺北：五南出版事業公司，2011 年，頁 83—106。

[2] 《朝鮮王朝實錄》“太宗四年”，卷八，葉十三下。

則乖氣熄，天和應，而人人有親上死長之用矣！然又有本焉！①

於此中宗"傳於政院曰：'弘文館所啓之意甚當！其令該曹磨煉施行！'"② 而《列女傳》版本選擇與"磨煉施行"的具體過程，魚叔權（1510—1573）《稗官雜記》四有如下記載：

> 嘉靖癸卯（中宗三十八年，1543），中廟出劉向《列女傳》，令禮曹翻以諺文。禮曹啓請申斑、柳沆翻譯，柳耳孫寫字。舊本本顧愷之畫，而歲久刻訛，殊失筆格，令李上佐略仿古圖而更畫之，既成，誤依舊本，書於每卷之首曰："漢劉向編撰，晋顧愷之圖畫。"正猶班固"至今血食"之文。使此書傳於後世，則孰知其爲李上佐之畫乎！③

中宗所出版本，既"本顧愷之畫"，則可能即上述南宋建安余氏勤有堂本，或相關譜系者，無論如何，所選版本乃劉向《列女傳》，以脫離太宗以來，因受《古今列女傳》影響的"孤特激越之行"，回復劉向《列女傳》中"日用動静常行之道"④。細察上述弘文館所啓之意，百年之下這一變化，似與其時朝鮮君主所宗儒學相關。要之朝鮮立國五百餘年（1392—1910），程朱理學始終爲其意識主流，而陽明心學在中宗時剛剛進入朝鮮，則中宗之"沉潛心學"，其實情如何，尚需考辨。但無論如何，心學之以人之心性爲主體，抗衡於程朱理學之以天理規範人物行爲，符合劉向《列女傳》弘揚婦女德能的主旨，更適合於婦女在日常生活中發揮主觀能動性。

至於《三綱行實圖》，作爲朝鮮五百年印行最廣的典籍之一，誠如 Young Kyun Oh 指出，其在世宗朝之編輯出版，有其鮮明政治原因，是士林階層爲與王權相頡頏，以新晋儒家道德思想與規範建立自身的優越社會地位⑤。其後《三綱行實圖》各種版本的印行，繼 1434 年的初刊本，1481 年的諺解本，1490 年的删定本，1514 年的《續三綱行實圖》，到 1617 年的《東國新續三綱行實圖》，其過程無不與其時的文化政治語境相關聯。其中的"烈女"部分更體現了"列女傳"的日益本土化，即由《三綱行實

---

①《朝鮮王朝實録》"中宗十二年"，卷二十八，葉二十一下至二十二上。

②《朝鮮王朝實録》"中宗十二年"，卷二十八，葉二十二上。

③朝鮮古書刊行會編《朝鮮群書大系》正編第三輯《大乘野乘》卷四，京城：朝鮮古書刊行會，1909 年，頁 490—491。

④據韓國《東亞日報》網站 2015 年 10 月 9 日報導，中宗三十八年（1543 年）翻譯刻印的劉向《古列女傳》之諺解本於最近發現，目前藏於韓文博物館（http：//www. xinhuanet. com/world/2015—10/10/c_ 128302117. htm）。

⑤見 Young Kyun Oh，"Printing the *Samgang haengsil—to* 三綱行實圖（Illustrated Guide to the Three Relationships），a Premodern Korean Moral Primer，" *East Asian Publishing and Society* 1（2011）：3—4，5.

圖》的包含中國和朝鮮半島傳記到《東國新續三綱行實圖》只收本土傳記。但貞節始終佔據中心，其目的更是爲旌表而非教育民衆①。如此，《三綱行實圖》系列與劉向《列女傳》的諺解本之間，其於朝鮮社會的影響，在文化、階級、性別等等方面便形成有意味的張力。對有關文本的細讀會幫助我們對朝鮮婦女史的書寫及兩性關係的瞭解有長足幫助。

　　源於漢代中國劉向的《列女傳》傳統，其後在東亞漢文化圈諸國各有演變偏重。於中國本土，因應帝制晚期大一統的需要和程朱理學的規範，"列女"逐漸濃縮至"烈女"，並直接影響了朝鮮婦女道德主流。在日本明治維新時期，與西方合流，而衍變爲女傑，直接導致中國由秋瑾開始的革命激進主義話語。而在越南，阮朝晚期有"兩夫貞節"這樣的寬容。對於《列女傳》在東亞漢文化圈的傳衍流變的研究，不僅能夠就東亞婦女史的書寫有深入全面的瞭解，亦可以對其後整個東亞社會政治學術對人民生活的影響，具體而微，有更爲親切的認識。

---

①見 Young Kyun Oh, "Printing the *Samgang haengsil—to* 三綱行實圖 (Illustrated Guide to the Three Relationships), a Premodern Korean Moral Primer," *East Asian Publishing and Society* 1 (2011)：1—38.

朝鮮半島漢籍研究

新羅《鍪藏寺碑》考論

馮翠兒

（南京大學）

一、引言

新羅《鍪藏寺碑》[①] 現已殘破不堪，只存三塊不連貫的、剝泐嚴重的殘石。對其年代、書者，甚至是否集字而成，都引起中、韓兩地學者的爭議。近年韓國有關方面在碑的發現地按殘石情況仿做新碑，原殘石則移至博物館保存，並將鍪藏寺遺址發展成鍪藏山旅遊點。其實，該碑除是寶貴的古蹟文物外，還隱藏着重要的文化信息。本文的撰寫目的就是通過多方面的挖掘，希望弄清該碑的實況，並探討它蘊含的文化信息。

二、碑的歷史

《鍪藏寺碑》應立於新羅哀莊王（800—808）年間，是記載桂花王妃爲紀念昭聖大王而造彌陀像之事。據《三國遺事》卷三"鍪藏寺彌陀殿"條云：

> 京城之東北二十許里，暗谷村之北有鍪藏寺。第三十八元聖大王之考大阿干孝讓追封明德大王之爲叔父波珍喰追崇所創也。幽谷迥絕，類似削成。所寄冥奧，自生虛白，乃息心樂道之靈境也。寺之上方有彌陀古殿，乃昭成（一作聖）大王之妃桂花王后爲大王先逝，中宮乃充充焉、皇皇焉，哀戚之至，泣血棘心，思所

[①]《槿域書畫徵》用此名，《海東金石苑》名之爲《唐新羅鍪藏寺碑》，《朝鮮金石考》名之爲《慶州鍪藏寺阿彌陀如來造像事蹟碑》，三者同爲一碑。

以幽贊明休，光啟玄福者。聞西方有大聖曰"彌陀"，至誠歸仰，則善救來迎。是真語者，豈欺我哉？乃捨六衣之盛服，罄九府之貯財，召彼名匠，教造彌陀像一軀，并造神衆以安之。先是，寺有一老僧，忽夢真人坐於石塔東南岡上，向西爲大衆說法。意謂此地必佛法所住也，心秘之而不向人說。嵓石巉崒，流澗邀迅。匠者不顧，咸謂不臧。及乎辟地，乃得平坦之地，可容堂宇，宛似神基，見者莫不愕然稱善。近古來殿則壞圮，而寺獨在。諺傳太宗統三已後，藏兵鍪於谷中，因名之。

按《三國遺事》乃高麗忠烈王（1275—1308）時僧一然（1206—1287）所撰，成書年代不詳。唯書所記事終於忠烈王七年（1281），故成書該在 1281—1287 年之間①。這是最早記載有關鍪藏寺的文獻。從此可知鍪藏寺在忠烈王時已破敗不堪，堂殿壞圮而僅存寺址。寺内彌陀殿供奉的彌陀像是爲昭聖王而造，而昭聖王只於唐德宗貞元十五年（799—800）在位。《三國史記》卷十"昭聖王本紀"亦有桂花夫人是昭聖王妃之載：

> 昭聖（或云昭成）王立。諱俊邕，元聖王太子仁謙之子也。母金氏。妃金氏桂花夫人，大阿湌叔明女也。元聖大王元年，封子仁謙爲太子，至七年卒，元聖養其子於宮中。五年，奉使大唐，受位大阿湌；六年，以波珍湌爲宰相；七年爲侍中；八年爲兵府令兵部令；十一年爲太子，及元聖薨，繼位……

> 哀莊王立。諱清明，昭聖王太子也。母，金氏桂花夫人。即位時，年十三歲，阿湌兵部令彦昇攝政。初，元聖之薨也，唐德宗遣司封郎中兼御史中丞韋丹，持節吊慰，且冊命王俊邕爲開府儀同三司檢校太尉新羅王，冊至鄆州，聞王薨，乃還。

以上兩則文獻可證桂花夫人是昭聖王妃，而彌陀殿中彌陀像是桂花夫人爲紀念昭聖王所造。中國文獻方面，宋王溥撰《唐會要》卷九十五亦有相關記載：

> （唐德宗）貞元元年（785），授良相（宣德王）檢校太尉、都督、雞林州刺史、寧海軍使、新羅國王。仍令户部郎中蓋塤持節冊命。其年，良相卒，上相金敬信（元聖王）爲王，令襲其官爵，良相之從兄弟也。十四年，敬信卒，其子先敬信亡，國人立敬信嫡孫權知國事俊邕（昭聖王）爲王。十六年，授俊邕開府儀同三司、檢校太尉、新羅王。令司封郎中兼御史中丞韋丹持節冊命。明年，至鄆州，聞俊邕卒，其子重興（哀莊王）立，詔丹還。②

---

①可參三品彰英《三國遺事考証》上"解題"，東京：塙書房，1975 年。
②《舊唐書·東夷新羅列傳》所記略同。

從以上中、韓兩地的文獻記載，可推知《鍪藏寺碑》的刻立年月大概在新羅哀莊王在位年間（800—808）。正如洪良浩①在《耳溪集》中《題金角干墓碑》②云：

> 余觀《鍪藏碑》，有右軍之風。《角干碑》，似歐陽率更之法，皆爲書家珍品，而東方古蹟，莫先於此者。在中國則其《岣嶁》《石皷》之亞乎？余嘗論羅代人物，推金公爲第一。今見是碑，重有曠世之感云。

海東碑銘中以行書入碑的，確以《鍪藏寺碑》爲最早，它所負載的歷史和文化價值實在無法估量。

三、發現過程

上節已提及高麗鍪藏寺在忠烈王時已破敗不堪，堂殿壞圮而僅存寺址。自此未見其他文獻述及《鍪藏寺碑》，至洪良浩（1724—1802）於朝鮮英祖三十八年（1760）任雞林尹（慶州府尹），聞故老說鍪藏寺内有金生所書碑，於是翻查"邑志"，派出吏員往訪而得半截殘碑。《耳溪集・題鍪藏寺碑》記載了尋碑的情況：

> 余（洪良浩）尹雞林，訪古蹟。聞故老言新羅鍪藏寺有金生書碑，而今不知所在。余甚慨然！按邑志，遣吏訪之。入山最深處，有小蘭若，僧言是鍪藏寺舊墟。古傳新羅女主藏兵於此，而碑則不見久矣。吏歸告以實。余曰："既得舊墟矣，碑或埋没於林薄乎？"第再往尋之。數日來言，寺後有磨豆磑，脉理異凡石，故豎起視其腹，乃古碑之折其半者也。余聞而奇之，遣工搨數本來，果是《鍪藏碑》。而考其文，即新羅翰林金陸珍書也。陸珍以詞翰顯於羅，傳者見其姓，誤稱金生也。
>
> 及余西歸，拜相國俞文翼公。公曰："君在雞林得見《鍪藏碑》否？"余對以求得始末。公蹶然喜曰："老夫平生聚金石録數百卷，獨未得是碑。再按嶺節，求之非不勤矣，閩境無知者。君乃得之，好古誠過我矣。願分我一本。"遂奉獻焉。乃以一本附粧於《麟角碑》之下。後聞藏書家曾有《鍪藏碑》全本，具前後面。今余所搨即前面之半，而後面則爲磨豆所滅，重可惜也！聊識卷末，以見物之隱

---

① 洪良浩（1724—1802）字漢師，號耳溪，累官至平安道觀察使、判中樞府事、大提學。擅書法，著有《耳溪詩集》《耳溪文集》。乾隆五十九年（1794）以冬至使兼謝恩使出使中國，與清朝學者紀昀等交往甚密，紀昀曾爲洪良浩的詩集、文集作序。

② 即新羅金庾信墓碑。洪良浩《耳溪集》卷十六云："金角干諱庾信，新羅統合三韓之元勳也。墓在慶州西十里，余嘗爲府尹，操文以祭之。"《韓國文集叢刊》第241冊，漢城：民族文化推進會，2001年，頁292。

見若有數焉爾。[1]

洪良浩所記讓後世得知鍪藏寺舊墟是新羅女主藏兵之地，故而得名，此其一。其二是《鍪藏寺碑》是新羅時代碑石，新羅遺蹟稀少，此發現彌足珍貴。其三，洪搨得碑前幅的上半截（已比現存的殘碑完整），故考得碑的撰及書者是新羅翰林金陸珍。其四，聞藏書家曾有《鍪藏碑》全本，具前後面，但此說從未被證實，故洪所搨數本（按其孫洪敬謨之說）仍顯得甚珍貴。

遺憾的是碑石不因洪良浩的重視而得到維護，洪良浩之孫洪敬謨（1774—1851）在《冠岩全書》亦提及此事，並提出了數個頗值探索的問題：

> 鍪藏寺在慶州府東北暗谷村，古傳新羅女主藏兵之處。《輿地勝覽》云："高麗太祖統三後，藏兵鍪於谷中而因名之，有古碑。"按其碑書之者，新羅翰林金陸珍。則寺之創在於羅時，而已名之以鍪藏矣。"輿覽"所云麗祖之藏兵而因名之者何歟？且云藏兵鍪於谷中，則麗之藏兵，不在於寺中而在於谷歟？然則寺之藏兵自羅始，而麗祖又嘗藏兵於此，故有是說歟？寺創於羅時，碑亦羅人所書，則斷以羅時藏兵爲無疑也。寺墟而碑亦不知所在，我王考文獻公尹雞林，博訪而獲之於寺後。碑折其半而爲磨豆之礎。遂搨數本來，即前面之半，而後面則爲磨豆所滅也。噫！是碑也，乃是千餘年古蹟，而埋沒於林薄間亦且幾百年矣。今幸復出於世，豈物之隱見，若有數焉歟？撰之者缺而闕，書之者以詞翰顯於羅，而書法頗有古意，亦豈以筆名於當時者歟？[2]

又至純祖十七年（1817），金正喜再往尋覓而得斷石一片，他在碑旁刻石記之曰：

> 此碑舊只一段而已，余來此窮搜，又得斷石一段於荒莽中，不勝驚喜叫絶也。

---

①載於洪良浩《耳溪集》卷十六。《耳溪集》收入《韓國文集叢刊》第 241—242 册；又《耳溪先生文集》收於《韓國歷代文集叢書》第 783—788 册。

②洪敬謨《冠巖全書》第 27 册："題後，東國墨蹟"，首爾大學校奎章閣韓國學研究院，2010 年；亦收於《韓國文集叢刊》續編第 114 册，首爾：韓國古典翻譯院，2011 年，頁 164。

仍使兩石璧合珠聯，移置寺之後廊，俾免風雨。此石書品，當在"白月碑"① 上，《蘭亭》之"崇"字三點，唯此石特全。翁覃溪先生以此碑爲證，東方文獻之見稱於中國，無如此碑。余摩挲三復，重有感於星原之無以見下段也。丁丑（1817）四月二十九日 金正喜題識。（此石是自左至右鑴刻，與傳統刻石的由右至左不同）

日治時期，大正三年（1914）5月9日朝鮮總督府派員訪尋，在慶尚北道慶州郡内東面暗谷裏鍪藏寺舊址發現鍪藏寺殘碑，始移到總督府博物館，後置景福宮勤政殿之廻廊處陳列。

四、碑之現況

《鍪藏寺碑》韓國名之《鍪藏寺址阿彌陀佛造像史蹟碑》，現收藏於韓國國立中央博物館。殘碑原在慶尚北道慶州市東面暗谷洞鍪藏山鍪藏寺遺址内。鍪藏山現已發展爲旅遊景區，進山後徒步兩公里就是鍪藏寺遺址。按韓方考證碑乃新羅哀莊王二年（801）所立，鍪藏寺是新羅第39代昭聖王王妃桂花夫人爲了紀念先夫而建，寺殿中原供奉了一尊阿彌陀佛像。目前，寺廟已經不存在，只留下三層石塔，即"韓國國家寶物第126號鍪藏寺址三層石塔"。石塔附近有破碎的螭首和龜趺，即"韓國國家寶物125號鍪藏寺阿彌陀佛造像事蹟碑螭首及龜趺"。螭首上刻有手握靈珠的龍，龜趺則刻有十二地支神像。碑的大小已無法得知，碑面刻有直行界線。

原石

拓片

---

① 全名爲《朗空大師白月棲雲塔碑》，崔仁滾撰，釋端目集金生書。

《鍪藏寺碑》殘缺碑文在中、韓兩地文獻均有記載，從斷續的碑文可印證《三國遺事》的記載是引自碑文的。現存之內容大概分爲數個部分：首先交代了撰文者是金陸珍，他的官職是守大南令，由於碑殘斷泐損過甚而未能得知書者。正文首段描述了鍪藏寺的環境；隨之解釋了迎造彌陀像的緣由；最後敘述了建殿的過程。

五、書體與文體

所有論到《鍪藏寺碑》書體者，均一致贊同是右軍體行書。唯争議的是金陸珍書還是集王羲之書而成。認爲是集字的有：

（1）翁方綱認爲此碑乃集右軍書，其《跋新羅鍪藏寺碑》① 云：

> 碑行書，雜用右軍《蘭亭》及懷仁、大雅所集字。蓋自咸亨、開元以來，唐人集右軍書，外國皆知服習，而所用《蘭亭》字皆與定武本②合，乃知定武本實是唐時禁中所刻，因流播於當時耳。

（2）劉喜海《海東金石苑·序》③ 云：“鍪藏、麟角，碎金集右軍之書。”其下小字注：“《新羅鍪藏寺碑》《高麗麟角寺碑》，俱集晉王右軍行書，頗具典型。”

認爲是金陸珍手書的有：

（1）洪良浩《耳溪集·題鍪藏寺碑》：“（《鍪藏碑》）考其文，即新羅翰林金陸珍書也。陸珍以詞翰顯於羅。”

（2）《海東金石總目》④ 載：“《鍪藏寺碑》年泐，金陸珍撰並書，在慶州。”

（3）金正喜（1786—1856）在《與金東籬書》⑤ 卻肯定地説：“篆幀及碑圖，並原本謹領，而碑圖爲弟省卻一勞，感誦無已！……《鍪藏碑》果是弘福字體⑥，非集字

---

① 翁方綱《復初齋文集》卷二十四，上海：同文圖書館，丙辰（1916）年。
② 唐太宗得到《蘭亭序》後勑令歐陽詢、虞世南、褚遂良等臨寫，真跡則陪葬昭陵。歐陽詢摹本刻石後置於唐學士院。安史之亂時郭子儀將刻石運至靈武，五代梁時被移置汴都（今開封）。宋慶曆年間（1041—1048）碑被發現，置於定州。唐時定州置義武軍，宋避太宗趙光義諱，改義武爲定武，故稱《定武蘭亭》，即歐陽詢所摹者。趙孟頫《定武本題跋》云：“古今言書者以右軍爲最善，評右軍之書者以禊帖爲最善，真跡既亡，其刻石者以定武爲最善。”
③ 劉喜海《海東金石苑》，北京：文物出版社，1982 年。
④ 張忠植編《韓國金石總目》，漢城：東國大學校出版部，1985 年。
⑤ 金正喜《阮堂先生全集》卷四“書牘”《與金東籬敬淵》，《韓國歷代文集叢書》第 283 册，漢城：景仁文化社，1999 年，頁 353—354。
⑥ 筆者按：“弘福”所指乃“弘福寺”，此寺是僧懷仁集王羲之書而成《聖教序》之地。黃長睿《東觀餘論》云：“書苑言：唐文皇製《聖教序》時，都城諸釋諉弘福寺，懷仁集右軍行書，（轉下頁）

如《麟角碑》①矣。金陸珍是新羅末葉之人，而碑之年代，今不可考矣。"

金陸珍是新羅"守大南令"，洪良浩稱其爲翰林，而且詞翰顯於羅，他於元和四年（809）以朝貢使入唐。相信金陸珍的文章和書法應有很高的水平，撰碑文外亦書碑也不是不可能的事。況且集字創作的表表者要算是懷仁集王羲之行書的《大唐三藏聖教序》刻石。該碑是唐太宗爲玄奘和尚譯大乘經而撰寫的序文，共一千九百零三字。當年懷仁歷時二十餘年，於唐咸亨三年（672）纔大功告成，其間還有不少僧人幫忙。可見集字絕不是容易之事，要比直接書丹上石花工夫。《鍪藏寺碑》既是昭聖王妃桂花夫人爲其夫迎造彌陀佛像以祈冥福之舉，就不可能讓立碑之事拖延多年。況且自唐太宗奉王右軍爲書聖後，學王書和集王字入碑之風大盛，此風亦吹至海東，從新羅直至高麗朝仍甚熾熱。金陸珍生活於盛唐至中唐期間，並曾出使唐朝，取得王書字帖臨習也是很有可能之事，以仿右軍筆法書寫碑文就是極有可能的了。其實此碑無論是集字還是金陸珍書都反映了書法和刻碑文化的東傳情況，其在文化意義上的貢獻應更值得注意和探討，這留待下節繼續討論。

致於文體方面，在能讀到的碑文，文內描述寺周環境的文句有："幽谷迴絶，類似削成。所寄冥奧，自生虛白，碧澗千尋。"記喪儀則有："而喪禮也，制度存焉，必誠必信，勿之有悔，送終之事，密藏鬱陶，研精瘵瘵。"建寺殿："召彼名匠，各有司存，就於此寺，奉造阿彌陀佛像……溪澗激迅，維石巖巖，山有朽壤，匠者不顧，咸謂不詳……正當殿立，有若天扶，於時見者，愕然而驚。"可見文章以四字句爲主，是六朝至唐代流行的文體結構。《鍪藏寺碑》的建年被喻爲"韓國漢文學之祖"的崔致遠（857—?）入唐年月要早。統一新羅前期雖有學識廣博的武烈王第二子金仁問（629—694）通曉漢文，但他曾入唐宿衛二十多年，而按史載金陸珍只出使唐一次，這可反映統一新羅中期以前，新羅朝廷中已泛用漢文，而且有漢文水平甚高的官員②。

（接上頁）勒石累年方就，逸少劇跡咸萃其中。"又王澍《竹雲題跋》云："《聖教序》有二本：一褚遂良書；一則僧懷仁集羲之諸行字所成也。二本皆爲後學宗楷，學羲之書者，必自懷仁始。"故文中所謂"弘福字體"，指的是"王右軍體"。

①洪良浩《耳溪集》卷十六《題麟角寺碑》云："余少時見《麟角寺碑》印本，即高麗時集右軍書者也。字似三藏序而稍瘦，清峭過之……今餘十餘片，字又刓剥，可卜者僅十之一，甚可惜也。然其點畫完者，精彩趯趯欲動，宛然見永和風……"《韓國文集叢刊》第241冊，頁291。按《輿地勝覽》云："寺在華山，洞口有石壁矗立，俗傳麒麟卦角於壁，故因名焉。"

②《三國史記》卷四十六"强首"條亦記了一位以文立功的强首，文武王云："我先王請兵於唐，以平麗、濟者，雖曰武功，亦由文章之助焉。則强首之功，豈可忽也?"

六、折射出的文化信息

新羅在海東三國中，因有高句麗和百濟的阻隔，漢化比其他兩國爲晚，但從中、朝兩地文獻參看，可見統一新羅時代中、羅交往頻繁。新羅方朝貢不斷，已建立起朝貢制度，中方亦不時派出使節往新羅。相信朝貢以外應有不少民間的交流和通商，唐代無論在政治、經濟及文化各方面都處於領導地位，周邊的附庸國自然受其影響。新羅不但參照唐朝的政治制度設置了各級機構，還派遣不少留學生入唐。這些使臣和留學生自然把接受和學習到的帶回國。碑刻書法方面，從今天尚能看到的數方碑刻可見，統一新羅的刻碑和書風，可以説是緊隨唐風而受薰染。即使千百年後，仍可看到兩地學者在書論上的互爲補足的情況：

（一）《鍪藏寺碑》在歷史上的貢獻是補充了史載的空隙：在中方，新、舊唐書都沒記載建寺和迎造佛像之事。當然這事發生在新羅，中方缺載是當然的。直至清朝古文獻學家陸心源於同治年間編集的《唐文拾遺》纔將碑文收入，取材就是殘碑的内容。至於韓方，僧一然《三國遺事》是最早記載有關鍪藏寺的文獻，取材亦是《鍪藏寺碑》的内容。如沒此碑，這段歷史便會湮没。

又金正喜在《與金東籬書》曾説："金陸珍是新羅末葉之人，而碑之年代，今不可考矣。"翁方綱在《跋新羅鍪藏寺碑》中便解答了此問題：

> 右《新羅鍪藏寺碑》，其國臣金陸珍爲中宮造像作碑。殘闕不具歲月。《舊唐

書·新羅傳》："新羅王敬信貞元十四年卒，其子先敬信亡，立其孫俊邕爲王。十六年，俊邕卒。永貞元年，册其子重興爲王。元和四年，遣使金陸珍來朝貢。"即此碑係銜者也。以鍾廣漢《建元考》證之，敬信在位十三年，重興在位十二年，惟俊邕在位止二年，故此碑有"享國不永"之語，是此碑爲俊邕立也。又按貞元十六年册俊邕母申氏爲太妃，妻叔氏爲王妃，則此碑所謂中宮者，即王妃叔氏也。元和三年，遣金力奇來朝，力奇上言"貞元十六年奉詔册故主俊邕爲新羅王，母申氏爲太妃、妻叔氏爲王妃，册使韋丹，至中路，知俊邕薨，其册卻迴在中書省。今臣還國，伏請授臣以歸。"勅金俊邕等册，宜令鴻臚寺於中書省受領至寺，宣授與力奇，令奉歸國，是以明年即遣金陸珍入朝也。據此，則此碑是俊邕卒後，其王妃爲造佛像資冥福者，當即此時所作也。

翁方綱就是結合了歷史文獻和碑文得出"據此，則此碑是俊邕卒後，其王妃爲造佛像資冥福者，當即此時所作也"的結論。

（2）《鍪藏寺碑》在學術史上的貢獻是有助文獻鑒訂工作：金正喜在尋獲此碑殘石時曾云：

> 此碑舊只一段而已，余來此窮搜，又得斷石一段於荒莽中，不勝驚喜叫絕也。仍使兩石璧合珠聯，移置寺之後廊，俾免風雨。此石書品，當在"白月碑"上，《蘭亭》之"崇"字三點①，唯此石特全。

文中所提"《蘭亭》之'崇'字三點，唯此石特全"所指的是甚麼，帶有甚麼意義？此因《鍪藏寺碑》內有"思崇冥祐"句（可參拓片中左面一石倒數第二行最下四字），而"崇"字形與《定武蘭亭》的"崇"字形用筆相同。翁方綱在《蘇齋題跋·宋搨懷仁集聖教序》云：

> 嘗於同年紀曉嵐齋中見朝鮮國《文殊院記》②，沙門坦然仿集《聖教序》書其孤字，上橫斷住，中灣另起。詳其立石在宋建炎四年，則所臨是宋以前拓本，而墨痕所掩已如此矣。今以此本驗之，信是連下而原有闕痕耳。然此一條猶非極有關係者。前幅云"佛道崇虛"，此"崇"即《蘭亭叙》"崇山"字也。山頭之下"宀"之上橫列三小點，然後中加大點。無論定武本、褚臨本皆同，惟是褚臨本支

---

① 翁方綱《蘇齋題跋·宋搨懷仁集聖教序》云："山頭之下"宀"之上橫列三小點，然後中加大點。無論定武本、褚臨本皆同，惟是褚臨本支系蕃衍，又經後人屢有翻摹，今之重摹褚本，山下竟無此橫列三小點矣，而卻尚有空一分許之黑地。試問若非原有三點，則山下"宀"上無端空至分許，是何故哉？惟定武本三點具存（此可爲辨定武善本之法）。"
② 全稱《清平山文殊院記》（1130年），金普轍撰，僧坦然書。

系蓄衍，又經後人屢有翻摹，今之重摹褚本，山下竟無此橫列三小點矣，而卻尚有空一分許之黑地。試問若非原有三點，則山下"一"上無端空至分許，是何故哉？惟定武本三點具存（下有小字：此可爲辨定武善本之法）。

翁方綱定"崇"字之本雖非《鍪藏寺碑》，但該段文字可帶出兩重信息：其一是海東金石可爲中國文獻互相印證而提供辨僞的助證。倒過來也可如翁方綱所云："蓋自咸亨、開元以來，唐人集右軍書，外國皆知服習，而所用《蘭亭》字皆與定武本合，**乃知定武本實是唐時所刻，因流播於當時耳。**"其二可證定武本雖在宋慶曆年間在定州被發現（唐時定州置義武軍，宋避太宗趙光義諱，改義武爲定武，故稱《定武蘭亭》），但該碑應刻於唐代，即歐陽詢所摹，後被刻石置於唐學士院者。其三可確證王羲之書法在唐時已東傳至新羅。

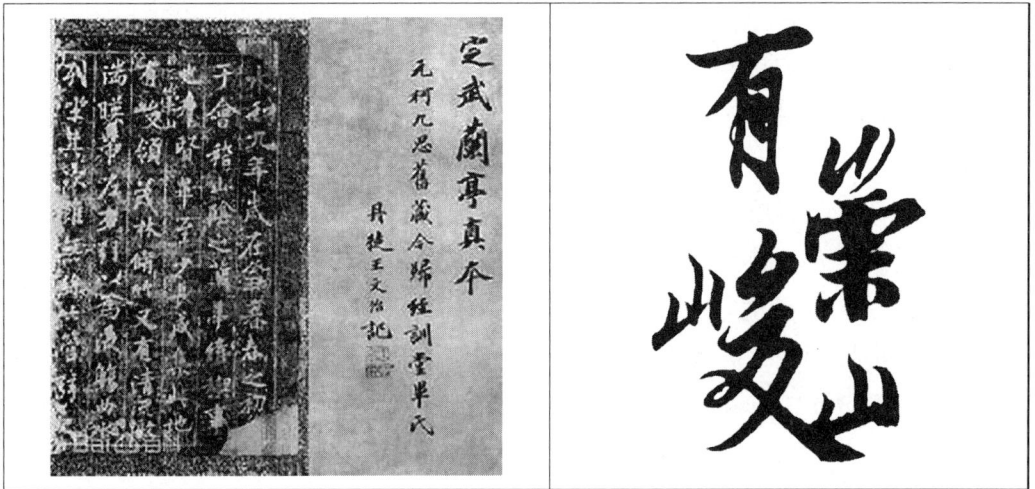

（三）《鍪藏寺碑》在書法史上的貢獻是顯示了王羲之行書之風與行書入碑及集字碑東傳的線索：

在唐初，新羅的碑刻都是歐陽詢體，如金仁問《太宗武烈王碑》（660），現雖僅存篆額及碑身斷片中"中禮"二字。篆額是近於《天發神讖碑》的方篆，碑身二字則是歐體，而且碑的形制亦襲用唐代王公貴冑之制。隨之《文武王陵碑》（681）、《武烈王陵碑》（661）、《四天王寺碑》（662）、《金角干碑》（673）、《金仁問墓碑》（694），都是歐陽詢書體，可推見統一新羅前期的書法爲歐體書風所籠罩。

新羅書風的轉變，可追源於貞觀二十一年（647），金春秋入唐朝貢，本是求援兵以抗百濟與高句麗，但他在長安時要求到國子監參觀講學，又主動請求"從正朔、改章服"。唐太宗對金春秋之請甚表贊賞，不但賜予宮廷服裝以作新羅改章服的參照，還將親書的《晋祠銘》和《温泉銘》賜給他，兩銘均以王右軍行書筆法寫成①。唐太宗推崇王書，又賜書法作品給新羅，自然對新羅的書法起了極大的影響。他爲驪山温泉撰寫的《温泉銘》② 刻石立碑，亦開創了行書入碑的先河。另懷仁集王羲之行書而成《大唐三藏聖教序》亦對新羅的集字碑刻文化影響甚大，自此新羅境内便開始有以行書入碑和集字碑的出現，而且以王右軍行書爲主。此等碑銘至今已殘缺，重要者如：《鍪藏寺碑》（801，此碑是集字還是金陸珍書尚有争議）；釋靈業書《斷俗寺神行禪師碑》（神行禪師於 779 年入寂，此碑立於神行禪師入寂 34 年後）；《沙林寺弘覺禪師碑》（886）釋雲徹集右軍書，車城縣令崔夐篆額；《興法寺真空大師忠湛塔碑銘》（940）是集唐太宗的《晋祠銘》和《温泉銘》行書而成；《太子寺朗空大師白月棲雲塔碑》（954）釋瑞目集金生書。

由此可見，《鍪藏寺碑》以右軍體行書入碑是有開風氣之先之功，此風一直延至高麗中後期。高麗高宗年間的李奎報（1168—1241）《東國諸賢書訣評論序並贊》一文中選取的書法“神品四賢”，均以王右軍書法爲其評選標準。另一點要注意的是《鍪藏寺碑》内的“崇”字與今“定武蘭亭”本合。

“合於定武本”不是重要處，重要的是《蘭亭序》原摹本，無論是歐陽詢的“定武本”還是“褚遂良臨本”的“崇”字形本來是相同，只因褚本“支系蕃衍，又經後人屢有翻摹，今之重摹褚本，山下竟無此橫烈三小點矣”③。此證明在公元 800 年之前王羲之《蘭亭序》摹本已傳入新羅，有可能是金仁問在入唐時不只帶回李世民的《晋祠銘》和《温泉銘》，還帶回了《蘭亭序》摹本，而且不只是“定武本”。

七、結語

《鍪藏寺碑》立石至今已有過千年的歷史，現只剩下大、中、小三塊殘石，幸而殘石上的刻字尚能辨讀，讓我們得知其爲《鍪藏寺碑》原石的一部分，亦能得知碑的大概信息。它的刻立是要記述統一新羅時期只在位二年的昭聖大王，其王妃桂花夫人爲紀念他而迎造彌陀像以求冥福之事。在歷史長河中，這只是一件小事，它的歷史意義

①可參《三國史記》卷五。
②是唐太宗爲驪山温泉撰寫的一塊行書碑文，原石已遺失。拓本原藏敦煌藏經洞，現藏於巴黎國立圖書館。
③請參翁方綱《蘇齋題跋》“宋搨懷仁集聖教序”條，杭州：西泠印社聚珍版，1921 年，頁 49—52。

遠比不上《太宗武烈王碑》《文武王陵碑》《武烈王陵碑》《金仁問墓碑》等。然而在細考之下，它可補歷史的空隙，又在中、韓兩地的碑刻、書法、文獻等學術領域具有其參考價值。至於《鍪藏寺碑》究竟是金陸珍所書還是集王羲之字而成碑，又字體是否與“定武本”相合，其實都無關重要，無論事實如何也無減它的價值和意義。正如《蘭亭》真面，有誰得知①？

---

①金正喜《與金黃山書》之五云：“《蘭亭》‘定武本’，最稱《蘭亭》之真焉，歐陽所摹，經有歐陽筆意，猶‘神龍本’有河南筆意。今以‘定武’爲右軍書，必全如是，未足深據。昭陵原來，有誰見之耶?”（《阮堂先生全集》，《韓國歷代文集叢書》第 283 册，頁 271）

朝鮮儒者權近《詩淺見録》謭論*

付星星

（貴州大學）

權近（1352—1409），字可遠，號陽村，是高麗末年李朝初年著名學者、哲學家、政治家。權近是高麗大儒權溥曾孫，師從高麗儒學大師李穡，於高麗恭愍王十七年（明洪武元年戊申，1368）中成均館試。李朝立國後，歷任成均館大司成、藝文春秋館大學士、議政府賢成事、知經筵春秋成均館事，官至大提學，謚號文忠公。著作有《入學圖説》《五經淺見録》《四書五經口訣》《東賢事略》《陽村集》等。

權近《詩淺見録》是保存在《五經淺見録》中關於《詩經》的著作，該書是朝鮮半島現存最早的一部《詩經》學論著。《詩淺見録》以十五國風爲主要論述對象，呈現出三個方面的《詩經》學特色：一是《詩經》闡釋遵循朱熹《詩集传》，開創了朝鮮半島《詩經》學研究尊崇朱熹《詩集傳》的先路；二是探究孔子《詩經》編輯中所寄寓的政治教化功能；三是揭示出《詩經》中包韞的天理人倫精義。《詩淺見録》確立了朱熹《詩集傳》在朝鮮半島《詩經》學史上的獨尊地位。

一、闡釋並尊崇朱熹《詩集傳》的解釋基調

朱子學於高麗末年經由安珦（1234—1308）引入朝鮮半島，之後性理之學漸興。權近是朝鮮王朝早期致力於接受、轉化朱子學，並努力建構以朱子學爲主的王朝學術體系的學者，這種學術思想體現在《詩經》研究上則是尊奉朱熹《詩集傳》。

權近《詩淺見録》以解釋並接受朱熹《詩集傳》的闡釋方式開創了朝鮮王朝《詩

* 本文爲 2014 年國家社會科學基金一般項目“朝鮮半島《詩經》學史研究”（項目編號：14BZW025）階段性成果。

經》研究以《詩集傳》爲中心的研究理念，確立了《詩集傳》在朝鮮王朝《詩經》闡釋上的經典地位。

（一）對朱熹《詩集傳》原文的闡釋與推崇

權近通過解釋朱熹《詩集傳》的原文，以達到彰顯朱熹解釋的正確性，促進《詩集傳》權威地位的形成。如《周南》，《詩集傳》解釋云：

> 武王崩，子成王誦立。周公相之，制作禮樂，乃采文王之世風化所及民俗之詩，被之筦弦，以爲房中之樂，而又推之以及於鄉党邦國，所以著明先王風俗之盛，而使天下後世之修身齊家治國平天下者，皆得以取法焉。①

朱熹又於《周南》末云：

> 按此篇首五詩皆言后妃之德。《關雎》，舉其全體而言也。《葛覃》《卷耳》，言其志行之在己。《樛木》《螽斯》，美其德惠之及人。皆指其一事而言也。其詞雖主於后妃，然其實則皆所以著明文王身修家齊之效也。至於《桃夭》《兔罝》《芣苢》，則家齊而國治之效。《漢廣》《汝墳》，則以南國之詩附焉，而見天下已有可平之漸矣。若《麟之趾》，則又王者之瑞，非有人力所致而自至者，故復以是終焉，而序者以爲《關雎》之應也。②

朱熹認爲《周南》的編輯者是周公，勸誡的對象是踐祚之初的成王，編輯的目的則是彰顯先王風俗之盛大，寄寓周王朝的統治延祚萬世的祈望，樹立修身齊家治國平天下者所效法的典範。朱熹將《周南》前五首之《關雎》《葛覃》《卷耳》《樛木》《螽斯》總釋爲言后妃之德之詩，這些詩寓含文王身修而家齊的經驗；將《桃夭》《兔罝》《芣苢》釋爲文王齊家而後國治的效應；再將《漢廣》《汝墳》釋爲國治而後天下漸平，而後於《麟之趾》見王者祥瑞的呈現。權近在《詩淺見録》中尊崇《詩集傳》的釋義，其云：

> 《周南》十一篇，當以家、國、天下分爲三節而看。《關雎》，正家之始。《葛覃》《卷耳》《樛木》，宜家之事。《螽斯》，家齊之極，致福慶及於子孫矣。《桃夭》，國治之事。《兔罝》，國已治而賢材多也。《芣苢》，國治之極。家室和平，婦人無事，相與歌其所事，以形容其胸中之樂，無一毫贊美之辭，益可見文王德化之大。所謂王者之民，皞皞而不知爲之者也。《漢廣》《汝墳》，以南國之詩附

---

① 朱熹《詩集傳》，上海：上海古籍出版社，1958年，頁1。
② 朱熹《詩集傳》，頁7—8。

焉，天下已有可平之漸。若《麟之趾》，則王者之瑞應焉。齊、治、平之極效，無以復加矣！①

以上權近的解釋完全是在朱熹的解釋思路下進行的，是對《詩集傳》的詳細復述，他將朱熹賦予《周南》的"修身齊家治國平天下"的理念具體到《周南》各詩篇的解釋中。權近《詩淺見錄》體現出以朱熹《詩集傳》爲中心的闡釋基調。

（二）對朱熹《詩集傳》釋義次序的闡釋與接受

朱熹《詩集傳》在一些詩篇詩旨的闡釋上時以"或曰"的形式存在兩種解釋，對於這些解釋的先後次序，權近詳加分析，區分主次。如《召南·采蘩》，《詩序》云："夫人不失職也。夫人可以奉祭祀，則不失職矣。"② 朱熹《詩集傳》云："南國被文王之化，諸侯夫人能盡誠敬以奉祭祀，而其家人叙其事以美之也。或曰：蘩所以生蠶。蓋古者后夫人有親蠶之禮。此詩亦猶《周南》之有《葛覃》也。"③ 朱熹對《采蘩》詩有兩種解釋，一是尊從《詩序》，延伸爲夫人以誠敬奉祭祀之義；一是認爲此詩猶如《葛覃》，講述的是后妃親蠶制衣之事。權近對朱熹的兩種解釋加以辨析，其云：

> 《召南·采蘩》，《集傳》以爲奉祭祀之事，又引"或曰"爲親蠶之事，猶《周南》之有《葛覃》也。愚按：奉祭祀，成衣服，其事雖異而修婦職則一也。雖主前說，而言亦若《周南》之《葛覃》也，故次《鵲巢》之正始。或謂奉祭之事現於後之《采蘋》，此則似當爲親蠶之事也。然若是爲衣服之事，則當有勤儉澣濯不忍厭棄之意，如《葛覃》勤謹備預。不敢暇逸之意，如《七月》矣。今觀此詩，但見其即事有序，去事有儀，齊肅愛敬之至而已，其爲祭祀之事無疑。此《集傳》所以主前說也，編詩但取性情之正，辭氣之和，其事之重復亦何害哉！④

權近對《詩集傳》中存在的兩種釋義與釋義的主次加以解釋，他首先以修婦職的實質統攝"祭祀之事"與"親蠶之事"兩種說法，以證明《詩集傳》存兩種釋義是合理的；其次他分析《詩集傳》主祭祀之說的緣由在於詩篇並無關於親蠶制衣之"勤儉澣濯不忍厭棄之意"，但於詩中見出祭祀時的秩序、禮儀、敬肅與和愛之意。故《詩集傳》將"諸侯夫人能盡誠敬以奉祭祀"的釋義放在首位，而以"或曰"的形式存"蓋

---

① 權近《詩淺見錄》，韓國成均館大學校大東文化研究院編《韓國經學資料集成》第 71 册，漢城：成均館大學校出版部，1995 年，頁 5。
② 孔穎達《毛詩正義》，北京：北京大學出版社，1999 年，頁 65。
③ 朱熹《詩集傳》，頁 8。
④ 權近《詩淺見錄》，頁 8—9。

古者后、夫人有親蠶之禮”的解釋。權近對《詩集傳》釋義的詳細闡釋，傳遞出他的《詩經》研究是以朱熹《詩集傳》爲中心的研究角度。

二、抉發孔子《詩經》編輯中的政教觀

“孔子删詩”最早是由司馬遷提出來的，《史記·孔子世家》云：“古者《詩》三千餘篇，及至孔子，去其重，取可施於禮義，上采契后稷，中述殷周之盛，至幽厲之缺，始於衽席，故曰‘《關雎》之亂以爲風始，《鹿鳴》爲《小雅》始，《文王》爲《大雅》始，《清廟》爲《頌》始。’三百五篇孔子皆弦歌之，以求合《韶》《武》、雅頌之音。禮樂自此可得而述，以備王道，成六藝。”① 漢儒對於孔子删詩並無異議，至唐代孔穎達《毛詩正義》開始對司馬遷之説提出懷疑，此後異議紛起②。權近贊同《史記》孔子删詩的説法，多次在《詩淺見録》中提及孔子删詩，如其云：

（聖人）編詩但取性情之正，辭氣之和。③

（《何彼襛矣》）仲尼升於《召南》者，雖其衰亂之時而正始之道猶有不盡。④

聖人之心，興滅繼絶，必欲變之復正。⑤

至於列國之風，則人倫之大變，天下之大亂極矣。聖人傷之，甚懼之，深録其害，以感發其善心，著其惡以懲創其逸志。⑥

仲尼删詩，以周召始二南而終風雅，望天下與後世之深意也。嗚呼，微矣。⑦

衛女之知禮也，故夫子皆存於衛風，以見衛俗淫僻之余而王化之猶存，秉彝之不泯，爲後世勸也。⑧

吾夫子獨以鄭聲爲戒者，……鄭詩蕩然無復羞愧悔悟之萌。⑨

吾夫子删詩垂戒之意，或幾乎泯矣，故僭及而著之。⑩

---

①司馬遷《史記·孔子世家》，北京：中華書局，2014 年，頁 2345。
②馬銀琴《再議孔子删〈詩〉》，《文學遺産》2014 年第 5 期。
③權近《詩淺見録》，頁 9。
④權近《詩淺見録》，頁 11。
⑤權近《詩淺見録》，頁 15。
⑥權近《詩淺見録》，頁 18。
⑦權近《詩淺見録》，頁 19。
⑧權近《詩淺見録》，頁 20。
⑨權近《詩淺見録》，頁 23。
⑩權近《詩淺見録》，頁 24。

孔子系統地總結過《詩經》的政治教化功能，如《論語·陽貨》云："詩，可以興，可以觀，可以群，可以怨。邇之事父，遠之事君。"① 權近在此基礎上探究孔子在《詩經》編輯中所寄寓的政治教化觀點。

（一）《詩》可以觀：觀風俗之盛衰

《論語·陽貨》云："《詩》可以觀。""《詩》可以觀"是孔子重要的《詩》學理念，作爲《詩經》學史上關於《詩經》功能的一個重要論斷，有其特定的理論內涵②，這主要是從政教功能的意義上肯定《詩》的存在價值。《詩》可以觀具有兩層意思：一是"觀風俗之盛衰"，一是"別賢不肖而觀盛衰焉"。"觀風俗之盛衰，是指《詩經》是社會現實的反映，因而可通過《詩經》考察社會情況、政治得失與國家盛衰。"③ "別賢不肖而觀盛衰焉"，"是指對賦詩言志者的觀察認識。"④ 權近《詩淺見錄》中的"詩可以觀"主要是從觀政的角度來論述《詩》具有反映社會風俗盛衰的功能。

如《齊風·南山》，是諷刺齊襄公淫亂無恥的詩。《春秋·桓公十八年》載："公會齊侯於濼。公與夫人姜氏遂如齊。……丁酉，公之喪至自齊。"⑤《左傳》云："十八年春，公將有行，遂與姜氏如齊。申繻曰：'女有家，男有室，無相瀆也。謂之有禮。易此，必敗。'公會齊侯於濼，遂及文姜如齊。齊侯通焉。公謫之。以告。夏四月丙子，享公。使公子彭生乘公，公薨於車。"⑥《南山》詩是反映齊襄公兄妹淫亂之詩，詩前二章刺齊襄公，後二章刺魯桓公。權近解釋此詩云：

> 齊襄、文姜鳥獸之行甚於衛宣攘其子婦，詩人鄙之，以狐稱焉，其卒不免無知之弒，不善之報，昭昭明矣。衛之滅在於後世，齊之禍及於其身，其惡甚則其禍愈促，齊不遂滅亦其幸爾。《詩》可以觀，此亦讀《詩》者所當先知者也。衛有《定之方中》《載馳》等篇，可知其國之滅，《集傳》又發明之。齊有《南山》《敝笱》甚醜之時，無知之事不現於經，《集傳》亦不及言，但記魯桓薨於彭生之車而已。初學徒見襄公醜惡之行，不知天道禍淫之理如此之明。吾夫子刪詩垂戒

---

①楊伯峻《論語譯注》，北京：中華書局，1980 年，頁 185。

②傅道彬《詩可以觀——禮樂文化與周代詩學精神》，北京：中華書局，2010 年，頁 24—28。

③張啟成、付星星《詩經研究史論稿新編》，貴陽：貴州人民出版社，2011 年，頁 20。

④張啟成、付星星《詩經研究史論稿新編》，頁 20。

⑤楊伯峻《春秋左傳注》，北京：中華書局，1995 年，頁 151。

⑥楊伯峻《春秋左傳注》，頁 152。

之意或幾乎泯矣，故僭及而著之。①

權近在《春秋》《左傳》等史料的基礎上，將齊襄公、文姜亂倫之行與衛宣公劫子伋之妻以爲己婦的行爲相比較，得出齊襄公的行爲比衛宣公更爲惡劣，遂導致齊襄公遭到“齊之禍及於其身”的直接後果。權近運用孔子“詩可以觀”的《詩》學理論來考察《南山》詩中襄公之醜行并探索齊國興衰寂滅的歷史跡象，以證詩可以觀國家政治風俗之盛衰的可行性與詩具有詩意保存史料的功能。

（二）《詩》可以興：興起其好善惡惡之心

《論語·陽貨》云：“詩，可以興。”“《詩》可以興”是孔子關於《詩經》功能的重要理論。“興”，朱熹《論語集注》解釋云：“感發意志。”② 又《論語·泰伯》云：“子曰：‘興於詩，立於禮，成於樂。’”朱熹《論語集注》解釋云：“興，起也。詩本性情，有邪有正，其爲言既易知，而吟詠之間，抑揚反復，其感人又易入。故學者之初，所以興起其好善惡惡之心，而不能自已者，必於此而得之。”③ 可見“《詩》可以興”指的是《詩》感發人的意志興起其好善惡惡之心的功能。權近在《詩淺見錄》中發揚孔子“詩可以興”的理論，探究孔子編詩所寄寓的懲創感發的詩教功能與參與政治教化的社會功能。如對於《詩經》十五國風的編排，權近云：“列國之風，則人倫之大變，天下之大亂極矣。聖人傷之，甚懼之，深録其善以感發其善心，著其惡以懲創其逸志。”④ 權近認爲孔子編《詩》，是以其善感發善心，以著録其間的惡來懲創淫逸的心志，與朱熹“所以興起其好善惡惡之心”遥相呼應。權近根據孔子“詩可以興”的觀念反觀孔子在編《詩》中所寄託的感發懲創之意。

鄭衛之詩多淫詩，朱熹云：“鄭衛之樂，皆爲淫聲。”⑤ 孔子編詩何故存鄭衛之詩是《詩經》學史上聚訟紛紜的話題。權近從孔子“詩可以興”的理論出發，發掘鄭衛之詩感發懲創人心的力量，以獲得孔子編鄭衛之詩的目的。權近云：

> 鄭衛之風皆爲淫聲，而鄭聲之淫有甚於衛。故孔子語顏回，以爲邦則曰“放
> 鄭聲”而不及衛，舉其重者也。然衛以淫亂，爲狄所滅，而鄭不亡，何歟？鄭風
> 之淫，民間男女之亂而已。衛則宣公攘其子婦，公子頑通乎君母，世族在位，相

---

① 權近《詩淺見録》，頁24。
② 朱熹《四書章句集注》，北京：中華書局，1983年，頁178。
③ 朱熹《四書章句集注》，頁104—105。
④ 權近《詩淺見録》，頁18。
⑤ 朱熹《詩集傳》，頁56。

竊妻妾，以居民上，不亡何待！又況由此而父子兄弟骨肉相殘，人倫之變，尤甚慘乎。亡而能復，蓋亦幸矣。夫子獨以鄭聲爲戒者，衛詩猶多譏刺懲創之意，觀者尚知亡國之由而自省矣。鄭詩蕩然無復羞愧悔悟之萌，則聽其音者，其心緩肆，駸駸入於其中，不知其終至於必亡也，故夫子必使放之。以鄭之不亡而無所懲，故尤必戒之也。然則不删而著於國風者，又何歟？爲邦當用禮樂之正詩，則觀俗尚之美惡而垂監戒也。後世觀者必賤惡而醜言之，懲創之心油然而生矣。故彼之笙弦，則其音邪靡，易以惑人，所當放而絶之也，書之方册，則其惡明著，易以監人，所當存而戒之也，故爲邦則放之，删詩則存之，無非所以教也。①

權近根據"詩可以興"的理論來探究孔子"放鄭聲"與存鄭詩的内在合理性：

第一，《論語·衛靈公》只就《鄭風》而言"放鄭聲，遠佞人。鄭聲淫，佞人殆"，並未涉及《衛風》。權近根據"詩可以興"的理論，認爲衛詩多呈現出譏諷懲創的意思，讀詩者可以通過詩人於詩篇中透露的譏諷懲創之意進而觀照衛國的興亡從而達到内自省焉的目的；鄭詩與衛詩不同，鄭詩大多肆意放蕩並無羞愧悔悟之意，故孔子特別提出"放鄭聲"，以告誡讀詩者在鄭詩的接受過程中持警戒懲創之心，不在鄭詩的歌詞與音調中放鬆警惕，從而避免陷入"其心緩肆，駸駸入於其中，不知其終至於必亡也"的後果。

第二，權近還從"詩可以興"的詩學理論出發，探究孔子放鄭聲而不删鄭詩的原因。孔子一方面對於"其音邪靡，易以惑人"的鄭詩持"放之"的態度；另一方面，又將這些邪靡之音載於方册。權近指出孔子這種看似矛盾的態度與行爲實是統一在"詩可以興"的《詩》學理念之中，即以這種易於惑人的誇張的邪靡之音作爲讀詩者日常保持警戒的教材，供讀詩者觀俗尚之美惡而垂監戒，體現出《詩》可以興起其好善惡惡之心的社會功能與懲創感召讀者的巨大精神力量。

（三）《詩》可以"治"：包含治亂循環之理

《論語·子罕》篇云："吾自衛反魯，然後樂正，《雅》《頌》各得其所。"② 可以推斷孔子編《詩》的時間大致在"自衛反魯"之後。"自衛反魯"是宣告孔子政治生涯的終結，至此孔子將"從周"③ 的政治理想寄寓於《詩》《書》的編輯中。孔子在

①權近《詩淺見録》，頁22—24。
②楊伯峻《論語譯注》，頁92。
③《論語·八佾》："周監於二代，鬱鬱乎文哉！吾從周。"楊伯峻《論語譯注》，頁28。

《詩》《書》的編輯中傳達出他的政治理念，並以此來干預國家政治，達到《詩》可以"治"的政治目的。權近深諳孔子的用心，在《詩淺見録》中探析孔子於《詩經》編輯中所包蘊的治亂循環之理。

如《召南·何彼襛矣》詩的年代是《詩經》學史上爭論較大的問題。《何彼襛矣》詩的年代主要有兩種意見：一是《毛傳》將此詩定爲武王時詩。其原因在於《何彼襛矣》居於正風二南之《召南》，故應該是文王、武王之時的詩。故《毛傳》解釋"何彼襛矣？華如桃李。平王之孫，齊侯之子"的"平王"解釋爲"文王"，其云："平，正也。武王女，文王孫。"① 《鄭箋》無異議。孔穎達亦贊同《毛傳》的解釋，其云："此文王也。文者，謚之正名也，稱之則隨德不一，故以德能正天下則稱平王。"② 一是以此詩爲平王之詩。如朱熹《詩集傳》云："或曰：平王，即平王宜臼。"③ 但平王之詩爲何處於《召南》之中，朱熹對該詩是文王抑或是平王時詩未加以評判，以"未知孰是"存疑。權近在此詩的解釋中提出"詩可以治"的理念，其云：

> 《何彼襛矣》稱"王姬"是武王以後之詩，然在武王時則當爲雅，在平王時則當入黍離，其在二南亦當在《周南》矣。今乃在《召南》之末④，爲不可曉。然《漢廣》《汝墳》南國之詩，而入《周南》，見天下可平之漸也。穠李王朝之詩，而在《召南》者，亦以見王化之大行而其終遂有天下也歟。故《汝墳》之稱王者，殷也，周之化猶未洽於天下而有可平之漸。穠李之稱王者，周也，周之化大洽於天下而天下已得而極治矣。《周南》則由閨門而達之天下，《召南》則由天下而本之閨門，其終則各舉王者之瑞，有非人力所致者以終焉。以是而觀，意略通矣。若其時世在雅，則不當爲風。其詩直稱平王，其在《黍離》之後歟。仲尼升於《召南》者，雖其衰亂之時而正始之道猶有不盡變者，故特取而附於正風。一以示文王太姒之化，不唯被於一時而及於天下後世；二以示後世之君，苟能自其身與家而正之，則變者可以復正也。垂訓之意深矣。⑤

權近認爲此詩直稱"平王"，判定該詩爲平王東遷之後的詩。他深究孔子將《何彼襛矣》編入《召南》的深意：一是呈示文王太姒之化在時間上不局限於一時的影響，而是長久地影響後世。二是孔子以平王詩入《召南》，旨在彰顯平王在亂政中正身齊家，

---

① 孔穎達《毛詩正義》，頁104。
② 孔穎達《毛詩正義》，頁104。
③ 朱熹《詩集傳》，頁13。
④ 朱熹《詩集傳》，頁13。
⑤ 權近《詩淺見録》，頁10—11。

致使國家由亂轉治，實現了孔子"變者可以復正"的政治期待。

權近根據十五國風的編排次序，揭橥出孔子關於亂世可以復正的政治期待。權近云：

> 列國之風……雖甚壞亂之極，而必示循環之理，使知變之可以復正也。故於《邶》《鄘》之後而系以《淇澳》，以武公望一國也；列國之終而系以《豳風》，以周公望天下也。非如周公之元聖，豈能復正乎？不唯此也，《風》以周公終，《雅》以召公終矣。昔周之初，周公爲政於內，召公宣化於外。爲政者有如周公，則朝廷之風化美，而變風可正矣；宣化者有如召公，則國之蹙者日辟，而《大雅》復作矣。此仲尼刪詩以周召始二南而終風雅，望天下與後世之深意也。嗚呼，微矣！①

此外，對於邶鄘衛詩次於二南之後的原因，權近解釋云："衛詩首尾皆與《周南》相反，可觀其變之驗，又有復而可正之道。"② 權近解釋孔子以《檜風》《曹風》《豳風》三風系於國風之末云："然後系以《檜》《曹》思治之詩，而終以周公之《豳》，以言亂之可治，變之可正也。"③ 權近認爲十五國風的編排次序包含了孔子"亂極思治"的苦心與亂可變爲治的政治理想。

三、探求《詩經》中的"人倫"與"天理"之義

（一）"人倫"與十五國風之興衰

《論語·陽貨》云："子曰：'小子！何莫學夫《詩》？《詩》可以興，可以觀，可以群，可以怨，邇之事父，遠之事君。多識於鳥獸草木之名。'"④記載了孔子關於《詩經》興觀群怨社會功能及多識鳥獸草木之名的認知功能的論述。"多識於鳥獸草木之名"說明《詩經》包蘊了種類繁多的鳥獸草木蟲魚之名。《詩經》中的詩人通過對大自然的親切觀察，通過與鳥獸蟲魚山川草木的觀察與共語，透露出一種感悟生命的智慧。"《詩》中的意象固然有所選擇，但'形而下'者實可能遠多於'形而上'者。密意深情，多半不離尋常日用之間，體物之心未嘗不深細，不過總是就自然萬物本來之象而言之，這也正是《詩》的質樸處和深厚處。"⑤ 揚之水道出了

---

① 權近《詩淺見錄》，頁18—19。
② 權近《詩淺見錄》，頁16。
③ 權近《詩淺見錄》，頁18。
④ 朱熹《四書章句集注》，頁178。
⑤ 揚之水《詩經別裁》，北京：中華書局，2007年，頁13。

《詩經》以尋常物尋常事起興的特點，《詩經》學家在這些平常的事物中尋覓並灌注道德的内核。如《關雎》，《詩序》云："后妃之德也。"① 朱熹《詩集傳》云："漢匡衡曰：'窈窕淑女，君子好逑，言能致其貞淑，不貳其操，情欲之感無介乎容儀，宴私之意不形乎動静。夫然後可以配至尊而爲宗廟主。此綱紀之首，王化之端也。'可謂善説詩矣。"② 漢儒宋儒皆從雎鳩鳥"摯而有別"的特性聯繫到后妃貞静悠閑的德行。漢代《詩經》學開創了《詩經》政治教化的功能，至唐代而鼎盛，漢唐《詩經》學具有濃厚的政治特徵。宋代《詩經》學在研究的方向上改變漢唐《詩經》學向外生發的政治社會性轉而進入内向研究，即是對於人的本體的關注，著力探求《詩經》中承載的人倫秩序與天地運行規律。朱熹《詩集傳》是從義理角度研究《詩經》的典範。權近《詩淺見録》尊崇《詩集傳》，亦對《詩經》做了從人倫到天理的意義探求。

"'人倫'一詞最早見於《孟子》。"③《孟子·滕文公上》云："設爲庠序學校以教之：庠者，養也；校者，教也；序者，射也。夏曰校，殷曰序，周曰庠，學則三代共之，皆所以明人倫也。人倫明於上，小民親於下。"④ 指出"明五倫"是夏商周三代學校教育的主要目的，其後又提出五倫的具體内容："后稷教民稼穡。樹藝五穀，五穀熟而民人育。人之有道也，飽食、暖衣逸居而無教，則近於禽獸。聖人有憂之，使契爲司徒，教以人倫：父子有親，君臣有義，夫婦有別，長幼有序，朋友有信。"⑤ 五倫概括了人處於社會生活中的五種重要關係。五倫的協和關係着個人行爲的規範、家風的整齊乃至於社會秩序的穩定。

《詩經》所處的時代，還没有關於五倫的系統論述，但是西周初葉至春秋中期的詩人們感受到了夫婦與家庭、宗族、社稷的興盛有密切的關係，故孔子編《詩》將《關雎》這一歌詠貴族男女婚姻的最爲恬静温和的詩篇放在《詩經》之首，旨在昭示《關雎》所贊美的好婚姻，是日用倫常間的諧美，更是"妃匹之際，生民之始，萬福之原"⑥。故"婚姻之禮正，然後品物遂而天命全。孔子論《詩》，以《關雎》爲始，言大上者民之父母，后夫人之行，不侔乎天地，則無以奉神靈之統而理萬物之宜。自上世以

---

① 孔穎達《毛詩正義》，頁 4。
② 朱熹《詩集傳》，頁 2。
③ 張岱年《人倫與獨立人格》，《北京大學學報》（哲學社會科學版）1990 年第 4 期。
④ 朱熹《四書章句集注》，頁 255。
⑤ 朱熹《四書章句集注》，頁 259。
⑥ 朱熹《詩集傳》，頁 2。

來，三代興廢，未有不由此者也。"①《關雎》居《詩經》之首反映了《詩經》時代詩人對於夫婦關係的重視，承載了孔子編《詩》將家族社稷的興盛寄於一門之內其樂融融的美好夫婦關係的嚮往。夫婦關係的重要性亦可在諸多的先秦文獻中可以看到，如：

> 《易傳·序卦》："有天地然後有萬物，有萬物然後有男女，有男女然後有夫婦，有夫婦然後有父子，有父子然後有君臣，有君臣然後有上下，有上下然後禮義有所錯。"②

> 《荀子·大略》云："夫婦之道，不可不正也，君臣父子之本也。"③

> 《中庸》云："君子之道造端乎夫婦，及其至也，察乎天地。"④

> 《禮記·郊特牲》："男女有別，然後父子親。父子親，然後義生。義生，然後禮作。禮作，然後萬物安。"⑤

夫婦關係的協和是保證父子、君臣等社會關係存在與發展的重要前提，"先秦儒家以'親'、'尊'、'義'爲準則建立了以夫婦一倫爲首的人倫關係網"⑥。《詩經》中存在很多反映夫婦關係的詩篇：有夫婦和則家安國泰者，如《關雎》《葛覃》《螽斯》《桃夭》《思齊》《綿》等；有夫婦不義，家衰國敗者，如《燕燕》《日月》《碩人》《南山》《載驅》《正月》《十月之交》等。

權近深受中國古代文化的影響，他在《詩淺見錄》中六次談及"人倫"，其中《關雎》一次，《騶虞》兩次，《國風》序説兩次，《鄭風》通論一次。《詩淺見錄》中的"人倫"大多指的是夫婦倫，旨在強調閨門和諧與家國安泰有緊密的關係。如他認爲《周南》是周王朝齊家而後平天下的寫照，《召南》則是周王朝經營南土返歸閨門之和的呈現，其云："《周南》則由閨門而達之天下，《召南》則由天下而本之閨門。"⑦

權近以人倫夫婦之道的得與失爲核心論述二南正風與十三國風變風的差異，其云：

> 正風，人道之得其正也；變風，人道之失其正也。人道之正，始自閨門而其

①朱熹《詩集傳》，頁2。
②孔穎達《周易正義》，北京：北京大學出版社，1999年，頁396。
③王先謙《荀子集解》，北京：中華書局，1988年，頁495。
④朱熹《四書章句集注》，頁23。
⑤楊天宇《禮記譯注》，上海：上海古籍出版社，2004年，頁322。
⑥李海超《先秦儒家對人倫次序的安排——以對夫婦一倫的考察爲中心》，《孔子研究》2014年第4期。
⑦權近《詩淺見錄》，頁11。

終及於天下，王者之瑞應焉；人道之失，亦始於閨門，而其終至於骨肉相殘夷狄滅亡之禍及矣。《黍離》降爲國風，然猶王號未替，當爲十三國之首矣，而先邶鄘衛者，衛風之變始自閨門，而其效皆與《周南》相反，終始之驗最爲詳備，故特舉以爲變風之首，而著其效。故讀《柏舟》《緑衣》諸篇，則莊姜正静而不見答於莊公，正始之道其與《關雎》相反矣。觀《燕燕》，則州吁弑完，其與《螽斯》子孫衆多而和集者相反矣。讀《凱風》《匏葉》①之詩則形於國中者，其與《桃夭》之男女以正者相反矣。讀《簡兮》《北門》之詩則賢者不得志，至有以事投遺而莫知其艱，其與中林武夫公侯腹心②相反矣。讀《擊鼓》則征役不息而人民愁苦，讀《北風》則國家危亂而氣象愁慘，其與《茉莒》之和樂相反矣。觀《式微》《旄丘》之詩，則衰微不振，不能修方伯連帥之職，況望及於天下乎？其與《漢廣》《汝墳》化及天下者相反矣。至讀《二子乘舟》，則骨肉相殘，人道陷於禽獸，而天理滅矣，其與《麟趾》③公子振振仁厚爲王者之瑞者不可同世而語矣。始之不謹而其終至於如是之慘，故《邶風》於是而終矣，然後有夷狄之禍，而衛遂滅焉。④

《詩序》把十五國風中的《周南》《召南》定爲正風，將其餘十三國風定爲變風⑤。朱熹《詩集傳》贊同《詩序》的説法，其云："舊説二南爲正風，所以用之閨門鄉黨邦國而化天下也。十三國爲變風，則亦領在樂官，以時存肄，備觀省而垂監戒耳。合之凡十五國云。"⑥權近在《詩集傳》的影響下，以"正風"、"變風"爲核心概念來區分二南與十三國風。他認爲：人道之正與失是二南與十三國風相區別的關鍵。權近將人道的範圍縮小到閨門之內，認爲閨門之內夫婦關係是關涉人倫的核心。權近從國風

---

① 按：此處 "《匏葉》" 爲 "《匏有苦葉》"。
② 按：此處引詩爲《周南·兔罝》。
③ 按：此處 "《麟趾》" 爲 "《麟之趾》"。
④ 權近《詩淺見録》，頁 14—15。
⑤ 《詩序》云："《關雎》《麟趾》之化，王者之風，故系之周公。南，言化自北而南也。《鵲巢》《騶虞》之德，諸侯之風也，先王之所以教，故系之召公。《周南》《召南》，正始之道，王化之基。"（孔穎達《毛詩正義》，頁 19—20）《詩序》云："至於王道衰，禮義廢，政教失，國異政，家殊俗，而變風、變雅作矣。"（孔穎達《毛詩正義》，頁 14）又鄭玄《詩譜》云："文、武之德，光熙前緒，以集大命於厥身，遂爲天下父母，使民有政有居。其實《詩》，風有《周南》《召南》，雅有《鹿鳴》《文王》之屬。及成王，周公致大平，制禮作樂，而有頌聲興焉，盛之至也。本之由此風、雅而來，故皆録之，謂之《詩》之正經。……故孔子録懿王、夷王時詩，訖於陳靈公淫亂之事，謂之變風、變雅。"（孔穎達《毛詩正義》，頁 6—8）孔穎達疏云："懿王時詩，《齊風》是也。夷王時詩，《邶風》是也。"（孔穎達《毛詩正義》，頁 8）
⑥ 朱熹《詩集傳》，頁 1。

編排的次序證明《詩經》在編排上有意突出夫婦關係與家國興衰的重要性，並以二南之後爲邶鄘衛，而非作爲王者之風的《王風》，這樣的編排存有編詩者建構强烈對比的深深用心：二南閨門祥和致天下太平王者之瑞生焉，邶鄘衛詩夫婦失德致骨肉相殘夷狄滅焉。遂認爲："衛詩首尾皆與《周南》相反，可觀其變之驗。"[1] 權近例舉《邶風》諸詩與《周南》進行比較：《柏舟》《綠衣》與《關雎》；《燕燕》與《螽斯》；《凱風》《匏有苦葉》與《桃夭》；《簡兮》《北門》與《兔罝》，得出邶風之變源於閨門夫婦之義失。

權近以人倫之失來概述十三國風政治得失的情況，其云：

> 《黍離》以降，天下不復有雅矣！至若男女之倫亂，而《鄭風》變；鳥獸之行作，而《齊風》變；國政貧殘，臣民叛去，而《魏風》變矣。《唐風》之變，則弑君篡國，賂王請命，而三家分晋之端兆矣；《秦風》之變，則殲良用殉，擅殺不忌，戎翟之俗，作俑於中國，而焚坑之禍萌矣；《陳風》之變，則宣淫、殺諫、君弑、國亡，夷狄入於中國，而變風終矣。要而言之，則夫婦之道變於《衛》，父子君臣之義失於《王》，男女之倫亂於《鄭》，鳥獸之行作於《齊》，君民之道乖於《魏》，篡弑之亂成於《唐》，戎翟之俗用於《秦》，而弑逆夷狄之禍極於《陳》矣。然後係以《檜》《曹》思治之詩，而終以周公之《豳》，以言亂之可治，變之可正也。此變風十三國之次也。嗚呼！夫婦，人倫之本，朝廷風化之源。《柏舟》變而衛國以滅，《黍離》降而王室以微，至於列國之風，則人倫之大變、天下之大亂，極矣！[2]

權近以夫婦作爲人倫的核心來論述十五國風的次序，認爲二南是人倫所得之正風，十三國風則是由於夫婦之道失所產生的變風，並指出人倫與天下太平的關係：邶鄘衛所係的衛詩是夫婦之道始變，《王風》是父子君臣之義喪失，《鄭風》《齊風》是男女之倫亂，《魏風》《唐風》是君臣之道乖離，《秦風》戎翟之俗用焉，《陳風》遭弑逆夷狄之禍。權近將《邶風》《鄘風》《衛風》《王風》《鄭風》《齊風》《魏風》《唐風》《秦風》《陳風》不復有二南"始基之矣"[3] 的盛況歸結爲夫婦人倫之失，强調"夫婦，人倫之本，朝廷風化之源"，指出人倫與天下治亂的關係是"人倫之大變，天下之大

---

①權近《詩淺見録》，頁 16。
②權近《詩淺見録》，頁 17—18。
③《左傳·襄公二十九年》："吴公子劄來聘。……請觀於周樂。使工爲之歌《周南》《召南》，曰：'美哉！始基之矣，猶未也，然勤而不怨矣。'"楊伯峻《春秋左傳注》，頁 1161。

亂，極矣”。權近對十五國風中人倫的探求旨在構築朝鮮王朝君臣、夫婦、父子、男女之正常人倫秩序的建構，實現儒學的王道政治。

（二）“天理”在於“人倫”的思想脈絡

權近是朝鮮半島著名的性理學學者，他一生都致力於性理學的發展，以圖説的研究方法提出“天人心性合一”的宇宙模式，爲朝鮮半島儒學奠定了基礎[1]。韓國學者對權近性理學的研究主要是以《入學圖説》爲中心的考察，如韓國延世大學趙真熙《權近的天人心性論研究：以〈入學圖説〉爲中心》與成均館大學鄭嘗静《陽村權近的心性論研究——以《入學圖説》爲中心》均是以權近性理學爲研究主題的碩士學位論文，顯示出權近對性理學問題的深入研究及其特色[2]。權近在對天人心性等哲學問題的論述中將人與天並舉，並通過圖示將二者結合起來，呈現天人合一的哲學觀。同時，權近《詩經》研究亦將人倫與天理聯繫起來，其云：

> 此詩（《關雎》）者，不唯不妬，惟欲得淑德以配君子而成其内治。其哀其樂皆爲淑女，而無一毫自私之心，故哀雖切，而不至於傷；樂雖深，而不至於淫。是皆天理、人倫之極也。[3]

又云：

> 至讀《二子乘舟》，則骨肉相殘，人道陷於禽獸，而天理滅矣。[4]

“天理”是朱子哲學的重要概念，與“人欲”相對立。陳來解釋“天理”、“人欲”云：“宋明儒者所説的‘存天理、去人欲’，在直接的意義上，‘天理’指社會的普遍道德法則，而‘人欲’並不是泛指一切感性欲望，是指與道德法則相衝突的感性欲望。”[5] 權近深受朱子哲學影響，他對人倫天理及人心天理的論述是對朱子哲學的繼承與發展。

朱熹認爲“人心”與“天理”相互依存，不存在没有“人心”的“天理”，亦不存在没有“天理”的“人心”。他説：“人心如船，道心如柂。任船之所在無所向；若

---

①李甦平《論權近的性理學思想》，《韓國研究論叢》第二十輯。

②조진희（趙真熙）《權近의天人心性論研究：〈入學圖説〉을중심으로》，延世大學大學院 2000 年碩士學位論文。정민정（鄭嘗静）《陽村權近의心性論研究：〈入學圖説〉을中心으로》，成均館大學校 2016 年碩士學位論文。

③權近《詩淺見録》，頁 4。

④權近《詩淺見録》，頁 15。

⑤陳來《宋明理學》，北京：生活·讀書·新知三聯書店，2011 年，頁 2—3。

執定柁，則去住在我。"① 柁不能離開船獨立存在，意謂作爲"道心"（天理）不能離開"人心"而獨立存在；船不能離開柁的控制，否則會失去航行的方向，意謂"人心"不能離開"道心"（天理）的引導。權近受到朱子哲學的影響，他關於"人倫"與"天理"關係與朱子哲學中"人心"與"天理"的關係一致，不同的是他將朱子哲學中的"人心"具體到社會關係中的人倫上。朱子哲學的"天理"存在於"人心"，權近將此發展爲"天理"存在於"人倫"，即存在於父子、君臣、夫婦、朋友、兄弟之中的人倫之理是"天理"在人間的體現，故他從日用倫常之際探究"天理"，其云："人倫日用之間，莫非天命之流行發現，汝在父子則當親，在君臣則當敬，以至一事一物之微，一動一靜之際，莫不各有當行之理，流動充滿，無小欠缺，是孰使之然哉。皆上帝所以開導啟迪於斯民，使之趨善而避惡，以不昧於其所適從也。"② 權近將天理投注到具體而微的事物之上，具體到人倫日用之父子君臣關係、萬事萬物、一動一靜之上③。

朱子哲學中"人心"之正是"天理"存滅的關鍵，朱熹云："人之一心，天理存，則人欲亡；人欲勝，則天理滅，未有天理人欲夾雜者。"④ 人心遵循道德法則，戰勝私欲，則天理存在；如果人心違反道德準則，則是私欲興起，天理滅矣。權近在朱子哲學的基礎上提出"人倫"是"天理"存滅的關鍵。其云："人道陷於禽獸，而天理滅矣。"⑤ 此處"人道"之失指的是人倫之理的喪失，導致了天理滅亡⑥。

---

①朱傑人、嚴佐之、劉永翔主編《朱子全書》第 16 册，上海：上海古籍出版社；合肥：安徽教育出版社，2002 年，頁 2663。

②于春海《權近〈天人心性合一之圖〉研究》，《周易研究》2010 年第 5 期。

③按：權近從日常人倫中探求天理的意義，亦可見於他的《周易》圖說《入學圖說・天人心性合一之圖》，該圖在具有天人合一、陰陽互補、太極爲本的特徵外，還將倫理與心性等納入易學體系，呈現出權近從人倫探究天理的研究思路。于春海《權近〈天人心性合一之圖〉研究》，《周易研究》2010 年第 5 期。

④朱傑人、嚴佐之、劉永翔主編《朱子全書》第 14 册，頁 388。

⑤權近《詩淺見錄》，頁 15。

⑥按：此外，權近還認爲天理包含在萬物之性中，其云："就人心性上，以明理氣善惡之殊，以示學者，……人獸草木千形萬狀，各正性命者，皆自一太極中流出。故萬物各具一理，萬理同出一源，一草一木各一太極，而天下無性外之物。故《中庸》言，能盡其性，則能盡人之性；能盡人之性，則能盡萬物之性；能盡萬物之性，則可以贊天地之化育；可以贊天地之化育，嗚呼，至哉。"（大韓民國文教部國史編纂委員會《三峰集卷九・佛氏雜辨》，漢城：探求堂，1971 年，頁 258）權近認爲萬物各具其性，倘能盡其本然之性，則天理存焉。他還強調盡人性對於萬物之性的彰顯具有重要性，人性之正能達到正天地之性的功能。權近云："蓋天地萬物，本同一體，故人心之正，則天地之心亦正，人之氣順，則天地之氣亦順。"權近《三峰集》卷十《心氣理篇》，頁 292。

　　權近以"人倫"爲核心分析十五國風之政治得失，強調五倫之理對國家社稷興亡的重要性，爲初期朝鮮王朝的統治秩序提供了理論根據。他從人倫到天理的意義探求，呈現出天人合一的哲學觀點。

朝鮮王朝官修《高麗史》
對元東征日本的歷史書寫

孫衛國

（南開大學）

　　至元十一年（1274）和至元十八年（1281），忽必烈兩次派大軍征討日本，乃近世東亞史上一件大事，對後世有着深遠影響。作爲元朝藩國，高麗王朝是東征日本的重要參與者。高麗王朝被迫爲東征建造戰艦、準備物資；高麗軍隊也隨元軍征討。檢視朝鮮王朝官修《高麗史》[①]，對這件歷史事件是如何叙述的，既是考察高麗王朝在這次征討中地位的重要史料，也是檢討朝鮮王朝對這場戰爭認識的重要依據。《高麗史》有

[①]中國學術界對於《高麗史》的研究，于夢衍發表題爲《中國學術界關於〈高麗史〉的研究：成果與展望》（《朝鮮・韓國歷史研究》第 11 輯），此文中將中國學術界有關《高麗史》的研究以及通過《高麗史》所進行的歷史研究，一併介紹，大多數屬於後者，真正從史學史的角度對《高麗史》研究的論文很少。主要是對《高麗史》中某些傳的研究，如王小盾、劉玉珺《從〈高麗史・樂志〉“唐樂”看宋代音樂》，《中國音樂學》（季刊）2005 年第 1 期；吳熊和《〈高麗史・樂志〉中宋人詞曲的傳入時間與兩國的文化交流》，《韓國研究》第 1 輯；金禹彤《〈高麗史・禮志・凶禮〉内容分析》，《朝鮮・韓國歷史研究》第 13 輯；林國亮《〈高麗史〉對女真的稱謂及其與高麗的關係》，《延邊大學學報》2016 年第 2 期。也有研究《高麗史》纂修的，如盧南喬《高麗史編纂的史學基礎和它所反映的中朝人民友好關係》，《文史哲》1958 年第 11 期；崔岩《朝鮮王朝官修〈高麗史〉與中華傳統史學》，《西北師大學報》2012 年第 4 期。透過《高麗史》進行資料整理和歷史研究的則有：金渭顯編《〈高麗史〉中中韓關係史料彙編》（臺北：食貨出版社，1983 年）；楊渭生《〈高麗史〉中的中韓關係研究》，《韓國學論文集》第 4 輯，1995 年等。韓國對於《高麗史》的研究成果甚多，如邊太燮《有關高麗史編纂客觀性問題：對高麗史給予肯定的評價》，《震檀學報》第 40 輯。儘管這篇文章是從肯定的角度來談，但既然作爲一個問題討論，就説明在客觀性方面是有問題的。韓永愚《朝鮮初期的歷史叙述與歷史認識》，《韓國學報》第 7 輯。本文首先討論了太祖、太宗、世宗朝對《高麗史》的編修與認識問題。這兩篇文章都收入《朝鮮前期論文選集・史學史》，漢城：三貴文化社，1998 年。

關這場戰爭的歷史叙述①，散見於《元宗世家》《忠烈王世家》《兵志》《金方慶傳》等相關篇章中。儘管零散，仔細分析，也有助於我們理解這場戰爭，且透過分析戰爭中高麗如何巧妙地與元朝周旋，具體而微地解剖元麗宗藩關係的特質。本文試圖從歷史書寫的視角，以《高麗史》爲中心，探討朝鮮王朝官方對於這一歷史事件的認識，並對影響歷史書寫背後的思想和文化根源，略作探討，以就教於海内外方家。

一、朝鮮王朝官修《高麗史》的意圖與歷程

1392 年，李成桂取代高麗幼主，自立爲王。爲了盡快樹立王朝的正統性，一方面，李成桂當即遣使明朝，以“權知國事”的名義，派韓尚質以“和寧”、“朝鮮”請國號於明朝，積極謀求建立以明朝爲宗主國的宗藩關係。明太祖朱元璋以爲：“東夷之號，惟朝鮮之稱美，且其來遠，可以本其名而祖之”②，乃賜其國號爲“朝鮮”，李成桂君臣欣然接受，通過箕子朝鮮接受周武王册封的傳統，來爭取明朝天子的册封，爲其王朝獲取宗主國的認同，以確立其正統性③。同時，立國之初，李成桂就把編修高麗王朝史作爲第一要務，試圖從本國歷史中尋找新朝的合法性。誠如有韓國學者指出：“通過對高麗時期的整理，指出高麗王朝存在的問題，以此不僅可以體現爲克服這些問題而建國的朝鮮的正當性，還可以確定新統治理念的方向。”④ 就在這種政治訴求下，朝鮮王朝開展了高麗史的編纂。

最初以編年體爲主，開展編修事宜。太祖四年（1395），李成桂令鄭道傳等人以高麗實録等史料爲據，纂成編年體《高麗國史》，全書 37 卷。此書現已失傳，有論之曰：

---

①蒙古東征日本的研究，中國學術界的成果也不多。參見李迺廥《十三世紀末蒙元征日事件考議》，《松遼學刊》1985 年第 3 期；烏雲高娃《忽必烈的東亞海外政策及禪宗影響》，《海交史研究》2015 年第 2 期；陳得芝《忽必烈的高麗政策與元麗關係的轉捩點》，《元史及民族與邊疆研究集刊》第 24 輯；毛瑞明《忽必烈伐日及其敗因》，《贛南師範學院學報》1996 年第 1 期；薛磊《論忽必烈時期元日關係中高麗王朝的態度》，《内蒙古大學學報》2002 年第 2 期；馬偉《試論 13 世紀後期忽必烈對麗、日政策及其反應》，《佳木斯大學社會科學學報》2005 年第 3 期；徐黎麗《元朝對日本的東征及其失敗》，《西北民族學院學報》1999 年第 1 期；王金林《元朝忽必烈兩次東征日本及其失敗原因》，《東北亞學刊》2012 年第 4 期等等。

②魚叔權《考事撮要》，漢城：南文閣，1974 影印本，原書未標頁碼。

③陳尚勝《論朝鮮王朝對明朝的事大觀》，陳尚勝主編《第三届韓國傳統文化國際學術研討會論文集》，濟南：山東大學出版社，1999 年，頁 924。

④朴仁鎬著，全瑩、金錦子、鄭京日譯《韓國史學史》，香港：香港亞洲出版社，2012 年，頁 55。

"恭惟我太祖開國之初，即命奉化伯臣鄭道傳、西原君臣鄭總修高麗國史。於是，採摭各朝實錄，及檢校侍中文仁公閔漬《綱目》、侍中文忠公李齊賢《史略》、侍中文靖公李穡《金鏡錄》，彙而輯之。仿左氏編年之體，三年而成，爲卷三十有七。顧其書，頗有舛誤。至於凡例，以元宗以上，事多僭擬，往往有所追改者。"① 此書成書雖快，但史料搜集有限，且當時以爲此書對李成桂史實記載不真，"事多僭擬"，因而受到批評。不過，此書史論大多被《高麗史節要》採用，而得以留存②，也爲隨後高麗史的編纂奠定了基礎。

太宗十四年（1414），太宗命領春秋館事河崙、知館事卞季良等重修《高麗國史》，兩年後河崙去世，重修被迫停止。世宗元年（1419），再令重修，三年（1421），書成，進獻國王，世宗仍不滿意。五年（1423），令卞季良、柳觀、尹淮等繼續改撰原來的史書，次年成《校讎高麗史》，因意見分歧，未能頒行。世宗十三年（1431），世宗令監春秋館事申槩、權踶等編纂高麗史長篇，廣泛採納高麗史料。世宗二十四年（1442）八月，書成，名爲《高麗史全文》。此書初印於世宗三十年（1448），史料相當豐富，但以編纂主旨不明，後亦停止頒行。不過，此書爲以後《高麗史》和《高麗史節要》的編纂，準備了豐富資料③。

最初幾十年，朝鮮王朝官方爲編高麗史，雖不遺餘力，卻並未編成一部滿意的史書。世宗三十一年（1449），金宗瑞、鄭麟趾等奉旨再次纂修《高麗史》，變編年體爲紀傳體，誠如《進〈高麗史〉箋》所言：

> 我太祖康獻大王……顧麗社雖已丘墟，其史策不可蕪沒。命史氏而秉筆，仿《通鑑》之編年；及太宗之繼承，委輔臣以讎校。作者非一，書竟未成。世宗莊獻大王，遹追先猷，載宣文化，謂修史要須該備，復開局再令編摩。尚紀載之非精，且脫漏者亦夥。況編年有異於紀、傳、表、志，而叙事未悉其本末始終，更命庸愚，俾任纂述。凡例皆法於遷史，大義悉稟於聖裁。避本紀爲世家，所以示名分之重。降僞辛於列傳，所以嚴僭竊之誅。忠佞邪正之彙分，制度文爲之類聚，統紀不紊，年代可稽。事跡務盡其詳明，闕謬期就於補正。④

①徐居正等編《東文選》卷九十三卞季良《進讎校〈高麗史〉序》，《朝鮮群書大系》三編第12冊，京城：朝鮮古書刊行會，1914年，頁63。
②朴仁鎬《韓國史學史》，頁55。曹中屏《朝鮮朝歷史學與編纂學考》，《韓國研究論叢》第22輯。
③朴仁鎬《韓國史學史》，頁57。
④《東文選》卷四十四南秀文《進〈高麗史〉箋》，《朝鮮群書大系》三編第9冊，京城：朝鮮古書刊行會，1914年，頁425—426。

　　因爲編年體並不利於王朝正統性的塑造，即便從太祖開國時開始纂修，歷經數代，儘管編過幾部史書，然無一令朝鮮國王滿意，只得採用紀傳體重編。"因爲紀傳體的記述，比編年體在對以往歷史的批判性分析和構造性理解上，要更具有優勢，而且這也更符合朝鮮統治者整理高麗時期史的意圖。"①文宗元年（1451）八月，《高麗史》終於完稿。全書139卷，其中目錄2卷、世家46卷、志39卷、年表2卷、列傳50卷。接着，金宗瑞在紀傳體《高麗史》基礎上，用編年體改撰，次年二月，《高麗史節要》成，35卷。這兩部書都得以流傳，終於實現了編纂《高麗史》以塑造王朝正統性的意圖。

　　《高麗史》雖然用"世家"以載國王史實，以示名分，全書並沒有用宋、元等中國皇帝的紀年，而是用高麗國王在位年爲全書紀年方式，表明高麗王朝的相對獨立性。其實，高麗立國以後，先後採納過五代、宋、遼、金年號。高麗元宗開始，行蒙古年號，忠烈王開始，行元朝年號，一直到被李成桂推翻。儘管在文化上，高麗與朝鮮王朝都認同宋朝的中華文化，有強烈的慕華之風，但高麗與宋的宗藩關係持續並不長。高麗開國，太祖王建即教導："惟我東方，舊慕唐風，文物禮樂，悉遵其制。"② 因而確立慕華之道，開展與宋的交往。而對於遼、金雖有交往，但視之爲"禽獸之國"，不得效仿其制度。對於元朝，"今元氏之主中國，未聞用夏變夷，脫落荄甲，滌去腥膻，徒能竊據疆土，肆然以令於衣裳之族，則是乃陰反統陽，天地古今之變逆，豈復有大於此哉！"③ 亦視同夷狄。

　　可見，在高麗與中原王朝交往的歲月裏，從文化上，高麗只臣服宋朝，但與宋朝宗藩關係持續時間最短，後來就先後被遼、金和元取代。對於這些遊牧民族所建立的中原王朝，高麗王朝儘管政治和軍事上不得不臣服，但文化心態上始終有着高昂的心態，並不臣服。朝鮮王朝官方修纂的《高麗史》，儘管國王用世家體裁不用本紀，以顯示藩王的本色，但是全書不用中國皇帝的紀年，而是用高麗國王的在位年作爲紀年方式。這種折中辦法，充分顯示朝鮮王朝一種基本的認識：既承認高麗藩國的地位，但並不完全臣服，而有着一種強烈的獨立自主意識。這兩種意識的有機結合，構成了《高麗史》歷史書寫的基調。朝鮮王朝秉承強烈的華夷思想，將元朝視作蠻夷，即便高

①朴仁鎬《韓國史學史》，頁56—57。
②鄭麟趾《高麗史》卷二《世家》，太祖二十六年四月，《四庫全書存目叢書》史部第159册，濟南：齊魯書社，1997年，頁66。
③李恒老等《宋元華東史合編綱目》《附錄》第四《發明》下，堤川：大由文化社，1998年，頁1381。

麗王朝是元朝藩國，在朝鮮王朝所編高麗史書中，亦不採用蒙古與元朝皇帝的年號。事實上，官修紀傳體斷代史，本身即凸顯王朝的自主性，有着正統觀的强烈訴求，這也是朝鮮王朝君臣經過幾十年摸索後，最終採納紀傳體的原因。

高麗王朝與蒙古帝國的接觸從 1218 年開始，與元朝的接觸，則從高麗元宗開始。高宗五年（1218），蒙古軍隊追擊契丹遺民，進入高麗，開始正式與高麗接觸。不久，締結兄弟盟約，正式交往。但蒙古屢向高麗索取財物，引起高麗不滿。有次蒙古使臣歸國途中被殺，終於引發戰爭。從 1231 到 1258 年，蒙古出兵攻打朝鮮，竟有七次之多。高宗四十六年（1259），派世子王倎前往蒙古，雙方議和。恰在此時，蒙古大汗崩逝，王倎親迎忽必烈，忽必烈繼位，建立元朝。不久，高麗高宗去世，忽必烈遣使將王倎送回高麗繼位，開啟了兩國和平之路。對於王倎與忽必烈的初次接觸，《高麗史》中叙述了一個很好的故事，從中充分顯示高麗善於利用時機，積極主動，從而在外交關係中爭取主動。其曰：

> 丁亥，忽必烈大王即皇帝位，詔還西京屯兵。王與束里大同舟渡海，自承平門入闕，命宰臣告於景靈殿。初，憲宗皇帝南征，駐蹕釣魚山。王自燕京赴行在，道過京兆、潼關。守土者迎至華清宮，請浴温泉，王謝曰："此唐明皇所嘗御者，雖異世，人臣安敢褻乎！"聞者歎其知禮。至六槃山，憲宗皇帝晏駕，而阿里孛哥阻兵朔野，諸侯虞疑，罔知所從。時皇弟忽必烈觀兵江南，王遂南轅閑關，至梁楚之郊，皇弟適在襄陽，班師北上。王服軟角烏紗幞頭、廣袖紫羅袍、犀鞓象笏，奉幣迎謁道左，眉目如畫，周旋可則，群僚皆以品服排班於後。皇弟驚喜曰："高麗萬里之國，自唐太宗親征而不能服，今其世子自來歸我，此天意也！"大加褒獎，與俱至開平府。本國以高宗薨告，乃命達魯花赤束里大等護其行歸國。江淮宣撫使趙良弼言於皇弟曰："高麗雖名小國，依阻山海，國家用兵二十餘年，尚未臣附。前歲太子倎來朝，適鑾輿西征，留滯者二年矣。供張疏薄，無以懷輯其心，一旦得歸，將不復來。宜厚其館穀，待以藩王之禮。今聞其父已死，誠能立倎爲王，遣送還國，必感恩戴德，願修臣職，是不勞一卒而得一國也。"陝西宣撫使廉希憲亦言之，皇弟然之。即日改館，顧遇有加。[①]

這個故事的書寫中，我們見識了高麗王子王倎如何善用時機，完美地實現了自己的目標。故事的主角是高麗王子王倎，也就是後來的元宗，其在得知蒙古大汗崩逝、新汗未立之際，如何適時地表現，以獲得蒙古新汗忽必烈賞識的完整故事，體現了他

---

① 《高麗史》卷二十五《元宗世家一》，元宗元年三月丁亥，頁 511。

的膽識與智慧。主要有四個情節。第一，蒙古大汗憲宗南征之時，王倎從燕京到行在，接近蒙古皇帝，以表示熱誠與衷心。第二，路過潼關華清池時，婉謝泡温泉的邀請，特別强調"此唐明皇所嘗御者，雖異世，人臣安敢褻乎"，從而使得聽者敬佩其"知禮"，表達一種尊敬。第三，憲宗駕崩，新汗未定之際，諸臣彷徨之時，獲悉忽必烈從襄陽北上，"王服軟角烏紗幞頭、廣袖紫羅袍、犀鞓象笏，奉幣迎謁道左，眉目如畫，周旋可則，群僚皆以品服排班於後"，使忽必烈喜出望外，認爲高麗派世子來迎接，乃天意也！於是大加褒獎，遂一併至開平府。王倎借此獲得了忽必烈的信任，也奠定了其繼位的機會。第四，高麗高宗薨，忽必烈接受趙良弼建議，派使臣將王倎送回國即位。可見，因爲有王倎主動迎接忽必烈，從而使得忽必烈以爲繼位爲"天意"；隨後，忽必烈又直接立他爲高麗國王，從而開始與高麗國王元宗建立一種互信的良好關係。

可見，《高麗史》敘述這個故事，以王倎爲中心，以王倎爲主動，充分顯示在元與高麗宗藩關係中，並非一切皆由宗主國決定，高麗有着很大的主動性和影響力。正是從元宗時期開始，忽必烈在高麗幫助下，開始了征討日本的準備。以高麗爲中心進行歷史書寫，貫穿着整部《高麗史》，因而其對元東征日本的歷史書寫，乃呈現一個朝鮮王朝版本的"蒙古襲來"故事。

二、《高麗史·世家》對元東征日本
戰爭之書寫原則與史實選擇

元東征日本之前，忽必烈派使臣前往日本，希望建立一種比較密切的關係，這個時期相當長。從一開始，高麗王朝幾乎就被綁縛在元朝東征的戰鬥序列中，成爲其馬前卒。對於這個過程，《高麗史》不遺餘力，盡力記述，字裏行間，包含着一種無奈卻又不甘的意識，顯示高麗王朝在元朝高壓下，試圖尋求一種獨立，以捍衛其本國利益。以高麗王朝爲中心，凸顯其本國意識與本國立場，成爲《高麗史》書寫的最基本原則。對於元東征高麗的史實，《高麗史》中是選擇性地書寫[①]，而支配其選擇的原則，就是以高麗爲中心，以高麗的利益爲中心。主要體現在以下幾方面。

第一，戰爭準備階段，面對元朝的無端要求，高麗被動應付，全面地予以叙述。

元宗七年（1266），在征討日本之前，忽必烈派遣使臣，途經高麗，出使日本。

---

① 有關韓國史書有選擇性的歷史書寫，學術界有所關注，參見李揚帆《韓國對中韓歷史的選擇性叙述與中韓關係》，《國際政治研究》2009 年第 1 期。

《高麗史》曰：

> 癸丑，蒙古遺黑的、殷弘等來。詔曰：“今爾國人趙彝來告：‘日本與爾國爲近鄰，典章政治有足嘉者，漢唐而下亦或通使中國。’故今遣黑的等往日本，欲與通和。卿其道達去使，以徹彼疆，開悟東方，向風慕義。兹事之責，卿宜任之。勿以風濤險阻爲辭，勿以未嘗通好爲解！恐彼不順命，有阻去使爲托，卿之忠誠，於斯可見！卿其勉之。”①

因爲高麗人趙彝告密，忽必烈知悉高麗與日本常通往來，於是派遣使臣黑的、殷弘前來，並帶來詔書，令高麗必須派使臣陪同前往，威脅說若不聽令，即其忠誠可疑。高麗無法，只得命樞密院副使宋君斐、侍御史金贊等與黑的前往日本。但這次使行並未到達日本，元宗八年（1267）正月，宋君斐、金贊與蒙古使臣至巨濟松邊浦，“畏風濤之險，遂還”。元宗只得令宋君斐隨黑的去元朝覆命，奏曰：

> 詔旨所諭道達使臣通好日本事，謹遣陪臣宋君斐等伴使臣以往。至巨濟縣，遥望對馬島，見大洋萬里，風濤蹴天，意謂危險若此，安可奉上國使臣冒險輕進！雖至對馬島，彼俗頑獷無禮義，設有不軌，將如之何？是以與俱而還。且日本素與小邦未嘗通好，但對馬島人時因貿易往來金州耳。小邦自陛下即祚以來，深蒙仁恤，三十年兵革之餘，稍得蘇息，縣縣存喘，聖恩天大，誓欲報效，如有可爲之勢而不盡心力，有如天日。②

這篇奏疏文，表達着幾層意思：第一，先對此次使行未能如期抵達日本，加以解釋。認爲風濤駭浪，極度危險，擔心使臣安全；加上日本人“頑獷無禮義”，對於蒙古使臣的安全，難以保證，故而只能半途而退。第二，對於蒙古聽信趙彝之言，以爲高麗常與日本通好，予以辨白。特別强調“日本素與小邦未嘗通好”，只是偶爾與對馬島人稍有貿易，對於其他日本人，則根本没有往來，故而趙彝之言不確。第三，自從元世祖即位以來，高麗就深受隆恩，並銘記於心，只期望能報之於萬一。這是一篇表決心的奏疏，也是一篇爲高麗開脱罪責自我辯白的奏疏，充滿了外交辭令。蒙古第一次派使通日本，就這樣落空了。可見，高麗當時對於此事，實在没興趣，只是應付而已。

蒙古對高麗這種刻意推脱，非常清楚。八月初一，黑的、殷弘及宋君斐等再次來到高麗，並攜來忽必烈的問罪諭旨。忽必烈在諭中，一針見血地指出高麗的推脱詭計，嚴詞指責高麗敷衍塞責，不誠實，“天命難諶，人道貴誠，卿先後食言多矣，宜自省

---

① 《高麗史》卷二十六《元宗世家二》，元宗七年十一月癸丑，頁 528。
② 《高麗史》卷二十六《元宗世家二》，元宗八年正月，頁 528—529。

焉”，對高麗給予嚴重警告。並進一步强烈表達他通使日本的決心，“以必得要領爲期”，一定要有結果，否則不會善罷甘休。最後追問高麗“誓欲報效”的説法①，明確點出當時正是報效之時！軟硬兼施，高麗毫無辦法，只得硬着頭皮再次派遣使臣前往日本。

過了十數天，高麗國王元宗遣起居舍人潘阜齎蒙古國書及高麗國王書去日本。蒙古國書有曰：“高麗，朕之東藩也；日本密邇，開國以來，亦時通中國，至於朕躬，而無一乘之使以通和好，尚恐王國知之未審，故遣使持書布告朕志，冀自今以往，通問結好，以相親睦。且聖人以四海爲家，不相通好，豈一家之理哉！以至用兵，夫孰所好，王其圖之。”② 忽必烈向日本表達一種通使往來的願望，希望日本能夠上表通好，“以相親睦”。若置之不理，就要興兵問候，以示威脅。同時，高麗亦給日本奉上國書，現身説法，將其對蒙古的看法，向日本表露，規勸日本向蒙古帝國遣使稱臣。可見，儘管蒙古跟日本並没有往來，之前瞭解也不多，但忽必烈通過高麗國王，向日本傳達通使往來的願望，希望兩國互通往來，以建立一種友好關係。高麗王國儘管並不大願意充當媒介，但在蒙古帝國的高壓之下，也没辦法，只能將蒙古帝國忽必烈詔書送達日本，同時附上高麗國書，表達通使願望。蒙古對日本派遣使節，傳達善意，但日本並不予理睬。隨後忽必烈又遣使節趙良弼，親自前往。

可見，《高麗史》在《元宗世家》中，對於高麗在蒙古的威嚇下，被迫遣使前往日本的史實，一一陳述出來。在史實陳述的背後，有種無奈與被動的感覺。字裏行間，顯示出蒙古帝國的威力，儘管並無評論，但從幾份詔書中，元朝的威嚇，相當明顯。這是朝鮮王朝史官在書寫這段歷史時，所流露出來的厭惡情感。其實，通過高麗使節傳話，只是先聲，忽必烈對日本的遐想遠不只是通使往來就能滿足的。

元宗十二年（1271）正月，“蒙古遣日本國信使秘書監趙良弼及忽林赤、王國昌、洪茶丘等四十人來”，並帶來忽必烈詔書。曰：

> “朕惟日本自昔通好中國，又與卿國地相密邇，故嘗詔卿道達去使，講信修睦。爲渠疆吏所梗，不獲明諭朕意。後以林衍之故不暇及，今既輯爾家，復遣趙良弼充國信使，期於必達。仍以忽林赤、王國昌、洪茶丘將兵送抵海上。比國信使還，姑令金州等處屯住，所需糧餉，卿專委官赴彼，逐近供給，鳩集船艦，待於金州，無致稽緩匱乏。”

---

① 《高麗史》卷二十六《元宗世家二》，元宗八年八月丙辰，頁 529。
② 《高麗史》卷二十六《元宗世家二》，元宗八年八月丁丑，頁 529。

　　王迎詔於郊，茶丘見王不拜，又出示中書省牒曰：據洪茶丘告説，父洪福源，
欽奉累朝聖旨，王國有父母兄弟親屬，曾教取發，今有叔父洪百壽等五户尚未曾
得，今欽奉聖旨，洪百壽等並取發來。①

　　這段史料相當重要，有幾點值得注意：第一，這是元帝國通過高麗，派往日本
的第一個使團，實際上分兩批：第一批，以趙良弼爲國信使，趙良弼又讓高麗"幸
臣"康允紹偕同前往；第二批忽林赤、王國昌和洪茶丘，將兵送到海上，作爲後備
使臣。值得注意的是，洪茶丘原本是高麗人，因爲其父投靠蒙古人，他也就成了蒙
古將領。第二，史料中特別提及，洪茶丘見到郊迎的高麗國王元宗"不拜"，也就是
不再向國王稱臣。書中特別提及這個細節，充分顯示洪茶丘的傲慢，也映襯出高麗
君臣與朝鮮史官的不滿。第三，出中書省牒文，因爲其父洪福源爲蒙古功臣，故而
他叔父洪百壽等五人應該一併去蒙古帝國定居。可見，此次洪茶丘來時，是公私
兼顧。

　　因爲日本對蒙古之通使要求不予理睬，蒙古開始用兵準備。軍隊未動，糧草先行。
爲了準備糧草，蒙古派忻都率兵前往高麗屯田，並要求高麗予以配合，準備三千頭牛，
並農器、種子之類備用。隨之，高麗遣殿中監郭汝弼前往蒙古上陳情表，對於蒙古所
需之物，表示頗有困難，一一回絶：

　　　承中書省牒鳳州屯田，農牛、農器、種子、軍糧等事。若乃農牛，如前表奏，
　　小邦京中鮮有畜使者，外方農民雖産之，饒者畜養亦不過一二頭，貧者多以未耕，
　　或相賃牛而使之。今外方牛畜，悉因全羅道糧餉轉輸，以至飢困，損失者大半。
　　農器，則小邦人民元來未有贍庀者，此皆雖不得如數，並當隨力供辦。種子，則
　　百姓趁年畊作，以修貢賦，用其餘以爲糧料。稍存若干斗斛，以備明年耕種，以
　　故雖或户斂，殆是不多碩耳。軍糧，則大軍之後，小邦元來蓄積，除逆賊攘奪外，
　　悉因供億留屯軍馬及追討軍馬，罄竭無餘。中外臣民征斂者累度，猶不連續，且
　　又泛計種子、蒭秣、接秋軍糧，凡幾萬碩，此則何從而致之耶！況今逆賊日益蔓
　　衍，侵及慶尚道金州、密城，加又掠取南海、彰善、巨濟、合浦、珍島等處，至
　　於濱海部落悉皆怯奪，以故凡所徵斂，難於應副。而慶尚、全羅貢賦皆未得陸輸，
　　必以水運，今逆賊據於珍島，兹乃水程之咽喉，使往來船楫，不得過行。其軍糧、
　　牛料、種子雖欲徵斂，致之無路，然不敢違命，當以力盡爲限。但念所謂農器、
　　農牛、穀種、糧料，則斯皆百姓之資生，如盡奪而供給，乃此三韓之遺噍，實薦

---

① 《高麗史》卷二十七《元宗世家三》，元宗十二年正月己卯，頁 545—546。

飢以耗淪！愚情憫望之在茲，睿鑒裁量之何似。①
高麗所上陳情表，可謂百般推諉，通篇都在講其困難。這類陳情表，以及高麗如何應付蒙古之需索，成爲《高麗史》重點叙説之内容。儘管没有評論的言辭，但其立場相當明顯，對於高麗充滿着同情與理解。朝鮮王朝史官在編此書之時，也是寄託着對宗主國明朝的同樣情感。儘管明朝較之元朝，對待朝鮮王朝並没有如此般索取，但是明初連年的處女與火者的需索、宦官的來使，也使得當時朝鮮王朝疲於奔命，不堪其重負②。故而在撰寫《高麗史》時，對於這類史實著力叙述。既表達着作爲藩國的無奈，也顯示着藩國的抗争。儘管這種抗争並没有多大的成效，但是表現了其並非逆來順受，而是有自主意識。

陳情表不夠，接着派斷事官沈渾上表，繼續請命，力圖使忽必烈汗解除這種需索。其曰：

> 經略使史樞與忽林赤、趙良弼、王國昌、洪茶丘等議農牛、農器、種子必定其成數，多般詰責。茲用約以農牛一千一十頭、農器一千三百事、種子一千五百碩，尋委中外，當及農時。又於今年内續後須索，僅可得農牛九百九十頭，以定其數。使臣沈渾繼至，復諭之以農牛等事。竊念向件元約數外，農牛、農器之今未足辦者，漸次當依元數。其軍馬接秋糧餉，限以力盡，不令受飢。噫！此百姓皆是皇帝之百姓，乃此農牛、農器、種子一皆收奪，使失其業，則恐百姓決定飢死，其又在此者役煩力竭，不堪困苦。而從逆賊者，靡有歡艱，則焉知愚民有所貳於彼哉！聖鑒若知如此，必曰何不揆力陳實，早達宸所，使我百姓至於此極？然則誰當任其責？茲用昧死，庶幾一曉於哀悰！③

從此表中看出，儘管表示高麗在盡力置辦，想方設法滿足需要，但更重要的是，爲百姓申訴苦楚，以爲農牛、農器、種子都被收走了，百姓無以爲生，只能干坐等死，或許因此而走向叛逆，可是“此百姓皆是皇帝之百姓”，相信皇帝也不願發生這樣的事情，故而昧死陳情，讓皇帝知悉高麗百姓的困境。實際上這是表達對這種需索的抗争，

---

① 《高麗史》卷二十七《元宗世家三》，元宗十二年三月，頁549。
② 有關此問題，已故香港中文大學歷史系講座教授陳學霖寫過一系列論文。參見陳學霖《永樂朝宦禍舉偶——黃儼出使朝鮮事蹟綴輯》，《洪武朝朝鮮籍宦官史料考釋——〈高麗史〉、李朝〈太祖實錄〉摘抄》，《宣宗朝鮮選妃與朝鮮政治》《海壽——永樂朝一位朝鮮籍宦官》，皆見氏著《明代人物與傳説》，香港：香港中文大學出版社，1997年；陳學霖《明初朝鮮“入朝”宦官舉隅：海壽事蹟探索》，《故宮學術季刊》第16卷第4期，1999年。
③ 《高麗史》卷二十七《元宗世家三》，元宗十二年四月，頁550。

被迫應付，但是無論高麗君臣還是百姓，都不堪其擾，無法承受此重負。

元宗十三年（1272）正月，趙良弼從日本回到高麗，並帶來日本使臣十二人。高麗元宗國王馬上派使臣前往大都報告，上表祝賀。同年十二月，元復遣趙良弼往日本招諭，這次卻不如第一次順利，元宗十四年（1273）三月，趙良弼到日本大宰府，不得入國都，只得再次回到高麗。趙良弼的兩次出使日本，都經高麗前往，高麗國王給予很大方便和幫助。在蒙元派使臣前往日本之同時，蒙元大軍在忻都、洪茶丘的指揮下，截至元宗十四年（1273）四月，先後攻佔了三別抄所佔領的朝鮮半島東南沿海諸島，珍島、耽羅先後平定，掃清了朝鮮半島東南諸島的障礙，爲征討日本作了準備。對於征討經過，《高麗史·忠烈王世家》予以敘述，但相當簡略。

有鑒於第一次征討日本前，高麗只是被動應對元朝的需索，在第二次征討前，高麗國王主動出擊，試圖參與其決策過程，爭取主動，以盡可能地限制蒙元將領的許可權及其對高麗的侵擾。第二次征討日本決策之際，高麗忠烈王正在大都，親受諭旨。《高麗史》在叙述決策過程中，如斯寫道：

> 王至上都，時帝在闍幹那兀，王遂如行在。乙未，謁帝，帝宴王，仍命從臣赴宴。先是，王使朴義奏曰："東征之事，臣請入朝稟旨。"帝許之。忻都、茶丘、范文虎皆先受命。茶丘曰："臣若不舉日本，何面目復見陛下！"於是約束曰："茶丘、忻都率蒙麗漢四萬軍發合浦，范文虎率蠻軍十萬發江南，俱會日本一歧島。兩軍畢集，直抵日本，破之必矣。"王以七事請：一、以我軍鎮戍耽羅者，補東征之師；二、減麗漢軍，使闍里帖木兒益發蒙軍以進；三、勿加洪茶丘職任，待其成功賞之，且令闍里帖木兒與臣管征東省事；四、小國軍官皆賜牌面；五、漢地濱海之人並充梢工、水手；六、遣按察使廉問百姓疾苦；七、臣躬至合浦閱送軍馬。帝曰：已領所奏。①

從中看出幾點：第一，高麗國王對參與東征之事，非常重視，他先讓大臣上奏，要入朝親受東征之旨，不想由其他朝臣傳旨，以爭取主動。第二，對於排兵佈局，忠烈王提出他的七點見解，直接參與決策過程，這是高麗國王變被動爲主動的一種努力。從他所提出的七點建議看，一方面希望少用漢軍和高麗軍，多用蒙古軍隊，甚至於水手都希望多用漢地之人，不要專門依靠高麗水手，以減少高麗王國的責任；二則削弱洪茶丘的職位，希望不要加其職位，因爲洪茶丘是其死敵。與此同時，忠烈王希望由闍里帖木兒與他共同掌管征東事項。忠烈王這麼做，意圖十分明顯，就是不希望在這

---

①《高麗史》卷二十九《忠烈王世家二》，忠烈王六年八月辛卯、乙未，頁600。

過程中，受制於人，更不希望因爲這次出征，讓政敵得以再次掌權而影響高麗的國政，所以他要争取主動。《高麗史》也着重對此叙述。儘管忽必烈並未採納忠烈王之建議，但他的意見，還是引起了重視。九月丙辰，征東元帥府鎮撫也速達齎二份文書來，乃是專爲約束蒙古征東軍隊的：

> 其一，奉聖旨：委忻都、茶丘、范右丞、李左丞征收日本行中書省事，即目軍馬調度，據本國見管糧儲、船隻、梢工、水手，一切軍須，請照驗行下，合屬如法準備，聽候區用，勿值臨時失誤。其一，經行去處，竊恐不畏公法之人，放火燒草，事係利害，請照驗行下，合屬出榜禁約，如違，罪有所歸。①

這兩條約束，可以説是對忠烈王所提七條建議的回應，免得征東將領胡作非爲，傷害高麗。儘管在《高麗史》中，對蒙古東征軍之危害，並沒有詳述，但從忠烈王在第二次東征之前的積極努力，可以看出，爲了避免東征軍的危害，忠烈王争取積極主動，終於獲得回報。

可見，《高麗史》對在戰争準備階段，高麗王朝如何從被動應對，巧妙周旋，極陳困難，到第二次征討前，高麗國王主動出擊，争取主動，給予了系統的書寫，從中體現高麗王朝對於宗主國元朝的敷衍與抗争，從而凸顯高麗王朝争取獨立自主意識的努力。

第二，戰争前後，高麗所耗費的人工、糧食、馬料，給高麗帶來的各種困難，《高麗史》則予以詳述。

誠如前面提到，高麗對元朝各種需索，採取敷衍、被動應對的辦法，《高麗史》試圖寫出高麗的無奈。而對於高麗所耗費的各種物資、面臨的各種困難，爲元征日本所作的準備，造船艦，耗費高麗多少人工、糧食、馬料，對百姓有怎樣的妨礙，不厭其詳地加以叙述，充分顯示高麗爲元征日本，所付出的代價。即如："（元宗）十五年春正月，元遣總管察忽監造戰艦三百艘，其工匠、役徒一切物件，全委本國應副……興役催督甚嚴……於交州道各爲部夫使，徵集工匠、役徒三萬五百餘名，起赴造船所。是時，驛騎絡繹，庶務煩劇，期限急迫，疾如雷電，民甚苦之。"② 元宗十五年（1274）二月甲子，高麗國王就派遣別將李仁前往元朝彙報準備情況，將他們所做事情，所耗糧餉，事無巨細，一一上奏，特別表明高麗所面臨的壓力與困難，百姓因之而更加窮困，最後懇求"歲令供給，罔有期限，將無奈何！兹實憫焉！乞皆蠲免，以

---

① 《高麗史》卷二十九《忠烈王世家二》，忠烈王六年九月丙辰，頁600。
② 《高麗史》卷二十七《元宗世家三》，元宗十五年正月，頁565。

惠遠人"①，只求減免，以蘇民力，以解民困。督造船隻者，乃洪茶丘，他雖出身高麗，但任元將領，只爲元朝辦事，對於高麗所提要求，並不予以重視，高麗對他深惡痛絕。

高麗常常跟元朝算經濟賬，對於他們所提供的糧草數目，時時向元朝稟報，一筆一筆地算清。忠烈王三年（1277），高麗遣使上書中書省，其中有言："小邦自至元七年以來，征討珍島、耽羅、日本，大軍糧餉，悉於百姓科收，爾後見在合浦鎮邊軍、耽羅防護軍、鹽白州歸附軍並闊端赤，一年都支人糧一萬八千六百二十九石二斗，馬牛料三萬二千九百五十二石六斗，皆以漢斗計，亦於百姓科收。今者所遣屯田軍三千二百並闊端赤等糧料，更於何處索之！"② 特別提及是以漢斗記，可見，高麗是多麼在乎這些糧草。這是在第一次東征時，高麗所籌集的糧草。《高麗史·兵志》更詳細敘述了高麗爲第二次東征，籌集軍糧，所採取的辦法，真可謂費盡心機：

> 忠烈王三年（1277）二月，令諸王、百官以至庶民，出米有差，以充洪茶丘軍糧。四年正月，以西海道丁丑年轉米給元帥茶丘軍。五年四月，遣使諸道審檢兵糧。七年三月，分給官絹二萬匹於兩班及京外民戶糴兵糧。十月，發龍門倉兵糧給領府。八年（1282）四月，東征所支兵糧十二萬三千五百六十余石。九年（1283）二月，命各道禄轉未輸京者悉充軍糧。三月，令諸王、百官及工商、奴隸、僧徒出軍糧有差：諸王、宰樞、僕射、承旨米二十石；致仕宰樞、顯官三品十五石；致仕三品顯官、文武四五品十石；文武六品、侍衛、護軍八石；文武七八品、參上解官六石；東班九品參外副使、校尉、南班九品四石；正雜、權務、隊正三石；東西散職業中僧一石；白丁抄奴所由丁吏、諸司下典獨女官寺奴婢十斗；賈人大戶七石；中戶五石；小戶三石。唯年七十以上男女勿斂。③

這段史料記録高麗王朝爲籌集軍糧，不得不採取的辦法。其中可見幾點：第一，從這段史料可知，東征日本期間，爲了籌集軍糧，高麗王朝上至國王，下至販夫走卒，都必須籌集定量的軍糧，以保證前線的軍需。第二，充分説明，征討日本，給高麗社會帶來的損害是全方位的，幾乎無人可逃。第一次征討之前，蒙元軍隊來高麗軍屯，生產糧食，可以給高麗減輕軍糧的負擔；第二次出征之前，似乎並沒有再行軍屯之事，故而高麗王朝只得全民動員，人人貢獻。第三，《高麗史》特別在《兵志》中，將籌

---

①《高麗史》卷二十七《元宗世家三》，元宗十五年二月甲子，頁566。
②《高麗史》卷二十八《忠烈王世家一》，忠烈王三年二月丁卯，頁579。
③《高麗史》卷八十二《兵志二》，頁219—220。

集軍糧的問題，予以陳述，亦可印證在《世家》部分對於軍糧等物資供應的細緻叙述，充分説明對這部分史實的關注，是有其必要性的。

《高麗史》卷二十九《忠烈王世家二》忠烈王六年（1280）十月戊戌條，特地收録一份元中書行省移牒，轉録東征軍事牒，主要探討士卒逃亡事故及其處置辦法，篇幅極長。較之叙述征討日本的戰事經過，長不止數倍，這一方面説明這是當時一件大事，同時也反映朝鮮王朝修史官一種特別的心態，似乎有些幸災樂禍。六年十一月，再上書中書省，彙報準備情況，曰：“小國已備兵船九百艘，梢工、水手一萬五千名，正軍一萬名。兵糧以漢石計者十一萬，什物、機械不可縷數，庶幾盡力，以報聖德。”① 詳述各項準備事宜，以向皇帝表忠心，也是一篇極長的表文。相比之下，這是一個極其反常的叙述。這一卷中，之所以將這兩個極長的表文收録，實際上表明高麗爲征討日本所作的努力和付出的代價。在朝鮮王朝修史官看來，元征高麗，如果没有高麗的準備與付出，大概也是不可行的。儘管東征日本，高麗只是附屬幫襯，但是對於其全社會的影響則是深遠的。

第三，《高麗史·忠烈王世家》對兩次元東征日本經過，叙述簡略，且所記史實以高麗將領爲中心。

至元十一年（1274）十月，元麗聯軍第一次征討日本，日本稱之爲“文永之役”。《高麗史·忠烈王世家》叙述此次戰爭，只有數行，如斯寫道：

> 冬十月乙巳，都督使金方慶將中軍，朴之亮、金忻知兵馬事，任愷爲副使；金侁爲左軍使，韋得儒知兵馬事，孫世貞爲副使；金文庇爲右軍使，羅裕、朴保知兵馬事，潘阜爲副使，號三翼軍。與元都元帥忽敦、右副元帥洪茶丘、左副元帥劉復亨，以蒙漢軍二萬五千、我軍八千，梢工、引海、水手六千七百，戰艦九百餘艘征日本，至一歧島，擊殺千餘級，分道以進，倭卻走，伏屍如麻，及暮乃解。會夜大風雨，戰艦觸巖崖多敗，金侁溺死。②

至元十八年（1281），元朝第二次東征，日本稱之爲“弘安之役”。對於此次征討日本的經過，《高麗史·忠烈王世家》也只有寥寥數行字，其曰：

> （七年）五月戊戌，忻都、茶丘及金方慶、朴球、金周鼎等以舟師征日本……癸亥，行省總把報：是月二十六日，諸軍向一歧島，忽魯勿塔船軍一百十三人、梢手三十六人，遭風失其所之。遣郎將柳庇告於元。六月壬申，金方慶等與日本

---

① 《高麗史》卷二十九《忠烈王世家二》，忠烈王六年十一月己酉，頁 605。
② 《高麗史》卷二十八《忠烈王世家一》，即位年十月乙巳，頁 570—571。

戰，斬首三百餘級；翼日復戰，茶丘軍敗績，范文虎亦以戰艦三千五百艘、蠻軍十餘萬來會，值大風，蠻軍皆溺死……（八月）己卯，別將金洪柱自合浦至行宮，告東征軍敗，元帥等還至合浦……是月，忻都、茶丘、范文虎等還，元官軍不返者，無慮十萬有幾……（十一月）壬午，各道按廉使啟：東征軍九千九百六十名、梢工、水手一萬七千二十九名，其生還者一萬九千三百九十七名。①

綜合這兩段史料，可知幾點：第一，敘述相當簡略，充分說明《高麗史·忠烈王世家》對於這次征討日本的戰爭，並不重視；或者說，敘述戰爭經過，並非其關注的重點歷史事件。

第二，在如此簡單的敘述中，其內容選擇值得關注，重點介紹高麗軍隊的將領以及建制情況。首次東征，高麗軍隊儘管只有八千人，但是分左、中、右三路，各有將領指揮，對於元軍將領，一筆帶過。儘管從人數上看，高麗軍隊是絕對的少數，但是在《高麗史》的敘述中，卻是主要關注的對象。第二次東征的敘述，依然是以高麗將領優先，既點出了隨軍征討高麗將領的名字，書中所記錄唯一一場勝仗，還是高麗將領金方慶所指揮的高麗軍隊，斬首三百級。對於元軍戰事情況，未提一場勝仗，只述其敗績。

第三，具體戰事情況，敘述極其簡略，兩次戰敗，都提及了"大風"。首次東征，"至一歧島，擊殺千餘級，分道以進，倭卻走，伏屍如麻，及暮乃解。會夜大風雨，戰艦觸巖崖多敗"。征日本，先勝後敗，夜晚敗於"大風雨"，也就是日本所謂的"神風"。第二次則曰"遭風失其所之"，"值大風，蠻軍皆溺死"。一定程度上，說明了東征失敗的直接原因。

第四，兩次戰爭的敘述，都提及了具體的損失。首段史料中，除提及戰艦敗沒外，特別提及左軍使"金佇溺死"，這是高麗溺死的最高指揮官。而在隨後的《年表》中，則曰："十月，金方慶與元元帥忽敦、洪茶丘等征日本，至一歧戰敗，軍不還者萬三千五百餘人。"② 第二段史料對於元軍傷亡情況，有多個資料，十分清晰地呈現出東征傷亡之慘重。在下文《年表二》中則曰："元至元十八年，忠烈王七年五月，金方慶與忻篤（都）、茶丘征日本，至霸家臺戰敗，軍不還者十萬有奇。"③ 這與第一次征討的敘述類似，字數不多，敘述簡略，但是絲毫不掩飾其漠視的態度。

①《高麗史》卷二十九《忠烈王世家二》"忠烈王七年"，頁 609—611。
②《高麗史》卷八十七《年表二》，頁 307。
③《高麗史》卷八十七《年表二》，頁 307。

可見，在《高麗史·忠烈王世家》對這場戰爭的敘述當中，高麗軍隊是主角，蒙古軍隊只是配角，日本海戰亦只作爲背景而已，這充分顯示了《高麗史》的主體性意識，並非全面敘述這場戰爭，而是揭示高麗軍隊在其中的作用，是一種選擇性的歷史書寫。

《高麗史》的這種敘述原則，《高麗史節要》得以繼承和發揮。即以首次東征的敘述爲例，其曰：

> 冬十月，都督使金方慶將中軍，朴之亮、金忻知兵馬事，任愷爲副使；樞密院副使金侁爲左軍使，韋得儒知兵馬事，孫世貞爲副使；上將軍金文庇爲右軍使，羅裕、朴保知兵馬使，潘阜爲副使，號三翼軍。與元都元帥忽敦、右副元帥洪茶丘、左副元帥劉復亨，以蒙漢軍二萬五千、我軍八千，梢工、引海、水手六千七百，戰艦九百餘艘，發合浦。越十一日，船至一岐島，倭兵陣於岸上。朴之亮、趙抃逐之，倭請降而復戰。茶丘與之亮、抃，擊殺千餘級。捨舟三郎浦，分道以進，所殺過當。倭兵突至衝中軍，方慶拔一嗃矢，屬聲大喝，倭辟易而走，之亮、忻、抃、李唐公、金天祿、申奕等，殊死戰，倭兵大敗，伏屍如麻。忽敦曰：“雖蒙人習戰，何以加此！”諸軍終日戰，及暮乃解。方慶謂忽敦、茶丘曰：“我兵雖少，已入敵境，人自爲戰，即孟明焚舟、淮陰背水者也，請復決戰。”忽敦曰：“小敵之堅，大敵之擒，策疲兵戰大敵，非完計也。”而劉復亨中流矢，先登舟故，遂引兵還。會夜大風雨，戰艦觸巖崖多敗，金侁墮水死。[1]

此處敘述，主要有幾點内容和特點：第一，高麗軍隊的作戰表現爲主要關注的對象，從高麗軍隊的將官以及部隊的安排、分佈，到死傷情況，所記全部是高麗軍隊的情況，元朝軍隊的情況，只是簡單提及。從這段歷史書寫看，這場大戰似乎高麗軍隊是主力。

第二，在全面介紹高麗軍隊的情況下，重點突出了金方慶的戰功，當日軍供給中軍時，中軍主將金方慶屬聲大叫，率領士卒英勇奮戰，“倭兵大敗，伏屍如麻”，且得到元軍主帥忽敦（忻都）的稱贊“雖蒙人習戰，何以加此”。金方慶且進言希望速戰速決，但未被採納，以至於夜晚大風雨，戰艦觸岩而敗。這實際上是吸收了《高麗史·金方慶傳》中的内容，隨後會加以討論。

第三，故由此看來，戰事失敗，應該由元軍主帥負責。隨後提到“東征軍師還合浦，遣同知樞密院張鎰勞之，軍不還者，無慮萬三千五百餘人”。損失慘重。這段敘述

---

① 《高麗史節要》卷十九《元宗·甲戌十五年》，漢城：亞細亞文化社，1973 年，頁 502—503。

乃是綜合了《高麗史》的敘述而來，二者在敘述原則上是一致的。

綜上所述，《高麗史》對於元東征日本之事的歷史書寫，對於戰爭前後，高麗如何應對元朝的需索與壓力，高麗爲此次戰爭，耗費過多少物資與人工，都極盡其詳。而對戰爭的經過，敘述相當簡單，即便提及戰事，也主要是寫高麗將領的戰功。其試圖呈現這場戰爭中，高麗所付出的代價、主要的表現，這是其書寫最主要的動因。

三、《高麗史》對元東征戰爭中高麗將領之歷史書寫

紀傳體史書，人物是中心；各種歷史事件的敘述，也都貫徹到人物傳記的書寫之中。高麗參與這場戰爭的將領，《高麗史》中有專傳的人不多，主要有《金方慶傳》，其子金忻、部將朴球附傳；《金周鼎傳》《羅裕傳》；《金文庇傳》附《李貞傳》。另外，一些相關人物如李藏用、洪福源、趙彝有傳。在這些傳中，比較詳細討論了這次戰爭的是《金方慶傳》，其他人物的傳，對這場戰爭只是一筆帶過，甚至根本未曾提及。根據人物的生前表現，有正面敘述的，如《金方慶傳》；有反面典型的，如趙彝與洪福源都被列入《叛逆傳》中。可見，《高麗史》對這些人物的選擇與書寫，都是有着強烈政治訴求的。

《高麗史》中《叛逆傳》佔很大篇幅，共有六卷。序曰：“孔子作《春秋》，尤嚴於亂臣賊子。及據地以叛者，其誅死者而不貸，所以戒生者於後也。夫人臣忠順，則榮其身，保其宗，而美名流於後；叛逆者未有不脂潤鼎鑊，赤其族而覆其祀者，可不戒哉！作《叛逆傳》。”[①]《高麗史》中，對於那些投靠元朝、危害高麗之人，大多列入《叛逆傳》中，東征將領中以《洪福源傳》與《趙彝傳》爲代表。趙彝“中進士，後反，入元稱秀才，能解諸國語，出入帝所”。他並未率兵前來高麗征討，《高麗史》中所記，只是他向忽必烈進言：“高麗與日本鄰好，元遣使日本，令本國鄉導。”這纔導致高麗派使臣宋君斐陪同元使前往。後來又有幾次進“讒言”，故而《高麗史》曰：“彝常以讒毀爲事，竟不得志而死。”乃是以言辭加害高麗，《高麗史》對此深惡痛絶，對這類人予以貶斥，“有金裕、李樞者，亦反人也”[②]，列之於《叛逆傳》，稱之爲“反人”。可見，朝鮮王朝史官們有多痛恨這些“賣身求榮”的傢伙。

洪福源，乃洪茶丘之父，亦被列入《叛逆傳》中。《高麗史》中無洪茶丘傳，乃

①《高麗史》卷一百二十七《叛逆傳一》序，頁288。
②《高麗史》卷一百三十《叛逆四·趙彝傳》，頁361。

是將洪茶丘看成元朝人，在《洪福源傳》中，對洪茶丘所幹事多有記述。洪福源原本爲高麗西京郎將，高宗二十年（1233）起兵反宣論使鄭毅，失敗後，逃到蒙古。"福源在元爲東京總管，領高麗軍民，凡降附四十餘城民皆屬焉。讒構本國，隨兵往來⋯⋯然自是元兵歲至，攻陷州郡，皆福源導之也"。後洪福源得罪高麗人質永寧公綧之蒙古妃子，被處死。"籍没家產，械其妻及子茶丘、君祥等以歸。福源諸子憾父之死，謀陷本國，無所不至。"① 元宗二年（1261），忽必烈即位後，纔爲洪福源雪冤，並令洪茶丘襲其父職"管領歸附高麗軍民總管"，此後洪茶丘一直擔任元朝官職，因爲他來自高麗，高麗相關事務，元朝大多委託洪茶丘辦理。洪茶丘對高麗從不顧恤，處處與高麗爲難，高麗君臣恨之入骨。

高麗國王忠烈王對於洪茶丘相當忌憚，他曾親自向忽必烈進言，希望將洪茶丘召回元朝，不能留置高麗。"陛下降以公主，撫以聖恩，小邦之民，方有聊生之望。然茶丘在焉，臣之爲國，不亦難哉！如茶丘者，只宜理會軍事，至於國家之事，皆欲擅斷。其置達魯花赤於南方，亦非臣所知也。上國必欲置軍於小邦，寧以轄輨漢兒軍，無論多小而遣之，如茶丘之軍，惟望召還。"② 這數言已將他們之間的矛盾，暴露無遺。在忠烈王看來，洪茶丘肆意干涉國政，獨斷專行，使得他無以爲政，故親自向皇帝進言，希望將他調回。忽必烈提醒國王有關事項，忠烈王斥之爲"茶丘之妄言"，忽必烈只好説："非惟茶丘，人多言之。汝可與宰相擇所以善持國者，商量而行。"忽必烈問"忻都何如"，忠烈王曰："忻都，轄輨人也，可則可矣。使茶丘在，則與高麗軍妾（妄）構是非，雖忻都不能不信，望令茶丘與高麗軍皆還於朝，以轄輨漢兒軍代之。"③ 可見，忠烈王寧可讓轄輨人忻都取代洪茶丘，也不讓洪茶丘在高麗搬弄是非，致使自己難以爲政。高麗國王與洪茶丘是水火不容的。其時，洪茶丘鎮守耽羅，於是忽必烈下令，將忻都與洪茶丘等皆召回，免生事端。高麗趁此機會，接管耽羅鎮守任務，也進而將耽羅置於其控制之下。東征期間，洪茶丘的表現，《高麗史》曰：

> 十五年，帝將征日本，以茶丘爲監督造船官軍民總管。茶丘剋期催督甚急，分遣部夫使，徵集工匠，諸道騷然。帝又命茶丘提點高麗農事，又命爲東征副元帥。茶丘以忠清道梢工、水手不及期，杖部夫使，大將軍崔沔以大府卿朴暉代之。茶丘與忽敦、金方慶等征日本。忠烈三年，帝欲復征日本，以茶丘爲征東都元帥，

---

① 《高麗史》卷一百三十《叛逆四·洪福源傳》，頁350。
② 《高麗史》卷二十八《忠烈王世家一》，忠烈王四年七月甲申，頁586。
③ 《高麗史》卷二十八《忠烈王世家一》，忠烈王四年七月甲申，頁586。

時韋得儒等誣構方慶，大獄起，茶丘在東京聞之，奏帝來問，欲令方慶誣服，嫁禍於國，栲訊極慘酷。未幾，帝召還，語在《方慶傳》。①

這段史料，雖涉及元征日本之事，主要是講洪茶丘借戰事而危害高麗之種種罪行。他雖然是東征副帥，卻禍害高麗，比之達魯花赤有過之而無不及。儘管没有給洪茶丘單獨立傳，《洪福源傳》中，已清楚交代了洪茶丘的所作所爲。本傳所述之元征日本，只是作爲説明洪茶丘的時代背景而已。儘管對於洪茶丘，本書已將他視作元朝人，其父則被《高麗史》列入《叛逆傳》中，將他視作叛逆。實際上，這也充分顯示着鄙視與痛斥。這與前面所提到的趙彝被歸入《叛逆傳》一樣，是朝鮮王朝史官爲高麗王朝抒發的一種批判的情感，對於那些投靠蒙元帝國的高麗人，《高麗史》一律斥之爲"叛逆"。儘管高麗是元朝藩國，對於那些捨身求榮，投靠蒙古的高麗人，《高麗史》還是無法容忍，歸之入《叛逆傳》中。

與把洪福源、趙彝被列入《叛逆傳》相對照，金方慶則是作爲正面肯定的對象。金方慶，字本然，安東人，新羅敬順王之遠孫。父孝印，性嚴毅，少志學，善書登第，官至兵部尚書、翰林學士。在兩次東征日本過程中，金方慶都任高麗軍隊的最高統帥，因此在其傳中，對兩場戰爭給予了較多篇幅。第一次東征，《金方慶傳》述曰：

（元宗）十五年，帝欲征日本，詔方慶與茶丘監造戰艦。造船若依蠻樣，則工費多，將不及期，一國憂之。方慶爲東南道都督使，先到全羅，遣人咨受省檄，用本國船樣督造。是年元宗薨，忠烈即位，方慶與茶丘單騎來陳慰，還到合浦，與都元帥忽敦及副元帥茶丘、劉復亨閱戰艦。方慶將中軍，朴之亮、金忻知兵馬事，任愷爲副使；樞密院副使金侁爲左軍使，韋得儒知兵馬事，孫世貞爲副使；上將軍金文庇爲右軍使，羅祐、朴保知兵馬事，潘阜爲副使，號三翼軍，忻即綏也。

以蒙漢軍二萬五千、我軍八千，梢工、引海、水手六千七百，戰艦九百餘艘，留合浦以待女真軍，女真後期。乃發船入對馬島，擊殺甚衆。至一歧島，倭兵陳於岸上，之亮及方慶塔趙抃逐之，倭請降，復來戰。茶丘與之亮、抃擊殺千餘級，捨舟三郎浦，分道而進，所殺過當。倭兵突至，衝中軍，長劍交左右方慶如植，不少卻，拔一嚆矢，厲聲大喝，倭辟易而走。之亮、忻、抃、李唐公、金天祿、申奕等力戰，倭兵大敗，伏屍如麻。忽敦曰："蒙人雖習戰，何以加此！"諸軍與戰，及暮乃解，方慶謂忽敦、茶丘曰："兵法：千里縣軍，其鋒不可當，我師雖

①《高麗史》卷一百三十《叛逆四·洪福源傳》，頁351。

少，已入敵境，人自爲戰，即孟明焚船、淮陰背水也，請復戰。"忽敦曰："兵法、小敵之堅，大敵之擒，策疲乏之兵，敵日滋之衆，非完計也，不若回軍。"復亨中流矢，先登舟，遂引兵還。會夜大風雨，戰艦觸岩崖多敗，侁墮水死。到合浦，以俘獲器仗獻帝及王，王遣樞密副使張鎰慰諭，命方慶先還，加上柱國、判御史臺事。①

第二次征討情況，《金方慶傳》如斯寫道：

> 七年三月，出師東征。方慶先到義安郡閱兵仗，王至合浦，大閱諸軍。方慶與忻都、茶丘、朴球、金周鼎等發，至日本世界村大明浦，使通事金貯檄諭之。周鼎先與倭交鋒，諸軍皆下與戰，郎將康彦、康師子等死之。六月，方慶、周鼎、球、朴之亮、荆萬户等與日本兵合戰，斬三百餘級。日本兵突進，官軍潰，茶丘棄馬走，王萬户復橫擊之，斬五十餘級，日本兵乃退，茶丘僅免。翼日復戰，敗績。軍中又大疫，死者凡三千餘人。忻都、茶丘等以累戰不利，且范文虎過期不至，議回軍，曰："聖旨令江南軍與東路軍，必及是月望會一岐島，今南軍不至，我軍先到數戰，船腐糧盡，其將奈何?"方慶默然。旬餘，又議如初。方慶曰："奉聖旨，齎三月糧，今一月糧尚在，俟南軍來合攻，必滅之。"諸將不敢復言。既而，文虎以蠻軍十餘萬至，船凡九千艘。八月，值大風，蠻軍皆溺死，屍隨潮汐入浦，浦爲之塞，可踐而行。遂還軍。②

這兩段史實書寫，清晰地呈現了東征戰場另一個版本，有幾個特點：第一，有關元東征作戰史實的叙述，這是《高麗史》中最詳細的版本，較之《忠烈王世家》的叙述，更爲詳細，增加了許多細節，也更爲形象了。這段歷史書寫，以金方慶爲中心，意在凸顯金方慶的戰功及其英勇事蹟，故金方慶是中心，叙述其言行，揭示他在這場戰爭中的所作所爲，構成本版本的主線。誠如前面所提到的，金方慶是高麗名將，出身名門，戰功赫赫。他也是與忻都、洪茶丘一道剿滅三別抄的高麗主將，在擊敗耽羅三別抄後，高麗國王特下諭褒奬，他曾官刑部尚書、樞密院副使，頗受朝中倚重，而這兩次戰爭中，金方慶的表現，充分説明金方慶是位英勇善戰的棟樑之才，值得倚重。

第二，從這段史料中看，金方慶似乎是戰爭的主宰，第一次戰鬥正酣之際，金方慶"拔一嗃矢，厲聲大喝，倭辟易而走……倭兵大敗，伏屍如麻"，甚至蒙古主帥也稱

---

① 《高麗史》卷一百四《金方慶傳》，頁 592—593。
② 《高麗史》卷一百四《金方慶傳》，頁 598。

贊他"蒙人雖習戰，何以加此"！在戰事有利之時，他建議乘勝追擊，惜不被採納，以至於遭遇風暴，戰艦損壞敗没，因而大敗。第二次征伐之時，也是金方慶指揮的高麗軍隊，"斬三百餘級"，取得一場勝仗。蒙元軍隊則屢打敗仗，洪茶丘甚至僅以身免，最終"值大風，蠻軍皆溺死，屍隨潮汐入浦，浦爲之塞，可踐而行"。可見，戰鬥是何等慘烈！用這樣強烈的對比法，以凸顯金方慶的戰功。

　　第三，這段史料與《高麗史》其他史料一樣，給人呈現的是高麗軍隊在戰場上的表現，如果只看《高麗史》，我們並不能全面掌握戰事的情況，而只能看到朝鮮王朝官方所塑造的高麗軍隊的表現而已，這種表現頗有誇大甚至故意塑造之嫌。事實上，抛開這些史料的片面書寫，而從戰事的角度來考慮，這場戰爭是元朝發動的，高麗被迫隨從，高麗軍隊只能是輔助而已，不可能成爲戰爭勝負的主宰。因此，《高麗史》某些情節不可避免的被誇大，有些甚至是杜撰的。即如金方慶與主帥的對話，就很難説是真實存在的。作爲朝鮮王朝編纂者，固然不可能聽到這些對話，即便高麗王朝留下相關的檔案資料，也不大可能有這樣的對話記録，因而可以説，這是一種合理的想象，從而增加金方慶在這場戰爭中的重要性，給他的表現添上一些耀眼的光環。《高麗史》中的相關叙述，這樣的光環或多或少存在。

　　綜上所述，《高麗史》以是否忠於高麗作爲判定人物的標準。凡是背叛高麗，投身元朝，即便高麗是元朝的藩國，這些人物亦被視作"反人"，而被打入《叛逆傳》中，趙彝、洪福源就是典型代表。金方慶是東征日本時高麗的級別最高的將領，他是高麗東征的代表人物，被塑造成英雄典範。在他的傳記中，以金方慶爲中心，朝鮮史家展開合理的想象，通過金方慶的對話，爲蒙古東征塑造了一個更爲生動的版本，金方慶被塑造成爲東征戰事的主宰，成爲決定勝負的關鍵人物。蒙元將領則是失敗的化身，對東征失敗要負最主要責任。

四、結語

　　朝鮮王朝官修《高麗史》，對於元東征日本的歷史，在《忠烈王世家》與《金方慶傳》中，呈現出兩個相似而又有細微差別的版本。其基本主旨是相同的：凸顯高麗王朝在這場戰爭中的貢獻，宣揚高麗將領的戰功。呈現給我們的是，高麗似乎是這場戰爭勝負的關鍵，只因蒙元統帥一意孤行，不聽高麗將領的忠言，以至於遭大風雨而敗。誠如法國歷史學家米歇爾·德·塞爾托所表述的：官方的歷史書寫，是由國家理性來完成的。"它要依據一些現成的材料，通過專門手法，來'處理'某個'環境'

下的各種因素，以構建縝密的叙述。"① 因此這一版本是朝鮮王朝官方史家所構建出來的，它與明朝所修《元史》和日本相關史書的叙説，一定有着天壤之别。

如果綜合考慮，或者將《高麗史》與《元史》兩相對比，我們會發現有很大的不同。即如所謂洪茶丘誣陷金方慶案，《高麗史》載：金方慶有功得賞，隨之受到朝中黨人排擠，被誣告欲謀反，"（洪）茶丘與本國有宿憾，欲伺釁嫁禍，聞方慶事，請中書省來鞫。"② 洪茶丘對金方慶百般迫害，試圖置之於死地，金方慶受盡折磨，忽必烈過問後，纔將金方慶莫須有的罪名去除。《元史·高麗傳》則曰："十四年正月，金方慶等爲亂，命憺治之，仍命忻都、洪茶丘飭兵禦備。"③ 此傳是將金方慶視作叛亂，而《高麗史》中，將金方慶之事説成是洪茶丘的誣陷，有着絶然相反的看法。《高麗史》與《元史》，許多事情的記述相左，金方慶案件即是一個典型事例。金方慶在《高麗史》中，乃作爲重臣而有傳，《元史》則是站在洪茶丘的一邊，將金方慶視作叛亂嫌疑者。而洪福源在《元史》中，被視作功臣，《高麗史》中則被收入《叛逆傳》中。無論是《高麗史》，還是《元史》，都没有洪茶丘的傳，儘管他是一個很重要的人物，《元史》中幾乎見不到他多少事蹟，而《高麗史》則將他的事蹟放入《洪福源傳》中，因而可以説他也是被置於《叛逆傳》中了。

如此巨大的差别，不能不引起我們的警覺。對於如何處理這樣一個涉及東亞三國的歷史事件，如何避免這樣的問題，或者説如何分析過去史書中刻意的構建，就不能只從一國立場和視角來評判歷史④。史料上，既要如陳寅恪所説的"取異族之故書與吾國之舊籍互相補正"⑤，更重要的是，立場上，更要跳出國族的窠臼，擺脱一國史的羈絆，採取東亞史的視角，方有可能趨近歷史的真相。

---

① 米歇爾·德·塞爾托著，倪復生譯《歷史書寫》，北京：中國人民大學出版社，2012 年，《前言》，頁 11。

② 《高麗史》卷一百四《金方慶傳》，頁 595。

③ 宋濂等《元史》卷二百八《外夷一·高麗》，頁 4620。

④ 葛兆光在《在"一國史"與"東亞史"之間：以 13—16 世紀東亞三個歷史事件爲例》（《中國文化研究》2016 年冬之卷）指出："如果僅僅站在一國歷史的立場、角度和視野來觀看發生在東亞的歷史，會出現'死角'或'盲點'。因爲，只有一個圓心（國家）的歷史叙述，會使得歷史有中心有邊緣，中心雖然清晰，但邊緣常常含糊甚至捨棄。"因此，要捨棄一國史的視角，而從東亞史的角度來重新審視這些歷史事件。

⑤ 陳寅恪《王静安先生遺書序》中，指出此"軌則"有三：1）."取地下之實物與紙上之遺文互相釋證"；2）."取異族之故書與吾國之舊籍互相補正"；3）."取外來之觀念，與固有之材料互相參證"。參見《陳寅恪集》之《金明館叢稿二編》，北京：生活·讀書·新知三聯書店，2001 年，頁 247。

縱然萬里來相會，憾恨知面難知心

——論朝鮮燕行使筆下的清朝皇帝形象①

漆永祥

（北京大學）

《燕行録》是朝鮮半島高麗、朝鮮時期該國使臣出使中國的紀行録。在長達六百餘年的中朝交往中，留下了千種以上的各類《燕行録》，其中絶大多數爲入清以後所纂②。這些作品中，就所記清朝人物而言，涉及大量對皇帝、大臣、學者、商賈、百姓等各色人物的描寫與評價，本文僅就諸家《燕行録》中涉及清代帝王形象與評價的文字進行叙述與論析，並希望能對今日的中韓、中朝關係等的研究起到一些參考與借鑒作用。

一、入中國，學禮樂，賞風物，
見皇帝——朝鮮士大夫的夢想

自古以來，朝鮮半島深受中華文化濡染，並以“小中華”自居。如朝鮮成宗時即謂“吾東方，自箕子以來，教化大行，男有烈士之風，女有貞正之俗，史稱‘小中華’。”③ 又如洪萬宗《小華詩評》亦謂“我東以文獻聞於中國，謂之‘小中華’”④。

---

①本文爲教育部人文社會科學研究基地重大項目“從觀禮朝聖到行蠻貊之邦——朝鮮燕行使與《燕行録》研究”（項目編號：12JJD77013）成果之一。

②案：關於目前存世的《燕行録》數量，據筆者的追蹤與推測，“存世‘燕行録’在700—750種之間（約500位作者），如果再加上《同文彙考補編》等所收《使臣別單》374種，則總數在1074—1124種之間，這應該是存世‘燕行録’所能達到的數量極限”。參拙文《關於〈燕行録〉全集之輯補與新編》，《文獻》2012年第4期。

③《朝鮮王朝實録·成宗實録》卷二十，成宗三年（1472）七月一日乙巳條。

④洪萬宗著，安大會譯注《小華詩評》卷上，漢城：國學資料院，1995年，頁20。

朝鮮人也常借中國人之口，以誇耀其事，視如信史。如明成化二十二年（朝鮮成宗十七年　1486）祁順出使朝鮮，事後朝鮮迎接祁氏的宣慰使李克墩啟曰："去年天使祁順初到我國，禮遇甚倨。其還也，言曰：'朝鮮實是知禮之國，其稱小中華，非虛語也。'"①

但無論如何，"小中華"畢竟不是"大中華"，要探究所謂"文明禮樂"，則必須前往中國。因此，無論仰視明朝爲"天朝上國"，還是蔑視清朝爲"腥羶胡國"，甚或認爲朝鮮已經是"中華"的象徵，儘管反對出使中國的也大有人在，但對多數朝鮮人而言，能至中國觀風覘俗，飽覽風光，仍爲一生夢寐囈想之事。如宣祖三十五年（明萬曆三十年　1602），以奏請使書狀官出使中國的李民宬論曰：

> 古人云："一樂生中國。"豈以涵育於仁義之教、禮樂之化爲足樂歟！我輩生長於海東，佪翔於彈丸之地，真所謂坎井之蛙，不可以語於海者也。由被仁賢之化，篤習《詩》《書》之教，見稱以禮義之邦，殆庶幾於生中國者。今又獲備末价，預於觀光之列，斯豈非幸歟！而燕於天下，亦一彈丸也。其形勝之佳麗不敵於江南，風土之渾厚不逮於關洛，茲所見者，直泰山之毫芒耳。然燕今爲天子之邑，四方之取極者於是，九夷八蠻之會同者於是，具宮室之壯，文物之盛，固非前代之可擬，斯亦偉矣。昔蘇轍生於岷蜀，猶以見天子之都爲幸，況生於禹跡之外者哉！②

又朝鮮哲宗六年（清咸豐五年　1855）以陳慰進香使從事官身份入清朝的徐慶淳亦曾曰：

> 朝鮮人自年五六歲，稍有知覺，則求物產之奇巧者，必曰大國之物；語人物之傑特，必曰大國之人；至於文章書法，山川宮室，皆稱大國。以不得一見爲生平恨。③

與徐慶淳一起出使的"韓主簿"，曾對徐氏稱"既入中國，不見天子面目，是可恨也"。徐氏謂其曾在書畫鋪中，見道光皇帝與皇后之像，韓氏即皇帝畫像也未謀面，因此非常羨慕並遺憾地感歎"生天子、死天子俱未見，吾於天子目緣甚薄矣"④。

不能一睹皇帝真容，若能瞻觀皇帝畫像，亦聊勝於無，頗可自慰。出於對帝王的好奇心與神秘感，皇帝的話題，也就往往成爲燕行使沿路的趣聞。如正祖十五年（乾

---

① 《成宗實錄》卷二百八，成宗十八年（1487）十月十二日戊寅條。
② 李民宬《題壬寅朝天錄後》，林基中編《燕行錄全集》，漢城：東國大學校出版部，2001年，第15冊，頁88—89。
③ 徐慶淳《夢經堂日史》卷五，《燕行錄全集》第94冊，頁450。
④ 徐慶淳《夢經堂日史》卷五，《燕行錄全集》第94冊，頁451—453。

隆五十六年 1791），隨冬至等三節年貢兼謝恩行使團入中國的金正中記載，一行歸國
至玉田。其曰：

> 傍有離宮，紗窗曲檻，比他行宮，別無可觀。其西扁夾室，有皇帝御溷，四
> 壁塗以菱花紙，中置沉香檢板，極其乾浄。舌官金宗吉來言曰：“往年皇帝舉動
> 後，翌日來此室，見皇帝之遺矢。”洪禮卿曰：“君何不持去？”衆皆大笑。余曰：
> “其矢香耶？惡惡臭，人情之所同，而子以皇帝之糞，誇道於衆中，皇帝之貴於今
> 日始知也。”①

即幸能見皇帝“遺矢”，也可以視爲廣經而“誇道於衆中”。因此，至大國觀光，
見人物山川，物産奇巧，爲生平盛事；而見皇帝，則更是極爲罕見難得之事。如正祖
八年（乾隆四十九年 1784）隨謝恩使行赴中國的金明遠曾曰：

> 余遊燕涿，有九恨：如此大都會，不見衣冠文物，一恨；不見黃金臺，二恨；
> 不見皇帝，三恨；不見西山，四恨；不及見元霄燈戲，五恨；與徐大榕、朱慶貴
> 輩相叙無幾，酬和不久，大都留館二十六日，逢別甚促，六恨；月夜不得遊金鰲
> 玉蝀之間，七恨；歸路不登角山（山海關北之最高峰），八恨；榛子店不見季文蘭
> 題詩處，九恨也。②

入中國，見天子，甚至會出現在朝鮮士大夫的夢寐之中。肅宗三十八年（康熙五
十一年 1712）隨謝恩兼三節年貢行正使金昌集入中國的金昌業曾曰：

> 柳鳳山年前夢入北京，見皇帝。今行出於意外，入太和殿庭，自謂夢兆奇符，
> 今日又見皇帝之面，尤可異也。③

柳鳳山夢想成真，誠爲奇符幸事。還有人雖然見到皇帝，但因爲隔人隔地，距離
過遠，並未能看清皇帝真面目。如純祖二十八年（道光八年 1828），隨進賀兼謝恩行
入中國的從醫無名氏，曾白衣混入三使及從人譯官中，見道光帝出宮。其曰：

> 未及一弓之地，方拭眼注目，馬頭忽然告起，余乃起立，問其俄跪俄起之由，
> 答以皇帝已過，遂不覺失笑矣。蓋初無幢蓋旗幟警蹕鼓吹，又無一卒扈衛，渾於
> 亂騎，瞥然馳過，吾所失覽也。行中有一僕認得者，乃帽上無鑷子，馬用黃轡，
> 此外他無表著者云。④

---

①金士龍（實爲金正中）《燕行録》，《燕行録全集》第74册，頁278—279。

②未詳（實爲金明遠）《燕行録》，《燕行録全集》第70册，頁73—74。

③金昌業《老稼齋燕行日記》三，《燕行録全集》第33册，頁135—136。

④佚名《赴燕日記》，《燕行録全集》第85册，頁54—55。

該從醫離皇帝有一箭之地，匆見一隊馬騎馳過，竟然連其中哪位是天子，也未分清，此中悔恨，何由從説。其後在午門，此公終於再次見到皇帝。其曰：

> 今來又不見天子之面，心切憤恨。從騎隊隊馳去，他無儀仗等物。還内時，日始曙，始見天子，不過電面，未得其詳。但黄面上廣下狹，短鬚無髯，頤長細眉，大口齒落，身長背僂，體纖骨秀，聞眼光射人，而恨未之見也。[1]

此次雖然見到，然亦"不過電面"，依稀仿佛，因不得近，未見到其"眼光射人"，則仍是抱憾而去。此可見無論見與不見，皇帝的距離感、神秘感與威懾感，總是玄妙莫測，令人遐想。在衆多燕行使中，有少量幸運者，離天顔近在咫尺，有幸聆聽綸音，受其賜物，按理應該對皇帝有切己的認識，但皇帝的面目與行事，卻仍是迷霧重重，難得真情矣。

二、清朝皇帝的體貌特徵與服飾描述

宋、元、明三代出使中國的高麗、朝鮮使臣所撰紀行録中，很少有具體描摹皇帝體貌特徵的，筆者所見僅有宣祖七年（萬曆二年　1574）以聖節使質正官身份入明朝的趙憲記載：八月初九日，皇上視朝。侍郎與鴻臚寺官跪告"朝鮮差來陪臣朴某等見"。俱三叩頭，皇帝曰"與飯喫"。趙氏記述曰：

> 今上年甫十二，而凝若老成，移時瞻望，曾不少動，且爲外人親降聖諭，玉質淵秀，金聲清暢。一聞沖音，感涕先零，太平萬歲之願，自此愈切。[2]

明代如此記載皇帝相貌音聲者，《朝天録》中絶無而僅有。趙憲得親聆玉音，並賜餐飯，其"感涕先零"，出於至誠，甚無可疑也。

但入清以後諸家《燕行録》中，描述清代皇帝的文字，卻隨處可見。如崇德五年（明崇禎十三年　1640）冬至行書狀官李元鎮在其《聞見事件》中描述參宴時見皇太極曰：

> 班南當中設一幕，置酒樽茶罐，其南左右各陳樂器，有執笙簧者，必漢人也。右邊別有圍帳藏戲大吹打。皇帝出，乘半肥中白馬，左右無執靮者，著清腦包黑豹裘，左手攬彎，右手弄鞭，信馬而來。前有仗馬二雙，張曲柄黄繖，如華蓋杠星之狀，必漢人所造也。[3]

---

① 未詳《赴燕日記》，《燕行録全集》第 85 册，頁 84—85。
② 趙憲《朝天日記》卷中，《燕行録全集》第 5 册，頁 223。
③ 《同文彙考補編》卷一《使臣別單一·冬至行書狀官李元鎮聞見事件》，漢城：國史編纂委員會，1978 年，第 2 册，頁 1563。

這是對宴會場景與皇太極裝束的描寫。在諸家《燕行録》中，對順治帝的記載較少，唯孝宗七年（順治十三年　1656）以陳奏使正使第十二次入中國的麟坪大君李㴭，記十月初三日詣闕時景象曰：

> 余從蒙王入坐殿西。細看清主狀貌，年甫十九，氣象豪俊，既非庸流，眸子暴獰，令人可怕。①

順治帝爲一代梟雄的形象，通過李氏的記述得以表露無餘。康熙帝因爲在位日久，因此關於其記載在燕行使筆下頗多。如康熙元年（1662）進賀兼陳奏行書狀官李東溟曾稱，在詣闕參賀禮時，見皇帝"年今九歲，壯大如十二三歲兒"②。又康熙五年謝恩兼陳奏行書狀官孟胄瑞在行朝參禮時，"殿内見皇帝起立，身長已如成人"③。以上兩位對康熙帝的記載，雖然都很簡略，但我們瞭解到康熙的少年時期，身體發育，超乎常人。又顯宗十年（康熙八年　1669）入北京的冬至使閔鼎重的描摹，則要具體得多。其曰：

> 清主身長不過中人，兩眼浮胞，深睛細小無彩，顴骨微露，頰瘠頤尖。其出入輒於黃屋中，俯身回望我國使臣之列。性躁急，多暴怒，以察爲明，懲輔政諸臣專權植黨之患，誅殺既多，猜疑積中，無論事之大小，必欲親總。④

閔鼎重對康熙的描述，顯然是一個"反派"人物的形象。又康熙五十一年（1712），金昌業記載，在暢春園，康熙帝命朝鮮武人柳氏射箭。當時的場景爲：

> 柳神因射矢不多，立而偷視，東有一帶牆，去牆數丈，鋪氈爲庭，方可二十步，當中置一榻，高可尺許，上無覆，旁無圍，榻上鋪白氈，氈上設貂褥，皇帝向西盤膝而坐，廣顙，頤稍殺，疏髯犯頰而斑白，雌雄眼，神氣清明。其衣帽皆黑，與凡胡無異……皇帝親射，始見其身長可七八尺。⑤

又景宗元年（康熙六十年　1721），陳奏奏請兼三節年貢行書狀官俞拓基記其所見康熙帝之面貌曰：

> 胡皇盤膝坐，所戴帽與常人同，而頂嵌大珠；衣亦如常人，而色黃，兩肩及胸背貼盤龍圓補子。面鐵色，眉目精明，鼻梁小曲，鬚少而髯則疏，頤下殺，耳不大，肌膚膨急，年今四十四云。而無甚衰相，眼視有英敏意，而欠包蓄，語時

---

① 李㴭《松溪集》卷七《燕途紀行下》，《燕行録全集》第 22 册，頁 152。
②《同文彙考補編》卷一《使臣別單一·進賀兼陳奏行書狀官李東溟聞見事件》，第 2 册，頁 1570。
③《同文彙考補編》卷一《使臣別單一·謝恩兼陳奏行書狀官孟胄瑞聞見事件》，第 2 册，頁 1572。
④ 閔鼎重《燕行録·聞見別録》，《燕行録全集》第 22 册，頁 347—348。
⑤ 金昌業《老稼齋燕行日記》三，《燕行録全集》第 33 册，頁 129—130。

多有笑意，顧向余有所言，而不可解聽，旋又以漢語云云。語脈略可辨，而既未可隨問輒對，無所礙滯，則或對或否，必致疑怪，故亦一例聽，若不聞，則又向旁立者有所云云。①

這些對康熙皇帝的描述，遠比中國史書所記仔細明切。英祖五年（雍正七年 1729），隨謝恩行入中國的金舜協，有幸在乾清宮見到雍正皇帝。其曰：

> 俛首斂氣，望見雍正攝貂裘，戴豹帽，項垂念珠，據交椅而坐，其間纔三間云矣。舉首仰瞻，雖不得仔細看，而顏貌豐碩，而極其端雅，但聲音強亮異常矣。②

燕行使對雍正皇帝的記載，筆者所見並不多。乾隆帝在位日久，而其間清與朝鮮之間往來又極其頻繁，所以使臣對乾隆帝的記載，遠比其他清帝要多。如英祖三十六年（乾隆二十五年 1760），以進賀兼謝恩行副使身份入中國的徐命臣，候駕時看乾隆儀仗曰：

> 俄而黃帽黃衣一隊漸近，禮書顧視使臣，有欲言之意，正使高聲言皇上問安，五尚書使之跪坐後，趨進路傍，跪而有所言，皇帝有所答，而未得聞，追後問之，則皇帝問"以甚事入來耶"？尚書對"以謝恩事入來"云。皇帝面稍圓而瘦，色黃而不白，似有精神。今年五十，而無老態。衣玄狐裘，戴外黃內貂之帽，騎灰白色馬。③

乾隆二十七年，冬至行正使宗室李樧等見到乾隆帝時，曾有一段對話曰：

> 兩勅使覆命，皇帝問曰："朝鮮王今年幾何？"對曰："幾七十矣。"皇帝問："年老喪世子，必悲悼矣。"副勅對曰："近七十而無他子，果悲悼矣。"皇帝曰："有孫乎？"副勅對曰："有兩孫，一孫病卒，只有一孫，而年十一矣。"仍奏曰："國王雖不發言，意則望臣等歸奏皇上，而臣等以皇上若無下問，不敢奏達，言於國王。而今適有下詢，故敢冒昧陳奏矣。"皇帝曰："然則何無請封之舉乎？"副使對曰："奏請使臣今將入來云矣。"皇帝曰："此應行之事也。"……兩勅同入侍，而上勅年少，甚疏清語，故皇帝詢問，不能條陳，副勅一一替對。上勅不勝惶蹙，汗出沾背而出。④

---

① 俞拓基《瀋行錄》，《燕行錄全集》第 38 冊，頁 149—150。
② 金舜協《燕行錄》卷二，《燕行錄全集》第 38 冊，頁 408。
③ 未詳（實爲徐命臣）《庚辰燕行錄》，《燕行錄全集》第 62 冊，頁 114。
④《同文彙考補編》卷五《使臣別單五·冬至行正使咸溪君樧副使李奎采別單》，第 2 冊，頁 1675。

　　朝鮮正祖二年（乾隆四十三年　1778），隨謝恩兼陳奏行使團入中國的李德懋，轉述上、副使在五月二十七日見到的皇帝容貌曰：

　　　　皇帝見上副使俯伏路旁，轎過而猶回頭熟視焉。面白皙，甚肥澤，無皺紋，須冉亦不甚白，髮光閃爍云。①

　　又乾隆四十七年，乾隆帝東巡瀋陽，朝鮮問安行書狀官南鶴聞記其所見曰：

　　　　新台子接駕及文德坊祗迎時，皇帝移時駐立，故得以詳見。方面高顴，髭多髯少，唇如渥丹，顧瞻之際，風儀豪逸，紅兜黑裘，特出萬叢中，年近七十，而似五十許歲人，尤可異也。②

　　正祖七年（乾隆四十八年　1783）隨聖節兼問安行使團入瀋陽的伴倘閑良李田秀，記載乾隆帝形象綦詳。其曰：

　　　　清法以俯伏爲不敬，臣下皆跽膝舉頭，故觀瞻尤得詳焉。皇帝年可六十許（皇帝時年爲七十三），面胖而正方，耳珠至腮，一眼微小，眉彩甚疏而厚，黃鬚短少而無一白，廣顙大口，隆鼻豐頤，聲音朗朗如碎玉，真氣動衆，福相盈溢，帝王氣象，故自不凡。而平生偉觀此爲上，首一舉眼，而不覺此心之誠服矣。……（下記皇帝與使臣對話）言笑款款，顯有和悅之容。……（皇帝尚記戊戌年幸瀋時朝鮮使臣亦姓李）七十老人，能思六年之事，於萬機煩擾之外，精力之過人，亦可知也。皇帝所著，則黑色無紋緞褂子，羽緞緣，無頂子帽子，紫繡圍裙。坐下白馬，儀仗唯有黃衣一人，執黃傘在馬前而已。其他諸臣，亦皆並馬而行，後班甚多，坌埃雜沓，不可盡知，而大約數百人，多是達官。又有黃幄黃輪大平車四五乘，在後班中去，似是御乘也。③

　　乾隆帝容貌舉止，令李氏心悅誠服。又前述乾隆五十六年入中國的金正中記載，一行於臘月二十四日詣闕時，在路迎皇帝歸。其曰：

　　　　三使臣跪坐路左，皇帝披紗帳俯視曰："汝皆勿跪。"即起立。望之，面圓大如鏡，鼻柱隆然，眼光炯若曙星，微有細鬚而或白。時年八十有二，而若五六十歲人，乃知奇像異表，固出於尋常萬萬也。松園曰："其面四方紅潤，少無老人衰憊之氣。"④

①李德懋《入燕記》卷下，《燕行録全集》第 57 册，頁 297。
②《同文彙考補編》卷六《使臣別單六·瀋陽問安行書狀官南鶴聞聞見事件》，第 2 册，頁 1686。
③李宜晚（實爲李田秀）《入瀋記》中，《燕行録全集》第 30 册，頁 254—257。
④金士龍（實爲金正中）《燕行録》，《燕行録全集》第 74 册，頁 176。

正祖十七年（乾隆五十八年　1793），以進賀謝恩陳奏兼三節年貢行書狀官出使的李在學，曾記載曰：

> 皇帝精力比諸五六年前，雖似少衰，而今年段置，歲前歲後，屢次動駕，一皆如前，宴筵及燈戲時，御榻長降，不待侍臣之扶掖，聽視諸節，亦無所減於平日，連有勞動，不見憊色。①

又同是乾隆五十八年，謝恩兼冬至行書狀官金祖淳記曰：

> 皇帝狀貌魁梧，聲音洪暢，耳大而頰豐，口方而鼻隆，福氣貴容，望之藹然。最可希異者，今當九旬之年，筋力猶自康旺，行步不惓，鬚髮少白，只如過艾未著之人。廟謁壇享，不憚曉夜之勞動；冰戲燈觀，無難風寒之觸冒。稟賦之篤厚，於此可見。六十年安享昇平，殆亦天之所命，而實非凡人之可及。②

正祖二十二年（嘉慶三年　1798），以冬至等三節年貢兼謝恩行書狀官身份入京的徐有聞，記載臘月三十日在乾清宮見太上皇乾隆帝及嘉慶皇帝曰：

> 太上皇著獺皮衣，衣裳下垂。殿上肅然，唱聲出，行三跪九頓首禮。上皇問曰："國王平安乎？"對曰："然。"引上、副使於榻前，不過一間許，親執酒杯以賜之，傍有一人，跪而受之，傳於使臣，使臣受後，退出班列。具進飲食以賜之，寶果果實滿盤可食。暫視殿上，上皇毛髮甚衰，然方面大口，異於凡人。侍者六七人，華臣頻頻往來。副使回頭視之，通官急止之，面有驚怯之心……
>
> 此日，（上副使入見新皇帝）至榻旁東向坐，御坐咫尺，皇帝以手執盞，使宦者以飲兩使。新皇座處甚近，雖不敢仰視，然賜酒之際暫視，則手指甚細如白玉矣。③

徐有聞此段記載非常寶貴，尤其是其記載太上皇之面容，恐怕是乾隆帝駕崩前最準確的容貌記載，因爲沒隔幾日，太上皇帝即薨逝矣。徐氏又記曰：

> 二十三日，大行梓宮自慶運宮移奉於景山觀德殿，皇帝乘四人轎祗送，千官行三跪九叩頭。使臣從人海中瞻望，皇帝雖在哀疚中，容貌白皙豐盈，四面平滿，兩耳向頰而別大眼低，而身長八尺餘，口角長大，溫厚之氣，仁慈之色，見於外貌。④

從徐氏的記載可知，嘉慶帝皮膚白皙，身高長大。純祖元年（嘉慶六年　1801），

---

① 李在學《芝圃遺稿》卷十七《雜録·副使時別單》，《四代遺稿集》，발행자불명影印本，1990 年，頁 434。
② 《同文彙考補編續·使臣別單一·謝恩兼冬至行書狀官金祖淳聞見事件》，第 4 冊，頁 3775。
③ 徐有聞《戊午燕録》，《燕行録全集》第 62 冊，頁 187—188。
④ 徐有聞《戊午燕録》，《燕行録全集》第 62 冊，頁 206。

冬至等三節年貢兼陳奏行書狀官李基憲，記臘月二十九日，嘉慶帝祭太廟曰：

> 皇帝到使臣祇迎處，顧眄良久而過。望見皇帝顏貌豐碩，但少英氣。衣帽制同凡人，而惟衣用薑黃色。①

又純祖十八年（嘉慶二十三年 1818），隨進賀兼冬至謝恩使行入中國的成祐曾曰：

> （正月初四日，皇帝幸圓明園）今番皇帝例乘馬，而因雨雪，乘黃屋，從轎中見其面白皙豐厚，隱隱可辨也。②

又嘉慶二十五年，冬至兼謝恩行首譯李光載記嘉慶帝駕崩時情節云：

> 昨年七月二十四日，嘉慶皇帝到熱河山莊。其翌日詣佛堂燒香跪叩，行禮之際，痰火猝然上升，俯伏不起，左右扶掖，僅僅上轎，還於行宮，症勢漸劇，不能言語，而心內則有省覺，乃以右手兩指作招人狀，新皇帝蒼皇進前，則點頭而指寶座，如是者示久，竟昇遐云。③

又李光載描述道光帝面貌曰：

> 皇帝顏色近於黃黑，身長不過中人，牙齒皆落，下顴瘦尖，鼻高頤長，口廣眼爛，瞥看容貌，無異凡人，而膂力則過人，能挽八力弓，能舉四百斤，且於諸般武技，無不慣熟，彼人謂之"文武雙全"。④

又前文所引道光八年隨進賀兼謝恩行入燕的從醫無名氏曾記，道光帝"黃面上廣下狹，短鬚無髯，頤長細眉，大口齒落，身長背傴，體纖骨秀，聞眼光射人，而恨未之見也"⑤。又純祖三十一年（道光十一年 1831），隨冬至等三節兼謝恩行正使鄭元容入中國的佚名《燕行日錄》稱，十二月二十三日赴瀛臺宴，"以馬上回駕昵近，龍顏果自與常人殊也"⑥。

關於咸豐皇帝的面貌，《燕行錄》中鮮有記載，只有道光元年進香行書狀官朴台壽，記載當時為皇子的咸豐曰：

> 皇子只有一人，而今為十一歲，頗豐碩，有氣力，七歲能騎射，嘉慶特賜黃褂子，以示寵異云。⑦

---

①李基憲《燕行日記》下，《燕行錄全集》第 65 冊，頁 163。
②成祐曾《茗山燕詩錄》，《燕行錄全集》第 69 冊，頁 276。
③《同文彙考補編續·使臣別單二·冬至兼謝恩行首譯李光載聞見事件》，第 4 冊，頁 3798。
④《同文彙考補編續·使臣別單二·冬至兼謝恩行首譯李光載聞見事件》，第 4 冊，頁 3798。
⑤未詳《赴燕日記》，《燕行錄全集》第 85 冊，頁 85。
⑥鄭元容（實爲未詳）《燕行日錄》，《燕行錄全集》第 69 冊，頁 3549。
⑦《同文彙考補編續·使臣別單二·進香行書狀官朴台壽聞見事件》，第 4 冊，頁 3798。

關於同治皇帝，哲宗十三年（同治元年　1862），隨進賀謝恩兼歲幣行使團入中國的李恒億，曾記臘月二十八日，天子幸宗廟時所見曰：

> 大抵同治皇帝年今九歲，端坐玉輦。還之路，暫顧朝鮮使臣班，相距不過數步，瞻望咫尺，容貌端儼，眼采射人。輦軍數十，肩輿而行，陪從三十餘人，無尺寸之兵，而緩步隨駕。祗迎諸臣，羅拜於御路之南邊，絕無喧譁之聲。①

另外，同治三年陳奏行首譯李尚迪曾稱：

> 皇上春秋九歲，聰明歧嶷，日禦講筵，頻接臣隣，多有令聞，而皇太后稱制於內，議政王奕訢，軍機大臣祁寯藻、倭仁、李鴻藻等，同心輔政，故雖多年調兵，外憂方殷，而都下晏如，少無騷擾之患是白齊。②

光緒二年（1876）入北京的李容學，在歸國後向國王稟報時，君臣有如下對話：

> 上曰："皇上見之否？"上使曰："太廟動駕時，再次祗迎仰瞻矣。"上曰："皇帝體長威儀凡節何如？"上使曰："坐於黃屋八人轎中，俯視於夾窗，而體長則以其七歲，頗儼然矣。"上曰："聞皇上讀《尚書》云，果然耶？"上使曰："非但皇帝之才德夙就，中國教人之法，先習句讀，次訓釋義，故無論《尚書》《周易》，先誦字音者多矣，恐未必新奇。"③

又高宗十八年（光緒七年　1881），冬至使書狀官洪鐘永返國後，高宗問以中國物情，以及中國與外國的關係，李鴻章等大臣事。君臣對話中也談到皇帝，其曰：

> 上曰："得見皇帝乎？"正使曰："保和殿、西廠子宴，三次入參。賜宴後，必有勞問賜酒之舉，賜酒之時昵近詳瞻矣。"上曰："容貌果何如？"正使曰："今爲十一齡，而見甚清弱，身體短小矣。"上曰："今讀何書？"正使曰："曾以此問於朝士，而其鋪張之説，不可信也。望之就之，恐未免蒙學矣。"上曰："然則又不如同治也，念昔道光甚盛時也。"正使曰："道光有人君氣像，制治比今甚盛矣。"④

又高宗二十四年（光緒十三年　1887），進賀兼謝恩行正使李承五返國覆命時，高宗問："皇帝容儀何如耶？"承五奏曰："眼有光彩，天庭高聳，而下頤則似不足矣。"⑤

以上自皇太極至光緒皇帝，無論是正面描述，還是反面諷刺，朝鮮使臣皆歷記其容貌神態。但在當時及後來，雖然我們可以看到諸多清代帝王的畫像，然而用文字形

---

① 李恒億《燕行日記》，《燕行録全集》第 93 册，頁 91。
②《同文彙考補編續·使臣別單二·陳奏行首譯李尚迪聞見事件》，第 4 册，頁 3821。
③ 未詳《燕薊紀略》，《燕行録全集》第 98 册，頁 99—100。
④ 洪鍾永《燕行録》，《燕行録全集》第 86 册，頁 487。
⑤ 李承五《燕槎日記》卷四，《燕行録全集》第 86 册，頁 281。

容清帝容貌，在中國爲大忌，故史書中極其罕見，即有也是語焉不詳。如《清實録》記載康熙皇帝天顔曰：

> 上天表奇偉，神采焕發，雙瞳日懸，隆準嶽立，耳大聲洪，徇齊天縱。稍長，舉止端肅，志量恢宏，語出至誠，切中事理，讀書十行俱下，略不遺忘。①

又《清實録》寫雍正帝形象曰：

> 上天表奇偉，隆準頎身，雙耳豐垂，目光炯照，吐音洪亮，舉止端凝，大智夙成，宏才肆應，允恭克讓，寬裕有容。②

又述乾隆帝之容貌曰：

> 上生而神靈，天挺奇表，珠庭方廣，隆準頎身，發音鏗洪，舉步嶽重，規度恢遠，巍然拔萃。自六齡就學，受書於庶吉士福敏，過目成誦，課必兼治，進業日勤，動契夙悟。③

又記嘉慶帝之顔容曰：

> 上生而神靈，天表奇偉，隆準豐頤，舉止凝重，神明内藴，睿慮淵通。④

又記載道光帝"生有聖德，神智内充，天表挺奇，宸儀協度，頎身隆準，玉理珠衡。自六齡就傅，聰明天亶，目下十行"⑤。又載咸豐帝"生有聖德，神智内充，發音鏗洪，舉步嶽重"⑥。又同治帝"聰明天亶，孝敬性成"⑦ 等等。

以上描述的清代諸帝，無不龍顔隆准，聲洪步重，天亶聰明，生有聖德，真不愧是一脈嫡傳。實際上是自漢代以來描寫帝王的官話，僵硬死板，了無生氣，遠不如朝鮮使臣所見有血有肉形象。即此而論，燕行使對清代帝王天顔容貌的描述，即具有極高的參考價值。

三、皇帝出行儀仗規模與紀律

中國古代帝王、重臣出行，其儀仗規模，在傳統戲曲中，莫不規模宏大，蹕警呼

---

① 《聖祖實録》卷一，《清實録》第 4 册，北京：中華書局，1985—1987 年縮印版，頁 39。
② 《世宗實録》卷一，《清實録》第 7 册，頁 29。
③ 《高宗實録》卷一，《清實録》第 9 册，頁 139。
④ 《仁宗實録》卷一，《清實録》第 28 册，頁 65。
⑤ 《宣宗實録》卷一，《清實録》第 33 册，頁 75。
⑥ 《文宗實録》卷一，《清實録》第 40 册，頁 65。
⑦ 《穆宗實録》卷一，《清實録》第 45 册，頁 71。

喝，鳴鑼開道，威風八面。明代帝王極少出行，但燕行使記載下的明代官員出行，亦是規模不小。如中宗二十八年（嘉靖十二年　1533），隨進賀使入中國的蘇巡記載，二月二十三日，歷邦均店，到白澗鋪，點心而行。此時目見景象曰：

> 路逢巡按御史之行，即下馬拱立路左，伴送李憲奔跪於前，高聲告之，則即開青帳點頭而已。其威儀之盛，擁卒之多，可擬王侯。①

又中宗三十四年（嘉靖十八年　1539），陳奏行正使權撥記載所見曰：

> （十月十六日）行邊使武英殿閣老兼兵部尚書翟鑾，自真定府起程，白牌至，聲震一路。②

又仁祖八年（天啓四年　1624），以謝恩兼奏請使書狀官身份入中國的洪翼漢，九月十七日在昌邑縣（今山東昌邑市）路途看到的場景是：

> 新及第王應笏，萊州人也。始拜工部觀政，往京裏云。金鞍翠輿，騰沓繫路，武夫前呵，從者塞道。一微官，威儀如彼其盛，怪甚。問於驛吏，則答曰：自前新登科第者，兵部即給夫馬，勘合多寡低仰，惟其任意之東之西，無所拘礙云。中朝之優待士大夫，據此可知，而亦可見文物繁華也。③

明代大臣出行，即新進士入京履職，小小微官，"威儀如彼其盛"，洪翼漢們認爲這是"中朝優待士大夫"的體現，由此"可見文物繁華"。然而，入清之後，朝鮮燕行使無論見皇帝出蹕還是大臣出行，卻從未有過如此盛大的場面，與明朝形成鮮明的對比。如康熙七年，冬至行書狀官朴世堂記正月初一日入闕時情景曰：

> 皇帝乘黃屋轎，出自午門，舁轎者前後各八，共十六人，俱著紅錦衣豹尾前導，其仗馬在前者凡五六對，皇帝戴黑披玄，諸王貴臣及左右親近隨後者，將近六七百人，皆衣裘華美，於午門外乘馬馳逐，不成行列，聞將往鄧將軍祭堂焚香。④

案所謂"鄧將軍廟"即清代滿洲神廟"堂子"⑤，朝鮮使臣對此神秘之祭所，有許多不實的傳聞與猜測。朴世堂看到康熙帝"戴黑披玄"，王公大臣"衣裘華美"，但

---

① 蘇巡《葆真堂燕行日記》，《燕行録全集》第 3 册，頁 387。
② 權撥《朝天録》，《燕行録全集》第 2 册，頁 289。
③ 洪翼漢《花浦先生朝天航海録》卷一，《燕行録全集》第 17 册，頁 162。
④《同文彙考補編》卷一《使臣別單一·冬至行書狀官朴世堂聞見事件》，第 2 册，頁 1574。
⑤ 案："堂子"始建於順治元年（1644），原在長安左門外御河橋東，即台基廠大街北口路西一帶，後移建於南河沿南口路北今北京飯店貴賓樓所在地。堂子内供奉清入關前戰死的四位祖先的遺物，清廷凡有重大的政治、軍事行動，皆在廟内舉行祭祀、誓師，當時稱"謁廟"或"謁堂子"。

"不成行列"。又康熙二十一年，清帝東巡瀋陽，問安行正使閔鼎重記其所見曰：

> 皇帝今行所率皆真獷，無一漢人，故不能翻譯表文，撰出回咨，且未知問安接待前例，送於北京考例，具咨追後付撥，傳投義州……皇帝自瀋發行時，自佩弓箭，乘馬無執靮者，太子亦然。①

康熙帝及太子皆自佩弓箭，且無人執鞍牽馬。又康熙三十五年，奏請兼冬至使書狀官金弘禎記曰：

> 皇帝出征，而使臣處智化寺，去闕外纔十餘里，錚鼓之聲亦不聞，閭閻寂然無擾，皇帝親征，國之大舉，而滿城安閑，若無事時，規模簡便可想。②

又康熙三十七年，問安行書狀官尹弘離記曰：

> 皇帝七月出巡，馳獵於千里之外，累朔始還，而外方守長，元無供億候待之事，皇帝所徑，不入闕舍，野次設幕而宿，軍兵及從臣，皆自裹粮，一味一草，無徵責於民間者。以此雖巡遊無節，而列邑與村氓，舉皆晏然。③

又金昌業記其在暢春園所見曰：

> 余連三日往觀暢春苑，人山人海，而絕無喧嘩聲，頒書之時，如我國則必招呼各司人，舉措紛鬧，而此則不然，寂無一聲，書出而已，進所裹之物，纔裹了即又擔而行，以至運真館中，而無晷刻稽緩，只此一事，亦非我國所及也。④

入乾隆朝，英祖二十五年（乾隆十四年　1749）以冬至等三節年貢行書狀官入京的俞彥述記載曰：

> 雖王公卿相，以公事作行，皆自裹糧賣銀供於鋪子，而無各邑廚傳之弊，雖清主亦自行廚供食，無列邑傳食之規云。其簡略除弊則可取，而威儀體面，不似莫甚，恐非中華舊制也。⑤

又乾隆二十五年（1760），徐命臣記曰：

> 皇帝……騎灰白色馬，無牽者，無儀仗，只黃衣數十人擁之而去……大抵專以簡易爲主，而全無威儀，少無法度，望之不似，即之無長，未知□□果何如也。⑥

又洪大容評論曰：

①《同文彙考補編》卷二《使臣別單二·問安行正使閔鼎重別單》，第 2 冊，頁 1593。
②《同文彙考補編》卷三《使臣別單三·奏請兼冬至使書狀官金弘禎聞見事件》，第 2 冊，頁 1614。
③《同文彙考補編》卷三《使臣別單三·問安行書狀官尹弘離聞見事件》，第 2 冊，頁 1620。
④金昌業《老稼齋燕行日記》四，《燕行錄全集》第 33 冊，頁 204。
⑤俞彥述《燕京雜識》，《燕行錄全集》第 39 冊，頁 302。
⑥未詳（實徐命臣）《燕行日錄》，《燕行錄全集》第 62 冊，頁 114—115。

諸王驕衛甚盛，前後各十餘雙，逢人必呵下，其外雖一品閣老，不辟人不奪路。胡俗之簡率，亦可尚也。①

又乾隆四十七年，瀋陽問安行書狀官南鶴聞曰：

朝參時，不設庭燎，殿上懸羊角燈一雙。皇帝升坐後，默無動靜，若趺坐金佛。在班諸臣，震肅恐懼，屏氣低息，可見紀律之嚴。②

又乾隆四十七年，冬至兼謝恩行首譯李洙曰：

皇帝氣質素盛，御極以來，未嘗有疾，居不設堗，冬寢於床。瀋幸時，惟山海關外及姜女廟、夷齊廟有行宮，亦無炕堗，其餘則野次幄。南方例進果下馬，皇帝於後園，使諸王子孫年八九歲者，騎之馳驟，雖或墮馬，不使扶護，俾自周旋，夏則聚太液池習泅。③

又乾隆四十八年（1783），李田秀記曰：

皇帝所著，則黑色無紋緞褂子，羽緞緣，無頂子帽子，紫繡圍裙，坐下白馬，儀仗唯有黃衣一人，執黃傘在馬前而已，其他諸臣亦皆並馬而行，後班甚多，坌埃雜沓，不可盡知，而大約數百人，多是達官，又有黃幄黃輪大平車四五乘，在後班中去，似是御乘也。④

又徐浩修記乾隆帝自圓明園起駕，送鑾隊伍的情狀曰：

千官齊集，車馬填咽，而數刻之間，寂然無譁，紀律嚴明，儀衛簡略，此所以巡狩南北，而民不疲頓也。⑤

又乾隆五十六年，金正中記正月二十九日，返程到三河，見路中情景曰：

路遇乘五人轎者，前道二人，從後者六人，皆騎馬也。坐大車者十餘人，六人行步，而隨後替受而肩轎者也。問之永平府知縣方赴任縣所云。怪哉！無張蓋，無喝道，不載廚傳。其省力簡便，類皆如此。⑥

又嘉慶二十三年（1818），成祐曾記曰：

北京之俗，無論貴賤，只尚簡便，不以威儀，故今年萬壽宴，頒詔文教諭於吉林諸處者，不過一人負黃袱而前，押詔官乘一太平車，有騎馬者二人隨之而已，

---

① 洪大容《湛軒燕記》，《燕行錄全集》第49冊，頁157。
② 《同文彙考補編》卷六《使臣別單六·瀋陽問安行書狀官南鶴聞聞見事件》，第2冊，頁1686。
③ 《同文彙考補編》卷六《使臣別單六·冬至兼謝恩行首譯李洙聞見事件》，第2冊，頁1693。
④ 李宜晚（實爲李田秀）《入瀋記》中，《燕行錄全集》第30冊，頁256—257。
⑤ 徐浩修《燕行紀》卷三《起圓明園至燕京》，《燕行錄全集》第51冊，頁124—125。
⑥ 金正中《燕行錄》，《燕行錄全集》第74冊，頁273—274。

其草草如是。親王之行，亦未嘗辟人。大官之赴任，前有二卒，佩弓矢導之，從者亦皆騎馬，無從步者矣。

鳳詔輕齋黃袂子，行行云向黑龍江。威儀不似皇華使，車後從人但一雙。①

又道光九年（1829），八月二十八日，在瀋陽郊外接官廳，朴來謙記曰：

路逢遼陽官員之過去者，乘太平車，有二騎導前，二騎隨後而已，比我國官長威儀，極其簡率也。②

又曰：

午時量，皇帝黑衣跨馬，手執一鞭而來，有一騎在前，黃衣計可數十餘騎，在後環擁，不知何者是皇帝，威儀亦可謂太簡矣。蓋其行軍之制，不成隊伍，或二三，或四五，疏密不齊，問於渠輩，則云是雁翅陣法。動駕之時，每每如是云。但旗鼓者，師之耳目也。無旗鼓，而何以行軍乎？況軍卒之持器械者無多，負羽佩劍者十不一二，猝有緩急之變，將何以得力乎？可怪！可怪！③

又記郊迎皇帝時所見曰：

但平郊布列者，不知爲幾萬騎幾萬人，而肅然無喧譁之聲，可見紀律之嚴明也。④

金景善記其三月初三日，在連山驛中火時看到的景象曰：

欽差工部尚書明訓，爲瀋陽陵寢奉審，先入前店歇息，復前發，乘四人轎，又有空車隨後，輜重追從不少，而有二雙前陪，佩環刀者二人，其次佩弓矢，而威儀太草草。⑤

又道光八年（1828），佚名《赴燕日記》記曰皇帝出行，"排從前後，不滿百騎，如干儀仗，遠遠隨去，簡率則極，而威儀掃如也"。又曰：

（在午門外，皇帝）從騎隊隊馳去，他無儀仗等物……扈從臣僚，較出時倍多矣。日明望之，自午門外至端門，循牆下左右排立者，盡是衛屬，幢蓋繖扇，旗幡鎗劍，旄鉞之屬，迫肩簇立。又有三雙法輿，分在門外，輿極高大，三面承以紅漆木梯，上造坐榻，鋪以繡毯氍，屋用金雕龍鳳，周以綵欄，流蘇四垂，駕以馴象云。今見不過一矢之地，而午門以內端門以外，其侍衛排立，亦似一般矣。始知天子威儀，不翅百倍於小國，而始若寂然，終見如林，則其紀律之嚴肅，自

①成祐曾《茗山燕詩錄》，《燕行錄全集》第 69 冊，頁 258—259。
②朴來謙《瀋槎日記》，《燕行錄全集》第 69 冊，頁 56。
③朴來謙《瀋槎日記》，《燕行錄全集》第 69 冊，頁 80—81。
④朴來謙《瀋槎日記》，《燕行錄全集》第 69 冊，頁 82。
⑤金景善《出疆錄》，《燕行錄全集》第 72 冊，頁 454。

可知也，不覺吐舌矣。①

又咸豐五年，姜長焕記正月十三日在西四牌樓北佛舍，傳皇帝到，其所見曰：

（咸豐帝）自轎內顧視而過，王公大臣以下，著貂裘，親自執彎騎從者百餘人，騎士亦多陪後馳去者。自牌樓行一馬場許，咸豐下轎騎馬，諸臣一時下馬，還乘而行。清帝亦手執黃革，身著貂裘，與諸臣列騎，無以卞是帝是臣，且無鼓吹警蹕之聲，行部靜肅，絕無路傍觀光之人，不聞人諠馬嘶之聲。蓋彼人御牧有術，馬之肥澤者小，毛長而荒，然步輒善走，初無牽彎之法，慣於馴養，能解人意，立便斯立，行便斯行，若值朝會之時，騎者委彎而趨朝，簇立闕外，日勢雖晚，不離原地，亦不相踶，及其主人之退歸，一齊仰首受銜云。②

又同治元年（1862），李恒億記臘月二十八日，天子幸宗廟時景象曰：

大抵同治皇帝年今九歲，端坐玉輦，……輦軍數十，肩輿而行，陪從三十餘人，無尺寸之兵，而緩步隨駕。祗迎諸臣，羅拜於御路之南邊，絕無喧譁之聲。③

從上列諸多記述可知，在朝鮮使臣看來，皇帝出行時蹕警森嚴、儀仗威盛，既是皇權威嚴的象徵，更是"文物繁華"的體現，即朝鮮國王大臣出行，也是前呼後擁，好不威風。而今見清代帝王出行，威儀掃如，規模草草，不成體統，甚至無一牽馬扶鐙之人，絕非"中華舊制"，足見"胡俗簡率"，不足爲訓；然清帝出行，紀律嚴明，行程神速，絕無喧譁，民不驚擾，此點雖值得稱道，但似乎並無仿效的價值。

四、"萬里中土，盡入腥膻"
——對清帝"右文"現象的不解與別解

朝鮮君臣既以"小中華"自居，對於"胡皇"及其朝廷持蔑視的態度，在他們看來"虜廷"唯知窮兵黷武，馬上征戰，而"文明禮樂"，付諸闕如。如顯宗五年（康熙三年 1664）以謝恩兼陳奏行正使出使的洪命夏歸國，顯宗問以清國消息。對曰：

"兒皇節用，而府庫充溢，年歲屢登，而人物蕃盛，禁馬駕車，使不得雇載，方設科取士云矣。"上以命夏所上榜目，出授領相曰："彼無乃假作榜目，而矜耀我國耶？"命夏曰："雲南、福建之人，亦入其中，統一據此可知。且臣路遇一舉

---

① 未詳《赴燕日記》，《燕行錄全集》第 85 册，頁 55、84—85。
② 姜長焕《北轅錄》，《燕行錄全集》第 77 册，頁 290。
③ 李恒億《燕行日記》，《燕行錄全集》第 93 册，頁 91。

子，舉子曰：'無銀不得做進士。'以此觀之，似不虛也。"上笑曰："此落榜者之言也。"①

對於清廷能否收服人心，開科取士，即面對事實，朝鮮君臣仍持懷疑的態度。又如顯宗七年（康熙五年　1666），朝鮮遣謝恩兼陳奏使行，行前顯宗引見，君臣對話曰：

> 謝恩兼陳奏正使許積、副使南龍翼、書狀孟胄瑞如燕。上引見，積曰："臣等入燕之後，彼若問領、左相行公與否，則答以惶懧不敢行公，以待皇帝處分。何如？"上曰："然。"又曰："事若不順，終不減律，則欲呈文卞明矣。"龍翼曰："彼人不解文，難以呈文卞明也。"②

南龍翼以爲，向"不解文"的清廷呈文辨誣，無疑是對夷論理、與虎謀皮。又英祖三十二年（乾隆二十一年　1756）冬至使海蓬君李橝、副使鄭光忠歸國，英祖引見：

> 上曰："清皇幸山東云，然否？"光忠曰："二月已發行，而皇太后同往云矣。"上笑曰："皇太后之有行輒隨，怪矣。山東亦多文士云耶？"光忠曰："彼國所尚，全是弓馬，寧有蔚興文士之理哉？"③

又正祖二年（乾隆四十三年　1778），正祖引見謝恩兼陳奏行書狀官沈念祖：

> 上問曰："書狀《聞見錄》之外，彼中有何可聞？"念祖曰："乾隆蓋英主，而近因年老，政令事爲間多苛嚴，故人懷不安矣。"上曰："中州之文物何如？"念祖曰："萬里中土，盡入腥膻。所尚者，城池、甲兵；所重者，浮屠、貨利。華夏文物，蕩然掃地。甚至大成殿廊，便作街童遊戲之場。簷廡荒頹，庭草蕪没，而未見一介青衿之在傍守護，見之不覺於悒。而或逢江南士人之能文者，則雖在薙髮左袵之中，識見贍博，辭令端雅，江南之素稱文明，儘非過語也。"④

朝鮮君臣心中定見如此，不可改更。在遇到和他們想象中的情形不同時，他們也會找出理由加以解釋。如肅宗十二年（康熙二十五年　1686），謝恩兼陳奏行書狀官吳道一，見清帝經筵講義時曰：

> 因譯輩清皇經筵講義二卷，覓來見之，一則《四書解義》，一則《書經解義》，而清皇皆自爲序弁之卷，其文頗暢達，見解亦粗通，殊可訝也。⑤

---

① 《顯宗實錄》卷八，顯宗五年（1664）六月十三日甲辰條。
② 《顯宗實錄》卷十二，顯宗七年（1666）九月二十日丁酉條。
③ 《英祖實錄》卷八十七，英祖三十二年（1756）四月五日壬寅條。
④ 《正祖實錄》卷六，正祖二年（1778）七月九日丙申條。
⑤ 吳道一《丙寅燕行日乘》，《燕行錄全集》第29册，頁183。

　　吳氏對康熙帝序文之暢達感吃驚，頗覺不可思議。他又解釋説，這只不過是邯鄲學步，誇示中外，亦未必出自其手，無非臣子代筆而已。又肅宗四十六年（康熙五十九年　1720），以正使身份出使中國的李宜顯記載，一行至玉田：

　　　　得見胡皇親製訓飭士子文，其文曰：……其言頗典嚴，得訓諭體，胡而如此，亦可異也。且其論列士習，宛然摸出我國近日之弊，士風之不端，可謂天下同然矣。良足一慨。①

　　又雍正元年（1723），黃晸在瀋陽離發。其曰：

　　　　馳出内城，歷觀萬壽寺，寺即康熙周甲年，瀋陽官民等營建此寺，置佛像而祝帝壽云。軒宇宏傑，丹艧照曜，庭有一碑閣，即康熙所書“遼海慈雲”四字，而字畫如椽，本非拙筆也。②

　　黃晸也對康熙書法“本非拙筆”，頗覺不解。又肅宗四十年（康熙五十三年1714），冬至行正使趙泰采歸國，肅宗引見時，問及皇太子等事，泰采談到皇帝時曰：

　　　　皇帝雖喜盤遊，而獨無虐民之事，專尚文華，若朱子升祔事可見矣。又自作《皇清會典》，而郊祀祭天，皆以三代典禮爲准，則蓋多讀古書，明習國家事者也。然荒淫日甚。③

　　乾隆十四年（1749），俞彦述論清廷制科取士曰：

　　　　清主下旨，深歎儒術之不振，縷縷數百言……清主全以畋獵荒淫爲事，而崇獎儒術如此。可怪。④

　　無論如何“專尚文華”、如何“崇獎儒術”，只要用“荒淫日甚”、“畋獵荒淫”來評價乾隆帝，就足以感到慰藉了。乾隆三十年（1765），洪大容在永平夷齊廟，記其所見曰：

　　　　近因皇帝幸關東，傍置行宫，修廟宇而新之，比前益嚴整。正堂左右，有今王及和親王詩筆，俱絶佳。蓋自康熙世，孜孜以稽古右文自期待，其家傳風流，可見也。惟文武之不能並用久矣，如宋道君、元順帝，皆才藝高妙，終以失天下，今世有如此文藻，而域内豫安，想其才力，亦必大過人也。⑤

　　洪大容這段考古論今的話，儘管仍埋伏着“終以失天下”的疑惑，但還算大體上

---

①李宜顯《庚子燕行雜識》上，《燕行録全集》第35册，頁364—368。
②黃晸《癸卯燕行録》，《燕行録全集》第37册，頁268。
③《肅宗實録》卷五十五，肅宗四十年（1714）三月二十七日戊辰條。
④俞彦述《燕京雜識》，《燕行録全集》第39册，頁321。
⑤洪大容《湛軒燕記》，《燕行録全集》第49册，頁181—182。

對乾隆帝進行了正面的肯定。直至嘉慶以降，朝鮮使臣對清帝右文崇儒的叙述，纔稍涉客觀。如嘉慶八年，憲書資咨官李榮載記曰：

> 皇帝自少好學，自在王邸至於臨御後，著述甚富，《味餘書室詩文稿》多至六十餘卷，去年命皇子親王及劉墉、董誥等數十人編次訖，將以刊佈云。①

因爲戴着有色眼鏡，所以朝鮮使臣入中國後，自跨鴨綠江起，就橫挑鼻子豎挑眼，從東北的"韃子"到北京的"胡皇"，莫不視爲"腥膻惡臭"的異類異族。在此背景下，清朝帝王的"右文"舉措，在他們眼裏就成了不可理喻的異事，在不可思議的同時他們也儘量找理由來進行"別解"，以顯示判斷的正確性來安慰自己。

五、"荒淫無度"還是"勵精圖治"
——清帝理政與生活畫像

朝鮮君臣對清代帝王理政能力與私生活的描寫，基本上都是反面的，那就是荒淫無度，窮奢極欲，腐敗貪殘，政亂國衰。康熙二十一年（1682）出使中國的韓泰東論康熙之荒淫與朝政之貪腐曰：

> 皇帝即位以後，荒淫成性，盤遊無節。姑以近事言之，夏間幸瀋之時，不由修治正路，躍騎驅馳，上下山坂，日以射獵爲樂。及到遼東，設打魚之戲，皇帝著拒水袴襪，戴小帽，親入水叉魚，大臣明珠及諸王以下，皆令執罟，霑體塗足，喪失威儀。近處軍民，許其聚觀，不使拘呵。且言皇帝能砲善射，每當遊獵，勇前當獸，發必命中云，可見其自輕無度之宲矣。其在瀋也，從其所帶妃嬪，且選清女三人，各設帳幕，縱其荒樂……
>
> 皇帝雖在宮中漁色彝淫，未嘗寧處，且於闕牆之外，鑿池注水，周圍甚廣，募得南方巧匠，聚石爲山，殫極奇技，離宮錯列，畫艦簇集，每與妃嬪從宴城闕門樓之渝，故毀圮者方加修葺，朱價爲之卒高。太和殿又將重建，分遣差官於八省地方，取得松楠諸材，土木之擾始矣。自遼東觀魚遊獵之後，謂其魚雉尤美，別遣御差，留住遼東，蒐雉捕魚，車載以運。其行幸之所，雞豚芻糧之屬，皆調用於民間，折銀償價，而其下率多乾没，民所得纔三分之一。
>
> 大臣以下，媚佞成習，暗默不諫，自南方平定以後，君臣上下，益以驕逸，方此稱述功德，賁飾樂章，山呼鳳鳴之慶，一乳三男之祥，題奏頻繁，而彗星之

---

① 《同文彙考補編續·使臣別單二·憲書資咨官李榮載手本》，第 4 册，頁 3784。

出，則未聞其請弛之者也。群下貪瀆之風尤甚，若言其目見者，則李霽、額星格等，或為大臣，或居宰列，乃與外國人公約賂物，罰銀文書將入之際，星格送其奴子來到館所，預索賕金，不知廉恥，見一事可知其餘，於外國亦然，內服必甚矣。①

又肅宗九年（康熙二十二年　1683）三月，返國的謝恩使金錫冑，向肅宗報告康熙帝的行蹤曰：

> 清主自從南方平定以來，驕淫日甚，以遊戲為事。稱以天下已平，臘月許臣民宴樂，各衙門預為封印，新年廢事尤多。既遊獵五臺山，又將出畋居庸關外矣。②

又肅宗十年（1684）三月，賀至正使趙師錫等歸國，上引見，問彼中事情。師錫曰：

> 歲初行太平宴，而諸王、大臣及臣等坐楹外，蒙古使臣及八高山之屬皆在庭下。三人共一盤，而光祿寺不能辦，分命諸王，使備酒食，而所謂御供，則出自宮中。且八高山所屬，順治以前，號令嚴明，人無怨言，而今則減其稍食，出獵之時自備餱糧，故人心漸離，怨聲頗騰云，可想其虛耗之甚矣。清主破吳三桂，取美女三百，貯之離宮，日事荒淫，徒尚文辭，政令多舛。太子年十三，剛愎喜殺人，皆謂必亡其國矣。③

又康熙五十一年（1712）出使的閔鎮遠，在其《燕行録》中記載曰：

> 留智化寺，次通官金姓者，為求乞來坐諸裨所在處，移時穩話，仍言即令宮中紅袖四千餘人，而承恩者一千四百四十五人，有子三十八人、女二十人，皇太子所幸宮女一百人許云。元裨問：“許多宮女中，承恩與否，何以知之？”對曰：“一番承恩，即衣大段服色頓異，故知之。”又問：“宮女此多，則別無加選之事耶？”對曰：“年年選擇良家女以納之，雖宰相朝士，若有美女，則皇帝勒令納官，莫敢違拒矣。”仍曰：“為過千妃嬪，近百子女，營立產業，故聚斂銀貨，日甚一日矣。”又問：“民心能不怨讟否？”對曰：“亦頗有之云。”④

此幾於謠言相類，而朝鮮君臣深信不疑。又雍正十年（1732），以進賀兼謝恩行書狀官身份入中國的韓德厚，在其《別單》中曰：

---

① 韓泰東、韓祉《兩世燕行録》，《燕行録全集》第29冊，頁246—248。
② 《肅宗實録》卷十四，肅宗九年（1683）三月七日己酉條。
③ 《肅宗實録》卷十五，肅宗十年（1684）三月十四日庚辰條。
④ 閔鎮遠《燕行録》，《燕行録全集》第36冊，頁300—301。

臣竊觀彼中事勢，有不久之形……雍正深居九闕，專事荒淫，內自宮中，外至列邑村墅，在在設遊樂之所，名曰戲子，大小坌集，日以爲常。①

英祖十六年（乾隆五年　1740）以謝恩兼三節年貢行書狀官出使的洪昌漢曰：

（初三日）金裕門云：皇帝明日當往原明院，原明院即暢春苑隔牆云。胡人云：皇帝爲觀戲子，率寵姬而去，其還早晚，有未可知云云。

（二十八日）首譯李世仮言通官金普柱輩言：胡帝昨歲得十九歲美女，色可傾國，極寵溺，皇太后責其沈惑，皇帝以此之故，不入見其母，頻作原明之行，挾此姬遊樂之計，而避其母之責言也。②

又英祖四十九年（乾隆三十八年　1773）以謝恩兼三節年貢行副使出使的嚴璹，記其所聞所見曰：

（三月初五日）自宿所十里堡發，數里有碑，大書"冰霜固守"四字，傍細書"盛京正紅旗塔清阿佐領下兵邢國琦妻汪氏貞節，乾隆三十八年癸巳三月　日立"。蟠首大刻"聖旨"二字。昨冬入去時，在轎瞥見四大字，只悉其爲旌烈碑在路中。則皇帝聞汪氏有美色，命採上，汪氏拒不從，其父母泣曰："汝不去，禍將及我。"汪氏遂自經以死，皇帝嘉其節，特命立碑以四字襃之云。

初十日，書狀官入來覆命。上曰："荒淫則有之乎？"賤臣曰："雖未評知，所聞大抵如此，二月初，聞選擇十三省良家女子入闕，而其數不啻屢百，皆乘太平車，同日入闕，行中之人，欲往路傍觀光，則衙門及通官禁止云矣。"③

嚴璹所述，極其荒唐，而朝鮮君臣，待如信史。其又總論乾隆時國政曰：

中國自康熙以來，頗尚節儉，加以國法簡易，經費至約，故蓄積充溢，及至今皇帝，內多嬖寵，外崇土木，窮極奢侈，唯意所欲，而初藉民力，自招多怨。中年以後，察知其弊，所用之財，皆出府庫，不至橫斂於民，故海內得以粗安無事是白遣。皇帝矜能自用，不喜聞過，御史科道之官，雖有彈人之章格非之言，初不敢一至於前，然而性甚聰明，察人誠僞，時有英斷，驚動耳目，常慮滿官之恃勢弄權、操切滿官十倍於漢官，故朝廷亦得以粗安無事，以此民間或以"荒淫之明主"稱之是如爲白齊。④

---

①韓德厚《燕行日録》，《燕行録全集》第50冊，頁271。
②洪昌漢《燕行日記》，《燕行録全集》第39冊，頁88、120—121。
③嚴璹《燕行録》，《燕行録全集》第40冊，頁271、296—297。
④嚴璹《燕行録》，《燕行録全集》第40冊，頁303—304。

又徐有素總論乾隆帝曰:

> 中國人稱乾隆帝曰"荒淫無道聖天子"、"窮奢極侈聖天子"。其荒淫之失,雖未見其顯著者,在位日久,必不無盤遊逸樂之事,故有荒淫之稱也。若其奢侈之事,即熱河西可見矣。既目之以荒淫奢侈,又稱之以聖天子者,何也?想其人奢汰雖過,英略亦優,手攬權綱,控制四海,內飭臣工,外撫黎元,而所謂盤樂奢汰,特在於操縱闊狹之間。中國人謂乾隆帝雄才大略,可方漢武帝,或庶幾焉。又能尊尚六經,興庠序之教,優禮舊臣,開諫爭之路,此其所以保其業也。又痛絕符命媚□之事,嘗有獻嘉禾瑞芝者,輒置重典。西番僧有以太乙方來見者,斥遣之。雅不信奇怪,凡言神仙禱祀之事者,皆罪之。後宮有專房之寵者,欲干預政事,即廢黜之。宮闈之間,亦肅嚴云。①

此又幾乎為正話反說,在否定抹黑乾隆帝的同時,其所述卻多為其政績,所述荒淫也不過是推測"在位日久,必不無盤遊逸樂之事",真有點兒"莫須有"的意味了。

其實,也有部分燕行使能夠較為客觀地敘述所聞所見,如顯宗元年(順治十六年 1659)返京的告訃使鄭維城,在顯宗問到彼中事情時。對曰:

> "已盡於前日所進別單中,而其政令得失,俱在於覓來通報中矣。大概彼能恤民勤政,無少闕漏,故民皆樂業,未嘗有思漢之心也。"上曰:"此實傷痛處也。"②

又康熙二十九年三月,徐文重返國後,命引見於殿,君臣也有一番對話:

> 上曰:"《別單》之外,或有沿路可聞之事耶?"正使對曰:"《狀啟》外無他所聞,而以所見觀之,臣已累度往來,間閭比前頗盛,人民益繁矣。"臣曰:"臣則未之前行,不知盛衰之如何,而以昨年事言之,連年出兵,今年必擾於前,而猶且晏然者,蓋大小人情,以皇帝才智出人,福祿大厚,能久享安平。皇帝之世,必無事矣。卒患重病,皆以為定死,故人心波蕩,今年則都內出兵,關外徵發,而內外俱安,不以為憂矣。"③

又肅宗三十八年(康熙五十一年 1712)出使的謝恩兼冬至使金昌集,在返國後也向肅宗報告"清皇節儉惜財,取民有制,不事土木,民皆按堵,自無愁怨"④。隨其兄出使的金昌業更是詳細記載了所聞所見,論康熙帝並不好聲色,朝鮮使臣所聞,多

---

① 徐有素《燕行录》卷十六,《燕行録全集》第84冊,頁308—309。
② 《顯宗實錄》卷一,顯宗元年(1659)十月二十日丁未條。
③ 徐文重《燕行日録》,《燕行録全集》第24冊,頁226。
④ 《肅宗實錄》卷五十二,肅宗三十八年(1712)十一月三日壬午條。

爲謠傳。如其曰：

> 舊聞皇帝於暢春苑作離宮十五處，貯以北京及十四省美女，宮室制度及衣服飲食器皿，皆從其地風俗，而皇帝沈湎其中。今來見之，與所聞大異。暢春苑南北二百餘步，東西百餘步，其內豈容實十五處離宮乎？圍其三面，而終未見屋甍，其不高大可知。且觀其門與牆，制度樸野，無異村莊，誠如事，遊衍奢侈，則棄太液、五龍之倚麗而居乎此乎？竊意此處與西山玉泉相近，山水之景，田野之趣兼焉，似愛此而來耳。以此觀之，其人性稟可概也。①

金昌業用親眼所見，證明傳説的不可靠。同年出使中國的崔德中，所論更爲全面。其曰：

> 第念大明築城築墩之役，民力殆盡，公卿之家，侈美孔極，處處鍊石作牌樓，墓墓立石，財貨耗損，已至亡國，可勝痛哉！此時雖變改風俗，上下無別，賦税有定，民安其業，吏樂其職，出陟分明，政不煩苛。皇帝者雖荒淫無度，固結民心則深矣。且無役民之事，亦無別賦之規，民皆怡安，恐失其君，而第觀宮闕，乃是明時之宮，一存其舊，別無增構之處，第以太和殿見之，丹艧之玲瓏，半不如寺刹，其專意於便民鍊兵可知，且北結蒙古，緣婚爲和，南置腹心，清人專管重權，雖多有漢人，置之於食祿無權之職，使不得相猜，翰林院大理院，非科目之人不得差充，其不廢文具，亦可知矣。②

崔氏將明、清比較而論，得出清帝雖荒淫無度，但官民安居樂業，政不煩苛。道光二年（1822）出使的徐有素，記載他聞聽的康熙帝曰：

> 康熙性不喜芬華，恒服澣濯之衣，宮中罕遊宴，嬪御不敢服華麗之衣，車輿床杙無金玉之飾，節用蓄財，頻恤水旱之災，屢蠲天下田租，弛關市之徵，在位六十年之間，民安物阜，號稱"少康"。③

這可能是燕行使對康熙帝的最高評價了。又雍正元年（1723）出使的黃晸，留館期間，"往來館中胡人爲問皇帝新政，則極口稱揚，見百姓無衣者，則必爲之惻然，而官給衣服，忠正之臣，必優賞賜，愛恤軍士，顧惜民生，比先皇帝盛德，少無所愧，萬姓方愛戴云云"④。又乾隆二年（1737）出使的李喆輔在甜水站，問當地人趙鶴齡

---

①金昌業《老稼齋燕行日記》，《燕行録全集》第33册，頁205—206。
②崔德中《燕行録》，《燕行録全集》第40册，頁34—35。
③徐有素《燕行録》卷十六《燕都紀聞》，《燕行録全集》第84册，頁298。
④黃晸《癸卯燕行録》，《燕行録全集》第37册，頁282。

"即今天下太平，民皆樂業否？曰新皇帝聖明，民皆安樂矣"①。又乾隆三年（1738）出使的金在魯在歸國後報告説：

　　彼中事情，無由詳知，而蓋聞皇帝頗欠自斷，紀綱未免解弛是如爲白乎矣。但其民間賦役本甚輕簡，而皇帝又專務寬民之政，賑恤蠲減，惟恐後時，近年以來，亦無出征之舉，故民間自爲晏然，此似可恃是白齊。

　　在彼聞之，康熙同英雄之主，雍正則苛察，乾隆則政多委下，而亦不無善處，或地方官有擅發倉廩救饑民之事，則有褒獎之旨，其愛民可知，且以即今所見，似無流賊出之矣。②

乾隆五十五年（1790）出使的徐浩修記載沿途所見曰：

　　自新店後岡正西，走小黑山爲山海關路，西北走白臺子爲熱河路……清有天下，參用蒙回諸部，朝廷太半是色目人，以中華之利與外夷共之，故邊塵之不警已百餘年，見今田疇相連，雞犬相聞，晝行夜宿，毫無戒懼，三衛百戰之地，悉變爲樂土，此歷代所不能得也。③

如此高的評價，在諸家《燕行録》中，極爲罕見。燕行使對清代皇帝有好感與好評，至嘉慶帝始盛。如純祖元年（嘉慶六年　1801）出使的李基憲曰：

　　皇帝不近華侈，或自外邑進呈器玩，則卻而不受，或以賜群下，而群下亦不敢儲蓄，自多發賣，故市肆之間，多有奇巧侈麗之物是如是白齊。④

嘉慶十六年入中國的憲書賫咨官李時亨記曰：

　　皇帝聰明超邁，雖京外庶僚，一經引見，能識別賢否而默記之，逮夫考績之上，知以爲賢者，則或貶焉，而特加題陞，以爲不賢者，則雖見褒而輒施斥退。由是内而堂官，外而總撫，舉懷畏慎，務精黜陟云。⑤

嘉慶十八年謝恩行首譯金在洙曰：

　　皇帝陞殿御門之外，各部院大員一人，輪回替直於隆宗門内，晨夕召接，以備顧問，由是政無擁蔽，事無稽滯，而成親王永瑆以有妨於保養之道，屢屢陳懇，皇帝終不聽許，每以"予一人安而萬民之勞，曷若予一人勞而萬民之安也。且予

---

① 李喆輔《丁巳燕行日記》，《燕行録全集》第 37 册，頁 442。
② 金在魯《本末録》卷三十七，《本末録》第 3 册，頁 300—304。
③ 徐浩修《燕行紀》卷一《起鎮江至熱河》，《燕行録全集》第 50 册，頁 455—456。
④ 李基憲《燕行日記啟本》，《燕行録全集》第 65 册，頁 326。
⑤《同文彙考補編續·使臣别單二·憲書賫咨官李時亨手本》，第 4 册，頁 3791—3792。

以是爲樂，不覺心神之惱費”爲答。聽聞攸暨，莫不感戴。①

又嘉慶二十三年再入中國的金在澍曰：

> 皇帝御極之初，咸慮民隱之壅散，雖經州縣及臬司之審決者，若有抱冤含屈者，許令控訴，京司更爲申理，自茲以往，訟牘繁滋，弊端層出，近因刑部之奏議，更定條例，凡有控告者，未經州縣臬司而直告京司者，不准聽理，或案本細微而架詞聳聽，或事皆虛誣而捏成重情者，並施加倍之律，自此告訐之風少息云。②

在這些記載中，嘉慶帝顯然是一位不好珍玩聲色、勵精圖治的好皇帝。而道光三年以進賀兼謝恩行首譯身份入中國的玄在明，評價道光帝曰：

> 皇帝臨御以來，雖曰勵精圖治，其於指斥譏切之言，不無忌惡之心，故每逢諫諍，外雖褒嘉而內實屛棄。都御史松筠，資性甚剛，遇事輒諫，不避忌諱，皇帝素重其人，雖不之罪，然未嘗一日安於朝，而常調外職。筠之弟以吉林總督死於任所，則謂以此任不可付之生手，以筠代之，以此專由於疏遠之意云。③

雖想勵精圖治，但不能從諫如流，重用忠臣。但道光二十八年出使的謝恩行書狀官朴商壽所載，卻大大不同。其曰：

> 皇帝年已六十有七，日惟萬機無暇。旱災饑饉，每患賙賑多艱；邊警驛騷，務使彌綸得宜。憂則切於宵旰，權不移於近倖。內以罷虎圈於西苑，外以蠲燈貢於浙省。雖有宮室朽頹，仍舊貫而不改，至於服飾珍奇，禁朝紳之或侈。可見察庶務而昭其儉也。④

此中描述，已經是一個憂國憂民、宵旰勤政的帝王了。對於咸豐帝，咸豐五年（1855）出使的申佐模評價曰：

> 皇帝憂勤圖理，一念愛民，自御極以來，應行謁陵外，凡係營繕巡幸役民之事，一切停止……勸捐一事，大爲各省難支之弊。蓋自兵興以來，軍需浩繁，爲此苟且之舉也……去年農形關內外各省，可謂均稔，惟河南、山東、直隸三省，河決爲災，至議設賑而恤以言之……斗直不甚踊貴，民情得以帖妥是白齊。⑤

同治登基，尚在幼小，但朝鮮使臣卻評價甚高。如同治二年陳奏行書狀官李寅命

---

①《同文彙考補編續·使臣別單二·謝恩行首譯金在澍聞見事件》，第4冊，頁3794。

②《同文彙考補編續·使臣別單二·冬至兼謝恩行首譯金在澍聞見事件》，第4冊，頁3798。

③《同文彙考補編續·使臣別單二·進賀兼謝恩行首譯玄在明聞見事件》，第4冊，頁3799—3800。

④《同文彙考補編續·使臣別單二·冬至兼謝恩行書狀官朴商壽聞見事件》，第4冊，頁3813。

⑤申佐模《燕紀雜記》，《燕行錄全集》第75冊，頁492、499、501。

記載曰：

> 皇上聽睿沈默，自晨至暮，日設講筵，時原任大臣及師傅不離左右，討論古今治亂得失之跡，而滿漢蒙古等字，無不學焉。餘暇則練習弓馬，此其家法之傳授者，而兩宮皇太后教誡之力云云……
>
> 三月科試，四月十八日殿試，皇上語王大臣諸考官曰：“我不解文辭之工拙，主考該臣，既已秉公選擇矣，我當體天行道。”並將試券積置坐傍，信手拈出，手書狀元、榜眼、探花，餘皆仿此，朝野莫不贊頌是白齊。①

又同治三年陳奏行首譯李尚迪曰：

> 皇上春秋九歲，聰明歧嶷，日御講筵，頻接臣鄰，多有令聞，而皇太后稱制於內，議政王奕訢，軍機大臣祁寯藻、倭仁、李鴻藻等，同心輔政，故雖多年調兵，外憂方殷，而都下晏如，少無騷擾之患是白齊。②

又同治十年冬至兼謝恩使首譯韓文奎曰：

> 皇上臨御以後，講學勤孜，日益就將，大學士倭仁、戶部侍郎李鴻藻，自登極初專任師傅之責，近又太僕寺卿翁同和、太常寺卿徐桐，俱以文學經術，出入經幄，以資納誨啟沃之效是白齊。③

自嘉慶以降，燕行使對清帝的評價方趨於客觀，甚至有些美化的成分在內，勵精圖治、體恤民情、從諫如流、多有令聞等溢美之辭，屢見於他們的記述之中。

六、“胡無百年之運”與“胡運昌盛”的反差和糾結

朝鮮君臣自“丙子胡亂”（1636—1637）後，不得不斷絕了與明朝的藩屬關係，接受清朝的印信，以清朝爲宗主國，開始朝貢瀋陽，但經此一劫，國力不振，從經濟、軍事到心理、面子都受到了毀滅性的打擊。當時作爲人質的鳳林大君、即後來的孝宗李淏（1619—1659）即位後，曾物色人才，儲備物資，意欲北伐，以圖“反清復明”。然而，不幸的是孝宗在位僅十年（1649—1659），中年賫志而亡。《醒睡叢話》記載，有一明朝高僧流落朝鮮，關注孝宗北伐事，並希望一瞻天顏，視其爲若何人主。其曰：

> 更留京數月，孝廟適行閱武於露梁之上，僧從觀光人叢中一瞻天顏，急向靜

---

① 《同文彙考補編續·使臣別單二·陳奏行書狀官李寅命聞見事件》，第4冊，頁3820。
② 《同文彙考補編續·使臣別單二·陳奏行首譯李尚迪聞見事件》，第4冊，頁3821。
③ 《同文彙考補編續·使臣別單二·冬至兼謝恩行首譯韓文奎聞見事件》，第4冊，頁3825—3826。

僻處放聲大哭，上佐驚怪而問之，則掩淚而言曰："吾之一片苦心，今焉已矣。吾觀主上天日之表，可謂英傑聖明之主，可以有爲，而但屍氣滿面，壽限盡於今年之內。天乎！天乎！既出其人，又何奪之速也。"哀痛不已，其後一旬之間，孝廟賓天，而其僧不知去處云矣。①

朝鮮君臣將北伐未成的原因，歸之於孝宗的英年早逝，此爲最典型的一例。又英祖三年（雍正五年 1727）冬，以謝恩兼三節年貢行副使禮曹判書李世瑾隨行軍官身份入中國的姜浩溥，曾極度感嘆曰：

嗚呼！使我聖考誕降於天地變易冠履倒置之時者，天也；使我聖考辱天步於腥塵氛幕之間，玉成乎憂戚以屬其慷慨奮發剛毅陶礪之志，以增益其睿聖神武之姿，以庶幾春秋大一統之業者，亦天也。是天之篤生我聖考者，若將有意於下土，而竟使中途薨殂，賫志未展者，何哉？此豈但東偏一域窮天之痛恨而已也，誠今日環四海凡有血氣者，皆爲無福也。悠悠老天，胡忍爲斯。②

姜氏甚至在行至高橋堡至塔山間時，如同夢囈般地暢想曰：

身著戎衣，乘駿馬，長驅大道，而前後車馬簇擁，絡繹向北京而馳，依然若成我孝廟遺志，驅千兵萬騎，已攘復遼東，蹴破瀋陽，今又往征燕京者然，雖設意妄想，而頗若爽快矣。③

姜氏的確是在妄想！實際上即便孝宗在位久長，也不可能有滅清復明的膽魄與實力，北伐只不過是孝宗欲動朝野的政治宣傳而已。但朝鮮以金尚憲、宋時烈等爲代表的"義理派"終佔上風，他們以"中華禮樂"自居，而視中國爲"腥膻臊臭"之地，甚至在宋時烈看來，朝鮮因爲臣事清朝，也已經非乾淨之地，唯其所居華陽寸地，乃"大明"之地。朝鮮稱清帝爲"清主"、"胡皇"，雖然年年進貢，但骨子裏既看不起又恨之入骨。如英祖十九年（乾隆八年 1743）瀋陽問安使趙顯命回朝覆命，對乾隆皇帝賜給英祖以弓矢，朝鮮君臣商議如何處理此事：

（英祖）仍教曰："彼之所賜弓矢，將何處之？"左議政宋寅明曰："弓矢之賜，蓋仿周王賜諸侯之意也。"上曰："若是皇朝之賜，則予豈可使一內官受之乎？即今善處之道，裹以黃袱，負之內侍，示勅使以皇賜之物，不敢佩服，亦可也。"④

①《醒睡叢話》卷上"皇朝遺民"條，鄭明基編《韓國野談資料集成》第17冊，漢城：啟明文化社，1992年，頁245—247。

②姜浩溥《桑蓬録》卷二，《燕行録續集》第112冊，首爾：尚書院，2008年，頁513—514。

③姜浩溥《桑蓬録》卷三，《燕行録續集》第113冊，頁52。

④《英祖實錄》卷五十八，英祖十九年（1743）十月二十七日丙子條。

這種表面恭順有加，背後銜恨不已的心態，在清初的百餘年中尤爲明顯。朝鮮君臣一方面希望“胡無百年之運”的規律能夠早日重現，促清朝速亡；另一方面卻看到的是清朝經濟復蘇、社會日漸繁榮的景象，這使他們顯得極其糾結、痛苦與恚恨。因此，反映在他們的觀察中，也是時而覺得清朝日益繁盛，時而又感到速亡在即。如康熙五十一年（1712）出使的徐文重論曰：

> 上曰：“然矣，向者果有大興建號之事矣。”臣曰：“他國之事，固難知之，且一時雖有勝敗之事，不至爲目前之憂。而以臣所見論之，胡漢終無混合之勢，判爲主客，漢人視胡人如逆旅之過客，無所顧藉，胡人亦無一時同去就之意，前頭設有撓動之事，似不待事勢兵力之窮蹙矣。”①

依徐文重的意思，清廷無法根本解決滿漢矛盾，漢人視滿人爲逆旅，滿人亦無長久統治中原之決心，一旦發生危亂，起作用的也許就根本不是武力之強弱，這種論點在燕行使中非常流行，後來的朴趾源等仍然反復論説，以爲獨見。又同年出使的崔德中論東北沿路形勢曰：

> 小黑山以東，乃遼野也，雖多陳地，村落相望，以此言之，則物盛有衰，乃天理之變也，以民情見之，則清亡尚遠。第諸王無一似人者，且皇長子太子連以罪戾囚鎖，其腹內已亂，四肢亦將隨亂，康熙身死之日，天下之亂，屈指可計，而當此之時，我國之不被害，亦未必矣。第念使明智者，乘其內亂，與蒙古結和，據割瀋陽以北，則中原必有內應而繼起者，內外相應，先發制彼，則可無橫被其害，而善後之策，非凡人之所可知者也，但瀋陽、寧古塔等地之拔取，似不難矣。②

崔德中以爲，東北沿途，村落相望，民安物阜，清廷暫時安定，此乃天意，但康熙身死之日，必當大亂，並且給朝鮮提出了可以在亂中取利的具體策略。而兩年之後的肅宗四十年（康熙五十三年　1714），冬至使趙泰采歸國時，君臣對話曰：

> 上引見，問胡皇太子事。泰采：“皇帝雖喜盤遊，而獨無虐民之事，專尚文華，若朱子升祔事可見矣。又自作《皇清會典》，而郊祀祭天，皆以三代典禮爲准，則蓋多讀古書，明習國家事者也。然荒淫日甚，四月輒往暢春院，轉至海邊。蓋其所爲，雖若難保久安，而若以其排置氣勢觀之，姑無危憂之端。”③

---

① 徐文重《燕行日録》，《燕行録全集》第 24 册，頁 227—228。
② 崔德中《燕行録》，《燕行録全集》第 40 册，頁 136。
③《肅宗實録》卷五十五，肅宗四十年（1714）三月七日戊辰條。

趙泰采等又認爲，清廷長治久安難保，但目前似乎没有什麼危憂。令朝鮮君臣不解的是康熙駕崩後，清王朝並没有如期崩潰。雍正二年（1724）出使的權以鎮議論説：

> 皇朝以嚴立國，民不見德，終至民叛於内，潢池犯闕，而民不肯爲守；清人易之以寬，雖天下薙髮，而小民安堵，享有天下近百年。而康熙之末紀綱已壞，即今尤甚。①

權以鎮認爲，明朝過於嚴苛，民不感德，以至於亡；清朝待民以寬，民感其德，安享天下近百年。但康熙末紀綱已壞，至今已經非常危險了。而英祖八年（雍正十年1732）出使的韓德厚總結説：

> 臣竊觀彼中事勢，有不久之形。清人入主中國，已近百年，以其運則將窮矣。昇平既久，朝野狃安，窮奢極欲，靡有限節，貪黷成風，上下徵利，賄賂交湊，全没廉恥。雍正深居九闕，專事荒淫，内自宫中，外至列邑村廛，在在設遊樂之所，名曰戲子，大小坌集，日以爲常。寺塔祠廟，殆遍天下，窮極壯麗。通州石築，功役浩大，用財如水，莫之知恤。常明輩倖臣數人，與同卧起，居中用事，天下只知有常明，不知有雍正。又刑政懦弱，吕留良、嚴鴻達投書之舉，可謂亂逆，而終不能痛治，見於《覺迷録》可知矣。紀綱如此，其何能國。雖以西事言之……使彼無事則已，大勢一傾，則瀋陽、寧古塔爲必歸之所，我國而皆連有必至之憂，此固早晚事，及今申嚴邊務，繕修關防，大警陰雨之備，然後可以事至而不跲，臣願深留聖慮，勿以目前之無事而少弛焉。②

韓德厚之説，與前引徐文重説無有本質的區別，胡運已近百年，土崩瓦解想來應該不遠了吧。即使到了清朝百年以後，已到如日中天的乾隆朝，朝鮮君臣的詛咒與希冀仍然不滅。乾隆八年（1743），趙顯命出使歸回覆命。君臣有一段對話：

> 瀋陽問安使趙顯命、書狀官金尚迪復命，上召見之，問顯命曰："彼中事何如？"對曰："外似昇平，内實蠱壞。以臣所見，不出數十年，天下必有大亂。蓋政令皆出要譽，臣下專事詖説，大臣庸碌，而廷臣輕佻，甚可憂也。"上曰："中原之有亂，我國之憂也。"③

趙顯命一行，只到了瀋陽，並未到北京，就得出了如此輕率的結論。乾隆四十二年（1777）出使的李在學論曰：

---

① 權以鎮《癸巳燕行日記》，《燕行録全集》第35册，頁132—133。
② 韓德厚《燕行日録·別單》，《燕行録全集》第50册，頁271—274。
③《英祖實録》卷五十八，英祖十九年（1743）十月二十七日丙子條。

　　彼中事情段，概聞朝廷無事，邊境寧謐，別無可言之事。而來丙辰年歸政一事，已有上年所下皇諭。自今年秋連設恩科，通官輩亦謂大小公事，明年内當盡爲磨勘，而丙辰年當有勅行是如爲白齊。①

　　在李在學看來，清廷政閑境寧，一切正常。但純祖二十五年（道光二年　1822），以冬至兼謝恩行書狀官出使的徐有素，在談到乾隆朝在圓明園大興土木時，又評論曰：

　　盖一園中，別館樓亭，凡爲二百七十餘所，所在金碧眩耀，隔湖眺望，有若畫中。隋家江都官闕，所謂迷樓者，亦如此否？古之好土木之事者，其終鮮有不敗。夫熱河、西山之經營創建，必勞天下之力，竭天下之財，豈無下民之怨咨，臣庶之疲頻者乎？然而四方無虞，五紀安享，天意人心，豈亦有古今之異歟？②

　　徐氏認爲，如此勞民傷財，竟能安享天下，難道是天意人心古今有異麽！朝鮮君臣就這樣年復一年地做着各種預測與詛咒，滿含着希冀，盼着清王朝覆亡。可是，一天天看到的卻是“胡無百年之運”的古規並未兑現，而“胡運昌盛”卻是鐵一般的現實，這又令他們是何等的絶望。

　　此種論調在燕行使的詩歌當中，表現得更多。如肅宗六年（康熙十九年　1680），謝恩兼陳奏行副使申晸，在沿途見到地震後的村落，感慨而詩曰：

　　胡無百年運，中土困生靈。天怒今方赫，坤維亦失寧。有村愁壓倒，無處覓居停。自歎風塵裏，飄飄跡似萍。③

　　申晸認爲地震就是上天威靈赫怒的表徵，也是胡運將終的暗示。又肅宗十二年（康熙二十五年　1686）謝恩兼陳奏行書狀官吳道一詩曰：

　　城闕微茫曉色籠，九街燈燭淚痕中。大明文物成蔓草，天子端門坐犬戎。宇宙遭罹何運氣，塵埃埋没幾英雄。築鉛圖劍猶難試，燕市今無俠士風。

　　明宫法殿總依然，觸目滄桑萬事遷。氍幕高張九級陛，霜蹄亂蹴八花磚。人心從古眷真主，胡運元來無百年。此理本明何久爽，吾將拭淚問高天。④

　　吳道一既斥責燕趙古風不再，俠士無蹤，又誠冀胡運早終，大明復顯。又肅宗十六年（康熙二十九年　1690），冬至兼謝恩行副使徐文重詩曰：

　　拭玉西來恨不辰，漢儀淪没動然人。高風魯海欽輕世，清節凜祠仰潔身。屈

①李在學《芝圃遺稿》卷十七《雜録·副使時別單》，《四代遺稿集》，頁434。
②徐有素《燕行録》卷十六《燕都紀聞》，《燕行録全集》第84册，頁308。
③申晸《燕行録·地震》，《燕行録全集》第22册，頁465。
④吳道一《燕槎録·曉頭以朝參赴闕憒悗口占》，《燕行録全集》第29册，頁96—97。

指百年夷虜運，驚心六褰甲申春。怳然往事黃塵裏，瞻望煤山攬涕頻。①

又康熙五十一年（1712）出使的金昌業詩曰：

随人渡遼水，攜劍向燕雲。俠窟悲無士，窮廬恥有君。百年猶左衽，四海尚同文。何日夷風變，中原脱鹿裙。②

燕行使們掐指算數，以待百年，真是此心衷誠，天日可鑒。又英祖八年（雍正十年　1732）進賀兼謝恩行正使李宜顯詩曰：

緬思十載前，啣命來薊幽。一來已苦顏，重到益堪羞。所遇盡異類，殆與禽獸侔。嗟吾生世晚，不見舊神州。

聞渠事征戰，大勢亦垂窮。胡虜無百年，此運何時終。中原豈久淪，天意本自公。河清不可俟，浩歎遡長風。③

此時距離明亡，尚不足百年，故李氏在失望中又充滿了期待。又英祖二十一年（乾隆十年　1745）冬至等三節年貢行正使趙觀彬，在途中看到運石車隊，遂感慨詩曰：

大車載大石，小車載小石。大石長丈許，小亦六七尺。美品似青珉，雖石貴於玉。載之車無數，驅者皆凍色。僕夫怪而問，云是皇所勅。時方營別宮，欲侈階礎飾。聽此亦可知，殆哉其爲國。百年皇極殿，三傳僭已極。熱河多臺榭，亦足窮行樂。奈何谿壑心，又事土木役。深冬風雪天，千里動民力。還似蜀山輸，反甚秦鞭督。胡運豈能久，民生亦可慽。不知此天下，何日復正朔。④

宮觀依然帝者居，宏規知是大明餘。百年皇極無龍袞，五夜端門有象車。白鼻縱橫皆貝勒，紅頭匝沓盡穹廬。堪羞弱國金繒使，跪叩殊庭塵滿裙。⑤

此時明亡恰好百年，雖然趙氏高倡"胡運豈能久"，但胡運似無終止之跡象，正朔不再，"百年皇極無龍袞"，極可哀嘆。又英祖四十四年（乾隆三十三年　1768）出使的李器之詩曰：

聞説胡皇鬢已斑，中原豪傑百年閑。車攻吉日今無望，儻有真人起草間。⑥

①徐文重《燕行雜録·謝恩使行方留北京十芳院因來使有下示一律一絶敬次》，《燕行録全集》第24册，頁334。
②金昌業《燕行塤篪録·次伯氏孤家子述懷韻》其一，《燕行録全集》第34册，頁27。
③李宜顯《壬子燕行詩·高橋堡感吟用身危適他州勉强終勞苦分韻》其五、其八，《燕行録全集》第35册，頁285—286。
④趙觀彬《燕行詩·運石》，《燕行録全集》第37册，頁585。
⑤趙觀彬《燕行詩·抒憤（丙寅）》，《燕行録全集》第37册，頁597—598。
⑥李器之《燕行詩·送人赴燕》其三，《燕行録全集》第37册，頁292—293。

此時明亡已過百年，上天既然不開眼，那麼李器之冀望中原有豪傑再起，推翻清廷。又正祖二年（乾隆四十三年　1778），謝恩兼陳奏行正使蔡濟恭詩曰：

> 一統山河已百年，漢人爲苦滿人便。如何五世稱皇帝，進退榮枯有是偏。[1]

是啊！清祚已延五世，怎麼還不滅亡，老天不公，偏心至此。又純祖十六年（嘉慶二十一年　1816）冬至兼謝恩行正使李肇源詩曰：

> 使乎今再至，風物較看前。生齒增夷夏，工商湊越燕。村新多大户，土闢盡良田。運氣方隆盛，誰言無百年。[2]

李肇源已經承認，清王朝正值隆盛，“胡無百年之運”幾同謊言。燕行使日日年年地在鴨水遼東間行走，往返於北京與漢城。煤山憑弔，甲申重來，物是人非，感慨恚恨，莫可如何。無論是斥責中原無“真人”，還是怪天意不公，眼前歸終是胡運無終時，“河清不可俟”。即便是到了清末光緒時期，朝鮮君臣還在關注中國百姓是否還在“思明”。如高宗十四年（光緒三年　1877），謝恩兼歲幣行副使李容學歸國，君臣討論北京洋人“彌滿城内”，中國爲何不驅逐洋人，俄羅斯威脅朝鮮，中國以册子提醒朝鮮，應該加强武備等事後。仍有對話曰：

> 上曰：“武備我國貧而無力，可爲奈何！册子是何書耶？”上使：“臣忘未記其名，而有見之者，以爲我國已出者，故還送矣。”上曰：“漢人尚思皇明云耶？”上使曰：“尚今憤鬱矣。”上命以此退出。[3]

此時的中國與朝鮮，都受到西方列强的侵擾，門户洞開，國將不國，朝鮮君臣還在探討漢人是否“思明”，真是白晝夢囈，憑空想象，令我們今天讀來仍感慨莫名矣！

七、結語

以上我們對諸家《燕行録》中對清代皇帝的各種記載做了全面的梳理與分析，從中可以看出：其一，無論是在朝鮮君臣心目的天朝上國大明朝，還是他們蔑棄爲“腥膻臊臭”的清朝，入中國，學禮樂，賞風物，見皇帝，仍是諸多朝鮮士大夫的夢想（明末海路朝天被視爲畏途，清初朝鮮臣子也多不願出使中國）。其二，燕行使對清代皇帝容貌、衣飾與舉動的記載，遠比中國史書要詳盡與生動，可補中國史書之闕，有

---

① 蔡濟恭《含忍録》卷上《記聞》其二，《燕行録全集》第 40 册，頁 339。
② 李肇源《黄梁吟》下《乾河》，《燕行録全集》第 61 册，頁 417。
③ 未詳《燕薊紀略》，《燕行録全集》第 98 册，頁 105。

重要的參考價值。其三，清代皇帝的出行儀仗規模與紀律，給燕行使留下了深刻的印象，但他們認爲這種過於簡率的做法，並不是"文明禮樂"的象徵，不足爲訓。其四，因爲在他們心目中有固定的"胡皇"與"夷狄"的成見，因此對清帝的右文現象，以及治國安邦之策，都視而不見，或用其他理由進行曲解，在"荒淫無度"與"勵精圖治"兩者中，他們更願意選擇前者爲對清代皇帝的品評與定論。其五，朝鮮君臣自清初以降，初期寄望"胡無百年之運"的古規，坐待清朝的滅亡；當他們看到"胡運昌盛"的景象時，又用諸多理由來解釋其原因，最後仍歸結爲前景堪憂，仍以唱衰爲主調；直到清季因爲共同的命運，他們纔開始正視中國，并希望中國幫扶救助朝鮮，但爲時已晚，清廷已經無力護持朝鮮，兩國都將相繼落入被任人宰割的命運。

讀諸家燕行使所記，令我們扼腕唏噓不已！從當時清朝與朝鮮、越南、俄羅斯、日本及其他國家間的交往看，中國與朝鮮無疑是關係最密切也是來往最多的，燕行使沿路相接，每年數起，對鴨江、遼東與北京的山山水水與城市風貌，熟如自平壤至漢陽，就像自家的後花園。可是，他們雖然與中國皇帝面對面地交禮，品評他們的長相、性格與治國行政，但他們由於懷着深深的成見與偏見，这种既有之見遮蔽了他們的双眼，他們所看到的都是荒淫的帝王、混亂的朝政、貪腐的官場、夷俗的民間，極少有正面的形象。燕行使在北京與沿途，雖然多方刺探清朝情報並歸報國王，但他們所得卻多是虛假邸報與民間"八卦"，且無一不證明"胡皇"與"虜國"行將危殆，可坐待其亡。即便是在朴趾源等"北學派"學者提出向清朝學習之後，朝鮮君臣的蔑棄清朝的主調並未改變，一年數度的燕行，只是無可奈何、虛於周旋的應酬之禮，完全没有起到應有的作用。

反過來説，清廷君臣對這個"素來恭順"的朝鮮所知更少，面對行禮如儀、熱面周旋的燕行使，以及他們賫來的文詞華美、語句恭謹的"事大文書"，清朝君臣高高在上，以宗主國自居，表面看起來朝鮮"事事皆報"，但實際朝鮮國事若何，朝鮮君臣在做什麽想什麽，清王朝完全不瞭解不知情，以至晚清朝鮮半島危亡之際，清朝君臣對朝鮮國事矇眬依稀，處置失當。世人皆謂清季"甲午戰争"，中國慘敗於日本，朝鮮半島脱離中國而落入日本之手，但追究前因，從乾嘉以來就已經透露端倪，埋下敗根。中國與朝鮮這種表面看下來穩固而恒久的"朝貢體系"，在遇到清季世局大變的危亡之際，便如沙灘華屋，瞬間坍塌。即今日而論，當我們處理中國與朝鮮半島關係的時候，面對複雜多變、矛盾糾結的東北亞局勢，似乎仍能看到百餘年前魅影的存在！

燕行使與"養漢的"：譯官、私商眼中的中國青樓與娼妓

申翼澈

（韓國韓國學中央研究院）

一、引言

　　"養漢的"一詞是對從事賣春活動，或與男子保持不正當關係的娼妓的俗稱。朝鮮與中國一樣，實行官妓制度，在中央與地方設官妓經營女樂——這種意義上的娼妓不能歸入"養漢的"之列。"養漢的"作爲一種私娼，其首要特徵是非官方，即不隸屬於任何府衙。在中國，"養漢的"大約出現於明朝萬曆年間，後逐漸增多，其活動範圍亦逐漸擴大，遍及全國各地，尤以京師地區爲甚。清順治、康熙時期，歷代延續的官妓制度被廢止，在客觀上刺激了私營妓院的發展，致使從事賣春活動的"養漢的"激增。18世紀後，青樓妓館遍佈中國各地；19世紀以來，朝鮮使節赴京朝貢路程沿線與京師等地的私娼尤爲活躍①。

　　燕行録對"養漢的"有着頗爲生動的記載，其中最早涉及這一群體的是1574年（朝鮮宣祖七年）赴京朝貢的趙憲（1544—1592）的相關記録。趙憲在《朝天日記》中寫道：三河縣、榛子店與沙流河等地"淫女衆多"，使團一行在沙流河附近民居中休息時，就曾有三名淫女主動前來，舉止輕佻，撩撥李寬的衣服進行露骨的挑逗②。由此

---

①參見王元周《燕行與解語花》，《梨大史學研究》第50輯，首爾：梨花史學研究所，2015年；王書奴著、申現圭譯《中國娼妓史》，首爾：語文學社，2012年。王書奴概述了中國歷代娼妓制度，在第六章將清代娼妓制度界定爲"私人經營娼妓時代"。

②"十一日壬午，朝陰，午後雨。歷城中節婦葉氏門，憩於沙流河之道南人家，有淫女三人，摻李寬以惑之，蕩之甚矣。"參見趙憲《朝天日記》九月十一日條（1574年）。

可見，在明代朝鮮使臣朝貢途中，"養漢的"便已公開活動了。曾於 1579 年作爲聖節使來華朝貢的李墍（1522—1600）也指出中國"養漢的"泛濫，並介紹了其形成原因與變化過程①。

最爲世人所熟知的與"養漢的"親密接觸的朝鮮使團成員大概要數譯官洪純彥（1530—1598）了。洪純彥十分同情在朝貢途中結識的一名"養漢的"，不僅對她本人秋毫未犯，還花大價錢爲其贖身。洪純彥的行爲堪稱義舉，爲人所稱頌，其事蹟演變爲文學素材，多次出現在朝鮮朝後期的相關作品中②。後來，將此妓女收爲妾室的石星曾於壬辰倭亂時力主援助朝鮮，戰爭結束後，留下了有該女親手所繡"報恩緞"字樣的綢緞便回國了——在朝鮮甚至出現了"報恩緞洞"這一地名。以此爲素材展開的故事大都宣揚節義等理念，被人們傳爲佳話。

但是，在與洪純彥處於同一時代的文人柳夢寅（1559—1623）的文集中卻幾乎看不到此類素材的相關作品。柳夢寅詳細記錄了譯官洪純彥的義舉：洪純彥與柳夢寅爲同鄉。洪入燕時，看到一位舊日熟識的中國人家境敗落，甚至淪落到要賣掉妻子的地步，所幸洪純彥出金五百兩代爲還債。《於于野談》中的相關内容是關於洪純彥的最早文字記錄，其中並没有涉及"養漢的"與"報恩緞"等元素。由此可見，那些所謂的美談很有可能是後人基於"再造之恩"與"對明義禮"等認識進行的演繹與合理化解釋③。《於于野談》中關於"養漢的"的内容主要見於安廷蘭的相關記錄中：身著中國

---

① "養漢的之名盛於中國，而我國則無也。蓋中國之養漢的，特出於恒、岱之遺風。初非樂爲禽獸之行，實緣無父母之養，無族屬之托，迫於寒饑，相聚梳洗，爲悦人糊口之計。然各有本夫，而亦有高下輕重之價。夫之所不諱，價之不稱已者，亦不相奸。猶爲彼善於此也。我國雖無養漢的之名，淫風大熾，如路旁官娼不足言也。至於各家私婢、閭巷賤女，苟以淫褻爲事者，則不問價之有無、人之貴賤，晝夜奔忙，如醉如狂，其不爲河間之婦者幾希。此我國之淫風，有甚於中國也。"參見《大東野乘》卷十四《松窩雜説》，漢城：民族文化推進會，1982 年，頁 191—192。

② 關於洪純彥的相關記錄，可以在柳夢寅《於于野談》、金萬重《西浦漫筆》、沈宰《松泉筆談》、李瀷《星湖僿説》等筆記、野談，與朴趾源《熱河日記》、朴思浩《燕薊紀程》等燕行錄，及李重焕的《擇里志》和朝鮮後期各類樂府詩中看到。

③ "郭之元、洪純彥，舌人之巨擘也，皆善華語，屢入中朝。……純彥，乃余同閈人也，爲人英雋，容貌巉巉，其之中國，亦遇舊識遇患敗業，盡鬻其妻孥，純彥即用五百兩金，使還其妻孥田莊。以是，名動中國，所至，人多目之，必稱洪老爺。"王元周在其論文中指出，《於于野談》中關於洪純彥的記錄並没有明確提及"養漢的"、宗系辨誣與壬辰戰爭等内容，可見所謂的洪純彥"義舉"與"美談"等内容很有可能是後人基於尊周思明等理念而添加進去的。金敬錄在詳細分析壬辰戰爭時的外交關係與朝鮮向明請兵求援的基礎上，進一步支持了後人所傳的洪純彥故事與明萬曆朝鮮之役及其歷史影響密切相關。參見柳夢寅《於于野談》第 371 話；王元周《燕行與解語花》，2015 年；金敬錄《宣祖時期洪純彥的外交活動與朝、明關係》，《明清史研究》第 41 輯，2014 年。

人服裝的安廷蘭混入妓院，因習慣差異暴露了其爲“高麗人”的身份，最後被趕出了
妓院。具體内容如下：

> 安廷蘭，吏文學官也。善華語，如中原數矣。著小帽，衣鶉青袍，穿雲鞋，
> 作華人狀。與所侍華人於養漢宮娼家，自稱陝西商旅，請娼寄宿。宮娼自高聲價，
> 不與外國人通聽。廷蘭言語小澀，而中國八方鄉譚不類，雖同國人，亦多不相曉
> 者，以是信之不疑。娼家備酒肴餉之，對床而坐，熟視廷蘭耳有穿環孔，始疑之
> 曰：“觀爾耳朵有孔，莫是高麗人？”廷蘭曰：“吾幼時，父母鍾愛，衣女兒衣，帶
> 女兒裳，穿兩耳垂環，作兒女狀戲之。是以，耳有雙穴痕。”娼笑而信其言。及舉
> 酒鍾相屬，廷蘭招鍾，指甲沾酒。中國之人執鍾，例用兩指執鍾外，不令甲入酒，
> 故娼觀廷蘭執酒，大驚曰：“拏鍾子的，真個高麗人。”以手掌打廷蘭背，大怒
> 逐之。①

安廷蘭與洪純彦一樣，生活於 16 世紀後期，曾作爲聖節使成員於 1574 年赴京朝
貢，相關記録主要見於許篈的《朝天記》。作爲吏文學官的安廷蘭精通漢語，但從其與
許篈詩文唱和等情況看，安廷蘭很有可能是兩班士大夫，而非普通的譯官②。需要指出
的是，與趙憲的記録中情況不同：在沙流河的“養漢的”主動引誘朝鮮使節，但在京
師地區，青樓妓院卻是明令禁止接待外國人的。筆者認爲這種情況可能是相關法令在
具體執行過程中的寬嚴差異造成的，即京師地區嚴格執行門禁制度，而地方在這方面
則相對鬆懈。李睟光《芝峰類説》中有這樣一則記録：作爲朝鮮使團書狀官的宋某隱
瞞身份在京師某妓院行樂，後東窗事發，被處以極刑③。這表明，當時京師地區的妓院
是禁止外國人出入的，對違規者的處罰也是非常嚴苛的。

通過洪純彦與安廷蘭的故事大體可以推知，當時赴京的朝鮮使節中到妓院嫖妓的
主要是譯官。這些譯官精通漢語，熟知中國習俗，能夠輕鬆地出入妓院尋歡作樂。不
僅如此，從朝鮮朝後期燕行録中相關記載來看，除了譯官，頻繁接觸“養漢的”的還
有不少下隸。當時參與赴京朝貢的下隸大多是朝鮮半島西北地區的官奴，這類人並不
具有嫖娼的經濟實力。實際上，那些所謂的“下隸”是朝鮮朝後期爲了開展對華貿易

---

① 《於于野談》第 467 話。
② “余招安廷蘭及李寬共酌，寬即使所率來者，以善飲聞。余命廷蘭呼韻，口占數三篇。”參見許篈
《朝天記》五月十七日條（1574 年）。
③ “今中朝號娼女爲養漢的，隨其色貌美醜而上下其價。亦有本夫牙儈而取利者，俗謂王八，蓋賤之
也。頃歲有宋某以書狀官赴京，變著唐服，出入倡店淫逐爲事，乃前古所未聞也。竟被罪死，至今
華人嗤點之，辱國之罪，曷勝誅哉！”參見李睟光《芝峰類説》卷十八《技藝部》“妓樂”。

而隱瞞身份混跡於朝貢使節中的私商①。燕行使中的譯官與私商作爲對華貿易的主導者，與中國方面相關人員保持着密切的往來——青樓妓館是其遊樂的主要場所。在那些關於“養漢的”和偷香獵豔的燕行使之間的記錄中，詳細描寫了當時中國妓院的景象，甚至不少士大夫出身的正式官員也出入此類風月場所。通過這些關於“養漢的”的記錄，可以清晰地捕捉到當時燕行使赴京朝貢途中的人情世態，是觀察迄今爲止在這一過程中被忽略的微觀現實的一大捷徑。

二、譯官、私商的對華貿易與“養漢的”

> 裨譯輩，於馬上各定一妾，所見滿漢女，若他人先占則不敢疊定，相避之法甚嚴，謂之口妾，往往猜如怒罵談嘲，亦一長程消遣訣也。②

《熱河日記》中關於“口妾”的記錄反映了燕行使對赴京途中所遇到的中國女性的關注。從朴趾源的記錄來看，“口妾”這一遊戲主要流行於裨將和譯官之間。特別是譯官這一群體，在朝貢過程中幾乎獨佔了對華貿易，其結果便是譯官階層的暴富——朝鮮後期，通過對華貿易，絕大多數譯官成爲富豪是人盡皆知的事實。對於頻繁參加赴京朝貢、積極開展對華貿易的朝鮮譯官們而言，經營與維繫同中國相關人士的關係就顯得極爲必要。中國方面負責翻譯的通官、將燕行使護送至京師的章京、自柵門至京師接送燕行使並運送物資的欄頭，以及京師等地的商人等都是朝鮮譯官們所結交的重要對象。

除明清鼎革這一特殊歷史時期是經水路之外，前後持續五百餘年的入華朝貢活動幾乎都是沿着同一條路線經陸路完成的③。就赴京朝貢的朝鮮使行人員的身份而言，士大夫或王室宗親參加赴京朝貢的，即便是次數較多者也不過三四次而已，作爲嚮導而頻繁參加朝貢的多是那些出身下隸的譯官和馬頭輩——其數十次往返於兩國的情況幾乎是司空見慣的。作爲翻譯而和中國相關人員進行交流的譯官自不待言，那些朝鮮半島西北部官奴出身的馬頭輩在頻繁的朝貢活動之中也變得對中國的風土人情瞭若指掌——宣川馬頭崔雲泰四十七次隨行朝貢，其對中國人情世故的瞭解程度甚至

---

① 關於朝鮮後期私商參加入華朝貢活動及其在對華貿易中的作用，可參見盧惠京《朝鮮後期私商對清貿易的關係網與政策變化》，《東北亞文化研究》第 35 輯，2013 年。

② 朴趾源《熱河日記·渡江錄》七月初九日條。

③ 關於燕行路線的考察，可參見金泰俊《中國境內燕行路線考》，《東洋學》第 35 輯，檀國大學東洋學研究所，2004 年。

超過譯官①。可以説，對絕大部分初次入華的燕行使來説，如果没有那些經驗豐富的下隸，想順利地完成赴京朝貢的任務幾乎是不可能的②。

在此有必要對燕行使的人員構成與"八包制度"進行簡單的説明。入華朝貢的燕行使大體上由三名使臣、三名大通官以及二十四名押物官（絕大部分爲譯官）等約三十名正式官員組成。除此之外，還有包括醫官、畫官、軍官（含子弟軍官）、士子官等在内的中人層出身者五六十名。事實上，由於赴京朝貢目的不同，以上人員的具體數目會進行調整，並非固定不變。總的來看，以上階層在總人數爲200—400人左右的使節團中並不佔據數量上的絕對優勢。换句話説，除士大夫與中人層外，官員們的隨行下人、馬頭輩以及負責運輸朝貢方物與貿易産品、糧食等的下隸在數量上佔據着多數。

"八包制度"始於朝鮮世宗時期，主要目的是籌集朝鮮使節的盤纏與對華貿易資金——最初不過是八捆人參（每捆十七斤），至肅宗八年（1682）演變爲白銀二千兩。但事實上，部分經濟拮据的譯官根本無力完成相應的準備工作，因而將八包制度賦予他們的特權轉賣給松都、平壤和安州等地的商人，由後者赴京朝貢。也就是説，商人出錢，義州人或灣商出力，代替譯官開展對華貿易。如此一來，原本不具備入華朝貢資格的私商出錢從譯官手裏買下"包權"，並以馬夫或侍從等身份直接參與入華朝貢③。在佔朝鮮使節絕大多數的下隸中，像這樣通過馬夫或侍從身份混入的私商不在少數。當時的朝鮮人只能是通過赴京朝貢的方式遊覽中國，別無他途。因此，除了開展對華貿易這一經濟動因之外，還有很多人是懷着其他目的混跡於燕行使之中的④。

---

① "崔雲泰，宣川馬頭也，赴燕凡四十七次。彼中遊覽處及風謡物情，貨窟利寶，洞悉無餘，雖老譯，莫能及焉。前後使臣，百事必問，應口輒對。以其功勞，年前使臣筵奏陞資，至除邊將。今見其人，老而益壯，指示遊燕之跡，山川、道里、樓臺、城闕、市肆、苑囿、花卉、禽獸、寶貨、珍怪之物，如誦宿文，初行諸人環坐而聽之，皆目瞪口呿。"參見朴思浩《燕薊紀程》十一月十八日條（1828年）。

② "將與提攜於經歲異域，不容不假之色辭。夜，招本房所率諸下人，賜顔問其居住及踐歷，則馬頭大元居宣川，前後燕行凡十八，官話嫻熟。問以前程，其對如流，且其爲人頗醇勤。其外籠馬頭千石，左牽昇學，並宣川人。書者達陪，瑞興人。日傘捧持益烈，郭山人，亦皆屢作此行。勤幹頗可仗，實爲可幸。"參見金景善《燕轅直指》十一月二十一日條（1832年）。

③ 盧惠京《朝鮮後期私商對清貿易的關係網與政策變化》，《東北亞文化研究》第35輯。

④ 例如，當時朝鮮天主教徒爲了能到北京與天主教傳教士見面，不惜隱瞞身份隨朝鮮使節赴京朝貢。但這種情況只是極少數，幾乎難以找到相關記錄，不過爲了能遊覽中國而隨使赴京的例子倒是屢見不鮮。申光洙的《書馬騎士事》中就記載了異人"馬騎士"的行跡。通過與馬騎士一道遊覽的董生大體可以確認，爲了遊覽中國，一些人隱瞞了自己低微的出身。參見林熒澤《漢文叙事的疆域》1，首爾：太學社，2012年，頁396。

燕行使中的譯官、私商與中國商人保持着深厚的友誼：

> 群胡觀光者，列立柵內，無不口含煙竹，光頭摇扇……譯官及諸馬頭輩，爭立柵外，兩相握手，殷勤勞問。群胡問："你在王京那日起程？在途時得免天水麽？家裏都是太平麽？充得包銀麽？"人人酬酢，如出一口。又爭問韓相公、安相公來麽。此數人者俱義州人，歲歲販燕，皆巨滑，習知燕中事。所謂相公者，商賈相尊之稱也……如韓林諸賈，連歲入燕，視燕如門庭，與燕市裨販，連腸互肚，兑發低仰，都在其手。①

以上所引《熱河日記》中的相關文字生動再現了朝鮮使節通過邊境柵門入華時的場景。譯官、馬頭輩等與熟識的中國商人熱情攀談——這一事實折射出當時朝鮮譯官們與清朝商人之間的深情厚誼。特别是從"充得包銀麽"等問答、"韓相公"與"安相公"等敬稱的使用中，可以推知其交往的深度與彼此瞭解的程度。金昌業在其燕行録中也對譯官與中國商人之間互致問候的情景進行了記録——此處出現的中國商人很有可能是負責護送燕行使和物資進京的欄頭②。而京師地區的商人隆重接待朝鮮譯官與私商則幾乎成爲慣例③。

朝鮮譯官、私商和中國人之間通過經貿活動結成了緊密利益關係，雙方社交的主要場所便是各大青樓妓館。1727 年赴京朝貢的姜浩溥（1690—1778）在其燕行録中就記録了相關場景：

> 萬運與一行，會坐青樓，相議欲詒余，令軍牢傳語曰："此有一奇觀，何不臨杠而同看耶？稍緩則不及，須促來也。"余問軍牢曰："有何奇玩也？"軍牢已受萬運指矣，對曰："不知有何奇觀，而第一行皆會團團圍坐，小人不得闖見矣。"余信之，隨軍牢行至一處，門有甲卒數人欲防余，軍牢呵曰："我老爺也。"始許入。入三重門，到一堂前，同行譯官卞昌華下來開門迎入。入門內，異香滿室，臭太酷，反嘔穢。舉目視之，同行十餘人，與通官、章京諸官胡，分東西而坐，美女七人錯坐其間。中設大卓，列饌進酒。余始覺見瞞於萬運，即欲還出，而門已自

---

① 朴趾源《熱河日記·渡江録》六月二十七日條。
② "至爛泥堡，村居僅數十家，店房居半。主家有一樂器，似琵琶，而腹圓頸長二弦，其曲調甚促。朝，首譯以下六七人，往欄頭李終信家，至此追到，言其接待之盛，其孫四五人，皆讀書云。"參見金昌業《燕行日記》十二月五日條（1712 年）。
③ "十數年前，一行入館，鄭家所以待諸譯諸商者酒食聲樂之費已不貲，寢具、鋪蓋供給惟謹，此世泰之舊規。今已不能也。諸鄭之年少者又以酒色賭戲益敗其業。"參見洪大容《湛軒燕記》卷一"鋪商"條（1766 年）。

　　外鎖之，亦同行之預指也。①

　　姜浩溥出入妓院主要是出於對中國女性服飾裝扮的好奇②。姜浩溥認爲從女性的服飾上可以探尋到中國古制的蛛絲馬跡，因而在進京途中曾拜託譯官洪萬運，希望其能幫助自己得償夙願。洪萬運稱，若想一睹中國古制的風采，只能去青樓，因爲只有“養漢的”的服飾還隱約保留着古制的風韻，普通人家女子服飾中的那些元素幾乎已蕩然無存。不知内情的姜浩溥便與其講好去妓院一睹。然而，當姜浩溥由洪萬運帶入妓院後，他卻認爲出入這種風塵之地有悖士大夫的身份倫常，因而百般抗拒。後洪萬運一行人瞞過軍勞，誘使其領路到妓院。在青樓中，姜浩溥遭遇了出乎意料的尷尬與羞辱。與此同時，文中對進京朝貢的朝鮮譯官與中國通官、章京等狎妓宴飲、紙醉金迷的場景也做了生動的刻畫。

　　在此，有必要對身爲朝鮮後期“曰者”（왈짜，遊俠惡少等放浪不羈之輩）的一員，並憑藉對華貿易而腰纏萬貫的譯官與私商進行簡單的梳理③。包括大批私商在内的“曰者”們主導了朝鮮後期遊興文化，他們與朝鮮宮廷及政府要員均有着密切的聯繫④——這些私商平日與譯官交好，很有可能頻繁參加入華朝貢。朝鮮後期的“曰者”作爲遊興文化的生産者、流通者與消費者，掌握着傳播遊興文化的主導權⑤。故而作爲“曰者”一員的譯官和私商們在進京朝貢途中出入青樓妓館，與娼妓尋歡作樂就絶非什麽不同尋常的事了。

　　趙憲在《朝天日記》中已經提到：16 世紀後期，朝鮮使節來華途中就曾被主動獻媚的“養漢的”所騷擾。在金照 1784 年的燕行録中同樣可以發現許多類似的記録，“養漢的（原注“倡女”），路次時或見之，情態與村婦女大異，目挑心招，已不能自掩。柵内有童女數人，最愛偷漢，輒能作朝鮮語，見朝鮮人，呼覓煙茶一盃，了不羞人”⑥。“養漢的”主動用朝鮮語搭訕——這表明在 18 世紀後期，“養漢的”和燕行使

---

①姜浩溥《桑蓬録》。

②金昌業與洪大容等朝鮮使節對中國古制十分好奇，因而關注當時中國女性的服飾。“路中逢一女，騎驢垂面紗而來。衣袖寬，裳褶細，而前三後四，是漢制也。”參見金昌業《燕行日記》十二月十八日條（1712 年）。

③參見金鍾澈《戒友詞》，《韓國學報》第 65 輯，1991 年。

④參見金鍾澈《武淑打令（曰者打令）研究）》，《韓國學報》第 68 輯，1992 年。

⑤參見姜明官《朝鮮後期漢陽中間階層與遊興的發達》，《民族文學史研究》第 2 號，民族文學史研究所，1992 年；高錫珪《十八、十九世紀漢城的曰者與商業文化：與市民社會的根源相聯繫》，首爾市立大學首爾學研究所編《首爾學研究》第 13 輯，1999 年。

⑥金照《燕行録·倡市》。

中的一些人員已經有了相當頻繁的接觸。曾於 1798 年入華的徐有聞在其燕行録中記述了這樣一件趣事：一名言語輕佻的下隷打聽"養漢的"近來生意如何、收入多少，結果遭其搶白，被反問自己的老婆生意怎樣①。這些都從不同側面反映出，18 世紀後期燕行使入華朝貢途中，"養漢的"出没已經是司空見慣了。

三、燕行使眼中的中國青樓景象

燕行使中與"養漢的"廣泛接觸的主要是那些從事對華貿易並和中國商人私交頗深的譯官和私商。他們精通漢語，瞭解中國習俗——如果不具備這兩個先決條件，即使經濟實力再雄厚，在言語不通的異國他鄉，想要出入青樓妓館也是難以想象的。履行進京朝貢任務的"三使"自不待言，以子弟軍官身份入華並在一定範圍内可以自由活動的士大夫們，即便排除倫理道德上的因素，他們想到青樓妓館一睹那些"雲鬢花顔金步摇"的美人的風采，也有着語言、風俗等層面上的障礙。正因如此，在朝鮮後期卷帙浩繁的燕行録中很難看到關於朝鮮人在中國青樓妓館中尋歡作樂的内容。筆者在姜浩溥和朴趾源的燕行録中找到了部分記録，準備借此來分析燕行使眼中的中國青樓景象。

前文中提到姜浩溥被譯官洪萬運誘騙來到一家妓院，下面是其在這間妓院中的具體遭遇：

> 余瞪目不上，卞昌華曰："已到此矣，毋太見狹隘於異國人也。"仍挽余袖。余久立炕下，亦辱矣，又無奈何矣。拂袖曰："上矣，勿迫也。"萬運虚席迎坐，而又欲困余，故坐余於養漢的傍第一座。諸女見余入門，皆起立，余上炕而坐，然後始坐矣。諸女大抵皆絶色，而首坐二女子尤巧豔。詣余前坐，手拍余膝，舉手喋喋而言，若有問説話者。余卻坐不答，其女見余色，即憮然不敢更晒。詣洪萬運，指余而問説，聞萬運答語，點頭領可之。余問萬運，萬運曰："彼女問，這老爺近前則卻坐，問言而不答，顔色甚烈，何也？"答曰："迂疏高尚之儒者，故不欲與汝輩狎也云爾，則渠然之云。"……余强留之，如坐鍼氈，遂拂衣起。尹도②從余欲出，諸女

---

① "이곳에 양한지라 하는 것이 있으니 우리나라 창녀와 같은 것이라. 문에 기대 구경하거늘, 마두 한 놈이 묻기를 '너의 벌이가 요사이는 어떠하냐?' 하니, 계집이 웃으며 말하기를 이익이 없으나 있으나 네가 알 바 아니니, 네 마누라 벌이나 물으라.' 하니, 매우 우습더라." 參見徐有聞《戊午燕行録》十二月十三日條（1798 年）。

② 作爲隨行人員赴京朝貢的尹碩士，其名爲"도"，但難以確定具體是哪一個漢字，因而此處用韓文標記。姜浩溥的《桑蓬録》原有漢文本與韓文本，現存的漢文本是其曾孫姜在應於 1839 年依照韓文本漢譯的。原有的漢文本因姜浩溥好友鄭壽延的借閲等原因而遺失。考慮到這一特殊情況，現存漢文本《桑蓬録》中用漢字固有詞標記的人名、物名等在難以確認時便採用韓文標記。

執尹衣不肯舍，竟奪其扇而後乃止。尹互笑謂余曰：“吾今日乃知人不可以無所守，君則可謂行於蠻貊矣。”①

1727 年，經謝恩兼冬至使副使李世瑾舉薦，時年 38 歲的姜浩溥（1690—1778）以子弟軍官的身份入華。姜浩溥很早就文科中選，但正式步入仕途卻頗晚——大概是朝鮮英祖三十年（1754）以後的事。姜浩溥志存高遠，無時無刻不想着一展宏圖——正是基於此，其纔借“桑蓬之志”一語來命名自己的燕行錄。當時姜浩溥雖有子弟軍官之名，卻没有一官半職——這使其對此次中國之行充滿了强烈的期待。洋洋灑灑十一卷的《桑蓬錄》在內容上的一大特色便是對中國名勝古跡的歷史考證和個人感悟的詳實記錄②。姜浩溥對中國之行的種種期待和這一意料之外的青樓遭遇之間造成了一種衝突，使其深刻地感受到一種錯亂——大概正是出於這個原因，姜浩溥纔會對青樓情景記錄得如此詳細。

《桑蓬錄》關於青樓妓館的這一記錄中，最引人注目的便是譯官洪萬運對士大夫姜浩溥的戲弄。洪萬運覺得姜浩溥想領略中國古制風采，但又擺出一副正人君子模樣不肯入妓院是假清高、出爾反爾，故而特意將其誘騙到妓院，並安排最爲風韻標緻的“養漢的”坐到他旁邊，想看看其對美豔絶倫的投懷佳人會作出何種反應。媚態百出，不斷摩挲姜浩溥膝蓋進行誘惑的妓女退下之後，洪萬運對她解釋道：“（那位老爺）迂疏高尚之儒者，故不欲與汝董狎也。”從中不難發現其對士大夫迂腐道德觀念的嘲諷和揶揄。不僅如此，從卞昌華“毋太見狹隘於異國人也”的理由及硬拉着姜浩溥上樓的動作中似也可發現類似的心理。如坐針氈、不安至極的姜浩溥堅持要回自己的扇子後便起身離開，而作爲其下屬的隨行人員尹互（可能同樣是士大夫身份）則被“養漢的”們搶去了扇子。實際上，在朝鮮譯官們與中國通官、章京等宴飲逐歡的青樓妓館中，姜浩溥與尹互等士大夫都是不速之客，不得不狼狽地離開。

與姜浩溥被動出入青樓不同，朴趾源則是在覺察下隸們要逛妓院後主動尾隨而去的。同樣，那些“養漢的”在姜浩溥面前極盡媚態，撒嬌糾纏，甚至惡作劇般地搶奪其隨身攜帶的扇子。而朴趾源接觸到的娼妓則琴藝精湛，是將宴飲推向高潮的催化劑：

行至榛子店，此店，素號蓄娼。康熙嚴禁天下娼妓，如揚子江板橋等處，娼樓妓館，鞠爲茂芰，獨此不絶種，謂之養漢的，略有首面，又會彈吹。再鳳與象

---

① 參見《論語·衛靈公》：“言忠信，行篤敬，雖蠻貊之邦，行矣。”
② 參見高雲基《諺文本〈桑蓬錄〉解題》，載林基中編《〈國學古典〉燕行錄解題》第一卷上册，漢城：東國大學韓國文化研究所，2003 年，頁 455。

三，進入後堂，見余微笑而去。余亦會其意，遂潛踵其後，從户隙視之，象三已摟抱一女而坐，蓋有宿面也。有兩少年，對椅彈琵琶，又有一女對椅，口横鳳笛，鳳咮啣金環，環垂紅色流蘇，再鳳立椅下，手捫流蘇。又有一女，捲簾而出，手持檀板，扶再鳳請坐。再鳳不應，簾裏有一老漢，披簾而立，向再鳳道好。余遂一聲大咳而唾，堂中皆大驚。象三、再鳳相視而笑，即起出户，迎余入看。……再鳳指黄襖赤袴女曰："彼名柳絲絲，丙申年過此時，年二十四，一色。今五年之間，顏色頓改無可觀。"象三曰："柳絲絲，擅名自十四歲，能唱。"指黑衣朱袴女曰："彼名幺青，年今二十五，自昨年來此，山東女子也。"余指黑衣綠袴最少者，象三曰："彼則初見，不知其名字年齒。"三妓雖無十分姿色，大約唐畫美人圖中所見也。老漢乃館主，兩少年皆山東客商。……（柳絲絲）其聲淒絶，黯然銷魂，真是梁塵自飄。象三復請續唱，絲絲流眼曰："買菜乎？求益也。"……余即起出，再鳳亦隨出。再鳳言，象三給館主銀二兩，大口魚一尾，扇一柄云。①

趙憲在其《朝天日記》中指出，中國三河縣、榛子店、沙流河等地"淫女"頗多，其中尤以榛子店"養漢的"最爲活躍②。當時正值晌午，朝鮮使節一行在榛子店暫時落脚休憩。那些"養漢的"正是在這青天白日下招搖過市的。朴趾源《熱河日記》相關記録中的主人公是出身下隸的再鳳和象三，象三是上判事的馬頭——上判事是燕行使中首席譯官上通事的別稱，他的馬頭都精通漢語、熟知中國風土人情。燕行使通過栅門時將進貢的禮單呈給中國官員是一種慣例——上判事的馬頭們在這一過程中肩負着重要的職責，他們要通過周旋儘量將中國官員的索求降至可接受的最低程度，以儘快通過邊境栅門。倘若馬頭輩辦事能力差、漢語不流利的話，那麼一切就都得遵照中國官員的要求辦理，這無疑會加重朝鮮方面的負擔③。再鳳和象三之所以能夠利用晌午休憩的時間去青樓尋歡，就是因爲其充分瞭解中國風土人情、精通漢語的緣故。還應指出的是，從他二人滿臉堆笑鬼鬼祟祟從屋後出去等跡象上便猜到他們要去逛妓院的朴趾源也絶非等閑之輩。

再鳳在向朴趾源介紹柳絲絲時指出該女在青樓蹉跎了五年之久，韶華已逝；象三則稱，名叫"幺青"的妓女老家在山東，去年纔開始在青樓裏討生活——從他們對這

①朴趾源《熱河日記·關内程史》七月二十七日條。
②金景善的《燕轅直指》中引金昌業《老稼齋燕行日記》中關於榛子店的記録，指出此處私娼很多，其内容與《熱河日記》幾乎一樣。
③《熱河日記》六月二十七日條（1780年）。

些娼妓的瞭解程度，妓院老鴇與再鳳打招呼時的情態，以及象三讓柳絲絲再唱一曲時柳絲絲的答語中透着的揶揄與親昵等細節來看，似乎他們每年入華朝貢途中都會到這裏來。

朴趾源尾隨二人來到妓院，透過門縫向其所在包間内窺視。只見兩名年輕人相對而坐彈着琵琶，一名女子則吹笛相和——後來得知這兩名年輕人是從山東過來的行商。本文未引用的部分主要描寫了一個場面：其中一名年輕人唱曲，另一名則負責將曲的名字和内容寫下來展示給他們——所唱的主要是《雞生草》《踏莎行》和《西江月》一類的曲。三名妓女和着歌聲，或打拍，或彈琴，或弄笛。柳絲絲和幺青則應着那曲調接着唱。可見，當時中國青樓妓館的消費者主要是奔走於中國各地的商人。灤河附近的榛子店是運河航線上重要的交通樞紐，因而有大批商人往來此地——這一頻繁的人員流動刺激了青樓的發展，爲“養漢的”的大量出現提供了重要條件。

徐有聞在《戊午燕行録》中提道，邦均店等地京城商人衆多，隨燕行使一道而來的甲軍和車夫中亦有很多夜宿娼家的。由此可進一步確認，當時的青樓妓館大多開設於交通要衝之地，以商人群體爲主力的流動人口刺激了該行業的發展與繁榮。燕行使們在三河縣、榛子店、沙流河與邦均店等處時常見到“養漢的”招搖過市，大抵就是因爲這些地區位於從豐潤縣至薊州、通州等京杭大運河沿線一帶，流動人口衆多的緣故。此類地區商人往來頻繁，青樓妓院自然呈現出一片繁華景象——這些交通要地的“養漢的”們有的甚至會到行人的住處上門“服務”①。

《桑蓬録》和《熱河日記》等文獻中的相關記載表明：對頻繁入華朝貢、精通漢語且瞭解中國風土人情的朝鮮譯官和下隸們來説，出入妓院尋歡作樂是易如反掌的事。儘管嫖妓需要一定經濟實力，但對靠着對華貿易而腰纏萬貫的譯官和私商階層來説，“銀二兩，大口魚一尾，扇一柄”簡直就是九牛一毛，根本不成問題。

> 一行下輩，多有潛宿娼家者，京邑妓女，非數十銀兩之費，無由一見。而妓女之外，另女行淫之女，即所謂養漢的也。此輩別有淫所，村村有之，爲作室屋，

---

① “방균점에 이르니 옛 성터가 있으며， 동서 두 문이 있고 문밖에 또 이문 같은 문이 있으며 민가와 시장이 수 리에 이었으니， 신민둔과 여양역보다 더 나을 듯하며... 이 곳에 북경 상인이 많은지라， 역관을 보고 인사하는 자가 많더라.... 이곳에 본래 양한적이 많으니 사행을 따르는 갑군과 차 몰아오는 오랑캐들이 다 양한지를 찾아가 잔다 하며， 겯 온돌방 벽 위에 절구를 쓴 것이 있으니， 계집을 이별한 글이라. 운태가 양가더러 묻되，‘네 집에도 양한지를 두었는가？’ 하니，대답하기를 ‘ 둔 일이 없노라.’ 라고 하더라”。參見徐有聞《戊午燕行録》十二月十七日條（1798 年）。

屋主責貰錢日有課，淫婦輩朝朝而聚，逐室入處，踞床對門而坐。淫夫過之，看色入門，相與爲奸。①

以上是 1828 年《赴燕日記》中的内容。雖然無法確定其作者，但從其作爲正使裨將入華，並精通醫術等情況來看，其很有可能是中人層出身者。燕行使的下人中跑去"養漢的"家裏鬼混的人不在少數——這些"下人"很有可能是以下人身份混入燕行使隊伍中的私商。燕行録中所描寫的真正的下人，都如乞丐一般：無論風吹雨打，始終是穿着同一套衣服，幾乎是幾個月都不换洗。從這種描寫中就可以知道那些真正的下人的貧窮程度——那種隨行入華的朝鮮半島西北地區出身的官奴肯定没有嫖娼的經濟實力②。

這裏所描述的"養漢的"攬客的情景，與姜浩溥、朴趾源等人的燕行録中的記録有着明顯的差異："養漢的"們像櫥窗裏展示的商品一樣面向門外而坐，嫖客們則根據個人喜好來選擇尋歡作樂的對象。這些"養漢的"應該是職業娼妓之外專門從事賣淫活動的暗娼，而那些負責提供場地並從中賺取租金的屋主在某種意義上發揮着與老鴇相似的作用。這表明，在明末便趨繁盛的暗娼③到清代有了顯著的發展，至 19 世紀更是愈演愈烈。

"養漢的"是燕行使在赴京朝貢途中接觸到的最主要的中國女性群體。他們回國後，大都將自己的見聞整理成文字——在這一過程中，對"養漢的"的相關記叙難免會混雜一些粉飾和誇大的成分。儘管如此，在這些文字記録中，我們還是可以通過"養漢的"這一媒介從多個角度來觀察當時的中國女性。

《五洲衍文長箋散稿》中有專門介紹中國女性纏足習俗的内容：

纏足，其本意乃是誨淫也。或曰：余入燕京，欲見養漢的娼女之稱小足，贈

---

① 作者不詳，《赴燕日記·主見諸事》。

② "蓋下輩皆以赤手空拳，裹足入燕，留館月餘，亦不無浮費。需用或相推貸於同行，又多債負於彼人，率以遷延挨過爲上策。今焉行期此迫，賒賣者求償，留債者督報，至有捽曳訽辱，脱衣奪物之舉，未或不勝憤恨。過醉者有放聲而哭，爭訟者至入庭而下。"參見金景善《燕轅直指》二月三日條（1833 年）。

③ 明代京師周邊暗娼活動十分猖獗，陰太山《梅圃餘談》中的相關記録證實了這一點。"近世風俗淫靡。男女無恥，皇城外娼肆林立，笙歌雜遝，外城小民度日難者，往往勾引丐女數人，私設娼窩謂之窯子。室中天窗洞開，擇向路邊屋壁作小洞二三。丐女修容貌，裸體居其中，口吟小詞，並作種種淫穢之態。屋外浮梁子弟，過此處，就小洞窺，情不自禁，則叩門入，丐女隊裸而前，擇其可者投錢七文，便攜手床。歷一時而出。"轉引自王書奴著，申現圭譯《中國娼妓史·明中葉以後之娼妓》，頁 369—370。

以銀錠煙草款情合，請曰："吾之寓意於爾，非求歡也。所欲者，試玩纏足。"娼初苦辭，有難色曰："雖見吾私處，勿看足也。"余不吝錠銀更施之，娼始解弓鞋纏帛，以出其足。其少如今六七歲小兒足，而無肌止皮骨。見其脛腳，則豐膚如杵杆，次第至私處，私處墳起若庖，則令人驚也。仍請止焉，不顧而走。始覺纏足劄腳者，使肥膚血脈專湊於私，俾得墳起肥厚嫩澤故也。①

纏足之風據稱始於南唐李後主時期。李後主的宮中妃嬪宵娘就曾以白帛纏繞雙足，使之纖小屈上，舞於金蓮臺，搖曳生姿。婀娜柔美的舞姿令李後主如癡如醉——自此纏足在上層社會的女性中流行開來。没過多久，纏足之風蔓延至民間，經宋、元、明等朝更是愈演愈烈，甚至演變爲一種習俗。滿清入主中原後曾於順治二年（1645）發佈禁止纏足的詔令，但因遭到民間的頑强抵制，不得不於康熙六年（1667）取消了該禁令。漢族男性順應清廷薙髮易服，而漢族女性卻死守纏足這一"底線"——這些漢族女性的行爲被美化爲對華夏傳統的堅守，流傳於民間的"男降女不降"之語就是對這些女性的褒獎。纏足之風也曾一度風靡於滿族女性之間，爲此乾隆帝甚至數次發出詔令，嚴禁滿族女子纏足②。

關於纏足之風盛行的原因有多種解釋，其中最具説服力的就是從性與性心理層面進行的分析。具體而言，女性纏足後，無論是站立還是行走都會因重心不穩而顯出一種病態的纖弱——這種纖弱在男性眼中顯得嬌柔嫵媚，成爲一種帶有性暗示與性吸引的符號。換句話説，人爲阻斷腳的正常發育，使女性的整體形象呈現出一種温婉柔弱之態。"瘦欲無形，越看越生憐惜，此用之在日者也；柔若無骨，愈親愈耐撫摩，此用之在夜者也"（李漁《閑情偶記·聲容部》）。由此可見，纏足之風的盛行在很大程度上是順應男性性心理的産物。

李圭景（1788—?）結合赴京朝貢途中把玩過"養漢的"小腳的朝鮮人的經歷，從性心理的角度解釋了中國女性纏足的原因。雖然"養漢的"們大多不願意將因纏足而致畸形的腳展示給人看，但在獵奇心理驅使下，總有人願意出大價錢一睹金蓮，即通過物質手段使"養漢的"屈服。通過那些把玩過"養漢的"三寸金蓮的朝鮮使行人員的描述，中國女性因纏足而顯得嬌柔婀娜的形象再次得到確證。不僅如此，纏足在某種意義上還能使女性陰部保持豐滿潤澤。近代日本學者永尾龍造就曾指出，纏足使女性在行動時要格外小心，其腿部、陰部等處的肌肉得到了一定程度的鍛煉，在性交時

---

① 李圭景《五洲衍文長箋散稿·人事篇·服食類》"綱頭纏足辯證説"。
② 參見王溢嘉著，李基興譯《中國文化裏的情與色》，首爾：人愛出版，2015 年，頁 296—301。

可以給人以如同處女一般的感覺①。把玩過"養漢的"三寸金蓮的朝鮮男性的陳述，再次確證了中國女性纏足的原因和理由——需要指出的是，該陳述中存在一些近乎色情猥褻的內容，而且摻雜了不少誇大與吹噓的成分。

四、結語

朝鮮王朝五百多年入華朝貢的歷史爲後人留下了 420 多部生動鮮活的燕行錄。這一類紀行文學的作者幾乎都是文人士大夫，表現的主要是士大夫所關心的內容，如中國的歷史古跡、文物制度、筆墨書畫、文人交遊、天主教堂等。但不應忽略這一事實：在由數百人組成的燕行使中，士大夫出身者僅有幾十人，中下層出身者佔據了絕大多數。燕行錄主要記叙了自朝鮮都城至中國京師途中的見聞，極具紀行文學的特色——對燕行使中的下層出身者在赴京朝貢的過程中發揮的作用及其意義的分析，對更深入地理解當時入華朝貢的實際情況有着特殊的意義。換句話説，這一特殊群體的中國體驗，對於全面把握當時朝鮮人對中國的認識有着不可忽略的意義——本文正是基於此，而圍繞朝鮮譯官和私商眼中的"養漢的"形象等問題展開的。

接觸中國"養漢的"的入華朝鮮人主要是譯官和私商。這些人作爲開展對華貿易的主要群體，頻繁往返於兩國之間，和中國相關人員保持着良好的關係。作爲朝鮮後期遊興文化的主導者——"曰者"中的重要一員，譯官和私商在朝貢途中出入青樓，與"養漢的"追歡逐樂。他們或與中國的通官、章京等一道出入青樓妓館，或自行偷香獵豔——有時是爲了滿足生理上的需求，有時是爲了心理上的獵奇（如把玩妓女所裹的小腳），其目的不一而足。

《青丘野談》中有一題爲"報重恩雲南致美姬"的故事，其內容就是朝鮮譯官的中國豔遇：作爲明將李如松譯官而頗受寵信的金姓朝鮮人，與中原絕世美人雲南王之女結緣，金姓譯官每年都作爲朝貢使節的隨行譯官來京師，與該美女共度良辰，其後人更是在京師享受富貴榮華。該故事與洪純彦的故事相類似，都可視爲"報恩

---

① 王溢嘉在《中國文化裏的情與色》一書中對纏足與性之間的關係也進行了論述，其中介紹了本爲醫生的研究中國民俗的日本學者永尾龍造的觀點，其指出："從某個角度看，在因'纏'而極度毀形的'足'中，其球形的內底會自然形成一個凹隙，長滿了皺褶的細皮嫩肉，給人的感覺就像另外一個性器般……'捏它千遍也不厭'，可能跟這種感覺有關。……當腳變小後，爲了支撐身體，大腿及陰部的肌肉確實可能因此而更加緊縮。如此説來，小腳更和男人的性快感直接相關。"參見《中國文化裏的情與色》，頁 300。

談"——只是金姓譯官的故事更側重於對財富與欲望的表現①。朝鮮後期野談中，譯官與商人階層將中國視爲充滿機遇與幸運國度的作品爲數不少②。可以説，這些頻繁接觸"養漢的"的朝鮮譯官與私商不僅將入華朝貢之行視爲致富之路，更將其視爲性欲滿足與宣洩之途。

---

① 參見林熒澤《韓文叙事的疆域》2，頁 354—360。
② 參見朴京男《"幸運"與"機遇"的國度：野談文學中涉及 16、17 世紀對華貿易故事中的中國形象》，《漢文學論集》第 37 輯，2013 年。

國家圖書館藏《熱河日記》論考

許　放

（溫州大學）

一、國圖本《熱河日記》概觀

在爲數衆多的朝鮮時代中國行紀作品中，朴趾源的《熱河日記》有着重要的歷史地位。朴趾源（1737—1805），字仲美，號燕巖。是朝鮮王朝後期的文人、學者，也是"北學派"的代表人物之一。他曾於清乾隆四十五年（1780）隨使節團到訪北京與熱河，回到朝鮮後撰寫了《熱河日記》。該書不僅是朝鮮時代漢文學的代表作品，也是十八世紀北學思想的集大成之作。

《熱河日記》在創作與流傳的過程中，出現了諸多稿本、鈔本和刊本。從現有成果來看，學界多以新活字本《燕巖集》所收《熱河日記》爲底本進行研究。該《燕巖集》於1932年由朴榮喆資助刊行（故亦稱朴榮喆本），是第一個相對完備的朴趾源全集刊本，對後世的影響也最爲深遠。但是限於當時的歷史條件，在底本整理和印刷過程中，不可避免地出現了一些文字上的訛誤和篇目編排上的問題。因此，要想更加準確地理解《熱河日記》，就不應局限於新活字本，而有必要對稿本、鈔本及刊本進行更加全面的文獻學研究。

《熱河日記》的版本研究始於二十世紀六十年代的韓國。李家源從朴趾源玄孫朴泳範處得到多種朴氏家藏稿本及鈔本，並通過一篇論文進行了簡單的介紹。可惜這批資料長期未能公開，相關研究也未能取得新的進展。二十世紀八十年代，姜東燁對十一種《熱河日記》版本進行了卷次和篇目的綜合比較分析，金明昊對七種《熱河日記》版本進行了篇目和文本的全面比較，并通過文本的增删及修改情況，將版本系統分爲"草稿本系統"和"改作本系統"。不僅使文本校勘的成果在文學分析中得到具體應用，也使版本研究的深度與廣度都得到了提高。進入二十一世紀，徐賢卿將考察對象擴大到檀國大學淵民文庫收藏的部分稿本（即朴氏家藏資料），對《熱河日記》"定本"的存在及文本形成的過程進行了論證。梁承民則對收藏於韓國京畿道安山市星湖紀念館的鈔本《熱河日記》進行了研究，將這個版本定義爲最接近於"定本"的"定草本"。

2012 年，檀國大學東洋學研究院影印出版了《淵民文庫所藏燕巖朴趾源作品筆寫本叢書》（首爾：文藝苑，2012 年版），這就使朴氏家藏資料得到了全面公開。在此之後，金明昊在二十世紀九十年代研究成果的基礎之上，以韓國、日本、美國等國家和地區所收藏的四十餘種《熱河日記》異本爲基礎，對朴趾源的逸詩、逸文及其所受西學思想的影響進行了深入的研究。并結合多個《燕巖集》的傳世版本，對日本東洋文庫本《燕巖集》"定本説"的觀點進行了討論。特別是對《熱河日記》的稿本、鈔本及刊本做出了四個系統的分類，對於這個領域的版本研究十分有益，現將這個分類試做整理如下①，見表 1。

總體來看，這四個系統既有宏觀上的一致，又有微觀上的差別。宏觀上的一致，指的是《熱河日記》的文本經過長期流傳，總體結構相對穩定。從稿本系統到日記系統、外集系統、別集系統，可以找到較爲清晰的繼承關係和發展脈絡。微觀上的差別，指的是文本在流傳過程中發生的改變。特別是隨着稿本系統向日記、外集、別集系統的過渡，不少文本發生了顯著的變化。同時，稿本、日記系統的鈔本中保存着不少被後世版本所刪改的內容，對於文本流變的研究有着重要的意義。

從近年的學界成果來看，多數研究集中在稿本系統、外集系統和別集系統。稿本系統研究集中在對淵民文庫所藏資料的探討，外集、別集系統的研究集中在"定本"的探索上，對日記系統的研究相對較少。日記系統處於稿本系統與外集系統之間，起着重要的承上啟下的作用。不僅對《熱河日記》篇目體系的構建和文本的形成有着深遠的影響，對"定本"的探索也有着重要的參考價值。本文將要介紹的國家圖書館藏

---

① 《熱河日記》版本的相關研究成果有：李家源《〈燕巖集〉逸書、逸文及附錄小考》，《國語國文學》第 39、40 輯合併號，國語國文學會，1968 年；姜東燁《熱河日記研究》，漢城：一志社，1988 年；金明昊《熱河日記研究》，漢城：創作與批評社，1990 年；徐賢卿《〈熱河日記〉定本的探索與敘述分析》，延世大學 2008 年博士學位論文；楊承民《燕岩山房校訂本〈熱河日記〉的發現及其資料價值》，《韓國古典文學會學術研討會論文集》，2009 年等。有關以上研究成果、《熱河日記》版本系統分類、稿本系統的介紹與"定本"的討論，詳見金明昊《燕巖文學的深層探究》，坡州：dolbegae 出版社，2013 年，頁 223—316。

表 1:《熱河日記》的版本系統

分　類	版　本	特　徵
稿本系統	檀國大學淵民文庫《杏溪雜録》《杏溪集》《雜録》《熱河日記》《燕行陰晴》《黄圖紀略》《熱河避暑録》《楊梅詩話》《考定忘羊録》《燕巖集（十五）》等。	包括部分朴趾源手稿和一些章節的早期鈔本，《熱河日記》尚未形成獨立體系。
日記系統	檀國大學淵民文庫多白雲樓本、綏堂本（玉溜山莊本）、一齋本、朱雪樓本（挐星燕茶齋本），首爾大學古圖書本、奎章閣本，成均館大學尊經閣本，忠南大學本，日本東洋文庫《燕彙》本等。	已經形成《熱河日記》的獨立體系，但尚未被整合到《燕巖集》中。
外集系統	韓國國立中央圖書館，星湖紀念館本，延世大學《燕彙》本，全南大學本，朝鮮光文會本，韓國學中央研究院藏書閣本，臺灣本（中華叢書委員會影印本），日本九州大學本，東京都立日比谷圖書館谷村文庫本，美國加州大學伯克利分校《燕彙》本等。	已被整合到《燕巖集（外集）》中，但是有不少版本在卷次安排上尚存在獨立性。
別集系統	韓國國會圖書館本，檀國大學淵民文庫溪西本，崇實大學基督教博物館自然經室本，實學博物館本，勝溪文庫本，延世大學本，嶺南大學本，新活字本（朴榮喆本），日本東洋文庫本，大阪中之島圖書館芸田艸舍本等。	已被整合到《燕巖集（別集）》中，在卷次安排上已經成爲《燕巖集》的一部分。

鈔本《熱河日記》（善本書號：1495，以下略稱：國圖本）就屬於日記系統，可以爲版本研究提供新的文獻支撑。現將國圖本的基本情況整理如下。

　　第一册：卷首題爲"熱河日記卷之二　盛京雜識"。前有題記一則，原文簡體與繁體並存，並有錯別字，照録如下："热河日记。抄本八册，欠一册。高力朴趾源著。乾隆时，高力使臣來賀乾隆 45 年萬寿，这时在热河行礼。包括沿途日记，高力及满清朝的言语，也反央了当时热河及其沿途的风俗习惯，和萬寿节的盛况。"①

　　本卷七月十一日條之後有"盛京伽藍記、粟齋筆談、商樓筆談、古董録、遼東白塔記、廣佑寺記、舊遼東記、山川紀略、關廟記"等九篇文章。在別集系統中，"舊遼東記、遼東白塔記、關（帝）廟記、廣佑寺記"等四篇文章被移至卷一"渡江録"中。忠南大學本的排列方式與國圖本相同，這也是稿本系統的一個特徵。

　　第二册：卷首題爲"熱河日記卷之二　太學留館録"。需要注意的是，此處的"卷之二"並非全書的第二卷。在國圖本第五册"熱河日記卷之五"之前有"熱河日記目録　漠北行程録　太學留館録"，由此可知第二册實爲第五册"卷之五"的後半部分。

---

①原文中的"高力"、"反央"當爲"高麗"、"反映"之誤。

但是，這個"卷之二"並非孤例。在稿本系統的《杏溪雜録》、日記系統的多白雲樓本、朱雪樓本中，"漠北行程録"和"太學留館録"同樣被標爲"卷之一"和"卷之二"，與朴趾源同時代的俞晚柱也留下過相關的讀書日記①。因此，這個特殊的卷數標記方式，是值得注意的一個細節。

在本卷的八月十日條中，有一處文本值得注意。當日，朝鮮使團的隨從得龍招呼朴趾源來與蒙古王談話。對這個情節的描寫，諸本多有不同。國圖本作"遥呼余。余排辟衆人往觀，則方與一老蒙古王"云云。在外集系統（全南大學本等）、別集系統（溪西本等）中改爲"使之導余觀玩。得龍排辟衆人，與一老蒙古王"云云。國圖本作"我效渠之爲"，在外集系統中（全南大學本等）改爲"得龍告我欲效其爲"，在別集系統中（溪西本等）改爲"得龍試欲效渠之爲"。同日，朴趾源曾回憶在北京時，接到使團需要趕往熱河的消息，自己大喜過望。有關這段故事的描寫，諸本亦有不同。國圖本作"余暗喜不自勝。直走出外，立東廂下，呼二同（原注：乾糧馬頭名）。曰：'趣買沽酒來。爾無慳錢，從此與爾別矣。'飲酒而入。"在外集系統（全南大學本等）和別集系統中（勝溪本等）改爲"余立東廂下，永突來告午饍。余朝食猶未快下，命撤賜昌大。永突更進燒露，連傾數杯，徘徊久之而入。"這裏所做删改都與作者對自己的描寫有關。作爲"兩班"，會受到嚴格行爲規範的約束。而朴趾源出格的言行難以爲當世朝鮮兩班階層所接受，所以做出了不少修改。

第三册：卷首題爲"熱河日記卷之三　馹汛隨筆"。本卷有一篇"馹汛隨筆序"，各版本不僅在題目上多有不同，内容上也有不少差異。多白雲樓本、朱雪樓本、首爾大學古圖書本等異本中都題爲"馹汛隨筆序"，忠南大學本、一齋本題爲"序"，新活字本等別集系統中則無題②。另外，本卷七月二十四日條，在外集（光文會本在外）和別集系統中有"是日處暑"四字，而在日記系統中則闕，國圖本亦不例外。

第四册：卷首題爲"熱河日記卷之四　關内程史"。本卷七月二十七日條中，有一段文字作"太輝者，盧參奉馬頭也。初行，爲人輕妄。行過棗庄，棗樹爲風雨所折，倒垂墙外。太輝摘啖其青實，腹痛暴泄不止。方虐煩悶渴，及聞薇毒殺人。乃大聲呼慟曰：'伯夷熟菜殺人！伯夷熟菜殺人！'叔齊與熟菜音相近，一堂哄笑。"這段文本在

---

① 俞晚柱《欽英》第五册，癸丑年（1783）十一月二十四日條："閲《熱河日記》卷之一，曰'漠北行程録'。"首爾大學奎章閣影印本，1997年。轉引自金明昊《燕巖文學的深層探究》，頁267，腳注115。

② 相關内容可參考金明昊《〈熱河日記·馹汛隨筆序〉與東西方思想的溝通》，《國文學研究》第28輯，國文學會，2013年。

自然經室本和新活字本中被部分修改，在全南大學本、臺灣本、星湖本、東京都立本中被完全删除。另外，還有"遂相與賦詩。一童子題之曰：'武王若敗崩，千載爲紂賊。望乃扶夷去，何不爲護逆。今日春秋義，胡看爲胡賊。'坐者皆大笑。"這段文字在全南大學本、臺灣本、星湖本、溪西本、國會本中被删除。"復以伯夷之薇，致此紛紜。"在全南大學本、臺灣本、星湖本、東京都立本、溪西本、國會本中被删除。"異鄉風燈，爲記故事。"在全南大學本、臺灣本、星湖本、東京都立本、溪西本、國會本中被删除。因爲這段文字涉及對朝鮮"北伐論"的諷刺，故後世多有删改。

第五册：卷首題爲"熱河日記卷之五　漠北行程録"。本册實際是"卷之五"的前半部分，後半部分則爲上文所介紹的第二册。

第六册：卷首題爲"熱河日記卷之七　傾蓋録"，前有"日記　傾蓋録　黄教問答　行在雜録　班禪始末　戲本名目　扎什倫布"，其中"日記"下似有"卷"字，"傾"字也有錯位。本卷"傾蓋録"中的"尹嘉銓"、"汪新"、"曹秀先"諸條，與《杏溪雜録（六）》、多白雲樓本、綏堂本相同之處頗多。另外，"戲本名目"并未被整合到"山莊雜記"中，與《熱河日記（貞）》、綏堂本、多白雲樓本、一齋本、奎章閣本、朱雪樓本等相同。

第七册：卷首題爲"熱河日記卷之八　忘羊録　審勢篇"。"忘羊録"是《熱河日記》中文本變化最爲顯著的一篇，也是考證版本先後關係時最爲重要的一篇文獻。淵民文庫藏有一部《考定忘羊録》，是經過朴趾源之子朴宗采修改的稿本，這部稿本對稿本系統、外集系統和別集系統有着極大的影響。而國圖本的"忘羊録"與忠南大學本、多白雲樓本、綏堂本、一齋本相同，屬於未受《考定忘羊録》影響的早期文本。

本卷中有"亨山大笑"一句，後世版本在此句下多有增補，如《考定忘羊録》、首爾大學古圖書本、奎章閣本、光文會本、全南大學本、臺灣本、東京都立本、星湖本等皆作"亨山大笑，因自題五言四句，又印名字圖署於他紙。割付左傍，摺疊以贈余。亨山詩：緑竹瞻君子，卷阿矢德音。揮毫開便面，握手得同心。"而溪西本等別集系統則作："亨山大笑，因自題：緑竹瞻君子，卷阿矢德音。揮毫開便面，握手得同心。四句。又印名字、小印於他紙。割付左傍，摺疊以贈余。"

第八册：卷首題爲"熱河日記卷之九　銅蘭涉筆"。本卷有五條頭注，與《熱河日記（亨）》、多白雲樓本、綏堂本、全南大學本、星湖本、臺灣本、藏書閣本相同。這些頭注，或爲批語，或爲注釋，對於理解原文或確定版本系統都十分有幫助。

第九册：卷首題爲"熱河日記卷之　鵠汀筆談"，前有"熱河日記目録　鵠汀筆談"。從卷次安排以及與多白雲樓本的比較來看，本卷實爲"卷之九"的後半部分，應該與第八册合爲一册。

第十册：卷首題爲"熱河日記卷之十　幻戲　象記　避暑録"。本卷中的"象記"未被整合到"山莊雜記"中，與《熱河日記（貞）》、綏堂本、多白雲樓本、朱雪樓本等相同。另外，卷末有"洋畫"條，與多白雲樓本、朱雪樓本相同。

從整體的篇目結構及各卷的具體文本來看，國圖本不僅屬於日記系統，還是日記系統中的早期鈔本，它有助於我們對日記系統的鈔本進行勘誤與考異。另外，國圖本的卷次與同屬"日記系統"的多白雲樓本最爲接近。通過多白雲樓本的篇目可以知道，國圖本所缺失的部分分別是第一册"卷之一（渡江録）"和第六册"卷之六（渡古北河記、一夜九渡河記、進貢萬車記、進德齋夜話、還燕道中録、金蓼小抄、口外異聞、乘龜仙人行雨記、萬年春燈記、梅花砲記、蠟嘴鳥記）"。故國圖本全本應爲十卷十册，今闕卷之一（第一册）、卷之六（第六册），存卷之二（第二册）到卷之五（第五册）、卷之七（第七册）到卷之十（第十册）。各主要異本的篇次比較詳見下表。

表2：主要異本篇次比較一覽

國圖本	多白雲樓本	忠南大學本	新活字本
（闕）	渡江録	渡江録	渡江録
盛京雜識	盛京雜識	盛京雜識	盛京雜識
馹汛隨筆	馹汛隨筆	馹汛隨筆	馹汛隨筆
關内程史	關内程史	關内程史	關内程史
漠北行程録	漠北行程録	漠北行程録	漠北行程録
太學留館録	太學留館録	太學留館録	太學留館録
（闕）	山莊雜記①	口外異聞	還燕道中録
（闕）	進德齋夜話	還燕道中録	傾蓋録
（闕）	還燕道中録	金蓼小抄	黃教問答
（闕）	金蓼小抄	玉匣夜話	班禪始末
（闕）	口外異聞	黃圖紀略	扎什倫布
（闕）	山莊雜記②	謁聖退述	行在雜録
傾蓋録	傾蓋録	盎葉記	忘羊録

---

① 包括三篇作品：《渡古北河記》《一夜九渡河記》《進貢萬車記》。
② 包括四篇作品：《乘龜仙人行雨記》《萬年春燈記》《梅花砲記》《蠟嘴鳥記》。

國圖本	多白雲樓本	忠南大學本	新活字本
黃教問答	黃教問答	傾蓋録	審勢篇
行在雜録	行在雜録	黃教問答	鵠汀筆談
班禪始末	班禪始末	行在雜録	山莊雜記
戲本名目	戲本名目	班禪始末	(戲本名目記)
扎什倫布	扎什倫布	戲本名目	幻戲記
忘羊録	忘羊録	扎什倫布	避暑録
審勢篇	審勢篇	忘羊録	口外異聞
銅蘭涉筆	銅蘭涉筆	審勢篇	玉匣夜話
鵠汀筆談	鵠汀筆談	鵠汀筆談	黃圖紀略
幻戲	幻戲記	銅蘭涉筆	謁聖退述
象記	象記	山莊雜記	盎葉記
避暑録	避暑録	幻戲記	銅蘭涉筆
——	——	避暑録	補遺(金蓼小抄)

綜上所述,國圖本《熱河日記》具有重要的版本文獻價值。首先,有助於更加全面地認識忠南大學本的價值,理清"稿本系統"到"日記系統"的演變過程。其次,有助於把握全南大學本和國會本的特點,認識"外集系統"與"別集系統"的文本特徵,進而爲"定本"研究提供新的依據。下面就具體來看這個鈔本的文獻價值。

二、可窺"稿本系統"到"日記系統"的演變過程

在有關《熱河日記》版本的研究中,韓國忠南大學所收藏的《熱河日記》具有非常重要的意義。因爲這個鈔本不僅屬於日記系統,而且還保留了稿本系統的諸多原始文本,所以一直受到研究者的重視。但是,忠南大學本是否就是最爲接近稿本的鈔本呢?要想回答這個問題,有必要通過對日記系統的版本進行比較研究,這樣纔有可能得出更加準確的結論。而國圖本的出現,就使這項工作得以更加順利的完成。

表 3：國圖本與忠南大學本之比較

序號	國圖本	忠南大學本	出處
1	遂還出，出尋來源	遂還，出尋來源。	盛京雜識（七月初十日）校點本頁 38①
2	盡月明如晝	是夜月明如晝	盛京雜識（粟齋筆談）校點本頁 40
3	而互而大笑彌縫	而互以大笑彌縫	馹汛隨筆（七月廿一日）校點本頁 80
4	天亦可憐見時	大可憐見時	盛京雜識（商樓筆談）校點本頁 47
5	且卜字 ㊟ 外加點	且卜字之外加點	盛京雜識（商樓筆談）校點本頁 45
6	音起於律，律生於曆	音起於（空格），律生於曆	忘羊錄校點本無
7	雙林曰：“你尚未丈家時，紫的不怨否？”張福大笑曰：“吾巴其不時間起立時，吾乃以一拳頭打煞了，郍巴其叫了一聲唧，都吐了一口胎裏乳，攛入那龜甲裏去，三年不出頭。”	（無）	馹汛隨筆（七月十七日）校點本無
8	肉冶裏鎔得都化成水	（無）	馹汛隨筆（七月十七日）校點本無
9	俱有首面，雙林之龍陽美童云。	俱有首面，雙林之行眷云。	馹汛隨筆（七月十七日）校點本頁 70

由表 3 可知，雖然國圖本的訛誤相對較多，但是仍可以對忠南大學本進行勘誤和考異。如第 4 條，忠南大學本誤作“大”字，國圖本則保存了正確的“天”字。

其次，國圖本與忠南大學本有着一定的淵源關係。我們從第 5 條中，可以發現這條線索。此條見於國圖本卷二“盛京雜識”中的“商樓筆談”，朴趾源在瀋陽與幾位商人筆談，席間談到了《周易》的“正卜之誤”。朴趾源說到：“五十讀《易》。雖有卒字之疑，今謂正卜之誤，則恐是鑿空。《易》雖卜筮之書，繫辭言占、言筮，不見卜字。且卜字之外加點，元非一畫可添。”在其他版本中，多作“且卜字丨外加點”。在忠南大學本中此條爲“且卜字之外加點”，國圖本原來與忠南大學本相同，但是“之”

---

①校點本系朱瑞平校點之《熱河日記》（上海：上海書店出版社，1997 年）。該書以新活字本爲底本，以臺灣本及李家源句讀本（漢城：民族文化推進會，1968 年）爲參校本，每卷之末附有校記。本文特列出校點本之頁碼，供讀者查找與比對。

被塗抹掉了。這就從一個側面證明國圖本與忠南大學本有着一定的關係。再看第6條，國圖本卷八"忘羊錄"中有："音起於律，律生於曆。"他本均無"律"字，或被塗抹，或留空格，只有國圖本保留了這個字。如上文所述，"忘羊錄"經過了朴宗采的修改，是《熱河日記》中變化最大的一部分，各版本系統間的差異非常明顯。而這個"律"的存在，也爲我們探討"忘羊錄"的文本變化提供了新的證據。

國圖本還保存了忠南大學本中所没有的文本。第7條出現在國圖本卷三"馹汛隨筆"中。這一段内容講的是朴趾源的隨從張福和清朝的通官雙林在路上用各自不熟練的外語進行對話的場面。國圖本作："雙林曰：'你入丈否？'張福曰：'家貧未聘。'雙林連道'不祥'。不祥者，東話傷歎之辭也。雙林曰：'你尚未丈家時，紫的不怨否？'張福大笑曰：'吾巴其不時間起立時，吾乃以一拳頭打煞了，郍巴其叫了一聲唧，都吐了一口胎裏乳，擂入那龜甲裏去，三年不出頭。'"忠南大學本删去了"東話傷歎之辭也"之後的全部文本。另外，第8條國圖本作："張福曰：'若一看見時，大監們魂飛九霄雲外，手裏自丢了萬兩紋銀子，肉冶裏鎔得化成水，渡不得這鴨綠江來哩！'"忠南大學本删去了"肉冶裏鎔得化成水"一句。兩相比較，國圖本的對話具有更加明顯的諧謔性。

第9條也出現在卷三"馹汛隨筆"七月十七日條中。在介紹雙林的兩個僕人時，國圖本作"皆年方十九歲，俱有首面，雙林之龍陽美童云"。《杏溪雜録（二）》、忠南大學本、古圖書本、奎章閣本、光文會本均改爲"皆年方十九歲，俱有首面，雙林之行眷云"。通行本又改爲"皆年方十九歲，眉目可愛，雙林之行眷云"。

國圖本卷六"避暑録"中有"王三賓"條，也是同樣的情況。稿本系統的《杏溪雜録（六）》只有其名，尚無内容。國圖本作"王三賓，閩人也，年二十五。似是尹亨山傔從也，或奇麗川僕也。昌大言：昨朝偶在明倫堂右門屏下，麗川與三賓結臂駢項，蔽槐樹立良久。接口啞舌，如殿上繡項鵓鳩，不知有人在屏間偷看，三賓巧弄無數淫態。再昨曉，持書往尹大人炕。三賓在尹衾中，舉頭受書也。鵠亭僕鄂亦似其美童，非但貌美，能解書工畫"。這段文本國圖本與多白雲樓本、綏堂本、忠南大學本相同。一齋本作"王三賓，閩人也，年二十五。似是尹亨山傔從也，或奇麗川僕也。貌美而能解書工畫，鵠亭僕鄂亦美童"，省略頗多。其他多數異本都進行了大幅删改，作"王三賓，閩人也，年二十五。似是尹亨山傔從也，或奇麗川僕也，貌美而能解書工畫"。

衆所周知，朝鮮王朝以理學爲建國理念，帶有性描寫的文藝作品皆被視爲洪水猛獸。當然，這種狀況也非一成不變。在朝鮮王朝前期，理學還具有相當的約束力。但是到了朝鮮王朝後期，隨着朝鮮國內出現了對禮教思想的反思，以及外國書籍的傳入，文藝創作也發生了微妙的變化①。以上有關張福、雙林、王三賓等人物的記載，不僅可以爲我們校勘《熱河日記》提供原始文本依據，還可以爲我們認識朝鮮後期的漢文學發展提供新的文獻資料。各異本之間的文本差異，更是使我們能夠瞭解到當時文學作品中的性描寫及相關文本如何在傳抄過程中被改變、被稀釋，直至被删除的全過程。王三賓條涉及到所謂"男風"，在當時的社會更是屬於禁忌中的禁忌，因此在鈔本流傳的過程中發生了非常大的變化，這個過程也值得我們深入探討。

綜上所述，從文字的準確性和體例的完備程度來看，忠南大學本的確是相對較爲完善的一個鈔本。但是，忠南大學本也與其他系統的鈔本一樣，經過了文本的修改與過濾。如超出兩班行爲規範的出格言行，違背當時朝鮮反清、反西學社會潮流的思想意識，過度的諧謔表現與細節描寫，稗官小説體（包括漢語白話和朝鮮俗語等）的使用等②。而國圖本的存在正可以對忠南大學本進行勘誤和考異。更重要的是，忠南大學本中因爲種種原因被删除的文字，也保留在國圖本之中，有助於我們更加準確地把握從"稿本系統"到"日記系統"的演變過程。

三、爲"定本"研究提供新的證據

在近年來有關《熱河日記》版本的研究中，對"定本"的探討成爲了新的熱點。其中，徐賢卿的研究成果值得關注。他從文本的形成過程入手，通過對衆多稿本、鈔本、刊本的比較，提出"《杏溪雜録》→忠南大學本→全南大學本→日本東洋文庫本"的文本成立過程。在這個過程中，全南大學本和國會本成爲了重要的參考。下面，就結合國圖本來探討有關"定本"判定的若干問題。

在徐氏的論文中，全南大學本被放在了非常重要的位置。他認爲這個版本經過朴趾源之子朴宗采的校訂，在"定本"的確立過程中，起到了決定性的作用。爲了强調這個鈔本的重要，作者還以全南大學本對忠南大學本做出的增删爲主要線索整理出了若干表格③。如果我們按照作者的思路，以忠南大學本爲起點，以全南大學本爲終點，

---

① 《韓國漢文學研究》第 42 輯（韓國漢文學會，2008 年）曾刊載"韓國漢文學與性談論"系列論文，論述相關問題甚詳，可供參考。
② 有關這四個特徵，詳見金明昊《熱河日記研究》，頁 44—47。
③ 徐賢卿《〈熱河日記〉定本的探索與叙述分析》，延世大學 2008 年博士學位論文，頁 52—87。

去研究兩個版本之間的變化，這些分析都是成立的。但是，如果我們把視野放大到整個"日記系統"，這些證據的可信度就要打上一個問號。

如前所述，忠南大學本雖然與"外集系統"、"別集系統"的異本相比有頗多可取之處。但是，這個鈔本不僅有行文中出現的訛誤、疏漏，還有若干內容的缺失。因此，在"日記系統"中，忠南大學本也難稱善本。那麼，徐氏所談到的文本變化是否專屬於全南大學本呢？要想回答這個問題，就有必要將與忠南大學本有着密切關係的版本進行仔細的比對與分析。國圖本的出現，使這個比較成爲可能。下面，就以國圖本爲主要參考，對徐氏所列舉的全南大學本的特點進行探討。

表 4：國圖本與忠南大學本、全南大學本之比較

序號	忠南大學本	全南大學本	國圖本	出處
1	即所以壯其根本之術	所以壯其根本之術	所以壯其根本之術	盛京雜識（七月初十日）校點本頁 34
2	而或骰牌	或骰牌	或骰牌	盛京雜識（七月初十日）校點本頁 35
3	而今稱盛京	今稱盛京	今稱盛京	盛京雜識（七月初十日）校點本頁 37
4	巧手以鵬砂寒水石礌砂膽礬金砂礬爲巧末	巧手以鵬砂寒水石礌砂膽礬金砂礬爲末	巧手以鵬砂寒水石礌砂膽礬金砂礬爲末	盛京雜識（粟齋筆談）校點本頁 43
5	既有高低清濁巨細之分焉	既有高低清濁巨細之分	既有高低清濁巨細之分	忘羊錄校點本頁 193
6	遼野安則風塵不動	遼野安則海內風塵不動	遼野安則海內風塵不動	盛京雜識（七月初十日）校點本頁 34
7	潛身獨步而出	遂潛身獨步出	遂潛身獨步出	盛京雜識（七月十一日）校點本頁 39
8	深樹老屋圖	深樹老屋圖駱西	深樹老屋圖駱西	關內程史（七月廿五日）校點本頁 89
9	大書數十字於不春不夏	大書此數十字於不春不夏	大書此數十字於不春不夏	漠北行程錄（八月初七日）校點本頁 122
10	王舉人書"明詩綜"三字	王舉人即書"明詩綜"三字	王舉人即書"明詩綜"三字	太學留館錄（八月初九日）校點本頁 127

徐氏認爲，從忠南大學本過渡到全南大學本的過程中出現了一些特別的文本變化，如一些文字"首次"被刪除或添補。但是，如表 4 所示，在全南大學本中被刪除的

"即"、"而"、"巧"、"焉"等字，在國圖本中其實已經被刪除。而在全南大學本中被添補的"海內"、"遂"、"駱西"、"此"、"即"等字，在國圖本中已經添補。因此，這些增刪的例子不僅存在於"外集系統"的全南大學本中，其實也存在於"日記系統"的國圖本中。這些增刪不能作爲全南大學本的特徵，來證明忠南大學本如何發展到全南大學本。

另外，徐氏認爲在《熱河日記》的文本發展進程中，由全南大學本到國會本是又一個重要的階段。他把日本東洋文庫本定義爲"異宗本"，把與其有影響關係的溪西本、自然經室本、國會本定義爲"異派本"。在這個過程中，文字的增刪更加顯著，也開始逐漸向"定本"定型。因此，能否準確把握全南大學本到國會本的過渡特點，便成爲闡明這個問題的關鍵。在前述文中，徐氏也對國會本的文本增刪進行了整理①。但是，如果用國圖本來驗證這些文本，是否依然可以保證這些論據的可信度呢？

表 5：國圖本與國會本、全南大學本之比較

序號	國會本	全南大學本	國圖本	出處
1	秋七月初十日	四年庚子（清乾隆四十五年）秋七月初十日	初十日	盛京雜識（七月初十日）校點本頁 33
2	塗以朱紅	塗以朱灰（石灰）	塗以朱灰	漠北行程錄（八月初五日）校點本頁 115
3	因畫示其葉（無圖）	因畫示其葉（有圖）	因畫示其葉（無圖）	黃教問答校點本頁 171
4	幻者以爪鑷抽其端	幻者以爪鑷抽其一端	幻者以爪鑷抽其端	幻戲記校點本頁 256
5	詩才不可及	詩才不可及（以康熙諱玄曄，清人諱玄借元）	詩才不可及	避暑錄校點本頁 263—264
6	山前一丈大甕裏	山前丈大甕裏	山前一丈大甕裏	盛京雜識（七月十三日）校點本頁 51
7	旌竿三丈	旌三丈	旌竿三丈	馹汛隨筆（車制）校點本頁 67
8	則不識奇變云	則不識奇變	則不識奇變云	馹汛隨筆（七月廿一日）校點本頁 78

第 1 條十分值得注意，這是對日期標記方式的修改。因爲朴趾源在作品中使用了

---

①徐賢卿《〈熱河日記〉定本的探索與叙述分析》，延世大學 2008 年博士學位論文，頁 87—110。

清朝年號，所以在反清風潮盛行的朝鮮被稱爲"虜號之藁"。故後代文本中對此有所修改，國會本便是其中之一。但是，在國圖本中，同一日期的標記已經發生了變化，並且改成了更加簡潔的方式。所以，用"七月初十日"來證明這種刪除略顯不當。

第3條也值得注意，天子萬年樹圖在各版本中的出現情況不一。具體來看，首爾大學古圖書本、奎章閣本、臺灣本、光文會本、國會本無圖；綏堂本、多白雲樓本、忠南大學本有圖，位置在"萬國咸寧"之後；東京都立本雖有圖，但不準確；新活字本、溪西本、自然經室本、中之島本、勝溪本、全南大學本、東洋文庫本、星湖本有圖，位置在"因畫示其葉"之後。因此，以國會本中的刪除作爲特徵來斷定版本，也有不妥。

總體來看，"四年庚子（清乾隆四十五年）"、"石灰"、"一"、"以康熙諱玄燁，清人諱玄借元"等文字的刪除，在國圖本中已經發生。"一"、"竿"、"云"等部分的增補，也已經在國圖本中做出。因此，如果只是局限於全南大學本與國會本進行比較的話，這些分析似乎沒有問題。但是，如果引入國圖本進行校勘，就會發現其結論實難成立，因爲這些文本變化已經在日記系統内部發生，並不能作爲"定本"形成的證據來使用。

四、簡短的結論

國圖本爲《熱河日記》版本系統研究提供了新的文獻支撐，有助於闡明忠南大學本等日記系統鈔本的特點，瞭解由稿本系統到日記系統的發展過程和文本變化。同時，也有助於把握全南大學本、國會本等外集、別集系統鈔本的特徵，進而使"定本"的探索能在一個更大、更合理的框架内進行。

當然，國圖本也有其自身的問題。首先，鈔本不夠完整，闕第一卷和第六卷，影響了對其特徵的準確判斷。其次，與類似的版本（如多白雲樓本、綏堂本）相比，錯字、缺字等訛誤偏多。因此，要想更加準確地説明國圖本的特點，有必要與同屬日記系統的其他鈔本進行全面的比較與分析。

附記：本文是在恩師韓國首爾大學國語國文系金明昊教授的鼓勵之下完成的。在寫作過程中，明昊師不僅提供了"多白雲樓本"等珍貴資料，還多次提出寶貴的修改意見。藉此機會，謹致感謝。

金昌業在燕行中的多問
及其家族文化背景[*]

——以"影響的焦慮"[①] 爲重點

吴正嵐

（南京大學）

　　《老稼齋燕行日記》記録了金昌業在燕行途中頻繁與人問答的情況，對此，以往的研究已有所論及[②]。對於金氏好問的原因，黄雅詩《閔鎮遠〈燕行録〉研究》從華夷之辨的角度加以歸因："使臣每一次提問，都會增强他們對滿清的鄙夷，而每一個意料中的答案，則提升了'小中華'這一觀點的信心。"[③] 所論誠爲有見。不過，此説偏重金昌業提問的客觀效果，本文則擬從金昌業自身對提問之意義的論述出發，考察金昌業通過多次提問來求得真相的做法。

　　另一方面，就金昌業家族的燕行文化而論，學界雖已注意到金昌業的曾祖、父親、叔父和長兄都曾出使中國[④]，但實際上，金氏的家族文化圈範圍較廣，除了金氏之外，

---

* 本論文爲 2019 教育部人文社會科學研究規劃項目"明清之際文人經學與佛學徵實風尚的互動研究"（項目號 19YJA751043）的階段性成果。

① "影響的焦慮"一説出自美國布魯姆同名著作（南京：江蘇教育出版社，2006 年），本文借此説來闡述家族文化的深遠影響所導致的超越家族前輩的焦慮。

② 比如，葛兆光《大明衣冠今何在》指出："康熙五十一年（1712），金昌業在出使北京途中，一連三次向不同人提到同樣的話題，得到三次幾乎相同的回答。"（《史學月刊》2005 年第 10 期）又黄雅詩《閔鎮遠〈燕行録〉研究》論及"金氏幾乎逢人就問的狂熱程度"（北京大學 2013 年碩士學位論文，頁 37）。

③ 黄雅詩《閔鎮遠〈燕行録〉研究》，北京大學 2013 年碩士學位論文，頁 39。

④ 柳時仙《金昌業燕行述論——以〈老稼齋燕行日記〉爲中心》之《摘要》："安東金氏於中國素有淵源，金昌業的曾祖父、父親、叔父以及長兄都曾以正使的身份出使過中國。"（遼寧大學 2014 年碩士學位論文）

還包括宋氏、李氏等姻親，因此，金氏姻親的燕行經歷也不可忽視。尤其值得注意的是，由於擁有共同的"雪窖記憶"，金氏家族文化圈的情感聯繫和燕行信息交流尤爲密切。從《老稼齋燕行日記》來看，金昌業的燕行知識準備主要來自於家族文化圈成員。家族中的燕行文化背景在給金昌業帶來信息優勢的同時，也導致了超越前輩的"影響的焦慮"，本文擬從這一角度分析金昌業的多問與其家族文化背景之間的關係。

一、在燕行中的頻繁提問

從肅宗三十八年（康熙五十一年　1712）十一月三日至次年三月三十日，55歲的金昌業以謝恩兼冬至使金昌集的子弟軍官身份赴燕。在146天的燕行過程中，金昌業向遇到的各色人等提問，問題的範圍涉及服色、海賊、讀經、科舉、地理、風俗等不同方面。

以往的研究已經指出，金昌業提問的特點之一是向不同的人詢問同樣的問題。比如，關於錦州海賊的動態，金昌業先後在十三山、高橋堡、寧遠、榆關、玉河館、暢春苑、大淩河、孤家子等地，向張奇謨、劉姓私寓主人、王寧潘、榮琮、潘德興、蔡文、王俊公、郭垣等八人詢問①。同樣，對於衣冠、科舉問題，金昌業也幾乎是逢人就問。

實際上，先行研究關注得不夠的一個方面是，金昌業還曾就同一問題向同一人多次提問。比如，肅宗三十八年十二月十一日，使行抵中安堡，金氏入住漢人王五家，問主人是滿是漢，其結果是："初稱滿洲人，詰問，然後始告以實。問前後之言何異，則以爲先世雖漢人，既爲今皇帝所屬，人豈非滿洲？"② 由於反復追問，金昌業得到了

---

① 分別見《老稼齋燕行日記》，《燕行録全集》（林基中編，漢城：東國大學校出版部，2001年）卷三十二，頁433、443、453、489；卷三十三，頁31—32、200、340、391。值得注意的是，王俊公先後兩次與金昌業論及海賊問題，不過肅宗三十八年十二月十三日第一次談及，是王俊公主動要求筆談此事（《老稼齋燕行日記》，《燕行録全集》卷三十二，頁435—436）；次年二月二十九日纔是金昌業問王氏："人言平康王已招安，然否？"（《燕行録全集》卷三十三，頁340）又黃雅詩《閔鎮遠〈燕行録〉研究》頁50云："在前往北京的路上，金昌業問了四次，直到他在北京買到'兵部招安海賊事'的公告文書，前因後果皆十分清楚。他將其摘要記於使行紀録（卷三十二，頁144—148），後來也就只再問了一次。"此説至少遺漏了金昌業向蔡文、王俊公、郭垣等三人的相關提問。此外，《老稼齋燕行日記》還記録了金昌業於肅宗三十九年二月初五在暢春苑見到被招安的海賊六七名（卷三十三，頁189）。

② 《燕行録全集》卷三十二，頁425—426。

他認爲是真實的答案，這使他進一步確信，提問的頻率與答案的真實性之間有着正向聯繫。於是，次日金氏問張奇謨有關衣冠問題時，也提問了兩次："問：'俺們衣冠，你見如何？好笑否？'答：'不敢笑。''實説無妨。'答曰：'衣冠乃是禮也，有何笑乎？'"① 這段對話中，"實説無妨"一語揭示了金氏再次追問以求真實答案的用意。由此可以推測，金氏在燕行中反復問及衣冠，在客觀上可能造成了炫耀"小中華"之文化優越感的效果，但從金氏的自述來看，其初衷還是希望瞭解清人對朝鮮衣冠的真實感受。

《老稼齋燕行日記》有關不能提問之情境的描述，也從反面折射了金昌業對提問的熱衷。比如，肅宗三十九年正月二十五日，金昌業在暢春苑與衆宦筆談，"問答之際，終始執筆者，趙姓人，而衆宦各以所欲問，使執筆者書示，前後相續，使人疲於應對；余所欲問，有不暇問，亦恐行色或露，不敢作他語。"② 衆宦官的提問太多，而且，由於金昌業以非正式的身份進入暢春苑，爲了避免身份的暴露，他也不敢隨心所欲地提問。又如三月初七，金昌業在永安寺僧人的陪同下，向千山進發。當日，金氏先是在路側問路，然後又向路遇的胡人詢問其來歷。其後，經過路邊的幾位耕者時，引路僧戒其從人"勿問路"，後來該僧人解釋不能問路的原因是："耕者乃地方官奴也，使勿問者，慮被盤詰也。"③ 這一有關問路的記載頗耐人尋味。引路僧爲什麼特意交代"勿問路"呢？顯然是由於金氏喜好提問，甚至在有僧人引路的情況下，也仍然不停地問路。另一方面，引路僧的告誡也折射出金氏的問路實際上帶有一定的風險。

金昌業對提問非常重視和自覺，不僅就同一問題向多人提問、向同一人多次提問，而且還不止一次地自述其反復提問的用意是求真。前引"詰問，然後始告以實"、"實説無妨"等説可爲適例。還有，肅宗三十九年正月初三日金昌業向序班潘德輿詢問九門提督陶和氣的情況曰："又問：'九門提督有罪伏法，緣何至此？'答：'九門提督陶和氣罪惡多端，難以悉舉。'問：'死是的否？'曰：'尚在獄內未死。'問：'畢竟難活？'曰：'然。'" 隨後，金氏又解釋這一提問是爲了驗證他之前聽到的相關説法："九門提督，總掌京城九門者也。或言以多受賄賂，皇帝誅之云。故欲知虛實而問之。"④ 可見，關於九門提督陶和氣是否受賄伏法，金昌業希望通過向多人

<hr />

① 《燕行録全集》卷三十二，頁 432。
② 《燕行録全集》卷三十三，頁 125。
③ 《燕行録全集》卷三十三，頁 408。
④ 《燕行録全集》卷三十三，頁 29。

詢問來獲得真相。類似將同一問題的不同説法加以對照以求真的情況，在《老稼齋燕行日記》還有不少①。

顯而易見的是，金昌業通過多次提問以求得真相的想法，是使行中充斥着各種虛假消息所致。《老稼齋燕行日記》曾先後指出譯輩、序班之言不可信②。還有，金昌業不止一次抨擊欺騙燕行使者的言行，比如，丁含章冒充朱太子孫的真相暴露後，金昌業扼腕嘆息："此它人奸騙之習，乃至如此，可畏可痛！"③ 又如，金昌業揭露王俊公以虛假信息騙取燕行使的財物："譯輩言此人頗虛疏，所言不足信，曾前使行到此，每呈如此之言，因求某物而去。"④ 此外，金昌業對於清人因政治高壓而不敢實話實説的苦衷，也有所瞭解。比如，肅宗三十八年十二月十五日金昌業向王寧潘追問"松杏塔三處之事"的真相，導致對方"色忽變，雖强勉爲答，而額汗如水，見之可哀"。於是金昌業道歉曰："遐外鄙人，不識忌諱，妄談及此，惟足下恕其愚昧，勿深見罪。"⑤在此，金氏已領悟到，不得真相的原因是政治忌諱。

二、家族的燕行背景和雪窖記憶

騙取財物、政治高壓等原因導致虛假信息滿天飛，是金昌業燕行時期的普遍狀況，儘管如此，金昌業依然對求真充滿了信心。《老稼齋燕行日記》"（肅宗三十九年二月）十六日甲子"條有"凡事難以假爲真，類如是也"⑥ 之説。本文試圖進一步追問的是，是什麼個人原因使得金昌業特別重視去僞存真呢？這就不能不關注金昌業家族的燕行文化背景。

---

① 比如，肅宗三十八年十二月十二日金氏與張奇謨的問答："問答時，有一少年在傍，聞剃頭言，咄咄作慨恨聲不已。問奇謨：'此爲何人？' 答：'是主人家。' 問：'做何事？' 答：'莊家買賣人。' 俄聞之，則乃甲軍也。不以實告，其意可知。"（《燕行録全集》卷三十二，頁434—435）又如，肅宗三十八年十二月十五日金氏向王寧潘瞭解明末將領祖大壽的情況時，直率地告訴對方"祖將之事，所示亦與俺聞有異。"（《燕行録全集》卷三十二，頁456）
② "（肅宗三十八年十二月）二十七日丙子"條云："譯輩之言不可信，大抵類此。"（《燕行録全集》卷三十二，頁555）又"（肅宗三十九年正月）初三"條評論序班曰："且我國欲知此中陰事，則因序班求知，故此屬太半爲僞文書而賺譯輩，雖無一事之時，亦以爲有事；事雖輕者，言之若重。此屬之言，從來少可信。"（《燕行録全集》卷三十三，頁33）
③《燕行録全集》卷三十三，頁277。
④《燕行録全集》卷三十二，頁436。
⑤《燕行録全集》卷三十二，頁457。
⑥《燕行録全集》卷三十三，頁269。

　　先行研究已經論述了金昌業的從曾祖金尚容、曾祖金尚憲、父親金壽恒、仲父金壽興等人的燕行經歷①。實際上，在金昌業隨同其兄金昌集赴燕之前，其外兄李世白（1635—1703）和宋相琦（1657—1723）也有燕行經歷。尤其值得注意的是，作爲一個家族性的燕行文化圈，他們擁有共同的雪窖記憶。這些共同記憶成爲家族中人交流情感的機緣，因而推動了燕行信息在文化圈內外的流轉。

　　李世白和宋相琦是金昌業的父親金壽恒的外甥，舅甥之間情感特別深厚。其中，李世白的母親是金壽恒的長姊。由金壽恒《伯姊（李挺岳妻）墓志》、李世白《先妣安東金氏行狀》可知，壽恒五歲喪母，當時諸兄弟皆年幼，只有長姊剛成家。諸兄弟由長姊撫育成人，視長姊如母②。因此舅甥之間情誼深厚，也就不難理解了。不惟如此，李世白與金壽恒之間還義兼師生。由李世白《雩沙集》所附《年譜》可知，世白九歲受學於季舅文谷公金壽恒，十三歲隨往外王考金公通津縣任所，“多與文谷公同處，相磨礱，刻勵不懈，學業大進。”③ 己巳年（1689）金壽恒被賜死於珍島，臨終前撰有《寄訣李甥世白李甥濡》，將病弱的兒子托付給外甥李世白等人④。由此亦可窺見舅甥倆關係之親密。同樣，宋相琦與舅舅金壽恒情同父子，正如宋氏《祭季舅文谷先生文》所云：“而爰自弱歲，見愛特殊……蓋先生視之猶子，而小子視之如父。”⑤ 宋相琦還著有《文谷遺事》，褒美舅氏之德才兼備⑥。

　　由舅甥之間的深情，不難推測金昌業與兩位外兄的交誼。此次金昌業隨長兄金昌集赴燕之前，宋相琦作《送夢窩金判樞赴燕》二十三首，又有《別金弟大有燕行》一首⑦。李世白與金昌業也有詩歌酬唱，如辛巳年（1701）李氏作《祇役歸路與度支長歷訪大有還後大有投詩相問次韻以寄》⑧。

　　與朝鮮其他的燕行家族有所不同的是，金昌業家族中燕行信息的流轉，除了上述

①柳時仙《金昌業燕行述論——以〈老稼齋燕行日記〉爲中心》，頁10—11。
②《文谷集》卷十九《伯姊（李挺岳妻）墓志》，《韓國文集叢刊》第133冊，漢城：民族文化推進會，1996年，頁374；《雩沙集》卷九《先妣安東金氏行狀》，《韓國文集叢刊》第146冊，漢城：民族文化推進會，1997年，頁518。
③《雩沙集》附錄卷一，《韓國文集叢刊》第146冊，頁547。
④其説曰：“諸兒皆病弱……凡事令輩必盡情顧護，如我在時。”（《文谷集》卷二十八，《韓國文集叢刊》第133冊，頁552）。
⑤《玉吾齋集》卷十六，《韓國文集叢刊》第171冊，漢城：民族文化推進會，1998年，頁524。
⑥《玉吾齋集》卷十六，《韓國文集叢刊》第171冊，頁535—538。
⑦《玉吾齋集》卷三，《韓國文集叢刊》第171冊，頁286—288。
⑧《雩沙集》卷三，《韓國文集叢刊》第146冊，頁431。

親情之外，還得力於他們所共同擁有的"雪窖記憶"：清人對朝鮮的丙子之役後的1640年，金昌業的曾祖父金尚憲因抗議與清營議和，被清人囚禁在龍灣、盛京兩地，直至1645年，金尚憲纔隨入質盛京的朝鮮世子等人返國。其間金尚憲與朝鮮文臣崔鳴吉、曹漢英相互唱和，有《雪窖酬唱集》。歸國後，金尚憲將自己的作品編爲《雪窖集》《雪窖後集》和《雪窖別集》。金尚憲《雪窖酬唱集序》云："歲庚辰冬，余與昌寧曹君守而，并被朝命，來投北庭，因於別館……彼雖困我，而亦不能奪我之守。間有楚奏越吟，以宣其抑塞無聊之意。"① 從此以後，金尚憲這段艱苦卓絶的經歷成爲金氏後人共同的雪窖記憶。

丙子之役是朝鮮時代的重要歷史事件，而對於金尚憲祖孫幾代而言，則是刻骨銘心的家族記憶。對於這一段歷史，金壽恒《先府君行狀》從其父金光燦掛念、陪侍所後父金尚憲的角度，做了詳細叙述。由此可見，對於金光燦來説，雪窖記憶其實是他自身的一系列慘痛經歷：他以病弱之身，探視被拘於龍灣、盛京等地的父親，"間關風沙冰雪中，往復數千里，首尾五六寒暑，所受傷，難一二計"②；又如，金壽恒於戊辰（1688）致金昌業的信中，曾以這一記憶勉勵兒子："昔年先祖考在雪窖書教吾兄弟，有曰：'讀書非必爲科第也。人而不學，有同面墻，爾輩勉之。'"③ 對於金壽恒來説，雪窖記憶也是捧讀祖父從遥遠的冰天雪地寄來之書信的難忘經歷。由此還可以推測，金氏常常以雪窖往事來激勵後輩。

由於具有共同的雪窖記憶，金氏家族中人在燕行途中，在龍灣、壽星村④、盛京（沈陽）、《雪窖集》等因素的觸發下，紛紛寫出贊頌先祖之忠貞、愧恨自身之事虜的詩篇。金壽恒、李世白、宋相琦和金昌業等人燕行時，都曾在上述因素的感發下懷念金尚憲。其中，金壽恒先後於癸巳（1653）、癸丑（1673）兩次赴燕⑤，現存《文谷

①《清陰先生集》卷十一，《韓國文集叢刊》第77冊，漢城：民族文化推進會，1996年，頁152。
②《文谷集》卷二十一，《韓國文集叢刊》第133冊，頁414。
③《答業兒》，《文谷集》卷二十八，《韓國文集叢刊》第133冊，頁549。
④關於壽星村，《老稼齋燕行日記·往來總録》"（壬辰十一月）二十二日"載："曾祖庚辰年（1640）被拘沈館，凡六年。辛巳（1641）冬，有病還此，留一年。與徐相國景雨、李尚書顯英適同住一村，相與酬唱，仍命其村曰'壽星'。蓋曾祖與徐、李兩公年著艾也。……村在統軍亭下，而今爲廢墟。"《燕行録全集》卷三十二，頁361。
⑤據《同文彙考補編》卷七《使行録》："順治十年（1653）……十一月初三日三節年貢行"之書狀官爲"典籍金壽恒"（《同文彙考》第12冊，臺北：珪庭出版社，1980年，頁928），又"康熙十二年（1673）十一月初六日謝恩兼三節年貢行"之正使爲"判中樞金壽恒"（《同文彙考》第12冊，頁943）。

集》中繫年於這兩次燕行期間的詩文没有涉及雪窖記憶，不過，考慮到《文谷集》曾經大幅删節，所謂"詩删者十之六，文半之"①，那麽金壽恒燕行途中有關雪窖記憶的詩文可能只是不存而已。值得注意的是，在繫年於非燕行期間的壬寅（1662）戊申（1868）前後，金壽恒先後作有《龍灣感舊》《龍灣感懷》，前者以愧對先人的心態提及雪窖往事："餘生忍訪壽星村，每到龍灣便斷魂。往事流傳悲父老，家聲忝辱愧兒孫。"金壽恒的愧恨當來自於作爲燕行使事奉滿清的經歷。同詩有"山連雪窖曾留地，水接星槎舊泝源"之説，提示了其愧恨與燕行的關係；另外，其《追記燕路舊遊録呈野塘金參判行軒·其四》有"最是三忠遺廟在，却慚冠蓋此中過"② 之説，也表達了類似的心情。因此，《龍灣感舊》即便不是作於燕行期間，也與其家族的雪窖記憶和他本人在燕行中的事夷之恥緊密相聯。又，李世白在燕行中不僅追憶雪窖往事，其事奉夷狄、愧對先人的心情也與金氏一脈相承。李世白於康熙三十四年（1695）十一月以正使身份赴燕③，至少作有《到義州》《到瀋陽感懷》《到瀋陽有感奉呈谷雲舅氏》《發邊城宿瀋陽》等四首追憶金尚憲的作品。這些詩緬懷雪窖記憶，分別提到了壽星村④、《雪窖詩》等意象⑤。值得一提的是，《到義州》曰："邊城何處壽星村，往事悠悠尚淚痕。萬里今輸皮幣去，還慚不肖外曾孫。"⑥ 詩意與金壽恒《龍灣感舊》的愧恨相呼應。同樣，《到瀋陽感懷》也抒寫了家仇國恨："巢穴深完且莫論，丙丁餘恥尚乾坤。"⑦ 宋相琦於1697年任燕行使書狀官⑧，其《瀋陽有感》《送夢窩金判樞赴燕》其六、其八、《北征聯句百聯》等四首涉及雪窖記憶，其中，"慚愧後孫甘澠泚，手擎幽

---

① 金昌協《文谷集》跋，《韓國文集叢刊》第 133 册，頁 553。
② 《文谷集》卷二，《韓國文集叢刊》第 133 册，頁 39、33。
③ 據《同文彙考補編》卷七《使行録》："康熙三十四年（1695）十一月初一日三節年貢行"之正使爲"禮曹判書李世白"（《同文彙考》第 12 册，頁 959）。
④ 《到義州》以"邊城何處壽星村"開篇，《到瀋陽感懷》以"雪窖編中已淚痕"結束，《到瀋陽有感奉呈谷雲舅氏》感慨於"往事猶徵雪窖詩"，《發邊城宿瀋陽》末句爲"壽星何處更仿徨"（《雩沙集》卷三，分別見《韓國文集叢刊》第 146 册，頁 416、418、419、423）。
⑤ 此外，在李世白繫年於甲戌（1694）的詩篇中，《龍灣書懷示巡使李子雨三首》之二也提到了"不知何處壽星村"（《雩沙集》卷二，《韓國文集叢刊》第 146 册，頁 411），可知"雪窖記憶"時時縈繞於他的心頭。
⑥ 《雩沙集》卷三，《韓國文集叢刊》第 146 册，頁 416。
⑦ 《雩沙集》卷三，《韓國文集叢刊》第 146 册，頁 418。
⑧ 據《同文彙考補編》卷七《使行録》："康熙三十六年（1697）三月二十九日奏請兼陳奏行"之書狀官爲"舍人宋相琦"（《同文彙考》第 12 册，頁 959—960）。

幣走燕京”、“今日此行真愧死，却將旄節向幽燕”① 等説，亦與金、李二人枹鼓相應。

　　在燕行途中吟詠雪窖記憶，其實是金壽恒等人交流情感的重要方式。以舅甥之際而言，李世白追憶雪窖的《到沈陽有感奉呈谷雲舅氏》中有“百變滄桑吾又過，此懷唯有渭陽知”② 之句。這是説，李世白在燕行途中爲外曾祖的風骨而傾倒、爲自己不得不使燕事虜而痛心，種種複雜的情感，只有同樣擁有雪窖記憶的舅舅金壽增③纔能理解。與此恰成映照的是，李世白赴燕之際，金壽增所作《送李甥仲庚世白赴燕》云：“忍恥包羞六十年，紛紛冠蓋入遼燕。千秋志士無窮恨，慷慨長吟《雪窖編》”④。可以想象，在燕行情境下追憶雪窖往事，加深了金壽增和李世白舅甥之間的情感。就群從之間而論，如前所述，宋相琦於 1712 年送別金昌集燕行而作的《送夢窩金判樞赴燕》二十三首中，有兩篇回憶雪窖往事。通過在雪窖記憶和燕行情境中共同體驗愧恨的情感，他們之間的心靈溝通進一步加深了。同樣，金昌業在燕行中作《沈陽感懷次雩沙韻》以“天道如今可復論，尚看腥穢滿乾坤”始，以“嗚呼往事詢何處，征袖空添抆血痕”⑤ 終，也與外兄分享了燕行中的雪窖追憶。

　　值得一提的是，“雪窖記憶”之所以刻骨銘心，與金尚憲作爲家族之精神領袖的身份密不可分。如前所述，金壽恒曾以金尚憲寄自雪窖的書信教育其子，不惟金氏，李世白也極其追慕外曾祖的家學門風。其《先妣安東金氏行狀》叙述其母幼年爲祖考清陰先生（金尚憲）所鍾愛，曾因受祖考美桃而不食、欲以桃歸遺父母，而被祖考稱譽爲“此何異陸績之懷橘耶”⑥？又李世白《禮記精華跋》自述其推崇金尚憲之《禮》學：“併取清陰曾王考《讀禮隨鈔》四卷，常置之左右。”⑦

三、多問求真與“影響的焦慮”

　　在一次又一次喚起“雪窖記憶”的交流中，金氏家族文化圈成員之間的感情不斷加深。由於燕行體驗與“雪窖記憶”的密切關聯，這一文化圈的成員非常樂於交流燕

---

①《玉吾齋集》卷三，《韓國文集叢刊》第 171 册，頁 267、287。
②《雩沙集》卷三，《韓國文集叢刊》第 146 册，頁 419。
③金壽增（1624—1701），號谷雲，有《谷雲集》六卷。
④《谷雲集》卷一，《韓國文集叢刊》第 125 册，漢城：民族文化推進會，1996 年，頁 148。
⑤《老稼齋集》卷五，《韓國文集叢刊》第 175 册，漢城：民族文化推進會，1998 年，頁 105。
⑥《雩沙集》卷九，《韓國文集叢刊》第 146 册，頁 517。
⑦《雩沙集》卷九，《韓國文集叢刊》第 146 册，頁 521。

行信息，金昌業《老稼齋燕行日記》正是家族内部燕行文化交流的結晶。家族内部燕行信息的交流，一方面使金昌業擁有了他人難於比肩的信息優勢，另一方面也使得他希望通過多問求真來克服"影響的焦慮"。

（一）家族影響與信息優勢

《老稼齋燕行日記》引用的燕行資料的作者多爲家族中人。就燕行資料的種類來説，金氏引用了許篈（1551—1588）《荷谷朝天録》[①]、李廷龜（1564—1635）《角山閭山千山遊記》[②]、金壽恒《癸巳日記》《癸丑日記》[③]、李世白日記[④]、《侍講院日記》[⑤]、《沈館日記》[⑥]、白仁杰（1497—1579）《休庵燕行日記》[⑦]、宋相琦《丁丑燕行記》[⑧]、金錫胄（1634—1684）《息庵集》[⑨] 等數種文獻，資料的種類豐富多樣，其中僅有金壽恒《癸巳日記》《癸丑日記》、李世白日記和宋相琦《丁丑燕行記》這四種文獻來自家族内部。但是，從引用的頻率來看，引用四次以上的資料主要集中在上述四種家族文獻。唯一引用較多而非家族文獻的李廷龜《角山閭山千山遊記》，之所以深受金昌業重視，也是由於其弟弟圃陰金昌緝的推薦。《老稼齋燕行日記·往來總録》載："及治行，圃陰以《沿路名山大川古跡録》一册、月沙《角山閭山千山遊

---

① 引用 3 次，分別見《燕行録全集》卷三十二，頁 309；卷三十二，頁 310；卷三十二，頁 311。

② 李廷龜字聖徵，號月沙（趙翼《行狀》，《月沙先生集》附録卷二，《韓國文集叢刊》第 70 册，首爾：民族文化推進會，1996 年，頁 449）。《月沙先生集》卷三十八有《遊千山記》《遊角山寺記》《遊醫巫閭山記》。金昌業《老稼齋燕行日記》引用"月沙記" 14 次，分別見《燕行録全集》卷三十二，頁 394；卷三十三，頁 313；卷三十三，頁 357；卷三十三，頁 358；卷三十三，頁 359；卷三十三，頁 370；卷三十三，頁 371；卷三十三，頁 407；卷三十三，頁 412；卷三十三，頁 413；卷三十三，頁 416；卷三十三，頁 425；卷三十三，頁 427；卷三十三，頁 437。

③ 引用 12 次，分別見《燕行録全集》卷三十二，頁 354；卷三十二，頁 366；卷三十二，頁 387；卷三十二，頁 466；卷三十二，頁 474；卷三十二，頁 485；卷三十二，頁 500；卷三十二，頁 527；卷三十二，頁 539；卷三十三，頁 22；卷三十三，頁 49；卷三十三，頁 275。

④ 引用 4 次，分別見《燕行録全集》卷三十二，頁 367；卷三十二，頁 458；卷三十三，頁 305；卷三十三，頁 366。

⑤ 引用 2 次，分別見《燕行録全集》卷三十二，頁 402；卷三十二，頁 480。

⑥ 引用 3 次，分別見《燕行録全集》卷三十二，頁 410；卷三十二，頁 440；卷三十二，頁 442。

⑦ 白仁傑先生，字士偉，號休庵。參見《休庵先生實記》，漢城：韓國譜典出版社，1981 年，頁 170。引用 1 次，見《燕行録全集》卷三十二，頁 411。

⑧ 引用 5 次，分別見《燕行録全集》卷三十二，頁 449；卷三十二，頁 452；卷三十二，頁 458；卷三十二，頁 468；卷三十三，頁 275。

⑨ 引用 2 次，分別見《燕行録全集》卷三十二，頁 513；卷三十三，頁 338。

記録》一册并《輿地圖》一張置橐中。"① 可以説，金昌業的燕行信息主要來源於其家族文化圈。

從金昌業在燕行途中的次韻之作，也可窺見其對家族燕行信息之吸收。在《燕行塤篪録》中，金昌業有"次先韻"二十九首，又作"次雪沙韻"六首：《瀋陽感懷次雪沙韻》《次伯氏歷大小黄旗堡及白旗堡次雪沙韻》（三首）、《次伯氏醫巫閭次雪沙韻》《次伯氏東岳廟次雪沙作》②。這些次韻之作折射了金昌業有關瀋陽、大小黄旗堡及白旗堡、醫巫閭和東岳廟等地的信息來源，也透露了金昌業在燕行中超越前人的具體目標（説詳下）。

家族中燕行信息的充分交流，無疑使金昌業《老稼齋燕行日記》具有超出他人的信息優勢。《老稼齋燕行日記》在引用其父親、外兄等人的燕行資料時，不時流露出佔有獨家信息的自得。比如，記獨樂寺曰："《癸巳日記》：'堂中有一短碑，即遼乾統七年所立，節度使王觀所撰'，宋兄記中亦言之，而不知此碑在何處也？"③ 的確，由於熟稔家族文化圈的燕行資料，《老稼齋燕行日記》特别長於叙述居所、制度、風俗等方面的沿革。比如，關於丁丑之亂中朝鮮質子的住處："聞譯輩言，通官金世傑之母曾居此屋，常言此乃丁丑後朝鮮質子人等所接之家，世子館則今衙門是其地云。曾王考所拘之處即北館，而今無知者矣。"④ 這段話中，"而今無知者矣"六字，不勝今昔之慨；又如，金昌業根據金壽恒《癸丑年日記》"非設店處則麻貝、衙譯皆自行中供饋"的記載，指出"即今麻貝、衙譯雖設站處皆自上副房供饋，此亦後來謬規"⑤。此外，關於山海關望海亭的匾額⑥、薊州牌樓上所刻字⑦、茶宴禮⑧等沿革，金昌業也依據金壽恒日記，提供了獨家信息。

（二）"影響的焦慮"與稼齋的苦心孤詣

家族文化圈的燕行信息一方面使金昌業具有獨特優勢，另一方面也給他帶來了

---

①《燕行録全集》卷三十二，頁 338。
②《老稼齋集》卷五《燕行塤篪録》，《韓國文集叢刊》第 175 册，頁 105、106、108。
③《燕行録全集》卷三十三，頁 275。
④《燕行録全集》卷三十二，頁 404。
⑤《燕行録全集》卷三十二，頁 467。
⑥《燕行録全集》卷三十二，頁 475。
⑦《燕行録全集》卷三十二，頁 527。
⑧《燕行録全集》卷三十三，頁 22。

"影響的焦慮"，使得他熱切地希望超越前人。由於信息過多而導致"影響的焦慮"，可從宋相琦的説法中窺見一斑。宋氏《送書狀官尹季亨陽來①》云："每歲燕山此别頻，厭將詩句送行人。遼陽華表傳徒妄，易水悲歌語亦陳。"② 在此，宋相琦或許意在以戲謔的筆法送别行人，但是，由於每年都有幾批燕行使，已有的送别詩數量衆多、流傳亦廣，送别詩寫作難以推陳出新，當是事實。類似"影響的焦慮"在燕行録的寫作中也應當存在。

金昌業竭力超越外兄李世白和宋相琦之燕行經驗的意圖，可從其執意遊覽角山、醫巫閭山中見出。李廷龜《角山閭山千山遊記録》無疑是金昌業嚮往三座名山的信息源，與此同時，金昌業親臨其地時，不由自主地想到李世白和宋相琦的相關詩句，足見其名山之行還有超越外兄的用意。以角山而論，蕭宗三十九年二月二十三日，金昌業提出遊角山寺的心願時，遇到了來自同行諸人的極大阻力："一行皆以雪後風寒難之，申之淳言絶峻不可騎者十里，而雪被其上，決難着足……柳鳳山聞此言，勸止尤力。"③ 金昌業卻毫不猶豫地攜備人前往，他描述夜宿角山寺的感受曰："余遂自起出户視之，海色蒼然而已……自念人生雖曰如浮雲，不定南北，而此身來宿此寺，豈夢寐所曾及哉？於是意思似喜似悲，遂不能睡。"④ 這使我們聯想到宋相琦在詩歌中不止一次地提及角山，比如《送謝恩書狀李仲剛》其七開篇即云："角山望海休言壯，最是長安第一關"⑤，又《北征聯句百韻》"海色蒼知曙，山光紫覺晡。長城徒築怨，秦帝誤防胡"兩聯自注曰："自寧遠望見渤海，角山在長城邊。"⑥ 由此可以推測宋相琦對角山的嚮往之情。而金昌業"海色蒼然而已"與宋相琦"海色蒼知曙"的呼應，令人推測金昌業在角山寺所體驗的悲喜交集，可能有一部分是因爲超越了外兄的燕行體驗而感到欣喜。

同樣，金昌業前往醫巫閭山，也與超越李世白之燕行經驗的計劃有關。據《老稼齋燕行日記》，金昌業過北鎮廟後，"問聖水盆、柳花洞所在"⑦。從信息來源而論，李

---

①據《同文彙考補編》卷七《使行録》，康熙五十四年（1715）十一月初二日"謝恩陳奏兼三節年貢行"有"書狀官兼掌令尹陽來"（《同文彙考》第 12 册，頁 969—970）。

②《玉吾齋集》卷四，《韓國文集叢刊》第 171 册，頁 295。

③《燕行録全集》卷三十三，頁 307—308。

④《燕行録全集》卷三十三，頁 316。

⑤《玉吾齋集》卷三，《韓國文集叢刊》第 171 册，頁 277。

⑥《玉吾齋集》卷二，《韓國文集叢刊》第 171 册，頁 271。

⑦《燕行録全集》卷三十三，頁 353。

廷龜《遊醫巫閭山記》① 和《往醫巫閭山途中口占二首》② 未及這兩個景點，那麼金昌業當別有所據。如前所述，金昌業作有《次伯氏醫巫閭次雩沙韻》，循此線索，可以發現上述景點可能出自李世白的《醫巫閭山》：“仙人巖上花應老，聖女盆前水自閑。”③ 值得一提的是，李世白在同詩中抒發了欲遊覽閭山而不得的惆悵：“客路恩恩空悵望，至今叢桂更誰攀。”④ 與此相呼應的是，金昌業《次伯氏醫巫閭次雩沙韻》明確表達了遊覽醫巫閭山的計劃：“馳神每閱前人記，歸路思偷半日閑。”⑤ 正因如此，他在燕行初期即肅宗三十八年十二月十一日抵新廣寧時，便探問往醫巫閭山的路程：“問閭山於主胡，言自新廣寧至北鎮廟爲十二里，自北鎮廟至觀音寺爲八九里，而山路險絕，間有不可騎處，山上有瀑布云。聞之，令人意思飛動。”⑥ 此時，除了山路險絕令金氏油然而生探險的興奮外，閭山離驛站不遠、因而遊山有望成行，從而有望在遊山體驗方面超越外兄，也是金氏由衷地喜悦的原因吧。此外，《老稼齋燕行日記》癸巳年（1713）“三月初一日”記載諸人登上閭山甘露庵後，申之淳所謂“月沙後百年間無來此者，今日我輩之遊，豈不奇哉”⑦ 一説，其實也是金昌業的心聲。此説與李世白空望閭山的惆悵相映照，也説明了金昌業此次燕行的目的之一就是親往閭山、從而超越外兄的燕行體驗。

（三）多問求真以克服“影響的焦慮”

通過反復詢問，以獲得真實的獨家信息，是金昌業努力克服“影響的焦慮”的重要途徑。

比如，金昌業對於郭朝瑞之子郭垣“其言多不的確”的判斷，是其通過多問以求真，從而超越家族文化影響的嘗試。關於郭朝瑞的由來，《老稼齋燕行日記》“（肅宗三十八年十二月）初九日”載：“過新民屯，副使、書狀見郭朝瑞，有問答。朝瑞以吳

---

①《月沙集》卷三十八，《韓國文集叢刊》第 70 册，頁 133。

②《月沙集》卷七《丙辰朝天録》，《韓國文集叢刊》第 69 册，漢城：民族文化推進會，1996 年，頁 291。

③宋相琦《北征聯句百韻》有“玉女盆清澈，桃花洞有無”之句，其自注云：“舊傳醫巫山上，有玉女盆、桃花洞。”（《玉吾齋集》卷二，《韓國文集叢刊》第 171 册，頁 271）可見，玉女盆、桃花洞等景點爲燕行使口耳相傳，宋氏此説最直接的來源當亦爲李世白。

④《雩沙集》卷三，《韓國文集叢刊》第 146 册，頁 420。

⑤《老稼齋集》卷五，《韓國文集叢刊》第 175 册，頁 106。

⑥《燕行録全集》卷三十二，頁 427。

⑦《燕行録全集》卷三十三，頁 356。

三桂部下人，三桂敗後，配於此，前後使行多招見問事情。南相九萬、崔相錫鼎特親厚，問遺久不替。"① 在此，金氏没有提及的是，除了南九萬、崔錫鼎等位尊望重的朝鮮士人之外，金昌業外兄宋相琦也關心郭朝瑞，其《北征聯句百韻》"客榻逢翁伯，行囊問大蘇。塵沙人易眛，炎瘴馬頻瘏"下自注："巨流河，訪郭朝瑞。則其子垣云，見往沈陽云。以行資周之。"由《同文彙考補編》卷七《使行録》可知，宋相琦所赴的康熙三十六年（1697）三月二十九日奏請兼陳奏行，其正使便是右議政崔錫鼎②。因此，宋相琦受崔錫鼎的影響而關注郭朝瑞，乃情理中事。

與崔錫鼎、宋相琦等人的態度不同，金昌業試圖通過反復提問，來判斷郭朝瑞之子郭垣所傳達的信息之真偽。比如，以海賊事爲中心，他精心設計了一套問卷，其中包括：問題一，平康王今在何處？問題二，（平康王）初在何處，今乃退去耶？問題三，或言已就招安，此説有苗脈否？最後他斷定郭垣的説法不可靠，理由之一是："海賊初云退去，後因吾問，卻以爲招安是實。"③ 就同一事、向同一人多次提問，根據前後回答之間的邏輯關係，判斷對方説法的真偽，是金昌業的用意所在。在此，金昌業得出了"其言多不的確"的結論，其意義不僅在於弄清了事實真相，更是對外兄宋相琦等人盲目親厚明遺民的反撥。

金氏對化名爲"丁含章"的朱太子孫朱言之身份真偽的鑒定，也體現了多問以求真的用意。金氏此次反撥的對象不是家族中人，而是同年二月出使的閔鎮遠。《老稼齋燕行日記》"（壬辰十二月）二十四日癸酉"條記載："閔參判聖猷到此遇一人，自言是朱太子孫，變名姓以丁含章行世……閔參判見而奇之，夜與語，頗有所給。既歸，言於伯氏及副使，要必訪其所居，贈某物，亦書熹宗以下世系，付張遠翼，使往見其人，從容盤問，驗其真假。來時張譯以此事問，余以爲朱太子寧有子孫，至今保存也？此必奸細之徒，圖騙賂遺，假冒其名，此何待驗問而知其偽。又或彼人欲試我國而爲此，亦不可知。訪問自是危道，不如已之爲穩。"④ 這是説，肅宗三十八年十二月二十四日，使行抵達薊州。由於同年二月謝恩使行的副使閔鎮遠（字聖猷）曾委托此行正使金昌集和副使尹趾仁訪問居於此地的丁含章，并驗證其身份的真偽，漢學上通事張

---

①《燕行録全集》卷三十二，頁418。

②上引《北征聯句百韻》"十載重持節，當年左設弧。生爲大男子，志不在妻孥"下自注曰："丙寅春，以副使赴燕。今又再赴"（《玉吾齋集》卷二，《韓國文集叢刊》第171册，頁272），説的正是崔錫鼎此前已於康熙二十五年（1686）以副使身份赴燕，此行爲第二次。

③《燕行録全集》卷三十三，頁393。

④《燕行録全集》卷三十二，頁530—531。

遠翼向金昌業徵求意見，但金氏認爲丁含章決非朱太子子孫，加之顧慮到使行的安全，故反對訪問丁氏。關於丁含章一事的由來，閔鎮遠《燕行録》載：

"（六月）初八日庚申晴"條有記載："夕有一老人來訪於余所館，爲人頗似質樸。問其姓名，則朱言也。余問：'或是皇明後裔否？'對曰：'不敢言。'固問之，對曰：'親皇子四王毅然之第四子思誠，即吾祖也。'……'吾父往征流寇未返，而國亡……吾亦以貢生丁含章行世，而本姓名則朱言也。'"①

值得注意的是，對於丁含章身份的真僞問題，閔鎮遠等人已經設想了以世系來盤問真僞的方案。但金昌業反對盤問丁含章本人，試圖通過多方詢問來查尋真相。當天傍晚，他便向來訪的秀才康田瞭解此事，并精心設計了一套環環相扣的問題："問：'此處有術高的太醫麽？'蓋欲知丁含章來歷，先設此問也……問：'原系此處人，是他處入來人？'答：'是此處。'……以此言見之，乃是世居此處人，其變姓名隱居之説，已歸虛套矣。"② 通過丁含章醫術一般、世居本地等信息，金昌業敏鋭地推演出丁氏"變姓隱居"説的虛假。

四、結語

金昌業在燕行途中頻繁提問，其用意在於通過多問以求得真實信息。本文從金氏家族的燕行文化的角度，考察金氏多問求真的動力所在。

衆所周知，金昌業的曾祖、父親、叔父、長兄和外兄都曾出使中國，家族中有着豐富的燕行文化積澱。本文認爲，金氏燕行文化深厚的獨特奧秘在於，1640—1645 年金昌業的曾祖父金尚憲被拘北庭，著《雪窖編》，使得金氏擁有了共同的"雪窖記憶"。金氏家族中人在燕行途中，在龍灣、壽星村、盛京（沈陽）、《雪窖集》等因素的觸發下，紛紛寫出贊頌金尚憲之忠貞、愧恨自身之事虜的詩篇，由此可見，"雪窖記憶"爲家族內部燕行信息的交流提供了感情動力。《老稼齋日記》對家族燕行文獻的大量引用，正顯示了金氏文化圈內信息交流的充分和有效。

家族中的燕行文化積澱使金昌業在把握制度、風俗、古跡的沿革方面具有信息優勢，也使得金昌業産生了"影響的焦慮"。金氏不顧險阻地遊覽角山、醫巫閭山，原因之一就是試圖在燕行體驗方面超越外兄。

---

① 閔鎮遠《燕行録》，《燕行録全集》卷三十六，頁 325。
② 《燕行録全集》卷三十二，頁 534—535。

金昌業克服"影響的焦慮"之重要途徑，是通過反復詢問來求得真實的獨家信息。對於郭朝瑞及其兒子郭垣"其言多不的確"的判斷，以及對丁含章身份真偽的確認，是其通過一系列在邏輯上環環相扣的提問來實現的，是金氏另闢蹊徑、超越家族影響的嘗試。

必須説明的是，從金壽恒開始，金氏燕行使一直對燕行信息的真偽保持警覺，這也是金昌業多問以求真的家族文化背景。

洪大容所編燕行文獻概況及後世
印本《湛軒書》的諸問題

劉　婧

（韓國南首爾大學校）

　　朝鮮文士洪大容（1731—1783）隨朝貢使一行於乾隆三十一年（1766）到達北京，在二月及歸國後，都與杭州士人嚴誠（1732—1767）、三河縣的孫有義等人進行了持續的交流，又對來回途中的景致人物進行了記錄。洪大容在歸國後直至去世前，在不同時期對自己的燕行交流和記錄文獻進行了編纂整理。洪大容整理的燕行文獻大致可分爲三大系統：一是洪大容編輯的手札帖原件和尺牘選本，如《樂敦墨緣》《古杭赤牘》《蓟南尺牘》及《乾净後編》《乾净附編》等；二是洪大容整理的筆談記錄。如：《乾净衕會友録》《乾净筆譚》《乾净衕筆譚》；三是洪大容整理編撰的燕行記録。如：《燕行雜記》《湛軒燕行記》《乙丙燕行録》（韓文本）。洪大容個人整理編纂的燕行文獻多以稿抄本形態存世，學界對這些文獻未能加以深入研究利用。本文僅對洪大容編纂燕行文獻概況做一梳理，對後世印行本《湛軒書》收録燕行文獻所存問題做出質疑，以對洪大容所編燕行文獻的深入研究有所助益。

一、洪大容編纂燕行文獻：手札帖原件和書信選本

　　迄今爲止韓國學界公開的洪大容編輯的清人手札帖原件有七册，韓國基督教博物館所藏六册都收録在了最近該館整理出版的《中士寄洪大容手札帖》[1] 中，共三種六册：《樂敦墨緣》一册、《古杭赤牘》二册、《蓟南尺牘》三册；另外，韓國翰林大學博物館所藏一册《蓟南尺牘》，亦是洪大容裝幀的手札帖原件。韓國基督教博物館所藏

---

[1] 韓國基督教博物館編《中士寄洪大容手札帖》，首爾：韓國基督教博物館，2016 年。

六冊手札帖的情况，鄭珉教授在《崇實大學基督教博物館所藏中士寄洪大容手札六冊的特點和資料價值》解題①中曾對這六冊手札帖的基本内容和文獻價值做了初步介紹。筆者曾在《18世紀中韓文人交流墨緣：〈中士寄洪大容手札帖〉》② 一文中對以上基督教博物館和翰林大學所藏共七冊手札帖原件的内容和傳承情况作了進一步的梳理。對於洪大容編纂整理的尺牘選本，以及手札帖的傳承關係、文獻特徵及價值等問題，筆者曾在《洪大容所編與清代文人往來書信文獻研究》③ 一文中進行了專題討論。爲了便於把握和理解洪大容編纂燕行文獻的整體規模，今在之前發表論文的基礎上對這些手札帖和書信選本介紹如下④：

（一） 手札帖原件

1. 《樂敦墨緣》：一册，藏於韓國基督教博物館。此帖收録了嚴誠等清人在乾隆三十一年（1766）至乾隆四十三年（1778）間發給洪檍及其子洪大應（葆光）的十六封書信，另有潘庭筠、嚴誠、鄧師閔等之間的唱和詩文十數篇。内容主要是在京期間及歸國之後的問候，間有對學術和文學的討論。

2. 《古杭赤牘》：二册，現藏韓國基督教博物館。第一册收録了九封書信。這些書信爲嚴誠、潘庭筠、陸飛，以及嚴誠之兄嚴果、潘庭筠表兄徐光廷在洪大容回國之後的乾隆三十一年（1766）八月至三十四年（1769）五月寫給洪大容的書信。内容主要是離別後的思念和問候，託付洪大容編輯朝鮮詩文集，對兩國學界所關心的學術問題進行討論等；第二册收録有四封書信，是嚴誠離世後其兄嚴果、嚴誠之子嚴昂、朱文藻寄給洪大容的書信和次韻詩。這些書信是在嚴誠去世之後的乾隆三十三年（1768）寫就，因當時郵寄不便，直到乾隆四十三年（1778）七月纔和嚴誠的詩文集《鐵橋全集》一起轉交到了洪大容手中。

3. 《蓟南尺牘》：現在學界公開的有韓國基督教博物館所藏一匣三册，韓國翰林大學博物館所藏一匣一册。韓國基督教博物館所藏三册中的第一册收有五封書信和兩件附箋問目，其中第一封和第二封落款爲洪大容，文中夾雜有補録的一些問目答語，筆

---

① 鄭珉《中士寄洪大容手札帖》解題，首爾：韓國基督教博物館，2016年。
② 參見拙稿《18世紀中韓文人交流墨緣：〈中士寄洪大容手札帖〉》，《温州大學學報（社會科學版）》2016年第6期。
③ 參見拙稿《洪大容所編與清代文人往來書信文獻研究》，《東亞人文學》第37輯，2016年12月。
④ 此部分參考了上揭拙稿以及韓國基督教博物館影印出版的《中士寄洪大容手札帖》中的相關内容，本文中遂不再出注。

者懷疑此信是洪大容個人保存的發送給清人孫有義的書信底稿。另有一文是洪大容抄錄孫有義回復的答目内容。此外主要是乾隆三十九年（1774）至四十三年（1778）間孫有義和鄧師閔寄給洪大容的書信；第二册收録有八封書信和一件附箋答目；第三册收有八封書信和附箋詩文，册首第一封爲潘庭筠寄手札，後面收録的均爲鄧師閔在同年所寫書信。後收録了姚廷亮、徐光庭在乾隆四十二年（1777）所寫手札和嚴誠之兄嚴果在乾隆四十年（1775）一月所寫手札。這些手札都是在乾隆四十二年（1777）三月一起通過鄧師閔之手轉寄給洪大容的。

韓國翰林大學博物館所藏一册《薊南尺牘》收録了清人周應文、鄧師閔、孫有義、趙煜宗、朱德翎、翟允德等人發送給洪大容的二十餘封書信。此部《薊南尺牘》手札和基督教博物館所藏《薊南尺牘》帖應爲一匣，爲流散出去之後重新裝幀所成。

以上七册是現今學界已經公開的，也是洪大容在世時編輯裝幀的與清人來往手札原件。此外，洪大容曾在《乾净衕筆譚》中談及個人曾編有《古杭文獻》之說，陸飛在回信中亦有要求改變題名的要求。鄭珉教授在解題中引用以上洪大容寄給清人潘庭筠的書信内容，認爲洪大容編輯的《古杭赤牘》應是參考了陸飛的意見，把原定的題目“古杭文獻”改成了“古杭赤牘”，遂理解爲《古杭赤牘》是原定題目“古杭文獻”改名之後所定，得出了《古杭赤牘》所存二册是《古杭文獻》四册中之二册的結論。筆者則認爲《古杭赤牘》不應是《古杭文獻》中的一部分。因《古杭文獻》爲洪大容歸國之後立即編輯整理的與清人的手札原件，這些手札原件應是洪大容和清人在京時與杭州三文人之間的來往手札和詩文。而《古杭赤牘》收録的是洪大容歸國之後與清人的來往書信，這與《古杭文獻》的内容不符，所以可以推定：《古杭文獻》四册並不是改名之後的《古杭赤牘》，二者在内容上並不重復。

又，根據洪大容編撰的《乾净衕筆譚》中所及與清人之間的往來手札和詩文，可以大致統計出洪大容在京時與杭州三文人之間的來往手札和詩文有五十多封。可以得知，洪大容給潘庭筠在信中所提及的《古杭文獻》四帖其規模和數量應該更爲豐富。因此帖爲遺失本，還有待於這批文獻面世之後再作進一步考察分析。

（二）尺牘選本

1. 《乾净附編》：韓國基督教博物館藏抄本。二卷，一册，165 葉。由抄本内題“乾净筆譚附編”及所録内容可知這部“附編”是在編纂完《乾净筆譚》之後，又另行整理的相關資料，爲《乾净筆譚》的補充資料。

《乾净附編》第一卷收録了洪檍、李烜、金在行三人與清人嚴誠、陸飛、潘庭筠之間的來往書信十八封，唱和詩三十二題四十三首，記文一篇。從這些書信和詩文內容來看，第一卷的第一部分主要是朝鮮三位使臣和杭州三文士在北京時期的往來手札和詩文。由卷內題注“晚含齋藏杭人詩牘”、“睡隱藏杭人詩牘”、“養虛藏杭人詩牘”，可知洪大容是在歸國後整理個人所藏與杭州三才往來書信詩文的同時，有目的地整理抄錄了三位使臣所藏的和清人來往書信及詩文資料；第二卷收錄的洪大容與清人在甲午（1774）至丁酉（1777）年間來往書信，主要是《薊南尺牘》原札收錄的與河北三河縣孫蓉洲等人的來往書信。《乾净附編》收錄的洪檍、李烜、金在行三人所藏清人往來詩文尺牘資料如下：

《晚含齋藏杭人詩牘（洪檍）》：“筱飲畫梅扇題，畫贈西湖大略附詩而別，鐵橋書，又（書），次休休公原韻敬呈洪大人，次韻恭和，秋庫書，敬呈洪大人，敬和原韻。”

《睡隱藏杭人詩牘（李烜）》：“筱飲題扇畫，題畫蘭，鐵橋書，又（書，共六封），日前酬和諸詩衝口信筆甚愧蕪率歸來太半遺忘承命復書謹鈔三首就正知不足供大雅軒渠也（詩三首），奉和詠鸚鵡原韻二首，次題扇見贈韻，和次金碩士韻，再疊前韻，次韻敬酬，秋庫奉和鸚鵡詩二首，奉和，奉和。”

《養虛藏杭人詩牘（金在行）》：“筱飲書，送養虛兄別，畫蓮扇題，鐵橋書，南閭書（見後編），養虛堂記（見原編），奉和養虛二首，敬次清陰韻和養虛，養虛過訪寓廬即事有作次原韻，酬養虛留別原韻，養虛偕湛軒再造寓廬劇談竟日乃次清陰韻，簡寄養虛，平仲過訪寓廬走筆作畫有題，南閭寓館簡寄養虛二首（見後編），秋庫書，又（書），又（書），次韻奉贈（七律），簡寄（五絕），養虛堂爲金丈平仲所居不能蔽風雨賦詩志嘅，奉和養虛城南見訪之作，題畫帖，題畫，丙戌戊子兩書（見後編）。”

2.《乾净後編》：韓國基督教博物館藏本，二卷二册。《乾净後編》卷一收錄了二十二封書信、兩篇文章；第二册收有二十二封書信、七篇文章、五題三十七首詩。此部選本共收錄了四十四封書信、九篇文章、三十七首詩。收錄的書信都是洪大容歸國後與杭州三文士等清人的來往書信和詩文，而其中一些序跋文章，如：《海東詩選序》《海東詩選跋》等也與清人贈送書册或在往來書信中討論的內容有關，爲書信附錄內容。第一卷所收一部分內容，如《與篠飲書》《與鐵橋書》《與秋庫書》內容重複，應是誤收；卷二的《海東詩選序》應是閔順之所寫《會友錄序》中的誤收部分。

這部書信選集的編纂時期，從此册卷尾所題“戊子三月初三日始書”來看，應是洪大容在戊子（1768）年曾初步編輯過，而從這些書信的截止日期都爲丁亥（1778）年七月爲止來看，這部書信選本是洪大容在丁亥年收到朱文藻寄來的最後一批書信之後加以整理編輯完成①。

3.《杭傳尺牘》：韓國基督教博物館藏抄本，一冊。此冊所錄書信次序和内容與《湛軒書》（1939 新朝鮮社鉛印本）外集收錄《杭傳尺牘》内容相同。應是《湛軒書》收錄《杭傳尺牘》底本中的傳抄本。

《杭傳尺牘》只收錄了洪大容發送給清人嚴誠、陸飛、潘庭筠等人的書信三十三封。此處的"杭傳"應是"傳到杭州的洪大容所寫書信"之意。因《湛軒書》爲洪大容個人詩文集，這部《湛軒書》中只收錄了洪大容所寫信件。此書信選本和其他書信選集的編纂次序、體例有所不同，在收錄内容上也與其他書信選本有很大差異。

綜合以上洪大容所編手札原件和書信選本的種類、規模和内容，又可歸納出以下幾個觀點：

第一，洪大容編纂這些手札帖和書信選本的時間，可以分爲三個時期：一是洪大容在乾隆三十一年（1766）夏天回到朝鮮後開始系統整理的《古杭文獻》（今這批資料遺失）、《古杭赤牘》系列；二是在清人嚴誠去世（1767 年去世）之後，洪大容編纂的《乾净會友録》《乾净後編》系列，這些筆談資料中亦包含了在京期間往來手札的一些内容資料；三是在乾隆四十三年（1778）七月之後編纂的，洪大容收到朱文藻寄送的嚴誠遺稿和《日下題襟集》②、嚴誠家人手札，之後整理了《乾净衕筆譚》《乾净後編》《乾净附編》系列。

第二，洪大容在世時編輯裝幀的《古杭文獻》《古杭赤牘》《樂敦墨緣》《薊南尺牘》系列原帖以及尺牘選本具有系統性。首先，對手札帖根據收發信人的地域差異和時期進行了分類整理。如"古杭"手札帖系列是洪大容與杭州三文士嚴誠、陸飛、潘庭筠之間的往來書信；"薊南"手札帖系列是洪大容與薊州三河縣的孫蓉洲、鄧師閔等人的往來書信；"樂敦墨緣"則是洪檍與清人三文士之間的書信。其次，洪大容編輯的《乾净附編》和《乾净後編》也按内容進行了分類處理。其中《乾净附編》是在編撰《乾净筆譚》基礎上對洪檍、李烜、金在行三人與清人嚴誠、陸飛、潘庭筠之間在京的書信和詩文進行的整理，同時也收錄了與三河縣諸人的來往書信。而《乾净後編》收

---

①關於洪大容編纂此部文獻的具體時間、文本構成等内容，可參閱拙稿《洪大容編纂〈乾净附編〉和〈乾净後編〉文本研究》（《中國語文學志》第 69 輯，2019 年 12 月）相關内容。

②對於相關内容，可參考筆者校點本《日下題襟集》（上海：上海古籍出版社，2018 年）中收錄文本和附録論文部分。

入的則是洪大容歸國後與杭州三文士之間的來往書信和詩文，從時期上也證明都晚於《乾净筆譚》的收録内容。而《杭傳尺牘》則是洪大容個人發出的信件，對於這些書信資料洪大容又進行了單獨編輯。再次，這些手札原件和書信選本《乾净附編》《乾净後編》的内容有着一定的呼應關係，如發信和收信在時間和内容上是對應的。

第三，從洪大容編輯整理的手札原帖中收録的書信數量來看，此七帖中收録了約有七十餘封書信和二十餘篇詩文。而現今學界未能確認的"古杭文獻"（四帖）則可據洪大容編撰的《乾净衕筆譚》統計出大約有五十餘封。可以想見，對於洪大容與清人的書信文獻的整理，還有待於發掘和整理相關文獻來做進一步的考察分析。

二、洪大容編纂的燕行文獻："筆譚"和燕行日記

洪大容編纂的燕行記録和筆談文獻依據現今寓目資料來看，種類比較蕪雜。洪大容在不同時期，因清人或個人需要對燕行筆談和"燕記"進行了編纂整理。這些文獻大致可以分爲如下幾類：其一，洪大容和杭州三學士的筆談記録如《乾净衕會友録》、《乾净筆譚》、《乾净衕筆譚》系列；其二，洪大容沿途所見、沿途結識人物的記録單獨彙編的"燕記"，如《湛軒燕行記》、《燕行雜記》等；其三，韓文撰寫的《乙丙燕行録》。上記筆談和燕行記録文獻現在可確認的有以下幾種：

①《乾净衕會友録》

韓國基督教博物館藏稿本，僅存卷二，一册。共 50 葉，版廓 24×21cm，半葉十二行二十字。此抄稿本卷首題爲"乾净□□□録"，據塗抹筆跡可推測應爲《乾净衕會友録》。此卷收録了洪大容與杭州文人嚴誠、潘庭筠在二月十七日、二月十九日、二月二十一日、二月二十三日四天的筆談内容。稿本有多處塗抹、修訂。

此稿本原爲三册，編纂時期大約爲乾隆三十一年（1766）六月，洪大容曾將此《乾净衕會友録》三册贈送給潘庭筠并希望得到潘氏攜帶回去的一部分談草，相關内容日本學者夫馬進曾在《朝鮮洪大容〈乾净衕會友録〉及其流變——兼及崇實大學校基督教博物館藏本介紹》和《朝鮮奇書——關於洪大容〈乾净衕會友録〉〈乾净筆譚〉之若干問題》① 兩篇文章中有詳細論述。此外，李德懋（1741—1793）《天涯知己書》

---

① 夫馬進《朝鮮洪大容〈乾净衕會友録〉及其流變——兼及崇實大學校基督教博物館藏本介紹》（《清史研究》2013 年第 4 期）、《朝鮮奇書——關於洪大容〈乾净衕會友録〉、〈乾净筆譚〉之若干問題》（《中國文哲研究通訊》第 23 卷第 1 期，2013 年）。

也是根據《乾净衕會友録》選編而成，可見當時洪大容編纂完此部筆談記録之後，此部文本曾在同人李德懋、朴趾源等少數人中間傳閱。

2.《乾净筆譚》

韓國銀行圖書館藏抄本（今爲奎章閣藏本），二卷二册。内外標題都爲"乾净筆譚"。此抄本爲洪大容在京期間和杭州三文士進行筆談的記録，有單行傳抄本《乾净筆譚》，亦有以"燕彙"，"湛軒説叢"爲題的叢書收録傳抄本。經筆者考證，現今共發現有八種傳抄本。而此部文獻是在乾隆三十三年（1768）開始編纂，最遲於乾隆三十七年（1772）夏前完成，此文本是洪大容應潘庭筠的要求而進行增删的修訂本①。

3.《湛軒燕行記》（一）

基督教博物館藏抄本一册。65 葉，半葉十行二十二字。此抄本是洪大容整理的乾隆三十一年正月一日至三月十日在燕京期間的使行日記，以主題分類整理。目録爲：吳彭問答，蔣周問答，劉鮑問答，衙門諸官，兩渾，王舉人，沙河郭生，十三山，宋舉人，鋪商，太學諸生，張石存，葛官人，琴鋪劉生，共十四個主題。本書内容與印本《湛軒書》外集卷七收録的"燕記"收録順序相同（《湛軒書》收録了二十二個主題）。

4.《湛軒燕記》

奎章閣藏抄本六卷六册。抄本四周雙邊，版廓 20.6×15.1cm，有界，半葉十一行二十二字，版心上二葉花魚尾。六册中第一至四册爲"燕行雜記"，第五、六册爲"乾净筆譚"。《湛軒燕記》所收内容如下：

第一册目録：吳彭問答，蔣周問答，劉鮑問答，衙門諸官，兩渾，王舉人，沙河郭生，十三山，宋舉人，鋪商，太學諸生，張石存，葛官人，琴鋪劉生。

第二册目録：藩夷殊俗，拉助教，鄧汶軒，孫蓉洲，撫寧縣，貞女廟學童，宋家城，孫進士，周學究，王文舉，希員外，白貢生，沿路記略，京城記略。

第三册目録：望海亭，射虎石，盤山，夷齊廟，桃花洞，角山寺，鳳凰山，京城制，太和殿，五龍亭，太學，雍和宮，觀象臺，東天主堂，法藏寺，弘仁寺，東嶽廟，隆福市，琉璃廠，花草鋪，暢春園，圓明園，西山，虎圈，萬壽寺，五塔寺，入皇城，禮部呈表，鴻臚演儀，正朝朝參，元宵燈炮，東華觀射，城南跑馬，城北遊，方物入關。

第四册目録：幻術，場戲，市肆，寺觀，飲食，屋宅，巾服，器用，兵器，樂器，

---

① 參見拙稿《洪大容所編〈乾净衕筆譚〉異本研究》，《洌上古典研究》第 66 輯，2018 年 12 月。

畜物，留館下程，財賦總略，包銀，橐裝，路程。

第五至六册：乾净筆譚（有元重舉跋文）

以上《湛軒燕記》收録内容與印本《湛軒書》收録"燕記"卷次有差異。《湛軒書》收"燕記"中"賈知縣"、"天象臺"兩條，而《湛軒燕記》未收録；此文本中收録的"包銀"、"橐裝"，《湛軒書》"燕記"中未收録。

5.《燕行雜記》（卷四）

基督教博物館藏抄本一册。89葉，半葉十行二十字。此卷收録内容按主題分類，目録依次爲：幻術，場戲，市肆，寺觀，飲食，屋宅，巾服，器用，兵器，樂器，畜物，留館下程，財賦總略，包銀，橐裝，路程。另外，卷尾收有"渡江人馬數"。此卷與印本《湛軒書》卷十"燕記"收録内容大致相同，但《湛軒書》"燕記"中未收録"包銀"、"橐裝"、"渡江人馬數"。

6.《湛軒説叢》《燕彙》

奎章閣藏《湛軒説叢》抄本，六卷六册。收録洪大容的《燕行筆譚》二册，《燕行雜記》四册。奎章閣藏六册抄本内容如下：第一、二册爲《乾净筆譚》，第三、四、五、六册爲《燕行雜記》。《乾净筆譚》内容與上文介紹洪大容應潘庭筠所編《乾净筆譚》抄本内容一致，有異文。册三至册六《燕行雜記》收録内容如下：

册三：吳彭問答，蔣周問答，劉鮑問答，衙門諸官，兩渾。

册四：王舉人，沙河郭生，十三山，宋舉人，鋪商，太學諸生，張石存，葛官人，琴鋪劉生。

册五：盤山，夷齊廟，桃花洞，角山寺，鳳凰山，京城制，太和殿，五龍亭，太學，雍和宫，觀象臺，東天主堂，法藏寺，弘仁寺，東嶽廟，隆福寺，琉璃廠，花草鋪，暢春園，圓明園，西山，虎圈，萬壽寺，五塔寺，入皇城，禮部呈表，鴻臚演儀，正朝朝參，元宵燈炮，東華觀射，城南跑馬，城北遊，方物入闕，京城紀略。

册六：沿路紀略，幻術，場戲，市肆，寺觀，飲食，屋宅，巾服，器用，兵器，樂器，畜物，留館下程，財賦總略，包銀，橐裝，路程。

此抄本《燕行雜記》收録内容與《湛軒燕記》内容相同，收録卷次和目録順序不同。印本《湛軒書》收録"燕記"中的"賈知縣"、"天象臺"兩條此本亦未收録；此文本中收録的"包銀"、"橐裝"，則在《湛軒書》"燕記"中未録。

此外，以"燕彙"爲書名，内題爲"湛軒説叢"的抄本亦有數種，已經確認的有延世大學藏二册；國民大學藏零本一册；加州大學伯克利分校藏六册等。收録順序與奎章閣本《湛軒説叢》順次都有差異。

7.《乙丙燕行録》

此文本爲洪大容編寫的韓文本燕行日記。現今學界公開的有基督教博物館藏十卷十册本，内題爲"湛軒燕録"；藏書閣藏二十卷二十本，内題爲"燕行録"。韓文本《乙丙燕行録》與漢文本内容上最大的不同是此文本以日記體形式記録，較漢文本内容更爲豐富。如卷一記有出使清朝的目的、國内沿途記録、國内友人贈送的詩文等。基督教博物館抄本每卷後有洪大容孫子洪良厚、洪明厚等人題記，記録了抄録時期，整體看來此文本抄録時間在己丑至癸巳（1829—1833）年之間。韓國學界一部分學者認爲藏書閣本爲基督教博物館藏本的補充贈添本，亦公認洪大容燕行韓文本是從漢文版的基礎上翻譯而成。不過，對於上記兩館所藏兩部韓文本的底本，還有待進一步考證。迄今爲止韓國學界已有諺文本、現代韓語注解本《乙丙燕行録》數種。

綜合以上洪大容所編燕行筆談和燕行記文本，可知洪大容編纂的漢文燕行記録和筆談録有《乾凈衕會友録》《乾凈筆譚》《湛軒燕行記》《湛軒燕記》《湛軒雜記》《湛軒説叢》《燕彙》等稿抄本。其編纂的相關文獻規模之大、數量之多，是歷代燕行文獻中極爲少見的。而這些燕行文獻的内容更是錯綜複雜，不管是内容和編次，還是這些抄本之間的關係，都有待進一步比勘校對。

以上介紹的洪大容編纂的燕行書信文獻、筆談和燕行記録文本，以稿抄本形式在當時流通傳世，又因各種文本之間傳抄徑路不清，各種文本之間的内容和關係也疑團重重，也在一定程度上彰顯了這些燕行文獻在當時和後世的廣泛影響，尤其是對李德懋、朴趾源的燕行文獻編撰産生了較大影響。而在洪大容去世一個半世紀之後，後人印行的《湛軒書》中收録的洪大容燕行文獻，也一直作爲通行本爲學界利用，這部文本收録的内容和問題也值得研究者注意。

三、後世印本：《湛軒書》收録燕行文獻

《湛軒書》在1939年由洪大容第五代孫洪榮善主編，後學洪命熹校對，鄭寅普題序，由新朝鮮社以鉛活字印發。此書内集四卷，外集十卷，共七册。鉛印，四周雙邊，有界，半葉十三行二十八字。上下黑魚尾，版廓20.1×12.6cm，版心題按卷次題"湛軒書"。無總目，每卷收有目録。内集部分：卷一卷二收録雜著十五篇；卷三收書信十四篇，序六篇，記二篇，説二篇，詩二十四題；卷四收録墓文一篇，祭文七篇，哀辭一篇，補遺六篇。外集部分：卷一至卷三收録杭傳尺牘；卷四至卷六爲籌解需用内編和外編；卷七至卷十收録燕記。最後爲附録，收有朴趾源作墓誌銘，李淞作墓表，鄭

寅甫題後記，洪大應寫的遺事，金鍾厚、潘庭筠、金履安寫記文，嚴誠、李淞題愛吾廬題詠、李鼎祐等人所題乾坤一草亭題詠。

《湛軒書》在 1939 年印行之後，韓國學界一直以此本作爲影印、研究、翻譯之底本。如 1970 年景仁文化社影印《湛軒書》上下二册，1974 年民族文化促進會翻譯本《完譯湛軒書》，同年探求堂刊行的《實學叢書》亦收録了部分燕行内容。以上學者在對此文本進行影印、翻譯和研究過程中似乎没有重視這部《湛軒書》文本所存在的諸多問題，又出現了不少編輯和刊印上的訛誤，在此僅就最爲明顯的兩個問題提示如下：

第一，目録編次及《杭傳尺牘》問題。鉛印本《湛軒書》在目録編次上比較雜亂，如外集内題"杭傳尺牘"下却是"乾净衕筆譚"内容；外集收録的燕行相關文獻中，"杭傳尺牘"之後爲"乾净衕筆譚"，之後却插入"數學著述"，最後却又是"燕記"部分。

序文錯收的現象比較嚴重。其一是外集收録的《杭傳尺牘》前冠以"會友録序"，"會友録"應是文本"乾净衕會友録"的簡稱，與"杭傳尺牘"内容無關，此處冠以"會友録序"不妥。而這篇朴趾源的"會友録序"之後録入的閔百順題"會友録序"，實是閔百順的《海東詩選》序文的一部分，由文中"前歲隨其家仲父赴燕，訪問中國高士，得陸子飛、嚴子誠、潘子庭筠而與之語，甚歡。三子江左文章士也，願得見東國詩，德保諸而歸以告余，余曰：'三子以中國高文，不夷沫我音而願見之，是昔人之義也。'遂相與裒聚國中諸家詩各體，編而爲數卷以歸之"。亦可以看出其内容既不是"杭傳尺牘"的内容，亦不是"會友録"筆談内容，此部分爲鉛印本誤録。

第二，收録的《乾净衕筆譚》和《燕記》的底本問題。《乾净衕筆譚》文本現今只發現有鉛活字印本《湛軒書》（新朝鮮社，1939）中收録本。此筆談録與《乾净筆譚》（1772 年仲夏前所編）相較，收録内容差異頗多，規模亦比《乾净筆譚》多出一萬餘字。夫馬進在上記論文[1]中曾對《乾净衕會友録》及其改編情況進行了考論，認爲《乾净衕筆譚》是洪大容裔孫在二十世紀初編纂的"杜撰"[2]品，同時認爲《乾净筆譚》爲洪大容在《乾净衕會友録》基礎上改編而成。鄭健行在《朝鮮洪大容〈乾净衕筆譚〉爲杜撰本説獻疑》[3]中對夫馬進的觀點進行了反駁，認爲《乾净衕筆譚》爲洪大容本人編定本，其子孫用先人定本印行。鄭健行也指出《乾净衕筆譚》與《乾净

---

[1]參見上揭夫馬進論文，第 90—103 頁。
[2]此處"杜撰"是日文中的專用詞語，指"非善本"，雜亂、無序之意。
[3]載《北京化工大學學報（社會科學版）》2016 年第 1 期。

衕會友録》有文字出入，認爲其子孫未必有能力增補洪大容與清人筆談的具體細節。由以上一些學者對《乾净筆譚》和《乾净衕筆譚》文本的編纂時期和内容梳理不清也可以看出，洪大容編纂的這三種筆談記録在流通的過程中一直被世人混淆，甚至在之後的相關研究中，因使用文本的不同亦出現了諸多混亂和爭議①。

筆者最近通過考證《乾净衕筆譚》的異本，得出的結論是：《乾净衕會友録》爲洪大容在乾隆三十一年六月歸國後直接編定的文本，此文本未寄給清人，只是在來往書信中討論了修改筆談題目的問題；《乾净筆譚》爲洪大容應潘庭筠要求，於乾隆三十三年秋天之後開始、最遲於乾隆三十七年五月前編定的文本。《乾净筆譚》因洪大容和潘庭筠關係惡化，洪大容未寄送給潘庭筠；《乾净衕筆譚》是洪大容在乾隆四十三年（1778）秋天收到嚴誠遺稿之後，參校《日下題襟集》所編文本，此文本未見有其他傳抄本，爲《湛軒書》收録定本②。上記三種文本在内容、規模以及和手札内容的對應關係來看，《乾净衕筆譚》文本是最完善者，洪榮善在印行《湛軒書》時選定《乾净衕筆譚》爲底本，是有其道理的。

《湛軒書》收録的《燕記》文本的底本還有待進一步確認。綜合上文可知洪大容至少編纂了《燕行雜記》、《湛軒燕記》、《湛軒燕行記》三種文本，這三種文本的編次和收録内容各不相同，與"燕記"在編次和内容上亦有出入，印本《湛軒書》收録的《燕記》的文獻來源有待進一步考察。

四、小結

洪大容在乾隆三十一年（1766）出使北京返回朝鮮之後，在不同時期對手札、尺牘選本、筆談、燕行日記等文獻進行了有系統地整理編纂。因後世對這些燕行文獻文本的傳抄情況較爲複雜，對傳抄者也未能考證清楚，亦未能釐清這些文獻之間的具體關係。而後世通行印本《湛軒書》收録燕行文獻出現的諸多疏漏、訛誤，以及通行印本中收録的燕行文獻與洪大容本人在不同時期編纂的其他文本的差異以及相互關係，

---

① 如夫馬進在最近日文翻譯時使用了《乾净筆譚》（《〈乾净筆譚〉——朝鮮燕行使的北京筆談録》，東京：平凡社，2016 年）的文本，其棄用《乾净衕筆譚》文本的緣由之一應是認爲此文本的"杜撰"性；鄺建行整理本《乾净衕筆談》（上海：上海古籍出版社，2011 年）僅選用了後印本中收録文本進行的校點。以上選用底本翻譯和整理的方式，在燕行録的整理和研究中是否合適，有待進一步討論。

② 參見拙稿《洪大容編纂〈乾净衕筆譚〉異本研究》，《泂上古典研究》第 66 輯，2018 年 12 月。

亦需要進一步考察分析。

　　本文僅對洪大容編纂燕行文獻概況做一梳理，同時提出了一些問題。今後擬在本文研究基礎之上，對佚失文本做進一步的發掘整理，同時對燕行文獻的具體內容等問題加以深入研究。對本文中的疏漏和不足之處，敬請方家教正。

韓國朝鮮後期文章家洪吉周的六經論

——從文體角度借鑒六經

金秀炅

（韓國公州大學）

一、緒論

文體，不僅是作者創作過程中的關注點，亦是讀者欣賞文章風格時的切入點。因此在評論作家、作品時，文體自然成爲主要話題。不管是古代，抑或是現在，儘管所指名稱不同，但文體一直是文藝理論批評史的重要組成部分。文體概念，從古至今，沿用歷史悠久，擁有多重含義。今天研究韓國漢文學，因其和中國文學有着密切的淵源關係，故需與中國古典文學對照；也因其屬於世界文學的範疇，因此爲了其在世界共同學術語言中的發展，需與西方的文學理論對照，并需留意東西方文學領域之間所存在的不同性質。本文所用"文體"概念，不沿用傳統時代多使用的"文類"或"體裁"（Genre）概念，而是採用包括文本體裁、語體和風格等在内的多重概念①。

談論文章家的文體觀，可從多方面著手。本文則主要圍繞洪吉周對六經文體的認識展開論述，即以六經的文體作爲叙述媒介，從文體角度關注洪吉周如何將其六經觀反映在文學創作及創作觀之中。本文之所以從洪吉周的六經觀來考察其文體，主要目的在於通過觀察文章家創立自己文體或文學理論時運用六經的現象，從而關注儒家經典在創作上的多角度運用，進而考察儒家經典在不同時期、不同地域的創作發展中所起到的作用以及文人運用經典進行創作的豐富性與多樣性。

---

① 參見童慶炳《文體與文體的創造：中國古代心理詩學與美學》，首爾：新星出版社，2005 年，頁 20—48。

（一）寫作背景

本文之所以選擇該主題，主要出於以下三方面的考慮：

第一，若某一文章家頻繁談論、運用儒家經典，我們不僅可以考察其內容特點，還可以考察其體裁、語體和風格等多方面的特點。然而我們的研究主要側重於其思想內容方面，卻很少專門涉及其文體方面。而朝鮮時期文人對六經一直非常關注，在文中提到儒家經典更是慣例。儒家經典的文體內容與形式，自然而然在他們形成自己文體的過程中扮演了重要角色。至於儒家經典文體的豐富多樣性，至先秦時期已涵蓋後期出現的大部分文體，在中國傳統時代，從《文賦》《文心雕龍》到章學誠，文人一直對六經文體特點加以論述，且這些論述基本成爲約定俗成的看法。近來出現的《六經皆文》①等著作依然關注着傳統時代多角度、大量運用六經文體的情況。吳承學則從文體學角度，認爲"文本於經"是"豐富文學與文化內涵的命題。它既是一種對於歷史的描述，也是對文體譜系的理論建構，有時還表現出一種理論的策略"②。"文本於經"是中國古代傳統文學批評中的基本觀念之一。儘管這是長期被人認爲習以爲常而不屑一顧的命題，但這些研究卻仍然深入發掘了其中所含的文化意蘊。本文也循着以往研究的思路，要從文體的角度考察洪吉周"六經"所指對象以及其在文論中納入六經、創作中運用六經的特點。

第二，朝鮮時期被稱爲古文家的文人的文體各不相同。以往研究主要關注他們受唐宋八大家或清代文人文論的影響，但是假如我們考慮到儒家經典爲古文論的主要組成部分，則同樣可以從他們六經觀的細節上分辨出異同。朝鮮時期因在政治文化上標榜儒家思想，故極少有如《莊子》中輪扁一樣以聖人之言爲糟粕，或如李贄、袁枚一樣以明言抨擊儒經的情況。若某一古文家積極提及儒家經典，那麼在辨別其文體特點時，需要考察作者對經典的看法與文章論之間的關係。

第三，爲了有效探討前兩點，本文以洪吉周的六經觀爲研究對象。洪吉周自稱文章家，其學習環境較爲特殊。他受重視儒家經典的家風影響，因此他本人也大量涉及、談論儒家經典。然而他早年放棄仕宦之途，專心作文，故在寫作上不爲當時文風所囿。他沒有固定的師承關係，主要跟從父母與伯兄學習，故不必顧慮師門之風。他雖然生活在文學、經學、政治混爲一體的時代，但偏要將自己的身份定位爲"文章家"。此在

---

① 龔鵬程《六經皆文：經學史／文學史》，臺北：學生書局，2008 年。
② 吳承學、陳贇《對"文本於經"説的文體學考察》，《學術研究》2006 年第 1 期。

一定程度上反映了其偏向於從文體角度接近六經的態度。因以往研究儘管多有提及洪吉周重視六經的態度，就其具體情況卻甚少論及①，有鑒於此，本文以先行研究爲基礎，再進一步討論有關問題。

（二）關於洪吉周

洪吉周（1786—1841），字憲仲，號沆瀣子，生於京華世族之門。其父爲洪仁謨，其母令壽閣徐氏善於詩文、算術。兄弟妹皆以文稱，并著有詩、文集。其兄爲淵泉洪奭周，其弟爲正祖之女婿洪顯周，其妹爲詩人幽閑堂洪氏。彙編兄弟三人之文而成的《永嘉三怡集》不僅流傳於朝鮮文人之間，亦流傳於中國士人之間②。洪吉周在家跟從父母與伯兄修學③，於1807年進士及第，至三十歲之後，無意於仕途，致力於讀書作文。他著述甚豐，有《峴首甲藁》十卷（缺卷九、十）、《縹礱乙幟》十六卷、《沆瀣丙函》十卷（缺卷三）、《書林日緯》《孰遂念》等④。洪吉周生前親自編撰著述，不僅

---

① 近年來，在洪吉周的文章論、認識論、語言文字論方面出現不少研究成果。與此相比，對有關洪吉周 "經" 或 "六經" 方面的關注甚少，專門研究僅有兩篇。其中一篇是通過分析洪吉周運用儒家經典創作的三篇作品以深入考察洪吉周作品特點與其中所反映的認識觀的研究（朴茂瑛《經典戲仿與符號操作的世界：以洪吉周撰〈皋津經傳〉與〈甘誓〉〈武成〉的作品論爲中心》，《漢文學報》第18輯，WOORI漢文學會，2008年）。另一篇是考察洪吉周對《詩經》的理解與運用情況的研究（崔妙時《洪吉周對〈詩經〉的理解與運用》，《洌上古典研究》第52輯，2016年，頁157—178）。前者不僅細緻分析了洪吉周運用儒家經典以創造自己獨特文章的特點，而且深入解讀了其中所反映的作者意識。因其研究範圍僅限於三篇作品，故尚有擴大範圍并核實其觀點的研究空間。後者是首次專門介紹洪吉周《詩經》觀念的研究。其主要介紹了洪吉周對個別《詩》篇主題批評、詩句分析、字詞訓詁等方面的觀點以及洪氏文中援引《詩》句之例，這有助於我們概觀洪吉周重視《詩》的一面，而對洪吉周《詩》學體系的分析，尚待深入與完善。

② 1831年，洪奭周以正使身份至燕京時，曾與户部郎中劉喜海筆談。該筆談中提及《永嘉三怡集》。"（劉）又曰：'大著《尚書補傳》《訂老》二書，昨於月汀處見之，甚爲欽佩。此書仍留月汀處耶？'上使曰：'蕪拙之辭，何足掛眼。兩書皆留月汀處，而臨行忙急繕寫，恨無他本可以分呈耳。仍以《世稿》贈之。'劉曰：'《永嘉三怡集》，如有，亦乞一册。'上使遂贈一帙。"（鄭元容《隨槎録》卷六《户部郎中劉燕庭筆談》，《燕行録選集補遺》（中），首爾：東亞細亞學術院大東文化研究院，2008年，頁369）

③ 洪吉周的文章與六經觀深受洪奭周的影響。所以研究洪吉周，需與洪奭周對比參看。洪吉周曾云："余少淵泉先生十二歲。余初學書時，先生文章道學已傑然成師儒。然先生四十歲以後著述，其章句法度之間，多與余相資。"洪吉周《縹礱乙幟》（下）卷十三《叢秘紀三·睡餘放筆下》，首爾：太學社，2006年，頁595。

④ 洪吉周的著述主要以抄本流傳。大部分的原寫本現藏於延世大學圖書館，部分文章的抄本分別藏於奎章閣、高麗大學、日本天理大學、美國加州大學伯克利分校圖書館等處。其中，《峴（轉下頁）

精心安排著作的篇名、題目、分章、排列，還對其背景予以詳細的説明①，有助於讀者瞭解作者的撰寫思路。

　　洪吉周的文章很早便得到稱許。其兄洪奭周謂："仲弟特長於古文，日出其奇，肩莊、馬於千載之上。"② 據洪吉周記載，伯兄評價其文："如傑構修棟，雲譎波詭，以謂清廟明堂，則縹緲太過；縣圃瑤臺，則礱砥太密。"③ 金澤榮在編撰《麗韓九家文抄》時，曾考慮列入洪吉周，但最終因"趙東溪、洪沆瀣，雖皆能跳出於陋，而矯枉過直，病於佻薄，故選不及之也"④。洪吉周在當時已文名斐然，但與其兄洪奭周等相比，如今卻鮮爲人知。不少研究者指出，除了文學上的成就這一原因外，也有其并不顯達的生涯以及爲其兄光芒所掩等原因⑤。近些年來洪吉周在文學論、讀書論、語言觀、思維模式、思想方面的獨特而嶄新的觀點受到不少研究者關注。尤其對其獨特思維模式，如連接看似毫不相關之事物的類比思維；穿梭於川流不息的意味之間進行連鎖擴散、演繹的思維⑥的分析，亦有助於我們瞭解洪吉周的文體論。

────────

（接上頁）首甲藥》《縹礱乙幟》《沆瀣丙函》三種文集，經朴茂瑛教授等學者標點、譯注，於 2006 年由太學社出版，本文所引文集原文皆據此本。至於《孰遂念》，本文所據版本爲由美國加州大學伯克利分校所藏"自然經室藏"抄本。該抄本在高麗大學海外韓國學資料中心網站有全文影像（http：//kostma. korea. ac. kr/viewer/viewerDes？uci＝RIKS＋CRMA＋KSM—WZ.0000.0000—20090715. AS _ SA_ 270&bookNum=&pageNum=），本文所引皆據此影像本。下文引用時，不再一一標版本，僅標篇名與影像頁碼。

①以《孰遂念》爲例。其篇名既發揮戲謔橫溢的幽默，又寄託繼往開來的期望。不管是旁人睡起之後所説的"非孰遂念，亦非夙遂念，乃熟睡念"之句，還是洪吉周爲了概括該書之大略而作的《夙隨濂賦》，皆通過拼湊韓語讀音相同的字來重組題名的遊戲方式而擴張"孰遂念"的意義。又以"孰能遂吾之念耶，孰能遂吾之念耶"的重嘆，"孰爲言之，孰令讀之，孰念叙之，孰遂復之"的連問等待後人叙該書的寄託（洪吉周《孰遂念》第十六觀《癸孰遂念》）。在分卷時，不以"卷"命名而用"觀"，亦是他獨特的方式。因爲擔心《孰遂念》的前衛性不易被人接受，他在《條括》中先指出該書在諸多方面"大迷惑人"。該書構思性強，不少作品只有序而無文，或序裏言"有圖"而正文中卻無圖。故《條括》結尾謂"是書宜別有圖繪一冊，而今姑未遑，冀有志者成之云"。

②洪奭周《淵泉集》卷十九《海居詩稿序》，《韓國文集叢刊》第 293 冊，漢城：民族文化推進會，2002 年，頁 420。

③其説引自洪吉周《孰遂念》第一觀《甲爱居念・縹礱閣記》，頁 16。

④金澤榮《韶濩堂文集》卷八《雜言四》，《韓國文集叢刊》第 347 冊，首爾：民族文化推進會，2005 年，頁 322。

⑤金喆凡《沆瀣洪吉周的作文精神與真文章論》，《東洋漢文學研究》第 9 輯，1995 年。

⑥關於洪吉周文章中所見思維方式的研究，請參看鄭珉《通過〈睡餘三筆〉看沆瀣洪吉周的思維方式》，《韓國學論集》第 39 輯。

　　洪吉周以文章家自居，自稱善於作文。因此其文集編撰時，特意採取了先文後詩的編排方式，以區別於當時先詩後文的編排慣例。而且他熱衷於創造出能與中國文章媲美的文章。如對《孰遂念》的編撰，其云："登高而望，三尺之孩、七尺之健夫均之……自天而視下，中國與吾東皆一彈丸耳……或曰：'沆瀣子《孰遂念》，中國之所無也。'使吾東事事如中國，沆瀣子《孰遂念》，必不作。"但另一方面，洪吉周不以因文得名爲榮，原因在於他認爲"人必無他才可稱"，纔被人稱作文人①。他以伯兄洪奭周爲榜樣，追求修行、政治、經學、學術等方面的心得。

　　經學方面，洪吉周原本構想編撰《易集説》《書集説》《詩集説》《三禮集説》《春秋集説》《四書集説》，然而未能著手，僅留下幾篇序文②。而在《睡餘》三筆與各種書簡、序文等散文裏仍可窺見他對儒經的看法。此外，他還著有《春秋默誦》③ 等闡發經文義理的著作。

　　他希望常與六經、百家之書爲伴，在其想象中"爰居"處下面的"静存齋"裏，希冀"匪經籍丌硯，毋入室；匪孝友端良，毋作於席"④。在生活體認與心得上追求經典之義。在洪吉周的理想中，他與賓客、家人之間的對話是講經式的。

　　　　主人南向坐，子孫分左右坐，而宗族賓客或有來者，亦分左右坐。侍者進經
　　書一卷，主人先讀一章，子孫以次各讀一章，訖講，辨文義。宗族賓客在座者，
　　亦各言所見。又進史書一卷，亦如之。⑤

　　對平時異居的兄弟叔侄之親及宗族相聚時所用禮儀加以規定的《惇會儀》一書寫道："侍者進經書一卷，家長先讀一章，群弟以下以次遞讀一章，訖，相與講辨文義。又進史書一卷，遞讀講辯如前。"⑥ 這裏亦有講經的環節。

　　且洪吉周還設想：與賓客見面，可仿春秋宴饗時引《詩》的方式，寫作了詩篇，

①洪吉周《雜文紀四·醒泉合稿序》："余嘗謂：人之術有萬，學而至於治國平天下，上也。其次孝弟忠信之行，政事兵戎財賦之才，以至於一藝一能如農、工、醫、卜之流。然後文詞最下焉。何者？先實事而後空言也。是故，人必無他才可稱，然後以詩文名。張巡、陸贄、范仲淹、司馬光，世未嘗謂之文人也。"《縹礱乙幟》卷四，頁627。

②各集説的序文收録於洪吉周《孰遂念》第五觀《丁五車念》（上）。

③洪吉周《藏書記一·春秋默誦》："（《春秋默誦》）爰述此書，引其義而證諸今，以爲世戒。以故所論不必皆章句本義，而唯其爰以致之於時宜也。"《峴首甲藁》（下）卷七，首爾：太學社，2006年，頁595—623。

④洪吉周《孰遂念》第一觀《甲爰居念》，頁15。

⑤洪吉周《孰遂念》第四觀《丙有秩念》，頁10。

⑥洪吉周《孰遂念》第四觀《丙有秩念·惇會儀》，頁12。

由司誦予以朗誦。該詩共七章，章六句，句四言。賓主初見時，由司誦以曼聲誦第一章："吉日今辰，展此良覿。君子至止，我心則樂。能無旨酒，願與偕爵。"并"若有善吹彈者，每誦以笙瑟合奏，無則闕之可也"[1]。在"嘉講"時，曼聲誦第二章："吉日今辰，君子至止。聖哲有訓，思聞奧義。爰及古史，達於政事"[2]；再次邂逅時，曼聲誦第三章："吉日今辰，修兹嘉會。三賓鼎至，寵我忠誨。願言偕醻，受禄永泰。"[3]在討論時，曼聲誦第四章："吉日今辰，粢我灑掃。既見嘉賓，令德式好。冀覬以言，底我大道。"[4] 在三解時，曼聲誦第五章，"吉日今辰，群賢賢萃。今我不樂，耆艾將至。願爾嘉飲，受福無醉。"[5] 在宴飲嘉飽時，曼聲誦第六章："吉日今辰，三爵既行。籩豆有楚，殽核甘馨。飽兹嘉意，百禄來寧。"[6] 唉訖之後，隨意談論時，司誦曼聲誦第七章："爾德孔弘，我忱斯腆。笑語有融，禮僅無舛。既嘉於成，俾後彌勉。"[7]

本文認爲洪吉周積極將學習經學、體驗經學納入到日常生活節奏中，受其父親傳下的家風影響[8]，這爲洪吉周形成六經論打下了重要的基礎。

二、對"六經"本質的重新認識

在朝鮮時期，儒家經典成爲樹立政治綱紀的核心依據，且爲科舉選拔人才的主要標準。由中央政府主管的經書諺解以及不少政治家、思想家的儒經注解亦與當時的政治思想有着密切的關係。雖然儒家經典在朝鮮時期起到了積極的作用，但隨着時間的流逝，難免產生負面影響。在不同黨派爭奪私利的爭鬥之中，往往出現"六經成爲其兵書，筆舌爲劍戟"[9] 的情況。不管是積極作用還是負面影響，其討論主要是圍繞内

---

[1] 洪吉周《孰遂念》第四觀《丙有秩念·初解》，頁13。
[2] 洪吉周《孰遂念》第四觀《丙有秩念·嘉講》，頁14。
[3] 洪吉周《孰遂念》第四觀《丙有秩念·再解》，頁14。
[4] 洪吉周《孰遂念》第四觀《丙有秩念·嘉討》，頁14。
[5] 洪吉周《孰遂念》第四觀《丙有秩念·三解（亦名嘉酏）》，頁15。
[6] 洪吉周《孰遂念》第四觀《丙有秩念·嘉飽》，頁16。
[7] 洪吉周《孰遂念》第四觀《丙有秩念·嘉成》，頁17。
[8] 洪奭周《家狀（下）·先考右副承旨贈領議政府君家狀》："（先考洪仁謨）又創爲講會之規，每月吉及望，親拜夫子廟，退坐兩序間，士皆揖讓而進，以次講《小學》《論語》《孟子》，執經問難，移日而罷。"《淵泉集》卷三十五，《韓國文集叢刊》第294册，漢城：民族文化推進會，2002年，頁97—98。
[9] 金錫翼《權域詩話》，《韓國詩話全編校注》第12册，北京：人民文學出版社，2012年，頁10594。

容闡釋方面來展開。

洪吉周從經學角度談論六經，涉及一些政治、學術思想方面的内容闡釋，而我們在此主要關注其中與文體論關聯性較强的經學解釋。譬如，洪吉周將六經置於六經産生的時代，關注六經形成的過程及其性質，這與其文體論有着密切的關係。

（一）將"六經"用作儒家經典的統稱

六經在傳統時代一直佔有重要地位，因此洪吉周文中也曾多次提及"六經"一詞，强調"六經"的重要性①，可從未明示"六經"具體所指爲何。但是曾在《四部誦惟詮》中提及過"九經"：

> 海居子（引者注：洪吉周之弟洪顯周的號）曰："敢問何謂四部？"沆瀣子曰："一曰九經，二曰徵之以六史，三曰弘之以諸子，四曰奮之乎百家之文。一、九經，一曰《易》、二曰《書》、三曰《詩》、四曰《禮》、五曰《論語》、六曰《大學》、七曰《中庸》、八曰《孟子》、九曰《孝經》。是皆聖哲之言，庸敢選乎？既融厥全，擷其粹，而益味之。《學》暨《庸》，實惟全文，不可斷。二、六史，一曰《左氏春秋傳》，二曰《國語》，三曰《戰國策》，四曰太史公，五曰《漢書》，六曰《後漢書》。《春秋》無鉅章，經不舉傳而冕於史，非絀也。三國以降，世彌衰而文尕弱，不足薦也。《左氏》絜而文，《國語》麗而則，《戰策》肆而肅，太史雄而括，《漢書》糾而塞，《後漢》直而通……"海居子受其説，詣淵泉先生，而遴之爲若干卷。②

《四部誦惟》是爲了給其弟洪顯周提供學習的方便，由洪吉周構思，并由洪奭周選編的四部文選。據研究，《四部誦惟》約成書於淵泉五十五歲（1828）至六十歲（1833）之間③。該書雖然最終由洪奭周完成，但據《詮》文可知，《四部誦惟》的分類體系是由洪吉周先擬定的，故我們可認爲在編寫的過程中，洪奭周與洪吉周二人在四部分類方面有了一定的共識。值得注意的是，洪吉周將《春秋》歸類於"史部"。其分類方式既不同於傳統的分類方式，又不同於約在二十年之前（1810）洪奭周曾爲洪吉周編撰的《洪氏讀書録》裏將《春秋》歸類於"經部"的分類方式。洪吉周在別處亦强調

---

① 洪吉周："六經，文章之大根柢。雖功令詩賦，苟欲拔萃，要須本之六經。余於六經用功尚淺，故文易衰耳。"《縹礱乙幟》（下）卷十五《叢秘紀五·睡餘演筆下》，頁657。

② 洪吉周《縹礱乙幟》（上）卷一《雜文紀一·四部誦惟詮》，頁552。

③ 李尚鏞《淵泉洪奭周的書志學》，首爾：亞細亞文化社，2012年，頁197。

《春秋》只是一部史書①，可見他對《春秋》進行歸類時經過了一番考慮。

洪奭周爲洪吉周編撰的《洪氏讀書録》，將《春秋》歸類於"經部"，謂："《春秋》者，記事之書也。其文爲史，孔子修之而後爲經"②，將《春秋》作爲史書的性質與經孔子删定後成爲經的情況加以區別。可見，洪吉周《四部誦惟》的分類方式是在洪奭周的影響之下參以己見而成。這一點有助於我們瞭解到，洪吉周認識"經"、運用"經"之時在其體系上已經有較爲自由的解釋、操作空間。

抄本《四部誦惟》現藏於韓國國立中央圖書館，其分類方式與《詮》文所叙相符。此外，有關《四部誦惟》的目録見於《孰遂念》，而《孰遂念》中收録了兩種不同目録：《四部誦惟目録》與《四部誦惟別本目録》。其中，《別本目録》者，所"選稍多，以御年未甚衰、聰明未竭者"。《四部誦惟目録》中的"經部"分類與《詮》文中的分類一致，將《春秋》歸類於史部。但《別本目録》則不同。在《別本目録·九經晨講》條中所列出的"《易》《書》《詩》《禮記》《周禮》《春秋》《論語》《孟子》《孝經》"③之九種經籍，與《四部誦惟目録》的分類方式不同。可見洪吉周編撰的兩種《目録》中對"經"的分類并不一致。這一現象很可能源於其"古無經、史之分"的觀點，其云："古者無經、史之別，《尚書》《春秋》皆史也，而列於六經"④。筆者認爲，洪吉周對經部分類的不一致現象反映了其對"經"的概念及"經"分類上持有較爲自由的認識空間。

至於"六經"之名，始見於《莊子》。關於六經次序，漢代今文學家將其排列成《詩》《書》《禮》《樂》《易》《春秋》，其序主要按教育家孔子排列課程的方式從淺入深。而漢代古文學家則排成《易》《書》《詩》《禮》《樂》《春秋》，其序主要按六經產生時代的早晚進行排列⑤。至於洪吉周所說的"六經"範疇，與傳統經學上所稱的"六經"範疇有所出入。兹舉例如下：

　　＊余於六經中，最熟《詩》與《論語》。⑥

---

①洪吉周："《春秋》只是一部史也。史之或書曰或不書曰者，或因其詳略之偶異，或就其可考而書之，爲其無徵而闕之。如是之類，恐未必一一有微意。"《峴首甲藁》（上）卷四《雜文紀四·書·上伯氏論〈春秋三傳〉書》，頁580。
②洪奭周著，李尚鏞譯注《譯注洪氏讀書録》，首爾：亞細亞文化社，2012年改訂版，頁68。
③洪吉周《孰遂念》第十二觀《壬居業念（伯）·四部誦惟別本目録》，頁38。
④洪吉周《孰遂念》第五觀《丁五車念（上）·通鑑綱目會統序》。
⑤周予同《中國經學史講義》，上海：上海文藝出版社，1999年，頁19—20。
⑥洪吉周《縹磬乙幟》（下）卷十五《叢秘紀五·睡餘演筆下》，頁643。

　　＊兒子問："《論語》非出一人手，蓋集群弟子所記而編者，其文何以能爲六經之尤？"①

　　＊《尚書》《春秋》皆史也，而列於六經。②

　　＊六經無非服膺之具，而尤當以《論語》爲主，輔以《小學》。③

　　＊公好學迄老不懈。而几上所貯書，唯六經、兩《漢》及韓愈文、杜甫詩，餘未嘗存諸目。④

　　從上面所舉的例子來看，洪吉周所用的"六經"，有時含《論語》或《小學》，對《春秋》則時含時不含。而在最後一例中，"六經"則是對儒家經典的統稱，可見其所説的"六經"範疇并不固定，也可見洪吉周所説的"六經"範疇并不遵循經學體系中的説法。但我們並不能以此爲由，判定洪吉周對經學缺乏正確的認識。伯兄洪奭周曾經爲洪吉周撰寫的《洪氏讀書録》裏已明示六經爲《易》《書》《詩》《禮》《樂》《春秋》⑤。洪吉周自然對此已很熟悉。筆者認爲洪吉周文集中所言"六經"間有出入，并不是由於洪吉周本人的知識短缺，而是由於洪吉周認爲的"六經"範圍更爲廣泛、自由。因此在洪吉周的意識裏，除了傳統經學範疇中的六經之外，還包括《論語》《孟子》《小學》等儒家經典。洪吉周有時還使用"五經四書"、"經"等詞來指稱這些經典，因此洪吉周所述的"六經"可以説是對儒家精神之精髓的具有象徵意義的代稱。因此本文所述六經概念，遵循洪吉周的觀點，將《論語》《孟子》等經典納入在内。

（二）關注六經文本產生時的原生狀態

　　洪吉周重視六經，尤其關注其文本產生時的原生狀態。他將六經置於其產生時代，以建構一些與六經權威化時代對六經的認識有所不同的觀點。

　　　嗚呼悲哉！後世之人何其不幸也！三代之時，閭巷夫嫚不識字者，率口而俚

①洪吉周《縹礱乙幟》（下）卷十四《叢秘紀四·睡餘演筆上》，頁639。
②洪吉周《孰遂念》第五觀《丁五車念（上）·通鑑綱目會統序》，頁35。
③洪吉周《孰遂念》第十五觀《壬居業念季》，頁45。
④洪吉周《縹礱乙幟》（上）卷三《雜文紀三·表從兄郡守金公言行述》，頁588。
⑤洪奭周對儒經的分類，原以傳統經學分類作爲根據。參看洪奭周著，李尚鑌譯注《譯注洪氏讀書録》："古者，以《易》《書》《詩》《禮》《樂》《春秋》，後世《樂》既亡，而《禮》分爲三，與《孝經》《論語》，謂之'九經'。宋人始登《孟子》《爾雅》於經，而《春秋》三傳，各有注疏，故謂之'十三經'。及《永樂大典》，以胡《傳》專《春秋》，而別《大學》《中庸》於《禮記》，又紬《周禮》《儀禮》《孝經》《爾雅》，謂之'四書五經'。本朝取士，不用《禮記》《春秋》，故謂之四書三經，亦謂之'七書'，此經傳分合之大略也。"頁99。

語，咸列於經。後世雖大儒如程、朱，雄詞如屈、馬，皆不登焉。經之名，何昔賤而今貴若是也。夫有一聖人爲古今之大限閾，生乎其前者，如彼其榮焉，生乎其後者，如此其鬱焉。嗚呼！是後人之自取也。使後世賢人述古人書立以爲經，雖《費誓》《秦誓》，吾知其必見絀，況《國風》之變乎！……三王之世，周爲最後，而《詩》之教至周而盛，是詩教者固王道之最下也……今之街兒街女、啁嘵鄙嚌之謳吟，皆採而登之於笑，建之於庠序，然後王道之最下者始可求也。①

文中洪吉周對"經"的兩種觀點值得留意。首先，洪吉周關注"經"產生時的原生狀態，指出"經"概念具有其特殊性。以創作主體與內容而言，在"經"產生的時代，即便匹夫匹婦隨口而出的文章也都很容易被列爲"經"，而之後出現的文章，即使是程、朱、屈原、司馬遷等巨儒碩學之文也很難成爲"經"。他對此感慨道："經之名，何昔賤而今貴若是也。"即用"賤"、"貴"二詞將"經"這一概念相對化，明確區分當時已成爲權威化概念的"經"與在"經"文本產生之時的"經"。這種看法爲"不同時期可以創造出適合該時期的經典"這一主張提供了理論依據。若僅僅局限於時代的界限，我們的時代就永遠擺脱不了衰世之氣，生活在該時代的我們就永遠成不了聖賢，我們創造出來的文章就成不了"經"，也最終起不到"經"之所以爲"經"的作用。第二，洪吉周通過細分"經"產生時代的時間段，得出如下結論：不僅有產生於盛世的"經"，也有產生於衰微之世的"經"。就時代王道盛衰而言，《詩經》的產生時代位於夏商周的最後，屬於三王之世的末世。洪吉周據此主張：在末世產生的詩歌亦可以起到教化作用。并且他以此類推，認爲屬於另一末世的當代，亦可以在民間採詩以施行王道之化。

由於洪吉周持上述觀點，自然也就不認爲六經之文盡善盡美。

自四岳臯夔以下知堯德者，無如康衢老人。自《尚書》《論語》《孟子》以下，善形容堯德者，無如老人之歌……後之人讀《堯典》《禹謨》《泰伯》《滕文公》之文，而想像乎堯德固已見其廣且大矣。然猶未能的得一語之要，如親覿者及歸而求諸何有，然後始融然而契，放勲之美髮神采可朝夕也。②

文中指出《尚書》《論語》《孟子》等經典中描寫"堯德"的文辭尚不如康衢老人之《擊壤歌》"日出而作，日入而息。鑿井而飲，耕田而食。帝力於我何有哉"氣韻生動。這是因爲康衢老人對堯知得深，看得近。洪吉周認爲六經裏醇駁盛衰互見的觀

---

①洪吉周《孰遂念》第五觀《丁五車念·詩集説序》，頁27。
②洪吉周《孰遂念》第一觀《甲爱居念·息焉窩記》，頁17。

點，與當時對六經的認識相比，甚屬前衛。

洪吉周不但認爲經典裏的一些文辭並不一定恰得其分，而且認爲經典中的聖人之言並不一定全面。對於古聖人不再作河圖洛書之外的圖文，洪吉周認爲："聖人述作，舉其一端而已。義理至賾，何可一一而盡發之耶！"① 既然如此，瞭解經典的核心在於讀者。譬如古人賦詩，所寫者只一二，"善觀詩者讀之，必盡知其餘"②，同樣的道理，讀六經時若要最終領悟爲"吾之六經"，而非"六經自六經"③，則需要讀者體認作品時所起的重要角色。正因爲洪吉周讀經重視自然神會式的感悟，所以他不提倡死記硬背④。

但是洪吉周并沒有以六經醇駁盛衰互見爲由，對六經進行批判，反而認爲正因爲如此，纔值得去追求。六經的不完整與不全面，在讀者能夠感悟、體會的前提下，纔得以成爲最典型的文章之宗。因此作爲擅於感悟的讀者，洪吉周從六經之文中發現六經之所以爲六經的核心因素。一般而言，一個學者如果尊崇六經，那麼其觀點中必不可少"論道"的內容，而洪吉周也重視六經裏的恒言大道。但在洪吉周的六經觀裏，本文要關注的是他重視六經體現時代性的一面與任其自然而不求規格的一面。

> 古人作爲書契，曷嘗欲其有辭藻詞賦、奇異怪麗變化之百出者哉？唯叙事與論道而已。是以《詩》三百篇最爲詠歌淫泆之作，而無一篇不關於時，無一言不達於志。《書》之《盤庚》、八《誥》，古稱崛詭難讀，而亦何嘗如後人之字琢句鍊，換藁易紙，以求至於極艱極奧哉？直順口從筆，道其恒言，如今之所謂"咸須知悉惕念舉行者"耳。⑤

在此洪吉周注意到《詩》之詠歌淫泆卻能"關於時"、"達於志"的情況，以及

---

① 洪吉周《孰遂念》第一觀《甲爰居念·津逮館記》，頁29。
② 洪吉周："古人賦詩，寫目之所見一二而已。所見有山焉，所見有水焉，所見有風日雲煙焉，所見有花木魚鳥焉。又其所坐者，或亭閣，或巖石，或曠野平蕪。所接者，或朋友，或釋道，或漁父樵叟也。所觸於懷者，或喜樂，或憂愁，或感歎，或思想也。是許多者不能皆寫於詩，所寫者，其中只一二也。善觀詩者讀之，必盡知其餘……觀聖賢、隱逸、英雄、奇士之傳，則所不叙容貌、毛髮、言語、咳笑，皆吾左右矣。"《孰遂念》第一觀《甲爰居念·東溪亭記》，頁50。
③ 洪吉周："今者取向之所讀重閱之，六經自六經，非吾之六經也。左邱自左邱，非吾之左邱也……在其人，固天下之真文章也，使余而效之，雖與之爲一而不可辨，非天下之真文章也。"《沆瀣丙函》（上）卷一《雜文紀一·雜著·釋夢》，首爾：太學社，2006年，頁602。
④ 洪吉周："一夕夢與絅堂晤，絅堂呼二三童子，講《左氏傳》。余有句曰：'倚竹皓顛酣日夜，插花丹鞸誦《春秋》'，覺而不了其句義。是晚，絅堂來訪，爲誦傳之，仍書於此，以志神會。"《沆瀣丙函》（下）卷八《叢秘紀四·睡餘瀾筆續上》，頁468。按，"絅堂"爲尹正鎮之號。
⑤ 洪吉周《峴首甲藁》（上）卷四《雜文紀四·答李審夫書》，頁587。

《書》之崛詭難讀卻"順口從筆"的情況。正因爲如此，六經纔能夠"不蘄高而自高"①。

（三）以作爲"活物"的語言重現"關於時"的新"六經"

洪吉周對六經的時文性與語言自然性的關注，不僅是其六經觀的重要組成部分，而且爲洪吉周創作論的核心依據。六經的核心在於用當時生動的語言來捕捉天地自然之道。天地自然之道永恒不變，無處不在，而語言則儘管擁有永久的生命力，但隨時隨地千變萬化，故不同時代的語言可以以不同的形式重現天地之道。

> 嬴政焚書千古之愚人也……書固與天地俱生，其將與天地俱滅，烏可得以焚而滅也。倉頡朱襄未生之前，天地之間未始無書也。試嘗見平朝雲海之間，恒有累億萬卷文字，雖萬嬴政，焉能焚此！嬴政所焚之書，儒者誦以相傳，至漢而六經之文以次復出，世以是爲幸。然藉使六經遂不傳，雲海之間累億萬卷固自在也，何患乎"六經"之不復作也。②

洪吉周認爲先秦六經是天地之道以文字（書）的形式再現於世的實體。天地之道與天地共存，永久不衰，即使先秦文本的六經被焚也無大礙，因爲天地之道仍在，會重現於文字之中。若現在的作者能夠用現在生動的語言（"活物"③）來捕捉永恒的天地自然之道，那麼文章可以成爲"關於現在時"的新"六經"，可以與先秦時代的六經永久並立。所以洪吉周的文章裏出現了不同於先秦六經的新的"六經"觀念。

正因爲洪吉周賦予了"六經"新的範疇，所以可以推導出生於今世的人亦可創造出新"六經"的結論，其主張"古今人文章，易地皆然"。且云："作《堯典》《禹貢》人，生於今世，則亦只爲今世中第一流而已。今世之第一流，生於虞夏，亦必能述《典》《謨》，豈必所作逼肖《典》《謨》然後爲能事也？"④ 強調模仿六經不能成爲今世的六經，只有關於今世的文章，纔有可能成爲六經。當時持此觀點的並非洪吉周一人。下面所引之文是洪吉周對金祖純與徐有榘二人之間爭論的記載：

---

①洪吉周："左邱之文辭，愈觀而愈不可狎，始覺昔之讀之者，其皮肌耳。文章之古者，不蘄高而自高，今人乃欲換字琢句，勞神刻慮以求之，其亦遠矣。"《峴首甲藁》（上）卷四《雜文紀四·上伯氏論春秋三傳書》，頁579。

②洪吉周《沆瀣丙函》（下）卷九《叢秘紀五·睡餘瀾筆續上》，頁463。

③洪吉周云："天地之間，物之恒活而不死者，唯文字是已。"（洪吉周《孰遂念》第五觀《丁五車念·諸子彙集》，頁38）洪吉周以語言文字爲"活物"，這一觀點近來在學界備受關注。

④洪吉周《縹礱乙幟》（下）卷十四《叢秘紀四·睡餘演筆上》，頁635。

楓皋金忠文公甚不喜燕巖文。嘗在内閣，與楓石論不合，楓皋怫然樂：“朴某使讀《孟子》一章，必不能成句。”楓石亦盛氣而答曰：“朴丈人必能作《孟子》一章。”楓皋曰：“不謂公不知文至此。吾在之日，公勿忘文苑官職。”楓石曰：“吾固不願做文苑職耳。”……今惟有楓石歸然爲余太息而道其事。①

金祖純認爲朴趾源對《孟子》不太熟，雖然這一評語有狹隘、誇張之嫌，但由此亦可看出朴趾源并不甚關注儒家經典之文。更值得注意的是徐有榘的答復，徐有榘竟然認爲：朴趾源可以做出《孟子》一章。意即朴趾源的文章可以達到《孟子》的境界，換言之，儒家經典的文章境界在當代文人作品中可以重現。引文告知我們兩點：第一，徐有榘與洪吉周在此方面持有相同觀點；第二，洪、徐共有的這一觀點難以爲當時的主流文壇所接受。

但洪吉周同時指出達到“六經”的境界並不容易。他認爲無意識狀態中所得到的語言往往纔是“不蘄高而自高”的語言，如此不知不覺、毫無刻意的狀態下出現的語言十分難得。其或出現在兒童時隨口而出的語言之中②，或出現在夢境之中，或出現在再平常不過的人物的言語之中③。這樣的語言、思維纔最接近六經的自然性，甚至可以超越六經的某一部分。但這些語言大多出現在無意識、不自覺的狀態下，因此很難把它們捕捉到實際創作之中。

分析洪吉周爲伯兄《記里經》所作的序文，我們就可窺見洪吉周將重現“六經”設定爲文章家所追求的終極目標：

文章之道，猶適遠者。然夫自學語識字以往，行幾里而至於受書辨句讀，又幾里而至於屬辭，又幾里而能做古人之爲。又幾里而迺卓然成一家言。其爲行亦遠矣。然是書之終曰：“吾行未嘗止於是也。蓋自瑞興西北至於鴨江界，又千有餘里也。”自一家言推而至於六經，又不知幾里也。此吾所以有待乎吾兄者也。④

《記里經》是洪奭周仿《公羊傳》而記録自漢陽至瑞興之間長達三百四十里旅程

①洪吉周《沆瀣丙函》（下）卷九《叢秘紀五·睡餘瀾筆續下》，頁527。
②洪吉周曾言及自己“七八歲翰墨遊嬉，其不成文理者不論已，往往或近理，而成句則皆六經語也。”見洪吉周《縹礱乙幟》（下）卷十二《叢秘紀二·睡餘演筆上》，頁582。
③洪吉周《沆瀣丙函》（下）卷九《叢秘紀五·睡餘瀾筆續下》：“至其固滯迷塞，每事惱煞我者，亦能激發我腦中多少奇文瑰語，而過境之後，往往有不可復見之歎，自《郢》以下，又奚足以與此。”頁523。
④洪吉周《峴首甲藁》卷三《雜文紀三·記里經序》，頁552。

的文章，採用經傳之體。《記里經》之"經"與經傳之"經"有所不同。據洪吉周序文可知①，《記里經》之"經"是與"詳"相對的"大綱"之義。文中洪吉周發揮活用"道"字的多義性，將作文之道與旅程之道交叉在一起，形成雙重含義。在描寫《記里經》里路程的同時，透過路程，勾勒出學習、習得、創作以及最終達到的境界。本文將其階段整理如下：

階段區分	《記里經》自京師至瑞興（三百四十里）				自瑞興西北至鴨江界	（不知路程）
路程階段	出發	行幾里	又幾里	又幾里	千有餘里	不知幾里
作文階段	學語·識字	受書辨句讀	屬辭	仿古人	成一家言	至於六經

　　據此，我們更可以確定在洪吉周六經概念的範疇裏還存在着文章家所要達到的終極境界這層含義。爲了叙述方便，本文有時將洪吉周的六經概念命名爲新"六經"，以區別於先秦六經。洪吉周爲了重現"關於時"的新"六經"而傾盡全力。在努力的過程中，他對先秦六經的關注尤爲明顯。但其所要重現的"六經"並不單純模仿六經之體，而是體會、領悟六經之所以爲六經之本質，并以此作爲基礎，用自己所處時代的語言發揮自己固有的風格，成一家之言，最終成爲自己時代的新"六經"，與先秦六經永久共存。

三、以文章論六經

　　"文學家的宗經，與經學家頗不相同。經學家治經，重在義理"，而"文學家研究經典，則重在闡明其文學性，然後看看能怎麼作用在文學創作上"②。正如對儒家經典内容的不同認識，形成經學闡釋的不同模式，對儒家經典文體的不同體認亦會形成不同的文體風格。

　　作爲文章家，洪吉周主張"不讀六經，慎勿論文"③。他的基本立場與其他古文家是相通的。因此我們若要瞭解洪吉周的六經認識與其他古文家的異同，不能僅僅分析

①洪吉周《峴首甲藁》卷三《雜文紀三·記里經序》："其爲書，以經而紀其大，以傳而道其詳。國家之典制於是焉稽，生民之戚休於是焉咨，山川道塗之夷險遠邇於是焉考。"頁551。
②龔鵬程《六經皆文：經學史/文學史》，臺北：學生書局，2008年，頁2。
③洪吉周《縹礱乙幟》（下）卷十五《叢秘紀五·睡餘演筆下》，頁661。

洪吉周的六經觀，還需參看傳統時代古文家的六經觀，從通觀的視野評析洪吉周的觀點。基於此，本節首先簡單介紹六經文體與古文之間的密切關係，然後關注洪吉周從文體論角度接近六經、圍繞六經表述文學立場的特點。

（一） 六經文體與古文

一些研究以"文本於經"、"六經皆文"① 等命題爲中心軸，演繹出其源遠流長的歷史傳統②。據此可知，自經史子集分立以來，歷史上陸續出現强調該命題的文章。其中主要被引論的傳統觀點如下：南北朝時期劉勰於《文心雕龍》謂：經乃是文學之源。"論、說、辭、序，則《易》統其首；詔、策、章、奏，則《書》發其源；賦、頌、歌、贊，則《詩》立其本；銘、誄、箴、祝，則《禮》總其端；紀、傳、銘、檄，則《春秋》爲根。"③ 顏之推則於《顏氏家訓·文章篇》中提出"夫文章原出五經"之說。至宋代陳騤《文則》亦云："六經之道，既曰同歸，六經之文，容無異體。"④ 明代黃佐《六藝流別》甚至采摭漢魏以來的詩文，分類編叙，將之都歸於六經之下。到了清代，袁枚謂："六經以道傳，實以文傳"⑤，魏源謂："一時詩文之彙選，本朝前之

---

① 據研究，"六經皆文"的命題首見於明代唐桂芳《白雲集》卷首《白雲集原序》（文淵閣《四庫全書》本）："夫六經皆文也，獨《進學解》曰：'《春秋》謹嚴，《易》奇而法。'謹嚴尚能知之，奇而法非知道者，孰能言之。《易》曰：'日中見斗，'有其象而無其理也；'載鬼一車'，無其象而有其理也。《易》雖奇而貴於有法，所以爲經。三代而降，莊、騷非不奇也，而昧於有法；荀、揚非不謹也，而失於有嚴。唐推韓退之奇而且法，柳子厚謹而且嚴。"由此可見唐代古文運動以後從文體論分析六經仍與韓、柳古文保持着密切的關係（參看吳夏平《試論中唐"六經皆文"觀念的生成》，《文學遺產》2016 年第 6 期）。

② 對此，本文主要參考了吳承學、陳贇《對"文本於經"說的文體學考察》（《學術研究》2006 年第 1 期）；龔鵬程《六經皆文：經學史/文學史》，傅道彬《"六經皆文"與周代經典文本的詩學解讀》（《文學遺產》2010 年第 5 期），吳夏平《試論中唐"六經皆文"觀念的生成》。此外，薛鳳昌的《文體論》（臺北：臺灣商務印書館，1977 年第 2 版）中也有關於"文體始於六經"一說的章節，關注了"六經文字，無體不備，後世能文的人，無有不源本六經，種種文體，也無有不自六經胎息而來"的現象，但其後續分析側重於文體中的"體裁"方面，而對"文體始於六經"一說持局部否定的態度。他認爲"可以作文體的緣起，卻不可以作文體的定論"（薛鳳昌《文體論》，頁 6）。因此可以說從文體角度較爲系統、深入地研究"六經皆文"這一命題，是於最近十幾年間纔開始集中出現的。

③ 劉勰著，范文瀾注《文心雕龍》卷一《宗經第三》，北京：人民文學出版社，1962 年，頁 22。

④ 陳騤著，劉明輝校點《文則·甲》第一條，北京：人民文學出版社，1960 年，頁 5。

⑤ 袁枚《小倉山房詩文集·文集》卷十《虞東先生文集序》，上海：上海古籍出版社，1988 年，頁 1380。

文獻而已"①。

在以往研究中，有兩種觀點值得重視。首先，龔鵬程指出："自從劉勰《文心雕龍》以後，採取宗經的方式來追求文風革新。一是北朝後期隋朝初期，蘇綽等人所提倡的文風，模仿《尚書》，以矯浮靡；二是唐代提倡古文運動，上追秦漢，以懲流俗，更積極運用六經。"② 在此二者中古文運動使得文章與六經的關係加以緊密。其次，傅道彬將"自漢至宋宗經旗幟下的'文本於經'"與"明清以來思想解放'獨抒性靈'背景下的'六經皆文'"的性質加以區分，謂前者"文學從屬於經學"，而後者所"關注的不是經學内容的'道統'，而是文學自身"③。這指出了文體關注六經的觀點之間亦存在不同傾向。這些層次性分析有助於我們瞭解洪吉周六經觀。

高麗末期李齊賢接受唐代古文運動的影響，朝鮮時期也提倡古文，古文家的文論中常提及"六經"。學者作文通常皆本諸六經，以立其根基。到正祖朝，朝廷提倡"文體反正"，追求"純正"的文體。洪吉周在文章寫作中亦將六經推到至高點及終極歸宿。他在爲洪奭周《明文選目録》所作的序文中寫道："或曰'先生之於古文，方將以六經爲甲，諸子爲乙，馬、班、韓、歐爲之丙丁戊……何先生之拳拳於是選也?'是有不然者……吾願先生之無淹乎是，而歸於六經也。"④ 可見他極力提倡學習六經，所以金澤榮等人稱洪吉周爲古文家。

金都鍊在梳理韓國古文論的發展時，指出古文擁有的三個性質：第一，自成一家之文；第二，符合時宜之文；第三，鎔鑄陳腐語而組織成既嚴整又有體系的結構之文。并指出了在古文的發展上韓國與中國之間的不同點。中國的古文論，通過提倡古文的方式，摸索符合時宜的文章，韓國的古文論與此不同。在韓國，標榜古文之人大都停留於擬古的階段，所以許筠等一些文章家爲了體現韓愈原來的古文精神，提倡"文從

---

① 魏源："經自《易》《禮》《春秋》，姬、孔制作外，《詩》則纂輯當時有韻之文也，《書》則纂輯當時制誥章奏載記之文也，《禮記》則纂輯學士大夫考證論議之文也。網羅放失，纂述舊聞，以昭代爲憲章，而監二代之文獻。然則整齊文字之學，自夫子之纂六經始。後世尊之爲經，在當日夫子自視，則亦一代詩文之彙選，本朝前之文獻而已。故曰：'文不在兹乎?'是則古今文字之辰極也。""宋、景、枚、馬以後，不知約六經之旨成文，而文始不貫於三道；蕭統、徐陵以後，選文者不知祖《詩》《書》文獻之誼，瓜區豆剖，上不足考治，下不足辨學，而總集始不秉乎經。"《魏源全集》第12册，《古微堂外集》卷三《國朝古文類鈔序（代陶中丞作）》，長沙：嶽麓書社，2004年，頁234。
② 龔鵬程《六經皆文：經學史/文學史》，頁2。
③ 傅道彬《"六經皆文"與周代經典文本的詩學解讀》，《文學遺産》2010年第5期。
④ 洪吉周《峴首甲藳（上）》卷三《雜文紀三·明文選（目録）序》，頁562。

字順”的古文，特意強調古文之爲“今”的性質①。由此，我們可以瞭解到：洪吉周重視六經之文爲當時之“今”文的性質，具有韓國後期古文論的特點。而洪吉周與許筠、朴趾源等韓國代表古文家相比，不僅更爲積極地將六經納入到其文論，而且更爲頻繁、更爲密切地關注六經之文。

（二）就六經而論文體

若閱讀六經，熟練到一定程度，自然會對六經文本、文體、文辭之間的異同產生一些感想。閱讀時，將閱讀重點不放在內容意義，而放在文體文辭時，更會如此。中國文論中直接舉出六經文體互相交錯現象的例子，也是屬於著重六經文辭之例。陳騤《文則》云：“《易》文似《詩》，《詩》文似《書》，《書》文似《禮》。《中孚》九二曰：‘鶴鳴在陰，其子和之。我有好爵，吾與爾靡之。’使入《詩·雅》，孰別爻辭？《抑》二章曰：‘其在於今，興迷亂於政，顛覆厥德，荒湛於酒，女雖湛樂，從弗念厥紹，罔敷求先王，克共明刑。’使入《書》誥，孰別《雅》語？《顧命》曰：‘牖間南嚮，敷重蔑席，黼純，華玉仍几；西序東嚮，敷重底席，綴純，文貝仍几；東序西嚮，敷重豐席，畫純，雕玉仍几；西夾南嚮，敷重筍席，玄紛純，漆仍几。’使入《春官·司几筵》，孰別《命》語？”② 這是從文體角度關注六經文體“彼此相通”，“六經文字，無體不備”③ 的代表性例子之一。洪吉周也關注六經文體之間互通的現象，他雖然未在著述中明確加以論述，卻曾引用父親對此方面的關注：“先君子常曰：‘《中庸》文體，大類《易·繫》。’近世一先輩，有以《易·繫》與《樂記》爲必出一手者。余嘗讀《易·象傳》，往往忽有類《孟子》文體者。”④ 由此可窺見洪吉周對六經文體的關注在一定程度上受到了家學的影響。

而相較六經文體互通的現象，不同經典各有其自身特點的問題更爲洪吉周所關注。

> 夫自《詩》《書》以降，爲文者各專乎一度。《盤誥》之奧蠍，不能爲《雅》《頌》之裔皇；《楚辭》之悽瀏，不能爲《左氏》之巉峻……古聖賢尚然……觀者指以短之，可乎！⑤

---

① 金都鍊《古文的性質與展開面貌》，載《韓國文學研究入門》，漢城：知識產業社，1998 第 8 版，頁 281。
② 陳騤著，劉明輝校點《文則·甲》第一條，頁 5。
③ 薛鳳昌《文體論》，頁 4。
④ 洪吉周《沆瀣丙函》（下）卷五《叢秘紀一·睡餘瀾筆上》，頁 394。
⑤ 洪吉周《孰遂念》第五觀《丁五車念（上）·歷代文選序》，頁 46—47。

洪吉周點評了各經典特有的文體風格，認爲《盤誥》奧巘，《雅》《頌》裔皇，《左傳》巉峻。并以此爲據，警戒讀者求同排異的閲讀方式。洪吉周不僅主張六經各具風格，也指出六經乃文詞各體的濫觴。

> 文詞各體，無不濫觴於六經。《詩》之《大叔于田》《小戎》《韓奕》，《書》之《顧命》，《文選》綺麗之祖也。《詩》之《月出》《小毖》，《書》之《微子》《梓材》，明末小品之源也。（或曰《微子》《梓材》，即嘉、隆王、李之祖，《陳風》大抵多胚胎小品。）①

對於文詞各體濫觴於六經的觀點，前人已有所論及，而洪吉周在此話題中還包括了明末小品文體。他在文章最後引用了以《微子》《梓材》爲明嘉靖、隆慶年間王世貞、李攀龍文章之濫觴，以《陳風》爲小品體之權輿的觀點。洪吉周把小品體的源流上溯到《詩》《書》，與六經關連，與《文選》並提，也許是考慮到當時排斥小品的風氣。雖然洪吉周沒有指明其緣由，但既然我們認定《文選》是從六經衍生出來并成爲我們學習的典範，那麼我們可以據此推定由六經衍生出來的小品是擁有自己特性的文體。

洪吉周於六經文體中，最喜《論語》。其云：“余於諸經中，獨以《論語》爲上上等文，何也？ 雖二《典》《禹貢》必鋪張，至二三十行，若五六十行，然後始得盡其鼓舞震耀，而唯《論語》，則一二行之內，作家所稱章句法度畢備。無一字古勁而健莫尚焉，無一字侈飾而文莫華焉。”洪吉周酷愛《論語》的文體，認爲其在章句法度上完備，同時具有“健勁”、“華飾”的風格。值得注意的是：《論語》“健勁”、“華飾”並不來自於其所用字詞的“健勁”、“華飾”，故更加讓人玩味且難能可貴。

洪吉周對《詩經》文體的看法，亦值得關注。其云：

> 文詞藻飾之麗，莫如《毛詩》。如黻衣、繡裳、玄袞、赤舃、瓊瑰、玉佩之類，以至《小戎》之叙車，《駉》之叙馬，《潛》之叙魚，《有瞽》之叙樂器，其鋪張焜耀，實爲《上林》《三都》之宗祖。然聖人之論《詩》，只曰思無邪，只曰溫柔敦厚，只曰可以興，可以群，可以觀，可以怨而已，未嘗及其藻飾之麗。蓋謂《詩》之長，政不在此耳。②

洪吉周指出《詩經》文詞“鋪張焜耀”，具有“藻飾之麗”。這一觀點的確不同於關注《詩經》質樸美的普遍觀點。洪吉周還指出後來《詩》文之華未被積極提及，正

---

① 洪吉周《縹礱乙䜗》（下）卷十三《叢秘紀三·睡餘放筆下》，頁604。
② 洪吉周《沆瀣丙函》（下）卷八《叢秘紀四·睡餘瀾筆上》，頁466。

是因爲《詩經》的精髓不在於此。洪吉周雖然主要强調了《詩》教的功效，但與此同時，專門對《詩經》文體進行評論，認爲《詩經》文體擁有華麗的特色。可見洪吉周對六經文體頗爲關注。

（三）據六經以談文章

歷來文人寫文，常引經據典，但主要側重於義理方面。洪吉周談及六經，也有側重於義理方面者，但本文所關注的則是他爲了有效闡明自己文章觀而引用六經之例。洪吉周尤其關注六經的文體，積極引用六經的文體特點作爲其文章論的主要依據。

洪吉周注重文章的時代性，主張每一時代都存在與該時代相符的運氣與文體。爲了使自己的看法更具説服力，其引用《詩》的體裁作爲依據。

> 詩祖於三百篇。就三百篇而讀之，商、周異體，邶、齊、唐、秦不同調。而論之者固未嘗病周之不能爲商，疵邶、齊之不能爲唐、秦者。聲氣之殊不得不然也。詩發乎聲，聲由乎氣，氣主乎運，運係乎天。今之運氣非漢、晋、唐、宋之運氣也。今之詩不能爲漢、晋、唐、宋之詩，猶周之不能爲商，邶、齊之不能爲唐、秦也。[1]

《詩》由十五《國風》與《雅》《頌》組成。洪吉周用"異體"一詞指出產生於《商頌》《周頌》的文體不同，再用"不同調"一詞指出十五《國風》的風格不同。這是源於不同時代"聲氣之殊"的緣故。由此可知，每一時代的文章不僅無需雷同於某一時代的文章，而且不當雷同於某一時代的文章。

洪吉周認爲世界的一事一物如同自然界有其變化節奏，並不刻板：

> 余之於一事一物，皆有意觀驗，無所放過。如此，故居官見簿書中列錄人物，或軍隊呼名，其名字次第及數額，莫不有自然之變化節奏，其樂無既。如《易》之不以三十二掛分屬上下經，亦忌其恰同也，《周禮》之缺"冬官"，《毛詩》之笙六篇，莫非造化之至文，非人力之所及也。[2]

洪吉周認爲在不讀書的時候去體會萬事萬物，這也是一種很好的學習方式。文章要表達的無不是作者對宇宙自然萬物的領悟，換言之，天下之至文莫不是對萬事萬物變化節奏的再現。洪吉周提出這一觀點，并以《易》《周禮》《詩》體例上的"不恰同"爲依據。六經反映宇宙變化節奏，不僅體現在其體例，還體現在其叙述方式上。

①洪吉周《峴首甲藁》（上）卷四《雜文紀四·書·答鄭景守書》，頁585。
②洪吉周《縹礱乙幟》（下）卷十五《叢秘紀五·睡餘演筆下》，頁649—650。

洪吉周在該引文之前還引用了洪奭周《尚書補傳》。該文關注了古人所用的羅列句式并不刻板的特點："淵泉先生嘗論：'古人文於歷叙處，未嘗恰同如刻板。如《堯典》'命羲和'四段，雖用一例，而亦皆微異其一句，以是知'南交'之下，非有脱句。"①此雖然不是洪吉周的原話，但我們藉此可以瞭解到洪吉周在句式上注重變化節奏的情況。

洪吉周的《睡餘放筆》《睡餘瀾筆》《睡餘演筆》中相似的内容間或重出。洪吉周自己也意識到這一點，卻不打算對此加以整理。他主張在編撰體例方面可以不嫌重複，對此他以《論語》之例作爲依據。其云："《論語》多重出，而或詳略而互見，或一二字不同，可以相補。三《筆》之不嫌意複，亦妄自附於此耳。"② 對於有人嫌其文章繁瑣，洪吉周仍然引經爲據，予以反駁：

> 或曰：二《筆》（引者注：《睡餘放筆》與《睡餘演筆》）之不厭繁複，固宜也。其所論皆至纖瑣物事，得無近於不賢者識其小歟！余曰：子不讀六經，慎勿論文。杞之包瓜，豕之負塗，甕之敝漏，非天下至纖瑣物乎！而大《易》載其象。負劍辟咡，乾肉毋齒決，數噍無爲口容，前鐏後刃之類，非君子至纖瑣之節乎！而戴《記》垂其訓……道德不遇至纖微處則不顯，事理不經至纖微處則不著，文章不逼至纖微處則不奇。③

在文章繁簡的問題上，洪吉周認爲："古人之文簡，後世之文繁"，是勢所必然的事情，所以認爲"古人簡處，後人不可强學"，并云："《詩經》之《國風》，前章之語，後章改數字而疊述之，未聞其以爲衍語而訾之也。"他還以小注形式强調作文"要須令讀者起舞，又其次，使人失笑捧腹如搔癢處。"④ 他認爲若能像《詩經》詩歌一樣令人起舞，那麼文字再繁再重複也無妨。他還以朱熹注釋的文體作爲依據，主張朱熹如此作注是爲後世讀者著想的必然趨勢："後世文繁碎，非作文者之過也。假如《論語》曰：'有朋自遠方來'，孔子時，只消如此説，人便曉了。至朱子《集注》曰：'自遠方來，則近者可知。'後世人，已有不如是則不能曉者，故朱子不得不注之如此。"⑤

洪吉周給予後代詩文選的編撰肯定的評價時，引用自己對孔子"删詩説"的看法作爲依據。洪吉周認爲孔子確實曾删定《詩》，然而未收録於《詩經》的逸詩不僅曾

---

① 洪吉周《縹礨乙㦸》（下）卷十五《叢秘紀五·睡餘演筆下》，頁 649—650。
② 洪吉周《沆瀣丙函》（下）卷六《叢秘紀二·睡餘瀾筆中》，頁 430。
③ 洪吉周《縹礨乙㦸》（下）卷十五《叢秘紀五·睡餘演筆下》，頁 661。
④ 洪吉周《縹礨乙㦸》（下）卷十四《叢秘紀四·睡餘演筆上》，頁 637。
⑤ 洪吉周《沆瀣丙函》（下）卷六《叢秘紀二·睡餘瀾筆中》，頁 435。

被孔子引用過，而且散見於其他典籍，可見孔子僅對《詩》予以删減而未對逸詩予以焚毀。洪吉周認爲這些逸詩以及古人之文，皆能藉以“取其長以補於我”①。暫且不論洪吉周對删詩説的看法是否合理，假如他已經肯定了删詩説，則意味着他承認孔子對某一詩篇、詩句持“排斥”態度；另一方面，他又以“删”與“焚”的强度不同爲由，主張孔子給了非經典的詩文流傳下來的機會，洪吉周且引《左傳》《論語》中所見逸詩作爲孔子并未將三百零五篇之外的詩歌全部銷毀的憑證。他引舉其對删詩説的立場，爲選集編撰提供了一個理論依據②。由此可見洪吉周在其文論上常引六經作爲主要依據，使己見更具説服力。

（四） 運用六經探索文體

原封不動地引用六經是包括洪吉周在内的多數文章家所不願採取的方式，文章家只有將“六經”融入自己文章，并形成自己文體，纔能成爲“吾之六經”。洪吉周的文章裏處處可以發現似是運用六經的痕跡。洪吉周運用六經的妙處主要體現在他對六經之文的活用。下面是洪吉周活用《孟子》“勞心者治人，勞力者治於人，治於人者食人，治人者食於人”的例子。

> 自天子以至於屠牛織樗樗之隸，苟欲析之纖辨之微，雖分千萬等，滋不勝其忿争。唯折其中而爲二，曰“使人者尊，使於人者卑”，如是然後帖然無異議也。不唯人之尊卑然也，唯文章亦然。自虞史以下至於始讀寒椋天之童孺，苟欲析之纖辨之微，雖分千萬等，滋不勝其忿争。唯折其中而爲二，曰“使文字者，能文者也；使於文字者，不能文者也”，如是然後帖然無異議也。③

上文中“使人者尊，使於人者卑”的結構是借鑒《孟子》中“治人”與“治於人”的對比法發展而成的句式，内容也與《孟子》之文關係緊密。而後面的“使文字者，能文者也；使於文字者，不能文者也”，再次活用原來的句式，但内容上卻轉到了

---

① 洪吉周《孰遂念》第五觀《丁五車念（上）·歷代文選序》：“夫以孔子之聖，删古詩三千篇爲三百五篇……取其長以補於我。”頁47。
② 洪吉周《孰遂念》第五觀《丁五車念（上）·歷代文選序》：“夫以孔子之聖，删古詩三千篇爲三百五篇……其逸者有曰：‘翹翹車乘，招我以弓。豈不欲往，畏我友朋’，有曰：‘俟河之清，人壽幾何’，有曰：‘唐棣之華，偏其反而。豈不爾思？室是遠而’，豈二千七百篇之見遺者，無一言可厠於《東方之日》《株林》《葭楚》《無將大車》之間乎！……聖人删詩書，其不録者，未嘗焚也。後世無一篇存，蓋聖人所不期也。”頁47—48。
③ 洪吉周《孰遂念》第五觀《丁五車念（上）·壽民全書序》，頁43。

另一個話題。“尊卑”與“文章”這兩個話題在此同樣的結構上既形成對比，又相互連接。而“自天子以至於屠牛織栲栳，苟欲析之纖辨之微，雖分千萬等，滋不勝其忿争。唯折其中而爲二”句與“欲析之纖辨之微，雖分千萬等，滋不勝其忿争。唯折其中而爲二”句，不嫌繁瑣地冠在兩種中心句之前。像這樣，結構上融入六經之文，叙述上採取繁瑣、重複的寫法，從而闡發自己的觀點，這形成了洪吉周自己的文體風格。並且他模仿《孟子》“君子三樂”，而云：“天下有可樂者三。聲色真味、萬乘之貴、神仙白日之昇，皆不與焉。一曰遊仲尼之門，二曰讀《書》之《禹貢》，三曰登吾老園西潭之‘壯哉亭’”①，這也是例證。

　　洪吉周的有些作品是運用經典之體裁來進行創作的。對於這一點，已有研究予以關注。朴茂瑛教授以洪吉周的三篇作品爲研究對象，首次專門從“文體”角度考察了洪吉周運用儒家經典的情況。這三篇文章分別爲擬《大學章句大全》而作的《皐津經傳》以及仿《尚書》加上運用假傳體而創作的《甘誓》與《武城》篇。朴教授得出的結論是：“洪吉周從‘作爲法則的文體’的角度接近經典，并由此推理出‘文之法’，進而將它擴大到‘世界之法’。這反映了其將現實世界轉換成其背後存在的符號世界的態度。通過這一過程，洪吉周最終將文學的本質由内容替換爲‘文體’。”② 朴教授還指出洪吉周與其説是文學理論家或思想家，不如説在本質上是作家③。

　　就對經典之體裁的運用而言，洪吉周記錄“自京至湍，又還而止於京”行程的《皐津經傳》便採用了“經”、“傳”之體。研究者指出洪吉周《皐津經傳》是對洪奭周《記里經》的致敬之作（hommage）④。由此可見洪吉周關注洪奭周運用經典體的情況。此外，洪吉周還運用完全不同文體的《大學章句》之經傳體來創作行紀。

---

①洪吉周《孰遂念》第一觀《甲爱居念·壯哉亭記》，頁29。
②朴茂瑛《經典戲仿與符號操作的世界：以洪吉周撰〈皐津經傳〉與〈甘誓〉〈武成〉的作品論爲中心》，《漢文學報》第18輯。朴教授還評價洪奭周《記里經》謂：“雖然採用了戲仿方式，但戲作性甚少，并堅決保持着意義中心的嚴肅主義”，與此相比，洪吉周《皐津經傳》則“已擺脫《記里經》的嚴肅主義，傾注於描寫多彩現象或發現其背後的抽象結構，并未試圖對對象的‘意義’予以解釋”，且“洪吉周的《甘誓》《武城》兩篇對經典的戲仿，對經典進行‘脱權威’化，在朝鮮漢文學中甚爲罕見，從意義中心經形式中心轉到純粹的符號遊戲，成爲符號操作的世界。參看朴茂瑛前揭文。
③朴茂瑛《經典戲仿與符號操作的世界：以洪吉周撰〈皐津經傳〉與〈甘誓〉〈武成〉的作品論爲中心》，《漢文學報》第18輯。
④朴茂瑛《經典戲仿與符號操作的世界：以洪吉周撰〈皐津經傳〉與〈甘誓〉〈武成〉的作品論爲中心》，《漢文學報》第18輯。

　　至於《甘誓》《武成》二篇，洪吉周將它們設定爲長期未被發現、後被發現藏於孔壁的《書》，擁有與現傳今、古文《書》不同的文體。通過"注文"可以瞭解洪吉周考慮到文體的情況，先引《甘誓》篇題目下方注文如下：

　　　　孔壁古文，有《甘誓》一篇，與今文不同。其文體比他古文稍澁，而篇中數句亦大不類今文文法，至其意義尤不可解。是以不敢强爲之釋，以俟來哲。①

　　在《甘誓》篇的正文之後，洪吉周還以小注形式附加了"伏生大傳"，以闡發所作"經文"之大義。至於《武成》篇，洪吉周亦將其設定爲出自孔壁的古文：

　　　　孔壁文，此篇合於《甘誓》，《武成》一書，先儒多疑之。此篇篇中有"武成"二字，疑此即真《武成》。且《尚書》"誓"體，無兼敘征戰、告功之事者，故今分爲二篇。②

　　洪吉周自稱上述《武成》篇是自己根據《尚書》"誓"體從《甘誓》篇分段出來的篇章。這反映了洪吉周認爲經文篇章分段原本不明確的觀點。

　　《武成》篇所附小注除了"大傳"以外，還有"逸周書·武成解"部分。《尚書·武成》篇原本是僞古文，與今文《尚書·甘誓》性質不同。朝鮮後期丁若鏞等學者專門論及古文《尚書》之僞。雖然取捨僞《書》的立場不同，但洪奭周亦認定古文《尚書》爲僞書。洪吉周兩篇戲作的小注在內容上稍有不同，即僅就《武成》篇附加了"逸周書"戲文。可以説這反映了作者對僞古文的認識。另外，洪吉周在《武成》篇小注的末尾標明："'大傳'及'周書解'，皆淵泉先生所錄。"由此可以説，雖然《孰遂念》中的《甘誓》《武成》篇是洪吉周的作品，但洪奭周也參與了創作。

　　《甘誓》《武成》二篇屬於遊戲性文字。在《孰遂念》中該文與《奇謎》、"回文文"之"半例"（未完之作）、"分符合璧"詩"半例"等戲文並列在一起，於結尾亦云："然此皆無益之嬉，不可數爲。"③ 可見洪吉周沒有想對此賦予重要意義。但由於可以從這些戲作中分析出洪吉周對六經的認識以及運用六經進行創作的特點，故介紹於此。

四、餘論

　　本文以先行研究作爲基礎，從文體角度探究了洪吉周六經論的特點。儘管"文本

---

①洪吉周《孰遂念》第十觀《庚式敖念·甘誓》注文，頁42。
②洪吉周《孰遂念》第十觀《庚式敖念·武成》注文，頁43。
③洪吉周《孰遂念》第十觀《庚式敖念·半例》，頁44。

於經"、"六經皆文"是傳統時代的普遍性認識，但在不同時期、不同地域運用經典思想、文本内容或文體創造出別出心裁的作品，乃至通過自己對經典本質的闡釋來試圖創作新的"經典"，因其涉及"法古創新"的核心機制，因此文體創作上的具體運作如何，個別作者具有什麼樣的特點，仍是值得探討的問題。

本文研究發現，在洪吉周的認識裏，六經至少有三種範疇：傳統經學範疇裏的六經，涵蓋《論語》《孟子》《小學》等儒家經典的六經以及"關於時"的新"六經"。洪吉周使用"六經"一詞，通常不是傳統時代普遍認爲的經學範疇上的六經，而是對儒家經典的相當廣泛的統稱。這一點亦可成爲不應從純粹的經學角度而應從文學角度考察洪吉周六經論的佐證。本文還考察了洪吉周對六經的時文性與語言自然性的關注，這不僅爲洪吉周六經觀的重要組成部分，而且爲洪吉周創作論的核心依據。此外，本文介紹了洪吉周從文章、文體角度談論六經的多種情況。

結尾之際，本文要補充的是，爲了全面瞭解洪吉周的六經論，還需要關注洪吉周的家學、所交遊的文人與中國六經論的影響等方面。分析洪吉周對其父親與兄長觀點的引用，我們可以發現家學對洪吉周六經觀的形成起到重要的作用。而通過分析洪吉周所引徐有榘與金祖純的論爭，我們可以瞭解到除了洪吉周以外還有一些文人持有新"六經"的觀點。認識到其間的共同性，我們可以從文化背景中更全面瞭解到洪吉周的六經觀。除此之外，值得關注的是袁枚的六經觀與洪吉周的六經觀之間的相似性。洪吉周曾經稱許袁枚，謂："近世袁隨園，才思超佚，前無古人。雖或未醇於法，要是詞場之勍敵。使東國之朴燕巖生於中州，當旗鼓併立，未知鹿死誰手。"[1] 在此洪吉周將袁枚與其推許的朴趾源相提並論，可窺見洪吉周對袁枚的欣賞。

袁枚曾提出"文章始於六經"、"六經，文之始"等"六經皆文"的觀點[2]：

> 夫德行本也，文章末也。六經者，亦聖人之文章耳，其本不在是也。古之聖人，德在心，功業在世，顧肯爲文章以自表著耶？孔子道不行，方雅言《詩》《書》《禮》以立教，而其時無"六經"名。後世不得見聖人，然後拾其遺文墜典，强而名之曰"經"。增其數曰六、曰九，要皆後人之爲，非聖人意也。是故真僞雜出而醇駁互見也。[3]

---

① 洪吉周《縹礱乙幟》（下）卷十二《叢秘紀二·睡餘放筆上》，頁 579。
② 關於袁枚的經學觀，本文主要參考了黄愛平《袁枚經學觀及其疑經思想探析》，《清史研究》2004年第 3 期。
③ 袁枚《小倉山房詩文集·文集》卷十八《答惠定宇書》，頁 1528—1529。

　　文中兩個觀點可以與洪吉周的觀點相互比較。首先，袁枚認爲六經、九經之分，並非聖人原意，故此在瞭解其文本本質之時，不必太在意。這一觀點類似於洪吉周認爲"六經"、"經"所指範圍并不固定的觀點。袁枚謂："六經中，惟《論語》《周易》可信"①，用六經一詞涵蓋《論語》。這一說法亦與洪吉周存在一定的親緣性。但也有不同點：袁枚據"經"之名來自於"異端"莊周，謂"其命名未可爲據矣"②，即以六經、九經之名乃後人所起爲由，排除六經、九經之名具有的權威性，而洪吉周則雖然認定"經"産生的時代與後來對"經"的絶對認識不同，但對六經、九經、經之名仍賦予儒家文化精髓的意義。其次，袁枚指出：六經之文"真僞雜出而醇駁互見"。其又云："六經者，文章之祖，猶人家之有高、曾也。高、曾之言，子孫自宜聽受，然未必其言之皆當也。六經之言，學者自宜參究，亦未必其言之皆醇也"③，將六經相對化、歷史化。而洪吉周雖認爲六經的語言並非盡善盡美，卻重視其"時代性"、"語言自然性"所達到的境界，以之爲自己文章所要達到的終極典範④。

　　洪吉周的文論，通常被認爲主要受朴趾源的影響，而接近於朴趾源的文論。但至少就六經論而言，兩人之間存在差異。朴趾源提倡"法古創新"，原則上并不否定儒家經典，但其文論没有積極引入儒家經典作爲論據。在朴趾源的文章裏間或援用儒家經典之文，但并不頻繁，反而援用仿《詩》體之作或《論語》對話法來諷刺小說中儒者虛僞的傾向更爲突出。關於朴趾源不甚積極標榜儒家經典的情況，我們已在上文中透過金祖純"朴某使讀《孟子》一章，必不能成句"的批判窺見一二。而洪吉周卻通過積極探析六經的本質、重構六經的概念等方式，將自成一系的六經論納入新文章創作之中，因此洪吉周在非常推崇朴趾源的文章的同時，卻又能樹立自成一系的六經論。

　　綜上所述，本文認爲洪吉周的六經論乃爲其文章論的核心組成部分，可以説洪吉

①袁枚《小倉山房詩文集·文集》卷十八《答惠定宇書二》，頁1531。袁枚在別處也常將《論語》與《詩》《易》納入到六經的範疇裏："六經以道傳，實以文傳。《易》稱修辭，《詩》稱詞輯，《論語》爲命，至於討論修辭而猶未已。"《小倉山房詩文集·文集》卷十《虞東先生文集序》，頁1380。

②袁枚《小倉山房詩文集·文集》卷十八《答定宇第二書》，頁1530："三代上無'經'字，漢武帝與東方朔引《論語》稱'傳'不稱'經'，成帝與翟方進引《孝經》稱'傳'不稱'經'。六經之名，始於莊周；經解之名，始於戴聖。莊周，異端也；戴聖，贓吏也。其命名未可爲據矣。"

③袁枚《小倉山房詩文集·文集》卷十八《答定宇第二書》，頁1530。

④至於六經的具體分析，二人之間有同有異。例如二人皆否定微言大義的《春秋》筆法，但是對於孔子删《詩》說，袁枚認爲孔子未删《詩》，而洪吉周認爲孔子曾删《詩》。關於二人對六經具體分析上的異同，有待進一步考察。

周在朝鮮後期尊崇儒家文化背景的基礎之上，建構起反映自己思維模式的觀點，值得重視。

　　（附記：本文是在 2017 年 7 月 1 日南京大學召開的 "第二屆南京大學域外漢籍研究國際學術研討會" 會議論文基礎上修改而成的，并曾刊載於《中國學論叢》第 57 輯，首爾：高麗大學中國學研究所，2017 年。）

日本漢籍研究

站在禹域的角度來看日本古漢籍的特徵

静永健

（日本九州大學）

《集注文選》、金澤文庫本《白氏文集》等日本傳承至今的中國古典漢籍，在近年"域外漢籍研究"的提倡之下，終於得到了日中兩國乃至東亞學界的重視，開始了一系列真正具有學術意義的研究，這無疑是一件值得慶幸之事。

然而另一方面，諸如《文選》《白氏文集》等，在中國也存在着數量頗多的貴重古籍，其中更不乏宋代刊本。如果能將這些保存於中國的古文本整理彙集，並參校現存於日本的古本（大致書寫於十一至十三世紀），這不但對於中日文化交流史研究，對中國古代文學研究之本身，也可謂是一件意義非凡之事。因爲無論是《文選》還是《白氏文集》，宋刊本及以宋版爲底本的覆刻本（仿宋本），即使包括殘卷零葉，也大多不過只有兩三種本子存世。也就是説，作爲本文校勘的底本數量稍顯不足，如果於此能加上隋唐宋元時期傳承至海外的文本，其校勘之精度無疑可以得到極大的提高。

另外，宋元時代印刷術雖然有所普及，然傳播於文人手中的應該説大多還是手寫之鈔本，考慮到這一歷史事實，如果我們在校勘古籍時只使用刊本，亦不免會留下一些以偏概全的遺憾。比如通過手寫鈔本，我們可以對每一時期所特有的異體及別體、省略等字樣（如"虎 [虎] ""躰 [體] ""煞 [殺] ""曰 [因] "等，以及現在作爲簡體字還在使用的"弃""万""尔"等）予以確認，這當然也是手寫鈔本之不可否定的價值之一。而更爲重要的是，在下文將有詳述，傳入日本的古本漢籍並非出自某種偶然而被帶到了海之彼岸。要之，無論是《文選》還是《白氏文集》，這些現存於日本的古寫本，均可追溯到早於版本系統的唐鈔文本，其文本價值，在一定程度上可謂優於中國現存諸本。

於此我們可以先來看看書寫於金澤文庫本《白氏文集》第十二卷卷末的跋語，以下按時間順序附上序號將其排列於下：

（1）會昌四年十四日，等鴈惠白。

（2）寬喜三年三月三日書写了，寂有。

（3）同月中旬校合移點了，右金吾校尉豐奉重。

（4）嘉禎二年三月十一日，以唐本聊比校之了。

（5）建長四年正月一日傳下貴所御本校合又畢，唯寂房書写之。

根據（1）可知金澤本之直接底本爲（唐）844 年日本僧慧萼抄寫本。根據（2）可知此卷乃日本 1231 年經寂有之手抄寫而成。根據（3）可知同月金澤本之所有者豐原奉重對此卷之本文進行了訓點標注。而（4）（5）兩則跋語則顯示，在（日本）1236 及 1252 年，此本之主人又借用了其他本子對此卷進行了文字校合。根據這些卷末跋語不難看出，此本之祖本乃是唐會昌鈔本。此後又兩次使用他本進行了文字校勘，其中（4）所提到的“唐本”，現在一般被認爲是中國已經散佚了的北宋刊本。如上所考，傳承於日本的古寫本《文選》及《白氏文集》，其所包含的文本信息之豐富，對於今日之校勘來說，無疑具有極爲珍貴的意義。因爲這些本子不但源自於最古的鈔本系統，還在傳承過程中使用了各個時期的優質文本進行了細緻的文字對校，在同一個卷子上保留了各時期文本變遷之具體形態。

另外，值得我們重視的是，古代日本文人在抄寫漢籍時，還會將一字一句轉換成“和語”予以確認，這種讀書法到後世更演變爲一種被稱爲“訓讀”的特殊讀書法。只是在“訓讀”方法體系得到確立之前，古代日本讀書人對於漢籍文字，不只局限於文字本身，對訓詁也會予以再三的確認。要之，對於在中國本土抄寫時所產生的同音訛誤、“魯魚、章草、烏焉馬”等形近誤字，日本古人會在其旁邊注上本來正字的讀音。而根據這些讀音，我們又可復原出其訛寫前的正確原文。

今天，我想站在中國文學研究的視點上，對傳承於日本的古漢籍（日本學界一般稱之爲“舊鈔本”）的特徵作一些簡介。由於文獻浩瀚，無法全部列舉。因此在具體的例證上面，我想請求大家允許我只集中在《文選（集注文選）》和《白氏文集》（特別是神田本及金澤文庫本）之上。如有以偏概全之嫌，還懇請與會學者多多郢正。

一、是地域之異，還是時間之差？

如上所述，“域外漢籍”這一學術用語的提出，給日本及韓國等海外中國古典研究注入了新的活力，是一件可慶可賀之事。不過，也毋庸諱言，這一用語也常常導致出一些誤會，其中之一就是有學者往往會根據“域外”一詞，而將這一學術範疇誤解爲漢籍僅是從地理空間來予以區分的。

當然，諸如“和刻本”或“朝鮮本”之稱呼，中國之外出版的書籍借用其地區或國名予以冠名也是一件簡單方便之事。然而，對於這種地域差異的強調，更主要還是出自於書志學或目錄學研究之需要。而對於文學及文獻學研究之本身來說，無論是閱讀《文選》所收作品，還是對唐代詩歌進行鑒賞，更重要的不是文本抄寫或出版的地域之異，而在其時間之先後。

於此可先舉一個比較容易理解的例子來予以說明。李白《静夜思》是一首老幼皆知的唐詩名作。現在中國的小學教科書及一般的唐詩鑒賞書均將其第一句寫作“床前明月光”。然而，日本的教科書及面向一般市民所出版的教養類書籍之中則大多將此句寫爲“床前看月光”。這一現象粗看似可解釋爲一種因傳播地域之異而產生的文本差別，然事實並非如此。導致這一差異的真正之原因在於日本所録這首李白詩的底本爲出版於明代萬曆時期的據傳爲李攀龍所編的《唐詩選》，而現在中國方面所用的底本則是清乾隆時期蘅塘退士所編的《唐詩三百首》。要之，這首《静夜思》的文字異同，純粹只是一個因底本傳入時間之先後而導致的偶然差異，並非深蘊了什麼所謂的國家民族美學思想之不同。其實在中國，文學作品因時間（朝代）變化而導致文本更改之現象並不是一件稀奇之事。然而，海外傳承的作品，卻往往忠實地保留了其傳入時的原始形態，這亦可視爲海外中國古典書籍的一個重要特徵吧。

讓我們再來看看《白氏文集》所收《新樂府五十首》其九《新豐折臂翁》的第29、30句。以南宋紹興刊本爲代表的中國諸版本均作“骨碎筋傷非不苦，且圖揀退歸鄉土”，然書寫於日本嘉承二年（1107）的神田本《白氏文集》卻將這兩句倒寫爲“且圖揀退歸鄉土，骨碎筋傷非不苦”，從語義文脈上來看，兩種文本之文脈俱通，而從文學鑒賞的角度來看，文意亦無大礙。因此，現在出版的各種點校本大多採用了南宋紹興刊本的語順，至於後者，最多也就是在注釋中提提而已。

然而儘管如此，神田本所録文本其實還是不容忽視的，有可能這纔是白詩之古貌，值得我們作進一步探討。首先，考神田本這兩句所謂的乙倒，其實並非日本鈔本所獨有的異文，在明正德刊本《白氏諷諫》及中國國家圖書館所藏別一系統之明刊本《白氏諷諫》（公文紙本）、清盧文弨《群書拾補》校勘記、從敦煌文書中所發現的白詩鈔本（P. 2492 號）中均可找到佐證。

毋庸置疑，敦煌莫高窟所藏書籍（最遲也不晚於十一世紀前半）與日本平安時期的舊鈔本當無多少地理上的聯繫。因此《新豐折臂翁》詩的這處本文差異（其他亦多一致之處）當非出自地域之異，而是顯示出從唐末乃至北宋初期在中國曾廣範圍流傳着這一文本，凸顯出了一種時間上的横向聯繫。

另外，日本舊鈔本大都爲直接書寫於紙卷上的筆鈔本，不可避免地存在着或多或少的誤寫誤抄。因此，在考察諸如傳承於日本的這些域外文獻時，更需要特別留意甄別其與其他舊鈔本之異文是否一致、與中國現存版本（即使版本數量衆多中的一兩種）是否一致。要之，發現文本不同之處固然重要，然注意到同一時期文本的“共同之誤”，也應該是文本傳承史研究之不可忽視的一種基本方法。下以《集注文選》卷五十九所收陶淵明有名的《飲酒》（《文選》題爲《雜詩》）爲例來做一個説明，文如下：

采菊東籬下，悠然望南山。

衆所周知，此句現在通行的陶淵明文集和選集多作“見南山”。一方面，考現存《文選》諸本（李善單注本、五臣注本、袁本、茶陵本）均作“望”，並無一作“見”處。對於這一文字異同，蘇軾《東坡題跋》卷二認爲“望”字乃當時“俗本”之誤，而“見”字纔是陶淵明之原文。然日藏舊鈔《集注文選》卷五十九此處亦作“望”，且由此可知《集注文選》所據唐初通行本亦當是作“望南山”，而“見南山”則當是唐末五代之後所出現的一處異文。要之，對照日本傳承的舊鈔本，我們不難看出，這一異文的出現亦並非由於地域之異，而也應該屬於因（朝代）變遷而導致的一處文本變化。

二、日中讀者階層之差異

古代東亞時期，特別是奈良（8 世紀）、平安（9—12 世紀）、鐮倉（13—14 世紀）時期有大批中國書籍（也就是漢籍）傳入了日本。也就是説，從唐到宋元時期中國所流傳的大部分書籍基本上都可視爲曾被輸入了日本。不過，即使是同一時期，中國與日本對於同一種書籍的閱讀態度亦存在着不盡相同之處。如《遊仙窟》，在唐代不過只是一種屬於娛樂性質的小説，然在日本卻得到了格外珍重，且被後世視爲一個重要的閱讀文本，得到了有序的傳承。這些《遊仙窟》文本，直到近代在魯迅等人的努力下纔終於重返故里，爲中國學者所知。由此可以看出，漢籍在日本之傳承，有時候甚至與其内容之高雅並無多大關係。於下再以《文選》和《白氏文集》爲例，來對這一問題再稍加説明。

鐮倉時代中期有一位名叫安達泰盛（1231—1285）的著名武將，他在第 88 代天皇後嵯峨上皇（1220—1272）一周年供養祭之際，於高野山奧之院奉立了一塊“聖忌都婆”碑（日本文永十年［1273］立），在碑文中陳述了其所受到的上皇種種寵幸。其中有一段文字云：“就中二史、《文選》之古典者，萬代不朽之重寶也。”也就是説，他曾從上皇處拜領到了“二史”（指《史記》《漢書》，或指《漢書》《後漢書》），視爲萬世傳家之“重寶”。安達泰盛之所以會如此感激涕零，這是因爲同一時期的中國由於科舉制度早已得到了確立，只要是讀書人基本上不受出身門第限制可以讀到各種各樣的書籍，然在十三世紀的日本能夠有資格閱讀及收藏漢籍的，還只限於天皇身邊的很少一部分頂尖貴族及政權中樞的部分權臣，漢籍成爲了一種身份認同的媒介。換言之，除了極少部分佛典禪籍，日本印刷術的推廣之所以會比中國晚數百年之久，乃是因爲漢籍已經成爲了以天皇爲頂點的貴族階層所獨佔的一種地位象徵（status symbol），被嚴格控制在一個極小的範圍之內，根本就没有大量出版刊行的必要。

《白氏文集》亦不例外。由於《白氏文集》是以《源氏物語》爲代表的日本古典文學（由假名文字所撰寫而成的文學作品）之最爲重要的典故來源書籍，因此較《文選》應該有着更爲廣泛的傳播與閱讀。然而，由於諸如直接閱讀漢文之艱難、文集卷帙繁多、書寫不易等原因，七十卷全本之《白氏文集》的傳播亦同樣十分有限。近世（17 世紀）和刻本出版以前，白居易詩歌的傳播大都只局限諸如《長恨歌》《琵琶行》等單篇名作，另外就是一些白詩名句的選集（平安中期大江維時［888—963］所編《千載佳句》上下卷，收白詩 506 聯；藤原公任［966—1041］所編《和漢朗詠集》上下卷，收白詩 136 聯），這也就足夠滿足時人對白居易詩文之需要了。

《白氏文集》卷三、四所收的《新樂府五十首》也是一個可以用來説明日中兩國古代漢籍讀者階層之不同的好例子。這兩卷舊鈔本，以前文提到過的神田本（日本嘉承二年［1107］）爲最古，其後有多種寫本分藏在以天皇家（宮內廳書陵部）爲首的貴族、寺廟、神社等各種藏書機構（也就是所謂的“書庫”）。現在可以得到確認的即多達三十多種，考各種寫本之間的承續時間長達數百年，然上文所提到的“異文”卻基本一致，可以確認爲同一系統。之所以這些鈔卷會得到如此有序的傳承，乃是因爲擁有閱讀這些鈔卷的日本古代文人，與中國本土極爲廣泛的文人階層有着本質上的不同。於此可以卷軸本神田本《白氏文集》（即《新樂府》詩卷）第三卷卷末跋語爲例來做一個説明。卷三末跋語全文如下（〔　〕內用二重線删除的十二文字，乃原本用黑墨塗抹掉的部分）：

嘉承二年五月五日未時書寫畢。〔於時看保子之射，聞郭公之聲〕　藤原知明改茂明

天永四年三月廿八日哺時雨中點了。藤原茂明

另外，同第三卷紙背另有跋語如下：

保延六年四月廿日授三男敦真（改敦經）了。抑此書一部給敦真了，蓋是白

家之詩情，爲令繼文道於儒業而已。李部少卿茂明

從以上跋語可以看出，這個鈔卷本是日本嘉承二年（1107）五月藤原知明（後改名爲茂明）所抄之物。天永四年（1113）三月，茂明又在本文之中加入了訓點。二十七年之後的保延六年（1140）四月，藤原茂明將這個卷軸傳給了三男藤原敦真（後改名爲敦經）。我曾經根據這些跋語指出，這個卷軸應該是藤原茂明家的私家傳承之物。其根據是因爲“佽子”一語典出李善注《文選》卷三所收張衡《東京賦》“佽子万童，丹首玄製”，由此可推測出藤原茂明在抄寫這個卷軸時，其子（當是其長子）正在庭院裏練習射箭。至於爲何這十二字後來會被用墨塗抹掉，當時推測這位練習射箭的男孩後來極有可能不幸夭折了。不過根據現在掌握的文獻來看，這個推論可能有誤，需要予以修正。這是因爲根據其他文獻可推測出藤原茂明大致出生於日本寬治七年（1093）前後，這樣的話嘉承二年（1107）時他還不到十五歲，從年齡上看，當時還不太可能就有了一位可以玩弄弓箭的男孩。

那麼，這位被塗抹掉了的“佽子”又究竟是何人呢？根據現有資料，在此我想提出一個新的推論。根據文獻記載可知藤原茂明當時名列文章得業生，乃是一位深受朝廷期待的漢學逸才，被任命爲皇子的侍讀。因此，嘉承二年抄寫這一詩卷的地點，極有可能不是在他自己的住處，而是在宮廷之內。也就是説，這個“佽子”，並非茂明的兒子，極有可能是某位皇族或擔任近侍的少年，而符合這一推測的人物恰巧存在——宗仁親王。宗仁親王生於康和五年（1103），嘉承二年年值五歲，恰是到了端午節時可以玩弄用於辟邪之弓箭的年齡。然而，此卷抄寫之後不到兩個月，七月十九日，一向病弱的第73代堀河天皇突然駕崩，同一天宗仁親王（鳥羽天皇）匆匆即位。或是得到了親王（“佽子”）即位的消息，茂明急忙將當時不經意所寫下的這十二個戲筆之字塗掉。如此看來，我們也沒有必要再去懷疑有關藤原茂明生年資料的真僞了。

根據上述推測，我們又可以對“保延六年（1140）”跋語來做出一個合理的解釋。要之，茂明之所以要在此年將這個卷軸傳給兒子敦經，乃是爲其即將接班擔任鳥羽天皇的皇子躰仁親王（1139—1155）之侍讀做好準備。躰仁親王出生於保延五年五月十八日，這一年雖然還是一位未滿一歲的嬰兒，然而由於其父鳥羽上皇的堅持，其時已經完成了立太子之儀，而且決定了在翌年（永治元年［1141］）即位天皇（第75代近衛天皇）。也就是説，藤原茂明將這個必讀之《新樂府》詩卷傳給了兒子敦經，當是爲了其能在將來承擔起年幼天皇之教育所做的準備。

再附言一句，最近這個《神田本白氏文集（新樂府卷）》出版了極爲精緻的原樣高清復原卷（東京：勉誠出版，2012年）。通過這個復原卷，我們可以清楚地看到第

三卷紙背印有一個奇妙的小孩墨手印。而卷軸本文《新豐折臂翁》處，也有幾處或是出自小孩遊戲塗上的墨痕。根據這些墨跡手印，我們或可以想象，在不到三歲就即位了的近衛天皇面前，藤原敦經是如何費盡了心思向其傳授了這卷皇族必讀的《新樂府》詩卷。

三、書籍不會單獨渡海傳來

如上所述，從中國傳來的漢籍群在古代日本屬於極爲珍貴之物。這些卷軸書籍當然不會是自己隨波"漂流"到日本的。且這些怕水怕火的書籍，本是商舶物品之中最容易損壞之物。要之，日本古代所藏的這些數量巨大的漢書籍群，既非偶然傳入之物，亦非容易渡海之物。每一次書籍的傳入，都隱含着一個波瀾起伏的故事。然而，在當今的"域外漢籍研究"之中，對於這些具體承擔書籍傳入的人物、途徑及背景還少有詳細的研究，不能不説稍顯遺憾。

元稹《白氏長慶集序》所記"雞林賈人"故事人所皆知，十分有名。"雞林"，一般的辭典多解釋爲新羅國的雅稱。然而元稹遇到商人乃是在浙東觀察使任上（823—829）的紹興，從這一地理位置來看，我們也不能排除其中包括日本商人的可能性。即使全部都是新羅國人，也不能排除他們的貿易對象除了"本國宰相"還有日本商人的可能性。於此亦可以從日本史書中找到文獻證據，如《日本文德天皇實錄》卷三就曾記録日本承和五年（838），出任大宰少弐的藤原岳守（808—851）在博多港貿易船中找到了一部《元白詩筆》，將其獻給了第54代仁明天皇（810—850），岳守則因獻書之功而被提拔至從五位上。

毋庸贅言，漢籍傳入日本最主要的途徑，是連結浙東地區當時被稱爲明州的寧波港和日本九州島北岸博多港的航路。而這一傳播途徑的出發點，也在日本現存的舊鈔卷中留下了不少可以追尋的痕跡。如《白氏文集》卷二十所録《杭州春望》詩便是一則好例，其通行諸本詩文如下（〔 〕內文字爲原文自注）：

> 望海樓明照曙霞〔城東樓名望海樓〕，護江堤白蹋晴沙。濤聲夜入伍員廟，柳色春藏蘇小家。紅袖織綾誇柿蒂〔杭州出柿蒂花者尤佳也〕，青旗沽酒趁梨花〔其俗釀酒趁梨花時熟，號爲梨花春〕。誰開湖寺西南路，草緑裙腰一道斜〔孤山寺路在湖洲中，草緑時望如裙腰〕。

按，此詩頷聯二句被選入了平安中期大江維時（888—963）所編《千載佳句》上卷"春興"，然其文如下所示，存在着幾處明顯的異文：

　　潮聲夜入伍員廟，柳色春藏蘇少家　白　錢唐春即事〔杭州春望ィ〕

後一句"蘇"乃"蘇"之異體字，"小"作"少"則是舊鈔本常見的一個抄寫異文，無關大礙。需要引起我們注意的是第一句開頭的"潮聲"二字，通行諸本（宋紹興刊本等）皆作"濤聲"。不過，查檢現存唐詩用例，並不乏有將杭州灣大海潮稱爲"潮聲"的用例，究其數量，甚至還要多於"濤聲"。如"樹色分揚子，潮聲滿富春"（王維《送李判官赴江東》詩）；"浙中山色千萬狀，門外潮聲朝暮時"（劉長卿《送陶十赴杭州攝掾》詩）等等。另外在白居易詩中亦可找到相同用例，如"已想海門山，潮聲來入耳"（《白氏文集》卷八《長慶二年七月自中書舍人出守杭州，路次藍溪作》）等等。總之，《千載佳句》所作的"潮聲"二字，不應該簡簡單單地就視之爲一個無關緊要的誤抄。

　　其次，還要引起我們注意的是詩題"錢唐春即事"五字。按，現存《白氏文集》諸本無一作此，而《千載佳句》原本亦在正文旁標注"杭州春望ィ"（"ィ"乃表示異文的日本語片假名符號）。由此可以看出，"錢唐春即事/杭州春望"這一詩題，絕非傳抄時所產生誤寫。極有可能白詩原題就是"錢唐春即事"，爾後白居易將此詩寄給長安或其他各地親友時又將其改作"杭州春望"。這可以劉禹錫詩集所收《白舍人自杭州寄新詩有"柳色春藏蘇小家"之句，因而戲酬，兼寄浙東元相公》一詩爲證。另外，上引詩文，今存《白氏文集》卷二十所收原詩句中還插入了介紹杭州名勝及地方特產的詳細自注，而這些對於杭州本地人來說是無需予以特別説明的，因此這些注語也當是後來寄出之際所加的。"錢唐（塘）"本是杭州之古地名，爲白居易所好喜用，顯然較表示行政管轄區域之"杭州"更爲典雅。如白居易在左遷江州司馬時所寫的《琵琶行》一詩中，既有行政地名"江州"的表述，在詩歌中亦明確提到了"潯陽江頭夜送客"，使用了其古地名"潯陽"。綜上所述，可推知白居易在寫下此詩時之原題極有可能就是《錢唐春即事》，此後，在將詩寄給諸如劉禹錫等友人時又將詩題改成了《杭州春望》，同時加入了詳細的自注，便於友人瞭解詩中所詠的風土人情。

　　如果上述考證無誤的話，可以看出，日本《千載佳句》所引白居易詩句當保留了一部分正式編入《白氏文集》之前詩句的原始形態，而這又以杭州刺史（822—824）及此後蘇州刺史（825—826）時代的作品居多。要之，這些作品在寫下之後，便通過明州（寧波）⇔博多這條途徑在當地抄寫之後在第一時間被帶入到了日本。因此，白居易詩傳入日本之時期，有可能比現在已經成爲定説的838年還要早很多，這也值得我們今後去作進一步的探討。

　　最後，再讓我來談談有關對於《集注文選》的一些私見。衆所周知，《集注文選》

保留了大量他本不存的隋唐古注——可上溯到初唐時期的曹憲以及公孫羅《文選鈔》《文選音決》、玄宗開元年間的陸善經注等。這些《文選》古注群文獻，幾經日本平安文人的抄寫而能够保存至今，可謂一大"奇跡"。其中，這些古注之所以會東傳到日本並得以保存，也極有可能與以寧波爲中心的中國江南地區乃漢籍東傳之源頭不無關係。要之，無論是曹憲還是公孫羅、李善，其學術之根據地都在位於南方的揚州江都，或許正是這種地理之便，爲這些古注傳入日本提供了一個不可缺少的機緣。

我供職的九州大學中國文學研究室面對大學院生開設了一門以《集注文選》爲底本的文獻精讀課。在解讀這些《文選》古注時，我們往往還能體會到當時江南文人在文化地位上的一絲矜恃。諸如《集注文選》卷五十六（李善注《文選》卷二十八）所收謝朓《鼓吹曲》云：

> 江南佳麗地，金陵帝王州。逶迤帶綠水，迢遞起朱樓。飛甍夾馳道，垂楊蔭御溝。凝笳翼高蓋，疊鼓送華輈。獻納雲臺表，功名良可收。

這是一首吟詠古都南京的傑作。針對南京古地名"金陵"，李善注引《吳錄》（晉張勃撰，現佚）言此名源於春秋時代楚武王之命名，秦始皇南巡之際因望此有"王者氣"而對南側山丘進行了挖掘以便消解後患。而另一方面，撰成於唐玄宗時期的五臣（呂向）注卻只有一條"金陵，地名也"的簡潔説明。雖然説五臣注大多簡潔質樸，但亦可看出，出身於甘肅省涇州、少小生長在洛陽陸渾山的呂向，對於南京之古地名及其典故軼事，或許根本上就沒有多大興趣。

而第三句"綠水"注亦反映出了同樣的傾向。李善注引左思《吳都賦》"亘以綠水"來予以説明，而五臣（李周翰）注則毫無提及。而另一方面，《集注文選》所存陸善經注云"綠水，謂秦淮也"，對之前所提到的有關金陵秦始皇故事進行了呼應。雖然陸善經的事跡現在還有甚多不明之處，然其或亦可推測爲發祥揚州的《文選》學譜系中的一人。

接下來的第六句之"御溝"，李善注先引《洛陽記》（傳爲晉陸機撰）指出此乃與東都洛陽同名的護城河，接着又引晉崔豹《古今注》指出長安亦有同名護城河，兩岸種有楊樹。總之，李善指出古來帝王都城之護城河均稱"御溝"。然五臣（劉良）注卻云"御溝，長安有之，金陵擬而作也"，認爲南京"御溝"不過是對長安之模仿。南京之"御溝"，是否如五臣所言乃仿造長安所作，當然值得懷疑。歸根結底，以劉良爲首的五臣，大都成長於以長安爲中心的北方區域，其對江南的風土、典故既無多少知曉，亦無興趣去查證文獻，因此其注也就大都只是停留在了一個臆測的領域。

幸運的是，今天我得到了能够在南京大學彙報此文的寶貴機會。通過考古調查，近年有關古都南京的研究據説得到了突飛猛進。對於這首謝朓詩中南朝古跡的注釋，如果能得到熟悉南京之風土人情的諸位先生的賜教，那麼對於我來説，亦不失爲人生之一大幸事也。

（陳翀　譯）

《源氏物語》古注釋書所引漢籍考

——以《光源氏物語抄》爲例

河野貴美子

（日本早稻田大學）

《源氏物語》（十一世紀初成書）是用"和文"（主要以平假名寫作的日文）寫成的代表日本古典文學的最著名的作品。《源氏物語》的知名度到現在爲止一直遠遠超過其他作品。其實，平安後期（十二世紀）以後，無數《源氏物語》注釋書的出現就顯然説明，對後人而言，《源氏物語》無疑是應該閱讀學習的經典之一。

《源氏物語》的文體是完全用日語來寫的"和文"。雖然如此，《源氏物語》的古注釋書中到處可見從中国古文獻引用文句來解釋《源氏物語》中"和語（日文）"、"和文"以及"和歌"之處。本文通過關注《源氏物語》古注釋書利用漢籍附加注釋的部分，來探討《源氏物語》與漢籍的關係，以及日本語言文化、學術文化與漢字、漢語、漢詩、漢文的關係。

本文具體研究的對象是《光源氏物語抄》（撰者不詳，1267年左右成書）[1]。現存最早的《源氏物語》注釋書是藤原伊行（？—1175?）所撰的《源氏釋》，此外還有藤原定家（1162—1241）所撰的《奧入》等。不過到了《光源氏物語抄》，其所引的漢籍文本與之前的注釋書相比大幅度增加。筆者認爲，《光源氏物語抄》的注釋方法和態

---

[1] 有關《光源氏物語抄》的基本信息參照栗山元子《解題　光源氏物語抄（黑川文庫本）》，中野幸一、栗山元子編《源氏物語古注釋叢刊》第一卷《源氏釋　奧入　光源氏物語抄》，東京：武藏野書院，2009年。栗山元子《〈光源氏物語抄〉編者考—金澤實時説の檢討を中心に—》，載陣野英則、新美哲彦、横溝博編《平安文學の古注釋と受容》第二集，東京：武藏野書院，2009年。新美哲彦《〈光源氏物語抄〉解題》，財團法人正宗文庫、國文學研究資料館、ノートルダム清心女子大學編《正宗敦夫收集善本叢書》第Ⅰ期第一卷《光源氏物語抄》，東京：武藏野書院，2010年等。

度，反映了十三世紀時引領日本學術文化之中堅人物的教養以及學識狀況。其中，本文最想關注的是，他們在非常積極地研究"和語"和"漢語"、"和文"和"漢文"、"和歌"和"漢詩"相互之間關係的同時，努力闡明"和漢"這兩种成分是如何結合而構成日本"語文"的。並且，本文通過觀察從事"源氏學"的文人學者的工作，來分析以《源氏物語》爲首的日本古典文學的特徵。

在日本，像《源氏物語》這樣的"小説"有很多注釋書，同時把這些"小説"作爲應該閱讀的經典而學習，這與中國古典學的傳統相比完全不同，可以説是日本獨特的狀況。比如，古代日本人爲了閱讀唐代傳奇小説《遊仙窟》非常努力，在日本現存的《遊仙窟》文本中有非常詳細的訓點符號或者注釋。這些都可以説是古代日本人拼命"學習"小説的具體表現。雖然如此，《遊仙窟》在中國早就散佚，連在目錄中也沒有著録。與此相反，在日本吸收利用《遊仙窟》中的很多詞彙表達而撰寫的《源氏物語》，其成書以後馬上受到狂熱的歡迎。代表平安後期的和歌大師藤原俊成（1114—1204）曾説："没有看過《源氏物語》的和歌作者是不行的（源氏見ざる歌詠みは遺恨の事なり）。"[1] 另外，同樣代表平安後期、鎌倉初期的和歌詩人鴨長明（1155—1216）説："《源氏物語》是最佳物語（物語は源氏に過ぎたるものはなし）。"[2] 就這樣，《源氏物語》被認爲是最有價值、最有權威的和歌以及和文的模範著作。那爲什麼《源氏物語》古注釋書對於《源氏物語》的"和語"、"和文"、"和歌"要引用"漢語"、"漢文"、"漢詩"來做解釋的呢？筆者認爲，是因爲日本語言文化、學術文化包含着"和"和"漢"的兩大主力，任何一個都必不可少，如果想要研究日本文學和文化就離不開漢籍。《源氏物語》古注釋書的方法和態度就反映着日本的這種情況[3]。本文想要考察《光源氏物語抄》中的注釋是如何探究《源氏物語》中"和語和文"和"漢語漢文"之關係的。筆者認爲，考察《源氏物語》古注釋書不只是爲了研究《源氏物語》，對於研究日本語言文化、學術文化的歷史和變遷，也有非常豐富的文獻價值。

下面，舉幾個具體的例子，考察一下《源氏物語》古注釋書所引的漢籍情況。

---

① 久保田淳、山口明穗校注，《六百番歌合》，《新日本古典文學大系》第38卷，東京：岩波書店，1998年。

② 久保田淳譯注《無名抄》，東京：角川書店，2013年。

③ 參照前田雅之《和語を和語で解釋すること——一条兼良における注釋の革新と古典的公共圈—》，《文學》第9卷第3號，2008年；松本大《典據から逸脱する注釋—中世源氏學の一樣相—》，《源氏物語古注釋書の研究—〈河海抄〉を中心とした中世源氏學の諸相—》，大阪：和泉書院，2018年。

一、學問的基礎——小學

對於古代日本人來説，學問的基礎是“小學”，他們首先需要的就是識字（漢字）能力。更具體地説，如果要成爲有學問的人，首先需要懂漢字的音義和讀寫漢字的能力，並且需要把漢字的含義（訓）用日語掌握好（或者把漢字的含義譯成恰當的日語），然後熟記中國成語及其故事，通過如上的訓練培養寫作基於古代典故的雅致文章的能力。假名出現以後（九世紀以後），這時古代日本成書的蒙書、辭典以及注釋書類，一直探討某個漢字、漢語、漢籍中包含的典故和故事（“本文”）的信息。如果想要學習語文，必須得懂“和語”和“漢語”、“和文”和“漢文”的關係，還得深入瞭解“漢籍”，這樣的情況對於古代日本知識分子來講是不可避免的“宿命”①。

《古事談》（源顯兼撰，1212—1215 左右成書）中有一個故事就反映了上述情況。

> 文時之弟子，分二座テ座列之時，文章座二八保胤爲一座，才學座二八祢文爲一座。而只藤秀才最貞企參上致諍論云々。文時被問由緒，最貞云，切韻文字ノ本文，無不知之云々。文時八又史書全經專堪之者也。仍尚以祢文爲一座云々。

（《古事談》六一三十六）②

“文時”是代表古代日本學者最高成就的菅原道真（845—903）的孫子菅原文時（899—981）。他的徒弟聚會的時候，作爲最擅長於“文章”的人，慶滋保胤（？—1002）就第一座。作爲最有“才學”的人，祢文就第一座。彼時，藤原最貞提出異議説：“我這個人《切韻》所載的漢字和本文都知道（所以我應該就座才學第一位）。”但是菅原文時是“史書全經”都知道的人，所以藤原最貞的提議被駁回了③。

這個故事中登場的人物是活動於十世紀時的真實人物。但是，筆者認爲，這個故事記錄的如何判斷學問水平的價值觀，直到《古事談》成書的十三世紀也没有變化，還是被一直繼承着。這個故事説明，爲了成爲有學問的人，先掌握好《切韻》等韻書和辭典

---

① 參照河野貴美子《“文”とリテラシーの基礎》，河野貴美子、Wiebke Denecke、新川登龜男、陣野英則編《日本“文”學史》第一册，東京：勉誠出版，2015 年。
②《古事談·續古事談》，《新日本古典文學大系》第 41 卷，東京：岩波書店，2005 年，頁 553。
③ 參照佐藤道生《“文章”と“才學”——平安後期の用例からその特質を探る》，《句題詩論考——王朝漢詩とは何ぞや》，東京：勉誠出版，2016 年。

所載的漢字音義和用法，然後在這樣的“小學”的基礎上還需要掌握好“史書全經”①。

筆者認爲，這樣的學問風格和方向也與《光源氏物語抄》的注解態度和方法相一致。下面，首先看看《光源氏物語抄》引用中國辭典的注釋部分，然後再看看引用經史文獻的注解。

たゆけにてと云事

堕_窳〔史記／此兩字訓也〕教隆

たゆしは音也。堕，玉云，徒果切。落也。懈也。窳，玉之，俞矩切。器也。而世俗訓祝之由思習歟。依之教隆真人思涉歟。譬八如博士是音也。然世俗存訓歟。〔今案〕

（《光源氏物語抄》桐壺②）

《源氏物語》的主人公光源氏是（虛構的）桐壺天皇的兒子。他的母親桐壺更衣生了他之後身體衰弱，不久就去世了。《源氏物語》的原文在描述桐壺更衣得病之後沒有精神的樣子時，就用“たゆけ（tayuge）”這樣的詞彙來表達她的狀況。以上部分是《光源氏物語抄》對於這個詞彙附加的注釋。

該部分的注釋首先介紹清原教隆的解釋。清原教隆説，“たゆけ（tayuge）”是《史記》所載的“堕窳”③這個詞彙的“訓”。然後《光源氏物語抄》的撰者對此表示不同的看法，引用在《玉篇》所載的“堕”“窳”這兩個字的反切説，“たゆけ（tayuge）”這個詞不是“堕窳”的“訓”，而是基於“堕窳（tayu）”的“音”出來的詞彙④。

“たゆけ（tayuge）”這個詞到底是“堕窳”的訓，還是音，其答案還不明了。但

———

①關於“全經”比如在《二中曆·經史曆·十三經》（鎌倉初期成書）有“《詩》《書》《禮》《易》《傳》，五經。《公羊》《穀梁》，并七經。《周禮》《儀禮》，是九經。《論語》《孝經》，十一經。《老子》《莊子》，十三經。今案，《老子》《莊子》，非全經數”這樣的記載。也參照後藤昭雄翻字的金剛寺藏《全經大意》與解題及《〈全經大意〉と藤原賴長の學問》，《本朝漢詩文資料論》，東京：勉誠出版，2012年。

②《正宗敦夫收集善本叢書》第Ⅰ期第一卷《光源氏物語抄》，頁28（第一帖11丁ウ）。參見《源氏物語古注釋叢刊》第一卷《源氏釋　奥入　光源氏物語抄》，頁153。

③現在通行的《史記·五帝本紀》有“河濱器皆不苦窳”，《史記·貨殖列傳》有“果隋贏蛤……以故呰窳偷生”這樣的記載，但是沒有“堕窳”這樣的詞彙。

④《大廣益會玉篇·阜部》有“隋，徒果切，落也，懈也。堕，同上，又許規切”，《大廣益會玉篇·穴部》有“窳，俞矩切，邪也，器空中也……”這樣的記載。也參照河野貴美子《現代の漢和辭典に求められる内容》，《日本語學》第31卷第12號，2012年。

是筆者在此想關注的是，作注釋的人圍繞"たゆけ（tayuge）"這個少見的詞彙，查看《（大廣益會）玉篇》這樣的基本工具書，探討研究一個"和語"語義的來源和漢字音訓的關係。另外，值得注意的是，《光源氏物語抄》是以"集注"的方式來編纂的，其中也包括像清原教隆這樣的鎌倉時期學術界重要人物的解釋。

清原教隆（1199—1265）是以經學爲家學的清原家的繼承人。他作爲將軍藤原賴嗣以及將軍宗尊親王的"侍講"，也作爲武將北條實時的學術顧問，推進當時鎌倉等關東地區的學問發展，也參與金澤文庫的創建工作。特別是現在日本宮內廳書陵部收藏的金澤文庫本《春秋經傳集解》三十卷保留着清原賴業傳授給教隆、俊隆父子，然後再傳授給北條篤時、顯時等人的訓讀法等，是日本研究中國古文獻學術成果中非常珍貴的寫本①。再有清原教隆是當時參與《光源氏物語抄》所引的其他漢籍講解的人。所以，《光源氏物語抄》的各個注解內容可以説反映着當時在鎌倉活動的學者們的學術與知識集合的意義②。

二、引用經史文獻的注解

下面，看看《光源氏物語抄》引用經史文獻來做注釋的地方。

なたらかにといふ事

〔命吾/公冶長〕糞土之 牆 不〻可〻 朽 〔音烏本式/作朽同慢也〕

（《光源氏物語抄》桐壺③）

光源氏的生母桐壺更衣去世以後，大家都懷念她，她爲人非常温和，在這樣的情境下，《源氏物語》的原文用"なたらかに（nadaraka—ni）"這個詞彙來表達她的性格。

在此，《光源氏物語抄》的注釋引用《論語·公冶長》"朽木不可彫也，糞土之牆

---

①參見鎌田正《舊鈔卷子本 春秋經傳集解に於ける賴業の訓説とその傳授について》，《書陵部紀要》第8號，1957年。佐藤道生《關於舊鈔本金澤文庫本〈春秋經傳集解〉》，劉玉才、潘建國主編《日本古鈔本與五山版漢籍研究論叢》，北京：北京大學出版社，2015年。也參見小林芳規《平安鎌倉時代に於ける漢籍訓讀の國語史的研究》附錄I，東京：東京大學出版會，1967年。

②參見芝崎有里子《〈光源氏物語抄〉"俊國朝臣"について—鎌倉期における紀傳道出身者の源氏學をめぐって—》，《中古文學》第95號，2015年。

③《正宗敦夫收集善本叢書》第I期第一卷《光源氏物語抄》，頁34（第一帖14丁ウ）。參見《源氏物語古注釋叢刊》第一卷《源氏釋 奧入 光源氏物語抄》，頁154。

不可杇也。於予與何誅"這一句中的一部分。對於該部分，何晏《集解》有"王肅曰：杇，槾也"（見正平版《論語集解》）這樣的解釋。按照王肅的訓詁，"杇"的含義是用"槾"來塗抹，這與桐壺更衣性格的表現還是不太相符。那爲什麼《光源氏物語抄》的注釋在此要引用《論語》呢？

因爲，在日本的《論語》訓讀的歷史過程中，把《公冶長》該部分的"杇"字一直念做"なたらかに（nadaraka—ni）"①，所以當時的文人之間，一看到"なたらかに（nadaraka—ni）"這個詞，很可能馬上就想起《論語》的該部分，或者有遇到"なたらかに（nadaraka—ni）"這個詞就應該聯想到《論語》的該部分是一種共有"常識"。

再有，在此還想關注的是《光源氏物語抄》的該部分注釋不只是引用《論語》本文，還引用《經典釋文·論語音義》的記載。

　　杇：音烏。本或作杇，鏝也。

　　槾：或作鏝，末旦反，又末丹反，塗工之器。

（《經典釋文·論語音義》②）

比如"朽木不可彫也，糞土之牆不可杇也"這兩句，在藤原良經（1169—1206）所撰的箴言集《玉函秘抄》中也能見到。從這種情況來看，可以認爲這兩句在當時的日本也是膾炙人口的名言之一③，故而《光源氏物語抄》的該部分注釋把這兩句與《經典釋文·論語音義》的記載一同引用。筆者認爲這樣的注釋就説明，《光源氏物語抄》的注釋是對於某一個字確認其發音、文本異同及訓詁等各種信息，來正確地掌握經典的原始意義，按照漢唐訓詁學的方法，實踐非常地道的學術性研究④。

---

①以正平版《論語》爲首的在日本傳存的《論語》各個文本的該部分，大致有"なたらかに（しう）（nadaraka—ni—siu）"這樣的訓讀符號。

②中國國家圖書館藏宋刻宋元遞修本，上海古籍出版社影印本，1984年，頁1358。

③參見山内洋一郎《本邦類書　玉函秘抄·明文抄·管蠡抄の研究》，東京：汲古書院，2012年。

④該部分的《經典釋文》把《論語》本文的"杇"作"圬"，把注文的"鏝"作"槾"。ノートルダム清心女子大學藏寫本《光源氏物語抄》的《論語》引文不作"圬"，而作"杇"，《經典釋文》的引文作"槾"。但是，比如《玉函秘抄》（尊經閣文庫藏寫本）所引的《論語》該文作"圬"（參見山内洋一郎《本邦類書　王函秘抄·明文抄·管蠡抄の研究》），還有《色葉字類抄》（黑川本）作"杇：ナタラク"、"圬：ナタラカンス"這樣的記載。附帶説，現在通行的《十三經注疏》本《論語》作"糞土之牆不可杇也"，對此阮元的《論語注疏校勘記》（文選樓本）説："不可杇也，皇本杇作圬。《釋文》出圬字，云，本或作杇，鏝也。案《史記·弟子列傳》《漢書·董仲舒傳》俱作圬。蓋《論語》古本作圬。《説文》，杇所以塗也。杇當是正字，圬乃杇之假借耳。"就指出作"圬"字的本文除了《經典釋文》的記載以外，還有古代日本盛行的皇侃《論語義疏》本也有的異文。《玉函秘抄》所載的異文就是與該記載一致的本文。

下面再看看《光源氏物語抄》引用中國史書的注釋。《源氏物語》中有不少與《史記》等中國史書所載的歷史故事有關的情景以及表達。《源氏物語》的古注釋書一一指出《源氏物語》與中國史書的關係。下面是《光源氏物語抄》引用《資治通鑑》（宋司馬光撰，1084年成書）來注釋《源氏物語》的例子。

> きすをもとめと云事
>
> なをき木にまかれる枝も有物をけをふき疵をいふかわりなさ
>
> 高津皇子よみ給し哥也。〔素寂〕
>
> 吹毛求疵〔漢書〕
>
> 〔通鑑〕散騎常侍賀琛曰：古人云，專聽生姦，獨任成亂，二世之委趙高，元后之付王莽，呼鹿爲馬，又可法歟。吹毛求疵，復是何人；擘肌分理，復是何事〔俊隆〕
>
> 〔文集大行路〕好生毛羽惡生瘡〔今案〕

（《光源氏物語抄》桐壺①）

桐壺更衣集桐壺天皇的寵愛於一身，其他后妃等人嫉妒她而"きすをもとめ（求疵）"了。"求疵"這個詞的典故出自《漢書·景十三王傳·中山靖王勝傳》（"吹毛求疵"）。現在筆者關注的是《光源氏物語抄》在引用《漢書》之外，還加上來自《資治通鑑》② 這種當時新傳入日本的中國史書的信息。並且，引用《資治通鑑》的是清原教隆的兒子俊隆。以清原家學者爲首的撰寫《源氏物語》注釋書的文人學者們，非常積極地接受中國文獻的新信息，如果從新來的漢籍中發現與《源氏物語》有關信息的話，他們非常積極地引用其內容。結果他們積累的以《源氏物語》的本文作爲起點的語言信息，就呈現出類似於語言數據庫的面貌③。

再有，該注釋中還引用了包含着"求疵"這種表達的和歌和白居易的詩文④。就

---

① 《正宗敦夫收集善本叢書》第Ⅰ期第一卷《光源氏物語抄》，頁21—22（第一帖8丁オ一ウ）。參見《源氏物語古注釋叢刊》第一卷《源氏釋 奧入 光源氏物語抄》，頁151。

② 《資治通鑑》卷一百五十九《梁紀》十五之"武帝大同十一年"條。

③ 參見河野貴美子《和語と漢語が紡ぐ文—古注釋を通してみる〈源氏物語〉と〈白氏文集〉—》，載仁平道明編《源氏物語と白氏文集》，東京：新典社，2012年。又參見河野貴美子《〈源氏物語〉と漢語、漢詩、漢籍—〈河海抄〉が讀み解く〈源氏物語〉のことばと心—》，載日向一雅編《源氏物語 注釋史の世界》，東京：青簡舍，2014年；河野貴美子《〈花鳥餘情〉が説く〈源氏物語〉のことばと心—"漢"との關わりにおいて—》，《國文學研究》第175集，2015年等。

④ 該注釋中引用的是收於《後撰和歌集》卷十六"雜二"的高津內親王的"和歌"以及《白氏文集》卷三《新樂府·大行路》。

這樣，《光源氏物語抄》的注釋中將與《源氏物語》本文表達有聯繫的"和語和文"表達以及"漢語漢文"表達並列在一起的注釋爲數不少。這也反映着古代日本人精通"和語"的同時，也以精通"漢語"爲目標，積極學習漢文詞彙以及文章表達方法的情況。

三、中國故事的"和文"化

《光源氏物語抄》的注釋中，還有把中國故事翻譯成日文來引用的注文。平安後期到鎌倉時期（十二世紀到十四世紀左右），在日本盛行起中國故事的"和文"化。比如，《今昔物語集》《唐物語》以及《唐鏡》等之外，還有源光行所撰的《蒙求和歌》和《百詠和歌》等作品。其實，《光源氏物語抄》的注釋中，有源光行的兒子素寂的如下解釋：

> なかなかかゝるさひしき御ひとりねになりはてはいとおほそふにもてなし
> 給てよるの御とのゐなとにてもこれかれとあまたをおましのあたりひきさけつ
> ゝさふらひたまふつれつれなるまゝにいにしへ物かたりなとし給おりおりもあ
> りなこりなき御ひ^聖しり心のふかくなりゆくト云事
> 象に雌雄あり其妻しぬる時百余日泥土を身ニぬりて酒をのます肉をくはす
> 或人其故を問ニ涙をなかしてかなしめるかたちのあるかことし〔素寂〕

（《光源氏物語抄》まほろし①）

《源氏物語》的主人公光源氏的最愛的妻子"紫上"去世以後，光源氏一直沉浸在悲痛之中。《光源氏物語抄》對於這個情況，引用素寂的解釋，介紹喪妻之後一直悲哀的大象的狀態。其實，在此素寂提及的故事是引自他父親源光行所撰的《百詠和歌》②。《百詠和歌》是把李嶠《百詠》的詩注翻譯成日文之後，把《百詠》的詩句作爲主題寫成"和歌"的著作。在此素寂引用的大象的故事，原見於晉張華撰《博物志》，也收録於《初學記》卷二十九《象》中。其原文如下：

> 南海四象各有雌雄，其一雌死，百有餘日，其雄泥土著身，獨不飲酒食肉。

---

① 《正宗敦夫收集善本叢書》第Ⅰ期第一卷《光源氏物語抄》，頁 823—824（第四帖 76 丁オ—76 丁ウ）。參見《源氏物語古注釋叢刊》第一卷《源氏釋 奧入 光源氏物語抄》，頁 371。
② 參見枡尾武編《百詠和歌注》，東京：汲古書院，1979 年，頁 69。胡志昂編《日藏古抄李嶠詠物詩注》，上海：上海古籍出版社，1998 年。

長吏問其所以，輒流涕若有哀狀。①

筆者認爲，注釋中這樣利用翻譯成 "和文" 的中國故事也反映了十三世紀日本的 "文學" 環境。閱讀學習中國故事的時候，要看 "漢文（本文）"，還是看 "（翻譯成日文的）和文"，對於這個問題十二世紀初成書的《注好選》以及 1252 年成書的《十訓抄》，各自有如下説法：

　　　□惟末代學士未必習本文，因兹纔雖學文書難識本義譬如田夫作苗不作穗，惟只竭力是有何益者粗注之讓小童云ヽ。

（《注好選》序②）

　　その詞，和字をさきとして，必ずしも筆の費多からず。見るもの，目安からむことを思ふゆゑなり。そのためし，漢家を次として，広く文の道を訪はず。聞くもの，耳近からむことを思ふゆゑなり。すべてこれをいふに，空しき詞をかざらず，ただ實のためしを集む。道のかたはらの碑の文をば，こひねがはざるところなり。

（《十訓抄》序③）

《注好選》的序文説，如果想要學習 "文書" 的話，爲了學好其 "本義"，應該學習 "本文（漢文）"。與此相反，《注好選》成書大約一百年之後的《十訓抄》序文説，應先學習 "和字"，優先學習容易看懂，容易聽懂的東西（和文），然後學習 "漢家" 就可以。《十訓抄》的序文説，不一定要學習 "漢文"。其實，《十訓抄》中也引用了不少 "漢文"，但是通過這些記載我們可以知道，從平安後期到鎌倉時期的日本，對於 "和文" 和 "漢文" 關係的議論也有不少意見。同時也不乏有自覺地分別 "和文" 與 "漢文" 的特點及其作用，有意識地分別用 "和文"、"漢文" 或者 "和漢混淆文" 等各種各樣的文體來寫作文章的情況④。

在這樣的情況下，《光源氏物語抄》的注釋中也有翻譯成日文的中國故事的引文，

---

①《初學記》卷二十九《象》，北京：中華書局，2004 年，頁 699。

②馬淵和夫、小泉弘、今野達校注《三寶繪　注好選》，《新日本古典文學大系》第 31 卷，東京：岩波書店，1997 年，頁 399。

③淺見和彦校注譯《十訓抄》，《新編日本古典文學全集》第 51 卷，東京：小學館，1997 年，頁 17—18。

④有關問題可參見伊東玉美《説話集と隨筆—〈發心集〉の場合—》、三角洋一《〈方丈記〉は片假名文で書かれたかを考える—さまざまな變體漢文の訓讀文から—》，都收載於荒木浩編《中世の隨筆—成立・展開と文體—》，東京：竹林舍，2014 年。荒木浩《説話集の構想と意匠—〈今昔物語集〉の成立と前後—》終章，東京：勉誠出版，2012 年。

還引用了中國古辭典或者經書、史書等原始文獻，並且有像《資治通鑑》這種比《源氏物語》成書時間更晚的新傳入的中國典籍的引文。

下文繼續看一下《光源氏物語抄》所引的漢籍中，反映十三世紀當時日本的學問環境的一些引文。

四、《帝範》《臣軌》《貞觀政要》引文

《源氏物語·帚木卷》中，有一個在下雨的晚上以光源氏爲首的幾位貴公子聚集在一起品評女人的情節。其中有一個人（左馬頭）說道：“有關政治的事情，居上位的人能得到處於下級人的幫助，下級的人服從居上位的人應對各種事情，但是要當在家裏處理家事的主婦的話，有不可缺少的各種條件。”對此《光源氏物語抄》附加如下詳細的注釋。

> かしこしとてもひとりふたりよの中をまつりこちしるわさならねはかみはしもにたすけられしもは上になひきて事ひろきにゆつろふらんせはき家のうちのあるしとすへき人ひとりをおもひめくらすにたらはてあしかるへき大事ともなむかたかたおほかりけると云事

> 立國副人，資股肱以合德，宣風導俗，俟賢明而寄以。是以列宿騰天，助陰光之夕照，百川尺地，添溟渤之添源。以海月之凝朗，於仮物爲大。況若人御下，統極理時，独運方寸之必，以括九區之内。不資衆力，何以成功。必須明職審賢，擇才分禄。得其人，則風行化洽。失其用，則虧教優民。

> 〔史記五秦本紀〕上含淳德遇其下，々懐忠信以事其上。

> 〔詩序〕上以風化下，々以風刺上。主文而譎諫，言之者無罪，聞之者足以自戒，故曰風。

> 〔古文孝經三才章注〕上爲敬則下不慢，上好讓則下不争。上之化下，猶風之靡草。

〔古文孝經廣揚名章〕居家 理^{ヲサマル} 故治可移_二於官_一。注曰：能理家者，則其治

用可移於宮_一。今案

（《光源氏物語抄》箒木①）

此"今案"的注釋，上下人應該互相保持良好關係而對待事情，關於這個問題引用《史記・秦本紀》《毛詩・大序》《古文孝經・三才章注》中的有關記載，再有，應該好好處理家務，關於這個問題引用了《古文孝經・廣揚名章》的經文和注文。衆所周知，《古文孝經》在中國早已散佚，只有在日本保存的文本，即所謂佚存書。在此有幾條《古文孝經》的引文，這也反映在日本自古以來一直積極利用《古文孝經》的情況②。然後，在此還要注意的是，該注釋的開頭没有標明出處的文獻（"立國"至"傷民"）是從《帝範・審官》引用的（〔　〕内表示的是現在通行的《帝範》文本③）。

《帝範》是唐太宗傳授給太子的講帝王學的著作。《帝範》也著録於《日本國見在書目録・雜家》中，一起著録的還有則天武后爲了規範作爲臣下的人而編纂的《臣軌》，平安時代以後有不少給天皇或將軍等人的講義記録，作爲學習統治、治理方法的課本，非常盛行④。在此需要特別强調的是，《帝範》《臣軌》這兩本在中國早就亡佚的書，在日本一直流傳至今，也是所謂的佚存書⑤，並且這兩本書在《光源氏物語抄》撰寫的時代，還是由清原教隆等學者講授給將軍賴嗣以及將軍宗尊親王等人的⑥。

①《正宗敦夫收集善本叢書》第Ⅰ期第一卷《光源氏物語抄》，頁107—109（第一帖51丁才—52丁才）。參見《源氏物語古注釋叢刊》第一卷《源氏釋　奥入　光源氏物語抄》，頁175—176。

②再舉《光源氏物語抄》引用《古文孝經》的另外一個例子。《光源氏物語抄》"わかなの下"有："をきてひろきうつは物にはさいわいもそれにしたかひてせはき心ある人にはさるへきにてたかき身となりてもゆたかにゆるへるかたはをくるト云事：（《孝經・至德要道篇》）　小取焉小得福、大取焉大得福　素寂"這樣的注解。在此素寂引用的是《古文孝經・開宗明義章》中對於"至德要道"這個詞的注文（孔安國傳）。附帶説，該文也在《臣軌・守道章》中有："管子曰……所謂道者，小取焉則小得福，大取焉則大得福。"《管子》在《日本國見在書目録・法家》中有著録"管子廿"。不過根據當時日本的讀書學習的環境來看，人們應該通過《古文孝經注》或者《臣軌》這樣的書瞭解該文。

③麓保孝解説《帝範・臣軌》（中國古典新書本），東京：明德出版社，1984年。

④參見阿部隆一《帝範臣軌源流考附校勘記》，《斯道文庫論集》第7輯，1969年。坂本太郎《帝範と日本》，《日本古代史の基礎的研究》上《文獻篇》，東京：東京大學出版會，1964年。

⑤《帝範》的文本，後代發現了根據元刊本的一種傳本收載於《永樂大典》，參見上揭阿部隆一《帝範臣軌源流考附校勘記》。有關《帝範》《臣軌》的文本以及訓法等，也參見小林芳規《平安鎌倉時代に於ける漢籍訓讀の國語史的研究》。

⑥參見《吾妻鏡》建長二年（1250）五月廿日條，同弘長三年（1263）六月廿六日條，同八月六日條。也參見上揭阿部隆一《帝範臣軌源流考附校勘記》。

現在一般認爲，最早受到《帝範》影響的日本著作是《將門記》（十世紀中葉成書）。後來，《古事談》《平治物語》《平家物語》《十訓抄》《古今著聞集》等鎌倉時期成書的日本著作屢次引用《帝範》[1]。另外，以《玉函秘抄》爲首，《明文抄》《管蠡抄》等鎌倉初期成書的金言集中也有不少引文[2]。這些情況都明確説明了，當時在日本非常重視《帝範》《臣軌》（以及下述的《貞觀政要》）。所以，十三世紀成書的《光源氏物語抄》中引用《帝範》在此種學術環境下也是理所當然的。

同時，《光源氏物語抄》中也可見《臣軌》的引文。

　　　　ひちりのみかとの世にもよこさまのみたれいてくることもろこしにも侍け
るをわか國にもさなん侍ける卜云事

　　　　堯水九年，湯旱七載，野無青草，人無飢色。

〔貞觀政要八論刑法第卅一〕

　　　　貞觀五年，張蘊古爲大理丞，相州人李好德素有風疾，言涉妖妄，詔令鞫其獄，蘊古言好德癲有徵法不當坐。太宗許將寬宥，蘊古密報其旨，仍引與博戲，詔書侍御史權萬紀劾奏之。太宗大怒，令斬於東市，既而悔之。

　　　　及成王用事，人或譖周公，周公犇楚。　　素寂

　　　　　　　　　　　　　　　　　（《光源氏物語抄》うすくも[3]）

此處，《源氏物語》的登場人物冷泉天皇知道了他自己出生的秘密[4]，自己認爲不應該繼續在位，想把天皇之位讓給（自己的親生父親）光源氏。對此光源氏拒絶并制止了冷泉天皇的提議，説：“聖帝之世也發生過不合道理的混亂，這樣的前例在中國也有。”《光源氏物語抄》的注釋對此介紹素寂的解釋。素寂在此引用三個中國的先例（“堯、湯”“唐太宗”“周成王〔《史記·魯周公世家》〕”）。其中第一個例子（“堯水九年，湯旱七載，野無青草，人無飢色”）引自《臣軌·利人章》[5]。

---

①參見坂本太郎《帝範と日本》。

②參見山内洋一郎《本邦類書　玉函抄·明文抄·管蠡抄の研究》。

③《正宗敦夫收集善本叢書》第Ⅰ期第一卷《光源氏物語抄》，頁 489—490（第三帖 24 丁オ—24 丁ウ）。參見《源氏物語古注釋叢刊》第一卷《源氏釋　奧入　光源氏物語抄》，頁 281。

④冷泉天皇表面上是桐壺天皇的兒子，其實是光源氏私通自己義母而生。

⑤《臣軌·利人章》有：“賈子曰：上古之代，務在勸農。故三年耕而餘一年之蓄，九年耕而餘三年之蓄，卅年耕而人餘十年之蓄。故堯水九年，湯旱七載，野無青草，而人無飢色者，誠有此備也。”順便説，雖然賈誼《新書·無蓄》中也有“禹有十年之蓄，故免九年之水，湯有十年之積，故勝七歲之旱”這樣的記載，但是其本文與《光源氏物語抄》不同。與《光源氏物語抄》的引文一致的本文只有《臣軌》中能看到。

此外，與《帝範》《臣軌》在一起作爲當時日本統治參考書，也非常受重視的是吳兢所撰《貞觀政要》。鎌倉將軍等人也閱讀了並非常看重《貞觀政要》，現在還流傳着幾種鎌倉時期附加訓點的"加點本"①。上列的《光源氏物語抄》注釋中有從《貞觀政要》卷八《論刑法》第三十一引用的長文，也與當時日本的學問情況密切相關。

五、《光源氏物語抄》所引的散佚書佚文

最後，看看《光源氏物語抄》引用的兩條散佚書佚文，再確認一下像《源氏物語》注釋書這樣的"和文"資料含有的漢籍文獻資料性價值。

あおむま正月七日在白馬節會〔今日有叙位〕

……十節銀[錄]云，正月七日者白馬之性以白爲本，天有白龍，地有白馬，足日見白馬即年中即邪気遠去不來也。皇世記云，高辛氏之子以正月七日恒登東岡命青衣人令別青馬七疋，調青陽之気，馬者主陽，青者主春，岡者万物之始，人主之居，七者七曜之清徹陽気之温始也。……素寂

（《光源氏物語抄》さかき②）

在此有關"あおむま（白馬）"的注釋中素寂所引的《十節錄》以及《皇世記》，這兩本書現在都散佚了，在此所見到的引文都有輯佚的價值。有關《十節錄》的詳情仍不明確③，《皇世記》是晋皇甫謐所撰的《帝王世記》④。這兩本書所載的有關"白馬"的記載，與其大概一致的文本也在鎌倉初期成書的《年中行事秘抄》（《群書類從》本）以及藤原孝範（1158—1233）編《明文抄·帝道部下》等書中可見。所以可

① 參見原田種成《貞觀政要の研究》，東京：吉川弘文館，1965 年。池田温《〈貞觀政要〉の日本流傳とその影響》，載池田温《東アジアの文化交流史》，東京：吉川弘文館，2002 年。小林芳規《平安鎌倉時代に於ける漢籍訓讀の國語史的研究》等。

② 《正宗敦夫收集善本叢書》第 I 期第一卷《光源氏物語抄》，頁 339—341（第二帖 65 丁オ—66 丁オ）。參見《源氏物語古注釋叢刊》第一卷《源氏釋　奥入　光源氏物語抄》，頁 240。

③ 《本朝書籍目錄》中有著錄，"十節錄一卷"。參見山中裕《〈十節記〉考》，《日本歷史》第 68 號，1954 年。劉曉峰《古代東アジアにおける歳時節日の内部構造》，載河野貴美子、王勇編《東アジアの漢籍遺産——奈良を中心として》，東京：勉誠出版，2012 年。

④ 《日本國見在書目錄·雜史家》著錄："帝王世記卅卷（皇甫謐。起三皇，盡漢魏）。"《隋書·經籍志·史部雜史》有"帝王世紀十卷"的著錄。

以認爲，這些記載在十三世紀的日本是共享的漢文信息。順便説，《年中行事秘抄》把該文標明爲"十節云""帝王世紀云"來引用。與此相反，《明文抄》把該文標明爲"十節録""皇世紀"來引用①。《明文抄》的記載方式與《光源氏物語抄》一致。

下面再舉一個例子，介紹一下《光源氏物語抄》所引漢籍的另外一面。

十二元服事　　〔付同夜副卧事〕

尋云，十二元服其例如何。

答，源氏物語以前無其例歟。但禮記曰，天子ノ子ハ十二而冠。又在此意歟。教隆

うつほの藤原の君十二元服して其夜時の太政大臣の聟になる一世源氏也。

容體閑麗才能超人，委可見彼物語。　　西圓釋

〔左傳〕冠而生子禮也。又歲星十二歲一周天々道大備故自夏殷皆十二而冠。

〔五經異義〕春秋左氏傳説，歲星爲年紀十二而一周於天々道備故人君十二而可以冠自夏殷天子皆十二而冠。

〔宋書志〕天子諸侯近十二，遠十五，必冠矣。

〔許系記〕周文王十二而冠。

〔太平御覽〕淮南子曰，禮三十而娶。文王十五而生成王非也。歲星十二歲而周天々道一備故國君十二而冠々而娶十五而生子，重國嗣不從古制也。

次春秋公羊解微，襄公九年，左傳言之魯襄公年十二而冠也。依八代記即小昊亦十二而冠知天子諸侯幼即位者皆十二而冠矣。

小昊、顓頊、夏殷帝王、周文王、成王、魯襄公，皆十而冠云々。但成王十二十三，或十四十五本文不同乎。已上晴宗……

（《光源氏物語抄》桐壺②）

《源氏物語》的主人公光源氏十二歲的時候加元服，對於"十二元服事"，《光源氏物語抄》的注釋首先介紹清原教隆和西圓等人的解釋，然後再接着介紹晴宗③的解釋，其中有利用《左傳》等各種各樣的典籍。上舉的注文中，從《左傳》和《五經異義》引用的文獻以及"周文王十二而冠"這一句都在唐杜佑撰《通典》卷五十六《禮》十六《天子加元服》中可見，所以我們可以認爲這些記載是一同從《通典》轉

---

①參見山内洋一郎《本邦類書　玉函抄・明文抄・管蠡抄の研究》。

②《正宗敦夫收集善本叢書》第Ⅰ期第一卷《光源氏物語抄》，頁 66—68（第一帖 30 丁ウ—31 丁ウ）。參見《源氏物語古注釋叢刊》第一卷《源氏釋　奥入　光源氏物語抄》，頁 164。

③堤康夫認爲晴宗是"陰陽少允安倍晴宗"這個人。參見《源氏物語注釋史の基礎的研究》第一章四《〈異本紫明抄〉編者考—その周邊の人々を探る—》，東京：おうふう，1994 年。

引的。此外，"宋書志"是從《宋書·禮志一》，"太平御覽"是從《太平御覽》卷五百四十一《禮儀部》二十《婚姻下》分別引用的。這部分可以説是運用各種各樣的典籍而構築的注解。

還有在此想關注的是，上舉的注釋中所見的"春秋公羊解微"的引文。該部分注釋引用的"襄公九年……十二而冠矣"的句子與《春秋公羊疏·隱公元年》中的"解云"部分有差不多一致的同文①。不過有問題的是其書名。

《日本國見在書目録·春秋家》中有"春秋公羊解徽十二卷"這樣的著録，不過在中國古文獻中没有發現"春秋公羊解徽"這個書名。但是，日本平安後期的貴族藤原賴長（1120—1156）的日記《台記》中有記録他閲讀學習"春秋公羊解徽"的記録（康治元年［1142］四月一日、五日條），還有康治二年（1143）七月十三日條有如下記載：

> 公羊一反見之，略首付，可抄所懸勾，以生徒令抄寫，其抄出三卷，讀合本書，即首付，解徽一部〔十二/卷〕，見了首付，勾要文，以生徒書本書裹。②

筆者認爲，《光源氏物語抄》所引的"春秋公羊解微"，與藤原賴長令人在"本書（春秋公羊傳）"背面抄寫而學習的"解徽"是同一部書。有關這本書，日本學者後藤昭雄介紹，在日本天野山金剛寺所藏的《全經大意》（有永仁四年［1296］識語）中也有"解微十一卷"的著録，還有四條的引文③。《光源氏物語抄》的引文是有關"解微"的珍貴資料。《光源氏物語抄》所引的書名（"解微"）是否爲"解徽"的錯誤，還有"解徽（解微）"和《春秋公羊疏》到底有什麼關係，或者"解徽（解微）"和《春秋公羊疏》所引的"解云"的部分有什麼關係等，詳情待考。不過，《日本國見在書目録》《台記》以及《全經大意》中所見的"春秋公羊解徽（微）"和《光源氏物語抄》所引的"春秋公羊解微"指的是同一本書的可能性很大。我們通過《光源氏物語抄》的引用可以知道，當時日本人是閲讀被稱爲"解徽（微）"的書來學習《春秋公羊傳》的。

---

① 參見宋本《春秋公羊疏》，張元濟輯《續古逸叢書·經部》，南京：江蘇古籍出版社，2001 年影印本。

② 橋本義彦、今江廣道校訂，史料纂集《台記》第一，東京：續群書類從刊行會，1989 年，頁 205。

③ 參見後藤昭雄翻字的金剛寺藏《全經大意》與解題及《〈全經大意〉と藤原賴長の學問》；也參見古勝隆一《〈日本國見在書目録〉中所著録之〈春秋公羊解徽〉》，石立善主編《古典學集刊》第 1 輯，上海：華東師範大學出版社，2015 年。

　　本文研究的《光源氏物語抄》所引的漢籍引文，每一條都反映了當時在日本有哪些漢籍傳來，在日本有什麼樣的人物如何學習哪些書等具體的學術情況。並且，通過《光源氏物語抄》我們可以知道，當時的文人學者如何研究《源氏物語》這樣的“和語”“和文”文章，如何追究“和語”“和文”與“漢語”“漢文”的關係，當時日本人如何思考語言、文體、文學等相關問題。而且通過這些資料，也有助於我們瞭解到現在爲止一直保留漢字、漢語的日本語言在過去如何形成的這一問題。

　　除了《源氏物語》之外，古代日本人對於其他日本著作附加注釋的注釋書中也有不少從漢籍引用的文獻。雖然有豐富資料，但是從中国古文獻研究的角度來調查分析這些書的工作成果還不完善，還有不少資料等待整理。剩下的課題，有待繼續調查研究。

　　（附記：本文是在拙撰《〈源氏物語〉古注釋書にみる和漢の往還——〈光源氏物語抄〉所引漢籍考》［小山利彥、河添房江、陣野英則編《王朝文學と東ユーラシア文化》，東京：武藏野書院，2015 年］的基礎上再整理成稿的。）

清家文庫藏大永八年本《孝經抄》考識

——兼談劉炫《孝經述議》的復原問題

程蘇東

（北京大學）

在日本室町時代的儒學文獻中，抄物（しょうもの）是一種重要的解經體裁，這當中尤以清原宣賢及其後裔清原枝賢、清原業賢等的一系列經抄影響最大。以宣賢爲例，據今存寫本可知，他先後撰有《周易抄》《易啓蒙通釋抄》《尚書抄》《毛詩抄》《曲禮抄》《月令抄》《左傳抄》《孝經抄》《中庸抄》《孟子抄》等數種經抄，此外，還有《漢書抄》《長恨歌抄》等史部、集部的“抄物”，可以説，“抄物”構成其最爲重要的著述方式。日本學界對於“抄物”的研究一般分爲兩個路向，其一，是從“國語”研究的角度，利用抄物中所見大量口語資料，研究中世語言的演進過程。其二，則是從經學史的角度，討論“抄物”所見室町時代的儒學思想，特別關注其所反映的漢唐注疏與宋元新注之間的進退關係。就後者而言，清原宣賢的《毛詩抄》似乎最受關注，相關研究成果已頗爲豐碩①。

至於就保存中土亡佚文獻的價值而論，則在清原家所撰諸種經抄中，似以《孝經抄》系列最值得學者關注。從清原宣賢的《孝經抄》《孝經秘抄》到清原業賢、清原枝賢先後所撰《孝經抄》，以《古文孝經孔傳》爲基礎的《孝經》“抄物”似乎已經成爲清原家重要的家學傳統之一，其內部解經體式、語體和知識資源使用方式的變化，頗可見出室町時期日本儒學的內在演變，而特別值得注意的是，在這批經抄中，清原

---

① 代表性成果可參土井洋一《毛詩抄について》，《抄物資料集成》第 7 卷，大阪：清文堂出版株式會社，1976 年；小川環樹《清原宣賢の毛詩抄について》，《文化》第 10 卷第 11 號，1943 年；張寶三《清原宣賢〈毛詩抄〉研究：以和〈毛詩注疏〉之關係爲中心》，臺北：臺大出版中心，2009 年。

家諸賢大量輯録了隋人劉炫所撰《孝經述議》，而後者作爲劉炫群經 "述議" 的系列之一，爲我們瞭解 "述議" 之具體體例、解經方法，進而辨清劉炫 "述議" 與唐人 "正義" 之間的沿革關係提供了重要的參照①。由於劉炫 "述議" 至晚到晚唐五代時期已經全部亡佚於中土，而日傳劉炫《孝經述議》也僅有卷一、卷四藏於清家文庫，因此，這批《孝經》 "抄物" 所存《孝經述議》佚文無論對於《孝經》學史的研究，還是對於中古經學史的整體研究，都具有重要的價值。

上世紀三十年代開始，日本學者林秀一即利用清原宣賢、清原枝賢的數種《孝經》 "抄物" 來進行《孝經述議》卷二、三、五的輯佚、復原工作，所成《孝經述議復原研究》（下文簡稱《復原》）已經成爲學界研究《孝經述議》最基礎的文本資料②。後來，林秀一又注意到清原業賢於大永八年（1528）所撰的一部《孝經抄》，十分看重其輯佚學價值，遂據其編成《孝經述議復原補遺》（下文簡稱《補遺》），進一步發掘了 "抄物" 對於保存中土佚籍的價值。不過，由於《孝經抄》的本旨以講疏《孝經》爲意，並非有意存録《孝經述議》之佚文，因此，基於其訓解的實際需要，對《述議》的原有體例常有改易、割裂，這在清原業賢的《孝經抄》中體現得尤爲明顯，而這也就爲林秀一《孝經述議》的復原工作帶來了一定的挑戰。筆者在研讀林氏《復原》《補遺》的過程中，常服膺於他對《述議》原有體例與《孝經抄》自有體例之間差異的會心，只是林先生未肯著文將此中精義點出，故其用心之處似未爲學界所盡知。此外，由於林秀一以一人之力完成這項繁難的工作，其《復原》《補遺》自然也難免存在漏輯、文句次序誤置、部分異文未加校勘等現象。林秀一的工作已經過去了半個多世紀，我們在享受他復原工作所帶來便利的同時，一方面應對其工作中曾經遇到的困難有所認識，體會他審慎的用心；另一方面也有必要繼續清理《孝經抄》的各種抄本，對其輯佚、校勘學價值加以進一步的發掘，從而爲劉炫《孝經述議》的復原和研究提供越來越完足可信的文本。本文即以京都大學清家文庫所藏清原業賢大永八年本（1528）《孝經抄》爲據，初步討論其編纂背景、體例，以及對於《孝經述議》的復原所具有的文獻價值，希望引起學界對於這類經抄文本的關注。

---

①可參拙文《〈毛詩正義〉 "刪定" 考》，《文學遺産》2016 年第 5 期。

②林秀一撰，喬秀岩、葉純芳、顧遷編譯《孝經述議復原研究》，武漢：崇文書局，2016 年。原書於 1953 年出版於東京文求堂書店。

一、《孝經抄》所見清原家《孝經》學的佛教背景

京都大學圖書館清家文庫所藏這種《孝經抄》，書末落款爲：

大永八年八月十日遂寫切訖

外史清原朝臣（花押）

而書尾又有清原尚賢所書“右《孝經抄》墨付四拾四枚，業賢卿真跡也。表紙付口半枚者，國賢卿真筆也”[1]，可以進一步確認此本係清原宣賢之子清原業賢親筆所錄，書衣貼紙題籤“孝經抄”三字則爲業賢之堂叔清原國賢所書，其下有“國賢”章一枚，書衣左下又有“青松”二字，係國賢之號，可知此書後爲國賢所藏。此本錄於大永八年（1528），其時清原宣賢尚在家中。將此本與京都古梓堂藏清原宣賢《孝經抄》（今藏東京五島美術館大東急記念文庫）相比，二者體例基本一致，且書寫時間大抵相近，早於宣賢所傳《孝經秘抄》[2]，屬於今日所見諸本《孝經抄》中較早的一種，被列爲日本“重要文化財”。此本與同藏於清家文庫的元龜四年本（1573）、天正九年（1581）本《孝經抄》之間也有較明顯的差別，對我們認識清原家《孝經抄》的演進過程具有重要的參考價值。

關於清原家諸經抄物的編纂背景，日本學界已經有深入的研究，此不贅述。僅就此本《孝經抄》而言，有兩個問題值得關注，首先是《孝經》與清原家佛學背景之間的關係。《孝經》自西漢以來即與《論語》並稱，成爲士人誦習的基本經典。至六朝時期，義疏之學大興，其中《孝經》疏義尤爲豐富，有學者認爲即與六朝佛教的興起關係密切[3]。佛教主四大皆空，而《孝經》主敬親孝養，這兩種思想之間原本存在極大的分歧，但孝養思想既已在中國根深蒂固，則沙門立教，便不得不重視如何處理“出家”與“孝養”之間的矛盾問題。在這種背景之下，《孝經》引起儒門、沙門學者

---

[1]本文所據大永八年本《孝經抄》，均據京都大學圖書館網站“舊電子圖書館畫像”數據庫提供的照片，網址爲http：//kuline. kulib. kyoto—u. ac. jp/？action = pages_ view_ main&active_ action = v3search_ view_ main_ init&block_ id = 251&direct_ target = catdbl&direct_ key = %2552%2542%2530%2530%2530%2530%2537%2539%2532%2531&lang = japanese#catdbl—RB00007921。

[2]關於《孝經秘抄》的寫成時間，林秀一考訂爲“享禄二年至天文十九年前後二十二年間”，見氏著《孝經述議復原研究·解説》，頁22。

[3]可參林飛飛《六朝之〈孝經〉研究與佛教》，《求索》2011 年第 11 期。又，小林正美《六朝佛教思想研究》，濟南：齊魯書社，2013 年。

的共同關注，可以説是勢所必然。梁武帝三次捨身奉佛，同時又集議《孝經》，且自撰《孝經義》，專立國子助教掌其師授①；皇侃"常日限誦《孝經》二十徧，以擬《觀世音經》"②，凡此都可見出六朝《孝經》學與佛教之間的密切關係。而從大永本《孝經抄》的抄撰看來，《孝經》學與佛教之間的關係，在日本也同樣有所體現。大永本有兩處充分顯示了這一背景：其一是録於書末的《孝經論議》，這篇小文交待了清原家《孝經》學的家法淵源，十分重要，今録之如下：

> 昔天山相公治世之餘暇，引菅原秀長、藤俊任、明經清原良賢以《孝經》爲論議，座有二條攝桐義堂和尚，不記問者講師誰某，問《孝經》誰人所作哉？答：劉炫《述議》云，"孔子身手所作也。"難云："説宣之旨，其疑未散，曾子行孝既有重名，適陪大聖閑居暇，得悉孝之終始，遂集而録之。經初章云，仲尼閑居，若孔子自作，則何得自稱字耶？故安國處此句爲曾子所録，何其今爲孔子作耶？"答："被難之旨，尤爲淺近，案《春秋緯》云，吾志在《春秋》，行在《孝經》，加之鄭玄《六藝論》云，孔子既叙六經，題目不同，指意殊别，恐斯道離散，後世莫知其根源所生，故作《孝經》，以惣會之。然則大聖自作説，豈出乎曾子筆耶？曾子於弟子之中得孝名，故假曾子問説之故，《述議》亦云，莊子之斥鷃笑鵬、罔兩問影，屈原之《漁父》太卜拂龜，馬卿之烏有亡是，揚雄之翰林子墨，皆假設客主應答，與此何所異！而前賢莫之覺也。由是言之，仲尼自作明矣。"

這段辯難主要圍繞《孝經》的作者是孔子還是曾子的問題展開，而我們這裏關注的，主要是這次《孝經》講論的參與者，除了明經清原良賢以外，還有高僧義堂和尚，清原良賢是清原家早期名儒，其與義堂和尚講論《孝經》，可見早在清原良賢時期，《孝經》已成爲包括僧人在内的日本知識人普遍關注的經典讀物。

另一處依據則見於大永本《孝經抄》的扉頁，其節鈔《佛祖通載》之文：

> 《佛祖通載》第五問曰：《孝經》言身體髮膚，受之父母，不敢毁傷。曾子臨没，啓予手，啓予足，今沙門剃頭，何其違聖人之語，不合孝子之道也？吾子常論是非平曲，而反善之乎？牟子曰：夫訕聖賢，不仁乎，不中不智也。不仁不智，何以樹德？德將不樹，頑嚚之儔也，論何容易乎？昔齊人乘船渡江，其父墮水，其子攘臂捽頭，顛倒使水從口出，而父命得蘇。夫捽頭顛倒，不孝莫大，然以全

---

① 《梁書·武帝紀》載："三月庚午，侍中、領國子博士蕭子顯上表置制旨《孝經》助教一人，生十人，專通高祖所釋《孝經義》。"姚思廉《梁書》，北京：中華書局，1973年，頁76。

② 姚思廉《梁書》卷四十八《皇侃傳》，頁680。

父之身，若拱手修孝子之常，父命絶於水矣。孔子曰：可與適道，未可與權。所謂時宜施者也。且《孝經》曰：先王有至德要道，而泰伯短髮文身，自從吴越之俗，違於身體髮膚之義，然孔子稱之，其可謂至德矣。仲尼不以其短髮毁之也。由是而觀，苟有大德，不拘於小。沙門捐家財，棄妻子，不聽音，不視色，可謂讓之至也，何違聖語，不合孝乎？豫讓吞炭漆身，聶政皮面自刑，伯姬蹈火高行，截容君子，爲勇而有義，不聞譏其自毁没也。沙門剃除鬚髮而比之於四人，不已遠乎？

此段論沙門剃頭與"身體髮膚，受之父母，不敢毁傷"的傳統孝道之間的矛盾。大永本將之録於《孝經抄》之扉頁，雖然從其筆跡來看，與正文不同，恐非業賢本人之意，但此本經清原國賢、尚賢累世家傳，仍當爲清原氏後人所録。我們知道，清原宣賢本人即於享禄二年（1529）出家，法號宗尤，清家文庫所藏天正九年本（1581）《孝經抄》書尾即有"清三位入道宗尤判"之語，今證以清原良賢與義堂和尚講論《孝經》及大永本扉頁鈔録《佛祖通載》二事，可見清原家對於《孝經》的關注，或與其儒、佛並重的家族傳統有關。

此外，清原家《孝經抄》的持續編撰，自然還與《古文孝經孔傳》在日本的廣泛流傳有關。《古文孝經孔傳》在唐初即受到質疑，而隨着玄宗《孝經御注》的頒定，《古文孝經孔傳》在中土已成絶學，不久便遭亡佚，而日本儒林始終堅持傳習《古文孝經孔傳》，在《孔傳》傳習的過程中，《孝經述議》曾經發揮了重要的作用①。上舉《孝經論議》中，清原良賢認爲《孝經》爲孔子自作，這便是劉炫《述議》的代表性觀點。良賢在論議中兩次徵引《述議》，足見其《孝經》學深受劉炫《述議》的影響。至於今存最古的《古文孝經孔傳》抄本，則爲仁治二年（1241）清原教隆之點校本，而其校勘之依據則有《孝經述議》。這樣看來，自清原教隆、清原良賢以來，清原家世習《古文孝經孔傳》，且均援據劉炫《孝經述議》以爲輔翼，無怪乎今存《孝經述議》之殘卷得出自清原家中。總之，清原家具有尊習《古文孝經孔傳》而倚重劉炫《述議》的傳統，因此，在其系列經抄中，亦僅涉《古文孝經》而未見今文，其訓解經文則援引《述議》而偶引《正義》，這都與當時的中土學風表現出鮮明的差異。

---

① 相關論述可參拙文《京都大學所藏劉炫〈孝經述議〉殘卷考論》，《中華文史論叢》2013 年第 1 期。

二、大永八年本《孝經抄》的基本體例

大永本《孝經抄》的基本體例延續了清原宣賢《孝經抄》的結構，包括三個部分：首先是録章名，繼而對章名及章旨、章次加以解釋；其次是解釋經文，先將經文分爲數節，每節皆録經文起首數字而以“——”省略下文，然後或引《述議》，或自行用假名加以解釋，各節皆單獨提行，其内部不同字詞的解釋則以空格加以區隔；最後是解釋“孔傳”，不過，《孝經抄》對於《孔傳》的解釋並非如《述議》般整體附於經文解釋之後，而是根據經文之分節繫於經文解釋之下，並以“注”加以標示，其具體解釋則仿經文訓解之體例，將傳文分爲數節，每節舉起首數字，而以“——”省略下文，然後引《述議》之文，或自行以假名加以解釋。在訓解中偶有以夾行小字補書者，多爲假名，而偶有據《百川學海》等補充解釋者（如《諸侯章第三》下：《百川學海·獨斷》：三公者，天子之相，相助也。助理天下，其第封百里。侯者，候也，候逆順也。其地方百里。伯者，白也，明白於德，其地方七十里。子者，滋也。舉天王之恩德，其地方五十里。男者，仕也，立功業以化民，其地方五十里。又如卷一《古文孝經序》中“魯三老孔子”條末，亦録《百川學海》之言），顯示出業賢《孝經抄》在寫成後又曾據《百川學海》等進一步補充《述議》未及的若干知識。

關於《孝經抄》的具體書寫、訓解體例，有幾點涉及日藏《古文孝經孔傳》的文本流傳及其訓解風氣的變化，頗值得注意：

第一，大永本《孝經抄》頗看重對於《古文孝經孔傳》之章名的訓解，顯示出至晚到大永年間，章名作爲《古文孝經》文本之必要組成部分的觀念已相當普及。關於《孝經》章名出現的過程，邢昺《孝經疏》前有具體介紹：“及魯恭王壞孔子宅，得古文二十二章，孔安國作傳。劉向校經籍，比量二本，除其煩惑，以十八章爲定而不列名。又有荀昶集其録及諸家疏，並無章名，而《援神契》自‘天子’至‘庶人’五章，唯皇侃標其目而冠於章首。今鄭注見章名，豈先有改除，近人追遠而爲之也？御注依古今，集詳議，儒官連狀題其章名，重加商量，遂依所請。”[1] 由此可知，《孝經》原無章名，自南朝梁人皇侃作《孝經疏》，始加章名於各章之端，至御注《孝經》，乃以皇侃章名爲基礎重加正定，於是今文《孝經》皆有章名。我們看劉向《別録》《漢

---

① 李隆基注，邢昺疏，金良年整理《十三經注疏·孝經注疏》卷一，上海：上海古籍出版社，2009年，頁1。此處標點未盡從。

書·藝文志》對於《孝經》各章的稱引方式，或參看寫於北朝時期的《孝經》鄭注殘卷敦研 0366《孝經（感應——喪親）》和吐魯番文書、阿斯坦納古寫本 72 TAM169：26（a），都可以印證《孝經疏》所言早期《孝經》並無章名的論述。

至於《古文孝經》，從劉炫《孝經述議》卷四的體例看來，其所見本仍無章名，而日本所傳《古文孝經孔傳》之早期寫本，如膽澤城所出奈良時代《古文孝經》漆書本殘卷，正文亦無章名，唯以墨點標示分章，與敦煌卷子中兩種北朝寫本《孝經》鄭注的分章方式相同，可知早期日傳本《古文孝經孔傳》亦無章名。至仁治二年（1241）本《古文孝經孔傳》，則章名、正文已然合抄，是知至晚在仁治時代，已有日本學者仿照今文《孝經》之例，爲《古文孝經》補配章名。比較有趣的是寫於建治三年（1277）的大原三千院本《古文孝經孔傳》，此本正文部分亦不書章名，然於各章天頭部分用小字淺墨書寫章名及字數，從筆跡上看與正文似出於一人之手，顯示出《古文孝經》章名在最初出現時仍受到不少學者的質疑，因此在書寫時將其與正文加以區別。不過，在慶長十一年（1606）足利本《孝經直解》中，章名已完全與正文同列於行格之中，且各章章名之下有書本章要旨、兼釋章名者，如《廣要道章第十五》下云：“此章者，申説孝爲德本，以表要道之以也。”顯示出《直解》作者已完全將章名納入其解釋體系之中，除各章所書字數一仍其舊，不數章名外，章名與正文之別已完全湮滅。

今觀大永八年本《孝經抄》，可知章名之完全融入《古文孝經孔傳》，更可提早至十六世紀初。此本不僅於各章之前先列章名，而且各章均對章名加以解釋，顯示出業賢已完全將章名視爲文本之一部分，而值得注意的是，此本《孝經抄》有割取《孝經述議》解釋經、傳之文以訓章名之例，如《卿大夫章第四》下：

> 《援神契》云：“卿之爲言章也。”《白虎通》云：“大夫者，大扶進者也。”以其章明臣道，故謂之卿；扶進賢能，故稱大夫。《王制》云：“上大夫，卿也。”卿是大夫之別，故兼言之。此經不分明。

這裏《孝經抄》援引《孝經援神契》《白虎通》《禮記·王制》諸事以訓解“卿大夫”一詞。據林秀一《復原》可知，這段材料實爲《述議》中解釋此章《孔傳》“此卿大夫之所以爲孝也”句之文，而《孝經抄》將其割取以爲章名之訓解，類似的文例還見於《紀孝行第十三》《廣要道第十五》《廣揚名第十八》《事君第二十一》《喪親章第二十二》中。而除了章名部分的訓解以外，《孝經抄》中還存在不少移取《述議》解傳之文以解經的用例，由於《孝經抄》是我們復原、校定《孝經述議》佚文的重要依據，因此，《孝經抄》對《述議》原文體例的破壞與割取，自然對我們利用其輯、校《述議》帶來一定的挑戰，關於這一點，我們在下文還將涉及。

　　第二，則是《孝經抄》對《古文孝經孔傳》中古文字形的處理。日傳本《古文孝經孔傳》的早期寫本在對於古文字形的處理方面已存在明顯分化。前文所言仁治二年清原教隆點校本除將章名與正文合抄以外，經文均使用正字，而建治三年大原三千院本則除章名以小字淺筆書於天頭以外，經文均保留隸古定字形，但值得注意的是，兩種寫本之間存在一些重要的互見關係，如“古文孝經”下均有“《述議》唯云《孝經》，元‘古文’二字不讀”之辭，顯示出兩種寫本的微妙關係。就筆者推測，三千院本當有早期寫本爲據，然曾據清原教隆點校本有所增益，故其章名及關於“古文孝經”之“古文”二字的説明，似是受到清原教隆本的影響。今比對業賢《孝經抄》，其出文均作正字，不見隸古定者，結合其對於章名的處理方式，可知其所據本《古文孝經孔傳》，當爲清原氏家傳之清原教隆點校本。這也符合清原家學累世相傳的傳統。

　　第三，關於清原業賢《孝經抄》所體現的學風傾向，值得注意的是，此本雖爲解釋《古文孝經孔傳》，然間雜取《孝經正義》之説。例如《開宗明義章第一》下抄文：

　　　　開ハヒラク也。宗ハ本也。孝ハ百行ノ源ナレハ本ヲ開クト云也。明ハアカス也義ハ義理也孝道ノ義理ヲアカスト□也。章ハ明也其事ヲ辭ニアラハ〆明ナラシムルト云義也。第ハ次ナリ。一ハ數ノ始メ也。章ヲ次ツル始メト□也。

　　而邢昺《孝經疏》云：

　　　　開，張也。宗，本也。明，顯也。義，理也。言此章開張一經之宗本，顯明五孝之義理，故曰“開宗明義章”也。第，次也。一，數之始也。以此章總標，諸章以次結之，故爲第一，冠諸章之首焉。①

　　比較這兩段文字，《孝經抄》顯然是依據邢昺疏文而進行説解。日本學者已經指出，在室町時代經抄中，漢唐舊疏與宋元新注常常錯處並見，體現出當時尚通學風的轉移。《孝經抄》從整體上循《孔傳》《述議》解經，但亦不避御注、邢疏，甚至在元龜本、天正本等後期抄本中，有明確徵引“正曰”（筆者注：即“正義曰”）者，不求嚴守今古文家法，與室町時代的整體學風基本一致。

　　第四，清原業賢《孝經抄》在訓解方面最顯著的特徵，則是漢文與假名錯出而呈現出比較明顯的功能差異，其漢文部分多爲援據經典，假名部分則多爲講説之言，或據《孔傳》、述議立説，或自解經注，非必皆出自《述議》。就此本而言，其漢文部分包括兩類內容，其一爲徵引漢文故籍以見出處者，這樣的例子非常多，而從卷一、四

---

①李隆基注，邢昺疏，金良年整理《十三經注疏·孝經注疏》卷一，頁1。

的情況來看，所有的引文大都見於劉炫《孝經述議》，但值得注意的是，從卷四的情況來看，也有少數例外，如《孝優劣章》"注不義——《論語》文也"句，"某某文也"是《述議》常用的一種標示出處的體例，但京大所藏《孝經述議》卷四在解釋"不義而富貴，於我如浮雲"一句時，並未言其出處，可知《孝經抄》此語非録自《述議》，而頗有模仿《述議》語氣之意。又如同章"温良"下抄文：

> 敦美潤澤謂之温，行不犯物謂之良。

據《孝經抄》基本體例推測，此文似亦當出於《述議》，但查京大所藏《述議》卷四，此處並無此文，而兩句話實出於皇侃《論語義疏》。從《孝經抄·孝優劣章》"雖得志——"條的訓解可知，"皇侃疏"確實是清原業賢曾直接參考的資料。事實上，包括清原宣賢《孝經抄》《孝經秘抄》在内，清原家《孝經抄》在節録《述議》之文時，常常不言其出處，唯據京大所藏《述議》卷一、卷四可知，《孝經抄》所録漢文確實多録自《孝經述議》，故林秀一復原《述議》卷二、三、五，亦大抵假設諸本《孝經》"抄物"所録漢文資料均爲《述議》之佚文，但從上舉卷四部分的比對可知，《孝經抄》中也確實存在少數《述議》以外的漢文資料，我們在據《孝經抄》輯録《述議》佚文時，仍需存有審慎的辨識意識。

除了徵引經典故籍以外，《孝經抄》還有少量漢文，係解釋經、傳之言，從卷一、四的部分來看，也都出自劉炫《孝經述議》，因此可以推知全書體例，大抵有直録劉炫《述議》説解之文者。

至於其假名的部分，從卷一、四的情況看來，同樣分爲兩類，一類是清原氏自己的説解，與《述議》無關；另一類則是依據劉炫《述議》而以假名複述，例如《紀孝行章》釋傳文"既葬後，反虞祔練祥之祭及四時吉祀"句，其下抄文即據劉炫《述議》而以假名改寫者。林秀一在復原《孝經述議》卷二、三、五時，也偶爾嘗試據假名轉譯爲漢文。這種復原方式的風險不容諱言，但從《孝經抄》自身的訓解體例來説，也不是完全没有依據的。

三、劉炫《孝經述議》的復原問題

前文已言，《孝經抄》至少在兩個方面具有重要的學術價值，作爲日本中世儒學史的著作之一，業賢《孝經抄》體現了十六世紀前期日本古文《孝經》學的發展情況；而對於中國經學史的研究者而言，業賢《孝經抄》則以其保存了劉炫《孝經述議》的部分佚文而具有輯佚學的價值。儘管與同出於清家文庫的清原宣賢《孝經抄》《孝經秘抄》，以及在其之後的元龜本、天正本《孝經抄》相比，此本對於《述議》的徵引在數量上相對較少，但其引文亦可補他本之不足者，故林秀一在完成《孝經述議復原研究》之後，又專門根據這部《孝經抄》作《孝經述議復原補遺》，並稱其爲“僅次於清原宣賢《孝經抄》《孝經秘抄》、静嘉堂文庫所藏《孝經孔傳》舊鈔本的重要資料”①。經筆者比對，除了林秀一《補遺》中已經舉出的文例以外，尚有一處可補其《復原》之不足者，見於《三才章第八》，此章有“導之以禮樂，而民和睦”句，其下《孔傳》云：“於是乎導之斯行，綏之斯來，動之斯和，感之斯睦也。”林氏據清原宣賢、清原枝賢《孝經抄》復原如下：

> 以禮樂道誘之，斯則行之矣。以文德安慰之，斯則來服矣。以政教發動之，斯則和協矣。抄本、文本。

今查業賢《孝經抄》，知“以文德安慰之”前當有“綏，安也”三字，解釋《孔傳》中“綏之斯來”的“綏”字，當據以補足。

此外，大永本《孝經抄》又可校正他本《孝經》“抄物”徵引《述議》之訛字，如《諸侯章第三》有“制節謹度，滿而不溢”句，其下《孔傳》：“有制有節，謹其法度，是守足之道也。知守其足，則雖滿而不盈溢矣。”林氏據宣賢《孝經秘抄》復原《述議》如下：

> 制節者，謹度謂自謹其心，心守法度，則静本。○静本作述曰。制節當謂自制己身，以從禮節，秘本、静本。而傳言有制有節，分爲二者，自制己身，即是有制，雖復文小不類，理亦不異也。秘本。②

據其佚文出處標識可知，“而傳言”以下數句係據《孝經秘抄》輯獲。但這段話頗令人費解，所謂“傳言有制有節、分爲二者”，即指《孔傳》將經文中“制節”二字解釋爲“有制有節”，似乎制、節是二物，這看起來與《述議》前文“自制己身，以從禮節”的同一化解釋似乎有所出入，故劉炫補充説明到：《孔傳》雖然分言制、節，兩者文辭略有不同，但其理則並無實質差異，而這裏關鍵的一句話就是“自制己身，即是有制”，劉炫顯然希望通過這句話將“制”與“節”二字作同一化的處理，但從《孝經秘抄》的引文看來，這句話並不能達到融會“制”“節”二字的目的，《秘抄》引文顯然有誤。而核對大永本《孝經抄》，其於“制節謹——”條之下亦徵引《述議》，文字如下：

---

① 林秀一撰，喬秀岩、葉純芳、顧遷編譯《孝經述議復原研究》，頁 312。
② 林秀一撰，喬秀岩、葉純芳、顧遷編譯《孝經述議復原研究》，頁 133。

自制己身，即是有節。雖復文小不類，理亦不異也。

顯然，這裏的"即是有節"正實現了"制"與"節"的整合，顯示《孔傳》所言"有節"與"有制"並非二物，《述議》之説與《孔傳》無違。林氏據《秘抄》所成之《復原》當據大永本《孝經抄》校改。

大永本《孝經抄》還可據以校正林氏《復原》中部分文句次序的誤置，例如《諸侯章》"高而不危，所以長守貴也；滿而不溢，所以長守富也"。其下《孔傳》："皆自然也。先王疾驕，天道毀盈。不驕不滿，用能長守富貴也。是故自高者必有下之，自多者必有損之，故古之聖賢不上其高，以求下人，不溢其滿，以謙授人，所以自終也。"林氏《復原》如下：

> ［傳皆自至自終也］［議曰：］不驕而守貴，知足而守富，皆自然之理也。_{抄本、文本。}"天道毀盈"，_{静本。○静本作述曰。}《易》謙卦象也。《尚書》曰："驕盈矜夸，將由惡終。"是疾驕也。_{抄本、秘本、静本。}《易》曰："日中則□，月盈則蝕。"是毀盈也。_{抄本、静本、文本。}①

從林氏《復原》對於文本來源的標示可知，這段《述議》在抄本、文本、静本、秘本中均比較零散，前後斷續而不相接，故林氏據其文意而加以連綴。其作"□"處，校勘記言静本有"昃"字，唯抄本、文本均無此字，故林氏仍作闕文處理。顧遷所編《孝經孔傳述議讀本卷二》補作"昃"，似據林氏校勘記增補。不過，大永本《孝經抄》此處訓解如下：

> 先王——《尚書》曰"驕盈矜夸，將由惡終"，是"疾驕"也。天道——《易·謙卦》象也。《易》曰："日中則興，月盈則蝕"，是"毀盈"也。

比對這段訓解，顯然與抄本、文本、静本、秘本同引自《孝經述議》，但其前後連綴，首尾完整，顯然較抄本、文本等更便於輯佚。將此文與林氏輯文比對，可知"《尚書》曰：'驕盈矜夸，將由惡終。'是疾驕也"一句林氏放置有誤，由於此句是解釋《孔傳》"先王疾驕"，而自"天道毀盈、《易·謙卦》象也"以下則解釋《孔傳》"天道毀盈"句，先明其出處，再具體解釋"毀盈"之意。值得注意的是，大永本引《易·豐卦》作"日中則興"，與今本《周易》及各書所引之文皆異，從墨色上看，此"興"字似係後來補入，結合抄本、文本等此處皆闕文，筆者頗疑清原家所藏《孝經述議》此處原即作闕文，林秀一處理方式非常審慎。《易·豐卦》"日中則昃"之文頗爲常見，大永本《孝經抄》反作"興"字，恐有其依據，不可完全忽視。

---

① 林秀一撰，喬秀岩、葉純芳、顧遷編譯《孝經述議復原研究》，頁134。

　　從京都大學所藏《孝經述議》卷四已經將章名完全納入正文行格中可知，此本與最初傳入日本的《孝經述議》在面貌上已經有一定的差異，其顯然經過多次轉抄，故其中難免存在脫訛衍奪的現象，故林秀一頗據《古文孝經孔傳》之舊鈔本與數種“抄物”校勘殘卷之用字，所成卷一、卷四校勘記頗改正殘卷之誤字。而大永本《孝經抄》所引卷一、卷四之文雖然不多，但仍有一處可勘正殘卷之誤。《聖治章第十》有“孝莫大於嚴父，嚴父莫大於配天，則周公其人也”之句，其下《孔傳》言：“嚴，尊也。言爲孝之道，無大於尊嚴其父以配祭天帝者。周公親行此莫大之義，故曰則其人也。”京大藏《述議》卷四“傳嚴尊至其人也”下云：

　　　　止言嚴父而不言嚴父（母）者，禮法以父配天而母不配也。聖人作則，神無二主，母雖不配，爲嚴亦同。下章云“嚴親嚴兄”，親父可以兼母，於兄尚嚴，況其母乎？

　　這裏解釋經文何以謹言“莫大於嚴父”而不言“嚴母”。劉炫認爲，由於經文需要將“嚴父”進一步與“配天”結合起來，而按照禮法，郊祀以父配天，無以母配天之禮，故爲了遷就下文之“莫大於配天”，前文亦僅言“孝莫大於嚴父”。不過，劉炫進一步指出，這種論述並不意味着經文不含有“嚴母”之意。他舉出《閨門章第十九》之文：“閨門之內，具禮矣乎！嚴親嚴兄。妻子臣妾，猶百姓徒役也。”指出這裏既然連“兄”都獲“嚴”，則其“親”顯然是兼指父、母雙親而言，故知《孝經》自有“嚴母”之意，《聖治章》僅言“嚴父”，是基於本章特殊的論述邏輯而作出的權宜安排。這樣看來，京大藏《述議》卷四中“親父可以兼母”一句就顯得有點費解了。如果劉炫已將經文中“嚴親”之“親”解釋爲“親父”，則“親父”又如何“兼母”呢？這個“父”字顯然應是衍文。而大永本《孝經抄》所録《述議》此處正作“親可以兼母”，並無“父”字，足證在《孝經述議》的早期日傳本中此處尚無衍文，京大本《述議》卷四此處當爲後世轉抄過程中誤衍所致。

　　當然，重讀《孝經抄》及林秀一《補遺》，我們更可看出林秀一對於《孝經述議》與《孝經抄》兩者體例差異的準確把握。如前文所言，《孝經抄》常割取解傳之文以解經，因此，即便我們可以默認這些並未標示出處的漢文資料均録自劉炫《孝經述議》，理論上我們也無法確知其在《述議》中原本所處的位置，對於《述議》的“復原”看起來仍是可望不可即。不過，從林秀一《補遺》的處理方式來看，他把握住了《述議》在解經體式方面的一個基本特徵，那就是根據京大藏《述議》卷四的情況，其經文解釋部分一般僅作串講訓解，從不援引典籍，只有在對傳文的述、議中，劉炫纔廣引典籍，或舉其出處，或輔翼傳文，或申成己説。我們看林秀一對《孝經抄·喪親章第二十二》中大量《述議》佚文的"復原",便可體會林氏在這方面的細緻用心。當然,從今日輯佚學的學術規範來看,這種帶有"創造性"色彩的"復原"方式是否需要重新評估,這也是我們在半個世紀之後重讀林氏《復原》《補遺》時值得思考的問題。

日本中世公卿與漢學

——以年號資料中"難陳"爲考察中心*

水上雅晴

（日本中央大學）

一、問題的提出

《史記·曆書》説："王者易姓受命，必慎始初，改正朔，易服色，推本天元，順承厥意"①；《漢書·藝文志》又説："聖王必正曆數，以定三統服色之制。"② 對中國古代專制君主而言，頒曆授時是緊要的義務，同時是專權事項，他們利用頒曆將治下所有人的行動編入自己規定的時間體系内，從而宣明自己就是"統治時間"者，換言之，"天無二日"。漢武帝始建年號後不久③，"改元"就包含於"統治時間"的範疇之内。建平二年（前5）侍詔夏賀良等指出，"漢家曆運中衰"，因此向哀帝建議："當再受命，宜改元易號"④，似乎認爲改元對改變運氣有一定作用。後漢賈逵向肅宗奏聞，説："陛下通天然之明，建大聖之本，改元正曆，垂萬世則"，將"改元"與"正曆"并舉。正如李賢等注云："'改元'謂改建初九年爲元和元年，'正曆'謂元和二

---

*本文爲 JSPS 科研費基盤研究（B）（項目編號：15H03157）和中國國家社科基金重大項目"日本《十三經注疏》文獻集成"（項目編號：16ZDA109）的階段性成果。

① 司馬遷《史記·曆書》，北京：中華書局，1982年，頁1256。
② 班固《漢書·藝文志》，北京：中華書局，1992年，頁1767。
③ 漢武帝何時正式建立年號衆説紛紜，辛德勇詳細梳理前人的研究，然後考證出"太初"就是最早建立的年號。見氏著《建元與改元——西漢新莽年號研究》上篇《重談中國古代年號紀年的啓用時間》，北京：中華書局，2013年。
④ 班固《漢書·哀帝紀》，頁340。

年（86）始用四分曆也。"[1] 對於發動叛亂者，"改元"也是顯示自己政治正統性的重要手段，例如，後漢順帝末，"陰陵人徐鳳、馬勉等復寇郡縣，殺略吏人……勉皮冠黃衣，帶玉印，稱‘黃帝’，築營於當塗山中，乃建年號，置百官"[2]。

中國開始使用年號之後，周邊國家逐漸模仿使用。年號接納的情況因國家而異，就日本而言，最初大概使用中國年號，到大化（645—650）以後開始使用自己的年號，大寶（701—704）以後不斷使用年號到現在。日本使用年號的歷史有一千三百年之久，當初似乎沒有固定的制定程序，管見所及，到十世紀通過被稱爲"改元定"的典禮決定新年號成爲常規，決定年號的方式纔確立，改元定的記錄初見於村上天皇（946—967 在位）時代編纂的宮廷儀式書《新儀式》和源高明（914—983）編輯的掌故書《西宮記》[3]。參加改元定的公卿對於由幾位儒官呈交的年號案進行遴選，將選拔的候選年號上奏，天皇則基本上尊重臣下的提案，嘉納候選年號并發布詔書（參看圖一）。

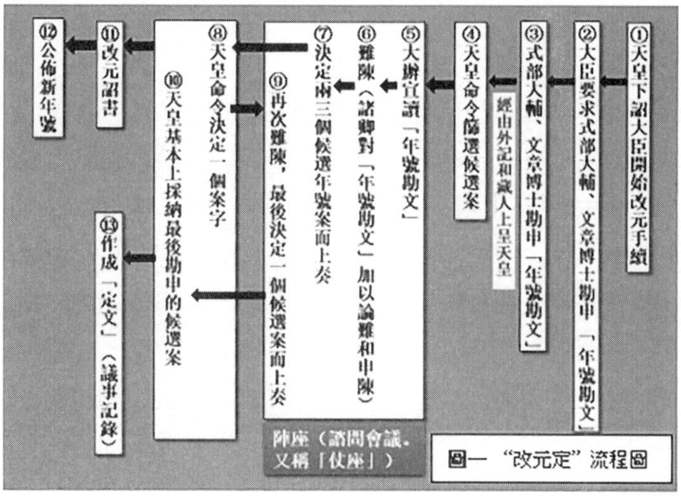

圖一　"改元定"流程圖

年號揭示統治權力之所在，年號制定權就是爲政者的核心權柄，雖然明治（1868—1912）以前的日本年號均由天皇決定，但是武士階層的興起和壯大越來越影響

---

①范曄《後漢書·賈逵傳》，北京：中華書局，1991 年，頁 1238。
②范曄《後漢書·滕撫傳》，頁 1279。
③參考所功編著，久禮旦雄、五島邦治、吉野健一、橋本富太郎執筆《日本年號史大事典》總論第二章《日本年號の選定方法》，東京：雄山閣，2014 年，頁 26—29。

到年號決定的過程，甚至江戶時代（1603—1867）德川幕府在"元和"（1615—1624）改元時事先向朝廷表示候選年號"元和"，朝廷不得不奉行①。儘管如此，新年號始終奉天皇的詔書而頒布。我們在日本年號以及決定年號的過程中看到不少政治、文化、學術因素，本文有鑑於此，對日本年號資料加以探討，從而瞭解日本年號與漢學的關係。

二、年號勘文

日本年號制定過程中的學術因素尤其見於"年號勘文"和"難陳"中。年號勘文（圖二）是由儒官呈交的文件，幾位儒官十分留意先例，在一張紙上各自寫上幾個年號案及其出典的漢籍引文，然後呈交。年號勘文的實物現在似乎不存在，我們利用《元秘別錄》（圖三）可以看到歷代年號勘文。《元秘別錄》是高辻長成（1205—1281）原撰的年號資料集，在十三世紀後期第一次編成，其後隨時增補。

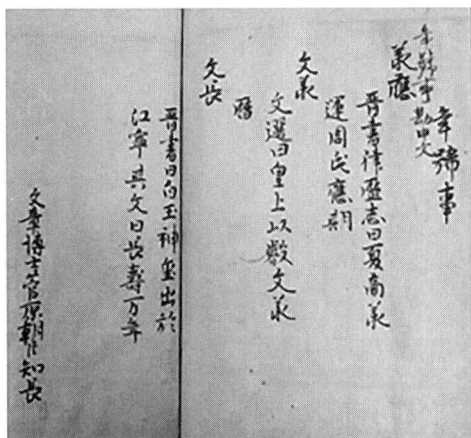

圖二　承應（1652—1655）改元時勘申的年號勘文之樣本（收入《押小路文書》66，索書號：古 11—284，日本國立公文書館內閣文庫所藏）

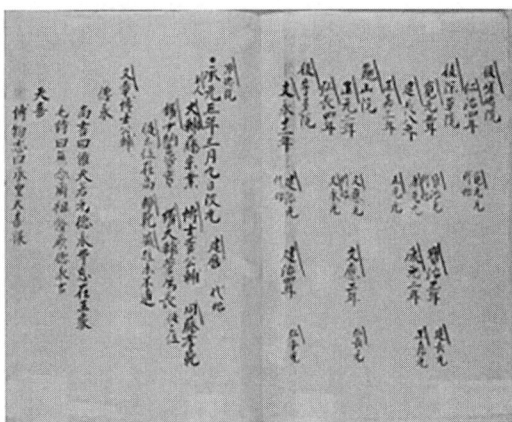

圖三　高辻長成原撰《元秘別錄》（索書號：146—123，日本國立公文書館內閣文庫所藏）。左邊載有建曆（1211—1214）改元時提出的年號勘文。

《元秘別錄》所收引文反映了日本國內漢籍流通情況，原纂本收錄年號勘文，換言之，十三世紀以前提出的年號勘文上寫的漢籍引文無疑來自舊鈔本的文本。高辻長成編輯該書時，中國用木板印刷方式的出版已經普及，宋刊本逐漸流入日本，則之前日

① 所功編著，久禮旦雄、五島邦治、吉野健一、橋本富太郎執筆《日本年號史大事典》，頁 37—38。

本國內流通的漢籍顯然是比宋刊本更舊的鈔本①。舉例而言，寬元（1243—1247）改元時，廣橋經光（1212—1274）勘申（考慮先例而提出文件的意思）“永康”作爲年號案之一，“永康”來自《尚書·周官》，原文爲“《尚書》曰：以右廸侯，永康兆民，萬邦惟無斁”，而通行本作“以佑乃辟云云”，呈現差異。以唐鈔本爲底本抄寫的日本舊鈔本《古文尚書》作“目右廸侯”②，則年號勘文上的漢籍引文很可能保留唐鈔之原貌。附帶說，阮元《校勘記》和近年刊行的《尚書注疏彙校》均對該句不加校語③。

年號勘文不僅收載古老的漢籍文本，又收載新來的漢籍文本，我們在年號勘文中可以看出朱子學的興起和發展影響到日本學術界。永和（1375—1379）改元時，柳原忠光（1334—1379）勘申“寬永”作爲年號案之一，年號勘文上寫的引文爲“《毛詩》曰：考盤在澗，碩人之寬。獨寐寤言，永矢弗諼。注曰：碩，大；寬，廣；永，長；矢，誓也”。這條引文來自《毛詩·衛風·考盤》，其中所提到的“注”不是毛傳和鄭箋等古注，而是宋代的新注朱熹《詩集傳》。正如高辻長成在年號案“寬永”二字下附注：“朱熹新注初引之”④，從前沒人勘申過本於新注的年號勘文。根據東坊城秀長（1338—1411）的日記《迎陽記》，應安八年（1375）二月二十七日召開的改元定上，對這個沒有先例的年號案加以評議。坊城俊任（1346—?）認爲，根據小序，《毛詩·考盤》“刺莊公不能繼先公之業，使賢者退而窮處”，則寬永不適合年號文字。洞院公忠（1340—1399）則認爲，此勘文是引用朱熹的注釋而提出的，根據本注，引文確無諷刺的意思。至於勘申“寬永”的柳原忠光則說：“朱文公者，近代名人，所以侍講向天皇講解這本注釋書，以後可以此爲先例。”⑤ 從這個例子可以知道，到十四世紀後

---

①關於此點，參看水上雅晴《日本年號資料在漢籍校勘上的價值與限制》，《域外漢籍研究集刊》第10輯，北京：中華書局，2014年。

②《古文尚書》，收入《續修四庫全書》第41冊，上海：上海古籍出版社，2002年，頁411。吉川幸次郎解說此舊鈔本的價值，見《古文尚書十三卷跋》，《續修四庫全書》第41冊，頁492—493。同文題爲《舊鈔本古文尚書跋》，收入吉川幸次郎《吉川幸次郎全集》第7卷，東京：筑摩書房，1998年，頁284—285。

③杜澤遜主編《尚書注疏彙校》全9冊，北京：中華書局，2018年。

④高辻長成原撰《元秘別錄》，收入水上雅晴、石立善主編《日本漢學珍稀文獻集成（年號之部）》第1冊，上海：上海社會科學院出版社，2018年，頁722。

⑤東坊城秀長著，小川剛生校訂《迎陽記》第二，東京：八木書店，2016年，頁59。原文：“洞院中納言申云：今度勘文引朱熹注被奏之，如彼注者無刺分……藤中納言……於朱文公者近代名人，隨而如御談義被講此注書之間，向後年號引文爲傍例。”文中的“藤中納言”是指柳原忠光。

半，日本朝廷内的公卿相當接受宋學。

根據《元秘別録》等，"永和"以後，本於朱熹《詩集傳》的年號案"寬永"在應永（1394—1428）、文安（1444—1449）、延德（1489—1492）、文龜（1501—1504）、永正（1504—1521）、天文（1532—1555）、元龜（1570—1573）、寬永（1624—1645）等改元時被勘申。本於程頤（1033—1107）《伊川易傳》的年號案"正永"在康應（1389—1390）、明德（1390—1394）、應永（1394—1428）、寶永（1704—1711）等改元時被勘申。《元秘別録》所收年號勘文可謂是瞭解日本接受漢學情況的好資料，不僅如此，年號資料群中還有其他種類有用資料。

三、難陳

"難陳"是參加改元定的公卿進行的討論，"難"是指對年號案的反對意見，"陳"是指對年號案的贊同意見。他們對年號勘文上寫的年號案和漢籍引文加以分析和考辨。與年號勘文不同，難陳没有彙編性的資料集，希望知道難陳内容的人可以利用公卿寫的日記，或者《改元記》《改元部類記》等改元記録。到平安時代後期（794—1185），朝廷内的官方記録系統失去作用，因此按照先例施行政務時，往往會參考公卿的日記記載。上面提到的東坊城秀長《迎陽記》等公卿日記實際上是官方業務日志，在朝廷内，代代持續寫日記的公卿之家被稱"日記之家"并受到重視①。《改元記》是從公卿日記中抽出有關改元記事而編成的，《改元部類記》則是彙聚幾本《改元記》而成的。

難陳的内容富有學術因素，其中討論的領域涉及漢字的形、音、義，儒家經典的闡釋，以及史書中的記載等等。例如，仁治（1240—1243）改元時，菅原爲長（1158—1246）勘申"元康"作爲年號案之一，在難陳的討論中，藤原爲經（生没年不詳）指出"'康'字，《穀梁》有'饑'釋"②。他的看法襲用藤原賴長（1120—1156）在康治（1142—1144）改元定結束後提出的意見，賴長在日記《臺記》中寫道：

　　《穀梁傳·昭廿一年》云："大饑。"《傳》云："一穀不升，謂之嗛。二穀不
　　升，謂之饑。三穀不升，謂之饉。四穀不升，謂之康（康，虚）。五穀不升，謂之

---

① "日記之家"的成立和發展情況，參考松薗齊《日記の家—中世國家の記録組織—》，東京：吉川弘文館，1997 年。

② 佚名《不知記》，《改元部類（承平至觀應）》，收入塙保己一編《續群書類從》第 11 輯上，卷二百八十一，東京：續群書類從完成會，1958 年，頁 151 上。

大侵。"今案,"康治"二字,皆從水,然則因水災發生饑饉之象也。①

菅原爲長在難陳中提到《宇左御記》即藤原賴長《臺記》的同書異名,他的看法顯然出自賴長。年號案"仁治"被採用,改元定結束之後,菅原爲長又指出,《穀梁傳》原來解釋的是"歉"字,不是"康"字,舉出證據,就是說,"宋韻"即陳彭年(961—1017)等修《廣韻》和菅原是善(812—880)修《東宮切韻》這些詞典均云"穀不舛云歉"②,認爲這條記載來自《穀梁傳》。後來,包含"康"字的年號案勘申之時,參加難陳的公卿不僅提到《穀梁傳》和《東宮切韻》的記載,又引述各種漢籍,從而討論內容越來越豐富。仁治改元時,難陳中所引《穀梁傳》大概是宋紹熙(1190—1194)中余仁仲萬卷堂刊本,即《穀梁傳》的最古刊本。

對於宋學書籍,中世的難陳記事中講到的次數很少,但是到近世以後,換言之,到江戶時代之後,公卿在難陳中講到程朱注釋相當普遍。例如,在正保(1645—1648)改元時,五條爲適(1597—1652)勘申"寬安"作爲年號案之一,引文爲"《毛詩注疏》曰:二后行寬安之意,其下效之"。這條疏文是解說《毛詩·周頌·昊天有成命》"昊天有成命,二后受之"一句的。日野弘資(1617—1687)提出反對意見認爲,根據朱文公注,《昊天有成命》是"祀成王詩",因此不能贊同③。他大概認爲《昊天有成命》是祀已故的君主之詩,因此來自這首詩句的年號案"寬安"並不吉利。但是根據小序,《昊天有成命》卻是"郊祀天地也"並無不吉利的因素。弘資是因爲特別重視朱熹《詩集傳》,從而駁難"寬安"。

在正保改元時,德大寺公信(1606—1684)也對"寬安"提出論難,說:

　　韻書云:"寬,緩也。""民事不可緩也。""安樂怠惰,使人亡其智能。"又

---

① 藤原賴長《臺記》卷二"康治元年四月廿八日"條,收入增補《史料大成》刊行會編《增補史料大成》卷二十三,京都:臨川書店,1975 年,頁 65 上。文中的"昭廿一年"是"襄廿四年"之誤。"然則因水災發生饑饉之象也"一句,日語原文作"然則以水災可饑饉之象也"。

② 佚名《不知記》,《改元部類(承平至觀應)》,頁 151 下。原文"宋韻"寫錯"采韻",今改。"宋韻"是日本鎌倉時代史書中常見的詞彙,大多是指《廣韻》。《廣韻·下平聲·十一唐》"歉"下說:"穀不升謂之歉",見陳彭年等撰,蔡夢麒校釋《廣韻校釋》,長沙:嶽麓書社,2007 年,頁 378。原文"穀不升云歉"的"升"字又寫錯"舛",今改。至於《東宮切韻》是將陸法言《切韻》等十三種《切韻》系韻書編輯而成的韻書,現佚無存。成書時間和佚文等,參看上田正《東宮切韻論考》,《國語學》第 24 輯,東京:日本語學會,1956 年。

③ 宮內廳書陵部所藏《改元部類記》鈔本 15 冊(索書號:20—504—1)。本文利用的是國文學研究資料館"新日本古典籍總合データベース"上公開的黑白文獻圖像。下同。正保改元記事見第 12 冊。

云："以安樂失之者多矣。" 由此觀之，難以舉用。①

文中的 "韻書" 是指元熊忠的《古今韻會舉要》，"民事云云" 以下三句，分別來自《孟子·滕文公上》經文，趙岐注，以及朱熹注。公信在引用朱注之時，不標出處，據此可知當時接受新注之廣。正保改元時難陳中引述宋學書籍并不限於此，德大寺公信對五條爲適勘申的年號案 "貞正" 進行辯難之時，引用朱熹《中庸章句》第十二章；姉小路公景（1602—1650）對五條爲適勘申的年號案 "正觀" 加以抨擊之時，引用《周易·觀卦初六》"童觀，小人無咎，君子吝" 句的程頤《易傳》。除了這些例子以外，在慶安（1648—1652）改元時，三位公卿在難陳的討論中引述胡安國《春秋傳》、胡廣等《尚書大全》《周易大全》等宋學系注釋書②。

難陳中引述漢籍的情況與年號勘文相當不同，其中援引的《穀梁傳》、菅原是善《東宮切韻》、胡安國《春秋傳》、胡廣等《尚書大全》和《周易大全》等不少典籍并不見於年號勘文，又罕見於其他日本國內書籍和史料。難陳的記錄是爲全面把握日本接受、學習漢籍情況的有用資料。

四、詞典和類書的使用

正如上面所提到的，參加改元定的官人經常留意漢字的形、音、義，因此在難陳記事中容易看到包含詞典的有關工具書的記載。安元（1175—1177）改元時，藤原俊經（1113—1191）勘申 "安元" 作爲年號案之一，藤原隆季（1127—1185）對此提出 "安，止也" 的訓詁，從而表示反對，作爲 "改元上卿" 主持改元定的左大臣藤原經宗（1119—1189）對此問："見何文哉？"隆季回答 "宋韻"③。其實，《廣韻·上平聲·二十五寒》"安" 下説："安，徐也，寧也，止也，平也。"④ 又在元曆（1184—1185）改元時的難陳中看到的 "承者，奉也，次也，受也"⑤ 一句，大概也來自《廣

---

① "由此觀之，難以舉用"，日語原文作 "由是觀之，難被舉用歟"。
② 宮内廳書陵部所藏《改元部類記》第 13 冊。
③ 中山忠親《山槐記》，《改元部類（康治至康正）》，收入塙保己一編《續群書類從》第 11 輯上，卷二百八十三，頁 198 上。文中 "宋韻"，原文寫錯 "宗韻"，今改。
④ 陳彭年等撰，蔡夢麒校釋《廣韻校釋》，頁 238。保延（1135—1141）和永萬（1165—1166）改元時的難陳記事中看到有 "安（字）者，止也" 的訓詁，很可能同樣來自《廣韻》。見佚名《溫舊知新》，《改元部類（應和至建久）》，收入塙保己一編《續群書類從》第 11 輯上，卷二百八十二，頁 175 上、178 上。
⑤ 佚名《溫舊知新》，《改元部類（應和至建久）》，頁 181 下。

韻·下平聲·十六蒸》"承"下説："次也,奉也,受也。"①

　　對參加難陳的公卿而言,詞典的功能并不限於查字。寬永改元時,五條爲適勘申"貞正"作爲年號案之一,西園寺公益(1582—1640)進行反駁,利用詞典説:"'正'之字,《韻會》所載'政',與'正'通用也。"② 表面看來,他按照《古今韻會舉要》中的記載,指出年號案中"正"字與"政"通用,而《古今韻會舉要·去聲二十四》"政"下則説:"《説文》:'正也,从攴正聲。'……《釋名》云:'政,正也。'"③然則公益實際上是經由《古今韻會舉要》間接引述《説文》和《釋名》的記載。又在慶安改元時,難波宗種(1610—1659)在進行難陳時指出:"又永者,《廣韻》:'遠也,遐也。'《説文》曰:'象水至理之長。'古來有着令人想起遠流之非難。"④ 這個駁難無疑來自《古今韻會舉要·上聲二十三》"永……《説文》:'𣲙,水長也。象水𡉈理之長。永也。'《廣韻》:'引也,遠也,遐也。'"⑤

　　對日本文人而言,《古今韻會舉要》是劃時代的漢籍引文資料庫,以五山禪僧爲代表的日本中世漢學者充分利用這本工具書來找到各種漢籍的文章⑥。一般看來,後出的詞典比先出的詞典內容豐富,釋義中的漢籍引文越來越多。所以對於中國國內刊行新的詞典,日本文人很喜歡利用,這樣就可以引用比以前更多的漢籍了。例如,承應改元時,東坊城長維(1594—1659)勘申"享應"作爲年號案之一,二條光平(1625—1682)在難陳中認爲"享"字通"亨","亨"又通"烹",因此不適合年號文字。他以"亨"通"烹"的根據在於《韓信傳》作"獵狗亨"⑦。《韓信傳》自然是指《史記·淮陰侯列傳》或者《漢書·韓彭英盧吳傳》,但是兩書將該句均作"良狗亨",不作"獵狗亨"。據筆者的調查,梅膺祚編《字彙》在"亨"字的釋義中引"《韓信傳》"作"獵狗亨"⑧,則光平利用這本詞典所引漢籍記載,没有親自確認《史記》

①陳彭年等撰,蔡夢麒校釋《廣韻校釋》,頁422。
②宮內廳書陵部所藏《改元部類記》第11册。
③黄公紹、熊忠著,寧忌浮整理《古今韻會舉要》,北京:中華書局,2000年,頁387下。
④文末"古來有令人想起遠流之非難"一句,日語原文作"古來有遠流之難"。
⑤黄公紹、熊忠著,寧忌浮整理《古今韻會舉要》,頁284上。
⑥住吉朋彦《韻類書をめぐる斷章》,載福島金治編《學藝と文藝》,東京:竹林舍,2016年,頁339。禪僧利用《古今韻會舉要》的具體事例,參看水上雅晴《東坡詩抄物に見る五山僧の經學初探》第三節(二)《韻書および佛典の利用》,《國語論集》第10號,釧路:北海道教育大學釧路校國語科研究室,2013年。
⑦宮內廳書陵部所藏《改元部類記》第14册。
⑧梅膺祚《字彙》,《續修四庫全書》第232册,頁431上。

或者《漢書》中《韓信傳》的文字。瀧川資原考證，水澤利忠校補《史記會注考證附校補》對"良狗亨"一句没有出校記，則"獵狗亨"原來没有異文存在①。至於享和（1810—1804）改元時，德大寺公迪（1771—1811）在難陳中提出贊同意見，其中説："《詩·小雅》曰：'維其嘉矣。'又有《嘉樂篇》。"② 現行《毛詩》305 篇中不能看到"《嘉樂篇》"，而含有"維其嘉矣"一句的詩篇就是《假樂篇》。"假樂篇"錯爲"嘉樂篇"大概出於詞典的釋義文字，《字彙》"嘉"字下的釋義有"《詩》有《嘉樂篇》"的記載③。

《廣韻》《古今韻會舉要》《字彙》等詞典對日本文人而言是找到適合漢籍記載的有用工具書。從同樣的觀點來看，類書也是很方便的工具書。譬如，不少研究者對日本第一部正史《日本書紀》（720 年成書）中漢籍引用情況進行了研究，從而闡明間接引用的很多漢籍來自《藝文類聚》和《修文殿御覽》等類書④，可知日本文人經由類書間接引用漢籍的歷史很久。類書當然也與日本年號有關係，寬元（1243—1247）改元時，藤原經範（1189—1257）勘申"嘉元"作爲年號案之一，引文爲"《修文殿御覽》曰：天氣柔見嘉，元吉隆初巳。"⑤ 又在正嘉（1257—1259）改元時，菅原在章（1206—1269）勘申"正嘉"被採納，引文爲"《藝文類聚》曰：肇元正之嘉會"⑥。

日本漢學者引用的不少漢籍是間接引用的，這個問題還没太引起學術界的關注。筆者曾經對江户時代校勘學名著吉田篁墩《論語集解考異》所引漢籍加以分析，從而得知他除了幾本《論語》古鈔本以外，還充分利用了唐慧琳《一切經音義》，間接引

---

① 《史記會注考證附校補》是瀧川《史記會注考證》和水澤利忠《史記會注考證校補》兩書的合編，瀧川《考證》引録"三家注以來有關中日典籍約一百二十多種"，他"綜合歷代研究成果，聯比考索，對史實、文字、詞語進行考辨、校訂、解釋，從而揭示出……文字歧異正誤、疑難文句意義，以及記載矛盾、失誤，等等。"見《出版説明》，司馬遷撰，瀧川資言考證，水澤利忠校補《史記會注考證附校補》，上海：上海古籍出版社，1986 年，頁 1。

② 東京大學史料編纂所網絡上公開的"大日本史料綜合データベース·史料稿本"所收《壬生家記録》。

③ 梅膺祚《字彙》，頁 482 下。

④ 對《日本書紀》中所引漢籍的研究史，參看高田宗平《日本書紀神代卷における類書利用》，載遠藤慶太等編《日本書紀の誕生－編纂と受容の歷史－》，東京：八木書店，2018 年。

⑤ 高辻長成原《元秘別録》，頁 550。"見"字大概是"且"之誤。

⑥ 高辻長成原《元秘別録》，頁 562。該句見於《藝文類聚》卷四《歲時部中·元正》所引傅玄《朝會賦》。

用了很多漢籍①。大致説來，與中國不同，自古到江户時代中期之前的日本文人的藏書規模相當有限，因此他們所引漢籍未必是直接引用的，很多場合是由類書和詞典等工具書間接引用的，在日本年號制定的過程中也可以觀察到同樣現象。

五、日本年號資料

日本官修的唯一類書《古事類苑》（1914 年成書）説：“改元定爲朝廷的重事，其儀式略有一定的程序。”② 所以有關改元的朝官，平時爲改元做好準備，因而產生很多年號資料。在朝廷貴族社會中，最重視的是先例，勘申年號案的儒官，進行難陳的公卿，均對先例加以特別關注。他們優先留意的先例就是以往所有年號和過去勘申的年號案，高辻長成《元秘別録》就是爲了應對這種需要、彙聚年號勘文而編成的。一般説來，在每次改元定，由三至七位儒官各自勘申三個年號案，則參加改元定的公卿面對十至二十個年號案進行篩選，他們自然要慎重考慮過去年號勘文和改元定的内容，高辻長成原撰《元秘抄》的内容反映了這種情況。顧名思義，《元秘別録》是《元秘抄》的附録，參加改元定的公卿的主要關切就見於《元秘抄》，其目録如下：

卷一：和漢總載年號，重號，未被用年號

卷二：和漢年號同字類聚（上下），漢家年號中我朝未用字（自漢至大宋），我朝年號中漢家不用字，年號勘文書樣，勘文體付人人外記來告事，菅家人進年號員數，年號引文

卷三：（諸例目録）改元月月例，進年號勘文人數多少例（以人數立次第），被用舊勘文例，以去年延引勘文次年被用例（同依太子始改元延引例），去年延引勘今年改進例，依無勘文不被用舊年號例，依無可被用年號被出舊勘文例，依無可被用年號列群議儒卿撰申年號例，年號字當時御諱一字被憚例，年號反音雖不快被用例，年號中有他字例，年號在中之字依爲憚字不被用例，年號音讀依通他事不被用例，和漢同年號例，漢家不吉年號字我朝爲吉例，年號字中人名并諡號等不可有難之由有沙汰例，年號字可爲疊字之由有沙汰例，同字相

①水上雅晴《吉田篁墩〈論語集解考異〉中的校勘》，《域外漢籍研究集刊》第 9 輯，北京：中華書局，2013 年。

②神宮司廳編《古事類苑·歲時部三·年號上》，東京：吉川弘文館，1981 年，頁 155。日語原文爲：“改元定八朝廷ノ重事ニシテ，其式八略略一定シタリ。”

并被用例，年中改元例，代始大嘗會以前兩度改元例，代始大嘗會以前三度改元例，人人進勘文後改元延引例，召勘文即日改元例，國郡卜定日改元例，依事改元例，除服進年號勘文例，代始進年號勘文人四人被憚例，撰申年號依數度被用辭退例，撰者現存間他人改引文勘同年號例，外記催以前付使進年號勘文例，儒卿勘文以子息獻大臣例，參議勘文付外記例，一度再進年號勘文例，參年號定人不撰進年號字例，年號勘文連署例，四位式部權大輔進年號勘文例，式部少輔大内記東宫學士等勘申年號例，公卿外非儒官進年號勘文例，非儒者撰申年號例。①

從目録内容可以瞭解，公卿留意的先例涉及很多方面：過去的年號，年號中的文字，年號勘文的寫法和形式，勘申年號勘文的人數，使用過去呈交的年號勘文，改元定的延引，呈交的年號勘文均不值採用，年號中的文字犯了天皇的諱，年號反音，年號文字的音通，中日使用同一年號，年號文字與人名或者謚號等一致等等。就國外年號使用情況而言，他們僅對中國年號加以留意，其他國家的年號則不太注意。

從文獻價值的角度來看，卷一《和漢總載年號》值得略加探討。《和漢總載年號》網羅中日歷代年號，就中國年號而言，各個朝代下標出君主的廟號或者姓名，其下排列年號和持續年數，非正統王朝的年號也題爲"僞號"收録。《和漢總載年號》的内容十分詳細，難以認爲日本文人自己可以編成，其實《和漢總載年號·僞號》"前凉"下有"《通載》曰：起晉愍建興二年，孝武太元元年滅"等注記②，則高辻長成大概是參考章衡《編年通載》等中國年號資料而編寫《和漢總載年號》的。中國歷代編成的各代帝王紀年研究文獻，"見於《玉海》者，有唐封演《古今年號録》，後蜀杜光庭《年號類聚》，宋宋庠《紀元通譜》、侯望《古今年號録》，其書并佚"③，《和漢總載年號》大致部分保留了這些佚書的面貌。又如阮元《四庫未收書提要》所說，《編年通載》"凡十卷，其第五卷以下皆缺……自一卷帝堯起，至四卷西晉世祖太康元年止"④，則"前凉"下的注記就是散佚文字的片斷，自有文獻價值。

①高辻長成原《元秘抄》，收入水上雅晴、石立善主編《日本漢學珍稀文獻集成（年號之部）》第一册，頁9、81、163—166。引文中含有誤字，對比加以修改。
②高辻長成原《元秘抄》，頁29。原文"起"字錯爲"赴"，今改。
③《出版説明》，賈貴榮、耿素麗選編《歷代帝王紀年研究資料彙編》第1册，北京：國家圖書館出版社，2011年，頁1。
④見章衡《編年通載》卷頭，收入《續修四庫全書》第336册，頁169上。

六、日本年號與漢籍和正統意識

日本大部分年號的文字來自漢籍，從年號出典情況可以看到日本學術的正統意識。森本角藏調查日本年號所用漢籍的情況，編成《採用年號の引用書目とその引文數一覽表》；所功將森本表中所列漢籍編入傳統的經史子集四部分類之下，從而編成《公年號の出典と引文回數》①。我們從兩氏作的表格可以把握日本年號出典漢籍和採用次數如下：

【經部】經書：尚書 35，周易 27，詩經 15，禮記 8，左傳 4，孝經 3，周禮 2，孟子 2，論語 1，爾雅 1，春秋 1，春秋繁露 1，大戴禮 1。緯書：易緯 3，詩緯 2，春秋緯 2，河圖挺佐輔 2，尚書考靈耀 1，春秋命曆序 1，春秋内事 1，龍魚河圖 1。總次數：114

【史部】後漢書 24，漢書 21，晋書 17，舊唐書 16，史記 12，宋書 5，貞觀政要 4，後魏書 3，國語 3，通典 3，三國志 3，隋書 3，梁書 3，北齊書 2，會通 1，會稽記 1，五代史 1，新唐書 1，宋史 1，太宗實錄 1，帝王世紀 1，南史 1，北史 1。總次數：128

【子部】藝文類聚 9，莊子 4，維城典訓 4，群書治要 3，荀子 3，老子 3，賈子新書 2，孔子家語 2，修文殿御覽 2，抱朴子 2，鹽鐵論 1，韓非子 1，魏文帝典論 1，管子 1，金樓子 1，五行大義 1，崔寔政論 1，太公六韜 1，長短經 1，帝王略論 1，典言符命 1，博物志 1，白虎通 1，文中子 1。總次數：48

【集部】文選 25，蔡邕議 1，韋孟諷諫詩 1。總次數：27

將引用次數相比，就容易看到經、史部典籍受到特別重視，子、集部典籍則不太受到關心。就思想傾向之所在而言，儒佛道三教中，佛教典籍完全被排除在選擇對象之外，道家典籍則只有《老子》和《莊子》兩書用於年號，引用次數一共僅有七次，而經部典籍，引用次數超過一百次，可知爲政者對儒學的重視。參看難陳中的發言可以詳細理解公卿對儒佛道三教的態度。觀應（1350—1352）改元時，藤原行光勘申"觀應"作爲年號案之一，引文來自《莊子·天下》之注疏："《莊子》曰：玄古之君，天下無爲也。疏曰：以虛通之理，觀應物之數，而無爲。"參加難陳的久我通相

---

① 森本角藏《日本年號大觀》，東京：目黑書店，1933 年，頁 75—76；所功編著，久禮旦雄、五島邦治、吉野健一、橋本富太郎執筆《日本年號史大事典》，頁 44。

（1326—1371）對此加以論難，認爲"觀應引文，《莊子》云云，異端書也"①。一些公卿將老莊視爲異端，因此道家典籍很少用於年號。至於佛教典籍没有用於年號，甚至一些年號案在難陳中以與佛典書名類似爲理由被駁回。天治（1124—1126）改元時，藤原伊通（1093—1165）對年號案"天保"以"漢土寺號也"爲理由加以拒絶②。永曆（1160—1161）改元時，一位公卿對年號案"大喜"表示反對，認爲"大喜"見於《法花經》（即《法華經》）③。《妙法蓮華經·提婆達多品第十二》有"心生大喜悦"④一句，此句本身并無不吉利的意思，他的説法可謂呈現偏向性，於此可知公卿從年號中儘量除去有關佛教的因素。

七　結論

年號是明示"統治時間"的至高權力之所在，因此擁有政治主權者掌握制定年號的權限。就日本而言，雖然年號的制定有時受到武家的干涉，但是天皇到明治時代之前始終不放棄最終決定權，大多年號經由稱爲"改元定"的儀式和會議來決定，最後由天皇決定和公布。提出年號案的儒官和決定年號的公卿限於特定氏族，他們重視先例來執行職務。日本年號基本上由兩個漢字構成，加之，大多年號有漢籍的出典，儒官和公卿需要具備一定的漢學素養，從另外角度看，由於長期屢次實行改元，朝廷內一直維持着漢學的需要，這些情況形成了獨特的政治學術文化。

本文主要對日本中世年號資料進行了探討，從而看出平安時代的"年號勘文"保存漢籍舊鈔本的文本，其後的年號勘文反映着接受宋學的情況。"難陳"資料幫助我們看到朝廷內圍繞漢籍詮釋的學術性討論，這種討論記事不見於其他史料。公卿在難陳中進行討論之時引述很多漢籍，一些漢籍現在已成爲佚書，另一些漢籍是完全不見於年號勘文的。通過難陳的記事，公卿利用詞典和類書等工具書，一邊正音辨字，一邊找到可資證實自己看法的漢籍記載。詞典越後出，内容就越豐富，難陳中引述的詞典逐漸轉換。

①佚名《不知記》，《改元部類（承平至觀應）》，頁163下。
②源師時《師時記》，《改元部類（應和至建久）》，收入塙保己一編《續群書類從》第11輯上，卷二百八十二，頁170下。
③源師時《師時記》，《改元部類（應和至建久）》，頁176上。
④《妙法蓮華經·提婆達多品第十二》，收入高楠順次郎編《法華部全·華嚴部上》，《大正新修大藏經》第9卷，東京：大正新修大藏經刊行會，1925年，頁34下。

　　重視先例的儒官和公卿産生了很多年號資料，對高辻長成編《元秘抄》的内容略加探討，可以知道他們留意的先例涉及很多方面，從中産生了各種年號資料。森本角藏梳理年號資料作成略目録，借此可以瞭解一斑①。對年號勘文所引漢籍和難陳討論中引述的漢籍加以分析就可以知道朝廷内正統意識所在。就經史子集四部而言，對經部和史部加以重視，子部和集部則不太在意。就儒佛道三教而言，只重儒學，輕視道教，排斥佛教。但是，日本朝廷内歷來相當重視佛教，例如“年中行事”即朝廷内“歲事”中列有御齋會（一月）、灌佛會（四月）、盂蘭盆會（七月）、御佛名（十二月）等各種佛教儀禮，加之，明治時代以前大多天皇的寢陵安奉在真言宗泉涌寺内。爲何將佛教因素排除在年號之外是值得探討的問題。日本年號可算是東亞學術文化史上重要的研究對象，但是學術界還没充分認識到其重要性，希望本文有助於研究者瞭解其學術價值。

---

①森本角藏《日本年號大觀》第四編《餘録》第一《年號に關する文獻》。

日本最早類書《秘府略》的編纂及其背景

——通過對文人滋野貞主的考察

水口幹記

（日本藤女子大學）

一、前言

從很早開始，就有大量的類書從中國大陸傳來日本。平安時代的漢籍目錄《日本國見在書目錄》（九世紀後半成書）中收錄有《華林遍略》《修文殿御覽》《類苑》《藝文類聚》《翰苑》《初學記》《編珠錄》等書，我們可以確認包括如今已經散佚的很多類書的東傳①。此後，對於宋代編纂的《太平御覽》，我們可以從中山忠親（1131—1195）的日記《山槐記》治承三年（1179）二月十三日條的記錄，知道平清盛（1118—1181）弄到二百六十帖的《太平御覽》，並將之獻給了天皇②，可知類書在平安時代以後仍繼續傳來。這些類書也被用於寫作文章的實踐中（譬如已有學者指出日本最早的史書《日本書紀》開頭部分就利用了類書），可見中國編纂的類書在日本歷史上作爲不可或缺之物受到了重視。

其中，在日本平安初期的淳和朝代，滋野貞主等人編纂了命名爲《秘府略》的類

---

① 關於《日本國見在書目錄》，孫猛的《日本國見在書目錄詳考》全三冊（上海：上海古籍出版社，2015年）已在中國出版。

② 原文爲："算博士行衡來云，入道大相國《六波羅》可被獻唐書於内云云。其名《太平御覽》云，二百六十帖也。入道書留之，可被獻摺本於内裏云云。此書未被渡本朝也。"可知《太平御覽》這時纔傳到日本。

書。該書本爲一千卷本的龐大之作，但遺憾的是現在幾乎散失殆盡，只剩下卷八百六十四（百穀部、中）、八百六十八（布帛部、三）。

本文主要焦聚於日本最早的類書《秘府略》，論及其編纂情況及其之所以能成書的平安初期的文化情況。本文所採用的方法，是以當時的文人滋野貞主爲媒介，進行考察。

二、滋野貞主簡歷

受寵於嵯峨天皇（786—842）並最終官至參議的滋野貞主（785—852），他最初是大學的學生。貞主於大同二年（807）文章生考試及第（《日本文德天皇實録》仁壽二年（852）二月乙巳條·滋野貞主卒傳），成爲文章生。文章生主要是學習文學方面的内容。在大學裏，學生們最重要的是以《周易》《尚書》等爲教材，以儒學爲中心，展開學習活動（日本養老學令五經周易尚書條等）①。在大學學習的人，是以成爲官員爲目標的，在大學所學的知識是做官後實踐中活用的基礎教育。貞主的曾祖父楢原東人（生卒年月不詳）是大學頭兼博士，他本人也是被稱爲“通九經”的“名儒”（貞主卒傳），由此可知他精通儒學知識。

其後，貞主受到嵯峨天皇（大同四年即位）賞識，於弘仁二年（811）成爲少内記，同六年爲大内記等，不斷升官。隨着接下來的淳和天皇（786—840）即位（弘仁十四年），而成爲正良親王（810—850，嵯峨之子，後來的仁明天皇）的東宮學士，從事皇太子教育。仁明天皇即位（天長十年［833］）後仍受重用（卒傳中稱仁明特“加恩幸”），在緊隨承和之變的承和九年［842］七月二十五日，列位參議（《續日本後紀》同月丁巳條），在文德天皇（827—858，嘉祥三年［850］即位）的治下最終官至正四位下②。

如上所述，貞主在出仕後侍奉過四代天皇，期間有許多漢詩與文章（以下簡稱爲“文”）問世，一直與“文”相關。貞主實在可算是這個時代的代表性文人之一。

---

① 關於大學寮，參見拙稿《大學寮》，載河野貴美子、Wiebke Denecke、新川登龜男、陣野英則編《日本“文”學史》第一册，東京：勉誠出版，2015 年，頁 235—241。
② 關於貞主及滋野氏，參考榮原永遠男《滋野氏の家系とその學問—九世紀における改氏姓の一事例—》，見氏著《紀伊古代史研究》，京都：思文閣，2004 年，初出爲 1981 年，頁 176—213。

三、教育成果在實踐中的成效

平安初期被稱爲"文章經國"思想的時代①，其中代表性的爲嵯峨、淳和朝編纂的勅撰三集《凌雲集》《文華秀麗集》《經國集》②。貞主的詩文在三集中分別有二首、六首、二十五首③，總計三十三首，收載數量雖只爲嵯峨天皇的約三分之一，但卻居於僅次嵯峨的第二位④。貞主參與《文華秀麗集》與《經國集》的編纂，在《經國集》中代表編者而撰有序文。貞主是代表該時代的詩人之一，也是體現"文章經國"的人物。

該時代被稱爲"文章經國"是因爲小野岑守（778—830）所寫的《凌雲集》序文的開頭部分：

> 臣岑守言，魏文帝有曰："文章者經國之大業，不朽之盛事。年壽有時而盡，榮樂止乎其身。"信哉！⑤

這是出典於《文選》卷五十二所載魏文帝（曹丕，187—226）的《典論·論文》，不過貞主所寫的《經國集》序文中也對該文有所引用⑥。

> 魏文《典論》之智，經國而無窮。……夫貧賤則懾於饑寒，富貴則流於逸樂，

---

① 雖然近年來對這點有學者提出疑問（瀧川幸司《勅撰集の編纂をめぐって—嵯峨朝に於ける"文章經國"の受容再論—》，載北山圓正、新間一美、瀧川幸司、三木雅博、山本登朗編《日本古代の"漢"と"和"—嵯峨朝の文學から考える—》，東京：勉誠出版，2015年，頁24—36；瀧川幸司《經國の文—《典論》"論文"の受容と勅撰集の成立—》，載河野貴美子等編《日本"文"學史》第一册，頁338—377），不過筆者的觀點和之前的一樣，認爲這是表現該時期的理念。

② 此三書是平安時代初期奉勅命編纂的漢詩文集。《凌雲集》作爲文學總集，是最早勅撰的，成書於弘仁五年（814）左右，全一卷。《文華秀麗集》成書於弘仁九年（818），全三卷，收集《凌雲集》以降的詩文。《經國集》成書於天長四年（827），全二十卷，只是現存僅卷一、十、十一、十三、十四、二十六卷。

③ 《經國集》因爲是殘卷，所以這是指現存數。

④ 後藤昭雄《嵯峨天皇と弘仁期詩壇》，見氏著《平安朝漢文學論考》，東京：櫻楓社，1981年，初出爲1970年，頁10—11。又，後藤氏計爲三十三首。金原理《滋野貞主考》，見氏著《平安朝漢詩文の研究》，福岡：九州大學出版會，1981年，初出爲1978年，頁130，計爲三十四首。

⑤ 小野岑守等編《凌雲集》，《覆刻日本古典全集》本，東京：現代思想潮新社，2007年，頁47。

⑥ 兩者相關的原文爲："蓋文章經國之大業，不朽之盛事。年壽有時而盡，榮樂止乎其身。二者必至之常期，未若文章之無窮。是以古之作者，寄身於翰墨，見意於篇籍，不假良史之辭，不託飛馳之勢，而聲名自傳於後……而人多不强力，貧賤則懾於飢寒，富貴則流於逸樂遂營目前之務，而遺千載之功。"蕭統編，李善注《文選》，上海：上海古籍出版社，1986年，頁2271—2272。

遂營目前之務，而遺千載之功。是以古之作者，寄身於翰墨，見意於篇籍，不託飛馳之勢，而聲名自傳於後。①

此外，在《經國集》序中還能確認到他參考了《周易》《尚書》和《論語》等書②，可知貞主是憑藉在大學所學作爲基礎教育的儒學知識來撰寫文章的③。可以説，貞主把在大學裏掌握的基礎教育活用在實踐中。

當然，並非只有序文纔參考、使用了漢籍，不僅僅是貞主，所有三集收録的詩中都參考、使用了各種漢籍。這些漢籍涉及甚廣，已經由許多前人的研究考察清楚④。

這裏要注意的是，三集本身是集録交際場合中的詩歌成果而成的。關於三集，已有學者指出這樣的特徵：許多詩歌都採用"君唱臣和"（《文華秀麗集》序）的形式，其中的奉和詩纔是這個時代典型的文學⑤。譬如，在《經國集》所收的貞主詩二十五首中，十三首爲奉和詩（奉和對象均爲嵯峨），也就是説，半數都産生於和嵯峨天皇的應答之中。剩下的亦爲和詩（十二首）、應制詩/應令詩（三首）等，全非單獨而作，亦非憑空而成，而是誕生於詩的應答。詩在當時不單純只是作爲文學作品，也是政治交際的工具⑥。

可是，對學生而言，對策是展示大學教育成果的文體之一。學生（進士科和秀才科）通過接受對策來開闢爲官之路。對策由作爲問題文的政策問和作爲其答案的對策文構成。對策有"時務策"和"方略策"，前者會提關於國家經營的問題，而後者則會問及以三史、《文選》爲首的涵蓋甚廣的漢學知識⑦。學生們在大學裏練習利用漢籍來寫文章，並將其作爲基礎教育來掌握。這首先是把政治用途作爲主要目標，也因爲以漢籍爲根據的政治理念是當時的時代背景⑧。這也活用於作爲實踐場合的作詩中。

---

① 良岑安世等編《經國集》，《覆刻日本古典全集》本，東京：現代思想潮新社，2007 年，頁 109。
② 參照小島憲之《國風暗黑時代の文學》中（下）Ⅰ，東京：塙書房，1985 年，頁 2134—2188。
③《文選》在大寶令中，雖然是任意的，但也是作爲教科書之一。而且從奈良時代開始，不僅是上層貴族，下層官員也將《文選》作爲基礎教育來學習。參照前揭拙稿《大學寮》。
④ 小島憲之氏的研究具有代表性。
⑤ 瀧川幸司《天皇と文壇—平安前期の公的文學に関する諸問題—》，見氏著《天皇と文壇—平安前期の公的文學—》，大阪：和泉書院，2007 年，頁 11。
⑥ 桑原朝子《平安朝の漢詩と"法"—文人貴族の貴族制構想の成立と挫折—》（東京：東京大學出版會，2005 年）對詩作的政治性層面進行了分析。
⑦ 參考柿村重松《（新修版）本朝文粹注釋》上，卷三注釋部，東京：冨山房，1968 年，頁 353—524。
⑧ 山下克明《平安時代初期の政治課題と漢籍—三傳・三史・〈劉子〉の利用—》，見氏著《平安時代陰陽道史研究》，京都：思文閣，2015 年，初出爲 2009 年，頁 387—421 等。

　　貞主身有六尺二寸之高（卒傳），擔任對外交涉的工作①。弘仁五年（814）王孝廉一行人從渤海國來日本時（一行人在弘仁六年入京），貞主被任命爲存問使。那時王孝廉一行人和日本官員們唱和的詩在以《文華秀麗集》爲中心的書籍中共存留有十四首②。其中，也有二首貞主吟詠的詩被保留下來（《文華秀麗集》收録的《春夜宿鴻臚簡渤海入朝王大使》，《經國集》收録的《春日奉使入渤海客館》）。關於這兩首詩，已有研究指出其漢籍的出處③，詩作的基調並無不同。

　　但是，若細心深讀，我們可以窺知，根據立場或對象的不同，貞主用語的選擇會發生變化。例如，《春日奉使入渤海客館》中的“鯨濤”引用自王孝廉一行人回國時由日方提供的慰問詔書（《日本後紀》弘仁六年正月甲午條）中的“鯨波”④。此處，作詩依據的不是一般詩作中常見的漢籍，而是實際上的政治性文書。這不僅僅是作詩技巧上的問題。

　　《經國集》收録的《奉和觀打毬》則更加明確地表現了這一點。這首詩是關於弘仁十二年（821）來日本的渤海使（大使王文矩），在次年正月十六日於宮中舉行的踏歌中進行“打毬”（《類聚國史》卷一百九十四正月戊申條）的内容。需要注意的是第一句“蕃臣入覲逢初暖”的“蕃臣”。當時，出於渤海國是處於日本下位的“蕃國”這一認識及外交方針⑤，渤海使被稱爲“蕃客”（出自《類聚國史》卷一百九十四“弘仁六年五月癸巳”條和“弘仁十三年正月戊申”條等）。“蕃臣”是在這一政治背景下吟詠的詞語。本詩是對嵯峨天皇的奉和詩。雖然在嵯峨的詩中有“使客”這一用語，並没有明確將渤海國視爲下位的用語，但是奉和的貞主卻通過將進行“打毬”的使臣詠爲“蕃臣”，從而確認日本與渤海國的政治地位⑥。貞主的這一行爲，不是在大學中

---

① 三宅和朗《古代の人々の背丈》，見氏著《古代の人々の心性と環境》，東京：吉川弘文館，2016年，初出爲 2015 年，頁 305—306。

② 詩數參考的是濱田久美子《漢詩文にみる渤海使》，見氏著《日本古代の外交儀禮と渤海》，東京：同成社，2011 年，頁 167—168。

③ 遠藤光正《渤海國使王孝廉と〈文華秀麗集〉》，《東洋研究》第 116 號，1995 年，頁 19—28；井實充史《滋野貞主〈春日奉使入渤海客館〉》，《アジア遊學》第 64 號，東京：勉誠出版，2004年，頁 174—179；山谷紀子《滋野貞主〈春夜宿鴻臚簡渤海入朝王大使〉》，《アジア遊學》第 66號，東京：勉誠出版，2004 年，頁 146—151 等。

④ 井實充史《滋野貞主〈春日奉使入渤海客館〉》，《アジア遊學》第 64 號，頁 178。

⑤ 酒寄雅志《八世紀における日本の外交と東アジアの情勢―渤海との關係を中心として―》，見氏著《渤海と古代の日本》，東京：校倉書房，2001 年，初出爲 1977 年，頁 198 等。

⑥ 井實充史《滋野貞主〈春日奉使入渤海客館〉》認爲《春日奉使入渤海客館》中也有同樣的意圖，《アジア遊學》第 64 號，頁 179。

能學到的，正是參加了實踐的場合，纔不斷掌握的，這並非只有貞主一人如此。

譬如，《文華秀麗集》所收的桑原腹赤（789—825）《和渤海入覲副使公賜對龍顔之作》中，有"占雲"一詞，這也可以在給渤海國使的外交文書（《日本後紀》延曆十八年四月己丑条）①中找到出處。腹赤之詩，因爲有"龍顔"一詞，所以應爲嵯峨在場時的詩作。就像這樣，在以嵯峨爲中心的團體中，參加人員經常被迫根據情況做政治性判斷，不斷地磨煉。

也就是説，這種詩宴是揭示大學所受"教育"之成果的地方，而且也可説是實踐性"教育"的地方。經過這樣鍛鍊、掌握根據情況來做政治性判斷的人們，可以繼續參加以嵯峨爲中心的團體，再生産各種各樣的"文"。

由這種所謂"詩作共同體"的成員所編纂的典籍是《内裏式》。《内裏式》於弘仁十二年（821）正月編撰進獻，於天長十年（833）補定，對於本書是否爲最早的儀式書，多有爭議②。據《内裏式》序，參與編纂的有藤原冬嗣（775—826）、良岑安世（785—830）、藤原三守（785—840）、朝野鹿取（774—843）、小野岑守、桑原腹赤以及滋野貞主。他們都與嵯峨天皇走得近，也留存有很多奉和詩。這裏要注意的是序的開頭，也就是"蓋儀注之興，其所由來久矣"這句話。也有學者指出，這是引自《隋書·經籍志二》史部儀注篇的後序③。序的開頭部分由引用漢籍開始，這種筆法和前述的《凌雲集》序一樣。有人指出，儀式書是"對天皇與臣下秩序的再生産"④，從這種意味來説，《内裏式》也和勅撰三集處於同一層次，《内裏式》序是基於以嵯峨爲中心的團體所生成的社會性共通認識而記述下來的"文"。

四、弘仁的《日本書紀》講書

自養老四年（720）五月舍人親王（676—735）等撰寫進獻"日本紀"（《續日本

①不過對此也有觀點認爲出典於《梁職貢圖》，參見遠藤光正《渤海國使王孝廉と〈文華秀麗集〉》，《東洋研究》第116號，頁23。
②森田悌《儀式書の編纂》，見氏著《日本古代律令法史の研究》，東京：文獻出版，1986年，初出爲1979年，頁122—130；西本昌弘《儀注の興り由來久し—〈内裏式〉序の再檢討—》，見氏著《日本古代儀禮成立史の研究》，東京：塙書房，1997年，初出爲1987年，頁145—161等。
③岩橋小彌太《儀式考》，見氏著《上代史籍の研究》第二集，東京：吉川弘文館，1958年，頁185等。
④古瀬奈津子《格式·儀式書の編纂》，見氏著《日本古代王権と儀式》，東京：吉川弘文館，1998年，初出爲1994年，頁259。

紀》養老四年五月癸酉條）以來，在奈良、平安時期舉行了多次讀《日本書紀》① 的
“講書”（也稱爲“日本紀講書”“日本紀講”“日本紀講筵”等）。它們分別爲養老五
年②、弘仁三年（812）、承和十年（843）、元慶二年（878）、延喜四年（904）、承平
六年（936）、康保二年（965），共計七次。自弘仁講書以來，幾乎以三十年一次的頻
率舉行。

其中，嵯峨朝舉行的是弘仁講書③。弘仁講書是在弘仁三年六月二日至弘仁四年
（月日不明）之間的某些時間於外記曹局舉行的。多人長（散位。生卒年月不詳）作
爲“執講”，是講書的中心人物，其他還有紀廣濱（參議，759—819）、阿倍真勝（陰
陽頭，754—826）、大春日穎雄（大外記，生卒年月不詳）、藤原菊池麻呂（民部少丞，
生卒年月不詳）、安倍藏繼（兵部少丞，生卒年月不詳）、島田清田（無位，779—
855）、美努清庭（無位，生卒年月不詳）等十餘名成員，其中，貞主以“文章生從八
位上”的身份參加（《日本後紀》弘仁三年六月戊子條、《弘仁私記序》）。

關於貞主的頭銜，《弘仁私記序》記爲“文章生”，但是卒傳爲“少内紀”，舉行
講書時很可能爲少内記（相當於正八位上）。這種混亂，是由於序是在弘仁講書後一段
時間寫的，而且在弘仁二年他實際上就是文章生，所以這“並非無根之談”④，説貞主
是作爲優秀人才參加也無妨。

《日本書紀》講書，如字面意義所示，是以讀日本最早歷史書《日本書紀》爲目
的的。在養老講書中，相比於對内容的理解，最主要的目的是對以漢文寫的正文作
“訓”⑤。弘仁講書也是沿襲這種方式。但是，講書中的“訓”採用了與通常的漢語訓
不同的方法。就像“日本”不讀爲“ヒノモト（hinomoto）”，而讀爲“ヤマト（ya-

---

①該書成書於養老四年（720），爲日本最早的正史，囊括從神代至持統天皇的歷史，全三十卷。其
後，日本古代的正史相繼爲《續日本紀》《日本後紀》《續日本後紀》《日本文德天皇實録》《日本
三代實録》，這些合稱爲六國史。

②雖然對於養老講書存在與否有爭議，但是從遠藤慶太《〈日本書紀〉の分注—傳承の複數性から
—》（見氏著《日本書紀の形成と諸資料》，東京：塙書房，2015 年，初出爲 2009 年，頁89—98）
及拙稿《奈良時代の〈日本書紀〉讀書—養老講書をめぐって—》（載拙著《古代日本と中國文化
—受容と選擇—》，東京：塙書房，2014 年，初出爲 2011 年，頁 315—342）可知顯然是有的。

③對於弘仁講書相關的研究史及筆者的思考，請參考拙稿《弘仁の日本書紀講書と文章經國思想》，
《古代日本と中國文化—受容と選擇—》，頁 343—389。

④太田晶二郎《上代に於ける日本書記講究》，見氏著《太田晶二郎著作集》第 3 册，東京：吉川弘
文館，1992 年，初出爲 1939 年，頁 57。

⑤拙稿《奈良時代の〈日本書紀〉讀書—養老講書をめぐって—》，《古代日本と中國文化—受容と
選擇—》，頁 331。

mato）”，對《日本書紀》中的各個用語，都按照“倭音”（《弘仁私記序》）、“古語”（《釋日本紀》①）來注獨特的讀音。而且，還通釋其意思。以“ヤマト”爲例，《弘仁私記序》的“夫日本書紀者”作有如下的分注：

> 日本國自大唐東去萬餘里。日出東方，昇於扶桑，故云日本。古者謂之倭國。但倭義未詳。或曰，取稱我之音漢人所名之字也。通云山跡。山謂之邪麻，跡謂之止。音登户反，下同。夫天地剖判，泥濕未燦，是以棲山往來。因自多蹤跡，故曰邪麻止。又古語謂居住爲止，言止住於山也。音同上。武玄之曰，東海女國也。②

此外，後文也將論及，在《釋日本紀》卷十六《秘訓》一所引的“私記曰（又曰）”中，也顯示出對於書名讀法的很自然的疑問：

> 又曰，問：“日本两字於夜末止卜讀之，不依音訓。若如字比乃毛止卜令讀如何？”答：“是尤叶其義事也。然而先師之説，以山跡之義讀之，不可輒改。又此書中大日本於訓云謂大夜末止。然則雖爲音訓之外，猶存心可讀夜末止。”③

這個疑問便是，雖然“日本”讀作“夜末止（ヤマト）”，但是按照字面讀作“比乃毛止（ヒノモト）”又如何呢？對此，回答認爲，雖然這個意見也不錯，但是先師的説法很重要，而且因爲《日本書紀》中有“ヤマト”這一讀音，所以雖然是“音訓之外”，但還是應該讀爲“ヤマト”。先師説的“山跡之義”見於上述《弘仁私記序》的分注，在弘仁講書中似乎已經被討論過。也就是説，在弘仁講書中，訓的同時也對字義進行探討，訓與釋義的不可分割的關係在講書中誕生。因此，講書也可説成是《日本書紀》的注釋工作。而且，記録這個討論部分情況的文獻是“私記”。

所謂“私記”，已有人指出，就是作爲公共活動的《日本書紀》講書的參加者的私人性記録（講義録），甚至可能就是在講書時博士爲此準備的資料④。《本朝書籍目録》⑤ 有“《養老五年私記》一卷”、“《弘仁四年私記》”等多個書名，可知在各講書

---

① 具體的著作年代不詳，應爲日本鐮倉時代末期關於《日本書紀》的注釋書。全 28 卷，著者爲卜部兼方。
② 黑板勝美校注《日本書紀私記》，《新訂增補國史大系》第 8 卷，東京：吉川弘文館，1999 年，頁 3。
③ 卜部兼方《釋日本紀》，《新訂增補國史大系》第 8 卷，東京：吉川弘文館，1999 年，頁 217。
④ 北川和秀《日本書紀私記》，載皆川完一、山本信吉編《國史大系書目解題》下卷，東京：吉川弘文館，2001 年，頁 200。
⑤ 該目録編纂於鐮倉時代後半期，是將和書分門別類地進行分類的現存最古的圖書目録，將四百九十三部書籍分類爲二十門。

時都作有“私記”。不過，以被看成是弘仁講書之私記的“《日本書紀私記》甲本”爲首，具有“私記”之名的現存諸本幾乎都一以貫之地記録訓，而對於字義卻不詳盡解釋。但是，如上所述，那並非説在講書時只議論訓，即使那時的議論没有留在記録上，在實際講書時是實實在在被延續着的。通過本文所探討的主要對象貞主已經證實，這就是上述引文所見的“先師説”。

在弘仁講書中列於末席的貞主，在承和講書中是作爲參議的身份參加的，那時的發言記載於《釋日本紀》卷十六《秘訓》一。

> 私記曰：問：“畫字訓讀長短之説如何？”答：“師説アヲウナハラヲ，シホコヲロコヲロニカヒナシテ。是《古事記》之説也。但旧説只畫讀カキナス，而昔承和之講，滋相公相定云：‘既有鳴聲，当標其響。’故依《古事記》之意，加此長詞耳。”①

這裏表示的是對神代上“畫滄海”一詞進行解釋的部分。這裏記載着發言者的名字，雖然並非忠實於講書過程的代表提問，而是不規則的發言②，但是這裏作爲參議參加的貞主（滋相公）應該是根據自己親身參加弘仁講書的經驗而發言的。此處，對於“畫”字讀音的長短問題，以承和講書中貞主的發言爲依據，得出以長讀爲是的結論。也就是説，我們並不清楚這個“私記”是哪個階段的，但是我們可以知道，承和講書時的讀法被後代的講書全盤繼承，而且貞主的發言以與現存“私記”不同的某種形式而被記録下來，參考了過去的記録，可以設想曾存在多個“私記”。

再者，在講書這種場合中，顯然很尊重“師説”及之前有影響力的意見，其理由之一是講書與大學講學的場合很相似，《日本書紀》講書可能具有培養後進的性質。實際上，講書的參加成員中有許多大學寮相關人員，如承和講書的文章博士春澄善繩（797—870）、元慶講書的大學助教善淵愛成（生卒年月不詳）、文章生藤原春海（生卒年月不詳）、明經得業生善淵高文（生卒年月不詳）、擬生谷田部名實（？—900）、學生多廣珍（生卒年月不詳）等，可爲其證。

開此端緒的當爲弘仁講書。本來，弘仁講書是“十餘人”（《日本後紀》）這一限定的參加人數，而且參加者是由嵯峨挑選的人（《弘仁史記序》記述是奉“詔”舉行），講書時間約爲一年。很難想象這種情況能形成一種濃厚的氛圍。這種團體的形

---

① 卜部兼方《釋日本紀》，頁224。
② 北川和秀《〈日本書紀私記〉丁本について》，《群馬縣立女子大學國文學研究》第20號，2000年；北川和秀《日本書紀私記》，《國史大系書目解題》下卷，頁187—188。

態，是上節所述的嵯峨朝的特徵。《日本書紀》講書是由參加人員形成一種共通認識，在此基礎上產生"文"（注釋性質的）的地方。而且，其後續的講書，强烈繼承業已成形的共通認識，並進一步生産"文"（注釋性質的）。嵯峨朝的"文"性質的遺産（也包括産生"文"的整套系統）由《日本書紀》講書繼承下去。

五、作爲集大成的《秘府略》

在《經國集》撰成四年後的天長八年（831），貞主受淳和天皇之勑命，與"諸儒"一同"撰集古今文書，以類相從"，編纂類書《秘府略》。該書有一千卷（卒傳），是一部卷帙龐大的書籍。但是，現在大多已經散佚，現存的僅有卷八百六十四（百穀部·中）、卷八百六十八（布帛部·三）。通過對殘卷的研究，我們知道該書是在幾乎全面吸收《華林遍略》《修文殿御覽》《藝文類聚》《翰苑》《初學記》等中國先行編纂的類書基礎上形成的①。

關於該書，有種論調認爲其成書早於北宋編纂的一千卷本《太平御覽》，因爲渡海僧寂照（962？—1034）回答宋真宗的問題時，稱日本有該書及"日本記（紀）"、"文觀（館）詞林"等，由此可知這是平安時代起就有的一種意識②。再者，當時作漢文及漢詩時，會參考前文所示的類書③，可知本書的編纂是應時代的要求而成書的，編纂目的被認爲是將多種類書集於一書以便使用④。另一方面，也有評論認爲該書不能稱爲作詩作文用的類書，"顯然只是以彙集爲目的"⑤。那麼，該書的編纂到底意味着什麼呢？

對此，首先要注意的是，該書和勑撰三集一樣，是勑撰的。所謂勑撰，自然是指

----

①小島憲之《類書〈秘府略〉》，見氏著《國風暗黑時代の文學》中（上），頁 1039—1064；飯田瑞穗《〈秘府略〉の錯謬について一附〈秘府略〉引用書名等索引》，飯田瑞穗《〈秘府略〉に關する考察》，俱見該氏著的《古代史籍の研究》，東京：吉川弘文館，2000 年。前者初出爲 1978 年，後者爲 1975 年，前者頁 116—160，後者頁 161—199。

②根據小島憲之《類書〈秘府略〉》，《國風暗黑時代の文學》中（上），頁 1061—1062。

③譬如關於《日本書紀》，有學者指出使用了《修文殿御覽》和《華林遍略》。勝村哲也《修文殿御覽天部の復元》，載山田慶兒編《中國の科學と科學者》，京都：同朋社，1978 年，頁 643—690；池田昌廣《〈日本書紀〉の潤色に利用された類書》，《日本歷史》第 723 號，2008 年。

④小島憲之《類書〈秘府略〉》，《國風暗黑時代の文學》中（上），頁 1040。

⑤井上亘《國風文化新探—"類聚の世紀"—》，載石川日出志、日向一雅、吉村武彦編《交響する古代—東アジアの中の日本—》，東京：東京堂出版、2011 年，頁 337。

以天皇爲中心的書籍編纂。雖然實際編纂的人是受命的人（這裏就是貞主等人），但是這些必須要有天皇的裁決纔能作爲書籍而最終完成（譬如在《凌雲集》採録之際遇到疑惑時“必經天鑑”，也就是要由嵯峨天皇做最終定奪）。也就是説，勅撰是最終由天皇來把握所有内容，其中所記的文章、知識全都是作爲天皇自己的東西①。這時，其中所收載的“文”是天皇的所有物，就《秘府略》而言，中國類書即中國的“文”就全都是天皇收羅的。

這時，《秘府略》這個書名就成問題了。“略”爲“略抄”之意，一般認爲是模仿《華林遍略》②，對於“秘府”，只能理解爲和同時期成書的空海（774—835）《文鏡秘府論》③ 一樣表示“宫中之書庫”。然而，這個“秘府”纔是在思考這個時期的“文”時很重要的用語。

“秘府”這個用語是當時文人們很喜歡使用的《文選》中也有的書庫之名（卷四十八揚子雲《劇秦美新》。《藝文類聚》卷十“符命”也引用了這部分）。在中國，秘府（或爲秘閣等）非一朝一夕所能成者。據《漢書·藝文志》及《隋書·經籍志》可知，漢代以來，各朝皇帝派遣使者至諸國將因秦代焚書坑儒而散佚的書籍作爲藏書一點點收集，目録也由各個王朝作成。在此過程中，又經歷戰亂，在“無數次重複的具有時間間隔的收集書籍與破壞”④ 中，秘府卻維持了下來。也就是説，秘府絶非某一時代某一皇帝一人之物，而是作爲中國各王朝的知識的蓄積代代傳承的結果。

但是，日本的情況稍微有點不同。衆所周知，由《文鏡秘府論》開始在書名中出現“秘府”一詞的嵯峨朝，是天皇與近臣之間的關係比以往更親密的時期。其象徵性政策之一，就是設置藏人頭（弘仁元年）。不過，在設置藏人頭之前的奈良時代中期，在天皇周圍確實存在“藏人所”，在設置藏人頭時，利用了這個制度。而此處重要的是，九世紀的藏人所，是作爲保管天皇御用的物品及高檔品的皇宫内的收納機關。有觀點認爲，其物品很可能本來受自内藏寮，是基於令制財源的皇宫内的保管機關，這

①對於勅撰的意義，參考長谷部將司《氏族秩序としての“勅撰”漢詩集》，《國史學》第 191 號，2007 年。

②小島憲之《類書〈秘府略〉》，《國風暗黑時代の文學》中（上），頁 1040；飯田瑞穗《〈秘府略〉に關する考察》，《古代史籍の研究》，頁 181。

③《文鏡秘府論》是平安時代前期編纂的文學理論書，全六卷，總結了自中國六朝時期至唐朝的詩文創作理論。一般認爲是空海在歸國後於日本弘仁年間（810—823）完成的。

④興膳宏、川合康三《隋書經籍志詳考》（東京：汲古書院，1995 年）解説（興膳宏執筆），頁 22。

在九世紀前半期的藏人裏面被任命了很多文章生出身的人員①。管理天皇相關之“藏”的藏人所，由以文章生出身爲中心的人員構成，他們又利用大概爲秘府所藏的各種書籍，作出“文”。這意味着，本來理應爲國家書庫的“秘府”，很可能輕易被認爲是嵯峨天皇的書庫。也就是说，當時的“秘府”不僅僅只是“宮中的書庫”，也深含着“嵯峨的書庫”的意味，《文鏡秘府論》和《秘府略》這些冠以“秘府”之名的書籍出現在嵯峨、淳和朝，這絶非偶然。

其背景在於《秘府略》是奉勅編纂的。其目的，第一是彰顯當時成爲上皇而具有巨大權力的嵯峨，是爲確認淳和自身的正統性。在中國編纂類書，是歷代王朝爲了誇示權力、宣揚正統性②。嵯峨也是因所謂的“藥子之變”而要鞏固權力，那時淳和也成了皇太子，所以首先可以说，該書的編纂具有强烈的政治意味。

而且，爲彰顯嵯峨而編的是“一千卷”這種龐大的卷數。對於這個卷數，超過百卷本的《藝文類聚》自不必说，也大大超過了七百二十卷本的《華林遍略》。但是，該書必須得爲一千卷，因爲它需要與作爲最早類書的《皇覽》處在同一條水平線上。請看下述引文：

> 初，帝好文學，以著述爲務，自所勒成垂百篇。又使諸儒撰集經傳，隨類相從，凡千餘篇，號曰皇覽。（《三國志》卷二《魏書》二《文帝紀》）③

這裏说的“帝”是指魏文帝曹丕。再者，在其他地方有“受詔撰《皇覽》，使象領秘書監。象從延康元年始撰集，數歲成，藏於秘府，合四十餘部，部有數十篇，通合八百餘萬字”（《三國志》卷二十三《魏書》二十三《楊俊傳》注所引《魏略》），這裏也出現了“秘府”一詞。

在本文第二節中也提到，魏文帝是貫穿整個平安初期的理念“文章經國”的出處“《典論·論文》”的作者。在《皇覽》編纂中，文帝積極參與，親自爲全篇進行校訂等，據说“文”之謚號也來自於《皇覽》的編纂④。

而且，這部《皇覽》的篇數爲“千餘篇”。雖然未必一定等於“一千卷”，但是其數量與其他類書相比卻是出類拔萃的，《秘府略》肯定也意識到這一點。我想這在當時

---

①以上關於藏人所，參考佐藤全敏《藏人所の成立と展開―家産官僚制の擴張と日本古代國家の變容―》，《歷史學研究》第 937 號，2015 年。

②大淵貴之《類書勅撰の政治的意義―〈藝文類聚〉の編纂を例として―》，見氏著《唐代勅撰類書初探》，東京：研文出版，2014 年，初出爲 2010 年，頁 63。

③陳壽撰，裴松之注《三國志》，北京：中華書局，1959 年，頁 88。

④津田資久《漢魏交替期における《皇覽》の編纂》，《東方學》第 108 號，2004 年。

是衆所周知的事實。上引文帝紀的"又"後面的文字和貞主《卒傳》中《秘府略》編纂相關的文章很相似①，顯然，《卒傳》是意識到這篇文章而寫就的。貞主《卒傳》的執筆者，應該知道《秘府略》是比擬《皇覽》的。

也就是説，將《秘府略》比擬爲《皇覽》，意味着將其編纂者嵯峨比擬於魏文帝。實際上，是可以把積極參與《皇覽》編纂的魏文帝與對勅撰三集具有最終決定權的嵯峨相重合的（已有學者指出，雖然《經國集》爲淳和朝的編纂物，但是其中卻有嵯峨意圖的影響）。編纂《秘府略》的目的，正在於此。

通過將嵯峨比擬於魏文帝來完成"文章經國"。嵯峨通過參與勅撰三集，掌握了當時産生的"文"（漢詩文）及其中的關聯性（君唱臣和）。而且，藉助吸收中國類書而編纂成的《秘府略》，掌握作爲日本作"文"之源泉的中國之"文"。這時，"秘府"是"嵯峨的書庫"。也就是説，嵯峨掌握了所有的知、"文"。

更爲重要的是，將嵯峨放在所有的知的中心、"文"的中心，也就是肯定了基於魏文帝話語的"文章經國"而創作出很多"文"的團體。雖然實際發出編纂《秘府略》勅命的是淳和，但若無嵯峨，淳和不可能做此事，而且他也是這個團體的一員。并且，將他指名爲編纂中心人物的是嵯峨所創團體的幸運兒貞主。兩者都親自汲取嵯峨之意來編纂《秘府略》。就如同在渤海使的宴席上，貞主忖度嵯峨之意而使用了"蕃臣"一詞，這並非僅爲彰顯嵯峨一人。通過肯定自己所屬的團體以及其所産生的"文"，來肯定自己的存在，肯定相互的存在，强化紐帶，而且會繼續産生"文"。確實，在所有的知、"文"的中心處都有嵯峨。但是，那是與支持它的"文"的人們相輔相成，而決非只有嵯峨一個人爲中心。"文"的人，各自爲中心，也爲周邊。這纔是這個時代産生"文"的團體的實況。

六、結語

滋野貞主於仁壽二年（852）二月八日，六十八歲去世（《日本文德天皇實録》"仁寿二年二月乙巳"條《滋野貞主卒傳》）。在《卒傳》中留有"遺戒子孫云：殯斂之事必從儉薄，徂歿之後子孫齋供而已"②的遺言。貞主厭惡華美的葬儀，而希望薄

---

① "勅與諸儒撰集古今文書，以類相從，凡有一千卷，名《秘府略》。"藤原基經等編《日本文德天皇實録》，《新訂增補國史大系》第 3 卷，東京：吉川弘文館，1973 年，頁 36。
② 藤原基經等編《日本文德天皇實録》，頁 37。

葬。當然，薄葬並非始於貞主，以前就有了。譬如，持統天皇（645—703）曰"喪葬之事，務從儉約"（《續日本紀》大寶二年［702］十二月甲寅条）[1]，遺詔要儉約葬儀。元明天皇（661—721）也同樣遺詔"厚葬破業，重服傷生，朕甚不取焉"（《續日本紀》養老五年［721］十月丁亥条）[2]。再者，不僅是天皇，就如文室净三（693—770）遺言"薄葬不受鼓吹"（《續日本紀》宝龜元年［770］十月丁酉条）[3]，薄葬也滲透到貴族層。可知薄葬在貞主之前的日本就有，貞主似乎也是乘此風潮，不過這裏可以感受到，那並非貞主個人喜好的問題，而是含着對嵯峨的顧念。

承和七年（840）五月六日，淳和天皇駕崩（《續日本後紀》承和七年五月辛巳條）。那時，淳和對皇太子下了"予素不尚華餙，況擾耗人物乎？歛葬之具，一切從薄"等簡化自己葬儀的命令，希望"今宜碎骨爲粉，散之山中"。對此，中納言藤原吉野提出異議："我國自上古，不起山陵，所未聞也。山陵猶宗廟也，縱無宗廟者，臣子何處仰。"[4] 但是，最後還是如淳和所期望的，散骨於大原野西山的山嶺上（同戊子條）。這裏要注意的是，對於吉野的意義，"予氣力綿惙，不能論決，卿等奏聞嵯峨聖皇，以蒙裁耳"，説是因爲自己不能判斷，所以應該遵照嵯峨的意見。這不僅説明了嵯峨對淳和的影響力之大，也讓人聯想到這種薄葬思想是由以嵯峨爲中心的團體所發出的。

弟弟先離世的嵯峨太上天皇也在兩年後的承和九年（842）七月十五日駕崩，享年五十七歲。嵯峨也和淳和一樣希望薄葬，其遺詔如下（《續日本後紀》承和九年七月丁未條）。

> 遺詔曰：余昔以不德，久忝帝位，夙夜兢兢，思濟黎庶。然天下者，聖人之大寶也，豈但愚慧微身之有哉。故以萬機之務，委於賢明；一林之風，素心所愛。思欲無位無號，詣山水而逍遥；無事無爲，翫琴書以澹泊。後太上皇帝陛下，寄言古典，强我尊號，再三固辭，遂不獲免。生前爲傷，歿後如何。因兹除去太上之葬禮，欲遂素懷之深願。故因循古事，別爲之制，名曰送終。夫存亡，天地之

---

①菅野真道等編《續日本紀》，《新日本古典文學大系》第 12 卷，東京：岩波書店，1989 年，頁 62。

②菅野真道等編《續日本紀》，《新日本古典文學大系》第 13 卷，東京：岩波書店，1990 年，頁 102。

③菅野真道等編《續日本紀》，《新日本古典文學大系》第 15 卷，東京：岩波書店，1995 年，頁 318。

④藤原良房等編《續日本後紀》，《新訂增補國史大系》第 3 卷，東京：吉川弘文館，1972 年，頁 102 頁。

定數、物化之自然也。送終以意，豈世俗之累者哉。余年弱冠，寒痾嬰身，服石變熱，頗似有驗。常恐夭傷不期，禁口無言，是以略陳至志。凡人之所愛者，生也；所傷者，死也。雖愛不得延期，雖傷誰能遂免。人之死也，精亡形銷，魂無不之。故氣属於天，體歸於地。今生不能有堯舜之德，死何用重國家之費。故桓司馬之石槨，不如速朽；楊王孫之臝葬，不忍爲之。然則葬者，藏也，欲人之不得見也。而重以棺槨，繞以松炭，期枯腊於千載，留久容於一壙，已乖歸真之理，甚無謂也。雖流俗之至愚，必將咲之。豐財厚葬者，古賢所諱。漢魏二文，是吾之師也。是以欲朝死夕葬，夕死朝葬。作棺不厚，覆之以席，約以黑葛置於床上，衣衾飯唅，平生之物，一皆絕之。復斂以時服，皆用故衣，更無裁制。不加縄束，著以牛角帶，擇山北幽僻不毛之地，葬限不過三日。無信卜筮，無拘俗事。謂諡、誄、飯含、咒願、忌魂歸日等之事。夜尅須向葬地。院中之人可著喪服而給喪事，天下吏民不得著服。而供事今上者，一七日之間，得服衰絰，過此早釋。擇其近臣出入卧内者，應著素服，餘亦准此。一切不可哀臨。挽柩者十二人，秉燭者十二人，並衣以麁布。從者不過廿人。謂院中近習者。男息不在此限；婦女一從停止。穿坑淺深縱橫，可容棺矣。棺既已下了，不封不樹，土與地平，使草生上，長絕祭祀。但子中長者，私置守冢，三年之後停之。又雖無資財，少有琴書。處分具遺子戒。又釋家之論，不可絕棄。是故三七、七七、各麁布一百段，周忌二百段，以斯於便寺追福。佛布施絁、細綿十屯。裹以生絹，可置素机上。一切不可配國忌。每至忌日，今上別遣人信於一寺，聊修誦經。布綿之數同上齋。終一身而即休。他兒不效此，後世之論者若不從此，是戮屍地下，死而重傷。魂而有靈，則冤悲冥途，長爲怨鬼。忠臣孝子，善述君父之志，不宜違我情而已。《中庸》云：“夫孝者，善繼人之志，善述人之事也。”他不在此制中者，皆以此制，以類從事。①

遺詔感嘆自己的不德，一而再地講述薄葬之事。雖然這篇文章多據《晉書》卷五十一《皇甫謐傳》而作②，當然其中也有一些更改。值得注意的是，文中聲稱自己的遺詔深受漢文帝與魏文帝影響。雖然，這也是以《皇甫謐傳》的“故張釋之曰：‘使其中有欲，雖固南山猶有隙；使其中無欲，雖無石槨，又何戚焉。’斯言達矣，吾之師也”爲基礎的。不過，《皇甫謐傳》前面的文句“自古及今，未有不死之人，又無不

---

① 藤原良房等編《續日本後紀》，頁 136—137。

② 藤原克己《〈續日本後紀〉の嵯峨遺詔》，載池田温編《日本古代史を學ぶための漢文入門》，東京：吉川弘文館，2006 年，頁 100—117。

發之墓也"① 是以魏文帝遺詔中的文句"自古及今，未有不亡之國，亦無不掘之墓也"② 爲基礎的（再者，《皇甫謐傳》的"釋之"是魏文帝遺詔中頻繁使用的用語），嵯峨遺詔自然也是以魏文帝遺詔（及漢文帝遺詔）爲基礎而作的，"漢魏二文"這一文辭，可以看作是表示實際情況。嵯峨是要將死也比擬於魏文帝。

結果，如"准據遺詔，仰百官及五畿内七道諸國司，停舉哀素服之禮"（《續日本後紀》承和九年七月丁未條）③ 所云，嵯峨的願望被接受了。不過，第二年嵯峨的遺詔就早早地遭到毁約。嵯峨天皇"無拘俗事"的遺詔被藤原良房（804—872）等人推翻了（嵯峨的周忌齋會日，因爲是太皇太后橘嘉智子［786—850］與仁明天皇的本命日，於是被忌避了。《續日本後紀》承和十年七月辛丑條）。甚至，嵯峨的另一個主張"無信卜筮"也被良房等作廢了（《續日本後紀》承和十一年八月乙酉條）④。

如此，嵯峨的遺詔（也就是嵯峨最後的願望）在死後不久就被藤原良房等否決了。這時，貞主還活在世間。對於由嵯峨發現、因嵯峨而出人頭地的貞主，這件事應該是很屈辱的事吧。這並非貞主一個人的問題。事實上，這之後還有好幾個以與嵯峨相關者爲主的希望薄葬的例子。嵯峨的兒子仁明上皇在遺詔中命令要薄葬（《續日本後紀》嘉祥三年［850］三月癸卯條），其後的文德天皇（仁明上皇的兒子）也用和仁明一樣的殯葬之禮（《日本文德天皇實録》天安二年［858］九月甲子條）。嵯峨的女兒有智子内親王（807—847）以及淳和的皇后藤原正子（809—879）也爲了薄葬留下遺言（前者是《續日本後紀》承和十四年十月戊午條，後者是《日本三代實録》元慶三年［879］三月二十三日條）。有智子内親王雖爲女性，也在勅撰三集中留下了包括對嵯峨的奉和詩在内的多首詩，是以嵯峨爲中心的團體中的一員。如上所述，嵯峨遺詔是以《皇甫謐傳》爲藍本，由各種文章句子組合而成的。也許，那並非嵯峨一個人想出來的，而應該是有通曉如《晋書》這樣的史書、《禮記》這樣的儒學經典（在嵯峨遺詔中也能見到《禮記》的影響）的人們參與寫作的⑤。也就是説，嵯峨遺詔並非僅爲嵯

①房玄齡等《晋書》，北京：中華書局，1974 年，頁 1417。
②陳壽撰，裴松之注《三國志》，頁 82。
③藤原良房等編《續日本後紀》，頁 137。
④詳情可參考山下克明《災害・怪異と天皇》，載網野善彦等編《岩波講座 天皇と王權を考える》八《宇宙論與身體》，東京：岩波書店，2002 年，頁 188—191。另外，"無拘俗事"與"無信卜筮"俱見於《皇甫謐傳》。
⑤田中久夫《"薄葬"の意味について—奈良・平安初期の葬制—》，見氏著《佛教民俗と祖先祭祀》，京都：永田文昌堂，1986 年，初出爲 1968 年，頁 278。設想菅原清公（770—842，也列名於勅撰三集的所有編者名中，所以也是嵯峨團體中的一員）也有參與。

峨個人的遺詔，對於屬於以嵯峨爲中心的團體的人們來説，這也是他們的某種遺詔（遺言）。

（張麗山　譯）

（附記：本文初稿於"第二屆南京大學域外漢籍研究國際學術研討會"上報告，由浙江理工大學張麗山翻譯。後經審查修訂，首次刊發於臺灣《中正漢學研究》[THCI，臺灣中文核心期刊] 2017 年第 2 期 [總第 30 期] "東亞漢籍" 專輯 [毛文芳教授主編，崔溶澈教授擔任編輯顧問]，頁 105—124。）

論日本音樂文獻中的古樂書

張嬌　王小盾

（西南交通大學　溫州大學）

古樂書指的是以書籍形式呈現的古代音樂文獻。它有兩個特點：其一是經過編纂，有一定的編排體例；其二是關於音樂活動和音樂觀念的綜合記載，具有一定的理論性。由於後一個特點，它與音樂文獻中的樂譜相區別；由於前一個特點，它與音樂文獻中的雜記——亦即存見於各種史書、日記、文學作品和公文書當中的與其他記錄相混雜的音樂記錄——相區別。從日本音樂史研究、日本古代音樂思想研究的角度看，古樂書的特點是主要記錄日本雅樂、記錄上層社會的音樂活動，因此，它是音樂文獻中最重要的一個部類；從東亞音樂研究或絲綢之路東線音樂交流的角度看，古樂書的特點是多用漢字書寫，亦即使用不同於其他音樂文獻的特殊載體，因此，它包含較爲豐富的學術價值。

一、日本雅樂概述

早期的日本本土音樂大致有三個系統：一是御神樂、東遊、倭歌等祭祀舞樂，二是歌垣、催馬樂、朗詠等歌謠，三是田樂、能等風俗藝能。關於這些音樂品種，一些年代較早的日本古籍作了記錄。其中包括成書於公元 712 年的《古事記》、成書於公元 720 年的《日本書紀》以及稍晚産生的文化地理書《風土記》和詩歌總集《萬葉集》。

不過，根據《後漢書》以來各史《倭人傳》，從漢武帝設樂浪郡時（前 108）起，日本和周邊國家就有了較正式的交往。進而在 5 世紀到 8 世紀，出現了大陸音樂潮水般的輸入[①]。東傳至日本的音樂主體上是有組織的音樂，即宮廷音樂或由宮廷樂師傳授

[①]參見吉川英史《日本音樂の歷史》之 "大陸音樂輸入時代"，大阪：創元社，1965 年，頁 9—13。此處所謂 "大陸"，乃相對日本列島而言，包括中國大陸和位於中亞的 "西域"、位於東南亞的 "林邑"、位於東北亞的 "渤海"。本文亦在這一意義上使用 "大陸" 一語。

的音樂。《日本書紀》記載，允恭天皇四十二年（453），新羅王派遣樂師團體來日本參加葬儀，"貢上調船八十艘及種種樂人八十"，以器樂、歌樂、舞樂"參會於殯宮"①。欽明天皇十五年（554），百濟王遣使來日本，其中有四名音樂家②。此後不久，公元612年，又有百濟樂師味摩之歸化日本，傳授吳鼓樂舞③。公元684年正月，天武天皇命奏《小墾田舞》，並奏百濟樂、新羅樂、高麗樂於大極殿④。正是由於這些音樂的傳入，中國的"雅樂"觀念——以"雅樂"來指稱舉行各種典禮儀式時使用的宮廷音樂——也逐步建立起來了。大寶元年（701），日本文武天皇設立"雅樂寮"，正式以"雅樂"作爲宮廷音樂的總稱⑤。這時的日本雅樂，儘管主體部分是本土音樂，但是卻包含一批不斷輸入的外來音樂，亦即從東亞各國傳入日本的歌舞。其中比重最大的是從中國大陸輸入的"唐樂"。

由此看來，早期日本雅樂有兩個重要的發展階段。在第一階段，它以本土音樂爲中心。比如據中國史書記載，開皇初（581）"定令，置七部樂"，"雜有疏勒、扶南、康國、百濟、突厥、新羅、倭國等伎"⑥。日本史書則記載說，皇極天皇元年（642），"蘇我大臣蝦蛦立己祖廟於葛城高宮，而爲八佾之儛"，并作歌"野麻騰能"云云⑦。天武天皇年間（673—685），朝廷曾徵集"百姓之能歌男女"⑧，又勅"諸歌男、歌女、笛吹者即傳己子孫令習歌笛"⑨。由此可見，日本（"倭國"）在六世紀就有了依靠本土音樂建立起來的獨具風格的宮廷樂隊，到7世紀又有了新的發展。在第二階段，它以輸入外來音樂（特別是"唐樂"）爲中心。這一時期，也就是以遣隋使、遣唐使爲標誌的大規模文化交流的時期。7世紀初，日本聖德太子曾四次遣使入隋。接下來，從630年到895年，日本政府又派遣了19次遣唐使。在這些使團中，除醫師、陰陽師、畫師、工匠外，有很多以"音聲長""音聲生"爲名的樂人。其中對音樂文化交流貢獻較大的人物有8世紀前期三次入唐的吉備真備，8世紀後期入唐的僧侶永忠、最澄和空海，以及838年隨第12次遣唐使入唐的琵琶師藤原貞敏、琴師良岑長松以及圓仁、

---

①《日本書紀前篇》卷十三，《新訂增補國史大系》第1卷，東京：吉川弘文館，1957年，頁349。
②《日本書紀後篇》卷十九，《新訂增補國史大系》第1卷，東京：吉川弘文館，1958年，頁83。
③《日本書紀後篇》卷二十二，頁155—166。
④《日本書紀後篇》卷二十九，頁367。
⑤《續日本紀前篇》卷二，《新訂增補國史大系》第2卷，東京：吉川弘文館，1963年，頁12。
⑥《隋書》卷十五，北京：中華書局，1973年，頁376—377。
⑦《日本書紀後篇》卷二十四，頁195。
⑧《日本書紀後篇》卷二十九，頁336。
⑨《日本書紀後篇》卷二十九，頁379。

大戶清上、良枝清上、尾張濱主。這些人從中國帶來了大批作爲高級文明之代表的音樂、歌舞及相關文獻①。據考證，在日本雅樂中，有《吳公》《獅子》《武德樂》等"伎樂"，即來自南中國的大型樂舞；有箜篌、伽倻琴等"三韓樂"，即來自朝鮮半島的音樂；有包括《五帝太平樂》《破陣樂》以及踏歌、散樂的"唐樂"，即來自中原的樂舞。此外，有東南亞的"林邑樂"、東北亞的"渤海樂"②。據此不妨説，日本雅樂是大陸音樂東傳的産物。

雅樂寮的建立，是日本雅樂史上最具標誌意義的事件。它實際上是一種音樂管理制度和一個雅樂系統的結合，而這兩者都是仿自唐朝的。從大寶元年（701）公佈的律令看，雅樂寮由以下成員組成③：

和樂								三韓樂						唐樂		其他	
歌師	歌人	歌女	舞師	舞生	笛師	笛生	笛工	高麗樂師	高麗樂生	百濟樂師	百濟樂生	新羅樂師	新羅樂生	唐樂師	唐樂生	伎乐師	腰鼓師
4	30	100	4	100	2	6	8	4	20	4	20	4	20	12	60	1	2

也就是説，早期雅樂寮共有 401 名樂人，其中日本樂人約佔六成，高麗、百濟、新羅的樂師、樂生共 72 人，唐的樂師、樂生也是 72 人。後來，延曆十四年（795），桓武天皇遷都京都，雅樂寮實行左、右二方之制：以唐樂（包括天竺樂、林邑樂）爲左方樂，以高麗樂（包括渤海樂）爲右方樂。這一變化表明：在 8 世紀和 9 世紀之交，唐樂和高麗樂已逐漸成爲日本雅樂的重心。

雅樂寮的成立，推動日本雅樂迅速發展，使其進入一百多年的黄金期。在此期間發生了以下重要事件：大宝二年（702），雅樂寮的唐樂工在宴饗會上演奏《五常太平樂》④。慶雲三年（706），文武天皇於大殿聽奏諸方之樂⑤。神龜五年（728）正月，聖武天皇御中宮，宴渤海郡使者高齊德，"賜大射及雅樂寮之樂"⑥。天平二年（730），

---

① 木宮泰彦著，胡錫年譯《日中文化交流史》第二章 "遣唐使一覽表"，北京：商務印書館，1980年，頁 63—72。
② 參見吉川英史《日本音樂の歷史》之 "大陸音樂輸入時代"，頁 9—12。
③ 惟宗直本《令集解》，《新訂增補國史大系》第 22 卷，東京：吉川弘文館，1966 年，頁 89—90。
④《續日本紀前篇》卷二，頁 13。
⑤《續日本紀前篇》卷三，頁 24。
⑥《續日本紀前篇》卷十，頁 112。

在皇后宮中舉行男踏歌的表演①。天平三年（731），改訂雅樂寮雜樂生員，大唐樂 39 人，百濟樂 26 人，高麗樂 8 人，新羅樂 4 人，度羅樂 62 人，即增加具有外國音樂關係的樂工，減少日本傳統樂舞②。其中“度羅樂”又名“耽羅樂”，一説源自東南亞，又一説是西域樂③。天平七年，吉備真備從唐朝攜來銅律管和《樂書要録》④。天平十五年，聖武天皇在雅樂寮觀看五節舞，皇太子作舞⑤。天平勝寶四年（752）夏四月，東大寺舉行盧舍那大佛開眼儀，孝謙天皇率百官行幸，“雅樂寮及諸寺種種音樂並咸來集”⑥。天平神護元年（765）十月，稱德天皇“御南濱望海樓，奏雅樂及雜伎”⑦。天應元年（781）十一月，桓武天皇“宴五位已上，奏雅樂寮樂及大歌於庭”⑧。承和六年（839），藤原貞敏從唐朝攜來琵琶樂和箏樂⑨。承和十三年（846），仁明天皇宴群臣於紫宸殿，召藤原貞敏“令彈琵琶”⑩。這些事件説明，雅樂主要用於宮廷和寺院大會，其性質接近於中國的燕饗樂。日本人是爲建設宮廷禮儀而輸入來自朝鮮半島、中國大陸和西域之音樂的。

不過，從 9 世紀起，日本宮廷中的雅樂人員卻有遞減的趨勢。比如延曆二十四年（805）十二月地震，公卿們借此上書請恤民勞，雅樂寮的歌女便從 50 人減爲 20 人⑪。寬平六年（894），菅原道真奏上《請令諸公卿議定遣唐使進止狀》，宇多天皇下令廢止遣唐使⑫。日本雅樂失去外來資源的補充，遂進入第三階段，也就是消化外來音樂的階段。這一階段最重要的特點是雅樂從宮廷傳入民間，在貴族和寺院樂所中得到保存和傳承。

下面圖表，據各種日本音樂史工具書製成，可以反映日本雅樂在日本音樂史中的地位（其中背景塗色部分，則反映大陸音樂在日本的影響）。

---

① 《續日本紀前篇》卷十，頁 121。
② 《續日本紀前篇》卷十一，頁 126。
③ 見岸邊成雄《雅樂の源流》，載《日本の古典藝能》第二卷《雅樂》，東京：平凡社，1970 年，頁 33、19。又見岸邊氏《大佛開眼式（上）：正倉院の樂器》，《交響》1989 年第 2 期。
④ 《續日本紀前篇》卷十二，頁 137。
⑤ 《續日本紀前篇》卷十五，頁 172。
⑥ 《續日本紀前篇》卷十八，頁 214。
⑦ 《續日本紀後篇》卷二十六，《新訂增補國史大系》第 2 卷，東京：吉川弘文館，1962 年，頁 323。
⑧ 《續日本紀後篇》卷三十六，頁 477。
⑨ 《日本三代實録》卷十四，《新訂增補國史大系》第 4 卷，東京：吉川弘文館，1974 年，頁 221。
⑩ 《續日本後紀》卷十六，《新訂增補國史大系》第 3 卷，東京：吉川弘文館，1966 年，頁 186。
⑪ 《日本後紀》卷十三，《新訂增補國史大系》第 3 卷，東京：吉川弘文館，1966 年，頁 48。
⑫ 見水谷弓彥《菅公實傳》，東京：金尾文淵堂，1902 年，頁 73—74。

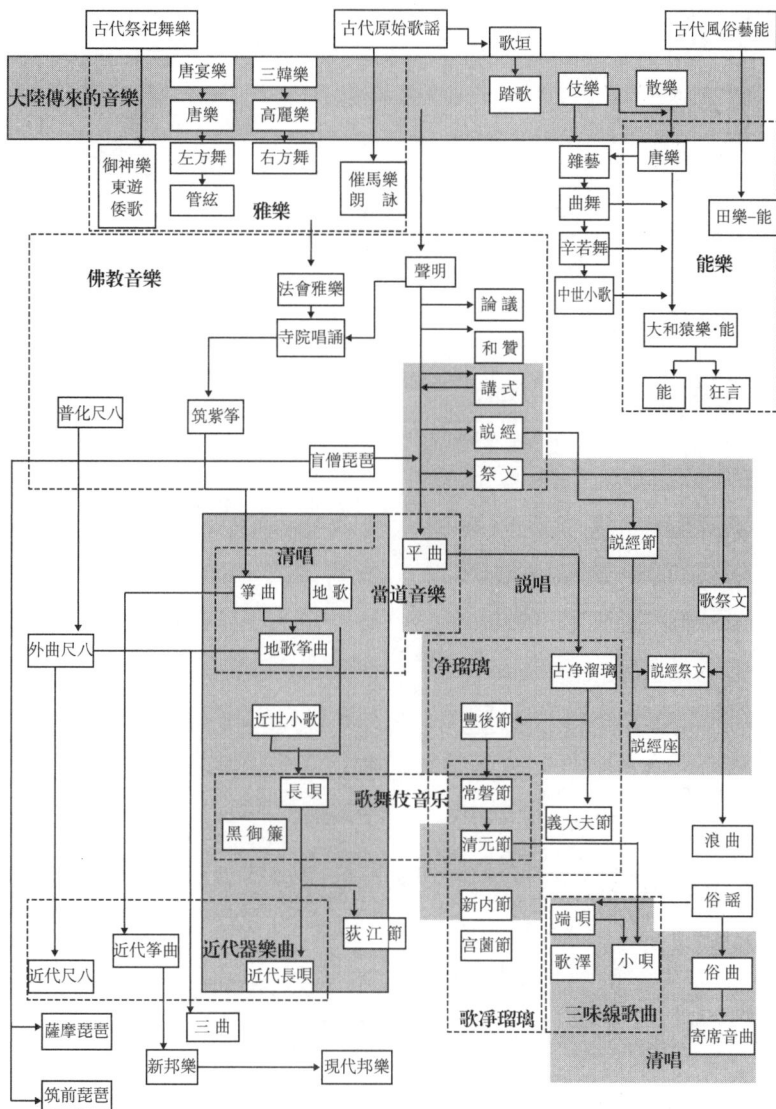

二、日本樂書的主要類型及内容

如上所説，古樂書是經過編纂、以音樂爲主題的古代音樂文獻。在日本，這種書籍有百種以上，我們整理了其中較具系統性的五十種，可分爲四類：一是專科型樂書，主要記録某種樂器的歷史和技法；二是譜系型樂書，主要記録雅樂師的傳承；三是綜合型樂書，以舞曲或管絃曲爲中心，綜合記録其曲名及其歷史和演奏法；四是叢書和工具書，從文獻學角度對日本雅樂加以總結。

（一）專科型樂書

從現存資料看，最早產生的日本樂書是專科型樂書。在平安時代（794—1185）即已出現《新撰横笛譜》《懷竹抄》《龍鳴抄》《木師抄》《殘夜抄》《八音抄》《孝道教訓抄》《新夜鶴抄》《知國秘鈔》等書。其中《新撰横笛譜》（しんせんおうてきふ）由清河天皇第四子貞保親王（870—924）撰寫。原書已佚，但今存《新撰横笛譜序》云：“從延喜十一年迄二十年，勸誘不倦，傳授已畢，仍新造譜爲之楷模。”① 可見此書編成於延喜二十年（920）之後不久。另外，序文中有三段話記其宗旨和撰寫規則，云：

> 遠自漢朝，近至日域。代弄玉管，人習龍鳴，激朗之響隨時代而漸多，爛漫之聲逐曲度以滋起……聖上惜正聲之將變，愍謬曲之亂聽，即降勅命，傳習上徒。

> 笛爲體，師法繁多，靡漫之響復在其中，因茲人乖聲譜，各稱師傳，雜亂之萌蓋有斯矣！若不寫鳥篆，恐尚致狼藉。

> 自古相傳稱師手者，別以抄定，各注其下。又至如《霓裳羽衣》《連殊火鳳》《宮調拓枝》等者，或有舞態無聲樂，或有聲樂無舞態，今之所撰亦不取，凡厥曲折具見《廣譜》。聖預仙遊之處，僅節宴會之時，歌舞相具，必可供奉。如斯之者，捨而不遺，艾夷繁亂，勒成三卷，展奏洋洋之音，永詠蕩蕩之德。②

由此可見，此書是在“代弄玉管，人習龍鳴”的背景下產生的，是因“聖上”的音樂關注而編寫的，目的在於正音，即糾正“人乖聲譜”的雜亂局面，維護“正聲”。其編纂體例則有三條：其一，抄輯師傳，注明異説，以建立定本；其二，選取既有聲樂又有舞態的作品加以記録；其三，以保存傳統歌舞曲爲宗旨，故不録宴會時的即興歌舞。這三條，反映了作者傳承文化的意識，説明日本樂書是爲推動雅樂的規範化而編寫出來的。

貞保親王是皇室成員、陽成天皇的同母弟，號南院式部卿宮、桂親王。因長於音律，而有“管絃仙”之稱③。除《新撰横笛譜》外，他另外編纂了一部雅樂理論書

---

① 貞保親王《新撰横笛譜序》，劍阿編《韻律肝心集》，日本宮内廳書陵部藏嘉禄三年（1227）寫本，索書號：512.50。
② 貞保親王《新撰横笛譜序》，劍阿編《韻律肝心集》，日本宮内廳書陵部藏嘉禄三年（1227）寫本，索書號：512.50。
③《大日本史》卷九十二，東京：大日本雄辯會，1928 年，頁336。

《十操記》。此書在"七體"的名義下討論大曲、中曲、小曲、中弦、喘吷、曳累、連詞等音樂體裁，在"三差"的名義下討論中大曲、中小曲、中吷的演奏方法，是較具理論性的專科型樂書。

日本的雅樂傳承者，主要從屬於兩個群體：一是皇室、貴族愛好者，二是樂人世家。貞保親王是前一群體的代表，即代表皇室、貴族愛好者在傳承雅樂方面的作用；而樂人世家則有更多傑出人物，比如著有《懷竹抄》《龍鳴抄》等樂書的笛師大神基政（1079—1138），是平安時代後期笛師大神惟季的弟子；著有《木師抄》《殘夜抄》《八音抄》《孝道教訓抄》《新夜鶴抄》《知國秘鈔》等樂書的琵琶師藤原孝道（1166—1237 後），是平安、鐮倉之交琵琶師藤原師長的弟子。

值得注意的是，除《懷竹抄》《龍鳴抄》《管絃音義》《尋問鈔》① 外，今存專科型樂書大都是絃類樂書，例如《胡琴教録》《木師抄》《八音抄》《孝道教訓抄》《新夜鶴抄》《知國秘鈔》《御琵琶合》《文機談》等。這説明，以琵琶師爲主體的絃樂師，在傳承日本樂書方面佔有重要地位。或者説，在推動日本雅樂傳承和日本樂書發展的過程中，琵琶樂發揮了最重要的作用。

（二）譜系型樂書

進入鐮倉時代（1185—1333）以後，音樂傳承出現了家族化、規範化的傾向。與此相對應，産生了許多譜系型樂書。從中可分爲以下類別：1. 綜合類，有《樂道相傳系圖》《歌樂相承系圖》《郢曲②相承次第》《神樂血脈》《樂所補任》《地下家傳》等書；2. 琵琶類，有《琵琶血脈（藤木流）》《琵琶血脈》等書；3. 笛類，有《大家笛血脈》；4. 和琴類，有《和琴血脈》；5. 箏類，有《秦箏相承血脈》；6. 笙類，有《鳳笙師傳相承》。譜系型樂書，很大一部分記録器樂家族的譜系。這和鐮倉以後雅樂重器樂的傾向相一致，或者説，雅樂的技藝化集中表現爲器樂的技藝化。

前面説到日本雅樂的體裁特點和日本樂書作者的文化意識，這也見於譜系型樂書。比如最早出現的譜系型樂書是《樂道相傳系圖》，由藤原定輔（1163—1227）編纂，成書於承久二年（1220）。作者出身於公卿之家，是正二位中納言藤原親信的長子，曾任參議、權大納言、大宰權帥等職，爵亦爲正二位。他擅詩歌、蹴鞠諸藝，琵琶師承藤

---

①《尋問鈔》是關於打擊樂器的樂書。該書編成於貞和四年（1348），用問答方式記録"打物"（鞨鼓、太鼓、鉦鼓、壹鼓等）的相關故實和關於技法的口傳、秘説。
②"郢曲"是對平安時代初期朗詠、催馬樂、神樂歌、風俗歌等宮廷歌謠的總稱。

原師長，影響於後鳥羽上皇和順德天皇。此書共收録雅樂相傳系譜十篇，分別記録鳳笙、篳篥、源氏催馬樂、藤氏催馬樂和《胡飲酒》《採桑老》《荒序舞》《拔頭》《還城樂》《師子》等樂曲的“師傳相承”，其中《鳳笙師傳相承》篇另附《笙名物》。這些系譜並非專記一器一曲。這説明譜系型樂書同樣是基於某種文化意識而產生的。在鐮倉時代初期，雅樂仍然是皇室、貴族的愛物。

關於譜系型樂書，另有一位重要作者，即著有《和琴血脈》《郢曲相承次第》《神樂血脈》等書的綾小路敦有（1323—1400）。綾小路出自源家，是日本古代神樂、郢曲的名門。相傳其家族始於正二位權中納言綾小路信有（1258—1324），其族譜骨幹由“信有→有賴→敦有→信俊＝＝〉有俊→俊量→資能＝＝〉高有→俊景→有胤→俊宗→有美＝＝〉俊資→有長→俊賢→有義”構成。其中綾小路俊量（1451—1518）也是正二位權中納言，綾小路高有（1595—1644）則是正三位參議①。這個家族不僅傳承雅樂，而且重視保存相關的文獻資料。1963 年，在《天理圖書館報》上，林謙三發表了《綾小路家舊藏樂書目録》一文，對今存四百多件文獻作了著録，並將其分爲“内侍所神樂做法”“神樂古記”“諸社神樂記”“大曲秘曲諸歌記”“東遊記”“催馬樂記”“樂曲傳授狀”“神樂譜”“催馬樂譜”等類別②。這證明雅樂傳承有賴於文獻傳承。在日本，這是一些雅樂家族的事業。

從時間維度看，日本雅樂有逐漸工藝化的趨勢。在譜系型樂書中，這表現爲從重貴族身份到重家族傳統再到重民間樂人的嬗變。比如三上景文所著《地下家傳》，便反映了重民間樂人的傾向。此書集録六位以下的樂人家譜，登記樂人的生年、叙位、仕履及卒年。它成書於天保十五年（1844），是較晚出現的下級樂人的傳記書。

（三）綜合型樂書

從表演方式角度看，日本雅樂含舞樂、管絃兩個部分。與此相對應，日本古樂書可分兩類：一是記録舞曲的樂書，二是記録管絃曲的樂書。若再往下細分，則舞樂書含唐樂（左方舞）、高麗樂（右方舞）兩部分，管絃樂書按樂曲調性分爲壹越調、沙陀調、雙調、太食調、乞食調、平調、黃鐘調、盤涉調、高麗調（狛樂）等部分。相

---

① 參見坂本武雄編、坂本清河補訂《改訂增補公卿辭典》“綾小路家”條，東京：國書刊行會，1974年，頁 138—139。引號内單線代表實子，雙線代表養子。

② 參見林謙三《綾小路家舊藏樂書目録》（上），《天理圖書館報》第 25 卷，1963 年 6 月，頁 84—103；林謙三《綾小路家舊藏樂書目録》（下），《天理圖書館報》第 26 卷，1963 年 10 月，頁112—137。

應地，綜合型樂書可細分爲偏重於記舞樂的樂書、偏重於記管弦的樂書以及百科全書式樂書三種類型。

在日本，綜合型樂書産生在鎌倉前期，以狛近真所著《教訓抄》爲代表。狛近真（1177—1242）出身於世代從事左方舞的家族，也就是服務於宮廷的“地下樂家”，因其樂籍歸屬於奈良興福寺，故稱“南都左舞人”。狛近真以養子身份繼承了狛家種種秘曲，包括外祖父狛光季的舞藝、養父狛則房的笛藝以及族人狛光芳的三鼓。由於秘受了狛光季的《蘭陵王》舞，所以作爲左方舞人的代表，在元久元年（1204）得到左衛門少志的官職，在建保六年（1218）進爲左近將監，在仁治二年（1241）晋昇爲從五位上等。五十七歲時（天福元年，1233），他面臨家藝斷絶、舞道衰微的窘境，遂執筆總結多年來的雅樂經驗，寫成《教訓抄》十卷[1]。此書詳述舞曲故實、演奏記録、院政期以後的舞樂實態，内容豐富，被推爲日本“三大樂書”之首。其書分兩部分：前五卷爲“歌舞口傳”，記録狛氏家族所傳承的公事曲、大曲、中曲及相關故實；後五卷爲“伶樂口傳”，記録舞蹈法、樂器演奏法和相關事物的起源和沿革。它代表了日本普通樂人在雅樂傳承方面的貢獻，也説明進入鎌倉以後，樂人家族是傳承雅樂的主要力量。

在《教訓抄》之後，出現了一系列綜合型樂書。其中三種同狛近真家族有關：一是《舞樂府合鈔》，由順良房聖宣編撰，成書於寬元三年（1245）以前；二是《掌中要録》，由狛近真第三子狛真葛（1232—1288）編撰，成書於弘長三年（1263）以前；三是《續教訓抄》，由狛近真之孫狛朝葛（1249—1333）編纂，成書於元亨二年（1322）以前。前一部書根據狛近真留下的遺書、樂書、日記等，記録了雅樂狛氏流派之舞樂的要領。後兩部書均由狛朝葛抄成，仿《教訓抄》，對狛氏流派所傳承的雅樂作了綜合記録。另外有一種樂書《吉野樂書》，又名《吉水院樂書》《管弦記》，是在吉野吉水院傳存的樂書，成書時間和上述三部書屬同一時期。其書雜抄樂人樂家私下口傳的故實，内容包括《胡飲酒》《採桑老》等舞樂曲的傳承，羯鼓、琵琶等器樂的傳承，御神樂、朗詠、催馬樂等本土音樂的傳承，以及御遊次第、法會次第等儀式項目。值得注意的是，以上這些綜合型樂書有一個共同點——都以雅樂的家族傳承爲條件和目的。

---

①參見田中久夫《狛近真と狛朝葛の念佛》，載《鎌倉佛教雜考》，京都：思文閣，1982 年，頁281—295。又見正宗敦夫編《地下家傳》第二册，東京：日本古典全集刊行會，1937 年，頁530 下。

不過，在“應仁之亂”（1467—1477）之後，爲挽救雅樂衰微的局面，重建雅樂，又產生了一批樂書。

《御遊抄》，綾小路有俊、中御門宗綱合抄於文明十七年（1485）。它圍繞御遊活動，從《李部王記》《左經記》《匡房卿記》《土右記》《中右記》等數十種日記中，抄寫清暑堂御神樂、内宴、中殿御會、朝覲行幸、御賀、御元服、任大臣等儀式項目的相關記錄。此書重點在於抄錄資料，而不是記載秘傳，宗旨在於從文獻中尋找重建雅樂的依據。

《體源鈔》，豐原統秋編成於永正九年（1512）前後。全書共十三卷，前九卷以類書方式記錄笙之事、樂事和樂曲樂譜，並分類介紹吹物、打物、彈物、中國樂器及舞樂；此後四卷補記御遊、神樂、歌物及相關樂器、樂曲及樂人譜系。編者豐原統秋（1450—1524）是京都方笙樂世家豐家本流第二十二代傳人。此書反映了這位傑出的笙樂家重建雅樂的抱負。

《樂家録》，別稱《大成録》，安倍季尚（1623—1708）編寫，成書於元録三年（1690）。全書五十卷，涵蓋了江户時期雅樂知識的諸多方面，包括神樂、催馬樂和社寺儀式之程式，管絃樂、鼓樂、舞樂之做法，樂器和裝束，樂律和樂人系譜，並對記錄雅樂的前代文獻作了收集和考證，例如其中“樂曲訓法”一卷便列有中華曲一百零八首。作者安倍季尚是日本京都方篳篥樂家安倍氏本家第十八代傳人，該書同樣表現了他的理論追求。

以上是幾種百科全書式的綜合型樂書。另外有一批綜合型樂書，或者偏記管絃，例如《夜鶴庭訓抄》《絲竹口傳》；或者偏記舞樂，例如《舞樂要録》《雜秘別録》《新撰要記鈔》《舞曲口傳》。這些樂書的基本情況是：《夜鶴庭訓抄》，多記“秘説”，即管樂器的穴名、絃樂器的絃名及其演奏秘説，包括各曲的調性與曲名；《舞樂要録》，由僧覺教（1167—1242）編成於安元二年（1176）之後不久，記錄自延長六年（928）以來的大法會式，亦即寺廟供養、朝覲行幸等活動中的舞曲；《雜秘別録》，由藤原孝道編成於嘉禄三年（1227），記錄雅樂舞曲的舞踏法、演奏法、裝束、表演等，包括《玉樹》《賀殿》《胡飲酒》《菩薩》《武德樂》《陵王》《新羅陵王》等三十九曲，其中有高麗曲四曲；《絲竹口傳》，由天王寺俊鏡編成於嘉曆二年（1327），記錄笛、琵琶、箏等管絃樂器的形制、制作法、演奏法和秘傳曲；《新撰要記鈔》，由僧印圓編成於貞和三年（1347）以前，記錄雅樂狛氏流派舞樂演奏的秘説，即各調之樂曲的演奏法；《舞曲口傳》，由豐原統秋編成於永正六年（1509），記錄雅樂舞曲的曲名、曲種、曲態、作者及相關本事，包括《安摩》《皇帝破陣樂》《團亂旋》等七十七曲。這一批綜合型樂書有三個特點：其一，是依據口頭傳授而成書的，主要記録經驗和技法，所以往往稱“庭訓”“口傳”和“秘説”；其二，主要出自雅樂團體，作者往往是樂僧和雅樂世家的傳人；其三，由於舞樂必須與器樂相配合，所以大多以舞樂爲中心，兼記管絃樂。也就是説，鎌倉時期以後的雅樂，逐漸恢復了對舞樂的重視。

（四）叢書和工具書

音樂叢書的編寫起始於鎌倉時代，具體説來，起始於真言宗密教學僧劍阿（1261—1338）。劍阿所編《韻律肝心集》，收録了《新撰横笛譜序》《管絃肝心集》《絲竹管絃抄》等三種雅樂書，其内容主要是關於笙、笛等樂器的孔名、音位和樂律學特點，進而討論到五音、八音、十二調子。劍阿又曾手抄《音樂根源鈔》一書。此書由兩部分組成，前部即《音樂根源鈔》，記録唐樂六調子共六十八曲的來歷和作者，以《皇帝破陣樂》爲首條，以《越殿樂》爲末條；後部爲《新秘記》殘篇，抄録“有舞樂日記”“各調子吹次第”“大法會次第”等事項，所記舞曲共四十五曲①。從這兩個例子看，日本雅樂叢書是沿兩條路線產生的：其一產生於專科型樂書的理論化，其二產生於雜鈔或叢鈔。不過，其出發點都是對系統的雅樂知識的追求，亦即不滿足於抄録一家一派的知識，而追求較全面的知識。

到江户時代，雅樂叢書表現出規模化的傾向，同時表現出對雅樂進行系統整理和總結的意願，其代表是《樂書類聚》和《新撰樂道類聚大全》兩書。《樂道類聚》是伏見宮家所存樂書的總彙，由邦永親王（1676—1726）編定。此書共收録雅樂書二十六種，包括《知國秘抄》《御琵琶合記》《拍子事》《〈萬秋樂〉説説》《懷竹抄》和《文機談卷第二》等。《新撰樂道類聚大全》是一部百科全書式的雅樂叢書，由岡氏太秦昌名（1681—1759）編成於享保至延享年間（1716—1747）。它包羅宏富，達三十卷，包括《樂律集解》《樂器製造記》《雅樂曲調傳》《樂調便覽》《管絃教録》《舞曲集要》《神樂要録》《催馬樂要録抄》《算律和解》等單篇書。

這兩部叢書有一個共同特點，即都聯繫於某個重要的雅樂團體。作爲《樂書類聚》資料來源的伏見宮，是日本天皇家族中的一支，可以追溯到北朝的崇光天皇（1348—1352 在位）。崇光天皇於 1398 年崩於伏見殿，其長子榮仁於貞治七年（1368）受封爲親王，故伏見宮家以榮仁親王爲始祖。後來，榮仁親王之子相繼受封，次子貞成親王

---

① 此書存兩本：一爲天理圖書館藏金澤文庫影印本，一爲上野學園大學日本音樂資料室藏抄本。兩本僅第一部分内容相同。上野抄本缺《新秘記》，但抄有《樂教譯解》和雅樂曲目録。

曾被尊爲太上天皇，故“伏見宮”成爲家名。室町時代末期，伏見宮以外的世襲宮家紛紛凋零，伏見宮遂成爲江户時代著名的“四親王家”之一。平安末期以來，日本王室形成學習琵琶的傳統。在崇光天皇和榮仁親王之間，即存在這種傳承關係。自此以後，伏見宮的歷代宮主都注意學習雅樂，保存音樂文物。應永八年（1401），伏見殿發生火災，日記、書物受到嚴重損壞，但其保存樂書的傳統並未中斷，許多樂書也經歷劫難存活下來。《樂書類聚》便是其中一部分。而編輯《新撰樂道類聚大全》的岡氏太秦昌名（本姓太秦，又名昌信、昌隆）則是四天王寺的樂人。四天王寺是日本和宗（聖德宗）的總本山，位於大阪市天王寺區。其寺由聖德太子建於推古天皇元年（593），因安置有四天王神像而得名。早在聖德太子時，寺中就采用隨佛教傳入的歌舞伎樂來莊嚴佛教儀式，並召樂人傳習。這一傳統代代傳承，到江户時代，四天王寺的雅樂團體遂與京都雅樂團體、奈良雅樂團體並稱“三方樂所”，參與宮廷的儀式供奉。其中四天王寺的聖靈會歌舞伎樂尤爲莊重，保存至今，被日本政府指定爲“重要無形民俗文化財”。

以上兩書説明，日本的雅樂叢書是同大型雅樂團體的發展相表裏的。樂律學叢書《阿月問答》也是這樣。《阿月問答》由兩種《音律事》合成，以問答方式討論各種樂律問題。前一種包含“吕律各有七聲事”“諸弦管並諸調子有十二律事”“就阿月兩通書條條不審事”等條目；後一種包含“西園寺殿與阿月御問答之事”“宰圓僧都問答律二變事”“大食調七聲”等條目。從內容看，作者阿月是西園寺家族中的人。西園寺在室町時代即是著名的武家，歷代族長均注意保存雅樂。所以，這部叢書也表明了日本雅樂叢書同雅樂團體的關聯。

在雅樂叢書外，江户時代以來還產生了以下兩種重要的雅樂工具書：一是《樂書目録類纂》，雅樂目録書，共兩卷。上卷著録中國樂書，分“樂書”“歌辭”“曲簿”“聲調”“鐘磬”“管絃”“舞”“鼓吹”“琴”等九類；下卷著録日本樂書，分“神樂”“催馬樂”“東遊”“風俗”“朗詠”“歌曲總類”“舞曲”“琵琶”“箏”“和琴”“笙”“觱篥”“笛”“鐘鼓”“樂器總類”“樂曲總類”“律吕”“琴”等十八類。二是《歌舞品目》，雅樂辭書，成書於文政五年（1822）之前不久。此書網羅日本雅樂名詞術語，引證其出典、歷代解説並加以批注，分爲十卷。卷一有“皇朝樂目”“異域樂名”“樂府鋪設”“典樂伶倫”等目，卷二爲“律吕聲調”，卷三爲“八音紀原”，卷四爲“器具名義”，卷五以下分別記録樂曲體裁、管籥弄吹、鐘鼓節拍、左右舞曲和各曲服飾。以上二書均由小川守中（1763—1823）編纂。小川守中，字誠甫，號敬所，法名虛巖宗沖居士。他編撰有數十種樂書，如《樂學雜識》《樂所補任氏族類聚》《類聚歌曲秘譜》《歌舞雜識》《見存樂器名品考》等①。由此看來，雅樂工具書的出現，是以大規模雅樂書籍的編纂爲基礎的。

三、日本古樂書的文化特質

古代日本人留下了汗牛充棟的文獻，樂書只是其中較零散、數量較少的一部分，處於學者視野的邊緣。不過，它們往往用漢字、假名相間的方式書寫，因而表現了既聯繫於中國文化又具有本土個性的文化特質。

首先值得一提的特質是神秘性。在很多情況下，這些樂書都被視爲"秘説"。從平安時代以來，它們一直是由樂家秘傳的，以寫本的形式存在。比如在 920 年之後不久，貞保親王撰成《新撰橫笛譜序》，至嘉禄三年（1227）纔有興福寺僧慶範的寫本。慶範在《新撰橫笛譜序》《管絃肝心集》《絲竹管絃抄》三書合抄本之末記識語云："嘉禄三年丁亥春三月二十五日書始之，同二十九日於興福寺之西邊事畢。雖爲弟子輒不可見，況於他人哉，可秘可秘。"② 又如日本宮内廳書陵部所藏《雜秘別録》一書，乃與《大家笛血脈》《我朝嫡庶次第》《橫笛譜裏書》抄爲一册，同編爲 266.783 號，其末亦有"琵琶末學"的識語云："元亨三年（1323）六月十日，以書寫本書畢……此書未流布世間，於我道無雙秘書也。殊可誡外見，依有所存，不交他筆，自書寫之。"③ 這説明，在很長一段時間，雅樂曾被日本人視爲秘技，人們往往把相關記録珍爲"無雙秘書"，它於是只能在師門之内秘傳。

那麼，既然是秘説，爲什麼要在口耳相傳之外書諸文字呢？《御遊鈔》説到了其中的道理。在這部寫成於 1485 年的御遊活動資料集的末尾，有識語云："右中御門宗綱卿自筆本五册，在西園寺家，予令懇望令書寫了，堅固可秘藏者也。"④ 這段話是權中納言紀光書寫的，意思是説：付諸書紙的目的，是要讓秘説真正"堅固"起來。

由於以上原因，今存日本古樂書往往只有孤本。這在江户後期學者塙保己一（1746—1821）所編纂的大型叢書《群書類從》《續群書類從》中可以看出來。《群書

---

① 參見羽塚啟明《樂書目録類纂解題》，《日本樂道叢書》第七編，東京：樂舞研究會，1931 年，頁 3—7。
② 劍阿編《韻律肝心集》，日本宮内廳書陵部藏嘉禄三年（1227）寫本，索書號：512.50。
③ 藤原孝道《雜秘別録》，日本宮内廳書陵部藏元亨三年（1323）寫本，索書號：266.783。
④ 綾小路有俊《御遊鈔》，《續群書類從》第 19 輯，東京：續群書類從完成會，1929 年，頁 152。

類從》一書始編於天明六年（1786），編成於文政三年（1820）；《續群書類從》一書始編於文化十年（1813），一直編至編者去世。兩書皆在"管絃部"收錄音樂之書。從塙保己一的記錄看，所收集的大多是孤本。例如《木師抄》書末有識語云："右《木師抄》一卷，以無類本，不能挍正矣。"①《殘夜抄》書末有識語云："右《殘夜抄》以一本校合了。"② 特別是其中的譜系型樂書，成書之後就以孤本的形式流傳。例如《樂道相傳系圖》編成於承久二年（1220），今存寫本兩種，皆藏於日本宮内廳書陵部。其書末分別有識語云："已上相承，雖多不審，抄出之，承久二年三月日大宰權帥定輔。""已上相承，雖多不審，抄出之，承久二年十月日大宰權帥定輔。"③《續群書類從》將其編入《管絃部》，另附識語云："右一册於京都寫之，寬正十年十一月日，檢校保己一。"④ 這就是說，從承久二年到寬政十年（1798）這五百多年，《樂道相傳系圖》並未衍生出其他本子。

　　類似的情況又見於以下樂書：《和琴血脈》，有應永廿九年（1422）寫本，原録在《歌樂相傳系圖》第三册，日本宮内廳書陵部編爲 350—91 號。書末有識語曰："應永廿九年六月三日書寫畢，以綾小路宰相敦有卿自筆本寫之，可爲證本者也（花押）。"⑤《續群書類從》於寬政十年據此本收録⑥。也就是說，從 1422 年至 1798 年，《和琴血脈》並未衍生出其他本子。《郢曲相承次第》，有寫本，同樣録在《歌樂相傳系圖》第一册，書後奥書⑦署"於時永德第一之歲夷則下四之日，權大納言藤原公定判"⑧。《續群書類從》於寬政十年據此本收録⑨。也就是說，從永德元年（1381）至寬政十年，《郢曲相承次第》並未衍生出其他本子。

　　總之，《群書類從》和《續群書類從》提醒我們，長期以來，雅樂一直是由樂家

---

①《木師抄》，《群書類從》第 12 輯，東京：經濟雜志社，1905 年，頁 264。

②藤原孝道《殘夜抄》，《群書類從》第 12 輯，頁 236。

③《樂道相傳系圖》，日本宮内廳書陵部藏承久二年（1220）寫本，索書號：350—90。

④《催馬樂師傳相承》，《續群書類從》第 19 輯，頁 549。

⑤《歌樂相傳系圖》，日本宮内廳書陵部藏寫本，索書號：350—91。

⑥《續群書類從》本書末有識語曰："右《和琴血脈》以應永廿九年書寫本寫之，寬政十年十一月日，檢校保己一。"（參見《和琴血脈》，《續群書類從》第 19 輯，頁 520）

⑦奥書，又稱"識語"，日本書志學用語，指的是在寫本末尾提示書寫年月、書寫者身份姓名以及書寫來由等信息的文字。

⑧《歌樂相傳系圖》，日本宮内廳書陵部藏寫本，索書號：350—91。

⑨《續群書類從》本書末有識語曰："右《郢曲相承次第》，以永德元年書寫本寫之，寬政十年十一月日，檢校保己一。"（參見《郢曲相承次第》，《續群書類從》第 19 輯，頁 541）

秘傳的，樂書也一直以寫本的形式存在，直至江户時代後期纔開始整理刊行。這意味着，在塙保己一編成《群書類從》之前，日本樂書是像古文書那樣生存的，代表了一種特殊的"典籍"①。

其次，日本古樂書往往同皇室相關聯。一方面，表現爲皇室成員和貴族對樂書編纂事務的參預；另一方面，表現爲古樂書制作者往往要遷就皇室貴族的意圖。這有兩類例證。

一類例證是關於皇室成員和貴族對樂書編纂事務的參預。比如《大家笛血脈》爲笛樂師所傳的譜系書，由兩部分組成：其一爲笛師傳授史，以尾張濱主爲始祖，中經大神基政、狛行高、狛行則等，傳至政主、政千，共有笛師四十七人；其二爲"我朝嫡庶次第"，以藤原基經（836—891）爲始祖，中經村上天皇（926—967）、輔仁親王（1073—1119）等，傳至一條少將公次、左衛門督隆俊、藏人將監源盛季等，共有一百零二人。這就是説，在古代日本笛師看來，笛藝的傳承是由兩支力量承擔的，同樂工笛師相比，皇室、貴族是更加重要的力量。又如邦永親王所編《樂書類聚》，收録雅樂書二十六種，每種樂書後都署有"邦永親王（花押）"，這其實是在强調邦永親王躬親了此項編書事業。另外，許多樂書在書末記識語云："中務卿貞常親王以正筆書寫。""後伏見院以震翰書寫。""今出川前右大臣公行公以自筆。""貞常親王以自筆書寫，但貞清親王自筆歟。""以妙音院御作本書寫之……後伏見院以震筆本書寫。""光嚴院以震筆書寫。""後崇光院以震筆書寫。""公行公以正筆書寫。""以故山本入道太相國卿自筆本寫之。"② 這都是説，樂書的創作與抄寫，很大程度上是皇室成員與顯貴的事業。再如《琵琶合（承久二年三月一日）》書末有三段識語，一云"文永六年三月一日以正本書寫了"，署"權中納言判"。二云"御比巴今日上皇令彈作，其外定輔卿、孝道等同彈之，判詞，上皇之勅筆也，清範執筆之云云，子細見承久私記"。三云"貞常親王以自筆書寫"③。這裏特別提到權中納言、上皇、貞常親王等人物，指出他們參與了樂書的抄寫。這也説明，日本雅樂是依靠權貴力量得以保存下來的。

另一類例證反映了皇室貴族意願對日本樂書的影響。比如《舞曲口傳》書末有豐原統秋的識語，云："右舞曲説説，依爲上意，擇之所進上也。"④ 可見有一批樂書是

---

① 參見王小盾《域外漢籍研究中的古文書和古記録》，《域外漢籍研究集刊》第 6 輯，北京：中華書局，2010 年。

② 識語皆見邦永親王編《樂書類聚》，日本宫内廳書陵部藏寫本，索書號：伏·868。

③ 識語皆見邦永親王編《樂書類聚》，日本宫内廳書陵部藏寫本，索書號：伏·868。

④ 豐原統秋《舞曲口傳》，《群書類從》第 12 輯，頁 200。

應皇上要求而編製的，所以要"依爲上意"。又如《龍鳴抄》有天保三年（1832）寫本，書後有抄寫者識語云："此一册本紙有，上皇御前仕候候砌拜借，則命義寫之了。"① 這句話意味着，由於古樂書服務於皇室需要，所以往往因皇室而得到保存。這其實是延續至今的一個傳統。現在，保存了大量古樂書的宫内廳書陵部，便是皇室的象徵。

不過，在古樂書發展史上，我們仍然可以看到另一種思想傾向，即爲文化作記録（而非爲皇室作記録）的傾向。與此相應，樂書作者表現了形而上的追求。比如署名尾張濱主的《五重序》説："蓋音聲之學而難得，嶮於嶮，難於難。至於如舉眼仰天，採斧切柯，仰彌高，伐彌堅……夫人之學道，其重者有毛、皮、肉、骨、髓也，且其淺表以毛，其深喻以髓……難學毫毛於千百，難得精髓於一十……愛其曲之濫漫者，惡其聲之清正，既弊鑒寵，當生靡慢。鑒寵，雅正興復之聲；靡慢，鄭邪衰微之音……鄭之奪雅，須禁，以不冒矣。"② 這段話説明，早在公元9世紀③，日本人便建立了自己的音樂倫理學，所討論的問題有音聲之學的專門性、學道五層次、聲有雅俗之分、禁鄭之奪雅等等。又如文治元年（1185），僧涼金在《管絃音義》序文中説："夫管絃者，萬物之祖也，籠天地於絲竹之間，和陰陽於律吕之裏……此有五音七聲，七則配於天之七星，五則應於地之五岳。"④ 又在跋文中説："凡諸舞者，以身儀調心，是身五指、五體即五德、五戒所成也。諸詠者以言語調心，阿等五音即五德、五戒詞故也。諸樂者以音曲調心，宫、商等五調子即五德、五戒聲故也。"⑤ 這段話説明，在公元12世紀，日本樂師也建立了自己的音樂哲學，其體系包含"身儀""言語""音曲"等概念，關注用管絃牢籠天地、用樂舞調攝人心等問題。從這個角度看，日本樂書不只是聲音技藝之書，而是具有精神個性的文化遺産。

以上三方面的特質——神化雅樂傳承、強調雅樂同皇室的關聯、重視音樂的精神性——事實上是相互聯繫的。其緣由是，在日本雅樂當中包含了中國雅樂的基因。中國雅樂服務於宫廷祭祀儀式、用於交通天人的早期特質，也進入了日本雅樂的傳統。從這個意義上説，日本雅樂並非僅僅對應於中國的燕樂。

---

① 大神基政《龍鳴抄》，日本宫内廳書陵部藏天保三年（1832）寫本，索書號：266.799。
②《五重十操記》，《群書類從》第12輯，頁23。
③ 公元838年，尾張濱主曾擔任遣唐使。回國後著成《五重記》一書。
④ 僧涼金《管絃音義》，《群書類從》第12輯，頁1。
⑤ 僧涼金《管絃音義》，頁22。

餘論：日本樂書對於中國音樂史研究的意義

綜上所述，日本雅樂本質上屬於禮樂。我們知道，“漢文化圈”是東亞歷史上的一個重要現象。它依靠三大支柱而存在：一是同外交和文學相聯繫的漢字，二是同科舉制度相聯繫的儒學，三是同政治秩序相聯繫的禮樂。禮樂在東亞文化史上的重要性是顯而易見的。古樂書恰好可以幫助我們窺見這一支柱的基本面貌——具體説來，通過雅樂在日本音樂中的位置，可以觀察漢文化的滲透程度；通過日本古樂書的内容和類型，可以揭明漢文化進入日本社會的特點；通過日本樂書的文化特質，可以瞭解漢文化對日本文化的具體影響。總之，中國文化東傳至日本，產生了許多變體，古樂書展現了其中特別重要的部分。

從中國音樂史研究的角度看，日本古樂書還有許多重要意義和價值。就我們的研究經驗而言，至少有以下幾項：（一）日本古樂書是進行中、日音樂關係比較研究的基礎。比如，目前甚受關注的唐傳古樂譜的研究，尚未利用日本的樂書資料，這種情況有待改善，因爲樂書展示了樂譜生存的背景。（二）日本古樂書爲中國音樂典籍的輯佚提供了豐富的資源。比如，日本古樂書引用了大批中國音樂典籍——《琴操》《古今樂録》《琴書》《律書樂圖》《大周正樂》等。這些典籍已經失傳於中國，必須依靠日本樂書來恢復[1]。（三）日本樂書可資考訂中國音樂向域外傳播的規模、途徑及其功能。比如，從《教訓抄》的記載看，13世紀日本南都樂所掌管的二百二十支樂曲，半數以上來自中國，其中包括一支通大曲、五支大曲、十九支中曲、三支小曲。這些樂曲是通過貢使往來、佛教推廣、樂舞生求學等三條途徑傳入日本的；傳入後，它們主要用於官方禮儀活動[2]。（四）這些樂書是唐代音樂研究不可或缺的文獻。比如唐代大曲一百二十多曲，很大一部分曲調的體制、結構、拍數、宫調、歌舞特點見於日本樂書的記録[3]。（五）它們是絲綢之路音樂研究的寶庫。比如，在《樂家録》一書中記録的“船樂”、在《體源抄》一書中記録的“亂聲”和“亂序”，即可反映若干特殊音樂形

---

① 王小盾、寧倩、劉盟《從〈體源鈔〉看中國典籍與日本樂書的關係》，《音樂文化研究》2018年第1期。

② 王小盾、陳鵬《“教訓抄”に見られる唐代音樂の東傳》，“東洋音樂史研究國際研討會”論文，2014年3月7日在日本上野學園大學發表。

③ 王昆吾《隋唐五代燕樂雜言歌辭研究》，北京：中華書局，1996年，頁140—175。

式在陸上絲綢之路、海上絲綢之路的流傳①。總而言之，古代東亞曾經存在一個以漢字爲表徵的文化共同體，禮樂是其關鍵部分。作爲其物質載體的樂書、樂器、樂譜等，無疑是東亞文化研究的重要對象。

①王小盾、崔静《從〈樂家録〉看絲綢之路東線的“船樂”》，《音樂文化研究》創刊號，2017 年
　　10 月；王小盾、劉盟《論東亞音樂中的“亂”“亂聲”與“亂序”》，《音樂研究》2017 年第 5 期。

《文筆眼心抄》非僞書辨

盧盛江

（南開大學）

　　《文筆眼心抄》是與《文鏡秘府論》密切相關的一部著作。嵯峨天皇弘仁年間，日僧空海利用傳入日本的中國詩文論著作撰成《文鏡秘府論》。明治四十一年（1908），京都山田鈍號永年居士又名山田永年氏刊刻印行《文筆眼心抄釋文》，《釋文》序稱："弘法大師曾著《文鏡秘府論》，又摘其要，更著《文筆眼心抄》，俱並行焉。"又説："此編原本曩出於東寺，遂歸余手，蓋爲一大長卷子，書法超妙，紙墨俱古。人皆以爲珍品，但其字交行草草，書十之九有古字，有異體字。是以讀者如箝在口。頃者，長夏無事，曬書及此，於是反覆考覈，遂得通讀，因釋以恒，用楷書印諸活字，釘爲册子，以廣其傳。"所刊《文筆眼心抄》書題下署"金剛峰寺禪念沙門遍照金剛撰"，序稱："余乘禪觀餘暇，勘諸家諸格式等，撰《文鏡秘府論》六卷，雖要而又玄，而披誦稍難記。今更抄其要，含□上者，爲一軸拴鏡，可謂文之眼，筆之心，即以'文筆眼心'爲名。文約義廣，功省蘊深，可畏後生，寫之誦之，豈唯立身成名乎？誠乃人傑國寶，不異拾芥。於時弘仁十一年中夏之節也。"①　此後，長谷寶秀爲之作冠注，作爲祖風宣揚會所編《弘法大師全集》第九卷於大正十二年（1923）出版。此本稱爲《冠注文筆眼心抄》。1948 年至 1953 年，小西甚一《文鏡秘府論考》之《研究篇》和《考文篇》先後出版，書中考證，對空海撰《文筆眼心抄》並未懷疑。1986 年，興膳宏譯注《文鏡秘府論》，作爲《弘法大師空海全集》中的一部由日本築摩書房出版，1997 年，林田慎之助、田寺則彥校勘《文鏡秘府論》，作爲《定本弘法大師全集》第六卷由日本高野山大學密教文化研究所出版，筆者於 2006 年出版《文鏡秘府論彙校彙考》，均附《文筆眼心抄》，將其視作與《文鏡秘府論》相關的空海著作。

---

① 《文筆眼心抄釋文》，日本京都山田永年氏明治四十一年（1908）刊本。

　　但是，近年陳翀教授發表數篇文章①，對這一問題提出懷疑。據山田鈍著《過眼餘唱第一集》，有西村兼文從京都東寺得到《文筆眼心抄》古抄卷，爾後此卷歸於山田鈍之手。陳翀教授經各方考證後指出，“今存《文筆眼心抄》之内容爲西村兼文所僞造”，“基本可以斷定現傳之《文筆眼心抄》本文不可能是空海所撰原文，對於研究《文鏡秘府論》並無多大裨益”②。陳翀教授雖很年輕，但近年在學術上進展很快，在版本文獻方面所下功夫尤著，關於《文鏡秘府論》的版本以及本文討論的《文筆眼心抄》的版本也有很多非常深入的思考，發掘了一些很重要的資料。陳翀教授是我的年輕畏友，我們因討論《文鏡秘府論》而相識，雖然彼此觀點不同，但不影響我們保持密切的聯繫和很好的友誼。我們坦誠相交。他的一些批駁我的論文，常常在發表之前就從網上發給我，得以先睹爲快，而我的不同意見，在發表之前，也總是在網上先和他交流。他的關於《文筆眼心抄》古抄卷辨僞的兩篇文章，我早就拜讀了。思考是需要時間的，加上忙於研究其他問題，因此直到今天纔一總作了回答。總的感覺，陳翀教授有很深入的思考，但要論定現傳《文筆眼心抄》爲僞書，其本文不可能是空海所撰原文，卻缺乏更充足的根據和更嚴密的論證。

一

　　從文獻載録看，空海有過一部名爲《文筆眼心抄》（或稱《文筆肝心抄》，或名《文筆眼心》）的著作。關於這一點，中澤希男早就注意到③。小西甚一有詳細的考證。小西甚一的考證，陳翀教授據筆者《文鏡秘府論彙校彙考》有轉述。爲論述需要，我們再引述如下：

　　　　弘法大師撰有《眼心抄》，很早就有明確記載。傳濟暹作《弘法大師御作目録》、聖賢撰《御作目録》、心覺撰《大師御作目録》等，都有“文筆肝心抄一卷”的記載。這大概就是《眼心抄》。高演作《弘法大師正傳》和覺鑁《高祖御制作書目録》作“文章肝心抄”，可能把“筆”的草體誤作“章”。與此不同，保

① 陳翀《辨僞存真：〈文筆眼心抄〉古抄卷獻疑》，《域外漢籍研究集刊》第 8 輯，北京：中華書局，2013 年；陳翀《空海〈文筆肝心抄〉之編纂意圖及佚文考》，《域外漢籍研究集刊》第 10 輯，北京：中華書局，2014 年。
② 陳翀《辨僞存真：〈文筆眼心抄〉古抄卷獻疑》，《域外漢籍研究集刊》第 8 輯。
③ 中澤希男《文鏡秘府論札記》，《斯文》第十六編第七、八、十號，第十七編第二號，1934 年—1935 年。

延三年正覺撰《大遍照金剛御作書目録》、山田長左衛門氏藏嘉禄三年書寫《大師御作書目録》、政祝撰《真言宗事相目録》等，均作"文筆眼心抄"。又，值得注意的是，教王常住院本《御作目録》，有"文筆眼心一部二卷"，無"抄"（或者是"鈔"）字，合於下述《信範抄》所引本，作二卷，和前述《高祖御制作書目録》注"本末"相應。因此，可以認爲，平安後期存在二卷本的系統。後來的《釋教諸師制作目録》和《諸師制作目録》並録爲《文章肝心抄》和《文章眼心抄》，但這當然是援引時未見實物而産生的錯誤，謙順的《諸宗章疏録》作"文章肝心章"，大概也是因爲這樣①。

根據這些材料，陳翀教授也承認："空海曾將《文鏡秘府論》縮寫成爲一個節要本。"② 就是説，此書題名原爲《文筆眼心抄》，還是《文筆肝心抄》，或者是《文筆眼心》，可以有疑問，但都不能否認空海有過一部這樣的著作。

還有花園天皇的日記《花園天皇宸記》兩條材料。這兩條材料，都爲陳翀教授《空海〈文筆肝心抄〉之編纂意圖及佚文考》一文所引，我們轉引如下。第一條材料：

> 弘法大師《文筆眼心》，專爲兼之哥義，所依憑也。

第二條材料，爲花園天皇元弘二年（1332）三月二十四日條的日記：

> 弘法大師《文筆眼心》並《詩人玉屑》，能述奧義。

陳翀教授以爲這兩條材料説明《文筆眼心》是一部指導和歌寫作的重要理論指南。是否如此另作論述，這兩條材料説明弘法大師空海有一部《文筆眼心》的著作，這部著作在花園天皇（1297—1348）年代還可以看到，當無疑義。

這部著作的内容，心覺《悉曇要抄》有引述。筆者《文鏡秘府論彙校彙考》附《文筆眼心抄》《聲韻 調四聲譜》第二節的"校注"已有注釋（見注釋七），心覺《悉曇要抄》所引《文筆眼心》，主要全文引"《調四聲譜》：平上去入配四方……餘皆效此"③。這段文字，陳翀教授《空海〈文筆肝心抄〉之編纂意圖及佚文考》亦有引述，作爲心覺《悉曇要抄》所引《文筆眼心》所引《調四聲譜》材料之（1）。除個别文字之外，這段文字與山田家本大致相符，這一點，陳翀教授也是認可的。下面還有兩段：

> 或云：奇琴、精酒，妍月、好花，素雪、丹燈，翻蜂、度蝶，黄槐、緑柳，意憶、心思，對德、會賢，見君、接子。如此之類，名雙聲對。〔文〕

---

①盧盛江《文鏡秘府論彙校彙考》，北京：中華書局，2006 年，頁 1936—1937。
②陳翀《辨僞存真：〈文筆眼心抄〉古抄卷獻疑》，《域外漢籍研究集刊》第 8 輯。
③盧盛江《文鏡秘府論彙校彙考》，頁 1976—1978。

　　又云：徘徊、窈窕、眷戀、彷徨、放暢、心襟、逍遥、意氣、優遊、陵勝、放曠、虛無、齉酌、思惟、須臾。如此之類，名曰疊韻。〔文〕

　　這兩段文字，陳翀教授作爲心覺《悉曇要抄》所引《文筆眼心》所引《調四聲譜》材料之（2）和（3）。這兩條材料未必是作爲《調四聲譜》的材料，但所引應該是《文筆眼心》的材料。這兩條材料同時見於《文鏡秘府論》和山田家本《文筆眼心抄》①。比較這兩處材料，當更接近於山田家本《文筆眼心抄》。“雙聲”一條材料還看不出什麽，“疊韻”一條材料，《文鏡秘府論》所引前作“《筆札》云”，後作“名曰疊韻對”，而山田家本《文筆眼心抄》前作“或云”，沒有“《筆札》”二字；後作“名曰疊韻”，沒有“對”字。這應該是作爲《文筆眼心抄》的内容抄録的。

　　此外，小西甚一考證中還有進一步的材料。他説：

　　　　《文筆眼心抄》的流傳情況雖然不太清楚，但是，《悉曇抄》（……）和《悉曇字記創學抄》曾經引用過（……），從這點來看，鐮倉末期似還有傳本。前者作爲“文筆眼心云”，引用過《調四聲譜》的大部分和《二十九種病》的小部分；後者作爲“文筆眼心章云”，引用過《調四聲譜》的大部分（較《信範抄》少），但都和現存本有幾處不同。②

　　小西甚一指出，《悉曇抄》中卷裏書有“正和五年二月廿日書寫了”，下卷裏書有“御本云：文永十一年甲戌十一月七日書寫了沙門信範”，“正和五年三月十二日書寫了一交了”，這是書寫識語，而撰述則是更早的心覺。《悉曇字記創學抄》寫成於寶曆二年四月。就是説，這時的日本悉曇學著作，還引用了題爲“文筆眼心”或“文筆眼心章”的著作。這些被引用的内容，雖有幾處和現存本不同，但大部分是一致的。

　　從以上情況看，至少不能説，今存山田家本《文筆眼心抄》“整個文本”内容都是西村兼文所僞造。

二

　　從今存山田家本《文筆眼心抄》内容本身，可以説明更多的問題。

---

①分別見於《文鏡秘府論》東卷《二十九種對》之“第八雙聲對”和“第九疊韻對”，以及山田本《文筆眼心抄》之《二十九種對》之“八雙聲對”和“九疊韻對”。盧盛江《文鏡秘府論彙校彙考》，頁 740、745、2021—2022。

②小西甚一《文鏡秘府論考：研究篇上》，京都：大八洲出版株式會社，1948 年。轉引自盧盛江《文鏡秘府論彙校彙考》，頁 1937。

　　正如陳翀教授所説，《文筆眼心抄》是《文鏡秘府論》之外相對獨立的一部著作，儘管它未必是一部歌論書。它的大量材料，無疑直接來自《文鏡秘府論》。但是，它不是對《文鏡秘府論》的簡單抄寫。它有新的框架。根據新的框架，相關内容重新編排，重新歸類。總體内容有大的調整。在原《文鏡秘府論》天卷《調四聲譜》和《調聲》之前，設"凡例"一目，將南卷《論文意》中王昌齡《詩格》和皎然《詩議》的内容編入。原地卷《十四例》之後，設"二十七體"一目，除編入地卷《十體》之外，還編入南卷《論文意》中王昌齡《詩格》以及北卷《論對屬》的部分内容。在原西卷《文筆十病得失》之後，編"筆二種勢"，再設"文筆六體"、"文筆六失"、"定位四術"、"定位四失"數目，編入原南卷《集論》和《定位》中的部分内容。新編框架，四聲譜、調聲、八種韻、六義、十七勢、十四例、二十九種對、文二十八種病、筆十種病、句端等類目是《文鏡秘府論》原有的，而凡例、二十七種體，以及筆二種勢、文筆六體、文筆六失、定位四術、定位四失等則是新設的類目。新設類目占五分之二強。具體内容也有調整。比如，"凡例"編入《文鏡秘府論》南卷《論文意》中王昌齡《詩格》和皎然《詩議》，又將其中一些内容移出，編入其他地方。比如，將王昌齡《詩格》關於用字有輕有重和"第一字與第五字須輕清"兩條移入"調聲"[1]。把"不難不辛苦"，"詩有上句言意，下句言狀；上句言狀，下句言意"，"物色兼意"，"物及意皆不相倚傍"，"傑起險作，左穿右穴"，"意闊心遠，以小納大"，"物色無安身處"，"平意興來作"，"高臺多悲風"等條，移入"二十七體"[2]。

　　比如，《文筆眼心抄》"凡例"有一條：

　　　　凡詩有二種，一曰古詩（亦名格詩）。二曰律詩。格詩三等：謂正、偏、俗。古詩以諷興爲宗，直而不俗，麗而不朽，格高而詞温，語近而意遠，情浮於語，偶象則發，不以力制，故皆合於語，而生自然。頃作古詩者，不達其旨，效得庸音，競壯其詞，俾令虚大。或有所至，已在古人之後，意熟語舊，但見詩皮，淡而無味。予實不誣，唯知音者知耳。[3]

接着又有一條：

　　　　律詩亦有三等：古、正、俗。律家之流，拘而多忌，失於自然。吾常所病也。

---

①盧盛江《文鏡秘府論彙校彙考》，頁1319—1320、1987。
②盧盛江《文鏡秘府論彙校彙考》，頁1308、1338—1340、1347—1348、1361—1363、2008、2010。
③盧盛江《文鏡秘府論彙校彙考》，頁1968—1969。

必不得已，則削其俗巧，與其一體。①

原文出自《文鏡秘府論》南卷《論文意》引皎然《詩議》②。《文鏡秘府論》原文說："遂有古律之別。"《文筆眼心抄》則進一步依此思路，分列古律二類。前一條，在"格詩三等謂正偏俗"之後插入"古詩以諷興爲宗，……而生自然"一段，這一段，《文鏡秘府論》南卷《論文意》引皎然《詩議》在前二段③。後一條，則在"律家之流，拘而多忌"一句之前，加"律詩亦有三等古正俗"一句。《文鏡秘府論》衆多的内容，都被重新歸類、調整。

建立新的框架，重新編排内容，但它的編撰體例和編撰思想與《文鏡秘府論》又完全一致。作者非常瞭解《文鏡秘府論》的編撰體例和思想。

面對中國六朝到中唐詩文論著作的繁雜材料，《文鏡秘府論》正是根據内容全面歸類調整。同是一部王昌齡《詩格》，分別被編入天卷《調聲》、地卷《十七勢》、《六義》和南卷《論文意》。同是皎然《詩議》，分別被編入地卷《十四例》、《六義》，東卷《二十九種對》鄰近、交絡、當句、含境、背體、偏、雙虛實、假，及的名、隔句、雙擬、聯綿、互成、異類諸對，西卷《文二十八種病》忌諱病，南卷《論文意》。同是崔融《唐朝新定詩體》，分別被編入天卷《調四聲譜》，地卷《十體》，東卷《二十九種對》切側、雙聲側、疊韻側，及切、雙聲、疊韻、字、聲、字側諸對，西卷《文二十八種病》繁説、齟齬、叢聚、形跡、翻語、相濫、文贅、相反、相重諸病。同是元兢《詩髓腦》，分別被編入天卷《調聲》，東卷《二十九種對》平、奇、同、字、聲、側及的名、異類諸對，西卷《文二十八種病》平頭、上尾、蜂腰、大韻、小韻、傍紐、正紐、齟齬、叢聚、忌諱、形跡、傍突、翻語、長擷腰、長解鐙諸病。《文筆式》和《筆札華梁》的情況也一樣。《文筆眼心抄》將《文鏡秘府論》衆多内容重新歸類、調整，正與這一體例相合。

《文鏡秘府論》的又一體例特點是條理化。比如病犯，從相關材料看，中國詩文論有八體、十病、六犯、三疾④，有六病例和犯病八格⑤。《文鏡秘府論》西卷則將其統一條理化爲三十種病，後再簡化爲二十八種病。比如對屬，從相關材料看，中國詩文

---

①盧盛江《文鏡秘府論彙校彙考》，頁 1969。
②盧盛江《文鏡秘府論彙校彙考》，頁 1405—1414。
③盧盛江《文鏡秘府論彙校彙考》，頁 1394。
④西卷序《論病》："泪八體、十病、六犯、三疾。"參盧盛江《文鏡秘府論彙校彙考》，頁 888。
⑤見《詩中密旨》，參張伯偉《全唐五代詩格彙考》，南京：江蘇古籍出版社，2002 年，頁 191、194。《詩中密旨》舊題王昌齡撰，此雖未必，但當時卻當有此内容。

論有傳《魏文帝詩格》八對，上官儀六對，元兢《詩髓腦》六種對，皎然八種對，崔融《唐朝新定詩體》三種對等，從《文鏡秘府論》成簣堂本地卷卷首及三寶院本地卷封面裏頁所記另一卷首看①，對屬的材料更爲複雜，而《文鏡秘府論》東卷將其統一條理化爲二十九種對。

　　這同樣是《文筆眼心抄》的體例特點。將《文鏡秘府論》歸類、調整之後，内容進一步條理化了。保留了原來條理化的一些内容，如八種韻、六義、十七勢、十四例、二十九種對、文二十八種病等。原來論述性强的内容條理化了。比如前面説到的南卷《論文意》中王昌齡《詩格》和皎然《詩議》，在《文鏡秘府論》都是論述性的内容，到了《文筆眼心抄》，編爲“凡例”，都條理化了。目録便稱爲“四十四凡例”，更顯條理。陳翀教授提出，書前添“凡例”，乃明清人的編書格式，空海斷無可能遵遁後世的編書體例②。筆者未能考察書中“凡例”的起源歷史，未能斷言這只是明清人纔有的編書格式。筆者所知道的，是用條理化的方式編撰繁雜的材料，是《文鏡秘府論》的慣例。前面所述的其東卷的《二十九種對》和西卷的《文二十八種病》，就是典型例證。東卷、西卷都是在序文之後，分別編有《二十九種對》和《文二十八種病》的目録。《文筆眼心抄》在序文之後編有目録，目録之後將一些内容編爲四十四凡例，與《文鏡秘府論》的編撰體例正相符合。

　　其他内容也看出這一點。比如，天卷“調聲”，收入王昌齡《詩格》及元兢《詩髓腦》的相關内容。在《文鏡秘府論》天卷，這是論述性的。到《文筆眼心抄》，加入南卷《論文意》王昌齡《詩格》關於用字有輕有重及“第一字與第五字須輕清”，以及南卷《集論》殷璠關於縱不拈二，未爲深缺的論述，編爲“五言平頭正律勢尖頭”、“五言側頭正律勢尖頭”等十二種調聲。比如“筆二種勢”，原出《文鏡秘府論》西卷《文筆十病得失》。“文筆六體”、“文筆六失”、“定位四術”、“定位四失”幾類，分別出《文鏡秘府論》南卷《論體》和《定位》，原來都是論述性文字的一部分。到《文筆眼心抄》，則將這些内容抽出，編爲幾個類目，更爲條理化。一些本來分散的内容被集中在一起，加以條理化。如“二十七種體”，全文編入《文鏡秘府論》地卷《十體》之外，還將南卷《論文意》王昌齡《詩格》及北卷《論對屬》的相關内容取名“不難不辛苦體”以及“升降體”、“單複體”等編入。條理化的同時，相關内容又進一步調整。比如“調聲”一篇，“五言平頭正律勢尖頭”一目中，在皇甫冉“中司

----

① 參見盧盛江《文鏡秘府論彙校彙考》，頁347校記〔三〕。
② 陳翀《辨僞存真：〈文筆眼心抄〉古抄卷獻疑》。

龍節貴”和錢起《獻歲歸山》二詩之後，接以陳閨《罷官後卻歸舊居》詩；而崔曙《試得明堂火珠》之詩例，則標爲“五言側頭正律勢尖頭”。“七言尖頭律”一目，皇甫冉“閑看秋水心無染”和“自哂鄙夫多野性”二詩例，按照目錄，也分別被標作“七言平頭尖頭律”和“七言側頭尖頭律”。元兢關於“換頭”之論，按照目錄，也被分作“五言雙換頭”和“單換頭”兩類。

簡編也是《文鏡秘府論》的體例特點之一。典型的是西卷《文二十八種病》，如“第三蜂腰”引元兢説，開頭便是：“‘君’與‘甘’非爲病；‘獨’與‘飾’是病。”① 顯然省略了病名（蜂腰）和“‘君’與‘甘’非爲病。‘獨’與‘飾’是病”的詩例，即前文已出現過的詩例：“聞君愛我甘，竊獨自雕飾。”“第五大韻”和“第六小韻”引元氏説，都是開頭便説：“此病不足累文，如能避者彌佳。”“此病輕於大韻，近代咸不以爲累文。”② 顯然也省去了前文已有的病名和相關的説明。

這也正是《文筆眼心抄》的特點。一些材料被進一步簡編。《文鏡秘府論》天卷《詩章中用聲法式》、《四聲論》，地卷《九意》，南卷《集論》所收元兢《古今詩人秀句序》、疑《芳林要覽序》以及陸機《文賦》、北卷《帝德録》全未編入。南卷《論體》和《定位》只將一些内容簡化成“文筆六體”、“文筆六失”、“定位四術”、“定位四失”編入。北卷《論對屬》只將“上升下降”和“前複後單”二例簡化後分別作爲“升降體”和“單複體”編入。未被編入的，主要是論述性的内容。如《四聲論》、《古今詩人秀句序》和陸機《文賦》。已被編入的，也刪去一些内容。如“凡例”編入南卷《論文意》王昌齡《詩格》，而將其開頭一大段文字刪去，中間也有部分内容被刪去。《八階》、《六志》、《二十九種對》均刪去“釋曰”。《文二十八種病》也刪去大量内容。被刪去的，主要也是論述性的内容，主要留下條理化的詩例。

《文鏡秘府論》盡可能刪去原典出處。初稿時，《文鏡秘府論》還保留了一些原典出處，修改定稿之後，很多原典的出處又被刪去了。比如地卷《十七勢》，成簣堂本眉注“王氏論文云御草本如此以朱砂銷之”，説明草本原作“王氏論文云”，後來銷去，今成簣堂本、三寶院本正文卷首、寶龜院本、六地藏寺本、松本文庫本、醍醐寺乙本、江户刊本、維寶箋本便作“或曰”，沒有出處③。《十四例》，松本文庫本、醍醐寺乙

---

① 盧盛江《文鏡秘府論彙校彙考》，頁954。
② 盧盛江《文鏡秘府論彙校彙考》，頁1004、1011。
③ 參見盧盛江《文鏡秘府論彙校彙考》，頁348校記［五］。

本、江户刊本、維寶篋本題下雙行注："皎公詩議新立八種對十五例具如後十五例御草本錯之"①，說明草本有出處，而修改後删去"皎然詩議"的出處。比如《十體》，松本文庫本、醍醐寺乙本、江户刊本、維寶篋本題下雙行注："崔氏新定詩體困十種體具列如後出右"②，也說明後來删去了出處。

《文筆眼心抄》沿用了這一做法，進一步删去一些材料的原典出處。比如《文鏡秘府論》天卷《調四聲譜》"風小月膾"之前，原有"崔氏曰"；《調聲》"換頭"之前，原有"元氏曰"；地卷《八階》題下，原注有"《文筆式》略同"；《六志》題下，原注有"《筆札》略同"；東卷《二十九種對》"第一的名對"例句"堯年舜日"之前，原有"元兢曰"；"第六異類對"例句"來禽去獸"之前，原有"元氏曰"；"第九疊韻對"例句"徘徊窈窕"之前，原有"《筆札》云"；"第十七側對"，原有"元氏曰"；西卷《文二十八種病》中"第三蜂腰"、"第四鶴膝"、"第五大韻"、"第六小韻"等的"劉氏云"或"劉氏曰"和"元氏曰"③，相關內容編入《文筆眼心抄》時，這些原典出處的文字都被删去了。一些詩例的作者詩題等出處文字也被删去。如《文鏡秘府論》地卷《十七勢》"第一直把入作勢"一些詩例原有昌齡《寄驪州》、《題上人房》等，"第二都商量入作勢"原有昌齡《上同州使君伯》、《上侍御七兄》，"第三直樹一句第二句入作勢"原有《客舍秋霖呈席姨夫》、《宴南亭》等④，"第五直樹三句第四句入作勢"等也有類似的作者和詩題等詩例出處的文字。這些詩例出處文字，編入《文筆眼心抄》時，很多都被删去了。

《文筆眼心抄》的作者不僅非常熟悉《文鏡秘府論》的編撰體例和思想，而且非常瞭解《文鏡秘府論》的基本內容，不是一般地瞭解文字內容，而且對一些深層內涵有很好的理解。《文鏡秘府論》一些材料的內涵，有的有直接的文字表露，有的則隱含其中，一般人看不出來。《文筆眼心抄》作者重編之時卻常常能把這種內涵揭示出來。比如，《調聲》中崔曙《試得明堂火珠》一詩編爲"五言側頭正律勢尖頭"，因其首句"正位開重屋"首二字是仄聲，是所謂"側頭"⑤。比如皇甫冉的兩個詩例，首句一爲"閑看秋水心無染"，一爲"自哂鄙夫多野性"，一爲平頭，一爲側頭，因此作者在目

①參見盧盛江《文鏡秘府論彙校彙考》，頁 413 校記［一］。
②參見盧盛江《文鏡秘府論彙校彙考》，頁 434 校記［一］。
③盧盛江《文鏡秘府論彙校彙考》，頁 84、156、479、510、689、725、745、777、956、980、1005、1012。
④盧盛江《文鏡秘府論彙校彙考》，頁 365、371、374。
⑤盧盛江《文鏡秘府論彙校彙考》，頁 138、1982。

錄中將其分爲"七言平頭尖頭律"和"七言側頭尖頭律"①。比如"凡例"，引皎然《詩議》，在"格詩三等謂正偏俗"之後，接以"古詩以諷興爲宗"一段關於古詩的闡述，而在"律詩亦有三等古正俗"之後，接以"律家之流拘而多忌"一段關於律詩的闡述②。這些地方，沒有對《文鏡秘府論》相關内容内涵的深刻理解，是做不到的。

直接抄録現成文字，是容易做到的，但是，按照《文鏡秘府論》的編撰體例和思想，重新編一部書，並揭示原著内容的深層内涵，卻是很難作僞的。西村兼文可能有能力把《文鏡秘府論》現成的原文抄録一遍，但是，他有能力對《文鏡秘府論》的内容重新歸類編排調整嗎？他能那麽深入地理解《文鏡秘府論》的編撰體例和思想，理解其隱於深層的内涵嗎？他懂得什麽是五言側頭正律勢尖頭，有能力把《文鏡秘府論》地卷《十體》和南卷《論文意》引王昌齡《詩格》以及北卷《論對屬》的相關内容綜合編成"二十七種體"，把南卷《集論》殷璠的一段話移入"調聲"嗎？他何以知道，《調聲》中崔曙《試得明堂火珠》一詩爲五言側頭正律勢尖頭，而皇甫冉的兩個詩例，一爲七言平頭尖頭律，一爲七言側頭尖頭律？

這一切，可信的解釋，《文筆眼心抄》與《文鏡秘府論》是同一作者，這作者就是弘法大師空海。只有空海，纔那麽熟悉《文鏡秘府論》的編撰體例和思想，纔對其内容内涵有那麽深刻的理解，纔能那麽熟練地根據其編撰體例和思想，重新編撰出一部《文筆眼心抄》，纔能在編撰過程中，那麽恰當地揭示原著内容的深層内涵。西村兼文則無法做到，他無法作僞，他沒有這個能力。

三

在《文鏡秘府論》已有文字之外，《文筆眼心抄》還補加了一些内容。這些補加的内容，更可以説明一些問題。

"調聲"一目"換頭調聲"一條，在編録了元兢《於蓬州野望》詩例及關於雙換頭和單換頭的解説之後，補加了"拈二"之説和庚信的詩例：

> 此換頭，或名拈二。拈二者，謂平聲爲一字，上去入爲一字，安第一句第二字，若上去入聲，與第二第三句第二字，皆須平聲，第四第五句第二字還須上去入聲，第六第七句第二字安平聲，以次避之。如庚信詩云："今日小園中，桃華數

①盧盛江《文鏡秘府論彙校彙考》，頁 152、1942。
②盧盛江《文鏡秘府論彙校彙考》，頁 1968、1969。

樹紅。欣君一壺酒，細酌對春風。”“日”與“酌”同入聲。袛如此體，詞合宮商，又復流美，此爲佳妙。①

這段材料是西村兼文無法僞造的。《文鏡秘府論》未能編入，沒有現成的文字可以抄錄。這裏提出“拈二”的概念。“拈二”之説，唐人傳世史料中，僅見於殷璠《河岳英靈集叙》②。西村兼文有何能力憑空僞造這樣一個唐代文論的重要概念？殷璠《河岳英靈集叙》提及“拈二”，卻未作解釋。作出解釋的是這段材料。從這段材料看，所謂“拈二”，就是五言詩相粘二句的第二字必須同聲，當然，相對二句的第二字聲調還必須相異。這實際是元兢所説的單換頭的另一種説法，但是，“單換頭”強調的是換頭，“拈二”強調的則是“粘”。這個概念，這個解釋，正反映了近體詩律的發展，這段材料，接以元兢“調聲三術”之“換頭”之後，也正符合元兢關於換頭調聲的思想，應該出於元兢。材料所舉庾信詩，第二三句第二字“華”與“君”，同爲平聲，正合“拈二”之説。今人研究表明，庾信詩正處在永明詩律向近體詩律的過渡階段，用庾信的詩例，正很好地反映了詩律發展過渡的事實。身處初唐，身處近體詩律發展的時代，反映近體詩律的發展，在元兢是很自然的事，元兢能提出“換頭”術，就能提出“拈二”的概念，作出相應的解釋，他舉庾信的詩例來説明，是很自然。身處日本，身處明治末期的西村兼文卻沒有這個可能。他提不出“拈二”的概念，從浩如煙海的古代詩歌中找到庾信這樣恰當的詩例，也很難做到。

“八種韻”一目補加了“交鑠韻”③。這段材料更是西村兼文無法僞造。這段材料提出一個新的概念：交鑠韻。從詩例看，王昌齡《秋興》：“日暮此西堂，涼風洗修木。著書在南窗，門館常蕭蕭。苔草彌古亭，視聽轉幽獨。或問予所營，刈黎就空谷。”偶句木、蕭、獨、谷同押入聲屋韻，奇句堂（唐韻）、窗（江韻）同押，亭（青韻）、營（清韻）同押，奇句和偶句交錯押韻，故爲交鑠韻。這種押韻方式，當時很難找到。筆者曾經查過，永明之前曹植、陸機、謝靈運等人詩中只能找到幾處相連兩句奇句與偶句交錯用韻。永明以後，這種情況就更少了。查永明至陳沈約、王融、謝朓、徐摛、蕭綱、蕭繹、庾肩吾、徐陵、江總等人及北朝庾信等人五言四句到十二句詩，只得沈約、王融、謝朓、蕭綱、庾信各一處兩韻交鑠韻。不論永明之前還是永明以來，這所謂交鑠韻，都只是一首詩偶句押韻中夾着那麼兩個奇句彼此合韻。整首詩作爲交鑠韻

①盧盛江《文鏡秘府論彙校彙考》，頁1984。
②盧盛江《文鏡秘府論彙校彙考》，頁1533：“縱不拈二，未爲深缺。”
③盧盛江《文鏡秘府論彙校彙考》，頁1989。

的，只有沈約《詠孤桐》和謝朓《王孫遊》，但也只是四句短詩。查初唐虞世南、許敬宗、上官儀、沈佺期、宋之問、崔融、蘇味道、楊炯、杜審言、李嶠等十人的五言四句至十二句詩，則連一處交錯韻也沒有。可以推知，唐前至初唐的詩人們基本上不知道什麼交錯韻，這應該是《八種韻》作者的創造①。連唐人都不太熟悉的交錯韻，西村兼文何以能偽造出來？唐詩中交錯韻極少，西村兼文又如何恰恰找到王昌齡《秋興》這一恰當的詩例？在數萬首唐詩中找這樣一首恰好用交錯韻的詩，該花多少精力？爲了偽造一篇東西，花上這樣大的精力，值得嗎？

"二十七種體"還補加了"二十七問答體"。

> 二十七，問答體。詩云："山中何所有，嶺上多白雲。"又："歸葬今何處，平陵起塚祠。"又："或問予所答，刈黎就空谷。"又："山僧無伴是何人，雲蓋葉帷瑩我神。"②

"山中何所有"二句出梁陶弘景《詔問山中何所有賦詩以答》，"或問予所答"二句出王昌齡《秋興》詩，另兩個詩例詩題及撰者未詳。這一"問答體"，《文鏡秘府論》無現成文字可抄，也是西村兼文所無法偽造的。《文二十八種病》一目還有更多補加的内容。"上尾"一條補加"土崩"："土崩。謂以平居五而不疊韻者，此與上尾同。'追涼遊竹林，對酒如調箏。''箏'字言'琴'即好。又：'避熱暫追涼，攜琴入水宫。''宫'云'堂'乃妙。""大韻"一節補加"觸絶"："觸絶。謂趣有餘文觸絶正韻，是。此即大韻同。'英桂浮香氣，通照碎簾光。''香'、'光'是。又：'簾密明翻碎，雲趍轍倒行。''明'、'行'是。""小韻"一節補加"傷音"："傷音。謂不當是目中間自犯，是。此即小韻同。'四鳥口憎見，三荆不用口。''口'、'荆'。又：'弦心一往過，泉口萬行流。''弦'、'泉'。""正紐"一節補加"爽切"：

> 爽切。謂從平至入，同氣轉聲爲一紐，是。此即正紐、傍紐同。"矚目轉鍾興，風月最關情。""鍾"、"矚"。又："光音同宴席，歌嘯動梁塵。""同"、"動"。又："望懷申一遇，敦交訪二難。""望"、"訪"。又："交情猶勞到，得意乃歡顏。""勞"、"到"，"歡"、"顏"。又："未告班荆倦，寧辭倒屐勞。""倒"、"勞"。③

這幾條補加材料，土崩、觸絶、傷音、爽切這幾個病名是《文鏡秘府論》出現過

---

①盧盛江《文鏡秘府論研究》（北京：人民文學出版社，2013年）第五章第四節有專門分析，可參看。
②盧盛江《文鏡秘府論彙校彙考》，頁2012。
③盧盛江《文鏡秘府論彙校彙考》，頁2032、2035、2036—2037、2040。

的。但是，相關的闡述是《文鏡秘府論》所沒有的，所用十一個詩例撰者及詩題均未詳，《文鏡秘府論》及其他現存文獻均未見，西村兼文根據什麼僞造這些內容？這幾個詩病，"爽切"是最難理解的。它説："此即正紐傍紐同。"其詩例之一："'矚目轉鍾興，風月最關情。'‘鍾’、‘矚’。"詩例之二："又：‘光音同宴席，歌嘯動梁塵。’‘同’、‘動’。"前例鍾矚，據《韻鏡》，屬內轉二開合齒音清第三等"鍾腫種燭"之紐；後例同動，屬內轉一開舌音濁第一等"同動洞濁"之紐。二例犯四聲一紐之雙聲即正雙聲之病，即正紐病，這是好理解的。另幾例例字並非四聲一紐之雙聲，不當犯正紐，但也不是一般的傍雙聲相犯，不是一般的傍紐，何以説是"正紐傍紐同"？向來不得確解。這需要聯繫《文鏡秘府論》所引梁劉滔的傍紐説。一説，劉滔以疊韻爲傍紐①。《文筆眼心抄》"正紐"所補"爽切"詩例之三："望懷申一遇，敦交訪二難。""望"若爲去聲，則與"訪"字同屬漾韻。詩例之四："交情猶勞到，得意乃歡顏。""歡"爲桓韻，"顏"爲刪韻，二韻如果通用，則亦爲疊韻。似亦以疊韻爲傍紐。但從《文鏡秘府論》的材料看，劉滔是以異紐異聲的同韻母之字相犯爲傍紐②。《文筆眼心抄》"爽切"的詩例之三："望懷申一遇，敦交訪二難。"據《韻鏡》，"訪"屬內轉三十一開唇音次清第三等"芳髣訪霧"之紐，敷紐漾韻，"望"字屬同清濁第三等"亡罔妄○"之紐，若爲平聲，則爲明紐陽韻。詩例之四："交情猶勞到，得意乃歡顏。"詩例之五："未告班荆倦，寧辭倒屐勞。""勞"在外轉二十五開半舌音清濁第一等"勞老嫪○"之紐，"到"和"倒"爲同舌音清第一等"刀倒到○"之紐。一爲來紐，一爲敷紐，同聲之字"勞"和"刀"均爲豪韻。都是異紐異聲而同韻之字相犯。這與

---

①盧盛江《文鏡秘府論彙校彙考》，頁 1035—1036 注⑪。

②《文鏡秘府論》西卷《文二十八種病》"第七傍紐"引《四聲指歸》引滔説，謂若五字中已有"任"字，其四字不得復用錦、禁、急、飲、蔭、邑等字，以其一紐之中，有金、音等字，與"任"同韻故也。"錦、禁、急"爲見紐上去入聲，"飲、蔭、邑"爲影紐上去入聲。"任"爲日紐平聲，與"錦、禁、急"及"飲、蔭、邑"一紐的平聲字（金、音）均爲侵韻，異紐異聲而韻母相同，故傍紐病。又，西卷《文二十八種病》"第七傍紐"引或曰："傍紐者，據傍聲而來與相忤也。然字從連韻，而紐聲相參，若‘金’、‘錦’、‘禁’、‘急’，‘陰’、‘飲’、‘蔭’、‘邑’，是連韻紐之。若金之與飲、‘陰’之與‘禁’，從傍而會，是與相參之也。如云：‘丈人且安坐，梁塵將欲飛。’‘丈’與‘梁’，亦‘金’、‘飲’之類，是犯也。"金、錦、禁、急和陰、飲、蔭、邑均爲四聲一紐，平上去入四字之韻分別共爲侵、寢、沁、緝韻。其中金之與飲、陰之與禁，分別爲平聲和上聲，平聲和去聲，相傍之紐，異紐異聲而同韻。又："丈人且安坐，梁塵將欲飛。"丈爲澄紐上聲養韻，梁爲來紐平聲陽韻，都有韻母"iang"。同樣是相傍之紐異聲而同韻。以上二段材料，分別見盧盛江《文鏡秘府論彙校彙考》，頁 1030—1031、1024。關於劉滔的傍紐之説，拙著《文鏡秘府論研究》第七章第一節有詳述，可參看。

《文鏡秘府論》所引劉滔的傍紐之説相合。或者此處"爽切"説，既以疊韻爲傍紐，又以異紐異聲而同韻之字相犯爲傍紐。所以説："此即正紐、傍紐同。"不論是以疊韻爲傍紐，還是以異紐異聲同韻之字相犯爲傍紐，還有四聲一紐之字相犯的正紐，這既涉及專門的音韻學知識，又需要對齊梁各家聲病聲律説有深入細緻的瞭解，即使專門的研究者，要弄清楚都很費勁，西村兼文有何能力僞造内容這樣複雜的文獻呢？

補加的這幾條材料爲西村兼文所無法僞造，卻可以説明其他問題，這就是《文筆眼心抄》的材料來源問題。將《文鏡秘府論》已有的文字加以重新歸類調整，其材料來源是清楚的，這就是《文鏡秘府論》。但是補加進去的這些材料，僅靠《文鏡秘府論》現成的材料是不行的。它應該有其他材料來源。這來源，我以爲就是《文鏡秘府論》所據的原典。《文筆眼心抄》所編内容，與《文鏡秘府論》同一原典。兩部著作所用的是同一原典材料，這是不難看出的。前述補加材料中，"調聲"一目"換頭調聲"一條補加"拈二"之説和庾信的詩例，與《文鏡秘府論》天卷《調聲》所收元兢"調聲三術"中的"換頭"之説顯然屬同一材料，換句話説，是元兢"調聲三術"中"換頭"之説的一部分。爲説明"換頭"説，元兢自舉詩例《於蓬州野望》並作了關於雙換頭和單換頭的解説之後，應該還有一段話説明"拈二"之説，爲説明"拈二"，還舉了庾信詩例。補加的"交鑠韻"與《文鏡秘府論》天卷正文《七種韻》也應該屬同一材料，原本應該是"八種韻"，《文鏡秘府論》編撰時所用的材料，應該就是包括"交鑠韻"在内的"八種韻"。《文鏡秘府論》天卷序有一段話值得注意：

> 余癖難療，即事刀筆，削其重複，存其單號，總有一十五種類，謂《聲譜》《調聲》《八種韻》《四聲論》……①

這説明，空海所用的材料是《八種韻》。只是編撰《文鏡秘府論》時，因爲某種原因②，未録"交鑠韻"，因此正文只有七種韻，正文標題也爲"七種韻"。但天卷序卻明白地告訴我們，原典應爲《八種韻》。到《文筆眼心抄》，補録了"交鑠韻"，恢復了"八種韻"之標題。這清楚地表明，《文筆眼心抄》和《文鏡秘府論》所據的是同一原典。"二十七種體"補加的"二十七問答體"典出何處不太清楚，從前後文看，應該與"單複體"和"升降體"同一原典，即同出北卷《論對屬》。《文鏡秘府論》編撰時未録入，而《文筆眼心抄》將其補入。北卷《論對屬》，據筆者的考證，當出初

---

①盧盛江《文鏡秘府論彙校彙考》，頁24。
②參見盧盛江《文鏡秘府論彙校彙考》，頁1989［校注］①。

唐佚名《文筆式》①。《文二十八種病》一目補加的土崩、觸絕、傷音、爽切也應該是這樣。這涉及到《文鏡秘府論》關於"十病"的一條材料。《文鏡秘府論》西卷序《論病》說："洎八體、十病、六犯、三疾，或文異義同，或名通理隔，卷軸滿机，乍閱難辨，遂使披卷者懷疑，搜寫者多倦。予今載刀之繁，載筆之簡，總有二十八種病，列之如左。"② 從空海這段論述可以知道，八體、十病、六犯、三疾是他編撰《文鏡秘府論》西卷《文二十八種病》時所用的材料。這當中，"八體"指平頭、上尾、蜂腰、鶴膝、大韻、小韻、旁紐、正紐八病，這是學界沒有異議的③。"六犯"指支離、缺偶、相濫、落節、雜亂、文贅六病，"三疾"指駢拇、枝指、疣贅三病，這是沒有疑問的④。但是"十病"何所指，有不同看法。一說指水渾、火滅、木枯、金缺、土崩、闕偶、繁說、落節、雜亂、文贅十病，一說指水渾、火滅、金缺、木枯、土崩、闕偶、繁說、觸絕、傷音、爽切十病⑤。小西甚一之說是對的，因爲前說中"落節、雜亂、文贅"屬《詩式》"六犯"，不當屬"十病"。水渾、火滅、金缺、木枯、土崩五病以五行命名，分指五言詩第一字到第五字的同聲相犯的病犯，是沒有疑問的。闕偶、繁說與此體例相同，屬同一原典，也不當有異議。而另三病，則是《文筆眼心抄》載錄的觸絕、傷音、爽切三病⑥。小西甚一的分析是對的，正因爲如此，中澤希男後來就改從小西甚一之說⑦。水渾、火滅、金缺、木枯、土崩、闕偶、繁說、觸絕、傷音、爽切十病中，水渾、火滅、金缺、木枯、闕偶、繁說六病被編入《文鏡秘府論》，而土崩、觸絕、傷音、爽切四病，其病名出現於《文鏡秘府論》，其内容卻被編入《文筆眼心抄》。這說明，編入《文鏡秘府論》的水渾、火滅、金缺、木枯、闕偶、繁說數病和編入《文筆眼心抄》的土崩、觸絕、傷音、爽切數病同屬"十病"之說，屬同一原典。

這說明什麼呢？我想至少可以說明，《文筆眼心抄》的作者手頭不僅僅有現成的《文鏡秘府論》，應該還有《文鏡秘府論》所用的那批原典材料，兩部著作面對同一材料，這種情況，最可信的解釋，就是兩部著作爲同一作者。這位作者編撰完成《文鏡秘府論》之後，用同一批材料，再編撰《文筆眼心抄》。這纔出現同一材料的一些内容

①盧盛江《文鏡秘府論研究》第三章第二節，頁 198—201。
②盧盛江《文鏡秘府論彙校彙考》，頁 888。
③參見盧盛江《文鏡秘府論彙校彙考》，頁 898—901［考釋］㉖。
④參見盧盛江《文鏡秘府論彙校彙考》，頁 905［考釋］㉘㉙。
⑤參見盧盛江《文鏡秘府論彙校彙考》，頁 901—902［考釋］㉗。
⑥參見盧盛江《文鏡秘府論彙校彙考》，頁 902—904［考釋］㉗。
⑦參見盧盛江《文鏡秘府論彙校彙考》，頁 901［考釋］㉗。

被編入了一部書，而它的另一些材料被編入了另一部書的特異情況。這個作者當然只能是空海。熟悉《文鏡秘府論》的編撰體例和思想，理解其深層内涵證明了這一點，補加材料進一步證明了這一點。

這又進一步證明《文筆眼心抄》非西村兼文所僞造。《文筆眼心抄》補加内容所用的原典，元兢“調聲三術”和《八種韻》，“十病”説，以及佚名《文筆式》，自《文鏡秘府論》之後，都未見流傳，中日兩國文獻均未見。佚失一千多年之後，怎麽可能突然就在西村兼文那裏出現？看不到這些真品原典，怎麽可能僞造這些《文鏡秘府論》中所没有的内容？從各方情況分析，今存《文筆眼心抄》的作者非空海莫屬。空海之後，無人可續，包括空海的弟子，更不用説一千多年之後，對六朝至唐詩學音韻學並無修養的西村兼文。他没有能力僞造這樣一部著作，這樣一部繼《文鏡秘府論》之後，對六朝至唐詩文論再一次作精當概括的經典著作。退一萬步説，即使西村兼文看到了這些真品原典，或者他就收藏有這些真品原典，何以他僞造《文筆眼心抄》之後，這些真品原典又失傳了呢？我們可以説，他爲了僞造《文筆眼心抄》，而毀棄了這些真品原典。如果真是這樣，那就更不可思議。這些真品原典難道就不值錢？爲了僞造一部文書，而毀掉另一部甚至幾部可能更爲值錢的原典文書，這實在令人難以置信。

四

内容的造僞和抄卷的造僞有聯繫，也有區别。我們現在來看抄卷的情況。

關於山田家本《文筆眼心抄》抄卷，山田永年氏《文筆眼心抄釋文》序有描述，小西甚一《文鏡秘府論考·研究篇（上）》的描述更詳細①。關於西村兼文造僞，包括《文筆眼心抄》抄卷造僞的情況，陳翀教授兩篇論文引日本著名的書志學家莊司淺水書志學隨筆《贋本物語》及林若樹所撰《西村兼文逸話》和《若樹隨筆》也有詳述。根據這些材料，我們可以發現一些問題。

一，莊司淺水《贋本物語》説②：

西村兼文又是製作贋本古書的名手，他多用古寫經之舊紙，從經卷中搜尋到

---

① 參見盧盛江《文鏡秘府論彙校彙考》，頁 1934—1941 ［校注］①。
② 本文所引莊司淺水《贋本物語》，均轉據陳翀陳翀《辨僞存真：〈文筆眼心抄〉古抄卷獻疑》，不再另注。

所需要的舊字體，將其製作雕版印刷成古書。……

兼文又不知道從那裏蒐集到了一些古活字以及舊紙張，將其僞造成刻有延喜十三年（913）二月五日之刊記的《文選》殘葉，又僞造"源親房印"印之於上。再按上其僞造的一個所藏寺廟的印章（聖壽禪寺）之印。……兼文還採取同樣的手法，僞造了唐天祐二年（905）九月八日刻之陶淵明《歸去來辭》，這又是一份難辨真僞的精巧之物。

林若樹《西村兼文逸話》説①：

某年，粟田口青蓮官發現了用仿古中活字印刷的《歸去來賦》十五頁，皆數百年前之物。兼文得知之，在其末端印上唐之年號，僞稱其爲唐版。……

兼文還曾取狩谷掖齋所藏宋版《孝經》之複刻薄葉，將掖齋之印剗去，在其上覆蓋天山（義滿）之印，再將其裱裝，僞稱其爲宋版。

至於《文筆眼心抄》，山田永年氏《文筆眼心抄釋文》序稱，此"爲一大長卷子，書法超妙，紙墨俱古"②。小西甚一《文鏡秘府論考·研究篇（上）》有更詳細的描述：

前述的本子是《眼心抄》唯一的傳本，現爲山田長左衛門（壽房）氏所秘藏（收藏於金漆楷書"皆山樓藏"的漆塗的函中，這個函書爲故和田智滿大僧正的手筆。皆山樓爲壽房氏的先考永年氏的雅號，同函收有前述的《大師御作目錄》，黏葉裝一葉。裏書"嘉祿三年七月十四日於大原鄉寶相院書寫了"，有"東寺之印"的方形朱印。《眼心抄》於昭和九年一月三十日被指定爲國寶）。緞子裝的卷子本，扉頁置有總金箔，配有刻有正倉院樣子金具的水晶軸。全長六丈七尺八寸，高九寸五分五厘，寬約一尺九寸的白麻牋三十七葉。首尾二葉之外，各葉三十二行，偶而三十三行。每行二十至二十三字，書寫於寬約五分五厘的墨界中。卷首内題部分闕失，祇存"文筆"二字。其下有"永年珍藏"的方形朱印，各葉的縫目也有"永年"的印記。序文六行，接着是目錄，第二葉開始是正文，目錄自"四十四凡例"至"句端"，録有十九目，各目之上朱筆標有一至十九的數字。本文如目錄那樣完結，加有朱筆或墨筆，目錄"八種韻"中"疊連韻"的"連"字是正確的草體，而在其右墨書"連イ"，從這點大概可以推測，朱書可以認作是和本文的書寫同時或同時代，墨書大約在平安中期以後，大概是不習慣寫草書者所寫。從

---

①轉引自陳翀《空海〈文筆肝心抄〉之編纂意圖及佚文考》。

②盧盛江《文鏡秘府論彙校彙考》，頁 1935［校注］①。

這點也可以知道，當時另外還有異本存在。這也和據撰書目錄推定異本存在這一情況相符，不過有注記的地方並不多①。

現在所知，小西甚一是見過這一抄卷的極少數人之一，他的這段話，是現存唯一詳盡的描述，這段描述對於《文筆眼心抄》的辨偽尤爲重要，因此把它詳録如上。從這些材料可以發現很多問題。首先的一點，稍作比較不難發現一個明顯的不同，即以上列舉的西村兼文造偽的其他本子不論是《文選》殘葉、陶淵明《歸去來辭》，還是《孝經》，都是雕版印刷，而《文筆眼心抄》則是抄卷。這由前引小西甚一的描述可知，今存《文筆眼心抄》殘卷影印件也可以證明這一點。雕版印刷，可以反復印刷，多次外售牟取暴利。比如，據前引林若樹《西村兼文逸話》，西村兼文偽造陶淵明《歸去來辭》，便將其市貨於京都同仁間，價高者七圓半，價低者三圓半。據莊司淺水《贋本物語》，西村兼文偽造的《文選》殘葉，也被人競相出重金購買之，用同樣的手法偽造的《般若心經》，先是賣給某侯爵家，又賣給市島春城。作爲抄卷，《文筆眼心抄》則只有一份，只能出售一次，牟利一次。

二，莊司淺水《贋本物語》記西村兼文造偽的方法：

他（指西村兼文）多以訪書之名到各個神社寺廟去尋訪古寫經，偷人眼目，將古寫經之跋文或識語割下，再將其粘貼於其他低俗之寫本的卷末，製作成偽卷，或是將古經卷卷末添上自己偽造的寫經之年月、寫經生姓名、所藏者姓名、識語、奉納者姓名等等，將無數之古經名卷變成缺憾之物。

林若樹《西村兼文逸話》又記西村兼文偽造《文筆眼心抄》：

或人曰：今某家藏所謂大師筆之古寫經本稱爲東寺舊藏品。其末尾年號以及署名，爲大師以後時期的經卷。兼文得之將卷末切斷，將其偽稱爲大師筆而賣給某氏。某氏也經常將之作爲神品而炫耀人前。後日，兼文將切斷之卷尾從袖中掏出，曰：“此斷簡乃先日割愛於君之末端，某氏求之甚急，因以之先示君。”某氏驚若木雞，只好隨之意將其購入。先深藏之家，某後又將其毀棄，對外至今仍將其之前所獲古經卷稱爲大師真跡。

這所謂東寺舊藏品之大師筆之古寫經本，陳翀教授認爲即《文筆眼心抄》。此事《若樹隨筆》記述得更清楚：

又京都山田永年氏藏之（空海）大師筆《眼心抄》，傳其本乃東寺舊藏之物。卷末署有年號筆者之名，乃大師之後之筆。兼文氏將其末端切斷，稱大師之筆，

①盧盛江《文鏡秘府論彙校彙考》，頁1938〔校注〕①。

將其賣給山田氏。其中事由，予亦有所耳聞。①

莊司淺水的記述有些不解。西村兼文何以能明目張膽地將神社寺廟珍藏的古寫經之跋文或識語割下，這可不是一般的偷人眼目所能爲。另外，既然已從神社寺廟得到古寫經，這古寫經本身難道不值錢嗎？何以要割下其跋文或識語，使其變得殘缺不值錢，而去僞造另一低俗寫本呢？這且不論，即以莊司淺水的記述而言，稍加比較也不難發現，《文筆眼心抄》和其他經卷的造僞方法也有不同。他得到《文筆眼心抄》，並没有將其他古寫經之跋文或識語割下，將其粘貼於《文筆眼心抄》的卷末。恰恰相反，他是將《文筆眼心抄》的末端切斷。他是稱此卷爲大師之筆，將其賣給山田氏，但也没有在其卷末添上自己僞造的寫經之年月、寫經生姓名、所藏者姓名、識語、奉納者姓名等等。切斷末端之後，卷子本身還是完整的。這從林若樹記述可以知道，前面詳引的小西甚一的詳細描述，説到六丈七尺八寸，是一個完整的長卷，也並没有説到有剪貼的痕跡。這與其他經卷的造僞很不相同。

從以上材料還可以知道第三點。西村兼文造僞的那些寫卷，内容都是真品。比如《文選》殘葉，雖非延喜古本，《文選》内容卻爲真。僞造的唐本陶淵明《歸去來辭》、宋版《孝經》無不如此，古本爲僞而内容爲真。《文筆眼心抄》抄卷的情況也是如此。從上引林若樹《西村兼文逸話》和《若樹隨筆》的記述來看，他只是將其末端切斷，而原卷並未損壞。既然原卷並未損壞，則原卷所保存的内容應爲真，換句話説，稱其爲空海之筆爲僞，而原卷内容則爲真。現在所能看到的關於西村兼文造僞的材料，可以證明他僞稱空海之筆，但没有一條可以證明他僞造了《文筆眼心抄》的内容。内容的僞造和古卷的僞造是兩回事。僞造古卷，未必僞造内容。這樣看，結合前二節的分析，《文筆眼心抄》的内容應該不是僞造的。

四，即就抄卷而言，也未必不是古卷。不論林若樹《西村兼文逸話》還是他的《若樹隨筆》，都説這是"大師以後時期的經卷"，"大師之後之筆"。關於這一點，小西甚一《文鏡秘府論考·研究篇（上）》有詳細描述。他分析書體風格，指出其中書風爲没有和風的純草，旨趣近於空海"十七帖"，一些異體字的寫法也頗類"十七帖"。他由此推斷，"這是平安時代初期的實物"②。前文引小西甚一也説到，《文筆眼

① 陳翀《空海〈文筆肝心抄〉之編纂意圖及佚文考》。

② 小西甚一下面這段描述對於《文筆眼心抄》的辨僞也很重要，亦詳録如下："本文全爲墨書，卷首到目録終了爲行書，第二葉以下轉爲草體，書風爲没有和風的純草，毫無疑問，這是平安時代初期的實物。永年氏所謂'書法超妙紙墨俱古'是確實的。奈良時代到平安初的墨蹟大體就是這樣，多存有王羲之的書風。行體爲神龍半印本和張金界奴本等諸模系'蘭亭叙'，草書旨趣（轉下頁）

心抄》抄卷“墨書大約在平安中期以後”，他在《研究篇（上）》另一處又説：“《文筆眼心抄》的筆跡讓人想到在正倉院御藏僧綱狀的真濟的書風。”[1] 這與前引《西村兼文逸話》所説“爲大師以後時期的經卷”，《若樹隨筆》所説“乃大師之後之筆”，正相吻合。小西甚一親眼見過實物，他對歷代書風有研究。相比我們没有看過實物僅據一些旁證材料所作的推測，小西甚一的判斷應該更爲可信。根據這一判斷，《文筆眼心抄》當爲平安初期的實物，《文筆眼心抄》抄卷不但内容爲真，而且可能是古卷，不過不是空海真跡而已。陳翀教授的懷疑是有道理的[2]。不是空海真跡，並不意味着不是古卷，特别並不意味着内容非真。西村兼文的造僞只在於把一般古卷説成空海真跡。《文筆眼心抄》抄卷非空海真跡，卻可能是古卷，而不論是否古卷，其内容都當爲真品。

<h1 style="text-align:center">五</h1>

陳翀教授的一些疑問，有的前文已作了回答。其他一些疑問，也就容易作出解釋了[3]。

關於西村兼文編寫《增補續群書一覽》解題所録《文筆眼心抄》序文與山田永年氏根據原卷所作翻刻序文有的文字不合。據前述小西甚一的描述，《文筆眼心抄》抄卷

（接上頁）近於‘十七帖’。東晋草書有些是篆書的變形，有很多用後世草書難以規範的奇古字體，《眼心抄》的草書如永年氏所説‘有古字有異體字’，但這好像從王羲之和王獻之的字體可以訓釋。例如，‘四十四例’中‘古人云采於正始’的‘采’字，和‘十七帖’‘可得果當卿’的‘果’同字，若從《眼心抄》的本文不能訓‘采’，永年氏的釋文訓‘采’，《秘府論》諸本均作‘采’，從文意看，永年氏的訓釋是正確的，但《眼心抄》確實作‘果’字。其次，‘皆須任思自起意先’的‘先’字，《秘府論》作‘欲’字，但《眼心抄》是‘免’（或訓‘兔’），決不是‘欲’。這一處，‘十七帖’‘要欲及卿在彼’，‘欲摸取當可得不’等處的‘欲’字和‘先’字極易混淆，由此推測，當如《秘府論》作‘欲’字。又，‘上句達下句憐下對也’的‘達’，《秘府論》作‘愛’。而‘十七帖’‘足下保愛爲上’的‘愛’字和同帖的‘答其書可令必達’的‘達’字近似。因此，這也當是把《秘府論》的‘愛’字寫作了‘達’字。又，‘有以見賢人之志號’的‘號’字，《秘府論》作‘矣’。‘十七帖’‘心以馳於彼矣’的‘矣’字，容易和‘號’字混淆，因此，這也當是‘矣’字。在確認《眼心抄》本文性質方面，這都是重要的基礎。”見《文鏡秘府論考·研究篇（上）》，《文鏡秘府論彙校彙考》頁1938—1939有載録，可參看。

[1] 盧盛江《文鏡秘府論彙校彙考》，頁28［考釋］⑦。

[2] “在取影印本細作流覽的過程中，筆者發現其筆力無勁、文字呆滯，感覺到其定非出自空海之手。”見陳翀《辨僞存真：〈文筆眼心抄〉古抄卷獻疑》。

[3] 下文所引陳翀教授的疑問，均見陳翀《辨僞存真：〈文筆眼心抄〉古抄卷獻疑》和《空海〈文筆肝心抄〉之編纂意圖及佚文考》，不再另注。

乃一長卷，僅據卷首序文部分文字，很難對全部長卷作出判斷。即就序文部分而言，解題時抄録序文有些文字有誤，也並非不可能。就陳翀教授所引林若樹《西村兼文逸話》及《若樹隨筆》而論，也説這是“大師之後之筆”，而西村兼文僞稱爲大師筆，没有一字説到西村兼文作僞時有一個自己先寫作的文章底稿。所以，説西村兼文解題抄録《文筆眼心抄》序文時，只能根據自己所留下的文章底稿，應該是臆想的成分居多。就算西村兼文有一個文章底稿，從他作僞的兩種方式來看，他所據也是真品。

關於書之異名“文筆肝心抄”。空海確實多用“肝心抄”作爲他所撰佛教經疏的書名，但並不妨礙他用“文筆眼心”作另一書名。因爲《文筆眼心抄》畢竟不是佛教經疏。而且空海所用書名初看就常常讓人費解。“文鏡秘府論”這一書名就是如此。他可以用“文鏡秘府論”這一初看難解之詞作一書名，就有可能用“文筆眼心抄”作另一書名。一些古籍書目確實載録了“文筆肝心抄”的書名，但另一些古籍書目也有“文筆眼心抄”的書名。古籍書目在傳抄轉録過程中文字有異，也並非異事。僅據書名有異，而斷定《文筆眼心抄》的内容均爲西村兼文所杜撰，恐怕言過其實。

關於抄録《文筆眼心抄》的一些材料。心覺《悉曇要鈔》以“文筆眼心”爲題抄録《調四聲譜》之後，確實緊接“或云奇琴精酒”和“又云徘徊窈窕”云云兩段文字。但這並不意味着《悉曇要鈔》所據《文筆眼心抄》原文就是《調四聲譜》之後緊接“或云奇琴精酒”云云兩段文字。熟悉的人們都知道，日本悉曇學者常用摘録式的辦法編撰悉曇學著作。他們常常將本不連貫的文字緊相連接，摘録編抄。他們著重抄録與悉曇學有關的文獻論述，常常片斷式地抄録。連接抄録，並不意味着原文也是連貫一體。至於“秘府論云元氏曰”以下，既然首言“秘府論云”，所據顯然不再是《文筆眼心抄》，據此而認定《文筆眼心抄》爲僞書，根據是不足的。

至於東寺觀智院金剛藏本所録題爲“文筆眼心云”的文字。“正紐”後“凡四聲爲正紐”，“傍紐”後“雙聲是也”的注文，顯然是概括原文，與原文文字稍有異，不足爲怪。只是簡録“正紐”和“傍紐”，並未詳述，“正紐”在“傍紐”之前，與今存山田家本《文筆眼心抄》順序有異，也可以理解。至於“或（書）云略音有三種”云云以下幾大段文字，既然已改稱“或（書）云”，説明所録爲另一書，與《文筆眼心抄》已全然無關，不能看作《文筆眼心抄》的佚文，今本《文筆眼心抄》没有這幾段文字，完全是正常的。據此認定《文筆眼心抄》爲僞書，顯然缺乏根據。

春屋妙葩《雲門一曲》
中的明人詩文之研究*

陳小法

（湖南師範大學）

序言

明天順八年（日本寬正五年，1464）三月，日本五山禪僧、室町幕府的外交幕僚瑞溪周鳳聽説雲州（今島根縣出雲市）倭寇入侵中國時，擄來兩名明朝的兒童，當時兄七歲，弟六歲。被綁架至異國他鄉的哥哥曾作詩“異國更無青眼友，空江只看白鷗群。秋風灑淚三千里，吹滿西山日暮雲。”弟弟也留有詩文“煙水微茫茫歸路，滄波萬里在他鄉。與人欲語語音別，終日無言送夕陽。”瑞溪周鳳聽後，不禁感歎道：“籲！在此方則八十翁亦道不得乎!”① 正是得益於瑞溪周鳳在《臥雲日件録拔尤》中的這個偶然記載，使得我們在五百多年後還能獲知曾有兩名會吟詩的明朝兒童的存在。遺憾的是這兄弟倆既不留名，更不知他們的來歷。

被倭寇擄走的中國人不計其數，他們命運多舛，大都被奴役，被買賣，史不留名，直至客死他鄉。而像麹祥、觀音保、蔡秉常、洪茂仔這樣的人物，幾經輾轉，終得返鄉，實屬幸運②。這些被擄走的明人，留下了不少詩文，而大都僅存於日本文獻。

佚存日本的明人詩文，出自以上被擄者之手的只是一部分，其他主要還有元末明

---

*本文爲國家社科基金重點項目“明清日琉漢文行記的整理與研究”（18AZD030）研究成果之一。

① 瑞溪周鳳《臥雲日件録拔尤》，東京：岩波書店，1992 年，頁 150—151。

② 陳小法、鄭潔西《歷代正史日本傳考注·明代卷》，上海：上海交通大學出版社，2016 年，頁 270—274。

初因躲戰亂而流亡日本的避難者，出使日本的政府使節，爲日人文章題寫序跋、碑銘、行狀等的緇素之士，從事兩國走私貿易的明朝商賈，萬曆抗日援朝的中國將士以及明末清初東渡的移民等，他們留存日本的詩文數量龐大，如要精確統計，那將是一項巨大工程。限於篇幅和學識，拙文僅對留存明人詩文比較集中的日本漢文文獻《雲門一曲》做一具體考察。雖是以蠡測海，也算管中窺豹，可見一斑。

一、《雲門一曲》成書經過及主要版本

1369 年，天龍寺住持春屋妙葩①（1312—1388）建議室町幕府修繕京都南禪寺的山門，不料因涉嫌佔用延曆寺之地，遭到園城寺和比睿山僧衆的强烈抗議。他們不僅要求幕府强拆樓門，還要流放春屋妙葩。同年，幕府管領細川賴之（1329—1392）迫於壓力不得下令拆毀南禪寺山門，春屋妙葩因細川賴之的食言憤而辭去天龍寺住持一職以示抗議。對於這一事件，春屋妙葩之徒芳通在編著的《普明國師行業實録》中作如此記載：

> 應安二年己酉，南禪寺新建山門，頗犯延曆教寺之故地。延曆僧侶詣公府請毀之，師因語百執事源賴之曰："南禪乃皇家重崇之場，而禪林第一伽藍也。且大將軍世秉國鈞，素歸仰宗門。今若聽教寺之逆訴，非唯吾宗陵替，亦恐皇家武門俱失威福之權必矣。公深思之。"百執事許諾。然而延曆之徒嗷嗷不已，百執事不克攔止之，故南禪一衆拂衣散去。由是師與百執事有間，潛居勝光庵，自稱西河潛子。應安四年亥歲，公府將復南禪舊規，特令百執事親賫公帖，來扣師室再三，堅閉不出，百執事含憤而歸。冬十月，師以屢拒官命，自退隱於丹丘。②

應安二年即 1369 年，"公府"即室町幕府將軍足利義滿（1358—1408），"百執事源賴之"即幕府管領細川賴之。

山門被拆之後，春屋妙葩率衆出走，暫居阿波國（今德島縣）的勝光庵，並自稱"西河潛子"。應安四年（1371），細川賴之再三邀請春屋妙葩復職而遭固辭，只好"含憤而歸"。同年十月，春屋隱居丹後國（今京都府北部），創建雲門寺。

---

① 春屋妙葩，日本臨濟宗僧，號不經子，甲斐（山梨縣）人。早年隨夢窗疏石參禪，研究宗意。歷住等持寺、天龍寺、南禪寺，後任僧録司。日本臨濟宗創業當時，協助夢窗甚力，對於五山文學之發展貢獻頗大。勅號"普明國師"、"智覺普明國師"。著有《智覺普明國師語録》七卷。

② 樋口實堂編《雲門一曲附雄峰餘滴》，京都：鹿王院出版社，1942 年，頁 119。

那麼，春屋妙葩把此時創建的寺院命名爲“雲門寺”，究竟有何寓意？鹿王院僧人樋口實堂在編輯出版《雲門一曲》之際，曾對雲門寺的來歷作以下説明：

> 雲門寺，應安三庚戌年八月，我院開山知覺普明國師所創建也。國師避世囂喧，韜晦於丹丘之日，相攸於餘部里、菖蒲谷，縛一把茅焉幽谷之蘭，馨香難掩，緇素尋至，遂成叢基。乃山稱神龍寺，號雲門，蓋因追慕妙喜遺風者也歟。住此九年矣，復奉勅入於洛之南禪寺。雲門寺後年移轉，現今在東舞鶴市中舞鶴町。①

樋口實堂在文中提到了普明國師（春屋妙葩）創建雲門寺的時間和緣由，但創建時間和前一段引文所説的有出入。對寺名的來歷，樋口認爲是“蓋因追慕妙喜遺風”。“妙喜”，即南宋時期住持餘杭徑山寺的高僧大慧宗杲，宗杲一號“妙喜”，又號“雲門”。可見妙葩對宗杲懷有的崇敬之情以及京都雲門寺與餘杭徑山寺之間的淵源關係。

1379 年，細川賴之在“康曆政變”② 中倒臺，春屋妙葩隨即入京述職，並轉執南禪寺住持。

（一） 成書經過

洪武三年（1370）三月，明廷派遣萊州府同知趙秩、御史臺掌書記朱本以及前任使者楊載等一行出訪日本征西府。鑒於此，洪武四年（1371）十月，南朝懷良親王的使臣僧祖來抵達南京，奉表來貢，這標誌着中斷幾百年的中日兩國之間的官方交往得以重啟。洪武五年（1372）五月，太祖命僧祖闡、克勤等人，送日使還國兼任出使之事。當明使一行六十餘人攜帶明朝大統曆及文綺、紗羅抵達征西府宣諭懷良親王時，孰料這位顯赫一時的親王已經被九州探題（室町幕府的官職名）今川了俊逼至筑後（今福岡縣南部）高良山，大宰府也已易主，成爲了北朝的地盤③。當然，日本國內的這些政變是大明使者所始料不及的，他們所持的只有頒賜懷良的詔書，因此外交陷入了困境。受到今川了俊懷疑的明使，在博多被困一年半之久後，終於得以北上京都，拉開了與室町幕府交流的序幕。而春屋妙葩與明朝使節之間的交流正值其住持雲門寺期間。

關於趙秩洪武四年有無隨同懷良使臣回國，目前學界還是有些分歧。筆者認爲趙

---

① 樋口實堂編《雲門一曲附雄峰餘滴》，頁 125。
② 康曆元年（1379），細川賴之與斯波義將等人對立，辭去管領之職而隱退回國。
③ 康拉德·托特曼在《日本史》（上海：上海人民出版社，2008 年，頁 160）中認爲，爲了阻礙正在出現的懷良親王與明朝的聯繫，室町領袖們派出他們最好的將軍之一今川了俊去征服九州，鎮壓海盜，通過這種示好的舉動將明朝的聯繫引向京都。

秩回了國，並於第二年即洪武五年五月再次隨同仲猷祖闡等人出使日本。從《雲門一曲》收錄的詩文時間也可看出，最早的是壬子（洪武五年），最遲的是甲寅（洪武七年），前後三年時間，這與趙秩、朱本在文中多次提到的在日"已三年"亦是相符。

關於趙秩等明使與春屋妙葩之間交流的前後經過，樋口實堂作如下説明：

> 其洪武三年三月，遣萊州府事趙秩可庸、御史臺掌書記朱本本中於我國，令質其事。秩等航海旬日，着筑前博多。時懷良親王奉後醍醐天皇勅，開征西府於此，秩等來呈國書焉。然使節所志在於直通京師，京師北朝與征西府利害相反，以故秩等抑留攔止，不得通京師。應安五年，今川貞世率北朝軍入九州，攻征西府。因是秩等得通京師之道，急遽東上及防州，復爲大内弘世所阻止，遂拋志將還博多。國師時在丹後雲門寺，聞而憫之也。素與大内氏好，乃遣弟子中葱於防州。諭大内氏，直趁明使之後，招還之山口長春城。①

文中提到的"令質其事"指的是明朝遣使向懷良親王問責倭寇侵擾之事。今川貞世即今川了俊。京師北朝是指室町幕府。防州即周防國（今山口縣東南部）。樋口實堂説的至少有兩處不符史實：一是説趙秩急忙東上，到了防州，不料"復爲大内弘世所阻止，遂拋志將還博多。國師時在丹後雲門寺，聞而憫之也"。趙秩的境況真的這麼糟糕嗎？趙秩在《稽首和南奉書上覆》中提到："近承玄峰重賢之萬篤，少留以待王事。忽使者同玉林叟至，僕奉臺命，書國師先人之銘（後略）。"② 也就是説，大内弘世（玄峰）不僅不是阻止趙秩等人上京，而是十分禮遇明使，趙秩用了"重賢之萬篤"，所以留下來等待處理公差。再來看看當時春屋妙葩寄給趙秩的書簡，也許更能釋疑。

> 久慕趙君之芳名有年矣。夏首聆騎從防州，擬托山詩問候，欲與君通好也。人來語行色欲西計，卒遣愚徒中葱，將謀玄峰居士，暫勒回駕，不料紫氣已度關矣。玄峰云："欲要之，我當價侶之。"急還報之，輒使順齊往，獲拜星標於大内之館。承書先師塔銘，又辱佳章見贈，喜出望外。（後略）③

春屋妙葩聽説趙秩要離開山口繼續西行，遣人欲與玄峰（大内弘世）商議以便挽留，但趙秩先行一步，已經過了赤間關。當時大内弘世的態度是"欲要之，我當價侶之"，也即表示如有需要，他可護駕趙秩一行。當春屋妙葩再次派遣的徒弟順齊和玉林到訪山口時，已經回到山口的趙秩應邀爲夢窗疏石撰寫了碑銘，春屋表示喜出望外。

---

① 樋口實堂編《雲門一曲附雄峰餘滴》，頁126。
② 東京大學史料編纂所編《大日本史料》第六編之三十八，東京：東京大學出版會，1980年，頁31。
③ 樋口實堂編《雲門一曲附雄峰餘滴》，頁8。

所以樋口説趙秩因被大内弘世"阻止"、春屋"憫之"乃屬不實。第二是把趙秩兩次使日的時間混爲一談。上述事件應是洪武五年趙秩第二次出使日本的景況。接着，樋口繼續寫道：

> 太祖知我國崇佛之風篤也，更命天寧禪寺仲猷祖闡、瓦官教寺無逸克勤，以留學禪僧之當時在明國者椿庭海壽等，爲之先導。海路着兵庫，來寓嵯峨向陽庵。使僧所志亦在修國交也。秩等亦欲得大内氏允許而上京師，荏苒未果，猶駐在於山口。國師遣弟子順齊慰其遠來之勞，贈青蚨五千，充旅資。又請秩書先師夢窗國師塔銘。秩謙讓再三，遂書之，且贈所攜墨梅、紈扇，以酬國師。又贈秩以青蚨幾千、紫紋絹數段、扇子幾把、龜研一。贈本以青蚨、彩絹、中書、備刀。此間數介使僧，唱和七言律詩，國師門徒亦從而和之，大結方外之清交。乃集此等詩篇及簡牘諸文，編成一卷，題曰《雲門一曲》，本録是也。①

前面已經提到，仲猷祖闡應是和趙秩等人一起來到日本的，而先行抵日的是在明留學的日僧椿庭海壽等人②。仲猷祖闡和無逸克勤到了京都，拜會了將軍足利義滿。而趙秩等人一直留在山口，所以趙秩與春屋妙葩的交流遠遠頻繁於仲猷、克勤。《雲門一曲》的主要内容就是春屋妙葩師徒與明使之間的往來簡牘、唱和詩、序跋及銘文等。

（二）主要版本

《雲門一曲》的原本現已不存，筆者見到的主要有以下四個版本。

1. 明治四十三年（1910）謄寫本

根據書中的藏書章可知原藏京都大學圖書館，可 2013 年筆者是在同志社大學文學部圖書館所見。從書末附言得知，該本抄自京都市上村觀光氏的藏本，抄寫時間是明治四十三年一月。抄寫者不明。文中所有人名、地名、國名均用紅線標出，頁眉、文中有簡單的注釋和校勘。根據眉批可知，抄寫時還參考了其他版本。

2. 明治四十四年（1911）謄寫本

現藏東京大學史料編纂所，影印本。原件抄寫時間爲明治四十四年二月，同樣抄自上村觀光藏本。頁眉、文中也有簡單的注釋和校勘，但文中名詞並未標明。仔細對照明治四十三年的抄本，兩者每頁的行數一樣，但存在個別文字的出入。

---

①樋口實堂編《雲門一曲附雄峰餘滴》，頁 126—127。
②榎本涉《入元日本僧椿庭海壽と元末明初の日中交流—新出僧傳の紹介を兼ねて—》，《東洋史研究》第 70 卷 2 號。

3. 鹿王院本

昭和十七年（1942），鹿王院的僧人樋口實堂以東大史料編纂所藏的上村觀光謄寫本爲底本，參考其他版本後，編訂了《雲門一曲附雄峰餘滴》一書，由鹿王院出版社出版。樋口實堂不僅在文字上做了校對，對文章先後次序也重新做了編排。此外，也有少量的眉批，就文中字詞的修改作説明。值得注意的是，新增内容還不少，具體如下：

《雲門一曲》發刊備考：自寶永版《普明録》抄出

（1）送高麗人

（2）送高麗使萬户金龍歸

（3）送同使檢校中郎

（4）賀防州明府大内前别駕征伐功成歸國

（5）又慶戰功在一身

（6）寄趙别駕夢飛梅有作

（7）寄大明瓦官無逸講師

（8）次寄祐小子韻酬趙别駕

（9）江南趙子旅食此方三年遠來山寺乞偈示之

（10）慶安四年辛亥之冬客中偶作

（11）雲門寺偶作

（12）因疾二首（得橘皮一枚發汗）

（13）丹丘冬日偶作示二三子

（14）老懷一首寄及書記

（15）因雪三首

（16）訪掛角庵主三首（在丹之羚羊谷）

（17）雲門寺十境

（18）雪松

（19）雪竹

（20）雪梅

（21）伯夷採薇

（22）淵明愛菊

（23）移蘭

《雲門一曲》發刊備考：再自寶永版《普明録》抄出

（1）日本國知覺普明國師塔銘并序（大明永樂元年歲次癸未冬十二月既望武

林南山净慈禪寺住持沙門釋四明道聯撰）

（2）普明國師贊（祖芳禪師）

（3）同（絕海國師）

（4）夢中像記（昌樹書記）

（5）小師道隱書記記夢中夢請贊特賜知覺普明國師兼僧録妙葩（昌樹書記）

（6）門人芳通所編之普明國師行業實録云

（7）普明國師語録序（永樂二年歲在甲申冬十月二十又六日資善大夫太子少師兼提調僧録司事姚廣孝書）

（8）同語録跋（永樂三年蒼龍集游蒙作噩正月二十又五日太白名山天童禪寺耄叟希顔）

第三：《雲門一曲》人名表

第四：《雲門一曲》發刊附言

兩部分都是從寶永（1704—1710）年間出版的《知覺普明國師語録》中抄出的内容。第一部分的23篇詩文皆爲春屋妙葩之作。第二部分的8篇文章中，有4篇出自明僧之手。第三部分爲文獻所涉人名，樋口實堂列出了中日人士32名，其中中國人5人，即趙秩、朱本、仲猷祖闡、無逸克勤、了庵清欲。第四部分對春屋妙葩與明使的交流過程以及《雲門一曲》的大致内容作了簡單説明。

附録的《雄峰餘滴》主要是鹿王院各代住持以及與春屋妙葩相關的僧人的詩偈拔萃新編。雄峰乃覺雄山（鹿王院）的略稱。涉及的禪師和收録的詩偈數如下：

汝霖禪師（鹿王第二世）16首

梵芳禪師（春屋之徒、南禪寺僧）10首

虎岑禪師（鹿王十二世）10首

松嶺禪師（鹿王十三世）10首

靈源禪師（鹿王補席）10首

天敬禪師（鹿王十九世）1首

泊船禪師（鹿王二十世）3首

洪川禪師（歷住鹿王、永興、圓覺）1首

義堂禪師（鹿王二十二世）10首

滴水禪師（歷住鹿王、天龍）10首

峩山禪師（鹿王二十四世）10首

獨山禪師（鹿王二十六世）10首

樋口實堂（鹿王院僧、編者）8 首

4.《大日本史料》本

1980 年東京大學史料編纂所將《雲門一曲》中的有關詩文編入了《大日本史料》第六編之三十八、四十，並用眉批進行了簡單説明。與其他幾個版本不同的是，《大日本史料》本中的文章是按照時間順序編排，這非常有助於釐清明使與春屋妙葩交往的脈絡關係。

二、《雲門一曲》所收中國人詩文

《雲門一曲》共收詩文二百多篇，其中趙秩 26 篇，朱本 23 篇，仲猷祖闡 3 篇，無逸克勤 3 篇，詹鉦 1 篇，了庵清欲 1 篇，其餘爲春屋妙葩及其衆弟子之作。但《鹿王院本》漏失詹鉦之文。各中國作者的具體目録詳見下表（有括弧的文名爲筆者所加）：

表　《雲門一曲》中中國人的文章篇目

趙秩		
文名	時間	頁碼
雲門一曲序引	癸丑（洪武六、1373）十月己巳朔七月乙亥	1—2
雲門一曲	癸丑小春四日	3—5
濃字詩小序	不明	5
（答春屋贈詩）	不明	9
（答春屋贈龜硯）	不明	11
（賦春屋弟子詩）	不明	18
（中日唱和詩集後序）	癸丑十月四日壬申吉	18—19
（題昌旒贈妙葩一軸王元章墨梅）	不明	22
（謝春屋贈青蚨五千）	不明	22—23
（長句以謝春屋存念）	癸丑仲秋朔日	23—25
（回贈春屋趙孟頫親筆暾屏序並詩）	癸丑十月初七日	26—27
敬和敦庵高韻爲霖侍史會謹呈玉林方丈（七首）	不明	29—30
（送梅岩於鱷橋而言别序並詩）	癸丑十月六日	32
又用梅岩寄本中朱君高韻爲記别云	不明	34

續表

趙秩		
文名	時間	頁碼
夏日書懷詩并序	不明	35—36
（和周厚夏日書懷僧字韻）	不明	37
（回國告別春屋之書並詩）	甲寅（洪武七、1374）四月十一日	42—43
詩餞文溪侍史歸	甲寅三月既望	51
春屋及諸公話別詩集序	甲寅春三月廿有□日	53—55
仁雀詩并序	不明	65
前曾寄懷詩尤恐浮沈今容錄呈更祈芥室善知識鑒知（三首）	癸丑仲冬十一月廿八	68
詩憶寄中蕊侍史	不明	69
詩寄憶周祐侍史	不明	69
詩寄憶昌霖侍史以表不盡之思也	不明	70
偶作詩并序	洪武甲寅季春廿有二日	70—71
芥室銘并序	不明	97—99
朱本		
文名	時間	頁碼
雲門一曲序引	癸丑（洪武六、1373）十月六日	2
濃字詩小序	不明	7—8
（答春屋贈詩）	不明	10
敬依可庸別駕高韻謹賦石硯詩一首奉呈春屋大和尚希改正云	不明	11—12
（集雲門唱和一軸序）	癸丑十月二日	12—13
齊字詩小序	癸丑十月七日	13—14
（題昌旎贈妙葩一軸王元章墨梅）	不明	21—22
（謝春屋遣使特貺見賜成近體律詩四首序文）	癸丑十月七日	27
（辭別春屋書劄並受禮致謝）	癸丑十月廿有三日	28—29
謹和敦庵嚴韻奉呈玉林方丈霖上人兼簡可庸別駕希斤削幸甚（七首）	不明	30—31
（詩別梅岩霖上人序并詩）	癸丑十月六日	32—33
（強說八句餞別梅岩霖上人）	不明	34

續表

朱本		
文名	時間	頁碼
（和周厚夏日書懷僧字韻）	不明	37
（謝一十六幅到來書）	不明	44
（回國辭别詩書並回禮）	甲寅三月下澣	45—46
倚韻代東奉寄前席天龍芥室和尚（二首）	不明	48
文溪允侍史奉師命來省予於石城告歸作一律以贈之	甲寅三月既望	52
題長江寺千手堂偈并序	甲寅三月望日	55—56
沈香木造雜花樹偈并序	甲寅三月既望	58—59
過天台院感興詩并序	癸丑十月五日	60—61
實際寺詩并序	癸丑十月四日	62
（雲門諸子所作梅字韻詩卷序）	甲寅春三月既望	81—82
芥室歌	癸丑十月六日	99—100
仲猷祖闡		
文名	時間	頁碼
倚韻代東奉寄前席天龍芥室和尚	不明	48
奉依春屋和尚偈韻送允上人歸里	不明	50
芥室歌用南堂和尚韻寄上春屋和尚	甲寅（洪武七、1374）三月既望	95—96
無逸克勤		
文名	時間	頁碼
次韻偈二首奉答前天龍堂上芥室和尚用伸遠意	甲寅三月廿二日	49
送周允上人歸丹後偈序	甲寅三月廿又二日	
芥室銘并序	甲寅歲三月廿有二日	96—97
詹鉦		
文名	時間	頁碼
（贈春屋圖書唐筆之書簡及詩二首）	癸丑（洪武六、1373）十一月二十八日	大：272—273①

①東京大學史料編纂所編《大日本史料》第六編之三十八，頁272—273。

續表

了庵清欲		
文名	時間	頁碼
芥室歌	不明	95

注：上表根據樋口實堂編著的《雲門一曲附雄峰餘滴》中同一人物的詩文出現先後編排而成。四個版本的詩文篇名、次序有所不同。

三、《雲門一曲》中的中國作者

上面提及，《雲門一曲》中超過七十篇（首）詩文出自中國人（主要是明人）之手，他們是趙秩、朱本、仲猷祖闡、無逸克勤、詹鉦和了庵清欲，兹分別介紹如下：

（一）趙秩

趙秩，生卒年不詳，籍貫不明，字可庸。洪武三年、五年兩次出使日本。在《雲門一曲》中的署名多樣，主要有“大明天使朝列太夫同知萊州府事”“中國使朝列太夫同知萊州府事”“中國使牧萊州府隱士石門漁者”“齧雪”“齧雪老”“齧雪子古雪”“齧雪老人”“辱知”“侍生”“諸生”“客防侍生”“松雪公孫吳興”“吳興”“苕溪”等，可見出使時的官職爲朝列大夫（從四品）萊州府同知，而經常使用的“齧雪”一詞典出《漢書》卷五十四《李廣蘇建列傳·蘇建·（子）蘇武》，是指蘇武在匈奴嚼雪以止渴充饑。趙秩用它無非想説明第二次出使日本的生活極端艱苦而自己不辱使命的決心。“松雪公孫”寓意趙秩是趙孟頫的孫子，元朝大書法家趙孟頫與管道升育有趙雍、趙奕兩子，趙秩概是其中一人之子。從“吳興”“苕溪”“石門漁者”等署名來看，趙秩的籍貫應是浙江湖州。

趙秩工詩善畫，日本山口縣立博物館與毛利博物館藏有出自趙秩之手的《壽老花鳥圖》，其款識又作“錢塘趙秩”。第二次使日期間，不僅與日本夢窗派禪僧有過廣泛的交流，還曾受到山口大名大内弘世的禮遇，暫住山口“日新軒”，據稱並賦有《山口十境詩》，至今流傳。

有關趙秩《山口十境詩》的研究，筆者曾在《明代中日文化交流史研究》做過介紹①，國内外研究主要還有日本的御園生翁甫《大内氏史研究》（初版由日本松野書店

---

① 陳小法《明代中日文化交流史研究》，北京：商務印書館，2011 年，頁 58—60。

於 1959 年出版，1977 年再版）、荒卷大拙《山口十境詩考》（櫻印刷社於 1999 年出版）以及中國學者邢永鳳相關研究①等。《山口十境詩》現已譜上曲調，廣爲本地人傳唱。趙秩因此也成爲了山口縣名人。

根據明人王逢在《梧溪集附補遺》卷七"題括蒼趙秩可庸兩使東夷行卷"的記載，趙秩"掠耽羅觀毛人，寵扶桑駐流求"②。也即説趙秩除了到訪日本外，還涉足朝鮮半島和流求（究竟是琉球王國還是臺灣，有待進一步的史料證實）。

（二）朱本

朱本，字本中，四明（今寧波）人，以御史臺掌書記身份隨同趙秩出使日本。在《雲門一曲》中常用的署名爲"四明朱本本中""大明國使御史掌書四明""四明山樵""大征法侍史四明山樵""大明國使大征法侍史四明山樵"等，與春屋妙葩及其弟子之間多有詩文往來，隨同趙秩一起寓居山口達數月。

朱本還有一首專門吟詠博多妙樂寺吞碧樓的詩文，內容如下：

　　　　高樓百尺拂虹蜺，十二欄干北斗齊。

　　　　雨過晴雲連碧海，雪消春水漲銀溪。

　　　　吟邊綠樹排簷近，枕上青山入戶低。

　　　　定起更知秋夜後，怒濤推月上丹梯。③

日本正和二年（1316），博多北海岸附近創建了禪宗寺院石城山妙樂圓滿禪寺，開山爲月堂宗規。"石城"爲博多異稱，緣起以石築城抵禦元軍來襲。由於此處曾是遣唐使、遣明使的驛站，因而成爲了日本對中、朝交流的重要窗口和貿易場所④，中世時期甚至有"妙樂寺貿易"之語，可見此地貿易的繁盛景象。

據傳，妙樂寺還是名古屋名點"外郎"的發源地。元末浙江台州人陳延祐避難到博多後，出家妙樂寺，改號"臺山"，諱"宗敬"，並築塔頭"明照院"以居。陳延祐根據以往在元朝的醫術而製作了萬金油似的藥品"透頂香"，不料深得將軍足利義滿的喜歡而藥名大振。由於此藥異常之苦，服用時須用紅糖米糕來調味。鑒於當時紅糖爲進口之稀罕物，結果無心栽柳，這紅糖米糕成了比藥還搶手的名點。至於這糕點的名

---

①邢永鳳《山口を舞台とする文化交流—明の使節趙秩を中心にして—》，《山口縣地方史研究》第 111 號，2014 年。

②王逢《梧溪集附補遺》，北京：中華書局，1985 年，頁 352。

③伊藤松《隣交徵書》，東京：國書刊行會，1975 年，頁 317。

④廣渡正利編著《石城遺寶》，東京：文獻出版，1992 年，頁 6—8。

字"外郎"，根據妙樂寺《禮部員外郎陳氏臺山宗敬居士之行實》記載，紅糖米糕的秘方被相州小田原繼承後，就以陳延祐在元朝的官名"外郎"來稱①。

日本貞和二年（1346），入元僧無我省吾爲法師月堂宗規特建隱居所即妙樂寺山門吞碧樓。此樓高達百尺，登樓遠眺，博多灣一覽無餘，吞碧樓遂成爲妙樂寺的象徵。明朝詩人蘭江澄公在《吞碧樓》一詩中寫道："九州城曲樓三層，披襟禦氣歡吾登。窗開曉色拂桑樹，簾卷夜光橫玉繩。上頭端堪謁紫府，下面更可窺玄廷。天帝垂衣日杲杲，海龍穩卧雲冥冥。方壺三神指顧裏，渤澥百穀琉璃明。棲身飲露老亦足，理亂黜陟無關情，時聽玉管鸞鳳鳴。"②

南禪寺得岩惟肖曾在《吞碧樓題詠》中説"妙樂寺乃冷泉石城遺址也，所謂吞碧在寺坤隅，元、明、本朝哲匠題詠滿壁。"③可見，元明時期中國僧人的吞碧樓題詠很多，其中就有了庵清欲、楚石梵琦、元璞良琦、守仁一初、懷渭清遠、見心來復等一代名僧。而明使仲猷祖闡、無逸克勤、朱本、王幼倩都留有登樓後的詩文，奇怪的是唯不見趙秩的題詠。

（三）仲猷祖闡

仲猷祖闡，號雪軒翁，人稱"鷲峰禪師"，在日本期間也曾使用"四明栲庵"一號，晚年亦稱歸庵禪師。《寧波府志》載其能詩，善鼓琴。由明朝瞿汝稷撰、清朝聶先集和李利安主編的《正續指月録》中，對仲猷祖闡有這樣的介紹："明州天寧歸庵仲猷祖闡。禪師族陳氏，鄞人也。從佛智匡禪師剃染。參寂照端於徑山，得旨。""寂照端"即"寂照和尚元叟端公"。但也有人認爲禪師是婺州蘭溪人，楚石梵琦（1296—1371）的法弟。清朝聶先編撰的《續指月録》中有"明州天寧歸庵仲猷祖闡禪師"一節，將其列爲"六祖下二十一世"臨濟宗派。歷住江州圓通崇勝寺、明州慈溪蘆山普光禪寺、香山智度禪寺、寧波天寧寺等。洪武四年應詔入朝，爲僧録掌教，兼領天界住持。洪武五年（1372）奉命與無逸克勤出使日本，七年回國，後隱居鄞之龍山。卒年不詳，但從各種史料記載可知，比洪武十九年圓寂的恕中無愠要早。著述有《禪宗雜毒海》十卷，乃精選宋代偈頌而成，刊行於洪武十七年（1384）。

①廣渡正利編著《石城遺寶》，頁197。
②伊藤松《隣交徵書》初篇卷之二，頁154。
③廣渡正利編著《石城遺寶》，頁23。

（四） 無逸克勤

無逸克勤（1321—1397），亦稱"且庵"，俗姓華氏。紹興蕭山（今屬杭州）人，杭州市蕭山區聞堰鎮凌家塢有一古延慶寺，據傳克勤曾在此寺隱居讀書。克勤少學浮圖，通儒釋書，天台宗澄性湛堂的法裔。在其所用的印章中有"北峰七世"一印文，可推知其法系爲北峰宗印—剡源—雲夢—湛堂—我庵—元璞—無逸。

洪武五年出使日本前被任命爲金陵瓦官教寺住持。回國後，賜白金百兩、文綺二，令克勤之父華毅給克勤蓄髮還俗。洪武八年被封爲考功監丞（從六品），九年六月升任考功監令（六品），九月出任山西布政使。洪武十年五月，山西布政司上奏，陳説官吏貪污之事。於是，朱元璋有《諭山西布政使華克勤詔》，表明處理意見。

祖闡、克勤在洪武五年出使日本期間，與日本文人之間的文化交流活動頻繁，留下許多詩文在日本文獻之中①。

（五） 詹鉦

詹鉦（又作詹鈺），其他有關信息幾乎不明。根據《大日本史料》"南朝文中二年、北朝應安六年十一月二十八日"條的記載，詹鉦當時客居博多，爲了感謝春屋妙葩的關照，對這位一直未能謀面的日本高僧寄上自己篆刻的圖章兩顆、唐筆二支以示謝意。在給春屋的書信中有"座下欽乘上命，來使貴邦，仰賴雲芘，且獲告成。見伺風訊，比同使可庸等。且沐存顧芝見，宏才碩德及諸設施，自與常者萬萬相遠，欽慕欽慕。"② 來看，詹鉦應該是與可庸（趙秩）同時作爲明使到日本的，也即洪武五年五月出發赴日，並不如廣渡正利所言他是元朝的亡命僧，避亂到博多③。

此外，吞碧樓上也有詹鉦的題詠，説明他在博多等候季風期間，也曾登上吞碧樓一覽滄海。題詠署名爲"四明詹鈺"，可見與朱本有一定的關係，都來自寧波。詩文如下：

> 飛樓突兀聳晴空，浩浩乾坤一望中。
> 遠對好山青不斷，下臨滄海碧無窮。
> 谷陵不變千年舊，輪奐重開百尺雄。

---

① 陳小法《明代中日文化交流史研究》，頁 117—135。
② 東京大學史料編纂所編《大日本史料》第六編之三十八，頁 372。
③ 廣渡正利編著《石城遺寶》，頁 214。

獨倚危樓倍蕭爽，東風目送數行鴻。①

（六）了庵清欲

了庵清欲（1288—1363），台州（浙江）臨海人，俗姓朱，字了庵，號南堂。古林清茂的法嗣，歷住保寧寺、開元寺、本覺寺、靈巖寺。元順帝賜予金襴法衣和"慈雲普濟禪師"之號。《雲門一曲》中著録的文章名爲《芥室歌》，是爲春屋妙葩雅室所賦，没有署名具體時間。但可以肯定的是，應該是春屋妙葩住持天龍寺期間所得。詩文全篇如下：

芥室歌　　南堂了庵

道人一室如一芥，大小輪囷無不在。中有百億須彌廬，圍繞無邊香水海。一室既爾百室同，千差萬别俱圓融。毛端寶刹乃其戲，似水入水空藏空。君觀見今三昧事，諸佛衆生本非二。聖凡情盡體如如，是則名爲不思議。疏簾高捲心境閑，團蒲曲幾安如山。光風霽月相回環，孰謂此地非人間。②

《雲門一曲》中爲何收録了一篇元僧了庵清欲的作品，不得而知，有待進一步研究。

了庵清欲有一幅墨蹟現藏東京國立博物館，被認定爲日本國寶，是送給一位稱之爲"的藏主"的日本僧人之偈，寫於至元七年（1341）正月十七日。

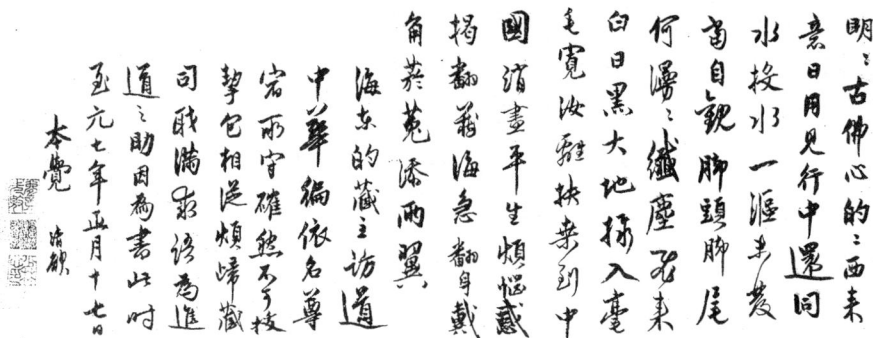

圖1　了庵清欲墨蹟（國寶，東京國立博物館藏）

了庵清欲於嘉興本覺寺時，日僧的藏主在其寺内修行。的藏主修行結束準備返國時，了庵清欲應其要求贈予他此法語。鑒於了庵清欲當時的名望，會下應該還有其他

①廣渡正利編著《石城遺寶》，頁167—168。
②樋口實堂編《雲門一曲附雄峰餘滴》，頁95。

日本僧人。因此，筆者推測《雲門一曲》中了庵清欲的《芥室歌》，是否經由春屋妙葩的徒弟從中國攜回？

四、結語

以上主要以《雲門一曲》爲例，對該書的成書經過、主要版本、所收詩文的數量種類、詩文内容以及中國作者做了簡單研究論述。從中可見，僅《雲門一曲》就收録元明人士的詩文將近六十篇，這些文章幾乎都不被國内文獻所載。然而，這也許只是佚存日本的明人詩文的冰山一角。其次，在日明人也留下不少的詩文，如元末避亂至日本博多的河南人陸仁、被日商抵債而去的寧波人宋素卿等，在日活動都比較頻繁，在日本的多種文獻留有他們的詩文。第三，明末流亡至日本的中國人，留存大量作品。除朱舜水等少數名人作品外，大部分還有待整理。

總之，佚存日本的明人詩文其確切數量無法準確統計，它們就如一顆顆灑落在日本歷史文獻中的珠子，有待我們付出艱辛的勞動，去發現並讓其發光，從而讓我們充分領略到它們魅力之同時，也能爲解開許多歷史之謎提供重要佐證。《雲門一曲》中的詩文就是如此，通過研讀明使與春屋妙葩師徒之間的文章，可以爲明初中日關係中存在的多個謎團找到答案。這也正是本文的目的之一。

越南漢籍研究

《重刊藍山實録》與《大越黎朝帝王中興功業實録》的政治史觀[*]

葉少飛

（紅河學院）

　　1527 年，後黎朝權臣莫登庸弒殺黎恭皇建立莫朝。1533 年黎朝殘餘勢力擁立黎莊宗，開始艱辛的復國之路。1545 年，後黎朝大將阮淦被毒殺，大權落入其婿鄭檢之手。1558 年阮淦之子阮潢自請出鎮順化、廣南。後黎朝内部遂形成南阮、北鄭兩大權臣勢力，雙方尚能精誠合作。1592 年，後黎朝在鄭檢之子鄭松的帶領下，攻殺莫朝皇帝莫茂洽，正式復國，史稱"中興黎朝"。鄭氏掌握大權，以王爵秉持國政，世代相傳。1613 年，阮潢去世，鄭、阮摩擦日漸，黎朝陷入分裂。1627 年雙方開戰，大戰 7 次，1672 年停戰，不再互相攻打，直到百年之後西山阮文惠崛起，攻滅南阮北鄭。鄭氏佔據北方，以"聖帝明王"、"尊扶黎氏"相標榜。阮氏雖實際割據南方，但仍奉中興黎朝正朔。因此南北雙方名義上仍屬於中興黎朝一統之下。

　　北方乃黎朝正統所在，鄭主曾多次下令組織編修史書。永治元年（1676）"季春月穀日"胡士揚等受命於鄭柞、鄭根父子，修訂黎太祖《藍山實録》，名《重刊藍山實録》刻印傳佈。同年"季冬穀日"，胡士揚等原班人馬又受命修撰《大越黎朝帝王中

* 本文爲 2015 年度國家社會科學基金青年項目"越南古代史學研究"（15CSS004）、2018 年國家社科基金重大項目"越南漢喃文獻整理與古代中越關係研究"（18ZDA208）階段性成果。

關於《藍山實録》，請參看八尾隆生《藍山蜂起と〈藍山實録〉編纂の系譜——早咲きのヴェトナム"民族主義"》（《歷史學研究》第 798 號，2004 年），文中還介紹了越南學者阮延年（Nguyễn Diên Niên）對《重刊藍山實録》内容與版本的研究。

本文所引《大越黎朝帝王中興功業實録》爲筆者據漢喃研究院藏 VHv. 1478 抄本和 A. 19 抄本互校而來，抄本無頁碼，故引文多標出干支紀年，以便讀者閲校。李貴民博士閲讀本文之後，就文中呈現的政治史觀提出意見，筆者謹致謝忱！

興功業實錄》，刻本亡佚，現僅有抄本傳世。《重刊藍山實錄》和《大越黎朝帝王中興功業實錄》在同一年編撰完成，後者直承前者宗旨，《大越黎朝帝王中興功業實錄》總結了莊宗以來中興黎朝的歷史，對其中涉及的重大政治問題進行闡釋定論，樹立的政治史觀進而影響了之後百年的史書編撰。

一、《藍山實錄》的内容與重刊

《藍山實錄》第一卷和第二卷記錄後黎朝太祖黎利的家世，以及從戊戌年（1418）藍山起兵至明軍北還的史事，言辭多盛贊黎利雄才偉略，仁德信義，君臣相合，終於功成。第三卷記順天元年（1428）黎利建國稱帝之事，錄入阮廌所作《平吳大誥》，以及黎利君臣論治亂之道。此卷末有“附錄評曰”論黎利功德與國之正統，與《大越黎朝中興功業實錄》卷末的“附錄評曰”形式相近，觀點相似，當同出於胡士揚等人之手。山本達郎在其巨著《安南史研究》之中深入分析《藍山實錄》的内容，與《大越史記全書》《大越通史》相互印證，共同梳理明軍在安南的進軍和敗退。

（一）預言中興

《藍山實錄》對於黎利與明軍征戰之事，多書勝績，常有神機。順天四年（1431），黎利親作“御製藍山實錄序”：

> 朕惟物本乎天，人本乎祖，譬如木水必有根源。是以自古帝王之興，若商之始於有娀，周之始於有邰。蓋其本盛則葉茂，源深則流長，非先世仁恩之所培者厚，慶澤之所鐘者洪，安能若是哉！朕遭時多難，開創尤艱，幸而天與人歸，功業有成者，實由祖宗積德累仁之所致也。朕念之弗已，乃筆於書，目曰《藍山實錄》。所以重其本始其義，亦以叙朕艱難之業，以垂示後世子孫云①。

黎利的序主要叙述强調自己創業艱難，賴祖宗積德累仁，方能成功，以此傳於子孫。此序的思想性較爲有限，與第三卷黎利君臣論治亂之道格調相近。《藍山實錄》原本無存，現僅有永治元年（1676）胡士揚等人的重編本傳世，即《重刊藍山實錄》。黎貴惇在《大越通史·藝文志》中曾提及該本：

> 藍山實錄三卷。本朝太祖御製，紀起兵至平吳時事，舊本猶存，但人家抄録，多有訛字，今印本乃永治年間儒臣奉命訂正，只據所見，以意刪改，增損失真，

---

① 《重刊藍山實錄》，河内：社會科學出版社影印本，1992年，頁97—98。下同。

非全書也①。

顯然黎貴惇同時見到了《藍山實録》的舊抄本和永治刊本，對胡士揚等人的改編極爲不滿，做出"增損失真，非全書也"的評價。黎貴惇是史學家，以《大越通史》爲越史新開紀傳一體，得出這樣的觀點，可見問題之嚴重。就《重刊藍山實録序》所記，胡士揚確實改動很大：

> （鄭王）乃於暇日數引宰執儒臣共論自古帝王經營大業，以爲舊本雖有抄記，間猶錯簡，未易盡曉，兹欲纂取精純，用鋟諸梓，庶幾先帝之功業，復明於世，乃命臣等參以舊録家編而重修之，舛者正，漏者補，得便觀覽，以廣其傳②。

鄭王扶持黎皇，因此《藍山實録》尊崇太祖功勳，"以正國統而明帝業"，尊黎宗旨不變。但鄭王"乃於暇日數引宰執儒臣共論自古帝王經營大業，以爲舊本雖有抄記，間猶錯簡，未易盡曉"，儒臣因而受命重修，《重刊藍山實録》明顯加入了鄭王的意願和要求。因《藍山實録》原本不存，重刊本究竟改編了多少，我們不得而知。但黎利建國定統、奠定黎朝基業，是中興黎朝和鄭王"尊扶黎氏"的政治基礎，因此筆者判斷關於史事可能改編不多，但會訂正一些史料錯誤，并增加一些贊頌太祖功績的語言。《重刊藍山實録》中有一段内容預示了黎朝中興之事：

> 時帝使家人耕於昭儀洞佛皇處，忽見一老僧著白衣，由德齋村出而嘆曰："貴哉此地，無人可屬。"家人見此，馳回具以告帝。帝即追求問之，有人報曰：老僧已前去矣。帝速追至古雷縣群隊册，見一竹簡題曰："天德受命，歲中四十，數只已定，惜哉未及。"帝見題甚喜，又速追。時有黃龍覆帝，忽見僧謂帝曰："僕自哀牢而下，姓鄭字白石，僧今日見君氣象殊常，必能成大事矣。"帝跪呈曰："弟子地脉貴賤如何，願師明告。"山僧曰："……僕恐君之子孫後有分居之勢，祚有中興，天命可知也。若明師能改葬，再中興五百年。"僧言訖，帝乃將皇考葬之此處。至寅時回到瑶舍下村，僧師乃化上天。因立此爲遊儴殿，其昭儀洞立爲小庵③。

黎貴惇尚見過《藍山實録》舊本，應該吸收其内容并編入《大越通史·太祖紀》中，范公著和黎僖二人亦早於黎貴惇，應該也曾見過，内閣官板《大越史記全書》關於太祖的史事也多見於《重刊藍山實録》。但上述内容爲《大越通史》和《大越史記

---

① 黎貴惇《大越通史》，漢喃研究院藏抄本，藏號 VHv1330/2。
②《重刊藍山實録》，頁4。
③《重刊藍山實録》，頁14—16。

全書》所未載。在此記述中，鄭姓僧人提示黎利改葬父親墓地，以此地脈奠定黎家帝業，并指出"祚有中興，天命可知也"，而中興黎朝也確是由鄭檢統領對抗莫朝，其子鄭松滅莫中興。這段讖緯預言顯然寓示鄭王中興，乃是天命。太祖黎利當然希望傳國萬世，但《藍山實録》舊本必然不會出現如此言辭，這一段内容應該出自胡士揚等人之手。

因胡士揚等人的改編行爲，所以採用《重刊藍山實録》關於太祖的歷史内容之時，應該和黎貴惇《大越通史》及其他史書進行比較，以確定是否出自《藍山實録》舊本，抑或是爲胡士揚據以改編的内容。

（二）得國於明還是得國於陳？

《重刊藍山實録》在第三卷的最後有"附録論曰"，是胡士揚等在《藍山實録》及前史基礎上所作的綜合評論，并進一步凸顯黎朝正統和大一統，卻對《藍山實録》確定的前代國統有所修正。阮廌《平吳大誥》言：

> 代天行化之皇上若曰：仁義之舉，務在安民，吊伐之師，莫先去暴。惟我大越之國，寔爲文獻之邦，山川之封域既殊，南北之風俗亦異。粤趙丁李陳之肇造我國，與漢唐宋元而各帝一方，雖彊弱時或不同，而豪傑世未嘗乏[①]。

隨後舉例宋李熙寧戰爭、元陳戰爭以示大越獨爲一國，豪傑輩出，方不爲强梁所敗。此後大越"頃因胡政之煩苛，致使人心之怨叛，狂明伺隙，因以毒我民，僞黨依奸，竟以賣我國"[②]，有英雄黎利起兵攻戰，最後"一戎大定，迄成無競之功，四海永清，誕布維新之誥"[③]。

阮廌提出"粤趙丁李陳之肇造我國"，即諸代皆是正統。陳朝爲國之正統，《大越史記全書》記載黎利爲了號召陳朝舊衆，1426年曾立陳暠爲主：

> 冬十一月，帝得陳暠立之。先是有胡翁者，乃丐者之子，竄身於琴貴，假稱陳氏之後。頃時國人苦賊苛政，思得其主，而帝急於滅賊救民，遂使人迎立，以權一時之事。且欲藉辭以應明人，因以爲侯（自注：一作信字），建元曰天慶，使左僕射黎國興傳之，實則監之。暠嘗駐營空路山，徙武寧[④]。

明朝一直要求立陳氏之後，且陳朝仍然擁有巨大的政治影響力，黎利遂推出陳暠，

---

①《重刊藍山實録》，頁69—70。
②《重刊藍山實録》，頁70—71。
③《重刊藍山實録》，頁79。
④陳荆和校合本《大越史記全書》（中），本紀卷之十，東京：東京大學東洋文化研究所，1985年，頁530。下同。

此時大事未成，必然是肯定陳暠的陳氏之後身份。後撰的史書則在初立時確立陳暠的假冒身份，且與導致陳朝亂亡的胡季犛同姓。之後明軍退兵，順天元年（1428）四月黎利稱帝之前，除掉陳暠：

> （正月）十日，陳暠飲毒卒。時群臣皆上疏，言陳暠無功於民，何以居人上，宜早除之。帝自知其然，而心有不忍，遇之益厚。暠知國人不服，乃潛駕海船，迸入玉麻州，至麻港，官軍追及獲之，回至東關城，飲毒卒①。

群臣請殺陳暠的理由並非其胡翁之子的假冒身份，而是"無功於民，何以居人上，宜早除之"。史文下有注釋云：

> 一云，先是帝既立暠，暠駐瞖空路山，徙寧江。是歲遷古弄城，自謂天無二日，國無二王，我無功於天下而居尊位，若不早圖，恐有後悔。乃潛駕海船而卒。一云，暠自知國人不服，乃陰與文銳等潛駕海船迸至古弄隘，帝令人追殺之，投屍入叢棘中。暠死時有祝天而言，聞者莫不悲慟，天下冤之。後黎末陳暠作亂，傳以爲陳暠後身也。一云，陳暠名頔，明人之難，頔隱跡民間。及太祖起兵，以人心思陳，故立之以從人望。至是寇平，猶居位。太祖密言曰："我以百戰得天下，而暠居大位。"暠畏懼，走至古弄隘，太祖令人追殺之，投屍入叢棘中②。

陳暠之死，注釋中列出三種不同觀點，第一種是"潛駕海船而卒"，後兩種皆爲黎利遣人追殺，但都肯定陳暠爲陳氏之後，史書正文綜合三種觀點，記爲陳暠駕船潛逃，被官軍捉回毒殺。至於陳暠初立時是否爲陳氏之後，此事並不重要，且殺陳暠時的史書正文和注釋皆不言其胡翁之子的假冒身份，而多有同情，即是認定其爲陳氏之後。陳暠死而黎利稱帝，無論如何解釋，都將得出黎朝得國於陳朝的結論。陳朝巨大的政治影響力，成爲黎利政權合法性的阻礙。因此《重刊藍山實錄》對所立陳氏之事進行消解：

> 先是有胡翁者，乃丐人之子，竄身琴貴，假稱陳氏之後。時國人苦賊苛虐之政，思得其主，而帝急於滅賊救民，遂使人迎立以權一時之事。初不擇其賢愚真假，事平之後，群臣皆上疏力爭，謂胡翁無功於民，何以堪居人上，宜早除之。帝知其然，而心有不忍，遇之益厚。彼自知國人不服，内有依慚，乃陰與逆人文睿通謀爲反，以速厥辜，非孽由已作，何以至是哉③？

書中所謂胡翁之事顯然就是《大越史記全書》中記載的陳暠被殺之事，但《重刊

---

①校合本《大越史記全書》本紀卷之十，頁551。
②校合本《大越史記全書》本紀卷之十，頁551。
③《重刊藍山實錄》，頁79—80。

藍山實録》坐實所立陳氏之後乃是胡翁假冒，其人出身低賤，無德無功。黎利對群臣要求除掉胡翁的反應，與《藍山實録》中表現的黎利仁德形象相符。最後胡翁因不自安，謀反致死。如此一來，黎朝國統就與陳朝没有關係，而是黎利安民去暴、得國於明軍。

《大越史記全書》較《藍山實録》後出，雖在史文中記述陳暠是陳朝之後，但卻繼承了《藍山實録》中黎利得國於明軍的觀點：

> 論曰：自天地既定，南北分治。北雖强大，而不能軋南，觀於黎、李、陳之時可見矣。是以三國之末，雖既衰微，然徒内亂而已。至於閏胡暴虐既極，而致國亡身辱，北寇凶殘，南民困屈。幸天心有在，亶生聖主，以義而征，以仁而討，山川以之改觀，日月以之復明，生民以之奠安，國家以之順治。由君臣同德，上下一心也。噫！亂极則治，於今見之矣①。

"論曰"的觀點與阮廌《平吳大誥》和《藍山實録》的國統觀是一致的。之後黎嵩《越鑒通考總論》也繼承了這樣的觀點。《重刊藍山實録》第三卷最後的"附録評曰"卻以批評前史所稱的前朝國統的方式，進一步突出黎利得國於明軍的正當性。首先説：

> 我越自閏胡不道，海内失望，明人乘此舉兵來侵，陽爲仁義之師，陰圖攻取之計，掠取貨寶，殘害生民，既而兼併我國，分置郡縣，變易我之國俗，脅授彼之官爵，吾民於是時也，既苦於胡政之煩苛，重慘於明官之刻剥，群聚咨嗟，無由叩籲。縱當時有達變智識之士，亦不過斂跡韜蹤隱名避世以全身遠害而已。使非有聖人者出，以拯其涣而享其屯，則我國之方言，已爲北語。我國之衣冠，已爲北衽。而國統其將何復？吾民其將何疇？②

這一部分極力陳述明朝郡縣安南時的嚴峻形勢，風俗語言盡皆改變，國統亦斷絶不復。最終"天佑我邦，篤生我太祖高皇帝以聰明智勇之資，大仁義吊伐之舉……"③明軍退走，黎利功成，建國設統，評曰：

> 趙武帝與漢祖各帝其國，奄有嶺表，都於番禺，英雄之主也，然不過以北方之人侵治我國而統未甚正。丁先皇克平十二之使君，混一版圖，肇造我國，正統之君也。然失於防微之不謹，卒致不祥，而國旋以亡。李太祖因卧朝之失德，乃

---

① 校合本《大越史記全書》本紀卷之十，頁 550。
② 《重刊藍山實録》，87—88。
③ 《重刊藍山實録》，88—89。

有天下，君臣之義舛紊，名分不能無慚負於天地之間。陳太宗因昭皇之牽愛，併取其國，閨門之內，斁亂彝倫，難乎免貽笑於萬代之後。帝則自藍山而起義，憤北寇以舉兵，卒能以仁而誅不仁，以正而伐不正，復我國於明僭之餘，取天下於明之手。迄於一戎大定，四海底清，誕布大誥以即帝位，其得天下也如此甚正。傳曰：君子大居正。又曰：王者大一統。於帝得之矣①。

這一段內容從不同的角度對前史以及阮廌所認可的趙武帝、丁先皇、李太祖、陳太宗的國統地位提出了批判，並指出不足之處，所言皆有依據，雖無過激言辭，卻與前史所述諸位君王建國設統的功績相差很大。《大越史記全書》即載永樂十二年（1414）四月重光帝死後，"國統遂入於明"②。胡士揚等進而體現黎太祖"復我國於明僭之餘，取天下於明之手"，得國最正，達到了"大居正"和"大一統"的境界。太祖黎利的功勳再次得到了肯定，但前代國統則因此多有不足稱之處。

就歷史情勢而言，胡季犛篡奪陳朝，明軍滅胡氏，黎利擊敗明軍建國，黎利得國於明並沒有大的疑問，但黎利立陳氏之後陳暠以及陳朝巨大的影響力，史家仍然需要對陳暠之事做出解釋，在政治上鞏固黎利得國於明的正當性與合法性，並肯定其開國的正統性。

《重刊藍山實錄》儘管對舊本內容有所改定，招致黎貴惇的不滿，但因其內容與中興黎朝的時代相隔不遠，因而應當保留了大多數的原貌。就現在所見，《藍山實錄》主要敘述黎利功績仁德，史事方面則有不足，所體現的史學思想和政治思想亦較爲有限，但其宣揚的政治理念爲後代史家所繼承，使得諸位史家的敘史更加客觀和完善。胡士揚等人的重編工作，深得鄭王嘉許，"臣等叨奉德音，敢不搜閱補綴，彙以成編，謹錄上進，以俟睿覽，奉賜名曰《重刊藍山實錄》"③，《藍山實錄》亦賴此流傳至今。

1944 年，莫寶臣（Mạc Bảo Thần）將《藍山實錄》譯爲拉丁化國語字，由新越出版社（Tân Việt）出版，在"跋"中肯定此書爲阮廌編撰，並對永治年間中興黎朝史臣改編的內容提出了疑問，並指出此書具有極高的史料價值。但"跋"中沒有指出所根據的版本。此本之後曾多次重印。1991 年，漢喃研究院的陳義教授根據《重刊藍山實錄》刻本重新翻譯，1992 年由社會科學出版社出版。此刻本原爲黃春瀚（1908—

---

① 《重刊藍山實錄》，頁 91—92。
② 校合本《大越史記全書》本紀卷之九，頁 508。
③ 《重刊藍山實錄》，頁 4—5。

1996）舊藏，後入藏漢喃研究院，藏號 VHv. 4088，無黎利序和封面，"御制藍山實錄序"爲黃春瀚重抄，印本"重刊藍山實錄"封面爲據"重刊藍山實錄序"挖來，内容有殘損處，亦爲黃春瀚抄補。這是當前普遍流傳使用的版本。

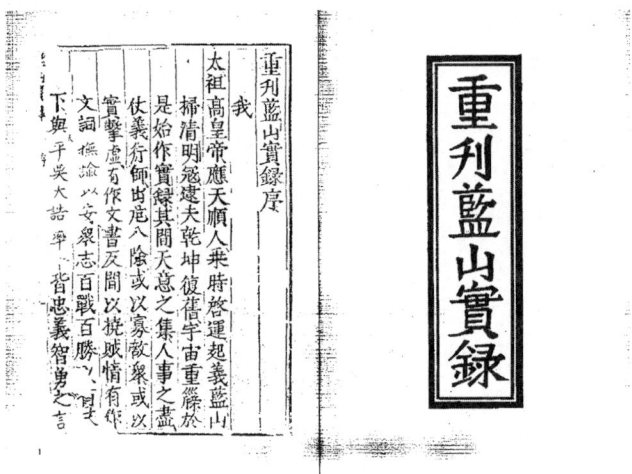

1992 年《重刊藍山實錄》附刻本書影

二、胡士揚與《大越黎朝帝王中興功業實錄》的編撰

應該是《重刊藍山實錄》獲得了極好的政治效果和影響，同年胡士揚等原班人員再次受命編撰《大越黎朝帝王中興功業實錄》，並於冬季完成上進，得到鄭王嘉賞，刻印流傳。胡士揚是慶德四年（1652）進士，之後任督視，並在 1662 年、1663 年前往鎮南關迎接清使，1665 年加入范公著《大越史記全書》編撰團隊之中，排位僅次於范公著和楊澔。之後多次升遷，并隨軍出征高平。1673 年，胡士揚出使清朝。1675 年回國，以出使之功升任工部尚書。永治元年（1676）七月，"命工部尚書胡士揚監修國史"[1]。1681 年，以刑部尚書卒，贈户部尚書少保。胡士揚是中興黎朝著名的大臣、學者，撰《壽梅家禮》，又稱《胡尚書家禮》，在越南的社會生活中產生了巨大的影響。永治四年（1679），胡士揚撰《南郊殿碑記》，此碑現移立於越南國家博物館，但《大越史記全書》誤記撰寫碑文之事於景治元年（1663）："王復命詞臣胡士揚等撰文勒石，

---

[1]陳荆和校合本《大越史記全書》（下），續編卷之一，東京：東京大學東洋文化研究所，1986 年，頁 1007。

以紀其事。”①

胡士揚的時代，最受鄭王寵信的文臣當首推范公著，1642 年其贊理鄭柞鎮守山南，之後君臣相得數十年。1675 年范公著去世，史書稱其“爲人深沉簡重，行有操術，輔王於潛邸日，籌畫居多，當國日久，法度屢有建明”②。因范公著去世，因此《藍山實錄》的重編工作即由胡士揚領銜完成，并再接再厲，編成《大越黎朝帝王中興功業實錄》。

《大越黎朝帝王中興功業實錄》又簡稱“中興實錄”。漢喃院現存抄本四種，無刻本。VHv. 1478 抄本題名“大越黎朝帝王中興功業實錄”，正文有中興黎朝避諱的“邦”字，無阮朝避諱，書寫規格與《藍山實錄》刻本相同，可能爲中興黎朝時期據刻本抄寫。

A. 19 爲阮朝抄本，避“宗”爲“尊”，“實”爲“寔”，或上“人人人”下“實”，“時”爲“辰”，書寫工整，序中帝、王高出正文一格，與《藍山實錄》刻本相同，“鄧逢春奉寫”，很可能是阮朝官方據刻本抄寫。題名“黎朝帝王中興功業實錄”。

VHv. 1705，阮朝抄本，避“實”爲“寔”，“宗”爲“尊”，“時”爲“辰”，抄寫於印製的稿紙之上，魚尾處有“龍崗”二字，高春育（1843—1923）號龍崗，《中興實錄》抄本筆跡與高春育“龍崗文集”筆跡相近，可能出自高春育之手。此本題“黎朝中興實錄”，與《北南實錄》合抄爲一冊。

A. 2369 抄本，成泰十六年（1904）抄，第一部分爲據永治元年刊本重抄的《藍山實錄》，綴太祖至恭皇帝號、在位年數以及年號。第二部分爲“大越黎朝帝王中興功業實錄”，最後寫“永治元年冬季穀日”，用小字注“其《藍山實錄》與《中興實錄》重刊”，抄寫者因二書同在永治元年刻印，故而抄寫爲一書。

四個抄本封面題名均有不同，但序和卷名皆是“大越黎朝帝王中興功業實錄”。據序中“天語鼎裁，賜名《中興實錄》，即命鋟梓，頒布天下”，推測當有刻本。抄本中記錄的編撰人與《重刊藍山實錄》相同，刻印者亦同爲“梓人紅蓼柳幢等社人奉刊”，版式規格亦當與《重刊藍山實錄》相同。

在形式上，《重刊藍山實錄》因黎利反抗明軍佔領，所以不用明朝年號，而採用干支紀年。《大越黎朝帝王中興功業實錄》叙史起於莊宗元和元年，之後歷代君主皆有年號，但書中只是記設立年號之事，卻不以年號紀年，仍以干支紀年，這既可視作對與《重刊藍山實錄》規格的統一及對黎利事業功績的追慕，但同時也可視爲鄭王治下對黎

①陳荆和校合本《大越史記全書》（下），本紀卷之十九，頁 975。
②校合本《大越史記全書》（下），本紀卷之十九，頁 1002。

氏皇帝權威的消解，即政出於鄭王，中興大業由鄭王而功成。

與《重刊藍山實錄》在原有舊本基礎上重編不同，《大越黎朝帝王中興功業實錄》是由胡士揚領銜自主編撰的史書，從形式到內容，從史學到政治，皆可自由發揮。《藍山實錄》舊本僅有黎利御製序文一篇，對何爲"實錄"，爲何選擇"實錄"紀事並未予以闡釋。胡士揚首先在序中解決了這個問題：

> 實錄何爲而作也？蓋所以述其事，紀其功，以明正統，以錄賢裔，故有爲而作也。粵自北朝漢唐宋有史記以載興亡治乱，而別錄又有兩漢志隋唐志宋志，皆直書其事，足以補史學之漏處，而觀者侈爲美談。其如世家本紀皇明實錄，或傳或記，或表或書，這般事跡，昭垂簡册，令觀者易曉，足以察古今而驗得失，味聖賢而求義理者歟！我越自建國以來，舊有史記，其間聖君賢相，修政立事，世道之隆污，人物之賢否，與夫法令之條，兵師之要，靡不備具，而實錄之書，則自我太祖高皇帝藍山起義，平吳復國，有藍山實錄，諸凡天意人事，忠臣義士，征戰之勞苦，勳業之艱難，與夫布誥之文，垂裕之辭，無不備載。聖宗淳皇帝聰明天縱，聖學淵深，有天南餘暇等錄，留傳於世，天下可誦，萬古可法矣。

胡士揚明確了"實錄"的功能和作用，以及中國實錄的淵源和發展。而且胡士揚見到了《皇明實錄》，認識到其內容可以"令觀者易曉，足以察古今而驗得失，味聖賢而求義理"。自黎文休《大越史記》之後，越南史籍多以"史記"爲名，歷代編修。而"實錄"一體，首見於太祖黎利《藍山實錄》。黎聖宗"天南餘暇等錄"實爲一部君臣唱和的詩文集，並非史書。

胡士揚並未提及《大越史記全書》中的"實錄"，此書中太祖、太宗、仁宗三朝史事名"大越史記本紀實錄"，爲吳士連所撰，范公著又續編至黎恭皇，仍名"大越史記本紀實錄"。可見"實錄"之體，自有傳承。

史體既明，來源有自，胡士揚接着闡述本書撰著的宗旨。此書叙黎朝自莫登庸篡弒以來至當下的歷史，首先"歷見鄭家功德，自布衣起義，剿除莫僭，尊立帝室，有大勳勞"，胡士揚非常直白地體現鄭王功績，鄭王於黎氏，"時乎未定，則以身任征伐之責，而靡憚驅馳之勞，時乎既定，則以身任天下之重，而益篤匡扶之力，世代相傳，一以尊君爲念，功德極其隆盛，蓋古今所未有也。"鄭王功德昭彰於天地之間，"若不書之於錄，何以得其詳而便後人之觀覽者哉？爰命臣等採以國語舊錄，參諸國史續編，撰作實錄"，因而史臣不揣鄙陋淺薄，"編集成錄"。此書"是錄也，初非有臆度其説，華靡其辭，而有所增減，只是據事直書，事涉於僭竊者，一字有鈇鉞之貶，事歸於正統者，一字有華袞之褒"，明正統，貶僭越，春秋大義，凜然不犯。

　　內容已明，則要達到相應的目的。"天語鼎裁，賜名中興實錄，即命鋟梓，頒布天下，使人知黎家億年基業正統之傳，多鄭王世代忠貞翊扶之力，其統紀與日月而並明，其氣節與秋霜而爭屬，於以顯功德而正名分，於以沮僭竊而扶綱常，其有關於國本世教也不淺矣"，要使世人盡知鄭王"世代忠貞翊扶"，黎氏方有"億年基業正統之傳"，聖帝明王，日月齊輝，國本世教，綱常名分，皆在鄭王匡扶之功。

　　胡士揚所撰之序，彰顯鄭王匡扶黎氏的大功，旗幟鮮明地將國本正統繫於鄭王一身。書雖名"大越黎朝帝王中興功業實錄"，但實際內容卻是記載鄭王起兵輔佐黎氏中興。胡士揚在三卷正文之後，又有一段"附錄評曰"，陳述太王鄭檢之功：

　　　　幸而天啟中興之運，挺生鄭太王，以撥亂之才，輸盡忠之節，奮起布衣，糾率義旅，訪求帝冑，而尊立之。身經行陣，百戰間關，蹈危履險，勳積居多。三分天下有其二，將以用集大勳，使其天假之年，何難成一統之功哉！

　　這一段話與《重刊藍山實錄》中的高僧鄭白石所言中興之事可以呼應。之後又有哲王鄭松、誼王鄭棡，至今王鄭柞，世子鄭根，歷代匡扶。最後胡士揚總結鄭氏大功：

　　　　鄭家則初非舊臣，亦非懿親，特以布衣起義，一城一旅，卒能誅殘賊而立帝室，略無一毫纖芥於其間，傳至於王，繼志述事，尊立四朝，始終一節，語功孰大，語德最賢，其精誠仰貫日月，忠義對越神明，比之伊尹、周公，其世異而其義同，其事難而其功倍，又豈陳興道所能仿佛其萬一哉！且又專委元帥典國政定南王，監軍國之權，外事征伐，而邊境奠安。內修政事，而朝綱畢舉。一堂告語，家法相傳，無非以尊扶帝室爲心，懷保生民爲念，以如是之心，行如是之政，傳於永久，率由而行，世世子孫，保有天祿，不亦宜乎。

　　鄭氏以布衣異姓，歷世匡扶黎氏，功績德行超越伊尹、周公及陳興道。歷代鄭王"一堂告語，家法相傳，無非以尊扶帝室爲心"，鄭柞、鄭根父子在此明確表示鄭氏將一如既往尊扶帝室，家法相傳。鄭柞、鄭根父子如此行爲，不止是對莊宗以來中興黎朝歷史的總結，也是對業已形成的黎皇鄭主制度的確定，即鄭氏將一心尊扶黎氏，絕無異心，之後的歷代鄭王亦當如是，"以如是之心，行如是之政，傳於永久"。

　　至於爲何鄭王要在此時將尊扶帝室的思想要以撰史刻印的方式確定下來，恐怕還與不能平滅阮氏割據有關。自從1627年鄭阮翻臉正式開戰，雙方大戰，均未能消滅對方，直至1672年鄭阮休戰[①]。阮氏雖然割據，但並未扯旗自立稱帝，名義上仍奉黎氏

---

①陳荆和《十七、十八世紀之越南南北對立》，高麗大學亞細亞問題研究所編《亞細亞研究》（*The Journal of Asiatic Studies*）第20卷第1號，1977年1月。

正朔。鄭王輔政體制已然穩固，保持黎皇之位，可以繼續以君臣大義牽制阮氏，形成政治優勢。倘若廢黎自立，則定爲阮氏所乘，亦將爲世人所背棄。因而此時鄭王以《大越黎朝帝王中興功業實録》確立尊扶帝室的政策和思想，并要求後世遵循，獲得了中興黎朝士人的支持，并在政治上對阮氏保持優勢。

　　胡士揚在《大越黎朝帝王中興功業實録》中成功解決了鄭王輔政的合法性問題。鄭王大權獨攬，生殺廢立，這是古代王莽、曹操一類人物的做派，鄭王行事與此無異。在胡士揚的叙述中，鄭王忠貞爲國，匡扶黎氏，一心尊扶，成就中興大業，不僅仁德豐厚，且有豐功偉績，在中興黎朝的歷史發展之中均有呈現，并由此泯滅了鄭王的權臣形象，使得鄭王輔政具有政治合法性，并進而爲中興黎朝所接受，天下士人拜謁效力，成就黎氏尊榮、鄭家事業①。“尊扶黎氏”在胡士揚之前就已經有相當的理論積累，如范公著景治本《大越史記全書》的序中即如此論，但經胡士揚的發揮，成爲完整的解釋體系，後世即以此爲準則，叙述黎鄭關係以及中興黎朝的政治運作方式。官方著作如阮文喧舊藏《大越史記本紀續編》殘刻本，學者著述如《海東志略・人物志》以及黎貴惇《大越通史》，皆依此論述。

三、《大越黎朝帝王中興功業實録》的政治史觀

　　中興黎朝歷史最重要者有四，即黎氏中興、鄭王輔政、莫氏叛逆、阮氏割據，《大越黎朝帝王中興功業實録》以官修史書的地位，給予這四件大事以定論，形成統一的認識。莫氏篡奪叛逆，毫無疑問，這是南北雙方的共識，但另外三件事則相互交錯，大費周章。

（一）黎氏中興和鄭王輔政

　　胡士揚延續了《重刊藍山實録》的觀點，認爲後黎朝國統最正，“太祖高皇帝藍山

---

①鄭王輔政一事，在整個東亞世界中，惟有日本將軍輔政天皇可堪比擬，因而其他瞭解此事的人，皆驚詫莫名。1627 年，福建晋江人潘鼎珪漂流至鄭王轄地，即知曉黎氏被權臣所圈養軟禁，載其事於《安南記遊》（潘鼎珪《安南紀遊》，王雲五主編《叢書集成初編》第 3256 册《安南傳（及其他二種）》，上海：商務印書館，1937 年）。1654 年朱舜水爲阮主所征，爲阮主一方草擬文書招降鄭將，言“先王之冢子，幽之於別宮。螽賊之宗盟，寵之以重任”，即指鄭王輔政之事，見《安南供役紀事》（陳荆和《朱舜水〈安南供役紀事〉箋注》，《香港中文大學中國文化研究所學報》第 1卷，1968 年）潘鼎珪聽聞其事，朱舜水則爲阮主張言，但可見此事遠超常理。

起義，平吳復國，其得天下也甚正，綱疇統紀因而復明，禮樂文章，煥然可述，端本洪源，自足與天無極矣"，這也是黎朝國祚被篡，又得以復國的政治基礎。胡士揚記述莫登庸篡逆之後的形勢：

> 黎朝大臣，俱憤莫氏無君，自相雄長，方民愈滋受害，獨有安清侯阮淦以世名將，唱義舉兵，訪求帝胄，乃得昭宗之子於哀牢，迎立爲帝，紀元元和（注：是爲莊尊裕皇帝），遠近影從，豪傑響應，然忠藎未篤，（注：附錄元和十四年［1546］，莊尊裕皇帝有勅諭錦水縣古隴冊瑞山侯何仁政，謂：比年阮淦奉迎朕回岑下，號令諸將，不期阮淦陰謀篡弒，爾等能爲國捐軀，朕甚嘉焉。今存其跡云。）功業未就，而公卒已中削瓜之計矣（注：莫人忠厚侯詐降，以瓜獻於公，公誤食而卒）。

這段記述非常詭異，在正文中肯定了阮淦尋訪黎氏後裔，擁立莊宗爲帝，重續國統的大功，卻在注釋之中指出阮淦曾有篡弒之心。胡士揚如此記述，實爲要將中興大功附於鄭檢之身，他接着寫道："所幸天心眷祐黎家，篤生鄭太王，輔翼匡扶，立爲萬世帝王之業"，進而對鄭檢與阮淦的關係也進行剝離：

> 此辰王即與隨興國公阮淦，公見其志氣有大略，以爲翼義侯，兼知馬奇，給以糧食，待之甚厚，仍以少女嫁之，以此結知於帝，帝推心委用，拜爲大將軍翼郡公，賜以本部兵印，凡有領兵進討各處，軍氣益銳，賊多敗北。帝於是委以兵政，加封爲節制太師諒國公，凡國家事務，一切擔當，其謀略如神，精忠貫日，故上悉以政事大權委任之，由是決斷分明，機務畢舉，而湯沐之民，得賴其安，四方之民，亦歸心焉。

鄭檢爲阮淦之婿，卻因阮淦的看重自此與莊宗君臣相得，"帝推心委用"，最終統領軍政，中興大業由此確定。莊宗駕崩，鄭檢繼續擁立黎氏帝胄，以保黎氏國祚不絕：

> 戊申年（1548），莊宗裕皇帝崩，是時王任托孤之重，乃尊立太子即皇帝位，紀元順平（注：是爲中宗武皇帝）。王以天下之事爲己任，內則典司政本，外則經營四方，惟以尊君愛國爲念。王之高節，子儀之節也；王之忠義，狄公之義也。當時四方賢士，多歸附之。

在胡士揚看來，鄭氏對黎皇的節義，可比於郭子儀、狄仁傑，鄭王尊扶黎氏之心，天地可鑒。鄭檢去世之後，鄭松驅逐長兄鄭檜，繼掌國政，最終掃滅莫氏，中興復國，鄭王忠謹如一，尊扶黎氏之心可昭日月：

> 己亥年（1599），秋八月，世宗毅皇帝崩。王深念聖人之大寶曰位，惟賢有德

者可以繼嗣，乃遵先帝囑托之言，尊立次子黎（注：諱維新）即天子位，紀元慎德（注：是爲敬宗惠皇帝），明年改元弘定，以正大統，帝垂拱而治，多賴王內輔君德，外總兵權，上下一無猜忌，國家賴以安平。

胡士揚記載，帝皆委朝政於鄭王裁決，之後奏知於帝即可，“辛未年（1571），帝以鄭松有翊運大功，晋封爲節制內外諸營，太尉長國公，凡國家庶務，事無大小，帝悉委之處決，然後奏聞”。鄭王以女嫁於黎皇，自此“黎鄭一家，親而益親，黎氏爲帝，鄭氏爲王，世代相傳”，鄭氏一心尊扶黎氏，與國同休。最終在“附錄評曰”之中將黎氏中興大功歸於鄭檢之身：

> 幸而天啟中興之運，挺生鄭太王，以撥亂之才，輸盡忠之節，奮起布衣，糾率義旅，訪求帝胄，而尊立之。

然而鄭王秉持大權，黎皇自然不忿，因此多有圖謀。洪福元年（1572），黎英宗不滿鄭松專權，與隨從逃至乂安，鄭松果斷擁立黎世宗，并派宋德位逼殺英宗。鄭松晚年，禍事再起：

> 己未年（1619），王子鄭椿與帝陰謀殺王，按得其狀，王嘆與僚佐曰：“鄭家出危入險，累代尊扶，多有勳勞，今帝不念及功臣之子，而反忍爲若是？”言畢慟哭垂淚，文武臣僚見之者無不感動流涕。是日帝崩，遂監鄭椿於府內，王處危疑之際，以國家自任，謀與文武大臣尊立皇儲黎（注：諱維祺）即皇帝位，紀元永祚（注：是爲神宗淵皇帝），以承大統。

反狀敗露之後，鄭王慨歎“帝不念及功臣之子”，辜負鄭家勳勞，黎敬宗當天即被殺，而鄭椿只是被監禁，後釋放。1623 年，鄭椿再次發兵叛亂，爲鄭松所敗，鄭松隨即去世，鄭梉繼位。胡士揚對這樣的亂事多簡單記述，以無損於鄭王英略。

（二）阮氏割據

鄭檢是阮淦之婿，阮潢是鄭檢的妻弟，在胡士揚抹去阮淦的擁立之功後，阮潢成爲鄭檢的部屬。1558 年，阮潢出鎮順化、廣南地區：

> 王又以端公阮潢有椒房之義，信任一無所疑，乃奏知許以行下順廣二處，納其租税，使無忘厥服。王丁寧告戒，至於再三。阮潢奉命就鎮，遵如明訓，指天地江山以自誓，恩深義重，無有絲毫敢虧。

鄭檢的信任，阮潢的恩義，在此表露無遺。鄭松攻滅莫氏復國，阮潢親來朝賀：

> 夏四月，臣委差重臣，飭駕回清華，奉迎皇上，進御京城，人民喜見天子威儀，九州四海，共樂昇平，宣光則和郡武（注：缺名）傾心臣服，景仰皇風，

順化則端公阮潢入朝拜賀，供納貢賦。王以端公曾無汗馬之勞，第有莩葭之義，示以殊禮，仍奏知皇上加陞右相，預坐廟堂，參議國事，王益加信用，一無疑惑。

阮潢留居昇龍七年，於 1600 年設計南歸順化，"庚子年夏四月，叛臣裴文奎、潘彥、吳廷義等謀反，又有右相阮潢，既促使彼等作亂，因而遁去"，遂有自立之心。阮潢和鄭松尚能顧及舅甥之情，相安無事。鄭阮開戰之後，雙方成爲生死仇敵，1655 年胡士揚記述：

> 乙未年，順廣阮逆乘隙侵擾乂安南河七縣，荼毒方民，累差將士，戰數不利，邊方爲之騷動。

1627 年鄭阮雙方開戰，但胡士揚對此並未詳細記載，卻在 1655 年方記載 "阮逆"，確定阮氏爲逆賊。也就是阮潢爲勳戚，但此時的阮主阮福瀕則爲逆賊，對阮氏一方分階段視之。胡士揚分而論之的態度比較實際，既維護了阮淦和阮潢的勳戚地位和姻親關係以及鄭王在復國戰爭中的權威，又將阮氏子孫置於叛逆行列。內閣官板《大越史記全書》亦對阮潢多有褒揚，卻在 1627 年雙方開戰之時即稱阮氏爲 "賊"，雖與胡士揚的記述不同，但對阮氏分階段記述的原則是一致的。因范公著景治本《大越史記全書》亡佚，尚不知曉以 1627 年分階段對待阮氏是范公著所爲，還是黎僖受胡士揚影響而作。

四、《大越黎朝帝王中興功業實録》的特點和影響

《重刊藍山實録》在《藍山實録》舊本的基礎上編成，根據鄭王的旨意加入了預示黎朝中興的內容，并在最後由胡士揚等史臣附錄了對黎太祖建國設統及仁德的贊許。《大越黎朝帝王中興功業實録》直承《重刊藍山實録》的宗旨，凸顯太祖功績，以體現鄭王中興輔政的合法性。胡士揚等記述莫登庸篡弒到鄭柞、鄭根父子黨政時期的歷史，將莫氏徹底釘上謀逆的恥辱柱上，確定了鄭王尊扶黎氏、中興黎朝的大功，展現了黎鄭一家、聖帝明王的政治模式，同時理清了鄭王與阮潢、阮淦的關係，保持了阮氏父子的勳戚地位，又將其與後世子孫阮福瀕的逆反行爲做了切割。胡士揚對中興黎朝這些重要政治問題均做了解釋和裁定，得到鄭柞、鄭根父子的認可，并以此傳於後世，既成爲鄭王輔政的政治準則，也成爲修史的依據。《大越黎朝帝王中興功業實録》的刊布，體現出書中雖有 "鄭家" 之稱，但鄭王輔政、尊扶黎氏的政治形式不會改變，

也預示鄭氏不會廢黎自立。視此書爲中興黎朝的政治綱領，當不爲過①。

《重刊藍山實録》叙述了黎太祖的功績，成爲後世遵循的政治原則。《大越黎朝帝王中興功業實録》亦步亦趨，也確立了中興黎朝的政治準則。胡士揚雖然對中興黎朝大的政治問題提出了見解，但對於史事記載，則回避闕漏，叙史也很簡略，相關事件亦因而割裂難明。胡士揚多記鄭王書表訓令，以展現鄭王謀略、德行。就史學而言，此書展現了對史體的認識，以及卓越的政治史觀，但叙史則有很大的缺陷。

《重刊藍山實録》和《大越黎朝帝王中興實録》雖然叙述時段相距近百年，但其中的政治史觀卻相互依存，叙史方式也基本相同，二書相互支撑，成爲一個整體。胡士揚在突出黎利正統地位的同時，就中興黎朝的四大政治問題作出闡釋，後世史官皆依此著述，如内閣官板《大越史記全書》、黎貴惇《大越通史》以及阮文喧舊藏《大越史記本紀續編》殘刻本，雖傾向側重不同，但關於中興黎朝歷史的叙史格局與基本觀點均未超出《大越黎朝帝王中興功業實録》的範圍②。

---

① 胡士揚確立的"王皇一體"、"聖帝明王"、"一心尊扶"、"鄭家功德"的政治觀念影響非常大，士人參加黎朝科舉，卻入鄭王之門，士人形成了對鄭氏忠義的觀念，請參看葉少飛《巨變下的安南儒醫命運——以阮嘉璠爲例》（《醫療社會史》第 9 輯，北京：社會科學文獻出版社，2020 年）。
② 請參看葉少飛《内閣官板〈大越史記全書〉與〈大越史記本紀續編〉》，《域外漢籍研究集刊》第 19 輯，北京：中華書局，2020 年。

同文晚唱：同治光緒時期越南朝鮮燕行使臣交流研究[*]

陸小燕

（紅河學院）

1862 年，法國和阮朝簽訂《壬戌和約》之後，逐漸奪取越南南圻六省，設立殖民地，稱"交阯支那"，越南的領土主權遭到極大的損害。阮朝嗣德皇帝面對強敵，一面在國內靖肅匪患，一面派員瞭解外界信息，以應對艱難的局面。此時的同文之國朝鮮亦面臨西方列強的挑釁，1866 年雖短暫擊退了法國和美國的軍事試探，但根本危機並未解除。同治、光緒時期相會於北京的越南、朝鮮使臣交流時局、刺探信息、唱和詩文，成爲即將終結的朝貢時代同文之國的餘音晚唱。

一、宇内慰同文：范熙亮與朝鮮李容肅的交流

嗣德二十二年（同治九年，1870），因從中國竄入越南的流匪被清軍提督馮子材入越剿滅，嗣德帝遣使攜方物致謝。《大南實錄正編》記載：

> 冬十月，遣使如清。以署工部右侍郎兼管翰林院阮有立充正使，光祿寺少卿辦理刑部事務范熙亮充甲副使，侍講領按察使陳文準充乙副使。先是清地股匪吳鯤（自注：一名亞終）竄入高諒，滋擾我國，具文由廣西撫臣遞達清國，大皇帝乃命提督馮子材統率三十一營出關會勦。至是吳匪殞斃，邊事漸清，故命陪臣阮有立等齎表函方物（自注：視貢品加厚），竝馴象（自注：二匹）往謝。[①]

---

* 本文系教育部社科研究基金青年項目《明清時期越南朝鮮燕行使交流研究（15YJC751030）、雲南省哲學社會科學規劃項目（QN2015050）的階段性研究成果。

① 張登桂纂修《大南實錄正編第四紀》卷四十三，《大南實錄》十七，東京：慶應義塾大學，1980年，頁 6616。

此次如清並非例行的入貢，因此特地增加貢品，以示感謝。嗣德帝又命樞密院擬定問答辭以應對清朝官員詢問法國侵略以及馮子材剿匪之事，最後又特別指出：

> 一在使館如遇高麗、日本、琉球使臣，初見宜以同文之誼，往來談叙，以探其情。如該各使臣果有厭洋真情説及這款，宜歷叙始末和款，與答清國官員者略同。仍申説云：西洋諸國專以合縱爲計侵軼我，東方諸國多被其毒。本國與諸貴國均係同文而地遠勢隔，其所以自疆自治之策，請私與執事商之等大意，以觀其言論如何仍記之，另隨宜答復不可深言，免貽別礙。向上各款仿擬如此酬答，如無提及則止。就中話及洋事涉密者儻何處？有要寫出言語小簡，即宜收置，不可畱遺片文隻字或致傳播以防別礙。餘常事應隨事善答，毋張毋屈是可。儻有不必答者則曰：不知，略而過之，以合使體。①

在此危機之時，嗣德帝除了要應對來自清朝對國内形勢的詢問，又迫切地想瞭解朝鮮、日本、琉球這些同文之國，所遭到的西方侵擾以及本國應對情況，但又不能以言語記録，以免洩露傳播，致人生疑。最後嗣德帝又特別交待："專對之責，國體攸關，宜同心協慮以濟實事。"② 范熙亮（1834—1886）在日記中記録了嗣德帝臨行前的諭旨，遠較《大南實録正編》豐富：

> 嗣德二十三年庚午十月二十五日，奉於文明殿拜命辭行。奉宣至上前，諭曰：爾等三人，皆有學問，兹委出疆，凡事當協心商籌，務要得體。途間亦當周咨清國、英、富、俄、衣諸國情頭，回辰具覆。勿如前使部多略，未稱朕懷。馮帥所辦，固多未善，然他爲國辦賊事，中國如有問及，亦當善詞以答，不可訾人之短，似非厚道。……邊事雖有預擬，然隨宜問答，勿可太拘，要得體方善。③

"富"指富浪沙，即法國；"衣"指"衣坡儒"，即西班牙。同治八年，黎峻、阮思僩、黃竝等奉使如清，歸國後奉上《如清日記》，記録了出使見聞以及與朝鮮使臣金有淵、南廷順、趙秉鎬三人的交流④。范熙亮記述嗣德帝的言辭："勿如前使部多略，未稱朕懷"，可見嗣德帝對黎峻等三人帶回來的消息並不滿意。使臣成爲嗣德帝知曉清朝及同文諸國情況的耳目，范熙亮等三人帶着嗣德帝的囑咐踏上了如清之路。

正使阮有立、甲副使范熙亮、已副使陳文準三人中，現在僅見范熙亮留下的《北

---

① 張登桂纂修《大南實録正編第四紀》卷四十三，頁 6617。
② 張登桂纂修《大南實録正編第四紀》卷四十三，頁 6617。
③ 范熙亮《范魚堂北槎日紀》，河内：漢喃研究院藏抄本，藏號 A848。
④ 請參看陸小燕《同治八年越南朝鮮使臣交流初論》，《域外漢籍研究集刊》第 12 輯，北京：中華書局，2015 年。

溟雛羽偶録》詩文集和《范魚堂北槎日紀》。范熙亮除了記録在清朝所見，還特地記録了與朝鮮通事李容肅的交流。1804年清朝封阮福映爲“越南國王”之後，阮朝諸君雖在國内依舊稱帝，對清交往則皆稱“越南國王”，《范魚堂北槎日紀》中記載：“尚書員答揖，恭問我皇上好”①，清朝方面當稱“越南國王”而非“皇上”，可知此本爲奉進嗣德帝的出使記録。《北溟雛羽偶録》漢喃研究院現存兩個抄本，《越南漢文燕行文獻集成》影印了一份128頁的抄本，其中的范熙亮與李容肅交流内容與鄭克孟教授編輯的《韓越使臣唱和詩文》中所載有所差異，後者應該採用的是137頁的另外一個抄本。

在同治九年十月嗣德帝派遣使臣之前，曾先行送文書至廣西説明進貢之事。同治九年（1870）八月甲寅清朝提前就越南遣使一事頒下上諭：

蘇鳳文奏越南國王呈請遣使進貢一摺。越南國王恪守藩封，素稱恭順。此次因該國被匪竄擾，經大兵越境剿辦，次第蕩平。懇請遣使呈進方物及馴象二隻，情詞肫懇，忱悃可嘉，自應准其呈進，俾遂愛戴之忱。著蘇鳳文查照歷届例貢進關之時，酌定日期。一面具奏，一面行令該國王遵照辦理。至該國上次補進丁巳、辛酉、乙丑等年貢物，前已命抵下三届癸酉、丁丑、辛巳等年正貢。兹據該國王懇請賞收，具見至誠。惟朝廷厚往薄來，優待外藩，向遇補進方物，均有留抵之旨。著蘇鳳文傳知該國王，仍遵前旨，留抵下三届正貢，以示體恤。將此諭令知之。②

阮思僩等因太平天國戰亂，數次并貢，清朝再次將貢期明確，即三年一貢。此次越南因事來貢，廣西巡撫蘇鳳文接到越南文書之後即上奏朝廷，雖然貢期未到，“兹據該國王懇請賞收”，但應告知越南國王，仍應按期朝貢。同治十年八月二十三日，范熙亮一行抵達北京，此次並非常規例貢，因已有上諭，清朝方面予以接待，接收了越南的大象等貢物，並在九月三十日進宫見駕，范熙亮記載：

乃就午門前御道左預跪。（自注：貢護諸員跪於南，瞻御道不遠）禮部侍郎跪奏：越南陪臣瞻仰天顔。駕少停。奉大皇帝寄問我皇上安好。叩首謝訖，仰面恭瞻。禮部代奏安好。駕過，起回。午刻，接尚膳遞將羊肉各項餅頒給，具補服拜領。③

---

①范熙亮《范魚堂北槎日紀》，河内：漢喃研究院藏抄本，藏號A848。

②《穆宗實録》卷二百八十九“同治九年八月”下，《清實録》第50册，北京：中華書局，1987年影印本，頁1000。

③范熙亮《范魚堂北槎日紀》，河内：汉喃研究院藏抄本，藏號A848。

范熙亮作《午门行瞻仰禮回館恭紀》，下注"是日駕行冬享禮，分賜羊肉餅食各項"：

> 燭影參差輦道灣，漏聲依約露花間。五雲曉闕開仙杖，萬里微臣識聖顏。豹尾旗飄儀術簡，馬蹄衣展駿奔閑。梯航何幸叨榮寵，大俎餹□特寵頒。①

詩文格律整齊，是常見的使臣見駕謝恩詩。范熙亮觀察很仔細，他在日記中記錄：

> 御轎包以黃布，前道曲柄黃傘一，佩刀及弓騎十餘人後扈，豹尾旗數十而已。王公大臣百官多上馬，餘前後百官皆馬蹄衣，垂手掉臂而行。②

"馬蹄衣"爲滿族遊牧民族服飾，便於騎射，范熙亮寫道"馬蹄衣展駿奔閑"，顯然觀瞻頗佳。又説羊肉餅爲"大俎餹"，印象亦好。《范魚堂北槎日紀》要上奏嗣德皇帝，《北溟雛羽偶録》雖未必一同上奏，但范熙亮能這樣寫，顯然對滿族習俗並不排斥。十月初五越南使臣再次入宮，并觀看了殿試放榜。臨行前嗣德皇帝交待要與同文諸國談叙，九月初五：

> 琉球國二人（自注：一林世忠，一林世功）就館求見，延坐筆問。言係國學生，於同治陸年，蒙入國子監，六人，節次病故，只存二人，明年課滿亦回。衣服如中國，惟不剃髮，束於頂上，串以簪而已。因天晚，未及他問已告退。③

越南使臣和琉球學生沒有能夠深入交談，頗爲遺憾。《北溟雛羽偶録》基本按照時間順序排列，范熙亮有《東朝鮮領曆官李容肅》，下注："字菊人，亦能爲詩。朝鮮每歲冬孟，差官領正朔"，詩云：

> 神京望牖雲，莢曆厭三分。館粲仍爲客，臺緇卻遇君。（自注：衣冠古制）天涯締雅好，宇内慰同文。此後東南海，鴻泥付夙聞。④

這顯然是范熙亮主動贈詩。李容肅獲詩之後，即和詩一首，范熙亮又和，《菊人和詩即疊酬之》，注："菊送詩並楹聯，且言懇録諸作，登之《海内苔岑集》"，詩云：

> 欲雪預飛雲，征衫不日分。鳥聲頻喚友，梅影每思君。詩識三韓秀，書看兩晉文。苔岑曾見説，可爲博新聞。⑤

之後即是《疊甘夢陶詩留柬》，甘夢陶是范熙亮等在廣西認識的朋友，曾在九月初

---

①范熙亮《北溟雛羽偶録》，《越南漢文燕行文獻集成》（越南所藏編）第 21 册，上海：復旦大學出版社，2010 年，頁 82—83。
②范熙亮《范魚堂北槎日紀》，河内：汉喃研究院藏抄本，藏號 A848。
③范熙亮《范魚堂北槎日紀》，河内：汉喃研究院藏抄本，藏號 A848。
④范熙亮《北溟雛羽偶録》，頁 84。
⑤范熙亮《北溟雛羽偶録》，頁 85。

一來訪。范熙亮認識李容肅當在此，按照詩文順序，很可能是范熙亮到了之後，即打聽到朝鮮差官李容肅，贈詩一首，表明客居神京，與李容肅天涯相遇，皆是雅好同文之國，此次相遇之後，東南相隔，惟有鴻雁可通。李容肅獲詩之後，和詩并贈對聯一副，并請求錄范熙亮詩至自己的《海內苔岑集》中。李容肅詩現在沒有發現。范熙亮再次表達了同文相惜，不日分離的感情，對於自己的詩作錄入《海內苔岑集》很是榮幸，但謙虛地表示不過增錄見聞而已。

范熙亮等八月二十三到達北京，九月初一前即已經與李容肅互贈酬唱，積極主動，很可能是爲了在談叙中完成嗣德帝交待的任務。李容肅也確實是范熙亮要瞭解朝鮮洋事的合適人選。李容肅（1818—?），字敬之，號菊人，全州人，譯官，曾多次隨同出使清朝。同治五年（1866），美國商船舍門將軍號（General Sheman）在大同江上游停泊，他以譯官隨同朝廷代表團與美國人談判，美船後被擊沉[1]。同年法國傳教士報告朝鮮禁教情況，法國遂出兵，劫掠一番之後，最終被朝鮮軍民擊退。此即"丙寅洋擾"[2]。

《范魚堂北槎日紀》記載了十月初六越南使臣與李容肅的深入交流：

> 就永盛店局，與朝鮮差官李容肅會。云年例來領年憲書，八月起行，十月朔方到。問以洋事，答以今夏咪唎國船來求通商，相持數月，彼知無法，揚去。問咪唎是否英吉利？曰道光十年，稱美人者，船來該國，經奏天朝，飭兩廣督總嚴斥，使英人無得再擾，奈四五年，或稱英，或稱法，迭來留該國西海，泛稱通商，已屢與申說，亦漠不聞，可怪可恨，雖蒙天朝嚴禁，終難遏其狠毒，此實天爲之，亦待上蒼回心而已。問該官制、試法，言官有九品，内有六部，外八道巡察，使爲文官，節度使爲武官；文科三年一比，詩賦策論三塲，武試弓馬兵書。問入京里路，言三千餘里，皆旱路。茶後，各回。[3]

李容肅往年八月出發，十月初到，但這一年明顯早來，1871 年因美將鏤斐迪與羅傑斯率軍攻打朝鮮被擊退的"丁未洋擾"剛剛結束[4]，李容肅在國內時很可能參與了與美國的談判和交涉。《范魚堂北槎日紀》所載范熙亮整理之後的記錄，美國和法國雖被朝鮮擊退，但屢次要求通商，"雖蒙天朝嚴禁，終難遏其狠毒，此實天爲之，亦待上

①董文渙編著，李豫、崔永禧輯校《韓客詩存》，北京：書目文獻出版社，1996 年，頁 24。

②曹中屏《朝鮮近代史 1863—1919》，北京：東方出版社，1993 年，頁 18—21。

③范熙亮《范魚堂北槎日紀》，河内：汉喃研究院藏抄本，藏號 A848。

④參看陸小燕《1871 年朝鮮使臣的北京影像》，載何華珍、阮俊強主編《東亞漢籍與越南漢喃古辭書研究》，北京：中國社會科學出版社，2017 年，頁 448—457。

蒼回心而已”，對此清朝並不能禁絕外國的通商要求，李容肅亦無可奈何。《海客詩鈔》錄入李容肅《消夏雜感》，其中一首云：

> 檐溜淋漓曉又聞，悶憂真欲去披雲。天心未必空如此，一洗江都積醜氛。（自注：去年洋夷來擾，迫切憤愧。）①

可知此詩當作於“丙寅洋擾”後一年，即寫法美入侵之事，足見李容肅之憤慨。“丁未洋擾”再被擊退，因此李容肅尚有心思與中、越人士酬唱交流。李容肅身爲通事，可以用漢語交流，多次赴清，與中國士人往還不已。董文煥記載同治十年（1871）：

> 十月
>
> 十一　晴。巳刻同綏丈、誼老邀朝鮮李菊人、王蓮生、陳逸山、香濤飲傒慶堂，晡時客散游廠肆。
>
> 十九　晴，大風竟日。夕，海客李菊人餽高麗紬一疋，索書屏幅十餘件，抄錄《鄭圃隱詩》一册。
>
> 十一月
>
> 初一　晴，大風。書抵仲復函。寄詩一部，又《咏樓盍集叙》一紙。爲海客評詩卷，各書數語，卷首不無溢美之詞。（自注：梅隱、吉雲、菊人、小棠、典叔、仲深）六朝鮮人詩卷。
>
> 十一　晴。海客李菊人索瓛齋復函、六子詩評並屏幅八條去。②

李容肅活動積極，亦可能引薦范熙亮參加中國官員和朝鮮使臣的集會。范熙亮有《出京留東朝鮮李容肅、長白述堂、湖北委員伍學熙繼勛之子》，詩云：

> 天安門外即人間，暗柳丹楓望盡殷。故國路從駟駕穩，知交愁繫鳥聲□。最難一話投機樂，卻爲多情抵處開。若個帝城分袂後，相思兩地到頮顏。（自注：四疊病中苦兩韻）③

“長白述堂”疑爲《龍首山志》中的曾振先，號述堂④。《范魚堂北槎日紀》記載：“（十月）二十二日，湖北委員伍學熙（短送伍繼員之子），因拜問入都就館，談話寒暄而退”⑤，范熙亮留東當在二十二日之後。范熙亮又有《口占贈朝鮮李容肅》，

---

①董文煥編著，李豫、崔永禧輯校《韓客詩存》，頁33—34。
②董文煥《〈硯橋山房日記〉手稿中朝鮮人資料》，載《韓客詩存》，頁348。
③范熙亮《北溟雛羽偶録》，頁86—87。
④劉衛華《鐵嶺龍首山志》，鐵嶺市政協文史和學習委員會編《鐵嶺文史資料》第22輯，1993年。
⑤范熙亮《范魚堂北槎日紀》，河内：汉喃研究院藏抄本，藏號A848。

下注："菊人亦以後數日歸東。"詩云：

> 旅館萊甌柳影斜，行人次第各驅車。此情尚訂天邊月，海隔東南自一家。[1]

但另外一個刻本題目下注爲："菊人亦以後數日歸東，邀就參店賦別"[2]，很可能就在前面述及的"永盛店局"。《范魚堂北槎日紀》和《北溟雛羽偶錄》皆未記載此次在參店會面之事。第一次是范熙亮等"就永盛店局，與朝鮮差官李容肅會"，第二次則是李容肅"邀就參店賦別"，顯然兩次皆是李容肅主動邀請。朝鮮使臣每年均來華，收集了很多關於清朝和周邊國家的情報，法國進攻越南，嗣德帝雖然盡力遮掩，但畢竟是大事，朝鮮使臣應該已經從其他渠道知曉部分，因此李容肅積極會面，在談叙之時探聽越南對洋擾的措置。但范熙亮在出發前，樞密院已經設定措辭應對，李容肅應該沒有獲得更多的消息。

李容肅"云年例來領年憲書，八月起行，十月朔方到"，領曆書之事由譯官完成，朝鮮沒有就此事另外再派官員。同治九年閏十月二十五日，冬至正使姜㳆、副使徐相鼎、書狀官權膺善辭陛使清，路程兩個月，要在十二月底纔能抵達北京。范熙亮一行已於十一月十日離開北京返程，没有機會再與朝鮮使臣進行交流。

二、玉帛何年事：阮述題詠《海客琴樽圖》

越南雖然面對法國的步步緊逼，但嗣德帝仍希望以本國力量解決外患，因此在太平天國戰爭後雖然恢復對清朝貢，但自 1869 年以來的五次貢使均未就法國侵略其地之事向清廷正面求援，而只是讓如清使臣暗地查訪打探清廷動向，遮掩越南國內的情況，并探聽其他同文各國應對英、法等西方各國侵略的情形與策略。越南經過兩次西貢條約，南圻六省已經完全被法國人所侵佔，雖暫爲安定，但北圻各地大小叛亂層出不窮。1874 年《法越同盟條約》簽訂，法國自此開始謀劃越南全境并替代清朝在越南的地位，越南並不甘心束手就擒，積極尋找應對之法，清朝亦開始回應反擊法國的行爲。嗣德三十三年（1880）貢期又到，阮朝再次遣使朝貢，《大南實錄正編》記載：

> 遣使如清歲貢，吏部右侍郎充辦閣務阮述改授禮部銜充正使，侍讀學士充史館纂修陳慶涑改授鴻臚寺卿，兵部郎中阮懽改授侍讀學士充甲乙副使。述臨行，

①范熙亮《北溟雛羽偶錄》，頁 87。
②仁荷大學韓國學研究所、越南漢喃研究院共同編輯《韓越使臣唱和詩文》，首爾：仁荷大學出版社，2013 年，頁 297。

帝製詩并遠行歌，御書以賜之。①

"帝製詩并遠行歌，御書以賜之"，顯然對阮述北使寄予厚望。阮述"奉賜詩章，恭和元韻"：

> 駟駱重行行，那堪萬里情。侍書辭玉案，捧節出承明。燕薊星辰遠，關河秋
> 氣清。瞻回南極夜，心共片雲縈。山河千古定，舊好一朝伸。禮以衣裳重，人從
> 翰墨親。詢咨誰補闕，宵旰久勞神。最憶巒坡上，經年遠笑顰。計及歸家日，期
> 彈報國心。窺行添睿製，拜教佩綸音。雅咱周庭樂，風依舜陛琴。馱征依靡及，
> 責重更恩深。②

阮述奉和詩極爲工整，"詢咨誰補闕，宵旰久勞神。最憶巒坡上，經年遠笑顰"寫出了嗣德帝詢問國事、爲國操勞、經年心憂的形象。嗣德帝自即位以來，外患内憂不斷，本人又極爲勤政，面對國事艱辛，當確如阮述所言。阮述"計及歸家日，期彈報國心"，以爲君父分憂。此時形勢尚未完全崩潰，中、法、越尚寄希望於談判解決問題，因此嗣德帝君臣仍有心思酬唱。阮述北使途中，一路題詠，與中國官員士人也多有交遊，其北使詩作《每懷吟草》最後由中國"賜進士出身、記名御史翰林院編修長沙陳啟泰"撰序。

《清德宗實錄》光緒七年（1881）六月丁巳記載："賞越南國王暨陪臣行人等緞匹、筆墨、銀兩如例"，六月戊午："越南國使臣阮述等三人於神武門外瞻覲。"③ 阮述等順利完成了朝貢任務。阮述在北京交遊極广，其中就有晚清大學者王先謙。阮述在中國友人的帶領下與清朝士人往還，見到了一幅描繪中朝友人交流的圖畫，作詩并序：

工部郎中王應孚宅上題《海客琴樽圖》

> 王字信甫，直隸河間人，拔貢出身，與護貢張桐熙爲同誼。道光元年間，朝
> 鮮使臣李藕朝貢燕京，與諸文人宴集。都人繪爲《海客琴樽圖》，寫中外人物服制
> 及琴樽遊宴，甚覺工緻。户部主事莊心和家藏是圖，是日於信甫宅上出以观客。
> 辰有内閣侍講劉淮焴，翰林編修慕子荷在坐，使詠其事，因題小詩。④

"朝鮮使臣李藕"當爲李藕船，名李尚迪（1803—1865），是朝鮮通事，即譯官，並未擔任過使臣。李尚迪道光九年（1829）第一次赴清，先後十二次來華，因其漢語

①張登桂纂修《大南實録正編第四紀》卷六十三，《大南實録》十八，頁7073。
②阮述《每懷吟草》，《越南漢文燕行文獻集成》（越南所藏編）第23冊，頁11—12。下同。
③《德宗實録》卷一百三十一"光緒七年六月"，《清實録》第53冊，頁896。
④阮述《每懷吟草》，頁113—114。

嫻熟，與中國人士交遊極廣①。道光十七年（1837）李尚迪來華與張曜孫等人在吳廷
鉁家雅集，吳廷鉁應張曜孫之請，繪製了一幅《海客琴樽圖》②，此圖應該保存在張曜
孫手中。道光二十五年（1845），李尚迪再次來華，與張曜孫等清朝士人舉行了一次雅
集，與會者共有十八人，吳廷鉁又繪了《海客琴樽二圖》，李尚迪説：

> 入畫者：比部吳偉卿、明府張中遠，中翰潘順之、補之及玉泉三昆仲，宮贊
> 趙伯厚、編修馮景亭、莊衛生，吏部姚湘坡、工部汪鑒齋、明經張石州、孝廉周
> 席山、黃子幹，侍御陳頌南、曹艮甫，上舍章仲甘、吳冠英。冠英畫之，共余爲
> 十八人也。③

張中遠即張曜孫。兩年後，没有參加雅集的葉名澧（1811—1859）被張曜孫要求
爲圖做詩：

> 海客朝鮮李藕船琴尊圖爲張仲遠大令（曜孫）題并序
>
> 海客者，朝鮮使臣李尚迪藕船也。圖作於道光二十五年乙巳正月二十日，會
> 者凡十有八人。仲遠時將之官武昌，閲二年，寄圖索詩。
>
> 卿雲麗曦曜，絿緵荒陬同。故人海上至，邂逅欣相從。舉觶復援斡，聊慰飢
> 渴衷。日月不恒處，歡愛難久蹤。明晨隔川嶽，歧路多悲風。成言信難渝，令德
> 無異崇。楊柳覆賓館，星紀將云終。眷言列坐侶，寥廓猶萍蓬。掩卷憶江漢，翹
> 首歸飛鴻。④

葉名澧言“圖作於道光二十五年”、“寄圖索詩”，吳廷鉁所繪《海客琴樽二圖》
應該首先保存在張曜孫手中。阮述序中所言“户部主事莊心和家藏是圖”，《海客琴樽
二圖》中的“莊衛生”名莊壽祺（1810—1866），又號蕙生，道光十九年（1839）舉
人、道光二十年（1840）進士，殿試二甲二名，官任翰林院庶起士、授編修、任起居
注協修。道光十七年繪製《海客琴樽圖》時，莊壽祺尚未中舉，應該没有機會參加。
莊氏族譜中僅記載莊壽祺一子莊怡孫（1831—1878），字心吉，刑部候補郎中、廣西司

---

① 參看孫衛國《清道咸時期中朝學人之交誼——以張曜孫與李尚迪之交往爲中心》，《南開學報》
　2014 年第 5 期；徐雁平《玉溝春水鴨江波——朝鮮詩人李尚迪與清國紋飾交往研究》，載張伯偉編
　《風起雲揚——首屆南京大學域外漢籍研究國際學術研討會論文集》，北京：中華書局，2009 年。
② 孫衛國《清道咸時期中朝學人之交誼——以張曜孫與李尚迪之交往爲中心》，《南開學報》2014 年
　第 5 期。
③ 李尚迪《恩誦堂集》卷九《追題海客琴尊圖第二圖二十韻》，《韓國文集叢刊》第 312 册，漢城：
　民族文化推進會，2003 年，頁 200。
④ 董文涣編著，李豫、崔永禧輯校《韓客詩存》，頁 104—105。

貴州司行走兼督榷所司務廳事總辦①。"户部主事莊心和"可能是"莊心吉"之誤。應該是同治二年（1863）張曜孫去世之後，《海客琴樽二圖》爲莊壽祺所藏，又傳給其子莊怡孫。"道光元年間"中的"元"應爲誤書。當是莊怡孫希望繼續父親與海外士人的詩文友誼，知曉越南使臣阮述到來，因此攜帶《海客琴樽二圖》到工部郎中王應孚宅上展示，阮述慨然作詩：

> 是誰称海客？我亦忘機翁。玉帛何年事？琴樽此日同。龍池千樹畔，鴨綠片帆東。安得荆關筆，重留雪爪鴻。②

"玉帛何年事？琴樽此日同"道盡了阮述的感慨，及對中朝士人雅集的嚮往。朝鮮的洋擾事件阮述在越南亦有知曉，故而感歎道光年間的風雅已如流風。雖然感慨"是誰称海客？我亦忘機翁"，但此來所負君命與艱難國事實難令人陶然忘機。當時在座的劉漼煕有詩相贈，阮述作《次韻留別内閣侍讀劉漼煕》：

> 字星岑，進士出身，遇於王信甫宅上，倩書摺扇，翌日又以詩送別，因次韻留贈四首。

> 瓊島秋雲接太行，長途絲柳縮輕裝。西園猶憶題襟處，攜得薇風滿袖香。
> 畫屏醉墨尚淋漓，海外才名上國知。慚謝澹雲微雨句，楊芬恐負阮亭詩。
> （昨日同觀《海客琴樽圖》，僭題數語，來詩謬爲稱許，故及之。）
> 紅藥高吟紫禁春，西清詞藻鬥紛綸。輞川雅集多名士，談塵新添海外臣。
> 安得琴樽重往還，丹青妙筆借荆關。天涯宜作懷人夢，飛到蓬萊第一山。③

"雅集"爲古代文人吟詠怡情之盛會，"西園雅集"則爲雅集之盛，與蘭亭雅集比肩，歷來傳爲千古佳話。西園爲北宋駙馬都尉王詵的宅第花園。宋神宗元豐初，王詵邀當代名士在此遊園聚會，會後由李公麟作《西園雅集圖》，文章人物極一時之盛。阮述在王應孚宅參與的聚會有多少人參加已不可考，面對《海客琴樽圖》，想見當年中朝士人詩文唱和之盛況。

阮述才情極佳，謝靈運和謝朓擅寫"紅藥"，"西清辭藻"當來自北宋蔡絛《西清詩話》，"輞川雅集"指王維之集會，皆是中國古代詩酒風流之典故。"畫屏醉墨尚淋漓，海外才名上國知"，顯然阮述對李尚迪揚名中國心生羨慕，但此次"輞川雅集多名

---

① 丁蓉《科舉、教育與家族：明清常州莊氏家族研究》，華東師範大學 2012 年博士論文，頁 43。
② 阮述《每懷吟草》，頁 114。
③ 阮述《每懷吟草》，頁 115—116。

士，談塵新添海外臣"，自己能參與其中，亦是心生快意。同爲海外之臣，"天涯宜作懷人夢，飛到蓬萊第一山"，阮述對李尙迪之風采心嚮往之。

八月初六日阮述作《出京》詩，當在此日離開北京返程。阮述此次來華，是越南最後一次向中國派出朝貢使團，是中越朝貢關係的絶響。隨後越南問題陷入僵局，法國態度日趨强硬，嗣德三十五年（1883），阮朝以范愼通爲正使、阮述爲副使赴淸求救，但大勢已去，隨後中法戰爭爆發，越南淪爲法國的保護國①。此時的朝鮮逐漸打開國門，在1894年李承純爲首的進賀兼謝恩使執行了最後一次對淸朝貢。在阮述之後，朝鮮和越南使臣已經没有機會再進行同文交流了。

三、結語：文章通氣誼，雲天渺相隔

同治光緒時期淸朝通過洋務運動，迎來了"中興"，在1885年中法戰爭之前，"中興"氣象亦蔚爲大觀。此時越南艱難抵抗法國的步步緊逼，嗣德帝在謀劃自我解決的同時，又積極向淸朝派出使團以備最後形勢崩壞之用。朝鮮在"洋擾"之後，由淸朝逐漸引導實施開放政策，在新形勢下繼續與淸朝的傳統朝貢關係。范熙亮和李容肅的交往，阮述題《海客琴樽圖》正是在淸、越、朝三國形勢尚能維持的情況下進行的，李容肅來請領曆書，范熙亮則是因淸朝幫助剿平匪患謝恩進貢，阮述是常規朝貢，三人來華均是朝貢體系下的官方常態行爲。

儘管面臨巨大的外部危機，但就身處其中的當時人而言，形勢既未徹底崩壞，且又有淸朝作爲後盾，"存亡字小"的意識在淸、越、朝三國歷史中均留下深刻的烙印②。巨大的歷史慣性使得朝貢關係在淸朝被西方列强打開國門之後，仍然繼續運轉。

漢字在朝貢體系中既是通用文字，也成爲優越的資源。精通漢字及漢文經典的朝貢使臣在北京可以從容應對朝貢國的各項要求，瞭解相關事務，亦可憑此展現本國的文明程度，同時刺探對方的相關信息。儘管朝鮮、越南使臣在交往中不斷表現出共爲同文之國的歡樂，他鄉遇知己的欣喜，揚名異國的渴望，但政治上的疏離則愈發明顯。淸、朝、越彼此在政治上均相互防範，眞實情況並不輕易宣之於人。朝鮮、越南使臣交流時對本國受到的西方國家壓力遮遮掩掩，又隱秘刺探，而在緊要處則能以嫺熟的

---

① 參看陳荆和編注《阮述〈往津日記〉》，香港：香港中文大學出版社，1980年。
② 參看馬克·曼考爾《淸代朝貢制度新解·中國的朝貢觀念及其在國外的認同》，載費正淸主編，杜繼東譯《中國的世界秩序》，北京：中國社會科學出版社，2010年，頁58—65。

漢字典籍能力化解對方的詢問。如此情況下，身負嗣德帝探查同文之國情況的使臣只能得到一些大而化之的信息。

與朝貢體系伴生的儒家語言體系發揮了巨大的功用，而政治上的疏遠，又使得朝越使臣在文化上顯示得愈發親近，共通的漢籍資源使得使臣可以輕鬆應對各種文化場面。詩文唱和、文人雅集是常見套路，以此增進瞭解，加深友誼，所有的實際目的和心理均掩藏在華麗的辭藻和文化的沉醉之中。外患到來之前，詩文在朝貢關係中扮演了重要的角色，爲使臣和本國帶來巨大的榮譽和自豪。然而在近代西方列強巨大的危機之下，詩文雖仍是使臣交往的利器，卻是務實交往的阻礙，極大地阻滯了士人對時局和國家形勢的探討與認識。

光緒七年八月六日，阮述作《出京》一首：

> 驂從整輕裝，朝發城南陌。久住喜得歸，臨歧翻不懌。回首九重天，宸居儼咫尺。佳氣鬱瀛臺，微波静太液。玉蝀與金鰲，游蹤尚歷歷。愧我非膚使，逢人佇問伯。冠蓋集西園，圖書耀東壁。文章通氣誼，結交忘形跡。良會能幾何，雲天渺相隔。桑乾訪古渡，露染兼葭白。離緒千萬端，秋容更蕭慼。惟有西山青，一路伴歸客。[1]

京師、皇城、雅集、圖書，“文章通氣誼，結交忘形跡”，士人的唱和往來歷歷在目。“良會能幾何，雲天渺相隔”，從此使臣歸國，恐後會無期。這既是阮述與清朝士人交往的寫照，恐亦是題詠《海客琴樽圖》時的心跡。嗣德三十五年（1883）阮述再赴清朝，卻爲求援而來，眼見國家淪喪，河山破碎。阮述《出京》一詩是朝貢體系下中、越、朝三國士人交往的真實寫照和總結，亦是越南、朝鮮使臣交流的絕唱與心聲。

中法戰爭後，法軍佔領北圻，范熙亮招募義軍抵抗，1886 年被暗殺於寧平省[2]。阮述返國之後，繼續效忠王室，法國在中部成立“安南王國”保留阮朝朝廷，阮述即與法國殖民政府合作。阮述卒年不詳，成泰二年（1900）時任清化省總督的阮述上奏科舉事宜，次年清化省士紳將奏章刻立成碑（見附圖）。成泰四年上《請辭陞授協辦大學士銜疏》[3]。《清史稿》記載李容肅在清朝協助朝鮮開放的過程中積極奔走[4]。同光時期在北京交流的越南、朝鮮使臣紛紛走進了本國近代歷史的狂潮。

①阮述《每懷吟草》，頁 117。
②鄭克孟《越南名人字號詞典》，河內：社會科學出版社，2012 年，頁 344。
③阮述《荷亭文抄》，河內：漢喃研究院藏抄本，藏號 VHv2359.
④《清史稿》卷五百二十六《屬國一》，北京：中華書局，1977 年，頁 14598—14599。

中法戰争之後，中國主動終結與越南的朝貢關係，法國以“保護國”代替之前的“朝貢國”。中日甲午戰争清朝戰敗，日本佔領朝鮮，清朝與朝鮮的朝貢關係徹底終結。同爲儒家文化圈國家的朝貢國越南和朝鮮在本國被强大外力控制之後，被動結束了朝貢關係①。越南和朝鮮使臣的詩文交流，終究隨着朝貢體系的衰落和本國形勢的崩潰走向終結。

附圖一：清化省成泰二年阮述
奏議，成泰三年造立

附圖二：阮述碑碑亭

---

① 之所以如此論述，在於朝鮮、越南之外，尚有泰國、緬甸、老撾等國家亦是清朝的朝貢國，但既非儒家文化圈國家，亦非同文之國，其與清朝的朝貢關係與朝鮮、越南又有不小的差別。

法 Henri Oger《安南人的技術》之編製及學術視野

毛文芳、潘青皇①

（中正大學）

一、緒論：一套重新編印之越南漢籍圖册

2009 年越南河内重新編印出版 Henri Oger《安南人的技術》，這是一套非常特別的漢籍圖册，有幸購得，遂引發近來關注近世圖像文化的筆者極大興趣②。以下先簡介這套圖籍。

封面爲左紅右灰配色，左側紅底白線的圖版選自畫册中，右側灰色部分爲出版訊息，由上往下共有七行橫書文字，第一行爲作者姓名 Henri Oger，第二行爲法文題名 "*Technique du peuple Annamite*"（安南人的技術），第三行爲英文題名 "*Mechanics and Crafts of the Annamites*"（安南人的機械與工藝），第四行爲越語題名 "*Kỹ thuật của người An Nam*"（安南人的技術）。前四行爲作者與書名。接下來第五行爲法文小字 "Première édition 1909"（1909 年初版），底部第六至七行爲法／越文 'Edition 2009／Chủ biên（主編）：Olivier Tessier & Philippe Le Failler（兩位主編姓名），文字的左右兩側共有四個合作機構的標誌。見圖 1。

---

① 本文於 "目前研究概況" 一節執筆、畫册喃文之標音譯解、《安南人的技術》導論册之部分文字越譯等基礎工作，悉由本人指導碩士畢業之越籍博士生潘青皇承擔，以成此共同研究成果，特此説明。

② 2015 年，筆者透過當時擔任本人研究助理越籍青年潘青皇博士生返越於河内購得此書，唯筆者初習越南漢學，相關素養薄弱，幸有青皇協助共學。特別感謝南京大學域外漢籍研究所張伯偉教授惠賜良機參與盛會，遂不揣淺陋，提出初步研究心得，懇祈四方專家不吝賜正。

本套書共有三册，第一册爲導論册，第二、三册爲畫册。導論册扉頁依序出現同
於封面二至四行法、英、越三行書名。次頁上下依序爲作者姓名、三語書名、英越二
語譯者姓名與出版機構。之後，則同樣内容依序爲法、英、越三種語言的導論（法語
爲原文，英、越二語爲譯文）。導論是幫助讀者全面理解這套圖籍的重要鎖鑰，兹簡介
譯自法文原稿之英譯導論部分，首頁行文樣式依序排列（中譯）如下：

> 《安南人的機械與工藝》研究的總體介紹
> 關於安南人的物質文化藝術和工業的評論
> By
> Henri Oger
> （Edition original on 1909）
> 新版和介紹
> Olivier Tessier & Philippe Le Failler
> 法國遠東學院（École française d'Extrême-Orient）
> Sheppard Ferguson 譯自法文
> 三册
> 三種語言的文本卷和由 700 幅手繪、圖解與雕刻圖版組成的對開圖册
> HANOI 2009

導論册編撰内容，包含的項目以 * 標示如下：

* "榮譽委員會的前言"（計 1 頁）

這套畫册由四個機構共同出版，并由一些官員組成榮譽委員會。此章開篇即標出
四人姓名與職銜：

H. E. Mr. François BILTGEN 盧森堡大公國高教與研究文化部部長

H. E. Mr. Herre BOLOT 法國駐越南社會主義共和國大使

Mr. Jos SCHELLAARS 荷蘭駐胡志明市領事館領事

Mr. BÙI Xuân Đức 胡志明市國家圖書總館館長

* "謝志"（計 1 頁）

* "敬告讀者"（計 2 頁）

* "本卷使用章節腳本的説明" by Nguyễn Văn Nguyện（計 3 頁）

* 《越南技術的先鋒：Henri Oger》 by Pierre Huard（計 2 頁）

這是 1970 年 Pierre Huard 發表於學報的一篇專文，作者引注感謝該文因得到國家
檔案館海外分館館長 M. C. Laroche 提供 Oger 的官方檔案而寫成。

* "引論" by Olivier Tessier & Philippe le Failler（計 17 頁）

* 1909 年 Henri Oger 舊作（計 23 頁）

此爲 Henri Oger 針對《安南人的技術》所作研究的總體介紹，正文前包括：舊版書影、首頁致謝、畫冊的四大分類、緒言（包括方法、圖像、成品與出版等段落）。之後便是 Oger 針對安南國手工業以一種新的表列次序進行的總體介紹。

＊“圖版索引”（計 27 頁）

題下有一行 Oger 按語：1908 年河內出版之 15 卷圖版（700 頁已出版，400 頁未出版，共有 4200 幅圖繪，按：Oger 按語 1908 年出版疑 1909 年之誤）

＊“15 卷圖版綜合目録”（計 4 頁）

題下 Oger 注解：此綜合目録共有 45 個文本群和技術性語彙依據被建構的四大類次序排列。

二、《安南人的技術》之編者與成書[①]

（一）關於編者 Henri Oger

1883 年中法戰爭。1884 年簽訂《中法會議簡明條約》，次年《中法新約》，中國放棄領屬權，越南成爲法國保護國。法國佔領越南、柬埔寨、寮國後，1887 年（同慶二年）合併三地爲“印度支那聯邦政府”，1899 年（成泰十一年）在河內成立法國遠東學院，對印支古代文化，如高棉、占婆的研究都有所成就。越南雖然無法避免階層化、剝削、掠奪等殖民國命運，但也有不同於傳統的新變，如在文化政策方面，當時民衆仍廣受私塾教育，殖民政府於 1906 年（成泰十八年）起在鄉村大力推行小學教育，以越南語授課，傳授新知。1910 年代，廢除科舉。殖民政府進行東方學研究，自 1887—1945 年，法屬將近六十年，越南政治、經濟、社會、文化起了很大變化。

Henri-Joseph Oger（1885—1942?），1885 年生於法國 Monrevault，1905 年取得大學學位（主修拉丁、希臘、哲學）。之後，他個人請求前往越南河內進行兩年（1908—1909）完整的軍事服務，1909 年在 25 位學生中以第四名成績畢業於他注册就讀的殖民地學校（École Coloniale）。1910 年，他以學生身份被指派爲法屬印度支

---

①筆者對於 Henri Oger 其人其書的認知，拜賜於 2009 年河內重新編印出版此書，拙文的論述來源悉得自該書導論册相關研究篇章之英譯與越譯兩大部分之閲讀與尋繹。筆者在閲讀、理解及撰稿過程中，有賴潘青皇、盧詮、侯汶尚、林文儒等研究助理協助英譯、越譯、資料查詢與文獻整理，於此一併銘謝。

那殖民地的行政官員，後升爲第五班班長。Oger 赴越之際，時序剛進入 21 世紀，北坼淪爲法國殖民地約有二十年，幾乎相當於 Oger 的年齡。1907 年的維新運動纔剛起步瞬被消滅，1908 年新一波的運動正在醞釀興起。大約 700 萬農民勉強務農糊口，生活艱辛，河內北坼首府，只有爲數不多的城市居民從事手工業與買賣，許多工匠由農民轉業而來尋求營生之道。Oger 於 1912、1914 年兩度返法，據説他被視爲十分博學又得到安南語言與漢字認證並受過完整訓練的人才。後因戰爭之故，暫時脱離研究工作，開始飄盪生涯，1916 年被迫返回越南。及至 1919 年，因爲生病住院及過重的工作負擔而返回法國，1922 年正式於公職上退休。他累積了兩年的軍事經驗，還有十年的服務。由此可知，他在越南共計兩年的軍旅生涯（1907—1909）以及十年的公職服務（1910—1920）。1932 年之後住在西班牙巴塞羅納，約於 1942 年左右逝世。

（二）編撰動機與製印過程

如前所述，Oger 由法國志願赴越從軍。作爲法蘭西學院的學生，他於 1907 年被殖民地政府派往河內的北坼履行義務，當時的任務爲研究安南的家庭。1908—1909 年，他在河內進行文獻收集與深入考察，Oger 可以看到許多載録越南多樣事物的字典或工具書，但事實上，顯現越南民族的實際調查零散，信息亦相對稀少，他必需自行設計民族學的考察模式。

1908 年，Oger 雇用一批畫家，合作畫家究竟是誰？個別身份有待細考。Oger 爲畫家們擬好提問大綱，這個大綱同時也提交給受訪安南人。他們在一年内走遍作坊、商鋪，對於各種機具提出包含尺寸、名稱、材質、用法等問題，受訪人給予考察人員各種機具名稱及用法示範。畫家在訪查現場進行即時速寫客觀紀録，並準確描述各個細節，再給當地人檢視，以互動方式進行校正、解釋與補充，之後是專業術語和各圖的簡要解説。他們走訪河內 36 條街道以及周邊鄉村，以考察百姓日用，包括物質生活、生産方式和文化習俗。他們幾乎覆蓋性地記録了河內的街道百態、公共生活、經濟交換與工業活動。這個由 Oger 率領的越南畫工調查隊，以一年時間共完成 4200 幅畫稿，他近距離接觸被繪入畫册的安南人民，並與百工頻繁互動，充分體認越南工匠們在經濟發展過程中所承擔之不可忽視的角色。

怎麼呈現？超過四千幅的手繪圖稿，以及各圖包含器具、手工藝、民俗、習尚等語彙及解説文字，當時未得到官方資助出版，河內也沒有一間刻坊願意印行。他並未放棄，得到兩位善心人士捐助 200 元作爲出版頭筆資金，他先後在 Hàng Gai、Vũ

Thạch 的寺廟設了兩個工作坊，雇用包括畫工與雕匠（多爲農民）在内的 30 人團隊，進行系列工作。最初，畫工在 Oger 的規劃與指揮下分批進行田野調查，將所見繪成畫稿，採訪者（包括 Oger）標記序號並題寫漢字/喃文，再逐圖寫成解説文字。之後，由匠人根據圖文原稿以木雕刻版。刻本完成時正值炎然夏季，印刷過程遇到困難，北圻夏日濕氣重，畫稿製成的大批雕刻木板因爲受潮質地變軟、扭曲變形，無法放入鐵製的機器中進行壓製印刷，迫使 Oger 必需回頭使用安南人由中國習得的傳統木刻印刷法，以特別需求的大尺寸，取靠近河内的柚子村（Làng Bưởi）當地製造增加保存品質的 Gió 紙，提供 Oger 團隊使用，工匠再以手工方式將沾墨的雕版一一拓印在特製的 Gió 紙上，克服印刷的問題。

初版印製使用傳統木刻技術，並以安南特製紙張進行印刷，由於未曾作過大尺寸的紙張，造紙工具粗糙，儘管速度緩慢，但版面清晰，效果樸拙，使該套書富有濃厚的安南色彩。

<h2 style="text-align:center">（三）調查成果不受重視</h2>

Oger 於 1910 年開始於殖民地的公職生涯爲融入政府習性十分艱辛，學者於越南國家資料儲存中心、艾克斯普羅旺斯海外資料儲存中心等處查詢其相關資料，發現頗有矛盾之處。透過評分表，Oger 在東洋表現出很好的工作能力，但 1911 年第二次到東洋，雖工作經常受到贊揚，但也出現他因專注研究疏略行政工作而遭受批評的紀錄。紀錄顯示，1914 年他以怠忽職守之由被遣送回法，這種批評對他的研究帶來負面影響。另外，Oger 涉及某項宣傳引發殖民政府反感，1918 年被政府組成的調查委員會調查。返法後，他有一篇關於“大家的家庭”一文刊登在《東洋雜志》，亦引發爭議，這些經歷似與其編繪《安南人的技術》之受輕忽不無關聯。

Oger 當時還年輕，這份研究計劃完成後，僅被視爲工作報告，政府當局從未認真看待，因而未能獲得任何機構的青睞。Oger 並未失去信心，認知這份研究（圖像及注釋）是東洋物質辭典的架構，得到機會於河内的東洋雜志《北圻將來》（*Avenir Du Tonkin*）刊登，1908 年第 77—82 期（3 月 15 日至 5 月 30 日），僅刊登 6 期便終止。原因似乎認爲 Oger 漫不經心，只有作品載於公報的熱情，專業度似不足。雜志總編輯表示：作者惜未得到科學機構如東方語言專門學校的幫助，認識安南這個國家。……云云。當時的東方語言專門學校是指於 1914 年在穩固的社會背景下成立的國家東方語言學校和法國遠東學院，成立之始對尋找知識的 Oger 或之後的 Malraux 等人皆不持有寬容心態。在此狀況下，這本書只能基於個人意願及挑戰力爭出版，Oger 捐募號召的自我贊揚，被反對者視爲欺瞞與作假，外界對 Oger 懷有蔑視的眼光，這是該書第一次出版數量很少的理由。

遺憾的是，該書出版時未標注確切的出版日期，亦未留下任何出版信息，沒有任何一個複本被國家機構正式收藏，法國國家圖書館也未見任何複本，現今東洋各圖書館亦幾乎沒有正式著錄。所幸越南政府有了兩個藏本，如今纔得以拍照方式重新認識這項偉大的成果。

（四） 同調師友與先驅

儘管如此，Oger 仍有同道師友與先驅。Oger 的老師 Jean Ajalbert 是一位記者、律師，充滿才華與正義感，是《人權、社會問題年鑒》的作者，其自由意識接近無政府主義，遠離組織與權力，不爲當局所喜，巴黎許多報社皆對 Ajalbert 敬謝不敏，幸有欣賞他的同道 Aristide Briand 設法讓 Ajalbert 在東洋取得新靈感專事寫作。Ajalbert 是《日報專刊》《北圻將來》的編輯，因爲對東洋充滿好奇，他花了好幾年成爲小說家，並出版數本著作。1909 年，他曾爲 Jules Boissiere《鴉片煙》寫書序，Jules Boissiere 又是一位對藝術著迷的人，在東洋亦被認爲是筆鋒銳利的作者。Jules Boissiere 不斷攻擊殖民偏見，略帶狂傲卻善良、風趣但品行端正，富有幽默感，與 Jules Boissiere 同調。Jean Ajalbert 以及欽慕他的 Oger 都對這塊土地富有使命感。Jean Ajalbert 對 Oger 影響很大，因爲 Oger 正在尋找一個對安南文化理想模型的出版窗口，因此，這兩個人產生連結，他們喜歡跟安南人打交道，熱衷於學習語言，Jean Ajalbert 在其主編的《北圻將來》，騰出一個版面刊登 Oger 的圖畫和注解。

在《北圻將來》這類東洋雜志裏的作品，對科學技術性的研究很有限，大約在十年前，同樣關注越南民間文化的主要有 Gustave Dumoutier，其一系列研究成果刊布在《北圻將來》上。Dumoutier 研究安南許多社會議題，包含家庭、醫學、飲食習慣、信仰等，他在〈玩具、風俗和職業〉專題中，用直觀性的圖畫系列呈現安南的社會體制。這些系列研究被命名爲"北圻人民的小論"，出於一種熱情洋溢的手法盡力點綴，讓版面增加豐富感。Dumoutier 於 1904 年去世，這批刊登於雜志具有鮮明色彩的圖畫對 Oger 產生一定的啟發。Dumoutier 雖然用熱情豐富的圖畫爲越南的知識文化進行闡發，但 Oger 物象簡凈的畫法與構圖，同樣也能呈現出越南的文化特性。現代學者 Maurice Durand 和 Pierre Huard 指出這種風格，認爲 Oger 繼承並吸納 Jean Baptiste Luro、Gustave Dumoutier、Jean Baptiste Friquegnon 和 Louis Cadirere 等前輩的優點，一起彙聚到他刊於《北圻將來》的圖文作品中。

三、此書之內容、分類架構與編排

這部畫冊是 4200 幅圖文稿本，Oger 別作兩部分：一是圖像，二是文字，排成 700 頁。整部作品由大量圖繪組成，Oger 採取漢字或通俗喃字①作爲內頁各圖的標題或釋名，這些都是由 Oger 與其畫家團隊的田野調查筆記而來。以漢字或喃字指稱器具物品、職業術語或活動內容，後附對照性的"圖版索引"則再爲各圖進行解說。這些圖像的標題與釋名，豐富了安南物質文化的語彙。

Oger 在畫冊最後製作兩種非常重要的附錄，第一種爲"圖版索引"（Index of Illustrations），下方提及："For the 15 Volumes of Plates Published in Hanoi 1908"（700 pages published；400 unpublished；4200 drawings in all），1909 年（按：其言 1908 年出版疑誤）河內初版的 15 卷圖版，共刊印 700 頁，全數共計 4200 幅手繪圖，另有 400 頁未刊印。對各頁圖版進行解說的"插圖索引"，是以各頁圖版由上而下分行（以阿拉伯數字 Rg. 1、Rg. 2、Rg. 3……）由右而左依序以英文大寫符號（A、B、C、D……）編碼，上下分行、左右編碼的方式讓讀者可以一一檢索參閱。

內頁圖版以漢字或喃字書寫的標題，跟後附的"圖版索引"彼此之間有相關性，但未必具有相同邏輯的連結，有時彼此相應指稱，有時則二者相互參照及補充。再者，"圖版索引"這些描述性或分析性的注解，似乎沒有特別規範與體例，是十分自由的描述，當內頁圖版的視覺語言未能充分傳達訊息時，具有非常重要的指引功能，有時則呈現各說各話、未必緊密貼合的現象。

這部書涵蓋的範圍很廣，包括農業、商業、造紙、雕塑、烹飪、建築、算命、繪畫和民間醫藥等傳統職業；婚禮、葬禮、祭祀和陰曆新年等重大儀節；以及踢毽子、打撲克、唱民歌、放風箏和捉蝴蝶等民生娛樂。如上所述，Oger 在其 1909 年初版對該書的總體導論中，曾列出他爲畫冊擬出的四大類項，又在全書最末，繼第一種"圖版索引"後再製作第二種附錄"15 卷圖版綜合目錄"，此份目錄共分成 45 個文本群和技術性語彙依循被建構的四大類項次序排列，以下一一呈現並舉例說明之。

第一類：從大自然擷取原生材料的工業。共有：農業、漁業、狩獵、運輸業、採集業，共 5 項。畫冊中如：賣香蕉和蕉青葉（p.4）、賣熟土豆（p.4）、網魚（p.10）、賣穀皮（p.12）、半檜（p.12，喃文"賣檜"）、掬豆樂、（p.30，喃文"挖花生"）、

---

①喃字有時以漢字標出越語，有時取漢字之形組成新字，或結合上述二種，而成形聲組合之喃字。

播穀（p. 30）等，這些小販所賣者皆由大自然原生材料中取得，如香蕉、蕉青葉、土豆、魚、米、樹幹、花生、種子等直接擷取原生材料。

第二類：將收集的原生材料進行製作的工業。如：紙、珍貴金屬、陶藝、錫合金、木頭、武器、竹、藤、水果和蔬菜的製造、紡織、絲、羽毛、皮革、鐵、銅，共 15 項。畫冊中如：糕餅師父推平麵糰（p. 2）、鐵匠製鍋（p. 2）、婦人印紙（p. 2）、長鋸木工（p. 7）、製笠帽（p. 11）、各色武器（p. 22）、用糯米作漿（p. 38）等，由大自然中取得材料後進行製作處理。

第三類：由已製材料再進行加工處理的工業。如：商業、石藝、裝飾物與設計、畫與漆、雕塑、儀式物品、烹飪術、服飾、建築、家具製造、工具、設備、機械、糕點與糖果製作，共 14 項。畫冊中如：賣調味料（p. 4）、蓋屋（p. 7）、巧作磚室（p. 11）、賣茶（p. 14）、春節文人揮毫寫春聯（p. 14）、漆工製漆器（p. 22）、佛像（p. 25）、畫匠（p. 36）、銀匠造圖（p. 46）、中藥庫（p. 47、p. 90）等再加工處理。見圖 2。

第四類：安南人民的私有與公共生活。如：公共生活、家庭生活、樂器、魔術與占卜、方藥運用、慶典儀式、遊戲與玩具、儀態、街頭生活、流動交易、流行圖像，共 11 項。畫冊中如：塗產（p. 1）、門神畫（p. 1）、鼓琴（p. 3）、女人彈月琴（p. 20）、春節裏清沐佛（p. 23）、祭壇（p. 25）、做飯比賽（p. 35）、童子打桓子、（p. 35）、抓瓢蟲（p. 38）、符咒（p. 86、p. 88）、年畫（p. 90）、童子戲鼠（p. 332）、小兒辰豆（p. 333）等涉及安南人民私有與公共之多樣化生活面貌。

第一種是生產的行業，使用的原料來自於大自然。第二種是工業，原料是資源。第三種是已經過加工的手工業。Oger 隱含的前三個分類意識與層次適爲生產最重要的基礎要素：能源、工具、技術、勞動。Andre Leroi Gourhan 於 1940 年將這些技術歸納爲：收集、生產、加工、銷售。至於第四種則另屬一類，爲安南的個人與公共生活，處理的是更複雜的社會議題。

Oger 的重點好像在確定一項手工業在不同階段如何進行？其工序又如何？這樣的分段，對於確定職業的過程是非常重要的，Oger 研究安南民族的物質文化與技術文明，他關心每個生產方式的工具、動作與環節，是十分進步的思維。

700 頁版面的構成，目前看不出有什麼特別的編排邏輯，以 p. 38 爲例〔圖 3〕，共有 4 幅圖，各有原始編號，然編號本身並不接續，4 圖彼此之間似無繫連的理由。4 幅圖皆以喃字立爲標題。頁面中文字具有很重要的讀解之功，大抵而言，簡短標題多以喃文標出，較多解釋則用漢字，如"鼓琴"："此琴者，其絲維銅，其形維木，承閑樂此，可以消憂"（p. 3）。又如 p. 9 鞋履五種釋名［圖 4］，"烏履""喪鞋"爲漢文標題；"齉踘㩺""齉蛮"爲喃文標題，"以麻繩削而結之，有大喪者用行祭祀"是"喪鞋"的漢字釋文；"這履其冠皮其蒂木這個便行坑雨"是"齉踘㩺"的漢字釋文。使用漢/喃字的原則，可能作士庶、雅俗之別，如 p. 24 同樣兩款鞋並排——"褡巧：這褡巧乃土蛮山林製之行之以助荆棘""太后皇后行之號織鳳鞋"。前者製者或穿著爲山林土蠻，後者爲尊貴皇后所穿，故有意以喃、漢字區別之。

　　至於有更多的圖像並未附著文字，這時有賴畫册後 Oger 編寫第一種"圖版索引"的解讀始能明白，譬如 p. 21 下排的工具與作活，頁面無文字說明，"圖版索引"則依序解說：1. 小打孔機；2. 去穀殼；3. 珍貴金屬拆卸器；4. 浸水木筏；5. 喪葬石碑；6. 塔中燈座；7. 製涼鞋；8. 固柄之具；9. 製中國秤的鑿子；10. 打造金銀器的工具鍊條；11. 銀鈎。同樣的，p. 2 頁面幾幅圖，未附著任何文字，參閲"圖版索引"始知：鐵匠造鍋、婦人印字、眼疾；p. 2 一圖，農人手持捉猪的捕具。

　　雖然 Oger 的總體導論提出似乎由簡趨繁的四種類項，但進入每頁圖版中，則四個類項幾乎被擱置，4200 幅圖如何邏輯性地放入 700 頁版面中？ Oger 是否有明確的分類系統？是根據先後繪製次序，還是隨機編次？目前仍是謎團，初次出版的導論中，Oger 雖有分類索引，但並未提及他每幅圖畫的排列理由，這有待進一步探研。

四、版本

　　在 1909 年惡劣的條件下，此書僅印刷了 6 份，原稿可能有 348 張疊紙（長 44 釐米，寬 62 釐米，厚 5.4 釐米）①。現存越南有兩個藏本，一在河内國家圖書館，只有 119 頁不完整的版本；一在胡志明市國家圖書館，是最完善的版本。2009 年河内重新編印出版即以胡志明市國家圖書館藏本爲依據進行再製。河内國家圖書館藏本封面有 Oger 的簽名，及贈予法屬印度支那總督 Albert Pierre Sarraut 阿爾貝－皮埃爾·薩羅的贈詞。封面文字（含中譯）及樣式如下：

---

① 《平陽報網》2013 年 7 月 21 日新聞"法國越僑向順化宮廷文物博物館贈送《安南人的技術》木板畫"（http：//baobinhduong. vn/cn……/a59165. html）。

```
TECHNIQUE DU PEUPLE ANNAMITE
安南人的技術
————
ENCYCLOPEDIE DE LA CIVILIZATION MATERIELLE DU PAYS D'ANNAM
安南國物質文明之百科全書
Henri OGER
ADMINISTRATEUR DES SERVICES CIVILS
行政官員
EN INDOCHINA
在印度支那
```

胡志明市國家圖書館藏本，是目前保存最完善的本子，其封面文字（含中譯）及
樣式如下：

```
ARCHIVES DOCUMENTAIRES D'ART, D'ETHNOGRAPHIE ET DE SOCIOLOGIE
DE LA CHINE ET DE L'INDO. CHINE
藝術、民族志和社會學檔案紀錄
中國與印度支那
————
I
INTRODUCTION GENERALE A L'ETUDE 總體研究介紹
DE LA
TECHNIQUE 技術
DU（of）
PEUPLE ANNAMITE 安南人
ESSAI SUR LA VIE MATERIELLE 物質生活的評論
LAS ARTS ET INDUSTRIES DU PEUPLE D'ANNAM
安南人的藝術與工業
PAR（by）
HENRI OGER
ADMINISTRATEUR DES SERVICES CIVILS DE INDOCHINA
行政官員
————
DEUX VOLUMES 兩册
Ⅰ Texte in-4#, 3 planches  1. 文本：4 三版
Ⅱ Album de 4000 dessins, plans et gravures in-folio（65×40）. 700 pages
2. 簿册：4000 繪稿、排版和雕刻於對開（65×40）700 頁
————
PARIS
```

GEUTHNER	JOUVE & COE
LIBRAIRE. EDITEUR	IMPRIMEURS. EDITEURS
68，rue Mazarine（Ⅵ）	15，rue Racine（Ⅵ）

```
（兩處編輯）
```

胡志明市國圖藏本尺寸標明爲 65×40cm，與法國越僑向順化宮廷文物博物館贈送
"安南人的技術"木板畫報導消息所提供的尺寸（長 44cm，寬 62cm）相類①。卷首有
謝志，詳細研究，可據以重建 Henri Oger 當時的出版景況［圖 5］。卷首文字中譯如下：

給

Jean Ajalbert

分享憂愁的好朋友

和 Malmaison 酒店一起討論日子的留念

給

Aymonier：殖民學校，東洋風俗歷史、占婆語教授

Lorin：殖民學校華語和南越教授、東洋民事務幹部

Lorgeou：東方外語學校—泰國語教授

Pretre：東洋行政組織和法律教授，東洋民事務幹事

Nores：行政組織法律教授，殖民監察

Roux 大尉：殖民炮兵

致謝

1. Eberhardt：順化科學研究博士，安南皇帝的太傅

2. Schneider：河內書店老闆

3. Lr Gallen：東洋民事務幹事

4. Barbotin：河內實行技術學校經理

5. Peralle：北圻 Seattle Public Schools 經理

6. Poulin：北圻 Seattle Public Schools 秘書

7. Chane：絲布公司經理

8. Hoang Trong Phuu：河東總督

9. Mandron：教授

10. Ricquebourg：海關經理和 Cambodge 壟斷者

………（可能係買書的人）

排名第一的致謝對象，就是主編《北圻將來》騰出一個版面供 Oger 首刊其研究成
果的師友 Jean Ajalbert，與他在 Malmaison 酒店一同討論並分享憂愁的好朋友。

2009 年河內今印本，根據出版者針對讀者的説明，該本係以胡志明市國圖藏本爲
底本，刪除不可證明的時間標記、皺褶跟毁損部分，以及輾轉於各個圖書館所蓋已經
模糊的圖章、一些讀者鉛筆的印記等。之外，儘量保留胡志明市國圖藏本的原貌。今
印本被賦予的新價值在於每頁圖版下方增列一灰色色塊，其上一一標出越南語的羅馬
拼音爲各圖翻譯，以便利現今的越南讀者。其尺寸（31.5×24cm）已經縮幅，只有胡

----

① 《平陽報網》2013 年 7 月 21 日新聞 "法國越僑向順化宮廷文物博物館贈送《安南人的技術》木板
畫"（http：//baobinhduong. vn/cn……/a59165. html）。

志明本原版（65×40cm）之四分之一。

　　據學者研究指出，除了上述越南兩個藏本之外，似乎還有其他藏本。據悉，河內國家圖書館另有一個 6 卷本，編號由 0 開始，到 700 結束。白色封面有 Oger 落款。英國圖書館也有一個版本，編號爲 Or. T. C. 4，有文字本和圖像本，共 700 頁，藍色封面。該本似由英國圖書館購進，然細節未詳；日本慶應義塾大學也有一本，爲 1950 年由 Oger 的藏書中購買。日本本有 935 頁圖畫，比胡志明本多 235 頁，日本本有諸多疑問，有待釐清①。如此看來，《安南人的技術》一書，今日可能有 5 種版本，越南 3 種，英國 1 種、日本 1 種。

五、兩個藏本的啟示：民族志與百科全書

　　Oger 自己提出："東洋和漢學的研究，必須要建設一個很大的資料庫，並進行數量的統計與分析。"他要畫出安南全幅的物質文明，這一點和幾位前輩先驅如 Gustave Dumoutier 僅作部分呈現不同。這種雄心讓他由安南的百姓日用、物質文化與技術工藝入手，並關聯安南百工職業的發展，出於全面性的民族志研究方法，這種尖端見解成爲劃時代的特點，使他成爲一位時代的領航員。

　　對 Henri Oger 而言，這套畫册事實上就是官方委派調查工作的成果報告，是一份越南的民族志（ethnography）。民族志是一種寫作文本，其寫作風格的形式與歷史，均與旅行家書寫與殖民地官員報告有關，它運用實地考察提供人類社會的描述研究。民族志學者需以開放心态面對研究的族群及文化，需以較長時間的實際體驗記錄族群的日常生活，一份民族志的訪問內容與檔案記錄反映出研究者對考察族群的理論前提、資料搜集技巧、研究設計、分析工具以及撰寫形式②。民族志呈現一個整體論研究方法的成果，這套方法建立在一個概念上：一套體系的各種特質未必能被個別地準確理解。民族志往往指稱描述族群文化的文字或影像，作爲人類學家或社會學家的記錄資料，Oger 當時以殖民地官方身份進行的調查研究無疑就是社會人類學與文化人類學的方法，這套基於 4200 多幅實地調查採錄的畫稿輯册事實上就是河內北圻的民族志，以機械與

①Nguyễn Quảng Ninh, H. van Putten, Nguyễn Mộng Hưng, *Vài Điều Mới Biết Về Kỹ Thuật Của Người An Nam*, tạp chí nghiên cứu và phát triển, só5, 2011.（阮廣寧、H. van Putten、阮夢興《〈安南人的技術〉的新問題》，《研究與發展》2001 年第 5 期。）

②民族志資料來源：https：//zh. wikipedia. org/wiki/%E6%B0%91%E6%97%8F%E8%AA%8C。

手工藝爲焦點，呈現安南 19 世紀初的全面性物質生活。

Oger 的研究取徑，其實在上述胡志明市國圖藏本的封面第一行，便可一眼望見：

ARCHIVES DOCUMENTAIRES D'ART，D'ETHNOGRAPHIE ET DE SOCIOLOGIE
（藝術、民族志和社會學檔案文件）
DE LA CHINE ET DE L'INDO. CHINE
（中國與印度支那）

Oger 宣誓性地揭示他採用社會文化學人類的方法，製作一份包含藝術、社會等廣闊内容的民族志。他確立的書寫重心爲越南人民的技術，因此物質機械與手工藝爲其考察核心。首先，他必需先建立技術語彙與圖像紀録，其次，據此爲所有器具、設備及使用流程做出圖像性解釋，再者，以單一圖像描繪越南家庭百態，包括銅、鐵、錫、皮革等工匠，還有紙張、漆器、糕餅、藥品等商號，或是家傳型工坊、師徒型匠鋪、個別型兜售商販，街道往來各色人物的衣著、圍繞住所的相關擺設、飲食習性、婚喪節慶俗尚、祭祀起造的神像、趨吉避凶的符咒年畫等。

《安南人的技術》河内國家圖書館藏本的封面［圖6］，於書名下方有一行醒目的字眼："ENCYCLOPEDIE DE LA CIVILIZATION MATERIELLE DU PAYS D'ANNAM"（安南國物質文明之百科全書），今人看到河内國圖藏本封面的這行字眼，應更能理解 Oger 一百年前的雄圖。儘管當時尚未獲得官方重視及出版意願，然越南於法國殖民時期，關於物質文化研究的想法透過時代領航員 Oger 的努力被公開展現，等着這股意識逐漸成形與普遍接受。Oger 清晰地揭示了他繪製編印這份民族志賦予百科全書知識圖景的雄心。Encyclopedie（百科全書）的奠基者是 18 世紀法國的 Denis Diderot（德尼·狄德羅，1713—1784），他是法國啟蒙思想家、唯物主義哲學家、無神論者和作家，一生最大的成就是主編《百科全書》（1751—1772）。《百科全書》有一大批學者參與撰稿，他們的哲學觀點與宗教信仰不全然一致，其中有達蘭貝爾、愛爾維修、霍爾巴赫，以及孟德斯鳩、F. 魁奈、杜爾哥、伏爾泰、盧梭、比豐等聲譽卓著的改革者，此書概括了 18 世紀啟蒙運動的精神，這些啟蒙思想家因編纂《百科全書》理念相近而形成了"百科全書學派"。百科全書派大抵以狄德羅爲核心，他們的基本政治傾向是反對特權制度和天主教會，嚮往合理社會，認爲迷信、成見、愚昧無知是人類的大敵。主張一切制度和觀念要在理性的審判庭受到批判和衡量，同時，他們推崇機械工藝，重視體力勞動，孕育務實謀利的精神，因此這部書的全稱爲《百科全書，或科學、藝術和工藝詳解詞典》①。

Oger 似乎相當認同並效慕兩個世紀前本國先驅學者 Denis Diderot 編纂科學、藝術與工藝詳解辭典的工具理念，故亟欲賦予《安南人的技術》一書偉大奧義爲“安南國物質文明之百科全書”。Oger 於百年前遺留下來的兩個藏本封面，胡志明市藏本留下“民族志”字眼，河內藏本留下“百科全書”字眼，這兩個重要詞彙，成爲 Oger 特別標誌其知識傳承的符碼。

六、研究概況

目前對於《安南人的技術》一書的相關研究成果不多見，集中於越南學界。首先關於版本方面，根據阮孟雄（Nguyễn Mạnh Hùng）指出，《安南人的技術》收藏在河內國家圖書館，編號 HG18，和胡志明國家圖書館，編號 10511②。阮廣明等著《〈安南人的技術〉新發現》一文提及另一本藏在英國圖書館，編號爲 Or. T. C. 4，此外在日本慶應義塾大學也藏有一本，有 935 頁圖畫，比胡志明市藏本多了 235 頁，日本此本存在許多疑問③。其次，《安南人的技術》一書的探討，上世紀 90 年代有阮孟雄（Nguyễn Mạnh Hùng）系列論文：Ký họa Việt Nam đầu thế kỷ 20 qua tác phẩm Kỹ Thuật Của Người Việt Nam "Technique du peuple Annamite" của Henry Oger, nhà xuất bản trẻ, 1989 年. （《通過〈安南人的技術〉一書看 20 世紀初越南繪畫》，胡志明年輕出版社，1989 年）；Tết cổ truyền Việt Nam qua "Technique du peuple Annamite" của Henry Oger, Viện văn hóa nghệ thuật, 1991 （《通過〈安南人的技術〉一書看越南的春節》，文化藝術學院，1991 年）；From Vietnamese sketches in early twenty century – through "Technique du peuple Annamite" of Henry Oger, Journal of Southeast Asian, Vol 4, 1982）。集大成論著爲 Nguyễn Mạnh Hùng, Xã hội Việt Nam cuối thế kỷ 19 đầu thế kỷ 20 qua bộ tư liệu Kỹ Thuật Người An Nam của Henry Oger, luận văn tiến sĩ, đại học khoa học xã hội và nhân văn, 1996 （阮孟

---

① 百科全書學派資料來源：https：//zh. wikipedia. org/wiki/%E7%99%BE%E7%A7%91%E5%85%A8%E4%B9%A6%E6%B4%BE。

② 阮孟《通過〈安南人的技術〉一書來看 19 世紀末—20 世紀初的越南社會》，河內：人文與社會科學大學 1996 年博士學位論文。

③ Nguyễn Quảng Ninh, H. van Putten, Nguyễn Mộng Hưng, Vài Điều Mới Biết Về Kỹ Thuật Của Người An Nam, tạp chí nghiên cứu và phát triển, số 5, 2011. （阮廣寧、H. van Putten、阮夢興《〈安南人的技術〉的新問題》，《研究與發展》2001 年第 5 期。）

雄博士論文《通過〈安南人的技術〉一書來看 19 世紀末——20 世紀初的越南社會》，河內，人文與社會科學大學，1996 年）該論文除了開頭和結論，主要内容有三章：第一章介紹《安南人的技術》這部書（頁 15——42），第二章從《安南人的技術》來看越南社會（頁 49——114），第三章從《安南人的技術》看越南社會、文化、藝術的轉變。

其餘論文，另如：Ngọc Hoa, *Nói thêm về bộ Kỹ Thuật Của Người An Nam*, tạp chí Xưa và Nay, 2009, số 345, trang 30——31（玉華《〈安南人的技術〉再探討》，《舊與新》第 345 期，2009 年，頁 30——31）；Tam Hữu, *Về những người Việt tham gia thực hiện bộ Kỹ Thuật Của Người An Nam*, tạp chí Xưa và Nay, 2009, trng 16——19（三有《〈安南人的技術〉的越南刻印者》，《舊與新》第 34 期，2009 年，頁 16——19）。Vũ Thị Việt Nga, *Văn hóa Việt Nam nhìn từ bộ tranh Kỹ Thuật Của Người An Nam*, tạp chí Văn Học Nghệ Thuậ, số 392, 2——2017.（武氏越娥《通過〈安南人的技術〉來看越南文化》，《文化藝術》第 392 期，2017 年）。武氏這篇文章主要根據 Hanri Oger 的分類探討越南文化，第一章論工業品；來源是自然的工業品；第二章論手工業，安南人的個人生活、共同生活和安喃人的技術，依 Oger 的分類歸納重述一番。另有《二十世紀初的越南人》[1]，該文是通過圖畫簡單介紹當時越南人，分成兩個單元來描寫，第一單元簡介圖片提及的各個行業；第二個單元介紹作者 Hanri Orger 是一個孤獨的研究人。總的來説，安南人的技術，刻劃着越南人當時日常生活的勞動景象，每張圖共有兩部分，即圖形和用喃字注釋，使這些圖畫成爲當時研究越南社會的特殊資料。

七、未來研究方向

除了以上有限的越南學者研究成果之外，《安南人的技術》700 頁、4200 幅圖繪給予越南於歷史、社會、文化、美學等面向上的龐大訊息及偌大的研究空間，期待有心學者接續開發議題，投入研究。筆者以爲大致有以下幾個面向值得注意：

（一）百業興替與社會承變

Oger 的這部民族志調查，細節性地展示原料與製程，以造紙業爲例：先砍伐、挖掘、沸煮、漂洗、切碎、排序、搥漿、勻平、堆疊、擠壓、乾燥等，自 20 世紀初直到現在，造紙術製程的昔今比較，於工具及動力學製程上均呈現着驚人的相似，這種手

---

[1]參見越南學術論文綱 http：//tiasang. com. vn/-tin-tuc/hinh-anh-nguoi-viet-dau-the-ky-20——2859.

工業工具與程序的持續性，Oger 引導現今讀者看見一個幾乎準確無誤的知識傳遞。除造紙業外，Oger 提及越南各種行業，包括：漆業、刺繡業、鑲嵌業、雕刻業、彩繪業、印刷業、理髮業、竹器修復業、運輸業、製衣業、染業、建築業等，大量圖版的漢/喃文釋名、分析與解說，可以進行細部拆解、組合、歸納、排列，對昔日手工業進行復原或建構，以資與今日作對照，以明其興替。再者，屬於人們之禮儀習尚或消費模式，亦可從 Oger 保存之原初文獻中進行昔今比對分析，進一步探討社會的繼承與新變。

（二）書籍出版史

筆者本文大致鋪展了近世東西雙方相互觀照之圖像書籍視野，由一位法國青年結合越南畫家雕匠團隊所共同編繪印製的《安南人的技術》一書，這些共同作者所涉之學術背景、時代氛圍、編繪動機、作品意涵、視覺訴求、出版技術等複雜問題，宜從書籍出版史的角度進行更細緻的考察，祈盼本書的精細考察可作為 19—20 世紀東亞漢籍一個研究的典例。

（三）審美意趣

該書反映出多彩多姿的越南文化及其樸素美，人物的動作與姿勢展現在畫面的場景中，每幅作品皆可視為獨一無二的藝術圖像。翻閱每一頁，宛如一個旅者漫步於 20 世紀初河內 36 條古街中，往日氣氛在畫幅空間裏迴盪。這些圖繪照見越南人民連結文學與歷史的信仰、日常生活與審美心靈。Oger 探索越南家庭技術與手工業，描繪的對象，由小孩到老人，由男人到女人，他們各自站立於不同生產環節的位置，圖畫不僅呈現寫實性，也彰顯越南人民的奮鬥精神，透過畫家與編者敏銳的洞察力，安南物質文明的光輝也成為這部畫冊的審美焦點。

（四）視覺理路

4200 幅圖版組成的龐大資料庫，除了可以 Oger 技術層次的四大分類進行分析外，所涉問題仍十分繁複。每幅圖都具有獨立完整的圖像指稱，有的如工具、商品或藝術品等單一的物件；有的如社會不同行業或階層的人物，如屠夫、乞丐、妓女、富婆、巫師、瞽藝、鐵匠、鋸匠、漆工等。這些清晰指涉者，如 p. 13 "粉盒"："這盒以銀製之，婦女積其香粉，以塗唇面"，這種呈現方式一如圖錄。大部分的圖像則是一幅畫，具有結構意涵，可能是在進行的買賣現場、某種名目的遊行隊伍、一個遊戲活動、一場祭祀儀式等。4200 幅圖顯然出自不同畫工之手，亦出於不同的構圖理念，不僅視點遠近不一，繪筆精粗有別，這些圖可能還有更多重的來源，譬如，有一批圖像，Oger 的索引圖説標爲 "folk print"（如 p. 86、p. 90、p. 98、p. 100—102），其中一幅是 "金雲翹再合"（p. 103）是將田調搜得的年畫或民間印刷成品直接取回再製，保留了許多隨着時間而逐漸消逝的越南珍貴遺産。

畫册内容包羅萬象，經常出現漢文化影跡，如：清人結伴走過（p. 4）、中國餐飲精品店（p. 21）、文人揮毫寫對聯（p. 14）等街頭即景，或受漢文化長期浸淫的百姓日用，如：禮俗習尚（p. 19）、儒家氣息的祭壇（p. 25）、漢詩貼聯（p. 25）、刻版墨印（p. 37）、三國故事年畫（荊州赴會 p. 98、諸葛求風 p. 100）、史記故事年畫（南宮置酒 p. 328）、子房故事年畫（悲歌散處 p. 328）等無處不在。當然亦有許多外國圖像，如人力車載着法國衣裝仕女（p. 14）、外國步兵隊（p. 36）、鬥馬場（p. 101）等。以畫風而言，雖然 Oger 組織畫家團隊爲了真實重現安南國之器物、技術與民生，被描繪的對象莫不具有一種躍動的生命力，既是真實生活情況的再現，同時也體現出越南畫家的寫實畫風，讓人不禁想起晚清海上畫派廣納常民日用的新視點畫作，以及朝鮮王朝後期迥異於兩班貴族之委巷畫家捕捉庶民百業生動點滴的作品，或可作爲東亞近世視覺文化發現 "日常生活" 的共同趨向。

八、餘論

一般人對細節没有進行實質瞭解而忽視安南的手工藝及商業交易的重要性，Oger 以一年時間深入安南各個生活層面，對先前的觀點提出强烈反思。因此，調查報告最終的 "結論"，Oger 提出兩點前瞻性意見：第一、他預示安南工業的未來榮景；第二、爲了這個榮景，他極力提倡越南應設立訓練有素的職業培育學校，逐漸走入工業化的資本社會。

法屬殖民統治下的越南，進入 20 世紀，民族學和社會學的田調及其背後的深刻意義尚未被普遍認知，使得當時傳承多種傳統脈絡精神的 Henri Oger 越南民族志研究未獲官方、學術機構或商業作坊的支持，在不友善的政治環境中，他依然堅定理念，透過具像描繪與圖説捕捉逐漸消跡的安南歷史文化，其研究成果空前絕後獨步於越南近代史。Oger 著眼於物質技術並結合實地調查的社會人類學民族志寫作法，以及百科全書式知識全景的編纂企圖，時至今日，均顯得極爲珍貴。基於以上觀點，Pierre Huard 爲 Oger 提出幾點先知之見：1. 建立技術性語彙；2. 圖像性解釋：對所有已知器具、設備及使用程序進行圖像性解釋；3. 專題圖像的研究：針對越南家庭業（如皮匠、雜貨商、紙販、翻譯等）的研究，包括預算細節、住所、衣服、飲食喜好等，根據勒·普雷和德·圖爾維勒的方法學（according to the methodology of Le Play and de Tourville）；4. 這些發現的出版。

其中第 1、2、4 點已落實於《安南人的技術》這部畫册的繪編與面世，第 3 點則深刻地將 Oger 的研究成果很好地連結了法國另一個重要的學術傳統。Frédéric Le Play（弗雷德里克·勒·普雷，1806—1882）是法國的著名礦務工程師，西方社會科學的奠基者之一，"是在社會學史上書寫出第一批系統的工人家庭研究專題的作者"。他創立的"勒·普雷學派"（l'école de Le Play）是一個圍繞着《社會改革》（La Réforme Sociale）和《社會科學》（La Science Sociale）兩大主要雜志而形成法國人類學和社會學的學術團體，在 19—20 世紀積極參與人類社會組織問題的思考和歐洲社會的改良，對人類文明的發展模式和東方文明的獨特性進行過討論，在人類學、社會學、經濟學、政治學和倫理學等領域發揮過非常重要的作用，其影響力一直持續到 20 世紀 30 年代，才因其他學派的競爭而日漸衰微。Le Play 結合法國當時理念相近的四大組織，進行學術交流和嘗試社會改良，從而形成"勒·普雷學派"，上文提及的巴黎聖·奧古斯丁教堂本堂神父 H. de Tourville（德·圖爾維勒，1842—1903）則爲該學派的核心人物之一①。

"勒·普雷學派"是西方早期的人類學和社會學學派之一，該學派在 19 世紀下半葉運用地理學、西方漢學、人類學和社會學等學科知識，從理論上將中國塑造成一個恪守道德法則、服從父權的典型"族長制家族"社會。這一中國形象是 18 世紀歐洲"中國熱"現象的延續，更是在新的歷史背景下法國自由派知識份子試圖用以解決法國（乃至歐洲）的社會問題以及面對全球。另一方面，它作爲近代歐洲東方視野的重要組成部分，折射出東西方文化關係的複雜性②。

奠基於非常準確的評估，Oger 認爲欲提昇越南漢學的地位，特別需要建立重要的資料庫以及正確的研究走向，他的隱喻説法是："大型劇目和清單的建立。"法國殖民統治二十餘年以來，越南有了大量的辭典，卻極少真實的社會學和民族學研究。Oger 深入瞭解，認爲安南屬於半文明民族，進步速度較爲緩慢，卻對安南手工業由衷佩服。1909 年，僅 25 歲的 Oger 以尚未具足專業權威的身份進行"安南人的技術"調查研究，然 Henri Oger 這部鉅作背後卻依傍着：法國積累兩個多世紀以來包括民族志寫作

---

①引自郭麗娜《法國勒·普雷學派的中國研究及其影響》，《世界歷史》2016 年第 5 期。
②引自郭麗娜《法國勒·普雷學派的中國研究及其影響》，《世界歷史》2016 年第 5 期。

（採用殖民政治興起實際體驗記録族群日常生活的調查法）、“百科全書學派”（具有啟蒙精神推崇科學、藝術和工藝的文化社會人類學視角）、“勒·普雷學派”（關注人類發展模式與東方獨特文明之觀點）等多種具有十足分量與影響力的法國（歐洲）傳統，學術根柢深厚，還要加上其尊重越南物質技術而向師執先驅借鏡的自身人文性格。Oger 將這些不同時代脈絡的學術傳統、思維觀點與人格特質整合到他費時年餘聯合畫工團隊造訪河內大街小巷實地查訪而完成的成果報告中，這個一百多年前建立的視野，再次印證其包含考古學、哲學、社會學、銘刻學等西方古典東方學實地研究之成就與貢獻，必然是東西方文化相遇於安南留給世人值得稱傲的文化遺産，對當今越南漢學，乃至於整個東亞漢學研究，均十分具有啟發性。

　　除了 Oger 作爲主導者所繫於一身的歐洲學術傳統及當代背景之外，《安南人的技術》這部書的繪製、編纂、印刷與出版，可引進中國目録學架構下之日用類書與物質圖册，以及東西相互觀看之輿地探查與西學傳入等近世兩大書籍與知識脈絡以資對話與參照。Oger 這部誕生於 20 世紀初安南國的百科全書民族志，可以輻射出近世東亞於物質生活、視覺文化、民族認知、新知傳播、編撰意識、出版技術等多重面向的價值，爲東亞漢籍研究拓展了豐富的議題性意涵，并賦予重要的學術標誌。

[附　圖]

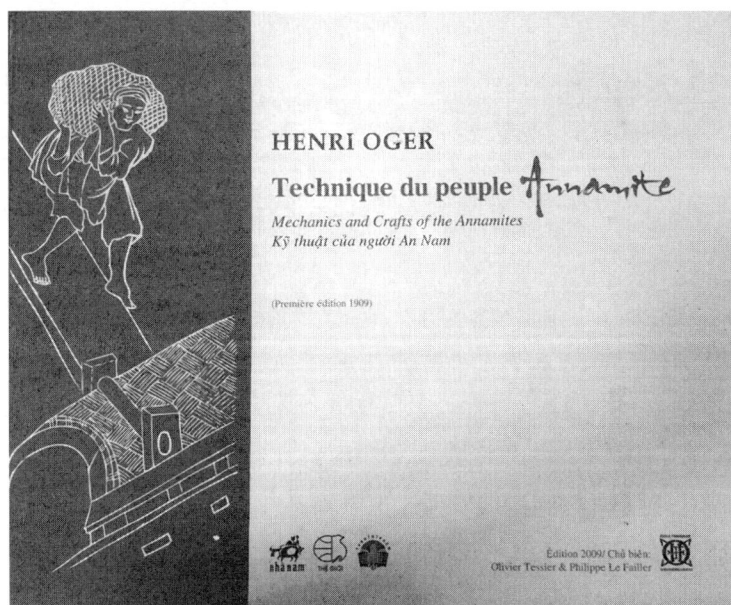

圖 1　《安南人的技術》2009 年河內重新編印 封面

圖2　《安南人的技術》例一　頁47

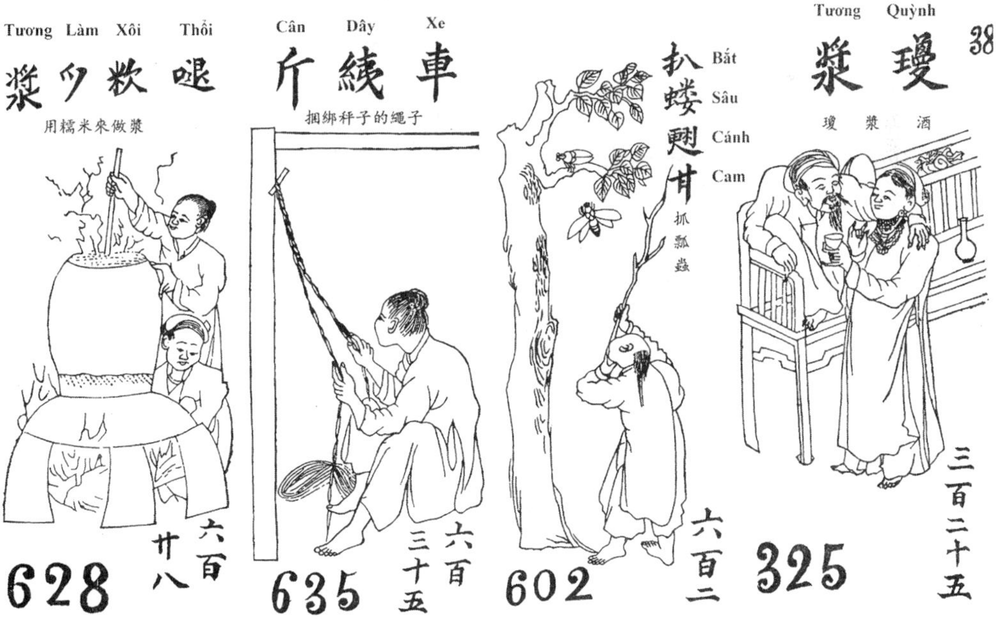

圖3　《安南人的技術》例二　頁38　喃文譯解

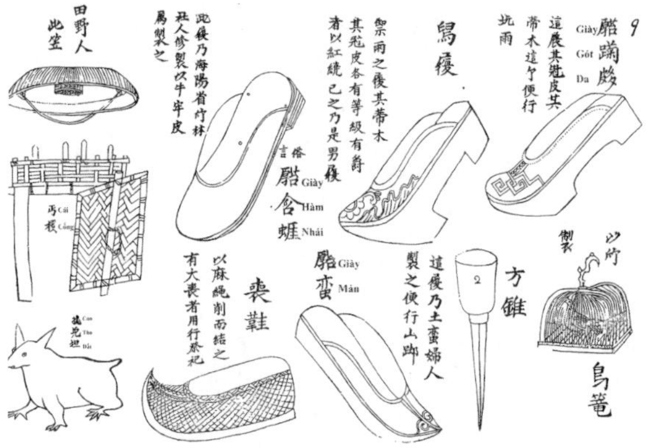

圖 4　《安南人的技術》例三　頁 9　喃文譯解

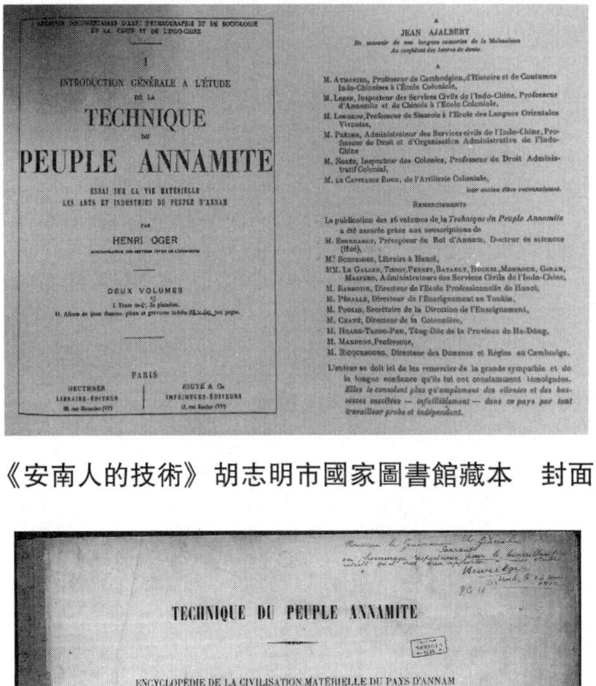

I

INTRODUCTION GÉNÉRALE A L'ÉTUDE

DE LA

TECHNIQUE

DU

PEUPLE ANNAMITE

ESSAI SUR LA VIE MATÉRIELLE
LES ARTS ET INDUSTRIES DU PEUPLE D'ANNAM

PAR

HENRI OGER

DEUX VOLUMES

PARIS

GEUTHNER
LIBRAIRE-ÉDITEUR

JOUVÉ & Cie
IMPRIMEURS-ÉDITEURS

A
JEAN AJALBERT

A

M. Aymonier, Professeur de Cambodgien, d'Histoire et de Coutumes Indo-Chinoises à l'École Coloniale,
M. Lorin, Inspecteur des Services Civils de l'Indo-Chine, Professeur d'Annamite et de Chinois à l'École Coloniale,
M. Lorgeou, Professeur de Siamois à l'École des Langues Orientales Vivantes,
M. Pérès, Administrateur des Services civils de l'Indo-Chine, Professeur de Droit et d'Organisation Administrative de l'Indo-Chine
M. Norès, Inspecteur des Colonies, Professeur de Droit Administratif Colonial,
M. le Capitaine Roux, de l'Artillerie Coloniale,

leur ancien élève reconnaissant.

Remerciements

La publication des 16 volumes de la *Technique du Peuple Annamite* a été assurée grâce aux souscriptions de
M. Eberhardt, Précepteur du Roi d'Annam, Docteur ès sciences (Hué),
Mr Schneider, Libraire à Hanoi,
MM. Le Gallen, Tissot, Perret, Bataille, Bockel, Monnoux, Giran, Maspero, Administrateurs des Services Civils de l'Indo-Chine,
M. Barbotin, Directeur de l'École Professionnelle de Hanoi,
M. Péralle, Directeur de l'Enseignement au Tonkin,
M. Poulin, Secrétaire de la Direction de l'Enseignement,
M. Chané, Directeur de la Cotonnière,
M. Hoang-Trong-Phu, Tông-Dôc de la Province de Ha-Dông,
M. Mandron, Professeur,
M. Ricquebourg, Directeur des Douanes et Régies au Cambodge.

L'auteur se doit ici de les remercier de la grande sympathie et de la longue confiance qu'ils lui ont constamment témoignées. *Elles le consolent plus qu'amplement des vilenies et des bassesses suscitées — infailliblement — dans ce pays par tout travailleur probe et indépendant.*

圖 5　《安南人的技術》胡志明市國家圖書館藏本　封面、卷首

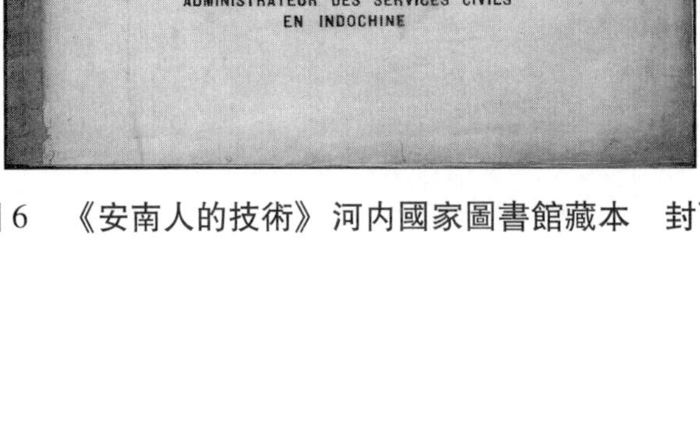

TECHNIQUE DU PEUPLE ANNAMITE

ENCYCLOPÉDIE DE LA CIVILISATION MATÉRIELLE DU PAYS D'ANNAM

Henri OGER

ADMINISTRATEUR DES SERVICES CIVILS
EN INDOCHINE

圖 6　《安南人的技術》河內國家圖書館藏本　封面

重寫經典

——越南現存漢文版《西遊記》探究[*]

阮黄燕

（越南胡志明市人文社會科學大學）

一、前言

由於中國與越南之間有着非常密切的歷史、文化關係，因此中國文學一直以來頗受越南讀者的歡迎，從而產生了各種各樣的翻譯與改寫。有學者提出，許多越南中代文學的作品都可以找出中國相應作品的影子。然而這些翻譯、模仿或改寫，無論其形式是小說還是詩歌，都具有一定的創造性。越南文學中像這樣的例子是非常多的，例如《翹傳》《玉嬌梨》《西廂傳》《二度梅》和《西遊傳》等①。

作爲中國傳統小說四大名著之一的《西遊記》同樣爲越南讀者所接受，且自從傳入越南至今已經有數十種不同的譯本，包括越南古代所用的喃字、漢文和現代的拉丁文。儘管如此，很遺憾的是到目前爲止，中外學界對越南《西遊記》的翻譯以及《西遊記》在越南的影響的相關研究仍寥寥無幾②。有鑒於此，本文主要將越南現存唯一一本《西遊記》漢文重寫本——《西遊略撰》作爲研究個案，并希望透過對該作品的版本考察與内容的深入分析和比較，找出該作品重寫經典時在内容和語言上的特點。同時也想探討作者在吸收《西遊記》故事之後，如何根據越南和個人

---

* Hoang-Yen NGUYEN, PhD, University of Social Science and Humanities, Ho Chi Minh City, VNU-HCM.

① 參考陳光輝《越南喃傳與中國小説關係之研究》，臺灣大學博士論文，1973 年。

② 參考阮黄燕《論中國〈西遊記〉在越南的翻譯與改編——以越南喃傳〈西遊傳〉爲中心》，《第七屆中國譯學新芽研討會論文集》，香港：香港中文大學翻譯研究中心，2016 年，頁 123—135。

情況而做出如此的處理。在這些研究的基礎上，筆者試圖探討《西遊略撰》在越南文學史和中越文學交流史上的地位，也藉此重新討論和評價《西遊記》在越南和中國以外的流傳與影響。

二、愈演愈熱：簡談越南《西遊記》的翻譯與接受情況

在具體討論《西遊略撰》這部作品之前，我們不妨先瞭解一下《西遊記》在越南的翻譯情況，以對《西遊記》在越南的流傳與影響有初步的認識和評價。

自從傳到越南以來，從目前所存的作品來看，可以説《西遊記》深受越南讀者的歡迎，因此《西遊記》的翻譯與改編作品相當多。從作品的體裁來看，可以分成喃傳（或詩歌）、散文、越南傳統劇本和翻譯文本。如果從作品的内容來看，又可以分成翻譯或改編整部《西遊記》或只選擇《西遊記》裏面的某一章節或某一故事進行翻譯或改編。語言方面則有喃文、漢文和現代越南語三種。可以説是内容豐富、形式多樣，充分體現越南讀者對《西遊記》的熱愛。這裏從作品創作時間和語言爲標準，我們將《西遊記》在越南的翻譯與改編分成兩個階段來介紹，分別是二十世紀前和二十世紀後。

二十世紀前，《西遊記》在越南的翻譯與改編有幾個共同的特點。其一是語言主要是喃文，只有一部使用漢文。現代越南文《西遊記》翻譯這時還沒有出現。其二是其内容主要是選擇《西遊記》裏面的某一章節或故事作爲藍本，而很少對《西遊記》全書進行翻譯或改寫。其三是其形式比較豐富多樣，包括喃傳、散文和越南傳統劇本三種。這一時期的翻譯與改編作品如下：

《佛婆觀音傳》是越南改編《西遊記》非常有趣的一個例子。這部作品其實是《西遊記》仿作《觀音出身南遊記》的改寫①。根據顔保的介紹，這本書以六八體喃傳來講觀音在越南出生等事跡，可以説是《西遊記》在越南很特別和有創造性的改編。可惜的是這本書目前已經失傳，所以我們只能在各位學者的文章裏面知道它的存在。

另外一個喃傳的代表是《西遊傳》。這本書用越南六八體詩歌的形式對《西遊記》第十三回進行翻譯、改編，主要講唐僧被山君（即老虎）抓住，後來爲孫悟空所救，並繼續往西竺取經。全書包括近六百對六八體詩句和一小部分四字體詩。目前有三個

---

① 參考顔保《中國小説對越南文學的影響》，載克勞婷·蘇爾夢編著，顔保等譯《中國傳統小説在亞洲》，北京：國際文化出版公司，1989 年，頁 208—236。

圖書館收藏該書，分別是越南國家圖書館（館藏編號 R. 1942）、漢喃研究院圖書館（館藏編號 AB. 81）和耶魯大學圖書館莫里斯·杜蘭德漢喃資料庫（館藏編號 MS 1728—2. 0007. 040）。閱讀這三種版本之後，發現漢喃研究院藏本和耶魯大學藏本都是 1893 年的版本，其中漢喃研究院藏本是刻本，耶魯大學藏本是寫本，而越南國家圖書館的藏本則是 1910 年的重刻本。儘管這兩個版本相隔十七年之久，但是内容是完全一樣的。

這一時期另外一種翻譯、改寫版本是以散文形式呈現的，即目前越南僅存的用漢字書寫的《西遊略撰》，中間間雜若干喃字，也是本文要討論的重點。這本書抄寫於 1937 年，越南國家圖書館館藏編號爲 R. 455。

除了詩歌和散文，這一時期《西遊記》翻譯與改編最突出的成就就是以越南傳統表演藝術——嗺劇的劇本形式出現，充分表現越南讀者對《西遊記》的熱愛。到目前爲止，我們掌握到兩種這樣的劇本。第一種是館藏於巴黎遠東博古學院圖書館的《西遊記演傳》。這部手寫劇本包括《西遊記》整整一百回的劇目，講述唐玄奘取經的全部過程。全部用喃字書寫，目前缺少第 13、29 和 30 回，館藏編號爲 Paris EFEO VIET/A/Litt. 15（1—100）。第二種是館藏於大英博物館的喃文《西遊唐僧求經歌傳》，館藏編號爲 OR. 8218[1]。在喃字文學一度不被越南學者所看重的時代，《西遊記》可以以如此大量的嗺劇劇本形式流傳於世，説明這部小説不僅爲越南學者所喜愛，而且同時也受越南一般人民的熱烈歡迎。

到了二十世紀，喃字和漢字逐漸退出越南通用文字的舞臺，取而代之是正在被法國殖民當局大力支持的拉丁越南語，即現在的越南語。在這樣的背景之下，大量中國小説被翻譯成現代越南語，其中自然不能少了遠近馳名的《西遊記》[2]。根據我們的統計，直至目前爲止，越南現存十二種《西遊記》翻譯本。其中最早的翻譯本是在 1914 年出版的，最晚的是在 2006 年。除了以上全套《西遊記》的翻譯，還有許多種縮略版的翻譯和至少二十四種《西遊記》漫畫的翻譯與再創造。直到 2015 年仍然有許多越南各地的出版社在重印《西遊記》。總看這些數字，《西遊記》在越南的流傳似乎愈演愈熱。

---

[1]參考 Trần, Nghĩa. "Sách Hán Nôm Tại Thư Viện Vương Quốc Anh." Tạp chí Hán Nôm 03 (1995).

[2]參考 Wang, J.（2011）. Tình hình dịch thuật và xuất bản tiểu thuyết Minh—Thanh（Trung Quốc）ở Việt Nam đâu thế ki XX（1900—1930）. Tạp chí Khoa học—Đại học sư phạm thành phố Hồ Chí Minh, 32.

三、《西遊略撰》 簡介

　　本節將介紹《西遊略撰》的作者、創作時間、版本、流傳情況和主要内容，以便於讀者對《西遊略撰》有整體的認識。

　　《西遊略撰》是目前越南僅存的介紹《西遊記》故事的漢文作品，裏面間雜少數喃字。這部作品現藏於越南國家圖書館，館藏編號爲 NLVNPF—0389 R. 455。《西遊略撰》爲抄寫本，全書共 47 葉，書葉版式 29×16. 5 釐米。根據該書末頁所寫 "保大萬萬年之十二歲次丁丑季冬月既望日奉抄西遊要略"，可知其抄寫時間爲 "保大萬萬年之十二歲次丁丑季冬月既望日"，即 1937 年十二月十六日奉命抄寫。文字部分半葉八行，每行大部分爲三十三字。正文首頁題 "西遊略撰一卷"。全書没有封面，亦没有作者署名，因此其作者和抄寫者目前不可考。

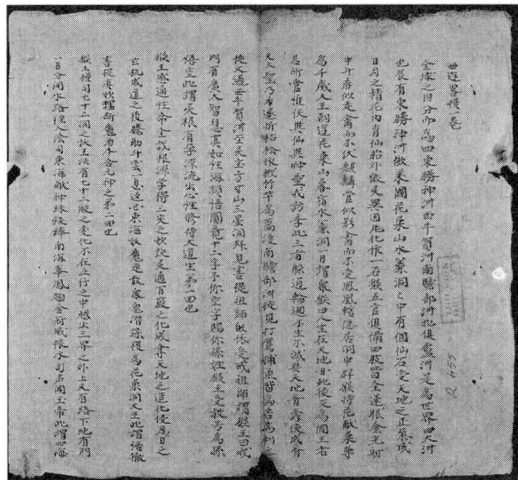

圖 1 越南國家圖書館館藏《西遊略撰》書影

　　《西遊略撰》的内容，顧名思義就是將吳承恩章回小説《西遊記》故事以簡略的方式介紹給讀者①。全書將《西遊記》一百回每一回的故事用作者的語言一一介紹其梗概，只是每回篇幅長短不一。有的回目篇幅超過一個葉面，如第一、第三十五、第三十七、第三十九回等。其他回目則非常簡短地帶過，從三行字到六、七行不等。

---

① 參考 Ngô, Đ. T. , Nguyễn, T. N. , Vũ, L. A. , & Nguyễn, Đ. T. （2002）. Thư mục sách Hán Nôm ở Thư viện quốc gia. Hà Nội: Bộ Văn hoá thông tin, Thư viện quốc gia, 頁 349。

可以看出，越南漢文版《西遊略撰》就内容和形式方面而言都比較簡單，語言也相當簡短、明了、易懂。就其内容、藝術、文筆、思想等成就，若放在越南文學史上或許它没有太多特別之處。但若將其放在中越文學交流史上，或者中國文學、《西遊記》在國外的傳播與影響的考察之中，則會發現它有許多突出的特點。第一，它是越南現在僅存的一本以《西遊記》故事爲内容的漢文作品，值得我們特別留意和探討①。第二，在越南廣泛接受中國小説的情況之下，到目前爲止，它是唯一一部以内容概要，或者説删節版形式出現的典籍。這些特點，會給我們探討《西遊記》在越南的流傳與影響以及越南讀者對《西遊記》的接受和評價提供許多充滿趣味的啓發。

四、從中國《西遊記》到越南《西遊略撰》

（一）《西遊略撰》體裁上的改變

越南版《西遊略撰》是中國《西遊記》的删節本，其採用的體裁與原書完全不同。《西遊記》是中國古典長篇章回體小説，全書共一百回，而《西遊略撰》是散文體，全書未分回目，僅一段一段地講述原書每一回的故事梗概。

《西遊略撰》共一百段，每一段之形式均極爲相似，絶大部分都將原書那一回裏發生的事情，用抄寫者的語言進行概述，最後都以"此謂"＋回目名稱＋"之第（回次）也"作爲結尾，讓讀者清楚知道這一段在講原書哪一回的故事。例如《西遊略撰》轉述第二十三回時，前面寫二十三回的劇情，結尾是"此謂三藏不忘本，四聖試禪心之第二十三回也"，其他回亦同。另外，個別有些回目，抄寫者没有用自己的語言進行叙述，而直接引用原書同一回裏面某一段詩句，將整回的内容概括起來。如講第二十五回的故事時，《西遊略撰》寫道："三藏西臨萬壽山，悟空斷送草還丹。栔開葉落仙根露，明月清風心膽寒。此謂鎮元仙趕捉取經僧，孫行者大鬧五莊觀之第二十五回也。"② 裏面"三藏西臨萬壽山，悟空斷送草還丹。栔開葉落仙根露，明月清風心膽

---

① 要特別指出的是，到目前爲止，越南都没有找到《西遊記》或其他大部分中國明清小説的原書。參考陳益源《中國明清小説在越南的流傳與影響》，《上海師範大學學報》（哲學社會科學版）2009年第1期。
② 參考越南國家圖書館《西遊略撰》，葉11B。

寒”全部都是原書裏面有的，整段沒有添加抄寫者的任何詞語。

抄寫者用這樣的形式將《西遊記》介紹給讀者，筆者認爲其原因是他希望以最簡短、易懂、易於掌握的方式來呈現。至於其背後作者爲什麼會進行這樣的重寫和刪節，因爲資料的缺乏，目前無法得知。不過，不可否認，若想瞭解這麼長的一部小說内容，卻沒有時間或金錢購買或閱讀全書的讀者，《西遊略撰》這部刪節本可謂相當好的選擇，讓大家在很短的時間内掌握整個故事的來龍去脈，甚至對個別的章節，可以清楚其主要内容、情節和人物。

（二）《西遊略撰》内容與語言特點

《西遊略撰》是一本原書刪節本，内容方面呈現出幾個突出的特點。第一是作者嚴格根據原書每一回的故事進行刪節、叙述。這與中國古典小說簡本系統有所不同，如《水滸傳》有些簡本，講述時可能將原書一兩回的故事寫成一回[①]。這一點《西遊略撰》則比較嚴苛遵守，原書有多少回就寫多少回，完整將《西遊記》一百回一一呈現，組成了越南版的足足一百段。現舉其中第二、三回爲例：

> 猴王感通性命，全識根源，學得三突之妙訣，靈通百竅之化成，奪天地之造化，侵月日之玄機。成道之後，騰勳斗雲，一息返回東海。妖魔走散，衆鬼潛踪，復爲花菓洞大王。此謂“悟徹菩提真妙理，斷魔爲本合元神”之第二回也。

> 猴王權司七十二洞之妖王，法有七十二般之變化，不在五行之中，越出三界之外，上天有路，下地有門，一日分開水路，徑入陰司。東海獻神珠、鐵棒，南海奉鳳翅、金冠，威振水司，聲聞玉帝。此謂“四海千山皆拱伏，九幽十類盡除名”之第三回也。[②]

其他回合也就如上面所述，每回一段，一直到原書的第一百回。

《西遊略撰》在内容方面的第二個特點就是每一回轉述、刪節繁簡不一。刪節本一百段中，有的篇幅較長的，佔版面半葉或半葉以上，篇幅較短的僅兩、三行字（約70到100字不等），一般爲五到六行字（約150到200字）。爲了揭示《西遊略撰》刪節的具體情況，將全書一百段的大概字數列表統計如下：

---

① 參考大内田三郎《〈水滸傳〉版本考——中心是繁本和簡本的關係》，《水滸争鳴》第1輯，武漢：長江文藝出版社，1982年，頁392—407。

② 摘録自越南國家圖書館《西遊略撰》，葉一B、二A。

表1《西遊略撰》一百回字數統計表

《西遊略撰》

回目	1	2	3	4	5	6	7	8	9	10
字數	330	82	82	115	132	132	198	350	858	313
回目	11	12	13	14	15	16	17	18	19	20
字數	478	250	247	363	197	116	181	250	148	132
回目	21	22	23	24	25	26	27	28	29	30
字數	182	181	82	132	49	350	132	50	429	496
回目	31	32	33	34	35	36	37	38	39	40
字數	364	165	199	99	363	165	495	231	429	199
回目	41	42	43	44	45	46	47	48	49	50
字數	322	198	330	299	395	398	195	232	198	335
回目	51	52	53	54	55	56	57	58	59	60
字數	200	99	269	365	199	99	65	98	297	199
回目	61	62	63	64	65	66	67	68	69	70
字數	478	165	132	396	230	99	181	165	130	95
回目	71	72	73	74	75	76	77	78	79	80
字數	297	198	214	99	115	198	363	264	297	165
回目	81	82	83	84	85	86	87	88	89	90
字數	230	380	231	166	250	98	166	235	122	99
回目	91	92	93	94	95	96	97	98	99	100
字數	115	95	264	132	181	99	396	1180	530	1056

綜觀全書，足見《西遊略撰》是在盡量對《西遊記》進行刪節，求其精髓，而且其刪節特點前後半部一樣，沒有前後半部字句比率出現太大差異的問題，所以可以肯定作者在刪節時採用統一的體例，根據每一回的内容做出刪改的決定。其中第九十八和一百回篇幅最長，是因爲這兩回將唐僧師徒四人所取得的經書和咒語都一一列舉出來。這刪節程度，我們認爲是完全因作者主觀的看法而定，他認爲這樣好就這樣做，沒有任何標準或左右因素。不過從他願意抄寫大量佛經和咒語來看，可以猜想抄寫者本人或許是一位虔誠的佛教徒，或者至少是一位一心向佛的人。

《西遊略撰》比較特殊的一點就是幾乎都以孫悟空或唐僧爲講述主角將每回的内容

概述出來。所以翻看每一段，我們經常會看到"猴王、大聖""玄奘、唐僧、三藏"作爲開頭，少數回目纔先講其他人。可見作者在轉述時都將故事重點放在這兩人身上，讓他們成爲主軸來叙述故事的經過。

《西遊略撰》的内容，大體來講是比較忠實於原著的，在大的架構和情節上都没有什麼改變。不過因爲本身是一部删節本，所以作者在轉述過程中，在不影響整體故事的前提下，也做了一些細微的改變。兹取第一回的内容爲例，讓讀者對作者的改變有所瞭解：

> 全球之内分而爲四，東勝神洲、西牛賀洲、南贍部洲、北俱盧洲，是爲世界四大洲也。辰有東勝神洲傲萊國，花菓山水簾洞之中有個仙石，受天地之正氣，成日月之精花，内育仙胎，外徵靈異，因風化作一石猴。五官具備，四肢皆全，運眼金光射中斗府，似走禽而不伏麒麟管，似彩禽而不受鳳凰轄。隱居洞中，群猴持花獻菓，尊爲千歲大王。朝遊花菓山，暮宿水簾洞。一日謂衆猴曰："人生在天地間，死後反爲閻王老君所管。惟佛與仙與神聖，我訪學此三者，躲過輪迴，不生不滅，與天地齊壽，使成齊天大聖。"乃爲遂折枯松作栿，竹竿爲篙，渡南贍部洲。徒見打雁捕魚，皆爲名爲利之徒。又過西牛賀州，至靈寶方寸山三星洞，拜見菩提祖師，皈依受戒。祖師謂猴王曰："我門有廣、大、智、慧、真、如、性、海、穎、悟、圓、覺十二字，予你空字，賜你孫姓。"猴王受教，號爲孫悟空。此謂"靈根有孕源流出，心性修持大道生"第一回也。①

第一回作者用自己的口吻來叙述石猴的降生和拜師過程。因爲叙述者的話和篇幅上的要求，很多對話或人物、情節都要删掉或改變。例如"運眼金光，射中斗府"原本應是千里眼、順風耳跟玉帝報告地上出石猴的話。又如"隱居洞中，群猴持花獻菓，尊爲千歲大王。朝遊花菓山，暮宿水簾洞"這一段。石猴被尊爲大王的緣由，根據原書是發現瀑布中水簾洞而被推崇的。不過在這裏爲求精簡，就這樣短短帶過了。或如"一日謂衆猴曰：'人生在天地間，死後反爲閻王老君所管。惟佛與仙與神聖，我訪學此三者，躲過輪迴，不生不滅，與天地齊壽'"。這段話本來是由衆猴所講，這裏改爲由石猴所講。《西遊略撰》全書中類似的改變屢見不鮮，足見作者對原書内容的掌握，以及作者删節故事的文才和取捨重點之所繫。

至於該書的語言，可謂極爲簡練而流暢，實實在在地把《西遊記》故事用最短的篇幅和語言講述出來。作者在語言上面的駕馭，讓《西遊略撰》故事朗朗上口，不乏

---

①摘録自越南國家圖書館《西遊略撰》，葉一 A、一 B。

趣味。

《西遊略撰》對原書内容的極度濃縮，使得該書也没有所謂的人物塑造和情節刻畫的問題。不過值得一提的是，裏面經常出現的人物如孫悟空、唐僧等都盡量保留原書所描寫的性格，没有出現不統一處或很大的改變。這也可以説是《西遊略撰》作者在删改過程中可取的地方。

（三）《西遊略撰》删節《西遊記》的策略

作爲《西遊記》的極度删節本，《西遊略撰》在删改、重寫方面採取了幾種策略，兹略介紹如下：

1. 追求原創

綜觀《西遊略撰》全書，可發現作者盡量用自己揮灑自如的文筆和堅持自己的信念進行《西遊記》原書的删節。如上述的第一回，要介紹的主人公的内容齊全、理得詞順。又如下面的第二十九回：

> 三藏在妖洞後院見一婦人來道："我乃寶象國第三公主，名百花羞，只因十三年前中秋玩月，被妖占娶，做了夫妻，生男育女，在此杳無音信。今遇長老，妾救你，願爲妾寄書，經過本國進呈王父。"即解唐僧，引出後門而去。公主就前門嘯黃袍郎道："我少辰心誓，若得賢郎，即齋僧布施，今天夢見神人，誓願，喝我醒來，饒了和尚，故來報郎君知，望恕妾罪。"辰八戒、沙僧尋師傅，遇於林中。吟云："狼毒險（除）遭青面鬼，慇懃幸遇百花羞。"師徒至寶象國，住金亭館。三藏入朝，具將大唐牒進呈。牒云：
>
> > 南膽（瞻）部洲大唐國奉天承運唐天子牒行：切（窃）惟朕以涼德嗣續丕基，事神治民，朝夕兢兢，前者失救老龍，獲譴於我皇皇，三魂七魄，忽作無常，下遊地府，稔悲業報，冥君放送回生，爲此廣陳善會，修建道場。復蒙觀音大士金身出現，示指西方有佛有經，可度超脱孤魂。特遣法師玄奘，遠歷千山，詢求經偈。倘到西邦諸國，不滅善緣，照牒放行，須至牒者。大唐貞觀一十三年秋吉日，御前文牒。（上有寶印九顆）
>
> 國王看了三藏，又進寄書，國王知公主被波月洞妖攝出，□請聖僧降妖救主。八戒、沙僧欽旨，經到洞妖，寶杖趕前，釘耙隨後。此謂"脱難江流來國王（土），承（蒙）恩八戒轉山林"之第二十九回也。①

---

① 摘録自越南國家圖書館《西遊略撰》，葉13A、B。

由此可見，儘管《西遊略撰》篇幅較短，只求轉述每一回故事的梗概，但文辭駕馭得當、文筆不顯單調乏味，讓整本書讀起來仍流暢易懂、朗朗上口。

2. 善用原書詞句

《西遊略撰》作者顯然是一位具有文才且非常熟悉原著的人，這透過他在《西遊略撰》裏面巧妙地使用原著詞句可以得知。這也是《西遊略撰》叙述語言上的一大特點。觀看該書，我們時不時看到原書描寫人物的詞語，只不過有時會換了人稱代詞進行叙述。例如在描寫孫悟空，"因風化作一石猴，五官具備，四肢皆全，運眼金光，射中斗府"。原書本來是透過順風耳、千里眼兩人來説的，換到《西遊略撰》就成了叙述者本人的話。另外，《西遊略撰》還善用原書的詩詞。一是用其來概括某回的整體內容，如以上第二十五回的情況。二就是用來描寫某回的情節內容。若上面第二十九回，在叙述百花羞公主幫助唐僧逃生一段有句"狼毒險遭青面鬼，慇懃幸遇百花羞"。不難發現，這一句不是作者自己的話，而是取自《西遊記》原書。但是《西遊略撰》作者運用得當，使得其在這裏出現完全沒有違和感，反而顯得自然、流暢。《西遊略撰》作者詞語駕馭得當、妙用原書詞句足以證明作者的文筆以及該書不是草創初就的作品。

3. 簡化字句

作爲《西遊記》內容梗概版，《西遊略撰》爲求刪繁、簡短，而盡量簡化了原書的字句和情節。從第二十五回僅用原書詩詞來概括整回內容就可以得知。這種情況在《西遊略撰》多有出現，就如我們上表統計結果所示，至少有三十回都用非常短的字句來概括那一回的內容。這難免會讓故事過於簡單、難懂，特別是對沒有看過原書的人來説，這是《西遊略撰》有所不足的地方。

另外，在摘録原文的部分，《西遊略撰》作者也進行了一定的刪改。例如唐王給唐僧的牒文部分，下面分別列出《西遊略撰》和《西遊記》的內容以便於比較：

《西遊略撰》云：

> 南膽部洲大唐國奉天承運唐天子牒行：窃惟朕以涼德，嗣續丕基，事神治民，朝夕兢兢，前者失救老龍，獲譴於我皇皇，三魂七魄，忽作無常，下遊地府，稔悲業報，冥君放送回生，爲此廣陳善會，修建道場。復蒙觀音大士金身出現，示指西方有佛有經，可度超脱孤魂。特遣法師玄奘，遠歷千山，詢求經偈。倘到西邦諸國，不滅善緣，照牒放行。須至牒者。大唐貞觀一十三年秋吉日，御前文牒。（上有寶印九顆）

《西遊記》云：

> 南膽部洲大唐國奉天承運唐天子牒行：切惟朕以涼德，嗣續丕基，事神治民，

臨深履薄，朝夕是惴。前者失救涇河老龍，獲譴於我皇皇后帝，三魂七魄，倏忽陰司，已作<u>無常之客</u>。因有陽壽未絕，<u>感冥君放送回生</u>，廣陳善會，<u>修建度亡道場</u>。感蒙救苦觀世音菩薩金身出現，指示西方有佛有經，<u>可度幽亡，超脫孤魂</u>。特著法師玄奘，遠歷千山，詢求經偈。倘到西邦諸國，不滅善緣，照牒放行。須至牒者。大唐貞觀一十三年秋吉日，御前文牒。（上有寶印九顆）

以上粗體字部分是《西遊略撰》作者所補上的，原書沒有。下劃線部分是《西遊略撰》作者根據原書所改的。“朝夕兢兢”與原書“臨深履薄，朝夕是惴”意思大同小異，《西遊略撰》作者之所以這樣改，力求簡潔是其一，另一個應是根據“戰戰兢兢，如履薄冰”而改。“忽作無常，下遊地府”是作者根據原書內容而重新叙述的，亦不影響其內容。惟“稔悲業報”之處，目前仍未得其解。其他修改之處，如“前者失救老龍，獲譴於我皇皇”“冥君放送回生”“修建道場。復蒙觀音大士，金身出現”“可度超脫孤魂”等都是刪去原書一些字，整體上也不影響內容或使其不完整而導致難以理解。

由此可見，《西遊略撰》作者雖然追求內容上的省略和精髓，不過整體來講還是兼顧文句和內容完整的。

（四）越南《西遊略撰》與中國《西遊記》的關係

從上面對《西遊略撰》的內容特點及其刪節策略來看，很顯然，越南《西遊略撰》是以中國《西遊記》爲底本進行刪節的，不是改作的作品。不過《西遊略撰》裏面也有一些例外。例如第一回講石猴降生的橋段，原本是千里眼、順風耳的話被作者改爲了叙述者的話來描述石猴。又如在引用原文時，《西遊略撰》作者也有一些改變，如上面引用唐王牒文的內容。這些改變大多數都是爲了達到省略的目的，避免篇幅上過於冗長、繁複，有時也爲了更易於越南讀者閱讀和接受而做出的改變。

所有的刪節和改編，使得《西遊略撰》名副其實地成爲一本簡略、超濃縮版的《西遊記》。不過不能因爲其內容上的高度減縮而稱他爲草創初就的作品。因爲綜觀其全書，其內容簡略而完整，沒有不合理的改變或內容上的不統一。加上《西遊略撰》文字整齊，語言流暢，文章自然不受原書約束，可謂短小精悍，值得一讀。

五、小結

在本文中，筆者初步探討了《西遊記》在越南的翻譯和越南《西遊略傳》具體的删節與改編情況。《西遊記》在越南有相當長的接受與改編史，大致上可以分成二十世紀前後兩個階段。前一階段二十世紀前，《西遊記》的翻譯與改寫大部分是喃文和漢文，後一階段二十世紀後則都是現代越南語的各種翻譯版本。從而可以肯定《西遊記》在越南一直到目前爲止仍廣泛地被讀者接受與熱愛。

越南《西遊略撰》作爲中國《西遊記》的删節本，作者有主意的叙述和删繁手段，極度濃縮了原書每一回的内容。《西遊略撰》語言簡練易懂、自然流暢。不過也因爲其内容與語言的過度精短，使得不少回目内容交代不夠清楚，只提到每回若干關鍵情節，更無法顧及人物塑造和情節描寫，不得不説是失去了原書這方面的精彩。這也是爲什麽若單從文學價值來看，《西遊略撰》在整個越南文學史上不會留下一席之地。然而，如果我們將該書放在中越文學交流史上和中國文學在國外的影響之中進行觀看，不難發現《西遊略撰》是一個相當少有的特例。它的出現與流傳，一方面説明了《西遊記》在越南大受歡迎，以及越南讀者的特殊性；一方面也肯定了《西遊記》這部經典在國外長久而深厚的影響，值得我們繼續加以討論與研究。

東亞漢籍交流研究

我與東亞漢學研究

傅佛果（Joshua Fogel）

（加拿大約克大學）

女士們，先生們，你們好！

首先我要感謝本次會議的組織者張伯偉教授和卞東波教授給我機會做大會發言人。你們邀請我來做大會發言，但在座的大多數人對此可能會感到有一點兒不可思議。爲什麼？顯而易見，我不是中國人，也不是東亞人。我生於美國，生活、工作於加拿大。可是，爲什麼會有像我這樣的人，把一生的研究放到大洋彼岸兩個國家的文化和語言上？我之所以談我的治學經歷，不是因爲我覺得這個歷程多有趣，而是我希望能表現出本次會議研討的議題即使對於遠隔千山萬水的西半球學界也同樣意義重大。

四十五年前，我進入哥倫比亞大學研究生院，準備學習中國近現代史。當時我並未確定研究中國歷史的哪一階段，但是我大致的方向在晚清與民國一段。那時，哥倫比亞大學跟其他大多數美國大學不同的地方是，他們對研究生語言學習的要求非常嚴格。每一位學習中國歷史或文化的研究生，都要求掌握除漢語以外的第二門東亞語言。開始的幾年裏，我覺得我自己更像個語言專業的學生，強化學習漢語和日語。由於我一直對歷史著迷，那時我就確定了，我將使用漢語和日語的資料來完成我的博士論文。

等到我考慮去東亞地區學習的時候，正是 1975 到 1976 年，我知道，以我美國人的身份，是無法去中國的。也就在這個時候，我決定集中我所有的精力研究日本偉大的中國史學家內藤湖南。我的導師，狄百瑞（William Theodore de Bary）教授竭力鼓勵我鑽研這個選題。所以我去了京都大學，那是內藤先生曾經執教的大學，那時他的幾個最優秀的學生還生活在那裏。我從 1976 年到 1978 年中期都在京都。我在那裏——日本文化的中心地——住得越長，內藤先生的作品讀得越多，我越意識到，中國近現代史和日本近現代史，二者難分難離。這二者，從某種意義上說，學了這一個，勢必要學那一個。

　　我不想說，西歐與北美的其他大學跟哥倫比亞大學相比有什麼不足。不同在於，哥大學生別無選擇，他們要花許多年學習至少兩門東亞語言，而其他大學的學生經常是出於他們的自願纔如此，比如像在座的馬修凡（Matthew Fraleigh）就是如此，他晚於我很多年，在哈佛大學獲得學位。不過，我要強調的是，沒有這樣嚴格的、強制性的語言訓練，關於內藤湖南的學位論文，我恐怕難以完成。並且，我對此從不後悔，因爲我一直把中國與日本聯繫在一起研究，這個領域，至今在西方學界依然是新課題。

　　但是我很快就認識到，在東亞，還有更多跟中國與日本同樣重要的地區。我希望我能學習韓語，還能學習越南語。學好漢文是否足夠了呢？韓文（或者諺文）和越南文不就是從漢文（Hanmun 한문；Hán Văn）衍生出其字形的嗎？而且，即使我的漢文學得特別好，還要再加上大量的現代韓文和越南文的學習。漢語跟日語已經夠難了。我決定把這個艱鉅的任務留給更年輕的學者們，還有像這樣的、世界學者雲集的學術會議的參會者們。

　　正如我前面提到的，我一直在中日交流史這一領域鑽研，我越研究，越發現還有無數沒有涉足到的領域可供未來探索。由於我已經進一步瞭解了這個領域，其中有兩個研究方向是要把中國與日本放在一起加以研究的：（a）中國與日本的比較研究（比如十九世紀，兩國對於西方帝國主義條約的應對，或者他們各自對於儒學的研究）；（b）中日真實的互動（例如隋唐時期，日本派往中國的使團［遺隋使、遺唐使］，或日本在辛亥革命前對孫中山的援助）。這些只是許多角度中的幾個，可做研究的領域爲數衆多，有些已經研究得很全面了，儘管在西方學界其中沒有幾個被充分地研究過。

　　幾乎每個研究生或者學者，都總是在尋找前人沒有研究過的題目，這是一種相對簡單的可以在東亞研究領域內留下印記的路徑。我的研究拓展得很廣，可是一直未離開中日研究的界域。完成了關於內藤湖南的著作以後，我醉心於一個學術界研究得相當少的人：中江丑吉。中江是明治時代學者、民主思想家中江兆民的獨子，中江兆民是東亞將讓·雅克·盧梭 *Du Contrat Social* （《民約譯解》/《民約論》）譯成漢文的第一人。他兒子丑吉很不瞭解父親，但是通過家庭的關係，他去了中國，並在那裏生活了近三十年。兆民去世後，丑吉的母親把房子租給了赴日的中國留學生住；其中一個是曹汝霖，他始終无法忘記丑吉母親的善良；他邀請丑吉從日本到北京生活。在 1919年五四運動中，學生們衝進曹宅，可能要對曹動武，中江丑吉衝出来制止學生，給了曹汝霖時間逃走。這種個人私誼令我心馳神往，因爲他們的行爲掙脱了歷史人物身上善惡分明的成見。中江丑吉後來寫过幾篇有關中國文化史別具一格的文章，用馬克思主義的框架，但又具有濃厚的康德、黑格爾，以及其他西方哲學家及歷史學家的痕跡。

在我看來，對我們所有的歷史學家來說，任何能讓我們對過去的理解複雜化的史實都是有益的，任何動搖我們先入爲主的、想當然地去解讀的地方都最能挑戰歷史學家。中江的選題幫助我細緻地考察了五四運動粗略畫面中的細節、曹汝霖和聲名狼藉的西原借款。我也很欣慰，幾年前兩位中國學者已把我的書以《中江丑吉在中國》爲名翻譯成了中文（北京：商務印書館，2011 年）。此書最早是被譯爲日文的。

我當時的下一個計劃是對更早的歷史進行研究，並且花了很長的時間纔完成。我研究了所有近現代日本人寫的中國遊記，時代跨度從第一本遊記出版的 1862 年到 1945 年二戰結束。1988 年，我曾在北京的一個由已故的王向榮教授組織的學術會議上宣讀其中的一小部分，之後，它成了我第一篇用中文發表的論文。最後，我看完了大約 500 本作品（包括去中國旅行時的旅遊手冊、小冊子長短的日語書籍，比較雜）。我讀這些文字的同時，開始分類並研究作者的職業，最終理解了他們寫作的合理性。我再次發現日本人普遍醜化中國人、中國文化以及中國政府，其描述也過於簡單化，現實其實遠遠複雜得多。儘管這種複雜性很難讓歷史學家得出結論，但是我個人受益匪淺，人類比我們能想象的要複雜得多，對於那些捲入歷史的人們更是不容易得出結論。

直到那時，我一直在大量記述並研究日本人的中國觀，1990 年中期，我的側重點開始轉向中國人的日本觀，以及明清時期中國人關於日本的作品。1997 年我在加州大學任教期間，組織了一個以此爲題的國際會議。我提交的、後收進論文集的論文，就是關於明清以來，中國對於日語認識的轉變。我特別集中研究了翁廣平以及他的著作《吾妻鏡補》，這部 30 卷的著作對日本中世紀用漢文寫的年譜《吾妻鏡》做了一個補注（《吾妻鏡》，日語發音爲 Azuma kagami <ruby>吾妻<rt>あずま</rt></ruby> <ruby>鏡<rt>かがみ</rt></ruby>）。正如我們大多數人所知的，翁廣平爲日本文字所吸引，開始收集一切他能找到的有關日本的信息。但是，他根本不想學習日語；儘管他用兩卷的篇幅，收錄了其他資料中關於日語的文字。當然，可以想象，錯誤很多。二十年前當我指出這一點時，一位研究翁廣平的中國學者曾對我怒形於色。不過，我的論點不是指整部《吾妻鏡補》錯誤連篇，而是説即使作者沒有學過日語，他仍舊認爲，作品中包含一部分日語是最起碼的。其時爲清代中葉，包括翁廣平在內的任何人，都沒有去過日本，或見過日本人。他的著作本身成就很大。但毋庸置疑，比起明代以來大量的同類研究著作，他著作中關於日語的部分是大大地退了一步。

我的下一部歷史學著作，是研究後漢的著名金印。大多數學者認爲 1784 年日本福岡的一位農民發現的金印，跟《後漢書》中記載的光武帝於公元 56 年賜給倭國使者的是同一塊。幾位中國學者已經搜集過這方面的材料，儘管西方學術界幾乎沒有提及過，可是從金印被發掘出來那天起，在兩個多世紀的時間裏，日本本土就已出現了數百部研究著作。我閱讀了全部的相關日文著作，試圖找到合理的解釋。最終，我從1784年至今的漫長的歷史時段中，分出了四股學術源流，包括四種證明和四種有關金印權威性的不同看法。這一課題引發我關注制印的歷史、制印的材料、印柄的重要性，以及許許多多有意思的問題。在這個過程中，我問自己最多的一個問題就是：爲何日本人會針對金印寫出如此之多的文字？我作了如下的總結：金印是最古老的實物，從中國的皇宮授給我們所稱爲日本的地方（當時叫“倭”）；它因此成了最早的、某種意義上與中國漢文化聯結的實體化物證。金印上的刻文“漢委奴國王”，無論你如何理解，都連結起了兩個國家。金印因此把日本聯結上了漢籍的世界；那些不喜歡它的人，如所謂的國學者，竭力尋找證明金印是假的、僞造的，或者否認金印有漢朝賜給日本的“賞物”的含義。他們當然否認日本其時在尋求漢帝國的封賞。那些希望中日兩國交往始於漢朝的學者，則捍衛其真實性，把它看成是日本希望從文化和政治上，與中國建立紐帶不可多得的印證。因此，由此引發的爭論長期存在。

我最近於2015年出版的一本書，三十七年前就已經開始醞釀。當時我還在日本讀研究生，我有意識地像許多日本老少百姓那樣，每周都看由日本放送協會放映的歷史題材電視劇《明治維新》。它塑造了一位長州藩的角色，進行軍隊現代化並最終推翻了德川幕府。其中劇情發展到三分之二處，主角之一高杉晋作（過去我從未聽説過），隨着近代幾百年來第一個官方出訪海外的日本代表團來到上海。那一年是1862年。我對這段歷史相當震驚，接下來的數年中，我搜集所有關於此次出訪的文件，以及任何能到手的資料。多年來，我也一直在詢問，在中國，爲何沒有留下任何關於此次訪問的文件。畢竟日本與中國官員會晤了，可是卻無處可以找到答案。最終，所有中國官方的往來記録，在臺灣的總理衙門檔案中找到了。現在任何人都可以看到這次中日兩國歷史性會晤的全部場景了。我查到了這條日本購自英國的千歲丸號輪船，荷蘭商務官員在中日兩國會晤中擔當了中間人，以及很多其他的角色。最終，我可以完整地寫出這段歷史了。我已經多次被問到同一個問題，經過這麼多年終於把這項研究畫上了句號，我是否感到興奮呢？我想了又想，其實很傷感，因爲那感覺，真的就像跟一個相識多年的老友告別一樣。

請讓我再談談兩件我從事的工作。1989年，我創辦了英文爲“Sino—Japanese Studies”（《中日研究》，或日語：《日中研究》）的刊物。開始是紙本出版，現在是網絡版（www.chinajapan.org），免費瀏覽；二是我這些年，一直致力於將中文與日文的重要作品譯成英文，內容涵蓋了我們在南京參加的這次會議共同要研討的所有領域。已完成的作品大部分是譯自日文的，作者是我喜愛的偉大的日本學者大庭修，但我也翻譯了《畢竟是書生》，當代中國學者周一良教授的著作。當年，周教授是中國研究日本歷史與文化最著名的學者。我發現他的自傳感人至深。

我越來越感到，我與南京大學進行的合作，類似於跟上海復旦大學的葛兆光教授、杭州浙江大學的王勇教授和他的同事們所進行的合作，這類交流越多，我越堅信這是從事東亞研究最重要的方法。在西方，注重微觀研究的學術風氣曾經很強勢，歐洲比北美更甚。也就是說學者僅僅關注於他們研究的領域，而忽視更廣大的時空範圍内的聯繫。結果是，本來是整個東亞的綜合歷史研究，卻分別轉爲了中國史、日本史、韓國史研究等等。也許這也很自然，因爲我們的研究越來越細分，但是能將東亞整個領域連結起來的大局觀也一樣重要。

請允許我再一次感謝會議主辦方給我這個機會，分享我的治學經歷，也祝賀你們舉辦了如此盛大的雅集，邀請了漢籍研究各個領域的同道們，甚至還包括我們幾位未曾生長於斯的西方學者。

文圖學與東亞文化交流研究理論芻議

衣若芬

（新加坡南洋理工大學）

一、前言

筆者於 2000 年開始關注東亞文化交流，當時以"宋代題山水畫詩研究"爲題，執行臺灣"國科會"研究計劃，便已經指出宋代山水畫題畫詩中常見的"瀟湘八景"或"××八景"，以及"西湖十景"等衍生的母題式山水畫，傳布韓國和日本，形成東亞共同的文化意象。

2002 年，筆者應邀至韓國成均館大學東亞學術院研究及講學，就近搜集了不少當年不易取得的文學原典和研究論著，加强筆者深入研究的興趣。2002 年 11 月 30 日，在韓國祥明大學韓中文化情報研究所、陶南學會、文化景觀研究會合辦的"韓中八景九曲與山水文化"學術研討會中，便以《高麗文人對中國八景詩之受容現象及其歷史意義——以李仁老、陳澕爲例》，發表初步的研究心得，獲得與會學者一致的讚賞和鼓勵①。

第二年 4 月，在韓國國文學研究者爲主的"韓國漢文學會 2003 年春季學術發表會"中，發表《李齊賢八景詩詞與韓國地方八景之開創》，追溯韓國人熟悉的"丹陽八景"、"釜山八景"等景觀文化的淵源和傳承情形。同年 9 月，於中國"第三屆宋代文學國際學術研討會"上，透過《蘇軾對高麗"瀟湘八景"詩之影響——以李奎報

---

①本文後來修訂發表，衣若芬《高麗文人對中國八景詩之受容現象及其歷史意義》，韓國：祥明大學校韓中文化情報研究所，權錫煥編《한중 팔경구곡과 산수문화（韓中八景九曲與山水文化）》（서울：이회문화사，2004 年），頁 59—72。

〈虔州八景詩〉爲例》，梳理了自李仁老、陳澕、李齊賢至李奎報等高麗文人接受和轉化中國"瀟湘八景"的脈絡體系①。

基於前述的研究積累，筆者以"中、日、韓瀟湘八景詩畫研究"，於 2004 年榮獲當時對青年學者最高的兩項獎勵榮譽，即"中研院"年輕學者研究著作獎，以及吳大猷學術研究獎。至此，更加篤定了筆者研究東亞文化的決心。關於中國瀟湘八景詩畫的研究成果，集結於《雲影天光：瀟湘山水之畫意與詩情》一書，於 2013 年在臺北里仁書局出版，新修訂簡體字版於 2020 年在北京大學出版社出版。

從 1990 年的碩士論文《鄭板橋題畫文學研究》②，筆者長年持續研究中國詩畫藝術和美學。1995 年的博士論文《蘇軾題畫文學研究》③，融合藝術史的研究方法，關注書畫理論的生成和發展，以及傳世作品的考察。有了歷史的視角，一些從政治史和文化史上提出的命題，也可能從書畫藝術的側面加以對照或印證，例如"唐宋變革"，此即《觀看・叙述・審美——唐宋題畫文學論集》④ 的寫作初衷。

在《觀看・叙述・審美——唐宋題畫文學論集》一書裏，筆者處理了以繪畫爲書寫素材的題畫文學作品，並且旁及以文學作品爲繪畫素材的"詩意圖"，還有爲"詩意圖"創作的題畫詩。於是，進而思索詩、詩意圖、題畫詩三者的關係，選取《楚辭・九歌》《蘭亭集序》、前後《赤壁賦》等名篇的詩意圖爲主題，完成《遊目騁懷：文學與美術的互文與再生》一書，於 2012 年臺北里仁書局出版。此書被南京大學《文學與圖像》評選爲"文學與圖像名著精義十種"之一⑤。

文學與圖像雖然可以被概括爲詩、詩意圖、題畫詩三者的互文再生關係，然而，隨着研究範圍的時空和對象類型擴大，筆者發現：有些圖像並非繪畫，不宜簡單指稱；而有些文字書寫也不具有文學性，必須另外構想一種話語和研究方法，内含傳統的詩、詩意圖、題畫詩三者互文再生關係，又能突破現有的思維框架，包容古今所有視覺内涵。例如，在處理廣告文案的材料時，便無法以純藝術史或美學的眼光看待和評價。

---

① 衣若芬《蘇軾對高麗"瀟湘八景"詩之影響——以李奎報〈虔州八景詩〉爲例》，《宋代文學研究叢刊》第 10 期，2004 年 12 月。衣若芬《李齊賢八景詩詞與韓國地方八景之開創》，《中國詩學》第 9 輯，北京：人民文學出版社，2004 年 6 月。

② 後修訂出版，衣若芬《三絕之美鄭板橋》，臺北：花木蘭出版社，2009 年。

③ 後修訂出版，衣若芬《蘇軾題畫文學研究》，臺北：文津出版社有限公司，1999 年。

④ 衣若芬《觀看・叙述・審美——唐宋題畫文學論集》，臺北：中研院中國文哲研究所，2004 年，2006 年再版，2014 年三版。

⑤《文學與圖像名著精義十種》，《文學與圖像》第三卷，南京：江蘇鳳凰教育出版社，2014 年。

因此，筆者拈出"文圖學"一詞，希望以新的語彙拓寬研究領域，建構新的論述①。

"文圖學"（Text and Image Studies）的"文"，指的是"文本"（text），包括"文學/文字文本"（literary text）及"圖象文本"（image text）等。"文本"的形態多樣，開放給所有讀者/觀者詮解，賦予其意義，延伸其内容，"文本"可能是文字、圖象、影音等等各種表達媒介。

"文圖學"的"圖"（image），則除了繪畫之外，還包括符號（symbol）、圖示（icon）、商標（logo）等視覺語言（visual language），以及影像、線條、印刷等。漢字的象形元素與視覺性，也屬於非具體物質"圖"。因此，"文圖學"的"文"與"圖"並非截然畫分的兩種類型，有時可能互爲指涉，互爲文本，身份性質重疊。"文圖學"關心"文圖關係"、"文圖比較"、"互文性"，還涉及生産機制、社會網絡、政治訴求、消費文化、心靈思想、審美價值等等課題②。

結合筆者十餘年研究東亞文化交流的心得，以及對於文圖學的思考，本文試圖歸納過去的個案實例，從七個面向探討文圖學與東亞文化交流研究的現象，即"經典化"、"政治化"、"概念化"、"抽象化"、"本地化"、"規範化"和"模塊化"。這七個面向驅動影響了文化傳播交流中，接受、衍生和深植的過程與結果。

二、經典化（Canonization）

意大利作家卡爾維諾（Italo Calvino，1923—1985）在《爲什麽讀經典》（*Why Read the Classics*）中，提出經典的定義，包括："經典是具有特殊影響力的作品，它們會在我們的想象中留下痕跡，潛藏在令人無法忘懷的潛意識裏。"③ （The classics are books that exert a peculiar influence, both when they refuse to be eradicated from the mind and when they conceal themselves in the folds of memory, camouflaging themselves as the collective or

①衣若芬《"文圖學"的建構之路》，衣若芬主編《學術金針度與人》，新加坡：八方文化創作室，2015年，頁139—140。

②衣若芬撰，森岡ゆかり譯《無學祖元贊〈白樂天像〉の文圖學的研究》，《白居易研究年報》第17號，東京：勉誠出版，2016年12月。衣若芬《"文圖學"與東亞文化：1923—30年代虎標永安堂藥品的報紙廣告》，《臺大東亞文化研究》第3期，2015年10月。衣若芬《南洋風華：藝文·廣告·跨界新加坡》，新加坡：八方文化創作室，2016年。衣若芬《春光秋波：看見文圖學》，南京：南京大學出版社，2020年。

③伊塔羅·卡爾維諾著，李桂蜜譯《爲什麽讀經典》，臺北：時報出版公司，2005年。

individual unconscious.）

　　從歷史的縱向來看，作品使讀者產生共鳴而被一再閱讀、其影響力深入人心，於是世代流傳，因此成爲經典。成爲經典的作品被反覆詮釋，賦予意義，增生文化價值，進而鞏固其經典地位。

　　經典的形成，也就是作品被"經典化"的過程，包括：

　　1. 選取：被篩選爲範本，作爲創作者的效法對象，從中汲取養分。作爲讀者生命情境中的一環，結合閱讀的記憶與想象，豐富人生。

　　2. 品評：評價作品的優劣，決定作品歷史地位的起伏。隨着不同時代環境的讀者審美觀、人生觀、世界觀的變化，作品的經典性被强化或淡化，甚至退出經典的行列。

　　3. 傳播：作品超越時空的限制，擴大受衆範圍。傳播的渠道愈多元，愈能拓展覆蓋面。尤其如果能被不同的語言翻譯、被各種藝術媒體再現或表現，便能輻射傳播的力度。文學作品的圖像化，即爲其中方式之一，透過視覺直觀，有時還可不倚賴文字，達到認識的效果。

　　選取、品評、傳播，不僅在本國催生了作品的經典化，置於跨國的交流層面也同樣可行。以白居易（772—846）的《長恨歌》爲例，白居易在世時便名揚日本及新羅（今韓國）、越南，其詩集中的名篇《長恨歌》也倍受關注。探析《長恨歌》在東亞的經典化情形，筆者發現：在日本，自平安時代（794—1185）起，即有長恨歌屏風和繪卷，《長恨歌》題材的圖繪深化了作品在日本的影響力。在中國和韓國，反而罕見相關繪畫。追索原因，乃由於宋代文人對《長恨歌》的評價，認爲《長恨歌》"用事失據"、"豔麗穢褻"、"無規鑒大義"，此評價被韓國接受繼承①。

　　雖然中韓古代少畫《長恨歌圖》，未被廣泛圖像化的作品依舊因其自身"被選取品評"的話題熱點而不減損"經典化"的事實。

三、政治化（Politicization）

　　作品的經典化有其先天的内在因素，比如表達形式、藝術技巧、思想内涵等等；

---

① 衣若芬《白居易〈長恨歌〉之經典化及其東亞相關圖繪簡論》（Canonization of Bai Juyi's "Song of Everlasting Sorrow" and Related Illustrations of the Poem in East Asia）. Xin Ning, Dietrich Tschanz, Ching—I Tu eds., *Chinese Classics and Traditional Thought: Origin, Development, and Dialogue*（《中國古代經典與傳統思想：起源、流變與對話》）, Confucius Institute at Rutgers University, 2012, pp. 225—232.

其後天的因素，則取決於讀者的選取、品評和傳播。就個人權力而言，最具有解釋權和定奪權的讀者，在古代莫過於帝王。帝王介入，或是臣子奉承上意，往往呈現政治化的傾向。

所謂“政治化”，表現在：

1. 依政治目的或政治正確性創造、解讀、更易文本。
2. 以政治力量統整分歧的文本和意義。
3. 受制於政治現實而褒貶作者和文本。

前述古代中國和韓國罕見“長恨歌圖”，乃基於對《長恨歌》的評判，也就是文學創作的政治正確（political correctness），符合集體的、社會的、朝廷的價值觀。以唐代安史之亂爲題材的“明皇幸蜀圖”也由於擔心影射時政，而被隱去原題，另起別名。根據葉夢得（1077—1148）《避暑録話》：

> 明皇幸蜀圖，李思訓畫，藏宗室汝南郡王仲忽家。余嘗見其摹本，方廣不滿二尺，而山川、雲物、車輦、人畜、草木、禽鳥，無一不具，峰嶺重復，徑路隱顯，渺然有數百里之勢，想見爲天下名筆。宣和間，內府求畫甚急，以其名不佳，獨不敢進。明皇作騎馬像，前後宦官、宮女，導從略備。道旁瓜圃，宮女有即圃採瓜者，或諱之爲《摘瓜圖》。①

用《摘瓜圖》取代《明皇幸蜀圖》的時間大約在北宋末南宋初，流傳範圍並不廣，但已經顯示作品被政治化的情形。

金元時期形成的“燕山八景”，又名“燕京八景”、“北京八景”，八個景觀的選取和命名並不一致，到了乾隆十六年（1751）被乾隆皇帝統整一致，沿用至今，並且强調“北京八景”爲歌詠帝都宏大氣象而產生。

金、元、明初	明永樂年間	乾隆十六年
居庸疊翠	居庸疊翠	居庸疊翠
玉泉垂虹	玉泉垂虹	玉泉趵突
瓊島春陰	瓊島春雲	瓊島春陰
太液秋波	太液晴波	太液秋風
西山霽雪	西山霽雪	西山晴雪

---

① 葉夢得《避暑録話》卷下，《景印文淵閣四庫全書》第 863 册，臺北：臺灣商務印書館，1983 年，頁 695。

續表

金、元、明初	明永樂年間	乾隆十六年
薊門飛雨	薊門煙樹	薊門煙樹
盧溝曉月	盧溝曉月	盧溝曉月
道陵夕照 金臺夕照	金臺夕照	金臺夕照

由上表得知，從金代到乾隆年間，北京八景的名稱略有出入，其中最大的變動，即"道陵夕照"改換成了"金臺夕照"。道陵是金章宗的陵墓，景象過於悲涼，不適合概括太平盛世，因而基於政治因素而爲招賢納士寓意的"金臺夕照"取代①。

再如朱熹（1130—1200）仿照民間船歌的形式，作《淳熙甲辰中春精舍閑居戲作武夷櫂歌十首呈諸同遊相與一笑》（簡稱《武夷櫂歌》），隨着朱熹文集和學説東傳，朝鮮時代的士人賡和《武夷櫂歌》，欣賞和題寫"武夷圖"，對於《武夷櫂歌》的真意有不同的看法。在中國，帶有遊觀趣味的《武夷櫂歌》到了朝鮮，不但因當時興盛的思想氛圍而被理學化，甚且形成相異的理學見解②。直到朝鮮正祖（1752—1800）編選朱子詩《雅誦》時，爭論的結果被官方定調，確定採納元人陳普的注解，認爲"武夷九曲"即"進道次第"，政治色彩掩蓋了山水之樂③。

四、概念化（Conceptualization）

福建武夷山九曲溪蜿蜒於峭壁山谷間，水流曲折處，自東而西，依次被命名爲"一曲"、"二曲"、"三曲"……直至於"九曲"，統稱爲"武夷九曲"。朱熹在武夷九曲的第五曲建"武夷精舍"講學，使得武夷山之名遠播朝鮮半島，尊之宛若"聖境"。朝鮮士人捧讀朱熹文集，觀覽附有"武夷九曲圖"的方志，神往武夷山和武夷九曲，傳頌、唱和、圖繪，有如身歷其境，雖則武夷山和九曲溪只不過是從知識上學習得知

---

① 詳參衣若芬《雲影天光：瀟湘山水之畫意與詩情》，臺北：里仁書局，2013 年，頁 315—363。衣若芬《玉堂天上：清宮舊藏明代"北京八景圖"新探》，《故宮學刊》第 16 輯，北京：故宮出版社，2016 年 7 月。

② 衣若芬《遊觀與求道：朱熹〈武夷櫂歌〉與朝鮮士人的理解與續作》，香港中文大學《中國文化研究所學報》第 60 期，2015 年 1 月。

③ 衣若芬《印刷出版與朝鮮"武夷九曲"文化意象的"理學化"建構》，收入石守謙、廖肇亨主編《轉接與跨界——東亞文化意象之傳佈》，臺北：允晨文化實業股份有限公司，2015 年，頁 351—388。

的“概念風景”而已。

“瀟湘八景”也是東亞“概念風景”一例。在北宋文人畫家宋迪（約 1015—1080）繪製“瀟湘八景圖”之前，已經有“八景”圖繪記録。沈括《夢溪筆談》指出八景圖始於宋迪，並且列出各景的題名：“平沙雁落”、“遠浦帆歸”、“山市晴嵐”、“江天暮雪”、“洞庭秋月”、“瀟湘夜雨”、“煙寺晚鐘”、“漁村落照”①。

“瀟湘八景”作爲富有詩意的四字一組畫題，本身即爲一種對自然景觀、時節、氣候和人世活動的概念化表述。除了以洞庭湖爲名的“洞庭秋月”，以瀟水湘水彙流處湖南永州（零陵）爲名的“瀟湘夜雨”，其餘六景都不具體指涉某地區，宜於被接受和再創造。

“瀟湘八景”詩畫於 12 世紀被出使中國的外交官及畫家傳入高麗；13 世紀被渡日僧人傳入日本。人員和物品作爲中介者，因其自身的性質和特色，主導了“瀟湘八景”在不同地域的概念内涵②。

至於更像虛構文學的《桃花源記》，描寫的非人間時空也是高度概念性的東亞勝景。仙鄉、秘地、夢境，乃至於君臣和樂的理想國度，對於桃花源的豐沛想象正顯示了它被概念化的多元面貌。

實質地理上可觀、可居、可遊的“武夷九曲”，對大多數無法親臨該處的人們而言，結合了文字書寫和圖象視覺的相關訊息，積澱爲認知其文化地理的概念，於是稱爲“概念風景”。繪畫題目“瀟湘八景”，以及文學經典《桃花源記》缺乏完整的實質地理基因，儘管人們也企圖爲“瀟湘八景”和“桃花源”尋求確切的地點，這種傾向在旅遊覽勝風氣興起的中國明代尤其明顯。不過，即使把“瀟湘八景”標注描繪在方志地圖上，畢竟難以全面説服讀者而顯得有些勉強。然而，“瀟湘八景”和“桃花源”的這種“先天不足”的模糊性格，恰也正是其“概念風景”的合理性。所謂“概念化”，即是更强調“能指”（瀟湘八景）和“所指”（景點定位）之間的開放結構，與擺脱執著於某特定空間的自由度。

五、抽象化（Abstraction）

“概念風景”的自由度促使風景的概念被抽象化。再以桃花源爲例，陶淵明《桃花

---

① 沈括撰，胡道静校注《新校正夢溪筆談》卷十七《書畫》，香港：中華書局，1987 年，頁 171。
② 衣若芬《瀟湘八景：東亞共同母題的文化意象》，《東亞觀念史集刊》第 6 期，臺北：政治大學出版社，2014 年 6 月。

源詩并記》描述了漁人所處的人間，以及人間以外的世界。後人選取、品評、傳播，將文本經典化。經典化的文本，較集中於"桃花源"，而不著眼於人間。"桃花源"被概念化，成爲"概念風景"，可以指涉仙鄉、秘地、夢境、理想國度等等。再經過抽象化，從名詞性質的區域，轉化爲形容詞語彙，可以移動流轉的"樂土"，如同下圖所示：

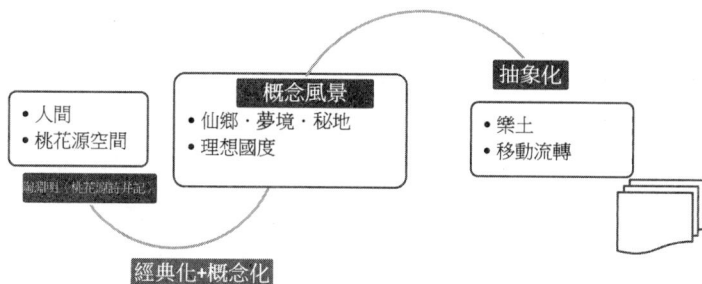

因此，將文本抽象化，也就是再次淬煉的結果。愈是"能指"與"所指"間的結構鬆散，指涉關係愈開放，便愈容易因爲抽象化而凝聚一時一地的集體共識。這種集體共識，用美學的話語詮釋，也就是"文化意象"。筆者曾經指出：

> 所謂"文化意象"，"文化"是"意象"的宏觀載體，"意"猶如審美主體的心靈觀照，心靈觀照投影於審美客體"象"，作用合成，反映一個地域或一個時代集體的審美意識、審美判斷，以及價值觀。①

"桃花源"、"瀟湘八景"、"武夷九曲"等等，作爲東亞諸國的共同文化意象，便呈現了"和而不同"的面貌與意涵。東亞文化意象有共相的漢字、美術爲基礎，也有更殊異的實際表現。不受時空所限，以文化意象作爲載體，承接東亞交流的契機②。

六、本地化（Localization）

如果説概念風景由於抽象化而提升到哲學、審美的層次，"本地化"則是超越既有的外來文本脈絡，嫁接、移植、落實到本地的現象。無論是實質地理的"武夷九曲"，

---

① 衣若芬《從文化意象理解東亞文明》，"東亞文明資産和公共性的新規劃"國際學術研討會主題演講，首爾：延世大學，2014 年 5 月 2—3 日。

② 石守謙《移動的桃花源：東亞世界中的山水畫》，臺北：允晨文化實業股份有限公司，2012 年。板倉聖哲《作爲東亞圖象的瀟湘八景圖——十五世紀朝鮮前期文人所見到的東亞瀟湘八景圖》，收於石守謙、廖肇亨主編《東亞文化意象之形塑》，臺北：允晨文化實業股份有限公司，2011 年，頁167—190。

或是文化地理的"瀟湘八景"，要能脫離其生發區域傳播到其他地方，繼而被接受、模仿，創造合於新地方的存在條件，便要靠"本地化"。

即使沒有親臨中國的"武夷九曲"，朝鮮時代士人依然吸取了"九曲"的概念，爲類似的景觀命名，於是有當地的"谷雲九曲"、"華陽九曲"等名稱。武夷山九曲溪是從福建通往江西的便道，古人撐竹筏溯溪而上，可免除翻山越嶺的勞頓，因此，"武夷九曲"的各曲順序依次從東到西排列。然而，朝鮮半島的地形和中國相異，複製"九曲"，冠以合於當地歷史文化價值的名稱，仍不可忽略被"理學化"的九曲意義，也就是爲溯溪而上的行旅方式找到"學如逆水行舟，不進則退"的求道精神，於是，朝鮮時代的地方"九曲"的排列，便因本地化而採取自西而東的次序。

"瀟湘八景"雖然沒有固定的地點，"瀟湘"的名稱顯示其局限於湖南境內。南宋畫家未必能去湖南描繪瀟湘八景，故而虛化、抽象化了"瀟湘八景"的"瀟湘"，用畫家寓目所及的地方來代替"瀟湘"。例如米友仁畫"瀟湘奇觀圖"，選取的是鎮江風光；牧谿畫的"瀟湘八景圖"，其實是西湖周邊的景象。這種"在地化"的表現，加強了"瀟湘八景"的包容性和開放性，"瀟湘"既然不必非在湖南，"八景"也可隨地而生——中國有"北京八景"、"金陵八景"等等；朝鮮半島有"釜山八景"、"丹陽八景"等等；日本有"金澤八景"、"近江八景"等等，琉球、臺灣、香港、新加坡，都有豐富的東亞的八景文化。

七、規範化（Standardization）

"八景"、"九曲"在東亞地區的本地化還有一項前提，即是"規範化"。前述朝鮮半島"谷雲九曲"的各曲順序由於地理環境而和中國"武夷九曲"方向相反，看似不一致，其實是遵守着內在"逆水行舟"意涵的規範。

內在的規範需要探求，外在的規範則較容易得知。例如都以"××八景"、"××九曲"命名。"××八景"的各景基本上都是四個字一組爲題；"××九曲"則稱各曲爲"一曲"、"二曲"……如此，能夠梳理出可複製的模式，再調整形塑過的模式，進行加工和再創造。

圖像方面，同一畫題的作品常可見構圖形式沿襲的現象。例如以東晉王羲之與友人修禊聚會的事跡爲題材的"蘭亭圖"、"修禊圖"，少不了《蘭亭集序》裏提到的"崇山峻嶺"爲背景，"曲水流觴"爲人物活動，加上王羲之愛鵝，從鵝的游水姿態體悟用筆之道的"羲之觀鵝"形象爲開篇，構成"蘭亭圖"的元素及組成模式。此模式流傳到日韓，我們也能在日本和韓國的同題材畫作裏看到“羲之觀鵝”、“曲水流觴”、“崇山峻嶺”的組合。

蘇軾與友人夜遊赤壁的圖像也有同樣規範化的情形。畫蘇軾和二客坐於小舟，蘇軾回望赤壁，瀑布自赤壁流瀉，日韓的“赤壁圖”不乏類似的圖像。重複規範化的圖像幫助觀者辨識畫意，積累成造型系統。再如中國少見“武夷九曲圖”，朝鮮時代的“武夷九曲圖”是從中國的《武夷山志》等地理書中的版畫插圖得到圖像的規範。

圖像運用於版畫和繪畫，也複製在瓷器上。朝鮮畫家鄭歚（정선，1676—1759）和沈師正（심사정，1707—1769）畫的“洞庭秋月圖”，畫面右方是岳陽樓，樓上旗飄揚，樓下的洞庭湖有舟船搖盪，遠方浮現的是君山，天上一輪圓月高掛。同樣的圖景可見於朝鮮民畫，以及 18、19 世紀的青花白瓷，例如 Leeum Museum、韓國中央博物館、大阪市立東洋陶瓷美術館的藏品，儘管器型不同，但都有類似的圖樣。雖然沒有標題，我們從規範化的結果即能判斷那幾件青花白瓷的圖樣主題。

八、模塊化（Modularization）

規範化便於複製；模塊化則是將大範圍的物象拆解成零件，便於靈活組合排列。例如前述東亞地區的在地“××八景”，包括了八個四字一組的景觀，對照“瀟湘八景”和日本的“金澤八景”如下：

瀟湘八景	金澤八景
瀟湘夜雨	小泉夜雨
煙寺晚鐘	稱名晚鐘
遠浦歸帆	乙艫歸帆
山市晴嵐	洲崎晴嵐
洞庭秋月	瀨戶秋月
平沙落雁	平潟落雁
漁村夕照	野島夕照
江天暮雪	內川暮雪

“金澤八景”是將“瀟湘八景”的各景題目前兩個字用當地的地名置換，例如“稱名晚鐘”的“稱名”即稱名寺，“洲崎晴嵐”的“洲崎”即洲崎神社。“晚鐘”、

"晴嵐"作爲模塊，便於組合。

再如把既有的瀟湘八景詩當成模塊，題寫在畫上，也是製作"瀟湘八景圖"的一種方式。16世紀日本畫家雲溪永怡的"瀟湘八景圖"取南宋玉澗的題瀟湘八景圖詩；金玄成（1542—1621）題贊的"瀟湘八景圖"屏風（九州國立博物館藏），取高麗詩人陳澕的題瀟湘八景圖詩，陳澕的詩作仿造釋惠洪題宋迪的瀟湘八景圖詩，也是把釋惠洪的詩模塊化的結果。

將"曲水流觴"作爲模塊，古代日本韓國仿效中國蘭亭修禊，修建曲水流觴的庭園，在三月三日作曲水宴、續蘭亭會。朝鮮時代融合了白居易"香山九老"想法的雅集，帶有"同甲會"、"尚齒會"的性質①。存世如"金蘭契會圖"（韓國中央博物館藏），"金蘭"典出《周易·繫辭·上》："二人同心，其利斷金。同心之言，其臭如蘭。"王羲之《蘭亭集序》爲東亞漢文學經典作品，永和九年的聚會並非爲了結合盟友，朝鮮文人卻將"修禊"本地化爲"契會"，並且符合當時儒學興盛想的"政治正確"，認爲"蘭亭修禊"的目的有發揚孔子的"風乎舞雩"的名教思想。"金蘭契會圖"裏的曲水流觴場景，人物是穿著韓服，頭戴高笠的朝鮮人，構圖則是標準的蘭亭圖模式，可謂含括了文圖學與東亞文化交流的七個理論面向。

九、結語

本文從"經典化"、"政治化"、"概念化"、"抽象化"、"本地化"、"規範化"和"模塊化"七個面向探討文圖學與東亞文化交流研究的理論框架。這七個面向有的個別存在；有的則與其他面向環環相扣，歸納整理這七個面向，庶幾有助於吾人認知文圖學在東亞文化交流歷史中的學科理論建設。

此外，誠如前文所述，"文圖學"研究含括物件的創生機制和消費文化，具有理論的實用意義，例如在當今的產銷形態中，這七個面向可以被理解爲以下的話語/戰略：

"經典化"——打造品牌，鞏固辨識度，成爲名品。

"政治化"——大咖代言，與主流思想的關係和距離。

"概念化"——產品訴求，品牌精神定位。

"抽象化"——引發潮流，建構被消費者認同的核心價值觀。

---

① 衣若芬《蘭亭流芳在朝鮮》，故宮博物院編《二零一一年蘭亭國際學術研討會論文集》，北京：故宮出版社，2014年，頁36—48。

"本地化"——産品親切感，與消費者的溝通互動。

"規範化"——可被模仿複製，增生散播，吸引關注和人流／網流量。

"模塊化"——可被拆解成單元配件，混合操作，客製化組合服務。

《金山聯玉》與黃遵憲任職舊金山總領事的三年時光

——由《金山聯玉》談黃遵憲美國詩歌的一些想法

林宗正

（加拿大維多利亞大學）

一、前言

這篇論文希望透過《金山聯玉》來重新思考黃遵憲有關美國的詩歌作品是否爲後來補作的問題。爲什麼這些詩作有可能是黃遵憲離開舊金山之後纔完成的？黃遵憲的經歷與《金山聯玉》告訴我們黃遵憲在舊金山是什麼樣的處境與心境？而這種心境對他的文學創作產生了什麼影響？

有關黃遵憲美國詩作是否是詩人在離開美國之後纔完成或是在美國之時已經寫成，一直都是學界的一個疑惑，也一直是研究上的一個議題。是不是可以僅從《手抄本》與《詩草》二者刊行時間的不同以及所收錄的詩歌的差異，就可以判斷這些作品是離開美國之後纔完成的？按照施吉瑞先生的研究，在黃遵憲美國詩作中，有關美國大選的諷刺詩《紀事》是可以確定爲後來所完成的。主要的判斷依據是黃遵憲將一些當時美國著名的政治人物的名字寫錯，這表示黃遵憲因爲時間久遠而無法清晰記得當時美國政治人物的名字。施先生同時也指出，可以輔證這些作品是後來補作的證據，是這些作品有些風格與筆法是早期作品中未曾出現的[1]。就筆者的淺見，這些風格與筆法上的差別未必就能證明這些美國詩作是離開美國之後纔完成的。這些風格的轉變跟這些作品是否在離開美國之

---

[1] 請參考施吉瑞（Jerry D. Schmidt）著，孫洛丹譯《人境廬內：黃遵憲其人其詩考》（此後引用均簡稱爲《人境廬內》），上海：上海古籍出版社，2010 年，頁 151—153。

後所做的沒有太大關聯，最大程度上只能將駐美時期視爲是詩人寫作風格轉變的過渡時期，而無法就此判定這些作品爲後期之作。就寫作而言，前期的風格有可能出現在後期的作品中，離開舊金山之後的作品即使有着早期的風格，仍然是離開舊金山之後的作品。換言之，即使是回到中國之後的前期作品有着早期的風格，而有關美國的作品帶有晚期的風格，這也無法作爲斷定美國作品不是在舊金山之時所寫成的依據。

那問題是，探討這些作品是舊金山之時所作或是離開舊金山之後的補作除了學術考證的價值外，在學術研究上、在詩人及其作品的分析上，還有什麼特別的意義？如果說黃遵憲的美國詩作是後來的補作（第一個假設），我們不禁好奇，爲什麼黃遵憲在舊金山之時沒有創作呢？如果黃遵憲在美國三年沒有創作，是什麼原因與遭遇讓黃遵憲如此沉重以至於在舊金山之時竟然無法提筆創作？

如果黃遵憲在舊金山就已經創作了那些詩歌（第二個假設），我們也不禁好奇到底是什麼原因讓黃遵憲有創作但後來決定不收錄於《手抄本》而是必須等到一段時間之後纔刊行於《詩草》？如果黃遵憲在舊金山之時有所創作卻又遲遲無法決定是否及時刊行，那麼這似乎意味着黃遵憲曾經對是否要將這些作品發表以及何時發表而猶豫不決。這似乎也意味着黃遵憲需要一段時間修改這些美國詩作的草稿。先有草稿之後幾經修改最後纔發表，是文學創作的必經過程，也是多數詩人的共同經驗，這完全可以理解。但是一整批三年的作品決定暫緩發表，這纔是令人費解而好奇的所在。

爲什麼黃遵憲會對這時期的作品是否發表如此猶豫不決？爲什麼需要這麼長的時間修改舊金山時期的作品？這些作品對黃遵憲的意義真的如此重大到讓黃遵憲需要如此斟酌再三而猶豫不決嗎？這些作品在什麼層面上讓黃遵憲需要如此斟酌再三？黃遵憲似乎對這些作品如何定稿感到困惑？是什麼原因讓黃遵憲對這些作品感到困惑甚至混淆？這些原因跟黃遵憲在舊金山的遭遇及其所見所聞有關係嗎？到底在舊金山黃遵憲經歷了什麼是他從未經歷過而令他困惑的？

不論是抱持着什麼觀點——舊金山之時有創作但都只是草稿或是沒有創作都是後來的補作——對於黃遵憲這個時期爲什麼沒有創作或是創作量有限的這個問題，許多學者幾乎都傾向於相同的說法——公務繁重。如果說是政務繁重，那麼我們也會好奇，難道在日本之時政務就不繁重了嗎？資料明白顯示黃遵憲在日本任職期間的創作數量以浩瀚來形容都不爲過。爲什麼黃遵憲在日本與在舊金山任職清廷的外交使節會造成他在創作上如此大的差別？真的是政務繁重還是有其他觸及他內心深處而他不知該如何處理甚至不知該如何面對卻又未曾提及而學者也從來不忍心去揭露的問題？黃遵憲所遭遇的這些問題跟舊金山有關嗎？十九世紀的舊金山跟十九世紀的美國是相等的嗎？

十九世紀的舊金山到底是什麽樣的一個地方？有着什麽樣的社會與文化？他日間忙於處理政務，我們可以瞭解，但午夜孤燈獨坐之時，他在想什麽呢？他是如何回顧日間所見的一切？爲什麽這些心情會讓他無法提筆書寫？爲什麽會讓他曾經以他最熟悉的語言最習慣的文體寫下他的心情感觸以及所見所聞卻最後又決定不發表也不與其他的文人同僚分享呢？究竟是什麽事、什麽遭遇、什麽感觸竟然會如此地觸動他心理底層最無法承受之痛？歷代詩歌中有許多是描寫詩人的難以承受之痛，例如喪親之痛，清朝詩人例如吳偉業、袁枚與鄭珍都曾經歷過的，但是詩人還是在書寫，還是借由他們最熟悉的文學形式在表達。但到底是什麽心情、什麽事件讓黃遵憲如此困擾、甚至困惑以至於不知該如何提筆？爲什麽這種情形不曾發生在日本時期也未曾發生在任何一個時刻（包括後來出使倫敦與新加坡時期）但卻只發生在任職舊金山總領事期間？

從《手抄本》與《詩草》的刊行時間以及其中所收録的作品的差異，無法明確判斷黃遵憲的美國詩作到底是否是在舊金山時期所寫成的。那麽如何、或是我們可以通過什麽視角、什麽方法、什麽證據或是史料來重新審視這個問題進而提出一個具有可能性的解釋？研究梵高的畫作及其風格的演變不可能忽略他的經歷以及他在精神上的困擾；研究普魯斯特爲什麽以及如何創作《追憶似水年華》，不可能忽略他的健康與心理狀態如何影響他的生活與思慮。研究陳三立詩歌風格的轉變也不可能忽略百日維新失敗對他在精神上所造成的創傷。黃遵憲在舊金山三年是什麽樣的遭遇讓他無法提筆寫作？他是否曾經提筆但最後卻決定放下？他提筆之際，到底面對了什麽樣的情境而讓他如此不堪而決定不寫？或是什麽樣的遭遇讓他有所創作但遲遲無法定稿而必須等到回到中國之後纔能定稿？或是已經定稿卻決定完全不將這些作品放入《手抄本》？當他在閲讀自己作品之時，他的作品到底將他帶入什麽樣的情境與心情而讓他如此困惑而猶豫？

有關黃遵憲在舊金山三年的經歷，我們現在所能獲得的第一手資料非常有限，有關的研究也不多。在這個領域研究得最深入、資料收集最多的學者首推加拿大英屬哥倫比亞大學（University of British Columbia）的施吉瑞先生，其中絶大部分的資料都是當時舊金山以及美國本土的報紙。因爲十九世紀大多數漢人到美洲西岸都是從事勞力工作，生活相當艱難，雖然也有愛好古典詩詞的文人，但爲數不多，更遑論當時美國人民對於中國的瞭解與知識的淺薄與無知。這與十九世紀的日本以及居住在日本的漢人有着相當大的差別。除此之外，十九世紀的北美西岸也没有漢文的出版社，漢文的資料或是所謂的漢籍因此相當有限。現今有關十九、二十世紀海外華人的研究，除了報紙與政府檔案（例如移民局、外交部、警局、財税局、商務部等檔案文件）之外，華人自己收藏，尤其是北美中國城以及中華會館是重要的資料來源。加拿大維多利亞的中國城是北美最早、歷史最久的中國城，一些近代的政治人物例如黃遵憲、湯化龍、康有爲、梁啟超都曾造訪或是旅居（或許應該說是避難）於維多利亞。加拿大維多利亞大學得地理之賜，成爲北美有關海外華人研究的重要基地。其圖書館的檔案室收藏着一本黃遵憲曾經參與的詩集《金山聯玉》[①]。這是一本詩鐘集，1925 年由廣州開智書局印行。維多利亞大學圖書館所收藏的這本可能是海外的孤本[②]。問題是：這本《金山聯玉》是當時北美西岸的華人的詩鐘集，其中只見黃遵憲擔任詩歌創作的評審，不見黃遵憲的作品。在此情況之下，這本海外漢籍對我們瞭解黃遵憲任職舊金山那三年的詩歌創作有什麼重要？歸納而言，這本詩集透露出三個基本意涵，一是黃遵憲參與詩歌評審但自己沒有詩歌創作，二是黃遵憲積極參與中國文化的活動，三是黃遵憲與華人很親近。雖然這本詩集沒有黃遵憲的作品，但是沒有作品的資料，也是一種資料，也是一種學術發現。底下就以黃遵憲在日本、舊金山、離開舊金山回到中國之後，以及後來出使倫敦與新加坡的經歷作爲比較，來探訪、揣摩黃遵憲舊金山任職總領事時期所遭遇的問題及其心境。

二、黃遵憲從任職日本到新加坡總領事卸任回國的經歷與文學活動[③]

（一）黃遵憲在日本任職（1877—1882）的經歷與文學活動

黃遵憲在日本任職將近五年的時間（1877—1882）。這段時期黃遵憲雖然只是秘書職的參贊，但生活卻相當忙碌，就其生活與文學活動而言是相當多彩多姿以至於在

---

① 有關《金山聯玉》請參考李東海《加拿大華僑史》，加拿大自由出版社，出版地不詳，1976 年版，頁 153；蔣英豪《黃遵憲詩友錄》，上海：上海書店，2002 年，頁 94。

② 根據筆者私下與施吉瑞先生的討論。

③ 這一節所引用的資料包括施吉瑞《人境廬内》，與《金山三年苦：黃遵憲使美研究的新材料》（此後引用簡稱爲《金山三年苦》），收錄於筆者與張伯偉所編的《從傳統到現代的中國詩學》（上海：上海古籍出版社，2017 年），頁 177—205，以及《金山三年苦：黃遵憲初到舊金山（1882 年 3 月 26 日至 5 月 9 日）》（此後引用簡稱爲《初到》）（黃道玉譯，載蔣寅主編《海外中國古典文學研究譯叢》第一輯，南京：鳳凰出版社，2019 年）；蔡毅《黃遵憲與日本漢詩》，蔡毅《日本漢詩論稿》，北京：中華書局，2007 年，頁 93—116；以及吳天任《清黃公度先生遵憲年譜》（此後引用簡稱《年譜》），臺北：臺灣商務印書館，1985 年，頁 26—108。

詩人離開之後仍然不斷回顧懷念。黄遵憲 1877 年農曆十月與何如璋等人抵達長崎，僑居日本的華人盛大迎接。先安排到西王母廟參拜，之後再從長崎到神户，並且順道遊覽大阪與京都。之後到橫濱，之後何如璋在東京的皇宮向日本天皇遞呈國書①。由此可以想象，在黄遵憲抵達日本之初，在受到相當的禮遇並且順道旅遊之下，心情應是相當愉快的。這與後來抵達美國之時與之後的境遇，截然不同。

　　在日本將近五年的這段時間，黄遵憲在吸收西方新知、與日本文人交往以及文學活動上，都有相當豐碩的收穫。例如黄遵憲曾經學習書寫體的日文，並借此來與日本學者溝通以及閱讀日本的作品以及日文所翻譯的西方作品②。除了接受新知，黄遵憲的文學活動與創作也相當忙碌而豐富。黄遵憲在日本時期寫了《日本雜事詩》154 首七言絶句，在日本得到熱烈的迴響。這 154 首詩有許多是談論日本是如何運用西方的政治理論來完成國家的轉型。從《日本雜事詩》可以看出黄遵憲對西方國家與文明有着相當的憧憬③。雖然有些作品也傳達出他對於西方制度的保留態度，但仍然可以看出黄遵憲對西方制度的嚮往與認同④。然而黄遵憲這份對西方文明的憧憬到了北美任職之後卻反而加深了他在精神上的負擔。有關這一點將在《討論》中進一步論述分析。除了《日本雜事詩》，黄遵憲也開始著手準備撰寫《日本國志》並大量收集資料。《日本國志》一直到黄遵憲離開日本五年之後纔完成，但其中有十四章在日本期間已經完成⑤。

---

①請參考施吉瑞《人境廬内》，頁 23。

②最主要是德川幕府晚期與明治時期有關政治、經濟的書籍，以及日文翻譯的西方思想作品，其中尤以盧梭（1712—1778）以及孟德斯鳩（1689—1755）的作品給黄遵憲深遠的影響。黄遵憲在給梁啟超的信件中，曾經提及在讀過盧梭、孟德斯鳩作品之後纔明白“太平世必在民主”。請參考施吉瑞《人境廬内》，頁 23—24。

③請參考施吉瑞《人境廬内》，頁 24。

④在黄遵憲駐使倫敦之時、在親眼目睹西方制度的運作及其對社會的影響之後，黄遵憲改變了他原本的保留態度，因而重新修改了這些詩作。請參考施吉瑞《人境廬内》，頁 33—34。

⑤《日本國志》於 1887 年全書完成，但一直要到 1895 年纔由羊城富文齋出版，此版即是初刻版。施吉瑞在《人境廬内》指出是 1890 年由富文齋出版（頁 32），其原因可能是根據此版牌記爲“光緒十六年羊城富文齋刊版”。然而其他學者大多將此版認爲是 1895 年出版，原因是牌記和内容有所矛盾。如果按照此版牌記題光緒十六年（1890），那就無法解釋寫在“光緒二十年（1894）春三月”的薛福成的序爲何會出現在這裏。根據劉雨珍爲《日本國志》（上海：上海古籍出版社，2001年）撰寫的詳細前言（頁 20—23），以及翁長松《清代版本叙録》（上海：上海遠東出版社，2015年）一書中的“日本國志”條。兩位學者都認爲“羊城富文齋版”出版在 1895 年。而梁啟超爲《日本國志》所作的《後序》標記了其寫作時間是爲“光緒二十二年（1896）十一月朔”，可能不是施先生所認爲的此序是寫於 1894 年（《人境廬内》，頁 32）。有關《日本國志》的初刻版的時間的考證，得惠於北京師範大學博士生時光先生的協助，特此致謝。

除了這兩部作品，黃遵憲也同時創作了四十八首詩歌①。除了詩歌的創作，黃遵憲與日本文人（漢詩人）有許多贈答之作②。除了這些忙碌的文學活動與創作之外，黃遵憲也同時忙於外交政務③。

值得注意的是蔡毅先生所提到的，黃遵憲認爲日本文化源出中華，因而對日本漢詩有着親切之感④。在日本的這種文化親切感是黃遵憲在舊金山之時完全無法體會的，也是造成他文化失落與焦慮的主因。除了文化的認同之外，黃遵憲的才華受到了日本漢文學者的高度仰慕，在明治文人中的地位猶如"老師"一般⑤。據蔡毅先生的統計，《黃遵憲全集》中提及曾經與其有過交往的明治文人學者就有 79 人。據蔡毅先生的推算，真正交往過的文人學者爲數應該更多⑥。黃遵憲在日本期間幾乎每天都有忙不完的求教文稿，有時甚至必須利用休假的時間來完成這些稿債。除此之外，還時常應日本文人之邀爲其文集寫序，評點日本文人的作品⑦。就以宮島誠一郎爲例，他是黃遵憲在日本交往最爲密切的友人。除了二人之間密切往返的書信，黃遵憲更爲宮島誠一郎的詩集《養浩堂詩集》多次校閱，並附上千萬言的評語⑧。雖然忙碌，但黃遵憲似乎樂在其中，並且未曾忽略文學的創作。從以上這些資料我們或許可以合理地得出結論：讓黃遵憲能夠如此樂於忙碌而又如此投入創作的原動力，可能是來自於文化的認同，尤其是日本明治文人對於他背後所代表的文化的尊敬與欽仰。然而這種文化的尊嚴、驕傲與喜悦，在離開日本，尤其是抵達舊金山之後，隨即在倏忽之間消逝無蹤。

（二） 黃遵憲舊金山任職三年 （1882—1885） 的經歷與文學活動

當黃遵憲搭乘東京號從橫濱千里迢迢、任重道遠而興高采烈地在 1882 年 3 月 26 號

---

① 雖然根據錢仲聯《人境廬詩草箋注》（上海：上海古籍出版社，1999 年），其中有些作品是後來補作。但究其原因，筆者認爲雖同是補作，但應與美國詩歌的補作的原因有所不同。
② 請參考施吉瑞《人境廬内》，頁 25。
③ 黃遵憲雖然只是駐使日本的秘書職（參贊），不如他在美國時期的西岸總領事，但駐日大使何如璋優柔寡斷，幾乎每件事都需要黃遵憲的決斷，因而也忙於外交政務。請參考施吉瑞《人境廬内》，頁 27。
④ 請參考蔡毅《黃遵憲與日本漢詩》，頁 99。
⑤ 王韜曾在《日本雜事詩序》中描繪黃遵憲受到日本學界文人如同泰山北斗仰望而門庭若市的場面："日本人士耳其名，仰之如泰山北斗，執贄求見者户外履滿。……每一篇出，群奉爲金科玉律，此日本開國以來所未有也。"請參考蔡毅《黃遵憲與日本漢詩》，頁 100。
⑥ 請參考蔡毅《黃遵憲與日本漢詩》，頁 102、105。
⑦ 轉引自蔡毅《黃遵憲與日本漢詩》，頁 103。
⑧ 轉引自蔡毅《黃遵憲與日本漢詩》，頁 103。

抵達舊金山剛剛下船之時①，第一件事不是僑胞的熱烈歡迎，也没有如同當年抵達日本之時參拜西王母廟與四處遊覽，而是遭受美國海關要求搜身②，這對高階駐外使節以及使節所代表的國家而言是難以接受的屈辱。幾天之後，黄遵憲接受舊金山當地的地方報《薩克拉門托每日聯合新聞》（*Sacramento Daily Record-Union*）的採訪。該報採訪黄遵憲最主要的目的是希望能從他的口中證實清廷對於排華法案没有反對的態度。這篇報導並没有提起黄遵憲個人對排華法案的態度，對黄遵憲個人也只是簡短的介紹，没有提起他的詩人身份③。其實這份報紙採訪黄遵憲的主因不是黄遵憲有什麽重要，或是他們尊重黄遵憲，或是黄遵憲是上流階層，而是加州絕大多數人士都排華，但礙於東岸對排華的反對態度，爲了讓排華法案可以通過，特別採訪清廷的高階使臣，由其口中表達出清廷對排華法案的不反對態度。

值得注意的是這份報紙的編輯將一些相關的新聞編排在同一個版面，包括黄遵憲抵達舊金山、舊金山警方逮捕走私鴉片嫌疑人、中國人計劃鑽法律漏洞④，以及被視爲是最狠毒的反華運動組織者丹尼斯基爾尼⑤的演講短文。若以一個比較敏感的讀者的角度去看這個版面，很難不感受到其中强烈的反華意識。除此之外，同一個版面也刊登了有關兩位重要的外國文學家的報導，但在描寫黄遵憲之時並没有提到黄遵憲的詩人身份。我們很難判斷這樣的版面編排是否只是隨便拼湊而成的，但這確實讓讀者很難不感受到這樣的編排流露出對中國詩人的忽視甚至鄙視的態度。其實這份報紙的報導與版面的編排，處處反映出當年加州主流對於華人的態度——排華。值得注意的是，在加州主流的觀點之下，不論黄遵憲的身份，黄遵憲就是華人的一份子；在加州主流的眼裏，黄遵憲的使節身份並没有讓他與其他華人之間有任何的差異。所有的華人，在當時加州的主流意識之下，都有着既定的而難以改變的負面形象⑥。這些有關華人的

①有關黄遵憲抵達舊金山的正確日期的考證，請參考施吉瑞的《金山三年苦》。
②引自施吉瑞《金山三年苦》。黄遵憲身爲駐舊金山總領事而被海關搜身的原因，是其所搭乘的那艘船上有許多人私藏鴉片入境美國。
③其中有關黄遵憲的介紹："黄遵憲大約35歲，面露智力高超之相，談吐謙恭，舉止優雅，之於其職位表現得體。在過去的四年，他駐在横濱擔任中國駐日公使館參贊。他此番從横濱至今抵埠，從他四年前出任使館參贊後，迄今再未回家。"引自施吉瑞的《金山三年苦》。
④這裏的鑽法律漏洞是指把來美國的華工先逃到香港之後再到美國，若此，他們是英屬地的居民，而不是華人，就不受反華條款的限制。請參考施吉瑞的《金山三年苦》。
⑤Dennis Kearny，1847—1907。
⑥在當時加州的種族歧視者的眼裏，華人被認爲是集麻風病患、騙子、妓女、暴力使用者、罪犯、秘密組織（黑社會）成員、不誠實者、不道德者等等負面形象的族群。例如美國東岸與西岸（轉下頁）

負面形象，在黃遵憲任職舊金山那三年，幾乎每天都出現在當地的報紙。換言之，黃遵憲每一天所讀的、所聽到的、所面對的都是這些有關華人的負面報導。不論黃遵憲走到哪裏、身處何處，或是以什麼身份出現在什麼場合做什麼事，在實際生活上、在心情上，只要人在加州、在北美的西岸，都無法逃脱這個緊緊套在華人身上的宿命。

　　兩天之後，黃遵憲再次接受報紙訪問，這次是由舊金山最有影響力的報紙《舊金山紀事報》（*San Francisco Chronicle*）所採訪的。這次篇幅多了兩倍，也再次報導清廷對法案的不反對態度，除此之外，還報導了黃遵憲對法案的保留的態度。該報引述黃遵憲的説法是：十年的限制已經夠長了，現在要延長到二十年，這對華人將會更加艱

（接上頁）對於反華法案有着不同的見解。當時東岸和西岸對華人的態度也有很大的差別。東岸比較接受華人，而西岸則是非常敵對。東岸的美國人，有些人曾經參與美國內戰，主張解放黑奴，他們不同意反華法案的通過，他們認爲加州的反華是種族歧視並且違反美國憲法的精神。但加州人相當不以爲然，當時的《舊金山紀事報》就曾經強力回擊大罵這群不支持反華法案的東岸人。這則報導指出當時加州人口有 86 萬 4 千，華人就有 8 萬人，佔了百分之九的人口。麻州人口有 180 萬，百分之九的人口就是 16 萬 2 千。如果讓這些 16 萬 2 千名充滿 "麻風病患、騙徒的華人" 在未來十年佔滿東岸的城市以及他們的工廠，看他們如何反應。另外，還有新聞特別報導牙醫如何幫助那些因爲染上麻風病的妓女以塑膠來修補她們因爲麻風而殘缺的鼻子與嘴唇。諸如此類的負面的醜化華人的報導，日復一日以不同的案件出現在每天的報紙上。（以上兩則報紙的報導引自施吉瑞《金山三年苦》）

　　又如底下的這則報導：一個華人路經施工的地方之時，被一塊落下的水泥砸到，那華人以爲是有人故意砸他，於是掏出手槍連續擊發了數顆子彈，但是他的槍法不準，因此沒有傷到任何人。而他也被逮捕。在這則報導中，這位華人被諷刺地描寫成槍法不準卻又好殺好鬥之人。（引自施吉瑞《金山三年苦》）

　　然而，這則新聞也爲我們提供了另外一個角度去想象那時住在加州的華人的處境。只因一塊落石就會誤以爲是有人故意傷害他，這不應該純粹視爲是偶發的意外，而是當時華人的處境是隨時都擔心受到暴力的攻擊，隨時都得準備保護自己的性命，因爲當時華人被種族歧視者殺害或是欺負的案件不勝枚舉，多到必須時時刻刻都要擔心害怕、提心吊膽。由此可以想象當時華人的處境是如何險惡，而他們是如何膽戰心驚地過每一天的生活。

　　除了逞兇鬥狠、好殺人之外，華人還被認爲是與秘密暴力組織密切相關的分子，而且華人總是服膺秘密暴力組織，接受暴力組織的指使。施吉瑞《金山三年苦》就曾引用了一則報導指出當時華人總是被認爲是與黑社會暴力行爲息息相關。其中報導了當時一位洗衣的華工洗衣的價錢比起工會規定的價錢要低許多。當他被發現違背工會規定之時，他承認是受到秘密組織的要求，如果不服從組織的規定，他就會受到暴力甚至生命的威脅。並且他還要固定時間向這個組織繳費。（引自施吉瑞《金山三年苦》）

　　除此之外，許多加州人極力反對華人信奉基督教，因爲他們認爲基督教是道德的宗教，而華人是不道德的。加州的主流甚至對於中國人所重視的孝道也視爲是不道德的行爲的來源。例如有一則新聞就報導一位華工兒童收到人在中國的父親的來信要一筆經費來支付他的兄弟從橫濱到加州，因此偷了主人的金表與項鍊而被逮捕。這則新聞報導主要的含義，是中國的道德例如孝道時常是造成華人違反基督教的道德教義的主因。（引自施吉瑞《金山三年苦》）

難，他希望看到他的同胞能够過着平安祥和的生活，不再是被侵犯攻擊的目標。同一篇報導也引述了傅列秘領事（Consul Frederick A. Bee）的觀點。傅列秘領事對該報説明當時大量華工到加州的原因並不是清廷政府的政策的鼓吹，而是北美太平洋鐵路（Northern Pacific Railroad）的興建需要大量勞工所致①。之後（4月3日）當黃遵憲正式接任總領事之時，《舊金山紀事報》刊載了黃遵憲正式就任的報導，然而這則報導的篇幅非常簡短，而且在這個短篇幅的報導中，有關黃遵憲的報導僅佔極少的部分，反而是有關傅列秘領事的報導佔了幾乎一半的篇幅。這種報導的分配或許已經明顯地暗示出，黃遵憲在加州不論他身爲總領事的身份有多高，在加州人的眼中，其重要性是不如一位僅是領事的美國人。或許由此已經可以看出黃遵憲接下來的任期應該是充滿荆棘之路。

　　黃遵憲於舊金山任職期間，在外交事務上最大的憂慮是反華法案的通過與簽署，以及種族歧視對華人生活與性命的威脅。當時美國東岸與加州對於排華法案的立場很不相同，加州絕大多數是贊成排華，有着遠比東岸更深的種族歧視。當時的排華法案並不是限制所有的華人來美國，而是針對中國勞工。然而加州的主流觀點則是認爲所有的華人都應被驅逐，而且最嚴重的是反華的種族歧視現象不只限於那些沒有受教育的華工。換言之，只要是華人，不論是勞工苦力，或是生意人，甚至是連任職使館的這些清廷的官員，都是種族歧視的攻擊目標。舉例而言，在反華法案第一次被美國總統否決之後、還在修改法案之時，加州政府不僅沒有改變反華的態度，反而根據地方自治法變本加厲通過更多反華的立法與規定以此來讓加州的華人在生活上更加困難。舊金山政府也没有等到國會的進一步決議，就徑行宣佈了舊金山政府有權利將華人逐出舊金山。其實，舊金山政府長久以來就一直想方設法要將中國城以及華人逐出舊金山。再如，就在修正案送交總統與國會再次審議投票之前，舊金山政府就決定採取更加激烈的手段來進一步壓迫華工，其中最主要的手段就是加强對衛生法案的執行。衛生法案長年以來一直是舊金山警方用來騷擾華人生活最主要的手段②。舊金山政府要求監獄這些地方需要審慎評估是否有足夠的設施來囚禁那些違反衛生法案的囚犯。所謂的違反衛生法案的囚犯其實就是專指華人。舊金山政府的目的就是企圖加强對衛生法案的執行，並且以監獄無法收容這些囚犯而將華人逐漸驅逐出舊金山。當時大多數居住在舊金山的華人都是勞工，即使是做生意的華人，在種族歧視的威脅與排斥之下，

---

① 引自施吉瑞《金山三年苦》。
② 以上有關舊金山政府不顧國會尚未通過反華法案而徑行頒佈法規來企圖驅逐華人的事件，請參考施吉瑞《金山三年苦》。

華人在舊金山可以居住的地方受到相當的限制，環境原本就相當困苦，居住面積更是有限，以環境衛生法將華人逮捕並加以驅逐，這對於生活已經相當艱難的華人而言，不僅在生活上是雪上加霜，更讓華人在心理上時時刻刻都覺得自己是罪犯，也讓舊金山的社會覺得華人就是罪犯而該被驅逐。

有關舊金山專門爲華人特定的衛生法案，最著名的例子是梁啓超所引述的有關"立尺空氣"的事件。所謂的"立尺空氣"法案規定每一位成年人的住所必須有 500 立方尺的空氣①，這個法案是專門爲了讓警方能夠合法拘捕華人而設立的。當時舊金山主要報紙最常報導的就是華人如何違反該法律而被逮捕入獄。在梁啓超所引述的故事裏，黃遵憲曾去舊金山一所監獄探望那些違反該法案而被監禁的華人。就當一名美國警官陪同黃遵憲前往犯人牢房並向他解釋華人爲何被囚禁的原因之時，黃遵憲憤怒地反問那個官員華工的住所難道會比牢房更擁擠而不衛生？警官一時無言以對，只好立刻將所收押的華人釋放②。

有關方尺空氣的故事是根據梁啓超在《飲冰室詩話》中的記載。然而梁啓超直到 1903 年纔去舊金山，有鑒於此，由他轉述的黃遵憲的軼事可能不是那麼可靠。梁啓超小説式的轉述，就如同施先生所指出的，很有可能是綜合了事發之後的種種傳聞加上他自己的創作天分所虛構而成的③。

筆者想借此提出幾個問題對這個事件做進一步的思考。黃遵憲爲什麼會到監獄？是自己要求去的？或是警察叫他去的？黃遵憲想進監獄探視被囚禁的華人是需要經過申請並經由警方許可纔有可能的，因爲他不是美國執法人員，也不是舊金山的警察或是法官。任何的駐美外交人員，不論層級有多高，在美國並沒有管轄權。這個跟美國駐華的外交人員在中國沒有管轄權是一樣的。換言之，很有可能是黃遵憲受了華人家屬所托到警局關切被囚禁的華人並瞭解爲何華人被囚禁。如果是這種情形，應該會有律師陪同，但梁啓超沒有記載此事。也有可能是警察特意要求黃遵憲前來以便直接告知這位代表華人的外交高層有關華人的衛生問題，以表達他們對華人的不滿與歧視。不論用意爲何，如果是警察要求黃遵憲前來監獄，或許可以由此合理地想象，清廷的官員，不論官位有多高，在美國警察眼裏，跟那群他們所歧視的華人是相同的。這可能是被歧視的特定族群最可悲也最不願意見到的下場，因爲連代表他們這個族群的高階官員都因爲是同一族群而不

①此法案在 1870 年通過。
②有關《立尺空氣》法案及其對華人的危害，請參考施吉瑞《金山三年苦》。
③引自施吉瑞《初到》。

論他們的官階與代表性，都受到歧視，那還有誰能夠幫助這些受歧視傷害的族群爭取權益？在這種情況之下，被歧視的族群唯一的下場就只能是無望與無助①。

另外，在這段故事中，梁啓超還非常傳神地描寫黃遵憲只以一句話就讓警方無地自容而釋放了華工。這簡直就像是那些爲了歌頌某個我們想要神化的人物的典型筆法，誠如施先生所指出的，加州警官有權按照當時的法律拘捕華人，但絕不會因爲一位毫不相干的中國官員的一番言論就釋放了華人罪犯②。

以上的"立尺空氣"只是華人被歧視、仇恨與騷擾的一個簡單的例子，比起"立尺空氣"更加嚴重的種族歧視案件，幾乎每天都會刊載在加州的報紙上，只是當時的報紙也是反華歧視的支持者，對華人的遭遇沒有任何的同情，反而是更加醜化華人。在反華最强烈的加州，尤其是在舊金山任職的華人駐美代表，感受應該是最爲强烈的。就連黃遵憲也無法避免成爲反華種族歧視的目標。

黃遵憲在舊金山的那三年任期，因爲美國尤其是加州境内種族歧視的氣焰高漲，雖然極盡心力保護華工的身家性命，但成效非常有限，仍然天天眼見着華人過着悲慘的生活③。眼見着反華法案極有可能通過而希望採取一些途徑來改變社會對法案的支持、來説服美國政府改變心意之時，因爲擔心加州反華人士會認爲他在干涉美國内政，爲了避免成爲種族歧視的目標，黃遵憲還是決定保持低調，儘量避免在大衆場合出現④。換言之，爲了避免當時反華分子的暴力侵犯，黃遵憲極少在大衆場合出現。由此我們可以想見當時黃遵憲的處境，除了自己的領事館以及中華會館之外，他幾乎是無處可去，幾乎是看不見他的蹤影。他的處境像是被隔絶，只有華人的地方纔是他可以出現也願意出現的地方。不僅在外交上心力交瘁，甚至連他自己的生命都受到了威脅⑤。可以想見，那三年的舊金山外交官生涯應該是他人生中最辛苦而沉痛的一個階

---

①這是北美種族歧視受害者共同而典型的遭遇，也就是因爲如此，他們必須等待百年的時間或是更久，直到二十世紀甚至二十一世紀纔能看到當今的政府爲過去種族歧視所造成的傷害道歉。

②引自施吉瑞《金山三年苦》。

③例如當時的舊金山移民官員將入境華人視同囚犯屢屢加以囚禁施以虐待之後纔釋放。黃遵憲雖然曾多次與加州政府交涉，但結果是可以預期的，就是不見任何改善。黃遵憲也因此向中國駐美公使呈報實情，請公使與美方交涉以求嚴禁虐待華人，但始終不見成效。除此之外，旅外僑民，尤其是在舊金山的華人，時常被暴民所殺害，黃遵憲不斷力促當時駐美使臣鄭玉軒向美國國務院交涉並要求賠償受害人的損失，但美國的國務院總以聯邦政府不能直接干預地方政府爲理由，不予理會。請參考吳天任《年譜》，頁41、47。其中吳天任所引的"外交部"有誤，應該是"國務院"。

④請參考施吉瑞《初到》。

⑤有關黃遵憲的生命遭受威脅的事件，請參考施吉瑞《人境廬内》，頁30。

段。華人的口碑越來越壞，白人對華人的歧視也越來越重；黃遵憲面對這個無法扭轉的悲劇而無計可施之際，甚至曾經想借由回國奔喪來離開舊金山，但因清廷不准而無法成行，但同時卻又得面對華人被歧視的問題越來越嚴重，這時他只能與那些有着同樣膚色、同是受到歧視的華人爲伍，尋求華人鄉親的慰藉①。

　　黃遵憲在舊金山三年最令他覺得努力而有所回報並感到欣慰的應是爲華僑的福利以及中華會館內部整合所作的努力。在黃遵憲任職舊金山之前，來美工作的華人就已經成立會館，然而會館內部，或是會館與會館之間時常出現不和甚至大姓欺凌小姓的情形，更嚴重的是後來會館變成了開賭營娼的場所。許多會館之下還設堂號，不同堂號之間糾紛不斷，甚至時常演變成堂對堂的鬥毆②。會館的開賭營娼以及欺凌鬥毆種種負面的事件進一步成爲排華的重要藉口。華人爲了團結並摒除這些負面形象，在衆議之下決定成立中華會館將不同的會館合併。然而合併之後，問題依然沒有解決，派系之間的分裂鬥毆依舊。黃遵憲任職舊金山之時，投注相當大的心力一方面健全會館組織，一方面聘請律師依法爲華人爭取權益。除此之外，還在會館內部"嚴禁聚賭"、"調停堂鬥"以期改善華人的形象③。除了會館之外，黃遵憲還在華人子弟的教育以及醫療福利上盡了相當的努力。黃遵憲任職之前，華人子弟是不准就讀加州公立學校的，在黃遵憲的不斷努力之下，加州政府終於同意讓華人小孩進入公立學校，並在唐人街創辦第一所華人公立學校④。另外，黃遵憲協助購買了舊金山第一所華人醫院的土地⑤。

---

①請參考施吉瑞《金山三年苦》。

②即是所謂的堂鬥。

③請參考吳天任《年譜》，頁45、46。從"嚴禁聚賭、調停堂鬥"這兩項最難處理的事情來看，黃遵憲在華人社會擁有相當高的聲望與權威。這與他在和加州與舊金山政府協調的情況相比，實爲天壤之別。或許也正是因爲如此，黃遵憲在加州無從改變的洋人世界裏選擇了華人的世界作爲他努力的舞臺。

④請參考施吉瑞《金山三年苦》。值得注意的是，如果加州政府同意華人進入公立學校，爲什麼還要在唐人街創辦華人的公立學校？其實，加州政府當時只允許華人子弟在唐人街的華人公立學校就讀。這與華人醫院的設立被局限在唐人街是一樣的。由此我們或許可以想象十九世紀、二十世紀初舊金山華人的處境，當時的華人是被隔離的（主要是在唐人街及其附近，坐落於舊金山西區）。雖然就讀的區域還是只限於唐人街，但至少華人子弟能在加州的公立學校就讀，這是黃遵憲很高的成就與貢獻。

⑤黃遵憲任期是1884—1887年，舊金山第一所專門爲華人所開設的華人醫院名爲東華醫院（The Tung Wah Dispensary）是在1899年建立於中國城，然而1906年舊金山大火，付之一炬。之後於1925年重建並重新開設。請參考：https：//www.chinesehospital—sf.org/history。

綜合上述，黃遵憲爲了避免陷入干涉美國内政的嫌疑、爲了免於自己的生命受到威脅，儘量避免在公共場合出現。黃遵憲在舊金山三年任期最主要的工作，除了爲了反華法案以及華人被歧視的事件不斷上奏力促駐美公使與美國務院交涉之外，就是爲加州的華僑聘請律師打官司爭取華人權益、在舊金山設立公立的華人學校、購置華人醫院土地、調停中華會館内部的派系鬥爭、嚴禁聚賭的惡習以及參與並提升中華文化活動。除了第一項之外，其他的活動大多都是局限在中國城内。換言之，黃遵憲任職三年最主要的活動地區就是中國城（包括舊金山、維多利亞以及其他坐落在西岸的中國城）。

（三）黃遵憲自舊金山卸任回國之後到再次 出仕之前（1885—1890）的文學活動

黃遵憲於 1885 年農曆 8 月離開舊金山回到中國。回到中國之後，除了創作一些詩歌尤其是田園詩歌來抒發他對政務的厭倦以及對回歸田園的嚮往與喜悦之外，最重要的也是黃遵憲最投入的工作是馬上著手自刊《日本雜事詩》並於梧州出版。這已是《日本雜事詩》第七版，之前已經刊行了六版①。之後隨即著手進行《日本國志》的撰寫，於 1886 年（即是回國的第二年）完成初稿，並於 1887 年將《日本國志》全書完成。於次年 1888 年帶着《日本國志》北上京城遞呈總理衙門請求刊行但沒有成功，之後在北京停留一年有餘②。1886 年剛回國之時，張樵野繼鄭玉軒出任駐美國公使，請黃遵憲繼續擔任舊金山總領事。黃遵憲以限禁華工之例，説明危害華工以及與美國政府的爭議持續不斷而短時間之内是無法解決的，認爲自己無法勝任，因而力辭而不接受任命。於同一年（1886）兩廣總督張之洞也邀請黃遵憲作爲特使以巡查南洋諸島，

---

① 有關梧州版是第七版還是第八版，有許多研究考證，例如 1.1898 年黃遵憲《日本雜事詩》（長沙富文堂本）《後記》；2.1936 年周作人《逸經》（第 3 期）《日本雜事詩》；3.1972 年吳天任《黃公度先生傳稿》（頁 304—310）；4.1978 年錢仲聯《人境廬詩草箋注・前言》（頁 13—14）；5.1986 年管林《中國近代文學評林》（第 2 輯）《論黃遵憲〈日本雜事詩〉》（頁 36—59）；6.1987 年盛邦和《黃遵憲史學研究》（頁 49—50）；7.2003 年吳振清《黃遵憲集》（頁 3—5）。大多數的考證都認爲是第七版，只有吳振清在《黃遵憲集》的《整理説明》中認爲 “梧州本” 爲第八版。吳振清所多出的是 “1879 年天南遁窟鉛印本爲第七版”。這應該是吳振清參考周作人《逸經》所得到的結論。然而周作人所謂的 “天南遁窟活字板本” 就是黃遵憲所言的 “香港循環報館本”。以上有關梧州版是第幾版的考證以及所引用的資料，得惠於北京師範大學時光先生的協助。借此特致謝忱。
② 請參考施吉瑞《人境廬内》，頁 31—32，以及吳天任《年譜》，頁 48—49、57。

然而黄遵憲則是以《日本國志》的初稿雖已經完成但定稿尚未完成，棄之可惜，因而婉謝不任①。然而到了1889年，黄遵憲不再出仕任官的決定已然改變。薛叔耘（薛福成）奉命出使英、法、意、比四個國家。袁爽秋當時是總理各國事務衙門總章京，薛叔耘被任命出使歐洲，袁爽秋私下秘密推薦黄遵憲出任駐英的二等參贊，而黄遵憲隨後也接受了此項任命②。

（四）黄遵憲出使英國（1890—1891）、新加坡（1891—1894）以及之後

黄遵憲1890年赴英國倫敦任職。在倫敦期間，黄遵憲重新修訂《日本雜事詩》，删掉其中9首，並增補55首新作的詩歌。其中有一些修改是基於文學原因，而其他的修改則是因爲他對西方政治制度更進一步的瞭解與肯定。他在倫敦期間因地理之賜就近觀察了英國議會君王制度，這近距離的觀察加深了他對西方民主政治的認同，因而修改了早年東京時期的作品中有關西方制度的保留態度。同一年，黄遵憲也第一次著手編輯在任職倫敦之前那些從未發表的詩稿。倫敦氣候寒冷潮濕又陰鬱，在短暫任職倫敦期間，黄遵憲的肺病因而惡化，但身體不適也並沒有影響到他的創作。

1891年總理衙門將新加坡領事改爲總領事，並指派由黄遵憲擔任。黄遵憲成爲第一任清廷駐新加坡總領事，並於十月初抵達新加坡接任總領事。在新加坡三年多的時間，黄遵憲最主要的工作包括巡視所轄的各個島嶼、保護僑民、嚴查出海走私、調處財産糾紛、交涉引渡逃犯、防禁誘拐人口、防止會黨尋仇、劫殺歸僑、盜取僑民財物等等。其中尤其是防止會黨尋仇、劫殺歸僑、盜取僑民財物，最受南洋僑胞所稱頌。除了外交與僑胞的業務，黄遵憲也在新加坡積極提倡中華文教③。

在舊金山之時，黄遵憲也同樣積極參與中華文化的活動，但是因爲舊金山與新加坡以及南洋等地的族群問題相當不同，尤其是華人地位以及華人與白人階級的關係更是不同。華人在舊金山是社會底層、受白人欺凌與歧視的華工，然而在新加坡雖然有些華人是如同偷渡到舊金山工作的非法華工，但是也有許多華人是成功並且在社會上具有影響力的富商，不是非法勞工。不同的種族問題、不同的華人地位，黄遵憲的心境是不相同的。就以黄遵憲在新加坡養病爲例。黄遵憲因爲不能適應當地的氣候，又

---

① 請參考吳天任《年譜》，頁48—49。
② 請參考吳天任《年譜》，頁58、60。
③ 以上有關黄遵憲駐英以及駐新加坡的事跡，請參考施吉瑞《人境廬内》，頁33—39，以及吳天任《年譜》，頁61—63、72—77、85—86、88。

染上痢疾，甚至他的夫人都得趕來新加坡就近照顧。後來聽從醫生的建議之後，到檳榔嶼的一位華人富商的別墅休養。由此可見，華人在南洋與新加坡的地位，與華人在舊金山，有着天壤之別。即使身染重病，但沒有影響黃遵憲的創作，在此期間黃遵憲完成了重要的一組七言絕句《養疴雜詩》①。換言之，即使在業務繁重又身患重病療養之際，仍有心情寫作，而且還是重要的詩作。

　　黃遵憲於 1894 年自新加坡總領事卸任歸國。1896 年，清廷希望黃遵憲出任駐英大使，但因故未能成行；之後，清廷改派黃遵憲出任德國大使，但又礙於其他原因，最後也無法成行②。這兩次清廷的任命，黃遵憲都是接受的。換言之，不論出使英國之時，氣候多麼不適應，身體多麼不適，也不論出任新加坡總領事之時，工作有多繁重，都沒有影響黃遵憲駐外任職的意願。爲何單單從舊金山卸任回國之後，遲遲不願再次出仕，也不願再出國任職呢？接下來的《討論》部分是筆者對這些問題的所思所想。

三、討論：美國時期的作品是黃遵憲離開
舊金山之後的補作的可能原因
——就黃遵憲駐外經歷的我思我想

　　這篇文章類似西方所謂的 position paper，是一篇就某個特定學術立場或學術假設的探討性文章。拙文把黃遵憲美國詩作是後來補作作爲前提，提出可能性的解釋。錢仲聯先生認爲黃遵憲有關美國的詩作有"可能"（蓋）是後來的補作，但我們尚未有明確的證據證明這個説法是否爲真。其實，只要沒有任何證據或尚未發現證據可以證明黃遵憲在舊金山已經完成這些作品，我們就無法確定這些作品是否是後來補作的。然而我們好奇有什麼理由可以比較合理地支援錢仲聯先生的論點——即，這些作品都是後來補作——的可能性。《金山聯玉》是一本域外漢籍，是本文作爲論證之用的文獻資料。黃遵憲的美國詩作爲何是在離開美國之後的補作，最常見的説法是因爲黃遵憲在舊金山三年公務太過繁忙。然而除了公務繁忙之外，還有其他原因嗎？如《前言》所

---

①請參考施吉瑞《人境廬內》，頁 35。

②有關駐英大使無法順利成行，據説是因爲黃遵憲任職新加坡期間曾與英國總税務司的官員有所抗辯，遭英國反對而無法就任；而駐德國大使則是因爲當時德國企圖佔據膠州灣，對黃遵憲的能力有所忌憚，因而反對。請參考吳天任《年譜》，頁 105—108。

提出的質疑，即使是這些作品的草稿在舊金山之時就已經寫成，那麼是什麼原因讓黃遵憲決定將這些詩稿不納入《手抄本》刊行呢？是不是也是同一個原因——公務繁忙？筆者以第二節中所引述的資料作爲基礎，歸納出兩個可能原因作爲試探性的解釋：種族歧視與文化認同危機，以及文人在文化與寫作交流上的貧乏。

1. 美國加州尤其是舊金山的種族歧視

業餘的作家因爲公務繁忙而寫不出作品，讀者可以理解，也可以原諒，甚至也無所謂。但傑出的作家像黃遵憲不論是什麼公職、官位有多高，或是遭遇戰禍天災流離失所，再怎麼繁忙、心情再怎麼沉重，每隔一段時間總會有膾炙人口、文壇稱頌的作品問世。黃遵憲是十九世紀的著名詩人，三年沒有作品，如果只是以爲這是因爲他任職美國期間公務繁忙所致，那麼就未免將此問題太過簡單化了。古代中國例如唐朝安史之亂或是明清朝代更迭、戰火頻仍之際，詩人四處逃難顛沛流離，許多作品都是避難之後回顧的補述之作。因爲逃難之時，即使只是想要活命都已經很困難，要有時間、紙筆來寫作，更加困難。黃遵憲有辦公室，不乏紙筆，也沒有逃難，但卻三年沒有作品。我們不禁會好奇，除了公務繁忙之外，還有其他的原因嗎？黃遵憲在日本時期雖只是參贊不是總領事也不是公使，但他在日本的生活比起在舊金山之時，就以繁忙的程度而言，應該不下於舊金山時期。從第二節明顯可以看出，黃遵憲忙到甚至需要利用休假期間、躲在休假的地方，埋頭寫作以清償積欠許久的稿債，沒有因爲繁忙而停下筆來。再以派駐新加坡爲例，黃遵憲不僅是要搭船巡視所轄的各個島嶼，還要保護僑民、嚴查出海走私、調停財產糾紛、交涉引渡的逃犯、防禁誘拐人口、防止會黨尋仇、劫殺歸僑、盜取僑民財物等等。尤其是防止會黨尋仇、劫殺歸僑、盜取僑民財物，是黃遵憲投入最大心力的。即使是在身染重病，甚至連黃遵憲的夫人都要遠道前來新加坡就近照顧的惡劣健康之下，仍然在養病期間完成了重要的詩作。日本與新加坡任職期間都非常忙碌，但爲何在美國時期就沒有創作呢？只是因爲公務繁忙還是有其他的原因？

仔細觀察第二節中所引述的有關黃遵憲在美國所處理的外交政務、他的權責與權限以及在舊金山的個人遭遇，我們或許可以大膽地作出如此的推測：黃遵憲在舊金山的心情沉重可能遠遠高過於他在政務上的繁忙程度。黃遵憲在美國爲華人爭取權益，必須按照美國的法律，而不是只靠着黃遵憲的官位就可以解決的。換言之，在美國處理發生在美國境內的諸項事務，即使是與華人有關，黃遵憲都沒有美國法律賦予的權利，只有限制。黃遵憲所能做的、所能施力的，並不是很多。舉例而言，美國海關將華人視爲囚犯，百般刁難，甚至無故囚禁虐待之後纔釋放。黃遵憲無法改變只能力促當時清廷駐華盛頓公使處理類似案件以保護僑民。除此，眼見華人遭受歧視、傷害、甚至無故殺害，黃遵憲自己無從施力，只能透過聘請律師按照那些具有種族歧視的法律及其程序來協助被歧視的受害華人。最令人驚訝的是連黃遵憲身爲舊金山總領事這種高級外交官員，在舊金山街頭都難逃反華人士的攻擊，黃遵憲就曾經遭受性命的威脅，幸好，被隨身帶槍的白人律師也是領事館領事的傅列秘拯救纔得幸逃過一劫。或許底下的結論有點過度誇張，但也未必不是事實：黃遵憲在美國所能做的就是撰寫奏本條陳、聘請律師，甚至連自己的性命都得仰賴白人的救援。

眼見日復一日反華的氣焰不斷升高，目睹華人不斷受到傷害，而他身爲駐美使節走在舊金山街頭都可能遭受反華激進人士的攻擊。當他希望能有機會盡一些努力來説服更多的加州人士支持華人，但爲了避免被指控干涉美國內政，或是擔心在街頭遭受肢體或言語攻擊，他沒有其他選擇只能退居到領事館與唐人街這些只有華人被允許存在的地方。換言之，黃遵憲三年舊金山任職期間，他希望能改變的很多，但所能施力之處卻相當有限，而效果也時常是負面的。他在舊金山的白人社區是遭受排擠的，而他的遭遇跟其他的華人也是没有太大差別的。

黃遵憲在國內之時，也曾經見過社會底層窮困的苦力，甚至是沿街賣唱乞討的乞丐，也深知與他同樣膚色的人所面對的問題。他也曾經深深挫折於現況、無力改變現況，但從來未曾有過像在舊金山之時所面對的境遇與心情。在國內他是可以看得到只要國家能夠變法圖強，這種貧窮人民的生活就得以改善的願景。他在科舉考試上曾經失敗，而且失敗了好幾次，但他没有爲自己的處境、自己的前途灰心喪志，他可以透過批評八股取士的流弊、抨擊時政、閱讀《萬國公報》以及江南製造局所翻譯的西方書籍來得到對未來的憧憬與期待。換言之，雖然在國內他對現況有許多不滿、挫折、甚至憤怒，但是他充滿了希望，而且認爲借由改變現況是可爲、可行的。

除此之外，或許可以更進一步地説，黃遵憲在面對腐敗的政權、弊端叢生的科考、生活艱難的窮民，雖然他是這個大族群的一分子，但他是處於拯救者的位置，他是不同於這些與他同樣膚色而受苦的人民。但當他在舊金山之時，不論他多麼優秀，不論他身處高位或是傑出的詩人，他在種族歧視者的眼中是那些同他一樣膚色而被歧視的族群的一分子。他在舊金山的最根本而無法改變的問題是他的膚色，以及膚色所代表的族群。膚色是眼睛可見的（visible）、是可以區別的（distinguishable），是無法躲避、無處可藏的，而對膚色的歧視則是先入爲主、根深蒂固、難以改變的。他再怎麼努力都無濟於事。黃遵憲在舊金山的三年，在反華以及種族歧視的環境之下，經歷了他過去未曾、未來也没再發生過、而令他不僅震驚、更令他害怕畏懼的人生經驗。

在國內之時，再怎麼失落，都有救贖、都有發洩情緒、抒發心情的方法。例如他第二次參加廣州的鄉試再度失利。科舉考試失敗雖是古代中國文人人生必經的一部分，但也是難以承受之重。黃遵憲鄉試第二次失敗之後，心情鬱悶，因而寄情於山水與民間歌謠。偶然的機會遇到沿街賣唱乞討的乞丐所唱的歌謠，深受感動，也義憤填膺。因此慷慨地將口袋所有的錢全給了那位乞丐。換言之，借由慷慨協助窮人的義舉來撫慰或甚至救贖科考失利的受傷心靈。這在國內是黃遵憲可以做到的。再如，北京廷試失敗，心情苦悶，但還是可以結交一些志同道合的友人如胡曦（1844—1907）這些跟他年紀相仿的青年文人以及一些參與洋務運動的有志之士例如何如璋、鄭承修等人。洋務運動代表着當時的中國在苦難中的希望以及對美好未來的想象。黃遵憲甚至有機會隨他父親到煙臺拜見了李鴻章，而李鴻章還曾贊詡黃遵憲的學問，並稱譽他爲"霸才"。換言之，在國內雖然黃遵憲遭遇了人生的沉重挫折，但他所處的位置是一個可以看到希望、可以施力、可以參與改造社會解決問題的位置。然而在舊金山，任憑他身居高位，他所看到的是無望，他所遭遇到的是與他所要拯救的苦力同樣的危險，他所能做的没有比那些急需他拯救的人多出太多。

另外一個或許可以作爲參考的視角是對異國的文明與體制的認同進程以及異域文明的認同對於自己文化的認同所產生的影響。黃遵憲在出使外國之前與當時其他的知識分子一樣已經開始借由閱讀西方翻譯作品來認識西方的文明、思潮與社會政治制度，也因而逐漸在心中形成了對"自己所認爲"的西方制度與文明的期待與認同。當人在國內之時，他對西方制度的嚮往所產生的對西方文明的期待與認同會讓自己與所屬同一文化、具有同樣膚色的族群產生差別。簡單而言，他是以他所認同的西方文明的視角與位置在看待他認爲需要透過西方制度改善生活的中國人民。然而當身處西方之時，從他所認同的西方文明去看自己，他所看到的是他與那個他所認同的西方文明的差別[1]。如果他所在的西方世界是一個歡迎而友善的國家，會加强他對這個文明的認同。如果是在激烈的種族歧視的氛圍之下，他所看到的是他竟然是那個他所認同的文明所歧視的對象，他看到了他站在那個他所認同的文化所歧視的華人人群之中。確實，黃

---

[1]類似相關的研究，請參考：Ann Laura Stoler, "Imperial Debris: Reflections on Ruins and Ruination", *Cultural Anthropology* 23. 2: 191—219; Ann Laura Stoler, "Colonial Aphasia: Race and Disabled Histories in France", *Public Culture* 23: 121—156; John Helsloot, "Zwarte Piet and Cultural Aphasia in the Netherlands", *Quotidian: Journal For the Study of Everyday Life* 3: 1—20.

遵憲不僅看到他自己站在被歧視的華人人群之中，而且是他變成了那個他曾經抱持高度期待的文明所歧視的對象。不僅被歧視，而且在強烈歧視的氛圍之下，甚至連他生存的範圍都被局限——局限到只能屬於華人的地區。這種文化的壓迫感與文化認同上的窘境與混淆，來得太過突然而強烈，不是黃遵憲所能想象與承受的。

漫長的三年終究也有結束的時候，黃遵憲於 1885 年終於回到了中國。舊金山的種族歧視以及他自己對西方制度與西方文化認同上的混淆與破滅，讓他在舊金山之時在文化上有着強烈的失落感。回到中國之後，隨即著手有關日本時期著作的完成與刊行，並且拒絕再次駐外任官。拒絕駐外任官的決定比較能夠理解，但隨即投入有關日本作品的重新刊行與完成，在研究上確實有着相當的詮釋空間。雖然其中一個重要的原因是爲了能將他延宕許久尚未完成的作品早日完成，同時也希望日本的經驗可以讓行將末日的清廷能有所借鏡。但《日本雜事詩》在之前已經出版了六次，梧州版是第七版。如此急迫投入到《日本雜事詩》的再版以及《日本國志》的完成，除了對於改革的渴望之外，或許還有一些個人的因素——對於文化尊嚴的渴望。黃遵憲駐日的那四年裏，所交往的對象都是中國有識有抱負的知識分子，以及日本最重要的文人學者，而黃遵憲在明治文人中的地位更如 "老師" 一般。借由整理舊作來追憶往昔盛況，對舊金山那三年的精神創傷，可能是撫慰療傷最好的辦法。

在種族歧視高漲的舊金山，黃遵憲退無可退，最後只能退縮到唐人街尋求他最爲熟悉的文化的慰藉。然而問題是即使回到了他所熟悉的文化氛圍，依然不見有任何的創作。即使參與了詩歌創作的活動，但黃遵憲仍然沒有提筆寫作。《金山聯玉》① 這本詩鐘集是黃遵憲參與華人社區活動以及在海外提倡中華文化與寫作的重要文獻。問題是黃遵憲不只是金山聯玉的創始人②。如果只是金山聯玉的創始人，那麼這本詩鐘集對

①根據老星輝的《金山聯玉序》（老星輝是前清秀才，臺山都斛南村人），《金山聯玉》是黃遵憲任職舊金山時期美國西岸僑民的詩歌創作所彙印而成以饗同僑的集子。換言之，曾經於當時印刷流通於當地僑民。之後由歸國僑民帶回中國於 1925 年由廣州開志書局印刷，雲高華啟新書林發行分售。

②蔣英豪《黃遵憲詩友錄》的《李韶初》條（頁 94）寫到："黃遵憲任舊金山總領事時曾與他酬唱，並創《金山聯玉》。"蔣英豪此條的注解引自李東海《加拿大華僑史》（加拿大自由出版社，1976年版，出版地不詳，頁 153）。另外，李東海在《加拿大華僑史》也提到當時僑民與黃遵憲的酬唱："當其在金山大阜時，嘗聯絡劉雲樵、李韶初（佑美）、陳瀚池、黃雪香、雷達三與僑寓維多利亞之李慎之（奕德）、盧仁山、林贊卿、徐畏三、劉小五等吟和酬唱，創金山聯玉，以發揚祖國文化。"然而現在所能收集到的資料，並沒有關於任何黃遵憲與李韶初等人的酬唱詩作，無法得知李東海的說法根據何來。但重要的是《金山聯玉》是由黃遵憲與當地華僑所創立。其實，（轉下頁）

本文所討論的問題不具有太重要的文獻意義，至多就是證明黃遵憲支持文化活動的史料。這跟其他駐外公使包括現代的駐外公使在國外推廣中華文化沒有太大的差別。但是黃遵憲自己是著名的詩人，而且曾經參與兩次詩鐘創作的評審①，他讀了當地華人所寫的詩作，也做了評選，在這種情況之下，他還是決定不提筆寫作，這纔是令人好奇的。或許，中國傳統文人之間的文化交流可以爲我們提供一些思索的依據。

2. 文人之間的文化交流

文人之間在創作上互相交流評點甚至批改的文化對於古代詩人在創作上佔有相當重要的地位，對晚清詩人的創作亦是如此。黃遵憲在中國之時有着相當豐沛的文化資源，與黃遵憲能夠而且曾經在創作上交流的詩人與學者相當多，並且都是當時重要的文人學者。就以黃遵憲與陳三立這兩位晚清重要詩人爲例，陳三立早年的詩作稿本裏，保留着黃遵憲親筆所寫的大量批語，包括詳盡細密的總評和具體詩作的批改，尤其是對具體詩作的批改，有的是以天頭批語，或是正文改字句的形式，有的是個別行間的批改。至於内容，其中的褒貶強烈表達出黃遵憲對詩歌的個人想法②。黃遵憲與陳三立這種在寫作上評點修改的習慣，也發生在駐日時期與明治文人的文學往來。黃遵憲不只是評點日本文人的作品，也將自己的作品請教於日本文人。在黃遵憲駐日的那個階段，旅居日本的中國文人都是傑出而有抱負又深具文化學養的文人。至於日本文人，許多都是潛心致力於中國文化，就其中國文化涵養與文學創作的水平而言，雖然可能不及中國文人，但都還是具有相當高的水準。更不用説這些日本文人對於日本文化、歷史，以及西方知識的涵養，都是黃遵憲所咨詢的對象。黃遵憲在詩歌寫作上，他可以以老師的身份修改、眉批、評論日本文人的漢詩創作，這是一種"文化付出"。相反地，他在日本雜事詩寫作上獲得日本文人的修改批評之處也很多，這是"文化的接受與獲得"。換言之，日本雖然是異域，但黃遵憲在文化與創作交流上是豐碩、深受啟發而獲益的。

至於英國與歐洲，中國文人到歐洲留學起源甚早，而歐洲與中國在文化交流上也有着久遠的歷史。生活在黃遵憲那個時代能到歐洲的中國文人許多都是一時之選。除

（接上頁）即使黃遵憲與這些旅居北美西岸的華僑文人真有所謂的酬唱之作，對黃遵憲而言，這些酬唱之作未必就是文學作品，而黃遵憲也決定既不收入《抄本》也不納入《詩草》。

①按照《金山聯玉》裏所記錄的資料，黃遵憲參加了兩次每一次共26對時鐘詩句的評審。

②請參考陳正宏《新發現的陳三立早年詩稿及黃遵憲手書批語》，《文學遺產》2007年第2期。

此之外，不是文人的那些華人，有些是生意人，有些確實是到歐洲從事勞力工作的，但與舊金山的情況有着相當大的差異。歐洲也有種族的問題，但與當年的美國尤其是加州有着相當大的差異。英國與歐洲在多種族上有着長遠的歷史，雖然種族問題紛爭一直伴隨着歐洲的歷史，但比起當時的美國尤其是加州，那是截然不同的。當黃遵憲駐英之時，雖然深爲肺病與濕冷的氣候所苦，但仍然有着相當豐富的創作。

　　黃遵憲在舊金山時期之所以沒有作品，除了身處極端的種族與文化歧視的環境之外，一個可能的原因是黃遵憲遭遇了文化與寫作交流上的貧乏與不適應。從史料上明顯可見，在文人創作與交流上，黃遵憲所處的北美西岸與他在國內、日本、歐洲以及新加坡的文人文化環境上有着相當大的差距。就《金山聯玉》所記錄的，黃遵憲曾經兩次參與詩鐘寫作的評審，並且評閱了超過 52 首的詩鐘作品。李東海先生在《加拿大華僑史》裏也曾指出黃遵憲曾經與多位北美西岸包括維多利亞的文人作詩酬唱。如果這是事實，那麼在此情況之下，黃遵憲還是沒有創作有關美國的詩歌，這纔是我們最應該關注的。因此，評審當地僑民的詩歌創作以及黃遵憲與當地華僑文人的酬唱或許也可以用來作爲證據，來更進一步反映黃遵憲在舊金山與北美西岸所遭遇到的有關文人創作交流上的貧乏與不適應。

結　論

　　作品的背景知識以及創作背後的原因，對於作品在詮釋上可以產生相當程度上的影響。就以梵高（Vincent van Gogh，1853—1890）的《麥田》（*Wheatfield with Crows*）爲例①，如果單以藝術的角度去分析這幅畫作，當然有屬於藝術層面的見解與欣賞。但是當我們知道這幅畫作是梵高最後一幅畫作②，換言之，梵高完成這幅畫之後不久就自殺結束自己的生命，我們或許對這幅畫作在理解、欣賞與感受上，跟不知道梵高這幅

---

①完成於 1890 年 7 月 10 日左右，即梵高生命最後的幾個星期。

②有學者懷疑《麥田》並不是梵高的最後畫作，另外兩篇畫作 "Tree Roots" 以及 "Daubigny's Garden" 可能都是《麥田》之後的作品。但不論是否爲 "最後一幅"，《麥田》的完成跟梵高的自盡是分不開的。請參考 Jan Hulsker, *The Complete Van Gogh*：*Paintings*，*Drawings*，*Sketches*（Penguin Random House，1986），p. 480；"To Theo van Gogh and Jo van Gogh-Bonger. Auvers-sur-Oise，on or about Thursday，10 July 1890"．Vincent van Gogh：The Letters，Van Gogh Museum（http：//vangoghletters. org/vg/letters/let898/letter. html）；"Auvers-sur-Oise：May-July 1890（75 paintings）"（http：//www. vggallery. com/painting/by_ period/auvers. htm）

畫作完成之後所發生的事，應該會有着相當的差別①。

閱讀黃遵憲的美國詩作，當然可以將這些作品視同我們所讀過的其他作品來分析其中的藝術形式、筆法創新以及這些形式筆法所表達的時代意涵。但是當我們知道這些作品不是舊金山時期所寫成而是回到中國之後纔創作的，那麼這個事實會不會改變我們對美國詩作的詮釋？會不會對黃遵憲這位詩人有着不同的理解？或許這正是爲什麼需要探究這些作品是否是黃遵憲在舊金山時期所完成的還是黃遵憲在離開舊金山之後纔寫成的。而後者所產生的詮釋角度與想象，可能比起前者會來得不同許多。

《金山聯玉》是在黃遵憲任職舊金山期間旅居北美西岸僑民創作的詩歌集子，其中沒有黃遵憲任何作品，黃遵憲只是評審之一。如果單純地去看，這本詩集就是有關黃遵憲在舊金山任職期間參與中華文化活動的一份史料，所呈現出來的就是黃遵憲積極參與提升海外僑民中華文化活動的文獻證據。但是當我們用另外一個角度去看這本詩集的時候，即從黃遵憲在這三年任職舊金山期間沒有創作的這個角度去看這本詩集——我們可能會對這份史料產生不同的理解與詮釋，可能可以看到除了努力提倡中華文化之外的另一層含義。換言之，這本詩集將有着不同的史料意義，也會讓我們對於黃遵憲在舊金山這三年的遭遇有一個新的好奇與想象。這份史料似乎透露着黃遵憲透過參與這些活動在尋求文化上的慰藉與文化歸屬感。只有在中華文化的慰藉之下，黃遵憲在舊金山如此困厄的環境之中纔能夠讓他稍微感覺到片刻的欣慰而暫時遠離被歧視被隔離的困境、稍微遠離無法改變他想要改變的現狀的苦悶。透過文化活動讓他重新找回了他曾經熟悉的文化氛圍之下的那份自信與抱負。然而黃遵憲即使是身處唐人街，在華人社會中找到了文化的歸屬感，但他仍然無法找到寫作的動力，無法找到一個能滿足他文學創作的文化，來激發他的創作動機。

詩人之間存在着相當大的差異。詩人是個體，不是群體，有着相當鮮明而强烈的個人特質。就以科舉考試爲例，科考失敗對不同詩人有着不同的影響，在心理精神上也會產生不同層次的困擾。並不是相同的經歷例如考場失利對所有的詩人所造成的影響都是一樣的，更遑論那些在科舉考試這種詩人必經的人生遭遇之外更加坎坷的際遇。即使是詩人借由傳統的形式來抒發與前代詩歌類似的情感並以此呼應前代詩人的感觸，也不一定就代表着詩人是有着相同的心理感受。

就衆所周知的印象而言，黃遵憲是詩人、外交官、有心改革的知識分子。然而這

---

①有關梵高畫作的詮釋的討論，請參考 John Berger，*Ways of Seeing*，Penguin Books；REPR edition，1990。

些特色似乎也是當時有志於改革國政弊病的文人所具有的特色，似乎看不出黃遵憲與其他詩人有什麽太大的不同。如果我們將黃遵憲、陳三立這些詩人當作是像梵高這類深受精神所苦的藝術家或是曾經遭遇精神創傷的文學家來看待，進一步探究他們在某個時期的某個特殊經驗之下的情緒遭遇之時，我們是否可以看到黃遵憲及其詩歌中屬於詩人内在心理的特殊情緒？是否能夠更加深入地瞭解黃遵憲、陳三立這些詩人？是否能看到我們之前所未曾看到的詩人的形象？是否能對他們的作品有着新而不同的理解角度？這是本文之所以借由 position paper 的方式來探討黃遵憲有關美國詩作是後來補作的假設之下，所呈現出來的黃遵憲。探討黃遵憲有關美國的詩作是後來補作的可能原因，對於我們瞭解黃遵憲那三年的境遇及其對黃遵憲在詩歌創作、在對西方制度的認同改變、在心理與精神上的影響，或許可以讓我們更進一步對詩人内在的心理提出一個可作爲參考的理解的角度。

朝鮮時代《萬寶全書》的傳播及其翻譯

崔溶澈

（韓國高麗大學）

一、引言

明清通俗小說反映了大量的民間生活内容，例如《金瓶梅》和《紅樓夢》都詳細描寫當時民間生活的各種信息。這些民間生活的具體内容，在民間日用類書中搜羅得更豐富。明清時代的民間日用類書，最著名的莫過於《萬寶全書》，甚至日用類書本身也可被稱爲“萬寶全書”。日用類書起源於宋朝末年陳元靚所編的《事林廣記》，如今仍有元刻本流傳於世。明清時期的《萬寶全書》繼承其地位，在民間流傳得更爲廣泛，對社會各階層都有一定的影響，是通俗小說家在創作作品時，隨手參考的有用工具書。

《萬寶全書》爲明清時期極爲流行的民間日用類書，而其淵源更深遠。早期日用類書，各版本題名不同，通稱“萬寶全書”，而明代後期開始出現以此爲標題的版本。《萬寶全書》在民國以後，繼續出現各種改良本或主要門類的專書，至今還有類似的民間通俗讀物。但是關於它的研究，卻是寥寥無幾，很難找到全面探討其經典性的研究，目前最重要的成果是臺灣政治大學吳蕙芳的博士論文《〈萬寶全書〉：明清時期的民間生活實録》（2001）①。中文研究成果方面，此外似乎不多見較全面的

研究①。

筆者專攻明清小説多年，一直對通俗小説的雅俗共賞的問題很感興趣。中國小説史上評價明清通俗小説名作時，必稱“包羅萬象的古典文化百科全書”。因此要知道小説的通俗性的所在，就要全面瞭解民間日用類書與通俗小説的互動關係，所以逐漸對反映民間通俗生活細節的通俗小説和日用類書之間的共同點產生興趣，一直希望有機會考察朝鮮時代日用類書的傳播和翻譯。

鮮文大學中韓翻譯文獻研究所的朴在淵教授長期研究朝鮮時代的翻譯小説，後來逐漸對古韓文（諺文）的詞彙問題發生興趣，出版了大量明清小説諺解本的電腦校勘本，還要做《韓文生活史資料叢書》，其中包括一部類書《萬寶全書》的翻譯本。筆者參與樂善齋《紅樓夢》翻譯本系列工作，曾與他們一起召開國際學術研討會，經常關心他們發現和出版的信息。朝鮮諺解本《萬寶全書》收藏於高麗大學，校勘責任人洪宗善是高麗大學國文系的教授，因此一直比較關心。此書如果出版，在學術上很有意義。因爲其他的諺解本出版時，很少直接影印諺解本的原本，樂善齋本《紅樓夢》系列作品，由於收藏機關（韓國學中央研究院）沒有授權，無法收錄原本，只有當代的校勘文字和中國的一種漢文版本。《萬寶全書》諺解原本的影印本得以收錄，這是很幸運的事。因爲體量較大，諺解本原本被縮小爲一拼四的影印頁，但全書還是達到 1148 頁。

2017 年 3 月底，筆者應邀參加美國萊斯大學召開（由錢南秀、張伯偉教授共同主辦）的“重思漢文化圈國際學術研討會”（*Reconsidering the Sinosphere*：*A Conference to Critically Analyze the Literary Sinitic in East Asian Cultures*）時，聆聽了加拿大約克大學季家珍（Joan Judge）教授談《萬寶全書》在日本的傳播與影響。在她發表之後，我找機會告訴她韓國翻譯本的簡單情況，可以相互參照。

2017 年春，韓國大邱茶文化協會請我做大衆演講“《紅樓夢》中的茶文化”，我先準備紅樓人物妙玉在櫳翠庵泡茶接待史太君一行人，同時另設茶座招待寶玉、黛玉、寶釵喝茶的情節，然後重新考察韓國茶文化的起源。開始瞭解草衣禪師從茶山丁若鏞學習茶道以及到智異山七佛啞院看到《萬寶全書》的事。當時他抄錄下來的就是韓國茶文化的經典《茶神傳》。剛好 4 月底參加臺灣中正大學國際學術會議之後，主辦單位

---

① 其實，明清日用類書早期流傳到日本，受其影響，江戶時期就已經出現日本版的日用類書多種。第二次世界大戰期間，日本學界有計劃地收購中國民間日用類書，戰後開始發表研究成果，最有用的叢書爲坂出祥伸、小川陽一編《中國日用類書集成》（東京：汲古書院，1999—2004 年）。至於明清小説與日用類書關係的研究，可參考小川陽一《日用類書による明清小説の研究》（東京：研文出版，1995 年）。

的毛文芳教授細心安排讓我們參觀"故宮博物院"南部分院，有幸欣賞到中國歷代及東亞各國的茶文化展覽（"芳名遠播"），受益匪淺。

《萬寶全書》在朝鮮流傳的記錄中，李宜顯的目錄比較重要，常見於介紹文章中，但李睟光所提到的《萬寶全書》卻不太受重視，較少出現。但實際上李睟光所看到的是萬曆版本。另外，琴學專家研究的有關《萬寶全書》"琴學門"明清版本問題也很重要，但筆者對所論內容知之甚少。單獨流傳的《萬寶撮要》掃描版，因爲韓國學中央研究院已經在互聯網上公開，可以看原本的形式。雅丹文庫的《新刻天下便覽萬寶全書》，實際上是抄錄"相法門"的單行普及本，但原本尚未目驗，無法直接對比研究。美國哈佛大學哈佛燕京圖書館公開該館收藏的多種《萬寶全書》掃描版，嘉惠學林。此外，應該還有不少相關研究信息，今後會繼續努力調查。

朝鮮諺解本的體例問題，筆者參考吳蕙芳的專書較多，但是仍然還有很多不清楚的地方。本文只能考察一部分，如《三國紀》的處理方式，《明清紀》的稱呼以及清太祖、清太宗的問題等等。

本文討論了《萬寶全書》在朝鮮的流傳、著錄、影響以及諺解翻譯的一些問題。希望將來更清楚地瞭解明清日用類書在朝鮮流傳和影響的具體情況，更進一步瞭解此書在東亞範圍內對民間文化的影響。雖然筆者對這個主題關注了很久，但實際上纔剛剛著手研究。在南京大學域外漢籍研究所召開第二屆域外漢籍研究國際研討會之際，筆者藉此機會認真加入《萬寶全書》的研究者行列，在此對南京大學域外漢籍研究所表示感謝。不過在短短的時間內，調查搜羅的資料還不全面，面對專家學者，實在心中有點惶恐。不妥當的地方，請各位專家多多批評指正。

二、《萬寶全書》在朝鮮時代的傳播與影響

《萬寶全書》在中國明清兩代的民間頗爲盛行，朝鮮一朝和中國交流時，主要以朝貢貿易來進行，不少中國典籍由此進入朝鮮半島。《萬寶全書》可能也是通過這種交流方式輸入的。根據肅宗、英祖年間的朝廷大臣李宜顯（1669—1745）的《陶谷集》，可以找到此書進入朝鮮的具體年份。李宜顯曾燕行兩次①，肅宗四十六年（1720，康熙

①李宜顯第一次燕行是肅宗四十三年（1720，康熙五十九年），第二次燕行是英祖八年（1732，雍正十年），以謝恩使正使兼進賀使赴燕京。他兩次燕行的記錄，分別題爲《庚子燕行雜識》和《壬子燕行雜識》，都收於《陶谷集》。

五十九年）他從燕京回來留下《庚子燕行雜識》，文中有着非常龐大的購書記録，其中有一部《萬寶全書》：

> 序班即提督府書吏，而久則間有陞爲知縣者。我國人欲知燕中事情，則因序班而求知，輒作僞文書，受重價而賺譯輩。其家多是南方，而書册皆自南至，此屬擔當買賣，如我國所謂儈人，而譯官居其間，使臣欲購册子，必使譯輩求諸序班。彼此互有所利，故交結甚深。

> 所購册子：《册府元龜》三百一卷、《續文獻通考》一百卷、《圖書編》七十八卷、《荆川稗編》六十卷、《三才圖會》八十卷、《通鑑直解》二十四卷、《名山藏》四十卷、《楚辭》八卷、《漢魏六朝百名家集》六十卷、《全唐詩》一百二十卷、《唐詩正聲》六卷、《唐詩直解》十卷、《唐詩選》六卷、《説唐詩》十卷、《錢注杜詩》六卷、《瀛奎律髓》十卷、《宋詩鈔》三十二卷、《元詩選》三十六卷、《明詩綜》三十二卷、《古文覺斯》八卷、《司馬温公集》二十四卷、《周濂溪集》六卷、《歐陽公集》十五卷、《東坡詩集》十卷、《秦淮海集》六卷、《楊龜山集》九卷、《朱韋齋集》六卷、《張南軒集》二十卷、《陸放翁集》六十卷、《楊鐵厓集》四卷、《何大復集》八卷、《王弇州集》三十卷、《續集》三十六卷、《徐文長集》八卷、《抱經齋集》六卷、《西湖志》十二卷、《盛京志》六卷、《通州志》八卷、《黄山志》七卷、《山海經》四卷、《四書人物考》十五卷、《黄眉故事》十卷、《白眉故事》六卷、《列朝詩集小傳》十卷、<u>《萬寶全書》</u>八卷、《福壽全書》十卷、《發微通書》十卷、《壯元策》十卷、《彙草辨疑》一卷、《製錦編》二卷、《艷異編》十二卷、《國色天香》十卷。【此中雜書數種，係序班輩私獻。】

> 書畫：米元章書一帖、顔魯公書家廟碑一件、徐浩書三藏和尚碑一件、趙孟頫書張真人碑一件、董其昌書一件、神宗御畫一簇、西洋國畫一簇、織文畫一張、菘菜畫一張、北極寺庭碑六件【此則攝取】。

> 北京太液池、暢春苑、正陽門外市街，最稱壯麗可賞。且太學石鼓，是周時古物。文山廟亦合一遭展敬，而使臣不得任自出入，無可奈何。唯天主臺，置西洋國主像，中有日影方位、自鳴鍾等物，頗奇巧可觀。在領賞歸路，易於歷見，而亦因事勢緯繣未果，殊可恨歎。至於望海亭、角山寺之未登。尤爲平生一大恨矣。①

---

① 李宜顯《陶谷集》卷三十《庚子燕行雜識》下，《韓國文集叢刊》第 181 册，漢城：民族文化推進會，1997 年，頁 502。

　　李宜顯羅列了 52 種書目，其中包括一些小說、雜書，因此他覺得有點不好意思，在文末特別提到 "此中雜書數種，係序班輩私獻"，就是説這些小說和雜書，並不是他自己選購的，而是幫忙代譯官購書的中國下級文官序班①隨便加上的。

　　他所謂 "雜書"，應包括民間類書《萬寶全書》《黄眉故事》《白眉故事》《福壽全書》《荆川稗編》，風水地理書《發微通書》，文言故事集《艷異編》《國色天香》等。李宜顯知道其爲明末流行的通俗雜書，因此不敢承認自己主動購買。

　　這裏李宜顯的記載雖然是《萬寶全書》進入朝鮮唯一的文獻記録，但是不能因此斷定這年（1720）就是最早流傳的年份。因爲當時燕行使節的購書標準，即包括有用的新書，又包括朝鮮使用較爲普遍但又缺乏的書籍。目録中有《册府元龜》《三才圖會》《圖書篇》，這都是很早就流傳到朝鮮的。這次重新購買，恐怕是因爲對它們的需求更旺盛。《萬寶全書》在此之前雖没出現，但也有這種可能。

　　我們從李睟光（1563—1628）的《芝峰類説》中能找到一些重要綫索。他在説到朝鮮古代獨特的帽子 "折風巾" 的時候，就透露自己曾看過《萬寶全書》。

　　　　《一統志》曰："朝鮮戴折風巾，服大袖衫。" 所謂大袖衫，未詳其制。嘗見《萬寶全書》，我國人物，畫以闊袖大衣，是必古制然矣。折風巾未知何物。頃歲我國海南漁人，漂到浙江，禮部刷還，咨曰，頭戴折風巾云。蓋今笠子類也。李白樂府《高勾麗詞》曰："金花折風帽"，又曰："翩翩舞廣袖"，即是。②

　　如果李睟光所説的没錯，那麼在 1628 年之前，《萬寶全書》已經流傳到朝鮮。這是李宜顯從北京購買此書近百年前。李睟光在哪裏看到此書，并不清楚。他是朝廷大臣，曾以書狀官、陳慰使、奏請使等職位四次赴燕京。四次使行是壬辰倭亂之前的宣祖二十三年（1590，萬曆十八年），倭亂之後的宣祖三十年（1597，萬曆二十五年），宣祖三十九年（1606，萬曆三十四年）和光海君三年（1611，萬曆三十九年）。他在北京期間，積極和安南、琉球、暹羅國的使臣們以筆談交流，還和西洋神父利瑪竇交談，搜集利瑪竇的《天主實義》二卷、《交友論》一卷以及劉汭的《續耳譚》六卷等書帶回朝鮮，向朝鮮社會介紹西學和天主教，並撰寫了《芝峰類説》來記録他的這些經歷。

　　他到北京的萬曆年間，《萬寶全書》在當時頗爲流行。只要根據上揭吳蕙芳專書的附

①序班是明清時代下級文官，位階爲從九品，朝鮮使節在北京停留時，幫助譯官，並溝通當地商人，購書時充當中介人，即書儈。
②李睟光《芝峰類説》卷十九，《韓國學基本叢書》第二册，漢城：景仁文化社，1970 年，頁 353—354。

録"版本目録"，1611 年之前的版本已經有 12 種之多。因此，他當時有充分機會在北京看到《萬寶全書》"諸夷門"中的"高麗國"的圖像，或者也有可能他購買此書帶回來。由於他對海外情況很有興趣，並直接和海外人士交流。既然知道《萬寶全書》上包含介紹海外情況的"外夷門"，所以很有可能購買了此書，只是此書内容太通俗，版本太粗糙，没有留下明確的記載①。至於當時帶回來的《萬寶全書》爲何等版本，尚無法確認。

朝鮮時代的一些文人曾提到《萬寶全書》的書名，并介紹其中的部分内容。這些材料雖然不多，但可以從中推測當時此書流傳的情況，也可以考察其對韓國文化的影響。

《萬寶全書》在朝鮮文人日常生活被利用的例子，還可以從安鼎福（1712—1791）的《順庵集》中找到。戊寅年（1758）他迎接女婿時，曾參考古今文獻，做出一項"婚禮酌宜"，這時就曾積極利用了《萬寶全書》②。可見《萬寶全書》流傳朝鮮之後，在 18 世紀的文人社會已經有一定的影響。

朝鮮後期音樂史上，尤其研究琴學的學者也關注《萬寶全書》。據崔善雅介紹③，《韓琴新譜·琴道論》（1724）中"五不彈"、"彈琴須知"及"太音紀法"，都標明"出《萬寶全書》"。由此可知，1720 年《萬寶全書》輸入朝鮮不過四年之後，已被音樂專家積極利用，抽出部分内容，成爲有關琴學的著作。《韓琴新譜》是朝鮮景宗四年（1724），由凝川後人所編的朝鮮玄琴樂譜專書。凝川後人遺失真名，其號爲"韓笠"（或寫作"韓立"）④。

---

① 根據吴蕙芳介紹，萬曆年間的版本中，能知道門類的，收録《諸夷門》情況稍異，如 1597 年版的《諸夷門》在卷四，1599 年版《諸夷門》在卷五，1600 年版《諸夷門》在卷十三，1614 年版《諸夷門》在卷四，1628 年版《諸夷門》在卷七，還有崇禎年間版的一種是《外夷門》在卷九，另一種是《諸夷門》在卷四。當時版本中天文卷一，地輿卷二，人紀卷三的體例幾乎固定，而《諸夷門》的位置經常變動。其實歷代版本的門類變化非常多。目前看到乾隆十年版三十卷本（哈佛燕京圖書館藏本）第二册卷四，目録《諸夷門》，下層爲諸夷像記；正文則《外夷門》，外夷土産人民圖。第一國就是高麗國，但圖像已經不是折風巾，好像是宋朝的官帽模樣。至於萬曆版的圖像是否爲折風巾，俟考。
② 安鼎福《順庵集》卷十四雜著類"婚禮酌宜"："納采書式，書規依俗禮。辭語取士昏禮丘儀成文，下同。唐本《萬寶全書》書式亦采用。"《韓國文集叢刊》第 230 册，首爾：民族文化推進會，2001 年，頁 73。
③ 崔善雅（音譯）《朝鮮古樂譜에나타난萬寶全書의琴道論》，《公演文化研究》第 20 輯，2010 年。
④ 據崔善雅的研究，凝川是慶尚北道密陽的古稱，因此可能他的姓是朴氏。由於他的祖先曾赴燕京購買中國典籍，曾在家裏收藏不少漢籍。因此凝川後人能利用《荆川稗編》和《萬寶全書》中的有關琴學的内容，編成《韓琴新譜》一書。

　　不過"琴學門"，不是每一種版本都有，因此崔善雅對歷代各種版本進行調查①，發現《萬寶全書》萬曆三十八年（1610）本卷十三有"琴學門"，《萬寶全書》萬曆四十年（1612）本卷九有"琴學門"，而《萬寶全書》乾隆四年（1739）本卷十八，門類是"笑話"，但其中包含"琴學"的内容。這是二十卷本，如果來看同樣二十卷的道光三年（1823）本②，此書目録，雖説第十八卷是"笑談"，前半部的版心爲"笑談十八卷"，而後半部的版心卻題"琴學十八卷"，收録的是《琴法須知》《彈琴八法》《彈琴啓蒙》《五音正操譜》等文，這明明是兩種門類的合併。最後末頁的最後一行，還是以題"談笑門十八卷終"來結束。原來明朝版本中"琴學門"比較詳細，到了清朝本則簡略許多，有時乾脆删掉不收，但也有補充的部分，如《彈琴啓蒙》《五音正操譜》等。韓國琴學著作反映了以上資料，恐怕其作者都看到了明清兩代的版本。

　　流傳至今的一本書，名曰《守令》。"守令"本是地方政府領導的一般稱呼，而本書是朝鮮地方衙門所用的有關財政運作的書。現存抄本，藏於奎章閣③。此書内容牽涉到地方官員工作上需要做的一些事情，後半部分是各種規式和計算法。其中明確提到了《萬寶全書》中的《算法源流》，可知此書的部分内容來自日用類書《萬寶全書》。"算法門"是歷代《萬寶全書》版本中一直保存下來的門類，其在民間生活，尤其商業、官場上都很重要。《守令》中《算法源流》有目録，若將其與《增補萬寶全書》的目録比較，都相吻合。諺解本《萬寶全書》也包含《算法源流》，當時編者確實認爲這都是民間社會非常有用的知識。《守令》云："《萬寶全書》抄出'算法'、'詳明算法門'。"如今諺解本《萬寶全書》卷十收録的原文，封面題"算法源流"，正文"詳明算法門"，這是正式門類名稱，底下有《算法源流》《金蟬脱殼》《鋪地錦》《鋪地錦指明圖式》，然後有《袖裏一掌金》，其下《掌訣》《掌中定位因乘訣》《掌中定位除有二條》《綿紗求布法》《生肉求熟法》《銀求綿花法》《田畝數》，後面還有《詳明算法門》，底下有《算盤定式》《九九八十一總讀》《九歸歌訣》《九因歌訣》《混歸法歌訣》《乘法歌訣》《歸除歌訣》等。按三十卷本《增補萬寶全書》（1747），《算法源流》是上層的，《算盤定式》是下層。可知道諺解本編輯時，有時先安排上層内容的。

　　以上是《萬寶全書》在朝鮮社會上流傳影響的一些痕跡。雖然資料不多，但還是

----

①崔善雅參考的叢書是坂出祥伸、小川陽一所編的《中國日用類書集成》。

②《增補萬寶全書》，道光三年（1823），韓國首爾大學奎章閣藏本。本書現存殘本三册，十一卷至二十卷，即全書的後半部分。

③《守令》筆寫本，單册，三十一葉，韓國首爾大學奎章閣藏本。

可以從中推測此書在朝鮮民間生活産生的一些影響。不過，一般來説朝鮮國王或朝廷大臣常用的中國類書，還是《事林廣記》《事文類聚》等書，直接利用民間日用類書《萬寶全書》的仍然較少①。

三、從《萬寶全書》抽出的單行抄本：《茶神傳》《萬寶撮要》《觀相法》

現在我們要看一下《萬寶全書》在朝鮮流傳時，被抽出單獨成爲一本書廣泛流傳的兩個典型的例子。一是抽出《採茶門》爲《茶神傳》，另一是抽出《醫學門》和《種子門》爲《萬寶撮要》。《茶神傳》是草衣禪師訪問智異山七佛禪院（即七佛啞院）時所抄的，後來重新以正字抄寫並編輯成書。

草衣禪師（1786—1866），俗姓張，法名意恂，法號草衣，號海翁、一枝庵等，國王憲宗賜號"大覺登階普濟尊者草衣大禪師"。他是韓國文化史上的"茶聖"，善作詩又能書畫，稱爲"三絶"。他在年輕時，曾拜茶山丁若鏞爲師，學習儒家經典和茶道。後來和秋史金正喜爲摯友，還與洪顯周交遊，因此在社會上頗有名氣。他在43歲時（1828），曾於智異山七佛禪院看到《萬寶全書》中的"採茶門"，就抄録下來，單獨成書，題名爲《茶神傳》。從此之後，他對茶道的研究名氣更大了，申緯稱其爲"煎茶博士"。在52歲時，由於駙馬洪顯周的要求，他創作了《東茶頌》，是一篇專門談茶道的長篇偈頌。這兩篇就是韓國茶文化史上的經典作品，也是他被稱爲"茶聖"的成名之作。《茶神傳》的跋文中，記録了其間的經過，其文如下：

> 戊子（1828）雨際，隨師於方丈山七佛啞院，謄抄下來，更欲正書，而因病未果。修洪沙彌，時在侍者房，欲知茶道正抄，亦病未終，故禪餘强命管城子成終。有始有終，何獨君子爲之。叢林或有趙州風，而盡不知茶道，故抄示可畏。庚寅（1830）中春，休庵病禪，雪窓擁爐謹書。②

據宋海卿的解釋，當時朝鮮製茶的方式還是蒸青餅茶，而草衣禪師發現《萬寶全

①金永善《中國類書의 韓國傳來와 受容에 關한 研究》，《書志學研究》第26輯，2003年。朝廷利用類書的例子還有《册府元龜》《玉海》《事林類聚》《太平廣記》《事林廣記》等。其中《事文類聚》則在朝鮮出版幾次：《新編古今事文類聚》（1493）、《事文類聚抄》（1799）、《新編古今事文類聚》（1891）、《詳校事文類聚抄》（1913）。至於1720年《萬寶全書》的傳播，金永善文中則有遺漏。

②《韓國佛教全書》第十册，漢城：東國大學出版部，1989年，頁873。

書》中的《茶經採要》記載的方式不同，這是明朝以來興起的炒青散茶。原來《茶經採要》是來自明朝張源的《茶錄》一文，皆反映了明朝當時的飲茶習慣。草衣禪師正在實驗這種方式，因此引起了他很大的興趣，就有心抄錄下來，編纂成書，從而普及各方。

《東茶頌》是草衣禪師應洪顯周的請求，用心創作的茶書，具有韓國茶文化經典的特色。但是其中第七、十二、十四、十五頌中，也有來自《萬寶全書》的內容，因此可以說《萬寶全書》是對草衣禪師成爲“茶聖”的最關鍵的藍本。《萬寶全書》中的《茶經採要》（或稱“採茶門”）是《茶神傳》的原本，也是培養《東茶頌》的營養成分①。

至於朝鮮後期茶文化經典的研究，還有尹炳相《茶道古典》②，較詳細地翻譯和注釋了《茶神傳》《東茶頌》以及陸羽的《茶經》。因此，書中也提到《萬寶全書》。

朝鮮抄本《萬寶撮要》，現藏於韓國學中央研究院藏書閣，不過不知究竟是誰抄寫並編輯成書後起了這個書名。該書是從《萬寶全書》“醫學門”和“種子門”抄出來單獨流傳的有關醫學的書。封面左上大字題名“萬寶撮要”，右上小字題兩種門類“醫學門”、“種子門”，五針眼裝訂，共有四十五葉，大小爲長 28 釐米，幅 18.2 釐米。紙張有印刷掛線和上下花紋魚尾版心，每半葉十行，每行二十九字。該書用比較整齊的楷書抄錄，版心題“醫學門”共三十葉，“種子門”十五葉。最後一行有日期，曰“歲在光武九年孟春上幹（澣）”，表明是書是在 1905 年被抄錄或編成的。

《萬寶撮要》所抄錄的是“醫學門”和“種子門”的漢字原文。若考察明清兩代的《萬寶全書》中的門類，嘉慶年間以前出版的三十卷以上的版本，纔有“醫學門”。除了萬曆三十五年本《萬用正宗分類學府全編》爲“醫林門”之外，其他均題“醫學門”，但是咸豐元年（1851）以後出版的二十卷本，都删去這個門類。因此這個《萬寶撮要》的來源可能屬於乾隆至嘉慶年間出版的三十卷本。

至於中國的醫書，在朝鮮時代一直受到重視，也系統地加以購買。例如端宗三年（1455，景泰六年），朝廷按照禮曹的要求，讓朝天使節到北京購買大量醫書③。

---

① 《東茶頌》第七頌來自《萬寶全書·十四點染失真》，《東茶頌》第十二頌來自《萬寶全書·十一香》，《東茶頌》第十四頌來自《萬寶全書·一採茶論》，《東茶頌》第十五頌來自《萬寶全書·二造茶》《十六品茶》《八泡法》等。參見宋海卿《草衣〈茶神傳〉謄抄의茶文化史的意義》。

② 尹炳相《茶道古典》，首爾：延世大學出版部，2010 年。

③ 《朝鮮王朝實錄·端宗實錄》三年（1455）四月四日：“議政府據禮曹呈啓：‘醫書《聖惠方》《永類鈐方》《得效方》《和劑方衍義》《本草補注》《銅人經纂圖》《脈經》外諸方書，皆無板本，請每於赴京使臣之行，就付麻布貿易。’從之。”

諺解本《萬寶全書》，没有收録《醫學門》，而卷十一收録《種子門》，可見社會上非常重視孩子出生的問題。

《萬寶全書》裏的一部分内容，抽出來單獨流傳的例子，除了上述兩種之外，還有一種《觀相法》。這是雅丹文庫所藏的筆寫本，書名還是用全名《新刻天下便覽萬寶全書》，内容卻是《觀相法》，來自《萬寶全書》中的《相法門》。朝鮮諺解本中没有收録進去，而是單獨抄録流傳的。這也是《萬寶全書》在朝鮮民間流傳的方式之一①。

四、朝鮮諺解本《萬寶全書》的體例與注解

目前韓國所藏的《萬寶全書》的諺解本只有一種，即高麗大學所藏的抄本，共有十七册，五針眼的線裝本。封面右下角有"共十七"的字樣，表示全書有十七册。每册封面左上大書"萬寶全書"及册數，右上按各册收録門類，標題一行或幾行。書前書後并没有序文或跋文類的記録，因此關於此書的成書背景和抄録年份，以及它的譯者或抄録人都無法考察。其實朝鮮時代官方進行的諺解工作，除了正文（原文和譯文）之外，并無有關作者、評者、譯者、抄者的記録，甚至原書上的序文、跋文以及一些評論文字全部被删掉。這是朝鮮官方諺解本的特點。昌德宫樂善齋原藏諺文抄本亦是如此，只是整整齊齊抄録正文而已。這個諺解本的大小爲長 27.6 釐米，寬 17.8 釐米，和其他的一般諺解本一樣，無廓、無版心、無魚尾，每半葉九行，每行約二十字，注爲雙行小字，五針眼裝訂。紙張有時連接貼上的，各册的頁數不同，多的達 184 頁，少的只有 91 頁，全書共有 2171 頁，平均每册 127 頁。

雖然諺解本的門類和體例來自中國版本，但目前無法找到完全符合的翻譯底本，因此專家們認爲朝鮮編者或譯者參考了明清各種版本，並根據朝鮮社會的需求，或選擇各部門的門類，甚至有時自己改動題名，或來自不同的版本，因而引起混亂。此書影印本和諺解文的整理本，由洪宗善、李東錫、咸熙珍校勘出版②，書前《小序》簡略説明了版本情況並介紹了内容。另有咸熙珍的單篇論文較詳細地論述版本中門類的

---

① 《新刻天下便覽萬寶全書》筆寫本，線裝，長 25.9 釐米，寬 17.3 釐米，每行字數不定。有注"柳莊秘傳，一册（觀相法）"。雅丹文庫藏，此外還收藏兩種中國版本，即《新刻天下四民便覽萬寶全書》和《新刻四民便用文林妙錦萬寶全書》。

② 洪宗善、李東錫、咸熙珍《만萬보寶전全서書》，首爾：學古房，2009 年。

問題①，但仍然不能解決此諺解本各冊門類具體的來源問題。由於校勘者的專長是韓國語學史，因此論文後半部主要考察翻譯文的詞彙和語法在朝鮮後期語言史上的地位。除此之外，很少有論文全面探討這部諺解本《萬寶全書》。

此書雖然基本上遵照朝鮮諺解本的一般形式，但也有比較特別的部分。它是原文譯文雙語對照的諺解本，即漢文原文在前，諺解翻譯在後。原文譯文雙語對照的諺解本中樂善齋本《紅樓夢》全譯本是較著名的，它是原文在上，諺解在下。而且漢字左邊還加注音，每行原文和譯文上下對照進行。譯文長短整齊，原文則參差不齊。《萬寶全書》則與此不同，先抄録一段原文内容，然後加諺解翻譯。無界線，但抄録較整齊，每半葉九行，每行長的是漢字二十字，諺文有空一格，十九字。題目空二格，諺文題目再低一格。書中還有照原書模擬的不少圖畫。按上述版本的特色，此書似可稱爲"朝鮮抄録原文對照諺解本"，簡稱朝鮮諺解本《萬寶全書》。

首先考察朝鮮諺解本《萬寶全書》結構。每冊題名及頁數如下：

第一冊：歷代帝王歌、歷代帝王紀—自盤古氏至有虞氏。共 112 頁。

第二冊：歷代帝王紀—自夏后氏至周末戰國。共 143 頁。

第三冊：歷代帝王紀—自秦始皇至隋恭帝。共 119 頁。

第四冊：歷代帝王紀—自唐高祖至清高祖。共 114 頁。

第五冊：歷代名臣紀。共 175 頁。

第六冊：文翰門、書名稱號類、請召類。共 115 頁。

第七冊：圍棋式、象譜式、牌譜式、硃窩式②、投壺式。共 183 頁。

第八冊：歲時紀事、建屋祝文、祭祀祝文、小兒關煞。共 122 頁。

第九冊：公關書式、托媒扎（札）、納采書式、過聘新式、嫁娶請帖、攔門致語。共 125 頁。

第十冊：算法源流。共 165 頁。

第十一冊：笑話、種子。共 92 頁。

第十二冊：聯句。共 126 頁。

第十三冊：勸諭、耕織。共 96 頁。

第十四冊：夢解（上）。共 110 頁。

---

①咸熙珍《萬寶全書諺解의서지적고찰과그언어적특징》（萬寶全書諺解的書志的考察及其語言的特徵），《語文論集》第 59 輯，2009 年。
②封面字體模糊，正文云"硃窩酒令""硃窩譜式"。

第十五册：夢解（下）、短驗門。共 162 頁。

第十六册：卜筮（上）。共 129 頁。

第十七册：卜筮（下）。共 91 頁。

以上爲朝鮮諺解本《萬寶全書》基本内容，凡 2171 頁，收録内容分别爲中國歷史人物、文章書式、娛樂、算法、農桑、解夢、占卜等。看來編者或譯者是有意選擇門類的，不一定按照中國某些版本照樣抄録，前後次序也不同於目前所有的版本目次。朝鮮諺解本《萬寶全書》既收録原書内容，但有時也改動内容。例如《歷代帝王歌》《歷代帝王紀》《歷代名臣紀》等都是"人紀門"中的内容，但是對一般朝鮮讀者來說，對"人紀門"的稱呼比較陌生，因此編者直接改成現在的題名，而且放在書前，以便容易吸引讀者。《萬寶全書·歷代帝王紀》的體例是，《東漢紀》後面有《蜀漢紀》，然後《三國紀》，而《三國紀》中只有《魏紀》和《吳紀》。這是蜀漢正統論的反映。除了《三國演義》的民間流傳之外，日用類書《萬寶全書》的歷史正統觀也對一般讀者影響頗大。朝鮮翻譯者按照原書照樣譯出來。

但《歷代帝王紀》對《明紀》和《清紀》的處理，稍微不同。《明紀》改成了《皇明紀》，而《大清紀》就只寫《清紀》。如果是明代版本，應稱"皇明"；若是清代的版本，則應稱"大清"。如今朝鮮諺解本的翻譯底本不太清楚，是否爲明清版本的混合本，還待具體考察。《清紀》部分，開頭是附録的"後金太祖高帝"。按乾隆十年（1747）序刊本，三國部分處理不同，《三國紀》明確分爲蜀紀、魏紀、吳紀。至於明清兩代的處理，則是《明紀》和《大清紀》，而且没有後金太祖，也没有太宗文帝，只有順治皇帝、康熙皇帝、雍正皇帝以及乾隆皇帝。各皇帝下面有在位年數，而乾隆則曰"在位萬萬年"，表示此書是在乾隆年間出版的。朝鮮諺解本的清代部分，已經表示乾隆在位六十年，其利用的底本應是嘉慶以後的版本。諺解本記録中還有錯誤的信息，如云："太宗文帝紅他時，太祖之子。"又說："世祖章皇帝名皇太極，太宗之子。"實際上清太宗名字皇太極和紅他時是同音的不同寫法，朝鮮文獻常用的是"紅他時"，世祖順治帝的名字應是福臨。這樣的錯誤，可能來自不同的底本，並在混合的過程中產生。

諺解本第十一册收録了"笑談門"和"種子門"，原因可能是翻譯底本中，它們排在一起。乾隆版中，不管三十卷本還是二十卷本，兩門總是排在一起，所以諺解本將其收於同一册的前後，不足爲怪。至於笑話，諺解本收録了《有錢村牛》《假作慈悲》《嘲人性呆》《譏人弄乖》《照心鏡》《二烈婦》《鬼母念兒》《勸孝罰淫》《戒僧徒布施論》《孝婦忍饑》《虎食非人》等 11 篇。今與清朝二十卷本對照，只有前 4 篇重複，其他 7 篇來歷不詳，清朝本收錄 26 篇，有如《有錢村牛》《嘲人貪食》《假作慈悲》《嘲翁爬灰》《嘲人性呆》《妻妾爭風》《富人爲賊》《和尚相調》《和尚遺興》《嘲人戀酒》《譏人弄乖》《誚老人》《誚陰陽生》《笑求風水》《譏笑郎中》《嘲人無鬚》《又（即嘲人無鬚）》《嘲瞎眼人》《嘲近視眼》《嘲麻面人》《小官賣屁股》《嘲人姦媳》《嘲人口毒》《文（當作"又"，即嘲人口毒）》《先生誚王》《困窮先生》等。除同樣的 4 篇外，22 篇中相當多的是所謂性笑話（葷笑話）。

明末以降出現大量的性笑話，朝鮮也有漢文笑話流傳，其中不少是來自中國的。明末無名氏所編的《絕纓三笑》流傳到朝鮮後，1622 年在平壤刊出其中一部分，改題爲《鍾離葫蘆》，以至於後來朝鮮文人認爲其爲朝鮮的作品。但這都是漢文作品，只能在男性士人社會流傳，內容有點淫穢，而且只用漢字表達。由於《萬寶全書》屬於最爲通俗的日用類書，一般老百姓之間不必忌諱的笑話都可以直接收錄在書中。但是，如果在朝鮮諺解本中用韓文表達性笑話的淫穢內容的話，那麼處理起來就比較麻煩。可能正因爲如此，朝鮮諺解本雖然包含一些笑話，但大量的淫穢部分卻被刪掉而沒有收錄。

至於朝鮮諺解本的注釋特色，可以詳細地考察。因爲《萬寶全書》涉及的內容龐雜，每個門類特殊的專門詞彙也頻繁出現，譯者考慮到讀者的接受水平，幾乎每個小題目都加雙行小注。全書的注解究竟多少，尚未統計出來，只有大致的情況。例如，僅第六冊《文翰門》的注釋，就多達五百多條。雖然各門類的情況不一致，但如果統計全書的話，那麼可能達到近八、九千條。若要整理這些注解並編輯出書的話，可以做出一部很有用的中國傳統文化詞典。諺解本的注釋有兩種，一是漢字原文中小字雙行注的翻譯，另一種就是譯者自己主動加的解釋。人名、地名等固有名詞，都要在注解上加以表示，有些漢字詞彙也要加一點解釋。另外，原來漢文注解上再加一點解釋，這樣的態度無非是爲了盡量方便讀者，一定是爲民間老百姓，或不熟悉漢字的女性讀者階層而做的。但是同時收錄漢字原文，也是要考慮知識階層會利用的吧。

第六冊的注釋情況，舉幾個例子來說明。開頭門類"文翰門"就有注解"편지규식이다（書信文式也）"，第一項"久近通用書禮式"先音譯再加解釋，如"구근통용서례식：본지오래되었거나얼마되지않았거나（할때）통용하는편지규식（相見很久，或近期見過的時候所用的書信文式）"。文中較難解的詞彙全加注，如"臺光""대광：높은빛이다（是高貴的光明）"，"斗瞻""두첨：북두칠성처럼바라본다는말이다（如北斗七星，大家觀瞻）"，"參商""삼상：두별이름이니삼성이나면상성이지고상성이나며삼성이지니서로떠나있음을비유한것이다（兩顆星星之名，參星出

現時商星落下，商星出現時參星落下，以此比喻兩者之間經常離別）"。注解的長短，洵是參差不齊。

日用類書《萬寶全書》包含不少生活細節的圖像，現在朝鮮諺解本也按照原本抄繪圖像。這是朝鮮諺解抄本史上，非常難得而例外的例子，值得研究。具體的考察，本文從略。

五、結語

明清時期最流行民間日用類書爲《萬寶全書》。此書流傳到江戶時代的日本，產生了很大的影響。朝鮮時期雖然沒有那麼盛行，傳統的宋元類書的影響可能更大一點，但仍要注意的是，有人燕行時閱覽及購買《萬寶全書》的記錄，有些本子還流傳至今。萬曆年間，朝鮮使臣李睟光曾到北京，他的《芝峰類説》（中）有見到《萬寶全書》的記載，因此此書在朝鮮流傳的時間可能要更早一些。康熙年間，朝鮮使臣李宜顯在北京購買帶回來的大量書籍中竟包含《萬寶全書》八卷。《萬寶全書》在朝鮮社會流傳之後，有人從書中抽出部分內容形成單行抄本。如今還流傳的有來自《採茶門》的草衣禪師抄録的《茶神傳》，來自《醫學門》和《種子門》的《萬寶撮要》，還有一部抽出《相法門》的抄本。此外《萬寶全書》也在社會上發生了一些影響，如安鼎福利用此書，做出婚禮規定的文式；有人從書中抽出《算法門》內容，形成一本地方衙門所用的文書，見於《守令》。凝川後人所編的朝鮮玄琴樂譜《韓琴新譜》中，亦有不少內容來自《萬寶全書·琴學門》。

最值得注意的是，朝鮮時代還產生了非常龐大的諺解注釋本《萬寶全書》，凡十七冊，編者或譯者特別安排漢字原文和諺文對照，還準備了數量達幾千條的詳細的雙行小字注解，這都是爲朝鮮社會各階層讀者全面服務的細心安排。如果將全書的注釋整理出來，則無異於可以編出一本日常生活的百科詞典。諺解本收録的門類，都是編者自主選擇而加以編排次序的結果。有時表示民族意識，有時也爲老百姓著想，選擇最需要的內容，或删掉不太需要或認爲是一些糟粕的東西。

總而言之，《萬寶全書》在朝鮮社會多個階層傳播，產生了一定的影響。目前在韓國，需要對此書展開全面而深入的研究。明清時代的通俗小説廣泛流傳，學界也一直關注其在東亞各國的傳播和影響。如果考慮到通俗小説和日用類書的密切關係，那麼學界更應該注意作爲民間生活百科全書的《萬寶全書》。

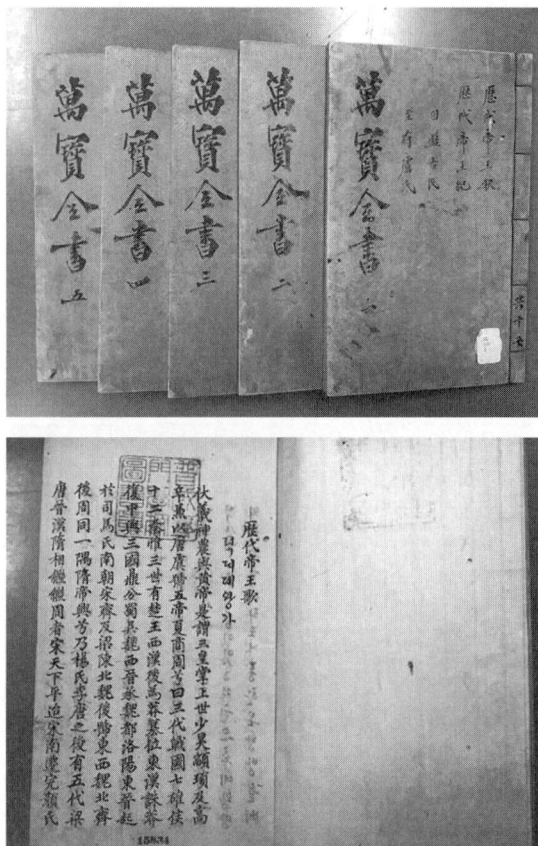

《萬寶全書》朝鮮諺解本封面，共 17 册，高麗大學藏本。

附録：朝鮮諺解本《萬寶全書》收録目録

第一册：《歷代帝王歌》《歷代帝王紀—自盤古氏至有虞氏》。

歷代帝王歌：天曆會之數、三皇歌、伏羲氏章、神農氏章、有熊氏章、陶唐氏章、有虞氏章、夏禹章、商湯章、成周章、戰國章、始皇章、兩漢章、三國章、兩晉章、南北二朝、李唐章、五代章、兩宋章、金元章、大明章、大清章。

歷代帝王紀：附十紀説、循蜚紀、因提紀、禪統紀、疏仡紀、三皇紀、五帝紀。

第二册：歷代帝王紀—自夏后氏至周末戰國。

夏紀、商紀、周紀、附春秋十二國、附戰國七雄。

第三冊：歷代帝王紀—自秦始皇至隋恭帝。

秦紀、西漢紀、東漢紀、蜀漢紀、三國紀、西晉紀、東晉紀、附僭位十六國、南北朝紀、隋紀。

第四冊：歷代帝王紀—自唐高祖至清高祖。

唐紀、五代紀、附僭位十國、北宋紀、南宋紀、附遼紀、附西遼紀、附金紀、附夏紀、元紀、附北元紀。

皇明紀：（中略）崇禎皇帝、䣭皇帝、隆武皇帝、永曆皇帝。

右明起於戊申終於庚寅凡十九帝共二百八十三年。

清紀。

附後金太祖高帝姓愛新覺羅（一云佟氏）名奴兒哈赤他失之子叫場之孫、太宗文帝紅他時太祖之子、世祖章皇帝名皇太極太宗之子（今注：名福臨，此處皇太極即太宗之名）、聖祖仁皇帝名玄燁世祖之子、世宗獻皇帝名胤禛盛祖之子、高宗純皇帝名弘曆，世宗之子、元年丙辰，改元乾隆。在位六十年傳位，居上皇位四年（裕陵）。

第五冊：歷代名臣紀。

燧人四佐、伏羲九相、黃帝六相、堯二女、舜五臣、禹二相、湯二相、周六卿、五霸、孔門十哲、孔門七十二賢、孟門十七弟子、漢商山四皓、蜀三傑、晉竹林七賢、唐凌煙閣功臣二十四人、宋三蘇、宋四學士、皇明名臣、開國功臣封公六人、永樂名臣、崇禎死節名臣。

第六冊：文翰門、書名稱號類、請召類。

文翰門：久近通用書禮式、未接見書禮式、得接見書禮式、久別失禮書禮式、久別得書式、拜訪不遇書禮式、承訪失款式、承款裁謝式、父寄子爲商書、父外寄子書、子家奉父書、子奉父書、兄外寄弟書、弟外寄兄書、在外奉諸親書、聘定啟、回聘啟、訃書式、唁書式。

書名稱呼活套：尊長用、卑幼用、人子用、宗族用、婦人用、親眷通用、婿甥用、岳舅用、先生用、門徒用、僧用、道用、平交一應通用、朋友用、喪服用、百日外用、服孫用。

稱呼類：尊長、親戚、師友（儒士、生員、舉人、監生、貢士、鄉官、官父、宦家子弟、子讀書者、恩家、長者、顯者、小者、商賈、客商、詩士、醫士、星士、地理、相士、卜筮、畫士、僧人。道士、木匠、命婦、庶婦、父喪、母喪）。

請召類：陳設類、酒食類、扳請類、步武類、過叙類、伏冀類、惠然類、榮幸類、請官長、請尊長、請平交、歸客請、客中請鄉里小飲、客中請送程、請人餞行、客回請接鋒、請人洗塵、總答不赴式。

第七册：圍棋式、象譜式、牌譜式、硃窩式、投壺式。

圍棋局勢門：棋經十三篇總説、圍棋路圖説、圍棋三十二法指明（圖像）。

象棋圖式（圖像）。

牌譜總式門（圖像）。

硃窩（圖像）。

投壺侑觴門（圖像）：高壺式（及第登科勢、雙鳳朝陽勢、三教同類勢、戴冠拖入勢、轅門射戟勢、雙龍入海勢、雙柱聯芳勢、背用兵機勢、蛇入燕巢勢）。

第八册：歲時紀事、建屋祝文、祭祀祝文、小兒關煞。

歲時紀事：驗霞訣、四季占風、素問氣候、八節風候、天時瑣占（占日、占月、占星、論風、論雨、論雲、論露、論雷、論電、論霜、論雪、論冰）。

建屋祝文（木匠上梁致語文、新居上梁文、賀進士上梁文）。

祭祀祝文（時祭祖先祝文、墓祭祝文、清明祭墓文、清明祭墓祝文、代人作十保福投狀式、沿江祭神祝語）。

小兒關煞訣法：四季關煞、四柱關煞、閻王關煞、鬼門關煞、撞命關、直難關、金雞落井關、下情關、百日關、斷橋關、急腳關、五鬼關、金鎖關、鐵蛇關、浴盆關、白虎關、和尚關、天狗關、天吊關、開關鎖匙、斷腸關、打腦關、千日關、夜啼關、湯火關、埋兒殺、短命關、將軍箭、深水關、水火關。

第九册：分關書式、托媒扎、納采書式、過聘新式、嫁娶請帖、攔門致語。

體式門：常用分關書、兄弟分關、繼後遺囑。

托媒書式：托媒札、答允書、托媒求年庚、許親啟、答未允、具納采日期啟、允回啟。

納采書式：回聘書式、回儀書式、龔侍郎聘書式、回書式。

過聘新式：通用聘書式、回書式。

嫁娶請帖：答、賀人子娶、答、子娶請人、答、女婿拜門請、賀人再娶、儀制考正冠禮、儀節、祝文式、請冠贊禮、回啟、請女賓啟、回啟、賀人加冠、答受、賀子冠、答受、賀孫冠、答受、賀女筓、答受、新冠請人、子冠請人、孫冠請人、新笄請人、答赴、三加禮字祝辭（初加、再加、三加）、禮祝辭、字祝辭。

攔門致語：攔門請花紅詩、又攔門詩、開篝（轎）詩、喫田鹽飯詩、下篝（轎）詩、迎新郎詩、拜天地詩、拜堂致語、附嫁女送花紅、答。

第十冊：算法源流（詳明算法門）。

算法源流、鋪地錦、掌訣、綿紗求布法、生肉求熟法、銀求綿花法、田畝數、產數、大數、小數、算盤定式、上法口訣、退法口訣、一轉（至）九轉、九歸歌訣、一歸（至）九歸、九因歌訣、一因（至）九因、混歸法歌訣、乘法歌訣、歸除歌法、一因還原（至）九因還原。

第十一冊：笑話、種子。

笑話門：有錢村牛、假作慈悲、嘲人性呆、譏人弄乖、照心鏡、二烈婦、鬼母念兒、勸孝罰淫、戒僧徒布施論、孝婦忍饑、虎食非人。

種子門：十月受胎圖訣、初月罩胎散、二月安胎和氣散、三月（缺）、四月活胎和氣散、五月瘦胎飲、六月瘦胎飲、七月知母補胎散、八月和氣平胃散、九月保生如聖散、十月（缺）、種子避忌日、濟生產寶論。

第十二冊：聯句。

新春聯、入學聯、登科聯、慶壽聯、壽官聯、架造聯、遷居聯、生子聯、書齋聯、關帝廟聯、旅館聯、酒館聯、醫士聯、星士聯、相士聯、畫工聯、忠臣祠聯、烈女祠聯、僧寺聯、道觀聯、隱士聯、水閣聯、山亭聯、橋梁聯、輓聯、祠堂聯、過聘聯、婚姻聯、定親聯。

第十三冊：勸諭、耕織。

勸諭門：忍爲百行本、唐太宗問是非、邵康節先生勸諭、程子家訓、敬齋箴、勸孝歌、金人背後銘、常春良善想。

耕織門：犁田、浸種、種蒔、臂篝、轆轤、桔橰、割稻、麥笓、攢稻簞、碓、木桶、桑梯、鹽槌、鹽連、繭籠、北繰車、絡車、緯車、小紡車、經架、織機、布機、鹽婦、傷田家。

第十四冊：夢解（上）。

夢解（門）：天文第一、地理第二、道路橋市第三、佛道鬼神第四、身體第五、夫妻產孕第六、呼召觀見第七、哀樂病死第八、沐浴廁穢第九、殺闘罵辱第十、捕禁刑罰第十一、水火盜賊第十二。

第十五冊：夢解（下）、短驗門。

夢解門：宮室屋宇第十三、門户井竈第十四、冠帶衣服第十五、床帳供器第十六、船車遊行第十七、刀劍儀節第十八、文武器械第十九、珍珠玉帛第二十、鏡環釵釧第二十一、墓塚棺槨第二十二、花木菓品第二十三、田桑五穀第二十四、食物瓜果第二十五、龍蛇禽獸第二十六、牛馬六畜第二十七、龜鼈魚蟲第二十八、勅符呪曰。

短驗門：占燈火、占鴉噪方位法（正東、東南、正南、西南、正西、西北、正北、東北）鴉鳴禳壓法、逐時斷心驚法、逐時斷耳熱法、逐時斷耳鳴法、逐時斷肉顫法、逐時斷眼跳法。

第十六册：卜筮（上）。

卜筮門

啟蒙節要：六十甲子、十天干所屬、十二地支所屬、天干地支八卦方位圖、五行相生、五行相剋、六親相生相剋、天干相合、地支相合、地支相衝、五行次序、八卦次序、八卦象例、八宮所屬、擲錢作卦法、六十四卦名、納甲裝卦歌、安世應訣、六獸歌、六獸起例、安月卦身訣、三合會局歌、長生掌訣、旺相休囚定局、禄馬羊刃歌、貴人歌訣、三形歌、六害歌、八宮諸物、八宮諸身定間爻歌、年上起月法、日上起時法、通玄賦、碎金賦、諸爻持世歌、世應生剋空亡動訣、卦身喜忌訣、飛伏生剋兇歌、斷易勿泥神煞、六爻安静訣、六爻亂動訣、忌神歌、原神歌、用神不上卦訣、用神空亡訣、日辰訣、六親發動訣、六親變化歌、六獸歌斷、八卦相配、六甲旬空起例、月破定例、用神分類定例、世應論用神、卦爻變例。

第十七册：卜筮（下）。

卜筮門：卦爻呈象飛伏神卦身定例。

乾爲天（至）雷澤歸妹（共六十四卦）。

朝鮮李栗谷與《小學集注》

石立善

（上海師範大學）

緒言

南宋朱子（1130—1200）重振古代小學之教，與弟子劉清之（1133—1189）及諸生彙撮經史傳記所載聖賢格言事跡，淳熙丁未（1187）三月纂成《小學》一書，作爲大學之根基，入德之門户也。《小學》內篇曰立教、明倫、敬身、稽古，外篇曰嘉言、善行，詳載灑掃、應對、進退之節及愛親、敬長、隆師、親友之道，以配《大學》而廣教化、美風俗也。嗣後《小學》遂通行於世，成爲蒙學之重要典籍。元代尊奉朱學爲官學，用爲科舉取士，而《小學》亦備受重視，自是以降，元明清歷代注釋及重編本層出不窮，無慮百餘家也。

古代朝鮮崇尚朱子學，《小學》於高麗時代既已傳入朝鮮，後科舉取士亦以《小學》爲基礎教材，家喻而户誦之，刊刻繁多，影響巨大。李栗谷（名珥，1536—1584）編集《小學諸家集注》五卷，又稱《小學集注》，是書有英祖時朝廷儒臣所撰宣政殿訓義。余習朱子性理之學，留心搜集程朱典籍久矣，庋藏《小學諸家集注》一部，乃曩日購自日本西京之書肆也。檢《栗谷先生全書》[1] 及韓國精神文化研究院編纂出版《（國譯）栗谷全書》全七卷[2]，皆不收載《小學諸家集注》，蓋偶疏漏也。余披閱《小學諸家集注》既久，知栗谷之用心良亦苦矣，惜是書幾不爲人知，學界亦不甚留意，因考論之，以就正於大方焉。

---

①李珥《栗谷先生全書》，朝鮮刻本。
②李珥《（國譯）栗谷全書》，城南：韓國精神文化研究院，1996 年。

一、《小學諸家集注》之版本

李栗谷編《小學諸家集注》凡五卷，收録元人何士信《小學集成》及明人吳訥《小學集解》、陳祚《小學正誤》、陳選《小學增注》、程愈《小學集説》等五家之説也。

余所藏本凡五册，四周單欄，白口，雙花紋魚尾，半葉十一行，行二十字，版框高二十二點五釐米，寬十六點六釐米。五册封面墨書："小學第一　立教"、"小學大全二"、"小學大全三"、"小學四"、"小學大全五"。書首有甲戌（1694）春正月李德成書《御製小學序》、甲子（1744）春正月洪鳳祚書《御製小學後序》、甲子（1744）仲春任珽書《御製小學小識》及《宣政殿小學訓義凡例》《小學集注總論》《小學篇目》《小學集注總目》《小學集注考訂》《小學書題》《小學題辭》。《御製小學序》第二葉表闕末行，第二葉裏全闕，《御製小學後序》第二葉表闕末二行，鈔補。卷六末有"甲子孟春"、"武橋新刊"八字刊記。書末附成渾《小學集注跋》、李恒福《小學跋》。《小學集注跋》第二葉裝丁亂。蓋英祖二十年甲子（1744）孟春刻本也。又第二、三、五册封面題"小學大全"，乃收藏者誤書也。

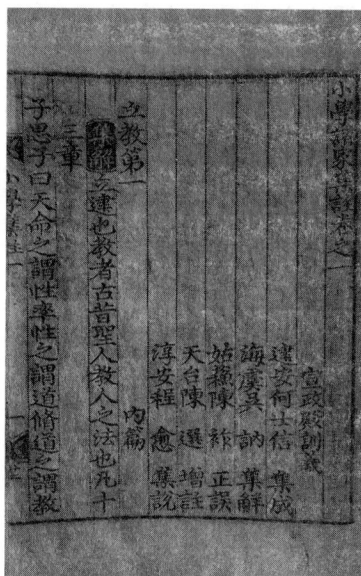

余近日得見《域外漢籍珍本文庫》第二輯《子部》第一册①所收韓國成均館大學藏朝鮮刊刻《小學諸家集注》影印本，書前《提要》謂此本爲李朝肅宗年間（1674—1720）刻本。此影本半葉十行，行十七字，卷首諸文依次爲《御製小學序》《小學篇目》《小學集注總目》《小學集注總論》（闕第一葉）《小學題辭》《小學集注考訂》，書末附《小學集注跋》《小學跋》。視余所藏，卷首另有《御製小學後序》《御製小學小識》《宣政殿小學訓義凡例》三篇，特表記異同如下表：

有文齋藏本	域外漢籍珍本文庫影印本
書　首	
御製小學序	御製小學序
御製小學後序	無
御製小學小識	無
宣政殿小學訓義凡例	無
小學集注總論	小學集注總論（闕第一葉）
小學篇目	小學篇目
小學集注總目	小學集注總目
小學集注考訂	小學集注考訂
小學書題	小學書題
小學題辭	小學題辭
書　末	
小學集注跋	小學集注跋
小學跋	小學跋

　　觀《域外漢籍珍本文庫》影印本全書，唯栗谷《小學諸家集注》而已，並無余藏本之宣政殿訓義，兩者詳略昭昭然，而影印本書前《提要》竟稱此本爲"宣政殿訓義"，大誤。又，栗谷之編，本名《小學諸家集注》，如余藏本有宣政殿訓義者，當題爲《小學諸家集注訓義》，方名副其實也。又，日本東洋文庫、山口大學藏英祖三十一年（1755）《小學諸家集注》刊本，未見，俟考。余藏本刊刻於英祖二十年甲子（1744）孟春，早於日本東洋文庫、山口大學所藏，二本蓋後印本也。余丙申（2016）孟冬又於首爾得見李遂浩（1744—1797）輯《小學集注增解》一書（韓國學民文化社影印本），書首有宋煥箕（1728—1807）撰於庚申（1800）之序文，李遂浩於栗谷《集注》之上又增輯多家解釋，以羽翼之。李遂浩，號進庵，《小學集注增解》之外，尚著有《四禮類會》《家禮增解疑義問答》等。

　　綜上所述，余所知見栗谷《小學諸家集注》之版本有四：

　　（1）肅宗年間刊刻《小學諸家集注》（韓國成均館大學藏，《域外漢籍珍本文庫》收錄影印本）

　　（2）英祖二十年（1744）孟春刻本《小學諸家集注訓義》（余藏本，有宣祖朝儒臣之訓義）

（3）英祖三十一年（1755）刻本《小學諸家集注》（日本東洋文庫、山口大學藏，蓋英祖二十年刻本之後印本）

（4）朝鮮刻本《小學集注增解》（李遂浩增解，韓國學民文化社影印，1990 年）

二、《小學諸家集注》之編纂及栗谷按語

《小學諸家集注》因何而編也？是書無栗谷自序、跋文，而檢栗谷《年譜》"己卯七年三月條"① 云：

> 《小學集注》成。先生以爲《小學》是初學急務，而諸家注解雜亂多誤，乃集衆説而折衷之，略補己意，名曰《小學集注》，凡六篇。

是知《小學諸家集注》編於栗谷四十四歲時，以朱子《小學》乃初學者急務之書，元明以降諸家注解雖多，而雜亂多誤，故彙集衆説而折衷之，並略補己意而成。朱子本人亦云："後生初學，且看《小學》之書，那是做人底樣子。"②

栗谷頗重視《小學》，以爲爲學次第之首要，嘗謂先讀《小學》，於事親、敬兄、忠君、弟長、隆師、親友之道，一一詳玩而力行之，然後可依次閱讀《大學》《論語》《孟子》《中庸》《詩經》《禮經》《書經》《易經》《春秋》，令此五書、五經循環熟讀，理會不已③。此讀書法蓋本諸中土性理學，如元人程端禮《讀書分年日程》即規定八歲未入學之前，讀《性理字訓》；自八歲入學之後，讀《小學書》正文，此後方可逐次讀《四書》、儒經及朱子《章句》《集注》《或問》等④。由是知栗谷《小學集注》之編有深意存焉。

余以爲栗谷此書乃據明朝《小學集注大全》而編集之。《小學集注大全》十卷，載録明儒吳訥集解、陳祚正誤、陳選增注等三家注釋，余所見本爲日本慶安三年（1650）春刻本。栗谷蓋以《小學集注大全》爲藍本，取集注之體裁，仿效其體例，增附元儒何士信《小學集成》、明儒程愈《集説》二家，以成是編。考元儒何士信《小學集成》於朝鮮翻刻衆多，極爲盛行，明儒程愈《小學集説》亦然，故栗谷取何、程二書足之。如《小學集注大全》卷首有《小學總論》一篇，集程子、朱子、陸九淵、

①《栗谷先生全書》卷三十四《年譜下》。

②《朱子語類》卷十三之《輔廣録》。

③《擊蒙要訣·讀書章》，《栗谷先生全書》卷二十七。

④《程氏家塾讀書分年日程》卷一，《四部叢刊續編》所收元刻本。

吕祖謙、陳淳、李方子、真德秀、許衡等宋元八家論小學之説，凡二十條，栗谷《小學諸家集注》皆採之。惟何士信《集成》、吴訥《集解》、陳祚《正誤》、陳選《增注》、程愈《集説》等五家注釋，雖精詳入微，而文繁義瑣，頗爲難讀，故栗谷因原書删繁就簡，萃取諸家之要且長者，排比編次也。

栗谷纂集元明儒五家之注，並下按語，其按語體式有二：一曰小字雙行注，或於正文或於諸家注文之下，以雙行小字注之；二曰圈識下添注，蓋於諸家注文之後，標圈識而注出己意，爲之補説。今請爲剖析之。

（一）小字雙行注

栗谷書中小字雙行注，蓋以注音、訓詁爲主，便於讀者初學誦讀也。《小學》正文多先秦兩漢經子史之文，詞古而義深，非初學所能明，後世《小學》注釋之多蓋爲此故也。栗谷爲正文及注文之難字注音，其方法有直音，有反切音，有標四聲，亦有明句讀者，舉例如下：

（1）《列女傳》曰："古者婦人妊（壬）子，寢不側（仄），坐不邊，立不蹕（畢）。【集解】《列女傳》，漢劉向所編。妊，娠（申）也。側，側其身也。邊，偏其身也。蹕當作跛，謂偏任一足也。（卷一《立教》）

（2）《樂記》曰："君子姦聲亂色，不留聰明；淫樂慝（忒）禮，不接心術。惰慢邪辟（僻）之氣不設於身體，使耳目鼻口心知（如字）百體皆由順正以行其義。"（卷三《敬身》）

善按：栗谷爲《小學》正文之"妊"、"蹕"字及《集解》之"娠"字注音，用直音法也。

（3）目不視邪色，耳不聽淫聲，夜則令（平聲）瞽（古）誦詩，道正事。

（4）九年，教之數（上聲）日。

（5）二十而冠（貫），始學禮，可以衣（去聲）裘帛，舞大夏，惇行孝悌，博學不教，内而不出。（以上皆卷一《立教》）

善按：栗谷爲《小學》正文之"令"、"數"、"衣"字注明四聲，使讀者知字之詞性也。

（6）《曲禮》曰："幼子常視毋（無）誑（古況切），立必正方，不傾聽。"（卷一《立教》）《内則》曰："子事父母，鷄初鳴，咸盥（管）漱，櫛（側瑟切）縰（洒）笄（鷄）總，拂髦（毛）冠緌（如追切）纓，端韠（畢）紳，搢（晋）笏，左右佩用，偪（逼），屨（句），著綦（忌）。（卷二《明倫》）

善按：栗谷爲《小學》正文之"詿"、"櫛"、"綏"注明反切也。

（7）婦若有私親兄弟將與之，則必復（扶又切）請其故（句），賜而後與之。

《禮記》曰："君賜（句），車馬乘以拜賜（句）；衣服服以拜賜。"（以上俱卷二《明倫》）

善按：栗谷爲《小學》正文注明句讀也。

（8）《士相見禮》曰："凡與大人言，始視面，中視抱，卒視面，毋改。衆皆若是。"【集説】陳氏曰："士相見禮，《儀禮》篇名。大人，卿大夫也。（大人，有德位者之通稱。）《儀禮》注云："始視面，謂觀其顔色，可傳言未也。抱，懷抱也。中視抱，容其思之，且爲敬也。卒視面，察其納己言否也。毋改，謂答應之間，當正容體以待之，毋自變動，爲嫌懈惰不虛心也。【集解】衆，謂同在是者，皆當如此也。（卷二《明倫》）

善按：陳選以大人爲卿大夫也。栗谷則云："大人，有德位者之通稱。"蓋補以己意也。

（9）《論語》曰："君召使擯，色勃如也，足躩如也。"【集説】朱子曰："擯，主國之君所使出接賓者。勃，變色貌；躩，盤辟（壁）貌，（盤辟，乃盤旋曲折之意。）皆敬君命故也。"（卷二《明倫》）

善按：朱子《集注》釋"躩"爲盤辟貌，而栗谷進而爲"盤辟"施訓，顯明其義也。

（10）《禮記》曰："孝子之有深愛者，必有和氣，有和氣者，必有愉色，有愉色者，必有婉容。孝子如執玉，如奉盈，洞洞屬屬然，如弗勝（升），如將失之。嚴威儼恪，非所以事親也。"【集解】愉，和悅之貌。婉，順美之貌。盈，滿也。洞洞，質愨貌。（洞洞，表裏無間也。）屬屬，專一貌。【集説】陳氏曰："勝，當也。言敬親常如執玉、奉盈，惟恐不能勝當而且將覆墜也。"陳氏曰："和氣、愉色、婉容，皆愛心之所發。如執玉，如捧盈，如弗勝，如將失之，皆敬心之所存。愛敬兼至，乃孝子之道。故嚴威儼恪，使人望而畏之，是成人之道，非孝子之道也。"（卷二《明倫》）

善按：洞洞訓質愨貌，其義已明，然栗谷又謂"表裏無間也"，言貌心合一，發其深意也。

（二）圈識下添注

小字雙行注之外，栗谷於諸家諸解之下，又標加圈識，爲之添注，蓋出己説，彌縫補充也。《宣政殿小學訓義凡例》第八條言明此事，《小學書題》"而必使其講習之"

段訓義又特注之。檢核全書，栗谷添注凡八處，悉列如下：

（1）而必使其講而習之，於幼穉（治）之時，欲其習與智長（上聲），化與心成，而無扞（汗）格不勝（升）之患也。【集解】扞格，牴牾不相入也。○按：格如“民莫敢格”之格，即拒逆之意，讀如字。（卷首《小學書題》）

善按：栗谷於此出己說，謂朱子《小學書題》之“扞格”之“格”，當讀作《史記·田敬仲完世家》“民莫敢格”之格，解爲“拒逆之意”，與吳訥《集解》之說不同。

（2）聘則爲妻，奔則爲妾。【集解】妻之爲言齊也，以禮聘問，而得與夫敵體也。奔，趨也。妾之爲言接也，得接見君子而不得伉（抗）儷（例）也。○奔非失禮，只是分卑也。

善按：栗谷釋“奔”之義，謂其非失禮，惟視妻則身份卑賤也。

（3）寒不敢襲，癢不敢搔；不有敬事，不敢袒（但）裼（昔），不涉不撅（貴），褻衣衾不見（現）裏。【集解】襲，重衣也。敬事，謂習射之類。袒裼，露臂也。涉，涉水也。撅，褰起衣裳也。○寒當襲，癢當搔，而侍坐則不敢者，皆敬也。

善按：寒襲癢搔，乃人之常性也，栗谷以爲惟出於敬，則不敢不慎也。

（4）《曲禮》曰：“子之事親也，三諫而不聽，則號（平聲）泣而隨之。”【增注】將以感動親心，庶或見聽也。○父子無可去之道，故號泣而隨之而已。

善按：栗谷以爲父子者，分不可離而去之，故三諫而不聽，唯號泣而隨之。

（5）取（娶，下同）妻不取同姓，故買妾不知其姓，則卜之。【集解】陳氏曰：“不娶同姓，爲其近禽獸也。卜者，卜其吉凶也。”○蓋異姓則吉，同姓則凶也。

善按：栗谷釋“卜其吉凶”之斷也。

（6）讀《論語》者，但將弟子問處便作己問，將聖人答處便作今日耳聞，自然有得。若能於《論》《孟》中深求玩味，將來涵養，成甚生氣質。【集解】朱子曰：“孔門問答，曾子聞得之言，顏子未必與聞；顏子聞得之語，子貢未必與聞。今都聚在《論語》，後世學者豈不大幸也。”輔氏曰：“若能將弟子問處作自己問，聖人答處作己所聞，則不徒誦其言，必將求其意，不徒求其意，必將見於行，其進於聖賢也不難矣！”○葉氏曰：“甚生猶非常也。”

善按：栗谷引葉氏之言，釋程伊川“甚生”之語也。

（7）帝使允授太子經，及崔浩以史事被收，太子謂允曰：“入見至尊，吾自導卿，脫至尊有問，但依吾語。”【集解】太子，太武長子晃也。崔浩（【訓義】字伯深）位司徒，與允等修國書、刻石以彰直筆，太武怒其暴揚國惡，收浩誅之，將及於允，故太子教允入對，欲指導其生路也。脱，儻也。○按：此段太子欲欺君而脱高允，允必諫止，而無一言，恐史氏記録之誤也。

善按：此事載《北史・高允傳》，栗谷以爲太子欲爲高允脱罪而欺君，允無一言諫止之詞，蓋史家記録有誤也。

（8）數月，女自婚姻會歸，告王曰：“前時釵爲馮外郎妻首飾矣，乃馮球（求）也。”王嘆曰：“馮爲郎吏，妻之首飾有七十萬錢，其可久乎！”馮爲賈相餗（速）門人，最密。賈有蒼頭，頗張威福，馮召而勖（旭）之。未浹旬，馮晨謁賈，有二青衣捧地黄酒出，飲（去聲）之，食頃而終。賈爲出涕，竟不知其由。【集説】陳氏曰：馮外郎，員外郎球也。賈餗亦宰相。密，親密也。奴僕以蒼爲巾，故曰蒼頭，勖，勉也。浹，周也，十日爲旬。球以奴張威福，恐爲主累，故戒之。奴恐球告主，故毒殺之也。○置毒於地黄酒也。

善按：栗谷釋馮球飲地黄酒而斃命之由也。

縱觀書中所見栗谷之按語，小字雙行注與圈識下添注，數量無多，且極簡短，蓋其所引《集成》《集解》《正誤》《增注》《集説》等五家注釋已該詳親切，庶乎臻其極矣，無需附贅續貂，僅略作補充，使初學易曉而已。

栗谷所引諸家注釋亦有圈識者，如《小學題辭》“元亨利貞天道之常仁義禮智人性之綱”條引《正誤》所見圈識下之文“元於時爲春於人爲仁”云云即原文所有，而非栗谷之按語也。又如卷五《嘉言》“日記故事不拘今古必先以孝弟忠信禮義廉恥等事”條，《集説》所見圈識下之文“黄香字文强盡心養親暑則扇枕席冬則以身温被”云云，亦非栗谷之按語，讀者皆當留意焉。

三、《小學諸家集注》所見宣政殿訓義

“宣政殿訓義”，何謂也？按書首《御製小學後序》云：

> 式遵紫陽《綱目》思政殿訓義故事，名曰“宣政殿訓義”，而大文經傳篇名、史記所引及其字義之有蒙學未詳者，令玉署之臣廣考懸注，以便曉解，質正在野儒臣，以重其事，而爰命芸館廣印以布。嗟嗟小子，莫曰予涼學，其宜勉焉，其宜勉焉，寔予晚年爲世教惓惓之意，庶幾有補於世風之萬一云爾。

因知此書之得名，乃源自朱子《資治通鑑綱目》思政殿訓義之故事也。當英祖晚年之時，頗重視此書，命儒臣爲撰訓義，以便讀者曉解，刊布之而廣施教化也。

　　書首載儒臣所撰《宣政殿小學訓義凡例》共八條，頗爲詳備，可見其訓義及編纂之法，迻録如下：

　　　　一、大文及原注字義之有古書可據者，並書於本文末端，以便考證。

　　　　一、大文所引出於經書諸子者，書見某經某書某篇，而《左傳》書見某公某年，《國語》書見某國語，歷代史書見某史某紀某傳。

　　　　一、各篇篇題引古訓而有朱子結語，故本文出處書之於古訓之下，結語之上。

　　　　一、首大文直書篇名，如《內則》曰、《曲禮》曰之類，下章不更書見《內則》、見《曲禮》者，乃此書原注之舊例，而如《論語》曰、《禮記》曰等處，與篇名有異，故書見某篇，如以某曰起頭處，與書名有異，故書見某書某篇。

　　　　一、首大文某篇曰、某書曰、某曰之章下有圈，諸章或有連上章同出於一篇者，或有書同而篇異者，故一篇則書下章同。若連累章同出於一篇者，書下幾章同。若篇異者，逐章書見某篇。又有一章之內，雜引他書者，各大文下皆書見某書。

　　　　一、大文所引宋人事多出於本集、本傳，而原書未必盡行於世，如《續綱目》《自警編》《淵源録》等書，皆據原書編成者，故雖其書後於《小學》而不拘年代，書以見某書。

　　　　一、大文所引諸人中，孔門及顏、曾、思、孟門人之表著者外，其名字、時代之未詳於原注者，並書，而若一章之內，同時人問答則時代只書一人，以避架疊。

　　　　一、此書乃文成公李珥彙輯諸注者，而文成添注處則輒加圈，故最初圈下書某添注以發例。

　　宣政殿訓義於徵引注釋群書，較爲仔細，其訓義大要有四，一曰明出典，二曰正句讀，三曰增古訓，四曰釋難詞。請爲析之：

　　（1）程子曰："古之人自能食能言而教之，是故小學之法，以豫爲先。蓋人之幼也，知思未有所主，則當以格言至論日陳於前，使盈耳充腹，久自安習，若固有之者，後雖有讒説揺惑，不能入也。若爲之不豫，及乎稍長，意慮偏好生於內，衆口辯言鑠於外，欲其純全，不可得已。"【訓義】格，《大學注》："至也。"○讒，《荀子》曰："傷良曰讒。"○鑠，《孟子注》："以火銷金之名。"（《小學集注總論》）

　　善按：訓義爲程子語"格"、"讒"、"鑠"施加訓詁，以明其義也。

　　（2）女子十年不出姆教，婉、娩、聽從，執麻枲，治絲繭，織紝（壬）組（祖）紃（巡），學女事以共（供）衣服。觀於祭祀，納酒漿、籩豆、菹（臻魚切）醢

（海），禮（去聲）相助奠。【訓義】從古本，以"姆教"爲句，恐是。

善按：訓義正句讀，《禮記》鄭玄注以"不出"爲句，"姆教"連下句讀，而訓義以"姆教"爲句。

（3）《曲禮》曰："幼子常視毋（無）誑（古況切），立必正方，不傾聽。"【訓義】從古本，以"常視毋誑"爲句，恐是。

善按：此條訓義亦爲正句讀，以"常視毋誑"作一句讀。

（4）古人小學教之以事，便自養得他心，不知不覺自好了。到得漸長，更歷通達事物，將無所不能。今人既無本領，只去理會許多閑汩董，百方措置思索，反以害心。【訓義】汩董，《性理大全》注："南人雜魚肉置飯中，謂汩董羹。"

善按：此釋疑難詞語。明人劉績《霏雪録》云："骨董乃方言，初無定字，東坡嘗作骨董羹，用此二字。晦庵先生《語類》只作'汩董'。"郝懿行《證俗文》卷一亦有説。朱子所謂"汩董"，乃雜玩寶貨之類，供人收藏把玩。

（5）又曰：古人於小學，自能言便有教，一歲有一歲工夫，到二十來歲，聖人資質已自有三分了。大學只治光彩。而今都蹉過了，不能更轉去做，只據而今地頭便劄住，立定腳跟做去，如三十歲覺悟，便從三十歲立定腳跟做去；便年八九十歲覺悟，也當據現在劄住做去。【訓義】"出治"之出，去聲。○跟，《説文》："足踵。"

善按：釋"出"字之音韻，出有入聲、去聲兩讀，此特注明爲去聲。

（6）子思子曰："天命之謂性，率性之謂道，修道之謂教。"（【訓義】見《中庸》首章）則天明遵聖法，述此篇，俾爲師者知所以教而弟子知所以學。

【集解】子思，孔子之孫，名伋，子思其字也。下子字，後學宗師，先儒之稱。朱子曰："命，猶令也。性即理也。天以陰陽五行化生萬物，氣以成形而理亦賦焉，猶命令也。於是人物之生，因各得其所賦之理，以爲健順五常之德，所謂性也。率，循也。道猶路也。人物各循其性之自然，則其日用事物之間莫不各有當行之路，是則所謂道也。修，品節之也。性道雖同，而氣稟或異，故不能無過不及之差，聖人因人物之所當行者而品節之，以爲法於天下則謂之教，若禮樂、刑政之屬是也。【訓義】品節，三山潘氏曰："如親親之殺、尊賢之等。"

善按：正文下之訓義，注明子思子之語所出之典籍。《集解》之訓義，注朱子《中庸章句》"品節"二字之義。又潘氏之説，朝鮮儒臣蓋引自明胡廣《四書大全》（本諸元胡炳文《四書通》）。

（7）《學記》曰："古之教者，家有塾（孰），黨有庠（祥），術有序，國有學。"【訓義】塾，《爾雅》注："熟也。"庠，《孟子》曰："養也。"序，《禮記》注："次序王事也。"學，《説文》："覺悟也。"

善按：栗谷僅注音，訓義更增"塾"、"庠"、"序"、"學"四字之古訓，以便初學也。

宣祖儒臣所施宣政殿訓義，補充羽翼栗谷之集注，其數量雖較栗谷之按語爲多，然亦相當簡略，以明出典、正句讀、增古訓、釋難詞爲主旨，蓋推廣此書，便於初學也。

結　語

李栗谷重視《小學》之書，以爲初學者之急務，當時明人諸家注解雜亂多誤，故據明朝《小學集注大全》爲藍本，彙纂元人何士信《小學集成》及明人吴訥《小學集解》、陳祚《小學正誤》、陳選《小學增注》、程愈《小學集説》等五家之説，爲《小學諸家集注》而折衷之。

宣祖晚年重視《小學》及其敬身化俗之功效，命儒臣爲《小學諸家集注》撰寫注釋，仿本國《資治通鑑綱目》思政殿訓義之故事，名"宣政殿訓義"，以明出典、正句讀、增古訓、釋難詞，便於初學與讀者曉解。栗谷《小學諸家集注》與宣政殿訓義，互爲表裏，構成一部完善之注解。

《小學諸家集注》及宣政殿訓義，與其後中宗朝儒臣所撰《小學諺解》（中宗十三年刊刻）並行於世，於彼國影響甚大，而《集注》與訓義更偏重於學術，爲讀書人所稱道也。自《小學》一書傳承注釋之歷史觀之，栗谷《小學諸家集注》與宣政殿訓義繼承吸收元明人注釋之精華，自當佔有一席之地位，而吾儕考察古代朝鮮漢籍受容史及彼國儒學史之際，《小學諸家集注》與宣政殿訓義之重要，則勿庸待言也。

貞觀年間唐帝國的東亞情報、知識與佚籍

——舊鈔本《翰苑》注引《高麗記》研究①

童　嶺

（南京大學）

一、舊鈔本《翰苑》的學術意義

域外所藏中國中古的漢籍舊鈔本，其文獻價值與歷史價值，絲毫不亞於百年前的敦煌鈔本，這一點，在中國大陸尤其是近五年來，逐步得到學界的認可與重視。筆者的博士論文是《日藏六朝隋唐漢籍舊鈔本綜合研究》（2009 年通過答辯），2017 年夏，改題爲《六朝隋唐漢籍舊鈔本研究》在中華書局正式出版②。處理的舊鈔本對象，以筆者 2007—2008 年在京都大學留學期間的收集爲主，如《講周易疏論家義記》《僞古文尚書》《文選集注》《玗玉集》《翰苑》等等。其中，對於本文涉及的《翰苑》基本文獻情況，上舉博士論文第九章《唐鈔本〈翰苑〉殘卷考正》已做過初步處理。

筆者近年的又一個研究方向，就是在域外漢籍舊鈔本研究的基礎上，探求中古時代的東亞文學、思想與歷史。如著作《炎鳳朔龍記——大唐帝國與東亞的中世》③，書中勾勒出唐代東亞的諸種事件（唐帝國與新羅聯軍，討平高句麗、百濟，以及唐帝國與日本的海戰等等）；又如主編《皇帝‧單于‧士人：中古中國與周邊世界》④，基於

---

①本文首發於日本京都大學人文科學研究所編《東方學報》第 92 册（2017 年 12 月刊，日本京都），收錄到本論文集時，增删了一些文字。

②童嶺《六朝隋唐漢籍舊鈔本研究》，北京：中華書局，2017 年。

③童嶺《炎鳳朔龍記——大唐帝國與東亞的中世》，北京：商務印書館，2014 年。

④童嶺主編《皇帝‧單于‧士人：中古中國與周邊世界》，上海：中西書局，2014 年。

漢籍、思想史等多角度（隋煬帝墓志①）勾勒出中古時代的東亞。以及目前正在翻譯的已故扶桑東洋史大家內田吟風的著作《北亞細亞史研究：匈奴篇》《北亞細亞史研究：鮮卑·柔然·突厥篇》②。

隋唐東亞史的推進，亦與其他學科類似，不外乎新方法與新史料兩條途徑。關於前者，如：新加坡王貞平教授的《多極亞洲中的唐代中國：外交與戰爭的歷史》③，在傳統的"册封體系"外，提出了隋唐東亞史的"多極外交"與"軟實力"。如：斯加夫（Jonathan Karam Skaff）的《隋唐帝國和它的突厥蒙古系鄰居：文化、權力與關係580—800》④ 提出的"作爲世界史的中國—內亞邊境"（The China Inner Aisa Frontier World History）理論等等。又如：葛德威（David A. Graff）的 The Eurasian Way of War：Military practice in Seventh-century China⑤，從歐亞大陸視野考察了唐代的戰術與戰略。

關於在隋唐東亞史的新史料，其中佔據比較大比重的是新出墓誌。這種學術興趣由來已久，如1930年代，羅振玉刊印的《唐代海東藩閥志存》一書，涉及洛陽出土的百濟王子《扶餘隆墓誌》（扶餘隆的父親，即百濟義慈王的墓，至今尚未發現）。又如章太炎跋《黑齒常之墓誌》⑥。以及高句麗泉男生的墓誌，民國年間在洛陽出土，李根源《曲石精廬藏唐墓誌》收之，謂"唐志第一也"⑦。

可見在清朝民國年間，學者們就將隋唐墓誌的範疇擴大到東亞史。

近年來，如胡戟、榮新江編《大唐西市博物館藏墓誌》⑧，毛陽光、余扶危編《洛陽流散唐代墓誌彙編》⑨ 等等，不勝枚舉。作爲新史料的墓誌，在傳記的補充以

---

①隋煬帝、蕭皇后墓出土於2013年，筆者曾經於2014年到揚州考古現場考察。

②目前已經發表了中譯稿第一章。內田吟風著，童嶺譯，余太山校《古代遊牧民族侵入農耕國家的原因——以匈奴史爲例的考察》，《西域研究》2016年第4期。

③Wang Zhenping, *Tang China in Multi-Polar Asia：A History of Diplomacy and War*, University of Hawaii Press, 2013. 又可參梁爽記錄《王貞平先生談多極亞洲中的唐帝國》，《古典文學知識》2016年第6期，頁3—12。

④Jonathan Karam Skaff, *Sui-Tang China and Its Turko-Mongol Neighbors*, Oxford University Press, 2012. 書評見李丹婕《唐代中國的族群與政治——三部著作的評介與反思》，《西域文史》第8輯，北京：科學出版社，2014年。

⑤David A. Graff, *The Eurasian Way of War：Military practice in Seventh-century China and Byzantium*, Routledge, 2016.

⑥童嶺《炎鳳朔龍記——大唐帝國與東亞的中世》第四章《朔之龍》，頁92、108。

⑦李希泌編《曲石精廬藏唐墓誌》，濟南：齊魯書社，1986年，頁105。

⑧胡戟、榮新江編《大唐西市博物館藏墓誌》，北京：北京大學出版社，2012年。

⑨毛陽光、余扶危編《洛陽流散唐代墓誌彙編》，北京：國家圖書館出版社，2013年。

及相關史實的修正上有它的特殊價值，比如 2016 年新出《西安新獲墓誌集萃》所收《李建成墓誌》[1]，對於解讀"玄武門之變"前後的長安政局有重要幫助。又如，洛陽、西安新出百濟、高句麗人墓誌[2]，則對於理解高句麗、百濟史均有極大裨益。特別是 2007 年公佈的被盜流落洛陽文物市場的《禰寔進墓誌》，一年後 한국방송공사（韓國中央放送 KBS）就製作了"降服義慈王的衝擊——禰寔進墓誌銘"[3]，此外，還有 2010 年、2011 年西安市長安區郭杜鎮陸續出土、公佈的百濟移民禰氏家族墓。時代略前，還可以舉出近年出土的隋開皇十一年《裴遺業墓誌》，志主是北齊年間"聘高麗使主"[4]。

相對於隋唐墓誌，域外所藏漢籍舊鈔本也有特殊的價值，特別是基於某一種、某一類文獻，可以深入前人所無法探究的領域。

如舊鈔本《翰苑》一卷，原藏於日本福岡縣筑紫郡男爵西高辻信雄，現藏於同郡太宰府町、太宰府天滿宮。初步被認爲是平安時代的此份舊鈔本殘卷，不僅於昭和六年十二月（公元 1931）被日本政府定爲"國寶"[5]，而且可謂是海內孤本。這份舊鈔本《翰苑》殘卷對於深入理解與研究唐代史（特別是東亞古史）中古注釋學、鈔本文獻學等等有相當重要的價值。

首先對這份《翰苑》舊鈔本産生敏鋭學術意識的是：羅振玉扶桑歸國前鬻宅得款而全部托狩野直喜、内藤湖南捐贈京都大學從事影印的舊鈔本事業：《京都帝國大學文學部景印舊鈔本》[6]。

①西安市文物稽查队编《西安新獲墓誌集萃》，北京：文物出版社，2016 年，頁 34—35。

②拜根興《唐代高麗百濟移民研究：以西安洛陽出土墓誌爲中心》，北京：中國社會科學出版社，2012 年。拜根興《石刻墓誌與唐代東亞交流研究》，北京：科學出版社，2015 年。

③한국방송공사（韓國中央放送 KBS）專題"歷史追蹤"，2008 年 12 月 18 日放送。

④周曉薇、王其禕《新見北齊聘高麗使主〈裴遺業墓誌〉》，載其著《片石千秋：隋代墓誌銘與隋代歷史文化》，北京：科學出版社，2014 年，頁 275—280。裴遺業史料，承蒙仇鹿鳴兄提示。

⑤山田孝雄《國寶典籍目録》，載氏著《典籍説稿》，東京：西東書房，1934 年，頁 369。童嶺《扶桑留珎：日藏六朝隋唐漢籍舊鈔本佚存初考》（附録兩種），《國際漢學研究通訊》第 2 期，北京：中華書局，2011 年，頁 110。該文又收入拙作《六朝隋唐漢籍舊鈔本研究》，頁 79—105。又，據永田知之兄提示：1950 年日本據《文化財保護法》"國寶"凡改爲"重要文化財"。之後日本政府逐次以較貴重的"重要文化財"再定爲"國寶"。1954 年《翰苑》也再被指定爲"國寶"。

⑥其具體經過可參狩野直喜《京都帝國大學文學部景印舊鈔本第一集跋》，跋文載《京都帝國大學文學部景印舊鈔本》第一集，京都帝國大學文學部，1922 年影印本；此文又載狩野直喜著，狩野直禎、吉川幸次郎校字《君山文》卷三，1959 年自印，京都大學文學部書庫藏本。同時可參童嶺《草創期的日藏漢籍舊鈔本研究——以狩野直喜、羅振玉等五人爲例》，澳門大學編《南國人文學刊》2011 年第 1 期，頁 77—81。該文又收入拙作《六朝隋唐漢籍舊鈔本研究》，頁 106—122。

據筆者《唐鈔本〈翰苑〉殘卷考正》（拙博士論文第九章，下文簡稱《考正》）①調查，從 1922 年（大正十一年）開始，一直到 1942 年（昭和十七年）爲止，在京都大學以"線裝、帙入"的形式，共陸續出版了 10 集《京都帝國大學文學部景印舊鈔本》。其中第 1 集共收有三種，目次如下：

《毛詩唐風殘卷·毛詩秦風正義殘卷》，1922 年影印（京都帝國大學文學部景印舊鈔本：第 1 集第 1 種）

《翰苑》，殘 1 卷，存卷 30（張楚金撰；雍公叡注），1922 影印（京都帝國大學文學部景印舊鈔本：第 1 集第 2 種）

《王勃集》，殘 2 卷，原存卷 29 至 30，1922 影印（京都帝國大學文學部景印舊鈔本：第 1 集第 3 種）

1922 年京都大學影印本《翰苑》正文多爲楷書，間有連筆現象。每面正文約七行，每行字數約 15 至 17 之間不等，每頁施有淺色墨界。注文爲雙行小注，每行字數約 22、23 不等。共四十二頁，八十三面。正文影印第一頁所示。依次寫入：

翰苑卷第□　　張楚金撰　　雍公叡注

蕃夷部

匈奴	烏桓	鮮卑	夫餘
三韓	高麗	新羅	百濟
肅慎	倭國	南蠻	西南夷
兩越	西羌	西城②	後叙

蕃夷

在此殘卷的"蕃夷部"中，共記録了匈奴等 15 個中原王朝周邊的少數民族部落、政權或國家，最後附以"後叙"，爲論述方便起見，我稱之爲 16 "目"。每一民族政權或國家的記載方式大體是：首行頂格寫其名稱"匈奴"二字，次一行開始頂格用同樣字體書寫正文，雙行小注亦不退格；從第二個少數民族"烏桓"之名稱開始，則緊接前一個少數民族"匈奴"正文末雙行小注書寫，但空行不等，如"烏桓"目距"匈奴"目末雙行小注約 7、8 個正文字體左右之長度，"鮮卑"目距"烏桓"目末雙行小注約 3、4 個正文字體左右之長度。然亦有如"匈奴"二字頂格者，如"三韓"二字等等。

---

① 童嶺《唐鈔本〈翰苑〉殘卷考正》，《國際漢學研究通訊》第 5 期，北京：北京大學出版社，2012 年 7 月，頁 153—186。該文又收入拙著《六朝隋唐漢籍舊鈔本研究》，頁 302—344。
② 案：應爲"域"字，傳寫之誤也。

近半個世紀以來，對於《翰苑》的研究並不充分。而且，即已取得的研究成果大部分爲東瀛學人所作，如：竹内理三校訂、解説的《翰苑》①，湯淺幸孫校釋《翰苑校釋》②。前者竹内理三的本專業是日本史而非東洋史，對於漢文的句讀出現了很多基本性與常識性的錯誤，如四六文句的讀破等等。後者湯淺幸孫專攻中國思想史，對於傳統典籍中的校勘法則運用得較爲熟練，並且能夠將《翰苑》的文字與傳統典籍如《後漢書》、兩《唐書》等細緻比較，故而此書中第一部分“校釋”頗見功力。

中國大陸第一次出版舊鈔本《翰苑》，是在二十世紀三十年代僞滿洲國的大連。《翰苑》經過校勘、鉛字排印後，收入當時由著名史學家金毓黻編纂的《遼海叢書》③，《翰苑》爲其中的第八函（集），同函尚有（金）王寂撰、朱希祖考證的《鴨江行部志節本》《遼東行部志》等等，都爲東北史地資料的珍本與殘本。此後 1968 年，臺灣廣文書局曾經據京大本加以影印出版，然而發行不廣，故兩岸學界亦鮮有利用者。2015年底，吉林文史出版社出版了《〈翰苑·藩夷部〉校譯》④。此外，臧克和主編《日藏唐代漢字鈔本字形表》亦附録了《翰苑》的影印件⑤。

以上是專書。國際學界關於研究《翰苑》以及《高麗記》的單篇論文，如：佐藤進《類書〈翰苑〉の注末助字——併せて遼海叢書の校書を窺う》、吉田光男的《〈翰苑〉注所引〈高麗記〉について——特に筆者と作成年次》、大谷光男《女王卑彌呼の金印をめぐって：〈翰苑〉倭國傳から推測した》⑥ 等等。

此外，早期利用《高麗記》進行研究的古代朝鮮史的學者，除了日本滿鮮史的前代旗手——池内宏的系列著作外，還有如：内藤湖南《近獲の二三史料（六）——三墓誌にでたる》⑦，宫崎市定《三韓時代の位階制について》⑧，末松保和《新羅の軍

---

①竹内理三校訂解説《翰苑》，東京：吉川弘文館，1977 年。

②湯淺幸孫校釋《翰苑校釋》，東京：國書刊行會，1983 年。

③金毓黻輯《遼海叢書》十集，瀋陽：遼海書社鉛印本，1934—1936 年，南京大學圖書館古籍部藏本。

④張中澍、張建宇校譯《〈翰苑·藩夷部〉校譯》，長春：吉林文史出版社，2015 年。

⑤臧克和主編《日藏唐代漢字鈔本字形表》，上海：華東師範大學出版社，2016 年。

⑥佐藤進《類書〈翰苑〉の注末助字——併せて遼海叢書の校書を窺う》，《富山大學文理學部文學科紀要》第 4 號，1977 年 2 月；吉田光男《〈翰苑〉注所引〈高麗記〉について——特に筆者と作成年次》，朝鮮學會編《朝鮮學報》第 85 輯，1977 年 10 月，頁 1—30；大谷光男《女王卑彌呼の金印をめぐって：〈翰苑〉倭國傳から推測した》，《二松學舍大學東洋學研究所集刊》第 28 期，1998 年 3 月，頁 91—105。

⑦文載氏著《讀史叢録》，《内藤湖南全集》第 7 卷，東京：筑摩書房，1970 年。

⑧文載氏著《アジア史論考·中》，東京：朝日新聞社，1976 年。

號‘幢’について》①、《朝鮮三國·高麗の軍事組織》②，鄭東俊《〈翰苑〉百濟傳所引の〈括地志〉の史料的性格について》③、李弘稙《淵蓋蘇文에대한若干의存疑》④、金哲俊《高句麗新羅의官階組織의成立過程》⑤，以及盧泰敦的系列著作如《高句麗史研究》⑥ 等等。

關於《高麗記》的考訂，尤其以 1977 年吉田光男論文最爲精審。

中方的論文，多爲東北地區的學者，以姜維公等氏爲代表，對《高麗記》做過一些初步的文獻研究⑦，但大多不能與既有的國際成果真正對話。近十年來，較爲重要的論文，當爲筆者以博士論文專章爲基礎，在 2011 年臺北大學“第二屆東亞漢文文獻整理研究國際學术研討會”上宣讀的《唐鈔本〈翰苑〉殘卷考正》，并於一年之後正式發表。筆者此文是中方比較全部闡述《翰苑》的一篇論文。本文關於文獻的考訂，原則上基於筆者的《考正》。讀者審焉。

總之，數十年來，研究《高麗記》或者説利用《高麗記》進行隋唐東亞史研究的論文亦時有發表，但總體上沒有突破上舉學界先賢的研究成果。

本文所用的《翰苑》底本，文字校錄使用東洋學著名學者湯淺幸孫的《翰苑校釋》，版圖使用《京都帝國大學文學部景印舊鈔本》，因爲後者是按照《翰苑》的原尺寸分爲 83 面影印，能比較真實的還原了該舊鈔本的原貌。

二、《翰苑》注所引《高麗記》

筆者《考正》曾言及，舊鈔本《翰苑》殘卷的文獻學信息，最重要的一條是來自

---

①文載氏著《新羅史の諸問題》，東京：東洋文庫，1954 年。

②文載氏著《青丘史草·第一》，自家版，1965 年。

③文載《東洋學報》第 92 卷，2010 年 9 月刊。

④文載氏著《韓國古代史의研究》，漢城：新丘文化社，1971 年。

⑤文載斗溪李丙燾博士華甲紀念事業委員會編《李丙燾博士華甲紀念論叢》，漢城：一潮閣，1956 年。

⑥盧泰敦著，張成哲譯《高句麗史研究》，臺北：臺灣學生書局，2007 年。

⑦姜維公、姜維東《〈高麗記〉成書時間及作者考》，《古籍整理研究學刊》1998 年第 2 期；姜維公《〈高麗記〉校勘記》，《長春師院學報》1998 年第 4 期；姜維公《〈高麗記〉的史料價值》，《古籍整理研究學刊》1999 年第 2 期；姜維公《〈高麗記〉的發現、輯佚與考證》，《東北史地》2007 年第 5 期；高福順、高文輝《陳大德與〈奉使高麗記〉》，《長春師院學報》1998 年第 3 期；高福順《簡論〈高麗記〉佚文在地理學上的貢獻》，《通化師範學院學報》1999 年第 6 期；高福順《簡論〈高麗記〉佚文在地名學上的貢獻》，《東疆學刊》2000 年第 1 期，等等。著作如：高福順等著《〈高麗記〉研究》，長春：吉林文史出版社，2003 年。

此舊鈔本本身。這份《翰苑》舊鈔本殘卷第一頁第一豎行題云："翰苑卷第□　張楚金撰　雍公叡注"共十二字，所缺一字據內藤湖南在大正十一年（1922）考證，當爲"卅"①。

又，《翰苑·自叙》所云：

余以大唐顯慶五年三月十二日癸丑，晝寢於并州太原縣之廉平里焉。②

案，大唐顯慶五年即公元 660 年。據此可知《翰苑》的最初形態（不含雍公叡注）當成書於唐高宗時代。

關於《翰苑》的作者張楚金，五代後晉劉昫等撰《舊唐書》卷一百三十七《忠義傳·張道源》下附有其族子《張楚金傳》。本傳云："著《翰苑》三十卷、《紳誡》三卷，並傳於時。"③

毋庸置疑，《翰苑》正文給人最大之印象即是四六駢體。唐代的文章衆體兼備，駢、散作者皆不乏其人。可見《翰苑》也是在南朝隋初唐文學史發展脈絡上之一環。如果説正文對於唐代文學史（尤其是駢文史）的研究意義更大一些，那麼《翰苑》的注釋文字則是考察中古思想史、學術史、東亞史的絶佳史料。這份舊鈔本殘卷的正文，幾乎每一句下都列有的詳盡的雙行小注，是《翰苑》舊鈔本正文之外，能引發人們最大關注的東西。

《翰苑》的注釋者"雍公叡"，此人在史籍中無考，從目錄學看，"雍公叡"的出現，是《宋志》以後方始著錄，而《崇文總目》等書，皆未著錄，由於是在宋代首次著錄，不排除是唐後期五代或北宋人的可能性。雍公叡的生平，民國以來的學人（包括內藤湖南等日本學者）多無從考訂。筆者《考正》對雍公叡做過一些初步研究，此不贅述。唯《考正》一文中，筆者詳細爬梳過《翰苑》殘卷注引書之四部出典，列出一表，現轉引如下：

　　經部：《毛詩》2、《周禮職方》1、《爾雅》1

　　史部：《漢書》20、《史記》1、《史記天官書》1、范曄《後漢書》5、《後漢書》77、司馬彪《續漢書》1、王琰《宋春秋》1、《續漢書》2、《漢

①內藤湖南《翰苑卷第卅跋》，載《京都帝國大學文學部景印舊鈔本》第一集，京都帝國大學文學部，1922 年影印本。案，此後有日本學人又稱此跋文爲內藤湖南"解説"。同氏亦著有《舊鈔本翰苑に就きて》，載《內藤湖南全集》第七卷《研幾小録》，東京：筑摩書房，1970 年，頁 119—125。

②《翰苑校釋》，頁 348。

③劉昫等《舊唐書》卷一百八十七上，北京：中華書局，1975 年，頁 4870。

名臣奏》1、魚豢《魏略》2、《魏略》10、魏收《後魏書》1、《漢書地理志》8、《高麗記》12、《十六國春秋前燕録》2、《十六國春秋》1、《魏志》6、《齊書東夷傳》1、魏收《後魏書東夷傳》1、蕭子顯《齊書東夷傳》1、《梁元帝職貢圖》1、《括地志》11、《齊書》1、《隋東藩風俗記》1、《東夷傳》1、范曄《後漢書東夷傳》1、《後魏書》1、《宋書》2、《肅慎國記》1、《肅慎記》3、陸翽《鄴中記》1、《山海經》1、《廣志》1

子部：應劭《風俗通》1、《風俗通》1

集部：《楚詞》1①

上表中，書名後的阿拉伯數字指筆者統計的《翰苑》注引書的次數。簡而言之，舊鈔本《翰苑》殘卷注，其中史部出典近三十餘種，徵引典籍爲經部出典的十倍以上。毫無疑問"史部"是《翰苑》注引文出典的最多一部，即使經、子、集三部之和，也不能及史部之十一。

據《考正》梳理，在三十餘種地史部典籍中，出現次數佔絶對量前五位的分別是：

第一、《後漢書》，共77次（不包括以"范曄《後漢書》"爲名出現的5次，及"范曄《後漢書東夷傳》"爲名出現的1次）

第二、《漢書》，共20次（不包括以"《漢書地理志》"爲名出現的8次）

第三、《高麗記》，共12次

第四、《括地志》，共11次

第五、《魏略》10次（不包括以"魚豢《魏略》"爲名出現的2次）②

這些典籍非常有傾向性，比如作爲排名第三的《高麗記》和第四的《括地志》，集中出現在《翰苑》的"高麗"、"新羅"、"百濟"這三條的注釋中。

下面首先舉出筆者句讀的《高麗記》12條佚文，録文雖然參考湯淺幸孫《翰苑校釋》，然湯淺句讀僅施句號（。）而已。筆者以下録文句讀，改用通行規範古籍標點，部分文字據《京都帝國大學文學部景印舊鈔本》重録：

1.《高麗記》曰：其國建官有九等。其一曰吐捽，比一品，舊名大對盧，總知國事，三年一代，若稱職者不拘年限。交替之日，或不相祗服，皆勒兵相

---

① 童嶺《唐鈔本〈翰苑〉殘卷考正》，《六朝隋唐漢籍舊鈔本研究》，頁320—321。

② 童嶺《唐鈔本〈翰苑〉殘卷考正》，《六朝隋唐漢籍舊鈔本研究》，頁327。

攻，勝者爲之。其王但閉宫自守，不能制禦。次曰太大兄，比二品，一名莫何何羅支。次鬱折，比從二品，華言主簿。次大夫使者，比正三品，亦名謁奢。次皁衣頭大兄，比從三品，一名中裏皁衣頭大兄。東夷相傳，所謂皁衣先人者也。以前五官掌機密、謀政事、徵發兵丁①、選授官爵。次大使者，比正四品，一名大奢。次大兄加，比正五品，一名纈支。次拔位使者，比從五品，一名儒奢。次上位使者，比正六品，一名契達奢使者，一名乙耆。次小兄，比正七品，一名失支。次諸兄，比從七品，一名翳屬，一名伊紹，一名河紹還。次過節，比正八品。次不節，比從八品。次先人，比正九品，一名失元，一名庶人。又有拔古鄒加，掌賓客，比鴻臚卿，以大夫使爲之。又有國子博士、大學士、舍人、通事、典客，皆以小兄以上爲之。又其諸大城置傉薩，比都督。諸城置處閭區，比刺史，亦謂之道使。道使治所名之曰備。諸小城置可邏達，比長史。又城置婁肖，比縣令。其武官，曰大模達，比衛將軍，一名莫何邏繡支，一名大幢②主，以皁衣頭大兄以上爲之。次未若，比中郎將，一名郡頭，以大兄以上爲之。其領千人，以下各有等級。③

2. 《高麗記》云：城在新城北七十里山上也。④

3. 《高麗記》曰：平郭城，今名建安城，在國西。本漢平城縣也。⑤

4. 《高驪記》曰：不耐城，今名國内城，在國東北六百七十里。本漢不而縣也。⑥

5. 《高麗記》云：故城南門有碑，年久淪没，出土數尺，即耿夔碑之者也。⑦

6. 《高驪記》曰：馬多山，在國北。高驪之中，此山最大。卅里間，難通匹馬，雲霧歊蒸，終日不霽。其中多生人參、白⑧附子、防風、細辛。山中有南北路，路東有石壁，其高數仞，下有石室，可容千人。室中有二穴，莫測深⑨淺。夷

---

①據永田知之兄提示：原無“丁”字，《通典》《太平寰宇記》《宣和奉使高麗圖經》作“馬”字。
②原舊鈔本《翰苑》殘卷作“憧”字。
③《翰苑校釋》，頁73—74。
④《翰苑校釋》，頁79。
⑤《翰苑校釋》，頁79。
⑥《翰苑校釋》，頁80。
⑦《翰苑校釋》，頁81。
⑧原舊鈔本《翰苑》殘卷作“自”字。“白附子”爲藥名，詳《本草綱目》等，形近而誤，據以改之。
⑨原舊鈔本《翰苑》殘卷作“㳄”字。

人長老相傳云：高驪先祖朱蒙從夫餘至此，初未有馬，行至此山，忽見群馬出穴中，形小而①駿，因號馬多山也。子有②

7.《高麗記》云：馬骨山，在國西北。夷言屋山，在平壤西北七百里。東西二嶺，壁立千仞。自足至巔，皆是蒼石。遠望巉巖，狀類荊門三峽。其上別無③草木，唯生青松，擢幹雲表。高驪於南北峽口，築斷爲城，此即夷藩樞要之所也。④

8.《高驪記》云：銀山，在安市東北百餘里，有數百家，採之以供國用也。⑤

9.《高驪記》云：馬訾水，高驪一名淹水，今名鴨渌水。其國相傳云：水源⑥出東北靺鞨國，白水色似鴨頭，故俗名鴨渌。水去遼東五百里，經國內城南，又西與一水合，即鹽難也。二水合流，西南至安平城入海。高驪之中，此水最大，波瀾清澈，所經津濟皆貯大船。其國恃此以爲天塹。今案：其水闊三百步，在平壤城西北四百五十里也。⑦

10.《高驪記》云：其水闊百餘步，平流清深⑧，又多灣潭枝派，兩岸生長柳，蒙密可藏兵馬。兩畔彌⑨，總名遼澤，多生細草萑蒲。毛群羽族，朝夕相霧，須臾卷斂，狀若樓雉，即《漢書》所謂蜃氣也。⑩

11.《高驪記》曰：今高麗國兼有朝鮮、穢、貊、沃沮之地也。⑪

12.《高驪記》云：其人亦造錦，紫地纈文者爲上，次有五色錦，次有雲布錦，又有造白疊布、青布而尤佳，又造郭，曰華言接籬，其毛即靺鞨猪髮也。⑫

關於這部殘存的《高麗記》的製作年代，最早做出推論的是池內宏，他在《滿鮮

---

① 原舊鈔本《翰苑》殘卷作 "向" 字，湯淺幸孫以《廣韻》《集韻》音近，徑改爲 "彊"，我對此持保留意見。

② 《翰苑校釋》，頁83。案 "子有" 二字下，原舊鈔本闕字。

③ 原舊鈔本作 "無別"，以意度之，當做 "別無"。

④ 《翰苑校釋》，頁84。

⑤ 《翰苑校釋》，頁86。

⑥ 原舊鈔本《翰苑》殘卷作 "漁" 字。

⑦ 《翰苑校釋》，頁87。

⑧ 原舊鈔本《翰苑》殘卷作 "㳂" 字。

⑨ 此後當脫一字，湯淺幸孫補爲 "望"，我以爲補 "平" 字更佳。

⑩ 《翰苑校釋》，頁88。

⑪ 《翰苑校釋》，頁89。

⑫ 《翰苑校釋》，頁90。

史研究》認爲是寫成於"唐初——高句麗滅亡"這個時段中①。歸納起來，池内宏認爲《高麗記》的成書時間應該就是公元 618（唐高祖武德元年）至公元 668 年（唐高宗總章元年，李勣攻陷平壤城）的這五十年間。吉田光男則進一步細究，認爲《高麗記》是貞觀十五年（641）陳大德所撰②。筆者認爲，池内宏的推論過於寬泛，而吉田光男的斷限則過於絕對化。就考證方法上來看，吉田光男初步分析了上舉佚文之"1"中的高句麗官職與隋唐官職之關係③，頗具有啟示性。

這 12 條佚文中，如第 12 條"人"字避唐太宗諱。第 3、4、9、11 條的"今名"都可以作爲内證，説明《高句麗》此份佚籍存在的大致時間。

筆者在上舉吉田光男論文分析的基礎上，重新將《高麗記》佚文"1"中記載的 26 個官職與隋唐官職、官品進行對比，列出下表：

序號	《高麗記》	官品	隋唐官職	備考
1	吐捽，舊名大對盧	比一品		"總知國事，三年一代"。又據《新唐書·高麗傳》，泉蓋蘇文之父爲大對盧。但是《泉男生墓志》記載其祖爲"莫離支"，而非"大對盧"。
2	太大兄，一名莫何何羅支	比二品	"猶唐兵部尚書，中書令職。"	《新唐書·高麗傳》記爲"莫離支"，與"莫何何羅支"應爲同一詞彙。
3	鬱折	比從二品	主簿	
4	大夫使者，亦名謁奢	比正三品		
5	皂衣頭大兄，一名中裏皂衣頭大兄	比從三品		《高麗記》云："以前五官掌機密、謀政事、徵發兵丁、選授官爵。"可知以上五職爲高句麗高級官員。

①池内宏《高句麗の五族及び五部》，載氏著《滿鮮史研究·上世第一册》，東京：吉川弘文館，1979 年，頁 333—335。需要特別説明的是，池内宏認爲《翰苑》注"五部皆貴人之族也"一段未標示書名的文獻，就是《高麗記》，因此池内宏統計出 13 條佚文。吉田光男也贊同池内宏的 13 條佚文説，但筆者反對將這條文獻過於武斷地歸爲《高麗記》佚文。

②吉田光男《〈翰苑〉注所引〈高麗記〉について——特に筆者と作成年次》，《朝鮮學報》第 85 輯，頁 23。

③吉田光男《〈翰苑〉注所引〈高麗記〉について——特に筆者と作成年次》，《朝鮮學報》第 85 輯，頁 12—17。

續表

序號	《高麗記》	官品	隋唐官職	備考
6	大使者，一名大奢	比正四品		
7	大兄加，一名纈支	比正五品		
8	拔位使者，一名儒奢	比從五品		
9	上位使者，一名契達 奢使者，一名乙耆	比正六品		
10	小兄，一名失支	比正七品		
11	諸兄，一名翳屬，一 名伊紹，一名河紹還	比從七品		
12	過節	比正八品		
13	不節	比從八品		
14	先人，一名失元，一 名庶人	比正九品		以上 14 個官職皆注明"比某 品"。
15	拔古鄒加	比正三品	鴻臚卿	"掌賓客"，"以大夫使爲之"。 《太平寰宇記》作"狀古鄒加"。
16	國子博士、大學士、 舍人、通事、典客	比正七品 以上		此 5 職"皆以小兄以上爲之"
17	傉薩		都督	"諸大城置"此職。《隋書》作 "褥薩"①。或與突厥軍隊司令 šad 語源上有共通之處。②
18	處閭區，亦謂之道使		刺史	"諸城置"此職。《通典》《太平 寰宇記》作"處閭近支"。
19	可邏達		長史	"諸小城置"此職。
20	婁肖		縣令	"城置"此職。17—20，此 4 職皆 爲高句麗之地方官職。
21	大模達，一名莫何邏 繡支，一名大幢主	比從三品 以上	衛將軍	《通典》卷一百八十六："以皂衣 頭大兄以上爲之。"

---

①今西龍認爲"傉"是本字，"褥"是假借字。説見氏著《朝鮮古史の研究・高句麗五族五部考》，
　東京：國書刊行會，1970 年，頁 438。
②護雅夫《突厥第一帝國におけるšad 號の研究》，載氏著《古代トルコ民族史研究》，東京：山川出
　版社，1967 年。

序號	《高麗記》	官品	隋唐官職	備考
22	未若，一名郡頭	比正五品以上	中郎將	"以大兄以上爲之；其次領千人以下，各有等級。"湯淺幸孫釋讀爲"未若"，又《太平寰宇記》作"未客"。21—22 爲武官。

這裏的記載，與傳世文獻如《新唐書·高麗傳》所收"官凡十二級"等互有出入。總之，以上《高麗記》佚文可以分成三個序列。第一序列從"吐捽"到"先人"十四個高句麗官職，對應了隋唐朝的九等官制。《通典·職官》"隋官品令"注云："此開皇中制也。至煬帝，除上下階，唯留正從九品。其餘官品，亦多升降。"[1] 第二序列從"拔古鄒加"到"婁肖"，則可以明確對應爲隋唐的某官。第三序列爲"大模達"和"未若"，是戰時之武官。

針對第二個序列，因爲可以明確對應隋唐時代的官職，故可以將《高麗記》的成書年代進一步縮小。其中，上限是都督一職，《通典》云："（武德）七年（624），改大總管府爲大都督府。"[2] 下限是中郎將一職，《舊唐書》云："（永徽三年）九月丁巳，改太子中允爲內允，中書舍人爲內史舍人，諸率府中郎將改爲旅賁郎將，以避太子名。"這裏的太子，指永徽三年（652）冊立爲太子的唐高宗的庶長子——陳王李忠。故而"忠"、"中"等字均需要避諱。但是，永徽七年（656）正月李忠就被廢黜，改封梁王。《新唐書·百官志》的"五府中郎將"條小注有云：

永徽三年，避太子諱，改中郎將曰旅賁郎，郎將曰翊軍郎。太子廢，復舊。[3]

考兩《唐書》記載，李忠被廢是在永徽七年（656）正月辛未（6 日）。那麼，中郎將隨着"太子廢，復舊"，也就是説，永徽七年正月辛未之後，中郎將得到了復原。

如此，則《高麗記》所載對應中土之官職，時段當在公元 624—652 年之間，因此《高麗記》的成書時間，也應該在此上下限範圍之內。此爲本文考察《高麗記》成書範圍之第一步（這一步將時間定爲 28 年之間，比池內宏的 50 年縮短了近一半）。

吉田光男在上世紀 70 年代認定是陳大德，並將《高麗記》定爲貞觀十五年（641）成書。在此之後，學界多準信無疑。如礪波護、武田幸男《隋唐帝國と古代朝鮮》[4]、

---

[1]杜佑撰，王文錦等點校《通典》卷第三十九，北京：中華書局，1988 年，頁 1073。
[2]《通典》卷第三十二，《職官十四·州郡上》，頁 894。
[3]歐陽修、宋祁撰《新唐書》卷四十九上《百官志四》，北京：中華書局，1975 年，頁 1282。
[4]礪波護、吉田光男《隋唐帝國と古代朝鮮》，東京：中央公論社，1997 年，頁 364。

盧泰敦《古代朝鮮三國統一戰爭史》① ⋯⋯筆者並非反對學界通行的 “《高麗記》作者＝陳大德” 説，但認爲這一説法有需要修正之處。

在上考二十八年之間，《高麗記》的成書時間應該相對靠前。考唐代遣高句麗使者，新舊《唐書·高麗傳》及《資治通鑑》等史籍可考之批次，約舉如下（以下按照姓名＋出使時間排列）：

  A. 佚名·武德五年（622）

  B. 沈叔安·武德七年（624）

  C. 朱子奢·武德九年（626）

  D. 陳大德·貞觀十五年（641）

  E. 佚名·貞觀十六年（642）

  F. 鄧素·貞觀十七年（643）

  G. 佚名·貞觀十七年（643）

  H. 相里玄獎·貞觀十七年至十八年（643—644）

  I. 蔣儼·貞觀十八年至總章元年（644—668）

從 A 到 I 的這九位（批）使者的出使時間中可以看出兩大傾向：

第一、在武德九年 “玄武門之變”、唐高祖退位之後，至貞觀十五年的 15 年間，史籍没有記載唐代遣使高句麗之記録。這其中原委，我推測一則是剛剛登基的唐太宗忙於内政肅清，二則是唐帝國的北方和西方爲其大患。如：貞觀四年（630）平定東突厥頡利可汗、貞觀九年（635）滅吐谷渾、貞觀十一年（637）公佈 “貞觀律令”、貞觀十二年（638）孔穎達受詔撰《五經正義》②、貞觀十四年（640）滅高昌國。

第二、從貞觀十五年開始，内、外都大抵平定的唐太宗，他對於東亞情報的興趣激增。出使頻率大幅度提高。直至高句麗滅國前夕，都有大量的正式出使記録。其中，“E” 的出使雖然没有記録出使者爲何人，但前一年泉蓋蘇文政變，殺死高麗王建武，唐太宗遣使憑吊，可見在貞觀十五年後，唐麗雙方的内外形勢都發生了巨變。

這其中，貞觀十五年陳大德的出使尤爲重要。《新唐書·高麗傳》云：

  太宗已禽突厥頡利，建武遣使者賀，並上封域圖。帝詔廣州司馬長孫師臨瘞隋士戰骸，毀高麗所立京觀。建武懼，乃築長城千里，東北首扶餘，西南屬

---

① 盧泰敦著，橋本繁譯《古代朝鮮三國統一戰爭史》，東京：岩波書店，2012 年，頁 51。

② 鈴木虎雄著，童嶺疏證《五經正義撰定答問疏證》，《藝衡》第二輯，北京：國家圖書館出版社，2009 年。後又收入童嶺編《秦漢魏晉南北朝經籍考》，上海：中西書局，2017 年。

之海。久之，遣太子桓權入朝獻方物，帝厚賜賚，詔使者陳大德持節答勞，且觀釁。大德入其國，厚餉官守，悉得其纖曲。見華人流客者，爲道親戚存亡，人人垂涕，故所至士女夾道觀。建武盛陳兵見使者。大德還奏，帝悦。大德又言：“聞高昌滅，其大對盧三至館，有加禮焉。”帝曰：“高麗地止四郡，我發卒數萬攻遼東，諸城必救，我以舟師自東萊帆海趨平壤，固易。然天下甫平，不欲勞人耳。”①

高句麗王聞唐太宗平東突厥，即上《封域圖》，時間當在貞觀四年（630）後不久。上舉《新唐書》雖然没有明確標明陳大德的出使時間，但考察《舊唐書·高麗傳》記載長孫師收瘞隋代陣亡將士骸骨的時間是貞觀五年（631），高句麗太子來長安時間是貞觀十四年（640）②。因此，陳大德的出使時間，只會是緊隨 640 年之後，而《册府元龜》卷六五七《奉使部》更是明確記載：“唐陳大德爲職方郎中。貞觀十五年，大德使於高麗。”③

以上的史料，固然可以説明——陳大德回長安後帶來了關於高句麗的重要情報，但並不可以如吉田光男所認爲的那樣——陳大德撰寫了《高麗記》。因爲後一種觀點在現存的所有文獻之中，無法找到確證。

可備一説的是：谷川道雄《唐太宗》傳記，甚至發揮了文學的想象，描寫了陳大德出使的情形④。

檢上舉新舊《唐書》，其《經籍志》與《藝文志》均記有：

　　《奉使高麗記》一卷⑤

是否可以將《翰苑》注所引《高麗記》，等同於兩唐書著録的《奉使高麗記》，筆者持懷疑態度。不過近現代以來的東亞史學者，幾乎都在默認“《高麗記》作者＝陳大德”説的基礎上，展開他們各自的研究。前賢之中，與筆者一樣稍持異議之人，僅有內藤湖南。

內藤湖南《寶左盦文·舊鈔本翰苑跋》在論及“高麗”條時有云：

①歐陽修、宋祁《新唐書》卷二百二十《高麗傳》，北京：中華書局，1975 年，頁 6187。

②劉昫等《舊唐書》卷一百九十九上《高麗傳》，北京：中華書局，1975 年，頁 5321。

③王欽若等編《册府元龜》卷六百五十七《奉使部·機變》，北京：中華書局，1960 年，頁 7873。

④谷川道雄《唐の太宗》第十章《遼東の雪》，東京：人物往來社，1967 年，頁 249—251。關於谷川道雄這本書的評價，請參筆者《天可汗的光與影：讀谷川道雄〈唐の太宗〉》，宣讀於“天可汗及其時代：初盛唐的經籍、文學與歷史”論壇（北京大學文研院，2017 年 5 月 3 日）。

⑤《舊唐書》卷四十六《經籍上》；《新唐書》卷五十八《藝文二》。

　　高麗條引《魏略》，舉五部異名，與《後漢書‧東夷傳》注《新唐書》合，而以五色配部名則加詳焉。内部姓高雖爲王宗，列在東部之下，古書記高麗舊俗者所未道及，尤爲有益考徵。今西助教授疑其出於《高麗記》若《括地志》，決非《魏略》舊語，參之《後漢書》注，信然。大抵夫餘、三韓、高麗、百濟、肅慎、倭國各條所引《魏略》文，皆與今《魏志》相出入，可知陳壽作書時，多襲魚豢舊文，而其間有異同之處，每每可資以訂譌。又引《漢書‧地理志》，樂浪郡屬諸縣有"夭祖"，今本作"夫租"，那珂、白鳥、箭内三博士嘗考證《漢志》，疑其誤寫，讀此書方知三君之精審。"長岑原脱岑字，今以意補駟望"下有"封箕子縣也"五字，今《漢志》無之。

　　引《高麗記》又作《高驪記》，新舊《唐志》有《奉使高麗記》一卷，未知即此書否。其記建官九等，實《隋書》、新舊《唐書》所本，然皆牾略，至其國語、官名，《舊書》一無所舉，《新書》粗舉一二，便有譌誤，未如此書翔實，可以考高麗古言。其記南蘇城，云"在新城譌作雜城今據新舊唐書高麗傳及遼東行部志訂正北七十里山上"，王寂《遼東行部志》引韓潁《瀋州記》，以爲新城即瀋州，按即今奉天也。迤北七十里當在懿路、范河左右，《漢志》南蘇水亦當以懿路河若范河。蓋鉅燕作長城，自造陽達襄平。秦漢邊塞率由舊規，故蘇水之經塞外，距襄平不甚遠也。箭内博士嘗考南蘇爲今山城子，與《高麗記》不合，其以不耐城爲今名國内城，本漢不而縣，與下引《十六國春秋》爲丸都即不耐城，皆可備一説。金富軾《三國史記》引《括地志》與此同，其記故城南門有碑，後漢耿夔所建，亦屬異聞。又記馬多山、焉骨山、銀山三事，皆古書所無。記馬訾水，乃《通典》所本。又引《南齊書‧東夷傳》記銀山，可補今本闕文。又記其俗拜曳一腳，亦今本所闕，然其法俗與《隋書‧高麗傳》合。又引《後漢書》"有馬甚小"，亦今本所無，《通典》云"其馬皆小"，或本此也。又引梁元帝《職貢圖》，著録於《舊唐志》地理類，張彦遠《歷代名畫記》言乃梁元帝畫"外國酋渠、諸蕃土俗本末，仍各圖其來貢者之狀"，章氏《隋志考證》補録是書，引《藝文類聚》二事。[1]

内藤湖南在第二段云："引《高麗記》又作《高驪記》，新舊《唐志》有《奉使高麗

---

[1]《内藤湖南全集》第十四卷，東京：筑摩書房，1976 年，頁 23—24；印曉峰點校《内藤湖南漢詩文集》，桂林：廣西師範大學出版社，2009 年，頁 114—115。此處引用實據《京都帝國大學文學部景印舊鈔本》。後内藤湖南收《舊鈔本翰苑跋》於《寶左盦文》時，已補充若干資料。

記》一卷，未知即此書否。"可謂是一種謹慎的學者態度。

筆者對於《高麗記》作者的看法是：它是以陳大德爲代表的初唐知識人撰寫的高句麗綜合性書籍，因此，根據中國中古時代的書籍冠名原則，《高麗記》並沒有署名。此外，《日本國見在書目録》"土地家"收載一部"《高麗國記》四卷"亦不録撰人①。《翰苑》注所引《高麗記》，是否與《高麗國記》爲同一部書，尤可再商。不過"不録撰者"這一條可謂兩者之共性。

關於署名問題，再看《翰苑》注的通例。本節開首部分所列之"《翰苑》殘卷注引書之四部出典"表格，可以考見：只有兩類書没有署名，一類是衆所周知的重要著作，如《史記》；另一類就是缺考或集體著作。而《高麗記》，筆者更願意推測其爲集體著作。

這些"集體"，固然包括上舉從 A 到 I 的初唐九批出使者，甚至還包括隋代的邊臣、使臣帶回之情報。因此，筆者並不傾向將《高麗記》的署名權歸於陳大德一人之下。

總之，舊鈔本《翰苑》殘卷裏面其實存在三個層次的書籍與作者問題：

Ⅰ《翰苑》（張楚金）【唐高宗、則天武后時代】

Ⅱ《翰苑》注（雍公叡）【唐後期五代】

Ⅲ《翰苑》注所引《高麗記》（陳大德等初唐知識人）【唐高祖、唐太宗時代】

按照成書先後。應該是：Ⅲ《高麗記》、Ⅰ《翰苑》、Ⅱ《翰苑注》。《高麗記》成書最早，以舊鈔本殘卷形態出現的《翰苑》注最後成書。

三、貞觀年間唐帝國的東亞世界

隋唐帝國的周邊世界，簡而言之，這些國家、民族主要包括東北及朝鮮半島的高句麗、新羅、百濟、渤海；北方及西北方的突厥（東突厥、西突厥）、回鶻；西南方的吐蕃；南方的南詔國。當然，西域諸國也包含在其中。一般而言，自公元 620 年至公元 750 年的一個多世紀中，基於自身的國力，唐帝國在對外策略上佔有充分的主動權。

對於貞觀年間唐太宗的東亞策略來説，隋煬帝之得失有極大的借鑒作用。

---

①孫猛《日本國見在書目録詳考》，上海：上海古籍出版社，2015 年，頁 902—903。

　　大業三年（607）正月初一，東突厥啟民可汗入朝覲見隋煬帝。八月，隋煬帝的巡遊大隊在漠北啟民可汗的牙帳發現了私交突厥的高句麗使臣，引發了隋煬帝的征討之欲。隋帝國的北方，東突厥業已臣服，靺鞨、契丹也在名義上歸順了隋帝國；南面，則於大業元年出擊林邑國，光復了西漢以來的舊土；西面，聯合鐵勒、薛延陀諸部連敗西突厥。僅僅遺留下東方，於是大業七年（611），隋煬帝開始了他第一次遠征高句麗。結果當然毋庸贅述。

　　將唐帝國的東亞政策，緊緊聯繫唐帝國與北亞遊牧民族之關係去考察，將是今後隋唐東亞史的新方向。

　　十多年後的貞觀四年（630），唐太宗令李靖和李世勣率領十萬大軍出擊東突厥，生擒頡利可汗，這是唐帝國的東北形勢。西北邊，先後平定了吐谷渾和高昌國，獲得了“天可汗”的榮稱①。尤其是高昌國的平定，對於高句麗來説極爲驚恐，因爲高昌滅國之後，它就成了唯一一個與唐帝國接壤的政權了。

　　筆者近五年來，在南京大學開設“五胡十六國及北朝文化史專題”課程，對於《晉書》做過較爲詳細的閱讀。比如：以“十八家舊晉書”爲基礎的、題“唐太宗御撰”的唐代官修史書《晉書》，《高句麗傳》的位置就不在傳統的《東夷傳》中（卷97），這意味着高句麗遲早將納入唐帝國板塊的雄心。所以《晉書》就不能單單説是兩晉的實況，而是唐人心態的一種表現。需要留意的是，《晉書》修成之後，是作爲皇家禮物賜予新羅等國的，其中的國際政治寓意十分明顯。

　　討論“貞觀年間唐帝國的東亞情報”之前，我們首先預設：隋唐東亞史的轉折點是學者公認的“安史之亂”，筆者曾經在高麗大學《韓國文化期刊》發表過《安史之亂與海東地域的文化認同——以渤海、新羅等史料爲例》②，此處不展開論述。大抵上可以認爲，唐帝國對於西亞和東亞的經營，在“安史之亂”後變成了戰略退守之姿態。僅將上述該文所制一表，略加調整轉引如下：

---

①朱振宏《大唐世界與“皇帝・天可汗”之研究》，臺北：花木蘭文化出版社，2009 年；童嶺《炎鳳朔龍記》第三章《天可汗》；朴漢濟《大唐帝國及其遺產：胡漢統合與多民族國家的形成》（대당제국과그유산）之《可汗圈域擴大至中原與皇帝天可汗》，首爾：世昌出版社，2015 年，頁220—231。Pan Yihong, *Son of Heaven and Heavenly Qaghan*：*Sui-Tang China and Its Neighbors*，Western Washington University Press，1997.
②童嶺《安史之亂與海東地域的文化認同——以渤海、新羅等史料爲例》，載 *Journal of Korean Culture*，Vol. 16（高麗大學《韓國文化期刊》第 16 期），2011 年 2 月（此文中文修訂版又載莫礪鋒編《程千帆先生百年誕辰紀念文集》，南京：鳳凰出版社，2013 年）。

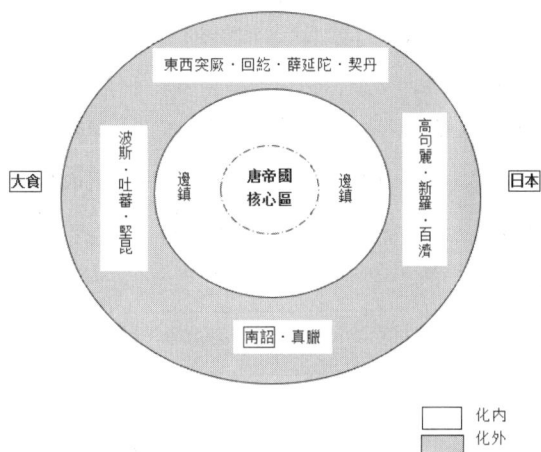

公元八世紀中葉之後，朝鮮半島迎來了統一新羅時代；東北部的契丹和渤海勢力也逐漸強盛；漠北草原上的突厥部落則再次建立了"突厥第二汗國"……因此，也就是在唐玄宗時代，作爲"世界帝國"①的若干特質開始慢慢變化。正如陳寅恪《唐代政治史述論稿》所謂："天寶安史亂後又別産生一新世局，與前此迥異矣。"②

然而，《翰苑》注所引《高麗記》涉及的時代，無疑集中在貞觀年間。

唐太宗舉起隋煬帝的"接力棒"③，爲了避免重蹈隋煬帝的覆轍，唐太宗在征討高句麗之前，作了充足的準備。比如：1. 戰艦的督造；2. 任用重臣韋挺運送糧草；3. 十幾萬胡漢混合部隊的編成（包括降胡突厥、契丹等）；4. 威懾尚未臣服的西突厥和薛延陀；5. 高句麗諸種情報之獲得……

這其中，非常重要的，當然是情報的收集。陳大德的身份是"職方郎中"。隋代尚書省即置職方侍郎一人，《唐代墓志彙編》收有《大唐故朝議郎行岐王府西閣□□□府

---

① 菊池英夫在《隋唐帝國と東アジア世界》一書的《總說》中提及："世界帝國"這個概念最早用於東洋史，是在 1949 年由松本新八郎《原始·古代社會の基本的矛盾について》提出。他認爲中國史上可以冠以"世界帝國"之名只有隋唐和蒙古。參唐代史研究會編《隋唐帝國と東アジア世界》，東京：汲古書院，1979 年。此後，貝冢茂樹《中國の歷史》承用這一說法，東京：岩波書店，1969 年。

② 陳寅恪《唐代政治史述論稿》上篇《統治階級之氏族及其升降》，北京：生活·讀書·新知三聯書店，2001 年，頁 202。

③ 童嶺《炎鳳朔龍記——大唐帝國與東亞的中世》，頁 70。

君之誌銘并序》，云："曾祖君蕭，隋任職方侍郎。"①

唐代兵部設職方司。《唐六典》卷五《尚書兵部》條下"職方郎中"云：

> 職方郎中一人，從五品上……職方郎中、員外郎掌天下之地圖及城隍、鎮戍、烽候之數，辨其邦國、都鄙之遠邇及四夷之歸化者。②

將《唐六典》的記述與《新唐書·高麗傳》所載陳大德的行徑相對讀，可知"辨其邦國、都鄙之遠邇"的確是情報收集的重要一環。而根據《新唐書·百官志》的記錄，職方司除了自己出使收集情報外，也要求鴻臚寺將藩夷的山川、風土情況上報，所謂"副上於職方"③ 也。從這一點也可以補充筆者的觀點：《高麗記》絕非成於陳大德一人之手也。

四、高句麗征伐與《高麗記》情報

貞觀十九年，唐太宗第一次征伐高句麗。《高麗記》僅有的十幾處佚文，卻緊密地與戰役相關，因而更加使我們覺得這部書的實際性質，已經超越了地理書而是一部唐帝國的東亞情報書。

在上舉 12 則佚文之中，第 1 則高句麗文武官職與隋唐官職的對應史料，明顯有戰前情報性質之外，其餘 11 則中，與貞觀十九年唐太宗征伐與此後唐高宗征伐有較爲顯著的戰略地理信息的佚文，尚有 6 則。

比如，上舉《高麗記》佚文第 2 則云：

> 《高麗記》云：城在新城北七十里山上也。④

新城（撫順的北關山城），其東側是長白山千山山脈的山地，與遼東平原接壤。包谷式山城，形狀參考集安的太子山城，類似一張安樂椅。是高句麗當時的重鎮（隋煬帝東征時在此也有攻堅戰）。遼東道行軍大總管李勣，先渡遼水，破玄菟城，直逼新城。隨後：

> 遼東道副大總管江夏王道宗將兵數千，至新城，折衝都尉曹三良引十餘騎，

---

①此石藏河南千唐志齋。錄文參考周紹良主編、趙超副主編《唐代墓誌彙編》，上海：上海古籍出版社，1992 年，頁 1213—1214。

②李林甫等撰，陳仲夫點校《唐六典》，北京：中華書局，1992 年，頁 161—162。

③《新唐書》卷四十六《百官志一》；又可參黎虎《漢唐外交制度史》，蘭州：蘭州大學出版社，1998年，頁 392。

④《翰苑校釋》，頁 79。

直壓城門，城中驚擾，無敢出者。[1]

唐軍能夠迅速在新城聚集攻城，前期對於山城性質的新城必有情報調查。《高麗記》第2則佚文，雖只有11字，然與此次征伐戰役密切相關。

實際上，新城是一種易守難攻山城。而《高麗記》的這則佚文，重點就是標示了新城的地理位置是在山上，因此，獲得此情報的李勣派遣唐軍的一部分，繼續包圍新城（牽制高句麗兵力），而暗中調動唐軍主力南下進攻蓋牟城、遼東城。其中，包圍蓋牟城是在該年的四月十五日，攻陷之是在四月二十六日。在蓋牟城駐扎一部分唐軍之後，包圍新城的唐軍則繼續牽制了蒙在鼓裏的大量高句麗主力部隊。此後，最大的攻堅戰之一，遼東城包圍戰，唐軍之所以能夠三面包圍遼東城，并於五月十七日陷之，前期沒有在易守難攻的新城耗費時間與兵力，是一大重要原因。

遼東城攻陷之後，唐帝國的海軍也成功在遼東半島登陸[2]。此後高句麗的一大重鎮，就是安市城。關於安市城，上舉《高麗記》佚文第8則云：

《高驪記》云：銀山，在安市東北百餘里，有數百家，採之以供國用也。[3]

單純來看這則佚文，似乎僅僅是對安市城周圍一處礦產的客觀性描述。但是考慮到安市城的重要戰略地位，圍繞它的全面性情報描述則在情理之中。

衆所周知，貞觀十九年的第一次征伐高句麗，最後就鎩羽於安市城。安市城野外的"圍城打援"雖然在一日之內就打敗十五萬高句麗與靺鞨援軍，獲得大成功，不過，真正的攻城戰卻遇到了守軍的拼死抵抗。一直到該年九月，安市城依舊沒有打下，眼看寒凍就要來臨。於是，唐太宗不得不下令班師回朝，收在《唐大詔令集》中，有貞觀十九年十月的《高麗班師詔》，這篇洋洋灑灑的詔文，最核心的只有如下數語："忽屬徼外霜嚴，海濱寒沍。"[4] 第一次征伐高句麗，就此宣告結束。

在安市城周圍，唐軍從六月到九月，持續了三個月的境外作戰，同時還要面對比唐軍數量多的高句麗援軍，如此等等，狹義上的戰術固然極其重要，但是輜重糧草等補給，某種意義上，可能比戰術更爲關鍵。因此，《高麗記》的第8則關於"銀山"的佚文，就是在若有若無之間，展示了唐帝國前期對於高句麗重鎮安市城的全面戰略情報調查。

①司馬光《資治通鑑》卷一百九十七，北京：中華書局，1956年，頁6218—6219。
②童嶺《炎鳳朔龍記——大唐帝國與東亞的中世》第三章《天可汗》，頁71。
③《翰苑校釋》，頁86。
④宋敏求編《唐大詔令集》卷一百三十，北京：商務印書館，1959年，頁704。

與《高麗記》第 8 則佚文密切相關的，是第 12 則佚文：

　　　　《高驪記》云：其人亦造錦，紫地纈文者爲上，次有五色錦，次有雲布錦，又造白疊布、青布而尤佳，又造罽，曰華言接籬，其毛即靺鞨猪髮也。[1]

這一則佚文，是關於靺鞨物産的一處情報調查，看似與戰役無關。然而，靺鞨部落，自從隋文帝時代，即與高句麗聯合，侵略隋帝國邊境。隋文帝詔書，謂高句麗："乃驅逼靺鞨，固禁契丹。諸藩頓顙，爲我臣妾，忿善人之慕義，何毒害之情深乎?"[2] 這份警告書載於《隋書·高麗傳》。Arthur F. Wright《隋代史》也認爲，靺鞨與高句麗越過遼河的侵略隋朝領土的步調一致[3]。

上文提及貞觀十九年的安市城外的"圍城打援"，結果雖然是一舉擊潰十五萬高句麗援軍與靺鞨聯軍。但《唐語林》這部書記載了大戰將開之際的情形："上至駐蹕山，高麗與靺鞨合軍四十里，太宗有懼色。"[4] 戰畢，唐太宗雖然放回了高句麗三萬俘虜，但對長期騷擾隋唐帝國的靺鞨兵三千人，則全部坑殺。從隋至唐，靺鞨對於中央王朝和高句麗的蛇鼠兩端促使唐帝國在調查高句麗的情報之時，也會充分留意這個反復無常的部落之綜合情況。

佚籍《高麗記》作爲情報書的功效，不僅僅只是在貞觀年間。實際上，唐高宗再次繼承父親的遺志，征伐高句麗時，《高麗記》也起了持續的作用。

比如，《高麗記》佚文第 4 則，又云：

　　　　《高麗記》曰：不耐城，今名國內城，在國東北六百七十里。本漢不而縣也。[5]

唐高宗的東亞戰略與唐太宗不同，唐高宗準備先滅百濟，再攻高句麗。顯慶五年（660），蘇定方爲神丘等十四道大總管，發兵十三萬，攻陷百濟都城。從 1945 年到 1993 年在百濟故地陸續出土的"大唐"銘文瓦，或可見唐帝國當時在東亞的影響力[6]。總之，事態的轉變，此後愈發對唐帝國有利。乾封元年（666），泉蓋蘇文去世，其諸

---

①《翰苑校釋》，頁 90。

②魏徵等撰《隨書》卷八十一《東夷·高麗傳》，北京：中華書局，1973 年，頁 1815。

③Arthur F. Wright 著，布目潮渢、中川努譯《隋代史》，京都：法律文化社，1982 年，頁 243。

④王讜撰，周勛初校證《唐語林校證》，北京：中華書局，1987 年，頁 429。

⑤《翰苑校釋》，頁 80。

⑥龜田修一《扶餘大唐銘軒丸瓦語的》，《古代文化》第 56 卷第 11 號，2004 年 11 月。朴淳發《通過考古材料看唐熊津都督府所在》，載凍國棟、李天石主編《唐代江南社會國際學術研討會暨中國唐史學會第十一屆年會第二次會議論文集》，南京：江蘇人民出版社，2015 年。

子發生奪權内訌。長子泉男生代父爲"莫離支"，總掌高句麗軍國大政，這引起了其兄弟泉男建、泉男産的不滿，反目成仇，發兵攻擊泉男生，泉男生就是逃至國内城（今吉林集安），遣子緊急向唐帝國求援。泉蓋蘇文的弟弟泉净土也受到攻擊，他也想亡命大唐，但是受到發動政變的兩個侄兒的阻擊，只能率領四千餘户向南逃至新羅。總之，泉男生在國内城向唐帝國投誠，成爲高宗時代徹底打敗高句麗的重要契機。

民國年間在河南出土的、唐代著名書法家歐陽通所書的《泉男生墓誌》，記載這次國内城降唐事跡云：

公率國内等六城十餘户書籍轅門，又有木底等三城希風共款。①

唐高宗和則天武后没有錯過這次機會，重新派出 70 多歲高齡的李勣爲遼東道行軍大總管兼安撫大使。對於李勣來説，是第三次踏上高句麗戰場，也是他生命中最後一次遠征。當時社會流傳一部叫做《高麗秘記》的讖緯類書籍，云："不及千年，當有八十老將來滅之。"②《高麗秘記》的命運與《高麗記》一樣，大約在唐後期五代遭到了散佚。總章元年（668）初，唐軍進圍平壤。

對於平壤城的綜合情報，今日可見的《高麗記》佚文有第 7 和第 9 兩則涉及：

《高麗記》云：焉骨山，在國西北。夷言屋山，在平壤西北七百里。東西二嶺，壁立千仞。自足至巔，皆是蒼石。遠望巉巖，狀類荆門三峽。其上別無草木，唯生青松，擢幹雲表。高驪於南北峽口，築斷爲城，此即夷藩樞要之所也。③

《高驪記》云：馬訾水，高驪一名淹水，今名鴨渌水。其國相傳云：水源出東北靺鞨國，白水色似鴨頭，故俗名鴨渌。水去遼東五百里，經國内城南，又西與一水合，即鹽難也。二水合流，西南至安平城入海。高驪之中，此水最大，波瀾清澈，所經津濟皆貯大船。其國恃此以爲天塹。今案：其水闊三百步，在平壤城西北四百五十里也。④

一則是關於平壤附近山形的情報，一則是關於其水文的情報。晚年的李勣是一位非常持重、不願冒險的老將。攻陷平壤，一直要到了該年的冬天十月。因此，出發前即有圍城逐步推進作戰計劃的李勣，不可能不關心其都城周圍的全面地理情報。而實際上，李勣圍住平壤城後，并没有急於攻城，而是將平壤周邊的高句麗部隊一一消滅殆盡，

---

①歐陽通《道因法師碑·泉男生墓誌》，長春：吉林文史出版社，1999 年，頁 55。案：這一版本的拓本録文，頗有誤讀、誤釋之處。
②童嶺《炎鳳朔龍記——大唐帝國與東亞的中世》第四章《朔之龍》，頁 96。
③《翰苑校釋》，頁 84。
④《翰苑校釋》，頁 87。

使平壤成爲一座不得不降的孤城。因此，平壤周圍的野戰，尤其需要獲得山川水文的情報。《高麗記》正是承擔了這一重要使命。

唐太宗和唐高宗兩朝，征討高句麗的史料，尤其是高宗朝最後消滅高句麗的唐軍行軍路線及戰爭經緯，傳世古籍留存頗少，因此《高麗記》這樣佚籍的記載尤爲珍貴。

五、中古中國的知識與情報

貞觀年間高句麗的情報獲得，除了使臣之外，還有一個渠道是隋代的遺臣。比如韋挺的父親——隋代營州刺史韋沖；隋煬帝征高句麗的老臣鄭元璹等等。

總之，獲取東亞知識與情報的途徑不一。最後有的形成文字，如《高麗記》；有的直接使用，并沒有作爲檔案、文獻佚存下來。

筆者在《考正》一文中，初步得出"張楚金本傳云：'并傳於時'，這一關鍵字眼'時'雖然使我們得知《翰苑》在初唐的流傳，但亦可以推測《翰苑》傳播的時間範疇並不很廣"① 的判斷。

而《高麗記》這部佚籍，也與《翰苑》有同樣的命運。爲什麼這份舊鈔本《翰苑》以及其注所引之《高麗記》，都僅僅在初唐一段時間流傳？這並不能簡單地從典籍本身考察，還要聯繫初唐、尤其是貞觀的隋唐東亞史去研究。

筆者在《考正》一文結尾部分，就《翰苑》注，初步考察過唐代知識人對東北亞周邊少數民族的興趣，請先看下表②：

《翰苑·蕃夷部》目次	徵引最多之典籍	徵引其他典籍舉隅	所處中央王朝之方位	入唐存否	備註
匈奴	《漢書》	《後漢書》《史記》《毛詩》等	北	否	"入唐存否"指是否在東北亞有獨立民族政權，下同。
烏桓	《後漢書》	《漢書》等	東北	否	
鮮卑	《後漢書》	司馬彪《續漢書》《漢名臣奏》等	東北	否	
夫餘	《後漢書》	《魏略》等	東北	否	

---

① 童嶺《唐鈔本〈翰苑〉殘卷考正》，頁 156。
② 童嶺《唐鈔本〈翰苑〉殘卷考正》，頁 181—182。

續表

《翰苑·蕃夷部》目次	徵引最多之典籍	徵引其他典籍舉隅	所處中央王朝之方位	入唐存否	備注
三韓	《後漢書》	《魏略》等	東北	否	《魏略》出典僅比《後漢書》少1則。
高麗	《高麗記》	《十六國春秋（前燕錄）》《魏略》等	東北	存	唐高宗總章元年（公元668）滅於唐。
新羅	《括地志》	《隋東藩風俗記》等	東北	存	高麗滅之同年迎來新羅時代。
百濟	《括地志》	《後魏書》《宋書》等	東北	存	唐高宗龍朔三年（公元663）滅於唐。
肅慎	《肅慎記》	《肅慎國記》等	東北	否	
倭國	《後漢書》	《魏志》等	東	存	《舊唐書》中"倭國"與"日本"兩傳並存①。
南蠻	《後漢書》	《楚詞》（僅一例）	南	否	
西南夷	《後漢書》	《漢書》	西南	存	作爲"南詔國"存在②
兩越	《漢書》	《後漢書》	南	否	
西羌	闕	闕	西	否	
西域	《漢書》	《後漢書》	西	存	西域諸國

也就是説，不僅僅是《高麗記》，整個《翰苑·藩夷部》注所引典籍可以看出，初唐知識人對於唐帝國四周民族與世界的深厚興趣。

考隋唐年間之地志，如《隋區宇圖志》《隋諸州圖經集》（《翰苑》注有其佚文）《唐貞觀十三年大簿》《十道四藩志》《開元三年十道圖》……至今大多不存全貌。《隋書·經籍志》著録"《諸蕃風俗記》二卷"。此外，《太平寰宇記》卷七一"河北道燕

---

① 則天武后長安二年（702），遣唐使自稱爲"日本國"，見劉昫等撰《舊唐書》列傳第一四九《東夷傳》。後葉國良在臺北古玩店鈔得唐《徐州刺史杜嗣先墓誌》，中有"日本來庭"句，但我未得親見，姑備一説於此。見氏著《石學續探》，臺北：大安出版社，1999年，頁128。而2004年，陝西省西安市出土的《井真成墓誌》（唐玄宗開元二十二年，734）中所見"日本"二字應爲最早的實物證據。關於《井真成墓誌》的研究綜述，請參馬雲超《中日學者關於井真成墓誌的研究》，《域外漢籍研究集刊》第10輯，北京：中華書局，2014年，頁493—513。
② 相關研究可參查爾斯·巴克斯（Charles Backus）著，林超民譯《南詔國與唐代的西南邊疆》（*The Nan-chao Kingdom and T'ang China's Southwestern Frontier*），昆明：雲南人民出版社，1988年。亦可參王吉林《唐代南詔與李唐關係之研究》第一章《唐前雲南》，臺北：臺灣商務印書館，1976年。

州”條，引用到了《隋北蕃風俗記》。恐怕與上舉表格，《翰苑》“新羅”條所引的《隋東蕃風俗記》一樣，除了“風俗”之外，也有情報書的性質。

當然，今天的“情報書”概念，嚴格比附的話，在中古知識人的書籍分類意義上，可能屬於“軍書志”（參王儉《七志》）或“子兵録”（參阮孝緒《七録》）等等，但是，廣義上的“情報書”可以囊括更多的部類。比如，北魏拓跋燾欲出兵北涼，困擾他的難題，是彼處水草是否豐富，能否提供北魏鮮卑騎兵補給。名臣崔浩力排衆議，認爲北涼一定有豐富的水草，他的理由如下：

> 《漢書·地理志》稱“涼州之畜爲天下饒”，若無水草，畜何以蕃？又，漢人終不於無水草之地築城郭，建郡縣也。①

在這裏，對於崔浩這樣的中古知識人來說，前代的《漢書·地理志》也可以成爲一部戰略情報書。

南北分裂時期，使臣的交聘記，某種意義上亦是一種情報書籍②。當然，唐帝國與高句麗的情況，不似南北朝雙方勢均力敵，持衡較久。至唐高宗時代，高句麗即被滅國。如果與貞觀年間唐帝國的這種東亞情報做一對比，在南北朝之外，可以舉出大業年間隋帝國的西域情報——裴矩的《西域圖經》③。裴矩作爲一個學者的同時，也是隋代一位出色的外交家。很可惜的是，《西域圖經》與《高麗記》身份類似——作爲一部情報書，它的存在（保存）時間並不長，在宋代也遭到了散亡。至今只存有幾條佚文而已。

實際上，《舊唐書·經籍志》的“地理類”記載裴矩本人亦撰有“《高麗風俗》一卷”，朝鮮史料《高麗史》卷十“宣宗八年六月丙午”記載有“《高麗風俗紀》一卷”，未審是否即裴矩之作？

時代略後，北宋中期的“圖經”類書籍也具有這種情報書性質④。如：王曾《上契丹事》、薛映《遼中境界》、宋綬《契丹風俗》，甚至沈括的《熙寧使契丹圖抄》，都可以視爲宋人關於契丹的情報書⑤。而關鍵位置之地理山川之記録，一如唐人《高麗記》一樣，可謂尤其詳細。

---

① 《資治通鑑》卷一百二十三，頁 3872。
② 史睿《南北朝交聘記的基礎研究——以〈酉陽雜俎〉爲中心》，《中國典籍與文化》2016 年第 1 期。
③ 關於《西域圖經》的研究，參考内田吟風《隋裴矩撰西域圖記遺文纂考》，載藤原弘道先生古稀記念會編《藤原弘道先生古稀記念史學佛教學論集》，1973 年，頁 115—128。
④ 此點承蒙北京大學鄧小南教授慧示。
⑤ 《契丹交通史料七種》，臺北：廣文書局，1972 年。賈敬顏《五代宋金元人邊疆行記十三種疏證稿》，北京：中華書局，2004 年。

結　語

最後，簡要介紹本文的初步結論：

一、在筆者既有的《考正》基礎之上，本文進一步分析得出《翰苑》的文本層次：張楚金的《翰苑》本文、雍公叡的《翰苑》注、以《高麗記》爲代表的引文。僅僅就本文考察對象來看，成書的先後時間應當是：《高麗記》（初唐）《翰苑》（唐）《翰苑注》（唐後期五代）。故而可以認爲，這份殘存的舊鈔本值得深入挖掘的文獻信息仍然很多。

二、《高麗記》是以陳大德爲代表的初唐知識人撰寫的高句麗綜合性書籍。關於《高麗記》的作者，雖然以陳大德爲代表，但並不是如池内宏、吉田光男等學者認爲的那樣，僅僅是陳大德一人完成，而是一部“彙總性”情報書。關於《高麗記》的成書時間，池内宏認爲的五十年範圍過寬。吉田光男認爲的貞觀十五年過窄。筆者經過考證，認爲是以貞觀年間爲主，延長線可以上推至武德（甚至部分包含隋代）年間。

事實上，這部《高麗記》彙集了從隋代（甚至更早）到初唐爲止的總體性文獻。對於唐帝國來説，體現了他們對於高句麗的較爲完整情報與知識。

三、以貞觀十九年唐太宗征伐高句麗及唐高宗滅高句麗諸史實，與《高麗記》僅存之佚文相對讀，使我們更加覺得這部佚籍的實際性質，已經超越了地理書而是一部唐帝國的東亞情報書。同時，這樣的例證並非孤立，在中國中古史上，從南北朝到北宋，均有交聘記或圖經之類的書籍，充當了情報書。

四、引用了《高麗記》的舊鈔本《翰苑·藩夷部》殘卷，迄今爲止，爲什麼僅僅保留在日本？除了《高麗記》本身的“即時性”知識與情報性質之外，也與中古以來，日本知識人汲取漢文典籍時的選擇性態度有極深之聯繫。這一選擇性態度促使他們在保留古代漢文典籍時，無意識會將與自身關係密切的材料作爲首要。唐代的册封體系中，日本作爲“蕃夷”的書寫意義不僅在這份殘卷中有所體現，即在兩《唐書》等史料中亦如此。

此外，對於東亞的中世紀來説，日本的最主要鄰國即是：百濟、新羅、高句麗，因此，有關於他們三國的文獻，日本也會盡量收集。比如僅僅從白村江之戰的記載來看：《舊唐書·劉仁軌傳》（唐帝國視角）《三國史記·文武王十一年》（新羅視角）《日本書紀·天智紀二年》（日本視角），三者之中詳細程度，無疑以日方最高。因此，含有《高麗記》的舊鈔本《翰苑·藩夷部》殘卷也一定受到了日本朝野的高度重視吧。

　　當然，對於舊鈔本《翰苑》殘卷所蘊含的隋唐東亞史之重要信息，遠非此一文所能解決。諸如"百濟條"所引《括地志》等的深入探討，則是今後的研究話題。

有關許蘭雪軒詩窺竊批評的
社會、政治、文化、性別因素分析

俞士玲

（南京大學）

　　許蘭雪軒（1563—1589）是一代才女，即使中朝兩國尖鋭批評她的人也不得不承認這一點，但才女不一定能算作獨立、有建樹的詩人，獨立、有建樹的詩人必須置於詩史和文學批評史中衡量定位。許蘭雪軒研究的聚訟處在於她詩歌的模擬甚至被指控爲“窺竊”，柳如是説許蘭雪軒“字句窺竊，固未可悉數”①，這當然是對其詩人身份的根本性的質疑，但當下的學術潮流對蘭雪軒是有利的，一是受現象學、闡釋學和接受美學等以讀者爲中心的文學理論的影響，當代古典文學研究者已對漢魏六朝文學、明清文學的模擬作出新的闡釋②，這爲重新審視許蘭雪軒提供了理論武器和參照；二是女性文學、性別研究日益受到重視。近來的許蘭雪軒研究可謂別開生面，其中尤當關注者是將蘭雪軒置於中韓文學和文學交流史中加以研究而得出的結論，如在此意義上

---

① 錢謙益《列朝詩集》，上海：三聯書店上海分店據順治九年毛氏汲古閣本影印，1989 年，頁 684。

② 如余寶琳（Pauline Yu），“Formal Distinctions in Chinese Literary Theory”，*Theories of the Arts in China*，ed. By Susan bush and Christian Murck（Princeton：Princeton University Press，1983，pp.. 27—53）、蔡英俊《“擬古”與“用事”：試論六朝文學現象中“經驗”的借代與解釋》（李豐楙主編第三屆國際漢學會議文學組論文集《文學、文化與世變》，臺北：中研院中國文哲研究所，2002 年，頁 67—96）、顔昆陽《論“典範模習”在文學史上的“漣漪效用”與“煉接效用”》（輔仁大學中國文學系、中國古典文學研究會主編《建構與反思——中國文學史的探索學術研討會論文集［下］，臺北：臺灣學生書局，2002 年，頁 787—833）、梅家玲《漢魏六朝文學新論——擬代與贈答篇》（北京：北京大學出版社，2004 年）、陳國球《明代復古派唐詩論研究》（北京：北京大學出版社，2007 年）、蔣寅《擬與避：古典詩歌文本的互文性問題》（《文史哲》2012 年第 1 期）、仲瑶《齊梁人對漢樂府古詩的再發現、擬仿及其詩史价值》（《文藝理論研究》2015 年第 6 期）等。

肯定蘭雪軒以邊緣身份自覺追隨中國詩壇的潮流[1]；有從朝鮮女性文學史和書籍史的角度，肯定蘭雪軒詩歌和《蘭雪軒詩集》刊刻的意義[2]；有以東亞文化交流視野指出中國少數士女的自尊和對當時好名無學風氣的焦慮如何影響了對蘭雪軒詩的評論[3]。這些研究展現了蘭雪軒詩歌創作和蘭雪軒批評展開的情境，對理解蘭雪軒其人其詩以及有關許蘭雪軒批評皆深具意義。

柳如是說蘭雪軒"字句竄竊，固未可悉數"，對蘭雪軒襲用他人字句之多持嚴屬批評的態度。黄庭堅說"老杜作詩，退之作文，無一字無來處"（《答洪駒父書》），對詩文巨擘能"無一字無來處"表達敬意和贊賞。在以古人語入詩這一點上，"竄竊"和"無一字無來處"具有很大的一致性，關鍵是使用古人語者能否"陶冶萬物"、能否"點鐵成金"以及批評者對一文學實踐所持的情感態度和立場。本文將進一步探究中朝詩論家批評蘭雪軒詩"竄竊"背後的情感態度和立場，我們還會發現這裏的情感態度和立場，有的時候已超出了文學批評的範圍，文學批評與政治攻訐、道德批判、社會輿論暴力、性別偏見等緊密關聯。

一、性別身份和人際關係：李睟光的許蘭雪軒批評

許蘭雪軒生前，在其詩廣泛進入公共視野之前，其兄許篈、其弟許筠就談到過蘭雪軒詩的模擬和超越問題。許筠《鶴山樵談》曰：

姊氏詩文俱出天成，喜作遊仙詩，詩語皆清冷，非煙火食之人可到也。文出崛奇，四六最佳，《白玉樓上樑文》傳於世。仲氏嘗曰："景樊之才，不可學而能也，大都太白、長吉之遺音也。"嗚呼！生而不合於琴瑟，死則不免於絶祀，毀璧之痛曷有極！[4]

姊氏《步虛詞》云云，效劉夢得而清絶過之。《遊仙詞》百篇，皆郭景純遺

①張宏生《類比之風與主流意識——許蘭雪軒詩歌新論》，張伯偉編《風起雲揚——首屆南京大學域外漢籍研究國際學術研討會論文集》，北京：中華書局，2009 年，頁 322—335。

②張伯偉《論朝鮮時代女性文學典範之建立》（《中國文化》第 33 期，2010 年）、《明清時期女性詩文集在東亞的環流》（《復旦學報》2014 年第 3 期）、《明清之際書籍環流與朝鮮女性詩文——以〈蘭雪軒集〉的編輯出版爲中心》（高麗大學校漢字漢文研究所《漢字漢文研究》第 10 輯，2015 年）等。

③劉學軍《東亞文學交流視野中的許蘭雪軒與朱之蕃——〈列朝詩集小傳〉"許妹氏"條發微》，《文學遺產》2015 年第 4 期。

④許筠《鶴山樵談》，趙鍾業編《韓國詩話叢編》第 2 冊，漢城：太學社，1996 年，頁 22。

意，而曹堯賓輩莫及焉。仲氏及李益之①皆擬作，而率不出其藩籬。姊氏可謂天仙
之才。②

"仲氏"即許篈（1551—1588），蘭雪詩仲兄，早蘭雪軒一年去世；許篈《鶴山樵談》
作於壬辰倭亂時，此時蘭雪軒詩尚未十分流行。許篈、許筠從模擬而超越的意義上談
蘭雪詩與郭璞、李白、李賀、劉禹錫、曹唐等詩的關連，他們從不諱言蘭雪詩有所承
繼，更贊歎其能承繼經典而達到超越。

最早對蘭雪詩表達厭惡立場的是李晬光（1563—1628）。事實上，這不關乎詩歌，
更多是因人廢詩，因性別以及人際關係的好惡而對其詩歌的遷怒。李晬光《芝峰類説》
卷十四曰：

> 蘭雪軒許，正字金誠立之妻，爲近代閨秀第一。早夭，有詩集行世。平生琴
> 瑟不諧，故多怨思之作。其《採蓮曲》云云，中朝人購其詩集，至入於《耳談》。
> 金誠立少時讀書江舍，其妻許氏寄詩："燕掠斜簷兩飛飛，落花撩亂撲羅衣。洞房
> 極目傷春意，草綠江南人未歸。此兩作近於流蕩，故不載集中云。"③

李晬光之所以能言金誠立（1562—1592）少時經歷，乃因其與金誠立自小同袍。
李晬光《金正字誠立遷葬挽二百五十言》詩寫道：

> 金君我良執，氣高才絶倫。少小即同袍，情如兄弟親。文藝妙一世，發軔青
> 雲春。奈何造物猜，長途淹驥足。壬辰（1592）海寇至，我赴嶺南幕。君時假記
> 注，立語銀臺門。安知此一別，永作生死分。我還聞君訃，痛哭龍津夕。天乎何
> 不仁，使君至此酷。無兒亦無壽，斯理諒難詰。扣心問天公，好惡一何謬。老瀊
> 彼何修，終身能守牖。凶短此何辜，才豐而命嗇……④

據詩中所云並結合李晬光生平事跡可知⑤，李晬光與金誠立一起長大，一生情同手足，
金誠立死於壬辰亂中，李晬光萬曆三十八年（1609）爲金誠立遷葬而作此詩，此時金
誠立已去世十七、八年，不過從詩中仍可讀出李晬光對朋友身世命運的強烈悲慨。李
晬光特別痛心朋友的"無兒亦無壽"，"無兒亦無壽"也是蘭雪軒的不幸，但有時候，
妻子卻成了丈夫不幸的責任人。金誠立、蘭雪軒並非無兒，而是兒女早夭。

---

① 許筠《鶴山樵談》"本朝詩學"條下注曰："益之，名達，號蓀谷，洪州雙梅堂（李詹）之庶裔。"
　許筠《惺所覆瓿稿》卷八有《蓀谷山人傳》。
② 《韓國詩話叢編》，册2，頁37。
③ 《韓國詩話叢編》，册2，頁390。
④ 李晬光《芝峰集》卷十五，《韓國文集叢刊》第66册，漢城：民族文化推進會，1996年，頁138。
⑤ 參張維撰李芝峰《行狀》，見《芝峰先生文集》附錄卷一，《韓國文集叢刊》第66册，頁318。

據現有材料，蘭雪軒十八至二十七歲間遭遇過許多人生不幸，十八歲，父親許曄（1517—1580）去世，二十三歲，母親去世①，二十六歲時，與之感情甚好的仲兄去世，其间，她生育過一兒一女，亦相繼夭折，當她在哭一雙兒女的時候，她又有孕在身，不過她對孩子能否出生並長大已没有信心②。在家庭日常生活中，她既飽受婆婆的刁難，至少在心理上，又强烈地感受到丈夫的冷漠。其《恨情一疊》寫道："處深閨兮思欲絶，懷伊人兮心腸裂。……下鳴機兮織回文，文不成兮亂愁心。人生賦命兮有厚薄，任他歡娱兮身寂寞。"③ 雖然其詩歌中强烈的閨恨未必能説成實寫己身，但在蘭雪軒痛苦的人生階段，丈夫正癡迷於另一種生活，至少有表面上的"歡娱"，則有材料佐証。

趙慶男《亂中雜録》仿正史《五行志》記妖孽不祥事，其中記録了仁祖二十一年（1588）金誠立等在京師組織的狂熱的歌舞活動：

> 都中士子無慮百千，呼朋聚徒，佯狂作怪，千態萬狀，頗極凶駭，時爲巫覡之狀，歌舞婆娑；或設喪葬之事，築土踴躍，趨東走西，且笑且哭，因自相問曰："何事笑哭？"高聲自答曰："笑將相之非人，哭國家之危亡。"又仰天大笑。一時名之曰"登登曲"。當時倡首者，如鄭孝誠、白震民、柳克新、金斗南、李慶全、鄭協、金誠立等三十餘人，趨從幻擾者不知其數矣。④

金誠立在京師狂熱歌舞（也是政治集會）之時，也正是許蘭雪軒經歷喪兄、喪子、喪女之痛之時。也許金誠立可以借助與百千士子一起歌哭來排解痛苦（包括喪子、喪女之痛），但金誠立、蘭雪軒夫婦就像是兩條平行線，不論是少時還是蘭雪軒去世前一年，李晬光説他們夫婦"平生琴瑟不諧"，并以此解釋蘭雪軒詩何以"多怨思之作"。"怨思之作"本非惡評，但"兩作近於流蕩"則是對蘭雪軒和其詩飽含惡意的道德批評。

李晬光所引的兩首詩，就詩歌本身而言可以稱得上"近乎流蕩"嗎？第一首《採蓮曲》，同時代詩人崔慶昌、李達、徐益、高景命、申欽（亦金誠立友）等都有相似之作，可資對比：

---

① 許蘭雪軒《夢遊廣桑山詩序》曰："乙酉春，余丁憂，寓居於外舅家。"（《蘭雪軒詩集》，《韓國文集叢刊》第 67 册，漢城：民族文化推進會，1996 年，頁 21）

② 其《哭子》詩曰："去年喪愛女，今年喪愛子。……縱有腹中孩，安可冀長成。"（《韓國文集叢刊》第 67 册，頁 5）

③ 見《韓國文集叢刊》第 67 册，頁 21。

④ 趙慶男《亂中雜録》第一"戊子"年，《大東野乘》本。

秋净長湖碧玉流，荷花深處繫蘭舟。逢郎隔水投蓮子，遥被人知半日羞。（蘭雪）①

南湖士女採蓮多，曉日靚粧相應歌。不到盈裳不回棹，有時遥渚阻風波。（徐益）

桃花晴浪席邊多，摇蕩蓮舟送棹歌。醉倚紅粧應不忘，小風輕颺幙生波。（高敬命）

蓮葉參差蓮子多，蓮花相間女郎歌。來時約伴橫塘浦，辛苦移舟逆上波。（李達）②

家在橫塘南埭邊，常隨女伴采新蓮。逢郎一笑成佳約，繡户雕窗楊柳煙。（李達）③

東隣女兒腳不韤，兩足如霜踏溪渚。溪頭蕩槳誰家郎，手折荷花笑相語。移船同去不知處，別浦驚起元央侣。（申欽）④

此類詩詞較多摹寫年輕男女相遇目成、表情達意甚至歡會，如高敬命、李達、申欽詩，相比之下，蘭雪詩寫少女被郎投蓮子（或少女以蓮子投郎）表達關注和情意時的嬌羞，堪稱好色而不淫。此爲蘭雪年少之作，實取自皇甫松《採蓮子》⑤。李睟光因此詩批評蘭雪沿襲太甚，可能比批評其“流蕩”更合適吧。第二首已見上引，可稱怨誹不亂之作，招來“近於流蕩”之評，更説明李睟光對蘭雪軒人品道德方面所持的惡意。是因爲蘭雪軒是女詩人，還是因爲在金誠立生活圈子裏這位女性的詩才本身就是道德瑕疵呢？

金誠立同年郭説的説法隱約地提供了一種解釋。他説：

蘭雪許氏，草堂之女，余同年金正字誠立之妻也。早有仙才，所著《蘭雪集》，有唐人風度，華人見之，稱讚不已。其《白玉樓上樑文》，出入仙道，深造

---

① 《韓國詩話叢編》第 2 册，頁 390。

② 申欽《象村稿》卷五二《晴窗軟語下》：“萬曆庚辰年間（1580），崔慶昌嘉運爲大同察訪，徐益君受爲平壤庶尹，皆詩人也，步其（麗朝學士鄭知常）韻爲《採蓮曲》。崔詩云云，徐詩云云，其後，高敬命而順、李達益之追和之。……俱是一代佳作，而論者以李爲最優。”（《韓國文集叢刊》第 72 册，漢城：民族文化推進會，1996 年，頁 341）又見《孤竹遺稿》，《韓國文集叢刊》第 50 册，漢城：民族文化推進會，1996 年，頁 12。

③ 李達《蓀谷詩集》卷六，《韓國文集叢刊》第 61 册，漢城：民族文化推進會，1996 年，頁 35。

④ 申欽《象村稿》卷三，《韓國文集叢刊》第 71 册，漢城：民族文化推進會，1996 年，頁 321。

⑤ 皇甫松《採蓮子》：“船動湖光灩灩秋，貪看年少信船流。無端隔水拋蓮子，遥被人知半日羞。”見趙崇祚編、楊景龍校注《花間集校注》，北京：中華書局，2015 年，頁 295。

> 玄妙，非婦人女子所可及。早没，無嗣，人皆惜之。婦人能文者，恃才挾氣，傲
> 蔑其夫者頗多，當深戒者也。①

郭説説婦女能文，容易"恃才挾氣"，對才遜的丈夫就可能表現出傲慢和蔑視。在談論蘭雪軒詩才後接言這段話，似暗示蘭雪軒作爲女性有恃才傲夫之傾向。白光勳《玉峰别集》附録《年譜》所載一事，或亦間接可見時人對許家女兒的看法。萬曆庚辰年（1580）下記："時有許筠妹擇壻，而公之子振南名譽早彰，筠諸兄累抵公旅邸而請婚，公終不許。栗谷先生問其所以，公對曰：'婚家豈可只耽其閥閱而已乎？'栗谷大加歎賞。"② 這一年蘭雪軒十八歲，其妹已談婚論嫁，想其應已出閣。古人贊美"閥閱"之家出身的人，常云"生長閥閱，不以富貴驕人"或"閥閱能知禮"，可見"生長閥閱"更容易恃才驕人，反過來也可以説，更容易使人産生恃才傲物的聯想。

蘭雪軒早金誠立好幾年去世，作爲金誠立的朋友，李睟光也給喪妻的金誠立送去一首挽歌。這是一首十分殘酷的挽歌。《金正字誠立内挽》：

> 有美閨房秀，于歸婦道宜。一生鸞鏡影，千古柏舟詩。緑蕙先秋折，寒泉向曉悲。傷心人世事，身後更無兒。③

蘭雪 27 歲去世，是年李睟光也是 27 歲，對同齡人的亡故總不免會有些感觸的，故可通過此詩瞭解他對許蘭雪軒的可能認識。"有美"兩句是對許蘭雪軒的贊美，但挽詞天生諛美，李睟光幾乎同時爲另一位金家媳婦寫的挽詞稱贊對方"絶代閨房秀，宜家婦範新"④，比對蘭雪軒的贊美更甚。"鸞鏡影"即"孤鸞照影不成雙"意，典見《異苑》⑤。蘭雪軒有夫健在，卻"一生孤鸞影"，李睟光又在《芝峰類説》中道出原由"平生琴瑟不諧"，李睟光公開揭出了蘭雪軒私生活的秘密。"柏舟詩"，《詩經》"邶"、"鄘"二風各有一首《柏舟》，李睟光是用哪一首呢？"鄘風"《柏舟》詩意比較單純，《毛序》曰："共姜自誓也。衛世子共伯蚤死，其妻守義，父母欲奪而嫁之，誓而弗許，

---

① 郭説《西浦集》卷六《西浦日録》，《韓國文集叢刊續》第 6 册，首爾：韓國古典翻譯院，2005年，頁 166。
② 白光勳《玉峰集·别集》"附録"，《韓國文集叢刊》第 47 册，漢城：民族文化推進會，1996 年，頁 161。
③ 李睟光《芝峰集》卷三，《韓國文集叢刊》第 66 册，頁 39。
④ 李睟光《芝峰集》卷三《金正字蓍國内挽》，《韓國文集叢刊》第 66 册，頁 39。
⑤ 劉敬叔撰，范寧校點《異苑》卷三："罽賓國王買得一鸞，欲其鳴，不可致，飾金繁，饗珍羞，對之愈戚，三年不鳴。夫人曰：'嘗聞鸞見類則鳴，何不懸鏡照之？'王從其言，鸞睹影，悲鳴沖宵，一奮而絶。"北京：中華書局，1996 年，頁 14。

故作是詩以絕之。"① 後世皆從"貞節"的角度用此"柏舟"詩。李睟光在此意義上用《柏舟》意並非不可，從經典的角度看，倒令人想起《列女傳》"賢明"篇中的《黎莊夫人》，她面對與丈夫"不同欲，所務者異"的情勢，堅持不去，捍衛所認定的"婦道"，也可稱之爲"貞節"，但李睟光顯然不願在這一善意上肯定蘭雪軒。"邶風"《柏舟》詩及後世使用意，一是在"憂傷"不已之義上使用，因詩中有"耿耿不寐，如有隱憂"、"心之憂矣，如匪澣衣"等句，一是對"憂傷"和憂傷者作合道德的肯定。因爲詩有"憂心悄悄，慍於群小"句，《毛序》亦云："柏舟，言仁而不遇也。衛頃公之時，仁人不遇，小人在側。"② 李睟光在《芝峰類説》中説蘭雪軒："平生琴瑟不和，故多怨思之作。"故這裏的"柏舟詩"只可能在"邶風"的第一層意義上使用。可見，在蘭雪軒去世之前，李睟光知道她寫詩，但他無意於對她的詩才加以肯定和評説，而更在意蘭雪軒詩與其"一生孤鸞影"的關係。"綠蕙"兩句言母親喪子女之痛苦憂傷，最後兩句總云蘭雪軒生前、死後皆極不幸，人世和鬼世皆極傷心。

本來諛美是挽詩的通則，女人識文斷字也是可以諛美的一個方向。李睟光爲另一位金家媳婦所寫的挽詞就説過："輝煌彤管筆，慘怆素帷塵。"他贊美這位金家媳婦的文采，想象家人在見到她遺物時的憂傷，這是漢文學悼亡詩的通常寫法。相比之下，他寫蘭雪軒既無丈夫"慘怆素帷塵"，更無個血胤念想。在挽詩中揭出這樣悲慘的人生，從人際關係的角度講，可以算作最冷酷的一首挽詩了；從文學的角度看，"一生孤鸞影"換來的"千古柏舟詩"，似乎李睟光在用詩窮而後工的文學邏輯預言蘭雪軒的文學的不朽。

李睟光指責蘭雪軒剽竊或許還有一個原因，他也是唐詩派中人物③，他的閱讀和創作方式與蘭雪軒完全一致，他研究的經典詩歌文本也是蘭雪軒研究過的，而且他的閱讀甚至可以説是在蘭雪軒詩的啓發之下進行的，他的閱讀書目中還包含了蘭雪軒的詩，因而從某種意義上講，蘭雪軒對他已經構成了影響的焦慮。在蘭雪軒的《遊仙詩》《宫

---

① 《詩經正義》卷三，北京：中華書局影印阮元校刻《十三經注疏》本，1980 年，頁 312。
② 《詩經正義》卷二，頁 296—297。
③ 李睟光《唐詩彙選序》曰："余平生無所嗜，所嗜唯詩，而於唐最偏嗜焉，若聾者之嗜音聲，瞽者之嗜繪彩，人或笑而排之，有不恤也。……《正音》《鼓吹》《三體》等編亦多主晚唐，或失之太簡，而唯《品彙》之選，所取頗廣，分門甚精，視諸家爲勝。第編帙似夥，學者病之。余嘗擇其中尤雋永者爲八卷，命曰《唐詩彙選》，私竊味之而已，不敢以示人。"（《芝峰集》卷二十一，《韓國文集叢刊》第 66 册，頁 198）其友車天輅萬曆己酉（1609）所寫《跋芝峰先生卷後》也説："先生之詩，學盛唐而爲也。"（《芝峰集》卷十三，《韓國文集叢刊》第 66 册，頁 54）

詞》《塞下曲》等樂府詩流行中國的時候，李睟光編輯了《樂府新聲》，申欽《象村稿》卷二十有詩題曰《芝峰輯〈樂府新聲〉，其中有〈宮詞〉〈塞下曲〉〈遊仙詩〉等體，余戲效之》①。李睟光大量創作《宮詞》《塞下曲》《遊仙詩》，時間以萬曆丙午（1606）、辛亥（1611）、壬子歲（1612）爲多②，這正是許蘭雪軒在中朝十分流行之詩題，也是蘭雪詩在中朝十分流行之時。此時申欽發現李睟光的樂府詩已相當地純熟。申欽《書芝峰朝天錄歌詞後》曰：

> 嘗記壬午年間，欽年十七，芝峰公年二十，同榻於終南山下，誦讀之暇，時戲爲歌曲。欽於歌固所不能，而芝峰公亦泥而未暢，歌罷未嘗不以此相嘲謔也。……中國之所謂歌詞，即古樂府暨新聲被之管弦者俱是也，我國則發之藩音，協以文語……其歸一也。……公凡三赴京師……③

李睟光詩歌成名不及同齡的許蘭雪軒早，但他是位勤奮的詩人，仕途也一路走高，這提高了他在詩壇中的位置，也爲他批評蘭雪軒、爭當詩坛盟主提供了更多的自信。對此，許筠似乎有點不屑，從兩者的書信和相關文獻中可略窺一二。1609 年，李睟光準備將自己洪陽以後詩結集出版，他請車天輅和許筠爲之作序，車天輅從中國、海東詩史和詩必盛唐的層面論証了李睟光文壇、詩壇的領袖地位。車天輅《題芝峰詩卷後》曰：“（中國）自唐以下，無詩久矣。生中國而摸擬者寥寥尚千載，而況於海外之國乎？……吾鰈域有文憲來，作者不知幾何，而在羅國有若崔孤雲，在麗氏有若李相國，最其大家，其後若牧、若陶、若圃亦可謂傑然者也，我朝尤重文學之士，然梅月、佔畢外，容齋、湖陰亦以詩名，太噪於一世，近者有芝峰李先生，最有得於詩。先生之詩，學盛唐而爲也，匠心獨妙，造語極精，深得古詩人鑪錘，有若自成一家者然，先生之於詩，不可謂不自臻其闖奧矣。……先生爲人，當領袖後進。……當此時，主盟詞壇，居東壁而秉文衡，微公而誰！”④ 看到這篇跋文後，許筠拒絶爲李睟光洪陽詩集寫序，其《與李芝峰》書寫到：“洪陽詩卷，吟覽數四，不忍竟，颯颯乎大雅音也。欲叙一言其上，恐以糞污佛首，未果矣。況車跋已盡不佞所欲言，不覺縮手袖間也。謹完璧。”⑤ 這一態度非常值得玩味。

---

① 《象村稿》卷二十，《韓國文集叢刊》第 71 册，頁 506。
② 如其文集中《宮體》四首下著爲“丙午”（1606 年）；《續朝天錄》（起辛亥八月止壬子五月）中有很多樂府歌詞。
③ 《象村稿》卷三十六，《韓國文集叢刊》第 72 册，頁 220。
④ 車天輅《五山集》卷五，《韓國文集叢刊》第 61 册，頁 430。
⑤ 許筠《惺所覆瓿稿》卷二十，《韓國文集叢刊》第 74 册，漢城：民族文化推進會，1996 年，頁 308。

李睟光不但指責蘭雪軒詩剽竊，更指出是作僞，他還拉出許氏家人出來作證。他説：

> 洪參議慶臣、許正郎禰乃其一家人，常言蘭雪軒詩二三篇外，皆是僞作。而其《白玉樓上樑文》亦許筠與李再榮所撰云。①

李睟光這種"常言""皆是"式的模糊籠統的指責是最可怕的，因爲他使自己背後還站着無數的不可知（或許是莫須有的）的廣泛的大衆，它指涉對方之處似乎很廣卻又没有給予對方反駁的實在切口，其實這樣的指責大可不回應，但不明就裏者，會以爲不回應就是默認，所以對被指責者而言是非常不公平的。

許筠記憶力驚人，又頗以記憶力强自矜，參與整理的文集他多半都宣稱其詩歌來源是自己的"臆記"：

> （姊）平生著述甚富，遺命茶毗之。所傳至尟，俱出於筠臆記，恐其久而愈忘失，爰災於木，以廣其傳云。（《蘭雪軒詩集跋》）②

> 亡兄詩文，散失殆盡，僅以臆記若干篇，參以人傳誦者，勒成二編。（《上一松相》乙巳二月）③

> 家兄詩文，散失殆盡，僅聚若干篇，俾綉於梓，今以净本呈上，幸賜一覽，爲之叙其首。十分切祈！（《上西厓相》乙巳二月）④

> 惜其遺文泯没不傳，爲哀平日所臆記者詩二百餘首，謀欲災木。又從洪上舍有炯許續得百三十餘首，令李君再榮合而彙數，類之爲六卷云。（《蓀谷集序》）⑤

上引李睟光作僞之説與許筠《蓀谷集序》所言多麽相似，連夥同合謀者都一致。李睟光何嘗不可能是從許筠的這些説法中産生想象，而許筠的説法似乎給李睟光的指控提供了証據。問題是，朝鮮批評者從未有人因許筠《蓀谷集序》的説法而云李達詩是剽竊作僞，但喋喋不休於蘭雪詩的剽竊作僞問題，難道不令人深思并嘆息不已嗎？

李睟光還拉出許氏家人出來作證，將矛頭指向許筠，這或許與許家的家庭矛盾有關。閱讀《韓國文集叢刊》收録的許曄及其三子一女一佺文集，知許氏兄妹排行依次是許筬（1548—1612）、許篈（1551—1588）、許蘭雪軒（1563—1588）、許禰（1563—1633/1640）、許筠（1569—1618），許篈、許蘭雪軒、許筠同母兄妹，許筬非同母，許

---

①《韓國詩話叢編》第 2 册，頁 390。
②許楚姬《蘭雪軒詩集》，《韓國文集叢刊》第 67 册，頁 22。
③許筠《惺所覆瓿稿》，《韓國文集叢刊》第 74 册，頁 303。
④許筠《惺所覆瓿稿》，《韓國文集叢刊》第 74 册，頁 302。
⑤李達《蓀谷詩集》，《韓國文集叢刊》第 61 册，頁 3。

禰是堂兄弟，但自小在叔父許曄家接受教育。當時的材料記載了許筠欺侮許筬，這雖然可能表達了當時人對許筠的反感情緒，但兄弟間有矛盾應該是可能的。閔仁伯《苔泉集》卷五《記聞》"許筠薄行"條載：

> 許筠，草堂曄之季子也，生而聰敏，不減師曠、管輅。早捷高科，選入内翰，中重試狀元，以居外艱，歸江陵外鄉，多與娼妓狎，士論卑薄之，不得躡清班。雖職至堂上，常乞外，而爲政亦貪汙無行。一作三陟倅，上任九月，旋被彈劾，淫奸府妓無餘，掃取官庫毛盡。又惡其伯兄筬，常欲陷之，筬女將歸於王子義昌君，筬夫人病革，催成醮禮，即其卧内，僅見義昌辭訣，翌日乃終。而筠揚言於人曰："吾兄秘夫人之喪而行國婚。"義昌乃宦者，有何希冀，以秘喪爲之乎？草堂以儒行，取重於一時，入以長玉堂，出以長成均，而筠之心術如此，人之不繫於世類，尚矣。①

從許禰爲許筬所寫祭文可知，許筠比許筬科舉得捷早而順利，"荷谷則已歷揚，而吾兄尚屈折而蟄滯，然而小心之翼翼，莊容之棣棣，亘著於趨庭之時、出門之際。"許禰將許筬人生與許筠三兄妹作對比："荷谷之挫，蘭雪之夭，蛟山之泥，而吾兄獨矯騫而不蹶。"② 特別讚美許筬具有"静而固，貞而確"的個性品質。許禰對許筬表達了更多認同和尊重。

李睟光與許筬的關係相對比較親近，文集中有不少兩者次韻酬唱之作，李睟光《許判書筬挽詞》曰："詩禮名家世有人，風流儒雅自殊倫。官銜北斗鄰臺座，藻鑑東銓聳縉紳。雨露未回泉下夢，丹青空幻畫中身。交遊多少存亡慟，淚入寒山月色晨。"③ 李睟光拉許蘭雪軒從兄許禰作證説蘭雪軒詩是許筠等造假，許禰活得比李睟光、許筠都要長，李睟光如果造謠或曲解許禰之意，許禰是有機會反駁的。從現有文獻看，直到 1610 年，許筠與許筬、許禰都關係良好。許筠批點許禰《尚古齋集》後寫了一篇文章，此文後來作爲 1661 年刊刻的《水色集》序而弁於集首，文章中，許筠談到了父兄和自己，他説："我先人，理學淵深，詞章清峭，而伯氏能嗣其業。仲氏羅穿百代，力復古則，文若先秦、二京，詩若六朝、開、天；姊氏又有天仙之才，二難競

①閔仁伯《苔泉集》，見《韓國文集叢刊》第 59 冊，漢城：民族文化推進會，1996 年，頁 88。

②許禰《祭岳麓堂兄文》，許筬《岳麓集》附錄，《韓國文集叢刊》第 57 冊，漢城：民族文化推進會，1996 年，頁 403；又見許禰《水色集》卷七，《韓國文集叢刊》第 69 冊，漢城：民族文化推進會，1996 年，頁 113。許筠《惺所覆瓿稿》卷二十一收有八通《與許兄子賀書》，子賀爲許禰字，其中最晚一通作於 1610 年。

③李睟光《芝峰先生集》卷四，《韓國文集叢刊》第 66 冊，頁 58。

爽，雄視千古，長彎未騁，而芳蘭遽隕，豈勝悼哉！不肖雖竊家學以自鳴於世，於父兄無能爲役，而厚享重名，愧汗塞吻矣。唯吾再從兄子賀氏，少小攻古文，一志勤苦，晚透天竅，遂爲上馴。文章甚簡重，而詩出入於漢樂府、魏晋古詩、景龍、開元近體之間，勁悍幽邃，倔然自成一家。"① 許筠稱道長兄許筬能繼父理學，贊美從兄許禰詩文。無論如何，許禰與許蘭雪軒、許筠爲家人，若真作是語，一方面表明社會對女性文學才能的不信任，女性創作之情形就連堂兄至親也未必完全瞭解，今許筬《岳麓集》、許禰《水色集》都未見有與蘭雪贈答之作，另一方面，許禰矛頭指向許筠，似乎對去世多年的蘭雪軒以及從弟許筠都過於刻薄無情，或應與許筠名聲之惡有關嗎？

二、政治攻訐和道德評判：申欽、
朴趾源、李圭景等人之批評

上言李晬光、許筬與許筠的矛盾當然有政治集團之間的恩怨在其中，但更顯著的表現似在性別和社會人事方面，申欽、金時讓對蘭雪軒和許筠的批評，雖也有社會人事方面的原因，但更多可能因政治對立導致的，此文雖分開論述，實際可互相參照。

上文所引申欽文表明，申欽與李晬光少年時一起讀書，申欽也與金誠立一起讀書，並很早就知道許蘭雪軒能詩，他當時對蘭雪軒詩才是相當好奇的。鄭泰齊《菊堂排語》載：

> 玄軒申公欽嘗言：余少時與金誠立及他友僦屋同做舉業，友人造飛語以爲金好遊倡樓，婢輩聞之，密告於許氏。一日，許氏備妙饌盛酒於大白瓶，書一句於瓶腹以送："郎君自是無情者，同接何人縱半間。"余於其時始知許氏能詩、氣豪也。②

後來申欽依然贊美許蘭雪軒詩才，也因此，他更多將矛頭指向許筠作僞。申欽《晴窗軟談》下云：

> 許草堂之女，金正字誠立之妻，自號景樊堂。詩集刊行於世，篇篇警絕。所傳《廣寒殿上樑文》，瑰麗清健，有似四傑之作。而但集中所載，如《遊仙詩》，太半古人全篇。嘗見其近體二句："新妝滿面猶看鏡，殘夢關心懶下樓。"此乃古

---

①許禰《水色集》卷首，《韓國文集叢刊》第 69 册，頁 3。
②《韓國詩話叢編》第 3 册，頁 190。

人詩。或言其男弟筠，剽竊世間未見詩篇竄入，以揚其名云。近之矣。①

申欽這一段話有些自相矛盾，前言"詩集刊行於世，篇篇警絶"，後又言"集中所載，如《遊仙詩》，太半古人全篇"等等，我想，他或許是想將許蘭雪軒詩與許筠作僞事分開，一方面，他不違初心，維持他年少時就形成的對許蘭雪軒氣豪和能詩的認識；另一方面想認同時人，特别是朋友李睟光②對許蘭雪軒《遊仙詩》、"樂府"、《宫詞》剽竊的指控，但將李睟光"剽竊"、"作僞"之責一起推到許筠身上。

自朝鮮宣祖即位，朝鮮朝的黨争宣告開始，其後的壬辰之亂，並不能使朝臣一致對外，黨争反而愈演愈烈。1589年、1606年，許蘭雪軒詩歌兩次被編輯，進而出版，都是其弟許筠的努力；1598—1612年前後，蘭雪軒詩在中國産生極大的聲譽進而回流朝鮮，在朝鮮獲得廣泛的關注，許筠的推介亦居功至偉。上述李睟光對蘭雪軒的批評出現在萬曆四十二年（1614）③稍前、申欽批評在萬曆四十五年（1616）或稍後④。這個時間點值得關注，因爲此時正是許筠受光海君重視、受李爾瞻器重、大北派彈劾仁穆大妃父親進而實施廢母論之時。

1592年，壬辰倭亂起，宣祖外逃，兩位庶子中的長子臨海君被俘，因而光海君立爲元子，光海君執政一直飽受禮法的困擾：第一，其父宣祖尚在，則其爲朝鮮王，破壞了君爲臣綱、父爲子綱兩條；第二，其爲庶子，在朝鮮繼承制中，其順位低於嫡子；第三，其爲庶子中的次子，其順位低於其兄。基於這些問題，光海朝先後有世子之争、弑父疑雲、嫡庶之争等等政治風波。1608年，宣祖猝逝，遺教七位大臣，令他們保護仁穆王妃所生的嫡長子，也就是年僅三歲的永昌大君，"遺教七臣"中就有上文提到的申欽和許筬。許筠在光海君朝漸漸受到重用，爲鞏固光海君王位，光海君的支持者先是指控仁穆大妃父親謀反，又捏造罪狀要廢母，都是爲了解決光海君王位的威脅者嫡子永昌大君，他們還讓中國册封光海君生母恭聖王后，也是借宗主國力量鞏固光海君地位。我們用三條簡短的材料來看申欽和許筠政治上的勢不兩立以及反對方留下的史料對許筠行事方式和人品的鑒定：

---

①《韓國文集叢刊》第72册，頁345。

②申欽對李睟光評價甚高。《晴窗軟談下》曰："李公睟光，字潤卿，號芝峰。與余遊，今四十年。雅操出塵，歷盡世變，未嘗少挫，亦能見幾而作，免於機穽，真所謂金玉君子也。……芝峰爲詩，力追古人，欲與景龍、開元諸子雁行，中唐以下不論也，文亦彬彬有範。"（《象村稿》卷五十二，見《韓國文集叢刊》第72册，頁341）

③據李睟光《芝峰類説》"序"推算。

④據上引《晴窗軟談下》"李公睟光"條推算。

　　右贊成許筠與李爾瞻合疏，主張廢母后之論，號嘯無賴之人、鄉曲丐兒日聚其門，筠資衣食，俱儒巾儒服，交進不道之疏。筠又使其徒金彥滉投矢書於慶運宮（大妃所御），使人發告，其中斥上之語，有不忍道者也。又爲飛語曰："此矢書，意者某某人會於三清洞而爲之，先論趙希逸，安置理山，將起大獄。"上爲之驚愕，召大臣三大將議之。……筠既與自獻爲敵，謀益急，凡聲罪大妃罔有紀極，至謂璵本非宣廟子，取家人兒，養之宮中。①

　　五月：刑曹判書許筠包藏禍心，欲先立功，專執國柄，常做無據之説，令朝野眩惑。

　　申欽《領議政白沙李公神道碑銘》：丁巳十一月，廢母之論遂決。李爾瞻、金闓、許筠呼召醜逆，袖疏赴闕，濫巾東序者承喉而集，日不記其數。國內鼎沸，含生裭氣，公（指李恒福）寢食俱損，忧慨不已。②

上引材料説許筠將無賴僞裝成儒生，僞造陷害文書和社會輿論，"常做無據之説"，所以，從某種意義上講，申欽等人指控許筠爲其姊詩歌剽竊作僞可以看作是對其政治作僞的一種投射，或者説是要証明這就是許筠的一以貫之的做法。1618 年許筠被指控謀反被光海君誅殺，所謂"敗者爲寇"，更易於成爲衆惡所歸者，其爲"揚其名"而剽竊、作僞的無恥以及"盜人之物而還賣於其人"③ 式的極端愚蠢，或許也是其衆惡之一吧？

　　政治真是無處不在，上文所云許筠與許篈之矛盾，其實也有不同黨派的原因。上引郭説論蘭雪軒，他似乎没有介入黨爭，雖然是同時代人，他很清楚一些人對蘭雪軒剽竊、許筠作僞的説法，但他並不參與這一議論。又如沈守慶（1518—1602），他與許曄同輩，是蘭雪軒等人的長輩而享高位、高壽，在蘭雪軒集未行於世前，即對蘭雪其詩才加以贊美。其《守閑雜録》云："篈、筠以能詩名，而妹頗勝云。號景樊堂，有文集，時未行於世。如《白玉樓上樑文》，人多傳誦，而詩亦絶妙。早死可惜。"④ 或許這些也爲李睟光、申欽等蘭雪軒批評具有政治向度提供一二旁證。

　　李睟光、申欽女性文學批評的雙重標準也從另一側面説明其批評是有政治動因和個人好惡的。李玉峰也是當時的一位女詩人。李睟光對李玉峰的一首《閨情詩》表示

①兩條並見《光海君日記》三，《大東野乘》本。
②申欽《象村稿》卷二十六，《韓國文集叢刊》第 72 册，頁 89。
③金時讓《涪溪記聞》上，《韓國詩話叢編》第 2 册，頁 275。
④沈守慶《守閑雜録》，《大東野乘》本。

贊美。詩曰："有約郎何晚，庭梅欲謝時。忽聞枝上鵲，虛畫鏡中眉。"① 與上引蘭雪軒《采蓮曲》對照，此詩中的青年男女不僅目成，甚至已到登堂入室的程度，爲何無"流蕩"之評，反而有"佳矣"之贊？申欽也對李玉峰詩贊賞有加，李睟光雖云蘭雪詩流蕩，依然認爲蘭雪"爲近代閨秀第一"，申欽則將蘭雪拉下第一寶座，他說："近來閨秀之作，如趙承旨瑗之妾李氏爲第一，其即景詩一句曰：'江涵鷗夢闊，天入雁愁長。'古今詩人未有及此者。"② 後來的批評家洪萬宗不客氣地指出申欽之無見。他說："象村云云，余見唐人項斯詩曰：'水涵萍勢送，天入雁愁長。'李氏此句全出於此。象村豈不見項斯詩耶？"③ 可能不是申欽閱讀不廣，而是情感好惡蒙蔽了文學之眼吧？

雖然蘭雪軒研究史上，剽竊問題似乎成了一段公案，但細細爬梳材料，金時讓之後基本是針對《列朝詩集》之批評而發，朝鮮批評家不少是因爲丟了海東面子而覺尷尬惱怒。在明代中朝文化交流中，朝鮮人抱怨"中國之人矜其所處之尊，無所求於九州之外"④，而中國人樂於在彼邦捕捉"天朝上國""文章誕敷"的例證⑤，韓國方面則以得到中國人承認爲無上光榮。蘭雪軒"夫人遺響能大鳴中國，而在本邦反爲寥寥者"，讓朝鮮士人反省。蘭雪軒詩名從中國反傳朝鮮時，纔是朝鮮士人發現蘭雪軒的真正開始，上云之李睟光、申欽也是如此。蘭雪軒詩開始較多入選海東詩選。人們開始將蘭雪軒詩作爲經典與之對話。如上言李睟光的樂府寫作與蘭雪詩關係密切；1606年或稍後，申欽曾作過《閨秀許氏四時詞行於世，余見而和之四首》之作⑥，這裏他關注了蘭雪軒的七古詩。

柳如是（錢謙益具名）對蘭雪軒的批評傳到了朝鮮，朝鮮士人對之作出了反應。金萬重（1637—1692）《西浦漫筆》曰：

> 蘭雪軒許氏詩出自李蓀谷及其仲荷谷，工夫不及玉峰諸公，而慧性過之，海東閨秀，惟此一人。獨恨其弟筠，頗采元明人佳句麗什、人所罕見者，添入於集中，以張聲勢。以此欺東人可矣，而乃復傳入中國，正如盜賊竊人牛馬，轉賣於

---

①李睟光《芝峰類説》卷十四，《韓國詩話叢編》第2册，頁391。
②申欽《晴窗軟談》，《韓國文集叢刊》第72册，頁345。
③洪萬宗《詩話叢林·附證正》，《韓國詩話叢編》第5册，頁491。
④任叔英（疏庵）爲李睟光《續朝天録》所作序，《芝峰集》卷十六，《韓國文集叢刊》第66册，頁162。
⑤毛先舒《詩辨坻》卷三："許景樊，朝鮮女子耳，諸體略仿温、李，而七律獨祖七子之風，……見有明文章誕敷之遠。"郭紹虞編《清詩話續編》，上海：上海古籍出版社，1983年，頁59。
⑥申欽《象村稿》，《韓國文集叢刊》第71册，頁368。此詩置於《次朱招使之蕃漢江觀魚韻》之後，知其詩作於1606年或稍後。

其里中，可謂癡絶。又不幸遇着錢牧齋隻眼，如陶公之識武昌官柳者，發奸追贓，底蘊畢露，使人大慚。惜哉！柳絮、紉蘭之擅名千古者，本不在多。如許氏之才，自足爲一代慧女，而用此自累，使人篇篇致疑，句句索瘢，亦可歎也。蘭雪軒一諦（號？）景樊堂，蓋有慕於樊夫人之夫妻俱仙也。①

金萬重以錢謙益和本國前輩詩人的論斷爲依據，完全承認蘭雪軒詩中的剽竊事實，認定是其弟許筠出於好名而故意作假。在他看來，許筠作假欺瞞朝鮮人還有可能成功，最傻的是讓蘭雪軒詩傳入中國，結果在彼邦被人人贓俱獲，"使人大慚"，這裏詩歌創作的藝術標準、剽竊作僞的道德問題已讓位於國家交流中的面子問題和民族情緒。還可注意的是金萬重所持的女性詩人的標準。在他看來，女性有才名、慧名即可，如謝道蘊般以一句"柳絮"詩擅名千古，不必有太多的創作實績，蘭雪軒吃虧就吃虧在所留詩作太多，反而授人以柄。他一方面肯定女性的蘭心慧性（包括詩性、詩才等先天秉賦），一方面否定女性的詩力（工夫），但他没有説明女性詩力的缺乏是因爲先天還是後天、是自然還是社會的結果。

之後，有關蘭雪軒的文學批評集中在爲"景樊"之名或字或號的辨誣上，這被認爲關乎一位女性的聲譽，更關乎朝鮮的體面，雖然中國方面從未有人認爲"景樊"之名有什麼丟臉的。明清中國人除吳明濟《朝鮮詩選》稱蘭雪軒爲"許妹氏"②，其他皆稱許景樊，以景樊爲名，蘭雪爲字。許筠説其姊"蘭雪名楚姬，字景樊"③，許筠稱妹妹爲景樊，符合古人稱字不稱名之例；許筠《蘭雪軒詩集》"跋"語云其自號蘭雪軒。然而"景樊"字中所"景"之"樊"所指爲誰？

由上引李睟光、申欽、郭説幾家材料，蘭雪軒在其夫金誠立的朋友圈中可能也算是一個談資，其中似包括對其字的戲謔性的解讀。如果以許筠最可靠的説法，蘭雪軒名楚姬，字景樊，以古人名字字義相近或進一步闡發之例來看，其所用應該是《列女傳·賢明篇》楚莊樊姬之典，則所"景"之"樊"當爲賢明的樊姬，一位能薦賢給丈夫並幫助丈夫改過的妻子④。如果從蘭雪軒好神仙的趣味考慮，所"景"之"樊"可解釋成《神仙傳》卷六中的"樊夫人"。中朝不少人就是這樣推測的。如上引金萬重

① 《韓國詩話叢編》第 5 册，頁 518—519。
② 此稱謂爲《列朝詩集》所沿用，其總題作"許妹氏"，小傳云："許景樊，字蘭雪。"（頁 684）還是以景樊爲名。
③ 許筠《鶴山樵談》，《韓國詩話叢編》第 2 册，頁 20。
④ 女性的此種作爲能否實現，與丈夫是否能接受關係密切。

《西浦漫筆》"蓋有慕於樊夫人之夫妻俱仙也"①。潘之恒云："名曰景樊，豈慕劉綱妻樊夫人乎？"② 但基於對蘭雪軒有詩才的理解，當時（也可能是之後人的想象性建構）將所"景"之"樊"解讀成"杜樊川"——杜牧，一位男詩人。"景慕""杜樊川"，其中埋藏的笑點是開金誠立貌寢、詩才不及其妻而遭妻子厭棄的玩笑。朴趾源《熱河日記·太學留館録》云：

> 與尹公（尹嘉銓）同語奇公（朝鮮人奇豐額）所……余曰："……許篈之妹許氏，號蘭雪軒，其小傳以爲女冠。敝邦元無道觀女冠。又録其號曰景樊堂，此尤謬也。許氏嫁金誠立，而誠立貌寢，其友謔誠立，其妻景樊川。閨中吟詠元非美事，而以景樊流傳，豈不冤哉？"尹、奇兩公皆大笑。③

本來這也就是玩笑，即使蘭雪所景真是杜樊川，也只是"尚友古人"，但作爲朝鮮古代女性，則一因嫌夫，二因所尚爲男詩人被朝鮮士人上升爲德行有虧。洪大容《湛軒燕記五·乾净筆談上》曰：

> （洪大容曰：）"此夫人，詩則高矣，其德行遠不及其詩。其夫金誠立才貌不揚，乃有詩曰：'人間願別金誠立，地下長從杜牧之。'即此可見其人。"潘曰："佳人伴拙夫，安得無怨？"④

在後來的衆多朝鮮人眼裏，"景樊"就是"地下長從杜牧之"之意，蘭雪軒似乎因此失德失行。當朝鮮人出使中國，中國人充滿善意地、佩服地提到朝鮮著名女詩人"許景樊"時，朝鮮人就會覺得尷尬，覺得痛苦。申昉《屯庵詩話》云："景樊之號，乃時人浮薄者僇辱之語，而遂爲口實，至流入中國，誠一奇冤也。"⑤ 李圭景爲此作《景樊堂辨證説》一文，也對蘭雪軒剽竊問題做了論證和總結。他説：

> 世以許草堂【曄】女蘭雪軒，金著作誠立室人也，薄有才藝，能詩，有《蘭雪軒集》一卷行於世，其序皇明天使朱蘭嵎芝蕃題焉，仍入中原，遍於海内。
>
> 俗傳許氏失愛於夫，故作"人間願別金誠立，地下長隨杜牧之"，仍號景樊堂，蓋寓景仰樊川也。錢虞山謙益《列朝詩選》，王漁洋士禎《別裁集》，朱竹垞《明詩綜》《静志居詩話》，尤西堂侗《西堂雜俎》等書，俱認許氏爲景樊堂，而天下皆知許氏爲景樊堂，則於許氏乃難雪之恥辱也，我東先賢多辨雪其不然。

---

① 《韓國詩話叢編》第 5 册，頁 519。
② 潘之恒編《亘史》，《四庫全書存目叢書》子部第 194 册，濟南：齊魯書社，1996 年，頁 23。
③ 録自林基中《燕行録全集》卷 54，漢城：東國大學出版部，2001 年，頁 164—165。
④ 李家源《玉溜山莊詩話》引，《韓國詩話叢編》第 17 册，頁 706。
⑤ 《韓國詩話叢編》第 6 册，頁 108。

薑山廢相李書九《薑山筆豸》辨之曰：許氏實無此事，轉相附會，枉受此名。我王考《天涯知己書》：洪湛軒大容入燕時，錢塘潘秋庭筠問貴國景樊堂，湛軒引"地下長從杜牧之"句，我王考桐庵公辨之曰：嘗聞景樊非自號，乃浮薄人侵譏語也。湛軒未之辨耶，蘭公若編詩話，載湛軒此語，豈非不幸之甚耶乎？景按：見其本集，有《哭子詩》"去年喪愛女，今年喪愛子"云，則與夫失愛反目者非也。

愚嘗疑年少婦女，雖失愛於夫，豈慕異代男子、而至有景樊之自號也哉，不平者久矣。得辛敦復《鶴山閑言》：蘭雪軒自號景樊堂，世人謂以景慕杜樊川，豈閨閣婦女之所可慕耶？唐時有仙女樊姑者，號雲翹夫人，漢上虞令劉綱仙君之妻也。仙格絶高，爲女仙之冠，有傳在《列仙錄》。蘭雪之所慕者即此，而稱景樊者也。繙閱之餘，擊節稱快，此非昭雪枉受誣辱之斷案者乎！且其集，非許氏自製者，今臚列其實焉：

李芝峰睟光《類説》云云，申象村《集》亦云云，錢虞山小室河東君柳如是於《蘭雪集》摘出真贓，綻露狼藉，其非蘭雪之作可知也。金誠立裔孫金正言秀臣，家住廣州，或問："《蘭雪軒集》刊本外，或有巾箱秘本？"則以爲有蘭雪手鈔者數十葉，而其詩與刻本大異，且言今世傳刻，本非盡出於蘭雪，迺筠贗本云。其後孫之言乃如此，則想必其家世傳之口實也。芝峰實記論，象村之定論，其後孫之實傳，節節吻合，積疑頓釋。①

李圭景貫徹了金萬重以來的女子只要有才名慧名則可、不必有過多的創作實績的思路，爲了挽回蘭雪景樊川（慕異代男子）所失去的面子，他論證了蘭雪軒夫妻沒有失愛反目，潛臺詞是沒有失愛反目則蘭雪就不可能"景""樊川"；他欣喜地發現有女仙樊夫人，女性景慕樊夫人在古代當然比較安全，沒有失德之虞；最後他以李睟光、申欽，外加一位不知從何而來的裔孫金秀臣之説，以所謂的"記論"、"定論"、"實傳"之三重証據，將蘭雪軒的著作權都給了許筠，而許筠的剽竊、作僞不再如李睟光、申欽所認爲的無恥或道德敗壞，而是幸運地使蘭雪丟面子的事情有了替罪羊。

朝鮮許蘭雪軒評論史上，也有反駁蘭雪詩剽竊、許筠作僞的聲音，其數量並不比云其剽竊、作僞者少，但往往被研究者所忽略。如佚名《東詩叢話》：

《樗湖筆談》②云云（即上引《芝峰類説》所云蘭雪兩詩流蕩和其弟僞作兩

①李圭景《五洲衍文長箋散稿》附録之《經史篇·論史類》"人物"下。
②此出《芝峰類説》，不過韓國筆記也多有輾轉傳鈔，此段論者或從《樗湖筆談》中鈔出，也未可知。

段），余謂樗湖此語不覺自致矛盾也。樗湖常論許筠詩才不及其兄篈、其姊云
爾①，則豈借才於不我及處乎？且以以上兩絕論之，音調似近蘭雪軒初年所作，然
不可目之以蕩詞也。集中宮詞與樂府或有一二句引用古詩，然其句未必勝許工，
則不可指謂竊取也，或有偶吟而雷同者也。……東人之不賞其詩者，自有由焉。
自宣廟以後，朋黨始起，異黨之人嫉如仇讎，蘭雪是許草堂曄之女也，岳麓筬、
荷谷篈、鮫庵筠之娣妹也，金瑚堂誠立之夫人也，一家文章，豈止三蘇可比也。
其弟筠以附奸被死，禍及草堂，而岳麓及荷谷皆謫死，蘭雪亦早夭，所著詩文殆
至充棟，而金誠立皆焚之，以此流傳於世者只是朱之蕃購去本而已。異黨之人憎
惡許門，譏以蘭雪有蕩調、有借才者，是也現在支那大家吳自蕙②所謂"曹大家
豈可以長於史、藐視千載之下者"，誠是偉論也！③

《叢話》云樗湖（李睟光）指爲流蕩之作的兩篇，"音調似近蘭雪軒初年所作"，不能
目爲流蕩，佚名論者雖然沒有給出實在的證據和具體的分析，但已作定性；黨爭影響
了文學批評。雖然所云與史實多有不符，比如因爲許筠而導致其父兄受牽連；不知許
筬與三兄妹的立場並不相同；也無証據表明蘭雪集爲其夫所焚，朱之蕃并未購買蘭雪
詩集，當時中朝流傳的并非是朱之蕃所攜歸或刊刻的蘭雪集，等等，不過其論點實給
人以啟發。

南龍翼（1628—1692）也曾隱晦質疑過蘭雪詩文爲許筠代作的説法，至少爲上述
駁斥者提供了素材。南龍翼《壺谷詩評》列舉"我朝詩諸名家"時，以蘭雪作爲尚唐
的十二位代表詩人之一，並且置於李睟光之前；列舉"名家又各有所長"時，他特別
指出"蘭雪具體而微"，李睟光、申欽皆未能進入這一序列④。其比較許氏兄妹詩曰：

> 許荷谷年少輕躁，一斥不振，柳州之流乎？然詩則絕佳，且知古法，格高於
> 筠。蘭雪軒之詩，或云筠也自作、假稱以欺世，而調格又高於荷谷，筠所不及。⑤
> 筠才固不可及，而詩格亦不至甚高，下於兄姊。⑥

第一條，南龍翼説許篈詩格高於許筠，然後提到有人説蘭雪詩是許筠假以欺世的代作，
接着説蘭雪詩"調格"高於許筠，當然是不承認所謂代作之説了。

---

①此説可見南龍翼《壺谷詩評》，詳下文。
②吳自蕙，不知何人。待考。
③《韓國詩話叢編》第 13 冊，頁 426。
④《韓國詩話叢編》第 3 冊，頁 308。
⑤《韓國詩話叢編》第 3 冊，頁 314—315。
⑥《韓國詩話叢編》第 3 冊，頁 337。

三、文學批評以及女性批評傳統之
延續：沈無非、柳如是之批評

在中國，較早指出蘭雪軒詩中有一二剽竊之處的是中國女詩人沈無非，約在萬曆三十年（1602）或稍後，她編輯了《景樊集》一卷，並寫有小《序》。《序》曰：

> 是編爲箕國士女許景樊詩。若文秀色逼人，咄咄無脂粉氣。昔稱絳仙可以療饑，女豈其儔伍耶？間剽竊古人如"冰屋珠扉"一、二語，然肖景處故不害爲畫師後身，世毋曰龜茲王所謂嬴也而易之。①

沈無非贊許蘭雪軒詩秀色可餐，並用《大業拾遺》所記煬帝稱吳絳仙秀色"真可療饑"之語，贊美蘭雪詩給予讀者的極大滿足，她因此猜想這位朝鮮女詩人其人是否亦是絳仙之儔。她雖然指出蘭雪軒詩中有一、二語剽竊古人，但她以兩個理由決定原諒蘭雪軒：第一，無論取材何處，她模畫得很好。王維説自己："宿世謬詞客，前身應畫師。"② 沈無非説蘭雪軒就是畫師後身。第二，她是朝鮮詩人，寫漢詩稍有點不到家是難免的。《漢書·西域傳》載龜茲王娶了烏孫公主的女兒、漢家的外孫女後，襲用漢家儀，被外國胡人嘲笑爲"驢非驢，馬非馬，若龜茲王，所謂嬴也"③。同理，外國詩人寫漢詩剽竊一二也是可以接受的。這一説法當然顯示出中國女詩人沈無非的寬容以及稍許的自詡中心的味道，這應該是明代中國人的普遍的思想觀念。

之後，蘭雪軒在中國遭遇了柳如是最嚴厲的批評。柳如是已明言，她沒有見到全本《蘭雪軒詩集》，其批評主要建立在明末中國典籍中所收的蘭雪軒詩之上。柳如是用考據精神，勾稽了蘭雪軒詩與中國數首詩之間的"竄竊"關係，表面上看，這似乎是在否定許蘭雪軒創作成績，但全面分析《列朝詩集》之文學批評主張以及實現手段，我們發現，柳如是對蘭雪軒的"檢舉"揭發説明了蘭雪軒在明代的巨大影響的事實以及錢謙益、柳如是夫婦對蘭雪軒的重視。錢謙益《列朝詩集》可能有複雜的明代文學批評意圖，但最明顯的一點是排擊明代復古派、批評沿襲的創作傾

---

① 項鼎鉉《呼桓日記》，《北京圖書館古籍珍本叢刊》第 20 冊，北京：書目文獻出版社，1995 年，頁 453。
② 王維《題輞川圖》，王維著，陳鐵民校注《王維集校注》，北京：中華書局，1997 年，頁 477。
③ 《漢書》，北京：中華書局，1962 年，頁 3917。

向①，爲達到擒賊先擒王的目的，其將沿襲的批評集中在自元末到明末的各時代的大家身上，從這一意義上講，許蘭雪軒不但是東國詩歌的代表，也是整個明代女性文學的代表。

細閱材料，《列朝詩集》將有關沿襲的批評集中在楊維楨、林鴻、李夢陽、李攀龍、蘭雪軒五位詩人身上②。可能爲了勾勒明代創作沿襲風氣的淵源有自以及内在動力，錢謙益對楊維楨詩特別是對其眩蕩一世的樂府產生的文學影響展開了批評。其云：

> 張伯雨序其樂府曰："所作古樂府辭，隱然有曠世金石聲。又時出龍鬼蛇神，以眩蕩一世之耳目。斯亦奇矣！"余觀廉夫，問學淵博，才力橫軼，掉鞅詞壇，牢籠當代。古樂府其所自負，以爲前無古人。徵諸勾曲，良非誇大。以其詩體言之，老蒼磊兀，取道少陵，未見脱換之工；窈眇娟麗，希風長吉，未免刻畫之誚。承學之徒，流傳沿襲，槎牙鉤棘，號爲鐵體，靡靡成風，久而未艾。學詩者，稽其所敝，而善爲持擇焉，斯可矣。③

錢謙益分析了楊維楨古樂府的較爲外在的方面（隱然有曠世金石聲。又時出龍鬼蛇神）的"奇"和"眩蕩"，這是作者學問、才力在文學創作中加以發揮的結果，不過，他的讚美是有限度的，所謂"徵諸勾曲，良非誇大"，也就是説，楊維楨古樂府的成就只是在"勾曲"中，而非整個詩歌史上的"前無古人"。錢謙益接着從"詩體"（更爲内在的格調）的角度指出楊維楨詩"取道少陵，未見脱換"、"希風長吉，未免刻畫"，而承學之徒，視表面的"槎牙鉤棘"爲鐵崖體，沿襲成風，這是錢謙益最爲擔心的。最後，他語重心長地提醒學詩者要分得清流行詩體中的好與壞，"善爲持擇"，方有文學之未來。

《列朝詩集》將明代詩歌模擬的始作俑者歸結到閩詩派的林鴻身上。其云：

> 膳部（指林鴻）之學唐詩，摹其色象，按其音節，庶幾似之矣。其所以不及唐人者，正以其摹仿形似，而不知由悟以入也。……自閩詩一派盛行永、天之際，

---

① 錢謙益《題徐季白詩卷後》云："余之評詩，與當世抵牾者，莫甚於二李及弇州。"（錢謙益著，錢曾箋注，錢仲聯標校《牧齋有學集》卷四十七，上海：上海古籍出版社，1996 年，頁 1562）其於二李，主要批評他們的模擬沿襲。又可參周建渝《〈列朝詩集小傳〉的明詩批評及其用意》（《復旦學報》2008 年第 6 期）、尹玲玲《錢謙益〈列朝詩集小傳〉對七子的抨擊及其動因》（《蘇州大學學報》2011 年第 2 期）、焦中棟《錢謙益的明代文學批評》（浙江大學 2005 年博士論文）等。

② 其相應的詩人小傳見楊維楨、高棅（論林鴻）、李東陽（論李夢陽）、蔡羽、李夢陽、李攀龍、許氏妹等處。

③《列朝詩集小傳》甲集前編《鐵崖先生楊維楨》，上海：上海古籍出版社，1983 年，頁 20。

六十餘載，柔音曼節，卑靡成風。風雅道衰，誰執其咎？自時厥後，弘、正之衣冠老杜，嘉、隆之囈笑盛唐，傳變滋多，受病則一。反本表微，不能不深望於後之君子矣。①

錢謙益批評林鴻學唐的“摹其色象，按其音節”，提出“悟入”式的學習經典方式，他以爲明詩史就是一部模擬之病史，而發端之“咎”當歸至於閩詩派。他希望由自己的揭示，後來之君子能“反本表微”，在健康的詩歌道路上前行。

《列朝詩集》被指責“竄竊”、“剽賊”或“竄竊剽賊”者有三人，即李夢陽、李攀龍和許蘭雪軒。《列朝詩集小傳》丙集《李少師東陽》條，以李夢陽攻擊提攜自己的老師李東陽開始了自己的竄竊創作，所謂“念西涯（李東陽）、北地（李夢陽）升降之間，文章氣運，胥有繫焉”。他說：“北地李夢陽，一旦崛起，侈談復古，攻竄竊剽賊之學，詆諆先正，以劫持一世，關隴之士，坎壈失職者，群起附和，以擊排長沙爲能事。王、李代興，祧少陵而禰北地，目論耳食，靡然從風。”② 錢謙益稱贊蔡羽，因爲蔡羽在“李獻吉以學杜雄壓海內，竄竊剽賊，靡然成風”、吳中士人皆“改轅而北”之時，是“信心守古、確不可拔者”的“一人而已”③。錢謙益在《列朝詩集小傳》丙集《李副使夢陽》中批評李夢陽道：“獻吉以復古自命，曰古詩必漢魏、必三謝；今體必初盛唐、必杜，舍是無詩焉。牽率模擬剽賊於聲句字之間，如嬰兒之學語，如桐子之洛誦，字則字，句則句，篇則篇，毫不能吐其心之所有。”“何其悖也！何其陋也！”④ 在丁集《李按察攀龍》下云：“《易》云擬議以成其變化，不云擬議以成其臭腐也。易五字而爲《翁離》，易數句而爲《東門行》。《戰城南》盜《思悲翁》之句而云‘鳥子五，鳥母六’；《陌上桑》竊《孔雀東南飛》之詩而云‘西鄰焦仲卿，蘭芝對道隅’。影響剽賊，文義違反，擬議乎？變化乎？”⑤

爲了證明並進一步説明明代模擬創作之可笑和“悖”“謬”，《列朝詩集》在李夢陽、李攀龍兩家小傳、選詩後特設“附録”之體例，選了李夢陽的五首詩、李攀龍的三首詩，在詩中和詩後加批語。李夢陽“附録詩五首”分別是《功德寺》《乙丑除夕追往憤五百字》《石將軍戰場歌》《奉送大司馬劉公歸東山草堂歌》《鄱陽湖十六韻》。兹録其附録詩第一首及詩評如下：

---

①《列朝詩集小傳》乙集《高典籍棅》，頁 180—181。
②《列朝詩集小傳》丙集《李少師東陽》，頁 245—246。
③《列朝詩集小傳》丙集《蔡孔目羽》，頁 308。
④《列朝詩集小傳》丙集《李副使夢陽》，頁 311、312。
⑤《列朝詩集小傳》丁集《李按察攀龍》，頁 428。

功德寺

宣宗昔遊幸，遊戲玉泉傍。立宇表巑岏，開池荷芰香。波樓遞魔岙，風松奏笙簧。百靈具來朝，落日錦帆張。萬乘雷霆動，千崖減流光。綺綉錯展轉，翠旗岙低昂。法眷（法眷，字義何解）撞鐘鼓，宮女拭御床。笙鏞沸兩序，星斗宿岩廊。（以上鋪序殊無針線，行墨不多，而頭緒棼如）至尊奉太后，國事付三楊。六軍各晏眠，百官守舊章。巡非瑤水遠（直寫杜句），跡豈玉臺荒。嗚呼百年來，回首一慨傷。鳳騰赤霄暮，龍歸竟茫茫（未見鼎成之痛）。山風撼網户，紫殿生夜霜。退朝直休沐，我行暫翺翔。娟娟登崖林，慘慘度石梁。廢道哀湍寫（杜句），松柏間成行。啓鑰肅覽歷（不成句），過位增悲涼。積久灑掃缺，乳鴿鳴膳堂。舊時琉璃井，倒樹如人長。神已佐上帝，教豈托空王。（陵廟方新，而曰教托空王，於義未允）鈴磬颭鳴戛，晨昏禮相將。盤遊非聖理，操縱在先皇。（"操縱"二字鶻突）至今朝廷上，不改舊紀綱。【獻吉此詩，仿老杜《玉華》（《玉華宮》）、《九成》（《九成宮》）、《橋陵》（《橋陵詩三十韻因呈縣內諸官》）諸詩而作，僅竄竊其字句耳。篇章之頓挫，叙次之嚴密，點綴之工麗，則概乎未有聞也。試爲虛心抉摘，則文義之回背，篇法之錯亂，十字之內，兩行之間，瑕疵雜見，棼如亂絲，世人不察，以爲學杜之宗，豈不大誤】①

錢謙益的詩中批語，指出李夢陽詩用語突兀、生造、不當；句子生造不通；叙事龐雜紊亂、直用杜詩成句、缺乏情感等，詩末評語，指出此詩仿老杜幾首詩之詩意，又僅點竄竊取其字句，既未見頓挫之章法、嚴密之叙事，也没有工麗之點綴，稍微認真推敲，甚至發現此詩篇法錯亂，文意違背，瑕疵甚多。錢謙益所云的一些問題當然是存在的。此詩借功德寺盛衰來寫明宣德以來政治之盛衰，則"操蹤在先皇"是何意？"啓鑰肅覽歷"雖然不能説"不成句"，但作爲詩語，確實過於密集、無味。又如"法眷"對"宮女"，李夢陽本意可能想表達出功德寺是行宮性質的寺廟之意，但"法眷"作爲"法眷屬"之縮略②，之前用例較少，所以錢謙益問"法眷，字義何解"？如果用共同修行之道友解"法眷"，此句説寺中撞鐘鼓者非一人？詩人想表達功德寺的鐘鼓齊鳴

---

① 《列朝詩集》丙集卷十一李副使夢陽後 "附錄詩"，頁352。

② 釋寶唱《比丘尼傳》卷三《集善寺慧緒尼傳》有 "法眷屬" 語；釋延壽《宗鏡録》有各種 "眷屬" 之稱謂，如卷二十八引 "華嚴現相品云：眉間出勝音菩薩與無量諸眷屬、俱出即入眷屬；佛放眉間光明，無量百千億光明以爲眷屬，即光明眷屬；又法界修多羅以佛刹微塵數修多羅而爲眷屬，即法眷屬。故隨一一皆有眷屬，若以餘經望，但爲眷屬，不爲主伴。今言眷屬者，約當經中事以爲眷屬，眷屬即伴。"可見 "眷屬" 是一語，"法眷屬" 縮略爲 "法眷" 者不常見。

嗎？確有節外生枝之感。錢謙益批評前十六句"鋪序殊無針線，行墨不多，而頭緒棼如"，雖不免有些誇大，不過細思之，詩確有扞格難通之處。比如，如果前兩句理解成宣宗曾遊幸玉泉，三、四兩句寫其重建功德寺樓宇和園林，五、六、七似描繪完工後的功德寺建築群、園林樹木有清音，百鳥齊囀，百獸率舞，所謂動植飛動，第八句寫功德寺西湖之景，然後是皇帝車隊到來，寺中鐘鼓齊鳴、音樂喧闐等繁盛熱鬧之景。不論作何解，前七句與後九句時間、氣氛皆不統一，如果這裏寫的是正德皇帝的兩次巡行，第八句則轉接生硬，缺乏必要的交代；如果是寫皇帝的一次巡行，則三至七句的插入也須有交代纔是。但無可否認，功德寺是明代的重要皇家寺廟，由宣德帝重建，嘉靖時衰落，在李夢陽的時代，以此為題材，堪稱新穎。從用語上來看，此詩確有引用杜詩者，除錢謙益詩評中已拈出兩處外，尚有"萬籟真笙竽"（《玉華宮》）之於"風松奏笙簧"、"炭崒土囊口"（《九成宮》）之於"立宇表崱嵂"、"紛披長松倒"（《九成宮》）之於"倒樹如人長"，"茲山朝百靈"（《橋陵詩三十韻因呈縣內諸官》）之於"百靈具來朝"，不過詩歌的整體立意與杜詩並不相同。李夢陽此詩既有詠史詩的底蘊和盛衰之感，更有政治諷喻詩的尖銳和擔當，具有很強的時代性，就五古詩體而言，並不十分多見，絕不能因其有模擬杜詩處而一概抹殺。

《列朝詩集》李攀龍附錄詩，錢謙益選擇了三首十分典型的字句模擬的詩例。如：

東門行

出東門，不顧歸。來入門，悵欲悲。舍（易本詞"盎"字）無儋石（二字易本詞"斗"字）儲，還視身上衣參差（本詞"桁上無懸衣"）。慷慨（易本詞"拔劍"二字）出門去，兒女牽裾（易本詞"衣"字）。他家自（易本詞"但"字）願富貴，賤妾與君但（易本詞"共"字）餔糜，但餔糜。上用穹窿（易本詞"倉浪"二字），下用匍匐（易本詞"為黃口"三字）小兒時，吏清廉，法不可干（本詞"今時難犯"）。一旦緩急，當告誰。行，吾望君歸（易本詞"去為遲"三字）嗟！少年莫為非（本詞"教言君復自愛，莫為非"）。【改易本詞數十字句，便云《擬東門行》，今以所改易字句與本詞覆看，亦略有意義否？"倉浪"、"黃口"，以"倉"對"黃"，寓巧於拙，此古人言語之妙，改而云"穹窿"、"匍匐"，何其笨也！本詞云"今時清廉難犯""教言君復自愛，莫為非"，豈不語簡而盡乎？今贅以"一旦緩急"云云，枝蔓之詞，更累十百行亦未盡也。于鱗改易古樂府，率皆類此，若吳明卿（指吳國倫）之流，又是歷下餘波，吾無責爾矣】①

———————————————

① 《列朝詩集》丁集卷五李按察攀龍後"附錄"，頁446。

錢謙益此處批評完全正確。所當注意者，這是李攀龍集中極端的例子，不過這也昭示出明代復古派創作模式之一種；其次，評語云"若吳明卿之流"、"吾無責爾"，顯示出錢謙益的擒賊先擒王的批評策略，等而下之者，他是沒興趣對之加以批評的。

《列朝詩集·閏集》香奩詩同樣貫徹着這些批評思路和批評策略。在女詩人中，《列朝詩集》對最早的一批女詩人中最傑出的代表徐媛和陸卿子批評甚多：

趙宧光妻陸氏

陸氏，名卿子，姑蘇尚寶卿師道之女，太倉趙宧光凡夫之妻也。……卿子又工於詞章，翰墨流布一時，名聲籍甚，以爲高人逸妻，如靈真伴侶，不可梯接也。凡夫寡學而好著述，師心杜撰，不經師匠。卿子學殖優於凡夫遠甚，少刻《雲卧閣集》，沿襲裝績，未能陶冶性情。晚年名重，應酬牽率，凡與閨秀贈答，不問妍醜，必以胡天胡帝爲詞，不免刻畫無鹽之誚，世所傳《考槃》《玄芝》二集是也。賦誄之作，步趨六朝，嘗爲祖母卞太夫人作誄，典雅可誦。①

范允臨妻徐氏

徐媛，字小淑，副使范允臨之室也。允臨以臨池負時名，而小淑多讀書，好吟詠，與寒山陸卿子唱和。吳中士大夫望風附影，交口而譽之。流傳海内，稱吳門二大家。然小淑之詩，視卿子尤爲猥雜，所著有《絡緯吟》，桐城方夫人評之曰："偶爾識字，堆積齷齪，信手成篇，天下原無才人，遂從而稱之，始知吳人好名而無學，不獨男子然也。"夫人之訾警吾吳，亦太甚矣！雖然，亦吳人有以招之，余向者固心知之，而未敢言也。②

《列朝詩集》對"吳門二大家"的批評集中在兩點，一是沿襲，二是好名無學。陸卿子共有三部文集，第一部被批評爲沿襲，二、三兩部被批評爲因"名重"而"應酬牽率"的胡天胡地之語，賦誄之作也用"步趨"一筆抹倒，到頭來只有一篇爲祖母寫的誄文受到了僅有的一點好評。《列朝詩集》以"小淑之詩，視卿子尤爲猥雜"一句更否定了徐媛詩，又引桐城方維儀（1585—1668）《宫閨詩史》語言徐媛詩"堆積齷齪"，也是借材沿襲之意。兩人小傳中，錢謙益、柳如是談得最多的是好名無學，首先說趙宧夫"寡學"（接近於"無學"）而"好著述"（好名），然後引方夫人語指出徐媛、吳地男子、吳地女子、所有吳人皆好名無學，並表示自己的認同。"好名"之説屬

---

① 《列朝詩集小傳》閏集，頁 751。
② 《列朝詩集小傳》閏集，頁 751—752。

誅心之論，其實是從兩夫人"名聲籍甚"、"流傳海內"的結果指控其人的心理動因，"好名無學"，是明朝覆滅後對明代士風、文風反省和批判的一個重要術語。

以上論之《列朝詩集》的批評術語、批評思路和批評策略看《列朝詩集》的蘭雪軒批評，柳如是列舉蘭雪軒某詩出自古代某詩與李夢陽、李攀龍的附錄詩批評是一個理路，柳如是論蘭雪軒詩"竄竊"，這也是評論李夢陽、李攀龍之術語。上引柳如是指出蘭雪軒襲句一段後還有一段話，茲錄之如下：

"……豈中華篇什，流傳鷄林，彼中以爲琅函秘册，非人世所經見，遂欲掩而有之耶？此邦文士，搜奇獵異，徒見出於外夷女子，驚喜贊嘆，不復核其從來。"桐城方夫人采輯詩史，評徐媛之詩，以"好名無學"四字遍誚吳中之士女，於許妹之詩，亦復漫無簡括，不知其何説也。承夫子之命，讎校香奩諸什，偶有管窺，輒加綮記。今所撰録，亦據《朝鮮詩選》，存其什之二三。其中字句竄竊，觸類而求之，固未可悉數也，觀者詳之而已。①

在上幾例論證了蘭雪詩"竄竊"後，柳如是提出了一系列質疑。第一，質疑朝鮮人將中國傳入之詩竊爲己有。這當然是指蘭雪軒詩之"竄竊"，不過就上文論徐媛"好名無學"再誇大到所有吳人一樣，這裏的"彼"邦人也是開放式的，可以擴大到所有朝鮮人。顯然，錢謙益、柳如是尚未聽聞朝鮮本土的李睟光、申欽的摘發，否則可能會引爲知音吧？第二，質疑中國文士對外邦女性文學的搜奇獵異心理。這一心理蒙蔽了中國士人的雙眼，使他們失去了"核其從來"的職業習慣和判斷能力，士人的盲目是明代文人無學而能得名的重要原因。第三，柳如是質疑方夫人的洞見爲什麼沒有在蘭雪軒身上發揮作用。在錢謙益、柳如是認識中，方維儀是有德行者，同時是難得的沉著痛快的女性文學批評家和社會批評家（上文所引吾"未敢言"而其能言之），其評《宮閨詩史》《宮閨文史》兩書，"主刊落淫哇，區明風烈，君子尚其志焉"②，但在蘭雪軒這兒，方夫人也被拉下神壇。在此，柳如是批評了朝鮮人、中國文士、明代最著名的女詩人徐媛和堪稱道德典範的女性批評家方維儀等幾乎所有的人，其尖銳的個性盡顯。柳如是此段最後的行文當與上引較完整的楊維楨、高棅小傳最後、李夢陽《功德寺》評語最後參看，顯示出錢謙益、柳如是反本表微的努力，換句話説"世人皆不察"，故我獨表出之讓世人察，進而寄希望於未來君子。

---

① 《列朝詩集小傳》閏集《許妹氏》，頁813—814。
② 《列朝詩集》刊刻時，方夫人尚健在，故《列朝詩集》將之附在其姊方孟式之後，見《列朝詩集小傳》閏集《張秉文妻方氏》後《附見姚貞婦方氏》，頁736。

柳如是説她自己在《列朝詩集》中的工作分工是“讎校香奩諸什，偶有管窺，輒加鵞記”，如《王司彩》下指出“近刻《宮閨詩史》遂載“天外玉簫”一首爲權妃之作，今削而正之”①。又《朱斗兒》下云：“相傳《托所歡買束腰詩》，乃虞山女子季貞一之作也。梅禹金《青泥蓮花》，誤載題柳詩爲角妓楊氏，今正之。又《金陵瑣事》載成化間林奴兒從良後題畫柳詩云：“從今寫入丹青裏，不許丹青再動摇。”此採謝天香聯句詩也，今亦削去。”② 可惜柳如是没有見《蘭雪軒詩集》，否則或許她會有更多的創發。其實錢謙益、柳如是並不絶對反對模擬，關鍵要看是否能脱胎換骨。如《列朝詩集》閏集卷四《正德間妓》曰：

> 《藝苑卮言》云：“妓於客座分詠，得骰子，即應聲成一絶句云云。”關漢卿雜劇，載謝天香詩云：“一拉低微骨，置君掌握中。料應嫌點涴，抛擲任東風。”詞意略同，覺此妓有脱胎之妙。
>
> 一片寒微骨，翻成面面心。自從遭點汙，抛擲到如今！③

雖然是引用《藝苑卮言》語，但引者顯然贊成“脱胎”之説，也贊成《藝苑卮言》對正德間妓此詩的評價。由上章可知，蘭雪軒有些詩也可當“脱胎換骨”之評，但其詩已進入明代士人“驚喜贊嘆”之列，是明代社會和明代文學批評的寵兒，當《列朝詩集》對明代文化和明代文學展開批評，以之爲靶子似乎是一種合理選擇。不過，《列朝詩集》選徐媛一首絶句，選陸卿子兩首絶句，選蘭雪軒詩達十九首，已是對蘭雪軒一種極大的肯定了。

上文談到柳如是猜測“此邦文士”可能因“搜奇獵異”而無視蘭雪之“竄竊”，在沈無非、柳如是等女性詩人之前和之後，都有許多具有很高的文學素養的男性整理、傳播、推介過蘭雪軒之作，如朱之蕃、湯顯祖、陶望齡、丘坦、潘之恒等等，他們都讀過全部或接近於全部的蘭雪軒作品，但未對其間成句事發表任何評論，他們不可能没有注意到這一點，他們不説，可能主要是因爲對女性惡劣的學詩條件的體諒，認爲女性能詩已屬不易④，更何況外藩女子能爾⑤！從另一種意義上來説，這也可以理解成

---

①《列朝詩集》閏集卷四，頁651。
②《列朝詩集小傳》閏集《朱斗兒》，頁763。
③《列朝詩集》閏集卷四，頁663。
④參田藝蘅《詩女史序》、鍾惺《名媛詩歸序》等可知。
⑤如王端淑《明媛詩緯》引臨川湯海若曰：“予於畿省得其文集一卷，讀之陸離射目，不虞異域女子乃有此淑慧耶？”陳子龍云：“許氏學李氏而合作，有盛唐之風，外藩女子能爾，可見本朝文教之遠。”《列朝詩集》閏集卷六“許景樊”條柳如是云：“此邦人士，搜奇獵異，徒見於外夷女子，驚喜贊嘆，不復考其從來。”“不復考”非“不能考”也。

是一種輕忽，因爲在男性詩人心目中，女性詩人尚不能用嚴格的詩學標準來衡量，那麼又有什麼必要計較蘭雪軒詩的一二成句呢？在中國，似乎只有女性詩人纔指出蘭雪軒詩的沿襲問題，倒不是她們心胸狹窄、吹毛求疵、不能成人之美，而是她們視蘭雪軒爲同儕，值得平等、認真地探究。

龍繼棟《烈女記》東傳朝鮮王朝考述

——兼及明清戲曲"死文學"的價值重估

程　芸

（武漢大學）

　　《古本戲曲叢刊六集》（以下簡稱《六集》）已於 2016 年問世，"六集前言"繼鄭振鐸先生的"初集序"之後，再次使用了"化身千百"一詞，以強調其服務社會、嘉惠學林的意義，後續第七集、第八集當也在可期待之中，可以想見，相對冷寂的清代戲曲文學研究，有可能出現新轉機。然而，相關作家、作品乃至所牽連的戲曲史、文學史現象，能否進入、又如何進入學術觀照的視野之中，恐又是難以預言的。

　　《六集》收錄清順治至乾隆前期的劇目一百零九種，筆者曾據以核檢"中國知網"、"讀秀"、"萬方"、"維普"和"超星"等數據庫，發現約四十種幾乎從未被人討論過。反映學界"新生代"的興趣，甚至可視爲一種"風向"的博士學位論文，更主要聚焦於李漁、李玉、張堅等少數幾個曲家。具體到《六集》中的單個劇目，能被學人用單篇論文的形式加以深入研討的，就更少了。然而，《六集》未收的清初沈受宏（1645—1722）《海烈婦》，卻受到特別重視，如郭英德先生曾連續撰文[1]，揭示該劇與清初政治文化、士人心態之間的密切關聯，這一今日看來思想陳腐、藝術平庸的作品，其實依托着一種極爲複雜、生動的文學史生態。其後，所謂"節烈劇"，成爲明清戲曲研究的一個小熱點。這些當然與《六集》問世之前的文獻條件有關，但顯然，又不能完全用"劇本難尋"來解釋，因爲像萬樹、徐沁、夏綸、吳震生等人，作品都有刊本傳世，且並不"難尋"，然而，其受關注的程度，遠不及作品主要是抄本的"蘇州派"曲家。

---

[1] 參看郭英德《〈海烈婦傳奇〉與清初江南士人的生活與思想》，《文學遺產》2011 年第 6 期；《〈海烈婦傳奇〉作者、本事與序跋輯考》，《文獻》2012 年第 1 期。

之所以出現這種畸輕畸重的"不平衡"，除了客觀條件的影響，恐怕也與研究者的某些學術觀念乃至所因襲的某些學術傳統，有着更密切的關聯。本文不擬深論，主要圍繞晚清龍繼棟（1845—1900）《烈女記》傳奇的東傳朝鮮王朝這一看似偶然、個別的"文學史事件"來展開，考述其原委，彰顯其意義，既藉以粗略地反思清代戲曲文學研究中的某些學術傳統、學術觀念，也就《古本戲曲叢刊》的後續編纂提一些粗淺的個人建議，希望能對進一步"激活"《古本戲曲叢刊》的學術價值，有所益助。

一

龍繼棟，原名維棟，字松岑，又字松琴、松親，號槐廬，廣西臨桂（今廣西桂林）人。時與詞人王鵬運、唐景崧、謝元麒等唱和，有《槐廬詞學》一卷、《槐廬詩學》一卷等。繆荃孫的《前户部候補主事龍君墓誌銘》（見《藝風堂文續集》卷一，清宣統二年刻民國二年印本）稱龍繼棟"博涉群籍，喜馳騁文詞，通小學，工篆隸"，然而，他在文壇的聲名，以及對後世的影響，都難與其父龍啟瑞（1814—1858）相提並論。例如，梁淑安主編的《中國文學家大辭典（近代卷）》（北京：中華書局，1997 年）對龍啟瑞有較詳細的介紹，卻不列龍繼棟的條目；徐雁平、張劍主編的《清代家集叢刊》（北京：國家圖書館出版社，2015 年）收入龍繼棟輯刻的《經德堂全集》（又名《龍氏家集》，光緒四年京師刻本）時，不知爲何，刊落了龍繼棟的《槐廬詩學》。今人的相關研究，主要聚焦於他的詞學成就，視其爲臨桂詞派的重要人物。

事實上，龍繼棟也是一位長期不爲學人所知的戲曲作家，名姓不見於晚近以來的各種戲曲目録，近年纔有學者撰文指出。莊一拂《古典戲曲存目彙考》（上海：上海古籍出版社，1982 年）、齊森華等主編《中國曲學大辭典》（杭州：浙江教育出版社，1997 年）、郭英德《明清傳奇綜録》（石家莊：河北教育出版社，1997 年）等著録的曲家"味蘭簃主人"或"醉筠外史"，其實就是龍繼棟，而非鄧長風《明清戲曲家考略三編》（上海：上海古籍出版社，1999 年）所主張的韋業祥①。

龍繼棟的戲曲創作有《味蘭簃傳奇》，又稱《味蘭簃二種》或《味蘭簃二種曲》，含《俠女記》《烈女記》兩種。《中國古籍總目·集部》（北京：中華書局，2012 年）著録有《味蘭簃傳奇二種》（署清醉筠外史撰）的三種版本：清同治十年刻本、光緒

①參看黃義樞《〈味蘭簃傳奇〉作者考辨》，《戲曲研究》第 80 輯，北京：文化藝術出版社，2010 年。

七年木活字印本、光緒七年味蘭簃刻本；另又著錄《俠女記》的一種清末鉛印本。這裏"清同治十年"，或是因爲《俠女記》卷前《自序》署"同治辛未十一月望冬"，而《烈女記》卷前醉筠外史序署"同治辛未仲冬"，然細究之，恐有微誤。據《烈女記》卷末所附作者"自記"，可知這兩種劇作都完成於同治辛未年（1871）的年底，《俠女記》成於十一月，《烈女記》則成於十二月（按新曆計，已到公元 1872 年 1 月），因此，這兩部戲曲合併刊刻、面世的時間，或更在其後。

關於這兩種劇作的版本，諸家著述略有異同，可進一步揭橥之。如：莊一拂《古典戲曲存目彙考》稱，《俠女記》《烈女記》均有清同治年間味蘭簃刊本，總稱《味蘭簃二種》，不分卷；郭英德《明清傳奇綜錄》云，《俠女記》《烈女記》有清同治間刻《味蘭簃二種曲》本，鄭振鐸舊藏，後歸北京圖書館（今中國國家圖書館）；左鵬軍《晚清民國傳奇雜劇文獻與史實研究》（北京：人民文學出版社，2011 年）則稱，《俠女記》有同治年間刊本，光緒七年（1881）《味蘭簃傳奇》本，光緒年間鉛印本（與《烈女記》合訂一冊），另有民國二十二年（1933）北平青梅書店本；又稱，《烈女記》有光緒七年（1881）《味蘭簃傳奇》本，光緒年間鉛印本（與《俠女記》合訂一冊），又有光緒年間鉛印單行本。此外，筆者曾檢索諸種圖書館書目或官網，注意到美國哈佛燕京圖書館藏有《味蘭簃傳奇二種》（署清光緒辛巳年鐫，1881），知其有域外藏本；又據湖南圖書館官網，知有署"槐廬生"的《烈女記》稿本（索書號：善 463/11）和《俠女記》稿本（索書號：善 463/18）。現在讀者較容易看到的，則見於《傅惜華藏古典戲曲珍本叢刊》第 103 冊，底本是清光緒七年（1881）刻本，惟原書封套誤題爲"同治刻本"①。

據以上可知，龍繼棟這兩部今日看來並無明顯特異之處的作品，晚清、民國曾多次被刊印。這不會是因其藝術方面的價值，事實上，有關龍繼棟戲曲二種的評述材料雖不少，但大抵圍繞寫作緣由、本事內容來展開，絕少推賞其文辭之美的。筆者也没有發現明確的搬演記載，雖然龍繼棟在《烈女記》卷末所附"自記"中，有"後之演梨園者無嫌此書唐突"云云，又在《俠女記》卷末所附"主人雜記"中這樣聲稱，"余偶倚聲爲《花感》一折，梨園被之管弦，則宮商鮮有舛錯"，但這些大抵也只能理解爲作者或其所交好的昆曲藝人的一己之好，並不足以説明其舞臺性之高，以晚清昆曲衰微、皮黃興起的戲曲風尚而言，難於想象《味蘭簃傳奇》有很多付諸氍毹的機會。衆所周知，王國維先生曾有一個著名的論斷："元曲爲活文學，明清之曲，死文學

①參看王文章主編《傅惜華藏古典戲曲珍本叢刊提要》，北京：學苑出版社，2010 年，頁 267。

也。"① 不管是從"可演"（舞臺的演出價值）抑或"可傳"（案頭的文學價值）的立場來衡量，龍繼棟的《烈女記》《俠女記》都是當得起"死文學"這個稱呼的。

大體而言，龍繼棟是一個於辭章、學問都有所成就的傳統文人，具有一定代表性，然而很快就爲"西潮東漸"的近代思想、文化主流所淹没，其境遇更折射出某種普遍性。學術史的回顧、梳理進一步告訴我們，只有少數幾個研究者曾關注到《味蘭簃傳奇》，且其關注點在於史實的"求真"，而非意義的"闡釋"，甚至，龍繼棟的戲曲作家身份，長期以來並不爲研究者所知。然而另一方面，檢閱晚清文獻，卻又可發現不少涉及龍繼棟戲曲的材料，尤其是他的《烈女記》，相關記述尤爲具體、頻繁；該劇甚至東傳朝鮮半島，引起了李朝後期兩位重要文人的重視，極盡褒獎推揚之辭。這些表明，作爲"死文學"的龍繼棟《烈女記》，或許隱藏着有待深入發掘的史實、意義或價值。

目力所及，有關《烈女記》東傳朝鮮的材料雖不多，然有細究、推衍的必要。朴珪壽（1807—1877）《瓛齋先生集》卷四的《題龍槐廬〈彭溪傳奇〉後》最值得注意，有云：

> 姜烈女，湖南新寧縣彭溪村人也。父業商，遭兵亂，失資歸農。烈女幼約婚於同縣吳姓，從征未歸。烈女十六歲尚未嫁，縣有土豪曰錢員外，富而有權，知烈女有殊姿，故以財餌其父，從而脅求之。烈女急迫，宵走吳家。錢豪又利誘吳家翁姑，於是閉烈女於樓上，而譧錢豪於樓下。烈女知終不可免，遂縊焉。事在同治二三年。而錢之伯高官也，一鄉嗫不敢言。龍繼棟號槐廬，婦家在新寧，故聞其詳而哀之，演爲傳奇。丙子春，從燕使之回送示，要余題評。姜大姊完節，須立一佳傳，以續中壘之編。今乃詞之曲白之演爲傳奇，欲使文人墨客孺子婦人無不觸目盈耳，感激嗟歎，繼以憤惋，從以唾罵。一以裨補風教，一以誅斥姦頑，得風人之旨，嚴董狐之筆，是爲作者苦心爾。若夫纏綿悽惻，不忍終讀，文字之妙，且不暇論矣。彝倫綱常，王政所先。前明洪武中，有軍人脅取民婦，有司知而故縱，明祖怒之，盡行處斬，如斷此案，則未知當何以處之？《彭溪傳奇》向得李菊人攜示，披讀之餘，不勝激慨。聊題數語，請松琴大人正之。②

朴珪壽，初字桓卿，號桓齋，後改字瓛卿，號瓛齋，官至李朝右議政，位居三公

---

① 青木正兒著，王古魯譯《中國近世戲曲史》之"原序"，北京：中華書局，2010 年，頁 1。
② 《韓國歷代文集叢書》第 2616 册，漢城：景仁文化社，1999 年，頁 239—241。按，"姜烈女"當作"江烈女"，不知是朴珪壽所誤，抑或刊印所誤。

之列，又因主張對外開放，被視爲"開化派"的領袖，在朝鮮社會精英、一般士人中都有着較廣泛的影響。朴珪壽於清咸豐十一年（朝鮮哲宗十二年，1861）、同治十一年（朝鮮高宗九年，1872）兩次燕行，結交了大量清朝文友。值得一提的，他還是李朝中葉"北學派"代表人物朴趾源（1737—1805）的孫子。清乾隆四十五年（李朝正祖四年，1780），朴趾源以燕行使子弟的身份入華，留下了著名的《熱河日記》，繼乾隆三十年（李朝英祖四十一年，1765）洪大容（1731—1783）燕行之後，進一步改變了李朝文人對清朝的認知與態度。和他的祖父朴趾源一樣，朴珪壽也喜歡結交清朝文友，但世易時移，到了朴珪壽的時代，中朝宗藩關係因歐美、日本等勢力的介入已經面臨着全新考驗，迥異於明清改朝換代的格局，中朝文人之間的文學往來、文化交流，也具有了新的時代内涵。

　　從這篇文字可看出，朴珪壽並非在中國獲閱《烈女記》的，而是藉由一位叫"李菊人"的燕行文人將之帶到了朝鮮。事實上，"李菊人"的燕行經歷，也屢屢出現於中朝文人筆下。如朝鮮金進洙（1797—1865）的《蓮坡詩鈔》卷首所載清人孔憲彝（1808—1863）的《蓮坡詩鈔叙》，就提到"李菊人"類乎"中介者"的角色，其大略有云：

　　　　咸豐十年六月，恭逢聖天子三旬萬壽。疊沛德音，中外臣工，咸舞蹈稱賀，於是朝鮮國王遣其臣下來京師。禮既成，其副使有鴻臚寺六品官李君菊人，手其師李藕船樞密詩翰來告曰："別數年矣，願得重晤談，一伸積悃。"乃爲治具，招同人而宴之衍聖公賜邸。酒半，菊人出示《蓮坡詩集》二册，且乞爲序……同人咸屬余爲之序。余與稚高未識面，且未識毃卿，徒以菊人言而信之耳。顧菊人能使人信其言，非稚高之詩有足以觀乎？……闕里孔憲彝叙仲拜書。咸豐十年六月立秋日，常熟王憲成蓉洲、雁門馮志沂魯川、馬平王拯少鶴、高要馮譽驥展雲、甘泉陳文田研薌、曲阜孔憲彝繡山、孔憲毅玉雙、桃源尹耕雲杏農，同讀於京師宣武門内衍聖公府之致經堂。[1]

　　據朝鮮王朝《同文彙考》等可知，清咸豐十年（1860）的這次賀聖節兼謝恩使團於閏三月出行，三使分別爲正使任百經、副使朴齊寅、書狀官李後善。孔憲彝"其副使有鴻臚寺六品官李君菊人"云云表明，"李菊人"任職於鴻臚寺，擔任了副使的屬官。這裏，"其師李藕船"，指李朝後期文人李尚迪（1803—1865），字惠吉，號藕船（又作藕船），曾十餘次以譯官身份出使中國，與大量清朝文人頻繁往來，結下了深厚

---

[1]《韓國歷代文集叢書》第 2772 册，頁 350—352。

友誼，故爲中朝文學關係史的研究者所重視①。

孔憲彝《蓮坡詩鈔叙》還提到了若干清朝文士，其中有人就留下了與李尚迪、李菊人師徒密切來往的一些線索。如董文渙（1833—1877）《峴嶕山房詩集》（清同治七年刻本）初編卷四中，有一首《先月亭爲朝鮮李菊人容肅鴻臚題》云："地敻無隱物，月來不肯後。四時皆有明，静與孤亭久。窺檻玉瑩神，舉杯冰入手。如坐碧海嶠，同光萬景晝。付之無盡藏，目遇隨多取。"② 這裏明言，朝鮮文人"李菊人"字容肅，任官於朝鮮鴻臚寺，顯然與孔憲彝提到的是同一個人。

又如，馮志沂（1814—1867）《微尚齋詩集初編》（清咸豐十一年刻本）卷四中，有一首《繡山年丈招同朝鮮李菊人鴻臚飲分韻得進字》云："藕老醉此堂，歲月去如瞬。宗英得高弟，下筆有餘韻。韓齋能好事，結客盡豪儁。沈李浮甘瓜，不覺觴娄進。濃雲閣涼雨，几席已含潤。撫今惜景光，懷舊感時運。李侯今健否，多恐雪侵鬢。矯首望扶桑，欲飛不能奮。君歸侍函丈，萬里勞寄訊。倘詢近何爲，老矣思一郡。"③ 這裏"繡山年丈"，即孔憲彝，字叙仲，號繡山（一作秀珊），山東曲阜人，孔子的七十二代孫；"藕老"，即李尚迪。那麼"此堂"，當指孔憲彝《蓮坡詩鈔叙》提到的"京師宣武門内衍聖公府之致經堂"了。

綜合以上可知，攜帶《烈女記》回朝鮮的"李菊人"，即朝鮮鴻臚寺官員李容肅，其職責原本就與外交往來有關，故有機會入華，又因爲與李尚迪的師徒關係，得以結交孔憲彝、馮志沂、董文渙等"故人"，而他們，也是朴珪壽燕行時認識的清朝文友。

李菊人也頻繁出入中國，廣交文友。他的詩歌，或許並未結集，或者結集後沒有傳下來（韓國影印出版的《韓國歷代文集叢書》和《影印標點韓國文集叢刊》卷帙浩繁，達數千種，均未見收録），但董文渙抄録的《海客詩鈔》保存了其古近體詩四十首④，實爲幸事。而他的姓名，不但出現在文人雅集、唱和、筆談等風雅場合，也在一些晚清時政史料中留下了清晰的印記。如《籌辦夷務始末（同治朝）》卷九十七，記甲戌（1874）年八月甲申"禮部奏恭呈朝鮮國王咨文摺"，提到朝鮮國王李熙"特遣齎奏官李

---

① 可參看溫兆海《朝鮮詩人李尚迪與晚清文人交流研究》，北京：中國社會科學出版社，2013 年。
② 《清代詩文集彙編》第 722 册，上海：上海古籍出版社，2010 年，頁 442。
③ 《清代詩文集彙編》第 639 册，頁 612—613。
④ 可參看董文渙編著，李豫、崔永禧輯校《韓客詩存》第 24 頁，北京：書目文獻出版社，1996 年。又按，此書輯校者稱：李容肅（1818—?），字敬之，號菊人，全州人，譯官。著有《樂善坊集》《全州李氏世譜》。不詳所據。

容肅齋到咨文一件"[1]；李鴻章《李文忠公奏稿》卷四十有一封《答覆朝鮮所問事宜摺》（光緒七年，1881），提到了"朝鮮國王委員李容肅隨今屆貢使來京，於正月二十日赴津稟謁"，並與他"筆談良久"[2]。顯然，李菊人（李容肅）既廣泛結交清朝文人，又深得李朝官方的信任，較深入地參與了燕行使團的某些重要政務，而這，或許也是位高權重的朴珪壽與他這樣一個下層普通官員會因一部中國戲曲作品而有所交集的原因。

二

清代道咸以後，隨着東亞近代政治格局的出現，以及中朝宗藩關係的變化，兩國之間的人員往來和文化交流也更趨於普遍、深入，初露"近代曙光"的知識生産、傳播機制，又進一步刺激了各類書籍的東傳朝鮮或西入中土。因此，客觀而孤立地看，龍繼棟《烈女記》的東傳，只是尚難以用準確的數據來計量考察的書籍交流史、文學傳播史中，偶然發生過的一次普通"事件"而已。然而，倘若我們認可這樣一種説法，"歷史理解的真正對象不是'事件'，而是事件的'意義'"[3]，那麼，通過勾輯、爬梳史料，深入、細緻地描述這個普通而偶然的文學史、戲曲史"事件"，盡可能地再現、還原其所依托的文學場域、文化生態，不但有助於揭示這個單一"事件"所可能隱含着的"意義"，也有助於我們對後續某些問題的進一步思考。

這裏需要追問的是：龍繼棟《烈女記》是在什麼情境中，被李菊人捎給了朴珪壽的？這個中外文學交流的偶然"事件"背後，有無可能折射出某種必然性的歷史邏輯？

事實上，龍繼棟的《槐廬詩學》（光緒四年京師刻本）中恰好留下了與朝鮮"李菊人"交往的確切記載。其中一首《朝鮮李菊人奉使進香遇於京邸出所著〈晚香樓詩〉屬定因爲長歌贈之》值得關注：

> 李侯秋度馬砦水，會葬京師敦同軌。鼎湖龍升鶴戒寒，與君相遇足揮涕。先皇握符十三年，乾坤清蕩風日美。聖壽延長祝鳳屍，敝屣臣民豈夙擬。宦桂不實已可悲，玉衣蜕化復何恃。由來王氣毓璿蕚，天遣聖人在沖子。紫闥雙輿重御簾，女中姚媯不足比。君執壤奠應門東，歸來閑踏大宛市。舊游細數卅載前，舳棱煙

---

①李書源整理《籌辦夷務始末（同治朝）》第 10 册，北京：中華書局，2008 年，頁 3889—3890。
②李鴻章《李文忠公全集（奏稿）》卷四十，民國年間上海商務印書館影印金陵原刊本。
③漢斯—格奧爾格·加達默爾，洪漢鼎譯《真理與方法：哲學詮釋學的基本特徵》，上海：上海譯文出版社，2004 年，頁 426。

月依然是。是誰宅第御溝側，勿勿當門擬寺邸。卧榻西畔任眠酣，典客不容論賓禮。國家招攜杜佳兵，引入潢池恣大尾。固然巨澤納㿼霤，可奈濁流紊清沘。黑祲一朝薄東溟，濕洌汕波蕩不止。此中自合關氣數，要仗人心維終始。君詩隱憂端識此，措手不得甘坐視。晚香樓高暮雨橫，一卷新詩旨如醴。

《槐廬詩學》依年份編次，該詩繫於乙亥，即光緒元年（1875）。"李侯秋度"云云，指李菊人於秋天進入中國，"鼎湖龍升"云云，則指去年歲末（同治甲戌年十二月，公元已到 1875 年 1 月）同治皇帝駕崩。而我們注意到，朴珪壽《題龍槐廬〈彭溪傳奇〉後》有明言："丙子春，從燕使之回送示，要余題評"，"丙子"爲清光緒二年（1876），當即這篇題跋的寫作年代，即便有差，也不會隔得太久（朴珪壽病逝於丙子年十二月二十七日，公元已到 1877 年 2 月 9 日）。這説明，龍繼棟與李菊人的這次京邸偶遇，是在《烈女記》東傳之前的一年左右。

龍繼棟於同治元年（1862）鄉試中舉，次年舉進士不第，曾羈留京城一段時間，同治九年（1870）再次赴京，次年官户部候補主事，光緒庚辰年（1880）因雲南報銷案牽連奪職遣戍①，因李鴻章援手而放還，總之，雖南北奔走，但大部分時間滯留北京，其間，李菊人曾數次出使中國，結識龍繼棟並深入交流的機會當是很多的。這次京邸偶遇，距李菊人咸豐十年（1860）第一次燕行，已經十五年，距《烈女記》完成、刊印大約三、四年。"舊遊細數卅載前"云云，雖與龍繼棟的年齡不合，但聯繫李尚迪作於咸豐十年（1860）的《送菊人遊燕》絶句五首來理解，"虛指"李菊人燕行以來所交結的清朝文友，似也説得通。而從整首詩的詩題、詩意來推測，兩人顯然並非初見，而是相知甚深，故李菊人有"出所著《晚香樓詩》屬定"的托付。

龍繼棟的朋友袁昶在《題松岑詩集》（見清光緒刻本《漸西村人初集》之詩六，又載《槐廬詩學》卷首）中曾聲稱："我讀槐廬千首詩。"此詩作於光緒乙亥年（1875），龍繼棟剛進入而立之年，"千首"云云恐爲虛譽之辭，但亦可想見龍繼棟的勤勉；繆荃孫的《前户部候補主事龍君墓誌銘》（此文乃"改桐廬袁碩秋同年文"而成，袁碩秋即袁昶）則稱，龍繼棟有"遺集若干卷"，然而，今所知龍繼棟作品數量相當有限，《槐廬詩學》只收詩 260 餘首，《槐廬詞學》存詞 40 首②。這些恐怕遠不能反映他

---

① 參看孔勇《雲南報銷案與晚清同光之際的南北紛爭》，《西南學刊》2012 年第 1 期。

② 檢索《中國古籍總目》（北京：中華書局、上海：上海古籍出版社，2009—2013 年）、《清人詩文集總目提要》（北京：北京古籍出版社，2001 年）、《清人別集總目》（合肥：安徽教育出版社，2000 年）、《清史稿藝文志拾遺》（北京：中華書局，2000 年）等工具書，以及一些國內外大型圖書館書目系統，龍繼棟的詩文別集都只見《槐廬詩學》（又名《槐廬詩集》）《槐廬詞（轉下頁）

創作的全貌，所遺佚的作品中，或許有龍繼棟與李菊人交往的其他信息，亦未可知。

綜合以上考察，大抵可知，龍繼棟於光緒乙亥年（1875）之前當與李菊人相識，次年李菊人將《烈女記》帶入朝鮮，朴珪壽獲閱後爲之題跋，極盡推揚之辭。然而，讓人略感困惑的是，朴珪壽的《瓛齋集》中也沒有他與龍繼棟交往的直接證據。而據《題龍槐廬〈彭溪傳奇〉後》的行文、語氣，尤其是"要余題評"、"聊題數語，請松琴大人正之"云云，似又表明，是龍繼棟主動通過"李菊人"這個中間人，向朴珪壽提出這次托請的。

關於朴珪壽的清朝文友，《瓛齋集》存有若干書函，保存了一些更清晰、具體的細節，而卷首一篇《節錄瓛齋先生行狀草》則記述其始末、大略，既可爲佐證，也有進一步辨析的必要。有云：

> 庚申十一月，清皇帝避亂熱河。朝廷將派使慰問而人皆圖免，充公爲熱河副使，辛酉春，至燕京而還。……壬申五月，清皇帝行大婚，公充進賀正使。公再使燕京，所與交皆一時名士，如沈秉成、馮志沂、黄雲鶴、王軒、董文煥、王拯、薛春黎、程恭壽、萬青藜、孔憲彝、吳大澂等百餘人，盡東南之美，傾蓋如舊，文酒雅會，殆無虛日，氣味相投，道誼相勗。沈仲復（秉成字）常稱："瓛卿之言如出文文山、謝疊山口中，使人不覺起敬。"其見推服如此。公東還以後，語到昔日交遊之盛，輒嘆想不已，有趙文子"吾不復此樂"之意也。①

朴珪壽兩次出使中國，據《瓛齋集》卷十所載書牘，他結交清朝文人，主要在咸豐十一年（辛酉，1861）第一次燕行時，同治十一年（壬申，1871）第二次燕行時，原來的那些清朝文友，大多已不在北京了。這篇《節錄瓛齋先生行狀草》中提到名姓的中國文人，有幾位曾於咸豐十年（1860）與孔憲彝一起"同讀"金進洙《蓮坡詩集》，如馮志沂、王拯、孔憲彝（《節錄瓛齋先生行狀草》作孔憲殼，"彝"、"殼"形近而誤）等，其中就有龍繼棟的朋友。尤可注意者，是廣西人王拯（1815—1874）。王拯咸豐、同治年間曾在京城爲官，與龍氏父子關係密切，龍繼棟《槐廬詩學》卷首諸題詞中，開篇就是王拯爲龍繼棟寫的兩首詩。但龍繼棟是否因王拯、朴珪壽之間的友誼，而與朴珪壽也有過文字上的來往，這尚不得而知，至少，朴珪壽《瓛齋集》、王拯《龍

（接上頁）學》，不及其他。又，廣西圖書館藏有王鵬運、龍繼棟唱和詞手稿，其中有龍繼棟詞兩首，然都已見於《槐廬詞學》，參看李保陽《王鵬運、龍繼棟唱和詞手稿述略》，香港：香港大學饒宗頤學術館，2013 年。

①《韓國歷代文集叢書》第 2616 册，頁 11—14。

壁山房詩草》和龍繼棟的《槐廬詩學》都没有提供相關信息。

因此，龍繼棟與朴珪壽雖或没有直接的往來，但因爲他們的"朋友圈"存在着衆多交集，文字上的託請、文學上的往來就有可能超越現實生活中的人際隔閡，發生"攜示"、"題語"《烈女記》這樣的事情。於整個近代東亞漢文化圈内頻繁的文學往來而言，這固然是一次偶然的"事件"，於當事人而言則極爲尋常，有其必然性，正如李菊人也向龍繼棟"出所著《晚香樓詩》屬定"一樣。

朴珪壽《題龍槐廬〈彭溪傳奇〉後》寫於光緒丙子年（1876）或稍後，那麼，李菊人帶入朝鮮的《烈女記》，當是一種早於該年的刊本，因爲按常理，若是抄本，對傳抄的原委，當有所叙及。據前文所揭示的《烈女記》版本情況，東傳朝鮮的這個《烈女記》，應該就是一般認爲刊刻於清同治十年（1871）歲末（但很可能已到公元 1872 年）的《味蘭簃傳奇二種》中的那個《烈女記》。

龍繼棟戲曲兩種被一再刊印，《烈女記》被"攜示"入朝的丙子年（1876）距今也並不久遠，然而，《烈女記》傳奇不見於張伯偉教授編輯的《朝鮮時代書目叢刊》（北京：中華書局，2004 年），也不見於韓國學者全寅初主編的《韓國所藏中國漢籍總目》（首爾：學古房，2005 年）和閔寬東教授的《中國戲曲（彈詞鼓詞）的流入與受容》（首爾：學古房，2014 年）。通過這三種著述，我們大抵可以瞭解古典戲曲東傳朝鮮半島後的著録情況和遺存現狀。這就表明，藉由李菊人"攜示"而東傳的這個《烈女記》，很可能已經不見存於韓國了。於書籍史而言，這或許只是一個很小的遺憾，畢竟《烈女記》並非"名篇"，也難稱"佳作"，然而另一方面，這個本子今日雖或無存，當時卻有可能在一個朝鮮精英文人圈内有過傳閱，其中所透露的信息，從東亞漢文化圈内的文學交流、文學接受的角度來看，又有可進一步挖掘的特別意義。

我們注意到，朝鮮王室後裔李建昌（1852—1898）的《明美堂集》卷二《俊遊餘草》中，就有《題龍槐廬華棟〈彭溪恨〉傳奇爲江烈女作》二首，雖爲詩作，然而，細究其遣詞造句、内容意蘊，與朴珪壽的題跋形成明顯的雷同。有云：

> 西京中壘博群書，女史千秋賁永譽。一例文章關教化，莫將纖説比虞初。
>
> 彭溪秋水碧瀟瀟，月苦風凄恨未銷。除是梨園新樂府，芳魂如縷倩誰招。[1]

李建昌（1852—1898），字鳳朝、鳳藻，號寧齋，朝鮮恭靖王（定宗）別子德泉君李厚生的後代，與黄玹、姜瑋、金澤榮並稱"韓末四大家"，先後於同治十三年（1874）光緒八年（1882）以書狀官身份出使中國。這裏，《彭溪恨》，當即《烈女傳》

---

①《韓國歷代文集叢書》第 1513 册，頁 56。

的異名；"華棟"，當爲"繼棟"之誤。至於這兩首絕句的寫作時間，據《明美堂集》卷二《北遊詩草》約略可推斷它們寫於丙子、丁丑之間，與朴珪壽獲閱《烈女傳》並爲之題跋的時間（丙子春），非常接近。因此很有可能，他們讀到的，就是同一個本子。

李建昌的《明美堂集》中，也沒有他與龍繼棟往來的記載，因此，並不清楚他因何接觸到《烈女記》。其實，李建昌的清朝文友也很多，他在一首《洪右臣太史良品敖郎中金甫册賢俱贈大篇屬和奉呈兼及吳春海鴻恩春林鴻懋兄弟》（見《明美堂集》卷二之《北遊詩草》）的小注中，曾這樣說："余入都後，交遊諸名宿二十八人，錄其官爵名號里居，題曰《傾盖錄》。"①《傾盖錄》不見於《明美堂集》，其間，或許有龍繼棟，或者其他與龍繼棟相識的晚清文人，亦未可知。不過，清同治十三年（1874）與李建昌一起燕行、擔任正使的沈履澤（1832—？）在其《燕行錄》② 中，數次提到了書狀官（李建昌）結交的清朝文人，如翰林徐郙、户部郎陳福綬、候補侍郎張楓廷、御史吳鴻恩等人，但也沒有看到龍繼棟的名字。

細究李建昌《題龍槐廬華棟〈彭溪恨〉傳奇爲江烈女作》二首，不但其透露的思想情感、價值傾向，與朴珪壽《題龍槐廬〈彭溪傳奇〉後》極爲接近，甚至語言表述，也相互呼應。如第一首"西京中壘博群書"云云，第二首"除是梨園新樂府"云云，對比朴珪壽"姜大姊完節，須立一佳傳，以續中壘之編。今乃詞之曲白之演爲傳奇，欲使文人墨客孺子婦人無不觸目盈耳，感激嗟歎，繼以憤惋，從以唾駡"幾句，仿佛濃縮、點化而來，都是在借西漢劉向撰《列女傳》的故實，來肯定、推崇《烈女記》的教化意義。寫作時間接近，意旨大抵相同，這裏套用西方文藝理論，或可認爲，朴珪壽的《題龍槐廬〈彭溪傳奇〉後》與李建昌《題龍槐廬華棟〈彭溪恨〉傳奇爲江烈女作》呈現出一種從語言到内容的"互文性"關係。

龍繼棟《槐廬詩學》中雖然只有一處交往李菊人的記載，但通覽全編，並進一步檢閱相關文獻，可知龍繼棟也曾是晚清中朝文人"朋友圈"中一個較活躍的身影。試舉幾例：

其一，劉漢忠先生曾撰文介紹，龍繼棟留有一封題款爲"移華三兄大人侍史"的書札，言及"借抄咸豐同治間朝鮮文人金小棠《甲曆考》及詩集之事"③。這裏金小

---

① 《韓國歷代文集叢書》第 1513 册，頁 39。
② 見林基中、夫馬進編纂《燕行錄全集日本所藏編》第 3 册，漢城：東國大學校文學研究所，2001 年。
③ 參看劉漢忠《清代廣西文人墨痕錄》，《廣西文史》2010 年第 3 期。

棠，即金奭準（1831—1915），頻繁出現於燕行文人筆下，他曾輯録朝鮮同人詩二卷，經崔性學刪削後題作《海客詩鈔》，由李容肅（李菊人）帶入中國，交由清朝文友董文涣手批、點訂①。而董文涣的《峴嶕山房日記》中，也有同治元年（1862）正月十七日“朝鮮隨使李菊人金小棠奭準同訪”的記載②。可見，“金小棠”與攜帶《烈女記》入朝的“李菊人”關係密切，很可能曾同時入華，也有着龍繼棟這個共同的朋友。

其二，《槐廬詩學》中還有其他若干題贈、送别朝鮮燕行文人的詩作，如《朝鮮金姬葆指書歌》《梅花書屋圖爲朝鮮金梅隱題》《清暑三友圖爲朝鮮金梅隱題》（以上乙亥年作）《送别朝鮮李知樞》（丙子年作）。這裏金姬葆，即金奭準；金梅隱，不詳待考。這幾首詩的寫作年代與李容肅“攜示”《烈女記》的時間，極爲接近，説明這一時期内龍繼棟與朝鮮燕行文人往來密切。

其三，據信，近代朝鮮漢籍《華東唱酬集》（稿鈔本）的封面題有“龍繼棟”三字③。此書約成於光緒初葉，未及查驗，待考。

總之，綜前所述，清代道咸以後，有機會相互結識的中朝文人於彼此之間，往往勾連着種種複雜的、網格狀的人際關係，群體化、家族性、代際性的密切往來，又促成、延伸或鞏固了他們在文學生産、傳播、接受等環節更深入、細緻的交流，由此折射出一種超越邊界線的流動的文學空間。龍繼棟即置身於這樣複雜而密切的“關係網”、“朋友圈”之中，而《烈女記》之東傳，則依托於這個流動的、跨國的“文學空間”，近代中朝文學關係、文化關係於此亦可窺其一斑。

三

龍繼棟不但撰寫了《烈女記》傳奇，其《槐廬詩學》中還有一篇三百餘言的五言古詩《江烈女詩》，可知他對這個貞烈故事的重視。而《烈女記》的寫作，也曾引起不少清朝文人的注意，相關材料除了附著於該劇刊本的序跋性文字之外，前引黄義樞《〈味蘭簃傳奇〉作者考辨》一文曾提到了數種，如顧雲臣的《題韋伯謙同年業祥江烈女傳奇》（見《抱拙齋詩存》卷下）、朱寯瀛的《題槐廬生〈烈女記〉院本》（見《金

---

① 參看董文涣編著，李豫、崔永禧輯校《韓客詩存》，頁17、23—24。
② 參看董文涣編著，李豫、崔永禧輯校《韓客詩存》，頁316。
③ 承蒙韓國成均館大學金榮鎮教授提示，謹致謝忱。可參看金榮鎮《韓中文學交流資料總集〈華東唱酬集〉》，《漢文學論集》第44輯，2016年。

粟山房詩鈔》卷三）、鐵崖山館藏袁昶《致龍松琴書》（之三）、韋業祥《金縷曲題槐廬〈俠女記〉傳奇》等①。這些材料相互依託，對於理解《烈女記》的成書、作者的藝術構思等，皆有幫助。

另據筆者目力所及，值得重視的材料還有龍文彬（1824—1893）的兩則文字，因其所透露的信息，更可與兩位朝鮮文人的記叙、感懷相互對照、比讀，從而進一步見出《烈女記》東傳這一偶然“文學史事件”所隱含着的獨特而豐富的書籍史、文化史意義。

其一，是見於龍文彬《永懷堂詩鈔》（清光緒十七年刻本）卷一的一首《題〈彭溪浪〉傳奇》，有云：

> 父不諒兒心，母不諒兒心，拼將白璧酬黃金。兒身未分明，倉卒拜舅姑。方幸窮鱗脱密網，那知漆室投明珠！天地豈不廣，難容孱弱軀。鴻雁非無情，莫寄尺素書。從父從夫一無恃，兒身不死復何俟。月光黯，燈花落，兒緣非差兒命薄，林鳥不用叫姑惡。槐廬感憤吹鐵笛，盲風怪雨寫騷筆。千秋寄文千秋節，彭溪之水流不竭。②

這裏《烈女記》傳奇，題作《彭溪浪》，而非朝鮮文人李建昌所説的《彭溪恨》。“浪”與“恨”形近而易誤，古代朝鮮漢籍中類似訛誤很常見，但就該劇的情節內容、作品意趣而言，又都説得通，或可並存。這則材料，曾爲袁行雲先生的《清人詩集叙録》所揭橥，惜未録其原文③。兹再次拈出，並抄録於此，以銘前輩學者發覆之功。

其二，是見於龍文彬的《永懷堂文鈔》（清光緒十七年刻本）卷七的一篇《江烈女傳》，有云：

> 烈女江氏，湖南寧鄉人，居彭溪。家故貧，幼字同村某氏，年十六未嫁。邑有豪紳某，一日經女門，見而心豔，謀私之，不得。當會女父，常貸豪金，莫獲償。至是，豪索逋亟，父哀求，豪貌憐之，復貸之金，陰爲女餌也。父會其意，商之女母。知女性端嚴，將飲豪於室，而迫女就之。女微有聞，思潛遁以免，迷無所之。稔知夫外出，徑奔舅姑所，舅姑驚駭。女告之故，以爲可恃無恐耳。是夕，豪怏怏歸，忿甚。無幾，偵女所在，嗾鄰媪復持金，啗其舅姑，以必致女爲

---

①另據裴喆博士提示，夏肇庸《蓉村詩稿》（《清代詩文集彙編》第703冊）卷二有一篇《題〈彭溪曲〉傳奇》，也值得關注。謹致謝忱。
②《清代詩文集彙編》第684冊，頁358。
③參看袁行雲《清人詩集叙録》第3冊，北京：文化藝術出版社，1994年，頁2557。

詞。舅姑亦利之，深慮女之再逸也。至期，錮之小樓，而飲豪於其下。烈女計無所出，遂自經。既死，里人無有敢道其事。桂林龍孝廉繼棟聞而譜諸詞。於其父母舅姑之名若氏，隱而他假，蓋有不忍書者，亦以達烈女之志也。又謂，事在同治一、二年間，故死之月日莫得其詳云。自古女婦之烈，見於史傳，或死所天，或死所暴，未有合父母舅姑自殘骨月（引按，當作"肉"）以厭一豪蠢之求如烈女者。嗚呼，何其酷也！或疑烈女早自引決，免再逼於舅姑。予謂，信國之脱京口，疊山之遁建陽，豈知天命之必不可同，而卒不免以死殉哉！方烈女之初逃，苟可以全吾身與全親之名，雖冒嫌疑，不恤，況其爲身所從託者乎？至其後之迫，以不得不死，夫豈烈女所及料者乎？近聞都城有李氏女，所遭略與烈女同，卒以奔夫家得完其姻，事固有幸不幸與？①

相比於朴珪壽的《題龍槐廬〈彭溪傳奇〉後》，龍文彬的這篇傳記更詳細、具體，而其中"信國之脱京口，疊山之遁建陽，豈知天命之必不可同，而卒不免以死殉哉"云云，則又頗堪玩味。因爲，我們注意到，就在朴珪壽《瓛齋集》卷首的《節録瓛齋先生行狀草》中，也出現了南宋末年文天祥、謝枋得的姓名，有云："沈仲復（秉成字）常稱：'瓛卿之言如出文文山、謝疊山口中，使人不覺起敬。'其見推服如此。"這裏沈秉成（1823—1895），咸豐六年（1856）進士，授編修、遷侍講，長期任官於京城，是朴珪壽第一次燕行時結識的密友，《瓛齋集》中多次出現，僅題名《與沈仲復秉成》的書函就有七封。

顯然，朴珪壽《題龍槐廬〈彭溪傳奇〉後》"得風人之旨，嚴董狐之筆"云云，細品之，其實有"借他人酒杯，澆自己塊壘"的味道，而對比龍文彬《江烈女傳》"信國之脱京口，疊山之遁建陽"的刻意發揮，後者説得更爲直接：女子守貞，就如文人之於故國，具有彪炳史册的意義。

其實，李建昌《明美堂集》卷十二還有一篇《書李氏事》②，所記一位割乳自誓的貞烈女子事跡，也是可與《烈女記》本事對讀的。有云：

氏李，魯城縣民，洪太福其夫也。昏而夫死，氏年十五，誓不嫁。里翁嫗相謂：是尚不知人道而言之易，久將自嫁耳。久之，氏志益堅，事姑甚虔，乃稍稍信之。而亡賴子陰謀爲簒，故微洩以風之，家人洶懼。氏曰："無患。凡人欲取我者，以可子也。可子在乳，即去乳，安以我爲。"遂引刀剪其二乳，懸高竿，曝之

①《清代詩文集彙編》第 684 册，頁 308—309。
②《韓國歷代文集叢書》第 1514 册，頁 93—94。

庭中，大驚里中人。居數年，忠清右道御史李某按行至縣，遺以米肉。且召之，障其面以幛，而見其乳，如未始有乳者。其姑曰："剪之夕，創則已，無苦云。"贊曰：昔夏侯令女，夫蚤死，恐家嫁己，乃斷髮爲誓，其後復截兩耳。及夫家夷滅，歸父家，復斷其鼻。古烈女戕身以完節，未有烈於令女，然彼其數數然者，豈得已哉。若李氏之剪乳，烈且智矣。然令女家世貴顯，而氏之母嘗爲人婢云，烏呼，不尤難哉！

據筆者翻檢李朝後期文人別集，李建昌所記述的烈女李氏故事，似没有引發更進一步的回響，而類乎《烈女記》本事的女性遭遇，在程朱理學成爲官方意識形態的明清帝制時期，也是絕不鮮見的。事實上，龍繼棟本人並無意於要把這個貞節故事的意義，推揚到政治的高度，尤其是與文天祥、謝枋得時代的"改朝換代"聯繫在一起，這點在《烈女記》刊本所附作者序跋中，透露得很清楚，而他的那首《江烈女詩》，全篇大抵皆客觀而冷靜的敘述，最後只以"我爲劉更生，列傳定續作"兩句作結，依然將這個故事限定在劉向《列女傳》"節義傳"的傳統來理解，然而，龍文彬卻和朴珪壽、李建昌一樣，從"殉國"的角度，對該劇作了刻意的"發揮"、曲意的"拔高"。

出現於晚清這樣一個"三千餘年一大變局"時代的《烈女記》傳奇，就像其他的很多傳奇、雜劇作品一樣，絲毫没有對新思潮的回應，藝術上也顯得平庸，既不能與《牡丹亭》《桃花扇》這樣"可演可傳"的經典相提並論，也不足以應對方興未艾的皮黃戲等板腔體戲曲的挑戰，因此，很快沉積在歷史的深處，不爲後人所知。不論是以所謂"現代性"觀念來評價，還是以"人性發展"的歷史眼光去估衡，文學史、戲曲史研究者忽略乃至無視龍繼棟《烈女記》，以及其他的類似作品，都是無可厚非的。然而，饒有趣味的是，可類比的李朝烈女李氏的故事很快就汨没於歷史長河之中，而晚清"江烈女"的故事，不但在當時激發了一批中朝文人的共鳴，也引起了當代研究者的進一步關注。這當然有其偶然性，然細究之，卻又不能不説，既與朴珪壽、龍文彬等人偏離文本的個人化的曲意發揮有關，更與圍繞着《烈女記》寫作、傳播而顯現其身影的這群中朝文人所面臨的歷史境遇、時代轉折有關。

置身於"漢字文化圈"的東亞傳統文人，曾長期共用着趨近、類似乃至相同的知識體系、思想價值、倫理道德、文學觀念等，而近代中朝兩國又面臨着共同的歷史命運、文化轉型，因此，可以理解的是，他們之於《烈女記》傳奇所關注的，首先不是其文辭的優劣，而是這個故事所引發出來的倫理問題，有些人並進而由一般的生活倫理——女性之"貞節"的直覺式的觸動，轉向了歷史大變局時代困擾着精英文人階層的政治倫理——士人之"氣節"的深入反思。

其背後，還隱藏着需要進一步辨析的近代東亞世界的文化認同問題。葛兆光先生曾精闢地指出："17 世紀中葉以後的東亞三國已經分道揚鑣了……那個在漢唐宋時代可能曾經是文化共同體的'東亞'，已經漸漸崩潰，而現在一些人期盼的新文化共同體'東方'，恐怕還遠遠沒有建立。"① 此一論域甚大、甚深，非本文所能企及，約略而言，拙見以爲，"崩潰"、"解體"固然爲一事實，但另一方面，某些領域特別是傳統的東亞漢文學領域，也存在着"重新建構"文化認同的努力，這點在 19 世紀中後期表現得尤爲明顯，相關史料雖然瑣碎、細末，但挖掘、拼合之後，也將呈現出另一種值得重視的歷史圖景。

近代開埠通商以後，同屬漢字文化圈的東亞文學格局受到了劇烈衝擊，不但傳統漢文學領域內的往來、交流更爲頻繁，也因西方文學、思想的傳入，引發了某些更具"現代性"意義的深刻變化。龍繼棟《烈女記》傳奇的東傳，納入"現代性"視野中，或許不足以成爲近代中外文學關係研究、書寫的典型個案，但另一方面，當我們努力再現、還原其背後所依托的文學生態時，卻又分明感受到作爲古典形態的"傳奇"這一曲牌體戲曲，在那個風雲變化的時代依然具有的一些魅力。作爲一次被遮蔽了的"文學史事件"，《烈女記》的東傳，只是偶然的、普通的個案，但因爲它勾連出衆多的中朝文人，依托於一個流動的跨國的"文學空間"，就具有了一定的代表性，並進而呈現出比孤立的文本更爲豐富的意義。

明清時期朝鮮王朝燕行使者及其隨從、子弟與中國文人的密切往來，促進了兩國之間書籍的大量流動，也包括一些中國戲曲的東傳。據學界已有研究，大體可推斷，韓國現藏戲曲文獻無論就數量而言，還是就稀見性而論，都難與日本所藏相提並論。此固然爲一事實，然而另一方面，因古代朝鮮漢籍的大量遺存，若干戲曲卻留下了非常清晰的"傳播"痕跡，或烙下獨特的"接受"印記，其間所折射出的文學史、書籍史或思想史的意義，往往耐人尋味。經典作品《牡丹亭》《桃花扇》如此②，難稱"經典"卻可視爲"名著"的《五倫全備記》也如此③，不爲後來者重視的"死文學"龍繼棟《烈女記》，若將之納入整個東亞漢文化圈的視域中考察，其意義、價值也就有了

---

① 參看葛兆光《宅兹中國：重建有關"中國"的歷史論述》，北京：中華書局，2011 年，頁 168。
② 參看程芸《湯顯祖〈牡丹亭〉東傳朝鮮王朝考述》，《文學遺產》2016 年第 3 期；《孔尚任〈桃花扇〉東傳朝鮮王朝考述》，《戲曲研究》第 102 輯，北京：文化藝術出版社，2017 年。
③ 參看吳秀卿《〈五倫全備記〉朝鮮文獻資料輯考》，《戲曲與俗文學研究》第 4 輯，北京：社會科學文獻出版社，2017 年。

深度發掘的空間。

餘論

　　明清戲曲文學研究的重心、焦點，乃至評價標準，很大程度上受到青木正兒《中國近世戲曲史》的影響，或者説，藉由青木正兒《中國近世戲曲史》以來的相關研究，以及各種"文學史"、"戲曲史"教科書的構擬，明清戲曲文學（這裏主要是指曲牌體的傳奇、雜劇）的"經典譜系"（或推而廣之，所謂"名著系列"）基本上獲得了共識，而"經典"、"名著"也在明清戲曲文學研究中一向具有舉足輕重的地位。然而，這種以"經典"、"名著"爲焦點的研究，能在多大程度上反映明清戲曲創作的實際，卻又是可以質疑的。

　　衆所周知，明清戲曲數量之多，遠非元雜劇可比擬，如果説元雜劇的每個作家作品因其珍稀性或代表性，都有可能（或也有必要）得到深入、細緻的研討，那麽，明清戲曲文學似没有這個可能，也没有這個必要了。僅就明清傳奇而言，二十多年前郭英德先生就"搜集了現有完整存本的明清傳奇劇目1100多種，對其中的750多種作了詳盡的叙録"[1]，而有關明清曲家、曲目的鉤沉、辨識，近十多年來也不斷有所新獲，一些曾隱秘在歷史深處的曲家、曲作，得以爲人所知，這更極大地豐富了前輩學者（如傅惜華、莊一拂、鄧長風等人）的認知。又據筆者瞭解，吳書蔭、華瑋、江巨榮等先生殫精竭慮整理的《清代古典戲曲總目》也在可期待之中。那麽，面對"海量"的清代戲曲文學文獻，"經典"、"名篇"之外，不可勝數的那些既不"可演"也不"可傳"的劇作，其學術價值、意義何在？除了文獻學意義上的"求真"、"還原"，可否引入其他的研究視角？

　　我們注意到，有學者提出，古代文學研究應"回歸生活史和心靈史"[2]，這對明清戲曲研究而言，值得特别重視。另有學者指出，"近世詩歌必須建立新的詩學話語及其評判標準，不能僅僅是經典詩學籠罩下的作家作品排座次。非經典作品在烘托陪襯經典作品的偉大價值的同時，應該另有其不泯的豐富價值"[3]，此論尤其給人啟發，"海量"明清戲曲文學的價值，或也可作類似的比擬。凡此種種方法論層面的揅議、提倡，

---

[1]郭英德《明清傳奇綜録》"前言"，石家莊：河北教育出版社，1997年，頁8。
[2]參看廖可斌《回歸生活史和心靈史的古代文學研究》，《文學遺產》2014年第2期。
[3]參看張劍《情境詩學：理解近世詩歌的另一種路徑》，《上海大學學報》（社會科學版）2015年第1期。

皆有助於我們重新檢省、反思明清戲曲文學研究中的某些學術觀念、學術傳統。例如，不管是推崇"活文學"（元曲）的王國維，還是立志要爲"死文學"（明清之曲）正名的青木正兒，都主要是把戲曲當作一種文學創作來研討的，間或兼及其表演層面的某些問題，而疏於考察作爲"過程"或"事件"的具體的文本生産、傳播和接受等問題。因此，如果主要以"文學性"和"舞臺性"的標準來統攝明清戲曲文學，大量既不"可演"也不"可傳"的明清戲曲就可以視爲"死文學"，也就很難進入研究者的視域中。

龍繼棟《烈女記》的東傳，作爲一次偶然的"文學史事件"，則進一步提醒我們，明清戲曲領域的某些所謂"平庸之作"甚或"死文學"，其所依托的"原生態的"文學史、戲曲史語境，相比於從歷史語境中剝離出的孤立的文學文本，要更爲複雜，也更爲生動。清初沈受宏《海烈婦》的意義和價值，也可以從這個角度來理解。換而言之，沈受宏《海烈婦》和龍繼棟《烈女記》兩部傳奇作爲曾經隱秘在歷史深處的"死文學"，其"文學價值"固然值得懷疑，然而，其"文學史價值"卻有重估、再議的必要。

類乎沈受宏《海烈婦》、龍繼棟《烈女記》這樣，曾被堆積在歷史的深處，而今日讀起來亦了無生趣，甚至面目可憎的作品，不但見之於以往的《古本戲曲叢刊》，新出的《六集》中也有一些，後續諸集，或許也還會繼續收錄。那麼，如何"激活"藉由《古本戲曲叢刊》而得以"化身千百"的這些"死文學"的學術價值？

"激活"云云，拙見以爲，體現在兩個方面：其一，《古本戲曲叢刊》所收諸劇，都能夠得到深入、細緻的研討。"化身千百"固然是大功德，然而，若依然不爲人所關注，或者，不能揭示其獨特的價值，終究是極大的遺憾。筆者注意到，近年影印出版的某些大型戲曲文獻叢書，也往往出現這種"被懸置"的情況，編纂者、出版方的熱情與後續相關研究的冷寂，形成了鮮明的反差。其二，學界的相關研究，能回饋到《古本戲曲叢刊》的後續編纂之中。這點或許也有必要加以強調。乾隆以後，作爲古典戲曲形態的傳奇、雜劇的數量激增，以今日通行的文學標準、趣味來看，"經典"難尋，"佳作"少見，"死文學"觸目皆是，後續諸集的選目，其實也就更難取捨。《古本戲曲叢刊》後續選目、編纂時，除了思想内容、藝術水準、版本價值這三條通常的標準之外，可以適當考慮一些其他的因素，特別是關注當代研究者對某些作品的價值和意義的新發掘、新闡釋。例如，沈受宏《海烈婦》這種獨具"文學史價值"的作品，《古本戲曲叢刊》第六集沒有收入，未嘗不是一種遺憾；《烈女記》的情況，與此相仿佛，同時，更因其域外傳播所引發的文學對話，而兼具書籍史、文化史的另一種意義，或許，也可以作爲《古本戲曲叢刊》後續編選的對象。

鹿兒島大學附屬圖書館玉里文庫所見薩摩藩之海外信息收集

高津孝

（日本鹿兒島大學）

本文主要介紹鹿兒島大學附屬圖書館玉里文庫所收藏的幕府末期薩摩藩所收集的海外信息資料。

一、關於“玉里文庫”

距今約八百年前，源賴朝任命惟宗忠久（？—1227）爲島津莊園的“下司”，“島津”一族由此開始，一直是九州南部的薩摩、大隅、日向地區最有實力的大名。從中世直到近世幕末時期，其地位一直十分穩固。而島津家族八百年來世代相傳的文書，無疑是研究日本中世至近代歷史不可或缺的一批重要資料。如今，這些文書資料集分別收藏在四處，即東京大學史料編纂所和鹿兒島市磯之尚古集成館，這兩處收藏了東京袖崎町島津家，即島津本家部分的資料；另外兩處是鹿兒島大學附屬圖書館和鹿兒島縣立歷史資料中心黎明館，這兩個地方收藏了鹿兒島玉里町島津家部分的文書文獻。

鹿兒島大學附屬圖書館在昭和二十六年（1951）收購了玉里島津家的文書資料，建立起“玉里文庫”，這批資料包括日文及漢文的書籍資料，多達 18900 餘冊。玉里島津家族始於薩摩藩第二十八代藩主島津齊彬（1809—1858）的弟弟島津久光（1817—1887）。安政五年（1858），島津齊彬突然亡故，其弟島津久光的長子島津忠義繼承藩主之位，島津久光作爲“國父”，輔佐兒子島津忠義，成爲幕末至明治時期薩摩藩的實際統治者。島津久光酷愛學問，他本人就是一位歷史學家，他編纂了多達八十六冊的史書《通俗國史》，此書承繼《六國史》，記述了仁和四年（888）至應永十九年

（1412）年間的日本歷史。另外，他還命臣下重野安繹和小牧昌業編纂了《皇朝世鑒》四十一册，命市來四郎集錄編撰了《舊記秘論》以及《島津家國事斡掌史料》等歷史類書籍。

因應史書編纂的需要，島津家族集中收集了大批和文及漢文歷史資料，因此玉里文庫除了島津家族世代相傳的古文書以外，歷史類的文書資料尤其充實。在上述四處保存的島津家族文書中，唯有玉里文庫的文獻資料是以書籍爲中心的。在此意義上，玉里文庫很好反映了近世薩摩學術的整體面貌。

二、幕末動亂

19 世紀，東亞迎來了一個動蕩的時代。歷來以强大自居的清王朝，在 1840 年至 1842 年的鴉片戰爭中慘敗於英國，被迫簽訂《南京條約》，開放港口。這成爲當時最爲重大的事件。十年後，美國使節佩里（Matthew C. Perry）率艦隊來到日本浦賀，逼迫幕府開放國門。德川幕府於 1852 年與美國簽訂《日美親善條約》，1858 年又簽訂了《日美友好通商條約》。至此，在日本國内，開放派與攘夷派產生了激烈對立，掀起幕府末期動亂的序幕①。

在幕府内部，存在着對立的兩派。一派是與京都朝廷聯手的公武合體路線派（一橋派），另一派是以譜代大名勢力爲中心的幕閣獨裁體制强化派（南紀派）。後來，南紀派的井伊直弼就任幕府末期大老，扶植紀州家出身的第 14 代將軍（家茂），進一步加劇了派閥對立。與此同時，被迫實行開國政策的幕府又和以雄藩爲中心反對開國的攘夷派發生對立。幕府選擇開放國門，命令那些反對幕府政策的一橋派大名們不得輕舉妄動，同時抓捕攘夷派武士，並處以極刑，史稱“安政大獄”。幕府的一系列嚴厲措施激怒了水户藩的武士，他們策劃了暗殺大老事件。幕府受到震動，謀求緩解與朝廷之間的關係，推進實行佐幕尊王路線的公武合體運動，孝明天皇的妹妹和宮下嫁將軍德川家茂，來到江户。

作爲雄藩之一，薩摩藩採取的是公武合體的立場，即聯合朝廷，要求幕府實行政治改革。朝廷所在的京都，尊攘派佔據優勢地位，他們做朝廷的工作，逼迫幕府果斷實行攘夷政策。於是幕府於文久三年（1863）5 月 10 日決定進行攘夷，命令各藩採取行動。於是長州藩對經過的外國船實施炮擊，結果英國、美國、法國、荷蘭四國艦隊

---

①以下記載基於津田秀夫《（幕末）日本大百科全書》，東京：小學館，1984 年。

聯合進行反擊，長州藩落敗，史稱"下關戰爭"。而另一方面，薩摩和會津兩藩與朝廷內的公武合體派與公家聯手，橫掃朝廷內外的尊攘派。長州藩派兵進京，但是被薩摩、會津兩藩的軍隊擊退。幕府問罪長州並派軍討伐，長州藩只得屈服。薩摩藩也因生麥事件，於 1863 年 7 月遭受英國軍艦的炮火攻擊，嘗到了近代化兵器的巨大威力，史稱"薩英戰爭"。

經過下關戰爭和薩英戰爭，薩摩藩和長州藩體會到西洋列強的強大實力，開始向英國靠攏。而在長州藩，高杉晉作舉兵奪取了實權，藩內的輿論由尊攘轉爲討伐幕府。1865 年，幕府發兵第二次討伐長州藩，但薩摩藩與長州藩悄悄結爲軍事同盟（薩長同盟）。面對長州藩的攻勢，幕府軍連連敗退。恰在這時，將軍德川家茂猝死，戰爭進入中止狀態。站在幕府對立面的薩摩、長州兩藩決定聯合起來，以武力討伐幕府。幕府先發制人，於慶應三年（1867）10 月 14 日向朝廷呈遞奉還政權的文書，德川慶喜提交將軍辭呈（10 月 24 日），12 月 9 日宣告王政復古，廢除幕府，政權歸還朝廷。

三、薩摩藩的海外信息收集

在日本，薩摩藩是最早接觸和瞭解東亞政治變動的。雖然琉球在表面上一直保持着獨立國家的體面，向清朝進行朝貢貿易，但實際上卻處在薩摩藩的支配之下。1844年，法國船隊來到琉球。1847 年，薩摩藩向英法兩國開放琉球港口。爲了應對東亞形勢的巨大變化，薩摩藩進行了系統性的信息收集，而玉里文庫所保存的資料恰好呈現了這種信息收集的情況。

玉里文庫的藏書基本上都是玉里島津家的藏書，以島津久光收集的書籍爲主，也包括歷代藩主的藏書。玉里文庫中，印有島津久光的兄長島津第 28 代藩主島津齊彬藏書印的"春藪文庫"有 81 種書籍[1]，與玉里文庫總計 2670 多種（約 18900 册）相比確不算多，但也明確顯示了這是歷代藩主藏書累計的成果。海外信息資料的收集，主要是在島津齊彬藩主時代（1851—1858）及其後的島津久光時代（1858—1868）集中進行的，而玉里文庫的文獻資料便是其中的一部分。

---

[1] 81 種書籍展示了與海外信息相關的書籍。關於語言學的書籍有《唐音》《瑪列乙斯語撰》《蘭語以呂波引》。海外事情、漂流記録相關的書籍有《阿蘭陀乘船組人數名歲》《波拿巴戰爭》《西洋雜記》《宇婆良加波那》《漂海紀聞》。洋學、兵學方面的書籍有《西洋算書》《遠鏡製造》《寄崎圖説續篇》《新制エレクトロポレ説》《舒明爾和解拔書》《西洋草木韻箋》《西洋名物韻箋》《和蘭本草名録》《硝子製造》《スヒッツワーカ乃説》《炮術備要》。

通過分析玉里文庫的書籍資料，我們可以瞭解幕府末期薩摩藩海外信息收集的部分内容。這一時期島津家所收集的海外信息資料主要包括：（一）地圖，（二）地志、海外事情，（三）漂流民資料，（四）東亞戰爭、戰亂資料。

（一）地圖

有世界地圖：《地球一覽圖》（天明三年刊，天之部 91 號 817）、《蘭新譯地球全圖》（寬政八年刊，天之部 91 號 827）、《海陸封疆圖》（嘉永七年刊、1842 年倫敦刊，天之部 182 號 1269）、《地學正宗圖》（嘉永三年刊，《地學正宗》附圖，兩半球圖，地球全圖之下的歐洲以及各國地圖二十幅，天之部 118 號 1012）；蝦夷地地圖：《東西蝦夷山川地理取調圖》（萬延元年刊，天之部 13 號 392）、《擇捉島國後島之圖》（嘉永七年寫，天之部 84 號 692）、《蝦夷之圖》（嘉永七年寫，天之部 84 號 693）、《蝦夷闔境輿地全圖》（嘉永六年刊，天之部 91 號 819）、《蝦夷繪圖》（天之部 91 號 822）、《蝦夷松前之圖》（天之部 91 號 829）；中國地圖：《唐土歷代州郡沿革地圖》（天保六年刊，天之部 15 號 422）。

（二）地志、海外事情

有《增補華夷通商考》（寶永五年刊，日本人獲取的第一本海外地志，初版元禄八年刊，中華十五省，附録外國、外夷、外夷增，天之部 45 號 536），《荷蘭風説》（《嘉永二年七月入津紅毛別風説書荷蘭人別風説書》於嘉永三年六月合並而成，天之部 84 號 699），《靖海全書合眾國考》（據《增譯訂正采覽異言》《坤輿圖識》《洋外紀略》《坤輿圖識補》等收録合眾國相關事項，天之部 85 號 720），《地學正宗》（嘉永三年—四年刊，原著爲荷蘭哈勒姆府學教諭ピイプリンセン著，1817 年刊，由卷一總括，卷二—卷五歐洲，卷六亞洲，卷七非洲構成，天之部 118 號 1011），《地輿圖識》（弘化二年刊，根據ニウウェンホイス，ブロイニング等蘭書編寫的世界地志，五大州 5 卷，天之部 118 號 1013），《坤輿圖識補》（弘化四年刊，《坤輿圖識》的補刊，卷一總説，卷二、三亞洲、美國、歐洲，卷四收録人物略傳，天之部 118 號 1014）。收藏《海國圖志》，蝦夷地的《蝦夷志》（享保五年序，天之部 11 號 363），《北蝦夷新志》（慶應三年刊，天之部 14 號 411），《蝦夷人行狀記》（天之部 84 號 696），《官準北蝦夷圖説》（安政二年刊，天之部 85 號 722），《夷酋列像附録》（寬政十年，天之部 91 號 844）。

（三）漂流民資料

《伊勢漂民風説》（寬政五年編，漂民風説書摘録，從松前之來書要文摘録，信牌，漂民御覽之記［伊勢漂民幸太夫、磯吉、小市俄羅斯漂流譚，天明二年至寬政四年］，天之部 84 號 701），《漂流人申口覺書》（薩摩藩士新納次郎九郎、伊集院清廉、江川金太郎、有川與左衛門等於文化十二年八月遭遇船難，漂流到廣東省惠州，十三年閏八月返回長崎，此資料爲向在館唐人核實以上藩士之陳述，天之部 181 號 1200），《樣子書》（文化十二年薩藩士古渡七郎右衛門、染川伊衛門、稅所長左衛門等漂流到唐，十三年回國，此書記録了唐土情況，天之部 182 號 1259），《口書》（同上，天之部 182號 1260），《漂海紀聞》（文化九年至十三年，漂流到千島勘察加半島的薩摩川内船間島永壽丸喜三左衛門、佐助、角次的見聞記，天之部 182 號 1262），《蕃譚》（越中富山能登屋兵右衛門船，長者丸漂流記（天保九年至十四年）記録了南桑威奇群島、瓦胡島、勘察加等，天之部 182 號 1266），《宇婆良加波那》（文政十一年十月遭難的八丈島仁壽丸船頭儀兵衛等第二年正月至暹羅，同年十一月經過浙江，十二月返回長崎的漂流見聞記，天之部 81 號 638），《海外異話》（伊予國松山和氣郡奧居島村的船員玄之助的加利福尼亞、馬尼拉、廣東等地漂流記，天保十二年至弘化二年，天之部 84 號 695）。

（四）東亞戰爭、戰亂資料

關於鴉片戰爭的中國書籍兩種：《夷匪犯境見聞録》手抄本六卷（天之部 89 號806），《夷匪犯境録》手抄本二册（天之部 89 號 807）；日本人編纂書籍三種：佐藤信淵編《水陸戰法録》手抄本七卷二册（對鴉片戰爭記録施加評語，弘化四年自序，天之部 182 號 1264），佐久間象山編《佐久間修理書取》手抄本一卷一册，（信州松代真田侯儒臣佐久間關於鴉片戰爭的海防獻策，天之部 84 號 700），鹽谷宕陰編《阿芙蓉彙聞》手抄本七卷七册（由原始、禁煙、交兵上中下、征剿、善後七卷構成的鴉片戰爭書籍，弘化四年序，天之部 89 號 798）。

此外，尤其值得注意的是，收藏了五種太平天國資料。其一爲清朝人編寫的兩本：清姚憲之撰《粵匪南北滋擾紀略》一卷一册，咸豐五年刊（天之部 91 號 835），清謝介鶴撰《金陵癸甲摭談》一卷兩册，咸豐六年刊（天之部 91 號 833）。另外還有太平天國印刷的三件印刷品：《太平詔書》《太平軍目》《頒行詔書》（太平天國壬子二年刊。太平天國統治下發行的十四本詔書中的三本，天之部 91 號 836）。這大概是首次在東亞確認其存在。

四、玉里文庫中的天平天國資料

在玉里文庫的海外信息資料中，以下有關太平天國的資料文獻尤爲珍貴。

《太平詔書》一卷（玉里文庫天之部 91 號 836/1）

封面半葉，版心"詔書總目"一葉，版心"太平詔書"十四葉。

封面：黃紙。上欄刻有橫書"太平天國壬子二年新刻"。中央刻有"太平詔書"。龍鳳紋。

書目："旨准頒行詔書總目"：十四部。

書目至第一葉：朱文正方印"旨准"。

參見王慶成《太平天國的文獻和歷史——海外新文獻刊佈和文獻史事研究》（頁106—114）"太平天國印書原刻本封面紙色等情況概覽表"中"太平詔書（1）—（9）"的"太平詔書（5）"（美國國會）①。

《太平天國大詞典》："太平詔書　書名。太平天國印書。洪秀全撰，係《原道救世歌》《原道醒世訓》《原道覺世訓》的彙編。"②

《頒行詔書》一卷（玉里文庫天之部 91 號 836/2）

封面半葉，版心"詔書總目"一葉，版心"頒行詔書"十葉。

封面：黃紙。上欄刻有橫書"太平天國壬子二年新刻"。中央刻有"太平天國/禾乃師贖病主/左輔正軍師東王/楊/右弼又正軍師西王/蕭/奏/准頒行詔書"。龍鳳紋。

書目："旨准頒行詔書總目"：十四部。

書目至第一葉：朱文正方印"旨准"。

參見王慶成《太平天國的文獻和歷史——海外新文獻刊佈和文獻史事研究》（頁106—114）"太平天國印書原刻本封面紙色等情況概覽表"中"頒行詔書（1）—（8）"的"頒行詔書（3）"（英圖）③。

---

①王慶成《太平天國的文獻和歷史——海外新文獻刊佈和文獻史事研究》，北京：社會科學文獻出版社，1993 年，頁 107。
②《太平天國大詞典》，北京：中國社會科學出版社，1995 年，頁 843。
③王慶成《太平天國的文獻和歷史——海外新文獻刊佈和文獻史事研究》，頁 109。

《太平天國大詞典》："頒行詔書　書名。太平天國官方印書。係東王楊秀清、西王蕭朝貴於壬子二年聯名頒佈的《奉天討胡檄布四方諭》《奉天誅妖救世安民諭》《諭救一切天生天養中國人民諭》三文的彙刻。"①

《太平軍目》一卷（玉里文庫天之部 91 號 836/3）

封面無，版心"詔書總目"一葉，版心"太平军目"三十四葉。

書目："旨准頒行詔書總目"：十三部。

書目至第一葉：朱文正方印"旨准"。

參見王慶成《太平天國的文獻和歷史——海外新文獻刊佈和文獻史事研究》（頁106—114）"太平天國印書原刻本封面紙色等情況概覽表"中"太平軍目（1）—（5）"的"頒行詔書（4）"（牛津）②。

《太平天國大詞典》："太平軍目　書名。太平天國印書，專載太平軍的組織制度。其制采自《周禮》'五人爲伍，五伍爲兩，四兩爲卒，五卒爲旅，五旅爲師，五師爲軍'。設軍、師、旅帥、卒長、兩司馬。伍長統衝鋒、破敵、制勝、奏捷四伍卒。"③

《粵匪南北滋擾紀略》一卷　清姚憲之撰　咸豐五年刊（玉里文庫天之部 91 號835）

《太平天國大詞典》："粵匪南北滋擾紀略　書名。姚憲之撰，清刻本，二册。此爲姚氏薈萃邸報等編成，記咸豐五年前戰事，及太平軍北伐。係《蠻氛彙編》節本。"④日本國內，京都大學漢字信息中心、國立國會圖書館、東北大學收藏了與該書同版的咸豐五年刊本。

《金陵癸甲摭談》一卷　清謝介鶴撰　咸豐六年刊（玉里文庫天之部 91 號 833）

日本國內僅有鹿兒島大學藏咸豐六年刊本。日本高見猪之助訓點、明治二年刊行的和刻本《金陵癸甲摭談》二卷在日本廣爲閱讀，現有很多公私圖書館收藏該書。

《金陵癸甲摭談》爲清謝介鶴撰《金陵癸甲紀事略》一卷的另一版本。

---

①《太平天國大詞典》，頁 959—960。
②王慶成《太平天國的文獻和歷史——海外新文獻刊佈和文獻史事研究》，頁 106。
③《太平天國大詞典》，頁 843。
④《太平天國大詞典》，頁 980。

《太平天國大詞典》："金陵癸甲紀事略　書名。江蘇常州謝介鶴撰。羅爾綱藏王韜手抄本，謝興堯藏抄本，另有咸豐七年竹籟玕刻本。一卷。《中國近代史資料叢刊·太平天國》據各種版本互校著録。撰者參與張繼庚叛亂，逃出南京後奉命編是書以使清軍知太平軍情況。記事起咸豐三年二月二十七日，迄咸豐四年閏七月二日，内述太平軍攻克南京及城内人口、糧食供應、女館、祭祀儀式、十款天條、曆法、職官、禮制、考試等。"①

五、太平天國印書

太平天國印書，通常指太平天國印刷的書籍。基本就是太平天國印刷物"旨准頒行詔書總目"中列出的書籍，在"旨准頒行詔書總目"中，十三部、十四部、十五部、二十一部、二十三部、二十四部、二十八部、二十九部這八部分多爲人所知。

如《太平天國辛酉拾壹年新曆》（紐約公立圖書館藏）"旨准頒行詔書總目"羅列了如下二十八類：

旨准頒行詔書總目

天父上帝言題皇詔

天父下凡詔書　貳部

天命詔旨書

舊遺詔　聖書

新遺詔　聖書

天條書

太平詔書

太平禮制

太平軍目

太平條規

頒行詔書

頒行曆書

三字經

幼學詩

---

①《太平天國大詞典》，頁935。

太平救世誥

建天京於金陵論

貶妖穴爲罪隸論

詔書蓋璽頒行論

天朝田畝制度

天理要論

天情道理書

御制千字詔

行軍總要

天父詩

欽定制度則例集編

武略書

醒世文

旨准頒行共有貳拾捌部

在這個書目之外，還有一些太平天國印書存在，合起來共有四十多種①。

由於清朝對太平天國進行了嚴厲的清算，中國只殘存了極少部分的太平天國印書，絕大部分存在於歐美。那麼薩摩藩是通過怎樣的途徑得到太平天國印書的呢？薩英戰爭後，薩摩藩深刻認識到了歐美列強在軍事上的優勢，有意加强了同英國之間的關係。很可能就是在這一過程中，薩摩藩從英國得到了太平天國的資料。但目前這還只是一種推測。另外一種可能，便是琉球這個途徑。琉球王國在福州設立有琉球館，便於獲取中國的信息，因此琉球途徑的存在具有很大的可能性。

六、其他海外信息書籍

以下，介紹玉里文庫特色資料和尤爲珍貴的漂流民資料。

《四書集注》

封面經過上光處理，深棕色，裝飾有花綾紋。大開本（25.3×18.4cm）。弘化二年（1845）刊行。薩摩府學藏版本，葉邊題有"倭版四書"，印有"源中教印"、"字邦

---

① 王慶成《太平天國的文獻和歷史——海外新文獻刊佈和文獻史事研究》一覽中收錄，頁3—7。

行"字樣。

宋朱熹集注，山崎嘉（闇齋）注音、添加標點。

此爲中國古典四書（《大學》《中庸》《論語》《孟子》）的南宋朱熹注釋版本。由江户時代態度嚴謹的儒學家山崎闇齋（1618—1682）添加注音及標點。本書附有林鵞的《大學》卷頭序文（弘化二年，即 1845 年），以及琉球國王子浦添朝熹（尚元魯）的《孟子》卷末題跋（天保十四年，即 1843 年）。天保十三年（1842），琉球國慶賀使節由琉球出發，前往江户慶賀德川家慶就任將軍，浦添朝熹爲慶賀使正使。此時浦添朝熹在江户見到島津齊興與島津齊彬。

《海國圖志》

枯草色封面，大開本（29.2×17.8cm），中國版本。道光二十七年（1847）邵陽魏氏古微堂再版。島津久光題寫封面書名、書籍切口標簽以書套書名。

清魏源編撰。

清朝後期出版的世界地理書。道光二十二年（1842）出版五十卷版，道光二十七年（1847）年出版六十卷版，咸豐二年（1852）年增補出版一百卷版。此書爲道光二十一年（1841）六月，魏源應林則徐所托，以《四洲志》的譯稿以及中國歷代史料爲基礎編撰而成。《四洲志》係林則徐在廣東任欽差期間，令人翻譯的英國人 Murray 的《世界地理大全》。《海國圖志》介紹了當時世界各國的地理、歷史和現狀，也介紹了西洋近代的軍備與技術，體現了"必須積極應對外來危機"的主張。對幕末時期的日本產生了很大影響。嘉永、安政年間（1848—1860）有和刻本的《海國圖志·籌海篇》《北洋部》以及《墨利加州部》等出版。玉里文庫收藏了中國原本一部及日本刊本四部。

《唐土名勝圖會》

大開本，龍紋黃色上光封面（右上貼有"地理第十五號［消冊］"紙簽），封面題"唐土名勝圖/會初集"，有朱印"浪華心齋橋/龍章堂書坊/新刻發兑"以及"唐本照合/文化新刻"字樣。底葉印有"享和三年癸亥臘月上輪官准/文化三年丙寅三月海寧發行"字樣。

岡田玉山編，岡田玉山等繪，文化三年（1806）刊行。

此爲名勝畫册之變種。在江户時代的閉關鎖國狀態下，全力收集資料，編撰而成的中國清朝時期的名勝古跡畫册。引用文獻從地圖類《天下輿地各省全圖》到制度史書類《欽定大清會典》等，以及木版畫《欽定萬壽盛典》、地方志《順天府志》等，共計超過五十種。即便在今天，要彙集這些書籍也非易事。此書原定以六卷的篇幅對中國全國進行描畫，但發行了兩卷之後便停止出版。正篇首先刊載唐土皇輿全圖，之後對京師順天府（北京）及其直轄地直隸地區（保定府、永平府、河間府、天津府、正定府、順德府、廣平府、大名府、宣化府）進行記述。另外，由本書各卷頭所載“故兼葭堂木世肅先生遺志”字樣可以得知，編著者爲大阪畫家岡田玉山（？—1808），但提議者應爲大阪的釀酒人木村孔恭（1736—1802），號兼葭堂。此人對物産學及書志學也頗有研究。書中刊載圖畫爲北京天安門下天子頒佈勅令時的情景。

《遠西奇器述》

藏青色上光封面，雲紋裝飾。大開本（26.0×18.3cm）。嘉永七年（1854）出版。薩摩府學藏版。

川本幸民口述，田中綱紀筆録。

對幕末時期西方科學技術及機器進行解說的書籍。實際收集記録了川本幸民（1810—1871）講解荷蘭人范・德・伯格（P. van der Burg, 1808—1889）《理學原始》（*Eerste Grondbeginselen der Natuurkunde*，1844—1847 出版）時的軼事。記録者爲川本幸民的弟子田中綱紀。書中有對照相機、電報機、蒸汽機、蒸汽船、蒸汽車等的記述。川本幸民，攝津國三田人。文政十二年（1829）奉藩命遊學江户，學習西方醫學及其他西學；天保五年（1834）任三田藩藩醫，次年於江户開業行醫。日本出版的首部物理學書籍《氣海觀瀾》便爲其岳父青地林宗所譯。川本幸民對《氣海觀瀾》進行了增補，著成《氣海觀瀾廣義》十五卷（1851—1858），介紹西方的天文、力學、光學、電器、化學等。川本幸民得到島津齊彬知遇，於天保十二年（1841）至嘉永七年（1854），出版了薩摩府學藏版《遠西奇器述》。

《漂海紀聞》

土黃色條紋封面。大開本（27.8×20.0cm），印有“春藪文庫”字樣。

川上親信編撰。

文化九年（1812）十二月，薩摩川内船永壽丸的船長喜三左衛門及船員角次、佐助等人遭遇海難，漂流至千島之後，又經堪察加半島、鄂霍次克海，於文化十三年（1816）七月回到擇捉島。文政八年（1825），川上親信奉藩主之命收集了永壽丸船員們在此過程的沿途見聞，記録編撰成書。這些内容曾在文政九年（1826）由薩摩藩侍醫曾槃作序，以《北際漂譚》爲題出版。現存於東京大學史料編纂所所藏“島津家文書”中《魯西亞漂流記》第二卷第一册中；係喜三左衛門一行人回國後，接受幕府調查之後，於文化十四年（1817）移送至江户田町的薩摩藩別邸，後由江户的薩摩藩士木場貞良編纂而成。《漂海紀聞》在《魯西亞漂流記》的基礎上，添加上喜三左衛門等人向擇捉島官吏們提交的“供詞”、負責調查取證的村上貞助的“記事單”，以及仙台漂流民津太夫們的見聞，又參考了文化四年（1807）大槻玄澤整理的《環海異聞》編纂而成。卷末印有俄語單詞 681 個，俄語對話 13 例。

《宇婆良加波那》

横條紋帶鑲封面。左上附有無框題簽，寫有“上册《宇婆良加波那　天》、下册《宇婆良加波那　地》”。折頁線裝書。大開本（27.8×20.0cm）。印有“春藪文庫”字樣。

文化十一年（1828）十月，八丈島八重根的船隻“仁壽丸”遭遇强風吹斷桅杆，船長及船員共 13 人在次年一月漂流至吕宋島北部的卡加延，後又經馬尼拉、澳門、廣東、乍浦，於文政十二年（1829）十二月到文政十三年（1830）一月由長崎回國。《宇婆良加波那》記載了他們的在這一過程中的經歷見聞。此書的傳本極少，玉里文庫的此本是目前已知的唯一傳世版本。雖然同樣内容在日本國立國會圖書館藏《卡加延漂流記》，以及福島縣立圖書館藏《卡加延人記》中也有記載，但卻以本書的記載最爲詳細，歷史價值也最高。

上野本《文選》小議

永田知之

（日本京都大學）

引言

上野本《文選》殘卷，在《經籍訪古志》卷六《集部·總集類》中已被著録，森立之（1807—1885）記載此本爲"文選零本一卷（舊鈔卷子本，温故堂藏）"：

> 現存第一卷一軸。首有顯慶三年李善《上文選注表》、梁昭明太子撰《文選序》。《序》後接本文，題"文選卷第一，賦甲"，次行"京都上，班孟堅《兩都賦》二首并序，張平子《西京賦》一首"。界長七寸五分，幅一寸，每行十三字。卷末隔一行題"文選卷第一"。不記鈔寫年月。卷中朱墨點校頗密。標記、傍注及背記所引有陸善經、善本、五臣本、《音决》《鈔》《集注》諸書及"今案"云云語。考字體墨光，當是五百許年前鈔本。此本無注文，而首冠李善序，蓋即就李本單録出本文者。①

"温故堂"即和學講談所，日本寬政五年（1793），在國學家塙保己一（1746—1821）的建議下，江户幕府主持建立和學講談所。和學講談所在成立三年後，被劃歸爲幕府儒官世族林家領導。塙保己一主要從事史料書籍編纂的工作，亦講授和學。其編纂的叢書有五百三十卷的《群書類從》及其他著作。在塙保己一去世後，由其兒子

---

① 澀江全善、森立之等撰，杜澤遜、班龍門點校《經籍訪古志》，上海：上海古籍出版社，2014 年，頁 238—239。

繼續從事書籍編纂事業。和學講談所一直存在至明治元年（1868）①。《文選》零本當是和學講談所的舊藏書，然而《和學講談所藏書目録》卻没有著録該寫本②。

《文選》殘卷後爲朝日新聞社業主上野理一（1848—1918）所獲，其死後由長子上野精一（1882—1970）收藏該書③。昭和十三年（1938），東方文化研究所（京都大學人文科學研究所的前身之一）拍攝上野氏藏本並複製景照本。東方文化研究所經學文學研究室與此同時也景印了九條公爵家所藏《文選》（現爲皇室御物，藏於東山御文庫）④。雖然兩種複製份數都較少，但是學者往往更注重九條本⑤。蓋無注本《文選》爲三十卷，九條本尚餘二十二軸之多。與此相對，上野本則僅存一卷。不過，筆者認爲，在日藏漢籍研究領域，上野本仍具有一定的參考價值。該寫本之所以在昭和十八年（1943）六月九日被日本政府認定爲“重要文化財”，并非無緣無故⑥。

上野家的後人現在委託京都國立博物館保管《文選》殘卷。平成二十七年（2015）三月，承他們的厚意，包括筆者在内的研究者們獲得調查該殘卷及其家藏舊鈔本的機會⑦。本文將介紹本次調查的結果，并以之爲線索，試探該寫本的價值和特徵。

一、上野本《文選》的特徵

上野本《文選》一軸，高28.5釐米，長2246.3釐米。表序、正文全53紙，除第46紙（34.4釐米）和第53紙（20.9釐米），每紙長40.6—44.3釐米。第5紙、第17紙及第43紙都有背記。《上文選注表》前附楊守敬（字星吾，1839—1915）的題跋；而東方文化研究所所複製上野本，則把楊氏所寫題跋置於正文之後，不知何故。該寫本首部等處有“森氏開萬册府之記”、“楊星吾東瀛所得秘笈”，每紙縫等有“星吾審定真迹”，題跋末鈐有“楊守敬印”的印記。根據楊守敬《日本訪書志》，可知楊氏從

---

①參見齋藤政雄《〈和學講談所御用留〉の研究》，東京：國書刊行會，1998年。

②朝倉治彦監修《和學講談所藏書目録》全七卷，東京：ゆまに書房，2000年。

③關於上野氏父子，參見朝日新聞社史編修室編修《上野理一傳》，大阪：朝日新聞社，1959年。上野精一《上野精一文集》，東京：朝日新聞社，1972年。

④《彙報》，《東方學報（京都）》第9册，1938年，頁398。

⑤關於20世紀後半的研究成果，參見池淵質實《九條本〈文選〉研究序説》，《中國學研究論集》第6號，2000年，頁53—54。

⑥文化廳監修、圖書編集部編集《國寶·重要文化財大全》別卷，東京：每日新聞社，2000年，頁251。

⑦此調查是日本國文部科學省科學研究費補助金·基盤研究（A）“中國典籍日本古寫本の研究”項目（以高田時雄京都大學名譽教授爲研究代表者）的研究活動之一。

森立之處（室名開萬册府）購得該殘卷。

森立之，家族世代從醫。森氏諳悉醫法、古醫籍，富於藏書，著述甚多。他也是《經籍訪古志》的主要編者之一。楊守敬赴任東京期間（1880—1884）從森立之處購進許多善本古籍①。後來，楊氏所藏《文選》温故堂藏本回到日本，終歸朝日新聞社業主上野理一氏所有。

此外，上野本《文選》首部還鈐有“虞琴鑑賞”之印，題跋末有“虞琴審定”之印。姚瀛（1867—1961），字虞琴，號景瀛，晚年以字行。他是浙江仁和（今杭州）人，久居上海。姚氏收藏甚豐，又精鑒藏，擅畫蘭竹，與齊白石（1864—1957）並稱，有“北齊南姚”之譽②。爲何《文選》殘卷上有姚虞琴之印，尚未知其詳，故暫且置而不論。

裱褙楊守敬的題跋與該寫本製成一軸，疑由楊氏之意。其題跋云：

此即森立之《訪古志》所載温故堂藏本也。後爲立之所得，余復從立之得之。《訪古志》云：“現存第一卷一軸。首有顯慶三年李善《上文選注表》，（今善本、六臣本皆以昭明太子序居首，李善及五臣《表》次之，皆非也。）次梁昭明太子撰《文選序》。序後接本文，題‘文選卷第一，賦甲’，次行‘京師［筆者按；當作“都”］上，班孟堅《兩都賦》二首并序，張平子《西京賦》一首’。界長七寸五分，幅一寸，每行十三字。卷末隔一行題‘《文選》卷第一’。（《西京賦》即接《東都賦》之後，不別爲卷。）不記書寫年月，卷中點校頗密。標記、旁注及背記所引有陸善經、善本、五臣本、《音决》《鈔》《集注》（此書未詳。）諸書及‘今按’云云。考其字體墨光，當是五百年前鈔本。此卷無注文，而首冠李善表，蓋即就李本録出者。”守敬按：此卷一一與森説合，惟謂其就李本録出者，則非也。今細按之，李本已分《西京賦》爲二卷，則録之者必亦二卷。今合三《賦》爲一卷，仍昭明之舊，未必鈔胥者講求古式如此。況卷中與善注本不照者甚多，如《東都賦》：“子徒習秦阿房之造天。”標記云：“善本‘秦阿’無‘房’字，五臣本‘秦阿房’，或本又有‘房’字”，今以善本、五臣本互校此本，此不從善本出之切證也。又篇中文字固多與善本合，然亦有絶不與善本合者。《西都賦》無“泉流之

①關於楊氏行歷，參見宜昌市政協文史資料委員會、宜昌市政協文史資料委員會編，楊世燦總編纂《楊守敬學術年譜》，武漢：湖北人民出版社，2004年。楊氏的藏書目録上著録“古抄文選”，是否爲後來的上野本，待考。參見湖北省博物館編《鄰蘇園藏書目録》，上海：上海辭書出版社，2009年，頁24、363。

②參看《畫家姚虞琴》，浙江省餘杭縣政協文史資料委員會編《餘杭文史資料》第六輯，1991年。

限，汧涌其西"八字，與《後漢書》合，與陳少章説合。"度宏規而大起"，王懷祖謂善本當作"慶"，今善本作"度"者，以五臣本亂之，其説是也。此本作"度"，與《後漢書》合，亦見其非從善本出也。"平原赤土，勇士奮属"標記云："此二字陸有之，又鹿本有之，（此本未詳。）師説（日本有讀《文選》，相傳師説。）無'土'、'奮'字，五臣無此二字。"今善本亦無此二字。《東都賦》"乃動大路"不作"大輅"，與兩本皆不合。"詩曰"下，即接"於昭明堂"云云。其《明堂詩》《辟雍詩》《靈臺詩》《寶鼎詩》《白雉詩》各題，皆在各詩之後，與《三百篇》古式同。今各本題皆在詩前，非也。各本有"嘉祥阜兮集皇都"句，此本無之，與《後漢書》合。《西京賦》"繚亘綿聯"，標注云："本注，'繚亘，猶繞了也。'臣善曰：'亘'當爲'垣'。"然則薛注本作"繚亘"，善注本始爲"繚垣"，此本作"亘"，又足見其本在善未注之前也。"衍地絡"，標記云："'捊'，陸曰：'臣善，以善反，申布也。'"又記云："'衍'，五臣作'之舒布也'。"按《集韻》："捊"，申布也。則善本作"捊"，五臣作"衍"，此與五臣合。今善本作"衍"，非也。"獨儉嗇以偓促"，今各本作"齷齪"後起之字，至於李善有注之表，不應入昭明無注之書，此自有説。蓋日本鈔古書，往往載後來之箋注、序文，如《易》《書》《詩》單注本，每載孔穎達之疏於欄格上。且有以後來之注蒙前人之序，如明皇注《孝經》，而載元行沖《疏序》。蓋爲便於講讀也。此鈔本固原于未注本，而善注本已通行，故亦以冠之也。立之又云："此本當在五百年前"。余亦以爲不然。余所見日本古鈔佛經在唐代則用黃麻紙，至宋時則用白麻紙，皆堅韌光滑，至元明之間則質鬆而理弱。此卷白麻堅結，當在八九百年間。且陸善經之書至宋世已不存，何論《音決》《鈔》《集注》尤爲隱秘耶。（《通志略》有《文選注》六十卷，公孫羅注。又《文選音》十卷，公孫羅集。《日本現在書目》：《文選鈔》六十九卷，公孫羅撰。《文選音決》十卷，公孫羅撰。此卷所引當爲公孫羅之書。）光緒辛巳八月、楊守敬記於日本使館。

　　此題跋已收於楊守敬《日本訪書志》卷十二[1]，然而兩者之間頗有差異。特別要注意的是，如童嶺先生所指出，"立之又云"以下一段不見《日本訪書志》內[2]。從"光緒辛巳"即光緒七年（1881）向前追溯"八九百年"，則爲日本平安時代（794—

---

[1]劉昌潤整理《日本訪書志》，謝承仁主編《楊守敬集》第 8 冊，武漢：湖北人民出版社、湖北教育出版社，1997 年，頁 281—282。

[2]童嶺《隋唐時代"中層學問世界"研究序説——以京都大學影印舊鈔本〈文選集注〉爲中心》，載南京大學古典文獻研究所《古典文獻研究》第 14 輯，南京：鳳凰出版社，2011 年。關於日本古鈔本《文選》的讀者層，此文對筆者很有啓發。

1185）的中期。楊守敬是近代藏書大家，又精於版本之學，其以鈔本紙張成色來斷定書寫年代的觀點值得借鑒。但筆者所參與的本次調查，並未發現楊氏所説之紙張特色。加之，假若鈔手從别的文獻轉引唐陸善經《文選注》等古注釋，則上野本可能在 12 世紀以降鈔寫。因此，將該殘卷的鈔寫時期定於鐮倉時代（1185—1333），較爲穩妥。赤尾榮慶從字樣等方面分析上野本《文選》，斷定該鈔本寫於 13 世紀①。

眾所周知，"選學"有悠久、深厚的傳統。關於《文選》的刊本、鈔本的研究歷來不少②。有些日本學者在研究舊鈔本《文選》時，以上野本爲校勘資料③。有個日本國語學家也通過上野本等資料分析日本中古漢字的讀音④。筆者對古籍校勘和語言學完全是個外行，所以未能在上野本《文選》中提供相關材料給這些領域的專家。筆者將在下文針對該殘卷略叙幾點，僅供參考。

二、"臣君"

前引《經籍訪古志》云："（《文選》殘卷）卷中朱墨點校頗密。"在其《西京賦》中，共有三條標記（書眉注記）引證李善注，但未作"善曰"，而作"臣君"語：

ⅰ. 繚亘　本注云——，猶繞了也。臣君曰："'亘'當爲'垣'。"（第 42 紙）

ⅱ. 袻陸曰："臣君曰：'以善反，申布也。'"（第 43 紙）

ⅲ. 相羊　本注云——，彷羊也。臣君云："聊逍遥以相羊"。（第 47 紙）

除東方文化研究所的景照本以外，上野本《文選》的複製本尚有楊守敬令人摹寫的景鈔本，此景鈔本現藏於臺北"故宮博物院"⑤。有些中國學者也看過上野本《文

---

①京都國立博物館編集《【特别展覽會】上野コレクション寄贈 50 周年記念　筆墨精神＝中國書畫的世界》，東京：朝日新聞社，2011 年，頁 183。上野本首部和尾部的圖像，見該書頁 40。

②該領域最新的專著有傅剛《〈文選〉版本研究》，西安：世界圖書出版西安有限公司，2014 年。

③富永一登《唐鈔李善單注本〈文選〉殘卷校勘記》（一）—（五），《中國學研究論集》創刊號—第 5 號，1998—2000 年，同氏《唐鈔李善單注本〈文選〉殘卷考》，《中國學研究論集》第 7 號，2001 年，後收入同氏《〈文選〉李善注の活用—文學言語の創作と繼承—》，東京：研文出版，2017 年；池淵質實《九條本〈文選〉研究序説》，同氏《九條本〈文選〉校勘記》（一）—（三），《中國學研究論集》第 6、7、10、11 號，2000—2003 年。中國學者也利用上野本，參見劉躍進著，徐華校《文選舊註輯存》第 1 冊，南京：鳳凰出版社，2017 年。

④參看中村宗彦《九條本〈文選〉古訓集》，東京：風間書房，1983 年。

⑤見阿部隆一《故宮博物院藏楊氏觀海堂善本解題——中國訪書志一》，《斯道文庫論集》第 9 輯，1971 年，後收同氏《增訂中國訪書志》，東京：汲古書院，1983 年，頁 147—148。

選》系統的複製本。黃侃（1886—1935）曾利用楊氏的景鈔本寫就《文選平點》①。他論及上野本中的“臣君”語，認爲李邕（678? —747）增補《文選》注時，爲避父李善（? —690）諱，故將“臣善”改爲“臣君”。范志新同意黃氏的見解，承認李邕“‘補益’李善注”説②。（《新唐書·李邕傳》云：“始善注《文選》，釋事而忘意。書成以問邕，邕不敢對，善詰之，邕意欲有所更，善曰：‘試爲我補益之。’邕附事見義，善以其不可奪，故兩書並行。”③）

　　法藏敦煌文獻伯 2528 號李善注《文選》殘卷，僅存卷二《西京賦》。該殘卷末有永隆二年（681）的題記，故稱“永隆本”。我們還能在“永隆本”看到兩條題爲“臣君曰”的注釋（今本李善注都作“善曰”）。

　　　　臣君曰：“《高唐賦》曰：‘飛鳥未及起，走獸未及發。’”
　　　　臣君曰：“《高唐（當作神女）賦》曰：‘遷延引身。’”④

　　富永一登先生否定舊鈔本《文選》中的“臣君（曰）”可成爲李邕“補益”李善注説的證據。其理由有三：第一，在敦煌寫本中“善”、“君”兩字有時形態相近，確實難以區分⑤。第二，古寫本《文選》大體上直書“善”而不避。第三，李邕在“永隆本”《文選》的鈔寫時代尚爲幼兒，不可能“補益”《文選》注。總之，“臣君”的“君”字當是“善”字之訛⑥。筆者按：富永先生所論極確，可信從。順便説一下，楊守敬在前節所引題跋中論及上野本中的李善注（i.、ii.）時，他徑稱“臣善”而不稱“臣君”。

　　管見所及，與“君”不易區別的“善”字，在日本典籍古鈔本中極稀。換而言

①黃延祖重輯《文選平點》（重輯本），北京：中華書局，2006 年。關於黃氏對“臣君”的看法，參看屈守元《文選導讀》，成都：巴蜀書社，1993 年。但是屈氏也分析無注本《文選》的複製，否定黃説，見《文選導讀》，頁 122—136。
②范志新《釋“臣君”》，收入同氏《文選版本論稿》，南昌：江西人民出版社，2003 年，頁 257—262。
③歐陽修、宋祁《新唐書》卷二百二《文藝傳中》，北京：中華書局，1975 年，頁 5754。
④上海古籍出版社、法國國家圖書館編《法藏敦煌西域文獻》第 15 冊，上海：上海古籍出版社，2001 年，頁 149、150。
⑤參見張湧泉編《敦煌俗字研究》，上海：上海教育出版社，1996 年，頁 140—141。
⑥富永一登《舊鈔無注本〈文選〉に見られる“臣君”について》，載松浦友久博士追悼記念中國古典文學論集刊行會編集《松浦友久博士追悼記念中國古典文學論集》，東京：研文出版，2006 年，後收入同氏《〈文選〉李善注の活用—文學言語の創作と繼承—》，東京：研文出版，2017 年，頁 223—235。富永氏在該文引用饒宗頤、伏俊璉氏對“永隆本”李善注中“臣君”的意見，他們也以爲“君”是“善”字之譌，見《〈文選〉李善注の活用》，頁 231。

之，上野本的鈔手一定是根據唐鈔本補寫李善注。總之，古代、中世的日本人在複製漢籍時常常忠實於原書鈔寫，甚至不加批判地照抄誤字。從這個意義上説，上野本《文選》可謂中國典籍日本古寫本的典範。在分析該殘卷時，這一點需要特別注意。

三、"《兩都》精而辨，《二京》恢而富"

上野本《文選》的標記、旁注及背記都引用了不少典籍，其中大部分爲傳世文獻，但亦有已經散佚之書。如班孟堅《西都賦》一首標記（題上書眉注記）云：

> 摯虞《流別集》云："《兩都》精而辨，《二京》恢而富。"（第11紙）

《文章流別集》是西晉摯虞（？—311）所編的文章總集。虞，字仲洽，《晉書》本傳云："撰古文章，類聚區分爲三十卷，名曰《流別集》，各爲之論，辭理愜當，爲世所重。"[1] 可見《文章流別集》也包含有"論"，雖然《流別集》原書已佚，但是摯虞所作各種體裁文章，尚有若干片斷散見於《北堂書鈔》《藝文類聚》《太平御覽》等類書中。興膳宏[2]、鄧國光[3]各有輯佚、考證之作，可供參看。不過，他們都不曾言及上野本的標記。王京州彙集先唐論説文，將前引《流別集》一條列於摯虞文論中，可謂搜採宏博。惜其在説明該條佚文的出處時只籠統稱其出於"日本古鈔本《文選》班固《兩都賦》予題下注"，而不提"上野本"的名字[4]。關於此佚文，還有一點值得討論：

> 摯虞論邕《玄表賦》曰："《通》精以整，《思玄》博而贍，《玄表》擬之而不及。"余以爲仲治此説爲然也。（梁蕭繹《金樓子》卷四《立言篇》下）[5]

清儒孫詒讓（1848—1908）以摯虞論蔡邕《玄表賦》語爲《文章流別》的佚文（"案：此蓋論摯虞《文章流別》之語。'邕'上當有'蔡'字，《文選》謝朓《拜中

---

① 房玄齡等《晉書》卷五十一《摯虞傳》，北京：中華書局，1974年，頁1427。

② 參見興膳宏《摯虞〈文章流別志論〉考》，載入矢教授小川教授退休記念會編集《入矢教授小川教授退休記念中國文學語學論集》，京都：入矢教授小川教授退休記念會，1974年，後收入同氏著，蕭燕婉譯注《中國文學理論》，臺北：聯經出版事業股份有限公司，2014年。

③ 參見鄧國光《摯虞研究》，香港：學衡出版社，1990年，頁171—199；同氏《文章體統——中國文體學的正變與流別》，上海：上海古籍出版社，2013年，頁139—167。

④ 王京州《先唐論説文輯補》，《圖書館理論與實踐》2008年第4期，後收入同氏《魏晉南北朝論説文研究》，上海：上海古籍出版社，2014年。《流別集》的佚文，見該書頁272。

⑤ 參見蕭繹撰，許逸民校箋《金樓子校箋》，北京：中華書局，2011年，頁925—927。本處《金樓子》原文據《知不足齋叢書》本。

書記室辭隋王牋》李注引蔡邕《玄表賦》云'庶小善之有益',是也。(宋本《蔡中郎集》無此賦。)'通'上當有'幽'字,謂張平子《幽通賦》也。'仲治'當作'仲洽',見《晋書》本傳"[1])筆者按:孫氏所論甚是。若將蕭繹所引摯虞語與上野本《文選》標記中《流別集》的佚文比照參看,我們更容易理解此事。"《兩都》精而辨,《二京》恢而富"和"《(幽)通》精以整,《思玄》博而贍"採用相同句式,即以"(賦題)+(形容詞)+(而、以)+(形容詞)"爲一句。這兩條佚文對深入研究《文章流別集》的原型具有參考意義。

然則上野本乃至其底本的鈔手爲何將《流別集》寫在《文選》的書眉上?筆者以爲,這個事實和讀書之法有密切的關係。一般而言,中國士子讀古書時往往要藉助先人的注解。就《文選》而言,唐代已有陸善經注、李善注、五臣注、《文選音決》與《文選鈔》等注本。上野本的鈔手也把這些注釋抄入無注本中,其原因應該在於方便讀者閱讀。文學批評與注釋有一脈相通之處,大部分讀者重視有鑒賞能力的人,何況摯虞是個著名的批評家。在讀書時引用《流別集》作爲參考,也不足爲奇。如果是日人鈔手主動抄寫摯虞之語,由此可以推測,中國士子的讀書法在鎌倉時代以前便已在日本產生影響。

四、"太子令劉孝綽作之云云"

東方文化研究所複製上野本《文選》後,利用該複製本進行研究的學者,當首推斯波六郎(1894—1959)。斯波六郎歷任廣島高等師範學校、廣島文理科大學、廣島大學教授,以六朝文學研究和《文選》研究著稱,其所藏漢籍(後捐給廣島大學圖書館)之中確有上野氏《文選》的景照[2]。他在京都帝國大學文科大學中國語學專攻中國文學,與吉川幸次郎(1904—1980)爲同級(1926 年畢業)[3]。東方文化研究所經學文學研究室拍攝上野本《文選》時,吉川幸次郎擔任研究室主任。筆者認爲,斯波六郎通過二者的朋友關係,能夠較爲容易地獲得上野本《文選》的複製本以從事研究

[1]孫詒讓著,雪克、陳野點校《札迻》卷十《金樓子·立言篇九下》,收許嘉璐主編《孫詒讓全集》,北京:中華書局,2009 年,頁 388。

[2]廣島大學附屬圖書館編集《廣島大學斯波文庫漢籍目錄》(東廣島:廣島大學附屬圖書館,1999年,頁 66)著録上野氏《文選》的影照本。

[3]參見神田喜一郎、平岡武夫、斯波雪枝、小尾郊一、花房英樹、岡村繁《先學を語る—斯波六郎博士—》,《東方學》第 61 輯,1981 年。

工作。

上野本《文選》第3紙《文選序》題上標記（書眉注記）云：

太子令劉孝綽作之云云。

斯波六郎認爲"之"只指代昭明太子蕭統（501—531）的《文選序》，而不指代《文選》本身。他雖懷疑持此説者把《文選序》與《梁昭明太子文集序》放在一起（《梁書》云："太子文章繁富，群才咸欲撰録，太子獨使孝綽集而序之。"[1]），但也引用以下兩個資料，指出劉孝綽（481—539）也許在蕭統身邊參加了《文選》的編纂工作：

或曰：晚代銓文者多矣。至如梁昭明太子蕭統與劉孝綽等撰集《文選》，自謂畢乎天地，懸諸日月。然於取捨、非無舛謬。（《文鏡秘府論》南卷《集論》）[2]

（蕭統）與何遜、劉孝綽選集。（《玉海》卷五十四《藝文·總集文章》）[3]

日僧空海（774—835）摘録唐以前的文論編成《文鏡秘府論》。根據六地藏寺本《文鏡秘府論》的眉注，"或曰"以下乃是唐元兢（7世紀）《古今詩人秀句》後序中的一節[4]。第二條材料"與何遜、劉孝綽選集"則見於王應麟（1223—1296）《玉海》中引用南宋《中興館閣書目》（1178成書）等書，論及《文選》注釋史的一段文字中。而對於此句是引自《中興館閣書目》還是王氏自述己見，斯波六郎採取保留態度[5]。

在《古今詩人秀句》（已佚）、《玉海》中，我們能發現劉孝綽參與編纂《文選》的記述。此事暗示着前引上野本的標記（"太子令劉孝綽作之"）也可能依據的是禹域傳承的資料。附帶説一下，在南朝時期，何遜（467？—518？）文名與劉孝綽相埒。儘管如此，他的詩文一篇也都没有收録在《文選》之中。關於這個現象，唐寶常（？—825）云：

梁昭明太子撰《文選》，以何水部在世不録，鍾參軍著《詩評》，稱其人既往，斯文克定。（《類要》卷三十一《詩》所引《南薰集序》）[6]

---

[1] 姚思廉《梁書》卷三十三《劉孝綽傳》，北京：中華書局，2020年，頁532—533。

[2] 遍照金剛撰，盧盛江校考《文鏡秘府論彙校彙考（修訂本）》，北京：中華書局，2015年，頁1457。

[3] 王應麟《玉海》，臺北：華文書局，1964年，頁1062。

[4] 參見月本雅幸解題《六地藏寺善本叢刊》第七卷，東京：汲古書院，1984年，頁461。

[5] 斯波六郎《昭明太子》，載吉川幸次郎編《青木正兒博士還暦記念——中華六十名家言行録》，東京：弘文堂書房，1948年；後收入同氏《六朝文學への思索》，東京：創文社，2004年，頁6—9。

[6] 四庫全書存目叢書編纂委員會編《四庫全書存目叢書》子部第167册，臺南：莊嚴文化事業有限公司，1995年，頁252。

竇常所編《南薰集》是唐人選唐詩之一，早佚。《郡齋讀書志》① 和 《記纂淵海》② 也節略此序，《類要》的引用較完整。《類要》（存三十七卷）是北宋晏殊（991—1057）在 11 世紀前半葉編輯的類書。在《四庫全書存目叢書》收録該書清鈔本的影印本之前，學界歷來對於該書言之甚少。而《類要》中涉及《文選》成書過程的材料還不止於此。

> 《文選》：梁昭明太子與文儒何遜、劉孝綽選集風雅以降文章善者，體格精逸，文自簡舉，古今莫儔，故世傳貴之。（《類要》卷二十一《總叙文》所引《百葉書抄》卷四）③

《百葉書抄》是唐元寬（？—786）的著述，今存佚文不多。元寬幼子是中唐著名的詩人元稹（779—831），由此推斷此書的成書時間當在 8 世紀中葉左右，則蕭統與劉孝綽、何遜共撰《文選》之説至遲應産生於 8 世紀中葉，即早於《中興館閣書目》或《玉海》④。

除《類要》以外，"選學"的專家對本節所引用的材料應十分熟悉。在斯波六郎論《文選》的成書過程後，有些學者使用此資料斷定劉孝綽在該書的編纂過程中佔主導地位。有學者也推斷，由於何遜在《文選》編成以前便已逝世，所以他不應參與《文選》的編輯⑤。這個問題更值得專門學者探討，但是筆者的關心不在於此，而在於這些有關《文選》成書的記述是到唐代纔出現的。今人很難找到知識分子在六朝末期閱讀《文選》的確證。這種閱讀的缺失或許與當時的文學好尚風氣及其他總集的流行

①見晁公武撰，孫猛校證《郡齋讀書志校證》卷二十《總集類·李善注文選》，上海：上海古籍出版社，1990 年，頁 1054。

②見潘自牧《記纂淵海》卷三十四《視近易忽》，北京圖書館古籍出版編輯組編《北京圖書館古籍珍本叢刊》第 71 册，北京：書目文獻出版社，1998 年，頁 162。

③《四庫全書存目叢書》子部第 167 册，頁 32。"儒"、"精逸文自"，原誤"孺"、"精自文逸"。又原脱"舉"、"傳"。今據臺北故宫博物院藏鈔本訂補訛脱。

④關於《類要》的專著，有唐雯《晏殊〈類要〉研究》，上海：上海古籍出版社，2012 年。又參見陳尚君《晏殊〈類要〉研究》，載北京大學中國傳統文化研究中心編《文化的饋贈：漢學研究國際會議論文集》語言文學卷，北京：北京大學出版社，2000 年；後收入同氏《陳尚君自選集》，桂林：廣西師範大學出版社，2000 年。有關《南薰集》和《百葉書抄》的考證，分別見唐著頁 244—245、230—233，陳文頁 317、312。

⑤參見清水凱夫《文選編纂的周邊》，《立命館文學》第 377、378 號，1976 年；同氏《〈文選〉中の梁代作品撰録について》，《學林》第 1 號，1983 年，後都收入同氏著，韓基國譯《六朝文學論文集》，重慶：重慶出版社，1989 年；岡村繁《〈文選〉編纂の實態と編纂當初の〈文選〉評價》，《日本中國學會報》第 38 輯，1986 年，後收入同氏《文選の研究》，東京：岩波書店，1999 年。

有關①。我們現在已經不能想象出 6 世紀後半葉的情形。到了唐代，狀況一變，西陲地域的童蒙書云：

> 文選（梁照［當作"昭"］明太子召天下才子相共撰，謂之《文選》。）（法藏敦煌文獻伯 2721 號《雜抄》②）

敦煌文獻《雜抄》今存十幾件鈔本，其中"論經史何人修撰制注"一段列舉了當時庶民教育的基本典籍與蒙書，《文選》是其一③。這段材料表明《文選》及其編者是唐代學子所共有的基礎知識。此時，人們已經普遍不再相信是蕭統獨自編纂該書。雖然如此，士人與平民在知識層面上仍然具有差異，士人不滿足於如"天下才子"一般模糊的記述。由此，唐代的知識分子開始對《文選》的成書過程產生興趣。一些唐人將劉孝綽、何遜視爲該書的編者，這種觀念的產生當源於彼時唐人廣泛閱讀《文選》並給予其很高評價的文化語境，及唐人對解釋《文選》編撰緣起的迫切願望。

上野本書眉注記的"太子令劉孝綽作之云云"字句與這股思潮有密切關係。而在除前引《玉海》中的材料外，宋人對劉孝綽等人參與編撰《文選》説的言論没有流傳下來。這或許由於宋代知識分子並不如唐人一般喜好《文選》。此事暫且不論，基於《玉海》（宋末元初成書）的記述與上野本的標記，我們可以推斷該説在中國和日本流傳至 13 世紀。

五、小結

如在第一節末所述，上野本《文選》在《文選》的校勘工作、中古日語研究等領域具有極高的資料價值。除此之外，筆者還對該殘卷的標記很有興趣。上野本的鈔手

---

①參見岡村繁《さまよえる〈文選〉—南北朝末期における文學の動向と"文選學"の成立—》，《禪文化研究所紀要》第 15 號，1988 年，後收入同氏《文選の研究》；興膳宏《文選の成立と流傳》，載林田慎之助博士古稀記念論集編集委員會編《中國讀書人の政治と文學》，東京：創文社，2002 年，後收入戴燕選譯《異域之眼——興膳宏中國古典論集》，上海：復旦大學出版社，2006 年；童嶺《侯景之亂至隋唐之際〈文選〉學傳承推論》，《國學研究》第 33 卷，北京：北京大學出版社，2014 年。

②上海古籍出版社、法國國家圖書館編《法藏敦煌西域文獻》第 17 冊，上海：上海古籍出版社，2001 年，頁 357。

③關於《雜抄》的近年論文，有伊藤美惠子《敦煌寫本"雜抄"に關する諸問題》，載土肥義和編《敦煌·吐魯番出土漢文文書の新研究　修訂版》，東京：財團法人東洋文庫，2013 年。《雜抄》的研究史，見該書頁 405—407。

按照原本如實地抄寫（第二節），不僅補收諸家的注釋，而且記錄先人的批評（第三節）。這意味着鈔手受到中國士子讀書法的影響。另外，在第四節所舉的書眉注記也值得注意。"太子令劉孝綽作之云云"一邊暗示着唐人對《文選》的重視和瞭解其編纂狀況的期望，一邊顯示着該思潮已流傳至日本。雖然上野本《文選》僅存三十卷《文選》中的一軸，但是唐代學術風尚在該寫本中可見一斑。從此角度而言，上野本是《文選》接受史研究中不可忽視的資料。

關於日本傳存的《王勃集》殘卷

——其書寫形式以及"華"字缺筆的意義

道坂昭廣

（日本京都大學）

　　衆所周知，在日本傳存着《王勃集》的幾種殘卷。具體來説，有正倉院收藏的《王勃詩序》（以下稱爲"正倉院本"）和上野氏藏《王勃集卷第廿八》（以下稱爲"上野本"），東京國立博物館藏《王勃集卷廿九卷三十》（以下稱爲"東博本"）[①]。内藤湖南曾經考證上野本和東博本爲同一帙中的僚卷。同時，由於存在"華"字缺筆以及没有使用則天文字，因此内藤湖南斷定上野本等的鈔寫時期在正倉院本之前。對此，藏中進氏指出，因爲正倉院本中也存在"華"字缺筆，且根據遣唐使的歸國記録，《王勃集》殘卷在日本鈔寫所依據的原本皆成書於 701 年至 704 年左右。

　　筆者認爲日本傳存的《王勃集》殘卷，是展示王勃文學特色以及同時代的流行文學的重要資料。因此，本文將通過研究探討内藤湖南説和藏中進説，明確《王勃集》殘卷作爲文本的特徵，考察傳存日本《王勃集》殘卷所具有的意義。

一

　　本文首先來確認一下日本傳存的《王勃集》殘卷。

　　關於將上野本和東博本作爲僚卷，自内藤湖南提出該主張以來絶無異議。而且，内藤湖南在上野本《卷第廿八》的解説中指出："凡寫'華'字皆缺末筆，乃避則天祖諱，而後製字一無所用，可斷其鈔成於垂拱、永昌間矣。"通過"華"字最後一劃缺

---

①東博本曾經有一段時期收藏在富岡家，因此又被稱爲富岡本。另外，有一篇從東博本上剪下的"祭文"。由於在京都神田家收藏，因此也被稱爲神田本，但是現在爲東博所藏。在小論中將之稱爲東博本（包括神田本）。

筆，且没有使用則天文字，斷定其鈔寫時期應在正倉院本《王勃詩序》之前①。對此，藏中進氏《正倉院本〈王勃詩序集〉について》② 中的見解可以總結爲三點：一，上野本、東博本以及正倉院本都是鈔寫同一原本的日本鈔本。二，原本在"則天武后在位時代"的長安年間鈔寫而成。三，上野本和東博本將則天文字還原爲常體字。正倉院本則既存在將則天文字如實鈔寫的部分，又存在將其還原爲常體字的部分。藏中氏也曾經論及《王勃集》的舶來時期，對此，拙文主要討論《王勃集》殘卷究竟是何時的文本（或説以何時的文本爲基礎而成），不涉及其舶來時期。

管見所及，僅有藏中氏一人認爲上野本等是由日本人抄寫的。京都、東京的兩所國立博物館都認爲是唐鈔本③，《唐鈔本》中也如此介紹；另一方面，鑒定這個時期的鈔本究竟是在日本還是在中國鈔寫的非常困難④。不過，書寫舶來的貴重文本，真的會存在用紙不一這種情況嗎？而且，書體是否由抄寫者自己選擇等，藏中氏觀點中有些疑點。在此，筆者將例舉各個領域專家的觀點進行考察。

關於上野本的用紙，赤尾榮慶氏介紹道："近年通過修理檢查紙質的結果報告，可以知道這是楮木中加雁皮的混合紙（大意）。"⑤ 另一方面，正倉院本使用了當時的高

①《上野氏藏唐鈔王勃集殘卷跋》，1910 年 8 月。又見《舊鈔本王勃集殘卷跋》（《王勃集卷第廿九第卅（景舊鈔本第一集）》，京都：京都帝國大學文學部，1922 年）。兩者之後皆收録在《内藤湖南全集》第十四卷（東京：筑摩書房，1976 年）所收《寶左盦文》）。

②日中文化交流史研究會編《正倉院本王勃詩序譯注》（東京：翰林書房，2014 年）所收。引用部分從 12 頁直至 14 頁。第一次出現是在《正倉院本王勃詩序の研究 I》（神户市外國語大學外國學研究所，1994 年）。不過，參照該文注（六）可以知道此論考是經過修改的《上代則天文字考》（《小島憲之博士古稀記念論文集古典學藻》，東京：塙書房，1982 年）。此後，在他的《則天文字の研究》（東京：翰林書房，1995 年）中以第三章《上代の則天文字》爲題刊登。論旨雖然相近，但也言及原本中存在則天文字和常體字混在的可能性，即"雖然可以這樣考慮，也就是從唐土舶來的《王勃集》原本已經存在着則天文字和常體字的混用，特別是直至卷末的則天文字都被改寫爲常體。不過，關於被認爲是在則天武后在位中書寫的《王勃集》唐土舶來原本，應該認爲其中的所有文字皆爲則天文字（大意）"（頁 67）。

③京都：京都國立博物館編《筆墨精神》，2011 年。參考東京國立博物館主頁的解説。

④《唐鈔本》，大阪：大阪市立博物館，1981 年。參考中田勇次郎《總説》《圖版解説》。

⑤《王勃集解説》，《國華》千八百號，東京：國華社，2011 年。而且，興膳宏也指出"上野本《王勃集》のことなど（上野本《王勃集》等）"（《中國古典と現代》，東京：研文出版，2008 年，頁 193—197）。在此時期，在日本也是主要使用葡蔔爲主原料製造紙張，在中國使用可以與麻紙相提並論的優等樹皮製造（赤尾榮慶《聖語藏經卷管見—調查報告にかえて—》，《正倉院紀要》第 32 號，奈良：宮内廳正倉院事務所，2010 年），從這種樹皮紙的普及情況以及紙質水平考慮，上野本等的用紙是比較上乘的樹皮紙，也就是中國紙的可能性很高。另外，我參考了赤尾榮慶的《料紙について—古寫經を中心に—》（載島谷弘幸編《料紙と書》，京都：思文閣，2014 年，頁 241—247），關於用紙方面想請教各位專家不吝賜教。

級麻紙，其製作過程也極爲細緻，質地更是尤爲上乘①。字體除了楷書和行書之區別以外，書法的風格也迥異。内藤湖南指出上野本等是北朝風格。西林昭一則認爲："書體爲楷書，結體略趨扁平，向勢結構。但右肩下垂的結構與經生的書風意趣不同（大意）。"② 杉村邦彦也認爲上野本等爲中國人鈔寫③。根據這些意見，可以看出相比歐陽詢風格的正倉院本書法④，上野本等的書法風格稍顯古老，或者可以説是在正倉院本之前的書風⑤。

下面，將上野本等與正倉院本相比，發現書卷形式完全不同。上野本的卷頭是：

　　　墓誌下　達奚員外墓誌一首（并序）　　＊括弧内（并序）爲小文字。下同。

　　　　　　陸□□墓誌一首（并序）

　　　　　　歸仁縣主墓誌一首（并序）

　　　　　　賀杖（抜）氏墓誌一首（并序）

表明了該卷的文體，列舉了各個作品。卷尾記載"集卷第廿八"。

東博本應該是剪掉卷二十九的卷尾以及卷三十的卷首部分粘和而成的。因此，卷二十九的卷尾和卷三十的卷頭形式如何，尚不明確。卷二十九卷頭記録着此卷的作品名稱：

　　　集卷第廿九

　　　行狀　　張公行狀一首

　　　祭文　　祭石堤山神文一首

　　　　　　　祭石堤女郎神文一首

---

① 根據《正倉院寶物特別調查紙（第 2 次）調查報告》（《正倉院紀要》第 32 號），染紙時皆爲後染，"僅僅是染色不同，所有的紙張質地相同"，同時進行了仔細的抄紙，也有可能對染色進行了多方考慮。分析纖維的結果，發現雖然存在不明纖維，但是紙的質地主要以大麻爲主，整體感覺和《杜家立成》很像，纖維也很整齊（中倉三二《詩序》，ID117）。而且，作爲第一次調查報告的《正倉院の紙の研究》（正倉院事務所編《正倉院の紙》，東京：日本經濟新聞社，1970 年）中有與《王勃詩序》相同紙質的彩色麻紙十九卷（一卷約百張）留存於正倉院中。

② 《中國書道文化辭典》，京都：柳原書店，2009 年，頁 79。

③ 參見《書跡名品叢刊·唐鈔本王勃集》，東京：二玄社，1970 年。

④ 二玄社編集部編《書道辭典增補版》，東京：二玄社，2010 年，頁 29—30。

⑤ 上野本、東博本和正倉院本之間，有不同的字形。例如"流"和"於"字。正倉院本寫爲"流"，上野本等寫的"流"，在南北朝拓本以及初唐寫本中多見。正倉院本中的"於"，左邊的"方"類似於"扌"（提手旁）的形狀。拓本裏能夠見到兩者，唐代以降可以發現這種近似於提手旁的"於"慢慢增多。通過字形也許能夠討論兩部鈔本的書寫時期。本次調查利用了拓本文字資料庫（京都大學人文科學研究所）以及漢字字體規範史資料庫（同編纂委員會）。

祭白鹿山神文一首

爲虔霍王諸官祭故長史一首

爲霍王祭徐王文一首

祭高祖文一首

《卷廿八》卷頭有些損傷，"墓誌下"之前有可能是"集卷第廿八"。而且，東博本卷尾寫有"集卷第卅"。再者，每行的字數以十六字爲基礎，大約是十五字至十七字。除了卷頭"集卷第某某"的有無以外，完全是相同的格式。這與同時期的《翰林學士集》以及日本人鈔寫的《文館詞林》的形式神似①。

正倉院本卷頭並不存在"卷第某"等卷數及作品目録，是從《王勃於越州永興縣李明府送蕭三還齊州序》開始的。卷尾也是一樣，在作品之後僅有"用紙貳拾玖張　慶雲四年七月廿六日"②。而且，每行的字數也不盡相同。綜上所述，從紙質、字體、書風、卷頭卷尾、每行的字數等等來看，可以説正倉院本和上野本、東博本作爲卷本的形式完全不同。

藏中氏指出正倉院本和上野本等的則天文字有無的問題。下面筆者想就此進行探討。在鈔寫之際，不僅是字體和書風，還存在鈔寫人自由改寫文字的情況，這點也是令人懷疑的。然而，想要驗證這點非常困難③。則天文字的情況與此相同："書寫原本（道坂注：正倉院本原本）之唐本中已經存在缺筆字'華'以及'花'，相信這些應是日本鈔寫人如實鈔寫的。或者，有可能是經由日本鈔寫人之手，因而'華'字之中的十五字被替換爲'花'，也未可知（大意）。"④ 對此，本文想從日本鈔寫人的改寫可能

---

① 《翰林學士集》（《〈翰林學士集〉二種影印と翻刻》，東京：櫻楓社，1989 年）在卷頭有目録，卷末有"集卷第二（詩一）"。《影弘仁本文館詞林》（東京：古典研究會，1969 年）有"文館詞林卷第某詩（等文體名）"，下一行用小字寫有編者許敬宗的官職，之後是該卷的作品目録。《趙志集》（天理圖書館善本叢書編集委員會編，天理：天理大學出版社部，1980 年）卷頭第一行僅有"趙志集一卷"（卷末斷絶），與上野本等不同，卷頭寫有書名、卷數以及目録的纔是一般的格式。

② 正倉院本參照奈良國立博物館編《平成七年第四十七回正倉院展》，1995 年。

③ 不過，正倉院本使用則天文字之處，在中國以不同文字流傳的例子有五個：① "漢家二百年之城塘"（《山家興序》）中"年"爲"所"；② "終軍之妙日"（《秋日登洪府滕王閣餞別序》）的"妙日"爲"弱冠"；③ "群公並授奇"（《秋夜於綿州群官席別薛昇華》）的"授"爲"受"；④ "長門之星"（《晚秋遊武擔山寺序》）的"星"爲"月"；⑤ "今日天平"（《江寧縣白下驛吳少府見餞序》）爲"今日太平"。尤其是①④⑤，也許是由於將其中的則天文字轉換回常體字時出現的異同。如果和藏中氏的説法相同，原字是則天文字的話，那麼也應該與上述情況一樣，正倉院本和中國傳來文本之間本應出現差異。但是據筆者調查，並沒有發現此類。

④ 藏中進氏《則天文字資料四題——涇州大雲寺舍利石函銘其他について》，《則天文字の研究》，頁 220。

導致“華”字的缺筆以及“花”字混入的角度進行考察。

正倉院本中“華”字有十處，且皆存在缺筆。“花”字有十六處。調查出土墓誌可以發現，除了從則天武后掌握實權後的垂拱時期，直至她的政權結束期限之外，“華”字的使用是壓倒性的。關於正倉院本“華”和“花”字的逆轉，如果只看數字的話，中國原本或日本鈔寫人似乎已經忘記修改“華”字。但是，如果將其作爲詞彙進行調查，另一種情況便會浮出水面。

　　① 華陽舊壤　② 重集華陰之市（《春日序》）。

＊③ 昇華之巖々（《餞宇文明府序》）。

＊④ 物華天寶　⑤ 鄴水朱華（《秋日登洪府滕王閣餞別序》）。

＊⑥ 薛昇華　⑦ 夫昇華者（《秋夜於綿州群官席別薛昇華序》）。

＊⑧ （玉帶瑤）華（《宇文德陽宅秋夜山亭宴序》）。

　　正倉院本中存在混亂，括號内參考了中國傳存本中的文字。

＊⑨ 銀燭淹華（《新都縣楊乾嘉池亭夜宴序》，中國傳存本爲《越州秋日宴山亭序》）。

＊⑩ 屬芬蕪（華）之暮節（《遊廟山序》）。

　　正倉院本中作“蕪”字，筆者認爲是“華”字的筆誤。中國傳存本作“華”。

其中附＊的是在中國傳存的作品。據筆者調查，其中的《新都縣楊乾嘉池亭夜宴序》中的“淹華”，在《文苑英華》中作“掩花”，而明代張燮輯《王子安集》（《四部叢刊》本）中作“摘花”。這説明作“花”字的文本也有存在的可能性。此外，並不存在文字方面的異同①。不過，十例中有五例是地名（①②）以及王勃友人“薛昇華”的人名（③⑥⑦）。陳垣《史諱舉例》指出，在垂拱初爲了忌諱“華”字纔更換地名②。從唐代的出土墓誌來看③，則天武后掌權時期的墓誌中的確能夠發現此類情

①關於正倉院本和中國傳存作品中文字的異同，請參照拙著《正倉院藏〈王勃詩序〉校勘》（香港：香港大學饒宗頤學術館，2011 年）。

②《史諱舉例》卷二第十六外戚諱例：“垂拱初，避武氏祖諱，改華州曰大州……華亭縣曰亭川。”“《舊唐書·崔玄暐傳》本名曄，以字下體有則天祖諱，乃改爲玄暐。”（北京：中華書局，1962 年），頁 28。

③調查方法是利用氣賀澤保規編《新版唐代墓誌所在綜合目録》（東京：汲古書院，2004 年），利用拓本景印進行了調查，同時存在無法確認的部分。以下言及唐代墓誌時，原則上使用此方法進行調查。括弧内的年號數字爲的是讓時期更加一目了然，使用了周紹良編《唐代墓誌彙編·續集》（上海：上海古籍出版社，1992—2001 年）的號碼。

況。不過，在"華陰"、"華州"等或"華"字出現缺筆，或並不缺筆而使用的同時，我們卻無法發現"花陽"、"花陰"這樣的把地名改寫爲"花"的例子。人名如果改寫爲其他文字便不容易發現。不過，能夠發現"夫人諱華兒"（《續》聖曆13）這樣的例子。因此至少可以說，尚未發現改寫爲"花"的人名。此五例難道不是無法機械性翻譯爲"花"的"華"字嗎？剩下的五例，除去"淹華"（《續》嗣聖1.不用"文明"的年號）以外，從則天武后掌握實權開始直到執政時期的墓誌中並未發現其使用例，也未出現改寫爲"花"的例句。武后政權前，在《藝文類聚》（卷二十一人部友悌·梁簡文帝《應令詩》）中可以發現"朱花"一例，但是"朱華"就是以曹植《公宴詩》的"秋蘭被長坂，朱華冒綠池"爲出典①，"瑤華"也在武后政權前墓誌中有一例"瑤花"（乾封40）。如果這是以《楚辭·九歌·大司命》"折疏麻兮瑤華，將以遺兮離居"爲出典的話，改寫爲"花"字是不容易的。

其次，正倉院本中的"花"如下所示。

*① 桃花之源 ② 親風花而滿谷（《山家興序》）。

*③ 野外蘆花（《秋日宴山亭序》）。

*④ 雜花爭發（《三月上巳被禊序》）。

⑤ 花萼由其拊影 ⑥ 則花彩疊重（《秋日送王贊府兄弟赴任別序》）。

⑦ 有拔蘭花於溱洧（《秋晚什邡西池宴餞九隴柳明府序》）。

*⑧ 落花盡而亭皋晚（《上巳浮江讌序》）。

⑨ 桃花引騎（《江浦觀魚宴序》）。

⑩ 花明高牖（《與邵鹿官宴序》）。

⑪ 花深潤重（《夏日仙居觀宴序》）。

⑫ 光浮一縣之花（《九月九日採石館宴序》）。

⑬ 花源泛日（《衛大宅宴序》）。

*⑭ 河陽潘岳之花（《宇文德陽宅秋夜山亭宴序》）。

*⑮ 源水桃花（《秋晚入洛於畢公宅別道王宴序》）。

⑯ 花柳含春（《春日送呂三儲學士序》）。

*指的是中國傳存之作，其中沒有任何文本使用"華"字。概覽這些作品，可以發現"花"字皆限定爲 flower 的意義。再者，考慮出典的話，此六例分別引用了陶淵

①王勃《採蓮賦》中也有"朱華"一詞，蔣清翊認爲這是以曹植的《公宴詩》爲出典（《王子安集注》卷一，上海：上海古籍出版社，1995年）。

明的 "桃花源"（①⑨⑬⑮）以及潘岳作爲河陽縣縣令之際的逸聞（⑫⑭），這些都是王勃作品中經常引用的故事①。"花萼" 是以《毛詩·小雅·常棣》中 "常棣之華，鄂不韡韡。凡今之人，莫如兄弟" 爲出典，但是唐代墓誌中用的是 "花萼" 的字面②。將②的 "風花" 作 "華" 的例子在王勃以前不易找到。不過，正如《詩品》的 "風華清靡，豈直爲田家語邪"（中品·宋徵士陶潛）一樣，"風華" 與 "風花" 的意義不同③。最重要的是，即使僅限於唐初到垂拱時期，這些詞彙的大部分也可以從出土墓誌中找到④。然而，筆者卻無法發現作 "華" 字的例子。這些文本即使原本爲 "華"，如果是已經利用缺筆來顯示避諱的話，那麼日本人是否還有必要將其改寫爲 "花" 呢？

的確，則天政權時期能夠見到將 "華" 改寫爲 "花" 的例子。然而，那些都是類似於佛典，特別是作爲國家事業而執行的書寫、編纂的嚴格情況，例如將《法華經》改爲《法花經》等⑤。但是，僅限於唐代的出土墓誌這一範圍的話，不存在佛典這種嚴格的情況。從唐初直至垂拱以前，相對 "花" 字來説，"華" 字的使用是壓倒性的。不過，筆者並不是説僅在則天武后政權時期使用了 "花" 字，而是從唐初開始 "花" 和 "華" 就曾經並存。同樣，雖然只有一例將 "華" 改寫爲 "花"，但在正倉院本中能夠發現 "華" 與 "花" 的區別使用，而且在唐代墓誌之中也存在作 "花" 的表達方式。綜上所述可以推斷，"華" 和 "花" 的存在既不是中國原本中的混亂，也不是日本抄寫人的改寫，而是抄寫原本便是如此的。換句話説，當時 "華" 和 "花" 之間並

---

① 比如 "源水終無路，山阿若有人"（《出境遊山二首其一》卷三）。還有 "河陽潘岳之花"（《上明員外啓》卷四，蔣注："《白帖》七十七，潘岳爲河陽令，樹桃李花，人號河陽一縣花。"

② 這兩句，特別是 "鄂不" 的讀法和解釋不一。鄭箋將 "華" 和 "萼" 解讀爲對兄弟的比喻。此後，謝瞻的《於安城答靈運》（《文選》卷二十五）"華萼相光飾，嚶鳴悦同響" 也以兄弟之意使用 "華萼" 二字。不過，通過調查墓誌，這個詞在唐代（筆者的調查雖然有限，但最早的例子也出現在貞觀 22）一般作 "花萼"。

③ 高木正一譯《詩品》（東京：東海大學出版社，1978 年，頁 256）認爲無法找到 "風華" 的先例。墓誌中有 "風華藉甚"（貞觀 122）一例，但並非指風中飛舞的 "花"。

④ 與王勃在同時期，例舉永徽元年（650）開始直至上元三年（676）的墓誌使用例，雖没有意識到桃花源，但與①⑨⑮相同的 "桃花" 一詞，有麟德 29、總章 16。②的詞彙有《續》顯慶 37。⑤的詞彙有乾封 52、55 等七例。⑦有《續》乾封 19。⑧有咸亨 47 中 "桃源落花"。⑩有總章 8、上元 18。⑯有上元 6。⑬無法發現相同的詞語，但是可以看到與⑧例類似的依據 "桃花源" 的表達形式表現。③④⑥⑪⑯無法發現這一時期墓誌相同的詞語。

⑤ "華" 字缺筆以及改寫爲 "花" 字等，除了藏中氏以外，内藤乾吉《大方廣佛花嚴經卷八解説》（《書道全集》第 26 種，東京：平凡社，1967 年，頁 187—188）也早有指出。武后在位時期的佛典中徹底使用 "花" 字，除了藏中上述書第十七章，大西磨希子《聖語藏の〈寶雨經〉》（《敦煌寫本研究年報》第 8 號，2014 年）也有指出。

不存在混用問題，而是同時使用的①。

如上所述，如果正倉院本的"花"與"華"字缺筆是按照原本如實鈔寫的，那麼它的鈔寫原則難道不能適用於則天文字和常體字的混用嗎？換言之，正倉院本的則天文字並非"經由日本鈔寫人之手，同時被翻字鈔寫爲適當的常體字的"（藏中進主張），難道不是按照原本的文字如實鈔寫的嗎②？

上野本等中的"華"和"花"又如何呢？從我的調查結論來說，它們也被區分使用。按照出現的順序可以將其列舉如下。數字表示"華"，英文表示"花"。

①雖帝府鈞陳之序，寔冀華（闕一字），而仙臺列宿之班，是招人選。

A 清雅韻於椒花，奉柔規於荇菜。　　　　　《唐故度支員外郎達奚公墓誌》

②青軒寫照，皇英灼別館之儀，彤筆詮（?）華，班蔡擬承家之問。

B 諸姬飲惠，爭陶荇菜之篇，列娣遷規，競縟椒花之思。

③栖鵲鏡於靈臺，鉛華自屏。

④姜府君以地華分鼎。

⑤分華聳靄，彼或連徽。

C 每至花濃春徑。

⑥七侯英族，……九仞華軒。

D 詩傳荇緒，領拂花蹊。　　　　《歸仁縣主墓誌》

⑦衛洗馬之門華，清贏不瘥。　　　《唐故河東處士衛某夫人賀拔氏墓誌》

以上上野本

⑧某參華霄族。　　　　《爲霍王祭徐王文》　　東博本

"華"有八處，皆爲缺筆。"花"有四處。在《達奚公墓誌》和《歸仁縣主墓誌》中兩者同時出現。特別是 B 和③、⑤和 C 在相鄰行間出現。"華"字④⑥⑦⑧是指名門高貴，加上例⑤，與正倉院本的"華"字相同，都是表示華麗之意的詞語。③的"鉛華"引用了曹植《洛神賦》（《文選》卷十九）的"芳澤無加，鉛華不御"，多出現於唐代的墓誌。④"地華"也在垂拱 40、《續》文明 2 中使用。另一方面，C 和 D 的"花"與正倉院本相同，表示"花朵"。A、B 的"椒花"以"晋劉臻妻，正旦獻椒花

①王勃作品的中國傳本中也存在"華"和"花"的並用，但是"花"僅用爲 flower 的意思。這難道不是在說明從最初就開始並用的嗎？

②敦煌文書中也有同一文章中混用則天文字和常體字的情況。正倉院本也不是隨意改寫，難道不能認爲原本從一開始就是如此的嗎？參照王三慶《敦煌寫卷中武后新字之調查研究》，《漢學研究》第 4 卷第 2 期，1986 年。

頌"（《藝文類聚》歲時中·元正）爲出典，也多用於初唐的女性墓誌中。而且，在王勃的活動時期，即永徽至上元時代也可以找到七例①。

從卷頭卷末的形制、一行的字數、楷書書體及其書風等形式特色來看，上野本、東博本想要接近原本的意識，比正倉院本更加强烈。同時，即使是正倉院本中"花"、"華"字也存在缺筆，而且恐怕則天文字和常體字也是照搬原本來書寫的，上野本等在保留"華"字缺筆以及"花"的同時，僅僅對則天文字一律修改，這是讓人難以想象的書寫態度。因此，上野本和東博本是未使用則天文字的文本，正如內藤湖南所指出的，這些都是則天文字制定之前的文本。

如此説來，藏中氏對於"華"字缺筆的見解難道不存在誤解嗎？藏中氏以正倉院本中也存在"華"字缺筆爲根據，否定了內藤湖南將上野本作爲早一些的寫本的考證，主張上野本等與正倉院本相同，都是在則天武后在位時期的唐土書寫而成的。再次確認，在武后奪權的載初元年（689年末）制定了則天文字。內藤湖南指出在載初元年之前，也就是武后在掌握實權的垂拱（685）年就開始避諱"華"字。也就是説，"華"字的缺筆在則天文字實行以前就已然存在了。因此，使用則天文字的文本中存在"華"字缺筆也是非常合理的。不過，此處需要指出存在"華"字缺筆的文本中並不一定包含則天文字。內藤湖南將目光集中在這個時間上的差異，認爲上野本和東博本是比正倉院本更古老的寫本。藏中氏也指出在則天武后時代，由於對其祖輩的忌諱，因此不使用"華"而使用"花"。關於這點，藏中氏引用了認爲避諱是從垂拱初開始的陳垣《史諱舉例》。然而，藏中氏對"花""華"使用狀況的調查是從天授元年（690）開始的，沒有注意到垂拱年間"華"字的避諱狀況②。因此，想要弄清正倉院本以及上野本等作爲文本的屬性，就有必要調查內藤湖南指出的垂拱年間"華"字的狀況。

二

按照內藤湖南的主張，或者陳垣《史諱舉例》，可以得知對於"華"字的避諱是從"垂拱"（685）開始的。《新唐書·則天皇后本紀》）中也指出，（光宅元年[684]九月）己巳，追尊武氏五代之祖克己爲魯國公，追尊其祖華爲太尉、太原郡王。

---

① 列舉如下：龍朔 12，乾封 22、49，咸亨 36、41，上元 24，《續》上元 15。
② 《則天文字の研究》頁 216—218。特別是從頁 217—218 的表格以及説明考慮的話，雖有資料性限制，但是可以推定他並沒有發現"華"字的使用是從垂拱二年開始驟減的。

不過，通過筆者的調查發現，垂拱元年（685）的三十五篇墓誌中①，使用"華"字的有十六篇（其中兩篇爲未見於拓本），皆無缺筆的例子。垂拱二年六月《管基墓誌》（垂拱23）中的"華"字缺筆應該是第一例。不過，垂拱二年的墓誌中使用"華"字的僅有兩篇，另外一篇不存在缺筆。垂拱三年的缺筆也僅有《大唐登仕郎康君墓誌銘并序》（《洛陽》54）一例，垂拱四年也僅有兩例而已（《續》垂拱19、23）。這兩年中既存在缺筆的墓誌，也存在不缺筆的墓誌。同時，光宅元年九月到十二月的墓誌中"華"字的使用例爲十例（全十五篇），垂拱元年的十六例，與此相對垂拱二年爲二例（全十五篇），三年爲五例（全二十七篇），四年爲六例（全二十八篇）。這説明"華"字的使用例急速減少，正如陳垣的主張，在垂拱年間，具體限定到垂拱二年之後很明顯在忌諱使用"華"字②。

那麼，雖然承認這種缺筆有無的混用，垂拱二年"華"字缺筆的例子，是顯示内藤湖南觀點正確的依據。暫且不提日本傳存的《王勃集》殘卷究竟在何時舶來，從以上的調查可以導出的結論是，上野本、東博本和正倉院本是不同的文本，前者是在"華"字缺筆時代，後者是在則天文字使用時代（當然，其間也存在"華"字缺筆）書寫而成的。而且，從卷廿八、廿九、卅等文字考慮，可以推定上野本、東博本是由王勔等編纂，附上楊炯之序而完成的《王勃集》三十卷的部分内容。傅璇琮指出，《王勃集》編纂年代爲文明時期③。然而，從"華"字缺筆來考慮，《王勃集》編纂的上限爲文明（684），下限爲僅存在"華"缺筆的永昌（689）。即使認爲上野本、東博本的原本是《王勃集》在最早的文明、光宅元年（684）編纂的，但也可以認爲它是在689年之前的短短五年之内鈔寫的文本。

三

另一方面，正倉院本到底是怎樣的文本呢？僅僅憑藉《詩序》一卷，難以想象其文本的體系。從正倉院本卷末的紀年來看，它毫無疑問是在707年之前完成的。不過，由於上野本等是則天文字制定以前的文本，因此認爲此本的日本鈔寫人與上野本等相

①此處還參考了《西安碑林博物館新藏墓誌彙編》，北京：線裝書局，2007年；《洛陽新獲墓誌續編》，北京：科學出版社，2008年。
②不過，筆者無法發現使用"花"來代替"華"的明確的例子。
③傅璇琮主編，陶敏著《新編唐五代文學編年史·初唐盛唐卷》，瀋陽：遼海出版社，2012年。

同，是從《王勃集》中僅將王勃的序挑選出來的觀點存在問題。當然，舶來的《王勃集》三十卷如果與《文館詞林》等相同，可以想象其中則天文字制定以前的卷和則天文字使用時期書寫的卷混在一起。即使如此，如果認爲它與上野本等同爲《王勃集》的詩序部分，那麼正如上文所述，兩者在卷帙方面的差別實在太大。而這又如下文所示，正倉院本或許並不是由於想要製作複本纔被鈔寫的，這種説法或許更加合理。不過，筆者認爲正倉院本應該與上野本等《王勃集》不同，是僅僅編輯詩序的原本。

正倉院本中存在很可能是在書寫之際產生的誤字和遺漏，另一方面，毫無疑問比起中國傳存本，它作爲文本存在更加優秀的部分①。不過，將正倉院本當作王勃詩序作品的文集來考慮的話，認爲它是否爲優秀作品存在些許疑問。

正倉院本《山家興序》（中國傳本爲《山亭興序》）和《春日序》的末尾寫有比正文字體小的"末闕"二字。《春日序》由於是佚文因此不明詳細。然而，《山家興序》在中國傳存本中正如"末闕"二字所示，其後續有一二八字。"末闕"二字究竟是原本中的文字，還是日本鈔寫人發覺而寫下的文字，至今還是一個謎②。有名的《秋日登洪府滕王閣餞別序》，其中國傳本中正倉院本文字之後附加了十個字。從《文苑英華》的注記可以得知，也存在沒有這十個文字的文本。此注記顯示出在傳寫之間產生了變種。《山家興序》《春日序》的"末闕"文字顯示着鈔寫人在某個時間點發現了這並不是完整的作品③。假設這是由於日本鈔寫人附加的文字，那也説明鈔寫人注意到了與其他作品的區別所在。也就是説，當時正倉院本之外的文本已經存在於日本。綜上所述，由正倉院本使用則天文字的事實來看，是很早時期寫的鈔本，而且可以認爲在日本人抄寫時，其他文本已經存在。

另有一點，顯示正倉院本作爲文本性格的線索。根據蔣清翊《王子安集注》計算，這種類型的詩序數量爲四十篇（作爲"序"的作品是四十五篇④）。在正倉院本中存在其中的二十篇。與此相反，其中半數的二十篇是正倉院本中並不存在的作品。從常識

---

① 關於此點，請參考拙論《略論作爲文本的正倉院藏〈王勃詩序〉》（《文學與文化》總第 5 期，南開大學文學院編，2011 年）以及《正倉院藏〈王勃詩序〉校勘》。

② 有位老師賜教我，使用最上乘的麻紙意味着顯貴進行了官方性的書寫。如果是這樣的文本性質，那麼很難想象後世會做出輕易的修改。

③ 從文章内容的角度來看，鈔寫人有可能意識到了"末闕"，如果是這樣的話，雖然由於是佚文因此無法檢證，不過從内容考慮很明顯"末闕"的《至真觀夜宴序》中卻不存在這種記録。

④ 四十五篇，是在蔣清翊本卷六至卷九詩序的基礎上，加之《聖泉宴序》（卷三）的數量。四十篇，《黄帝八十一難經序》《續書序》《四分律宗記序》《礜鑑圖銘序》（卷九）以及《入蜀紀行詩序》（卷七）未計在内，這些並非送别和宴會的詩集之序。

角度來考慮的話，本應存在更多的詩序作品，單純從此數字考慮，無法稱正倉院本爲鈔寫王勃所有詩序的作品集①。因此，正倉院本並非王勮等收集王勃所有作品編纂而成的《王勃集》的一部分，而是另外的僅僅收録王勃詩序的作品集，或者大膽想象的話，也許存在包含王勃作品的詩序總集，而正倉院本正是抄寫王勃部分的選集也未可知。上野本、東博本被認爲是《王勃集》三十卷的一部分，該卷在中國有著録。不過，根據中國的記載，除此之外还有劉元（允）濟序本，而且在《日本國見在書目録》中除了《王勃集卅》，還著録了《新注王勃集十四（卷）》②。也就是説，曾經存在没能流傳到今天的《王勃集》③。詩序這種文體從初唐開始興起，按照傳存至今的作品考慮，已經有研究指出王勃等作家是詩序的主要先驅者④。這樣分析的話，僅收入王勃的詩序的選集，難道没有在中國曾經流通過的可能性嗎⑤？而且，考慮"末闕"這一注記，正倉院原本或許比王勮等的《王勃集》更早編纂，并於則天文字盛行的時代鈔寫下來并舶來日本⑥。

---

① 《王勃詩序》在正倉院最初的目録《東大寺獻物帳》上並無記録，因此無法得知是何時獻上的。不過，《東大寺續要録》卷十《寶藏篇》（《東大寺續要録》，筒井寬秀監修，東京：國書刊行會，2013 年）建久四年（1193）的開倉記録椙辛櫃五十八合中，不僅收録了《御經筥（納梵網經一卷）》以及《代々書目》，同時也有《詩序書二卷》。當然，其中有一卷無法斷言是正倉院本。

② 《郡齋讀書志》卷十七中著録了《王勃集二十卷》，解題之後有"劉元濟序"。《日本國見在書目録》（《古逸叢書》所收）登載於《別集家》。

③ 另外，令狐楚的《盤鑑圖銘記》（《全唐文》卷五百四十三）中有"元和十三載二月八日，予爲中書舍人翰林學士，夜直禁中，奏進旨檢事。因開前庫東閣，於架上閱古今撰集，凡數百家。偶於王勃集中卷末獲此鑑圖并序，愛玩久之……"蔣清翊引用爲《鑿鑑圖銘序》之注。"集中卷末"究竟是《王勃集》中某卷的末尾，還是《王勃集》的末尾無法得知。如果是後者的話，東博本（卷三十）最後爲王承烈的信函，令狐楚的記録顯示着中唐時期曾經存在與上野本、東博本不同的版本。

④ 參見拙作《王勃の序について》，《人文論叢（三重大學人文學部紀要）》第 10 輯，1993 年；《初唐の序について》，《中國文學報》第 54 輯，京都大學文學部中國語學中國文學研究室，1997 年。

⑤ 最初紹介正倉院本的楊守敬已經指出"抑唐人愛勃序文者，鈔之耶"，也就是它是不同於《王勃集》的其他作品集的可能性。在此之上，他雖然舉出《新唐書》志五十《藝文》四（卷六十）中刊登的《王勃舟中纂序五卷》，但有關它與正倉院本的關連是持否定態度的（《日本訪書志》，《古鈔王子安文一卷》）。還有陳偉强《王勃著述考録》（《書目季刊》第 38 卷第 1 期，2004 年），作爲正倉院本原本的可能性舉出此書，但他的根據中有所誤解。"舟中"所指之處不明，在此，筆者僅將其作爲一個能夠暗示收集王勃之序的作品集存在可能性的例子。不過，《宋史》志一六一《藝文》七（卷二百八）中王勃的著作僅收録了《雜序一卷》，無法發現其他作品，因此作爲正倉院本的原本來考慮並不合適。

⑥ 《王勃集》的舶來時期雖然不在小論的考察範圍，但上野本、東博本紙背有關佛教的筆記，在《唐鈔本》解説（杉村邦彦氏）中被認爲是平安末年，因此舶來是在其之前。

　　那麼，爲何王勃的《詩序集》作爲鈔寫對象被選中了呢？鈔寫本身正如藏中氏指出的一樣，也許是對於文武天皇的追悼儀式之一。不過，爲何必須要選擇王勃的詩序呢？

　　正倉院本中存在由於發現文字和文章的遺漏而附加的部分①，每行的字數也不一致。注意到這一點，就可以發現正倉院本不含有照搬原本正確複製的意圖。可以讓人想起與此相同的書寫態度的是《杜家立成雜書要略》。它與正倉院本的鈔寫時期不同，但其書寫的本意也不在於正確複製原本②。那麼爲何選定《杜家立成雜書要略》以及王勃《詩序集》呢？前者能從敦煌出土文獻中窺見到書儀的普及情況，如此考慮能夠想象之所以被選定的理由是它反映了當時中國的流行文學③。王勃的詩序不也正是如此嗎？作者是王勃，文體又是詩序。在初唐興盛的詩序，流傳到日本並被模仿。小島憲之氏曾經指出特別是王勃和駱賓王的作品受到重視。而且，關於詩序在日本的流行之廣泛，東野治之氏和興膳宏氏也做過考察④。關於正倉院本這部作品，我們難道不能如此考慮嗎？也就是説，它是由王勃這位流行的大家執筆，由詩序這一流行的文體構成的作品，這樣的作品又使用了則天文字這種最新的文字書寫，以當時最流行的歐陽詢的書風寫成的。綜上所述，鈔寫的目的並非複製原本，其目的可能是爲了鑒賞而使用了最新的文體、最新的文字、最新的書風以及國內最高品質的用紙，并借助了最新的流行作家。

小　結

　　關於日本傳存的《王勃集》殘卷，本文從內藤湖南和藏中進的對立論點的角度，

①比如《上巳浮江讌序》第五行，《秋晚入洛於畢公宅別道王宴序》第二十八行等，中途發現遺漏的語句，因此橫寫了注釋。請參考拙著《略論作爲文本的正倉院藏〈王勃詩序〉》及《正倉院藏〈王勃詩序〉校勘》。

②《杜家立成雜書要略》最初寫有一行題名，從第二行開始書寫文章，不過文章後半再沒有出現這樣的改行。因此可以推測這並非原本的格式。

③趙和平《敦煌寫本書儀研究》，臺北：新文豐出版公司，1993 年。更有將目光放在其作爲詩序和書簡文方面，可以推測它與當時日本的王羲之愛好或許有關。

④請參照小島憲之《上代日本文學と中國文學（下）》，特別是第六篇第一章《懷風藻の詩》（東京：塙書房，1965 年，頁 1235—1344）。并參考東野治之《〈王勃集〉と平城宮木簡》（《正倉院文書と木簡の研究》，東京：塙書房，1977 年，頁 154—161），同氏《〈王勃集〉—役人の手習い》（《書の古代史》，東京：岩波書店，1994 年，頁 79—83）介紹了寫下王勃詩序中一句的木簡出土情況。興膳宏《遊宴詩序の演變—〈蘭亭序〉から〈梅花歌序〉まで—》（《萬葉集研究》第 28 輯，東京：塙書房，2005 年）探討了文學性影響。最後，《杜家立成雜書要略》也指出記錄該行的木簡出土（丸山裕美子《正倉院文書の世界》，東京：中央公論社，2010 年，頁 30）。

考察了其作爲文本的特徵。除了用紙之外，字體、書風、卷頭卷末、一行字數等書寫形式方面的相異，更從"華"字缺筆以及則天文字的使用等等視點進行了考證。通過筆者的研究，本文所得出的結論可以總結如下：

正如内藤湖南所認爲的，上野本、東博本是從垂拱至永昌（685—689）時期在中國抄寫的《王勃集》的一部分；正倉院本雖然時期不明，但是它集合王勃的詩序并編纂選集，從其中使用的則天文字來考慮的話應該是在698—707年之間書寫的文本，之後在日本被鈔寫下來的。

上野本、東博本是在《王勃集》編纂之後五年内，也可以稱爲剛剛編纂後極早時期的珍貴文本。而且，正倉院本還具體顯示了當時中國的詩序文體的流行，以及王勃是這一文體的重要作者這些信息。

這些《王勃集》的殘卷，反映了當時中國對王勃文學的評價。特別是正倉院本，如實地反映了當時日本對於中國所流行的文學是如何的敏鋭感受的。這些寶貴的資料，不但顯示了那個時代的日本對於中國最新文化的憧憬，同時也爲後人再次認識初唐文學以及當時的王勃文學作品鋪墊了堅實的基礎。

（附記：本文根據《東方學》第130輯［2015年7月］所載日語版論文修改。日語版發表後，得到興膳宏先生等幾位專家的寶貴意見，特致謝忱。）

《白氏文集》的文本系列及其
對日本文學的影響

金木利憲

（日本大東文化大學）

一、序言

白居易（大曆七年—會昌六年，772—846），中國唐朝著名詩人之一。其收録於《白氏文集》中的作品，在中、日、韓三國廣爲傳誦。此書流傳到日本的時間，叮推算在日本仁明天皇承和年間（834—847）①，這恰好是白居易的晚年時期。考慮到當時的信息傳播速度，《白氏文集》在日本的流傳稱得上實時輸入了中國本土的流行文化。

《白氏文集》傳入日本後，先是作爲時代的前沿文化而流行，之後作爲傳統基礎教育的資源，深受日本人的喜愛。因而，它對日本語和日本文學作品産生了深遠影響。

本論文的第二節對《白氏文集》的文本系列分類進行考察。第三節在第二節考察的文本系列分類的基礎上，解讀對日本文學産生影響的《白氏文集》文本是如何跟隨時代逐漸發生變化的。

二、《白氏文集》的文本系列

根據目前確認的情況可知，《白氏文集》傳到日本後已傳承了 1200 年，因此留下很多傳本，代表性傳本可列舉如下：

---

① 太田晶二郎《關於白氏詩文的舶來》，《國文學　解釋與鑒賞》第 21 卷第 6 號，東京：至文堂，1956 年。

　　·神田本（鈔本，京都國立博物館寄存，存卷三、四）

　　·金澤文庫本（鈔本，分藏在大東急記念文庫、東京國立博物館、國立歷史民俗博物館、三井文庫、天理圖書館等，二十六卷分存）

　　·那波本（刊本，元和四年那波道圓校訂古活字版）

　　·馬元調本的復刻本（刊本，明曆年間出雲寺和泉掾刊本）

　　·歌行詩本（刊本、鈔本，從室町時代開始存在數種）

中國重要的代表性傳本可列舉如下：

　　·敦煌本（鈔本，法國國立圖書館藏 P.2492，斷簡）

　　·紹興刊本（刊本，南宋紹興年間刊行，中國國家圖書館藏）

　　·馬元調本（刊本，明萬曆三十二年序刊）

　　·汪立名本（刊本，清康熙四十二年古歙汪氏一隅草堂刊本）

朝鮮的傳本可例舉如下：

　　·銅活字本（刊本，日本宮內廳書陵部藏）

　　·整版本（刊本）

　　和許多古典文學作品相同，《白氏文集》的文本亦流傳着多個版本。花房英樹、太田次男、神鷹德治等前輩學者將其分爲三大系列①。本文根據其定義，整理如下：

　　1. 舊鈔本系

　　唐鈔本及其日本重鈔本。編成“前集、後集、續後集”的“前後續集”型。雖然這是傳承自中國唐代風貌的重要系列，但目前仍未發現完本。

　　2. 刊本系

　　宋代以後編撰的雕版印刷本系列。編成前半詩、後半文的“前詩後文”型。此外，其文本與舊鈔本存在着很大不同，其中甚至還有差異大到堪稱失傳的作品。

　　3. 單行本系

　　上述兩種系列均爲“別集”，單行本則是與之相獨立的、按照某個主題收集作品而彙編的精選本。《後序》記載了白居易生前的所作所爲。由於定義上未對時代進行限定，所以單行本系文本中有舊鈔本系列的作品，亦有刊本系列的作品。

　　此分類方法雖是依據日本保留的《白氏文集》諸本，但亦有助於理解中國和朝鮮

①花房英樹《白氏文集的批判性研究》，東京：彙文堂，1960 年；太田次男《以舊鈔本爲中心的白氏文集文本的研究》，東京：勉誠出版，1997 年；神鷹德治《白氏文集讀作“もんじゅう”還是“ぶんしゅう”——“文集”閑談》，東京：遊學社，2012 年。

半島保留的諸本。

朝鮮諸本與那波本没有列在此處，將在後面介紹。

（一）中國白氏文集傳本的歷史

自長慶四年（824）的《白氏長慶集》五十卷起，至會昌五年（845）編入續後集，最後完成七十五卷，白居易對《白氏文集》進行了六次增補修訂，且每次都收藏於寺院等處。

按照年代順序整理如下：

1. 長慶四年（824）　五十卷本　元稹（元微之）編
2. 大和元年（827）　六十卷本　供奉於東林寺（江州）
3. 開成元年（836）　六十五卷本　供奉於聖善寺（洛陽）
4. 開成四年（839）　六十七卷本　供奉於南禪院（蘇州）
5. 會昌二年（842）　七十卷本　具體包括前集五十卷（相當於《白氏長慶集》）後集二十卷
6. 會昌五年（845）　七十五卷本（增加《續後集》）

第 2 次至第 5 次以增補到《白氏長慶集》中的形式編入，其增加部分由白氏親自命名爲《後集》，第 5 次以後增加的部分被白居易命名爲《續後集》。

現存《白氏文集》中卷數最多的南宋刊本和那波本有七十一卷。這點在神鷹德治氏的論文中有所考述①。七十卷本大概是主體，而晚年《續後集》五卷的大多數作品不知何時佚失，編輯刊本時將僅存的作品收錄成一卷，然後加入到七十卷本中。參考陳翀氏的《白居易的文學與白氏文集的成立》②，可以看出神鷹氏的觀點可能接近真實的情況。

原《白氏文集》（最初可能以《文集》爲題，現在爲了方便論述而添加“白氏”兩字）經過增補後而得以成立的唐代是鈔本的時代。如開成石經的事例所示，重要典

---

① 神鷹德治《那波道圓元和四年（1618）刊古活字版〈白氏文集〉》，《圖書之譜　明治大學圖書館紀要》第 10 號，2006 年 3 月。

② 見該書第六章《慧蕚與蘇州南禪院本〈白氏文集〉傳入日本——解讀會昌四年識語》提出一種與傳統觀點不同的假説，認爲白居易可能是被誅殺的。該假説認爲收藏在各地寺院的文集遺失，其中剛成書不久流傳範圍較小的《續後集》五卷失傳，但部分殘留在現存的卷七十一所收錄的作品中。陳翀《白居易的文學與白氏文集的成立》，東京：勉誠出版，2011 年。

籍會雕刻在石頭上，以期永久保存，但《白氏文集》是個例外。而且當時雖然已有雕版印刷，但是經書、史書、詩文集等代表中國文化核心的真正大部頭書籍尚未被刊行，雕版印刷的使用主要限於曆法、佛典、字典等葉數較少或者無需廣泛推廣的書籍上。

白居易在《白氏集後記》中對自己作品的盛行情況有所提及。其中列出《元白唱和因繼集》《劉白唱和集》《洛下遊賞集》等單行本系的書名，這些可能也是鈔本。

這些單行本系書籍也傳到了日本，《日本國見在書目録》（大約在日本寬平三年〔891〕由藤原佐世編纂而成，是日本最古老的圖書目録）中收録了《杭越寄和詩集》。

白居易爲使其作品流傳於後世而不遺餘力。他在《後序》中列舉了五部流傳本：

> 集有五本：一本在廬山東林寺經藏院，一本在蘇州禪林寺經藏内，一本在東都勝善寺益塔院律庫樓，一本付姪龜郎，一本付外孫談閣童。各藏於家，傳於後。

儘管付出了如此努力，但白居易親自編集的《白氏文集》原本還是全部失傳了。甚至在中國，自北宋時期出現木刻本後，舊鈔本系列的鈔本亦盡數失傳。唯一留存的唐鈔本是敦煌文書（法國國家圖書館藏，整理編號 P. 2421）。這是名副其實的唐代鈔本，極爲珍貴。曾經還有一種説法認爲存在敦煌本《賣炭翁》一卷，但是楊鎌氏的《〈坎曼爾詩箋〉辨僞》明確否定這一觀點。然而對《白氏文集》文本進行研究後發現，其在向邊境地區流傳期間，文字開始變得比較接近刊本系列①。那麼，舊鈔本系列文本是否已在中國徹底失傳？並非如此。雖然別集《白氏文集》確已失傳，但通過歸入總集，有些文字幸得保留。北宋時期編撰的《文苑英華》，將寶貴的舊鈔本系列文本保存至今。下面介紹其中一部分。

七德舞　　白居易

七德舞，七德歌，傳自武德至元和。元和小臣白居易，觀舞聽歌知樂意，樂終稽首陳其事。太宗十八舉義兵，白旄黄鉞定兩京。擒充戮竇四海清，二十有四功（一作 王）業成。二十有九即帝位，三十有五致太平。功成理定何神速，速在推心置人腹。亡卒遺骸散帛收，飢人賣子分金贖。魏徵夢見 子夜 泣，張謹哀聞辰日哭。怨女三千放出宫，死囚四百來歸獄。剪鬚燒藥賜功臣，李勣嗚咽思殺身。含血吮瘡撫戰士，思摩奮呼乞效死。則知不獨善戰善乘時，以心感人人心歸。尔來一百九十載，天下至今歌舞之。歌七德，舞七德，聖人有作垂無極。豈徒耀神

---

① 太田次男《法國國立圖書館藏〈敦煌本元白詩鈔〉》，載《以舊鈔本爲中心的白氏文集文本的研究》，東京：勉誠出版，1997 年。

武，豈徒誇聖文。太宗意在陳王業，王業艱難示子孫。

方框"□"内的部分即爲舊鈔本文字。"〰"標記部分則爲刊本系列文字。這表示了宋代初期接受的情況。僅憑中國保留的文本無法對此現象進行説明，必須參考日本保留的舊鈔本。域外漢籍研究的重要性便在於此。

如果説唐代是鈔本的時代，那麽接下來的宋代則是刻本的時代，至此真正的書籍首次得以出版。要確定《白氏文集》以雕版印刷刊行的時間，僅憑中國方面的資料相當困難。但日本平安時代貴族藤原道長（日本康保三年—萬壽四年，966—1028）的日記《御堂關白記》中，遺留了相關線索。

寬弘七年（1010）11月28日條：

癸卯，雨降，參内。行右大臣行幸，諸陣所ゝ有饗，（中略）次御送物，摺本注《文選》，同《文集》。入蒔繪笥一雙，袋象眼包⋯⋯

長和二年（1013）9月14日條：

十四日，癸卯，入唐僧寂昭（照）弟子念救入京後初來，志摺本《文集》并《天台山圖》等⋯⋯

寬弘七年繼"摺本注《文選》"後採用了"同《文集》"一詞。"同"藴含的意思是問題所在，《御堂關白記》有使用"《文集》""摺本《文集》"的例子，特地明確寫成"同"，表示應該將此理解爲"摺本《文集》"。"摺本《文集》"的明確記載出現在其兩年後的長和二年。北宋建立於建隆元年（960），南宋建立於建炎元年（1127），因此上述《御堂關白記》兩條記載均表明《白氏文集》存在北宋版本，且流傳到了日本。目前人們公認北宋版本已全部失傳，所以能夠確認其確實存在過的記録很有價值。

現在稱爲"宋版"的是中國國家圖書館藏的南宋紹興年間（1131—1162）刊本。這是現存刊本系文本中最古老的完本，同時中國保存的最古老完本也是紹興本。中國國圖除此之外還藏有一部不全本（由紹興本追溯），有學者研究認爲，其結構和文字與紹興本不同①，然而至今還難以親眼見到，尚未能將其作爲研究資料。

之後的中國刊本擁有與舊鈔本不同的前詩後文結構。該結構前半是詩，後半是文章。採用這種結構的其中一個原因可能是宋代開始真正施行科舉制度。白居易是文采斐然的官員，曾寫過制、判、詔勅等，他的文集大概成了衆多考生的參考書，而總括

---

① 參見陳捷《關於白氏文集的宋版諸本》，《白居易研究講座》第6號《白氏文集的文本》，東京：勉誠社，1995年。

策論的《白氏策林》等也有單行本。但是由於其採用前後續集的形式，不方便對作品進行檢索。故而可能將這種結構打散，分成詩和文，并重新進行編排。明代馬元調本、清代汪立名《白香山詩長慶集》等白氏代表性刊本均遵照這種結構。馬元調本還有和刻本，是江户時代的主流文本。

（二）日本白氏傳本的歷史

白氏詩文傳入日本可能是在平安前期仁明天皇承和年間（834—848）①，那個時期正好與白居易晚年重合，這也爲當時的日本文壇帶去了最前衛的中國流行文學。平安前期的日本佛僧惠萼（又寫作惠萼、慧萼、慧鍔、慧諤等）在此登場，其生平傳説紛紜，而没有定論，生卒年亦不詳，但是他卻在後來的《白氏文集》傳本中留下了深刻的印跡。

金澤文庫本是將平安時代前期佛僧惠萼的手鈔本再次在日本國内轉抄後形成的②。惠萼於會昌四年（844），在蘇州南禪寺抄寫了《白氏文集》，這是白居易生前之事，根據他本人的記録，可知他向南禪寺送交了六十七卷本，因此金澤文庫本應該就是六十七卷本。金澤文庫本是目前保留卷數最多的舊鈔本③，將其文本傳於後世的惠萼功不可没。

在日本鐮倉時代之前，舊鈔本系列文本廣爲傳閱，經室町時代，刊本系列文本得以普及，江户時代則完全逆轉。室町時代出現很多用日語解讀漢語書籍而被總稱爲“抄物”的解説本，《白氏文集》也不例外，現存有《長恨歌·琵琶行抄》等，文本出現了由舊鈔本逐漸過渡到刊本的現象。

日本與中國在主流文本從舊鈔本過渡到刊本這一點上是相同的，然而有一點差異很大，那就是在日本刊本勢頭雖猛，但過去的舊鈔本還被保留著，並没有就此消失。其受到尊重中國文化的風潮，以及貴族將其作爲“家學證本”而加以妥善收藏等各種因素的影響而得以保存。筆者將此現象稱爲“文本並存”。下文是江户時代後期文政十年（1827）書寫的法帖，方框“□”内的文字表示差異之處。“三木”是舊藏者的姓，

---

①參見太田晶二郎《關於白氏詩文的舶來》，《國文學　解釋與鑒賞》第 21 卷第 6 號。
②寬喜三年（1231）至貞永二年（1233）書寫。
③現存數量爲二十八卷，分藏在大東急記念文庫、國立歷史民俗博物館、天理圖書館等。但是卷三、卷四兩卷補配江户時代的寫本。

"武部令佐"是書寫者的名字。

法帖	舊鈔本系 神田本	刊本系 紹興本	刊本系 那波本
七德舞　三木 武部令佐毫 武部令佐箋 七德舞 美撥乱陳王業也 七德舞七德歌傳自 武德至元和〃〃小臣白 居易觀舞聽歌知樂 意樂終稽首陳其事			
太宗十八舉義兵白 髦	髦	旄	旄
黃鉞定兩京擒充戮			
寶四海清二十有四 王	王	功	功
業成廿有九即帝位 卅有五致太平功成理 定何神速〃在推心置 人腹亡卒遺骸散帛 收飢人賣子分金贖			
魏徵夢見 子夜 泣張	子夜	天子	天子
謹哀聞辰日哭怨女三 千放出宮死囚四百來 歸獄剪鬚燒藥賜功 臣李勣嗚咽思殺身 含血吮瘡撫戰士思 摩奮呼乞效死則 知不獨善戰善乘時 以心感人〃心歸尔來 一百九十載天下至今 歌舞之歌七德舞 七德聖人有作垂無			

續表

法帖	舊鈔本系 神田本	刊本系 紹興本	刊本系 那波本
極豈徒耀神武豈徒 誇聖文太宗意在陳			
王業〃〃艱難示子孫			
七德舞　三木			
文政十丁亥年 鳴神月廿六日寫附 神楽月二十八日舉畢			

由此可一目了然，本法帖文本出自舊鈔本系列。

下面將介紹那波本。那波本是江户時代初期元和四年（1618）經日本那波道圓之手刊行的一部古活字版。其成書受到朝鮮版的巨大影響，是現在日本《白氏文集》的標準文本。

那波本的文本特點十分突出，從文字上來看它是刊本系，但是結構卻保持着舊鈔本的前後續集的狀態。令人遺憾的是舊鈔諸本、紹興本等附帶的小字注釋全部被刪除（可能是因爲模仿作爲底本的朝鮮版而造成的，或者是因爲沒有小活字而採取的措施），但其保存了七十一卷的完好狀態，對於現今還沒有完本的舊鈔本系前後續集的結構而言，非常珍貴。而且現在流傳的那波本中很多都有批注，經常可以看到舊鈔本系的文字。其中有些還保留着沒有現存舊鈔本作品的異文，這爲文本研究提供了珍貴的資料。

那波本還被影印在《四部叢刊》中，經常可以見到以《四部叢刊》本作爲底本被引用。但是有研究發現《四部叢刊》本有篡改現象①，因此不應使用此本。現在作爲那波本的完整影印本已行刊行，即下定雅弘、神鷹德治所編《宫内廳所藏　那波本白氏文集》全4冊（東京：勉誠出版，2012年），使用的是日本宫内廳書陵部所藏善本，今後使用那波本應該以此爲參照。而且那波本還被用作廣泛收録舊鈔本及刊本的平岡武夫、今井清校定《白氏文集》全3冊（京都大學人文科學研究所，1971年）的底本，從這一點來看，可認爲那波本在現在日本《白氏文集》研究中已被用作標準文本。從那波本的結構和文本等方面來看，其可能受到朝鮮版（整版）的巨大影響。朝鮮版

---

① 今原和正《那波本——與附〈四部叢刊〉本的校異》，《白居易研究講座》第6號《白氏文集的文本》。

中有銅活字本（日本宮内廳書陵部所藏）整版（日本、韓國研究報告稱有大約 20 本），追溯其淵源，可能源自南宋初期或北宋末的尚保留濃重唐代風格的宋版①。

三、《白氏文集》對日本文學的影響

如上文所言，鎌倉時代之前日本的《白氏文集》接受的是舊鈔本系。室町時代這種情況開始發生變化。到了江户時代，刊本系文本已完全成爲主流，室町時代出現兩者相互混雜的現象。下面介紹的《太平記》可以對此進行證明。

《太平記》是由全四十卷組成的軍記物語，其内容叙述了從鎌倉時代末到室町時代初期的日本南北朝動亂期的歷史。具體記載了從後醍醐天皇即位，歷經建武新政，到建武新政崩壞後的南北朝分裂、觀應擾亂，足利尊氏設立室町幕府，二代將軍足利義詮逝去，細川賴之就任管領的大約五十年間（大約文保二年—貞治六年，1318—1368）的歷史。該作品引用大量漢文典籍，《白氏文集》即是其一。筆者檢閲了《太平記》中的 12 種主要文本。《太平記》有 4 種文本系列②，時代橫跨室町時代前半期至江户時代。根據調查的結果，確定作品中共有 137 處對《白氏文集》的引用。從中可以看出當時的文化人一般都會學習白氏詩文，下面對其引用的内容進行説明。

卷一：凶宅　1 例

卷三：七德舞　5 例
　　　海漫漫　2 例
　　　立部伎　1 例
上陽白髮人　2 例
胡旋女　2 例
新豐折臂翁　3 例
　　大行路　4 例
　　捕蝗　2 例
　　昆明春水滿　2 例

---

① 太田次男《以舊鈔本爲中心的白氏文集文本的研究》下卷，東京：勉誠社，1998 年。
② 稱呼"甲類""乙類""丙類""丁類"是日本《太平記》專家鈴木登美惠博士提倡的分類法，也是現在主流説法。

城鹽州　1 例

五絃彈　3 例

傳戒人　1 例

12 首 28 例

卷四：驪宮高　3 例

百鍊鏡　4 例

八駿圖　6 例

牡丹芳　2 例

賣炭翁　3 例

母別子　1 例

李夫人　1 例

陵園妾　3 例

杏爲梁　1 例

井底引銀瓶　2 例

隋堤柳　1 例

草茫茫　4 例

天可度　3 例

13 首 34 例

卷十：對酒　1 例

卷十一：南賓郡齋即事寄楊萬州　1 例

卷十二：長恨歌傳　10 例（其中 2 例與《長恨歌》重複）

長恨歌　48 例（其中 2 例與《長恨歌傳》重複）

琵琶行　6 例

卷十三：賦得古原草送別　1 例

卷十四：送王十八歸山寄題仙遊寺　1 例

卷十八：香爐峰下新卜山居草堂初成偶題東壁五首（四）　2 例

卷五十一：題故元少尹集後二首（一）　1 例

題故元少尹集後二首（二）　1 例

卷六十九：夏日與閑禪師林下避暑詩　1 例

卷外：長恨歌序　1 例

計 38 首　137 例（含重複 2、卷外 1）

從選句傾向來看，除《長恨歌傳》《長恨歌序》之外，全部引用自詩，可以看出特別是卷二十之前基本限定於詩。這與鎌倉時代前的白氏詩文引用傾向相同。進一步限定的話，主要偏向於《新樂府》《長恨歌傳》《長恨歌》《琵琶行》，這與高橋貞一所述一致：

> 對出自《白氏文集》及《長恨歌傳》的部位進行概括，最值得注意的是幾乎所有引用都集中在卷三、卷四及《長恨歌》《琵琶行》及《長恨歌傳》內。①

僅這 4 部作品就有 126 例，實際佔據全部引用的 91%。其中《長恨歌》格外多，達到 35.5%。这个 137 例中，可明確原文系列者有 19 處，參見下面的一覽。（各文本的略稱，參見參考文獻《太平記》本文。）

①擁有舊鈔本系文字的示例：

- “駕スレハ輦ヲ共ニシ”（《太平記》卷一“三位殿御局事”，《長恨歌》）
- “落葉滿テ”（卷四“吳越帥之事”，《長恨歌》）
- 梵舜、神田、教運、天正、米澤、毛利“夷路”、西源“平路”、玄玖、版本、神宮、南都、今川“夷途”。（卷九“久我繩手合戰事”，《大行路》）
- “┉丁ヲ抽”（卷九“六波羅要害事”，《新豐折臂翁》）
- “君請テ蜂ヲ掇シム”（卷十二“大内裏造營故之事付北野天神之事”，《天可度》）
- “頸ハ雞ノ如ニシテ”（卷十三“龍馬進奏事”，《八駿圖》）
- “養ハレテ深窗ニ有シ時ヨリ”（卷十五“主上還幸事”，《長恨歌》）
- 梵舜、神田、西源、教運、版本、南都、天正、今川、米澤、毛利“融々洩々”、玄玖、神宮は“融々”（卷十七“金崎船遊之事”，《五絃彈》）
- 玄玖、西源、梵舜、毛利、天正、教運、版本“墻”、神宮、神田孝平、南都、今川、米澤、“垣”（卷十八“一宮御息所之事”，《驪宮高》）
- “冰玉盤ニ寫す千萬聲”（卷十八“一宮御息所之事”，《琵琶行》）
- “天水茫々トシテ”（卷二十七“始皇求蓬萊之事”，《海漫漫》）
- “君かために容色を事とすれとも”（卷三十二“南帝直冬合體之事”，《大行路》）

②擁有刊本系文字的示例：

- “碧台ニ宴シ”（卷十三“龍馬進奏事”，《八駿圖》）

---

①高橋貞一《太平記諸本的研究》，京都：思文閣，1998 年，頁 785。

· "落涙モ闌干タリ"（卷十三"龍馬進奏事"，《長恨歌》）

③舊鈔本系及刊本系文字根據諸本而不同的示例：

· 梵舜、玄玖、西源、教運、神宮、毛利"冰リノ底二難"、版本、天正、今川、米澤"水ノ底二難メリ"（卷四"笠置囚人死罪流刑事"，《琵琶行》）

· 南都"深閨"、諸本"深窗"（卷三十五"北野詣人世上雜談之事"，《長恨歌》）

· 玄玖、神宮、南都、梵舜、今川、米澤、竹中、天正、教運"舊衾舊枕"、毛利"舊枕舊衾"、西源、版本"翡翠衾寒"（卷三十六"畠山入道謀叛之事　付楊國忠之事"，《長恨歌》）

④出現單行本文字的示例：

· "眼裏ノ荊"（卷三十二"南帝直冬合體之事"，《母別子》）

· "是ハ常二世二有ル物ナリ何ソ是ヲ以テ驗卜爲ルニ足ンヤ"（卷三十六"畠山入道謀叛之事付楊國忠之事"，《長恨歌序》）

《太平記》中引用的《白氏文集》的文本中，舊鈔本系與刊本系的文本相互摻雜，可以認爲更接近舊鈔本系文本。進而，需要關注④。有"是ハ常二世二有ル物ナリ—"的《長恨歌序》在單行本系列中，也只是在鎌倉時代至江户時代日本編撰的特定文本中出現。現存最古老的文本，據説是正宗敦夫舊藏本、三條西公正舊藏本（均爲正安二年，1300），以及阪本龍門文庫收藏的室町時代中期鈔本。它們相互影響，至江户時代成爲了名爲"歌行詩"的一組文本。其中收録了《長恨歌傳》《長恨歌序》《長恨歌》《琵琶行（并序）》《耶馬臺詩》。作爲研究對象的《太平記》諸本，無一例外皆包括《長恨歌序》，可知其從作品流傳初期開始便作爲原文而存在。

這是《太平記》摘取的《白氏文集》的本文，從中可以明確看出在成書當時或傳播過程中是從大集《白氏文集》以外的當時流行文本中摘取的。關於這點，太田次男氏的意見如下：

那麽（日本文學作品中——筆者注）引用的白氏詩文本替換成刊本是在什麽時候呢？這無法準確斷言，然而在《太平記》引用的《長恨歌》中可以發現舊鈔本中没有的文字，因此這段時期可能是一個突破口。但是這未必引用自《白氏文集》刊本（當然包括中國刊本）的文本，當然也可能引用自例如《古文真寶》等其他刊本所收文本。①

---

①太田次男《以舊鈔本爲中心的〈白氏文集〉文本的研究》下卷，頁260。

這可能是指西源院本"楊貴妃事"段。

綜上表明，即使刊本開始流傳，原有的舊鈔本系列文本也仍然得以在"文本並存"的初期，在《太平記》中得以呈現。在這之後白氏詩文繼續對江户時代產生影響，例如松尾芭蕉的高徒寶井其角《五元集》中有以下詩句：

　　　楊貴妃の夜は活たる鰹かな

這句附有"七月七日惡夢を感じて"的脇句，是源自"七月七日長生殿"這句的示例。

於斯可見，白氏作品在日本受到如此追捧，且跨越時代，被代代傳誦。

四、結語

日本學習了來自中國的文字——漢字，由此掌握了記錄技能。日語所以深受漢語的影響，從這一因素考慮，便不足爲奇。日本古代引進了大量中國書籍，通過抄寫以及之後的翻刻，不斷研讀，加深自我認知。書是人類優秀的導師，很多日本人尊重並保存之。因此，日本國内保留了奈良時代至現代的大量書籍。

綜觀中國書志學，可以發現唐宋之間存在斷層空間。唐代之前的鈔本數量極少。就本文論及的《白氏文集》而言，至今未發現敦煌本以外的唐代鈔本，其原因便在於此。中唐時期廣爲流傳且數量衆多的白居易作品諸本爲何失傳，其確切理由不明。是因爲出現了刊本，所以鈔本便不再被需要而遭廢棄了？還是有其他緣由？

日本情況又如何呢？除了上述尊重書籍的風氣，加之菅家、江家等特殊貴族舉家將書籍作爲"家傳學問"而編撰秘籍進行教授，使先祖傳承的書籍帶有歷史的厚重感，備受尊崇並長期珍藏，統稱爲舊鈔本的系列在新刊本傳來之後，也在特定領域被閱讀或被繼續使用。

中國已失傳或幾乎未留存的作品，卻在日本得以保留。境外漢文典籍研究的巨大意義，便在於此吧。本文中提及的《七德舞》異文，如果是因僅利用了刊本，那麼就無法察覺到異文的存在，這是日本保留的舊鈔本系列文本的結果。

在白居易研究的工作中，謝思煒教授的《白居易詩集校注》（北京：中華書局，2006 年）、《白居易文集校注》（北京：中華書局，2011 年）首次正式將日本舊鈔本用於中國校注本的編纂工作中。

本文重點對《白氏文集》進行了叙述。我今後著手的課題，是要以"漢文"這一曾經的東亞世界通用語言爲關鍵元素，用超越國家界限的寬廣視野，不斷深入研究。

參考文献

關於《太平記》的論著

1. 諸研究

金木利憲《〈太平記〉に見る〈白氏文集〉本文の交代——舊鈔本から版本へ》，《アジア遊學》第 140 號，東京: 勉誠出版，2011 年。

金木利憲《〈太平記〉における〈白氏文集〉受容》，東京: 新典社，2018 年。

久米邦武《太平記は史學に益なし》，《史學雜志》第 17、18、20、21、22 號，史學會，1891 年 4、5、7—9 月。

小秋元段《太平記・梅松論の研究》，東京: 汲古書院，2005 年。

小秋元段《太平記と古活字版の時代》，東京: 新典社，2006 年。

小秋元段《國文學研究資料館藏〈太平記〉および關連書マイクロ資料書志解題稿》，《調査研究報告》第 26 號，國文學研究資料館，2005 年。

小秋元段《國文學研究資料館所藏資料を利用した諸本研究のあり方と課題——〈太平記〉を例として（第 2 回 調査研究シンポジウム報告）》，《調査研究報告》第 27 號，國文學研究資料館，2006 年。

後藤丹治《太平記の研究》，東京: 河出書房，1938 年。

鈴木登美惠《玄玖本太平記解題》，《玄玖本太平記》，東京: 勉誠社，1975 年。

長坂成行《傳存太平記鈔本總覽》，東京: 和泉書院，2008 年。

增田欣《太平記の比較文學的研究》，東京: 角川書店，1976 年。

柳瀬喜代志《長恨歌・長恨歌傳と"楊國忠之事"—太平記作者の囊中の漢籍考—》，《早稻田大學教育學部學術研究（國語・國文學編）》第 39 號，1990 年 12 月，續篇《早稻田大學教育學部學術研究（國語・國文學編）》第 40 號，1991 年 12 月。

《太平記抄付音義》，《國文注釋全書》第 2 冊，東京: 國學院大學出版部，1908 年。

《太平記賢愚抄》，《國文注釋全書》第 2 冊，東京: 國學院大學出版部，1908 年。

2. 校注本

後藤丹治、釜田喜三郎、岡見正雄校注《太平記》全 3 冊，《日本古典文學大系》第 34—36 冊，東京: 岩波書店，1960—1962 年。

長谷川端校注譯《太平記》全 4 冊，《新編日本古典文學全集》第 54-57 卷，東京：小學館，1994—1998 年。

3.《太平記》本文

甲類本

前田育德會尊經閣文庫《玄玖本　太平記》全 5 冊，東京：勉誠社，1975 年。

神宮徵古館本（縮微膠卷、紙燒①），國文學研究資料館藏，フィルム62—5—1，紙燒 E1996。

神田孝平旧藏本（影印·翻刻）：影印《神田本　太平記》全 2 冊，東京：汲古書院，1972 年；翻刻《太平記　神田本》，東京：國書刊行會，1907 年。

黑田彰、岡田美穗編《西源院本　太平記》全 3 冊，《軍記物語研究叢書·未刊軍記物語資料集》，東京：クレス出版，2005 年；翻刻鷲尾順敬校訂《太平記　西源院本》，東京：刀江書院，1936 年 6 月。

南都本（膠卷、紙燒），國文學研究資料館藏，フィルム32—11—1，紙燒 E612。

乙類本

《太平記　梵舜本》全 9 冊，東京：古典文庫，1967 年。

今川家本（陽明文庫藏本，縮微膠卷、紙燒），國文學研究資料館藏フィルム55—168—2—1，紙燒 E2991。

米澤本（縮微膠卷、紙燒），國文學研究資料館藏，フィルム 27—14—1，紙燒 E1128。

毛利家本（縮微膠卷、紙燒），國文學研究資料館藏，フィルム32—8—1，紙燒 E611。

丙類本

天正本（縮微膠卷、紙燒），國文學研究資料館藏，フィルム32—13—2，紙燒 E1436　1592 年寫，略稱“天正”。

高橋貞一編《義輝本　太平記》全 5 冊，東京：勉誠社，1981 年，書寫年代不明，略稱“教運”。

通行版本

寬文四年刊本後印本。

---

① 所謂“紙燒”指的是將黑白膠卷洗出來後的複印本。

關於《白氏文集》的論著

1. 諸研究

今原和正《那波本—付四部叢刊本との校異—》，《白居易研究講座》第 6 號《白氏文集の本文》，東京：勉誠社，1995 年。

太田晶二郎《白氏詩文の渡來について》，《國文學　解釋と鑑賞》第 21 卷第 6 號，東京：至文堂，1956 年 6 月。

金木利憲《藤原定家〈奧入〉所引の漢籍——〈白氏文集〉を中心として》，《白居易研究年報》第 10 號，東京：勉誠出版，2009 年。

神鷹德治《那波道圓元和四年（1618）刊古活字版〈白氏文集〉》，《圖書の譜　明治大學圖書館紀要》第 10 號，2006 年 3 月。

神鷹德治《紫式部が讀んだ〈文集〉の文本——舊鈔本と版本》，日向一雅編《源氏物語と漢詩の世界：〈白氏文集〉を中心に》，東京：青簡舍，2009 年。

神鷹德治《序論——舊鈔本と唐鈔本》，《アジア遊學》第 140 號，東京：勉誠出版，2011 年。

陳捷《白氏文集の宋版諸本について》，《白居易研究講座》第 6 號《白氏文集の本文》，東京：勉誠社，1995 年。

陳翀《白居易の文學と白氏文集の成立》，東京：勉誠出版，2011 年。

花房英樹《白氏文集の批判的研究》，東京：彙文堂，1960 年。

平岡武夫、今井清校定《白氏文集》全 3 冊，京都：京都大學人文科學研究所，1971 年。

藤本幸夫《日本現存朝鮮本研究·集部》，京都：京都大學學術出版會，2006 年。

藤本幸夫《朝鮮刊本》，《白居易研究講座》第 6 號《白氏文集の本文》，東京：勉誠社，1995 年。

謝思煒《白居易詩集校注》，北京：中華書局，2006 年。

謝思煒《白居易文集校注》，北京：中華書局，2011 年。

2. 諸本

刊本系

下定雅弘、神鷹德治《宮內廳所藏那波本白氏文集》，東京：勉誠出版，2012 年。

《白氏文集》，《中華再造善本·唐宋編》，北京：北京圖書館出版，2003 年。

馬元調本，大阪府立中之島圖書館藏，萬曆三十四年（1606）序刊本。

《白香山詩長慶集》，汪氏一隅草堂刊汪立名本，康熙四十二年（1703）序刊本，明治大學圖書館藏。

《文苑英華》，臺北：華聯出版社，1967 年。

朝鮮整版本，大阪府立中之島圖書館藏，略稱“朝鮮整版”。

舊鈔本系

川瀨一馬監修《白氏文集　金澤文庫本》全 4 册影印本，東京：大東急記念文庫，1983—1984 年。

太田次男、小林芳規《神田本白氏文集の研究》，東京：勉誠社，1982 年。

《管見抄》（紙燒），國立公文書館藏永仁三年（1295）鈔本

《長恨歌　正宗敦夫文庫本》，《ノートルダム清心女子大學古典叢書》本，ノートルダム清心女子大學編，東京：福武書店，1981 年。

單行本系

長澤規矩也編《和刻本漢詩集成　唐詩》第 10 輯，東京：汲古書院，1974 年。

神鷹德治編《歌行詩諺解》，東京：勉誠社，1988 年。

諸研究

狩野直喜《日本國見在書目錄に就いて》，載《支那學文藪》，東京：みすず書房，1973 年。

丸山キヨ子《源氏物語と白氏文集》，東京：東京女子大學學會，1964 年。

矢島玄亮《日本國見在書目錄　集証と研究》，東京：汲古書院，1984 年。

山田尚子《中國故事受容論考——古代中世日本における繼承と展開》，東京：勉誠出版，2009 年。

吉田精一《比較文學の方法——日本文學を中心として》，東京：矢島書房，1953 年。

陽明文庫編《御堂關白記》，京都：思文閣，1983—1984 年。

《日本國見在書目錄》，《續群書類從》第 30 輯下雜部，東京：續群書類從完成會，1959 年。

"舊卷常抄外國將"之解*

——楊巨源中土逸詩補考

劉 潔

（西南大學）

中唐詩人楊巨源（755—約830）本是一位盛名在外的高産詩人，不僅"卷裏詩過一千首"，且有"詩名往日動長安，首首人家卷裏看"的稱評①。然其作品在中土流失嚴重，至北宋始即僅以一卷本的面貌見載於史志目録文獻中，如《新唐書》卷六十《藝文志》、《崇文總目》卷五皆云"楊巨源詩一卷"②。此後，人們只能從目録史料或唐詩選本中，對楊巨源的詩作加以擷取和瞭解。然而，與作品保存相對完好卻未能遠播域外的其他唐詩名家不同，楊巨源的詩歌在其生前即已廣傳海外。就此，時人早有明確記述。如王建《寄楊十二秘書》稱其"新詩欲寫中朝滿，舊卷常抄外國將"③。劉禹錫《酬楊司業巨源見寄》則云："渤海歸人將集去，梨園弟子請詞來。"④ 而在日本平安時代的文人大江維時（888—963）編撰的《千載佳句》中，也收録了楊巨源的七言詩句十八聯，不僅位居本書所收唐人作品的第七位，且有九聯不見於《全唐詩》。這一方面印證了上述評論所言不虛，説明楊氏作品早在紙抄時代既已遠傳日本；另一方面也表明大江氏所依據的楊詩底本，與近世所傳本有所不同。這可爲我們瞭解楊詩的

*本文爲國家社科基金青年項目"奈良至鐮倉時期日本漢籍鈔本與唐代文學研究"（17CZW016）的階段性成果。

①分見於徐禮節、余恕誠《張籍集繫年校注》卷六《題楊秘書新居》、卷四《送楊少尹赴鳳翔》，北京：中華書局，2011年，頁682、483。

②歐陽修、宋祁《新唐書》卷六十《藝文志》，北京：中華書局，1975年，頁1611。王堯臣等《崇文總目》卷五，上海：商務印書館，1937年，頁361。

③王建《寄楊十二秘書》，尹占華《王建詩集校注》卷八，成都：巴蜀書社，2006年，頁319。

④瞿蜕園《劉禹錫集箋證》外集卷五，上海：上海古籍出版社，1989年，頁1330—1331。

流傳狀況提供新的線索。那麼，楊巨源作品在日本的存在及其流傳情況究竟如何？反映了當時東亞漢字文化圈中怎樣的書籍流通現象？本文即擬對之做一考辨。

一、《千載佳句》所收楊巨源詩句考

目前可見的《千載佳句》寫本主要有五種，即鐮倉時代的國立歷史民俗博物館藏本，江户初期的松平文庫本與内閣文庫所藏甲本、江户中期的内閣文庫所藏乙本與國立國會圖書館（前帝國圖書館）館藏本。以下分別簡稱爲歷博本、松平本、内閣甲本、内閣乙本、國立國會本。本文擇以歷博本爲底本，以後出的其他四個寫本爲參照本。下面，先將《千載佳句》所收楊詩與《全唐詩》《全唐詩逸》加以對校，並列表如下（由於四時部春興第六二聯不見於脱頁的歷博本，故除了此聯擇以文字校勘最優的松平本爲底本外，餘者皆以歷博本爲參考底本）。

千載佳句				全唐詩·全唐詩逸			校語
聯數	詩題	詩句	類部	詩題	詩句	卷數	
六二	春日	青門日暖塵光動，紫陌花晴風色來。	四時部春興	春日	青門日暖塵光動，紫陌花晴風色來。	《全唐詩逸》卷上	
一八一	將赴嶺外留別	内史舊山空日暮，南朝古木向人秋。	四時部秋興	將赴嶺外留題蕭寺遠公院（寺即梁朝蕭内史創）	内史舊山空日暮，南朝古木向人秋。	《全唐詩》卷一百五十一劉長卿詩	實乃劉長卿詩。
				將赴嶺外留別	内史舊山空日暮，南朝古木向人秋。	《全唐詩逸》卷上	
一八二	寓居	夢中鄉信驚秋雁，窗下林聲帶夜蟬。	四時部秋興	寓居	夢中鄉信驚秋雁，窗下林聲帶夜蟬。	《全唐詩逸》卷上	
二〇四	別薛柳二亻無員外	江上月明胡雁過，淮南木落楚山多。	四時部暮秋	江州重別薛六柳八二員外	江上月明胡雁過，淮南木落楚山多。	《全唐詩》卷一百五十一劉長卿詩	實乃劉長卿詩。
三〇〇	遇雪	應同穀口尋春去，定似山陰待月歸。	天象部雪	盧郎中拜陵遇雪蒙見召因寄	應同穀口尋春去，定似山陰帶月歸。	《全唐詩》卷三百三十三	

續表

千載佳句				全唐詩·全唐詩逸			校語
聯數	詩題	詩句	類部	詩題	詩句	卷數	
三六〇	和劉員外赴闕次潼關作詩亻	鳴鞭秋色詩情遠，拂匣寒花釵力多。	人事部將軍	和劉員外赴闕次潼關作	鳴鞭秋色詩情遠，拂匣寒花劍力多。	《全唐詩逸》卷上	
三七八	送司徒童子赴舉	光彩春風初轉蕙，性靈秋水不藏珠	人事部幼智	送司徒童子	光彩春風初轉蕙，性靈秋水不藏珠。	《全唐詩》卷三百三十三	
四〇〇	賀田申亻仆射子子弟拜金吾	街衢燭影侵寒月，文武珂聲疊曉天。	人事部慶賀	賀田僕射子弟榮拜金吾	街衢燭影侵寒月，文武珂聲疊曉天。	《全唐詩》卷三百三十三	
五六二	永平里酬盧拱	籍通蓮闕秋光迴，詩答蓬山晚思遙。	宮省部秘書省	永平里酬盧洪	籍通蓮闕秋光遍，詩答蓬山晚思遥。	《全唐詩逸》卷上	《千》之"盧拱"，《詩逸》作"盧洪"。
六二六	贈李傅	搖窗竹色留僧語，入院松聲共鶴聞。	草木部松竹	贈李傅	搖窗竹色留僧語，入院松聲共鶴聞。	《全唐詩》卷三百三十三	
六四五	紫薇	豔欺藤蔓鶯無限，香壓荊花蝶不飛。	草木部紫薇	紫薇	豔欺藤蔓鶯無限，香壓荊花蝶不飛。	《全唐詩逸》卷上	
七四八	陪宴	歌態曉臨團扇靜，舞容春映薄衫妍。	宴喜部歌舞	邵州陪王郎中宴	歌態曉臨團扇靜，舞容春映薄衫妍。	《全唐詩》卷三百三十三	
八四〇	冰亻無	映盤皎潔非開露，當扇清涼不在風。	宴喜部冰	和人與人分惠賜冰	映盤皎潔非資月（一作關露），披（一作當）扇清涼不在風。	《全唐詩》卷三百三十三	
八六四	送王秀才	獨入曉山知露濕，遠臨秋水愛雲明。	遊放部秋遊	送王秀才	獨向曉山知露濕，遠臨秋水愛雲明。	《全唐詩逸》卷上	《千》之"入"，《詩逸》作"向"。
九〇七	送楊松陵歸宋汴州	新河柳色千株暗，故國雲帆萬里歸。	別離部別意	送楊於陵歸宋汴（一無此字）州別業	新河柳色千株暗，故國雲帆萬里歸。	《全唐詩》卷一百五十一	實乃劉長卿詩。
				送楊松陵歸宋汴州	新河柳色千株暗，故國雲帆萬里歸。	《全唐詩逸》卷上	

續表

千載佳句				全唐詩・全唐詩逸			校語
聯數	詩題	詩句	類部	詩題	詩句	卷數	
一〇四二	寄宣供奉	一院緑錢童子掃，千竿青玉主人栽。	釋氏部禪居	寄宣供奉	一院緑錢童子拂，千竿青玉主人栽。	《全唐詩逸》卷上	《千》之"掃"，《詩逸》作"拂"。
一〇四五	贈江樓院宣供奉	露凝丹地初疑雨，煙著紅樓半是霞。	釋氏部禪居	贈紅樓院宣供奉	露凝丹地初疑雨，煙著紅樓半是霞。	《全唐詩逸》卷上	《千》之"江樓院"，《詩逸》作"紅樓院"。
一〇五八	題金字經院供奉養イ上人	空門水定埃塵遠，真偈金書世界稀。	釋氏部贈僧	贈金字經供養□上人	空門水定埃塵遠，真偈金書世界稀。	《全唐詩逸》卷上	《千》與《詩逸》題異。

　　據此表可見，《千載佳句》中的楊巨源詩句有半數不見於《全唐詩》，而在可見於中土文獻的其他九聯詩句内，四時部秋興第一八一聯、四時部暮秋第二〇四聯、別離部別意第九〇七聯等三聯卻實非楊巨源之作，而是劉長卿的詩句。後，江户時代的文人市河寬齋還將其中的第一八一聯和第九〇七聯誤作楊氏佚詩而輯補於《全唐詩逸》中。另外，補入《全唐詩逸》的十一聯詩句，與《千載佳句》所載者還存有異文。這或爲市河寬齋所參《千載佳句》版本與目今所見者不同所致。逸詩如此之多，説明在大江維時生活的平安中期，尚有數量相當的楊氏作品保留於日本。而《千載佳句》對楊巨源詩句尤其是其不見於中土文獻的佚作的保存，則可爲我們瞭解楊巨源作品在日本的存在狀況提供重要的文獻參考。接下來，本文即對這些詩句加以分類考析。

（一）不見於《全唐詩》的九聯楊巨源逸句

　　四時部春興第六二聯。句中的"青門"、"紫陌"語，表明此聯當作於作者任職京師之際。

　　四時部秋興第一八二聯。此聯亦見録於《新撰朗詠集》。只不過在部類劃分方面，《新撰朗詠集》將之歸爲秋部雁付歸雁門①。從詩題的"寓居"以及詩句的"夢中鄉信驚秋雁"，可知此詩乃作者傷秋懷鄉之作。

---

①藤原基俊《新撰朗詠集》，松田武夫解説《新撰朗詠集（梅澤本複製）》，東京：古典文庫，1963年，頁61；鐮倉時代名僧慈圓筆寫本《新撰朗詠集》，東京：二玄社，1984年，下册，頁92。

人事部將軍第三六〇聯。此聯題爲"和劉員外赴闕次潼關作",一作"和劉員外赴闕次潼關詩"。《全唐詩逸》僅題爲"和劉員外赴闕次潼關作"。由詩題,知此聯當出自楊巨源用來酬和"劉員外"的一首和詩,而"劉員外"的原詩即爲"赴闕次潼關作"或"赴闕次潼關詩"。至於"劉員外"所指何人,按楊氏的交遊情況及其《早春即事呈劉員外》、《和劉員外陪韓僕射野亭公宴》等詩作,知劉禹錫的可能性頗大。然察此聯的部類爲將軍門,詩句內容又多涵軍旅剛強之意,由之,"劉員外"似更偏指一位能詩會文的劉姓武官。

宮省部秘書省第五六二聯。此聯既被歸入"宮省部秘書省"這一部類①,則必作於楊巨源擔任秘書郎期間。按《舊唐書》卷十五《憲宗本紀下》、唐趙璘《因話錄》卷二《商部》、《唐詩紀事》卷三十五的記載,知楊巨源擔任秘書郎一職爲元和九年(814)六月。由楊巨源的《同太常尉遲博士闕下待漏》詩,又知其由秘書郎遷爲太常博士在元和十一年(816)前後②。故而,此詩的創作時間當在元和十年(815)左右。再來看此聯的詩題"永平里酬盧拱"。其中,"永平里",指地處長安西南的永平坊。張籍《題楊秘書新居》曰:"愛閑不向爭名地,宅在街西最靜坊"③,說明楊巨源任職秘書郎時的居處就在長安城西。而這正與此聯的部類和詩題相合。就"盧拱",《千載佳句》的內閣甲本、內閣乙本、國立國會本皆作"盧栱",《全唐詩逸》爲"盧洪"。另外,《千載佳句》宮省部禁中門還收有一聯作者名爲"盧栱"的詩句,題作"和胡金吾寓直",句爲"萬戶歌鐘清禁近,九天星月碧霄寒"。那麼,"盧拱"、"盧栱"、"盧洪",孰更準確?按"盧拱"此名又見於白居易的《酬盧秘書二十韻》、元稹的《酬盧秘書并序》等他人作品、以及楊巨源的《寄申州盧拱使君》詩中,可見"盧拱"本人不僅真實存在,而且具有任職秘書省的經歷,還和楊巨源存有交遊。故從仕宦、交遊兩方面計,此人十分符合此聯詩題中"永平里酬盧拱"這一敘述。至於"盧栱"、"盧洪",則無相關記錄。綜上,"盧栱"、"盧洪"可能皆爲"盧拱"之誤。再來看此聯的詩句"籍通蓮闕秋光迥"。其中的"迥"字,《全唐詩逸》作"遍"。察《千載佳句》中的"迥"字,皆旁注訓讀"ハルカナリ",作遙遠之釋。《全唐詩逸》誤。

---

① 按楊巨源詩歌多存自注,此聯又被歸入宮省部秘書省門,可見大江氏在選錄詩句時,或對其旁注內容做過參考。
② 參傅璇琮編《唐才子傳校箋》第二冊,北京:中華書局,1989年,頁407。
③ 《張籍集繫年校注》卷六,頁682。

草木部紫薇第六四五聯。詩題作"紫薇"，句作"豔欺藤蔓鶯無限，香壓荆花蝶不飛"。此聯難考。

遊放部秋遊第八六四聯。詩題之"王秀才"，俟考。"獨入曉山知露濕"之"入"字，《全唐詩逸》作"向"。"向"字意佳。

釋氏部禪居第一〇四二聯。詩題"寄宣供奉"之"宣供奉"，當指以詩歌供奉於憲宗、穆宗兩朝的僧侶廣宣。《唐詩紀事》卷七十二稱廣宣"以應制詩示樂天，時詔許上人居安國寺紅樓，以詩供奉"①。李益《贈宣大師》云："先皇詔下征還日，今上龍飛入内時。"② 亦言明此事。詩句"一院綠錢童子掃"之"掃"字，《全唐詩逸》作"拂"。"拂"意爲佳。

釋氏部禪居第一〇四五聯。題作"贈江樓院宣供奉"。此處的"宣供奉"與一〇四二聯的"宣供奉"，當同指一人。"江樓院"，則爲"紅樓院"之誤。《全唐詩逸》題作"贈紅樓院宣供奉"，良是。察廣宣於憲宗元和九年（814）前後移居安國寺紅樓院③，敬宗寶曆年間（825—827）被逐出紅樓院，直至文宗時代方重新入住安國寺④，而元和九年至穆宗長慶四年（814－824）又恰是楊巨源就職京師的主要時期。雖然在此期間楊巨源有出任鳳翔少尹之事，但由於外任時間較短，故其在這一階段創作《贈紅樓院宣供奉》的可能性依舊很大。另外，楊巨源還有《春雪題興善寺廣宣上人竹院》、《和權相公南園閑涉廣宣上人》、《送定法師歸蜀，法師即紅樓院供奉廣宣上人兄弟》等作品，也可對二人的交遊狀況加以佐證。

釋氏部贈僧第一〇五八聯。題爲"題金字經院供奉上人"，一作"題金字經院供養上人"。《全唐詩逸》題作"題金字經供養□上人"，或是依據了五大寫本以外的其他寫本的《千載佳句》所致。

（二）可見於中土文獻的六聯楊巨源詩句

天象部雪第三〇〇聯。此聯題作"遇雪"，所出之詩亦見收於《文苑英華》卷一

---

① 王仲鏞《唐詩紀事校箋》卷七十二，北京：中華書局，2007 年，頁 2393。
② 彭定求等《全唐詩》卷二百八十三，北京：中華書局，1960 年，頁 3230。
③ 據白居易作於元和十年（815）的《廣宣上人以應制詩見示因以贈之詔許上人居安國寺紅樓院以詩供奉》（朱金城箋校《白居易集箋校》卷十五，上海：上海古籍出版社，1988 年，頁 889）可知。
④ 張籍《贈廣宣師》："自到王城得幾年，巴童蜀馬共隨緣。兩朝侍從當時貴，五字聲名遠處傳。舊住紅樓通内院，新承墨詔賜齋錢。閑房暫喜居相近，還得陪師坐竹邊。"《張籍集繫年校注》卷四，頁 447。

五五的天部"詠雪雜題"，詩題全作"盧郎中拜陵遇雪蒙見召因寄"。内中的"盧郎中"，或謂盧虔①，或謂時任庫部郎中的盧汀②。

人事部幼智第三七八聯。題爲"送司徒童子赴舉"。就之，《唐詩紀事》、王安石《王荆公唐百家詩選》③、《全唐詩》等皆題作"送司徒童子"，卻少"赴舉"二字。所謂的"赴舉"，乃指應赴童子科。按代宗大曆三年四月二十五日勅，此科爲取十歲以下童子舉人所設。赴舉的兒童"習一經兼《論語》《孝經》。每卷誦文十科全通者，與出身"。至大曆十年五月，勅令停用童子科。然，"以童子爲薦者，比比有之。"④ 此處，《千載佳句》的詩題更加清晰地概括出全詩的内容。

人事部慶賀第四〇〇聯。題爲"賀田僕射子弟拜金吾"，一作"賀申僕射子弟拜金吾"。《王荆公唐百家詩選》、《全唐詩》題作"賀田僕射子弟拜金吾"。按此詩内容以及《新唐書》卷七十五《宰相世系表》所載，此處的"田僕射"當指長慶元年十月爲部衆逼殺、謚贈尚書右僕射的田布⑤。田布的子息、兄弟，凡五人，並任官職，符合"叔姪朱門纛稍連"之稱。而"申僕射"之説則難以成立。此處的"申"字，當爲"田"之筆誤。

草木部松竹第六二六聯。題作"贈李傅"。《王荆公唐百家詩選》、《全唐詩》等同。另外，此聯還見收於《新撰朗詠集》卷下雜部松門⑥。其在平安文人之間的流傳狀況由之可見。

宴喜部歌舞第七四八聯。題作"陪宴"，相較於《文苑英華》，《全唐詩》中"邵州陪王郎中宴"的詩題，簡略較多。這或爲突出部類性質而對原詩題目加以減改所致。

宴喜部冰第八四〇聯。題作"冰"，一作無題名。《王荆公唐百家詩選》、《全唐詩》題爲"和人與人分惠賜冰"。"和人與人分惠賜冰"詩顯爲楊巨源唱和他人之作，當作於其職任中央之際。此處，不僅此聯的詩題和諸家選集相差較大，詩句"映盤皎潔非開露，當扇清涼不在風"也存有異文。如"開露"，《王荆公唐百家詩選》作"關

---

①吳汝煜《唐五代人交往詩索引》，上海：上海古籍出版社，1993年，頁1174。

②吳汝煜、胡可先《全唐詩人名考》，南京：江蘇教育出版社，1990年，頁302；胡可先、魏娜《唐代詩人事跡新證》，《浙江大學學報（人文社會科學版）》2010年第5期。

③本文所參本爲日本靜嘉堂文庫藏《王荆公唐百家詩選》。

④王溥《唐會要》卷七十六《貢舉中·童子》，北京：中華書局，1955年，頁1399。

⑤《全唐詩人名考》，頁305。

⑥梅澤本《新撰朗詠集》，頁86，無詩題；慈圓筆寫本《新撰朗詠集》下冊，頁24，有題作"贈李傅"，"傳"乃"傅"之誤。

露”，《全唐詩》作“資月（一作關露）”。“關露”、“資月”，皆較“開露”更顯文意會通。《千載佳句》所録應誤。

（三）誤判爲楊巨源作品的三聯劉長卿詩句

四時部秋興第一八一聯。此聯題爲“將赴嶺外留别”。《文苑英華》將此詩歸入劉長卿名下，題作“將赴嶺外留題蕭寺遠公院寺即梁朝蕭内史創”。其中的“梁朝蕭内史”，指“出爲信威將軍、豫章内史”的梁朝臣子蕭穎達；“蕭寺遠公院”，則指蕭氏在洪州的舊宅。乾元中，劉長卿議貶南巴，命至洪州待命，故云將赴嶺外[1]。《文苑英華》所收全詩内容如下：

> 竹房遥閉上方幽，苔蘚集作徑蒼蒼訪昔遊。内史舊山空日暮，南朝古木向人秋。天香月色同集作空僧室，葉落猿啼訪集作送，又作傍客舟。此去播遷明主意，白雲何事苦集作欲相留。

句下小注的“集”，應爲《文苑英華》校訂之時中土通行的劉長卿别集。“集作徑”、“集作空”、“集作送”，“又作傍”、“集作欲”等校語，説明劉長卿集在當時的傳本甚多，而《文苑英華》的編校者皆將本詩歸入劉長卿名下，則愈加佐證了大江維時的誤收僅爲孤例。此現象當與大江氏參閲的底本文獻存有關聯。這種底本文獻，或是混入了劉詩作品的鈔本楊巨源别集，或是同時收録了劉、楊二人詩作的唐詩選集。然而不管屬於哪種情況，它們都説明在《文苑英華》之前，楊巨源作品的相關鈔本已存有很多。

四時部暮秋第二〇四聯。題爲“别薛柳二員外”，一作“别薛柳員外”。這就較原題的“江州重别薛六柳八二員外”[2]，簡略甚多，且還將其中的“薛”字誤抄爲“薜”。此處的江州，在唐代屬江南西道，治所在今江西九江[3]。“薛六”蓋指薛弁，曾任江州刺史[4]。“柳八”則指柳渾，時在江西觀察使府任職[5]。此詩應作於大曆十一年（776）劉長卿被貶睦州途中[6]。

别離部别意第九〇七聯。題爲“送楊松陵歸宋汴州”，《劉隨州集》題作“送楊於

---

①陳貽焮《增訂注釋全唐詩》卷一百四十，北京：文化藝術出版社，2001年，頁1170。

②《劉隨州集》卷九，《唐五十家詩集》（明銅活字本）第六冊，上海：上海古籍出版社，1981年，頁3317。

③《舊唐書》卷四十《地理志》，頁1608。

④説見劉乾《劉長卿詩雜考》，《文獻》1989年第1期。

⑤參《增訂注釋全唐詩》卷一百三十六，頁1106；卷一百四十，頁1167。

⑥儲仲君《劉長卿詩編年箋注》，北京：中華書局，1996年，頁408。

陵歸宋汴州別業"①,《全唐詩》作"送楊於陵歸宋汴（一無此字）州別業"。此處的"楊於陵",在"兩唐書"、唐人作品等諸種文獻中多有出現。《新唐書》卷一六三《楊於陵傳》載之"十八擢進士,調句容主簿"②。此詩即應作於建中四年（783）或興元元年（784）,蓋楊於陵從句容主簿之任秩滿北歸之時③。察楊松陵,則無相關文獻記述。《千載佳句》中的"楊松陵",顯爲"楊於陵"之誤。

以上,通過對《千載佳句》所收楊巨源詩句的具體考析,可對其特點及文獻價值總結如下。

首先,十八聯詩句的詩題中,有五處出現了"□イ"即"一作□"的旁注。這些旁注不管是大江維時在編選楊巨源詩句時所加,還是鐮倉時期的文人在轉抄時添補,都説明了在平安鐮倉時代的日本,相異於中土文獻所載的楊氏作品還存有相當的數量。

其次,第（一）部分的楊巨源佚詩句中,除了四時部春興第六二聯、四時部秋興第一八二聯、草木部紫薇第六四五聯、遊放部秋遊第八六四聯的資料過於簡單外,其他幾聯的詩題和詩句多與楊氏生平相符,確爲其佚詩無疑。這可爲楊巨源的生平事跡研究做出補充。

再次,第（二）部分的楊巨源詩句中,除了第六二六聯外,其餘五聯尤其是它們的詩題部分,皆存在着相異於中土楊詩的獨特地方。而就這些地方,各家選集之間卻基本一致。這也再次表明大江維時所據文獻的不同於他。

最後,第（三）部分的内容涉及到楊巨源詩歌的誤收狀況。實際上,此現象自宋代即已受到關注④,近人也對楊詩誤收問題做過研究⑤。故在此基礎上,可知各類唐詩選集中,與楊巨源詩作相互混收者並非一人,包括了劉長卿、楊衡、錢起、劉禹錫、武元衡、梁鍠等多位詩人。然《千載佳句》中卻惟獨劉長卿一人而已⑥。《千載佳句》獨特的誤收現象,可爲楊巨源作品的誤重詩研究提供一個新的解讀視角。

---

① 《劉隨州集》卷九,《唐五十家詩集》第六册,頁3344。
② 《新唐書》卷一百六十三,頁5031。
③ 《劉長卿詩編年箋注》,頁488。
④ 王楙《野客叢書》:"唐人一詩見兩處刊者甚多……'憑宅得花饒,初開恐是妖'。此一詩既見楊巨源集,又見王建集。"王文錦點校《野客叢書》卷二十八,北京:中華書局,1987年,頁322。
⑤ 例如,佟培基《全唐詩重出誤收考》,西安:陝西人民教育出版社,1996年,頁297—299。佐宏《楊巨源誤重詩考辨》,《求索》2005年第8期。
⑥ 市河寬齋將第一八一聯和第九○七聯的劉長卿詩句作爲楊巨源佚詩句收錄於《全唐詩逸》,卻將同樣出自劉長卿作品的第二○四聯置於《詩逸》之外。

二、楊巨源作品的流傳狀況

雖然《千載佳句》中楊巨源詩句的來源文獻已無從確考，但這些詩句的獨特異文與文獻價值，卻令我們對楊氏作品的流傳狀況充滿疑問。下面本文即對之加以探察。

（一）楊巨源作品的東傳問題

察楊巨源生前，其作品尤其是七律已倍受時人稱道，比如元稹《授楊巨源郭同玄河中興元少尹制》曰："勅具官楊巨源，詩律鏗金，詞鋒切玉。相如有凌雲之勢，陶潛多把菊之情。"[1] 另外，成書於元和九年至十二年（814—817）之間的勅撰唐詩選集《御覽詩》，也收録了楊巨源的詩作十四首，其中含五言詩五首，七言詩九首[2]。這些都證明了楊巨源在此時期的詩壇影響力。另外，在時人撰於元和十三年的墓誌銘序文中，還稱頌楊巨源爲"今之鮑昭"，以致"咸所推伏，莫敢敵偶"[3]。"鮑昭"，乃"鮑照"之誤。鮑照，是見譽爲"上挽曹、劉之逸步，下開李、杜之先鞭"[4] 的南朝宋的文學翹楚，擅長樂府詩歌和七言歌行，其樂府詩作甚至被稱作"俊爽絶倫"[5]。故撰者以鮑照比擬楊巨源，愈見楊巨源的文學成就之高及其長於樂府的創作特點。由之，楊氏作品得以東渡扶桑並見收於《千載佳句》，亦非難解。

然而，有關楊氏作品東渡鄰國的攜帶者，史料中並無明確記載。僅可察知與楊巨源活動時期最爲接近的日本入唐者乃是學問僧空海和最澄。空海曾專門致信於當時的越州節度使，尋求"三教之中，經律論疏傳記、乃至詩賦、碑銘、卜醫、五明所攝之教，可以發蒙濟物者，多少流傳遠方，斯則"[6]。即除了佛典要籍，還力搜當時可資學習的外典書籍。不過，在空海攜歸本國的唐物典籍中，雖有朱千乘等知名不甚的詩人作品，卻未見任何楊巨源詩作的痕跡，其著作《文鏡秘府論》、《性靈集》所引用的唐

①李昉等編《文苑英華》卷四百六，北京：中華書局，1966年，頁2062。
②傅璇琮編《唐人選唐詩新編》，北京：陝西教育出版社，1996年，頁250—252。
③橋古夫《唐故鹽鐵轉運等使河陰留後巡官前徐州蘄縣主簿弘農楊君墓誌銘并序》，周紹良主編《唐代墓誌彙編》（下），上海：上海古籍出版社，1992年，頁2031。
④胡應麟《詩藪》外編卷二，北京：中華書局，1958年，頁143。
⑤徐陵編、吳兆宜注《玉臺新詠箋注》卷四，鄭州：中州古籍出版社，1991年，頁80。
⑥空海《遍照發揮性靈集》卷五《與越州節度使求内外經書啓》，渡邊照宏等《三教指歸·性靈集》，《日本古典文學大系》第71卷，東京：岩波書店，1965年，頁277。

詩資料内，也没有關於楊詩的記録。

既然日本方面没有楊巨源作品東傳的任何記述，那麽，王建的"舊卷常抄外國將"和劉禹錫的"渤海歸人將集去"，或可引起思考。

王建《寄楊十二秘書》

　　初移古寺正南方，静是浮山遠是莊。人定猶行背街鼓，月高還去打僧房。新詩欲寫中朝滿，舊卷常抄外國將。閑出天門醉騎馬，可憐蓬閣秘書郎。

劉禹錫《酬楊司業巨源見寄》

　　壁雍流水近靈臺，中有詩篇絶世才。渤海歸人將集去，梨園弟子請詞來。瓊枝未識魂空斷，寶匣初臨手自開。莫道專城管雲雨，其如心似不然灰。

由王建的詩題"寄楊十二秘書"和詩句"新詩欲寫中朝滿，舊卷常抄外國將"，可知至遲自楊巨源擔任秘書郎的元和九年（814）起，楊氏的新作就十分受人關注，而其作品中的"舊卷"則常以轉抄的形式被帶出國外。據劉禹錫的詩題"酬楊司業巨源見寄"與詩句"渤海歸人將集去，梨園弟子請詞來"，可推斷楊巨源別集被渤海人攜出唐土之事，應發生在他擔任國子司業期間，也就是穆宗長慶四年（824）以前[1]。

當然，王、劉二人所述的情況，是否就和楊巨源作品的東渡扶桑存有關聯，還要結合當時東亞漢字文化圈中的漢籍流通狀況來加以探討。

自空海歸國的憲宗元和元年即平城天皇大同元年（806），至文宗開成三年即仁明天皇承和五年（838）的三十二年期間裏，日本再未派遣過遣唐使。但在此階段的主要時期，平安朝廷對唐風文化卻十分傾慕[2]，渤海使節的赴日情況也較以往任何時候都要頻繁[3]。因此，唐土書籍經由渤海人之手再傳至日本並非無根之談。而這種情況原也有例可援。例如，《類聚三代格》記載文德天皇天安二年（858），渤海使烏孝慎來日，獻《宣明曆》。兩年後，平安朝廷即將遣唐使攜歸的《大衍曆》和《五紀曆》皆行廢止，而改施經由渤海傳來的《宣明曆》。再如，嵯峨天皇弘仁三年（812）二月、天皇與小野岑守因受白居易作於元和四年（809）的"新樂府"的影響，而於平安京神泉苑初次

---

① 由韓愈的《送楊少尹序》，知楊巨源結束國子司業事當發生於長慶四年。劉真倫、岳珍《韓愈文集彙校箋注》卷十一，北京：中華書局，2010 年，頁 1174。

② 對唐風文化的推崇，尤以嵯峨天皇（809 — 823 在位）和淳和天皇（823 — 833 在位）兩朝爲盛。

③ 例如，嵯峨天皇大同四年（809）與弘仁元年（810），渤海使高南容兩回來日；弘仁五年（814），渤海國使抵達出雲國；弘仁九年（818），渤海使慕感德來日；弘仁十年（819），渤海大使李承英來日。弘仁十二年（821），渤海國使王文矩攜方物王啟來日，等等。

舉辦的花宴上作"落花篇"。針對此事，即有日本學者指出，此時期並無遣唐使的派遣，白居易"新樂府"詩的快速東渡，很有可能要歸因於此階段來日的渤海使節①。當然除了渤海使外，渤海商人也是傳播唐物的重要載體，其所持的唐物時常受到日本士庶的歡迎和爭購，以致於太政官要向國司發放禁制渤海人在民間貿易唐物的官牒②。由之可見，這一時期，渤海在唐物東傳日本的過程中，發揮了重要的中介作用。何況，楊巨源的立名文壇以及"渤海歸人將集去"等事又皆發生於此階段。諸多因素交結其間，楊巨源作品的東渡扶桑，極有可能就與"渤海歸人"存有關聯。當然由於直接史料的欠缺，此處僅作一說。

（二）楊巨源的"集"的流傳問題

上文涉及到"渤海歸人將集去"的問題。據之，知楊巨源生前既已有結集成册的個人別集流傳於世。然察相關記載，卻發現楊巨源的"集"的問題，至今仍須再加甄辨。

來看有關楊巨源的"集"的目錄著述。它們主要有《新唐書・藝文志》《崇文總目》《遂初堂書目》《宋史・藝文志》《郡齋讀書志》《直齋書錄解題》等。現歸納如下。

楊巨源集	引語	出典
一卷本	"楊巨源詩一卷"	《新唐書》卷六十《藝文志》
	"楊巨源詩一卷"	（北宋）李昉等《崇文總目》卷十二
	"楊巨濟詩一卷"（晁氏注曰"袁本'源'訛作'濟'"）	（南宋）晁公武《郡齋讀書志》卷十七
	"楊巨源詩一卷"	（南宋）鄭樵《通志》卷七十
	"楊巨源詩一卷"	（元）馬端臨《文獻通考》卷二百四十二《經籍考》
	"楊巨源詩一卷"	（元）脫脫《宋史》卷二百八《藝文志》

---

① 山口博《宇多・醍醐朝の宮廷文學と東アジア》，載仁平道明編《王朝文學と東アジアの宮廷文學》，東京：竹林舍，2008 年，頁 199。

② 《類聚三代格》卷十八"應禁交關事"："此間之人必（心）愛遠物，爭以貿易，宜嚴加禁制，莫令更然"。《類聚三代格》，《新訂增補國史大系》第 6 卷，東京：吉川弘文館，1952 年，頁 571。

續表

楊巨源集	引語	出典
五卷本	"楊少尹集五卷……第三卷末二十餘篇，有目無詩。"	（南宋）陳振孫《直齋書録解題》卷十九
卷數不詳本	"楊巨源集"	（南宋）尤袤《遂初堂書目·別集類》

據此表，知楊巨源的別集主要分爲一卷本和五卷本兩種類型。除了《直齋書録解題》載之爲"楊少尹集五卷"、《遂初堂書目》録之爲"楊巨源集"且未言及卷數之外，餘者皆作"楊巨源詩一卷"。

先來看"楊巨源詩一卷"的説法。此處，一卷本"楊巨源詩"的稱謂頗堪玩味。它恐非是楊巨源詩集的最初名字，而是指楊詩在絶大部分遭到散佚後的殘存者，即楊氏殘詩共存一卷之意。也正因之，《全唐詩》卷三百三十三的楊巨源小傳注："集五卷，今編詩一卷。"就是説，在以上著述中，真正提到楊巨源作品的"集"這一名稱的，惟有《直齋書録解題》和《遂初堂書目》。然而，《遂初堂書目》不注卷數，因此《直齋書録解題》的記述就倍顯重要。它至少表明了在南宋時期還有五卷本楊氏別集的存在，而且根據其"第三卷末二十餘篇，有目無詩"的集下小注，還可推知陳振孫應親自目睹過這個版本。另外，朱熹《晦庵集》卷八十二《跋溪上翁集》也提到"楊少尹集"這一書名，清人席啟寓《唐詩百名家全集》亦採用"楊少尹詩集"這一名稱。這些皆可佐證"楊少尹集"的存在。"楊少尹集五卷"的説法言之有據。

那麼，它們是否和《千載佳句》中楊巨源作品的來源問題存有關聯呢？由上文的比勘已可看出，《千載佳句》所收楊詩與中土通行的一卷本"楊巨源詩"之間存在着諸多異文。因此，大江維時所參底本源於一卷本"楊巨源詩"這種可能得以排除。至於五卷本"楊少尹集"，雖然其間包含了大量目今無存的佚作，這一點和《千載佳句》多含楊氏逸詩的情況極爲相似，但由於此集在中土散佚已久，自陳振孫之後再也無人言及。故而，就其與《千載佳句》所參底本的關係問題，尚難論定。

三、大江家族成員與楊巨源作品

關於楊巨源作品在日本的流傳，除了《千載佳句》以外，還有一則平安文獻值須注意。

在大江維時後人大江匡房撰著的《江談抄》內，記述了維時堂兄大江朝綱所作的《送殘春》"落花狼藉風狂後，啼鳥竜（龍）鐘雨打時"。後注："楊巨源詩，有狼藉竜

（龍）鐘爲對之詩云々。"① 此處的詩注，意味着大江朝綱的這首《送殘春》詩應受到過楊巨源詩作的影響。至於大江匡房能就大江朝綱的詩句特加注解，則説明匡房本人也必定閲讀過這首以"狼藉"和"竜（龍）鍾"相對偶的楊氏律詩。不過，察現存的楊詩作品，卻發現其中並無符合匡房所述者，僅《辭魏博田尚書出境後感恩戀得因登藂臺》② 詩中出現過"龍鍾"一詞，然而，此"龍鍾"又位於首聯的"薦書及龍鍾，此事鏤心骨"内。故按律詩的對仗規則，此詩也必非匡房所指。顯然，大江匡房所參閱的楊詩底本也不同於中土所載，至少不屬於一卷本的"楊巨源詩"。至於其是否爲五卷本的"楊少尹集"或是存有楊巨源作品的詩文選集，則遽難斷定。不過，從大江維時的大規模選詩，到大江朝綱的學習模仿，再到大江匡房的引詩做注，大江氏家族與楊巨源作品的聯繫，卻由此可見一斑。

另外，察《日本國見在書目録》對楊巨源集並無任何著録，可知至少在冷泉院失火後，楊巨源的作品無論是別集還是散詩，既已在皇家文庫内無所庋藏。既然如此，它們出現於大江家族成員筆下這一信息，就反映出如下可能，即關於楊巨源作品的別集或選集，很有可能就在大江家族内部流傳。

按大江家作爲平安時代以漢學立身、且家族内部有多人擔任過天皇侍讀③的著名公卿氏族，其與漢籍的搜藏和宣講關聯十分密切。白河天皇承曆二年（1078），大江家還設立了私家所屬的江家文庫，内中搜集内外貴重典籍萬卷有餘。然而至近衛天皇仁平三年（1153）四月十五日，江家文庫卻遭至火厄，所藏典籍盡數焚滅。關於此事，日本古文獻内多有著録。比如藤原通憲所編《本朝世紀》第四十六"近衛天皇"："未刻五條坊門南烏丸東有火災……又江家十代之書倉同遭此殃。"④ 平信範所著《兵範記》"仁平三年四月"："東方有火……就中樋口町尻江家文庫，不能開闔，萬卷都書，片時爲灰了。是朝之遺恨，人之愁悶也。"⑤ 《百鍊抄》第七"近衛天皇"："四月十五日。

---

① 大江匡房《江談抄》卷四，川口久雄、奈良正一《江談證注》，東京：勉誠社，1984 年，頁 634。

②《文苑英華》卷三百十三《詩·居處三·臺》，頁 1612。

③ 大江匡衡《江吏部集》卷中："夫江家之爲江家，白樂天之恩也。故何者。延喜聖代，千古、維時父子共爲文集之侍讀。天曆聖代，維時、齊光父子共爲文集之侍讀。天禄御官齊光、定基父子共爲文集之侍讀……"柳澤良一《江吏部集·無題詩》，《川口文庫善本影印叢書》第 3 種，東京：勉誠出版，2010 年，頁 97。

④ 藤原通憲《本朝世紀》，《新訂增補國史大系》第 9 卷，東京：吉川弘文館，1964 年，頁 857。

⑤ 平信範《兵範記》，增補史料大成刊行會編《增補史料大成》第 18 卷，京都：臨川書店，1965 年，頁 187。

燒亡。其中因幡堂、祇園大政所、法家千草文倉爲灰燼。數萬卷書一時滅。云云。"[1]無獨有偶，這場火災以後，日本古文獻內再未出現過任何有關楊巨源的未見於中土著錄的佚詩作品。由此可見，楊巨源的作品，作爲漢籍外典而見存於大江家內部、後又隨江家文庫的毀滅而走向消散，並非沒有可能。

以上，本文通過對《千載佳句》中楊巨源詩句以及楊巨源作品流傳狀況的考證與補察，發現至遲於平安時代初期，就有相異於中土所存的一卷本"楊巨源詩"的楊氏作品傳至日本；它們的東渡或與渤海人的中介作用存有關聯；此後，大江維時參用的相關文獻，即應爲這些作品的原本或轉抄本；大江維時使用過後，楊巨源的作品又在以學問馳譽平安朝廷的大江家族內部傳流多時，直至再次出現於《江談抄》的記述之中。

---

[1]《百鍊抄》，《新訂增補國史大系》第 11 卷，東京：吉川弘文館，1979 年，頁 70。

《虛堂和尚語録》 形成及日本流傳考[*]

江静　李丹

（浙江工商大學）

　　《虛堂和尚語録》，又稱《虛堂禪師語録》《虛堂智愚禪師語録》《虛堂録》《虛堂語録》，收録了南宋高僧虛堂智愚禪師（1185—1269）[②] 住持嘉興府（治今浙江嘉興）興聖禪寺、報恩光孝禪寺、慶元府（治今浙江寧波）顯孝禪寺、瑞岩開善禪寺、萬松山延福禪寺、婺州（治今浙江金華）雲黄山寶林禪寺、慶元府阿育王寺、柏岩慧照禪寺、臨安府（治今浙江杭州）净慈寺、徑山興聖萬壽禪寺等十所寺院時的法語、偈頌、序跋等。管見所及，國内僅國家圖書館藏有該語録的江户時代和刻本。而在日本，《虛堂和尚語録》被認爲是中世臨濟宗最廣爲閲讀的語録之一[③]，也是日本臨濟宗最爲重視的七部典籍，即所謂的 “七部録”[④] 之一。因此，版本不少，藏本亦多。僅 “日本所藏中文古籍資料庫”[⑤] 檢索結果顯示，除去《大日本續藏經》和《大正藏》收録本，日本各地有相關藏本 21 件。

＊本文系 2016 年度浙江省哲學社會科學重點研究基地東亞研究院規劃課題 “宋元赴日禪僧相關資料整理與研究” 階段性成果。

②虛堂智愚，俗姓陳，號息耕叟，明州象山（今浙江象山）人。運庵普巖（1156—1226）法嗣。相繼住持浙江嘉興、寧波、義烏、杭州等地的十所禪寺，受宋理宗、宋度宗歸依。法嗣有靈石如芝、閑極法雲、寶業道源、禹溪一了及日僧南浦紹明、巨山志源等。其事跡詳見《虛堂和尚語録》卷十《行狀》，此外，《補續高僧傳》卷十一、《增集續傳燈録》卷四、《徑山志》卷二、《釋氏稽古録》卷四、《佛祖綱目》卷四十、《五燈全書》卷四十九等書亦有其小傳。

③日本大藏經學術用語研究會《大正新修大藏經索引》第 27 册《諸宗部（三）》，東京：大正新修大藏經刊行會，1983 年，頁 8。

④ “七部録” 指《碧巖録》《臨濟録》《大慧書》《虛堂録》《五家正宗贊》《禪儀外文集》《江湖風月集》。

⑤全國漢籍データベースhttp：//kanji. zinbun. kyoto—u. ac. jp/。

關於這部語録的基本情況，日本多家藏本所在圖書館，如駒澤大學圖書館、東京大學圖書館、國立國會圖書館、國立公文書館等都有或詳或略的介紹，日本的《佛書解説大辭典》①、《新版禪學大辭典》② 亦有著録，國文學研究資料館"日本古典籍總合目録データベース"提供了部分藏本的簡要信息。中國方面，《丁福保佛學大詞典》、《佛光大辭典》、袁賓《禪宗大辭典》等辭典有著録，傅增湘（1872—1949）較早介紹了該語録的江户活字本信息，嚴紹璗、李國玲、陳雷等人在相關著述中都有詳略不等的説明③。上述研究成果有利於我們瞭解《虚堂和尚語録》（以下簡稱《語録》）版本、收藏等情況，然而，也存在以下問題：1. 提供信息不全或有錯誤；2. 對於《語録》在日本的流傳情況缺乏系統梳理和深入研究；3. 關於《語録》卷數的説法不統一，有四卷本、七卷本、十卷本三種，彼此關係不明確。有鑒於此，筆者擬在對《語録》各版本進行搜集、考察的基礎上，梳理其在日本傳播的基本脈絡，並糾正學界一些錯誤的認識。

一、《虚堂和尚語録》在南宋的刊刻

據智愚嗣法弟子閑極法雲咸淳十年（1274）所作智愚《行狀》及咸淳五年版《語録》題識，《語録》在南宋經歷過兩次編纂。

第一次是在虚堂智愚在世時，法雲稱"語録二帙已行於世"④。至於完成的具體時間，根據下文妙源題識中所謂"觀師十會語"，應該是在智愚住持第十座寺院徑山寺之後，即咸淳元年（1265）八月以後。

第二次是在咸淳五年（1269）十二月之後。該版本卷尾有妙源的題識，内容如下：

> 妙源嘗拜觀師十會語，如南屏、雙徑，提唱甚多，惜乎未盡鋟梓。曩曾侍師

---

① 小野玄妙《佛書解説大辭典》第二卷，東京：大東出版社，1932 年，頁 229—230。
② 駒澤大學内禪學大辭典編纂所《禪學大辭典》，東京：大修館書店，1985 年，頁 205。
③ 傅增湘《藏園群書經眼録》卷十，北京：中華書局，2009 年，頁 882；嚴紹璗《日本藏漢籍珍本追蹤紀實》，上海：上海古籍出版社，2005 年，頁 414—415；嚴紹璗《日藏漢籍善本書録》，北京：中華書局，2007 年，頁 1329；李國玲《宋僧著述考》，成都：四川大學出版社，2007 年，頁 548；《域外漢籍珍本文庫》編纂出版委員會《日本五山版漢籍善本集刊》第十册，重慶：西南師範大學出版社，2013 年，頁 5；陳雷整理《虚堂和尚語録》，董平主編《杭州佛教文獻集萃》第一輯第九册，北京：宗教文化出版社，2016 年，頁 4635—4639。
④ 妙源等編，陳雷整理《虚堂和尚語録》卷之十，頁 4889。爲方便讀者查閱，本文《語録》引文文字若與言及版本沒有不同，皆出自此版本。

於凌霄，因有此請，不允。今叢林衲子咸欲流傳，謹録成後集。倘覽者言外知歸，則我師之語何剩焉？

　　咸淳五年，歲在己巳，佛成道日，新差住持、福州鼓山嗣法小師妙源拜書。小師楚苹、清塞謹抽衣資，命工刊行。①

妙源（1207—1281），明州象山（今浙江寧波象山縣）人，俗姓陳，字晋之，號寶業，智愚嗣法弟子，智愚住持徑山寺期間，他隨侍智愚身邊，並曾代爲演法酬答，後相繼出任泉州承天寺、福州鼓山湧泉禪院住持。《清容居士集》卷第三十一《定水源禪師塔銘》《補續高僧傳》卷第十二有其傳。此份題識完成於他住持湧泉禪院後不久。

根據該題識提供的信息，此前編撰的語録没有將智愚住持净慈寺和徑山寺期間的法語收録完整，對此，妙源深感遺憾，他在徑山寺凌霄庵侍奉智愚時，曾請求將語録增補刊行，未得到後者的應允。咸淳五年（1269）佛成道日（十二月初八），即智愚去世兩個月後，因“叢林衲子咸欲流傳”，智愚弟子們完成了《語録》續集的編纂，妙源爲此題寫了上述識語。此版語録的出資者是“楚苹、清塞”，關於此二人，目前查不到更多的信息。

值得注意的是，法雲在《行狀》中只提到“《語録》二帙”，並未言及語録的卷數。日本正和二年（1313）本刊記中稱“宋咸淳五年，晋之續録後集，已成三卷”②。日本天文三年（1534）景聰興晟《虛堂録抄》序言提到“此語録素不定卷之數焉，後人分之，而爲上中下之三卷矣”③。由此推測，《語録》在首次刻版時並未分卷，在再次刊刻之前，被分爲上、中、下三卷。

《語録》的南宋刻本在中國可能已經不存，據嚴紹璗調查，在日本還保存有兩部南宋刻本，皆爲四卷本，分别藏在御茶之水圖書館（今石川武美記念圖書館）成簣堂文庫和宮内廳書陵部④。

據川瀨一馬所作《お茶の水圖書館藏新修成簣堂文庫善本書目》解題以及筆者的實地調查，嚴先生所言成簣堂文庫藏本實爲咸淳五年刊本的遞修本。全書有大量的頭

---

①妙源等編，陳雷整理《虛堂和尚語録》卷之十，頁 4880—4881。標點略有改動，下同，不再出注。
②妙源等編，陳雷整理《虛堂和尚語録》卷尾，頁 4889。
③景聰興晟《虛堂録抄》，古田紹欽編《松ヶ岡文庫所藏禪籍抄物集》，東京：岩波書店，1977 年，頁 3。
④嚴紹璗《日本藏漢籍珍本追蹤紀實》，頁 414—415；《日藏漢籍善本書録》，頁 1329。

書①、旁注及朱墨色逗點，有多人補寫及重新裝裱的痕跡。川瀨一馬推測補寫時間是在16世紀後半葉的室町時代末期，裝裱者恐爲妙心寺塔頭蟠桃院②。

至於宮內廳書陵部藏本，嚴先生並未介紹。根據筆者的調查，書陵部僅有正和二年覆刻本，並無南宋刻本。

根據成簣堂文庫藏本以及日本正和二年覆宋刻本，可知咸淳五年本凡四卷，各卷目次如下：

　　　　卷上　　興聖　報恩　顯孝　瑞岩　延福　寶林

　　　　卷中　　育王　柏岩　净慈　徑山　法語　序跋　真贊　普説

　　　　卷下　　頌古　代別　佛祖贊　禮祖塔　小佛事　偈頌

　　　　後録　　續輯　净慈　徑山　偈頌　小佛事　語跋　真贊

前三卷内容系初刻本内容，完成於咸淳元年（1265）智愚住持徑山寺後不久，收録了智愚住持嘉興府興聖禪寺、報恩光孝禪寺、慶元府顯孝禪寺、瑞岩開善禪寺、延福禪寺、婺州寶林禪寺、慶元府阿育王寺、柏岩慧照禪寺、臨安府净慈寺、徑山寺期間的語録，並法語、序跋、真贊、偈頌等。咸淳五年再刻本增加了"後録"一卷，補充了初刻本未收的語録，特別是智愚住持净慈和徑山期間的語録以及後來出現的偈頌、法語、像贊等。

《語録》各部分的編者，皆爲智愚的弟子或侍者，包括妙源、可宣、無隱等，凡參學13人，侍者15人。

二、《虛堂和尚語録》東傳與五山版的問世

京都妙心寺住持龍溪宗潜（1602—1670）在《虛堂録抄》序文中説道："昔吾南浦始祖遥入宋域，敲磕禪師之門，親受兒孫日多之記，兼齎此録而歸。"③　無著道忠（1653—1745）在《虛堂録犁耕》總論中也提到"此録南浦和尚攜來"④。一般認爲，《語録》是由南浦紹明帶回日本的。

南浦紹明（1235—1308），俗姓藤原，駿河國安部郡（今静岡市）人，虛堂智愚法

----

①所謂"頭書"，指寫在天頭部分的注釋文，是日本比較常見的注釋形式。

②川瀨一馬《お茶の水圖書館藏新修成簣堂文庫善本書目》，東京：（財）石川文化事業財團お茶の水圖書館，1992年，頁943。

③東京大學綜合圖書館藏日本萬治元年版《虛堂録抄》序文。

④無著道忠《虛堂録犁耕》，京都：禪文化研究所，1990年，頁4。

嗣。十五歲出家，後受具足戒，赴鎌倉，隨建長寺住持、赴日宋僧蘭溪道隆（1213—
1278）習禪。日本正元年間（1259—1260）入宋，遍訪高僧後，拜虚堂智愚爲師。咸
淳元年（1265），智愚入主徑山寺，紹明隨師前往。咸淳三年秋，紹明辭師下山，翌年
五月底六月初歸國。回國後，先是在建長寺蘭溪道隆會下任藏主，後相繼住持筑前
（今福岡縣一帶）興德寺、崇福寺、京都萬壽寺、鎌倉建長寺等。日本延慶元年
（1308）圓寂，謚號“圓通大應國師”，有《大應國師語録》存世。紹明法嗣衆多，其
中以大德寺開山宗峰妙超（1282—1337）最爲著名，妙超弟子中，又以妙心寺開山關
山慧玄（1277—1360）影響最大，他們三人的法系被稱作“應燈關派”，是日本臨濟宗
的主要流派，法脈流傳至今①。

　　紹明回國是在咸淳四年，而《語録》在南宋的增補刊刻是在咸淳五年十二月之後，
也就是説，紹明攜歸日本的，只是南宋版的初刻本。至於再刻本是何時由何人傳入日
本，尚不知曉。

　　日本正和二年（1313），京都龍翔寺住持絶崖宗卓（？—1334）完成了《語録》
在日本的初次刊刻。此即通常所説的“五山版”，本文稱“正和二年本”。

　　絶崖宗卓，南浦紹明嗣法弟子，歷任筑前（今福岡縣）崇福寺、京都萬壽寺、京
都南禪寺、鎌倉净智寺住持。日本延慶二年（1309），開創京都龍翔寺，奉南浦紹明爲
勸請開山。

　　據日本國立國會圖書館藏本，正和二年本凡四册，四卷，目録如次：

　　　　卷上六十七紙　　　興聖　報恩　顯孝　瑞巖　延福　寶林

　　　　卷中五十四紙　　　育王　柏巖　净慈　徑山　法語　序跋　真贊　普説

---

① 有關南浦紹明最早且最詳細的傳記是杭州天曆永祚禪寺（中天竺寺）住持用章廷俊（1299—1368）
撰寫的《圓通大應國師塔銘》。關於紹明的思想生平另可參考：楊曾文《日本佛教史》，杭州：浙
江人民出版社，1995 年版，頁 366—376；玉村竹二《五山禪僧傳記集成》，京都：思文閣出版，
2003 年版，頁 535—538；佐藤秀孝《虚堂智愚と南浦紹明——日本僧紹明の在宋中の動靜につい
て》，《禪文化研究所紀要》第 28 號，2006 年；野口善敬《大應國師—日本臨濟禪の宗祖—》，大
應國師と崇福寺展實行委員會編《大應國師と崇福寺：大應國師七百回忌記念特別展》，非賣品，
2007 年，頁 9—20；許紅霞《日藏宋僧詩集〈一帆風〉相關問題之我見》，《中國典籍與文化論叢》
第 13 輯，南京：鳳凰出版社，2011 年；陳捷《日本入宋僧南浦紹明および宋僧の詩集〈一帆風〉
について》，堀川貴司、淺見洋二編《蒼海に交わされる詩文》（《東アジア海域叢書》第 13 種），
東京：汲古書院，2012 年，頁 119—146。最新的研究參見衣川賢次撰、金程宇譯《南宋送別詩集
〈一帆風〉成書考》，《域外漢籍研究集刊》第 11 輯，北京：中華書局，2015 年；後收入衣川賢次
《禪宗思想與文獻叢考》，上海：復旦大學出版社，2019 年。

卷下七十五紙　　頌古　代別　佛祖贊　禮祖塔　小佛事　偈頌

後録八十一紙　　續輯　净慈　徑山　偈頌　小佛事　語跋　真贊　新添

與南宋刻本相比，第四卷最後增加了"新添"内容，編者署名爲"勅差住持洛陽萬壽法孫比丘宗卓集"。

全書卷末有宗卓所撰刊語，全文如下：

祖翁在世，語録二帙刊流天下。宋咸淳五年，晋之續録後集，已成三卷，而本朝未刊行之。先師常爲言，而未果成也。爲人之後者，曷無勇爲乎？仍搜遺逸，新添數紙於後録之尾，鋟梓於龍翔。正和癸丑開爐日，拙孫宗卓敬書。沙彌宗哲等施財開版。①

根據上述刊語，紹明在世時，雖有在日本刊刻先師語録的夙願，卻始終未能實現。紹明辭世五年後，弟子宗卓"仍搜遺逸"，在南宋刻本的基礎上，增加了《新添》部分，完成了先師的遺願，此事得到紹明另一位弟子宗哲的資助。

《新添》内容包括圖贊、偈頌、法語、信函、智愚行狀等，相比之前的内容，具有一個很鮮明的特點，即收録内容多有題款，標明時間、地點、創作緣由等。例如，在十二則《贊禪會圖》的最後有"紹定四年清明日，住嘉禾興聖智愚爲妙源侍者敬贊"之語；在《贈禪客智仁》後題有："問話行者智仁炷香請語，以此贈之。景定癸亥至節，虛堂老僧書於雪竇西庵。"在《鳴鐘佛事》法語後題有："化城鳴鐘。咸淳戊辰冬十月日，住徑山虛堂智愚書。"② 題款的内容有助於我們研究智愚的活動軌跡。

《新添》中還有一些頗爲重要的内容，如智愚爲南浦紹明題寫的餞行偈《送日本南浦知客》、給法嗣無示可宣的回函《答蓬萊宣長老書》、去世前留下的遺偈《辭世頌》以及閑極法雲所作的智愚《行狀》等，皆是研究智愚思想、生平的重要史料。特別是《行狀》，對智愚的生平記載頗爲詳細。《行狀》作者法雲（1215—?），號閑極。智愚住持寶林寺期間，法雲就在其門下擔任侍者，後又在智愚會下任首座一職，最終嗣法智愚，是《語録》中《婺州雲黃山寶林禪寺語録》《雙林夏前告香普説》的編者。《行狀》末尾題款曰："咸淳十年十月十一日，新劄差住持慶元府清涼禪寺嗣法小師法雲謹狀。"交待了法雲當時的身份以及《行狀》的創作時間。法雲與智愚的關係決定了他對後者的經歷比較熟悉，相關記載有較高的可信度。《行狀》末尾有宗卓的注語，曰：

---

① 妙源等編，陳雷整理《虛堂和尚語録》卷尾，頁4889。
② 上述三則題款分別引自妙源等編，陳雷整理《虛堂和尚語録》卷之十，頁4883、4884、4885。

"《行狀》或唐刊系在《後録》末，今本不見，故付於此。"① 然而，《後録》是咸淳五年再版時增加的内容，《行狀》完成於咸淳十年，不可能被《後録》收録。

可以想象，宗卓輯録的《新添》詩文有部分來自其師紹明的珍藏。咸淳三年紹明打算回國之際，除了智愚，另有諸多禪友法眷爲其作詩送别，這些詩文被紹明攜歸日本。日本寬文四年（1664），曹洞宗僧輪峰道白（1636—1714）在京都某寺發現了一部名爲《一帆風》的詩軸，收録了上述餞行詩凡 44 首，遂將之刊刻流布②。《一帆風》的第一首便是智愚所作《徑山虛堂愚和尚送南浦明公還本國并序》，與《新添》收録的《送日本南浦知客》題名雖然不同，内容卻基本一致，只是，《新添》本詩在前、序在後，且文末有"咸淳丁卯秋，住大唐徑山智愚書於不動軒"題識，交待了創作時間和地點，頗爲重要。《新添》中也有一些詩文作於紹明歸國之後，應該是來往於中日間的其他僧人帶到日本。

正如川瀨一馬指出的，除了《新添》，正和二年本其餘部分爲覆宋刻本③。

日本現存的正和二年本至少有十種，分别藏在宮内廳書陵部（二種）、尊經閣文庫、成簣堂文庫、東洋文庫、石井氏積翠軒文庫、國立國會圖書館、大東急記念文庫、三井家、松本研次郎家等，除尊經閣文庫藏本，其餘諸本皆爲修補本。就品相而言，最佳者爲宮内廳書陵部藏的其中一種本子④。國立國會圖書館藏本雖是室町時代補刊本，但品相良好，修補内容較少，比較忠實地反映了版本原貌，影印本見於國内近年出版的《日本五山版漢籍善本集刊》第十册。

正和二年本《語録》補充了南宋版未收的内容，使《語録》内容更爲豐富和完整，有助於我們對智愚生平及思想的研究；正和二年本《語録》的問世使得日本禪林有更多的機會看到《語録》，促進了《語録》在日本的流播，此後出現的多種《語録》皆以此版爲祖本。在宋版《語録》已然難見的今天，作爲覆宋刻本的正和二年本，可幫助我們瞭解《語録》的原貌。

---

① 妙源等編，陳雷整理《虛堂和尚語録》卷之十，頁 4889。
② 陳捷的《日本入宋僧南浦紹明與宋僧詩集〈一帆風〉》（《中國典籍與文化論叢》第 9 輯，北京：北京大學出版社，2007 年）、《日本入宋僧南浦紹明および宋僧の詩集〈一帆風〉について》及玉村竹二編《五山文學新集》别卷一《詩軸集成》（東京：東京大學出版會，1977 年，頁 925—930）收録了《一帆風》的詩文。
③ 川瀨一馬《五山版の研究》，東京：古書籍商協會，1970 年，頁 364。
④ 川瀨一馬《五山版の研究》，頁 365。

三、《虛堂和尚語録》抄物的出現

所謂"抄物"，是指日本室町時代（1392—1573）中後期至江户時代（1603—1867）早期，五山禪僧及通曉儒學之人對中國古籍、佛教經典和日本古典進行注釋的書籍，多爲講義和聽課記録的整理。其中既有"真名抄"，即漢文注釋本，也有"假名抄"，即漢文假名混用本。"至今保存的抄物數量頗大，内容有繁有簡，既有文言爲主的，也有接近口語的，既有講述者親筆書寫的，也有聽講者筆録的"①。

《語録》傳入日本後，成爲禪林閲讀和講授的對象。由於早期的抄物多已散佚，本文僅介紹景聰興晃的《虛堂録抄》。

景聰興晃（1475—1563），賜號大鑒普應禪師，臨濟宗妙心寺派玉浦宗珉的法嗣。擔任妙心寺首座期間，應請出任美濃汾陽寺（在今岐阜市）住持。永正年間（1504—1520）開創道樹寺（在今岐阜縣美濃市，屬臨濟宗妙心寺派），參徒常達百餘人。他常年爲僧衆講解《碧巖録》和《語録》，並"錯綜諸録，著注鈔若干卷"②，包括《虛堂録抄》《碧巖録抄》等。

《虛堂録抄》至少有兩個版本：天文三年（1534）本和永禄元年（1558）本，皆爲寫本。

天文三年本，十卷六册。古田紹欽認爲，其注釋底本爲正和二年本③。值得關注的是，正和二年本爲四卷本，此抄物則爲十卷本，卷目與後來出現的十卷本卷目同，我們雖不能斷定這是十卷本出現之嚆矢，但是，可以想見，因爲抄物夾雜了大量的注解，内容較多，卷數遂由原來的四卷擴充到了十卷。

第六册卷尾有如下識語："此臆斷撮合諸尊宿之講義，爲小師等書之者數歲也，兹天文三年甲午小春如意珠日於道樹精舍書畢矣。拙僧興晃年五十九也，伏願因之令法久住，（至）祝至祝。"④

---

① 王曉平《抄物識讀的方法》，《日語學習與研究》2013 年第 6 期。此外，劉玲《〈三體詩幻雲抄〉等日本室町時代抄物寫本書寫符號的識讀》（《文獻》2016 年第 3 期）引言部分亦有關於抄物資料的概括性介紹。
② 卍元師蠻《延寶傳燈録》卷三十，《大日本佛教全書》第 108 册，東京：佛書刊行會，1921 年，頁 404。
③ 古田紹欽《松ケ岡文庫所藏禪籍抄物集·解題》，頁 3—17。以下所述古田紹欽關於《虛堂録抄》的研究皆來自此解題，不再出注。
④ 景聰興晃《虛堂録抄》，頁 1167。

　　此段識語交待了該抄物完成的時間、地點以及作此抄物的目的。其中提到的 "撮合諸尊宿之講義" 説明了興崶曾參考過多名高僧的抄物。據古田紹欽的研究，景聰興崶在作《虚堂録抄》時，參考過一山一寧、約翁德儉、絶崖宗卓、日峰宗舜、義天玄承、雪江宗深、悟溪宗頓、玉浦宗珉等多位高僧①的抄物。上述高僧中，後五位僧人爲五代相承之師徒關係，皆曾擔任妙心寺住持，師承玉浦宗珉的景聰興崶與他們出自同一法脈。

　　《虚堂録抄》對於《語録》的注解頗爲詳盡，涉及《語録》的字、詞、句，既包括人名、地名、寺院名、官職名、文書名等專有名詞的解釋，也包括佛教用語、俗語詞等難解字詞的訓釋，還有對句子格式、文章含義的解讀，内容頗豐。

　　神奈川縣鐮倉市松岡文庫藏有天文三年本《虚堂録抄》，古田紹欽認爲，此本並非景聰興崶的手稿，而是後人的摹寫增補本，大致完成於慶長年代（1596—1615）末、寬永年代（1624—1643）初，其中至少有三人補注、校訂的痕跡。

　　興崶晚年仍在道樹寺講解《語録》，東京大學藏永禄元年（1558）《虚堂録抄》的抄本②説明了這一點。該本識語有 "景聰和尚行年八十三，於濃之小山道樹精舍講之，永禄元年四月十五日終之" 之語，可見，永禄元年四月十五日，八十三歲的興崶在道樹寺爲大家最後講解了《語録》。與天文三年本相比，該本更爲詳盡，也訂正了前本的若干錯誤。東京大學該藏本的卷末有 "以策甫和尚之正筆 列孫天安叟謄寫焉" 的識語，卷内有 "大林寺藏本" 印記。策甫和尚即曾擔任京都妙心寺住持的策甫宗勝（？—1596）。日本有多處寺院稱作大林寺，屬於臨濟宗妙心寺派者至少有三家，此處的大林

―――――――――

①上述諸位僧侶的基本情況如下：一山一寧（1247—1317），今浙江台州人，臨濟宗頑極行彌法嗣，相繼住持今浙江舟山祖印寺、普陀寺，元大德三年（1299）受命出使日本，先後住持鐮倉建長寺、圓覺寺及京都南禪寺，受到皇室貴族及上層武士的皈依，有《一山國師妙慈弘濟大師語録》行世，門派稱 "一山派"。約翁德儉（1245—1320），今日本鐮倉人，赴日宋僧蘭溪道隆法嗣，在宋參學八年，鐮倉長勝寺開山，歷任京都建仁寺、南禪寺住持，有《佛燈國師語録》存世。日峰宗舜（1368—1448），京都人，日本臨濟宗僧無因宗因法嗣，今愛知縣瑞泉寺開山，因復興毁於戰亂的京都妙心寺，被尊爲妙心寺中興之祖，後住持京都大德寺。義天玄承（1393—1462），今日本高知縣人，日峰宗舜法嗣，歷住京都妙心寺、大德寺，開創京都龍安寺、丹波龍興寺。雪江宗深（1408—1486），今日本兵庫縣人，義天玄承法嗣，先後任京都大德寺、妙心寺住持，培養了被譽爲 "四傑" 的優秀弟子，爲妙心寺派的繁榮奠定了基礎。悟溪宗頓（1416—1500），今日本愛知縣人，雪江宗深法嗣，相繼擔任大德寺、妙心寺住持，著有《虎穴録》。玉浦宗珉（？—1519），京都人，悟溪宗頓法嗣，大智寺（在今岐阜市）開山，後住持妙心寺。
②《虚堂録抄》，永禄元年本抄本，凡五册，抄寫者署名 "天安叟"，抄寫時間不詳，東京大學大學院文學部圖書室藏。

寺應該是其中的一家吧。

此外，據古田紹欽的研究，與《虛堂録抄》同出一轍的抄物還有東京大學大學院文學部圖書室藏另一種抄本（僅存一卷，上有“大林寺藏本”鈐記，抄寫者和抄寫時間皆不明）、原藏東京大學的四册本（今所在不詳）、駒澤大學圖書館藏節選抄本《虛堂頌古景聰臆斷》一册、大阪府立圖書館藏《〈虛堂録〉臆斷》五册本（上有“駿府寶泰寺什物”墨書）等。寶泰寺位於今静岡縣静岡市，爲臨濟宗妙心寺派禪寺。這些抄物有的是《虛堂録抄》的傳抄增訂本，有的則是興晁聽講者的聽講記録。此現象反映了《語録》頗受日本禪林的歡迎，至少在妙心寺派寺院中廣爲流傳。

四、《虛堂和尚語録》在江户時代的刊行與研究

日本慶長八年（1603），德川家康在江户（今東京）開創幕府，日本歷史進入江户時代。這一時期，幕府政權穩定，社會經濟發展迅速，平民教育普及，以町人爲代表的市民階層逐漸成爲文化的主要創造者。與此同時，在幕府獎勵學問的政策下，佛教各宗紛紛建立了佛教研究和教育機構，先後出現一些著名的學問僧。就臨濟宗而言，五山派高僧依然得到幕府的重用，林下派中的大德寺派和妙心寺派因爲得到德川將軍家的支援而發展壯大，在民間擁有强大的影響力。

（一）《語録》的刊刻與出版

江户時代以前，雖然出現了五山版刻本，寫本依然是主流。江户時代以後，隨着印刷技術的不斷發展，活字印本與雕版刻本逐漸取代寫本，以營利爲目的的專業書商開始出現，出版事業隨之繁榮起來。這一時期，出現了《語録》的多種版本，包括古活字本和雕版刻本。

1. 古活字本

文禄元年（1592），豐臣秀吉發動了侵略朝鮮的戰争，其間，將朝鮮大量銅活字、活字模具和鑄字工匠掠回了日本，這一行爲，直接促進了日本活字印刷術的發展，表現爲“古活字本”的流行。所謂“古活字本”，特指日本文禄、慶長年間（1592—1615）到寬永時代（1624—1643）末期日本排印的活字本，與朝鮮不同的是，日本使用更多的是木活字，而非銅活字。目前已知的《語録》古活字本有如下兩種：

一種是慶長年間本。出版時間爲慶長（1596—1614）後期，出版地與出版者不明，内容同正和二年五山版。版本信息如下：四周雙邊，有欄，每半葉八行十七字，版框

22.7×17.0cm，白口，雙黑魚尾，版心有“虛興聖”、“虛報恩”等字。駒澤大學圖書館藏有足本，國立國會圖書館藏有殘本。全書原本爲四册，不分卷。筆者推測，不分卷的作法可能是參考了南宋早期的刻本。駒澤大學藏本將原來的四册本改爲了八册本，卷内有“遠江州龍谷禪寺新居驛”鈐記。龍谷禪寺位於静岡縣浜名郡新居町東湖山，屬臨濟宗妙心寺派。國立國會圖書館藏本缺第一册，其餘各册也有缺頁和補寫的内容。卷内有“浪花龍珠”鈐記，可知曾爲龍珠寺（位於愛知縣名古屋市，臨濟宗妙心寺派）舊藏。

另一種是慶長元和年間本。刊行時間略晚於前一種，出版地與出版者不明，内容同正和二年五山版。版本信息如下：四周雙邊，無界，每半葉八行十七字，版框20.0×14.0cm，小黑口，雙花魚尾，版心有“虛興聖”“虛報恩”等字。四卷，七册。筆者判斷駒澤大學圖書館藏本中，有三部屬於這一版本，分別爲七册本、五册本和一册本。七册本題簽“虛堂録”，扉頁有墨書“駿州長福寺什物”七個字，可知爲今静岡縣静岡市長福寺（臨濟宗妙心寺派）舊藏。該本同時見藏於關西大學圖書館。五册本題簽“虛堂和尚録”，將七册本中的册1、2，册3、4分別合爲一册。卷内有“芬陀利華院”、“古桑山房圖書記”、“小汀文庫”、“龍奭”、“駒澤大學圖書館”等鈐記。每册扉頁有墨書“室津見性寺”或“見性寺”幾個字，可知爲今兵庫縣たつの市見性寺（臨濟宗相國寺派）旧藏。一册本爲殘本，僅存第四卷“徑山　偈頌　小佛事　秉炬　法語　真贊　新添”相關内容，扉頁墨書“清泰藏本”四字，卷前有“岡田真之藏書”印，卷尾有“備前岡山城清泰院藏書”、“清泰”鈐記。可知爲龍峰山清泰院（位於今岡山縣岡山市，臨濟宗妙心寺派）舊藏。

2. 雕版刻本

寬永年以後，活字印刷逐漸沉寂下來，雕版刻本重新成爲主角，至江户時代結束，《語録》又經歷了幾次重刻，至少形成以下三種坊刻本：

（1）寬永九年坊刻本

寬永九年（1632）九月中野市右衛門刻印。中野市右衛門（？—1639），京都人，名道伴，號豐雪齋，曾隨東福寺禪僧文之玄昌（1555—1620）習禪，被認爲是京都書商之祖。出版有文之玄昌點校本《四書集注》《南浦文集》等儒學典籍和親自點校的《傷寒六書》等醫書及大量的佛典等。

該本駒澤大學圖書館、國立公文書館有藏。四卷，七册。全書卷尾有“寬永九年壬申九月中野市右衛門刊行”牌記。從内容和版式來看，應以慶長元和年間活字版爲底本。

駒澤大學圖書館藏本封底頁右下角有"宗安寺什物　昌山代"八個字，反映了該本曾是宗安寺（位於今高知縣高知市，屬臨濟宗妙心寺派）藏本。卷尾有"電庵"、"英迅"鈴記。國立公文書館本有"林氏藏書"、"江雲渭樹"、"昌平阪學問所"、"淺草文庫"、"日本政府圖書"等鈴記，反映了該本經林羅山、昌平阪學問所、淺草文庫、內閣文庫遞藏的歷史。

（2）正保四年坊刻本

正保四年（1647）正月中野小左衛門刊印。中野小左衛門（？—1662），京都人，名道也，號豐興堂，中野市右衛門的弟弟，江户前期著名出版商，出版書籍包括儒書、醫書、物語、和歌、假名草子等，尤以佛書爲主。

該本駒澤大學圖書館、東京大學附屬圖書館、國文學研究資料館等處有藏。四卷，七册，卷尾有"正保四年丁亥正月中野小左衛門刊行"牌記。從内容和版式來看，該本爲寬永九年本的翻刻本。

（3）慶安三年坊刻本

慶安三年（1650）堤六左衛門刊印。堤六左衛門生平不詳，唯知爲京都書商，出版過不少佛教典籍。該本駒澤大學圖書館有藏，卷末刊記曰：

> 《虛堂和尚語録》七卷，當初板行以弘於世矣，然轉寫誤豕亥、剩差脱惟夥，今般以正本添削，便命工鏤梓焉。時慶安三庚寅年仲春良辰。
>
> 寺町通二條上町堤六左衛門開板

刊記中提到《語録》七卷，而據筆者的調查，《語録》並無七卷本，只有慶長元和年間活字本是四卷七册本，而此版的内容與版式皆同慶長元和年間版，因此，我們可以認爲堤六左衛門是以慶長元和年間版爲底本刊刻了此版《語録》，刊刻理由是爲了糾正《語録》在流傳過程中出現的轉寫錯誤及疏漏等。

（二）《語録》的整理與研究

如前所述，早在室町時代，就有人爲《語録》作訓釋。到了江户時代，一方面，幕府獎勵修學，要求僧人專心研究教義和修行；另一方面，無論是在儒學界，還是在佛教界，對典籍的訓釋考據蔚然成風，在此時代背景之下，出現了頗多《語録》考釋著述。據"國文學研究資料館日本古典籍総合目録データベース"（http：//base1. nijl. ac. jp/~tkoten/）和《國書總目録》提供的資料，明確完成於江户時代的著述還有《虛堂和尚語録鈔》（1653）、《虛堂録故事》（1660）、《頭書校正虛堂和尚語録》（1669）、《虛堂和尚頌古講》（1689）、《虛堂和尚頌古評唱》（1704）、《虛堂録犁

耕》（1727）、《虛堂録法語代別抄》（1723）、《虛堂録代別》（江户中期）等，這些著
述通過對《語録》的注釋、校勘、考訂，以更符合日本人閱讀習慣的形式呈現出來，
方便讀者學習和理解。兹介紹三部如下：

1. 龍溪宗潛《虛堂録抄》

龍溪宗潛（1602—1670），俗姓奥村，京都人，號大宗正統禪師。初習真言密教，
後學禪宗，受伯蒲慧稜（妙心寺派）印可。元和六年（1620）住持攝津國普門寺（在今
大阪府高槻市），慶安四年（1651）住持京都妙心寺，受紫衣，向僧衆講解佛教經論和禪
宗語録。不久退隱攝津國普門寺。承應三年（1654）明代高僧隱元赴日後，邀請隱元住
持普門寺，並協助他在京都宇治開創了黄檗山萬福寺。寬文三年（1663）受隱元印可，
改法諱爲性潛，成爲黄檗宗僧。有後水尾法皇作序的語録《御版宗統録》存世。

承應二年（1653），宗潛完成了《虛堂録抄》，又名《虛堂禪師語録義事》《虛堂和
尚語録鈔》。在這部書中，宗潛對《語録》字詞、文意做了十分詳盡的解釋。宗潛在該書
的長篇序言中稱：“讀此全録，一一消歸自己，言言冥合真心，審而思之，依而行之，則
自利利他，細大規模，無所欠闕，譬如窮儒登群玉之府，無不稱心滿意，豈不快乎！”強
調《語録》對修禪者開悟具有重要的指引作用。同時，對當時“法久而成弊，鄭衛並起，
正音無聞，宗習者取據於近代，無本於古風，故此録雖存，此法不行”的現象頗感憂慮，
提出“則無如將此録爲師友，有志之士，不拘於時，切急努力，可以振已墜之法道，改
近世之混濫矣”，表達了希望僧衆通過研讀《語録》實踐正法的願望。最後，序言還提出
自己的注釋是“考之古書，訂之耆宿”①。從宗潛的序言中，我們可以看出他對當時佛教界
的現狀是頗爲不滿的，這應該也是他日後支持赴日高僧隱元創立黄檗宗的一個重要原因吧。

萬治元年（1658），村上平樂寺將宗潛的《虛堂録抄》付梓出版，題爲“虛堂禪
師語録”。村上平樂寺，今京都平樂寺書店的前身，創辦於江户初期的慶長年間，創辦
者是武士出身的京都書商村上净德（？—1626），以出版佛教典籍爲主。大正二年
（1912）村上家將平樂寺轉給井上治作後，更名爲“平樂寺書店”，經營至今。

東京大學綜合圖書館有該本藏本，十卷，十六册。全書卷尾有“萬治元戊戌稔八
月吉祥二條通王屋町村上平樂寺開板”牌記，另有墨書“十六卷内　一元寺”、“南明
山一元禪寺現住太叟新添”等。卷首有“東京帝國大學圖書館”、“大正十三年四月七
日松平直亮氏寄贈”鈐記。可見，該本最早被南明山一元寺（今山口縣山口市兩足寺，
臨濟宗寺院）住持購入，後傳入出雲（今島根縣）松江藩主松平家，1924 年被松平直

---

① 龍溪宗潛《虛堂録抄》序，萬治元年（1658）刻本，東京大學綜合圖書館藏。

亮捐贈給現東京大學圖書館。

2. 《頭書校正虛堂和尚語録》

寬文九年（1669），京都出版商堤六左衛門出版了《語録》的釋校本《頭書校正虛堂和尚語録》。據國立國會圖書館藏本，全書十卷，十册，卷尾有“寬文九巳（己）酉年九月仲浣日　寺町二條上町　堤六左衛門板行”牌記。釋校者不詳。在形式上，與之前的注釋本頗多夾注不同，該本《語録》原文和注釋文相對獨立，在保持《語録》内容連貫性和完整性的同時，注釋内容也因突破空間限制而更爲詳細。縱觀全書，説是“頭書”，板框左右兩邊空白處乃至整頁皆爲注釋的情况也不少見。國立國會圖書館藏本多册封底墨書“圓光寺”，可知曾爲京都圓光寺舊藏。圓光寺由德川家康於慶長六年（1601）創建，屬臨濟宗南禪寺派系統，是江户時代著名的活字版“伏見版”的刊印地，印刷過大量包括儒學經典在内的和漢典籍。

此外，東京大學綜合圖書館内有一刊記爲“寶永五年戊子初冬吉日書林”的十卷五册本《語録》，内封面亦書“頭書校正虛堂和尚語録”。與寬文九年本比較後發現，雖然兩者在細微處有區别，例如，寬文九年本中“虛堂和尚新添終”一行字有框，寶永五年本無，但是，兩者在字體、行款字數、版框大小、邊欄、版口魚尾乃至内容等方面幾乎一致，考慮到江户時代書商存在翻刻他店好銷之書的現象，我們推測寶永五年（1708）本爲寬文九年本的翻刻本。該藏本卷首、卷内分别有“大正十二年十二月九日西山五郎氏寄贈”、“西山藏書”鈐記，交待了該藏本的由來。

3. 無著道忠《虛堂録犂耕》

在《語録》的研究上集大成者，當推無著道忠的《虛堂録犂耕》。

無著道忠（1653—1745），又號照冰堂、葆雨堂。但馬國（今兵庫縣）人。嗣法京都妙心寺龍華院竺印祖門（1610—1677）。寶永四年（1707）、正德四年（1714）、享保七年（1722）三度擔任妙心寺住持，享保八年隱退，潛心學問和著述，是一位涉獵廣泛、博學多識的著名學問僧，遺著多達三百七十四種、九百十一卷，其中，《禪林象器箋》二十卷，廣引内典、外典對禪林用語進行訓詁考釋，是一部經久不衰的經典性禪宗辭典。當代著名學者柳田聖山曾對道忠的學問做過頗爲細緻的研究，總結了他在文獻校勘、訓詁、俗語研究等方面的傑出成就和重要貢獻，稱贊他是“在整個佛教史乃至東方人文史上留下最大功績的學者之一”①。道忠的禪學研究大致包括禪語辭書的

---

① 柳田聖山撰，董志翹譯《無著道忠的學術貢獻》，載董志翹編《中古文獻語言論集》，成都：巴蜀書社，2000 年，頁 400。

編纂和對漢譯佛典、佛學著作、禪宗語録的注釋、考辨兩大類①。其學問"與'述而不作'的中國訓詁傳統一派相承"②，"其著作的最大特徵，是對各種典籍作徵文考獻，從語言角度予以訓釋"③。入矢義高注意到道忠所在的時代正好是清朝的考據學即將迎來高潮的時期，但是，他並不認爲道忠的學問取范於清朝的考據學④。張伯偉認爲，道忠的爲學取徑，不是一種孤立的現象，這和當時日本儒林崇尚博學的風氣，以及詩壇對詩歌中詞彙的訓釋和使用的講究這一傾向有關⑤。

《虛堂録犁耕》凡三十卷，創作於享保十二年（1727）三月到十四年八月期間，歷時三十個月⑥。入矢義高指出，無著道忠在享保五年或之前的享保元年，曾應妙心寺的請求連續作了兩次有關《語録》的説法，之後的享保十六年正月到十二月，他每個月都在講解《語録》，次年的正月到八月，他再次作了講解⑦。可見，道忠對於《語録》是極其熟悉的。

關於道忠注釋校勘的方法，柳田聖山指出，道忠是從文獻學的角度來解釋佛典，他使用的是"收集用例、確定來源、訂正前人謬誤、補充不足的訓詁方法"，"通過追溯原典來解釋禪録中含有的疑難語句"⑧。王長林將道忠訓釋的具體方法歸納爲審音辨字、鉤稽故訓、異文互參、排比歸納、語境求義、方言參證等六個方面⑨。上述方法在《虛堂録犁耕》中得到了充分的運用。王長林還對《虛堂録犁耕》俗語詞訓釋的成就進行了研究，認爲道忠利用傳統訓詁學的方法從文獻學、禪學和語文學的角度對《語録》逐句注解，考釋了一大批俗語詞，成績表現在"關注俗語，扼要釋義""記録古解、祛疑解惑""批判舊説，自立新解""披尋理據、深入探源"等四個方面，罅漏主要在"囿於字形，望文生訓""徵引舊説，未予審辨""釋義隨性，缺乏例

---

① 參考雷漢卿《日本無著道忠禪學研究著作整理與研究芻議》，《漢語史研究集刊》第 16 輯，成都：巴蜀書社，2013 年。
② 柳田聖山撰，董志翹譯《無著道忠的學術貢獻》，頁 407。
③ 張伯偉編校《稀見本宋人詩話四種》，南京：江蘇古籍出版社，2002 年，前言頁 5。
④ 入矢義高撰，邢東風譯《無著道忠的禪學》，《佛學研究》1998 年第 7 期。
⑤ 張伯偉編校《稀見本宋人詩話四種》，前言頁 7—8。
⑥ 《虛堂録犁耕》卷末題識曰："《虛堂和尚語録犁耕》三十卷，享保十二歲次丁未春三月朔旦執毫，到十四歲巳酉秋八月二十八日午時方竣事。"
⑦ 入矢義高撰，邢東風譯《無著道忠的禪學》，頁 104。
⑧ 柳田聖山撰，董志翹譯《無著道忠的學術貢獻》，頁 427、430。
⑨ 王長林《日僧無著道忠禪宗俗語詞訓釋方法考》，《域外漢籍研究集刊》第 17 輯，北京：中華書局，2018 年。

證”等①。

如前所述，在道忠以前，已有多部《語錄》的注釋書，那麼，對於前人的注解，道忠又是何種態度呢？入矢義高指出，道忠雖然也引用這些舊注，但主要是對其中的錯誤加以批判，有時也會在批評之後再提出自己的説法，身份不明的逸堂和龍溪宗潛是道忠的眼中釘，兩人所作的《虛堂錄》抄物常常成爲道忠痛擊的對象，道忠對他們很少肯定，總是像對待錯誤的樣板似地把他們當槍靶子打②。我們在對《虛堂錄犁耕》進行閱讀時也發現了道忠對兩人毫不留情的批判。因原妙心寺住持龍溪宗潛脱離妙心寺派，改歸黃檗宗派，道忠在《黃檗外記》中對他進行了嚴厲的批判。不過，柳田聖山認爲，《虛堂錄犁耕》中的批評只是學術性的推敲③。在對同時代的兩位僧人進行抨擊的同時，對於元朝赴日僧人一山一寧的注釋，道忠卻是“不加批判地引用”，“一味相信一山的釋詞，其中稍欠批判性的事例也明顯可見”④。個中原因，留待日後研究。

道忠在《虛堂錄犁耕》總論中還對《語錄》缺少序言一事作了如下解釋：“此錄無序，以爲闕典。蓋師出世於蒙古騷亂之際，唱滅未幾，趙宋亡，以是諸徒不暇請大手筆作序蒙編，幸此錄傳於日本，盛流行而已。”⑤

與道忠的大部分著述一樣，《虛堂錄犁耕》並未刊刻流布，唯有手稿存世。在著作出版之風極爲盛行的時代，道忠爲何要放棄出版呢？柳田聖山認爲，“這體現了他是一個真正不知老之將至的人，表明了他的學問還將不斷發展”，他是“爲了等待身後真正的知己”⑥，在當時，能理解他學術思想的人恐怕寥若星辰吧。

日本花園大學禪文化研究所自上世紀九十年代開始編輯出版《基本典籍叢刊》，包括1990 年問世的《虛堂錄犁耕》。據該書解題，此書爲妙心寺龍華院藏道忠手稿的影印本。

五、餘論

目前通行的《語錄》是虛堂智愚中日兩國弟子、法孫歷時半個世紀，三次編纂，

---

①王長林《日僧無著道忠〈虛堂錄犁耕〉俗語詞訓釋平議》，《域外漢籍研究集刊》第 16 輯，北京：中華書局，2017 年。
②入矢義高撰，邢東風譯《無著道忠的禪學》，頁 104。
③柳田聖山撰，董志翹譯《無著道忠的學術貢獻》，頁 424。
④入矢義高撰，邢東風譯《無著道忠的禪學》，頁 102。
⑤無著道忠《虛堂錄犁耕》，頁 4。
⑥柳田聖山撰，董志翹譯《無著道忠的學術貢獻》，頁 419、420。

共同完成的成果。形成初期，《語録》並未分卷，咸淳五年再刻本確定爲四卷。傳到日本後，出現了四卷本和十卷本兩種形式。四卷本爲《語録》早期的版本，包括"卷上"、"卷中"、"卷下"、"後録"四卷。江户時代慶長元和年間古活字本出現了四卷七册的形式，由於江户時代的坊刻本基本是以慶長元和年間本爲底本，於是，七册本成爲江户時代《語録》的主要形式，在後代的著録中，因此出現了"七卷"的説法。十卷本可能起源於《語録》抄物，大正元年（1912）《大日本續藏經》（前田慧雲編，藏經書院出版）收録的《語録》是目前所知的最早的没有注釋的十卷本，後來頗爲流行的《大正新修大藏經》版《語録》亦是十卷本，目前通行的十卷本多源於此。

在中國，《語録》的流傳並不久遠，似乎也未得到廣泛的閲讀，最終至於散佚。在日本，《語録》在延綿不斷的流傳過程中形成了多種翻刻本和訓釋本，而且，我們看到的幾乎每件藏本，都有閲讀者留下的訓點和以頭書、旁注等形式施加的注記，説明了它在日本禪林流傳的深度和廣度。《語録》在中日兩國的命運之所以如此不同，原因有很多，其中很重要的一點與智愚法脈在中日禪林的發展狀況有關。在中國，智愚的弟子中雖然也出現了靈石如芝這樣的名僧，但是，如芝之後卻再未出現有影響力的弟子；在日本，南浦紹明法脈形成的"應燈關派"以大德寺和妙心寺爲中心不斷發展壯大，是臨濟宗的主要流派，在幕府上層和民間皆有很大的影響力，未負智愚對紹明"東海兒孫日轉多"[1] 的深切期待。從藏本所在寺院的派別和注釋者的身份來看，《語録》最主要的閲讀者和研究者還是臨濟宗，尤其是"應燈關"派的僧衆，這與日本佛教重視法脈相承的傳統有關，也是"應燈關"派重視學問、枝繁葉茂的結果，還是江户時代宗學[2]發達的表現。

張伯偉認爲，域外漢籍的價值"不只是中國典籍的域外延伸，不只是本土文化在域外的局部性呈現，不只是'吾國之舊籍'的補充增益。它們是漢文化之林的獨特品種，是作爲中國文化的對話者、比較者和批判者的'異域之眼'"[3]。《語録》在日本的翻刻本和考釋本充分説明了這一點，只是，它們的價值還未得到充分的重視，有待我們進一步地發掘和利用。

---

①妙源等編，陳雷整理《虚堂和尚語録》卷之十《送日本南浦知客》，頁 4884—4885。
②"宗學"指研究本宗祖師教義思想爲主的學問。
③張伯偉《域外漢籍研究入門》，上海：復旦大學出版社，2012 年，頁 20。

附：《虛堂和尚語録》版本關係圖

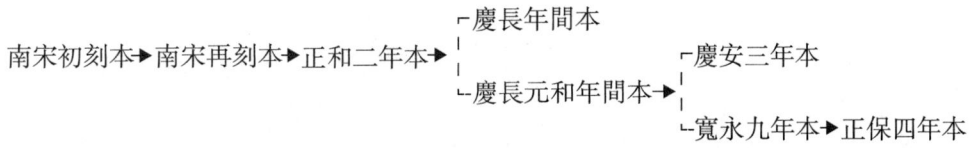

```
                                    ┌慶長年間本
                                    │                    ┌慶安三年本
南宋初刻本➡南宋再刻本➡正和二年本➡│                    │
                                    └慶長元和年間本➡│
                                                         └寬永九年本➡正保四年本
```

日藏稀見中國戲曲文獻編刊贅語

黄仕忠

（中山大學）

2001 年 4 月至 2002 年 4 月，我赴日本創價大學作爲期一年的訪問研究，在訪書過程中，萌生了普查日藏中國戲曲文獻的念頭。一年之間，凡是收藏有中國戲曲的公、私圖書館和文庫，大都造訪；所知藏品，逐册翻檢，或攝書影。目標是以目驗爲據，編製一部日藏中國戲曲的總目，然後通過比較研究，選取孤本、稀見之本，申請複製並影印出版，最後在此基礎上，梳理日藏戲曲的收藏源流，完成一部研究性著作。

最初的代表性成果是 2006 年 12 月出版的《日本所藏稀見中國戲曲文獻叢刊》第一輯，這是我與京都大學金文京教授和東京大學喬秀岩副教授合作編選的，經過近五年時間的努力，方告完成。

由於當時學界對日藏戲曲及其收藏源流尚未作過系統的梳理，所以我撰寫了一篇很長的前言，來全面介紹日本各公私圖書館的戲曲收藏及其來源。但當時所據的資料，主要得自於日本一年的訪查，而在歸國數年之後，當我著手前言及解題的寫作之時，發現還有許多問題，仍需做更深入的調查，但限於時間及資料條件等，未能做到。所以這第一輯從“前言”到“解題”，都存在明顯的錯誤，或是表述有欠準確。其後，在 2007 年到 2010 年間，我又先後四次赴京都大學、東京大學、早稻田大學作短期訪問研究，纔得以把此前積壓的問題逐一釋解，完成了《日藏中國戲曲文獻綜録》（桂林：廣西師範大學出版社，2010 年）。並且在嗣後出版的《日本所藏中國戲曲文獻研究》（北京：高等教育出版社，2011 年）一書中，對日本所藏中國戲曲的情況，公私圖書館的藏品及其來源，明治時期的中國戲曲研究及其與曲籍收藏、流播的關係等，有較爲全面而準確的表述，亦藉此改正了第一輯中的錯誤。

這次出版的，是這部叢刊的第二輯，它也是與日本學者廣泛合作的結晶。

本輯所録，以私立大學和私立文庫的收藏爲主要對象，又補充了幾種公立圖書館的藏書，並邀請了更多的學者來共同參與。這些藏品分別來自天理大學、大谷大學、早稻田大學、立命館大學、東洋文庫、大東急記念文庫等，另有數種，則來自東京大學、宮内廳書陵部和内閣文庫。因本輯收藏單位較爲分散，所以不因循第一輯以收藏單位爲序的編排之例。本輯按體裁編排，分爲雜劇、傳奇、曲選曲論三編，各編又以年代先後爲序。

下面主要介紹本輯所收各家圖書館的曲籍收藏及其來源。

一、天理圖書館藏曲與鹽谷温

天理圖書館是天理大學的附屬圖書館。天理大學地處奈良縣中部的天理市，是一所由天理教創辦的大學。天理教原出日本教派神道系統，是日本新興宗教之一，最初受到壓制，但在明治末年得到政府認可後，獲得迅速發展，其所在城市便以這一教派命名。

1925 年，天理外國語學校成立，是爲天理大學（1949 年改制）之前身，天理圖書館即爲其附屬圖書館，同時也是天理教的公共圖書館。天理教第二代“真柱”中山正善（1905—1967），對天理圖書館的發展起了決定性作用。他曾在東京大學修習宗教學，是一位極具學者資質的人物。他個人的藏書也十分豐富，主要著眼於各類與宗教相關的書籍，同時廣泛選擇人文學書籍，以此構成其藏書之基礎。

1941 年，中山正善又收購了江户時代京都著名儒學家、古義學派創世人伊藤維楨（1627—1705）傳承下來的古義堂文庫，包括全部藏書及其稿本日記等資料，從而爲天理圖書館之珍藏打下基礎，如今被列爲“日本國寶”的宋刊本《歐陽文忠公集》，即其舊藏。

二戰後，日本原依附皇室的貴族舊公和藩府大名所存古籍與美術品大批散出；兼之財閥解體，伴隨高額財産税的征收，其昔時所購貴重藏書也紛紛出售，成爲明治以後日本古美術、文化財大移動的時期。當時佔領日本的美軍最高指揮部，在限制舊日依附於天皇的神道教派的同時，對佛教教派與新興宗教如天理教等則予大力支持，同時日本政府對其在税收方面給予優惠，故教派與寺院成爲戰後財力最爲雄厚的團體之一。

天理教在 1945 年至 1950 年代初這一典籍文物大移動的時期，以其驚人的財力，大量收購，使天理圖書館一躍成爲日本藏書最爲弘富、珍藏寶物豐碩的圖書館之一。其中如宋版《劉夢得文集》與前舉《歐陽文忠公集》被列爲“日本國寶”，十六種唐鈔本、宋元刊本列爲“重要文化財”，多册《永樂大典》等收藏尚不在其列。日本戲劇與中國戲曲之收藏，也頗爲有名，只是在其藏品中猶未入流，如《鸞鈴記》《奪秋魁》等孤本、珍本尚只列入“準善本”。其中之中國戲曲小説文獻，部分來自鹽谷温的珍藏。

鹽谷温（1878—1962），東京人。自曾祖始，代爲漢學家。其祖宕陰、父青山皆以漢學聞名，他是這個以史學爲家學的儒者之家的第四代人物。

鹽谷温畢業於東京帝國大學漢學科，主攻史學，師從市村瓚次郎、星野恒等。1902 年畢業，入大學院，轉向中國文學史的研究，曾師從古文家重野安繹（1827—1910）。1906 年留校任講師，7 月升任助教授。旋即留學德國二年有半。期間受到英、法學者俗文學研究的啟發與影響。他曾往京都訪問比他大十歲的東大前輩狩野直喜，狩野氏勸其研究元曲。鹽谷温於 1909 年轉赴中國留學，在長沙從葉德輝學南北曲，歷時兩年。

鹽谷温自稱引領其接觸中國戲曲的學者是森槐南（1862—1911），而使其研究臻於大成的，則是葉德輝和王國維。最初他向那珂通世學習《蒙古秘史》，獲知蒙古語的片鱗隻語，又通過森槐南的《西廂記講義》而受到元曲的啟蒙。在德國留學時，他又通過閱讀西方學者的中國文學史著作，瞭解到西方學者在中國文學研究中，將戲曲小説置於重要位置。

此後，他又赴北京留學，學習中國語。後轉長沙，師從葉德輝，研讀元曲《西廂記》《琵琶記》，明曲《牡丹亭》和《燕子箋》，清曲《長生殿》《桃花扇》，又參考王國維的《曲錄》（在北京學習時由王國維所贈）和《宋元戲曲史》，完成其博士學位論文《元曲之研究》。葉德輝閱後，激賞曰：“吾道東矣！”[1]

鹽谷温初次相識王國維，是在北京。當時王國維剛完成《戲曲考原》和《曲錄》，其博識令鹽谷温深爲歎服。但王國維是浙江人，説話時方音很重，鹽谷温幾乎聽不懂。後來王國維隨羅振玉到京都，鹽谷温卻未能有在日本重逢的機會。鹽谷温入湘後，讀王國維《宋元戲曲史》，更是佩服其學問之賅博和考據之精確[2]。

鹽谷温在東大所開課程，除“支那文學概論”、“支那文學史”而外，尚有“支那戲曲史”、“支那小説史”、“元曲解説”、“明曲解説”、“支那文學地理”等。講讀與演

---

[1] 鹽谷温《天馬行空》，“師友追想”篇之“葉德輝先生”條，東京：加除出版株式會社，1956 年，頁 91—92。
[2] 鹽谷温《天馬行空》，“師友追想”篇之“王國維君”條，頁 95—96。

習，則有《西廂記》《董西廂》《琵琶記》《桃花扇》《元曲選》《唐代小説》《宋元戲曲史》《中國小説史略》等。而一生尤以《元曲選》與《西廂記》致力最多。其代表著作《中國文學概論講話》（1919 年），實以小説戲曲爲主體，傳統詩文反成附庸。他的小説研究，對魯迅《中國小説史略》有很大的影響。《東京大學校史》（1986 年版）則稱，中文科的中國文學研究教育，終於名實相符，始於鹽谷溫。事實上，1911 年森槐南去世之後，鹽谷溫以一人之力，使得東京大學在小説戲曲研究方面，能夠與當時以狩野直喜爲代表的京都學派保持微妙的平衡。故鹽谷溫年至花甲時撰自述詩云："昨是今非思慨然，回頭六十歲頻躓。半生心血傾元曲，三復藏家百種篇。"

鹽谷溫尤其重視小説戲曲文獻的搜集。今東京大學文學部所藏的戲曲，大都出於鹽谷溫的購置、鈔録。他影印出版了元刊《全相平話》五冊，又據内閣文庫藏明刊本，排印出版了《太和正音譜》，還從内閣文庫複製了明刊本"三言""二拍"，放在研究室供學生查閲。其成果又經學生長澤規矩也等人，影響到中國馬廉、鄭振鐸、孫楷第等人的研究。

鹽谷溫出身漢學世家，兼以身處東京，得天時地利，故所得的戲曲文獻，同時學者無可及者。其藏書後爲天理圖書館所得，其中戲曲小説文獻共六百二十五種，四千四百餘冊，爲設"節山文庫"，但今日已經打散存放。筆者從九州大學任教的竹村則行教授處，得到最初的一份流水目録，核對天理圖書館架上所存，遂得以知鹽谷溫舊藏之概貌。

鹽谷溫所藏曲籍，僅《西廂記》版本，就有：明萬曆刊《元本出相北西廂記二卷》，萬曆間方諸館刊《新校注古本西廂記》，明萬曆間三槐堂刊《重校北西廂記》，萬曆間游敬泉刊《李卓吾批評合像北西廂記》，明末凌氏朱墨刻本《西廂記》（二種，版微有不同），據明末閔氏刻本影鈔本《會真六幻》，康熙間潘氏渚山堂刊《西來意》（内又有乾隆間人貼改姓名並修訂文字），康熙間序刊朱墨本《雅趣藏書》（二種，一爲崇文堂版），康熙間刻本《貫華堂第六才子書西廂記》，清五車樓《第六才子書》，康熙四十九年刊《滿漢西廂記》，益智堂刊《注釋第六才子書》，清三槐堂刊《繪像第六才子書》，清乾隆間芸經堂刊《注釋第六才子書》，金谷園、晉祁書業堂刊《第六才子書》，謙益堂、尚德堂刊《繡像妥注六才子書》，致和堂刊《箋注第六才子書釋解》，桐華閣校刊《西廂記》，同治刊《繡像妥注六才子書》，光緒十年廣州朱墨套印本《評點西廂記傳奇》，光緒二十五年、二十七年石印《繪圖第六才子書》，光緒末湖南益元書局刊《批評第六才子書》，宣統二年石印本《增像第六才子書》，乾隆二十年山東高國珍稿本《看西廂》，明治中岡島獻太郎譯述《西廂記》、田中參《西廂記講義》、鹿島修正譯《西廂記評釋》等。

此外，稀見曲籍，雜劇有明萬曆間顧曲齋刊雜劇《漢元帝孤雁漢宮秋》《李雲英風送梧桐》二種，清初刊《尤西堂填詞五種》，道光刊《圓香夢雜劇》《補天石傳奇》。南戲與傳奇有萬曆間徽刻名家黃一楷刻《琵琶記》，明末凌濛初朱墨刻本《琵琶記》，清三多齋刊《第七才子書》，康熙間兩儀堂刊《孝義琵琶記》，種福堂刊《目連救母》，清帶耕書屋刊《玉茗堂四種》，萬曆間臧氏改訂刊本《還魂記》，康熙刊吳吳山三婦評本《牡丹亭》，乾隆間環翠山房刊《紅梨記》，乾隆間刊《燕子箋》《西樓記》，明末刊《臨川玉茗堂批評西樓記》，同治刊《表忠記》，清刊《歸元鏡》，同人堂刊《笠翁十種曲》，清刊《笠翁十種曲》，清鈔本《奪秋魁》（較《古本戲曲叢刊》影印本多十齣），康熙刊《鈞天樂》，同治刊《揚州夢》，康熙刊《長生殿》，群玉山房刊《長生殿》，西園刊《桃花扇傳奇》，蘭雪堂刊《桃花扇傳奇》，嘉慶刊《桃花扇傳奇後序詳注》，康熙刊《揚州夢傳奇》，乾隆刊《介山記》，乾隆刊《新曲六種》，乾隆刊《玉燕堂四種曲》，殿板五色套印本《勸善金科》，乾隆刊《芝龕記》，乾隆間貯書樓刊《雨花台傳奇》，照水堂刊《漁村記》，乾隆間柴灣村舍刊《石榴記傳奇》，道光刊《六如亭》，清刊《紅雪樓九種填詞》，鈔本《後雷峰塔傳奇》，嘉慶鈔本《鸞鈴記》，秋水閣刊《鶴歸來》，光緒七年刊《倚晴樓七種曲》，道光刊《紅樓夢傳奇》，懷清堂刊《錯中錯》，長沙楊氏刊《楊蓬澥六種曲》，碧聲吟館刊《風雲會傳奇》，光緒間刊《芙蓉碣傳奇》，魏氏玉玲瓏館刊《儒酸福傳奇》，錢塘張氏刊《梅花夢》，光緒末刊《滄桑豔》等。

曲選曲譜等，則有葉德輝所贈明刊《元曲選》，實獲齋刊《六十種曲》，明崇禎刊《盛明雜劇》二集，影鈔明刊《萬曲明春》，明吳郡綠蔭堂刊《吳騷合編》，古吳致和堂刊《醉怡情》，道光刊《審音鑒古錄續選》，乾隆刊《清音小集》，石印本《繪圖京都三慶班京調全集》《京都義順和梆子腔》，明萬曆刊《嘯餘譜》，又康熙間張漢重校《嘯餘譜》，明刊《增定南九宮十三調曲譜》，明刊《南九宮十三調曲譜》，康熙間文靖書院刊《一笠庵北詞廣正譜》，乾隆刊《太古傳宗琵琶曲譜》，乾隆刊《吟香堂曲譜》，乾隆刊《納書楹曲譜》（正集、外集、續集），道光刊《納書楹曲譜全集》，明萬曆刊《南北宮詞紀》等等。

以上所列無論數量，還是品質，都令人驚歎。

天理圖書館收藏的戲曲，以往僅嘉靖四十五年余氏刊本《荔鏡記》曾列入《天理圖書館善本叢書·漢籍之部》第十卷，與至元刊本《新刊全相三分事略》《新刊剪燈新話》同帙，使人嘗鼎一臠，而該館究竟有多少珍藏，向不易測。筆者有幸因創價大學水谷誠教授引路而初訪該館。天理圖書館之建築，兼具和式與歐式風格，建成於

1930 年。外人或多以爲天理圖書館爲天理教教衆之專用，遂每多神秘之感，其實作爲天理大學的附屬圖書館，不僅與本大學相關者可以利用，而且也向公衆開放，凡十五歲以上人士，俱可入館利用。除貴重書外，均可借閱原本。申請複製，也甚方便。

筆者第二次訪問天理時，曾在天理圖書館埋頭一周，所有見於目録卡片内的戲曲收藏，均流覽一過。因天理大學的藏書，尚未有公開的目録，我遂爲該館藏曲編製了一份目録，後來刊登在東京大學的《東洋文化研究所紀要》第 152 期（2009 年）上。

2008 年春，筆者再訪天理，補充查閱了前兩次未及翻閱的典籍，並提出申請複製及影印出版許可。我個人的日語尚不足以完成相關的商談，幸而得到了天理大學朱鵬教授的幫助。天理圖書館方面在聽取我們的影印計劃以及讓珍稀曲籍方便學者利用的願望之後，慨然允諾複製，而沒有收取其他費用。在選擇天理所藏的戲曲時，考慮到其中的清人戲曲刊本，中國本土亦多有收藏，故僅選録其中的明代稀見刊本和清代的孤本藏本。本輯内以下各種來自天理大學：

明刊《元本出相北西廂記》二卷

明萬曆間游敬泉刊《李卓吾批評合像北西廂記》二卷

明末三槐堂刊《重校北西廂記》二卷

渚山堂刊本《西來意（元本北西廂）》四卷，任氏修訂貼改本

《看西廂》六册，孤本稿本，有乾隆二十年序

明末刊本《臨川玉茗堂批評西樓記》

清初鈔本《奪魁記》二卷

清嘉慶鈔本《鸞鈴記》三卷

明天啓六年序龍光堂龐雲衢刊《新鐫女史清流北調詞曲》四卷

二、大谷大學藏曲與神田喜一郎

大谷大學是日本佛教中的最大宗派、地處京都的净土真宗興辦的大學。其圖書館所藏漢籍十分驚人，戲曲收藏也有不少，其中最具精華的部分來自神田喜一郎。

神田喜一郎（1897—1984），號鬯庵，出生於京都世家，室號佞古書室。祖父神田香岩，爲著名漢詩人，精於書畫鑒賞，與狩野直喜、内藤湖南等學者舊有交誼，董康等曾至其家訪書。受祖父影響，神田喜一郎從小就對中國文化歷史有興趣，在中學階段即參與旁聽有關講座。後入京都大學文學部史學科，師從内藤湖南，於 1921 年畢業。次年始，數度訪問中國，遊歷北京、上海等地。他與王國維是舊識，曾代爲查覈

書籍；並曾與魯迅相見，討論《遊仙窟》等；又通過董康的關係，與張元濟、胡適、傅增湘等有交往。1923 年任大谷大學教授。1926 年轉任圖書寮，校理寮中宋刊元槧，編製有《圖書寮漢籍目録解題》。1929 年始，任臺北帝國大學副教授。1934 年久保天隨去世後，改任教授。二戰結束後，於 1946 年再次任教大谷大學。1948 年執教於大阪大學；1952 年出任京都國立博物館館長。神田喜一郎戰後在大阪一帶組織中國語學會，影響了一批學者。他對中國印刷史、書畫史及學術史有精深的研究。較之一般學者的學有專門而領域較窄，尤顯其學識之廣博，故被譽爲"不世出的碩學"。

神田氏世代均爲净土宗東本願寺的門徒，祖傳典籍甚富，聞名於日本學界。神田喜一郎繼承家業，收藏亦多。殁後，藏書大多歸於大谷大學。

神田氏藏品中，戲曲只是不起眼的一部分，但亦已可觀，並頗有助於學術史之研究。如王國維、内藤湖南遞藏之明朱墨本《西廂記》，王國維、久保天隨遞藏之明刊《重校紫釵記》，王國維舊藏之明刊《重校竊符記》《玉茗堂重校音釋曇花記》，彭誠十郎、朝川善庵、遠山荷塘、森槐南遞藏之明刊《元本出相北西廂記》等，均稱珍貴。

神田喜一郎自撰有《鬯庵藏曲志》，對其所藏善本戲曲作有解題。又選所藏《元本出相北西廂記》《竊符記》《斷髮記》三種，題《中國善本戲曲三種》，1983 年由京都思文閣影印出版，附岩城秀夫解說。後《古本戲曲叢刊五集》據以影印其中的《斷髮記》。而董康影印《千秋絶豔圖》，亦曾借用神田氏藏西陵天章閣刊李卓吾評《西廂記》，以其爲初刻本，且其中版畫出陳老蓮之筆。

本輯所收以下各種，即出自神田氏舊藏：

　　　　山本北山舊藏明刊《四太史雜劇》

　　　　萬曆間金陵繼志齋刊《重校竊符記》

　　　　萬曆十八年原刻本《新刻驚鴻記》

　　　　萬曆三十年金陵繼志齋刊《重校紫釵記》

　　　　萬曆三十四年金陵唐振吾刊《鐫新編出像南柯夢記》

　　　　師儉堂刊徐肅穎敤莊刪潤本《明珠記》

　　　　明萬曆間刊《玉茗堂重校音釋曇花記》

　　　　董康、内藤湖南遞藏之清鈔本《彙纂元譜南曲九宮正始》

大谷大學於神田氏舊藏外，尚有多種戲曲珍本，如明刊孤本《新刊時興泉潮雅調陳伯卿荔枝記大全》，因得影印而久爲人知。又有清乾隆間鈔録、崔應階題跋本《育嬰堂新劇》，則以往未見曲目著録；此劇叙浙江山陰柴世盛在北京創設育嬰堂事，爲順治、康熙間之實事，對於瞭解中國慈善事業史，也別具意義，所以本輯也將該本申請收錄影印了。

三、早稻田大學藏曲與中國戲曲研究之發軔

早稻田大學的前身是東京專門學校，成立於明治十五年（1882），在 1890 年 9 月設立文學部，聘用森槐南爲主講漢文學的講師。森槐南在課堂上也講授《桃花扇傳奇》等戲曲名著，因此，早稻田大學實是最早講授中國戲曲的學校。森槐南之開始翻譯介紹中國戲曲，與他擔任文學部講師的工作緊密相關，這使得他成爲日本的中國戲曲、小説研究的開創者。東京專門學校爲了便於校內外學生學習，也出版專門的講議，供社會人士自學。如田中從吾軒的《西廂記講義》、宮崎繁吉所撰《支那戲曲小説文鈔釋》、久保天隨的《支那文學史》等，便是該校的出版品。

早稻田大學的中央圖書館內，存有多種森槐南舊藏戲曲，當爲森氏去世後，由其家屬贈給早稻田大學以作紀念者。其主要曲目如下：明刊清印本《湯義仍先生紫釵記》《湯義仍先生南柯夢記》各二卷 2 册（有森槐南鈔補）、汲古閣刊《六十種曲》零本（所見有《紅梨記》《飛丸記》等）、步月樓刊《笠翁十種曲》20 册、《新編元寶媒傳奇》二卷 2 册、《珊瑚玦傳奇》二卷 2 册、乾隆刊《石榴記傳奇》5 册、立達堂刊《藏園九種曲》12 册（《香祖樓》《空谷香》《雪中人》有紅筆圈點並識語）、光緒排印本《紅樓夢傳奇》二卷 2 册（朱筆圈讀）、嘉慶刊《新填瀟湘怨曲本四集怡紅樂二集》6 册、明萬曆刊《元曲選》（殘本，有森氏題識及朱筆圈讀）。

野口寧齋（1867—1905）早年曾是《早稻田文學》雜志的核心作者。他名壹，通稱弌太郎，字貫卿，別號疏庵等。漢詩人野口松陽之子。幼承庭訓，能漢詩，少年時代即有"寧馨兒"之譽，在作詩方面展現出異常的才能。後遊學於森槐南門下，詩作益發出色，有"詩壇鬼才"之稱。此外，寧齋亦撰有小説及文學評論。殁時年僅三十八，藏書歸早稻田大學，爲設"寧齋文庫"。其中有明刊清初印本《湯義仍先生邯鄲夢記》《湯義仍先生南柯夢記》、清刊本《紅雪樓九種曲》《紅樓夢傳奇》《繪圖長生殿》《繪圖繡像桃花扇》《梨花雪》等，大多有寧齋圈讀。

早稻田大學的俗文學文獻之收藏，首推"風陵文庫"，爲澤田瑞穗（1912—2002）之舊藏。澤田瑞穗，高知縣人，號風陵道人，其室名"風陵書屋"。歷任天理大學、早稻田大學教授。一生致力於中國俗文學的研究，對於與宗教相關的俗文學文獻尤爲關注，著述極爲豐富。他在寶卷研究方面，作出了具有開創性的貢獻，1963 年刊有《寶卷研究》（名古屋：采華書林），1975 年出版了修訂本《增補寶卷研究》（東京：國書

刊行會）。又有《地獄變——中國的冥界説》（京都：法藏館，1968 年）《校注破邪詳辯——中國民間宗教結社研究資料》（東京：道教刊行會，1972 年）《佛教與中國文學》（東京：國書刊行會，1975 年）《中國的民間信仰》（東京：工作社，1982 年）《宋明清小説叢考》（東京：研文出版，1982 年）等十餘種著作。澤田在 1940 至 1944年間，兩度滯留中國，期間搜羅了大量俗文學及民間信仰相關資料。其藏書於晚年捐贈給了早稻田大學圖書館，該館爲設"風陵文庫"，並編刊有《風陵文庫目録》（1999年）。文庫的最大特色是藏有包含明版在内的二百餘種寶卷，在數量與質量上，均堪稱一時無兩。寶卷之外，有超過一千册俗曲和南曲，以及彈詞、鼓詞、影卷、劇本、宣講、善書，還有民間信仰和秘密結社的相關資料，其中包含大量流佈民間而易於散佚的文獻，在中國本土也已經不易尋見。所存曲本中，尤以衆多的梆子腔劇本，最爲難得，有一些在中國本土也已無存。

俗文學研究家波多野太郎（1912—2003）的舊藏也有一部分售歸早稻田，其中如鈔本滿漢兼《螃蟹段》子弟書等，傳世極稀。

早稻田大學設有演劇博物館。1928 年 10 月爲紀念坪内逍遥博士古稀之年和《莎士比亞全集》40 卷全譯本的完成，在各界有志之士的協同贊助下建成了演劇博物館。此館爲日本唯一的戲劇博物館，其藏品包括浮世繪、舞臺照片、圖書、服飾、傀儡等總計達數十萬件之多，其中之中國戲曲收藏，因尚未編目，故外界多不知其詳。筆者有幸在伴俊典君的幫助下，逐册翻閲，發現有幾種曲籍，值得重視。

一是坪内逍遥舊藏寫本《水滸記》全譯本，一册，明治寫本，其淵源則可上溯到江户時代。筆者曾在關西大學訪見千葉掬香、長澤規矩也遞藏的《水滸記》訓譯本，標注在明汲古閣刊本《水滸記》上；又在山口大學得見毛利元次舊藏《水滸記》摘譯本，稿本，三册，書法甚爲老辣。在江户時代，《水滸傳》被廣泛接受，並有大量模仿之作出版，在這種背景下，以水滸爲題材的戲曲如《水滸記》也受到了人們的青睞。這個系列的譯本，向未有學者作過研究，它們的披露，對於瞭解江户時期對中國戲曲的翻譯與接受，具有重要意義。2013 年，早大的岡崎由美教授、伴俊典君和我共同整理了坪内逍遥舊藏的日

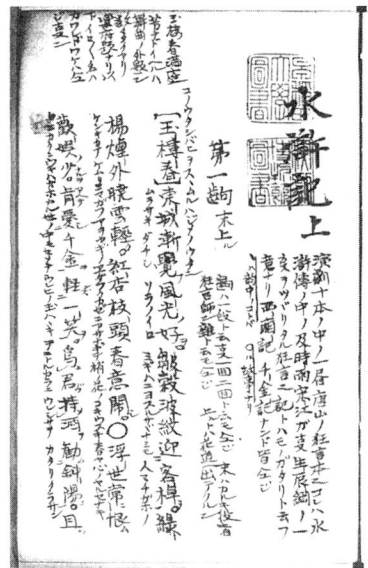

譯本《水滸記》

譯本《水滸記》，題爲《〈水滸記〉鈔本の翻刻と研究》，2013 年 12 月，由早稻田大學坪内博士記念演劇博物館出版。

二是明萬曆刊《古今雜劇》，凡十六種，八册。此書失内封，未見書題。版心上方題"古今雜劇"，據核實，即息機子選刊的《古今雜劇選》。此選總數量不詳，今尚存二十六種，《古本戲曲叢刊》第四集據多家藏本配合影印。筆者初見時，十分興奮，以爲或可有不經見之劇，惜該館所藏十六種，並無超出已影印者。但此種版本傳世甚稀，故自有其價值在。

三是幸田露伴舊藏雕蟲館刊《元人雜劇百種》殘本。首有"珍珠船藏書"、"古賀氏藏書章"、"谷風樓文庫"、"幸田氏圖書記"。此係後印本，間有漫漶。但其重要性不在於版本，而在於其中有幸田露伴的圈注，是他在撰寫《元時代的雜劇》一文所依據的文獻之一。更重要的是，其中一册收録《謝天香》《還牢末》《張天師》三個劇本，全部有露伴的訓譯。這個譯本以往從未有人作過介紹，故此書對幸田露伴及其文學成就的研究，别具意義。本輯因之特予收録。

露伴乃明治、大正期間的文壇泰斗，而很少有人注意到，他其實是近代日本第一位系統研究介紹元雜劇（1894）的人。在 1906 年京都帝國大學設立文科大學（文學部）的時候，他以作家兼學者身份，曾被邀請任教一年。雖然他因爲不適應大學的管理與工作，很快辭職，恢復自由職業。但他的工作，對狩野直喜選擇元雜劇研究作爲切入點，可能發生過間接的影響。

也正是通過對早大所藏明治時期刊物的調查，我發現近代學術意義上的中國戲曲、小説的研究，其實始於 1890 年代在早大前身東京專科學校兼任講師的森槐南。他的戲曲研究成果，直接影響了狩野直喜以及王國維。所以早稻田大學對於近代中國戲曲研究史，無疑具有重要意義。

早稻田演劇博物館與中山大學中國非物質遺産研究中心簽訂有長期的合作協議。在岡崎老師的幫助下，我有四位博士生先後赴早稻田大學作訪問交流，我本人也接受過她的博士研究生中村優花同學來中大訪學。正因爲有這樣的基礎，早稻田大學藏曲的選擇、複製及出版許可，自是順理成章的事情。我們還計劃繼續合作，争取把早稻田大學圖書館以風陵文庫爲中心的地方戲和俗曲唱本影印出版。

四、立命館大學所藏曲籍

地處京都的立命館大學，也藏有不少曲籍。

其中最重要的曲籍，來自西園寺文庫所藏。尤以明金陵唐振吾刊、周大賚校本《鐫新編全像邯鄲夢記》最爲稀見；顧沅舊藏本《元曲選》、凌濛初朱墨印本《西廂記》、萬曆四十四年序刊本《吳騷二集》、崇禎刊清印本《白雪齋選訂樂府吳騷合編》、乾隆間香芸閣刊《新編南詞定律》、清懷永堂刊《第六才子書》、大知堂刊《十二種曲》等，也別具價值。

西園寺公望（1849—1940），號陶庵，乃歷明治、大正、昭和三朝之元老，曾任文部大臣、內閣首相。1869 年嘗於京都御所邸內開設私塾立命館，館名語出《孟子·盡心》章。1900 年以此名冠予原京都法政學校而爲立命館大學。後該校以西園寺公望多次寄贈之書，爲設文庫。

立命館大學藏明刊孤本《邯鄲夢記》的獲得，尚有故事。我曾在這裏調查了鈴木虎雄所贈的曲籍，並且留意到西園寺公望舊藏的湯顯祖《邯鄲夢記》在江户時代就已東渡，屬於世間孤本。這是此劇現存最早的明刊本，也可能是此劇最初刊印的版本。但我一直沒有找到合適的途徑來作溝通，所以未有結果。2013 年春，我拜訪黃達人老校長，報告了我近期的工作。他在瞭解了我的日藏戲曲編選影印計劃後，説他即將訪問立命館大學，問有什麼需要幫助的。我即説到這部書的申請事宜。在老校長的關心下，順利與立命館大學方面取得聯繫。我則在最短時間內辦妥出國手續，然後在京都與老校長和時任副書記的陳春聲教授會合，他們與校方高層座談，我則在立命館大學芳村弘道教授的接待下，直奔圖書館。由於該校圖書館此前沒有辦理過這類複製事宜，爲此而專門新買了一套昂貴的照相器材，我去的那天早晨纔送到學校。芳村弘道教授親自拆封、裝配、拍攝，我則再度咨詢出版社方面，討論需要什麼樣的精度。芳村教授和另外一位同事，加上我，一起嘗試着拍攝。由於三人都未曾做過這事，經過多次嘗試，纔找到合適的辦法，最後花了整整一天時間，總算得到滿意的圖片。離開圖書館的時候，天已經完全黑了，空中飄着細雨，帶來陣陣涼意，方纔發覺已是飢腸轆轆，這讓芳村教授請客的晚餐，也顯得更加美味可口。

此種《邯鄲夢記》和大谷大學所藏《南柯夢記》，均爲明唐振吾刻本，當係同時刻印出版。它們都被收入本輯。由於本輯的影印出版被延宕至 2016 年，卻正值湯翁去世四百周年，倒也是一個很好的紀念。

五、東洋文庫與王國維校録批校本詞曲

東洋文庫，爲有關東方學典籍之著名文庫，成立於 1917 年。當時，前三菱公司社長岩崎久彌出資收購曾任民國政府顧問的英人莫里遜（G. E. Morrison）之舊藏，益以個人搜集之和漢珍本，成立東洋文庫。此後歷年收集範圍一再擴大。1924 年，成立東洋文庫財團法人；戰後作爲日本國會圖書館分館而運行。

東洋文庫所藏漢籍，以歷史類、地方志、族譜之搜集及所藏滿文檔案文書最爲引人矚目。所藏戲曲，也略有可觀。與詞曲相關的珍貴書籍，最令人矚目的是 1928 年通過東京文求堂購入的王國維舊藏詞曲二十五種。其中數種值得一説。

一是《新編録鬼簿》二卷，係光緒三十四年（1908）王國維手鈔校本，用“懿文齋”稿紙鈔録。

二是王國維手鈔明呂天成《曲品》三卷附高奕《新傳奇品》一卷。卷末有王國維跋：“此本從劉氏暖紅室假録。原書篇第倒置，訛謬滋多，並爲訂正。明人一代傳奇，略具此書。江都黃文暘《曲海》，無名氏《傳奇彙考》，均取材於此。此可寶也。宣統改元春王正月，國維識。”

三是宣統元年前後鈔録的《明劇七種》，其中六種據陳毅（士可）藏周憲王藩府刻本鈔録，原本今歸臺北“中研院”史語所圖書館；一種據明抄本鈔録。《呂洞賓花月神仙會》末有題：“此種乃忠愨手自影寫，丁卯（1927）仲夏上虞羅振常志。”有［羅振常讀書記］、［王國維］章。《張天師明斷辰勾月》内封有記：“明周憲王朱有燉所撰雜劇六種，均見錢遵王書目，宣統改元夏五月，從黃陂陳士可假録裝畢志。王國維。”（［王國維］章）《吳起敵秦挂帥印雜劇》末頁題：“宣統改元夏五，過録錢唐丁氏善本書室明鈔本。此本見錢遵王《也是園書目》，曲文惡劣，殆優伶所編，以係舊本，故鈔存之。國維。”

四是嘉靖十九年（1540）序楚憨王朱顯榕刻本《雍熙樂府》二十卷，二十册，有王國維識語多條。

五是明藏晋叔編選刊印的《元曲選》一百册，全書有王國維的圈點。第一册之空紙有王國維識語：

> 元人雜劇罕見，別本元人雜劇選久不可見。即以單行本言，平生僅見鄭廷玉《楚昭王疏者下船》一種，乃錢塘丁氏善本書室所藏明初寫本，曲文拙劣，尚在此本下，蓋經優伶改竄也。此百種歸然獨存。嗚呼！晋叔之功大矣！晋叔，名懋循，長興人，官南京太常博士，錢東澗、朱梅里亟稱之。維識。（“王國維”印）

> 宣統庚戌仲春，將全書評點一過，略以《雍熙樂府》校之，不能徧也。國維。

東洋文庫還收藏了藤田豐八的舊藏書。藤田豐八是王國維的老師。他早在大學期間就開始撰寫中國文學史，完成了漢代部分，隨後作爲《支那文學大綱》的主要執筆者，與笹川種郎、田岡佐代治一起完成了這套十六卷本的著作。1897 年從東京帝國大學畢業後不久，赴中國上海，先是參與報社工作，又與羅振玉辦東文學社，並在中國的大學擔任教習。他對近代中國的教育有重大影響，晚年執教於東京大學。他在中國既久，收藏中國相關書籍亦多。其中有不少戲曲書籍，如明刊《李卓吾先生批評繡襦記》，大陸似已無存，另僅東北大學與臺灣各存一部；明刊《李卓吾先生批評玉合記》，與《古本戲曲叢刊》影印之底本爲同一版本；明刊臧晉叔訂本《邯鄲記》，柳浪館刊本《柳浪館批評玉茗堂南柯夢記》，明末刊《雪韻堂批點燕子箋記》，傳世亦罕。又有康熙間曲波園刊本《香草吟傳奇》，西園刊本《桃花扇》，乾隆二十四年刊本《旗亭記》，乾隆五十四年《吟香堂曲譜》，嘉慶刊《吟風閣》雜劇，道光癸巳刊《鉼笙館修簫譜》，道光刊《審音鑒古録》《紅雪樓九種曲》，芸香閣《繡像紅樓夢傳奇》，同治十三年甲戌（1874）陳氏精鈔本《蔬香書館納時音》，光緒十一年刊《玉獅堂傳奇五種》，光緒庚辰刊《梨園集成》等，可見其旨趣。

本輯選録了王國維手鈔校本《新編録鬼簿》二卷，與近人所編王國維文集所收的《校注録鬼簿》相比較，可以看到王國維校理此書的實際情況。

六、懷德堂文庫藏曲與西村天囚

大阪大學懷德堂文庫所藏戲曲，也略可稱説。其中一部分戲曲文獻來自西村時彥的舊藏。

懷德堂是享保九年（1724）由大阪的幾位富豪出資建立的，以三宅石庵（1665—1730）爲學主，其學雜取朱子學與陽明學。兩年後，經石庵弟子中井甃庵的奔走，得到幕府將軍德川吉宗的認可，成爲"公許學問所"，並撥予專門場地，享有免除諸役的特權。明治二年（1869），此種特權被廢止，懷德堂也隨之閉校。明治末年，因西村天囚撰文研討懷德堂，引發廣泛的反響，西村隨後提出重建懷德堂，打動了大阪的財團，1916 年設立財團法人懷德堂文庫，爲表明與原來的懷德堂有所區別，命名爲"重建懷德堂"。次年以松山直藏爲教授、以西村天囚爲講師開始授課。1926 年建立書庫。在大阪大學文學部設立之前，重建懷德堂實際上承擔着大阪地區唯一的文科大學的功用。1945 年空襲中，校舍被燒毀，唯書庫幸免於難。戰後，其重建與獨立運作面臨巨大困難。1949 年，值大阪大學新設法文學部，經雙方協商，藏書資料與職員由大阪大學接管，其藏書均入新命名的"懷德堂文庫"，其中 1951 年以前藏書，編有《懷德堂文庫圖書目録》（大阪大學文學部編，1976 年）。1953 年，原懷德堂的場地歸大阪政府，

“重建懷德堂”不復存在，相關事務移歸大阪大學文學部。

西村時彦（1865—1924），字子駿，號天囚，晚號碩園。明治大正間知名的小説家、新聞記者、漢學家。鹿兒島縣種子島人。薩摩藩出身，十四歲即爲藩主講解經書。1883 年，年僅十八，作爲東京帝國大學文學部古典講習科第一屆官費生入學，爲最年輕的學生，師事重野成齋、島田篁村。其同屆同學後來大多成爲東洋史學與文學研究的翹楚，執掌帝國大學教壇。而天囚雖公認爲最具才華，卻也因爲過於年輕，行事張狂，未能像年已而立的市村瓚次郎等同學那樣穩重行事，故最後並未完成學業，於1887 年肄業。1889 年入《大阪朝日新聞》，1893 年以小説《屑屋の籠》登上文壇。1897 年爲報社主筆。這一年的年底，第一次赴中國採訪，次年二月歸國。此行受陸軍參謀次長川上操六（1848—1899）之命，做具有排日傾向的湖廣總督張之洞的工作。西村天囚用漢文向川上遞交的文章，提出“派遣視察員、派遣留學生、招聘日本人”三點主張，並以此成功説服了張之洞。其後張之洞所撰《勸學篇》即有西村天囚思想的印痕。歸途經金陵，拜曾文正祠及文正書院，並初識書院院長張謇。1900 年冬，應張謇之邀赴南京，寄寓文正書院，研讀《曾文正公全集》。此行前後居住中國兩年有餘，至 1902 年春歸國。留學歸來後，其性格大變，由往日豪放磊落，轉而爲溫厚。而張謇此後訪日，並仿效日本，從事實業，以及設立通州師範學校。此校之設立，與藤田豐八關係密切的羅振玉出了大力，而期間西村天囚也在其中起了中介的作用。1907年 8 月至 11 月，西村天囚赴東北奉天（今瀋陽），閱覽文溯閣《四庫全書》。在多次赴清國居留期間，收集了大量中國書籍。與江南學者的交往，對他的學術取向也有着很大的影響。期間他展開了日本漢學史的研究，於 1909 年 9 月出版了《日本宋學史》（東京：梁江堂書店，大阪：杉本梁江堂）。1911 年，王國維移居京都期間，西村天囚對戲曲也甚感興趣，著手翻譯《琵琶記》，先是在報紙連載，1912 年 6 月結集印行，題作《南曲琵琶記　附支那戲曲論》，王國維爲之作序。1916 年 9 月，西村天囚兼任京都帝國大學文學部的講師，主講楚辭。此後主要從事《楚辭》與《尚書》的研究。其書室有俞曲園書寫的“讀騷廬”匾額。晚年尤致力於楚辭類書籍的搜集，所得數量超過百種，後人編有《故碩園先生舊藏楚辭類書目》。其中有明刻本十六種，清刻本四十餘種（見於《中國古籍善本書目》著錄的品種有三十種），日本刻印本十二種，鈔本二十七種，稿本六種①。

西村天囚的戲曲研究，主要在明治末大正初。在他翻譯《琵琶記》的時候，王國

---

①參見崔富章《大阪大學藏楚辭類稿本、稀見本經眼録》一文，《文獻》2004 年第 2 期。

維避居京都百萬遍，西村天囚經常登門請教。西村天囚在曲學方面，還做過大量資料收集、摘鈔工作，其大部分文稿尚未披露於世。據後人爲其遺著、遺稿所編目錄，編著有《天囚曲話》一冊，所編目錄索引，有《小說傳奇目錄》一冊，《彈詞小說目錄》一冊，《曲目索引》一冊。據此，約略可見天囚所做的工作。惜以上諸稿筆者尚未訪見，且俟之他日。

西村天囚於 1924 年去世後，其藏書於次年移重建懷德堂，爲設"碩園記念文庫"。

西村天囚的藏書，如帶經堂、八千卷樓遞藏之《盛明雜劇》二集，萬曆刊清初印本《元人百種曲》，明末刊《南詞新譜》，清初刊《一笠庵北詞廣正譜》，西川正英鈔本《西廂句解》二卷，影鈔本《詞壇清玩》等，均值得一提。

西村天囚也是大阪府立圖書館的主要發起籌建者之一。明治末、大正初，天囚從事南曲傳奇之研究，并譯述《琵琶記》等，嘗在書店見到十幾種參考書籍，因價格甚高，非力所能及，只能忍痛割愛。企業家八田兵次郎聞之，代爲購得，以贈天囚。天囚謝其厚意，譯讀完畢之後，不屑據爲私有，以爲宜置之圖書館，以便於他人利用，遂以八田氏的名義，將 319 冊貴重的戲曲傳奇書籍，捐贈給了大阪府立圖書館，從而成就一段佳話。其中如萬曆刊本《牡丹亭還魂記》二卷、清內府刊本《昇平寶筏》《昭代簫韶》、武英殿印本《曲譜》《新定九宮大成南北詞宮譜》、明末刊本《吳騷合編》、清刊本《詞林逸響》四卷等，較爲稀見。

本輯收錄懷德堂文庫所藏精鈔本《傳奇彙考》，也是其最爲珍貴的曲籍之一。《傳奇彙考》爲清康雍間人所編，一直以鈔本形式流傳。民國初年有同題石印本，作八卷，實爲殘本。在筆者所見的三種日本藏本中，此本的鈔錄情況最好，且有藏者的批校。借助這部文獻的影印，我們將來還可以整理出一部完善的《傳奇彙考》來。

七、宮內廳書陵部所藏曲籍

宮內廳書陵部，舊稱圖書寮，始設於八世紀。所儲爲歷代天皇御覽之物。至 1949 年，圖書寮移歸"宮內廳書陵部"。宮內廳是日本內閣的一個部分，司職天皇家族和宮廷事務。"書陵部"是管轄皇家文獻典籍和陵園的部門，其中珍藏多爲宋元刊本，是日本收藏珍貴中國古籍最多的地方。其中不僅有歷代皇室舊藏之禁內圖書，且有諸親王、江戶時代大名（諸侯）的貴重圖書與原侯爵、伯爵、子爵世襲圖書以及歷代學者的珍藏。1891 年，內閣文庫將德川家藏楓山官庫在內的本庫所藏最貴重圖書三萬餘冊移交皇宮，"永世保存"。故書陵部中貴重之物，舉世無匹。而戲曲文獻多出自明清以後，能入皇宮法眼者，自非俗物。今見於圖書寮目錄的戲曲文獻有以下幾種：

《容與堂六種曲》，八册，明李贄批點，明萬曆三十八年（1610）虎林容與堂刊本，黃應光鐫，含《玉合記》二卷、《幽閨記》二卷、《會真記》與《蒲東詩》各一卷、《紅拂記》二卷、《西廂記》二卷。

《傳奇四十種》八十四卷，八十册。四十種中，有三十三種係汲古閣六十種曲本，其餘七種爲：《西遊記》《橘浦記》《玉簪記》《療妒羹》《新灌園》《量江記》《酒家傭》。大約是書賈把這些戲曲零本彙成一集，漫題《傳奇四十種》。其中《西遊記》《橘浦記》兩種爲世間孤本。《玉簪記》一種，當爲清初刊本。鹽谷温曾將《橘浦記》影印出版，又據宮内廳藏本排印出版了《西遊記》，後來《古本戲曲叢刊》即據此兩本影印。這次通過真柳誠教授的努力，本輯第一次把《西遊記》雜劇原刊本收錄影印。

順帶説明一下，本輯所收大東急記念文庫藏明萬曆間刊《新編增補評林莊子嘆骷髏南北詞曲》二卷，又名《骷髏嘆》，明杜蕙撰，其複製及出版許可，也是由真柳誠教授完成的。

八、東洋文化研究所收藏粤劇文獻及其他

東京大學東洋文化研究所藏珍稀戲曲，大部分已經收錄於第一輯。另外雙紅堂文庫的鈔本曲本，也已經單獨影印出版。但再三斟酌，覺得還有幾种文獻，值得提供給讀者。

一是倉石武四郎批注訂補本《曲錄》。我通過大東文化大學所藏八木澤元過錄本內的跋語，獲知此書實際包含馬廉、張（趙）萬里的合作成果。事實上，在民國年間，王國維的《曲錄》在學者中影響十分深廣，並且有許多研究者爲其作過訂補工作。直到二十世紀五十年代末傳惜華《中國古典戲曲總錄》編著成型，這些補訂工作纔告停止。但它們作爲民國學術史的一部分，依然具有價值。

二是"廣東地方劇班演出文書"五件。這種廣東粤劇相關文獻，是研究現代粤劇史的珍貴資料，由大木康教授從香港爲東文研購入。現在在大木教授的支持下，得以補充收錄，亦是一段值得稱説的故事。

三是《極樂世界傳奇》八卷，清觀劇道人撰，光緒七年京都聚珍堂木活字本。這是最早的活字印本皮黃（京劇）劇本，雖然在國內一些圖書館也有收藏，但向未曾影印。故借此機會，作一影印，可以方便學者的利用。

九、其他

本輯所收，還有静嘉堂文庫所藏《四友堂里言》一種，係著者清黄鉽自書稿本，收録於《痛思堂日記》第七、八册，原爲陸心源舊藏。名古屋蓬左文庫的明集義堂刊本《琵琶記》一種。玆不贅述。

内閣文庫所藏戲曲，在第一輯已經收録。但細查之後，尚有遺珍，值得影印。本輯所收的王應遴《衍莊新調》，就是新補入的。王宣標同學爲此劇的複製申請，付出了勞動。

稍有遺憾的是，尚有兩种珍貴曲籍，未能收録。它們都藏於御茶之水圖書館（即石川武美記念圖書館）的成簣堂文庫，係德富蘇峰舊藏。一種是萬曆十八年刊本《水滸記》，係孤本刊本，我以往著録介紹時都誤作許自昌撰，這是錯誤的，它的作者只能暫歸於無名氏。此書有別本刊本，題作《水滸青樓記》，南京圖書館等有藏，文字略有差異。另一本是萬曆九年刊本《西廂記》。這是現存的最早的《西廂記》評點本，黄霖先生曾撰文有過介紹。這兩種曲籍，十五年來，我曾通過多種途徑尋問溝通，亦提交過申請，均未能得到回音，只好等待將來的機緣吧。

另外，無窮會圖書館藏有一種《西廂記》明末刊本，我曾做過簡單比較閱讀，因爲這個版本並無特異之處，而申請複製也較爲困難，就放棄了。

大略言之，日本所存孤本珍稀中國戲曲文獻（地方戲曲俗曲除外），除去此前已經獲得影印者，經此二輯，已經囊括殆盡。近十五年的努力，終於可告一段落；甚至距離第一輯的出版，也已經過了整整十個年頭。完成一件事情，誠然不易，但歷十數年而終於有了結果，終歸是令人喜悦的事情。

在此要感謝合作參與此輯編纂的各位學者。因爲你們的無私奉獻和對我的寬容，纔能有今天的成績。

中華册封使的琉球意象探析

廖肇亨

（中研院中國文哲研究所）

前　言

　　在進入近代以前，中國文人對於廣大的世界泰半停留在想象、臆測的程度。雖然歷史上不乏《佛國記》《大唐西域記》《瀛涯勝覽》等記録作者實地見聞的名著，但時日遼遠，幾乎等同傳説異聞。宋代以後，由於交通工具的進步、海上貿易的勃興，加之朝貢貿易體制的逐漸確立等政治、經濟因素的交互影響，航海史、外交史的相關資料爲數可觀，但相對於豐富的歷史資料來説，就此一主題充分展演的著作極少受到相關學者的重視，例如清代康熙年間琉球册封副使徐葆光《中山傳信録》一書。

　　徐葆光，字亮直，號澂齋、澄齋，蘇州府長洲縣人。康熙十年（1671）生，卒於雍正元年（1723）。康熙五十一年（1712）進士，授官翰林院編修。康熙五十八年（1719），奉旨爲琉球册封副使（正使爲鑲白旗滿人海寶），前往琉球册封尚敬王。徐葆光自琉球歸國後，於康熙六十年（1721）出版《中山傳信録》，此書夙被推崇爲使琉球録系列著作的白眉，爲明清時期中外文化交流史相關著作的一時之選。徐葆光此次琉球册封之行，創下多項記録，包括人數最多、滯留時間最久，且有測量官隨行，以當時世界先進的觀測技術對琉球王國的自然山川進行實測觀察。《中山傳信録》一書出版後備受重視，日本方面一再翻刻固不待言；法國傳教士宋君榮（Antonius Gaubil）將《中山傳信録》譯成法文，1782 年在巴黎出版，成爲近代以前，西方認識琉球王國文化形象最重要的依據。

　　除了膾炙人口的《中山傳信録》一書之外，徐葆光尚有《舶前集》《舶中集》《舶後集》三種（合稱《海舶三集》），并與當時琉球王國的王室、士大夫往來十分密切①。除了《中山傳信錄》，其於琉球王國的種種見聞也在其詩集中屢見不鮮。在海洋史、東亞交流史、琉球史等領域，徐葆光《中山傳信錄》已經是享譽世界的扛鼎之作，足堪比肩者能有幾人？但即令這樣一位在世界史享有盛譽的作者，現今文學史相關的討論仍然寥寥可數，遑論其他琉球册封使。事實上，琉球册封使（包括從客）出使琉球王國後留下衆多的相關作品，包括使録、詩文、書畫等，從文化史的角度看，具有下述多重的重要意義，即：

（一）雖然使節出使各國，也經常留下相關的詩文與見聞記録，如安南、朝鮮等地，也不乏類似的記述，但構成一個前後呼應的書寫主題與傳統，仍以琉球册封使最爲突出。類似“中山八景”“琉球竹枝詞”“馬耕田”等琉球相關題材在歷代册封使的詩文中一再出現，有繼承，也有創新。幾乎可以説，進入近代以前，琉球王國在中國的域外書寫當中，不論質還是量，皆可謂獨佔鰲頭，而且構成獨特的書寫主題與傳承系譜。

（二）相對於西洋文學豐富的海洋意象，海洋經驗的匱乏一直是中國文學的一大缺憾。明清以來，古典文學領域當中，明清兩代的琉球册封使與清代渡臺宦遊的詩人於海洋別有會心，他們留下的作品可謂古典海洋文學的淵藪，捨此談古典海洋文學必無是理，琉球王國的異國情調又遠在臺灣之上。同時，對來自中土的册封使而言，琉球王國的種種文化藝術又常在耳目之外，種種異文化體驗對感官形成衝擊。琉球王國四面環海，航海勢所必須。親身經歷的海洋經驗與異國趣味不僅是足以傲人的文化資本，更爲詩文創作提供種種豐富的素材。

（三）對近代以前的東亞知識人而言，出使異國固然是難得的經驗，但更爲可貴的是，可以親自與異國人物直接交流。使節都是各國最上層的知識菁英，可以帶來各國最新最豐富的信息與知識，使節往往也是傳遞新知（包括文藝）最重要的代言人。從琉球王國的立場來看：明代的陳侃、蕭崇業，清代的徐葆光、周煌、趙文楷、李鼎元，都在琉球王國文化意象的形塑過程中發揮一定程度的影響力。

（四）就近代以前東亞國際情勢來看，晚明倭寇肆虐，中日兩國正式往來遂爾中絶，一直到近代以前，兩國始終没有建立正式往來的渠道。琉球王國在中日兩國之間扮演重要的中介角色。長崎港雖在中日兩國貿易中極其重要，但近代以前，中國的知識菁英始終没有機會親歷其境。琉球成爲知識菁英觀看日本最重要的窗口，儘管是十

---

① 徐葆光《海舶三集》，現藏於臺灣大學圖書館特藏組，本文使用影清雍正刻本，載王菡選編《國家圖書館藏琉球資料三編》上，北京：北京圖書館出版社，2006年。

分間接的。

綜上所述，琉球册封使的琉球書寫，不僅止於域外題材而已，對於外交史、思想史、文化史都有重要的參考作用。以下從海洋經驗、自然風物、人文景觀三個面向，就中國册封使筆下的琉球意象加以檢視。

一、"風前鰲出浪如峰"：中國册封使的海洋經驗

從東漢末年開始，海洋主題漸漸出現在詩人的著作中，曹操《觀滄海》[①] 一詩常被視爲古典海洋詩的濫觴。東晉以後，此等詩題擬作蔚然成風。另外，以海爲題的賦至少可得十篇[②]，張融《海賦》與木華爭勝一事膾炙人口[③]。不過宋代以前的海洋詩賦多半止於觀看與想象，具有真實航海經驗的作者寥若晨星。具有實際航海經驗的詩人，文學史往往推崇蘇軾《六月二十日夜渡海》一詩[④]。蘇軾之後，乘船出海的詩人日多，南宋的陸游、明代的王陽明都有出色動人的作品。

但寫海洋經驗最爲親切動人的作家，仍然首推琉球册封使。現存第一本《使琉球錄》的作者，爲明嘉靖十三年（1534）出使琉球的吏部左給事中陳侃，在航行途中，陳侃遭遇颶風，命幾不保。今日讀來，歷歷如在目前，仍然令人驚心動魄。其曰：

> 舟剌剌有聲，若有分崩之勢。大桅原非一木，以五小木攢之，束以鐵環，孤高衝風，搖撼不可當，環斷其一。衆恐其遂折也，驚駭叫囂，亟以釘鉗之，聲少息。原舟用釘不足、稔麻不密、板聯不固，罅縫皆開，以數十人轆轤引水，水不

[①] 其詩曰："東臨碣石，以觀滄海。水何澹澹，山島竦峙。樹木叢生，百草豐茂。秋風蕭瑟，洪波湧起。日月之行，若出其中；星漢燦爛，若出其裏。幸甚至哉！歌以詠志。"曹操《步出夏門行》之一（後人往往就此逕自題作"觀滄海"），載中華書局編輯部《曹操集》，北京：中華書局，1974年，頁20。

[②] 參見陳心心、何美寶《唐以前海賦研究——以 Eliade 的宗教理論爲基礎的分析》，《中外文學》第15卷第8期；譚家健《漢魏六朝時期的海賦》，《聊城師範學院學報》2000年第2期；馬凌雲《唐前江海賦》，《柳州師專學報》2006年第1期。

[③] 木華《海賦》作於西晉，此賦甚爲膾炙人口。南齊張融作《海賦》，在序言中明白説："木生之作，君自君矣"，明白表示木華《海賦》一作爲其焦慮之源。見《南齊書》卷四十一《張融傳》，北京：中華書局，1972年，頁722。

[④] 其詩曰："參橫斗轉欲三更，苦雨終風也解晴。雲散月明誰點綴？天容海色本澄清。空餘魯叟乘桴意，粗識軒轅奏樂聲。九死南荒吾不恨，兹遊奇絕冠平生。"王文誥輯注，孔凡禮點校《蘇軾詩集》，北京：中華書局，1999年，頁2367。

能止。衆曰："不可支矣!"齊呼"天妃"而號,剪髮以設誓,予等不能【禁】。徹夜不寐,坐以待旦。忽一家人匍匐入艙抱予足,口噤不能言。良久,方云:"速求神佑,船已壞矣!"予等聞此,心戰神怖,無可奈何。①

這段文字十分淺白,幾乎不用解釋。"天妃"即媽祖林默娘,明代時勅封"天妃"。册封使從福州出發後,航經風波險惡的臺灣海峽。暗中默佑的海神甚多,其中以天妃(媽祖)最爲知名。晚明船夫對媽祖的祝禱崇敬之情,與今日並無二致。

琉球往還過程中,琉球册封使歷經種種風波險惡,天候不佳固然是主要因素。但造船技術不精亦爲主因之一,例如明代嘉靖四十年(1561)出使琉球的册封使郭汝霖(1501—1580),名列黃宗羲《明儒學案》,屬江右王門。郭汝霖出使琉球的航程中,遭遇颶風,不幸折舵,内心十分焦急慌亂,這段經驗,郭汝霖《洋中折舵歌》一詩叙之甚詳。其云:

> 雙雀嫋嫋何自來,驚雲忽暗金銀臺。咫尺不辨颶驟發,萬馬突兀仍奔雷。鼉作鯨吞勢益雄,鮫响龍吼濤山摧。瞥烈一聲舵幹劈,兩欙掣斷繩千尺。浮石螺杯盡蝶飛,雞呼雁叫如人摑。舉舫哀聲不忍聞,拔劍問天天嘿嘿。生寄死歸心所安,五百生靈良可惜。往讀《使錄》疑過言,今朝字字皆親搳。冒險覓利古所嗤,嗟余捧命非賈客。三日换舵危苦甚,舵换舟人回生澤。稠疊閩山倏在望,扶持罄荷神功碩。海邦登岸慶生全,平地風波尚難策。人生於世何有哉,止足安危君自擇。②

此詩描寫颶風的氣勢與船員的忙亂情狀,傳神如繪。郭汝霖此次赴琉册封牽涉到明代官場的政治鬥争③,是以全詩結尾聯繫到人世安危,也是其宦海浮沉的真實感慨。又言其閱讀過往的《使琉球錄》(陳侃版本),對書中叙及渡海的艱辛不能盡信,必須等到身歷其境,纔能體會個中艱辛。册封使渡海遭風固然事屬平常,但慘烈未有過於

---

①陳侃《使琉球錄》,載黄潤華、薛英編《國家圖書館藏琉球資料彙編》上,北京:北京圖書館出版社,2000年,頁28。原書漏"禁"字,依《臺灣文獻叢刊》第三輯補,見陳侃《使琉球錄》,載《臺灣文獻叢刊》第三輯《使琉球錄三種》,臺北:大通書局,1984年,頁12。

②郭汝霖《洋中折舵歌》,《石泉山房文集》卷一,《四庫全書存目叢書》集部第129册,臺南:莊嚴出版社,1997年,據浙江圖書館藏明萬曆二十五年(1597)郭氏家刻本影印,頁25—26,總頁389—390。

③徐葆光就此事的原委如是説道:"(嘉靖三十七年)命給事中吴時來、行人李際春爲正副使。無何,時來尋疏論大學士嚴嵩奸邪狀,嵩言其畏航海之役,故生事妄言。世宗怒,杖時來,遣戍,改命刑科給事中郭汝霖爲正使,偕際春以行"。徐葆光《中山傳信錄》卷三,載黄潤華、薛英編《國家圖書館藏琉球資料彙編》中,頁264—265。

乾隆二十一年（1756）的全魁、周煌之遭遇。此次渡海遭風，漂流至久米島，爲久米島民救出。册封正使全魁有詩略記此事，其曰：

> 夜半蛟騰雲似墨，風前鼇出浪如峰。布帆休道還無恙，巨艦争當巨石衝。
>
> 由來王命百靈憑，龍護天書瑞色增。數百生靈齊下拜，餓風回處見神燈。
>
> 姑米山深見古風，桃源咫尺路能通。炊煙起處琅玕碧，野水回時薜荔紅。
>
> 馬齒朝暾微紫霞，卿雲萬道攪金蛇。奇觀人世真稀觀，不負艱難到海涯。[1]

神燈似是媽祖顯靈。全魁此行的從客王文治亦有詩記此事，曰："十日颶母虐，纜絶不可收。是夜海雲黑，萬鬼聲颼飀。陰風扇腥雨，怒鯨鬭潛虯。洪濤排連山，上下相躑躅。巨艦觸礁石，似臼以杵投。頃刻胥及溺，自斷今生休。珠燈起天末，金光燦星斿。若非神扶持，全活可倖求？"注曰："時有神燈，降於空中，船得近岸。"[2] 此行倖存之人莫不感念海神媽祖神靈護佑。全魁詩中的"卿雲萬道攪金蛇"一句，根據周煌的説法，此爲"颮颶將作，水中有光如星火海蛇黄色浮游水面"（《姑米阻風》）的徵兆。這樣的奇觀唯海上可見，可謂因禍得福，是以全魁此詩末尾以此人生奇遇作結。

除了惡劣天候之外，海洋也充滿戰争的危險。琉球使録（夏子陽、李鼎元版本）中也有部分戰争書寫，及當時新進科學技術的呈現（見徐葆光版本）。在他們的詩文作品中，例如明代蕭崇業《航海賦》《見山謡》；清代汪楫《海水歌》、徐葆光《舶行七日至琉球從客甌寧翁長祚作〈帆海千字詩〉，因用其韻載述成篇》、周煌《中山賦》、從客王文治《六月二十四夜海舟爲颶風所敗，溺水獲救，同人或以詩見示，率爾裁答，得四百字》、趙文楷《渡海放歌行》、李鼎元《航海詞》《後航海詞》、費錫章《琉球紀事一百韻》都是篇幅較長的煌煌大著。從文人騷客"觀海"到充分體會渡海航程的艱辛，與歷史進程也有相當程度的一致性。遠赴琉球的中國册封使或許没有想到，中國古典海洋詩學在他們手上，從題材到内容，都有大幅度的開展，如謂册封使的作品爲中國古典海洋文學的寶庫當不爲過。

除了航海經驗之外，琉球册封使在琉球王國羈留數月，故而有充分的時間遊覽山水，並與琉球國士人詩酒流連，得以體會琉球王國的自然風物與人文景觀，並加以吟詠。這些作品，不僅補充了傳統知識版圖，更是珍貴的異文化體驗。

---

[1] 全魁《自南臺登舟泛海，抵中山，即事十四首》之十一、十二、十三、十四，載鐵保輯，趙志輝校點補《熙朝雅頌集》卷七十九，瀋陽：遼寧大學出版社，1992 年，頁 1318。

[2] 王文治《六月二十四夜海舟爲颶風所敗，溺水獲救，同人或以詩見示，率爾裁答，得四百字》，《夢樓詩集》卷二，載王菡選編《國家圖書館藏琉球資料三編》下，北京：北京圖書館出版社，2006 年，頁 551。

二、"莫是盆中別有天"：中國册封使眼中的自然風物

中國册封使親踐琉球斯土，觸目即是亞熱帶的自然風物。琉球王國衆多草木當中，最具代表性的應非鳳尾蕉莫屬。鳳尾蕉，即鐵樹（蘇鐵）。陳侃曾言："有鳳尾蕉一本，樹似棕而葉似鳳尾，四時不改柯易葉，此諸夏所無者。徜徉良久，塵慮豁然。"① 鐵樹在閩粤一帶極多，然陳侃似未見過。對來自中國的册封使來言，鳳尾蕉可謂琉球王國最具代表性的草木。陳侃之後，册封使於此情有獨鍾。蕭崇業説："鳳尾蕉，以葉翛然似鳳欲飛，故名之。四時不凋，此諸夏所無者。"② 徐葆光曰："鐵樹，即鳳尾蕉，一名海椶櫚。身蕉葉，葉勁挺對出，褵褷如鳳尾。映日，中心一線虚明無影。四時不凋，處處植之。"③ 遍地植之，觸目皆然。徐葆光曾有詩詠曰："蕉葉棕櫚身，樹汁鎔精鐵。褵褷鳳尾張，向日中心徹。"④ 中國册封使詩人看鳳尾蕉多在其特殊的生長樣態，而琉球詩人就其終年常緑的特性，吟詠堅貞德性。例如徐葆光盛讚"君是中山第一才"的琉球王國漢詩人蔡文溥就鳳尾蕉有如是吟詠：

> 鐵木錚錚獨耐冬，青枝依舊帶春容。看來似在波濤裏，彷彿鱗生欲化龍。

> 不與閑花共度年，獨宜雪後與霜前。非金非石能如此，莫是盆中別有天。⑤

第一首重形，第二首重德，寫形貌間出其神。琉球王世子賜程順則鳳尾蕉，程順則集合僚友賦詩詠之。"獨耐冬""帶春容"，固然是形容鳳尾蕉之貌，施之於主人（程順則）似亦無不可。在來自中土的册封使詩人與琉球王國本地漢詩人雙方攜手營構之下，鳳尾蕉成爲琉球王國最具代表性的草木，其品節堅貞的德性堪比南宋以來中國的梅花。

除了鳳尾蕉，松露、海帶也都進入册封使的視界，而另一值得注意的草木是芭蕉。芭蕉雖是佛典常見植物，但多生長於熱帶，中土士人未必習見。芭蕉果實可食，纖維又可織布，可謂一重要經濟作物。芭蕉一身之物都不乏詩人題唱，例如徐葆光曾就蕉葉加以題詠：

---

① 陳侃《使琉球録》，載黄潤華、薛英編《國家圖書館藏琉球資料彙編》上，頁 43。
② 蕭崇業《使琉球録》，載《臺灣文獻叢刊》第三輯《使琉球録三種》，頁 113。
③ 徐葆光《中山傳信録》卷六，載黄潤華、薛英編《國家圖書館藏琉球資料彙編》中，頁 528。
④ 徐葆光《舶中集》，載王菡選編《國家圖書館藏琉球資料三編》上，頁 262。
⑤ 蔡文溥《又七截之一、二》，上里賢一編《校訂本中山詩文集》，九州：九州大學出版會，1998
　　年，頁 132—133。

山丹豔如火，那比扶桑紅。芭蕉葉最大，偏是不禁風。①
此詩是徐葆光針對琉球王國草木做的寫意速描，寫芭蕉葉雖然大可爲扇，卻不禁風，頗有反差的趣味。蕉葉之外，使節更鍾愛美味的蕉實。汪楫曰："芭蕉，結實名甘露，形如藕梢，國人常以此相餉煮食，甚甘，略同蕃薯。"② 徐葆光曰："蕉實，芭蕉所結實，名甘露。花紫紅色，大如瓢，日開一瓣。結實如手五、六指並垂；採久之，膚理似藕之最嫩者，可蒸食之，如薯而甘。"③ 周煌亦曰："有蕉實（芭蕉花開，一穗數尺，色紅；每花一瓣，中有心五、六條，瓣落，則結實如手指搓開。熟時色緑，以草糠覆之則黃；如薯而甘，名甘露）"④，周煌又有詩詠蕉實曰：

本以心如結，還將味作甘。蜜脾無此釀，仙掌有誰探。潤可蠲煩渴，清能破宿酲。金風氣色動，投贈抵雙南。⑤

對蕉實的美味推崇之情，可謂溢於言表。不僅清香甘甜，又能生津止渴，甚至可破宿醉，價值十分珍貴。嘉慶五年（1800）的册封副使李鼎元亦有詩詠芭蕉。其曰：

實如甘露尋常事，大葉抽絲被萬人。不似美人空有色，（蕉之小者，名美人蕉。）一生無用負青春。⑥

芭蕉果名曰甘露，以此發端，此雖云奇，然尤有甚者，其葉抽絲可以織布，實用利生，澤被萬民，更是大奇。後兩句以美人蕉徒具虛名，卻未能爲世所用，略帶戲謔口吻。在此詩題下，李鼎元注云："實名甘露，花紅紫，大如瓢。一穗數尺，日開一瓣，每瓣花心五六，結實如其心數。狀類手指而搓。熟時色緑，以草糠覆之則黃，如新剥瓜蔓，味甘，歲實爲常，異於中土。其絲漚之，可織布，球人賴以爲衣。"⑦ 李鼎元此詩刻意著意芭蕉的實用功能，説明芭蕉在琉球王國的重要性。

雖然芭蕉布也産於閩粤一帶，《廣東新語》亦可見之。但琉球册封使一直視蕉布爲琉球王國的特産。此實有以致之，一方面蕉布一直是琉球王國的貢品，另一方面來自琉球册封使的一再提及。例如張學禮説："琉球，海中小國也。所出土産，惟蕉布、硫

①徐葆光《偶成》，《舶中集》，載王菡選編《國家圖書館藏琉球資料三編》上，頁240。
②汪楫《使琉球雜録》，載黃潤華、薛英編《國家圖書館藏琉球資料彙編》上，頁783。
③程順則編《中山傳信録》，載黃潤華、薛英編《國家圖書館藏琉球資料彙編》中，頁534。
④周煌《琉球國志略》卷十四，載黃潤華、薛英編《國家圖書館藏琉球資料彙編》中，頁1140。
⑤周煌《初食甘露》，《海東續集》，載王菡選編《國家圖書館藏琉球資料三編》上，頁421。
⑥李鼎元《芭蕉》，《師竹齋集》卷十四，載王菡選編《國家圖書館藏琉球資料三編》下，頁236。
⑦李鼎元《芭蕉》，《師竹齋集》卷十四，載王菡選編《國家圖書館藏琉球資料三編》下，頁236。

磺。"[1] 汪楫説："蕉葉則織以爲布，五色具備。其民間常服及，售之唐人者，惟本色一種，間有花紋工細者，則皆自出機杼，製成以爲己服，不相交易也。"[2] 徐葆光曰："本國惟蕉布，則家家有機，無女不能織者；出首里者，文采尤佳。自用，不以交易也。"[3] "家種芭蕉數十本，縷絲織爲蕉布。"[4] 周煌："有蕉布，縷芭蕉皮内絲織成。"[5] 李鼎元："一米色，曰蕉布，寬一尺，乃漚芭蕉，抽其絲織成，輕密如羅。"[6] 徐葆光詩云：

芭蕉葉垂雲，草木無一如。分列植百本，取諸織紝餘。[7]

此處"草木無一如"之意乃謂：芭蕉葉大，遮陰納涼效果絶佳。"取諸織紝餘"句下小注云："此中人藝蕉，資以織布"，是以多植芭蕉，藉以消暑。蕉葉去暑、蕉實甘美、蕉布製衣，幾乎無不可用之處，且琉球處處可見，作爲琉球王國的表徵性草木，孰曰不宜。

果蔬草木之外，鳥獸蟲魚亦多有異於中土者，例如汪楫在琉球見到農耕馬，作《馬耕田歌》一詩之後，由於"馬耕田"一事在古籍中，往往是偃武修文、"天下有道"的象徵，故而引發歷代琉球册封使對琉球馬（中山馬）的強烈關注，題詠不絶。琉球馬之外，天空盤旋的海鷹也引起琉球册封使的重視。明代夏子陽言："至九月，鷹至獨多，云風飄從日本來。"[8] 清代册封使徐葆光曾就琉球海鷹加以吟詠，其曰：

九月黄花背客開，西風摵摵獨登臺。海南數點横秋望，錯認鷹來是雁來。[9]

末句下有小注，云："中山無鷹，每歲九月，輒有數十，隨東北風來。"[10] 徐葆光顯然並未見過海邊鷹飛盤旋的景象。隨東北風來，當亦候鳥之屬，是以徐葆光錯認爲雁。類似的記述也見於《中山傳信録》。周煌《中山賦》曰："其中鳥則太和異雞，王母烏

---

①張學禮《中山紀略》，載殷夢霞、賈貴榮、王冠編《國家圖書館藏琉球資料續編》上，北京：北京圖書館出版社，2002年，頁707。

②汪楫《使琉球雜録》卷四，載黃潤華、薛英編《國家圖書館藏琉球資料彙編》上，頁783。

③徐葆光《中山傳信録》卷五，載黃潤華、薛英編《國家圖書館藏琉球資料彙編》中，頁390。

④徐葆光《中山傳信録》卷五，載黃潤華、薛英編《國家圖書館藏琉球資料彙編》中，頁526。

⑤周煌《琉球國志略》卷十四，載黃潤華、薛英編《國家圖書館藏琉球資料彙編》中，頁1135。

⑥李鼎元《使琉球記》卷二十，載殷夢霞、賈貴榮、王冠編《國家圖書館藏琉球資料續編》上，頁763。

⑦徐葆光《使院種蕉》，《舶中集》，載王菡選編《國家圖書館藏琉球資料三編》上，頁200。

⑧夏子陽《使琉球録》卷下，載黃潤華、薛英編《國家圖書館藏琉球資料彙編》上，頁493。

⑨徐葆光《鷹來》，《舶中集》，載王菡選編《國家圖書館藏琉球資料三編》上，頁240。

⑩徐葆光《鷹來》，《舶中集》，載王菡選編《國家圖書館藏琉球資料三編》上，頁240。

鳳；元鳥秋來，海鷹颺送。"① "海鷹颺送"一句下有小注，曰："白露日從日本隨風飄至，應期不爽。"② 在《琉球國志略》書中，引用徐葆光的詩作外，又補充説道："九月中東北風，外島飄來，然必以白露日至，驗之，信然。"③ 也就是説：節氣至白露時，琉球海鷹群至，也是一種歲時節氣的表徵。或有類臺灣灰面鵟之屬，徐葆光"只聞鷹背西風急，不見籬邊野菊黃"④ ——中土以黃菊爲秋光，中山以海鷹爲秋信，無怪乎徐葆光認鷹爲雁。至於以海鷹爲題的長篇大作，首推趙文楷，其云：

> 野鷹來，風蕭騷，海天漠漠秋雲高。盤空欲下復不下，禽獸走匿亡其曹。扶桑九月天猶熱，十十五五爭先發。翩然一擊覺身輕，萬里平蕪灑毛血。野鷹來，來何處？云是伊平與由呂（琉璃屬島）。此外之水乃弱水，古來無人至其所。其中云有三神山，樓臺璚樹虛無間。鳳皇鸞鶴好儔侶，何爲舍此來人寰？蕭蕭復蕭蕭，飛來上我屋。似曾識我中原人，獨立愁胡側兩目。此鷹亦非鷹，此是當時海東青（金、元間，市海東青於海上）。當時興平爲爾建大屋，金鞲玉絛披彩翎。琵琶彈出新翻曲（曲名有"天鵝避海青"），天山圍坐千人聽。方今聖人戒游豫，高拱深宮奏韶濩。太阿一拭封狼摧，那顧草間狐與兔。買鷹懷鷂非其時，爾縱奇姿終不遇。野鷹來，無久住。雲飛海擊入空冥，慎勿飛入中原去。⑤

此詩以琉球海鷹擬諸著名的"海東青"，衆所周知，契丹向女真强索"海東青"，女真不堪其擾，率衆蜂起，乃有金國。歷來題詠海東青的詩人不計其數，康熙與乾隆亦有詩題其神駿之利。入清以後，有詔罷貢鷹馬。龍顧山人曰："朝鮮首隸藩封，明代有貢鷹之例，國初特詔罷之，不尚遠物，足昭聖德。王西樵歌云：（下略）"⑥ 此詩亦有當今天下有道，非用武之際之意寓焉。"雲飛海擊入空冥，慎勿飛入中原去"一句或有諷喻之意，先且不論，其意此景在中土似未曾見，可謂册封使在海濱獨特的體驗。

　　除了自然環境中的草木鳥獸之外，餐宴也是異文化體驗的絶佳場合。相較於自然

---

①周煌《海東集》卷一，載王菡選編《國家圖書館藏琉球資料三編》上，頁340—341。
②周煌《海東集》卷一，載王菡選編《國家圖書館藏琉球資料三編》上，頁341。
③周煌《琉球國志略》卷十四，載黃潤華、薛英編《國家圖書館藏琉球資料彙編》中，頁1147。
④徐葆光《中山秋思》，《舶中集》，載王菡選編《國家圖書館藏琉球資料三編》上，頁241。
⑤趙文楷《野鷹來》，《石柏山房詩存》，載王菡選編《國家圖書館藏琉球資料三編》下，頁78—80。
⑥顧龍山人纂，卞孝萱、姚松點校《十朝詩乘》卷三，福州：福建人民出版社，2000年，頁74。

界難得一見的奇物海鷹，海蛇應是册封使在琉球宴席常見之物。琉球王國以舉國之力多方羅致，以上等料理海蛇招待册封使，得到的反應卻是"吾寧異味失當前，性所不能難强茹"①。另一道經常令册封使"見之悚然"，堪與海蛇媲美者爲龍蝦。琉球册封使對龍蝦也曾有類似的反應，汪楫記述其見到龍蝦的直接反應曰：

> 龍蝦，頭目皆作龍形。絳甲朱髯，血睛火鬣，見之悚然。庖人製爲鮓，不敢下箸也。或云："空其肉，可爲燈。"而出水逾日，輒腐敗，甲亦脱落，不可收拾。②

琉球王國提供的是今日視爲珍貴絶佳美味的龍蝦生魚片，但汪楫卻似乎没有無動筷子的勇氣，龍蝦"絳甲朱髯，血睛火鬣"的外型，汪楫"見之悚然"。後代的册封使也相去不遠。徐葆光曰："龍頭蝦，名鰝，大者一、二尺，形絶似龍，時以供饌。"③ 周煌"鰝蝦如龍"句下注曰："大可一二尺，形極似龍。"④ 二人的説法似乎只在説明外形，看不出使臣個人的反應。李鼎元亦有詩詠龍蝦，其詩曰：

> 嶄然頭角異，蝦亦冒龍形。失水猶堪憫，凌雲恐未經。朱衣徒有表，滄海太無靈。不逐雨師去，空憐眼似鈴。⑤

關於此詩，詩題下有小注，曰："蝦頭絶似龍，與常蝦異。徐澄齋《傳信録》云：一名鰝，長二、三尺。按《爾雅》：鰝係大蝦。無龍頭之説，存疑可也。"⑥ 李鼎元此處記事頗類乾嘉考據之風，不論是詩或注，李鼎元的説法明顯側重在其名其形的聯想，未及其味。觀《使琉球記》，乃知李鼎元一如汪楫，"見之悚然"，恐亦"不敢下箸"。其曰：

> 案頭食單，有所謂"龍頭蝦"者。蓋水族雖多，隔日輪供。取視之，長尺餘，絳甲朱髯，血睛火鬣，類世所畫龍頭，見之悚然。徐葆光《傳信録》云："一名鰝。"按《爾雅》注："鰝，大蝦也。"無龍頭之説。取其殼以爲燈，可供兩日玩，三日而色變矣。⑦

龍蝦隔日輪供，不免過於豪奢，豈常人所能。李鼎元似乎終究没有體會到龍蝦的美味，

---

① 趙文楷《海鰻》，《石柏山房詩存》，載王菡選編《國家圖書館藏琉球資料三編》下，頁87。
② 汪楫《使琉球雜録》，載黃潤華、薛英編《國家圖書館藏琉球資料彙編》上，頁788—789。
③ 徐葆光《中山傳信録》卷六，載黃潤華、薛英編《國家圖書館藏琉球資料彙編》中，頁540。
④ 周煌《中山賦》，《海東集》，載王菡選編《國家圖書館藏琉球資料三編》上，頁340。
⑤ 李鼎元《龍頭蝦》，《師竹齋集》，載王菡選編《國家圖書館藏琉球資料三編》下，頁211。
⑥ 李鼎元《龍頭蝦》，《師竹齋集》，載王菡選編《國家圖書館藏琉球資料三編》下，頁210。
⑦ 李鼎元《使琉球記》，載殷夢霞、賈貴榮、王冠編《國家圖書館藏琉球資料續編》上，頁754。

對龍蝦的美味體會最深的册封使，當推趙文楷。其詩曰：

> 館人供饋苦好異，就中有蝦形最奇。怪哉生平目未睹，貝錦映日光陸離：八足盤珊兩目出，森森介胄張之而。人言此物是龍種，胡爲入饌充朵頤。東海漁人潮下上，釣取巨魚二十丈。中流有柱插天長，漁人識是蝦鬚張。移舟緩避不畏懼，眼看奇物如尋常。海雲漠漠雷且雨，恐有蛟螭來攫取。老饕急取付庖廚，快刀細研如飛縷。對酒當筵欣果腹，何如桂臺老蛟肉。①

從"對酒當筵欣果腹"一句看來，趙文楷已經將此巨物送入腹中。此詩前半言其形貌之怪異，後半言釣獲與料理之過程。琉球册封使雖然觀風采俗，但對琉球漁民的描寫極少，此詩或可補其不足。嚴格來説，在閩粵沿海，龍蝦亦爲習見之物，故而《閩小記》《廣東新語》《海錯百一疏》莫不可見其蹤跡。然許多册封使在福州纔"初食荔枝"，故未能親證龍蝦美味亦不在意料之外。另一方面，琉球國的調理法或亦有異於中土。從册封使多人"見之悚然""不敢下箸"的反應來看，龍蝦一物確實是琉球册封使眼中的異國風景，特別是在把酒言歡的宴席之上。

三、"白紵新聲白練裙"：册封使眼中的琉球歌舞

册封使在琉球，最重要的政治使命即册封大禮。在充滿自然風味的草木鳥獸之外，既與中土有一徑之別，復能體現琉球王國的特色，從而引發册封使節觀看的興趣，留下諸多文字記述者，當以琉球歌舞最具特色。

根據册封使的記録，使節滯留期間，"例有七宴"。根據徐葆光的説法是"諭祭，第一宴；册封，第二宴；中秋，第三宴；重陽，第四宴；餞别，第五宴；拜辭，第六宴；望舟，第七宴"，宴會後往往有歌舞助興。除了正式宴會外，有時當地王公貴族招飲，亦設歌舞，氣氛則較爲輕鬆活潑。張學禮記述重陽宴上歌舞曰：

> 幼童百餘人，皆貴戚子弟，又一少年僧，生成頭長尺五，眉髮雪白，頰綴霜髯，佇立庭中。一童子挽雙髻，杖挂葫蘆，次於壽星之右；一童子，生成背駝、眼細，戴箬笠，穿錦服，手擎蟠桃如東方朔，次於壽星之左。有黑虎一隻，排於壽星之前。鳴鑼擊鼓，衆童子環繞歌舞，内穿錦衣、外白綾，半臂繡菊花，以應佳節。②

---

①趙文楷《龍蝦》，《石柏山房詩存》，載王菡選編《國家圖書館藏琉球資料三編》下，頁83—84。
②張學禮《中山紀略》，載殷夢霞、賈貴榮、王冠編《國家圖書館藏琉球資料續編》上，頁710。

演出內容明顯與道教神仙傳說有關，汪楫曾經記述完整的歌詞①。琉球王國"國無優伶，笙簫擊鼓而歌者，大夫以下等官，舞則十齡幼童，皆各官子弟爲之"②的現象讓册封使大感驚訝。在中國，以貴胄子弟從事歌舞斯役，以娛來賓，則斷無是理。册封使全魁從客王文治曾題詩贈與歌郎，其詩云：

> 驄馬烏衣白面郎，塗脂傅粉學宮粧。一雙秋水當筵轉，銀燭千條別樣光。垂腰散髮鬒如雲，白紵新聲白練裙。歸到中天應記得，瑤璈親向十洲聞。③

此詩題下有注，曰："中山貴戚子弟皆習歌舞，供奉王廷，謂之若秀。雲髮錦衣，頗極纖麗，四公子其尤也。是日公讌，國王命之行酒，各出絹素索詩。"雖曰歌郎，其實是"貴戚子弟"，與中土優伶多出身卑微者不可同日而語。王文治全詩都在寫歌郎外貌。中國雖然也有乾旦之風，但與貴族少年粉糚登臺，仍然大不相同，末尾則以此人生奇遇自矜，蓋中土所難夢見。趙文楷、李鼎元特別減卻宴會次數，獨觀歌童。李鼎元詩云：

> 連年四海音遏密，優人匿迹室無瑟。册封典例遵常儀，先會藩王停吕律。禮成象胥稽首言，國有成規未敢前。教演頗煩師氏力，回旋應得大人憐。呼來亭亭玉筍立，輕訝翩翩綵燕集。高髻盤鴉縮銀簪，長袖垂霓翻錦襲。盈盈十五世家兒，跪拜參差亦解頤。小鳥依人風朗朗，群花繞砌月遲遲。舞者不歌歌在帳，大帶有無男女樣。採蘭折柳寄深情，擊鉢攜籃饒媚狀。（四者皆舞名）我容象胥耳其詳，眼雖無福心已嘗。銀箏有調鏜有節，百年禮樂被退荒。④

琉球册封使未觀歌舞，獨見歌童裝扮，亦足爲詩，足見其衝擊之強。李鼎元記此事原委曰："通事致詞云：'國王備有舞、樂，舊供七宴；今既不宴會，可令裝束見，以表誠敬。'隨令舞童排立階下，人二十有四，年率十五以上，皆高梳雲髻，戴花滿頭，著

---

①詞曰："三龍舟，池中游。彩童歌唱報重恩，鳳凰臺上鳳凰遊。天朝仁，如海深；球國歌唱報重恩，忠敬兩字萬世心。一朝表奏九重天，雙鳳銜書渡碧淵。風送玉音知帝德，雲捲旌旗五色懸。炎海藐然隔遠洲，南屏北座枕中流。福星臨照雙呈彩，草木含暉露下稠。氣吞雲夢壓飛塵，恭承聖澤寵賚新。自慚海岳恩難報，忠誠兩字長書紳。天池挺出雙瑞蓮，炎帝贈君荷蓋錢。金尊未盡莫辭醉，又看秋鴻促水仙。太乙星移下泰階，長安日麗擁三台。歸帆自有風神佑，萬里長途一瞬哉。錦舸言旋入帝京，車書萬里慶昇平。大清日月當天照，常有餘光到海城。"見汪楫《使琉球雜錄》，載黃潤華、薛英編《國家圖書館藏琉球資料彙編》上，頁762—763。
②張學禮《使琉球記》，載黃潤華、薛英編《國家圖書館藏琉球資料彙編》上，頁652—653。
③王文治《中山王席上贈首里翁盛卿、翁允温、馬克禮、毛文麟四公子二首》，《夢樓詩集》卷二《海天游草》，《續修四庫全書》第1450册，上海：上海古籍出版社，2002年，頁422。
④李鼎元《童子舞歌》，載王菡選編《國家圖書館藏琉球資料三編》下，頁247—248。

采衣。衣長曳地，袖長等身，兩脇不縫，朱襪不履。人物美秀，盡宦家子弟。余與介山贊歎稱謝。"① 李鼎元之詩亦完全側重在歌郎外貌，大型劇目已減省，或僅見小品，故舞名仍存，以見當日之狀。

綜觀歷來的使録，琉球歌舞有越發複雜的趨勢。明代使録中於儀式歌舞所述皆十分簡明。陳侃曰："但令四夷童歌夷曲，爲夷舞，以侑其觴，傴僂曲折，亦足以觀。"② 夏子陽云："令夷人爲夷舞，復爲夷戲，云日本曲調也。"③ 足見明代的册封使所見的歌舞帶有强烈的日本色彩。入清以後，關於琉球歌舞的記述越發詳密。例如汪楫曾就此記曰：

> 演劇用七十餘人，年長者十餘人，皆戴假面，吹笛擊鼓鳴鉦爲前導，餘皆小童，年八九歲至十四五。悉朝臣子弟，常人不得與。各以金扇面爲首飾，周圍插紙剪菊花，短襖長裙，上以五色蕉布，半臂骨之。人手二木管，圍徑寸長不及尺，空其中投以石子，兩手交擊作聲，歌用按節。已又易小铦，管細如箸，繩貫數十枚，握掌中爲拍板。已又易紙拂子，左右揮之。最後乃各出一扇，招摇翩反云："爲使臣助順風也。"問其曲，曰躍踊歌。④

汪楫此段文字雖然仍側重在歌童的裝扮，但已著意於演出者的肢體動作。同時不難看出，與明代册封使所見之"夷歌夷舞"相比之下，似乎中國成分有增加的趨勢。汪楫所見之歌舞，全以漢語歌詞演出。時及徐葆光，其歌舞更爲細緻精巧，徐葆光記其中秋宴後之歌舞曰：

> 先有樂工六人，引聲如梵唄音，無樂。次有戴壽星假面一人，登場和之。三拜，搓手起舞；舞畢，又三拜，止。次有樂工十四人，著雜色紅綠衣，帽簷六稜，低壓頭頂。或戴燕尾綠頭巾，持樂器三弦二、提琴一（即用三弦，著引弓於上）三弦槽柄比中國短半尺許、笛一、小鑼一、鼓二登場，前後二行，曲跽上向，引吭曼聲歌。褰幔處有小童，可十三、四歲四人，著朱色襪，五色長衣，無帶，開襟摇曳，頭戴黑皮笠，朱纓索曼長垂胸前。迴旋而上，時作顧盼、坐起之態。登場，一行面樂工小坐，樂工代爲解笠，捲朱纓盤著笠上，仍授之。小童起立，執笠頓足按節而舞，樂工曼聲歌與相應：爲第一遍笠舞。又有四小童官妝，剪金扇

---

① 李鼎元《使琉球記》，載殷夢霞、賈貴榮、王冠，《國家圖書館藏琉球資料續編》上，頁779。
② 陳侃《使琉球録》，載黄潤華、薛英編《國家圖書館藏琉球資料彙編》上，頁41。
③ 夏子陽《使琉球録》，載黄潤華、薛英編《國家圖書館藏琉球資料彙編》上，頁449。
④ 汪楫《使琉球雜録》，載黄潤華、薛英編《國家圖書館藏琉球資料彙編》上，頁764—765。

面作花朵，朱帕紫額，上有金飾，五色衣，項上帶五色花索一圍長垂膝下。登場，樂工歌，脱花索，交手頓足按節如前：爲第二遍花索舞。次有小童三人，可十餘歲，戴珠翠花滿頭，著宫裙、五色錦半臂，肩小花籃各一提。登場鼎立，樂工歌頓按如前：爲第三遍籃舞。次幼童四人，短朱緑五色宫衣，長裙間綵，曳地摇曳。登場，向樂工小坐。樂工各授小竹拍四片，起舞按節，手拍應之：爲第四遍拍舞。次有武士六人，著黑白相間綦紋大袖短衣，金箍束額作平頂僧帽式，挺白杖，交擊應節：爲第五遍武舞。又有小童二人，五色衣，執金毬，毬上四面著小金鈴，長朱索曼纓，左右舞，引二青獅登場，旋撲：爲第六遍毬舞。席終換席，又有小童三人官妝登場，向樂工小坐，工授以小花金桿二枝，長不及尺許，兩頭著紅花，交擊應節：爲第七遍桿舞。次有小童四人，易官衣。登場，手執花竿長三尺許，各一枝，舞應節：爲第八遍竿舞。時已向昏，徹帷幕，庭中設煙火數十架。又令數人頭戴火笠，騎假馬，頭尾煙爆齊發，奔走庭中，以爲戲樂。宴畢出城，火炬長二丈許者數千，夾道送歸使館。①

從汪楫到徐葆光所見之歌舞，不難看出其複雜精巧的演變軌跡，此非僅止於兩人記述繁簡之别而已。更重要的是：徐葆光赴琉前一年，招待册封使的歌舞，從内容到形式，已經大幅改動②。徐葆光大概不清楚，在他眼前上演的歌舞，絶不是單純的餘興節目，而是日後被尊爲“琉球劇聖”的玉城朝薰（唐名向受祐，1684—1734）創作的“組踊”③ 首演。玉城朝薰創作的“二童敵討”“執心鐘入”故事梗概以及首演情況，俱見於徐葆光《中山傳信録》“重陽宴”④ 部分，徐葆光關於“組踊”演出的記述成爲琉球藝能史的重要史料，備受琉球藝能研究者的重視⑤。中秋宴上的歌舞，當也經過玉城朝薰等人的點撥與改編。也就是説，在徐葆光眼前所呈現的不只是歌舞餘興，而是東亞藝能史一個具有標誌性意義的重大事件。徐葆光另有組詩記述中秋宴上歌舞盛事。其曰：

---

① 徐葆光《中山傳信録》，載黄潤華、薛英編《國家圖書館藏琉球資料彙編》中，頁156—160。
② 《球陽》曰：“命向受祐（玉城朝薰）以本國故事始做戲。首里向受祐，博通技藝，命爲戲師，始以本國故事做戲教人，次年演戲供興於册封天使宴席，其戲自此而始。”見球陽研究會編《球陽》卷十，東京：角川書局，1974年，頁270。
③ 所謂“組踊”，是指融合中國京劇、歌舞伎、能劇、狂言、琉球古藝能等而成的琉球演劇。由琉球“劇聖”玉城朝薰發其端，後作者競相仿效，史家稱爲琉球演戲之始。
④ 徐葆光《中山傳信録》卷二，載黄潤華、薛英編《國家圖書館藏琉球資料彙編》中，頁166—168。
⑤ 關於“組踊”的研究，一個簡明的研究可參照池宫正治《琉球藝能總論》第二章《組踊論》，東京：笠間書院，2015年，頁55—236。

丹桂飄雲落，金風拂殿來，仙洲娛上客，徧舞袖新裁。（一）

當筵呈帖子，第一起神歌，海國羲皇代，天孫降福多。（二）

皇恩如海深，海深不盈掬，隊隊綵衣童，聲聲太平曲。（三）

朱笠垂曼纓，珊珊搖雜貝，繁絃何滔滔，和雅與心會。（四）

豎頭箜篌郎，曲項琵琶部，後行引吭歌，前行蹋節舞。（五）

宮漏秋來永，方諸月正中，燕開長不夜，樂奏迭無終。（六）

魚龍動夜瀾，戢戢仰雲端，似聽霓裳曲，天風落廣寒。（七）

國醞傾池飲，王人徧作賓，譯辭郵勸酬，語隔意偏親。（八）

星流湯谷沸，火迸燭龍旋，涼夜浩如水，當杯月正圓。（九）

皓魄流華采，清暉間九行，重輪瞻聖德，中外共環瀛。（十）①

中秋宴爲時較長，且逢良辰佳夕，宴後又施放煙火，頗有"與民同樂"之意。此組詩刻意仿效"組踊"起落有致的結構，幾可聲被管弦。前三首寫序曲，（四）（五）二首是對"笠舞"等舞蹈的具體描述。（六）寫長夜未央，歌舞盡興。（七）寫漸入尾聲，賞月聆音之趣。（八）寫賓主杯觥交錯勸飲歡會之景。（九）寫花火之盛。（十）以月光清輝曲終奏雅。琉球王國雖然招待冊封使"例有七宴"，但以中秋、重陽二宴格外盛大，亦多設有大型完整劇目的演出。徐葆光之後，冊封使在中秋、重陽二宴觀看的歌舞主要是玉城朝薰致力創造的"組踊"，例如嘉慶十三年（1808）的冊封使齊鯤亦有組詩詠中秋盛宴與歌舞②。對冊封使而言，中秋宴既是旨酒美食交歡的愉快時光，也是享受異國樂舞的時刻，對從客來説，更是難以忘懷的經驗。最後一位冊封使趙新的從客林熙對於異國中秋的宴會亦心有所感，其詩曰：

---

① 徐葆光《中秋宴小樂府十章》，《舶中集》，載王菡選編《國家圖書館藏琉球資料三編》上，頁219—220。

② 齊鯤《中秋宴夜歸口占七絕六首》：
　　"華筵嘉宴啟中秋，殿宇高寒結綺樓，碧海青天涼夜静，此身真似到瀛洲。
　　公子翩翩玉樹春，錦衣羅襪十分新，歌喉不作鶯聲囀，學步邯鄲更效顰。（琉球梨園皆戚臣子弟，未嫻曲調，唯長袖善舞耳。）
　　球陽故事演開藩，魔女禪僧梵唄喧，説到神仙還縹緲，君君祝祝溯天孫。（是日多演開國故事。）
　　笙歌縷徹綺羅場，樂事連番頌聖皇，天下太平通海外，良宵煙火賽維揚。（演劇開場唱太平歌，是夕煙火又有天下太平四字。）
　　銀河耿耿夜迢迢，金碧屏風白蠟燒，爆竹一聲燈萬盞，花光塔影壓星橋。
　　更闌風景恣流連，十里松蕉澹暮煙，絳炬兩行明似晝，八驄歸去月當天。"
齊鯤《東瀛百詠》，載王菡選編《國家圖書館藏琉球資料三編》下，頁362—364。

　　金風折束中秋宴，中山佳節開庭院。北牖層軒結綺羅，（王府宴會俱在北宮，前使周文恭公有"北牖薰風"題額。）翡翠屏風圍面面。青天碧海净無塵，恍入廣寒新宮殿。席前方丈列珍羞，紫幘黃冠忙不倦。（伺宴盡是當朝士大夫輩。）和鳴鼓樂奏鈞天，盛饌當筵頻色變。瑤臺百尺詠霓裳，銀燭高燒夜色涼。梨園子弟皆紈袴，（琉球梨園皆戚臣子弟，未諳曲調，唯長袖善舞耳。）錦衣羅襪鬪紅粧。飄飄長袖但善舞，歌喉不轉只翔翔。附和摷筝更壓笛，曲調喃喃聽難詳。（臺後另有七八人，絲竹謳歌，其音調亦隨演劇步趨，但操土音，殊不可辨。）紛紛魔女與禪衲，離奇故事出球陽。（是日演劇卻是琉球開國故事。）笙歌纔罷華筵客，玉漏頻催情脉脉。我王款客復流連，移尊更酌南宮前。（夜半邀在南宮看煙火，更張小宴。）火樹重重迥插天，一聲爆竹萬燈然。寶塔星橋蓮千朵，梨花亂落柳絲牽。連番樂事頌皇澤，太平錦字榮當席。（演劇開場唱太平歌，是夕煙火又有"天下太平"四字。）交輝燈月勝上元，不夜樓臺耀金碧。宮烏棲樹天已霜，破夢聲聲送歸驛。良辰勝會樂未央，飽德飫仁寸衷積。浩歌一曲祝賢王，好月團圓照松柏。[1]

林熙前往琉球王國已是同治五年（1866），距徐葆光初見"組踊"將近一百五十年。當時中國國勢日蹙，已自顧不暇，不旋踵間，琉球王國也面臨"廢藩置縣"的國運分歧點。由此觀之，林熙筆下的中秋時光彷彿是一幅炫目燦爛的畫作，訴説着那封存在時光膠囊中的美好回憶。而從冊封使相關記述之多，不難看出對冊封使來説，在中山國觀賞歌舞演劇不僅僅是一生難忘的異文化體驗，更是念念難忘的人文景觀。

結語

　　邇近以來，人文學術發展趨勢與關注重心，逐漸走向多元文化的交互作用。各種因子的碰撞、衝突、調解與融合，都是文化新創階段不可或缺的過程。語言、文本、理論在流傳過程中的各種不同面貌的變異，都是驚心動魄的旅程。從多元文化的視角思考中國文學、史學、哲學的形成與演變，具有重要的意義不言而喻。從歷史來看，跨文化所帶來的重要事件，導致中國蛻變，佛教傳入中國，晚明的天主教，清末的基督教，無不對中國文化造成重大的衝擊。由於文化、地域、民族的差異，語言、文字等溝通方式也歷經種種融鑄新生的歷程；概念、人員交流、文化商品、書籍等物質性

---

[1] 林熙《中秋宴歌擬謝中山王作》，《中山紀遊吟》，《清代詩文集彙編》第 667 册，上海：上海古籍出版社，2010 年，據清光緒十八年烏園讀畫亭刻本影印，頁 427—428。

文明的流通，也有不容忽視的影響。對明清兩代的琉球册封使而言，出使異國的經歷不但是個人難忘的回憶，更是他們社會與知識生活中重要的文化資本。使節的文化書寫（包括詩歌、遊記、奏議等）不只是單純的旅遊見聞而已，更必須充分傳達背後政權的姿態與聲調，使節文學書寫是複式聲調的展演，等待多重角度的詮釋與重塑。

本文從航海經驗、自然風物與人文景觀三個角度探討，分析中國册封使眼中的琉球意象。使録當中的航海經驗除了是海洋史的重要文獻之外，在中國文學史上亦極其珍貴，討論古典海洋文學不容輕易忘卻。自然風物方面，本文列舉了鳳尾蕉（鐵樹）、芭蕉、海鷹、龍蝦等自然風物，藉以檢視册封使對琉球王國自然環境的體會，及其營構文化特徵的表述方式，在中土與琉球兩國詩人文士聯手之下，鳳尾蕉成爲具有國族文化精神特質的自然表徵，歷來吟詠不斷。明清的册封使雖然在自然或宴席上遭遇異國的風土人情，對異國的文化藝術未必有所認識。琉球王國設以招待使臣的歌舞，從最初單純的"夷歌夷舞"演變成大型複合式的"笙歌纏徹綺羅場"，原本只是酒宴的餘興節目，日後演變成爲琉球文化的公開展演，幾乎可以説是册封使接觸異國人文精神最重要的形式。除了演劇的内容、形式，演出者的社會階層與服飾裝扮也讓當日的册封使留下深刻的印象，特別是演出者多爲貴戚子弟一事，與中國形成强烈的對比。來自中國的使節一方面在琉球王國對異國的山川草木有所體會，另一方面也從外部觀察體會琉球王國文化變遷的軌跡，提供一種"他者的視角"。透過册封使所留下的種種相關著作，不僅提供一個觀看琉球王國風土人情與自然風物的角度，同時也是一個重新檢討反省自身價值觀念與思維樣式的絶佳機會。

關於琉球《選日通書》及新發現的韓國國立中央圖書館藏本的價值

陳　捷

（日本東京大學）

一、前言

　　琉球《選日通書》是琉球王國根據清朝《時憲書》並結合琉球獨特的風俗習慣編製的官製曆書，當時在琉球王府和士人之家是經常翻閱的日用曆書，也是後世瞭解琉球王國曆制以及民間習俗和信仰的重要資料。從日常生活必需品這一功能來看，《選日通書》在當時應該有一定數量的流傳。

　　近代以後，隨着琉球王國滅亡以及自然災害和二戰戰火的影響，琉球王國的文獻資料遭到毀滅性破壞。首先，十九世紀七十年代，日本政府强制推行“琉球處分”，先在 1872 年（日本明治五年）將琉球王國强行降爲琉球藩，又於 1879 年（日本明治十二年）强迫琉球國王尚泰王遷居東京，並以武力廢除琉球藩，設置沖繩縣。在這一系列事件造成的社會動蕩中，本來爲數不多的琉球文獻發生散逸、損毁。太平洋战争末期的 1945 年，日美軍隊在沖繩展開激烈戰鬥，在地面戰火和毀滅性的空襲中，經過明治時期以來長期社會動蕩勉强保存下來的文獻再次遭到嚴重破壞。另一方面，尚泰王被挾持到東京時帶走的文獻資料也分別在 1923 年（日本大正十二年）9 月關東大地震和 1945 年東京大空襲時遭遇火災。在歷經一次次災難之後，琉球王國文獻資料多有散失。

　　在這一背景下，本來是琉球王府和士族之家座中必備的《選日通書》，在先行研究、調查報告及以往目録著録中能夠見到的只有日本國會圖書館藏《大清乾隆二十七年歲次壬午選日通書》、久米島上江洲家（UEZUKE，琉球王朝時代士族之家）文書中的咸豐、同治年間的 8 種《選日通書》等①。筆者 2013 年 7 月在韓國國立中央圖書館（以下簡稱韓圖）有機會調閱了朝鮮總督府舊藏書中的《琉球曆》（索書號：古 7—20—118）。這批統一標爲 "琉球曆" 的線裝小薄册子被裝在一個大牛皮紙信封中，其中刻本 1 種，鈔本 7 種，每種 1 册，共計 8 册，其内容正是琉球編撰的《選日通書》，8 種均爲學界以往所未知，無論從普查琉球王國漢文文獻的角度還是從琉球曆書研究的角度來看，都具有重要意義。本文在對現存琉球《選日通書》調查的基礎上，結合相關史料記載，考察琉球王國編撰曆書的歷史、琉球《選日通書》與清代《時憲書》的關係，並對琉球《選日通書》的内容以及韓圖藏《選日通書》的特徵及其價值進行分析。

二、清朝《時憲書》與琉球《選日通書》

在明朝末期，耶穌會傳教士龍華民（Nicholas Longobardi）、羅雅谷（Giacomo Rho）、鄧玉函（Johann Schreck）、湯若望（Johann Adam Schall von Bell）等人接受崇禎皇帝詔令，修訂從洪武元年（1368）開始使用的《大統曆》。在徐光啟等人協助下，他們根據長年實測以及西洋天文學成果編成了《崇禎曆書》，但這一曆書尚未頒布，明王朝就已經滅亡。清朝統治確立之後的順治元年（1644），清政府採用了湯若望等人根據新曆書重編進獻的《西洋曆法新書》，並在此基礎上編制了新的曆書《時憲曆》，於當年刊刻印行，頒發全國。清乾隆元年（1736），爲避乾隆帝名諱 "弘曆"，將《時憲曆》改名《時憲書》，直到清末，每年由朝廷頒發全國。

琉球從 1372 年（明洪武五年）至 1879 年滅亡的四百年間一直接受中國明清兩代的册封，雖然在遭受日本薩摩藩侵佔以及明清交替之際等特殊時期也曾採用日本曆法，但更長時期内基本上是奉明、清王朝正朔，使用中國曆法。在清代，琉球使節每年從中國政府領取 100 部《時憲書》帶回琉球，在國内頒布使用。不過，由於氣候等原因會影響到航行時間，返回琉球的船隻往往發生大幅延遲的情況，這時就必須在琉球本土編製曆書以應日常需要。在這一背景下，琉球國王通過向中國派遣學習曆法的留學生等

①久米島上江洲家文書中的《選日通書》共有咸豐四年（1854）、咸豐五年、同治四年（1865）、同治六年、同治八—十一年共 8 種 8 册。日本國會圖書館所藏《大清乾隆二十七年歲次壬午選日通書》已經收入高津孝教授與筆者共同主編的《琉球王國漢文文獻集成》第 23 册，上海：復旦大學出版社，2013 年。

方法積極培養熟悉曆法的人才，並設置司曆通事官從事推算、修正和刊行曆書的工作。

關於琉球造曆的情況，琉球王國編纂的正史《球陽》卷七有如下記載：

> 成化乙酉，金鏗奉使爲通事，入閩，以慶賀進貢並求錢。時學曆法而來，始造曆，以行乎國中。然歷年已久，未免舛誤。康熙乙巳，楊春枝奉憲令從司曆官金守約已學曆法，至丁未年，奉命赴閩再學曆法，四載而歸。題請刻板曆書，未及成功，不幸而死。其弟楊春榮從兄學曆未成，亦從金守約而學曆法，盡得其法焉。後亦奉命爲司曆官。是年，刻板已成，遂爲印造，通行於國中。①

由此可知，明成化元年（1465），琉球使節金鏗前往中國進貢時學得曆法，並造曆行於國中。以後因久經歲月，多有舛誤。清康熙六年（1667），琉球官府派遣曾經從琉球司曆官金守約學習曆法的楊春枝前往福建省學習曆法。楊春枝於四年之後學成歸國，並準備刊刻曆書，可惜尚未完成即已辭世。其弟楊春榮也向金守約學習曆法並成爲司曆官，終於在康熙十三年（1674）刻成曆書，在琉球國内頒行。

此外，《球陽》同卷中還可以看到以下記録：

> 康熙戊午，蔡肇功（湖城親方）奉王命爲學曆法，隨正使耳目官向嗣孝（前川親方朝年）到福州。追隨薛一白，盡學其法。至於壬戌年回國。蔡肇功爲司曆官，重修刻板，遂爲印造大清時憲曆，頒行國中。②

也就是説，在以楊春榮爲中心編制的曆書出版僅僅四年之後的康熙十七年（1678），久米村的蔡肇功再次接受王命被派遣到福州學習中國曆法。四年之後的1682年，蔡肇功回到琉球，擔任了司曆官，並重修刻板，印造了《大清時憲曆》。

關於蔡肇功印曆之事，《球陽》使用了“大清時憲曆”這一表述。從這一記載可以看出，當時琉球司曆官印刷的曆書與清朝頒布的曆書同樣也稱爲“時憲曆”。但是，康熙五十七年（1718），尚敬王接受了紫金大夫程順則的建言，將琉球官製曆書名稱由“時憲曆”改爲“選日通書”。關於程順則的提案，《球陽》卷十是這樣記載的：

> 自古琉球曆書皮用黄紙，名曰《時憲曆》。紫金大夫程順則題請改曰《選日通書》，並外皮以紅紙，且改撰皮面文書，以行國中。③

根據這一記録可知，程順則建議的内容不僅是更改書名，還包括將封皮由黄色改爲紅

---

①《球陽》卷七，高津孝、陳捷主編《琉球王國漢文文獻集成》第八册所收影印本，頁154—155。以下引用《球陽》皆據此書。

②《球陽》卷七，頁164。

③《球陽》卷十，高津孝、陳捷主編《琉球王國漢文文獻集成》第九册，頁62—63。

色、改寫封皮文字。由中央政府編制並頒發《時憲曆》是清王朝權力與統治的象徵，將琉球編制曆書的名稱由《時憲曆》改爲普通民間通書常用的《選日通書》，其中顯然具有對清王朝宗主國地位表示尊崇的寓意。此外，黃色也具有王權象徵的意義，清代記錄皇帝行動的《實錄》《玉牒》以及皇帝"欽定"的書籍等常常使用黃色封皮。將書皮由黃色改爲紅色，這一建議應當也是出於要顯示對清王朝尊崇之意的考慮。建言中的"改撰皮面文書"是指改寫曆書書皮上的文字，但是《球陽》中並没有記錄其具體内容。不過我們在日本國會圖書館所藏據琉球刻本《大清乾隆二十七年歲次壬午選日通書》所鈔鈔本的書衣上可以看到以下文字（圖1）：

圖1　據琉球刻本《大清乾隆二十七年歲次壬午選日
通書》所鈔鈔本書衣（日本國會圖書館藏）

琉球國司憲書官僅奉/（高一格）教令，印造《選日通書》，權行國中，/以俟/（高兩格）天朝頒賜憲書，憲書頒到日，通國/皆用憲書。共得凜遵/（高兩格）一王之正朔，/是千億萬年尊王嚮/化之義也。/（空四格）司憲書官謹誌。（標下線者爲與《中山傳信錄》引文不同處）①

---

① 《大清乾隆二十七年歲次壬午選日通書》書衣，日本國會圖書館藏鈔本。徐葆光《中山傳信錄》卷五《曆》，清康熙六十年（1721）長洲徐氏二友齋刻本，葉三十六 a—b。

這段文字除個別文字之外，基本上與後文所述在程順則建言的兩年之後來到琉球的清朝册封使徐葆光所撰《中山傳信錄》中的引文相同，説明這正是琉球國王接受程順則建議"改撰"之後的"皮面文書"。更改之後的文字明確表示琉球司憲書官們編撰、印刷的《選日通書》只不過是中國曆書尚未運到之前的代用品，一旦清朝頒發的《時憲書》運到之後，琉球國内使用的曆書將全部改用《時憲書》，通過遵奉清朝正朔以表示對清王朝的尊崇和臣服。顯然，與書名改稱和變更書皮顔色一樣，修改"皮面文書"也是明確表示琉球臣服於清王朝的一種姿態。

關於程順則向琉球國王建言的理由，在現存文獻中並無明確記録。但是從當時時代背景分析，這恐怕是爲了迎接翌年將要到來的册封使而進行的準備工作的一環。在程順則向琉球國王建言的前一年即 1717 年（清康熙五十六年），琉球進貢使耳目官夏執中、正議大夫兼國師蔡温前往北京，請求清朝册封琉球國王尚敬，並得到了清朝允諾。1718 年（清康熙五十七年），爲了迎接清朝册封使到來，琉球國内正在進行各種細緻的準備。例如，琉球國王宗廟的圓覺寺住職覺翁長老專門在寺内栽培花木以備册封使光臨時觀賞，爲此還得到了國王的褒獎[①]。擅長舞蹈表演的首里人向受祐（琉球名爲玉城朝薰）也在這一年被任命爲"踊奉行"，負責準備款待册封使的表演。他將流傳於琉球的故事編爲舞蹈，創作了琉球最早的"組踊"（組舞），並於翌年在招待册封使的宴會上表演[②]。程順則提出更改琉球曆書名稱、書皮顔色以及書皮上的説明文字等建議，看上去似乎都是與曆書内容無關的瑣細小事，但是如果我們進一步分析他在此時對國王提出這一建議的必要性，就會發現這些都是爲了向將要來訪的册封使展示琉球國王對清朝尊崇之心的措施。在朝貢册封體系之中，使用清朝頒發的《時憲曆》（乾隆以後的《時憲書》），即奉清朝之正朔，這不僅僅是推算、編制曆法的知識問題或挑選曆書的實用性問題，而且也是表示誠心遵從宗主國與從屬國關係的具有象徵意義的大事。程順則正是充分認識到此事在外交上的重要性，所以纔向尚敬王建言；尚敬王也是因爲充分理解此事的政治意義，所以採用了程順則的建議。

1719 年（清康熙五十八年），由翰林院檢討海寶擔任册封正使、翰林院編修徐葆光擔任副使的册封使團來到琉球。他們在琉球停留期間果然看到了琉球印造的琉球

[①]"圓覺寺乃宗廟，而非諸寺之可比。其住持覺翁長老以册封天使將臨本國，故栽花木，以致美觀，因賜褒書。"《球陽》卷十，尚敬王五年。高津孝、陳捷主編《琉球王國漢文文獻集成》第九册，頁 59。

[②]"首里向受祐（玉城親雲上朝薰），博通技藝。命爲戲師，始以本國故事作戲教人。次年演戲供興於册封天使宴席，其戲自此而始。"《球陽》卷十，尚敬王六年。高津孝、陳捷主編《琉球王國漢文文獻集成》第九册，頁 62。

曆——《選日通書》。册封副使徐葆光撰寫的琉球見聞録《中山傳信録》卷五 "曆"
條有下述記録：

> 曆奉正朔。貢使至京，必候十月朔頒曆賫回。及至國，已踰半年。故國人設
> 司曆通事官，秩七品，豫推算，造曆應用。曆面書云："琉球國司曆官謹奉教令，
> 即造《選日通書》，權行國中，以候天朝頒賜官曆，共得凜遵一王正朔，是千萬億
> 年尊王歸化之義也。"① （標下線處爲《中山傳信録》引文與前出《大清乾隆二十
> 七年歲次壬午選日通書》不同之處）

這段文字首先强調琉球使用中國正朔，朝貢使每年到京師時一定要等到十月朔頒發曆
書之後帶回，但是回到琉球時往往已經晚了半年，所以只能設置專門官職推算編制代
用的曆書，其後抄録曆書書皮上的説明文字。觀其内容，與前述《球陽》所叙述的琉
球造曆情況基本一致，應當是根據琉球方面介紹所做的記録。特别是從書中除個别異
文之外幾乎照録《選日通書》書皮文字全文的情況看，徐葆光很可能親眼見到過琉球
《選日通書》實物。

琉球曆書改名《選日通書》之事並非應付檢查的權宜之計，實際上，這一書名直
到琉球王國滅亡之後仍在使用。此外，上文引用的根據琉球刻本抄録的《大清乾隆二
十七年歲次壬午選日通書》鈔本（日本國會圖書館藏）、上江洲家文書本《大清咸豐五年選
日通書》等書衣上都有相同的文字，可見這段文字也被後世繼承下來。

三、琉球《選日通書》内容及
韓國中央圖書館藏《選日通書》的特徵

清朝《時憲書》的内容包括朔望、上下弦、日出入晝夜時刻、二十四節氣時刻、
日月食等與曆學相關的部分和關於一年内每天的禍福、禁忌等方面的注記（即曆注）
部分。琉球《選日通書》除了不收録清朝《時憲書》中關於全國各地差異的記述之
外，在形式和内容上基本都承襲《時憲書》。下面就以中國國家圖書館所藏《大清光緒
二年歲次丙子時憲書》與韓圖所藏同年《選日通書》略作比較。

中國國家圖書館藏《大清光緒二年歲次丙子時憲書》爲黄綾書衣（29.7×
17.0cm），書衣左側有與其相同質地的四周雙邊印刷題簽，邊框中印有 "大清光緒
二年歲次丙子時憲書" 書名。前書衣内封（封面）爲朱色刷印，下部因顔色褪色看

---

①徐葆光《中山傳信録》卷五 "曆"，葉三十六 a—b。

不清楚，但可以看到上方刻有分別寫在雙重圓圈中的“萬”“年”“書”“鑑”4字。
卷端首行及第二行跨行刻書名“大清光緒二年歲次丙子時憲書”，次行降四格題“都
城順天府節氣時刻”（1葉），四周雙邊（18.5×13.2cm），半葉9行，第一葉末佔二
行題“凡三百八十四日”。次葉爲“年神方位之圖”（1葉），其次爲曆表。曆表欄上
朱印“喜神東南方”“月空四相”“天德合歲德合（月德合/四相）”等，欄下朱印
“反支”“月刑”“月厭長尾”“天吏”“四絕往亡”等。曆表之後有“紀年”（2
葉）、編纂責任者姓名（1葉）。從其裝幀形式和内容來看，可知是清朝内府刻本。
與其相對照，韓圖藏《大清光緒二年歲次丙子選日通書》卷端的“都城順天府時
刻”“年神方位之圖”部分與《時憲書》的形式相同，曆表中月日、干支、納音①、
二十八宿、十二直等曆學以及曆注的各個項目、宜忌（吉兇）和“宜冠帶（宜用辰
時/坐向東北）結婚姻　會親友　裁衣豎柱上梁（宜用/辰時）　經絡立券交易”等
擇日項目也基本相同。不過，琉球《選日通書》有清朝《時憲書》沒有的“祈禱”
項目，這是琉球《選日通書》特有的項目，可以看作是琉球曆的一個特徵。此外，
將兩本對校，還可以發現不少文字異同之處。例如，“年神方位之圖”首行“太歲在
丙子（小字：幹火枝水/納音屬水）歲德在丙合在辛（小字：丙辛上宜//修造取土/
九日得辛//十二龍治水）”雙行小字注中“丙辛上宜”四字，韓圖本誤作“辛丙上
宜”。“年神方位之圖”右面國家圖書館本“丑”字之下有“金神”二字，韓圖本
闕。該圖中西南方向“力士”下國家圖書館本無注，但韓圖本則注有四個小字“破
敗五鬼”。

在韓圖所藏8種琉球《選日通書》之中，只有光緒二年一種是刻本。該本書衣爲
後補，所以無法確認原來是否也有像日本國會圖書館本或上江洲家文書本那樣的書衣。
從實物可以看出，韓圖本的雕刻、刷印質量都遠遠不如國家圖書館本。事實上，在目
前存世數量不多的由琉球人出版的出版物中，有相當一部分是在中國或日本刊刻的，
可以確認刊刻、印刷於琉球國内的書籍數量很少②。本書的刊刻和刷印水平在現存爲數
不多的琉球刻本中可以說是具有代表性和典型性的。由於對書籍數量需求較小，琉球
國内沒有形成專門的雕版印刷出版行業，這是琉球國内刻印書籍質量水平較低的主要

①納音爲古代風水學術語，指術數予測時使用的取“數”方法，一般是利用陰陽五行說和五音，
　將六十干支分爲木、火、土、金、水五行，再分別加上形容詞，將其分爲“海中金”（甲子·乙
　丑）、“爐中火”（丙寅·丁卯）等30種。
②關於這一問題，可參看高津孝《博物學と書物の東アジア—薩摩·琉球と海域交流—》，那霸：榕
　樹書林，2010年。

原因，此本也是重要物證之一。

此外，光緒二年《選日通書》刻本的另一個值得注意的問題是紙張問題。此本從第一張到最後一張，從後半葉大約佔三分之一處用漿糊粘連起來。因爲有不少粘連的接縫處上面印有文字，可以推斷出這些紙張是在印刷之前用同樣大小的紙張粘連好之後用於印刷的。出現這一現象的原因可以用當時琉球印刷用紙的稀缺來解釋，而此本恰好提供了一個珍貴的實例。

與上述刻本同時收藏於韓圖舊朝鮮總督府藏書中的還有清光緒十五年（1889，明治二十二年）至十七年、光緒十九至二十一年和光緒二十八年共 7 種《選日通書》鈔本，應該來自同一琉球所有者。同一所有者持有的這些《選日通書》中只有一種刻本，其餘均爲鈔本，這或許可以説明當時刻本比較稀少，實際日常生活中較多使用的是根據刻本轉寫的鈔本。

還要注意的一個問題是，在光緒二年《選日通書》刊刻數年之前的 1871 年（日本明治四年、清同治十年），日本政府實行廢藩置縣，最初將琉球歸入鹿兒島縣管轄，1872 年又改設琉球藩，命琉球國王尚泰爲琉球藩王，此後再三要求琉球斷絶與清的朝貢册封關係、使用日本明治年號和琉球藩王前往東京。1879 年（日本明治十二年、清光緒五年）又逼迫尚泰移住東京，並動用武力廢除琉球藩，强行設置沖繩縣。但是，從韓圖所藏光緒二年《選日通書》刻本以及之後的 7 種鈔本《選日通書》可知，在1879 年的所謂“第二次琉球處分”之後，琉球人仍在繼續使用《選日通書》。而且即使是在琉球被迫斷絶與清朝的朝貢册封關係、外交往來和被强迫使用明治年號之後，光緒二十一年《選日通書》卷端的“二十四節氣時刻”最初仍然題爲“光緒二十一年乙未”。此外，光緒十七年、光緒二十年《選日通書》並列使用光緒、明治兩種年號，另外的四種則内文均不用年號，只用干支或太歲紀年，其中一種書衣並列光緒、明治年號和西曆、皇紀紀年四種紀年法，另外三種則只記光緒年號。從這些現象看，正如當時不少琉球士族在究竟選擇親清還是親日的立場問題上各有選擇或猶豫不決一樣，在日常生活中究竟使用哪一種年號的問題上，也存在相當大的搖擺和困惑。特別是光緒二十年（1894）甲午戰爭之後，琉球王國復國運動幾乎面臨絶境，但是琉球士族在使用《選日通書》時仍然習慣性地使用清朝年號，這應當説是一種意味深長的現象。

以上，我們在考察琉球造曆歷史、琉球《選日通書》與清朝《時憲書》的關係的同時，對新發現的韓圖所藏琉球《選日通書》的内容、特徵及其價值進行了考察。這些曆書原來的所有者後來經歷了怎樣的命運？這些書籍是如何躲過琉球亡國引起的激烈社會動盪、極爲殘酷的戰爭、毁滅性的空襲以及種種自然災害，又是經過怎樣的渠道在流入日本書店之後輾轉進入舊朝鮮總督府圖書館，静静地沉睡於韓圖的書庫之中的呢？在筆者和日本鹿兒島大學高津孝教授合作主編的《琉球王國漢文文獻集成》即將出版之前，當筆者從那個普通的牛皮紙信封中取出這些《選日通書》的時候，内心感慨萬端。幾年過後，以在編輯《琉球王國漢文文獻集成》之際曾經給予我們極大幫助的沖繩縣うるま市立圖書館的榮野川敦館長爲代表的うるま市教育委員會調查團隊在日本山形縣等地又陸續發現了多種新出的琉球漢文文獻，其中包括現藏於山形大學小白川圖書館林泉文庫中的一批琉球文獻。林泉文庫是米澤人伊佐早謙的舊藏書，其中也有一部清欽天監刊刻的朱墨套印本《大清道光二十七年時憲書》①，目前尚不能確定是不是經由琉球傳入的。關於琉球造曆以及琉球人利用曆書的具體方法等問題的進一步研究尚有待於新資料的出現和更多研究者的關注，希望拙稿能對相關研究起到抛磚引玉的作用。

　　（附記：本文最初以《韓國國立中央圖書館所藏琉球〈選日通書〉について》爲題發表於大高洋司、陳捷編《日韓の書志學と古典籍》[《アジア遊學》特集，東京：勉誠出版，2015 年 5 月，頁 93—104]，中文版初稿於第二屆“南京大學域外漢籍研究國際學術研討會”報告，後經審查修訂，首次刊發於臺灣《中正漢學研究》[THCI，臺灣中文核心期刊] 2017 年第 2 期 [總第 30 期] “東亞漢籍” 專輯 [毛文芳教授主編，崔溶澈教授擔任編輯顧問]，頁 165—176。在此僅向在文獻調查中提供幫助的韓國國立中央圖書館古籍運營室奉成奇室長、安惠璟女史以及沖繩縣うるま市立圖書館館長榮野川敦先生表示衷心感謝。）

---

① 日本沖繩縣うるま市立中央圖書館市史編纂室編《うるま　漢詩ロード散策》第 3 期，2014 年，頁 13。

東亞文人交流研究

從成尋《參天台五臺山記》
看高麗使節團的入宋活動

鄭墡謨

（南京大學）

一

唐朝滅亡之後，中國又陷入分裂狀態。契丹所建立的遼國侵入北方地區，而南方地區經歷了半個多世紀的五代交替的混亂時期。這時統一朝鮮半島的高麗王朝對中原的外交政策也隨着王朝興衰交替而變化。在北宋建國伊始，高麗即派遣使臣與北宋締結了正式的外交關係，並派遣留學生與留學僧到訪，積極地想要學習中國的先進文化。但是，當時與北宋和高麗對峙的契丹，爲了減少高麗、北宋聯合戰線所帶來的威脅，開始對兩國施加軍事壓力。職是之故，三國之間的外交關係日趨微妙，高麗與北宋之間的外交關係逐漸疏遠，終於在北宋天聖八年（高麗顯宗二十一年，1030）後，兩國之間中斷了正式的使臣往來①。

但是 11 世紀中葉以後，契丹勢力日衰，而北宋伴隨商品經濟的崛起，在文化等各個領域實現了飛躍式的發展。此時即位的宋神宗（1067—1085 在位）爲了實現宋太祖一統中原的遺願，積極實施了一系列北方政策。因此，爲了確保朝廷財政充足，宋神宗任用王安石（1021—1086）等人積極推進"新法"的實施。與此同時，爲了收復北方失地，新黨政權認爲有必要在軍事上聯合地處契丹後方的高麗，"聯麗對

---

① 曾鞏《曾鞏集》卷三十一《請訪問高驪世次劄子》："詢自天聖八年來貢，至熙寧三年，今王徽來貢，其不見於中國者，蓋四十有三年。"北京：中華書局，1984 年，頁 463。

遼"① 策略被再次提出，兩國的邦交正常化由此重啓。

熙寧元年（文宗二十二年，1068），北宋向高麗派遣密使，傳達了宋希望恢復兩國關係的意願，兩年後又再次派遣密使，邀請高麗使節團來訪②。高麗則積極響應北宋的要求，於熙寧四年（文宗二十五年，1071）三月派遣了由民官侍郎金悌等組成的使節團到訪北宋③。自此，高麗恢復了和北宋間的正常外交關係，此後兩國的使節團保持了長期的往來。直至北宋末年徽宗讓位欽宗的靖康元年（仁宗四年，1126）九月，高麗派遣以正使樞密副使金富軾爲首的使行團，成爲高麗的最後一次北宋使行團④。在這五十六年間，高麗一共向北宋正式派遣了 22 次使節團⑤。而北宋以元豐元年（文宗三十二年，1078）安燾、陳睦一行入麗爲始，到宣和五年（仁宗元年，1123）路允迪、傅墨卿歸宋爲止，共正式派遣使臣 6 次⑥。宋麗兩國邦交恢復和使臣往來雖然是作爲"聯麗制遼"的一環而開始，但從使臣團的派遣次數來看，反而是高麗在兩國交流中更爲積極。通過向北宋派遣使節團，高麗積極引入中國的各種先進文化和制度，從而促進了自身的文化發展。尤其這一時期使節團大量購買了當時在北宋刊行的各類書籍，

①《續資治通鑑長編》卷一百五十"慶曆四年戊午條"："今契丹自盡服諸蕃，如元昊、回鶻、高麗、女真、渤海…… 獨高麗不伏，自謂夷、齊之後，三韓舊邦，詩書禮義之風，不減中國。契丹用兵，力制高麗；高麗亦力戰，後不得已而臣之。契丹知其非本意，頗常勞其制禦，高麗亦終有歸順朝廷之心…… 朝廷若得高麗，不必竢契丹動而求助，臣料契丹必疑高麗爲後患，卒未敢盡衆而南，只此已爲中國大利也。"北京：中華書局，1990 年，頁 3650—3653。

②《高麗史》卷八《文宗世家》："（文宗二十二年）秋七月辛巳，宋人黃慎來見言：'皇帝召江淮兩浙荊湖南北路都大制置發運使羅拯曰："高麗古稱君子之國，自祖宗之世，輸款甚勤，曁後阻絶久矣。今聞其國主，賢王也，可遣人諭之。"於是拯奏遣慎等來傳天子之意。'王悅，館待優厚。……（文宗二十四年，八月己卯）宋湖南荊湖兩浙發運使羅拯，復遣黃慎來。"漢城：亞細亞文化社，1990 年，頁 177—179。

③《高麗史》卷八《文宗世家》："（文宗二十五年）三月庚寅，遣民官侍郎金悌，奉表禮物如宋。"頁 179。

④《高麗史》卷十五《仁宗世家》："（仁宗四年）九月乙丑，遣樞密院副使金富軾、刑部侍郎李周衍，如宋賀登極。"頁 308。但此時正值北宋首都汴京被金攻陷，因此金富軾一行只在明州（今浙江寧波）滯留 130 餘天後，次年五月便回到了高麗，所以這次使行其實完全没有發揮使節團作用。

⑤使節團的人員構成包括正使、副使、書狀官、船手、護衛兵、商人及其他必要人員。參加使行的總人數少則 100 餘名，多則達 290 餘名。使節團從高麗出發，再到從北宋返回高麗需要將近 1 年時間，通常在秋天出發，翌年夏天返回。使行的船隻從達到北宋以後，至翌年啓程，在北宋滯留的時間大概爲 6 個月。

⑥北宋除 6 次正式派遣使臣入麗之外，還向高麗非正式派遣 10 餘次，包括爲了幫助高麗文宗（1047—1082 在位）、肅宗（1096—1105 在位）、睿宗（1105—1122 在位）治病的醫療團、樂官、請求軍事協助的使臣等。

隨着這些書籍在高麗的流通，北宋文學對高麗文壇的影響日漸凸顯。同時，在這一時期具有詩文創作能力的高麗文人加入使臣團的隊伍，并在使行途中留下了大量詩篇，一些詩文甚至得到了中國文人的注意，並在北宋得以出版①。因此爲了詳細瞭解當時高麗知識界的北宋文化接受情況和兩國文人之間交流狀況，有必要對使節團的使行路徑以及他們在北宋的活動作更進一步的考察。然而，高麗使節團的北宋紀行錄均已不傳，相關的文獻記載不僅十分簡略，且存在謬誤。由於以上原因，學界對於高麗的北宋使行的相關論述并不多，特別是缺乏對高麗使節團入宋後的路徑和活動的深刻分析②。

本文聚焦熙寧四年宋麗邦交正常化後高麗首次派遣的金悌一行的北宋使行，考察其使行路徑和活動。特別需要指出，熙寧五年（1072）入宋的日本僧侶成尋（1011—1081）在天台山與五臺山巡禮之時所作日記體行紀《參天台五臺山記》一書，其中對高麗使節團入宋所經"南路"的路徑與活動進行了詳細的描寫。

二

高麗方面關於這一時期北宋使行的記載僅見於《高麗史》和《高麗史節要》。這些文獻資料中主要收錄了使節團的出發和歸國時間、使節團代表的官職和名字，偶爾還會收錄北宋皇帝下頒的詔勅。因此，想要詳細瞭解這一時期高麗史節團的北宋使行

①如朴寅亮（？—1096）在使行途中所寫的詩作被中國人收集起來並編爲《小華集》，具體可參考拙作《北宋使行을통해서본 朴寅亮의 문학사적 위상》，《韓國漢文學研究》第 46 輯，首爾：韓國漢文學會，2010 年。
②近年來針對明清與朝鮮往來的"燕行錄"研究如火如荼，相比之下對於北宋和高麗使行研究還很不足。關於北宋和高麗之間交流和兩國使節團來往航路的研究，可見金謂顯《麗宋關係와 그 航路考》，《關大論文集》第 6 輯，江陵：關東大學，1978 年；申采植《10—13 세기東아시아의 문화교류——海路를 통한 동아시아의 문물교류를 중심으로》，《중국과 동아시아세계》，漢城：國學資料院，1997 年。關於高麗使行北宋的目的和人員選拔過程的研究，可見朴龍雲《高麗‧宋交聘의 목적과使節에 대한考察》（上），《韓國學報》第 21 輯，漢城：一志社，1995 年；《高麗‧宋交聘의 목적과使節에 대한考察》（下），《韓國學報》第 22 輯，漢城：一志社，1996 年。關於高麗使節團在北宋的活動和路線研究，可見張東翼《宋代 明州 地方志에 수록된高麗關係記事研究》，《歷史教育論集》第 22 輯，大邱：歷史教育學會，1998 年；朴現圭《東沿海岸에서의高麗人의 水路交通》，《中國史研究》第 64 輯，首爾：中國史研究會，2010 年；李錫炫《北宋代使行旅程行路考——宋入境以後를中心으로》，《東洋史學研究》第 114 輯，首爾：東洋史學會，2011 年。其中李錫炫通過對高麗使節團入宋後的活動進行分析，並以中國文獻記載爲基礎考察了"北路""東路"和"南路"，進而論證北宋後期高麗選擇"南路"的主要原因。但該論文在文獻資料的考證和引用上存在部分問題。

行程及活動情況，僅僅利用韓國方面的資料是不夠的。爲了解決這一問題，筆者對同時期北宋方面的文獻資料一直有所關注，試圖利用中國方面的資料，發掘新的史實，摸索東亞漢文學研究的新方法①。

熙寧四年（1071）與北宋恢復往來後，高麗使節團進出北宋的路徑與之前不同，進而導致他們在北宋使行過程中發生了不少變化。因此我們首先需要考慮高麗使行變化的始末，並對他們的路徑做更進一步的考察。《宋史·高麗傳》對這一時期高麗使節團北宋使行路徑的變化有如下記載：

> 往時高麗人往反皆自登州，（熙寧）七年，遣其臣金良鑑來言，欲遠契丹，乞改塗由明州詣闕，從之。②

依據上述記載，高麗金良鑑一行的使節團於熙寧七年（文宗二十八年，1074）訪問北宋時，爲“欲遠契丹”請求經由明州（今浙江寧波）入境，在這之前的高麗使節團都是通過登州（今山東蓬萊）往返的。高麗使節團第一次派遣使臣入宋在建隆三年冬（光宗十三年，962），但現存文獻未見記載此次李興祐一行是通過何處入宋。但根據第二年秋（乾德元年，963）的使節團是通過登州入宋來看，推測李興祐一行應該也是由登州入境。可以預計在這之前從朝鮮半島派出的使節團皆是經由登州進入中原，高麗亦是如此。從高麗出發的船隻在山東省登州上岸③，然後沿陸路經萊州—青州—淄州—兗州—（濟州）—曹州（興仁府），最後進入北宋首都汴京（今河南開封），歸國時亦用此線路，通過登州出境④，這一使行路徑被稱爲“登州路”，又叫“北路”。直到天聖八年（顯宗二十一年，1030）郭元一行入宋之時，宋麗的使臣都是通過這一路線來往⑤。

但隨着神宗年間（1068—1077）兩國邦交正常化以後，使節團開始通過明州進入

---

①比如收集、整理中韓兩國文獻資料中有關朴寅亮北宋使行的資料，釐清朴寅亮北宋使行的時間與行程，從而綜合討論朴寅亮的詩文，重新確定其文學和文化史地位。詳見拙作《高麗朴寅亮的北宋使行與“小中華”意識》，《域外漢籍研究集刊》第15輯，北京：中華書局，2017年。

②《宋史》卷四百八十七《外國列傳三·高麗》，北京：中華書局，1985年，頁14046。

③《續資治通鑑長編》卷四：“（太祖乾德元年八月丁未）登州言，高麗國王昭遣使時贊等入貢，涉海，值大風船破，從人溺死者九十餘人，贊僅而獲免，詔勞恤之。”頁104。

④白壽彝《中國交通史》，北京：商務印書館，1993年，頁114—115。

⑤《宋史》卷四百八十七《外國列傳三·高麗》：“天聖八年，詢復遣御事民官侍郎元穎等二百九十三人奉表入見於長春殿……明年二月辭歸，賜予有差，遣使護送至登州。”頁14045。《續資治通鑑長編》卷一百五十八：“（慶曆六年五月）丁未，上謂輔臣曰：‘新羅、高麗諸國，往年入貢，其舟船皆自登州海岸往還。’”頁3828。

北宋，之後利用運河一路經越州—杭州—秀州—蘇州—常州—潤州—揚州—泗州—宿州—亳州—南京（應天府），最後到達汴京（開封），返程也沿着同一路線到達明州後出境，這一使行路徑被稱爲"明州路"或"南路"。高麗使節團自與北宋恢復外交後到北宋滅亡五十餘年都是通過此路來往宋麗之間①。另有從山東半島的密州板橋鎮（今山東胶州）上陸，經陸路進入開封的路徑，被稱爲"東路"，但高麗使節團未曾正式利用過這一路徑②。

事實上在與北宋恢復關係後，高麗第二次派遣的金良鑑一行是於熙寧六年（文宗二十七年，1073）八月丁亥（十六）日從高麗出發的，後於同年十月壬辰（二十三）日到達明州，並經此入宋③。次年正月乙丑（二十七）日到達汴京，謁見神宗皇帝④。由此，金良鑑一行通過明州入宋的事實便可通過中韓兩國的歷史文獻資料得到確認。

一方面根據《高麗史》的記載，在以金良鑑爲首的使節團出使以前，即熙寧四年（文宗二十五年，1071）三月高麗曾向北宋派遣過由民官侍郎金悌率領的使節團，這應是兩國邦交正常化後的首次使行。對此，《高麗史》有如下記載：

> （文宗二十五年）三月庚寅，遣民官侍郎金悌，奉表禮物如宋。初，黃愼之還，移牒福建，請備禮朝貢。至是遣悌，由登州入貢。⑤

引文提到了金悌一行是通過登州入宋的事實。這與《宋史·高麗傳》中關於熙寧六年（文宗二十七年，1073）金良鑑一行以前的使行是由登州入宋的記載是一致的。因此，以前的中韓關係史研究者通常以這一記載爲由，認爲在熙寧六年以後，即金良鑑一行的使節團開始利用"南路"⑥。

但是，同時期北宋王闢之（1031—？）的筆記《澠水燕談録》中有以下記載：

---

① 《萍洲可談》卷二："元豐待高麗人最厚，沿路亭傳皆名高麗亭。高麗人泛海而至明州，則由二浙遡汴至都下，謂之南路；或至密州，則由京東陸行至京師，謂之東路。二路亭傳一新。常由南路，未有由東路者，高麗人便於舟楫，多齎輜重故爾。"北京：中華書局，2007年，頁142—143。

② 大覺國師義天（1055—1101）在元豐八年（宣宗二年，1085）爲習佛法而乘坐宋人商船入宋，這次便是通過密州板橋鎮入境北宋。但義天在歸國之時卻是與當年的高麗使節團一起通過"南路"出境。

③ 《高麗史》卷九《文宗世家》："（文宗二十七年八月）丁亥，遣太僕卿金良鑑、中書舍人盧旦，如宋謝恩，兼獻方物。"頁185。《續資治通鑑長編》卷二百四十七："（熙寧六年十月壬辰）明州言高麗入貢。"頁6029。

④ 《續資治通鑑長編》卷二百四十九："（熙寧七年一月）乙丑，高麗國進奉使金良鑑、副使盧旦見於垂拱殿。"頁6076。

⑤ 《高麗史》卷八《文宗世家》，頁179。

⑥ 楊渭生《宋麗關係史研究》，杭州：杭州大學出版社，1997年，頁153、264。

高麗，海外諸夷中最好儒學，祖宗以來，數有賓客貢士登第者。自天聖後，數十年不通中國。熙寧四年，始復遣使修貢，因泉州黃慎者爲向道，將由四明登岸。比至，爲海風飄至通州海門縣新港。先以狀致通州謝太守云：“望斗極以乘槎，初離下國；指桃源而迷路，誤到仙鄉。”詞甚切當。使臣御事民官侍郎金第與同行朴寅亮詩尤精，如《泗州龜山寺》詩云“門前客棹洪濤急，竹下僧棋白日閑”等句，中土士人亦稱之。寅亮嘗爲其國詞臣，以罪廢，久之，復與金第使中國。①

由引文可知，熙寧四年（1071），民官侍郎金悌一行計劃在泉州人黃慎的引導下在明州登陸，但途中由於風浪原因而漂流至通州海門縣新港（今江蘇海門），遂向通州太守致書狀以説明情況，特別提及此次同行的朴寅亮的詩作《泗州龜山寺》受到中國人的稱贊。

上文中作爲高麗使節團向導的黃慎是往來於宋麗之間的“宋商”②。根據史料記載，北宋神宗於熙寧元年（1068）七月向當時的江南漕運總負責人羅拯下令，希望羅拯派遣從事海上貿易的泉州商人黃慎入麗，向高麗傳達神宗想要恢復邦交的意圖。而後，高麗亦通過黃慎向神宗回復，並表示將派使臣入宋③。之後北宋朝廷爲了籌備高麗使節團入宋的相關事宜在熙寧三年（1070）八月再次派黃慎入高麗④，次年三月以金悌爲代表的高麗使節團入宋，黃慎則自然作爲向導陪同。

又據《續資治通鑑長編》載，實際金悌一行於五月丙午（二十二日）已經在通州海門縣登陸⑤，八月癸丑朔（一日）抵達開封，於文德殿拜見神宗⑥。由此可以推斷，《澠水燕談録》中有關金悌一行出使北宋的記載應是可信的。又從《澠水燕談録》中

---

① 《澠水燕談録》卷九，北京：中華書局，1981 年，頁 112。按：“金第”據《宋史·高麗傳》當作“金悌”。

② 李鎮漢《高麗 文宗代 對宋 通交와 貿易》，《歷史學報》第 200 輯，首爾：歷史學會，2008 年。

③ 見上引《高麗史》卷八《文宗世家》文宗二十二年事。又《宋史》卷四百八十七《外國列傳三·高麗》：“熙寧二年，其國禮賓省移牒福建轉運使羅拯云：‘本朝商人黃真（慎）、洪萬來稱，運使奉密旨，令招接通好。……今以公狀附真（慎）、萬西遷，俟得報音，即備禮朝貢。’”頁 14046。

④ 《高麗史》卷八《文宗世家》：“（文宗二十四年八月己卯）宋湖南荆湖兩浙發運使羅拯，復遣黃慎來。”頁 179。

⑤ 《續資治通鑑長編》卷二百二十三：“（熙寧四年五月丙午）通州言，高麗使民官侍郎金悌等入貢，至海門縣。詔集賢校理陸經假知制誥館伴，左藏庫副使張誠一副之。”頁 5432。

⑥ 《續資治通鑑長編》卷二百二十六：“熙寧四年，八月癸丑朔，御文德殿視朝。高麗使民官侍郎金悌至自通州。”頁 5500。

"因泉州黄愼者爲向導，將由四明登岸"一句可知，高麗在熙寧四年（1071）三月首次派遣使節團的路徑，從出發時就沒有選擇從登州上岸的"北路"，而是選擇了從明州上岸後沿運河去往首都汴京的"南路"，這也與《高麗史》中的史實記録并不一致。

另一方面，金悌一行的登陸點海門縣和通州相距215里，而通州又和汴京相距2000里。但海門縣爲通州下設的縣，通州又附屬於淮南路，總管淮南路的都督府則設置在揚州①。綜上，金悌一行首先應到通州辦理入境手續，之後再在北宋的安排下到揚州。到達揚州都督府後面見當地負責運送的轉運使，並乘坐由轉運使提供的船舶通過運河到達汴京。這期間的路線見於《高麗史》所載金悌一行的回國報告：

> （文宗二十六年六月）甲戌，金悌還自宋，帝附勑五道。……其五曰：省人使金悌奏："於普炤［照］王寺等處納附銀，設齋祝聖壽事。"箕子啓封，肇於遼左，僧伽演教，追在泗濱。會使指之來斯，致齋修而勤甚，載披善祝，益炤端誠。②

由上可見，文宗二十六年金悌一行從北宋回麗的時候，宋神宗下達的詔書有五。其中第五道詔書裏提到，高麗使節團奏請爲神宗壽辰祈福，在普照王寺等處設齋宴。由此可知，金悌一行歸國途中，曾滯留普照王寺設神宗壽辰齋宴。普照王寺位於泗州（今江蘇盱眙），這也是"南路"的必經之處。同時《澠水燕談録》中記載了當時的書狀官朴寅亮所寫詩作《使宋過泗州龜山寺》詩③，同時印證了使節團曾訪問泗州的事實。另外，同時代陳輔的《陳輔之詩話》裏也記録了與朴寅亮詩作有關的逸話：

> 熙寧中，三韓使人朴寅亮作金山詩。其叙舊云前後詩云："人不見山之爲金。"云："萬疊佁岑天倚杵，一竿斜日水浮金。"④

由此條文獻可知，金悌一行確實路經過潤州（今江蘇鎮江）金山寺。通過長江以北的通州入境的金悌一行在上京的過程中通過長江以南的潤州的可能性很小，所以可以推測金悌一行在歸國時是途經潤州、利用"南路"回國的。

通過上述考察，宋麗兩國關係正常化後，初次入宋的金悌一行本來計劃從明州登陸，但途中遭遇風浪而不得已從通州入境。但是從他們回國時路經泗州、潤州，可以

---

① 《元豐九域志》卷五"淮南路"條，北京：中華書局，1984年，頁191。

② 《高麗史》卷九《文宗世家》，頁181—182。

③ 崔滋在《補閑集》卷上收録此詩時介紹謂"朴參政寅亮奉使入中國，所至皆留詩。《金山寺》詩云……"將其題目記載爲《金山寺》，但是，崔瀣批點、趙云仡精選的《三韓詩龜鑑》卷中中，此詩題作《使宋過泗州龜山寺》，徐居正在《東文選》卷十二中收録此詩亦題作《使宋過泗州龜山寺》。

④ 郭紹虞《宋詩話輯佚》，北京：中華書局，1980年，頁293。此條記録同樣見於南宋曾慥（？—1155）《類説》卷五十七《三韓使人金山詩》和盧憲《嘉定鎮江志》卷二十一《雜録·文事》。

推測高麗使節團通過"南路"，從明州港出境。因此，這與《高麗史》中所記録的金悌一行通過登州入宋和《宋史·高麗傳》中從以金良鑑一行爲代表開始通過明州出入宋麗之間的記録并不一致①。

概言之，可以確定的是從恢復宋麗外交後的首次派遣開始，高麗使節團在宋的行動路線已經發生從"北路"到"南路"的改變。如此可以認爲，通過泉州商人黄慎在高麗和北宋進行關係正常化的協商過程中，使行路徑的變化應該是已經決定好的事宜。不論是高麗"欲遠契丹"的請求，還是宋廷的同樣評價都是表面的理由，高麗和北宋之間的外交重啓不是建立朝貢體制下的從屬關係，而是在對等關係下所展開的交流。因此高麗在與北宋恢復關係之時改變入宋路線的根本原因更多是爲了通過"南路"來獲得更多的文化、經濟上的利益②。

三

在兩國邦交正常化以後，首次派遣的金悌一行是在熙寧四年（1071）三月五日從高麗出發，翌年（1072）六月二十六日返回至高麗，之間約有一年三個月時間。若計算從到達北宋通州的五月二十二日之前至翌年離開明州的時間，整個使節團在北宋滯留了一年有餘。那麼，金悌一行110餘人在一年多時間裏，在北宋都從事了哪些活動呢？遺憾的是，僅從現存的中韓文獻資料，除了回國路上參觀泗州龜山寺和潤州金山寺之外，無法復原更多高麗使節團的活動情況。但是，從幾乎在同一時期入宋從事佛法活動的日本僧侶成尋（1011—1081）所留下的《參天台五臺山記》③中，我们可以找到若干高麗使節團入宋活動的線索。

《參天台五臺山記》（以下簡稱《參記》）記録了成尋等八名日本僧侶在熙寧五年（1072）三月十五日乘坐商船進入北宋後，至熙寧六年（1073）六月十二日期間參拜天

---

① 根據《宋史·高麗傳》，宋麗關係正常化後，金悌一行没有經由明州入宋，而是金良鑑一行首次通過明州入宋，這似乎是爲了契合金良鑑一行在使行時向宋廷要求變更路線這一事件。另一方面推測是因爲朝鮮時代在《高麗史》編纂過程中參考了《宋史·高麗傳》的相關內容而產生了訛誤。
② 李錫炫在《北宋代使行旅程行路考——宋入境以後를中心으로》一文中將高麗使節團選擇南方路線的原因歸結爲四點：與契丹政治外交上的關係和航海上的安全性問題、供品和回謝品運送的便利性、利用季風的海上交通的便利性、購買書籍等商品的便利性。
③ 本文所引《參天台五臺山記》均引自王麗萍校點《新校參天台五臺山記》，上海：上海古籍出版社，2009年。該本以日本承久二年（1220）京都東福寺手抄本複製本（《東洋文庫叢刊》第七種，1937年）爲底本，並對校各類影印本和排印本。

台山和五臺山的全經過。時經一年四個月，共留下 468 條記錄，幾乎每天均有記述。內容上除了每日見聞之外，還收錄了包括各地公文書和個人往來的書信，甚至各處名勝的題詠詩和碑文等內容也一一記錄。因此《參記》不僅在研究北宋的政治、經濟、社會、宗教、文化、交通等方面具有重要的參考價值，而且是中日文化交流史研究中極其珍貴的材料①。

尤其值得注意的是，成尋一行不僅在北宋巡禮期間同樣使用了北宋後期高麗使節團所使用的 "南路"，同時還享受到同等於日本入宋使臣的待遇。成尋一行本是出於寺廟巡禮的目的乘坐宋人商船秘密入宋的，熙寧五年三月十五日從日本出發，一周後成尋一行到達杭州。在能通日語的陳詠的幫助下取得都督府的旅行許可書後，在天台山（現位於浙江台州）國清寺開始巡禮。之後，他們又申請去五臺山巡禮，這時意外收到宋廷下達的到汴京拜見神宗的通知，成尋一行接收聖旨後便啓程上京，這一過程中不僅收到兩浙路和淮南路轉運司的船舶和經費支援，還有 "南路" 周邊州縣官的招待和護衛兵等必要的人員支持等②。甚至在第二年，爲了送其中五名日本僧侶回國並去國清

---

① 日本學者較早注意到《參天台五臺山記》並展開研究，近來逐漸得到中國學界的關注並展開了多樣的研究，如藤善真澄《參天台五臺山記の研究》，《関西大學東西學術研究所研究叢刊》，2006 年；森公章《成尋と參天台五臺山記の研究》，東京：吉川弘文館，2013 年。另有研究论文：服部英雄《日宋貿易の實態 —— "諸國" 來着の異民たちと、チャイナタウン "唐房"》，九州大學 21 世紀 COE プログラム《東アジアと日本——交流と變容》2，2005 年；高橋弘臣《成尋の天台山・五臺山巡禮と宋朝の對應》，愛媛大學法文學部科研費報告書《四國遍路と世界の巡禮——人的移動・交流とその社會史的アプローチ》，2005 年；王麗萍《宋代の外國人宿泊施設について——〈參天台五臺山記〉を史料として》，《日本研究》第 22 輯，韓國外國語大學校日本研究所，2004 年；王麗萍《〈參天台五臺山記〉所載宋人陳詠軼事考》，《文獻》2005 年第 3 期；曹家齊、金鑫《〈參天台五臺山記〉中的驛傳與牒文》，《文獻》2005 年第 4 期；曹家齊《〈參天台五臺山記〉中所見的北宋乘轎風俗》，《中國典籍與文化》2005 年第 2 期；曹家齊《略談〈參天台五臺山記〉的史料價值》，《域外漢籍研究集刊》第 2 輯，北京：中華書局，2006 年；蔡毅《從日本漢籍看〈全宋詩〉補遺——以〈參天台五臺山記〉爲例》，《域外漢籍研究集刊》第 2 輯，北京：中華書局，2006 年；朱溢《北宋對外交往機制的另一面——以〈參天台五臺山記〉的記載爲線索》，《域外漢籍研究集刊》第 10 輯，北京：中華書局，2014 年。

② 《新校參天台五臺山記》卷二："（閏七月）七日（癸丑），天晴。慎如表白齋。從知縣有文字，寺主相共可來由，即出去縣。仙尉秘書出，令見台州牒，可上京，面見皇帝宣旨。其狀云：'台州牒，日本國僧成尋等，今月初三日，准樞密院劄子節文，據台州奏，准杭州牒，出給公據，付明州客人陳詠，引領到日本國大德僧成尋等八人，到天台山國清寺燒香。內僧成尋要留小師一名，同在本寺，看經三年，餘發遣向本國。當州不敢一面指揮，已令權在本寺看經外，候勅旨。奉聖旨，成尋等八人并通事客人陳詠，令台州選差使臣一名，優與盤纏，暫引伴赴闕。仍指揮兩浙、淮南轉運司，令沿路州軍，厚與照管，量差人船。今劄付台州，准此等事。'" 頁 151—152。

寺修道，成尋亦經由"南路"旅行。由此，受到和使節團同樣待遇且都往來於"南路"的成尋，其《參記》成爲了瞭解同時期高麗使節團使行路線的重要資料①。成尋在"南路"行進之時，不僅詳細記錄了各州縣之間的距離、所需時間、河流和運河上船舶的移動方法，還記錄了運河上水閘的開關及船隻通過河堰的方式。除此之外所經區域的山、江，運河上的堰、橋、驛站等的名稱和各地風土人情也都一一記錄。因此通過《參記》中的描述，一定程度上可以復原同時期來往於"南路"的高麗使節團的見聞實象。

受到神宗皇帝的召見，成尋一行於八月一日從國清寺出發到台州府，八月四日從台州府出發，利用運河一路經越州—渡錢塘江—杭州—秀州—蘇州—常州—潤州—渡長江—揚州—楚州—泗州—宿州—亳州—南京（應天府）—宋州，十月十一日終於到達汴京（開封），十三日入住傳法院②。成尋在十月六日到達南京（應天府）的時候所經過的路線如下：

> （十月）六日（庚辰），天晴。……八月四日，出台州府，至今日，六十二日，到着南京，經於一十三州，二千六百七十五里。從台州至關嶺（越州堺也）。一百卅里，從堺至剡縣一百里（已上陸路）。乘小船，從河下，過一百九十里，至越州府。乘大船行，行堀川，過一百五里，至杭州府。經二百廿里，到秀州府。過一百卌五里，到蘇州府。過一百八十里，到常州府。過一百八十里，到潤州府。過四十五里，到揚州府。過三百十里，到楚州府。過二百十里，到泗州府。過四百廿里，至宿州府。過一百五十里，至亳州永城縣。過二百里，到着南京也。從南京至東京，三百廿里，從台州至東京二千九百九十五里，從揚州至東京一千六百十里也。③

更具體來看，八月十二日從越州開始乘坐大船沿運河到楚州，從楚州到泗州過洪澤湖和淮河，泗州到東京則是利用汴河。成尋一行八月四日從台州府出發，十月六日到達南京，十月十一日到達目的地，如此兩個多月就到達了汴京。但是成尋在次年（1073）夏爲了先送其中五名僧侶回國，從汴京出發至明州，四月十五日沿"南路"出發，并在六月十日到達明州。其中五月四日拜訪揚州官府，並參拜開元寺、壽寧寺、

---

① 雖然包含譯官陳詠在內纔不過九人的成尋一行的情況與通常情況下超過百人的高麗使節團相比多少有差異，但就其所受待遇、相同路線和同爲外國人的身份上來看，成尋的記錄無疑是具有重要的參考價值。
② 《新校參天台五臺山記》卷三，頁264—265。
③ 《新校參天台五臺山記》卷三，頁264—265。

龍興寺；十四日訪問蘇州官府並拜見知州；二十日到達杭州；二十一日訪問轉運使衙及拜見知州；二十二日拜訪通判學士蘇軾並取得船隻的出行許可；二十六日參拜靈隱寺、天竺寺、興聖院；六月二日渡錢塘江；四日拜訪越州官府及拜見知州；十日訪問明州官府同時入住廣惠禪院；十二日同行五人先行回國①。

這裏值得注意的是，成尋一行南下并未像北上汴京時經過越州—明州一線。六月五日他們從越州出發，六日渡過曹娥江，七日到達位於上虞縣的餘姚江，八日進入明州境内，九日到達明州北門，十日進明州府。越州到明州相距 300 里，大概需要花費 5天；從汴京到明州則要走 2680 里②，大約花費 55 天。而汴京到越州大概需要 50天。由此看來，相比於成尋一行上京的時候，南下的時候縮短了 10 天行程。如此，熙寧五年（1072）六月回國的金悌一行和成尋一行同樣都是通過“南路”出境。但熙寧七年八月從高麗出發的金良鑑一行在十月二十三日到達明州，之後沿着“南路”上京，次年一月二十七日面見神宗。與成尋一行通過“南路”上京並再次南下花費 2 個多月相比，金良鑑一行花費了 3 個多月，這應該是與使節團的規模和行政手續等有關。因爲根據史料記載，高麗使節團到達明州後先要通過地方官的身份確認後再向朝廷上報，在皇帝下達許可和引伴使到來之前要一直原地待命，因此超過百人的高麗使節團在路程上纔比成尋一行多花費近一個月。

此外，通過記載，成尋一行往返於“南路”時，幾乎拜訪了沿路所有州縣的官廳，並在介紹下參拜當地有名的寺院，如蘇州的普門院、潤州的金山寺、泗州的普照王寺等。在返程時也是參拜了包括揚州的開元寺、壽寧寺、龍興寺，杭州的靈隱寺、天竺寺、興聖院等在内的名寺。而高麗使節團在宋也有相同的經歷，如上文所示，金悌一行在使行途經泗州時，也到泗州的普照王寺參加神宗的祝聖齋。此外，通過北宋的詔令也可知，金良鑑一行在上京中拜訪各大名寺的事實：

> 勅。權知高麗國王事王徽人使金良鑑等至，省所申奏：“於大相國寺、興國寺、啓聖寺、泗州普照王寺、杭州天竺寺、潤州金山寺等，設齋祝聖事。”具悉……③

此條詔令即描述了金良鑑一行的名寺拜訪行跡，可以發現他們訪問的寺廟和成尋一行所到訪的寺廟幾乎相同。除此之外，成尋一行南下至杭州等待出航許可期間也是

①《新校參天台五臺山記》卷八，頁 686—727。
②《元豐九域志》卷五“兩浙路”條，頁 213。
③《宋大詔令集》卷二百三十七《賜設齋祝聖回書》，北京：中華書局，1962 年，頁 926。

停留了數十日並參拜杭州名寺，由此可以推測，高麗使節團在回國路上到杭州整備期間也曾暫留杭州一段時間。

綜上，高麗使節團與成尋一行沿着相同的"南路"北上汴京，並又通過該路綫南下明州，因此通過《參記》不僅可以瞭解當時高麗使節團的使行路綫，也藉助成尋的眼睛和筆尖間接再現高麗使節團的入宋見聞。

四

1. 到訪傳法院

在《參記》中，我們可以看到一則與高麗使節團直接相關的記錄。成尋受到神宗皇帝的召見，於熙寧五年（1072）十月十一日到達北宋首都開封，十三日入住太平興國寺傳法院。第二天，即十四日的日記中有以下記載值得注意：

> 十四日（戊子），天晴。……次見筆受定照大師書"道德"二大字，各三尺字也。各書絹一鋪一字。同三點，定照大師來請，即鄰房也。行向吃茶，見王羲之蘭亭書並模本、影像等了。即問當院人人名，照大師書與，并近來譯經三藏大師等名。照大師大文字上手，泗州普光王寺額依勅書。去年，高麗國使與"大羅漢"三字，書滿三副（幅）絹了者。①

其中對傳法院定照大師的書法做了介紹。定照大師擅寫大字，"去年，高麗國使與'大羅漢'三字，書滿三副（幅）絹了者"。"去年"指的是熙寧四年（文宗二十五年，1071）。因此可以推知"去年，高麗國使"指的是秋天到達首都開封的金悌一行。

雖然無法得知金悌一行到達汴京後半年中具體到何處停留，但根據後代的記錄，北宋後期入宋的高麗使節團在同文館休整②。然而同文館直到熙寧年間纔被設立③，估計金悌一行可能停留在爲了應對邦交正常後高麗的頻繁到訪而專設的接待場所。而傳法院是掌管外國使臣接待工作的鴻臚寺的下屬國家機關，所以成尋一行八人在汴京停留期間以此爲臨時住處，故也不排除恢復邦交後初次訪宋的金悌一行和成尋一行同樣

---

① 《新校參天台五臺山記》卷四，頁 280—283。

② 《萍洲可談》卷二："京師置都亭驛待遼人，都亭西驛待夏人，同文館待高麗，懷遠驛待南蠻。"頁 142。又孟元老《東京夢華錄》卷六"元旦朝會"條："高麗在梁門外安州巷同文館。"北京：中華書局，1982 年，頁 160。

③ 《宋會要輯稿》卷七十三《職官》二十五："同文館，在延秋坊，熙寧中創置，以待高麗國進奉人使。"上海：上海古籍出版社，2014 年，頁 3685—3686。

在此臨時落脚①。通過成尋記録至少可以確定的是，金悌一行使節團在開封滯留期間，曾經拜訪了太平興國寺傳法院，並與定照大師等人有過交流②。

2. 高麗船人的存在

除此之外，《參記》中還記録有與高麗使節團的旅程和成員的構成相關的內容：

> 廿三日（壬申），天晴。陳詠來，與上紙三帖了。高麗船人來，告知日本言語。惟觀、心賢、善久笠直五十文錢與之。③

這是成尋一行在到達杭州以後的第十天，即熙寧五年（1072）四月二十三日的記録。他們在杭州辦完入國手續後，正在準備直接前往天台山參拜。這裏成尋的日記中所言"高麗船人"，正是金悌一行使節團員。通過前文已知金悌一行在歸國途中拜訪潤州金山寺等地，並推斷出金悌一行是通過"南路"回國的。而他們沿着"南路"使行中一定途經了杭州。當時的杭州不僅因衆多佛教寺院和名勝而聞名，也是最繁華的商業城市。因此，高麗使節團一邊在此遊覽訪問，同時購買回國的必需物資。尤其作爲當時北宋出版文化的中心④，高麗在杭州購買了大量書籍，金悌一行在杭州完成回國準備後則經由明州回國。而四月二十三日正值金悌一行回到高麗（六月二十六日）的兩個多月前，此时他们正在杭州整備。

值得注意的是成尋所接觸的高麗使節團成員中有人能通日語這一事實。高麗使節團的成員，尤其是關於船員的構成，史料中没有留下任何記載。訪宋的高麗使節團船上包括了會日語的船員，是否與金悌一行不同於以往北宋使行路線選擇"北路"，而首次選擇明州作爲入港地的"南路"有關呢？或可以推測認爲此舉是爲了解決萬一使節團的船隻遇到風浪漂流至日本的麻煩，所以使節團中加入了會日語的船員。如此一來，成尋《參記》所記録的"高麗船人"亦可佐證金悌一行已經開始利用"南路"這一事實，同時還爲我們提供了關於金悌一行，在杭州的滯留時間以及使節團成員等重要信息。

從上述記載中還可以知道高麗船人使用日語向日本僧侶提供了情報，日本僧侶對此支付了一定的費用。這或許是將過去一年前進入北宋以來，在首都開封滯留的將近半年

①《宋史》卷一百六十五《職官志五·鴻臚寺》："傳法院，掌譯經潤文。左、右街僧録司，掌寺院僧尼帳籍及僧官補授之事。同文館及管勾所，掌高麗使命。"頁3903。

②傳法院是漢譯、出版佛教經傳的場所。這一時期傳法院得到了北宋朝廷的全力資助，開展佛經的重新翻譯和出版。高麗使節團訪問此處，和僧侶進行交流應該是爲了購買新翻譯的佛教經傳。

③《新校參天台五臺山記》卷一，頁28。

④《石林燕語》卷八："今天下印書，以杭州爲上，蜀本次之，福建最下。京師比歲印板，殆不減杭州，但紙不佳。"北京：中華書局，1997年，頁116。

時間，以及至使行任務完成，到達杭州期間的生動經驗傳授給剛剛到達的日本僧侶一行。

3. 與蘇軾的接觸

還有一件史實是金悌一行與當時北宋文學的代表人物蘇軾的接觸。蘇軾在元祐八年（1093）寫下了《論高麗買書利害劄子三首》的上疏文，主張禁止向高麗出售書籍。在首段他言及第一次與高麗使節團接觸的經歷：

> 元祐八年二月初一日，……臣心知此五害，所以熙寧中通判杭州日，因其饋送書中不稟朝廷正朔，卻退其物。待其改書稱用年號，然後受之，卻仍催促進發，不令住滯。①

首先蘇軾任杭州通判的時間爲熙寧四年（1071）十一月至熙寧七年（1074）九月②。而金悌一行沿"南路"回國途中經過杭州時，蘇軾正擔任管理當地事務的通判一職。因此，蘇軾有義務接待到達杭州的高麗使節團。此處所言正是因高麗使節團送來的文書沒有使用北宋年號而產生的問題。在蘇軾的文集中也記錄有此時向高麗使臣所贈禮物表示感謝的文章③。根據《參記》的記錄，成尋於熙寧五年（1072）五月三日從杭州官府獲得允許他們參拜天台山的牒案，從該文書上所署"太常博士、直史館、通判軍州事蘇軾"來看，可以確定蘇軾時任杭州通判。

綜上，蘇軾在熙寧五年四至五月之間與高麗使節團肯定是有過接觸。作爲反對新法政策的舊法黨核心人物，蘇軾難免對受新黨所邀入宋的高麗使節團持有負面情緒。但是在該次使行中作爲書狀官的朴寅亮，卻在與蘇軾接觸後進而在宋麗名聲大噪，由此有必要再對蘇軾文學在高麗文壇的接受情況進行探討④。

五

在克服文獻資料不足和錯誤的情況下，本文通過結合現存的同時代中國和日本文獻資料，就高麗使節團的北宋使行展開進一步分析。

---

①孔凡禮點校《蘇軾文集》卷三十五，北京：中華書局，1986 年，頁 994—995。

②孔凡禮《蘇軾年譜》卷十："（熙寧四年辛亥，……十一月），二十八日，到杭州通判任。"北京：中華書局，1998 年，頁 214。《蘇軾年譜》卷十三："（熙寧七年甲寅），……九月，移知密州。"頁 284。

③《蘇軾文集》卷四十六《謝高麗大使土物啓》，頁 1341。

④關於蘇軾文學在高麗的接受研究可參考拙作《蘇軾文學初期受容樣相考》（《東方漢文學》第 36 輯，大邱：東方漢文學會，2008 年）。但上文僅在考證徐兢《宣和奉使高麗圖經》中有關高麗金富軾兄弟姓名由來的過程中證明了熙寧六年蘇軾在杭州第一次與金良鑑爲首的高麗使節團接觸一事。

　　首先恢復邦交後，熙寧四年（1071）三月受命的金悌一行原本計劃從明州入宋，經過"南路"到達汴京，途中卻遭遇風浪而不得已從通州入境，但在回國之時按原計劃沿"南路"經由明州出境。據此可以證明，《高麗史》中關於金悌一行通過登州入宋的記録和《宋史·高麗傳》中從北宋熙寧六年（1073）金良鑑一行開始通過"南路"往返宋麗之間的記録，均是後代編撰過程中出現的謬誤。

　　另一方面，通過同一時期日本僧侶成尋在宋期間所著的《參天台五臺山記》可以具體瞭解當時利用"南路"入宋的高麗使節團在宋的具體路線，以及運河的使用方法、各州縣間的距離和所需時間、周邊的風土人情等。同時通過《參記》我們也可以瞭解到金悌一行在汴京時，曾停留太平興國寺傳法院，且定照大師爲其寫"大羅漢"三字的插曲。此外，成尋等人熙寧五年四月二十三日在杭州遇到"高麗船人"，不僅可以證明金悌一行停留杭州後通過"南路"回國這一事實，而且可以知曉在高麗使節團中有能通日語者同行。最後證明了金悌一行在途經杭州，與時任杭州通判的蘇軾有過來往一事，是探討高麗文壇對蘇軾文學早期接受的重要資料。

　　高麗數次抵抗住契丹的侵略，11 世紀中葉東亞各國之間進而形成勢均力敵之態，而高麗也進入內外政治上的安定期，並實現了文化、經濟上的飛躍式發展。在這種國內外安全的政治形勢下，相比朝貢體制下的從屬關係，高麗從平等的相互交流關係接受了北宋恢復外交的提議。爲了獲得更多文化、經濟上的利益，高麗將使節團以往所用的"北路"變更爲"南路"。總體上，熙寧四年（1071）宋麗關係正常化後，從金悌、朴寅亮一行開始，到靖康元年（1126）金富軾一行爲止，高麗 22 次訪宋皆來往於"南路"。在這一過程中，通過購入大量北宋書籍和輸入各種文物制度，高麗極大地提高了自身的文化水準。在這一歷史背景下，高麗知識分子自然而然孕育出高麗文明可與中華文明比肩的意識，也就是"小中華"意識。

許筠、李廷龜與丘坦的交遊

左　江

（深圳大學）

　　朝鮮王朝（1392—1910）與中國的明朝（1368—1644）保持着藩屬關係，使節往來頻繁，《明史》云："朝鮮在明雖稱屬國，而無異域内。故朝貢絡繹，錫賚便蕃，殆不勝書。"[1] 僅朝鮮初期的五十九年間，就向明朝派出了 399 次使節，平均每年達六、七次之多，此後，朝鮮派往明朝的使團每年都維持在四、五次左右。朝鮮使臣及隨行人員會寫下"朝天録"或"燕行録"記載行程及出使見聞，從高麗時代直至朝鮮時代末期的六百多年時間中，這類使行記録的總數當在七百種上下[2]，涉及内容非常廣泛，包括政治、經濟、文化、文學，沿途風光、建築、風俗、故實等等，是研究兩國歷史與文化的重要資料。同樣，明朝也會向朝鮮派出使臣，"終明一代 242 年，遣使往朝鮮186 次"[3]，這些使節，"主要由文官、宦官和東北軍事長官三部分人組成。其中文官佔50%，宦官佔 40%，這兩部分人所佔比例最大"[4]。明朝首次派文臣出使朝鮮是在景泰元年（朝鮮世宗三十二年，1450），爲倪謙、司馬恂頒景帝登極詔使行。朝鮮派出的遠接使爲鄭麟趾（1396—1478），從事官爲申叔舟（1417—1475）、成三問（1418—1456），三人都是文學之士，與明使臣多酬唱之作。倪謙、司馬恂回國後，世宗命鄭麟趾等人將與明使唱和的詩文編纂刻印，取《詩經·小雅·皇皇者華》之意，命名爲《皇華集》。此後一直到崇禎六年（朝鮮仁祖十一年，1633），程龍以奉安島衆聯屬國勅使出使朝鮮，一百八十四年間共刊刻了二十四種《皇華集》。相對於大量的"朝天録""燕行録"，明使

---

[1]《明史》卷三百二十《朝鮮列傳》，北京：中華書局，1974 年，頁 8307。
[2] 參見張伯偉《東亞漢文學研究的方法與實踐》第七章《名稱·文獻·方法——關於"燕行録"研究的若干問題》，北京：中華書局，2017 年，頁 209。
[3] 葛振家《論明代中國人的朝鮮觀》，《韓國學論文集》第 4 輯，北京：社會科學文獻出版社，1995 年。
[4] 王裕明《明代遣使朝鮮述論》，《齊魯學刊》1998 年第 2 期。

臣留下的出使文字不足 10 部，如此一來，《皇華集》就成爲重要的補充。

在《皇華集》的詩文中，我們看到的是朝鮮人的謙恭，對明使臣的頌揚，以及明使臣對朝鮮君臣的贊美。在明使臣回國時，雙方寫下的贈別之作也飽含着脈脈溫情，充溢着其樂融融的氛圍。歷史的表象是如此美好，真相又如何呢？杜慧月在其《明代文臣出使朝鮮與〈皇華集〉》一書中，提出用"詩史互證"的方法，"以《皇華集》中的詩歌爲切入點，以《李朝實録》的歷史記載爲參證，在文學性書寫與史實性記載的比較中揭示明使以及明朝與朝鮮文臣以及朝鮮李朝的複雜而微妙的關係"①，其觀點及論述頗具啟發意義。但僅就《皇華集》以及《朝鮮王朝實録》進行參證，資料的選擇相對還比較狹窄。出使雖是國家行爲，但貫穿其間的是人的活動，事件當事人的文字以及旁觀者的記載更有價值，可以更好地揭示歷史的多面性與豐富性，因此史書、文人文集、"朝天録"、"燕行録"、《皇華集》，乃至野史筆記都應成爲文獻基礎，納入研究的範圍。本文即以朝鮮文人許筠、李廷龜與明朝人丘坦的交遊爲例，結合史書、《皇華集》以及當事人的文字，試圖揭開歷史的一角，看看更真實的另一面。

一、丘坦東國之行的周圍

朝鮮使臣出使明清是一近乎程式化的行爲，走固定的路線，在相同的地方住宿，參觀瀏覽相同的景點，甚至會連續數次見到相同的人。但總有一些人，因爲好奇或者機緣巧合，走上了大道旁幽深的小徑，他們將欣賞到別樣的風景，並將其呈現給後人。

許筠（1569—1618），字端甫，號蛟山、惺所、白月居士等，是朝鮮宣祖（1568—1608 在位）、光海君（1609—1622 在位）二朝著名文人學者。他曾三次出使明朝②，四次在國內接待中國使臣③，任遠接使從事官之職。李廷龜（1564—1635），字聖徵，

---

① 杜慧月《明代文臣出使朝鮮與〈皇華集〉》，北京：人民出版社，2010 年，頁 237。

② 宣祖三十年（1597），許筠以書狀官的身份跟隨正使沈喜壽出使明朝；光海君六年（1614），許筠爲千秋兼謝恩正使，第二次出使明朝；光海君七年（1615），許筠爲冬至兼陳奏使副使，第三次出使明朝。

③ 宣祖二十七年（1594），許筠爲遠接使尹先覺（後更名尹國馨）的從事官，第一次接待中國使臣；宣祖三十五年（1602），萬曆册封太子，派翰林侍講顧天埈、行人崔廷健來朝鮮頒詔，許筠爲遠接使李好閔的從事官；宣祖三十九年（1606），明朝因皇長孫誕生，派翰林修撰朱之蕃、刑科都給事中梁有年來朝鮮頒詔，許筠任遠接使柳根的從事官；光海君元年（1609），明册封詔使内官劉用來朝鮮，遠接使爲李尚毅，許筠第四次任從事官。

號月沙，歷宣祖、光海君、仁祖（1623—1649 在位）三朝，既是著名文人，更是一代名臣、重臣，官至左議政。他曾四次出使明朝①，八次在國内接待明朝使臣②，或爲館伴，或爲遠接使，或爲地方迎慰使，肩負重任。

相較於許筠與李廷龜，丘坦在今日看來似乎是名不見經傳的小人物，但在当时並非如此。丘坦（1564—?），字坦之，號長孺，湖北麻城人，爲丘齊雲之子。據《麻城縣志》（清康熙九年刻本）記載：

> （丘坦）少馳聲藝苑，極爲袁玉蟠（宗道）伯仲所賞，他如董思白（其昌）、陶石簣（望齡）、黄平倩（輝）、顧開雍（天埈），皆樂與之友。遊蹤遍南北，凡湖山名勝，於時交同趣；品竹彈絲，推花評鳥，俱臻佳妙。翰墨效趙文敏（孟頫）、米南宫（芾），至揮灑少年場，千金立盡，有李太白之風。後就武得雋，官海洲參軍，告病歸。有南、北遊稿、楚邱、度遼諸詩。

丘坦個性豪放，喜遊歷，在詩文、書畫、音樂等方面都頗有造詣，著有《南遊稿》《北遊稿》《楚邱集》《度遼集》等。他是公安派的重要成員，與公安三袁交誼深厚，與公安派的主要人物陶望齡、黄輝、顧天埈等亦往來頻繁。丘坦是三袁文學創作的追隨者，袁宗道萬曆二十四年（1596）冬序丘坦《北遊稿》云："其詩非漢、魏人詩，非六朝人詩，亦非唐初盛中晚人詩，而丘長孺氏之詩也；非丘長孺之詩，丘長孺也。"③ 其詩歌創作與公安派文學主張正相符。除此之外，丘坦與李贄亦爲忘年交。萬曆十三年（1585），李贄由黄安移居麻城，丘坦大概從此時開始與李贄訂交。袁中道云："公（指李贄）遂至麻城龍潭湖上，與僧無念、周友山、丘坦之、楊定見聚。"④ 丘、李二人感

---

① 宣祖三十一年（1598），李廷龜任陳奏行副使，第一次出使明朝；宣祖三十七年（1604），李廷龜以册封奏請正使第二次出使明朝，三月辭朝，路上因雨受阻，七月二十六日纔入住北京玉河館，閏九月初四回國；光海君八年（1616），李廷龜又以冠服奏請正使第三次出使明朝，次年正月到北京，因病在北京停留五個月，八月方還朝；光海君十二年（1620），李廷龜以辨誣陳奏行正使第四次出使明朝，三月辭朝，四月到北京，因萬曆賓天、泰昌即位等，至八月十七日始離開，在北京停留四個月。

② 宣祖二十六年（1593），李廷龜與黄慎、柳夢寅接待明經略兵部侍郎宋應昌，共講《大學》《論語》；宣祖三十五年（1602），顧天埈、崔廷健頒詔朝鮮，李廷龜爲平壤迎慰使；宣祖三十九年（1606），朱之蕃、梁有年出使朝鮮，李廷龜爲館伴；光海君元年（1609），明朝向朝鮮先後派出文臣熊化及太監劉用的使行隊伍，李廷龜兩次任館伴；光海君十三年（1621），劉鴻訓、楊道寅出使朝鮮，李廷龜再次爲館伴；光海君十四年（1622），梁之垣出使朝鮮，李廷龜爲遠接使；仁祖四年（1626），姜曰廣、王夢尹出使朝鮮，李廷龜爲館伴。

③ 袁宗道著，錢伯城標點《白蘇齋類集》卷十《北遊稿小序》，上海：上海古籍出版社，1989 年，頁 136。

④ 袁中道著，錢伯城點校《珂雪齋集》卷十七《李溫陵傳》，上海：上海古籍出版社，1989 年，頁 720。

情深厚，李贄文集中多與丘坦的書信，對他頗爲賞識，稱："若丘長孺，雖無益於世，然不可不謂之麒麟鳳凰、瑞蘭芝草也。"[1] 丘坦亦可謂人才，能文能武，擅長騎射[2]，他未能在科舉中有所斬獲，改走武試，萬曆三十四年（朝鮮宣祖三十九年，1606）武舉鄉試第一，以武官身份步入仕途，萬曆四十一年（朝鮮光海君五年，1613）八月開始駐守鴨綠江畔，任鎮江遊擊將軍。

　　許筠、李廷龜與丘坦生活在各自的時空中，本是不相干的平行線，但機緣巧合，他們在萬曆三十年（朝鮮宣祖三十五年，1602）竟然相遇了。是年，萬曆冊封太子，派翰林侍講顧天埈、行人崔廷健去朝鮮頒詔，丘坦作爲顧天埈的知交好友亦隨同前往。顧天埈（1561—?），字升伯，號開雍，又號湛庵，爲萬曆二十年壬辰科（1592）進士，是公安派代表人物袁宏道的同年；他以第一甲第三名也即"探花"授翰林編修，又是袁宗道的同僚；他與袁中道亦是知交[3]。萬曆二十六年（1598）初至二十七年（1599）三月，袁宏道任京職，與京中文人，特別是其兄在翰林院的同僚黃輝、顧天埈、李騰芳等時相唱和[4]。可見，顧天埈與袁氏三兄弟都交往密切，也是公安派中的重要一員。

　　壬寅明朝使團中有兩位公安派的大將，而朝鮮接待使團亦是人才濟濟，遠接使李好閔（1553—1634），從事官除了許筠，還有李安訥（1571—1637）、洪瑞鳳（1572—1645），金玄成（1542—1621）、車天輅（1556—1615）爲製述官，權韠（1569—1612）以白衣行，他們或爲一代著名文人，或爲著名書法家，"世傳幕府文會之盛，古

---

① 李贄著，張建業主編《李贄全集注》第 2 册《焚書注》（二）卷四《雜述·八物》，北京：社會科學文獻出版社，2010 年，頁 60。

② 如袁宏道《和丘長孺》云："……七尺身材五尺臂，雕弓往往穿金鐵。……射虎韝鷹一健兒，無成何用空吻舌。……"（袁宏道著，錢伯城箋校《袁宏道集箋校》卷十五，上海：上海古籍出版社，1981 年，頁 647）。袁中道《送丘長孺南還》三首其一云："文人情性武人裝，闊帶花衫大羽囊。鬻宅典田重出塞，臂鷹牽犬復還鄉。身穿通邑千人看，馬度秋原百鳥藏。莫向前途猶久滯，吴姬釀酒待君嘗。"（袁中道《珂雪齋集》卷三，頁 117）

③ 袁宏道在《沈何山》中談及中道在萬曆二十四年（1596）之前的交遊云："三（中道）自稱所得佳士，雲中則梅客生（國楨）；京師則王（圖）、黃（輝）、蕭（雲舉）、顧（天埈）四太史，一女校書；通州則顧侍郎（養謙）；會稽則陶石簣（望齡）；杭則大、小虞（淳熙、淳貞）；郢則潘去華（士藻）；客路則蔣蘭居（時馨）、焦三（焦竑第三子焦尊生）。"（《袁宏道集箋校》卷六，頁 270）

④ 袁宏道在萬曆二十七年給馮琦的信中説到："宏實不才，無能供役作者。獨謬謂古人詩文各出己見，決不肯從人脚根轉，以故寧今寧俗，不肯拾人一字。詞客見者，多戟手呵罵。唯李龍湖（贄）、黃平倩（輝）、梅客生（國楨）、陶公望（望齡）、顧升伯（天埈）、李湘洲（騰芳）諸公，稍見許可。"（《袁宏道集箋校》卷二十二，頁 781—782）

所未有"①。如果兩國人員相處融洽，能一起坐下來談文論藝，那對於公安派文學思潮傳入朝鮮甚至改變朝鮮詩文壇風尚也許都會帶來不小的影響。但是因爲顧天埈攜其天朝大國的傲慢和個人的貪鄙，讓這樣的交流成爲不可能。

顧天埈出使朝鮮引發了一系列事件，一是通過折銀無限度地徵索財物，二是因更改遠接使李好閔詩作及"亦恩亭"亭名極大地傷害了朝鮮君臣乃至整個朝鮮文壇的自尊②。顧氏一行與朝鮮士人關係很緊張，如許筠記載所云"李五峰儐顧、崔，苦於需求"③。關於李好閔請顧、崔二人爲"亦恩亭"撰寫詩文一事，宣祖云：

> 初見此集，知卿有求章於天使之舉，予戲而自言曰："李卿之存心，過於厚哉！"乞得伯夷之詩，其將安用？將揭之楣間、賁飾泉石以爲榮乎？其欲以照耀江山、輝映來世者，無乃使風景增羞、花柳失色者耶？爲此而漫勞乞詩，竟見困於貪夫之口，誠過於厚矣。④

顧天埈以貪鄙，令朝鮮上下不齒，加上其狂傲自大，對東國之人全無尊重，更讓人憎惡。李好閔竟向他求詩，如宣祖所言，是"過於厚"矣。貪夫之詩，只會讓"風景增羞、花柳失色"，並不會"照耀江山、輝映來世"。史臣事後評價壬寅使團云：

> 自義州至京城幾千里，而天埈狼貪壑慾，縱意劫掠，參、銀、寶貝不遺錙銖，朝鮮一域若經兵火。此必天生污吏，重困民生，國運之不幸可忍言哉？其家丁董忠亦有詩"來如獵狗去如風，收拾朝鮮一罄空。惟有青山移不動，將來描入畫圖中"云。非徒天地間魖庆鄙陋之氣鍾做如此別樣人，抑亦中朝紀綱板蕩，廉恥滅絕，風聲氣習有以致之也？可勝歎哉！⑤

對顧天埈及壬寅使團都是負面評價。

許筠爲此行遠接使從事官，參與了接待明使團的全過程，從閏二月二十一日，顧、崔渡江抵達朝鮮境內開始，到四月初一，明使團冒雨渡江離開，朝鮮接待人員於中江送別而還，許筠與明使團成員同行共處的時間達四十餘天。李廷龜此行爲平壤迎慰使，

---

①李廷龜《月沙集》附錄卷二趙翼撰《行狀》，《韓國文集叢刊》第70冊，漢城：民族文化推進會，1996年，頁453。

②參見左江《"此子生中國"——朝鮮文人許筠研究》附錄二《顧天埈壬寅使行事件》，北京：中華書局，2018年，頁465—476。

③許筠《惺所覆瓿稿》卷二十四《惺翁識小録下》，《韓國文集叢刊》第74冊，漢城：民族文化推進會，1996年，頁354。

④《宣祖實録》卷一百五十三宣祖三十五年八月丙午（十七日），《朝鮮王朝實録》第24冊，漢城：民族文化推進會，1986年，頁405。

⑤《宣祖實録》卷一百四十八宣祖三十五年三月辛巳（十九日），《朝鮮王朝實録》第24冊，頁364。

閏二月二十八日，使團"中火順安，宿平壤"①，他與明使團相處的時間爲一天。有學者認爲在這四十餘天中，"在完成外交使令之餘，他們一起遊覽了朝鮮的諸多名勝古跡，互相吟詩唱和，談詩論道，增進了感情，交流了思想"②。又認爲丘坦與許筠等人結下了深厚的情誼，開始了長達十數年的交遊，促進了許筠對公安派文學思潮乃至李贄思想學説的接受，此皆爲想象之辭。

許筠留下的文字纔是最好的依據，他於 1602 年、1606 年、1609 年三次接待明朝使節，分別著有《西行紀》《丙午紀行》《己酉西行紀》。《丙午紀行》爲朱之蕃、梁有年使行而作，通篇皆是與朱、梁二使的交遊記載，自不待多言。《己酉西行紀》是爲太監劉用使行而作，劉用非文人，其隨行人員也只是一些白衣文人、低級軍官，如徐明、田康、楊有土等，但在整個行程中，許筠差不多每天都與三人閑話，留下了很多關於明代朝政、官員優劣的記載。相較而言，接待顧天埈、崔廷健的《西行紀》就極爲簡單，與使團相關的話只有三句：

> 兩使所帶，一依東征大衙門例，中軍旗鼓官以下各三十餘員，且董忠者用事，指教顧使甚悉，事有不可支者。

> 二十一日，兩使渡江，一行及方伯以下郊迎，入館行禮，上使以無宴幣不受宴，僅請排宴。……所息宿，俱有價銀焉。

> 二十五日，中火納清亭，始出蟠松詩，使次之，副使詩則余次之。上使改竄使詩以出示焉。③

三條內容正好與史書及《皇華集》相印證：一是顧天埈一切聽從家丁董忠之言，而董忠是窮凶極惡、壑欲難填的貪婪之徒；二是"息宿，俱有價銀"，看起來不接受宴請，實際上是將宴請所需費用都折換成銀兩，以此徵索財物；三是任意删改遠接使李好閔的詩作。據《壬寅皇華集》記載，顧天埈作蟠松詩，遠接使李好閔次韻云："亂後人歸盡，蒼官獨自奇。爲當迎詔地，低作折腰枝。偃蓋陰猶合，遐齡天所私。莫言衢路淺，贏得使華詩。"顧天埈看後云："來詩佳甚，絕無蹈襲語。只數字未妥，漫爲改易。"改詩如下："亂後都非故，蒼松仍自奇。爲當迎詔地，低作折腰枝。偃蓋陰猶合，常青天所私。托根幸衢路，贏得使華詩。"④ 顧天埈雖説李詩"佳甚，絕無蹈襲語"，

---

① 許筠《惺所覆瓿稿》卷十八《西行紀》，《韓國文集叢刊》第 74 册，頁 288。
② 戴紅賢《公安派詩人丘坦與朝鮮作家許筠交往考論》，《湖北社會科學》2016 年第 2 期。
③ 許筠《惺所覆瓿稿》卷十八《西行紀》，《韓國文集叢刊》第 74 册，頁 288。
④ 鄭麟趾等編纂《皇華集》第七册，臺北：珪庭出版社，1978 年，頁 3186—3187。

但又自作主張在李詩上塗改，態度非常不友好，其修改的數字也看不出有什麼高明之處，他此舉似乎存心要給朝鮮朝臣及文人們一個下馬威，讓他們感受一下天朝大國使節的威儀。

顧天埈的態度，決定了此次使行成員與朝鮮士人交往的深度與廣度，說兩國人士如何"吟詩唱和，談詩論道"實在讓人難以相信。而丘坦本人跟隨顧天埈出使朝鮮的動機同樣不單純，李贄《復丘長孺書》云："兄欲往朝鮮屬國觀海邦之勝概，此是男兒勝事。然兄之往，直爲資斧計耳。特地尋資斧於朝鮮，恐徒勞，未必能濟兄之急也。"① 由此看來，丘坦似乎遇到了財政危機，希望利用去朝鮮的機會發點財以解燃眉之急，"觀海邦之勝概"反是順帶的事，更不用説與朝鮮人詩文唱和了。丘坦的目的大概也是顧天埈使團成員的共同願望，再加上顧氏傲慢自大的態度，就使他們根本不可能與朝鮮文人有太多交流。

二、許筠與丘坦的交遊

丘坦與朝鮮的緣份還在繼續，萬曆四十一年（1613）八月至萬曆四十六年（1618）六月間，他任鎮江遊擊將軍。鎮江在鴨綠江入海口，在朝鮮使臣出使明朝的路線上。據《通文館志》記載，朝鮮使臣從朝鮮境內的義州到北京，陸路可分爲三段：第一段從義州過鴨綠江，經九連城（鎮江城）、湯站、柵門、鳳凰城、鎮東堡（松站）、鎮夷堡（通遠堡）、連山關（鴉鶻關）、甜水站，至遼東②。一站是一天的路程，每個站點是使團停留休息的地方。但實際上，從鴨綠江到鎮江城只有二十里，鎮江城到湯站七十里，許筠（1551—1588）《朝天記》云："其地自義州至湯站，由檢同島則九十里，徑渡三江則六十里。"③ 所以使團常越過鎮江城直接抵達湯站再歇宿。壬辰倭亂後，此已成定例，使團一般不走九連城直接至湯站④。如果經過九連城，則是由江沿臺備禦指揮及守堡官等提供下程，隆慶六年（朝鮮宣祖五年，1572），朴淳以登極使出使明朝，許震童（1525—1610）以白衣從行，其《朝天録》云："江沿臺守堡官遣舍人致下程，

---

① 李贄著，張建業主編《李贄全集注》第三册《續焚書注》卷一《書彙》，頁 40。
② 《通文館志》卷三《事大·中原進貢路線》，漢城：民昌文化社，1997 年，頁 39—40。
③ 許筠《荷谷集·朝天記》，《韓國文集叢刊》第 58 册，漢城：民族文化推進會，1996 年，頁 416。
④ 參見楊雨蕾《燕行與中朝文化關係》第一章第一節《"朝天"的主要路線及其變更》注釋49，上海：上海辭書出版社，2011 年，頁 50。

依例打發。"① 許篈在萬曆二年（朝鮮宣祖七年，1574）以書狀官出使明，其《朝天記》亦云："遣李廷敏致禮物於江沿臺備禦指揮劉胤昌、守堡官副千户程士忠，備禦、守堡官等送舍人六名，亦來致下程，依例饋餉，各給扇帽。"② 這樣，雖然丘坦的駐守地鎮江城在朝鮮使團進入明朝的路線上，但作爲鎮江遊擊將軍的他並不是朝鮮使臣拜訪交涉的對象。

萬曆四十二年（朝鮮光海君六年，1614），許筠爲千秋兼謝恩正使，第二次出使明朝。在1602年的壬寅使行中，許筠與丘坦不會有太多交流，但由於許筠對明朝的政治、社會、文化、文學都有極强烈的好奇與關心，他與明人的交流是全面的、多維的，此時他也不願錯過與丘坦再次見面的機會，不顧書狀官金中清（1567—1629）"人臣無外交"的勸阻，決定前往望江寺與丘坦見面。關於此次見面的過程，金中清在《朝天錄》中有較具體的記載，過程大致如下：

五月二十一日，許筠尚在朝鮮境内的義州，即欲派遣譯官宋應瑄前往鎮江向丘坦遞交揭帖。

五月二十三日，雖然金中清以"人臣無外交"反對許筠派譯官遞交揭帖，宋應瑄還是去了鎮江。

五月三十日，丘坦派人送來揭帖，邀請許筠與金中清於六月二日渡江時，"迎酌於舟中"。使者轉述丘坦之言云："貴國使臣向來無相見禮。於乎！禮豈爲我輩設耶？異地故人，天涯偶合，又豈可常禮拘耶？"並且建議以"燕居私服相見"。其隨情適性，不拘禮法的個性與許筠很接近。丘、許二人的做法讓金中清很不安，他在回帖中稱："卑職之於大爺，似與許公有異。既往無一日之雅，今日乃是初接地頭，公禮未行之前，徑用私服猥參尊席，非惟賤分未安，無亦大損於彼此體面乎？"他雖然勉强同意與丘坦相見，但認爲穿私服絶對不行③。

六月二日，許筠一行於傍晚時分纔渡鴨綠江，派譯官去見丘坦，將見面時間改爲次日。

六月三日，許筠與丘坦見面。金中清記載云：

> 渡中江，將直向遊擊衙門。關上把門委官謂：遊擊下令，"使行若至，即出見

---

① 許震童《東湘集》卷七《朝天錄》，《韓國文集叢刊續》第3冊，首爾：民族文化推進會，2005年，頁585。

② 許篈《荷谷集·朝天記》，《韓國文集叢刊》第58冊，頁414。

③ 以上内容見金中清《朝天錄》，林基中編《燕行錄全集》第11冊，漢城：東國大學校出版部，2001年，頁412、415、421。

中路"，故方急通報，不可徑送營下，請入門税駕以待。遂於三聖祠佛堂前假坐，卜駄則終不許入。良久，旗鼓答應椽房夜不收等馳至，曰：遊撃飯訖，出接江上。與把門委官點入一行人馬及漂海唐人，仍索情物甚苛，以扇子、刀子等物分饋。依例，禮物已自義州前期優送，而今又如是此乃他年所無之事。自新遊撃來，始極徵索云。既渡逖江，遊撃標下連絡出來，前導以行，迤邐而上，即江上南河上佛堂也。外門揭"江上一覽"四字，門内揭"眼空萬有"四字，樑腹書"萬曆三十八年重修"。余問創在何年，守者曰："癸巳年東征將士所建。"中門有小廳，設卓擁屏，乃擬接使臣處。俄而，遊撃至，使臣等具冠帶小避牆外，呈拜帖。未久，出迎引坐。因設杯酌，從行譯官並皆有餉，極其殷款，既午乃罷。①

這裏記録許、丘會面過程比較詳細，對"江上南河上佛堂"即望江寺的介紹也很具體，但負面信息同樣較多，比如丘坦剛開始對許筠一行並不太熱情，甚至可以説有些怠慢；丘坦屬下徵索禮物甚苛，而這是新遊撃上任以後的事。

那丘、許二人見面究竟是何種景象呢？金中清最後的"極其殷款"四字已透露個中消息。次年，即光海君七年（1615）閏八月，許筠以辨誣行副使的身份第三次出使明朝，又經過鎮江，此次使行他有《乙丙朝天録》詩作紀行，其一詩的詩題爲《客歲過江之日，丘遊戎邀宴望江寺，賦詩相贈。今年又叨使价，再涉鴨江，則丘公以試武舉蒙臺檄往遼陽，不獲屬舊會，感而賦之》，丘坦當時曾"賦詩相贈"。許筠又在詩中回憶了見面時的具體情景，詩云："崖寺前年會，幢旄絢塞天。篇章申契闊，談笑借留連。征斾勞重過，離杯負更傳。遼闉行撤棘，倘許再登筵。"② 二人"篇章申契闊，談笑借留連"，可見詩酒相酬，交談甚歡。

可惜的是，許筠與丘坦都未留下唱和文字；幸運的是，金中清文集中保存了不少相關詩作及書信。首先是在望江寺，三人有詩作唱和③。當他們離開後，丘坦意猶未盡，又寫作數詩追贈許、金二人，金中清行至遼東收到丘坦詩作，回信云：

> 向於江寺獲接清晈，樽酒之款，翰墨之勤，無一不出於愊幅，賤价於此豈平生夢寐耶。欣幸一心，久而愈劇，蒙惠二幅詩什，非但情性所形，又是格律最高。足想邊上折衝之勢，可爲海外傳誦之雅。旅館圭復，未嘗不私自聳敬也。某拙於吟

---

① 金中清《朝天録》，《燕行録全集》第 11 册，頁 426—427。
② 許筠《乙丙朝天録》，見林基中編《燕行録全集》第 7 册，頁 275。
③ 金中清《苟全集》卷一《望江寺，次丘遊撃坦》云："良覿人間自有時，關河何幸得瞻依。已知氣概逢場合，曾仰聲名並海飛。樽酒一堂真勝會，瓊琚數幅又華歸。臨行欲謝殷懃意，愧我詩成字字非。"《韓國文集叢刊續》第 14 册，頁 120。

弄，固不敢從事酬唱，而跋涉長途尚或有感發之時，茲用"百、祥、長、莫、六、州"等韻成若干篇題付，歸便奉呈門下。幸老爺一賜穢眼，遄命覆瓿，統惟辱照。①

金中清文集現存唱和之作爲七絶五首五律三首②，與信中所言韻字并不相同，或許他們的唱和往還非止一次。由金中清的文字，我們可以想見，許筠與丘坦亦有書信往還、詩作唱和，但歷史總是與人們有意無意地開着忽大忽小的玩笑，兩位主角沒有留下此次會面的任何文字，反對見面的人卻有詩有文有記載，成爲歷史的書寫者與見證者。

許筠在 1614 年、1615 年兩次出使明朝的過程中，閱讀並購進了大量典籍。其中就包括李贄與袁宏道的著作③。金中清《朝天録》記載，1614 年的八月二十日，"留玉河，偶見李氏《藏書》"④。他對李贄其人其書可謂深惡痛絶，對於李贄的最後結局，金中清云："卒爲公論所彈，伏罪於聖明之下，至以妖談怪筆多少梓板一炬而盡燒。猗歟，大朝之有君有臣也。"⑤ 頗有些大快人心的感覺。實際上李贄《藏書》是許筠介紹

---

① 《筍全集》卷四《遼東與丘遊擊書》，《韓國文集叢刊續》第 14 冊，首爾：民族文化推進會，2006 年，頁 167。

② 《筍全集》卷一《次丘遊擊》："關塞連連峙石山，截然形勢擁中寰。從知天作千年險，肯許戎心覘此間。""利涉長河不用舟，旱餘疏雨未添流。縈林峽路幽仍复，認是平生夢裏遊。""溪流日夜逝沄沄，萬折同宗入海雲。此去何時朝極殿，白天廣樂共君聞。""緩帶輕裘坐鎮江，當時文武定無雙。太原班旅閑無事，游詠時時泛畫舲。""將軍揖罷卻還衙，客上長程鬢欲華。會待秋風重握手，不辭樽酒傍黃花。""曉起涉川原，暮投道上村。蓬麻圍草屋，榆柳蔭荆門。客怕明朝雨，農愁旱日暾。人生固役役，行健亦乾元。""欲明猶未明，軍吹遞鷄鳴。已報星軺駕，仍催御史行。溪橋微雨過，嶺路片雲生。馬上還多事，逢人問地名。""紅旗耀塞原，强箭洞雲根。未灑鋒頭血，先游鼎口魂。一場分勝敗，三手筭亡存。佩級完師旅，迎途鼓角喧。"《韓國文集叢刊續》第 14 冊，頁 120。

③ 關於李贄著述東傳朝鮮及與許筠的淵源，參見以下論著：朴現圭《朝鮮許筠求得李贄著作的過程》（《海交史研究》2006 年第 1 期），李昑昊《李卓吾與朝鮮儒學》（韓國陽明學會《陽明學》第 21 號，2008 年），中純夫《朝鮮の陽明學——初期江華學派の研究》第八章附論《朝鮮における李贄思想の傳來》（東京：汲古書院，2013 年）。

④ 金中清《朝天録》，《燕行録全集》第 11 冊，頁 504。

⑤ 金中清《筍全集》卷一《上使得李氏〈莊（藏）書〉一部，以爲奇，示余。其書自做題目，勒諸前代君臣，其是非予奪無不徇己偏見。以荀卿爲德業儒臣之首，屈我孟聖于樂克、馬融、鄭玄之列。明道先生僅參其末，與陸九淵並肩。若伊川、晦庵兩夫子則又下於申屠嘉、蕭望之，稱之以行業。肆加升黜，少無忌憚。余見而大駭，曰：此等書，寧火之，不可近。居數日，偶閱〈經書實用編〉，馮琦〈正學疏〉有曰：皇上頃納張給事言，正李贄誣世之罪，悉焚其書云。所謂贄，乃作〈莊（藏）書〉者，倡爲異學，率其徒數千，日以攻朱爲事。而卒爲公論所彈，伏罪於聖明之下，至以妖談怪筆多少梓板一炬而盡燒。猗歟！大朝之有君有臣也。感題二律，既傷之又快之，快之中又有傷焉。傷哉傷哉，其誰知之》，《韓國文集叢刊續》第 14 冊，頁 125。

給金中清的，被金氏認爲有"誣世之罪"、"見而大駭"的書，許筠則"以爲奇"。許筠受陽明心學影響頗深，比較容易接受李贄"大逆不道"的言論，大概還有"心有戚戚焉"的竊喜。

1615 年，許筠第三次赴明時，曾在通州逗留數日，可能購得李贄《焚書》與袁宏道文集，寫下了《讀李氏焚書》三首、《題袁中郎酒評後》二首。《讀李氏焚書》三首云：

> 清朝焚卻禿翁文，其道猶存不盡焚。彼釋此儒同一悟，世間橫議自紛紛。
>
> 丘侯待我禮如賓，麟鳳高標快睹親。晚讀卓吾人物論，始知先作卷中人。
>
> 老子先知卓老名，欲將禪悦了平生。書成縱未遭秦火，三得臺抨亦快情。①

第一首，李贄以其驚世駭俗的言論爲社會所不容，但即使燒了他的書又有什麼用呢？其思想其影響如"野火燒不盡"的青草，仍在蔓延滋長。無論是佛還是儒都是同生共長的，是對人生對世界的體悟認識，何必管他世間的各種議論呢？詩中的欣賞與惋惜之情清晰可見。第三首，許筠將自己與李贄進行比較，要以李卓吾爲前車之鑒，在參禪修佛中了卻人生。自己的文字沒有像李贄的著述一樣被付之一炬，雖然一次次被攻擊指責，跟李贄相比還算是幸運的。讀李贄之文，想見其爲人，許筠頗有得一知己的痛快。更有趣的是第二首，許筠在《焚書》中看到了丘坦的名字，於是有感而發，其"麟鳳高標"即出自李贄對丘坦的評論："若丘長孺，雖無益於世，然不可不謂之麒麟鳳凰、瑞蘭芝草也。"李贄的評價又讓他想起了丘坦的熱情款待，書中人竟是自己生活中的人，有意外，更多的是驚喜。

袁宏道《觴政》一文後附《酒評》，文中評論了八位友人及弟弟袁中道共九人飲酒的風姿，許筠詩云：

> 石公評酒似評詩，江右風流此一時。細呷快傾俱妙理，飲中寧獨八仙奇。
>
> 曾睹丘侯把酒杯，半酣高詠氣雄哉。中郎雅謔真堪笑，錯比吳牛噉草來。②

由第一首詩來看，許筠此時對袁宏道的詩論已很熟悉，認爲其評詩與評酒一樣皆得"妙理"，《酒評》也足以與杜甫的《飲中八仙歌》相媲美，很好地記載了當時的"江右風流"。《酒評》中對丘坦的評價爲："丘長孺如吳牛噉草，不大利快，容受頗多。"③

---

① 《乙丙朝天録》，《燕行録全集》第 7 册，頁 316。

② 《乙丙朝天録》，《燕行録全集》第 7 册，頁 317。

③ 袁宏道著，錢伯城箋校《袁宏道集箋校》（下）卷四十八《觴政》附《酒評》，上海：上海古籍出版社，1981 年，頁 1422。

認爲丘坦喝酒很不爽快，慢慢吞吞，但酒量頗大。對此，許筠大不以爲然，認爲是
"錯比"，因爲丘坦在與他共飲時，酒至半酣，朗聲吟詩，頗有英雄豪氣。李贄、袁宏
道對丘坦的評價可以幫助許筠更好地認識丘坦，在閱讀的書中出現自己認識的人，對
書以及寫書的人也會油然而生親切感。經由丘坦，又可以讓許筠對李贄、公安派有更
具象的認識，甚至能建構起李贄、公安派的人物關係圖。

　　但許筠與丘坦以及公安派的淵源也只能到此爲止了，與下文丘坦、李廷龜的交遊
相映，我們可以想見直到丘坦離開鎮江前，他們也會保持着書信的往還，討論文學、
國事的相關問題，但由於二人留存的文字都極有限，我們不能無根據地無限誇大許筠
與丘坦交遊的重要性，認爲他們的交往會令公安派文學對朝鮮文壇產生巨大影響，他
們的兩次見面一定會刺激公安派及李贄思想的東傳，這仍然是想當然之辭。

三、丘坦與李廷龜的交遊

　　丘坦任鎮江遊擊的時間從萬曆四十一年（1613）八月至萬曆四十六年（1618）六
月，許筠是他在望江寺接待的第一位朝鮮官員，有了第一次，就會有第二次。1602 年
丘坦隨顧天埈出使朝鮮時，李廷龜爲平壤迎慰使，雖只有一個晚上的時間，二人亦算
是舊相識。

　　萬曆四十四年（朝鮮光海君八年，1616）十一月，李廷龜以冠服奏請使正使的身
份出使明朝，這一次是丘坦首先發帖邀請李廷龜前往相會，李廷龜在詩題中交待了原
委："臘日過江，鎮江丘遊擊坦前一日移書灣上，問我來期。是夕，出候於鎮城十里外
吾行所寓之側。盛設供帳，至以彩棚百戲佐歡，張軍樂，備大小膳，禮遇甚隆。蓋遊
擊能文章妙筆法，十五年前從詔使爲幕賓，遂有一日之雅故也。酒闌，勤索詩，醉書
一律於席上。"[1] 李廷龜因出使明朝，此時假銜議政府左議政，正一品官員，所以丘坦
格外殷勤，先去信致意："與閣下別十五年矣。不佞投筆無成，淹蹇至此，而閣下輔贊
賢王，位登揆席，今又爲賢王奏請。忠孝之道，閣下兼之矣，敬羨敬羨！何日渡江，
當圖晤對。摘蔬煮酒，聊續故遊，敢先以奉告。"[2] 開篇即強調十五年的緣份，接着感
慨十五年後二人境遇的雲泥之別，表達對李廷龜的欽羨贊美之意，最後邀請李廷龜前

---

① 李廷龜《月沙集》卷六《丙辰朝天録》，《韓國文集叢刊》第 69 册，漢城：民族文化推進會，1996
　　年，頁 288。
② 《月沙集》別集卷五《附丘遊擊書》，《韓國文集叢刊》第 70 册，頁 544。

來相聚叙舊。雖説是 "摘蔬煮酒"，實際上是以非常隆重的禮節款待李廷龜，搭彩棚，設供帳，張軍樂，置盛筵。從此，丘坦與李廷龜一直保持了兩年的書信往還，一直到他從鎮江離職。在《月沙集》中，保留了李廷龜寫給丘坦的詩一首，簡帖六封，序一篇；丘坦給李廷龜的簡帖五封，序一篇。根據這些文字，大概可以釐清他們交往的過程，其中重要的有四件事：

一是丘坦爲自己的《八憶詩》向李廷龜求序跋。李廷龜此次冠服奏請行，於丙辰十一月辭朝，丁巳正月到北京，因其在北京病重，至六月十四日纔離開玉河館回國，八月回朝復命①。此後，"秋月三彎"，也就是到十月，李廷龜纔給丘坦回信，并將《八憶詩跋》一并交付。其在跋文中回顧了與丘坦的相遇相識，贊美了丘氏的文武雙全，關於《八憶詩》則云："出示《八憶詩》一編，蓋度遼後作，皆楚吟也。夫楚大國，山有衡，水有洞庭。其扶輿清淑之氣或鍾於人，或鍾於物。……楚材之名於天下，自古然矣。觀公詩，洪洪乎騷雅之餘；讀公文，颯颯乎秦漢之遺；睹公筆，奫奫逼鍾王。其所謂扶輿清淑之氣鍾而爲魁奇挺特之才者，捨我公其誰。"② 文中多溢美之辭，但對《八憶詩》的介紹很珍貴，一是 "度遼後作"，二是 "皆楚吟"。丘坦有《南遊稿》《北遊稿》《百六詩》《度遼集》等，但現存作品只有 40 首左右③。清人廖元度選編《楚風補》中收入其《八憶詩》三首，詩序及詩云：

> 半生爲客，一麾度遼，雖舟車可至之鄉，實輿圖已盡之地。荒涼忒甚，孤陋無聞，班生之筆未酬，揩大之帚久敝。妄想薰心，向也志大而言大；遭逢不偶，方知命奇而數奇。枉爾勞神，已見大意。猿鶴移文見誚，招余歸去來兮；燕雀巢幕可危，聞他作者七矣。富貴浮雲，況乃刀頭餂蜜；人生若夢，譬若石火騰光。聊因邊地之所無，一發鬱衷之欲吐。馳神江漢，托興蒔鱸，用寫積懷，何論工拙。

> 《憶酒》：壘塊橫胸臆，半生遊酒人。步兵舊吾黨，吏部向比鄰。魯酒古來薄，邊民近更貧。每逢山水勝，腸斷玉壺春。

---

① 《月沙集》卷六《丙辰朝天録》序："恭嬪追崇奏請册封之後又請冠服，遂差爲冠服奏請使，柳澗老泉爲副使，張自好爲書狀官。丙辰十一月辭朝，丁巳正月到北京。是行也，在玉河館得病甚重。八月輿疾還朝。途間吟詠録於左。" 又有詩題爲《六月十四日出玉河館，喜而口占，示同行》。《韓國文集叢刊》第 69 册，頁 288、290。

② 《月沙集》卷四十一《八憶詩跋》，《韓國文集叢刊》第 70 册，頁 164。

③ 參見戴紅賢《一位被忽略的公安派愛國詩人——丘坦生平三考》，《武漢大學學報》（人文科學版）2015 年第 5 期。

《憶茶》：齊王謂茗飲，不中酪作奴。賤之則不至，寧獨惟茶乎。鬱積腸多結，塵勞氣未蘇。此時思七碗，一滴勝醍醐。

《憶花》：江南和暖地，四季有花開。處處攜尊去，朝朝取醉回。十年離水國，昨歲出金臺。若向沙場望，連天但草萊。①

結合詩序及三首詩來看，《八憶詩》應是丘坦度遼後，在孤寂無聊的時光中，回憶家鄉的人、事、物，念及“邊地之所無”之物寫下的數首詩。詩序中有投筆從戎的無奈，報效國家的使命與辭官歸隱的挣扎，傾訴心曲真實且細膩，但就詩作而言，無論是内容還是寫作技巧都平淡無奇，可以説是很平庸的作品。

李廷龜的贊譽不免讓丘坦喜出望外，稱：“《八憶》小叙，議論高而文辭古，愧不佞不足以當之。”② 丘坦很珍惜自己的《八憶詩》，或許李廷龜的贊美也贈加了他的自信。1618年四月，後金兵破撫順，楊鎬以兵部右侍郎經略遼東，六月，丘坦由鎮江遊擊離任，任楊鎬贊畫。此時明朝向朝鮮徵兵共同對抗後金，七月，光海君任命李慶全（1567—1644）爲稟畫使，前往遼東考察軍情。在此過程中，李慶全應曾與丘坦見面，在如此局勢緊張、軍務繁忙的情況下，丘坦也不忘請李慶全品鑒其《八憶詩》。李慶全以詩相贈云：“《八憶詩》中早挹馨，隔河相望倍盈盈。只應今夜重江月，分照關山兩地明。”③ 可惜的是，這承載着兩國文人武將交遊歷史的《八憶詩》現在已無法目睹其全貌。

二是李廷龜爲自己丙辰朝天時的詩作向丘坦求序跋。丘坦序云：“秋七月還至江上，先報予曰：奉使乞恩幸不辱命，得繳殊典以報寡君。惟是行役有懷，輒托鉛槧，今且成帙矣。吾將就正焉。”④ 丘坦在序文中同樣回顧了與李廷龜相識的過程，對李氏的品行、功業、文才都大爲欣賞羨慕，關於其朝天之行及朝天之作，丘坦云：

> 月沙之六閱月，何必減申包胥之七日乎，功孰偉焉。風雲月露，莫或匿其變也；泉石花鳥，莫或藏其情也。經史佐其發揮，典雅自爲機軸，膾炙人口，成一家言，言孰美焉。月沙是役也，兼此三善，誠生人之極至，而月沙謙謙愈下，略不自居，此其所以爲月沙歟。吾於是知其品矣，知其才矣，知其相業矣。懼覽斯

---

① 廖元度編選，湖北省社會科學院文學研究所校注《楚風補校注》，武漢：湖北人民出版社，1998年，頁248—249。
② 《月沙集》別集卷五《附丘遊擊書》，《韓國文集叢刊》第70册，頁544。
③ 李慶全《石樓遺稿》卷二《見八憶詩，寄丘遊擊》，《韓國文集叢刊》第73册，漢城：民族文化推進會，1996年，頁374。
④ 《月沙集》卷三十四《答丘遊擊·附丘遊擊序稿》，《韓國文集叢刊》第70册，頁85。

集者，悦春華之麗藻，而遺根本之忠孝，故特揭而出之。①
相較於其《八憶詩》，此篇序言無論是内容、結構，還是情感、文采，都更爲出色，可見確實是頗費心思的作品。

三是丘坦欲換人參一事。事情發生在李廷龜完成使命回到朝鮮時，丘坦寫信給李氏說要換人參，李廷龜在義州即馳啟向光海君彙報。丘坦此舉雖有徵索之嫌，還是小事，朝廷答應在十月換送②。李廷龜在給丘坦的回信中交待了此事："換參事，其時即馳啟，寡君已付該官派送中外。而只緣採造差早，商販未廣，稍俟月晦，從值貿換收完，送納毋悞云，幸少遲之。"③ 對這樣的安排，丘坦看似很感激，實際上并不太滿意，又回信叮囑冬至前必須將人參送到，不能耽誤他派人回北京送禮："換參小事了，乃聞之王耶？承王厚意，然皆月沙之情，預謝之。冬至前，不佞欲走人之燕京，須參作禮。若得早至，不誤遣人之期，更以爲感。"④ 就此事而言，丘坦與顧天埈的做法頗爲一致，所以其在朝鮮歷史上的形象也是貪婪峻刻之人，如李廷龜對丘坦的評價："臣竊觀遊擊爲人深屬，待之甚難。"⑤ "深屬"二字表現了丘坦的另一面，這與詩文往還中的各種贊美之詞相映成趣，更立體地勾勒出一個歷史中的真實人物。

四是丘坦建議朝鮮政府在中江開市，進行中朝邊境貿易，這是萬曆四十五年（朝鮮光海君九年，1617）三四月間的事。如果説換參是小事，朝鮮政府還可以妥協的話，那開市一事就是關係邊境安寧、國家安危的大事，朝鮮政府於此頗費思量，在給丘坦的咨文中，先回顧了中江開市的原因，及其罷撤的理由。中江開市始議於壬辰倭亂開始的萬曆二十年（朝鮮宣祖二十五年，1592），是年十二月，朝鮮户曹稱："自經兵禍，農桑并廢，一應官軍糧餉及本國經費十分匱乏。平安一道霜雹爲災，禾穀不登，各處飢民賑救無策。而遼東地方米豆甚賤，合無於中江去處姑開場務通行賣買。"至次年（1593）三月，明政府同意了朝鮮的要求，於中江開市貿易。但"開市之設蓋出於一時救急之權宜，原非久遠遵行之成例也。倭退之後，經略萬、撫院趙咨令停止，而爲高太監所沮，因循有年"。"至有無藉棍徒奸猾不良之輩，攙越境界，戕殺人命之變，惹

---

① 《月沙集》卷三十四《答丘遊擊·附丘遊擊序稿》，《韓國文集叢刊》第 70 册，頁 85。
② 《月沙集》卷三十一《丘遊擊致書辭緣令廟堂指揮劄》云："後書所言托換人參事，即臣等到義州馳啟事也。聞今户曹已爲派送中外，十月内當換送云。今當以此爲答矣。"《韓國文集叢刊》第 70 册，頁 52。
③ 《月沙集》卷三十四《答丘遊擊》，《韓國文集叢刊》第 70 册，頁 85。
④ 《月沙集》別集卷五《附丘遊擊書》，《韓國文集叢刊》第 70 册，頁 544。
⑤ 《月沙集》卷三十一《丘遊擊致書辭緣令廟堂指揮劄》，《韓國文集叢刊》第 70 册，頁 52。

起生事，恐致滋蔓，所係非細。"於是從萬曆三十七年（朝鮮光海君元年，1609）開始重議停市，一直到萬曆四十一年（朝鮮光海君五年，1613）中江開市纔真正停止。朝鮮政府將開市、停市之原因告知丘坦，並稱："貿遷有無，商民之小利；玩法惹釁，疆場之大患。察此二者，便否可斷。況前此停止革罷，既經督撫等衙門體審查處通行，即日本國委難容易擅議。"① 言下之意是開市一事弊大於利，罷市經過了層層審核，現在很難重新開市，比較強硬地拒絕了丘坦中江開市的要求。

　　丘坦并未放棄，在六月又就中江開市一事呈送咨文給朝鮮政府；他又寫信給李廷龜，希望他從中斡旋。對此，李廷龜并不敢擅作主張，又提請朝廷商議，其《丘遊擊致書辭緣，令廟堂指揮劄》云："其所云江口馬市事，臣等回到灣上，聞譯學之言，遊擊以江市事嗔怒萬端云。俄又貽書臣等，責問江市事久不回咨。臣等未知廷議可否如何，只以還朝稟議爲答，而亦即具由馳啓矣。途中聞回咨已去，意其完結。今者書中至謂本國回咨語意含糊，懇懇以速報爲請。有書至再，責之以久不見回咨，似不容不答。而此事利害，係關大段廷議，臣不敢擅答，請令廟堂商量指揮。"② 文中論事情原委甚詳，此後，李廷龜又將朝廷所議告知丘坦，仍是婉言相拒："江市事，不佞之未還朝也，寡君因諸臣議覆已有回咨。今以諭意更議於朝，則咸以爲頃年本國既咨報撫院而罷之，今若無上司另爲指揮，則似難容易擅開。回咨之意不過如此云，惟高明財察。"③ 根據《光海君日記》的記載，丘坦建議開江市從 1617 年三四月間開始，一直持續發酵至他離開鎮江，由於朝鮮政府拒絕開市，也就導致彼此間的不信任，1618 年三月，進士李乾元等上疏還稱："鎮江遊擊丘坦，以不許中江開市，生憤我國，必有構捏之端於他日。"④ 四月，後金襲破撫順，丘坦送咨文到義州，報告了邊境戰況，并且說："昨奉撫院明文，與貴國王操鍊兵馬七千以備合勦，宜速啓國王早爲預備。奴酋款服一説未見的報，至於該國鄰酋地方，今宜嚴防，兵馬相期聽調須至票者。"⑤ 一是建議朝鮮出兵合勦後金，二是提醒朝鮮人注意與後金交界處的軍防，但這似乎并未引

<hr />

①《光海君日記》（中草本）卷三十九光海君九年（1617）四月辛丑（七日），《朝鮮王朝實録》第 29 册，漢城：國史編纂委員會，1986 年，頁 182。

②《月沙集》卷三十一，《韓國文集叢刊》第 70 册，頁 52。

③《月沙集》卷三十四《答丘遊擊》，《韓國文集叢刊》第 70 册，頁 85。

④《光海君日記》（定草本）卷一百二十五光海君十年三月壬申（十三日），《朝鮮王朝實録》第 33 册，頁 30。

⑤《光海君日記》（定草本）卷一百二十七光海君十年閏四月甲戌（十六日），《朝鮮王朝實録》第 33 册，頁 65。

起朝鮮君臣的警覺，他們更擔心的是丘坦心懷怨憤，謊報朝鮮的情況，挑撥明與朝鮮的關係，使朝鮮失去明朝的信任。

雖然丘坦與朝鮮政府關係緊張，但似乎并未影響他與李廷龜的交往，當他要從鎮江離任時，還致信及禮物跟李廷龜告別：“日月不居，倏忽六載，今者猥蒙軍門取充贊畫，別老相國而去在早晚矣。江上之重逢，不可再得，念之黯然。‘努力崇明德，後會杳難期’也矣。不腆之供，以申別私，惟鑑存之。佳稿亮梓成矣，多惠數十冊，俾向中原文物盛處逢人説月沙也。生行頗速，冀早見寄，臨風可勝依戀。”① 書信充滿了依依不捨的眷眷之情，但這仍只是表象，其中最重要的内容是希望李廷龜送給他數十冊“佳稿”，此“佳稿”指他曾經題寫過序文的《丙辰朝天録》。當他將序言交付李廷龜時，在信中即寫道：“今者漫作數語寄去，恐不足揚明德而表雄文也。佳稿梓成時，幸多寄數拾帙，俾廣播中原，使知東方有月沙也。”② 當他收到李廷龜回信及《八憶詩跋》後，又去信致意，信中仍不忘此事：“俚語拙書，應命塞責耳，過承獎詡，惶恐。佳稿梓成，萬望多寄，以慰懷想。”③ 看起來他是想幫李廷龜揚名於明朝，實際上一來想看看自己的序文是否爲李廷龜所用，二來想借此爲自己揚名，曾經爲朝鮮宰相題寫序文，無論在政治上還是文學上都是很重要的資本。但李廷龜似乎并不想成全他，在回信中拒絶了他的要求：“蒙索拙稿，本非不朽事業，如伏蚓一鳴止於枯壤，誠不足以播諸中華。兹未及災木，不得仰呈，屢違勤教，竦歉。”④ 一來自己的文字不值得傳播中華，二來《丙辰朝天録》尚未刊印。我們現在看到的李廷龜《月沙集》前有明人汪煇爲其《庚申朝天録》所寫序言，又有姜曰廣、梁之垣爲其文集所作序，而丘坦的序文只是作爲簡帖中的附録保存在文集中。可知李廷龜向丘坦求序只是一種客套，他並未真正看重丘坦其人其文。

考察丘坦與李廷龜的交往經過，亦可與許筠的交遊做一參照。李廷龜在《丘遊擊致書辭緣，令廟堂指揮劄》説到：“遊擊與臣，於壬寅春間關西幕裏暫有一日之雅，而厥後了絶音問十五年矣。”⑤ 可見二人壬寅一別以後再無音訊往來，這一點亦可推及許筠與丘坦的關係，説他們“自萬曆三十年開始長達十四年的交往歷程”⑥，這是不可能

---

① 《月沙集》別集卷五《附丘遊擊書》，《韓國文集叢刊》第 70 冊，頁 545。
② 《月沙集》別集卷五《附丘遊擊書》，《韓國文集叢刊》第 70 冊，頁 544。
③ 《月沙集》別集卷五《附丘遊擊答書（丁巳）》，《韓國文集叢刊》第 70 冊，頁 545。
④ 《月沙集》卷三十四《答丘遊擊》，《韓國文集叢刊》第 70 冊，頁 86。
⑤ 《月沙集》卷三十一，《韓國文集叢刊》第 70 冊，頁 52。
⑥ 戴紅賢《公安派詩人丘坦與朝鮮作家許筠交往考論》，《湖北社會科學》2016 年第 2 期。

的。原因是多方面的，首先是因爲顧天埈的態度阻隔了朝鮮士人與他們交往的熱情，李廷龜在《八憶詩跋》中對丘坦竭盡誇贊之能事，但也只是"私心艷慕之"①，並無一言說他們曾有過真正的交往。二來中朝兩國之人的書信往還必須經由雙方使臣，主要是朝鮮使臣及隨行人員傳遞，丘坦未入仕且非居住北京，就更增加了傳遞信箋的難度。三來當丘坦駐守鎮江時，朝鮮人也只有出使明朝時纔會經過鎮江，也只有此時纔可能相見。但由丘坦與李廷龜的交往過程，我們可以推測，丘、許二人萬曆四十二年（朝鮮光海君六年）六月三日江上一別之後，應該也有書信往還。他們在酒宴上、在書信中會交談些什麼呢？以許筠求新立異的個性，對明朝文壇、政事的關注，是否會談及李贄、公安派人物及他們的文學追求呢？當丘坦希望朝鮮在中江開市時，是否也曾給許筠去信，以尋求他的支持呢？關於中江開市一事，《光海君日記》中提到的進士李乾元與義州幼學張懿範的上疏很值得關注，二人都非朝廷官員，二人的上疏又都將中江開市與廢西宮兩件看似毫不相干的事情放在了一起，如張懿範上疏："請亟行奏廢西宮，以安宗社。復設中江開市，以息譖言。"② 熟悉許筠生平的人都知道他與廢西宮一事的關係，也都知道他擅長利用輿論製造事端的手段，這兩個人的上疏，讓人不免懷疑是否與許筠有什麼牽連，當然這也許還是想象之辭。

結　語

許筠、李廷龜與丘坦的交往看似簡單，涉及的內容卻很豐富：

一、當壬寅使團進入朝鮮時，朝鮮接待團隊可謂人才薈萃，如果顧天埈、崔廷健能與朱之蕃、梁有年一樣，謙遜清廉，給予朝鮮人應有的尊重，那麼兩國之人一起談文論藝，應該也會在兩國的外交史上書寫一段段佳話。而現在他們的交流停留在了《皇華集》中，揭開《皇華集》溫情的面紗，我們看到的是重重心機的較量，歷史的另一面有時候出乎意料地醜陋。在這樣的環境中，認爲許筠、李廷龜與丘坦會有多麼深入的交流，結下多麼深切的友誼，是讓人難以置信的，只有當事人的記載纔是我們進行分析論證的可靠依據。

二、丘坦是公安三袁的好友，是公安派的重要成員；他與李贄是忘年交，深得李

---

① 《月沙集》卷四十一，《韓國文集叢刊》第 70 冊，頁 164。
② 《光海君日記》（中草本）卷四十四光海君十年三月丙子（十七日），《朝鮮王朝實錄》第 29 冊，頁 441。

贊賞識。丘坦自己亦是個性豪放，不拘禮法之人。另一方面，許筠深受陽明學的影響，他夫子自道説自己“素性放誕”，加上他對中國的人與事有着强烈的關注與好奇，這使他能夠不顧書狀官金中清“人臣無外交”的勸阻執意與丘坦相見，而丘坦亦認爲“禮豈爲我輩設耶”，同意與其見面。當兩個人脱離了壬寅使行兩國之人互相對立的狀態時，他們的交往是輕鬆的、愉快的，他們詩酒唱和，可謂意氣相投。當許筠在袁宏道、李贄的文集中看到丘坦的名字時，他是欣喜的，而這也會進一步刺激他對公安派及李贄的關注。這是可以想象也是可以理解的，但許筠没有留下相關的文字，我們也就不能無限度地對此加以闡發，認爲他與丘坦的相遇一定會加快公安派文學理論及李贄思想的東傳。

三、丘坦與李廷龜的見面源於丘坦的主動，這與李廷龜左議政、正一品官員的身份相關。他們的交流留下了更多的文字記載，有書信，有序跋。其中有私人間的文學交往，就此而言，丘坦是幸運的，他雖是公安派的重要成員，現留存的作品已很有限，在中國文學史上甚至歷史上都已近乎被遺忘，但因爲他與李廷龜等人的交往，讓他的名字留在了朝鮮歷史上，他的文字也留在了李廷龜的文集中，使他成爲研究中朝人物交往、文學交流的不可忽略的一員。他又是不幸的，他雖是公安派的一員，卻是由武舉入仕，作爲武官，李廷龜在與他交往的過程中大概是有些敷衍的，所以他爲李廷龜題寫的序文只能作爲附録保存在文集中，而無法真正發揮序的作用，他希望李廷龜饋贈“佳稿”的要求也被忽視了。除了文學交流，他們的交往還涉及國家大事，如中江開市等，他們屬於不同國家，有着不同的立場，需要維護不同的利益，必然存在着紛爭與對立，很難簡單地説誰對誰錯。

通過丘坦與朝鮮人的交往，幫我們勾勒出歷史的種種面相，雖然真相難以還原，但結合多種材料，我們還是能看到表象與事實之間的距離，只有將這樣的距離盡可能地描畫勾勒出來，歷史纔更爲立體，歷史中的人物也纔更爲鮮活。這些歷史中的人物，即使是同一國家之人，比如許筠與李廷龜，由於不同的學派、不同的黨派，甚至不同的職位，對人的評價都會存在差異，許筠對丘坦更多的是欣賞，李廷龜則以其爲“深厲”、“待之甚難”。由此可見中朝之人交遊的複雜性，如何理解交遊中的多種樣態是值得認真思考的問題。

清代中朝文人來往尺牘論略[*]

徐毅　李姝雯

（南通大學　上海市醫藥學校）

一、引論

　　尺牘是清代文士與朝鮮文士保持聯繫的一種媒介，在中朝文化交流中扮演着重要角色。在會晤筆談以後，兩國文士繼續以尺牘往復，實現着彼此感受方式、道德觀念、知識結構等的觀點交換。作爲一種全新的中朝文士交流材料，它呈現出雙方交流的諸多細節、兩國文化碰撞的反響等，一方面補充了清代史書中的大量闕載，使得原本被淹没的一些歷史真實得到重新展現；另一方面可以發揮參證、互證的作用，這正是這類文獻的重要學術價值之所在。

二、中朝文士來往尺牘的存留情況

　　現存的清代中朝文士來往尺牘的數量較爲龐大，據筆者收集整理，至少在 2300 封以上，字數在 90 萬字以上。清人寫給朝鮮文士的尺牘 1600 餘封；朝鮮文士寫給清文士的尺牘約 600 封。散落在中國、日本、韓國、俄羅斯等國家和地區，因而很難對現存數量作出準確的統計。作者來自於兩國各階層，上至清皇帝、朝廷重臣，下至一般文士，如鄉村秀才，因而這些尺牘也鮮明地反映出兩國不同階層文士間的交流情形。總體來看，其留存形態呈現出"碎片化"的特徵：

＊本文爲國家社科基金項目"韓國漢籍中的清人佚詩遺文的搜集、整理與研究"（18BTQ083）階段性成果。

一是零星載録在朝鮮“燕行録”或其他中朝典籍的行文中。

“燕行録”中有一大批中朝文士在交流過程中的往復尺牘。載録尺牘較多的燕行録有洪大容《湛軒燕記》（《燕行録全集》第 43 册）、徐慶淳《夢經堂日史》（《燕行録全集》第 94 册）、安孝鎮《華行日記》（《燕行録全集》第 99 册）、李鼎受《遊燕録》（《燕行録續集》第 124 册）、韓弼教《隨槎録》（《燕行録選集補遺》中）、南一祐《燕行録》（《燕行録續集》第 146 册）等。

一些出使到清朝的朝鮮朝文人別集中也載録有一大批中朝文人來往尺牘，如洪義浩《澹寧瓿録》《魯庵稿》（韓國國立中央圖書館藏本）就收録有他與清文士費蘭墀、周達、鄧傳密、楊芳、李璋煜、葉志詵等人的一批尺牘。其他別集如李德懋《青莊館全書》、朴齊家《楚亭全集》、洪良浩《耳溪洪良浩全書》、洪羲俊《傳舊》、徐瀅修《明皋全集》、洪錫謨《陶厓集》、洪敬謨《耘石山人文選》《冠巖山房新編耘石外史卷》、姜瑋《古歡堂未定草》、朴珪壽《瓛齋集》、申錫愚《海藏集》、李承輔《石山遺稿》、趙冕鎬《玉垂集》、金允植《雲養集》、李裕元《嘉梧稿略》、金澤榮《韶濩堂集》、柳麟錫《毅庵集》、李承熙《大溪集》等也載録有數量不菲的中朝文士來往尺牘。一些朝鮮歷史文獻，如《承政院日記》《朝鮮王朝實録》《同文彙考》等，一些清人總集、別集、日記、清史料筆記，如《韓客詩存——明清中韓文化交流史料叢編》《李鴻章全集》等，也收録有少量的尺牘文獻。

二是朝鮮“燕行録”和部分中朝文人別集將尺牘部分獨立出來，將其作爲一個重要的記録，既能引起讀者重視，又便於流傳後世。這些獨立出來的尺牘篇章，應該是得到朝鮮作者或後來編訂者高度重視，將其視爲中朝交流的重要内容。如洪大容《湛軒書》中的《杭傳尺牘》、嚴誠《鐵橋全集》中的《日下題襟集》、韓弼教《隨槎録》中的《班荆叢話》、朴思浩《心田稿》中的《玉和簡帖》等。

三是專門的尺牘集，以手稿、手抄本或刊本的形式傳世。

朝鮮文人較爲重視中朝兩國間的往復尺牘。他們本人或後嗣、後學會將原本零散的尺牘帖加以彙編，形成尺牘集（詩牘集）。筆者收集到的有《同文神交》（韓國國立中央圖書館藏本）、《中朝學士書翰》（韓國高麗大學華山文化藏本）、《縉紳尺牘》（韓國首爾大學奎章閣藏本）、《薊南尺牘》（韓國翰林大學藏本）、《燕杭詩牘》（美國哈佛燕京圖書館藏本）、《清朝名家書牘》（韓國高麗大學華山文庫藏本）、《中士尺牘》（韓國高麗大學華山文庫藏本）、《尺牘藏弆集》（韓國首爾大學奎章閣藏本）、《晚窩公燕行交遊帖》（韓國國立中央圖書館藏本）、《中朝學士書翰録》（韓國高麗大學華山文庫藏本）、《清人簡格》（韓國首爾大學奎章閣藏本）、《札翰》（韓國高麗大學華山文庫藏本)、《華人魚雁集》(韓國國立中央圖書館藏本)、《葉東卿手札帖》(韓國嶺南大學圖書館藏本)、《金永爵與清人尺牘集》(個人藏本)、《韓中簡札》《蘭言彙鈔》(美國哈佛燕京圖書館藏，不同版本稱作《華東唱酬集》或《海鄰尺素》，凡16種版本)、《清人簡格》《天雁尺芳》(個人藏本)、《北雁尺尊》(個人藏本)、《北雁尺一》(個人藏本)、《李昰應、卞元圭與清人尺牘》(個人藏本)、《大陣尺牘》(韓國首爾大學中央圖書館藏本)、《大陣尺牘》(韓國首爾大學奎章閣藏本)、《華使尺牘》(韓國國立中央圖書館藏本)、《海外墨緣》(韓國春川秋史文化館藏本)、《朝鮮外交關係書翰錄》(韓國首爾大學奎章閣藏本)、《華人唱和帖》(個人藏本)、《中華尺牘》(個人藏本)、《墨緣》(個人藏本) 等。

現代學者也整理了幾種中朝文士來往尺牘集，如丁小明《譚屑拾餘——晚清駐朝鮮使臣叢札及詩文稿》(北京：國家圖書館出版社，2014年)、《中士寄洪大容手札帖》(韓國崇實大學，2016年) 等。

韓國春川市秋史紀念館藏有一大批藤塚鄰後人捐助的中朝文士來往尺牘的原帖，以金正喜與清人間的來往尺牘居多。這批尺牘由於多是手稿，文獻內容真實，值得重視。還有一些零星的中朝文人尺牘原帖收藏於目前中韓個人手中，如筆者韓國友人朴徹庠藏《畢培先與徐相雨書》《胡定生、胡衛生與方禹鼎書》《張世準與東國使臣趙惠人書》《韓韻海與趙游荷書》等。

總體來看，清代中朝文士尺牘主要見載於韓國漢籍，而少見於中國古代文獻之中，這與當時的朝鮮文士對尺牘手寫稿本的重視和以後的整理不無關係。洪大容在《答朱朗齋文藻書》中曾言：

> 丙戌自京歸，即以七日筆話及往來簡札，編次成書。以天陞店在乾净衚衕，命之曰"乾净筆談"，伊時交會始末略具焉。今删其煩蕪，寫作三册，尾附與鐵橋最後一書。《題襟集》中誤漏處，可據以改定，或別作外集。[1]

而清人出於對文字獄的畏懼，加之對"人臣無外交"的忌諱，很少將尺牘之事、尺牘之語載入自己文集，一部分尺牘甚至被清朝文士銷毀。

清代中朝文人往復尺牘，隨着時間的推移，其數量呈上升的趨勢。十七世紀中後期，兩國文人間的尺牘幾乎沒有，此與清代早期中朝文人間的交往不密切有着直接關係。這個時期，朝鮮文士對清朝持有鄙夷，甚至憤恨的態度，因而與清文士交往極少。

---

[1] 洪大容《湛軒書·外集》卷一，《韓國文集叢刊》第248册，漢城：民族文化推進會，2001年，頁123。

十八世紀以後，尤其是朝鮮北學派興起後，以洪大容、朴趾源、李德懋、朴齊家、柳得恭等爲代表，朝鮮文士與清人的交往逐漸頻繁而密切起來，因而書信的往來數量呈現出直線上升的趨勢。十九世紀早期，中朝文士間的尺牘往復更加頻繁，此與十八世紀中後期中朝文人所建立的學誼基礎直接相關。洪大容、姜世晃、洪良浩、朴趾源等的後嗣，如洪能厚、姜溍、洪羲俊、洪敬謨、洪錫謨、朴珪壽等，北學派的後學如金正喜、李尚迪、閔台鎬等，沿着其父祖、先輩們的交流足跡，與一大批清文人進行了文學、學術等方面的大量交流，留下了大量尺牘，形成了中朝學術交流史上一道亮麗的風景。

此外需指出，中朝文士的尺牘記録還有大量的佚失，不得不説是個遺憾。主要原因，一是流傳過程中的亡佚，二是尺牘内容豐富，朝鮮文士來不及全部整理。如洪敬謨曾編有詩牘集《茶墨零屑》①《斗南神交集》②，是他與清人深入交流的重要證據，惜均已亡佚。

三、中朝文人尺牘往來的原因

朝鮮文人與清文士在交往中，多有尺牘來往。尺牘在兩國文人的交流中起到了重要作用。中朝文人選用尺牘作爲往來的主要形式之一，其主要原因是：

（1）尺牘來往以接繼面對面的交流，是兩國文人的共同心願，如姜浩溥《桑蓬録》卷十載：

> 伯程曰："一別之後或有相聞之道？"余曰："我使歲一來，相聞或有便矣。"瑛曰："以書札往復足慰三千里相思之懷，尊其肯爲之耶？"余曰："勤念至此，厚意豈可忘也。"③

雙方在熱烈交流後，清人程瑛向姜浩溥詢問別後聯繫的方法，姜浩溥提出可以通過每

---

① 《茶墨零屑引》有云："及夫東還，以書以詩相問訊不絶。至以海内知己、天涯比鄰之詩爲辭，尤可見中國人寬大之風，而謂之遇逸士奇人也，亦宜。於是乎，並收詩牘諸篇合而編之，以諸篇每出於茶墨樽俎之餘，故曰'茶墨零屑'。"《冠巖山房新編耘石外史續編》第4册，韓國首爾大學奎章閣藏本。

② 其序云："《斗南神交集》成於純宗辛酉夏，……手書文獻公、紀曉嵐詩什粧成一帖，因以集名名之，弁以前序，而又書余之與茂林相和之詩附成下帖，以識海内之奇遇云爾。"洪敬謨《斗南神交帖序》，《冠巖山房新編耘石外史續編》第4册。

③ 姜浩溥《桑蓬録》卷十，《燕行録選集補遺》，首爾：成均館大學東亞細亞學術院、大東文化研究院，2008年，頁652。

年的朝鮮使行來傳遞信件，互通消息。再如洪大容《湛軒燕記》載云：

> 蓉洲曰："道途猝遇，莫非天緣。今睹光儀，喜出望外。惜來遊之詩方歌而白
> 駒之什旋咏，其將何以爲情耶？"季父曰："別後通信不難，足下其有意否？"蓉洲
> 喜曰："既蒙不棄，倘過便鴻，當以寸楮問安。"①

清人孫有義（號蓉洲）與洪檍別離之際，約定好以後以"寸楮問安"。洪大容在《與
鄧汶軒書》（三月初二日，歸到三河入城門……）中、紀昀在《答洪良浩書》中更是
明確指出親手書寫的信札能够起到替代面晤的作用，其云：

> 昀書迹之拙聞於天下，故文章多倩人書。此札亦本擬假手，緣後會無期，欲
> 存一手迹於高齋，以當面晤，故竟自塗鴉。希鑑區區之意，勿以爲笑也。昀又
> 附題。②

> （洪大容）云："後會無期，惟憑使便時通信札，足替萬里顏面。"鄧生大喜
> 曰："見書無異見面。"③

書信替代面晤，在當時兩國文人間的面晤受到某種阻礙而不得實現時，更是發揮了
傳遞消息的重要作用，如丙戌年（1766）二月十五日，洪大容《與嚴誠潘庭筠書》
中提及自己"以日前西山之行，見過衙門。數日不得出門，悶鬱"。雖然他此時不得
外出朝鮮使館駐地，但是卻憑藉着這封書信及時向嚴誠、潘庭筠告知自己行期將在
廿一或廿四的信息，並成功傳遞了爲嚴、潘二人撰寫的《東國記略》一文④。又如，
金善行在給嚴誠、潘庭筠書信中亦有云："獲承兩度華翰，憑審日來旅榻清珍，慰當
對晤。"⑤ 金善行稱收到了書信而瞭解到對方近況，好比會面一樣，寬慰之心油然
而生。

（2）中朝文人間的尺牘來往相對自由和方便，他們可以通過朝鮮每年來往清朝的
使者來互通音信。這也是兩國文人喜用這一交流形式的另一個重要原因，如洪大容云：

> 貢使每於十二月二十七八入京，二月旬後回程，兄輩寄信，須趁此戒人交付
> 於朗亭也。在昔渼湖之從祖稼齋公，隨兄入京，與關内人程洪一夜定交，幾年書

---

① 洪大容《湛軒燕記》，林基中編《燕行録全集》第 42 册，漢城：東國大學校出版部，2001 年，頁
170。
② 洪良浩《耳溪集》卷十五附紀昀《答洪良浩書》，《韓國文集叢刊》第 241 册，頁 266。
③ 洪大容《湛軒燕記》，《燕行録全集》第 42 册，頁 165—166。
④ 洪大容《湛軒燕記》，《燕行録全集》第 42 册，頁 165—166。
⑤ 金善行《與鐵橋秋庫》，嚴誠《日下題襟集》"金宰相"條，嚴誠撰、朱文藻編《鐵橋全書》，韓
國首爾大學中央圖書館藏。

信不絕。此有古例，當無彼此邦禁也。①

洪大容告訴嚴誠、潘庭筠，兩國文人間書信往來，自古已有先例，金昌業與清人程洪“幾年書信不絕”即爲實例。清朝和朝鮮朝當無限制寄函的禁令。就現存的十八世紀兩國文人別後信件考察，其信札無一例外都是由朝鮮每年派往中國的使團成員傳遞的。洪大容在《湛軒燕記》中也指出了信件遞送的這個特點，有云：

> 平仲曰：“古云男兒何處不相逢，此後或有更逢之時乎？”力闇曰：“中國有做買賣至貴國者，不識可以通一信乎？如欲寄信則寄至何處？”余曰：“年年進貢，或憑此便，其外無他路。二兄若在京裏，則年年通信甚易，但於杭則恐難，當彼此更商之。此中拘於衙門，二兄不可再來。弟等乘暇更進，只於行前，逐日通信可矣。”②

洪大容告訴嚴誠、潘庭筠，憑朝鮮使者年年進貢之便，可以互通音信，此外別無途徑。

（3）除筆談外，尺牘是兩國相識文人進行學術交流的最爲重要的載體。通過尺牘來討論問題和交換學術觀點等在清代學壇尤爲盛行。其形成原因，梁啓超在《清代學術概論》中有精辟的分析：

> 清儒既不喜效宋明人聚徒講學，又非如今之歐美有種種學會學校爲聚集講習之所；則其交換知識之機會，自不免缺乏；其賴以補之者，則函札也。後輩之謁見先輩，率以問學書爲贄——有著述者則縢以著述——先輩視其可教者，必報書，釋其疑滯而獎進之。平輩亦然，每得一義，輒馳書其共學之友相商榷，答者未嘗不盡其詞；凡著一書成，必經摯友數輩嚴勘得失，乃以問世，而其勘也皆以函札。此類函札，皆精心結撰，其實即著述也。此種風氣，他時代亦間有之，而清代爲獨盛。③

可見，清人的學術交流心態、社會的學術環境、交往習俗等造成了清代以尺牘討論問題、展示學術的風氣。而這自然而然地影響到中朝文人的交流，尺牘成爲了彼此間進行學術交往的重要形式。如洪大容與嚴誠間學術觀點的交換、洪良浩與紀昀間文學創作的研討、洪羲俊與紀樹荄間《易》學的探究等，尺牘在其間發揮了極其顯著的作用。

（4）尺牘是幫助從未謀面的兩國文人建立朋友關係以及繼續保持聯繫的最好途徑。有些中朝文人雖未謀面，但通過尺牘往來成爲了神交知己，如順義君李烜與杭城陸飛開始雖未見面，但通過尺牘往復瞭解了對方，而互引爲知己。李烜有詩云：

---

① 洪大容《湛軒書·外集》卷二《乾淨衕筆談》，《韓國文集叢刊》第 248 冊，頁 144。
② 洪大容《湛軒書·外集》卷二《乾淨衕筆談》，《韓國文集叢刊》第 248 冊，頁 133。
③ 梁啓超著，夏曉虹點校《清代學術概論》，北京：中國人民大學出版社，2004 年，頁 187。

　　不面先見書，精神已相照。咫尺猶天涯，無由開一笑。（其一）

　　生綃一幅畫，想見其人好。夢裏有別離，作詩詩草草。（其二）①

陸飛答詩云：

　　天地猶蓬廬，日月同所照。神交來異域，頓令向東笑。（其一）

　　不見空相思，負此春日好。何處望行塵，愁心滿芳草。（其二）②

由二人詩歌内容可見，正是由於尺牘傳遞信息的重要作用，使得順義君李烜與陸飛在未見面前就成爲了"精神已相照"的異域神交。這種不見面而主要通過尺牘來往得以精神相照、異域神交的例子還有一些，如朴齊家與清人郭執桓的交往，朴長馣《縞紵集》稱郭執桓是"（朴齊家）折簡往復而未見其人者"③。又如，李德懋與李調元的神交。丁酉年（1777），李德懋通過寄第一封書信與李調元，表達了"定爲神交，決知無疑"的願望，以後兩人雖未會晤，但繼續通過尺牘、唱和詩歌等而結下了深厚的學誼。後來，李調元還爲李德懋在中國刊刻了其詩學專著《清脾録》。尺牘往來對於他們兩人結交所起到的關鍵作用由此可見一斑。此外，再如朴齊家與李調元從未謀過面，但卻有着惺惺相惜的知己之情。此種情感的建立，主要也是依賴於雙方書札、詩文的頻繁相通。總之，尺牘由於其内容的直白、容量的自由，便於雙方文人互通消息、傳遞情感，加上別離後的贈詩和唱酬詩多是隨信附上的，因此是兩國文人在面晤之前或之後，雙方最重要的交流形式。

　　此外，到了十九世紀晚期，在當時特殊的時代背景下，尺牘已經不僅僅是中朝兩國文人私交的媒介，更多地成爲互通國家政治、軍事、外交信息的重要渠道。相比較於政府間的公文傳達，以私人尺牘的方式互通重要信息更具私密性和靈活性，因此也爲當時兩國一些重要文臣所青睞。

四、中朝文人往來尺牘的主要内容

　　就現存清代中朝文士往復尺牘考察，其内容一般都包括噓寒問暖、問及友人近況、談及自己目前狀況等。明清兩代兩國文士間的往復尺牘相比較而言，明代尺牘内容單一，以交流軍事信息、互訴感謝傾慕之情爲主，而清代尺牘的内容極爲豐富，還涉及

---

①嚴誠《日下題襟集》"順義君"條。

②嚴誠《日下題襟集》"順義君"條。

③朴長馣《縞紵集》，朴齊家撰、李佑成編《楚亭全書》，漢城：亞細亞文化社，1992 年，頁 4。

到學術、文學、外交、宗教、制度、風俗等諸多方面，堪稱用以瞭解清朝的"大百科全書"，分別闡述如下：

(1) 學術、治學交流

學術交流是清代中朝文士尺牘中最爲主要的内容。從十八世紀中期以後，這種交流幾乎從未斷絶。也正是這種深入的交流，朝鮮豐山洪良浩家族與紀昀家族、朝鮮金正喜、李尚迪、金奭準等纔與乾嘉學派的一大批文士建立了深厚的學誼。學術、治學交流，包括對古今經學指陳得失，以及爲人、治學之道的相互切磋等。

綜觀中朝文人書信内容，雙方圍繞儒學的研討是兩國文人交流學術心得的核心内容。究其原因，儒學在中朝都有着優良的傳統、深厚的根基，朝鮮文士俞拓基就指出："本國儒士讀《四書》《五經》，尊尚晦庵夫子，經史子集、百家書都有，紬佛法，擯巫覡。"① 而當時的清朝雖有所謂的漢學、宋學之爭，但其本質都是儒學内部治學的分歧，儒學同樣是清朝社會的主體思想②。因而，在兩國都崇尚儒學的大背景下，對儒學中一些重要問題的辨析自然成爲了雙方文人學術交流的重點。兩國文士圍繞儒學這個大話題，進行了諸多方面的辯論和研討，涉及到漢學宋學之區別、朱陸之學的發展變化及地位高低、儒釋道三家區別、儒家名物概念、經典學説的理解等方方面面。如，"性"一直是儒學中的一個重要命題，歷代大儒都有自己的見解，洪大容爲了向嚴誠表明朝鮮學者的看法，特意在給他的書信中附上渼湖金元行的《論性書》全文③。再如，癸未年（1823），李璋煜與金命喜書中指出宋學與漢學並不矛盾，兩者結合更有裨益，故有云："故願足下以程朱爲宗，而又博綜注疏，以廣其見聞，考證友生，以辨其得失，則爲有用之學，無偏執之見耳。"④ 王筠與金善臣書亦指出"蓋漢儒詳於小學，宋儒詳於大學；合之則雙美，離之則兩傷"⑤。此外，以學術交流爲主要内容的代表性尺牘是朝鮮文士洪奭周寫與費蘭墀、阮常生、李璋煜等的一批尺牘，十九世紀早期清人汪喜孫與金正喜、金命喜、金善臣、洪良厚、李尚迪、權敦仁，清人李璋煜與金正喜、金命喜、洪奭周、金魯敬等間的往復書信。

清朝、朝鮮朝都崇尚儒學，修身、爲學則是其中的重要内容，因而關係篤厚的兩

---

① 俞拓基《燕行録》，《燕行録全集》第 38 册，頁 123—124。
② 參見馮友蘭《中國哲學史》（下册）第十五章《清代道學之繼續》，上海：華東師範大學出版社，2000 年，頁 302—343。
③ 嚴誠《與鐵橋秋庼》，《日下題襟集》"洪高士尺牘"條下。
④《李璋煜與金命喜書》，韓國春川市秋史文化館藏。
⑤《中士尺牘》，韓國高麗大學華山文庫藏本。

國文人在尺牘交流中也會時常涉及到爲人、治學之道的探討，以相互期勉。如汪喜孫《與朝鮮嘉湖侍郎書》指出：“本之以誠意，持之以修身，善善而舉，惡惡而退”①。洪大容在《九月十日與鐵橋》書後專門附有別紙，列出六種古今人品、五種世俗之心，並加以詳細品評，其寫作意圖如其所云“古今人品概有六等，今排定位次，以爲勸懲之準”②。嚴誠在給洪大容的答書中也提出自己的爲人治學之法，有云：“湛軒與弟皆年近四十，進德修業宜及此時。弟以爲且先理會，變化氣質。弟亦知聖賢可學而至。……聖人之道下學上達之方，其行在孝弟忠信，其職在灑掃應對，其文在《詩》《書》《三禮》《周易》《春秋》。其用之身，在出處辭受取與。其施之天下，在政令教化刑法。其所著之書，則皆以爲撥亂反正，移風易俗，以馴致乎治平之用而無益者不談。其於盡性至命之説，必歸之有物有則五行五事之常，而不入於空虛之論，如是而已矣。”③ 又如，洪大容在給清人趙煜宗的書信中，向其介紹了讀書、誦書、看書之法，提出“專心體究”、“參之古人”而“反之吾身”，“以意逆志”等治學原則④。

　　關於金石學的研討是十九世紀早期，中朝文人利用尺牘進行學術交流的主要内容之一。最具代表性的就是朝鮮文人金正喜、金命喜與翁方綱、葉志詵、劉喜海等清代文人之間，清人翁樹崐與洪顯周、沈象奎等朝鮮文人之間的尺牘交流。他們經常隨信慷慨附贈各種石刻碑碣的拓本、印章以及有關金石學的著作，研討金石學諸多内容，包括輯佚、辨僞、考證等。如戊寅年（1818），葉志詵贈送金正喜《孔子見老子像石刻》一紙、《孔謙碑》一紙、《熹平碑》一紙、《孔廟殘碑》一紙、《禮器碑》一紙等共十四種拓本和一種著作⑤。對異域友人國度的金石學信息，他們在尺牘中常常有所詢問或請教，並求贈、求購自己所感興趣的拓本，以不斷提高自己的學術素養。如戊寅年（1818），葉志詵寫與金正喜的書信中有云：“《陟州東海碑》有數字不識者，敢煩代致覃齋尊兄一寫釋文見示。”⑥ 在庚寅年（1830）寫與金正喜的書信中，又祈代購法泉寺

---

①汪喜孫《與朝鮮嘉湖侍郎書》，楊晉龍編《汪喜孫著作集》，臺北：中研院中國文哲研究所，2003年，頁192。
②洪大容《九月十日與鐵橋》，嚴誠《日下題襟集》“洪高士尺牘”條下。
③嚴誠《鐵橋丁亥秋答書》，嚴誠《日下題襟集》“洪高士尺牘”條下。
④洪大容《湛軒書・外集》卷一《與梅軒書》，《韓國文集叢刊》第248册，頁120。
⑤葉志詵與金正喜書，藤塚鄰《清朝文化東傳の研究—嘉慶・道光學壇と李朝の金阮堂—》，東京：國書刊行會，1975年，頁285—286。
⑥葉志詵與金正喜書，藤塚鄰《清朝文化東傳の研究—嘉慶・道光學壇と李朝の金阮堂—》，圖録第33圖。

元妙塔碑銘（遼咸雍年間）、全州府真應塔碑（天慶元年）、薛仁貴祠壇碑等十四種碑碣①。其他像韓韻海、潘祖蔭等清人都曾向朝鮮友人索求過金石拓本。金石學的交流，對兩國文士的學術研究起到了極大的促進作用。劉喜海的《海東金石苑》《海東金石存考》等專著，正是兩國金石學交流的典型成果。

此外，中朝文人往復尺牘還時常會涉及對學術書籍的品評，如姚凱元與李昰應書中，對《資治通鑑》及相關書籍評價云："薰誦尊著《綱目輯要》三冊，彰善瘅惡，褒是貶非，綱經目傳，體例綦嚴，真千秋史案也。但《資治通鑑》一書係朱子門人纂輯，而爲文公所訂正者，大事數十條而已，而爲胡寅所編著者僅有可議之處。"② 這樣的例子在中朝文人來往尺牘中俯拾皆是，茲不贅敘。

（2）文學交流

文學交流是清代中朝文士尺牘交流的另一重要内容，包括詩文贈酬、文學品評等。就現存尺牘考察，兩國文士有着大量的詩歌唱酬、撰序題跋等的創作附在尺牘之中。究其原因，詩學在清朝、朝鮮有着深厚的根基，和詩酬唱是兩國文人文學來往的共同心願，他們認爲以此來成就"今日佳話"，而且能够成爲後代子孫按跡起慕的故實。詩歌也是傳達情感極好的手段，詩歌的往來可以聊以替代因某種原因而無法直接見面的交流，在某種程度上可以寬慰對知己的相思之情。因而，在中朝文士尺牘的末尾或别紙中，往往有詩作的贈與。在現存的中朝文士别集中，也時常可以見到含有"寄某某""寄示某某""奉寄某某"贈酬異域文人的詩作，顯然，這些詩作是隨尺牘附寄而到達友人之手。其往往是附在尺牘正文的末尾，以别紙的形式呈現。

求序索詩的内容，在尺牘交流中也時常出現，如洪敬謨還曾通過書信向帥方蔚、葉志詵求詩文之序③，葉東卿收到詩卷後，爲其題寫了序文，並寫有和章，自謙有云："大集如教題詞一章，並有覆和拙句，特以心交自忘醜劣，恐先生見之不免噴飯。"④傳爲佳話的朝鮮文士李德懋、朴齊家、柳得恭、朴趾源、李書九等《次郭執桓〈澹園

---

① 參見葉志詵與金正喜書，藤塚鄰《清朝文化東傳の研究—嘉慶・道光學壇と李朝の金阮堂—》，頁307—308。

②《清人簡格》，韓國首爾大學奎章閣藏本。

③《耘石詩序》《耘石山人文序》分别載於《冠巖山房新編耘石外史卷》卷一、卷四。洪敬謨《石村御史收覽》云："今若以指南之義作爲拙稿序文以惠之。"（洪敬謨《冠巖山房新編耘石外史卷續編》第5冊）。又，洪敬謨《藉呈平安館》云："東海之上有金剛山，……遊必有詩，録爲二卷，自視欲然，用是仰質於高明兼祈斤正。如有取也，幸賜一言之弁，至禱。"（《冠巖山房新編耘石外史續編》第5冊）

④葉東卿《冠巖先生安啓》，《冠巖山房新編耘石外史續編》第5冊。

八詠〉》，均通過尺牘傳遞給郭執桓。序跋創作也是尺牘文學交流的重要內容。兹舉數例，如程嘉賢與金正中書云："《燕行日記》既有成書，自當附綴數言，藉以壽世。特恐多荒謬，爲人嗤笑，奈何奈何?"[1] 其撰寫的《燕行日記序》亦隨尺牘附寄。又如，姜瑋《上黃孝傕侍郎鈺書》云："蕪稿頃蒙賜閱，並荷大筆作序，推挹過情，感愧交深。"[2] 應該説，現存的中朝文士間的贈序題跋，絕大多數是通過尺牘的形式傳遞，因而，它們也成爲尺牘中文學交流的主要內容。

中朝文士在書信中還圍繞兩國古今作家、書籍作品、創作技法等話題，撰序題跋，談詩論藝。這在十八世紀中後期至十九世紀中期的中朝文人交流中表現得尤爲明顯，尺牘往復中不同程度地都會涉及到文學話題的交流。洪良浩、朴趾源、朴齊家、柳得恭、李德懋等爲代表的北學派文人就曾與一大批清文士就文學創作、作家作品等進行過深入的觀點交換。如，洪良浩與紀昀通過書信圍繞文學的創作目的、創作動因、門户之爭等有過比較詳細的探討。又如李德懋寫給李調元的書信中就向其詢問沈德潛《別裁集》漏載李漁的原因、能與顧炎武比肩的作家有哪些、李調元《五代詩討》的書名涵義以及內容組成等。又在給潘庭筠的書信中向其詢問張中丞訂集、汪琬詩文、邵長蘅、毛奇齡等人的有關情況，並介紹了朝鮮著名儒士李珥的概況等[3]。這方面的代表尺牘還有徐瀅修《與徐員外（大榕）》（徐瀅修《明皋全集》卷五）、吳長慶與金昌熙書（《大陣尺牘》）、金澤榮與俞樾書《答俞曲園先生書（乙巳）》（《韶濩堂文集》）等。

（3）禮制風俗交流

朝鮮自古以禮儀治邦，以"小中華"自居，十八世紀時仍是把儒學作爲國家主導思想，非常重視文教儀禮。出於這樣的文化傳統，朝鮮文人在與清文士尺牘往復時，對中國的禮儀、風俗等有着濃厚的興趣，談禮問樂，詢問衣冠是中朝文人交流時的主要內容之一。如，洪大容通過尺牘向清人孫有義詢問了一系列關於中國禮俗的具體問題：中國的椅凳踞坐之禮、中國之不用匙始自何代、牛之穿鼻的風俗、直隸以東女紅止於鞋底而他不與的原因等等。孫有義對洪大容提出的這些問題一一作了詳細解答[4]。再如，洪義俊向紀昀請教喪禮服制，紀昀作答，字數近 6000 字[5]。

---

①金正中《燕行録》，《燕行録全集》第 74 册，頁 554。
②姜瑋《古歡堂未定草》，韓國成均館大學藏書閣藏本。
③李德懋《青莊館全書》卷十九《李雨村（調元）》《潘秋庫（庭筠）》，《韓國文集叢刊》第 257
　　册，漢城：民族文化推進會，2001 年，頁 267、265。
④洪大容《湛軒書·外集》卷一《與孫蓉洲書》，《韓國文集叢刊》第 248 册，頁 126。
⑤參見洪義俊《服制疑禮書問紀尚書昀》，洪義俊《傳舊》，韓國首爾大學奎章閣藏本。

對於清朝南方地區的地理風俗，一些朝鮮文士也頗爲關注。朝鮮文士的使行路線在當時清朝版圖的東北部，北方的瀋陽、山海關、北京等處他們在途經時得以遊覽，而江浙等南方之地則是燕行使者無法到達的場所，故而他們對當時的中國南方有着新奇和嚮往，加上當時參與交流的清朝人中有很多南方人氏，所以他們尺牘交流時常也會涉及到中國南方的山川形勢、風土人情等。如洪大容書信中有云："容平生頗喜遊覽山水，惟局於疆域，不免坐井觀天。如西湖諸勝，徒憑傳記，寤寐懷想。而自遭逢諸公以來，爬搔益不自禁，顧此心一日之間不知其幾回來往於雷峰、斷橋之間矣。若賴諸公之力，摹得數十諸景，竟成臥遊，則奚啻百朋之錫也。"[1] 一種强烈渴望瞭解南方地理風俗的欲望溢於言表。

清朝期間，一般清文人對朝鮮的情況茫然無知，尺牘中，清文人常向朝鮮文士詢問一些情況。而到了十八世紀中後期，北學派文人爲了推揚本國的文化，積極地在尺牘往復中介紹關於朝鮮的一些概況。如丙戌年（1766）二月十五日，洪大容在《與嚴誠潘庭筠書》中詳細地介紹了朝鮮的地理形勢、歷史沿革、文章學術、風俗科制、山川故跡、家舍之制、官職服制等[2]。朝鮮鄭元容《與王尚書引之書》通過對中朝禮儀的對比，較爲明晰地闡明了兩國間的文化淵源[3]。此外，涉及到這方面内容的尺牘還有洪大容《與鐵橋書》（洪大容《杭傳尺牘》）、洪羲俊《上曉嵐書（丁巳冬）》（洪羲俊《傳舊》）等。

（4）科舉時文交流

對兩國科舉規制的關注，包括對時文即八股文的看法、滿人和漢人不同的科舉政策等，是尺牘的重要内容之一。科舉無論是在清朝，還是在朝鮮朝，都受到文人們的高度重視[4]。因爲科舉爲中下層的士人進入仕途提供了一條最爲穩健、相對寬闊的道路，所以，當時兩國有不少文人爲了贏得科舉而耗盡自己的一切力量，將其視爲畢生事業者也大有人在。科舉作爲古代中朝文人極爲重要的人生大事，自然會成爲尺牘交流時的内容之一。

圍繞科舉這一個話題，兩國文士的交流涉及諸多方面，其中，以談論清朝或者朝

---

①洪大容與嚴誠書《九月十日與鐵橋》，《日下題襟集》。

②洪大容《湛軒書·外集》卷二《與嚴誠潘庭筠書》，《韓國文集叢刊》第 248 册，頁 145。

③參見鄭元容《與王尚書引之書》，鄭元容《燕槎録》，《燕行録續集》第 131 册，頁 528。

④關於古代中國文士對科舉的重視，中國有諸多文獻、著作、論文等可參考，兹不贅述。關於古代韓國文士對科舉的重視，可參見韓國李成茂著，張璉瑰譯《高麗朝鮮兩朝的科舉制度》一書，北京：北京大學出版社，1993 年。

鮮朝科舉考試科目、場次等基本情況的交流最多，如，洪大容在書信中向孫有義詳細詢問中國科舉的基本情況，有云："貢舉法，有童生、貢生、秀才、舉人之別，願聞其制。省府州縣每年選士幾人？選之之法，各用幾日？所試詩文，其體幾何？時文號以八股，是何義也？"孫有義對這些問題詳細作了解答，其字數有千餘字之多①，他在給洪大容的另一封書信中，還詳細介紹了八股文程式②，這爲朝鮮文士深入瞭解清朝科舉提供了一個較爲客觀的文字材料。

與科舉相關的話題，還有人才的選拔培養，尤其重視學校教育。如汪喜孫《與朝鮮嘉湖侍郎書》特別强調"夫國家之治亂，視乎人材；風俗之盛衰，本於學校"③。當十九世紀末，中朝兩國面對外侮，都力圖富國强兵，因而對人才培養較爲重視。如金允植《上北洋大臣李鴻章書（辛巳冬在保定府時）》中就介紹了當時朝鮮培養人才的方法，載云："昨年秋令中外廣薦人才，量加擢用。今年春設統理衙門，分治機務，秋又令擇文武子弟年少者，使習語學兵技，今又選徒遠赴，學習製造。"④

（5）宗教內容交流

自古以來，宗教一直與中國的政治、時局等有着密切的關聯，在清朝也不例外。清朝廷、清文人一般都對宗教問題有一定的關注，而出使到中國的一些朝鮮文人對關涉時局的宗教同樣也很感興趣，因此它也成爲了兩國文士尺牘交流的主要內容之一。

有涉及佛教內容的尺牘，談論焦點在儒釋之辨上，如，洪大容在給嚴誠的書信中請他談論對儒、老、佛三教的見解等，有云："凡此其同中之異，似是而非者，願聞其説。"⑤ 後來，嚴誠在《丁亥秋答書》中對洪大容提出的問題一一發表了自己的看法⑥。

有涉及道教話題的交流，如洪大容通過書信向孫有義詢問道教的符章祈禳之術是否有益於生民。孫有義在答書中有云："張天師後裔藉符呪而祈雨除妖，頗有神驗，固非無裨於民生者也。"⑦

---

①洪大容《湛軒書·外集》卷一《與孫蓉洲書》，《韓國文集叢刊》第248冊，頁125。
②參見孫有義《與湛軒》，《燕杭詩牘》，美國哈佛燕京圖書館藏本。
③楊晉龍編《汪喜孫著作集》，頁192。
④金允植《雲養集》卷十一，《韓國文集叢刊》第328冊，漢城：民族文化推進會，2004年，頁432。
⑤洪大容《九月十日與鐵橋》，嚴誠《日下題襟集》"洪高士尺牘"條。
⑥嚴誠《鐵橋丁亥秋答書》，嚴誠《日下題襟集》"洪高士尺牘"條。
⑦洪大容《湛軒書·外集》卷一《與孫蓉洲書》，《韓國文集叢刊》第248冊，頁126。

有涉及西藏宗教的交流，如洪大容在書信中向孫有義詢及西藏喇嘛，孫有義在答書中有云："喇嘛之號起於本朝，在前則曰胡僧，曰西藩僧，來中國者，皆有道行，非若今之驕悍全無山人氣者比也。今則皆邊外之蒙古人爲之，亦有四方無賴之徒充之者，然其間有大喇嘛號爲活佛，能知過去未來之事，則又不可以尋常論也。"①

此外，還有涉及西方天主教話題的交流。隨着西方宗教的傳入，十八世紀北京出現了一些教堂。作爲一種新現象、新學説，它自然會引起來到北京的朝鮮文人的關注。天主教堂成爲了他們經常觀覽的場所。一些中朝文士在來往尺牘中也就天主教的有關問題進行過交流。如，洪大容在書信中請孫有義談談對天主教的看法，有云："近聞中國多崇其學，害甚異端。若其算術儀象之巧實是中國之所未發，大方評議云何？"孫有義在答書中表達了自己的看法，有云："泰西之學以邪教論，其爲例禁也久矣。間有無知之輩崇其教者，地方官察出，即置重法，故不特未見其書，抑且不聞其人。至於算術儀象一切制作之巧實中國之所不廢。"② 孫有義指出，雖清朝地方官嚴禁百姓從信天主教，但其算術儀象的長處還是得到了清廷的認可和採納。又如丁巳年（1797），洪良浩在給紀昀的書信中專門用別幅詳細談了自己對天主教的看法，認爲"其周天之度不出羲和之範圍，推步之術全用黄帝之句股，乃是吾儒之緒餘也。所謂奉天之説亦本於昭事上帝之語，則未可謂無理，而稱以造物之主，裁成萬物，乃以耶穌當之，甚矣。其僭越不經也，況又滅絶人道，輕捨性命，斁倫悖理，非直釋氏之比，實異端之尤者也。"在强烈地對天主教質疑後，洪良浩請紀昀通過書信來談談對天主教的看法③。紀昀在後來給洪良浩的答書中也清晰地表明自己的觀點，指出天主教"其志必欲行其教於中國，而究之萬萬無行理"。其原因在於"中國則聖賢之教素明，誰肯毀父母之神主，絶祖宗之祭祀，以天主爲父母祖宗哉"。因而，紀昀認爲"彼法第一義即是彼法第一礙"，"其謀所必不成，真一大愚而已矣。"④ 由此可見，紀昀對當時清朝的儒學根基充滿信心，因而他對天主教在中國的傳播不以爲然。

（6）書籍字畫交流

中朝文人的來往書信中，往往多有關於書籍話題的記載。一些朝鮮使臣非常關注

---

①洪大容《湛軒書·外集》卷一《與孫蓉洲書》，《韓國文集叢刊》第248册，頁126。
②洪大容《湛軒書·外集》卷一《與孫蓉洲書》，《韓國文集叢刊》第248册，頁126。
③洪良浩《耳溪集》卷十五《與紀尚書書》，《韓國文集叢刊》第241册，頁267。
④洪良浩《耳溪集》卷十五附紀昀《答洪良浩書》，《韓國文集叢刊》第241册，頁269。

中國一些圖書的編纂出版情況，如《四庫全書》、程朱之書、其他一些別集、專著，諸如陸德明《經典釋文》、翁方綱《蘇齋筆記》等的刊刻流傳情況，也是中朝文人尺牘交流的重要內容。清乾隆時期國家組織編纂的《四庫全書》是歷史上最大的一部叢書，而歷史上或當時在學壇有較大影響的名人撰作的編纂、刊刻活動在當時影響也很大，各種信息在清朝社會、甚至同時期的朝鮮朝流傳，故而一些朝鮮文士對這些著作給予了高度關注。如徐浩修、李德懋等人也與清友人有過《四庫全書》信息的詳細交流。徐浩修曾在信中向李調元打聽《四庫全書》的刊刻情況，李調元在答書中進行了詳細回答，有云："至我皇上修《四庫全書》，共抄寫四部，一部留大內，一部留圓明園，一部留文淵閣，一部留熱河，除四部外，並無抄本。間有刻者，不過聚珍版一二部在武英殿，然不能購也。皇上賜人，則人有之。《四庫全書》四部皆抄本，皇上手邊披覽之書亦抄本，無印本。大半爲部頭大，所以不能刻也。不過天府之藏，無書不有，以備文獻而已，非以流行天下也。《薈要》亦然。"① 李德懋在給潘庭筠的書信中也詳細打聽《四庫全書》的有關情況，有云："先生充編輯《四庫全書》之官云。四庫之名如唐所定經史子集、甲乙丙丁之次序耶？大抵編次如叢書《稗海》收其全書耶？幾部而幾卷耶？既包羅天下之書，則海外之書如朝鮮、安南、日本、琉球之書亦爲收入耶？若然則略示其目錄如何？"② 對於書籍版本、刊刻關注的尺牘還有紀昀與徐瀅修書（徐瀅修《明皋全集》卷六）、翁方綱與金正喜書（韓國春川秋史文化館藏）、周達與金正喜書（韓國春川秋史文化館藏）等。

朝鮮文士對清朝編纂圖書的强烈關注意識，還表現在他們對中國典籍中記載的朝鮮事主動地進行糾錯，如洪大容在給潘庭筠的書信中專門就朱璘《明記輯略》中記載的"朝鮮王諱沉湎於酒"、"聽嬖臣李德馨言"、"統制使李舜"、"朝鮮國王李琿爲其侄李諱所篡"、"琿仁柔"、"李諱走馬試劍云，掌官誥令"、"密約琿繼祖母王大妃三月初九日在宮中舉火"、"登萊巡撫袁可立疏言，如果不道，當聽大妃具奏，靜候朝廷處分"、"念昔年禦倭之恩，思報中國，致罹今日之變"等諸事條，一一作了詳細辨證和糾謬，並將此文題作《明記輯略辨說》以突出其糾錯的寫作意圖③。洪大容的辯駁有理有據，博得了潘庭筠的充分肯定，其有云："示憲文王事辨，從王阮亭《池北偶談》中見載一疏，亦辨此事，與尊辨同。阮亭詩名品望爲國朝第一，學者多宗之，其言足

①《李調元答徐浩修書》，《同文神交》，韓國國立中央圖書館藏本。
②李德懋《青莊館全書》卷十九《與潘秋庫書》，《韓國文集叢刊》第 257 册，頁 263。
③洪大容《湛軒書·外集》卷一《與秋庫書》，《韓國文集叢刊》第 248 册，頁 109—111。

以徵信，亦可破青巖訛謬之説矣。"① 指出其辯解觀點與清朝大學者王士禛相同，值得徵信。

此外，一些中朝文士對找尋、編纂異國文獻也表現出濃厚的興趣。如潘庭筠意欲編纂朝鮮風土記一類的書籍，其有云："讀書之暇，蕭閑空曠，思欲撅拾海東風土、世紀輯爲一書，並録東人之詩，使海内知周太師禮義之教、風化之美至今猶有存者。"② 葉志詵意欲將留存於朝鮮的唐代以前文獻補輯到自己所編《全古文》中，通過尺牘向朝鮮友人求助，有云："此時詵復私自搜輯唐以前文字名曰'全古文'，現經已校畢者，三百餘卷，敢祈閣下將貴地唐以前文字一一搜輯，或史傳，或文集，能以全書寄贈甚善，否則於藏書之家，借抄見寄，以多爲妙，此事並祈與東籬先生相商，同爲搜輯，至感至感。"③

書籍互贈的記載也是兩國文士尺牘交流的重要内容。從十八世紀初期，直到十九世紀末期，尺牘中記載的書籍贈予情況幾乎從未斷絶。這清晰地在尺牘正文之後的贈物別單得到體現，如金正喜與清人來往尺牘別單中就多有贈送書籍名的記載。這些贈書名目繁多，涉及經史子集，有着如下特徵，它們或是自己的專著，以期得到異域友人的品評，在他國的流傳；或是先祖、友人的作品，期待異域友人的瞭解；或是用於治學的專著，承載着幫助異域友人的誠心，比如朝鮮趙寅永收集選注的《海東唐文選》，曾隨信寄贈劉喜海，劉喜海收到此書，閲讀之後作跋云："右《海東唐文》二十有九通，内多《全唐文》未經著録者，當採之以備拾遺。"字畫的贈送在中朝文人往復尺牘中也較爲常見，多以贈送名家的字畫、自己爲友人題寫的匾額、楹聯爲主。

（7）政治、軍事、外交信息的交流

十九世紀中後期，清朝和朝鮮積弱積貧，都有着内憂外患，地理上的毗鄰，朝貢關係等使得兩國的前途命運息息相關。通過尺牘的頻繁往復，中朝上層官員就兩國政治、軍事、外交等方面的問題有着密切的交流。代表性的尺牘集有《大陣尺牘》（首爾大學中央圖書館藏本）、《大陣尺牘》（首爾大學奎章閣藏本）、《華使尺牘》《朝鮮外交關係書翰録》《墨緣》《札翰》、丁小明編《譚屑拾餘——晚清駐朝鮮使臣叢札及詩文稿》《天雁尺芳》《北雁尺一》等。其主要内容分述如下：

其一，相互介紹本國的政治軍事局勢，共同分析動蕩的形勢，以提出應付對策。

---

① 洪大容《湛軒書·外集》卷一，《韓國文集叢刊》第 248 册，頁 113。
② 潘庭筠《與金在行書》，《中朝學士書翰》，韓國高麗大學華山文庫藏。
③ 葉志詵《與朝鮮佚名書》，《葉東卿手札帖》，私人藏本。

如，李鴻章在戊寅年（1878）致李裕元的尺牘中寫道："旋接何侍講來書，知日本近以俄人較焉，啓疆貪得無已，頗思戒備，懍然如猛虎在卧榻之旁。其於貴國不特並無惡意，似欲聯爲輔車，引爲唇齒，頗疑貴國不肯傾誠相待。僕揆度大勢，泰西英美各邦相距過遠，志在通商，無利人土地之心。俄跨有三洲邊境，實與我東北各界毗連，又時以蠶食鯨吞爲事。貴國與日本濱臨東海，俄國兵船游奕窺伺，而終不能免。"[①] 詳細分析了日本和俄國的狼子野心，認爲朝鮮的處境"如猛虎在卧榻之旁"，而歐美各國並無侵佔領土之意。除了正面分析形勢的嚴峻，李鴻章還巧妙地借用了四個歷史典故，警示朝鮮閉關自守只會導致自取滅亡，必須與其他强國修好結盟纔能化解目前的危機。到了己卯年（1879），李鴻章更是在寫給李裕元的信件中直接提出了對朝鮮與歐美各國立約通商的希望："以毒攻毒，以敵制敵。""與泰西各國立約，藉以牽制日本。"可以説，李鴻章在尺牘中所論述的正是清政府想要傳達給朝鮮的信息，雖然這是李鴻章與朝鮮文人的私人往來，但此時尺牘已經充當起了非正式政府公文的角色。

其二，對開放口岸通商的探討。十九世紀末，西方國家不斷對朝鮮提出開放口岸的通商要求，仍然固守閉關鎖國政策的朝鮮斷然拒絶，而清政府爲了牽制日本，卻試圖勸導朝鮮打開國門。這在當時朝鮮文人與清文人的來往尺牘中時可見這方面内容的記載。如李裕元在給李鴻章的信中頻頻表達出對通商問題的回避和抗拒，但二人間的尺牘往來在某種程度上對於朝鮮最終開國通商還是起到了一定的推動作用。

其三，出於幫助朝鮮度過危機、穩定中國周邊局勢的考慮，清朝文士在尺牘中還經常與朝鮮文人探討富國强兵之道。如壬午年（1882），李延祜在寫與金昌熙的信中表示："救火之法無他，但置西洋雙筒、水龍，散架，再添置水桶、繩鈎、义梯等事，如貴國欲行，弟當繪圖著説，並立章程而已。"[②] 爲對方提出了具體可行的建議，並表示自己願意鼎力相助。信後，他還附上自己所撰《朝鮮富强八議》，根據清朝相關經驗和朝鮮實際國情，提出了"籌商務以收利益"、"開礦井以裕財用"等八條建議。

最後需要指出，總體考察清代中朝文人尺牘，與清代中朝文士筆談的主要内容相比，中朝文士的來往尺牘内容中没有關於時諱話題的交流。像明末史事、文字獄、禁書、宫闈秘事、吳三桂等，這些筆談交流中時常出現的話題不見於中朝文士尺牘中，此與兩國文士擔心留下筆迹證據，從而危及自己的身家性命有關。筆談紙可以帶走或

---

① 李裕元《嘉梧稿略》第 11 册附李鴻章《與李裕元書》，《韓國文集叢刊》第 315 册，漢城：民族文化推進會，2003 年，頁 439。

② 李延祜與金昌熙書，《大陣尺牘》，韓國首爾大學中央圖書館藏本。

當場銷毀，而尺牘畢竟要通過他人傳遞，亦時有遺落，因而兩國文士在尺牘中都避免談及這些內容。

中朝文士間的來往尺牘的內容，呈現出階段性的特徵。十八世紀前期的中朝文人尺牘內容以學術、文學研討爲主，尤其以儒學的研討爲核心，此與兩國文人尋求文化的認同感有密切關係。十八世紀中期以後到十九世紀中期，中韓文人尺牘交流的重點轉移到漢學、宋學之上，尤其在金石學的交流方面，兩國文士投入了很大的精力，此與朝鮮朝實學的興起、清朝乾嘉漢學的興盛，又緊密關聯。而到了十九世紀中後期，中朝文士的尺牘交流的焦點又變成了時局、外交、國家的前途等，這又與兩國面臨外侮的國情有着極大關係。

五、中朝文人往來尺牘的文獻價值

中朝文人往來尺牘，絕大多數都是揭示兩國文士交流的新材料，這批資料在現存的中國典籍中未載或略載。諸多原本不爲學界所知的重要中朝文人間的交流，由於這些資料的挖掘而得以重現。以《尺牘藏弃集》爲例，它是清朝文人寫給朝鮮金正喜的弟弟金命喜的尺牘集。金命喜沒有留下燕行録和文集，他與清人的具體交往情況，是發掘了此尺牘集後纔揭曉的。而金正喜與清朝翁方綱、阮元、劉喜海、汪喜孫等人交往的事跡，在金正喜的文集和中國文獻中沒有記録，也必須通過《尺牘藏弃集》《覃溪手札帖》《海外墨緣》等尺牘集的發掘纔能知曉。再如，慶軍駐朝將領李延祜留下的尺牘近40封；駐朝將領王錫鬯留下的尺牘近20封等。此二人的事跡幾乎湮没不聞，恰是這些尺牘的出現，他們曾經的一些重要行跡纔得以再現。另外，就每一位尺牘的發信者、收信者而言，這批尺牘幾乎都可以用來補充它們文集篇章的數量，這有益於相關研究更客觀、更全面。這些文獻的補遺、補證等作用，也必然會引發出一些重要的學術新問題，使得先前的研究得以有深入的可能。學術研究的前沿性，由此而得以凸顯。此正如陳寅恪先生在《敦煌劫餘録序》中所云："一時代之學術，必有其新材料與新問題。取用此材料，以研求問題，則爲此時代學術之新潮流。"

中朝文士來往尺牘現存數量較多，內容豐富，堪稱反映清代社會的"大百科全書"。據朝鮮史料《清選考》，朝鮮向清朝共派遣了451次燕行使團。使行期間，衆多朝鮮文人由此而結識交遊了一大批清文人，他們之間的大量往復尺牘不僅僅是中韓文人交往的私人記録，而且是清時期中韓的文化、學術、政治、經濟乃至19世紀末期國際形勢和軍事情報信息。僅就筆者收集的30種單獨的尺牘集考察，其中就涉及到250

餘位清朝文人與 50 餘位朝鮮文人文學、學術交流情況。如，19 世紀末期的《北雁尺一》就有當時朝鮮爲了加强本國的武備力量，與清朝官員協商、溝通並求助的内容；《大陣尺牘》中有派駐朝鮮的吳長慶提督及其幕僚與朝鮮官員交涉通商業務方面的信息等。這些信件絶大多數未見載於中國文獻。因而清代的中朝文人來往尺牘能爲相關學科的學術研究提供第一手資料，因而具有極重要的史料價值。

作爲揭示中韓文化交流的新材料，其不惟内容豐富，而且較爲真實。與其他文體相比，尺牘的傳播具有私密性，它是傳達友朋心聲、發表見解的交流載體。因而，通過尺牘可以較爲自由真實地表達自己的思想。它們的内容也就比其他文學體裁的文章更有可信度。"真"更加提升了這批尺牘的文獻價值。中朝文士來往尺牘還爲相關研究提供了一種新視角。此外，由於兩國文人的文化背景存在差異，異域文人觀察問題的視野與本國人相比，有着較大的不同。對於對方國度問題的看法，是處在旁觀者的角度，常常可以突破"不識廬山真面目，只緣身在此山中"的局限，真實而自然地傳達出見解，而諸多記載和觀點恰恰是當時對方國度文士所未發，因而，這批尺牘文獻可以稱作考察對方國家文化學術等的"第三隻眼"。

吳汝綸與日本明治時期漢詩人交遊考論

高　平

（台州學院）

引　言

近代西方列強以堅船利炮打開古老東亞的大門之後，中日兩國被强行納入世界格局之中，成爲歐美諸國漁獵侵佔的對象。日本通過明治維新迅速崛起，全方位向西方學習，並在甲午戰争、日俄戰争戰勝中俄兩國，成爲東亞世界的霸主。由此及時研究日本的強國之路成爲中國有識之士的緊迫任務，而赴日考察也成爲探究其成功之道的重要途徑。在政治、軍事、教育、文化等各個領域的考察中，教育考察令人醒目。1902 年，京師大學堂總教習唯一人選、桐城派後期大師吳汝綸以 63 歲高齡，親赴日本考察新式教育，在兩國均引起了很大反響。吳氏作爲一代文宗，學界領袖，所到之處皆受到熱烈歡迎，在與日本學界的文化互動中留下了衆多詩作，掀起黃遵憲之後中日近代詩學交流史上又一個高潮。吳氏不懂日文，而不少日本漢詩人也不能以漢語與吳氏對話。二者之間除了通過翻譯交流外，還以東亞共通文字漢字的筆談形式進行溝通。1899 年吳氏贈送日本漢詩人武田篤初詩云："客口倭言胸漢文。"[1]　筆談克服了兩國人士口語不通而難以交流的障礙，正如 1878 年源桂閣贈首屆赴日使團成員沈文熒詩所云："不假辯官三寸舌，只揮名士一支毫。"[2]　本文試以吳氏與日本漢詩人的唱和詩、筆談記録、近代報刊等爲基本文獻，對日方詩人略作考索，揭示交流活動對詩歌創作

---

[1] 吳汝綸著，施培毅、徐壽凱校點《吳汝綸全集》第 1 册，合肥：黃山書社，2002 年，頁 440。
[2] 劉雨珍編校《清代首屆駐日公使館員筆談資料彙編》上册，天津：天津人民出版社，2010 年，頁 14。

的影響，並分析雙方對性靈派詩風看法的異同。

一、吴汝綸與日本漢詩人唱和考述

吴汝綸（1840—1903），字摯甫、至父，安徽樅陽人，晚清著名文學家、教育家。先後入曾國藩、李鴻章幕府，歷任內閣中書、深州知州、冀州知州等職，在任保定蓮池書院山長期間，創辦東、西文學堂，對教育制度、内容、方法實行變革，成爲北方教育改革的中心。吴氏此時與日本學者已有交往，如中島裁之1897年投入吴氏門下研習漢學，並輔導其子弟學習日語和英語，1901年更在吴氏幫助下創辦面向中國學生的新式學校北京東文社①。吴氏到日本教育考察，中島前後爲之奔走，貢獻甚多。1902年京師大學堂恢復，掌學大臣張百熙多次力邀吴氏任總教習，以至以全國生徒名義朝服跪請，但吴氏皆堅辭不就。無奈之下，張氏直接奏請朝廷，朝廷准奏，著賞吴氏加五品卿銜，充任京師大學堂總教習。吴氏只好暫不言辭，待學堂章程議定後，“視章程中總教習職事如何，内度材力能堪與否，再議辭受。”②吴氏對總教習一職，雖未改變初衷，受職上任，亦未違抗朝命，斷然拒絕，而是視總教習所管事宜定其去留。作爲日程上的緩衝，吴氏提出離京赴日考察現代教育的請求，張百熙應允。一則吴氏認爲京師大學堂總教習“必得中西兼通之儒”③爲之，實地考察得風氣之先的日本教育自然必不可少；二則吴氏兒子吴闓生留學日本，身體羸弱，吴氏可借此機會探望。於是1902年5月至9月（陰曆，下同），吴氏東遊考察日本的教育改革。吴氏自己雖不以京師大學堂總教習身份自居，但從接待水準看，日本朝野是以總教習待遇視之的。如7月26日東京同文會的長岡護美贈詩吴氏稱《贈吴大學總教習》④，9月7日，吴氏拜訪明治初年擔任文部省大輔的田中不二麿，筆談記録者織田謙藏稱吴氏爲“清國京師大學堂總教習”。

考察吴氏與日本漢詩人唱和詩可以得知其子吴闓生編輯吴氏詩集情況。2002年黄山書社出版的《吴汝綸全集》主要在1928年吴闓生家刻本基礎上編纂而成，第1册收録吴氏與日本相關的詩歌有84題110首詩歌，其中當有遺漏。如據《東遊叢録》5月

---

① 佐藤三郎著，徐靜波、李建雲譯《近代日中交涉史研究》，上海：上海人民出版社，2013年，頁230—232。
② 吴汝綸著，施培毅、徐壽凱校點《吴汝綸全集》第4册，頁759。
③ 吴汝綸著，施培毅、徐壽凱校點《吴汝綸全集》第4册，頁758。
④《大公報》，1902年8月13日。

27 日日記，吳氏在東京女子師範學校考察時，教授南摩綱紀贈自壽詩索和。南摩綱紀爲詩壇元老，年長於吳氏，吳氏應有和作而詩集未存。吳氏的《近作一絶，今用奉贈江木夫人即希吟定》爲贈送法學家江木冷灰夫人之作，詩集亦失載。另外，將吳氏詩集與日記中的"遊覽"部分對讀，可知詩集中不少詩名來自日記，如作於 5 月 27 日的《赴交詢會，社長大鳥圭介今爲樞密顧問官。社員請留話及詩於留音機，倉促成廿字》，6 月 13 日的《赴大倉之招。大倉者，東京富人也。蔡公使毓將軍均在席。席間長岡護美爲二詩分贈余及毓公。毓即席和答，余歸途乃成》，詩題與日記文字完全一致，當爲吳氏即席贈答本無標題，吳闓生根據日記内容擬定。吳氏與日人唱和詩大部分是應對方邀請而作，但也有例外，如其遊本願寺所作十首次日即主動贈與方丈光瑩，對方無和；5 月 18 日晚參加大阪歡迎會，應主人之邀即席賦詩，隨即又向在座者索和。藤澤元造當場依韻相和，被吳氏贊爲美才。

　　吳氏對日本素有研究，其日記中不乏對日本歷史及當代政治、學術、詩歌的探討。如 1901 年 6 月 3 日評論東京大學文科助教兼學習院教授市村瓚次郎所示詩《居庸關》"詩才甚可觀"①，1902 年 1 月 5 日考證日僧榮西《興禪護國論》中的言論出自何種佛經，即是顯例②。其與日本學人的交流頗爲頻繁。吳氏弟子賀濤《吳先生行狀》説吳氏道德文章聲播中外，"日本人尤信慕，學者或航海西來，執弟子禮受業。其居中國者，無不造門請見，贈珍物，通殷勤而乞詩文，以誇示其國。及先生東渡，傾一國人，無貴賤男女，皆以得一見爲幸。"③ 吳闓生《先府君哀狀》亦言吳氏"在東京日夕應客以百十數，皆一一親與筆談，日盡數百紙"④。對此吳氏日記中也有生動記載。如初到馬關時，《門司新報》《福岡日日新報》《大阪朝日新聞》的記者到船，各索一詩而去。吳氏云："吾途間所爲拙詩，皆已遍傳各報，醜亦不容自匿矣。"⑤ 無論是授業解惑、切磋研討，還是考察探訪，吳氏與日本友人的交往皆穿插了不少詩文酬贈活動。通過梳理，我們發現吳氏酬贈對象涉及多個領域，其中不少人享有盛譽。

　　教育學者是吳氏交往的最重要對象，其中既有普通教習、教育名家，也有教育部門官員。如吳氏赴日時的日語翻譯金子彌平，曾入曾根俊虎創辦的漢語學校、慶應義塾漢語科執教，後至保定訪問吳氏，贈詩二首並索和。武田篤初是西京本願寺教學參

①吳汝綸著，施培毅、徐壽凱校點《吳汝綸全集》第 4 册，頁 295。
②吳汝綸著，施培毅、徐壽凱校點《吳汝綸全集》第 4 册，頁 356—358。
③吳汝綸著，施培毅、徐壽凱校點《吳汝綸全集》第 4 册，頁 1142—1143。
④吳汝綸著，施培毅、徐壽凱校點《吳汝綸全集》第 4 册，頁 1155。
⑤吳汝綸著，施培毅、徐壽凱校點《吳汝綸全集》第 4 册，頁 775。

議部總裁，歷任文學寮長、布教局長等職，1899 年至保定訪問吳氏並贈以日本武士刀。吳氏訪日時至西本願寺，武田抱病相見，吳氏贈詩一首①。其他還有西京大學校長木下廣次、西本願寺大學林教授梅原融、新潟縣視學官湯原元一等人。

實業家中如川崎造船所社長，大藏卿、侯爵松方正義之子松方幸次郎。吳氏在神户時曾考察其船廠並贈五律一首，刻畫出"化工通製作，餘興寄山林"② 的新一代創業者形象。龜井忠一是出版業巨頭三省堂書店的創辦人，邀請吳氏遊玩向島時令其二子懸腕作書，又作劍舞，給吳氏留下深刻印象。吳氏贈詩贊二子"文能書記武劍舞"③。田邊爲三郎是大東輪船股份公司董事長，在東京時曾想拜見吳氏，但聽説吳氏客多，就未前往打擾。吳氏回國時二人同船，其贈吳氏詩有警句"浴硯鯨波湧，登樓嶽雪開"，爲吳氏激賞並依韻相和。

藝術家中如著名歌人下田歌子。歌子早年曾習漢詩、俳句，尤其擅長和歌，曾創辦夭桃女塾、華族女學校，又赴歐美考察教育，深得天皇夫婦賞識，有"近代紫式部"之稱，著有《家政學》《詠歌之琴》等。吳氏歸國時歌子作短歌相送，吳氏請所聘桐城中學堂教習早川新次翻譯，得知意爲欲留客而客不能留，別淚霑衣，願將此淚化雨，遍潤禹域芳草。吳氏甚爲感動，歸途中賦詩寄謝。再如書法家新岡旭宇應伊藤稻子之邀爲吳氏作字："每字長六尺，凡作五大字，一筆書，亦一奇也。"所書字爲"江山氣象新"④，並作七絶書扇相贈。吳氏嗣後有和詩。新岡旭宇有《筆法初傳》《點畫三十八法》《墨場錦囊》等著作行於世。

政治家如長岡護美，子爵，華族，早年曾參與王政復古大業，1880 至 1881 年任駐清公使，後又任元老院議官、貴族院議員等。大倉財閥的創始人大倉喜八郎邀請吳氏及駐日公使宴飲時亦請長岡護美陪同，長岡護美即席贈詩，吳氏歸途中和詩乃成。長岡護美漢詩才能迴出儕類，所著《雲海詩鈔》佳作甚多，如《老將》一絶云："暮年屢逐虜兵逃，青海長雲瀚海濤。一夕低頭憐戰馬，不知風雪滿弓刀。"⑤ 頗有王昌齡、盧綸等人邊塞詩的雄壯之氣。再如關義臣早年參與倒幕運動，維新不久即被剝奪士籍下獄，平反後從事法律工作。關氏曾將與清人唱和詩輯爲《海東唱酬集》，並著有《秋聲窗詩抄別集》。吳氏贈詩云："節士悲歌唱尊攘，中興佐命紀咸同"，兼顧雙方事功，

① 此詩吳闓生編輯吳氏詩集時失載，見《吳汝綸全集》第 4 册，頁 779。
② 吳汝綸著，施培毅、徐壽凱校點《吳汝綸全集》第 1 册，頁 447。
③ 吳汝綸著，施培毅、徐壽凱校點《吳汝綸全集》第 1 册，頁 451。
④ 吳汝綸著，施培毅、徐壽凱校點《吳汝綸全集》第 4 册，頁 784。
⑤ 長岡護美《雲海詩鈔》卷下，東京：秀英舍，1899 年，頁 46。

頗有惺惺相惜之意。又如男爵大鳥圭介是資深西洋軍事學者，曾任駐清公使、朝鮮公使，對中日甲午戰爭的爆發起到了重要作用。6 月 27 日吳氏應交詢會之邀，講話與吟詩皆用留聲機録下，該社社長即爲時任樞密顧問官的大鳥圭介。

記者如川崎三郎。川崎三郎 1880 年入大藏省工作，歷任東京曙新聞社、大阪大東日報社記者，後爲《中央新聞》《信濃每日新聞》主筆。1894 年 6 月朝鮮爆發農民起義，川崎三郎作爲隨軍記者與山縣有朋的第一軍進入朝鮮，又組織大東亞協會。1901 年與頭山滿等人創辦黑龍會。有研究甲午戰爭著作多部，特別是因敬仰曾國藩而創作《東邦之偉人》，高度評價曾氏功績，認爲可與華盛頓、俾斯麥、加富爾相媲美①。吳汝綸是曾氏得意弟子，二人之契合不難想見。1897 年川崎三郎贈予吳氏甲午戰爭中殉職的丁汝昌遺墨，囑託吳氏贈言，又欲至保定拜訪而適逢本國急電令其赴歐洲，所以吳氏贈詩由中島裁之轉交。又如寄詩索和又贈武士刀的結成琢。甲午戰後結成琢入臺灣總督府，負責編纂台南縣志。1901 年隨長岡護美赴清，向大儒俞樾請教詩學。吳氏訪日時結成琢任《日本新聞》記者，大正時期又創立茗溪吟社、月池吟社及創辦雜志《詩林》，輯有《和漢名詩鈔》《明治二百五十家絶句》，所收詩作蔚爲大觀。

吳氏酬贈者以學者最多，其中有多位漢詩人，如地理學家小川金三郎、山上萬次郎，醫學博士吳秀三，農學家木村知治，法學博士岩崎孫藏、江木冷灰，倫理學家菅了法，漢學家三島中洲、信夫粲、齋藤木等。至於小野湖山、福原周峰、永阪石埭、森槐南、本田種竹、土屋鳳洲、永井禾原、土居香國、高橋白山、北條鷗所、結成琢、岩溪裳川、高島九峰等人，更是漢學修養深厚、馳名詩壇之人。可以説，吳氏所交往者皆爲一時之選。小野湖山、福原周峰、永阪石埭幕末即有詩名，維新後挖揚風雅，穩居元老之席；森槐南、本田種竹、北條鷗所、永井禾原等人作爲詩壇的中心人物，都先後至中國考察，與禹域詩人廣泛交往，寫下中日近代詩學交流史上的絢麗篇章。

吳氏訪日期間，除了和單個日本學者的交往，還參加了研經會、交詢會、同文會、檀欒會等民間機構，接觸到衆多關心東亞時勢者，當中頗有政見近似、愛好漢詩之人。其中檀欒會是專業性的詩歌社團②。吳氏參加了該詩社的第七、八次雅集，時間爲中秋、重陽。參加者除詩社創辦者江木冷灰、刊物《檀欒集》的編輯岩溪裳川以及小野湖山外，還有森槐南、永阪石埭、永井禾原、土居香國、高島九峰、本田種竹、關澤

---

① 該著另以《曾國藩傳：日本人眼中的曾國藩》之名 2012 年由香港中和出版社出版。
② 對於檀欒會的相關情況，請參看拙文《吳闓生〈晚清四十家詩鈔〉所收日本漢詩考》中的考索，見《古典文獻研究》2015 年第 18 輯上卷，頁 182。

霞庵、上夢香、手島知德等九位名家。兩次盛會將吳氏在日期間的詩學活動推向了高潮。

二、交遊過程中的詩歌創作互動

中國素有外交場合賦詩言志的傳統，使臣必須具備深厚的文化修養和敏捷的反應能力方可完成外交使命。《論語・子路》即曰："誦詩三百，授之以政，不達；使於四方，不能專對。雖多，亦奚以爲？"從《左傳》《國語》等先秦史籍記載來看，誦詩三百存在着忠實原詩與斷章取義這兩種情況。隨着後代兼詩人身份的使臣群體的出現，外交場合即興創作的情況越來越多，從而出現賦詩言志向作詩言志轉移的傾向，"詩言志"的個性化與文學色彩不斷加強。尤其是在國際關係複雜、國力差距較大的情況下，外交人員能夠不辱使命，在順利完成任務的同時彰顯個人的獨特風采，無疑是個艱巨的任務。從此角度來看，吳汝綸的在日詩學活動頗爲成功。吳氏赴日前已閱讀大量的有關日本明治維新的著作，東渡後更與各界人士廣爲交往，近距離觀察爲其提供了鮮活的異國體驗和豐富的詩學素材。其向張百熙建議多派人考察教育時説："百聞不如一見，得賢智之士一來考覽，勝閲報紙、譯書者百倍。"[1] 誠乃深得三昧的甘苦之言。吳氏與日本漢詩人的交往對雙方詩歌創作都產生了較大影響。

就日方漢詩人來説，吳氏與之交往激發了他們的競爭意識。雖然與江户後期、明治前期相比，此時日本漢文學已呈衰頹之勢，但依然有衆多詩人活躍，且相互間不乏競爭。7月10日，森槐南邀請吳氏赴宴，參加者皆爲詩人，吳氏在衆人紛紛即席賦詩的情況下，作一絶慨歎道："坐中詞賦翩聯客，争似芙蓉第一峰。"[2] 生動描繪出諸多詩家躍躍欲試、互不相讓的熱烈場面。最能體現競爭氣氛的，是吳氏與森槐南、本田種竹的詩歌唱和。6月15日，吳氏遷居於故文部大臣森有禮宅，與森槐南住所鄰近。森槐南作《十九日吳摯甫京卿儗宅永田街，與余家鄰並。偶讀〈古歡堂集〉有〈移居詩〉，和者甚盛，因次其韻賦成一篇寄似索和》一詩相贈，表達"喜追王翰卜鄰願，催詩豈待街鼓撾"[3] 的歡欣之情。吳氏即席次韻，將之比作宗尚杜、韓詩風的吳萊，贊頌槐南"句勢矯若籠衙衙。怳對鄴宗淵穎作，矜奇鬥險從傾斜"。6月23日，森槐南攜

①吳汝綸著，施培毅、徐壽凱校點《吳汝綸全集》第3册，頁403。
②吳汝綸著，施培毅、徐壽凱校點《吳汝綸全集》第1册，頁458。
③森槐南《槐南集》卷二十一，東京：秀英舍，1912年，頁14上。

吳氏父子及友人本田種竹、永井禾原至大詩人梁川星岩故宅、現爲永阪石埭住地的玉池仙館拜訪，永阪石埭先次韻二章贈吳氏，槐南亦次韻一首。吳氏本擬和答，但興盡醉酒，不能即席酬贈，翌日方回詩。此輪唱和以本田種竹作詩最多。1899 年至 1900 年，本田種竹漫遊中國時曾至蓮池書院拜訪吳氏，吳氏贈詩二首。吳氏訪日，本田種竹見之，立即次韻回贈十首。與森槐南一行見永阪石埭時，本田種竹又連作九首次韻詩贈吳氏。森槐南讀到第七首時，作和詩曰："坐對新詩覺形穢，君自出水芙蓉花。"①在本田種竹再作二詩的情況下，森槐南不得不又和一首，題曰《再和種竹見答，不覺前後亦已五用此韻，無補廢神，幾於玩物喪志。任君有十送二十送，僕請從此擱筆》，並說："鶴長鳧短各相似，我請縮項學麛廬。"② 面對本田種竹的逼人氣勢，森槐南掛起了免戰牌。

吳氏參加檀欒會第七次社集時，本田種竹並不在場，事後補作詩，題曰《贈冷灰博士兼似槐南詩家十送唱和韻：聞博士擬以陰曆八月望夜招集吳摯甫及同社諸人，張宴賞月。予偶將試北遊，惜不得陪清歡，賦此言懷》③，至此本田種竹已經"十送唱和韻"。故森槐南評點本田種竹此次和詩道："此韻余實爲摯甫京卿移寓而發，一變爲玉池訂交之資，再變爲種竹逞技之材。才人能事，不可蠡測如此。"④ 日本詩家中，吳氏與森槐南交誼最深，吳闓生在《移居永田町一丁目十九番地森有禮宅。森槐南贈用田綸霞古歡堂移居詩韻，依韻和答》注中稱其爲日本詩家第一，這應是吳氏父子的共識。8 月 2 日，森槐南出示本田種竹和詩韻，吳氏讀之次韻道："心涸有若先竭井，才鈍欲擬後棲鴉。眼中二妙勿相逼，駑駘隨驥勞鞭撾。"⑤ 這固然是自謙之詞，但也含有陪鬥辛勞之意。又稱："老槐胸富五車書，罷官直以詩爲家。田生才多喜鬥險，窮苴罄杙遮麛廬。二子詩壇兩堅敵，應兵報復如彭衙。"⑥ 嗣後本田種竹看到吳氏稱森槐南爲老槐，而自己則是田生，很不高興⑦。吳氏乃改"田生"爲"竹君"，說"竹君"可與"老槐"相配。有意思的是吳氏詩稿本對此即席之作並未改動。三人皆爲宋詩派詩人。

---

① 森槐南《槐南集》卷二十一，頁 19 下。
② 森槐南《槐南集》卷二十一，頁 20 上。
③ 本田種竹《懷古田舍詩存》，東京：日清印刷株式會社，1912 年，附錄《懷古田舍詩曆》，頁 17。
④ 岩溪晉編《檀欒集》，壬寅年之冊，東京：東京印刷株式會社，1912 年，頁 33。玉池舫人爲永阪石埭之號，其看到森槐南贈吳氏詩後曾攜梁川星岩詩集拜訪吳氏，以作訂交之禮。
⑤ 吳汝綸著，施培毅、徐壽凱校點《吳汝綸全集》第 1 冊，頁 460。
⑥ 吳汝綸著，施培毅、徐壽凱校點《吳汝綸全集》第 1 冊，頁 460。
⑦ 本田種竹（1862—1907）長森槐南（1863—1911）一歲。

如以森槐南而言，他早年詩歌輕豔流易，中年後由唐入宋，長篇古體不斷增加，吳汝綸稱其詩風近於元末吳萊，而森槐南贈予吳氏的移居詩所和對象乃清初詩人田雯。《四庫全書總目》稱田氏"負其縱橫排奡之氣……詩文皆組織繁富，鍛煉刻苦，不肯規規作常語"[1]，三人和詩皆沿襲田氏詩風，可謂同聲相應，皆屬於黃庭堅的硬宋詩一路[2]：結構上大開大合，句式上奇崛槎枒，通篇採用七言八韻形式，其中的"鷹"、"銜"、"摜"、"嫋"又皆爲險字，讀來頗有矯若游龍的壯美之感。

就吳氏來説，複雜豐富的異國政治、文化體驗深刻影響了他的詩歌藝術風貌。由於交流對象、場合以及話題的不同，吳氏詩歌要表達的情感與觀點也是往往不同：有些可以直抒胸臆，有些須以含蓄象徵的方式委婉表達，皆能形隨情轉，言由心生。具體表現如下：

首先，在表達中日友好關係時，吳氏往往直接抒情，與日方的熱情接待相呼應。作爲文壇領袖、教育革新者，吳氏考察教育得到了日本朝野的熱烈歡迎和密切配合，這在中日兩國的報紙上均有跟蹤報導。如天津《大公報》1902 年 7 月 13 日"譯件"欄目即引日本報紙報導了吳汝綸一行抵達長崎、神户的詳細情況，而 6 月 25 日的"譯件"欄則引本月十六日東京《朝日新聞》言論，道出日方盛情接待吳氏的原因：日本人認爲吳氏没有清國士大夫普遍存在的排外習氣而喜與赴清日人交流，義和團運動前已辦東文學社，之後又復興學社，可見吳氏對日本好感出自天性。該報最後説："今先生爲查教育制度來我邦，蓋其結果有關彼我兩國者可知也。……當此時即負清國士大夫之重望如先生者，夙懷變法自强之志，應與我邦更親善也。先生遠來我邦，是説明我邦教育之現狀，又説明我教育界遇清國留學生厚待意也，能使清國偏見者流一掃其迷夢謬想之最好機會也。吾輩切望我邦縉紳士大夫待先生以十分敬意與滿腔之赤誠。"[3] 既有國家利益的考慮，又有對吳氏對日一貫態度的欣賞，體現了日本接待吳氏的真實意圖。而吳氏在日初期秉持中日提攜的觀點，主張聯日抗俄[4]，東亞合作，雙方主張一致，故而詩歌洋溢着輕鬆和諧的氣氛，甚至不乏詼諧色彩，體現出中日民間交

---

①田雯《古歡堂集》，見《四庫全書》第 1324 册，上海：上海古籍出版社，1987 年，頁 1。

②有關宋詩軟硬之分，請參看蔣寅《海内論詩有正宗，姬傳身在最高峰——姚鼐詩學品格與淵源芻論》，《文藝理論研究》2015 年第 5 期，頁 154。

③《大公報》1902 年 6 月 25 日"譯件"欄。

④吳氏《日本金子彌平見示近作二詩索和，次韻賦此即送其歸國》云："我有隆中對，歸煩問仲謀。"吳闓生箋注曰："甲午戰後，文忠公憤敗衄之辱，欲聯俄拒日，公謂非計，不如與日本結好，作書論之甚詳。此詩隆中策指此。"見吳汝綸著，施培毅、徐壽凱校點《吳汝綸全集》第 1 册，頁 492。

往的友好一面。如吳氏在京都歡迎會上所作詩云：“西京山色好，人意好於山。歸國船應重，人山並載還。”① 其給西京大學校長木下廣次詩云：“木鐸先生樂育才，肯移桃李海西栽。不須縮地長房術，卷起西京大學回。”② 詩風豪放幽默。1902 年 8 月 19 日吳氏赴永井禾原宴席，座中分韻作詩道：“連宵痛飲複狂歌，又倒君家金叵羅。只恐醉中無檢束，蹴翻東海奈君何！”③ 這樣一副其樂融融，甚至有點放浪形骸的形象，與國人腦中嚴肅刻板的桐城派古文家印象相距甚遠。

其次，吳氏在表達其對明治維新的看法時，多採用象徵暗示的手法，當是中日國力國策差距較大、不便明言之故。如其《遊本願寺十詠》第 9 首《西國花》云：“雅俗何須問，生新目未窺。故蹊猶自詡，異種已潛移。”④ 西本願寺從西洋引進花卉種植於園中，盛夏時節絢爛似錦，這正如近代日本不拘格套，一切拿來，無論是國家政策，還是民眾心理，都種下了自強不息的基因。而反觀中國，康梁變法只維持百日，頑固不化的統治者至今仍在夜郎自大。中日對比，吳氏如何不爲之唏噓。他雖嚮往西學，欣賞日本的維新運動，但又深知不實地考察很難得其精髓。吳氏赴日途中經過朝鮮釜山，當夜風狂浪大，次日作詩道：“恤然駭浪掀天地，卻是沈冥睡夢時。”⑤ 吳闓生注曰：“此痛中國經此大創而不寤也。”⑥ 將關係中日命運的戰爭納入睡夢詩中，一改古典同類詩歌慵懶虛浮、不關痛癢的格調，自嘲中有悲愴，創造了別樣的藝術境界。7 月 22 日，書法家新岡旭宇贈詩索和，吳氏和詩道：“世法爭鳴本代興，春花秋月不相應。先生近日成何事？永夜清吟看玉繩。”⑦ 吳闓生注曰：“喻開化之跡。”⑧ 日本書法源自中國，但其書家不拘成法，勇於創新，與中國古今書家爭鳴，這正是日本不斷進取的象徵。詩中塑造的黈夜看星的深沉形象，與其是説意想中的新岡氏，不如説是詩人自己。

近代中日有爭有合，吳氏亦主張兩國提攜共進，但實際情況是爭多合少，日本不斷侵犯中國主權和利益。對此，吳氏有時直陳觀點，義正辭嚴，有時又借題發揮，托物言志。吳氏詩集中現存最早的與日人唱和詩是 1897 年吳氏贈川崎三郎之作，該詩

---

① 吳汝綸著，施培毅、徐壽凱校點《吳汝綸全集》第 1 册，頁 448。
② 吳汝綸著，施培毅、徐壽凱校點《吳汝綸全集》第 1 册，頁 457。
③ 吳汝綸著，施培毅、徐壽凱校點《吳汝綸全集》第 1 册，頁 464。
④ 吳汝綸著，施培毅、徐壽凱校點《吳汝綸全集》第 1 册，頁 448。
⑤ 吳汝綸著，施培毅、徐壽凱校點《吳汝綸全集》第 1 册，頁 446。
⑥ 吳汝綸著，施培毅、徐壽凱校點《吳汝綸全集》第 1 册，頁 493。
⑦ 吳汝綸著，施培毅、徐壽凱校點《吳汝綸全集》第 1 册，頁 459。
⑧ 吳汝綸著，施培毅、徐壽凱校點《吳汝綸全集》第 1 册，頁 497。

云：“從來唇齒要相親，謀國寧爭一戰動。”[1] 傾力主張中日合作，儘量避免戰争再次爆發。1902 年 5 月 18 日，在大阪的歡迎會上，吳氏作詩道：“兩海同文經法在，秦齊莫漫問雌雄。”[2] 中日爲同文之國，共處東亞，唇亡齒寒，希望不要相互猜忌鬥争，以令西洋諸國坐收漁利。秦齊兩國分處東西，在此借代中日兩國。6 月 22 日，吳氏應長岡護美之邀參觀植物園，所作和詩曰：“一彼一此疆場事，三沐三薰言語長。”[3] 吳闓生注曰：“公往日本，適當國兵連衄之後，以‘一彼一此’爲言，不餒其氣，前詩‘秦齊莫漫問雌雄’亦此意。”[4] 近代以來，中國在與日本的博弈中屢屢戰敗，但吳氏認爲勝敗乃兵家常事，多次戰敗不等於最終戰敗，因此鄭重告誡天皇近臣長岡護美，中國不可一辱再辱。這些都是直抒胸臆而又語重心長。

更多情況下，吳氏是以暗藏機鋒的方式表明觀點。其《次韻和本田種竹》（其二）云：“高林風易入，初犢氣無前。江海期容納，蚊虻慎僕緣。”[5] 據吳闓生注，“高林風易入”、“江海期容納”指中國，“初犢氣無前”、“蚊虻慎僕緣”指日本，應屬於對仗中的扇面對。蓋謂中國貧弱，成爲列强欺凌的對象，但中國有志之士具有海納百川、學習他國的精神，故必有振興的一天；日本雖然經過維新運動，國勢蒸蒸日上，但切莫趁機侵略中國。7 月 24 日，日户氏邀請吳汝綸夜遊，觀看水上焰火。森槐南贈詩，吳氏和詩云：“火樹銀花信壯觀，靚妝炫服繞朱欄。只疑遠海黃金闕，欲奪中天白玉盤。”表現出難得的閑情逸致，但下文意趣卻陡然轉向：“但有神光燃渚易，縱多高焰蓺雲難。休言下策攻非計，曲突憑君灶上看。”[6] 吳闓生注曰：“五六句謂歐西文明以神益中國則可，若欲相侵陵，殊非易也。末謂欲彌釁端，須綢繆於事先。”[7] 由絢爛浪漫的夜景書寫一下變爲中西文明的現實議論。在吳氏看來，日本以歐美爲師，成功推行文明開化國策，是中國效法的對象，但若以現代化積累起來的國力凌駕於中國之上，中國斷然不會屈服。至於 7 月 6 日贈送結成琢詩所言的“螺蜥那便能吞象，寄語知音莫浪傳”[8]，則是明確希望通過日本漢詩人警告日本政府毋侵略中國。這首詩不同於上

---

①吳汝綸著，施培毅、徐壽凱校點《吳汝綸全集》第 1 册，頁 438。
②吳汝綸著，施培毅、徐壽凱校點《吳汝綸全集》第 1 册，頁 447。
③吳汝綸著，施培毅、徐壽凱校點《吳汝綸全集》第 1 册，頁 455。
④吳汝綸著，施培毅、徐壽凱校點《吳汝綸全集》第 1 册，頁 495。
⑤吳汝綸著，施培毅、徐壽凱校點《吳汝綸全集》第 1 册，頁 462。
⑥吳汝綸著，施培毅、徐壽凱校點《吳汝綸全集》第 1 册，頁 460。
⑦吳汝綸著，施培毅、徐壽凱校點《吳汝綸全集》第 1 册，頁 497。
⑧吳汝綸著，施培毅、徐壽凱校點《吳汝綸全集》第 1 册，頁 457。

述諸詩之含蓄，幾乎是金剛怒目了。

　　吳氏唱和詩往往涉及其對中國政治的看法，尤其是其與當政者的緊張關係。這些内容若明説則落入言筌，授人以柄，故而表達較爲隱晦。吳氏在中國創辦新式學堂之時，即已爲顢頇愚昧的上層統治者所不喜，其被張百熙舉薦爲京師大學堂總教習時，更是遭到了軍機大臣榮禄等人的反對。吳氏赴日一行中的京師大學堂提調官、浙江補用道榮勳，即是榮禄的侄婿，監視掣肘之意不言自明。吳氏在日期間發生的吳敬恒（即後來的國民黨元老吳稚暉）、孫揆均被日本政府驅逐出境之事，令其認識到駐日公使蔡鈞出賣國家利益、日本政府趁機侵佔中國教育主權的本質。吳氏致楊士驤書云：“近因留學生與蔡使違言，竟將吳、孫兩孝廉驅逐回國，侵奪吾國權，侮辱吾志士，皆令見者不能複堪。某不勝憤怨，屢欲拂衣還國。”① 因爲吳氏同情吳敬恒、孫揆均爭取合法權益的鬥爭，反對蔡鈞請日方介入並驅逐留學生，蔡鈞惱羞成怒，散佈吳氏與朝廷作梗的言論。榮勳亦在旁煽風點火，其原因正如《大公報》8月2日“時事要聞”所云：“探聞榮相之婿某君此次東遊，頗遭日人白眼相加，且與吳摯甫京卿亦形水火云。”由此造成的結果是京城的官僚責備吳氏不應袖手旁觀，懷疑其與康梁爲同黨②，以至出現要派人謀殺吳氏、以王闓運代替吳氏出任京師大學堂總教習的傳聞③。對於吳敬恒事件，日本政府一方面聽從清廷要求，將吳、孫二人驅逐出境；另一方面又派文部大臣菊池大麓向吳氏解釋，以權在内務省而推卸文部省的責任，日本報紙則宣揚過在蔡鈞。此事對吳氏影響甚大，“其後凡日本之教育家、政治家有往訪者，京卿皆峻詞厲色，不少假借云。京卿亦自束裝，候船即歸，數日來不拜一客，不赴一宴。此役以後，京卿崇拜日本念頭減去十之九。”④而日本民間人士對吳氏仍然心存敬意，甚至謀劃專爲吳氏創辦學堂而請其擔任教

---

① 吳汝綸著，施培毅、徐壽凱校點《吳汝綸全集》第 1 册，頁 496—497。

② 《大公報》1902 年 9 月 22 日“時事要聞”欄。

③ 《大公報》1902 年 9 月 23 日“時事要聞”欄：“日本某報館北京訪事人已有專電告知該報館，詳論某邸某相欲殺吳汝綸氏之故，日本志士大爲震動。”吳汝綸回國後作詩《六迭前韻答倫叔》，吳闓生注曰：“輶軒未返而中都嘖有煩言，奕劻、榮禄等輩至欲致不測之禍。”可知某邸某相指榮禄諸人。《新民叢報》1902 年 11 月 14 日“中國近事”之“擬改教習”條：“大學堂總教習吳摯甫京卿有辭退之説，於是薦舉湖南湘潭王闓運者紛紛。聞王氏之學，原屬中國卓卓者，惟於西學則未知何如。”

④ 《新民叢報》1902 年 8 月 18 日“國聞短評”之“尺素六千紙”欄。從日記與詩集來看，吳氏對吳敬恒事件極爲憤慨，但出於理性，他並未一概拒絶日人的求見請求，依然主動至政府部門考察，向副島種臣、大隈重信、伊藤博文等要人請教教育問題，其與日本人的詩歌酬贈亦未停止。

習①。因爲受到本國統治者的猜忌打壓，吳汝綸在京之時即已身陷明哲保身和就任總教習職務的兩難境地。東渡後，吳氏受到了日本政府的高規格接待和民間人士的廣泛敬仰，兩相對照，心境之變不言而喻，以至產生異國知己之感。日本重要出版社三省堂的岡正一贈詩吳氏，吳氏欣賞其傑出的漢詩才能，賦詩答謝道："君看富士能招客，争奈雲羅鬱不開。"② 吳闓生注："公在日本極被優待，而中朝達官多忌嫉之，此詩微露其意。"③ 其《謝松方幸次郎》亦云："娱遊多創獲，出處兩驚心。"④ 吳闓生注："公時方徘徊於出處之間，因歎彼邦賢哲，無論出處皆有益於國計，而今則不能，故兩驚心也。"⑤ 這兩句可謂吳氏在日時心理的自然流露。在《遊本願寺十詠》中，吳氏將自己喻爲不得自由的孔雀、鶴和偶爾躍出水面的鯉魚，一方面表明自己"本性自山野，安能供娱娱"，品質高潔；另一方面又稱"未是貪香餌，深潛時一躍"，爲不貪仕宦、借機出國考察辯護。

中秋之夜，吳氏應邀參加檀欒會的詩酒活動。面對真摯熱情的日本漢詩人森槐南、高島張、岩溪晋等人，吳氏感慨萬千，信筆揮毫作詩數首。其《次高島張韻》云："高天政自完全月，爝火何煩點綴樓。……清詩妙曲縱横奏，那得當筵惹許愁。"⑥ 以高天朗月自許，而將毁譽之言比作微不足道的火星。吳闓生注曰："公在日本極受歡迎，而中朝佞幸時有謗言，日人多爲不平，故詩每及之。"⑦《次岩溪晋韻》尾聯云："盧全但解蛙宜礫，豈識浮雲抉去難。"吳闓生注曰："不必大奸慝，即此昏庸蒙蔽，已無如之何，慨朝政之非人也。"⑧ 6 月 23 日，森槐南攜永阪石埭拜訪吳氏並贈詩，吳氏和詩説："狙擊凶强車欲中，唾罵奸惡鼓能摑。"⑨ 吳闓生注曰："欲興中國，必先除奸邪，此來詩之旨，欲從問其詳也。"⑩ 森槐南理解吳氏的苦衷而慰勉之，其復興中國的策略

---

①《大公報》1902 年 10 月 5 日 "時事要聞" 日本東京專函云："日本志士因中國政府不能用吳摯甫京卿，且從而媒蘗之，欲留京卿在日本。特設一學堂，聘京卿爲總教授，提倡漢學。因日本自明治維新以來，事事步武泰西，漢學將有歇絶之歎，故漢學家心甚憂之。幸得大師，爲通國人心所傾仰，故忽發此借材異地之想也。"

②吳汝綸著，施培毅、徐壽凱校點《吳汝綸全集》第 1 册，頁 451。

③吳汝綸著，施培毅、徐壽凱校點《吳汝綸全集》第 1 册，頁 494—495。

④吳汝綸著，施培毅、徐壽凱校點《吳汝綸全集》第 1 册，頁 447。

⑤吳汝綸著，施培毅、徐壽凱校點《吳汝綸全集》第 1 册，頁 493。

⑥吳汝綸著，施培毅、徐壽凱校點《吳汝綸全集》第 1 册，頁 463。

⑦吳汝綸著，施培毅、徐壽凱校點《吳汝綸全集》第 1 册，頁 498。

⑧吳汝綸著，施培毅、徐壽凱校點《吳汝綸全集》第 1 册，頁 498。

⑨吳汝綸著，施培毅、徐壽凱校點《吳汝綸全集》第 1 册，頁 455。

⑩吳汝綸著，施培毅、徐壽凱校點《吳汝綸全集》第 1 册，頁 496。

也頗有價值。9月15日，吳氏和福原周峰詩道："底事人間有離別，祗令海外記因緣。扶桑日暖知無恙，震旦花開定幾年?"① 雖然東渡數月與日本友人結契頗深，但考察所得能否付之實踐則很難説，只怕留下的只是區區唱和的文字因緣罷了。一己之榮辱進退本不足惜，令人鬱悶的是中國的政治革新不知何時方能真正推行。可以説，對中國政治的憂憤始終縈繞着吳氏在日時期的創作活動，而此心境又多數難於啟齒，只能委婉表達。吳氏此類詩感情沉鬱，筆致頓挫，讀之有酸澀回甘之美。

三、中日詩學交流視野中的性靈詩風

吳汝綸尺牘卷四收《答客論詩》一通，内容爲吳氏與日本學者討論學詩對象的問題。該書無時間標誌，然吳闓生編輯時將其置於《研經會招待席上答辭》《經濟協會招待席上答辭》之間。據《研經會招飲於星岡，次韻答池田精一絶句》箋注，吳氏參加研經會是在 8 月 5 日，又據《東遊叢録》卷四《經濟答問》一文，吳氏參加經濟學協會例會爲 8 月 19 日，故吳氏與日人論詩時間應在此之間。遺憾的是，因資料匱乏暫未考出與吳氏論詩者的生平情況。

吳氏《答客論詩》筆談全文如下：

> 吾國近來文家推張廉卿，其詩亦高。所選本朝三家，五言律則施愚山，七律則姚姬傳，七古則鄭子尹。問者曰："小子常讀船山詩集，所藏獨此與杜詩耳。"答曰："杜公，則學詩者不可忘之鼻祖。船山之詩，入於輕俗，吾國論詩學者，皆以袁子才、趙甌北、蔣心餘、張船山爲戒。君若得施、姚、鄭三家詩讀之，知與此四人者，相懸不止三十里矣。詩學戒輕薄，杜牧之不取白香山，爲此也。"問者曰："唐代詩集，傳來吾國者惟白香山最早，故當時詩家爭學之。"答曰："香山自是一大家，能自開境界，前無此體，不可厚非。但其詩不易學，學則得其病痛。蘇公獨能學而勝之，所以爲大才。蘇亦謂元輕白俗，其所以勝白者，以其不輕不俗也。欲矯輕俗之弊，宜從山谷入手。"②

對話圍繞性靈詩風展開，起因是日本學者將性靈派後期詩人張問陶（船山）與杜甫一起奉爲學詩對象。吳氏認爲尊奉船山不妥，而推薦友人張裕釗的《國朝三家詩鈔》作爲詩學津梁。張氏詩鈔自序稱施閏章詩風近王孟；姚鼐提倡熔鑄唐宋，个人七律成

---

① 吳汝綸著，施培毅、徐壽凱校點《吳汝綸全集》第 1 册，頁 470。
② 吳汝綸著，施培毅、徐壽凱校點《吳汝綸全集》第 3 册，頁 450。

就最高；鄭珍七古"躋攀東坡，縱橫恣肆，不主故常"①：清代詩家中，唯此三家能卓然自立，不愧古人。吳、張二人同列曾國藩之門，學術觀點、詩學見解頗多相似，均受曾氏影響。曾氏詩學承接桐城派，其《聖哲畫像記》稱贊姚鼐"持論閎通，國藩之粗解文章，由姚先生啟之也"②。又推崇姚氏七律爲清代第一。張裕釗詩鈔選姚氏七律，吳汝綸建議日人學習姚詩，可謂淵源有自。姚氏主張"熔鑄唐宋"③，盛贊黃庭堅詩歌道："山谷刻意少陵，雖不能到，然其兀傲磊落之氣，足與古今作俗詩者藻濯胸胃，導啟性靈。"④ 曾國藩對黃詩亦三薰三沐，如 1842 年 12 月 2 日日記云："讀《山谷集》，溺心於詩。"⑤ 故吳氏尊奉黃庭堅爲詩學初祖。1901 年吳汝綸在京時，日人小川金三郎請吳氏爲黃庭堅真跡題詩。吳氏詩云："論詩低首拜涪翁，掛樹秋蛇體又同。文采已隨勳業盡，忽逢初祖淚橫空。"題下注曰："曾太傅文正公謂學詩宜從山谷入，其作字亦複學黃。今神州陸沉，九京不作，日本小川金三郎屬題此卷，開合沉吟，擲筆三歎。'枯蛇掛樹'，坡公戲評黃書語也。"⑥ 緬懷恩師，瓣香山谷，誠爲一往情深。1902 年中秋，吳氏父子參加江木冷灰在湖心亭主辦的檀欒詩會。吳氏作七律和江木冷灰、森槐南與岩溪裳川三人詩，森槐南評點次韻岩溪裳川詩道："三律此首最妙，桐城詩學如此。"⑦ 可見吳氏詩歌具有典型的桐城詩學風格。黃庭堅是江西詩派的開創者，以姚鼐爲首的桐城派詩人尊奉黃詩，而曾國藩的湘鄉派又承桐城而來，桐城派的吳汝綸啟發了同光體的中堅人物范當世等人，故詩學譜系可梳理爲：江西詩派—桐城派—湘鄉派—同光體，其詩學旨趣的主線是崇尚宋詩。

與此一脈相對的是性靈詩派。姚鼐對性靈派主將袁枚的詩歌評價很低，稱之爲"詩家之惡派"⑧。趙翼、蔣士銓、張問陶皆與袁枚交好，亦入性靈詩派，故而遭到篤好姚詩的吳汝綸貶斥。吳氏認爲船山之詩輕俗，性靈派諸家皆可歸入此類，哪怕大詩人白居易也難免。日人反問唐代詩集以白集傳入東瀛最早，學者最多，難道白集不可取？吳氏肯定白詩自開境界，但不易學，原因或許在於白詩老嫗能解的通俗風格把握

①張裕釗著，王達敏校點《張裕釗詩文集》，上海：上海古籍出版社，2007 年，頁 211。
②曾國藩《曾國藩全集》詩文卷，長沙：岳麓書社，1986 年，頁 250。
③姚鼐《姚惜抱尺牘》，上海：上海新文化書社，1935 年，頁 33。
④姚鼐編選《今體詩鈔》，上海：上海古籍出版社，1986 年，序頁 3 下。
⑤曾國藩《曾國藩全集》日記卷，頁 136。
⑥吳汝綸著，施培毅、徐壽凱校點《吳汝綸全集》第 1 冊，頁 443。
⑦岩溪晉編《檀欒集》壬寅年之冊，頁 25。
⑧姚鼐《姚惜抱尺牘》，頁 33。

不好容易陷入淺俗。吳氏以爲對於白詩有兩種方案，一是蘇軾的學而勝之，一是黃庭堅的矯而變之。蘇軾天才橫逸，難以接踵，故欲矯正淺俗之弊應從學習黃詩入手。這也應是受到曾國藩的影響。曾氏告訴吳氏學詩學字皆應從山谷入手，其《題彭旭詩集後即送其南歸二首》（其二）云："大雅淪正音，筝琶實繁響。杜韓去千年，搖落吾安放？涪叟差可人，風騷通肸蠁。造意追無垠，琢辭辨倔強。伸文揉作縮，直氣催爲枉。自僕宗涪公，時流頗忻向。"[1] 山谷繼承了杜韓的詩學精神，講究造意琢辭，以揉伸作縮、化直爲曲之法凸顯倔強兀傲的風格，曾氏的宣導在詩壇引起了宗奉山谷的潮流。在吳氏看來，學習黃詩是可以療治淺俗之弊的。

然而我們從日本江戶至明治時期的詩學脈絡來看，吳氏對其詩壇走向或許並不清楚。按照日本學者松下忠的研究，江戶漢詩壇呈現唐詩、宋詩、性靈詩三種風格鼎立的局面，而"所謂性靈派就是唐詩之外也提倡宋詩，以白樂天、蘇東坡爲理想"[2]，亦即折中於唐宋詩之間而以白、蘇詩之旨趣爲詩學圭臬。性靈詩派在日本漢詩壇的影響頗大。即以清代性靈派詩人而論，袁枚的《隨園詩話》最早刻本是乾隆五十五年（1790）本，而據日本《商舶載來書目》須字號寬政三年（1791）即記有該書輸入，前後相隔僅一年，以至朝鮮人李尚迪驚訝道："何其郵傳之速而先睹之快也！"[3] 該詩話在日本迅速傳播開來，打破了此前唐宋詩風並峙的格局，且贏得廣泛的聲譽。河世寧《隨園詩鈔凡例》云："《隨園詩話》行於此邦幾二十年，詩家寶重，不啻拱璧。"[4] 菊池桐孫《隨園詩鈔序》也稱讚袁枚"詩才跌宕，奄有今古，則勝於新城遠矣。"[5] 雖也間有批評袁枚等人性靈派詩風淺俗輕薄的，但整體而言，此派學習者人數最多，其中不乏衆位大家。如被俞樾譽爲"東國詩人之冠"的廣瀬旭莊評論袁枚詩歌道："春花明豔放奇香，無實也能輝四方。山淺岸卑人易到，流傳早已動扶桑。"[6] 前聯是說袁詩如春花般自由生發，明豔馥鬱，雖無秋實一樣的實際內容，但也能夠流播四裔。後聯則指袁詩風格淺顯易學，引起日本漢詩界紛紛仿效。廣瀬旭莊甚至直接引用袁氏言論

---

① 曾國藩著，王澧華校點《曾國藩詩文集》，上海：上海古籍出版社，2005 年，頁 80。

② 松下忠著，范建明譯《江戶時代的詩風詩論》，北京：學苑出版社，2008 年，頁 598。

③ 李尚迪《恩誦堂集續集》文卷二，《韓國文集叢刊》第 312 冊，漢城：民族文化推進會，1990 年，頁 242。

④ 長澤規矩也編《和刻本漢詩集成補篇四》第 20 輯，東京：汲古書院，1987 年，頁 192。

⑤ 長澤規矩也編《和刻本漢詩集成補篇四》第 20 輯，頁 192。

⑥ 廣瀬謙《梅墩詩鈔初編》卷二，富士川英郎、松下忠、佐野正巳編《日本漢詩》卷十一，東京：汲古書院，1987 年，頁 403。

道："袁子才説：'文章者，立言也，故其辭宜立於紙上。然今人之文，皆臥於紙上。'快語也！"① 可見日本詩人對袁枚的整體評價比中國高，所受影響也更深遠。南社詩人、革命家田桐在《扶桑詩話》中對此現象曾作過語言學的闡釋："袁子才之詩，詩人所弗道，惟日人盛稱之，蓋日人學詩第一難關在音韻不通。日人之讀詩也，亦如其讀文，實字居先，半實半虛字次之，全虛字又次之。作詩亦莫不然，既無所謂平仄，複不能口誦而玩味之，艱澀之病自不可免。矯此病者，必求輕靈圓滑之作，此其所以崇拜袁枚也。"② 比較而言，吳汝綸對日本詩人學習袁枚等人的性靈詩風似乎缺少同情之理解。

我們再看吳氏對張問陶詩歌的評價。張氏早年學習袁枚，甚至將其詩集命名爲《推袁集》，其詩風詩論也有相近者，但整體而言，張氏詩歌不可囿於性靈派一家而論，吳氏將其與杜詩截然對立也不妥。張氏所受影響最大的詩人正是杜甫，其《寶雞題壁》《鹽亭》等反應嘉慶時期民生凋敝景象的詩歌踵武杜甫的"詩史"精神，而不少閨情詩也散發着杜甫《月夜》詩所蘊含的伉儷柔情。張氏詩中的"理學傳應無我輩，香奩詩好繼風人"（《斑竹塘車中》），"房帷何必諱鍾情"（《春日憶內》），可謂其言情詩之宣言。我們讀了"一笑車廂穩如屋，閉門終日坐相看"（《車中贈內》）這樣的句子，感覺到的只有夫婦間的溫情與契合。張氏詩歌中以此類詩最爲醒目，影響也最大，故而被歸入性靈派、香奩體詩人的行列。性靈詩風在日本的流行乃其民族性格使然。日本文化本就不諱言性，我們看江户時期町人文化的代表浮世繪與井原西鶴的"好色"系列小説便可知曉。即使在明治時期實行文明開化之後，日本人依然一定程度上保持着民族特色的性觀念。漢詩文整體上雖以端莊嚴肅爲文體要求，但橘逾淮而爲枳，日本以之描繪世俗生活的詩歌大量出現。明治時期著名詩人森春濤長期創作香奩體詩歌，以被目爲"詩魔"而自豪；其子森槐南十七歲時即以性靈派後期大家陳文述的"修西湖三女士墓事"爲題材，創作了戲曲《補春天傳奇》。日本近代漢詩壇流行性靈派詩風，是其民族性格、市民文化發展的表現。吳氏批評其淺俗，提倡黃庭堅槎枒倔强的詩風，未免方鑿圓柄，難以奏效。

然而吳氏貶低性靈詩風還有着更深沉的文化原因。鴉片戰爭以來，中國屢屢挫敗於歐美列强。仁人志士痛定思痛，認識到引進西學的重要性。1898 年吳氏與冀州

---

① 菊池桐孫《九桂草堂隨筆》卷九，引自松下忠著，范建明譯《江户時代的詩風詩論》，頁 621。
② 對於田桐所論，具體分析請參看拙著《南社詩學研究》，鄭州：河南文藝出版社，2013 年，頁139—141。

士紳書信中説："救之之法，必以士大夫講求西學爲第一要義。使我國人人有學，出而應世，足以振危勢而伐敵謀，決不似今日之束手瞪目，坐爲奴虜。"① 但作爲深受中國傳統文化影響的士大夫，吳氏在西學蒸蒸日上的形勢下，更爲憂慮的是傳統文化的没落。其與日人齋藤木書曰："西學未興，吾學先亡，奈之何哉，奈之何哉！"② 爲高橋作衛詩集題詞云："可憐舊學縱橫筆，爭奈傍行吞併權。"③ 擔心西學東漸侵蝕民族文化的根基。其與島田蕃根書曰："吾國西學暢行，即舊學亦有岌岌可危之勢。……（日本）二三君子，維持道統，存十一於千百。往者貴國歐化主義幾遍全國，今則有識之士皆知德育之不可緩，舊學之不可忘。"④ 維護傳統文化的核心是維持道統，此道統在文學上的表現，文爲姚鼐的《古文辭類纂》，詩爲曾國藩的《十八家詩鈔》。吳氏認爲"姚選古文，即西學堂中亦不能棄去不習。不習，則中學絶矣"⑤。在其學術體系中，張裕釗的《國朝三家詩鈔》是上繼姚、曾道統的當代詩歌選本。在民族危機深重的大環境下，抒發家國情懷、張揚民族精神成爲時代的主題，"兀傲磊落之氣，足與古今作俗詩者藻濯胸胃，導啟性靈"、可"矯輕俗之弊"的黃庭堅詩歌，無論是内容還是藝術，都是學習的典範，而以輕俗風格著稱的性靈詩風則是不可效仿的對象。

無獨有偶，日本近代亦有否定袁枚的性靈詩風者。織田完之反映中日甲午戰争的《東洋詩史》之《詩魔》篇云："不省少陵忠厚意，雕雲鏤月盡浮誇。"野口勝一評曰："袁子才、李笠翁之徒作輕浮詩以誤後世，本朝亦有仿此徒沾沾自喜者，須以此詩爲金篦刮其目。"⑥ 明治維新時期，日本國家主義思想高漲，宣揚與西方列强競争、稱雄東亞的論調大行於世，杜甫忠君愛國的"詩史"之作成爲漢詩人膜拜的偶像，而主要抒發一己之情的性靈詩風已不合時宜，甚至淪爲討伐譏諷的對象⑦。吳氏貶斥性靈詩風輕薄是爲了維護道統不墜，織田完之稱之爲"詩魔"是爲了塑造忠君愛國的人心，二者用意不同，但都是從國家、文化的層面進行思考。

---

①吳汝綸著，施培毅、徐壽凱校點《吳汝綸全集》第 3 册，頁 229。
②吳汝綸著，施培毅、徐壽凱校點《吳汝綸全集》第 3 册，頁 407。
③吳汝綸著，施培毅、徐壽凱校點《吳汝綸全集》第 1 册，頁 464。
④吳汝綸著，施培毅、徐壽凱校點《吳汝綸全集》第 3 册，頁 426—427。
⑤吳汝綸著，施培毅、徐壽凱校點《吳汝綸全集》第 3 册，頁 235。
⑥織田完之《東洋詩史》，東京：近藤活版所，1896 年，頁 17 上。
⑦对此問題的分析請參看拙文《日本近代"詩史"觀論析》，《外國文學評論》2015 年第 1 期。

結　語

　　中日兩國交往源遠流長。封建時代，中國文化給予日本巨大恩澤。近代以來，日本積極學習西方文明，多方面反超中國，又對中國的現代化產生重要影響，這主要通過國人紛紛東渡考察學習而實現。作爲其中的代表，吳汝綸在日本考察教育之時，雖也受到兩國複雜外交關係的影響，一度產生不快之感，但整體上還是比較愉快的。因爲心意相契，吳氏考察之餘與日本友人詩虎酒龍，酬唱不絶，讓我們看到在吳氏國内所作詩所没有的豪放不羈形象，感到中日民間交往的深入和美好。這充分説明即使是在中日關係緊張對立的形勢下，民間人士還是可以有所作爲，通過真誠的溝通努力化解國家間的矛盾衝突。這對當下處理中日關係不無借鑒。

　　吳氏被稱爲桐城派的大師，這很大程度上是由於其卓越的古文創作業績，但我們通過吳氏與日本人唱和詩的解讀，發現其詩歌才能也是非常突出的。因爲中日之間複雜的外交關係，吳氏與中國上層統治者的矛盾，其不少詩歌都是用象徵的手法含蓄表明自己的觀點與感受。元好問《論詩絶句三十首》曾慨歎“詩家總愛西昆好，獨恨無人作鄭箋”[1]，我們根據吳闓生箋注、吳氏東遊日記、日本友人詩集、中日報刊等文獻，可以比較準確地解讀吳氏詩歌。而森槐南對吳氏詩歌屬於“桐城詩學”的論斷，吳氏與日人論詩的筆談，也揭示了吳詩的藝術旨趣。吳氏與日本漢詩人的交流既激發了對方的競爭意識，又深化了本人創作的意境。他把日本詩友間的深厚情誼，對明治維新、中日關係的看法以及對清朝統治者的憤懣一併納入唱和詩中，使其詩歌呈現出豐富多彩的藝術風貌，開闢了中國近代詩歌新境界。吳氏此類詩是桐城詩學的新變，其與日本漢詩人的酬贈活動是黄遵憲之後中日詩學交流的又一個高峰。與吳氏酬贈的日本人多達60餘人，覆蓋了多個社會階層，其中不少是久負盛名的漢詩人。他們的唱和詩是日本明治後期漢文學實力的一次集中展示，而森槐南、本田種竹等人傑出的漢詩才華亦不容小覷。1924年，吳闓生將森槐南、永阪石埭贈與吳氏之詩及江户後期大詩人賴山陽的樂府詩二首收入《晚清四十家詩鈔》一併出版，擴大了日本詩歌在中國的影響，令人領略到日本漢詩人的文采。本田種竹在吳氏回國後，一夜夢見吳氏與之把臂言歡，並贈七律一首，醒來後茫然若失，唯記最後一句，悵惘之下據此殘句補足全詩，寄給桐城吳氏。森槐南聽到吳氏病逝消息後，悲痛不已，作詩悼念，在次年檀

---

①元好問著，郭紹虞箋釋《元好問論詩三十首小箋》，北京：人民文學出版社，1978年，頁67。

樂會重陽雅集上又作詩緬懷。日本漢詩人與吳氏的深厚情誼令人感動。

吳氏與日本漢詩人的交流還具有文化史意義。吳氏是晚清少有的精通中西學問者，對中國傳統文化批判中又更有熱愛之情。其在日遊西本願寺時作詩，稱儒佛二教爲敝屣，皆已無用①，欣賞日本及時效法西洋，走上強國之路。若將此類論及中日文化的詩歌與吳氏日記對讀，我們或能考察其真實想法。又如 8 月 30 日文部省秘書官田所美治索詩，吳氏答曰："東海文明有本初，當時漸被盛何如？誰知岸谷多遷變，更向扶桑問秘書。"② 這首詩歌可謂近代漢籍回流的佳例。在中日近代文學交流史上，吳汝綸與日人的交遊還可從多個視角進行研究，學界應予以重視。

---

①吳汝綸著，施培毅、徐壽凱校點《吳汝綸全集》第 1 册，頁 449、494。
②吳汝綸著，施培毅、徐壽凱校點《吳汝綸全集》第 1 册，頁 466。

俞樾、竹添進一郎交遊與
近代中日文學交流*

葉楊曦

（山東大學）

俞樾，字蔭甫，晚號曲園居士，浙江湖州德清縣人。生於道光元年（1821），卒於光緒三十三年（1907）。道光三十年（1850）進士，曾官翰林院編修。他雖在科考場上以"花落春仍在"的名句見賞於曾國藩，但卻仕途不順，以失意收場。相對而言，俞樾在學術與文學上的成就更大。顧頡剛曾評價其爲清末經學大師中最有聲望的一位①。俞樾博通經史，治學謹嚴，所論"幾乎涉及晚清學術各個領域"②，在文學上亦筆耕不輟，佳作屢見，"古文不拘宗派，喜爲詩"③，皆收入《春在堂全書》四百六十四卷中。絕意仕進後，俞樾先後於蘇州、上海等地書院教書授徒，特別是在杭州主講詁經精舍長達三十一年，培養出章太炎、崔適、繆荃孙等知名弟子④。另一方面，俞樾"足不出江浙，聲名滿天下"⑤，影響遠及日本、朝鮮等周邊國家。早在 1870 年，其代表作《群經平議》與《諸子平議》即被日本書商刊印而流播東瀛。此後，日本學人"慕名求教"⑥者紛至沓來，請求俞樾題字、題序，編選詩集，甚

＊本文爲國家社科基金青年項目"近代東亞士人漢文中國行紀整理與研究"（17CZW042）的階段性成果。

① 顧頡剛《秦漢的方士與儒生·序》，上海：上海古籍出版社，2005 年，頁 2。

② 劉曉峰《花落春仍在——俞曲園的日本學生》，《讀書》2008 年第 12 期，頁 116。

③ 徐澄輯《俞曲園先生年譜》，《民國叢書》第三編第 76 册影印蘇州圖書館 1940 年版，上海：上海書店，1991 年，頁 2。

④ 詳參張欣《花落春仍在：俞樾和他的弟子》，廣州：廣東教育出版社，2006 年。

⑤ 徐澄輯《俞曲園先生年譜》，頁 2。

⑥ 劉曉峰《花落春仍在——俞曲園的日本學生》，頁 116。

至拜託其爲日本修纂國史，進而有留學中國的青年才俊拜其門下，"親荷訓誨"①。關於俞樾與東亞知識界的交往，此前學界在文獻整理、人物介紹、現象描述與史料勾稽等方面做過不少基礎性工作，且集中就某些具體個案如俞樾與《東瀛詩選》、金澤榮、井上陳政等書物和人物有過討論。竹添進一郎（以下簡稱爲"竹添"）是俞樾實際接觸到的首位日本讀書人，在曲園居士改變對於東國學術的認識和拓展與東亞文士的交流方面起到重要作用。關於俞樾與竹添的交遊，雖然先行研究中或多或少總有提及，但尚無對此進行專文論述者，相關細節問題也存在亟待釐清之處。以故筆者不揣淺陋，將仔細分梳研讀各種材料，考述兩人之交遊實際和這一行爲本身對彼此產生的影響，同時帶入俞樾與岡千仞、竹添與王韜的交往，進而在比較視野下嘗試討論晚清士人與明治漢學者之間圍繞漢文筆談、詩歌唱和、書信往還、書籍酬贈等展開的交際互動。筆者希望借助本文拋磚引玉，進一步深化有關俞樾與東亞知識界關係的研究。

一、"春在草堂"的初次見面

光緒三年（明治十年，1877）三月二十八日，日本年輕文人竹添終於在蘇州見到了聞名扶桑的清朝碩儒俞樾。前者是活躍於明治時代的外交官與漢學者，名光鴻，字漸卿，號井井，幼名滿，後改稱進一郎。天保十三年（1842）生於肥後天草上村（今熊本縣天草郡大矢野町）。其父諱光强，號筍園。竹添自幼接受家學，十五歲進入木下業廣門下，與井上毅齊名。後出仕熊本藩，曾奉藩命航渡上海，維新之際，又領藩命出使京都、江户（今東京）與奧州。廢藩後，開設家塾，教授生徒，明治七年（1874）上京，進入修史局、法制局等，因與中土碩學鴻儒多有文字之交，屢以朝命赴華。曾漫遊禹域内陸，著有《棧雲峽雨日記》，因該作詩文兼長而爲世人喜愛。後爲天津領事，又升任朝鮮辦理公使。明治十七年（1884）遭遇韓京之變②，並因此絶意仕進，以病退職。進而出任東京文科大學教授，明治二十八年（1895）辭職，閑居於相州小田原，從事讀書寫作。因撰《左氏會箋》而於大正三年（1914）獲學士院獎賞，並得到文學博士學位。其他著述有《毛詩會箋》《論語會箋》《獨抱樓文稿》等。被封從三

---

① 井上陳政《跋》，載俞樾撰，井上陳政編《曲園自述詩》，東京：博文館，1890 年。
② 竹添進一郎之名文《紀韓京之變》即爲對此事件的記述（竹添井井著，平野彦次郎校《獨抱樓詩文稿》第三，東京：吉川弘文館，1912 年，文二葉 8b—18b，末附三島毅識語）。

位勳三等，卒於大正六年（1917），享年七十六歲①。

明治十年（光緒三年，1877）春，竹添攜妻來遊蘇杭，以漢詩紀行，並彙輯題作《杭蘇遊草》，收入《棧雲峽雨日記》中。閱讀《杭蘇遊草》中的詩作，我們可以部分還原當時竹添的行遊路線與相關活動。丁丑（1877）三月十八日乘舟從上海出發，次日抵達嘉興並遊覽駕湖，二十日泊於大麻，二十一日終至杭州，二十二日泛舟西湖，其後參訪岳王墳、伍胥廟等杭城名勝。二十六日自嘉興轉舟西折，二十七日過吳江縣、黃浜，夜泊銅村，二十八日抵達蘇州，拜見俞樾，其後諸日遊訪惠山、虎丘寺、劍池等，並與蘇州當地士人交流。就出遊的角度而言，以上內容表面看來並無異常，但竹添做出這種安排實際自有用意。

蘇杭之行的最大收穫當屬最終如願謁見俞樾。後者其時正"主講西湖詁經精舍，著述等身"②，在漢文化圈負有盛名，海內及日本、朝鮮等地求學者甚眾，被奉爲朴學大師，是德高望重的學界領袖，在民間，尤其是知識人中的地位舉足輕重。竹添對俞樾心儀已久，很早以前便希望能當面拜訪求教，而 1877 年三月末此次見面的實現也著實不易，這一點結合俞樾的隨筆便可看出：

> 日本人竹添光鴻，字漸卿，在其國時，即聞余名。及來中土，至西湖精舍見訪，而余已還蘇。因又至蘇寓，過我春在草堂，以詩文見示，並以《棧雲峽雨日記》求序。③

對於漢學者竹添來説，拜訪俞樾是此行的重要任務，旅途路線的規劃及各種活動的安排在很大程度上都是圍繞這一任務進行的。同樣，此次會面在俞樾的學術生涯，特別是與日邦知識人士的交往中具有里程碑式的重要意義，他曾明言"余獲交於東瀛諸君子，蓋自竹添君始"④。當日，兩人通過筆談與贈詩進行交流。在中日知識人士間口語不通的情況下，由於都能使用相同的漢字書寫體系，以筆代舌，借助"毛穎

---

① 以上關於竹添進一郎生平的介紹譯自竹林貫一《漢學者傳記集成》，東京：名著刊行會，1978 年，頁 1376—1377。另可參竹添門人淺野哲夫所撰《獨抱樓詩文稿序》（《獨抱樓詩文稿》第一，序頁 1—2）。

② 竹添光鴻《棧雲峽雨日記（附詩章）》，收入沈雲龍主編《近代中國史料叢刊》第 59 輯，臺北：文海出版社，1970 年，頁 156。本文所引《棧雲峽雨日記》原文，如未特加注明，皆出自此書。

③ 俞樾著，張道貴、丁鳳麟標點《春在堂隨筆》卷七，南京：江蘇人民出版社，1984 年，頁 107。俞樾爲《棧雲峽雨日記》所撰序言亦曾言及此事。

④ 俞樾《日本竹添井井〈左傳會箋〉序》，俞樾《春在堂雜文補遺》卷二，收入沈雲龍編《近代中國史料叢刊》第 42 輯，臺北：文海出版社，1968 年，頁 2923。

子"①　跨越語際鴻溝的筆談促使知識交流成爲可能。美國學者傅佛果（Joshua A. Fogel）便認爲"漢字書面語作爲交流媒介的重要性怎麽强調也不過分"②，筆談促進了中日之間富有價值的交流，雙方"通常達到一種接近幾乎所有西方人的知識交流水準"③。這種理解固然帶有西方中心主義的色彩，不過還是在一定程度上肯定了筆談的價值與意義。在筆談中，俞樾最爲關心日本國事，竹添告之以因受西風東漸影響，日邦"聖學洋學，混爲一途"④，國内"終不能復昔時之盛"，而其對西風的警惕與排斥讓持有相同價值立場與文化姿態的俞樾産生了共鳴，以之爲"彼國有志之士"⑤。同時，俞樾還得知自己關心的《管子纂詁》作者安井息軒⑥正是竹添的先師。詩歌唱和是近代東亞漢文化圈士人知識交流的另一重要手段。竹添當日亦撰詩相贈，俞樾旋即和詩酬答：

　　竹添：《呈俞（蔭甫）太史》（主講西湖詁經精舍，著述等身）

　　　　霽月風光滿講帷，薰陶自恨及門遲。漢唐以下無經學，許鄭之間有友師。金印終輸經國業，塵心不繫釣魚絲。玉堂若使神仙老，辜負湖山晴雨奇。

　　俞樾：《奉和井井詞兄原韻即正》

　　　　東瀛仙客駐幨帷，遊歷都忘歸計遲。萬里雲山俱入畫，一門風雅自相師（聞攜眷屬同遊）。青衫舊恨關時局，黄絹新詞鬥色絲。愧我迂疏章句士，感君欣賞我無奇。

竹添贈詩首聯就表達了相見恨晚的遺憾，頷聯與頸聯著眼於俞樾的治學興趣，對其經學研究深表感佩，尾聯則是祈祝俞樾青春永駐，頗具豐神遠韻。全詩通篇格律謹嚴，用語節制精審，匠心獨運，清人吴大廷稱贊"整煉乃爾，卓然名作"⑦。俞樾的和

---

①明治中前期遊華的漢學者岡千仞曾有言："余不解中語，叙尋常寒暄，皆待毛穎子"，即謂其雖不通漢語口語，但可借助毛筆書寫漢字與中國士人進行日常對話。見岡千仞《觀光紀遊·例言》，岡千仞著，張明傑整理《觀光紀遊·觀光續紀·觀光遊草》，北京：中華書局，2009年，頁5。

②Joshua A. Fogel, *The Literature of Travel in the Japanese Rediscovery of China*, 1862—1945, Standford：Standford University Press, 1996, p. 20.

③Joshua A. Fogel, *The Literature of Travel in the Japanese Rediscovery of China*, 1862—1945, p. 10.

④本文所涉"本邦""我邦""邦國""邦人""邦語""邦制"皆指日本而言，這種用法在明治時代的漢文中國行紀中較爲普遍。

⑤俞樾著，張道貴、丁鳳麟標點《春在堂隨筆》卷七，頁108。

⑥安井息軒，名衡，字仲平，日向（今宮崎）人，日本江户末期儒學家，著有《管子纂詁》《論語集説》《左傳輯釋》等。

⑦竹添光鴻《棧雲峽雨日記（附詩章）》，頁156。

詩亦是精心寫成，採用了奉和原韻的形式。按照韻腳不同，和詩可分爲從韻、依韻與次韻三種形式。從韻即用原韻之字，而不必依其次序；依韻一作同韻，意爲採用與原韻同一韻部之字，而不必固守原字；只有次韻，亦稱步韻，纔使用原韻原字，且次序必須全同。俞樾此作採用了要求最爲嚴格的次韻形式①，體現出對原詩作者的重視及關係的親密。值得一提的是，詩中"一門風雅自相師"巧妙點出竹添此行的得意之處，偕同亦擅詞章的妻子共遊："東國之人，來遊西湖者亦多，然攜妻孥，上孤山，吊梅妻鶴子者，止僕一人，頗足誇故鄉諸友也。"② 竹添當日還奉上自己去年完成的紀行詩文，請求俞樾題序。題序是漢文化圈傳統士大夫間增進友誼、聯絡感情的風雅之舉。俞樾三月末收到書稿，四月便完成序文，在爲紀行文章推源溯流，回顧竹添之生平與旅程，並評價《棧雲峽雨日記》的現實價值外，特別強調竹添的兩大特質：一爲此書"足以觀其學識"，一爲其人"重義氣，喜交遊"。另外，俞樾還對全書進行了評點，隨文下批，可見其當是認真讀過。當俞樾於光緒八年（1882）應日人岸田吟香、北方蒙等之邀編《東瀛詩選》時，他以竹添所贈《棧雲峽雨詩草》爲底本，從中選取了數量可觀的詩作。這一方面體現出俞樾對於竹添詩作文學價值的肯定；另一方面在很大程度上，又是他與摯友竹添深情厚誼的見證。

二、跨越時空的文字神交

1877 年的蘇杭之行見證了竹添與俞樾的首次接觸，雖然兩人日後無緣再次會面、直接筆談，但以此爲契機，他們的交流反而持續不斷，友情亦跨越國家、地理的鴻溝日益加深。結束蘇杭之行後不久，竹添便舉家東歸，抵日旋即奉書俞樾，告以因妻子身體欠佳，女兒年幼，亟須照料，短期内無法再度遊華。同時，他還隨信寄出與此前筆談相關，其先師安井息軒的另一力作《論語集説》。巧合的是，竹添於陽曆 10 月 10 日發信，俞樾亦在陰曆十月十日收悉。他在回信中奉上新刊之《曲園雜纂》50 卷，聊寄相思，期以竹添再過吳門。

> 《與日本儒官竹添井井》
> 鶴望方殷，魚書從賁，始知歸帆安穩。吟席清閑，遥企東瀛，良用欣慰……

---

①俞樾將此詩收入自家詩集中時便改題作《日本儒官竹添漸卿（光鴻）以詩見贈，次韻酬之》。見俞樾《春在堂詩編》癸丁編，俞樾《春在堂全書》第 5 册，南京：鳳凰出版社，2010 年，頁 109。
②俞樾著，張道貴、丁鳳麟標點《春在堂隨筆》卷七，頁 108。

想博望仙槎，再遊禹域迹，當在明年春夏間矣。①

此信的寫作距離竹添辭別春在堂已超過半年，雖然稱這段時間"吟席清閑"有客套之嫌，或非實寫，但俞樾"遙企東瀛"，邀請竹添重遊中國的情義卻頗爲真摯。與此同時，他亦填詞回贈：

《采緑吟》

日本人竹添井井航海至中華，訪余於春在堂。及歸國後，又寓余書，並以彼國安井仲平所著《論語集說》見贈。書中歷言病妻稚女消耗壯懷，重遊禹域，未知何日。余得書以光緒三年十月十日，而其發書也在彼國爲明治十年，而亦是十月十日。中東之憲不同，不知彼國十月十日當中國何日也？漫書此詞於其書尾。

海客東瀛外，訝錦字、即日飛來。裁箋乍寄，發函旋讀，魚雁疑猜。尺書何止是，雲林賁、《魯論》一部相攜。想年來吾妻島，人文殊勝前代。

遥望五龍山，征帆卸、閨人愁損眉黛。弱女泣呱呱，歎耗盡雄懷。願浮槎、重到中華，風濤險、琴書欠安排。停雲意，梅嶺送春，蘭緘試開。②

俞樾於詞末特別注出"此調見周公謹《草窗詞》"，《采緑吟》最初爲南宋周密自度曲，取詞中起句"采緑鴛鴦浦"首二字以爲調名。訖於晚清，用此調者甚罕。《春在堂詞録》僅此一闋，則俞樾平生很可能只在作詞贈送竹添時用過《采緑吟》。該詞上闋首先以地理上兩國間的海洋阻隔反襯書信"即日飛來"的迅捷，在驚"訝"的背後傳達出對竹添返日後飛速寄信告知近況的欣喜之情。俞樾收信後旋即展讀，又表達收到"《魯論》一部"即《論語集說》的感激。下闋則由喜入哀，爲竹添被妻子病弱、幼女待哺等家事所累，無法施展宏圖而感到惋惜。一年後因日本吞併琉球，竹添作爲大藏權少書記官隨駐華公使宍户璣出訪北京，專門負責琉球問題的交涉。他於重陽節（九月初九）作詞一首：

《滿庭芳（燕京重陽）》

薊樹風高，燕山雲鎖，滿城寒色重陽。短衫破帽，猶未授衣裳。十歲乘槎作客，鬢邊絲、已失蒼蒼。望鄉有臺，望不見，天末是吾鄉。

秋來音信絶，雲間只見，雁字成行。記家園對菊，踞石傾觴。興到三公不換，

---

① 俞樾《與日本儒官竹添井井》，載俞樾著，冰心主人標點《俞曲園書劄》，上海：大中書局，1932年，頁127。

② 俞樾《春在堂詞録》，《春在堂全書》第5冊，頁392。

愛東籬、晚節淩霜。臨風憶，枝枝冷蕊，今日爲誰香？

此作是竹添傳世作品中惟一一首填詞，"鎖""寒""破""蒼蒼"無不透露出孤寒悲涼之感，"鄉""家園"又是身處異域的作者寄託無盡鄉愁的字眼，全篇清新雋永、意境高遠。以故雖有如"望鄉有臺，望不見"般不合律處，但仍受張之洞褒揚："初爲倚聲之作，即已如許清雋，大是玉田門庭中語。文人遊戲無所不可，洵是才人"。神田喜一郎稱這闋詞或是竹添"回想起曲園所贈的《采綠吟》而進行的試作"[1]，筆者以爲這種推論頗有道理。尤其是從兩詞末句來看，竹添"臨風憶"的物件也許正是俞樾旨在思念老友的"停雲意"[2]，而《采綠吟》之"梅嶺送春，蘭緘試開"經過不到一年，有可能恰恰成了《滿庭芳》中"枝枝冷蕊，今日爲誰香"的疑問。

在以上這種書信往還的文字神交中，見證兩人深摯友誼的書籍酬贈日後逐步發展起來。與此同時，所酬贈的物品除了書籍外，更向多元化發展，包括硫磺、高麗參等禮物。雙方通過拜託來華日人代寄的形式實現了彼此間上述實物的傳播。光緒八年（1882）的僧人北方蒙，光緒十年（1884）的儒學者岡千仞，光緒二十九年（1903）的教育家嘉納治五郎與光緒三十年（1904）的外交官白須直等都曾扮演過作爲中介的代理人角色。他們不僅代爲傳送書信、書籍、禮品等實物，亦受當事人的口頭囑託，如俞樾在給北方蒙的贈詩中表達出期待竹添再來蘇州的心情："更煩問訊竹添子，何日吳門再過從"[3]，但此類口訊在日後能否被如實傳達，很大程度上取決於代理人與委託方、接受方之間的真實關係。岡千仞在《觀光紀遊》中對竹添託其向俞樾致信、送書、贈物一事隻字未提，甚至連與俞樾見面當天的日記中也完全没有出現竹添的名字。而嘉納治五郎作爲竹添的女婿，曾向俞樾詳細介紹岳丈的近況："自罷官以後，覃心著述，致力於《左傳》一書"[4]，此書即《左氏會箋》，當年便在東京出版[5]。次年夏，日本駐蘇州領事白須直受竹添之託向俞樾寄送《左氏會箋》，是年秋，竹添又親自去信求序，表示自己還有出版《論語會箋》的計劃。俞樾在序中對此書評價甚高，以爲"體大物博"，堪比其師之《管子纂詁》，又贊其人負經世之才，"非徒詩人，而又學

---

① 神田喜一郎著，程郁綴、高野雪譯《日本填詞史話》，北京：北京大學出版社，2000年，頁221。

② 陶淵明謂"停雲，思親友也"，見陶淵明《停雲》，載陶淵明著，王瑶編注《陶淵明集》，北京：作家出版社，1956年，頁27。

③ 俞樾《日本僧心泉，字小雨，以楹聯寄贈，並其國人青山延於所著〈史略〉、賴襄所著〈外史〉各一部，賦此謝之》，見俞樾《春在堂詩編》壬甲編，《春在堂全書》第5冊，頁131。

④ 俞樾《日本竹添井井〈左傳會箋〉序》，《春在堂雜文補遺》卷二，頁2924。

⑤ 竹添進一郎《左氏會箋》，東京：明治講學會，1904年。

人"①。在這篇序言的尾聲，俞樾的一段自述令人讀之黯然神傷：

> 余長於君者二十有一歲，君自言扶杖乃能行，余則雖扶杖亦不能行。每日坐籃輿使二人舁至外齋小坐而已，衰頹如此，奚足序君之書？②

俞樾生於道光元年（1821），當時已是 84 歲的高齡，身體每況愈下，"衰頹如此"暗含自知不久於天命、時限將至之意。竹添生於天保十三年（1842），亦已年屆六十。兩人的境況與昔日吳門過從時相比產生了重要的變化。俞樾歷道、咸、同、光四朝，其中既有金榜題名的喜悅，也有仕途不順的失意，最後以一種功成名就的姿態執耳文壇。竹添則頭頂"天保老人"的名號進入明治新朝，帶着振興日本的强烈願望遊走於東北亞地區，壯志未酬後轉而退職隱居，埋頭著述。儘管在 1877 到 1904 年將近三十年時間裏，中日在國家層面不斷發生諸如臺灣事件、分島改約、甲申政變、甲午海戰之類的摩擦，而且竹添還曾在部分摩擦中扮演過關鍵角色，甚至親任主角，但兩人的友情卻沒有被時間沖淡，或受現實波及，反而歷久彌新。這其中，舊有交流方式（漢文筆談活動）的延續，新型交流方式（通過來華日人代寄的形式實現書籍、禮品等實物傳遞）的湧現及其各種交流方式内部的多元化發展（以漢文筆談爲基礎展開的詩文酬贈與書信往還）都起到重要作用。

三、俞樾與岡千仞、竹添與王韜的交往

（一）俞樾與岡千仞的交往

光緒十年（明治十七年，1884）至十一年（明治十八年，1885），一位已逾知天命之年的日本文人來華遊歷，在"爲日三百五十日、所經殆八九千里"③ 的旅程中北及燕京，南抵香港，縱貫中國東海岸，與二百餘名晚清知識人士交往，他就是幕末明治時期的漢學者與漢詩人岡千仞（1833—1914）。記録此行經歷的《觀光紀遊》長達十萬字，不同於"滿懷欣喜"④、寄情山水的《棧雲峽雨日記》，此書更多流露出一種"冷

---

①俞樾《日本竹添井井〈左傳會箋〉序》，《春在堂雜文補遺》卷二，頁 2923。
②俞樾《日本竹添井井〈左傳會箋〉序》，《春在堂雜文補遺》卷二，頁 2925—2926。
③《觀光紀遊・觀光續紀・觀光遊草》，頁 214。
④町田三郎《明治初年的中國遊記（二）——岡鹿門〈觀光紀遊〉》，載町田三郎著，連清吉譯《明治的漢學家》，臺灣：臺灣學生書局，2002 年，頁 67。

静觀察"① 背後的失落感與幻滅感，同時還有作者通過深思熟慮得出的濟世良方。作爲在野"域外人"，岡千仭在《觀光紀遊》中無所顧忌地表達自己對於晚清現狀的看法，痛斥以煙毒、科舉與貪毒爲代表的中土失政弊俗，並以"藥石之語"的形式建言獻策，發出逆耳忠言。

岡千仭此遊所撰《觀光紀遊》共十卷，由《航滬日記》《蘇杭日記》《滬上日記》《燕京日記》《滬上再記》與《粤南日記》組成，行程路線集中於中國沿海地區，本擬前往洞庭、曲阜、福州等地，因戰爭等現實原因而被迫取消。作爲"以文章爲性命者"②，岡氏在蘇杭之行中最引以爲豪的是與俞樾的交往。早在出發前，友人龜谷行便建議他向俞樾問學，求教作文之法：

> 余聞蘇州有俞曲園，邃於經，而雄於文……爲當世者宿。天爵就而詢之，則其於唐宋八家所未悉者，則必別有所得焉。③

1884 年 6 月 24 日，岡氏在楊守敬的陪同下首次拜訪俞樾，稱：

> 先生長考據，富學殖，文章著述，爲一世之泰斗。嘗撰《東瀛詩選》，故於我邦撰著無所不涉。④

這是岡氏對於俞樾的第一印象，視其爲博聞强識的大儒，屬於文壇巨擘、學界宗師。而數天後的 29 日，俞樾竟然親自造訪，這讓岡氏受寵若驚："蔭甫先生來報。余一窮措大，而先生名位德望，冠絶一世"⑤。俞樾教導，爲學應講求門徑，論文當多讀古書，岡氏奉作至理名言，"皆閱歷這裏甘苦之語"。6 月 30 日，岡氏辭別俞樾，期以"反棹日，受教門下"，拜其爲師，不意竟爲二人最後一次見面。岡氏呈送所譯《法蘭西志》《米利堅志》與所著《涉史偶筆》《尊攘紀事》。俞樾賦詩酬贈：

> 《贈岡鹿門詩》
>
> 仙臺仙客重東溟，萬里飛來作客星。書卷光陰雙鬢白，山河興廢一編青。人傳楊子談經宅，家有遺山野史亭。祇惜鄉音中外異，清談霏屑未容聽。⑥

此詩原文現藏於日本東京之東洋文庫，上引據學者整理稿。未定稿亦載於《申報》

---

① 町田三郎《明治初年的中國遊記（二）——岡鹿門〈觀光紀遊〉》，載《明治的漢學家》，頁 68。
② 龜谷行《滬上再記·序》，《觀光紀遊》卷七，《觀光紀遊·觀光續紀·觀光遊草》，頁 140—141。
③ 龜谷行《滬上再記·序》，《觀光紀遊》卷七，《觀光紀遊·觀光續紀·觀光遊草》，頁 141。
④《觀光紀遊·觀光續紀·觀光遊草》，頁 28。
⑤《觀光紀遊·觀光續紀·觀光遊草》，頁 32。
⑥ 鄭海麟輯録《清季名流學士遺墨》，上海中山學社編《近代中國》第 11 輯，上海：上海社會科學院出版社，2001 年，頁 286。

1884 年 8 月 21 日第 4079 號上，文字幾乎全同，僅尾聯之 "祇"，《申報》刊作 "祇"，據文意觀之，當以《申報》爲是。此詩別具匠心，巧妙融彙了岡千仞的學術經歷與治學之所，甚至里居也貫穿其中，尾聯雖遺憾雙方言語不通，無法在口頭上直接交流，但 "鄉音" 一詞還是表達了對異域來客的友善之情。

（二）竹添與王韜的交往

光緒五年（1879），王韜（1828—1897）應栗本鋤雲、重野安繹等人之邀東遊扶桑，泛覽名勝的同時又與明治士人詩酒唱和，吟風弄月，引爲一時佳話。特別是其紀遊文字初刊於《郵便報知新聞》後，又經報知社整理，題作《扶桑遊記》出版發行，風靡中日。《扶桑遊記》保留了不少明治初期中日文士交流的重要資料，其中便包括王韜與竹添的往來①。

1879 年閏三月初七日，王韜離開家鄉蘇州返回上海，爲 "東瀛之遊" 預作準備，與女婿錢徵一起前往有馬洋行會見竹添。簡介後者生平及著述後，王韜記錄了當日兩人的交流：

> 筆談良久，甚相契合，約明日爲杯酒之會。俞君蔭甫謂井井重意氣，喜交遊，洵不誣也。②

通過漢文筆談，雙方得以毫無障礙地展開交流，再加上擁有共同的文學修養與興趣，故能達到 "甚相契合" 的境界，並相約次日再聚。而有關竹添個人 "重意氣，喜交遊" 的特點上文已提及，出自俞樾所撰《棧雲峽雨日記》序文，亦得到王韜認可。初八日午後，竹添 "折簡來招"，王韜偕同錢徵赴宴，出席者另有 "日本駐滬總領事品川忠道、翻譯官吳碩"；初九日晚則 "品川忠道招飲"，王韜與竹添、錢徵共往。品川另招來兩名日本商人，爲其引介，以助東遊。是夕竹添雖 "飲酒甚豪"③，稍有醉感，但仍隨衆人將王韜送至航船，可謂情意綿綿。王韜深受感動，而稱 "余東遊實以此爲發軔，而東國之貴官文士待余殷拳若是，亦可見兩邦之親睦矣"④。這種感覺也在其即席所賦詩作中可見一斑：

---

① 關於日本學者邀請王韜訪日的動機和此行《郵便報知新聞》刊載而《扶桑遊記》未收之王韜佚文，參見王曉秋《王韜日本之遊補論》，載林啟彥、黃文江主編《王韜與近代世界》，香港：香港教育出版公司，2000 年，頁 395—408。
② 王韜著，陳尚凡、任光亮校點《扶桑遊記》卷上，長沙：湖南人民出版社，1982 年，頁 177。
③ 王韜著，陳尚凡、任光亮校點《扶桑遊記》卷上，頁 178。
④ 王韜著，陳尚凡、任光亮校點《扶桑遊記》卷上，頁 178—179。

《日本品川領事招飲席上賦呈》

> 兩國同文自昔通，今瞻道貌海雲東。已驚名士詩篇富，（讀座中竹添漸卿）深識賢侯學術崇。遠結鄰歡開變局，近師長技表雄風。富强有效輕商管，我欲乘槎問事功。①

此詩開篇便强調中日自古以來“同文”的密切關係，由此進入對東瀛近來從文學學術到政治經濟繁盛局面的稱贊，因而作者“乘槎”東遊以“問事功”也屬順理成章。值得一提的是，第三句談到文學成就，驚訝於日本文士詩篇鴻富時，特別標注竹添進一郎。筆者認爲，王韜所言當指《棧雲峽雨日記》。他於前日獲贈此書，提及俞樾爲該書所作題序文字，並作詩酬贈，其中對竹添的文學才能不吝贊美：

《贈日本竹添漸卿，即書其詩集後》

> 古來詩流區萬派，波瀾吐納黃河隘。風雲月露皆正聲，入以性情參沉瀣。我從嶺表識君名，一卷新詞冰雪清。意君歸帆已東指，何幸相見春申城。君年四十走天下，水乘蜻蛉陸跨馬。心雄不知行路難，妙景當前總須寫。月落聞雞早渡關，身經萬里獨往還。棧雲峽雨飽閱歷，雕琢奇句娛心顏。君詩鏗訇震里耳，鐘鏞一出筝琶止。名山絶業良在兹，日東詩史自君始。平生意氣敢後人，今日逢君歎絶倫。我才肯謂出君上，乃獨賞識於風塵。傾襟幸得接談席，爲説瀛臺舊仙跡。春光今已遍蜻洲，兩岸櫻花鬥紅碧。客中餞客華筵開，明日別君登蓬萊。君尚北遊送我行，我且東去待君回。②

王韜本爲長洲（今蘇州）文人，青年時代開始即在海上謀生，然同治元年（1862）35歲時因受太平天國事件牽連而爲清廷通緝，被迫避難香港，直至光緒十年（1884）57歲方纔返滬。其間除二十世紀六七十年代末兩度出洋外，均居香港。二十二年中王韜筆耕不輟，著述甚豐，與東西方各界名士頻繁互動，不僅香港可視爲其第二故鄉，而且他也帶動了開埠以來香港當地的文化發展③。王韜在香港與其他日本士人的交流過程中對竹添之名有所耳聞，並以爲後者早已東歸，因而能在上海親見讓其感到十分慶幸。王韜詩作的主體部分是結合竹添旅行活動討論旅行書寫，對其漢詩技藝的高超不吝溢

---

①王韜《弢華館詩録》卷四，國家清史編纂委員會《清代詩文集彙編》第708冊，據清光緒六年（1880）鉛印弢園叢書本影印，上海：上海古籍出版社，2010年，頁57。

②王韜《弢華館詩録》卷四，《清代詩文集彙編》第708冊，頁58。

③詳參陳湛頤《日本人與香港：十九世紀見聞録》，香港：香港教育圖書公司，1995年；周佳榮《在香港與王韜會面——中日兩國名士的訪港記録》，《王韜與近代世界》，頁375—394；林國輝《十九世紀末上海文人在香港——王韜的香港羈蹤》，《王韜與近代世界》，頁409—434。

美之詞。尾聯則透露兩人雖初次相逢卻即將分道揚鑣：竹添北上燕京，如前文所述，爲執行明治政府之外交使命；王韜則啟程東渡，待竹添返歸，再續前緣。作爲《扶桑遊記》中最早提及的日本文士，竹添或對王韜日本之旅的順利展開起到一定促進作用。雙方交流得以深入展開，除了中日兩國存在"同文"的書寫體系外，雙方都對漢文舊體文學擁有濃厚興趣也是不可忽視的基礎條件。

結　語

　　竹添是俞樾親身接觸到的首位日本人，在後者與東亞知識界的關係中佔據重要地位。關於兩人的交遊，雖然先行研究不乏概述涉及，但卻少見深入探討。本文分析了俞樾與竹添的交遊互動，爬梳釐清了其中的具體細節和相關史實。並植基於此，筆者又對比了俞樾與岡千仞、竹添與王韜的交流往來。之所以選取岡、王二人，主要與他們的經歷有關。岡千仞在竹添之後的十年來華，兩人的遊歷皆可目爲壯遊，所撰遊記被奉爲明治漢文中國行紀"雙璧"。王韜則與俞樾一樣，都是十九世紀後期在日本知識界享有盛名的代表性清朝文人。1877 年 56 歲的俞樾與 35 歲的竹添在蘇州初次見面；1879 年 37 歲的竹添與 51 歲的王韜於上海結緣；1884 年 63 歲的俞樾與 51 歲的岡千仞相識於蘇州。雖然四人在漢文舊體文學方面均造詣頗高，也都以此爲紐帶展開往來互動，但唯有俞樾與竹添之間的文字因緣能夠跨越時空，歷久彌新。人物交遊通過文化交流與物品流轉得以實現，本文通過分析認爲，近代中日文士以漢文舊體文學爲中心展開漢文筆談、詩歌唱和、書信往還、書籍酬贈等活動，不僅推動個人交遊的進行，更促進了彼此以及兩國知識界在思想文化層面的交流與轉型。

第二屆南京大學域外漢籍國際
學術研討會會議綜述

李曉田　付佳奧　任哨奇

（南京大學）

　　由南京大學域外漢籍研究所、南京大學"中國文學與東亞文明研究"協同創新中心主辦的"第二屆南京大學域外漢籍研究國際學術研討會"於 2017 年 7 月 1—2 日在南京大學文學院舉行，來自中國大陸、中國香港、中國臺灣、日本、韓國、越南、美國、加拿大、新加坡，凡 60 餘所大學，以及中華書局、上海古籍出版社、鳳凰出版社、中西書局、安徽教育出版社、廣西師範大學出版社等出版機構，約 90 位學者參加了本次盛會。南京大學域外漢籍研究所卞東波教授主持了開幕式，南京大學文學院院長徐興無教授、南京大學域外漢籍研究所所長張伯偉教授分別致開幕辭，隨後舉行了大會的主題演講。

　　有五位學者發表了主題演講。高麗大學崔溶澈（爲節省篇幅，敬稱隨文省略）報告了《朝鮮時代〈萬寶全書〉的傳播及其翻譯》。《萬寶全書》是明清時期極爲流行的民間日用類書，此書流傳到朝鮮半島之後，有些門類被單獨抽出成書流傳，還有選錄書中主要內容，編成一部與原文對照的諺解本。諺解本處處插入大量的雙行注解，成爲一部朝鮮版民間生活百科全書，在朝鮮半島產生很大的影響。鹿兒島大學高津孝報告了《鹿兒島大學附屬圖書館玉里文庫所見薩摩藩之海外信息收集》。玉里文庫建立在玉里島津家的文書資料基礎之上，幕府末期以來，該文庫一直致力於海外信息的收集，包括地圖，地志、海外事情，漂流民，東亞戰爭、戰亂四方面的資料。玉里文庫還收藏了不少太平天國資料，尤爲珍貴。約克大學傅佛果（Joshua A. Fogel）介紹了他長期從事中日文化交流、日本漢學研究的歷程。臺北大學王國良報告了《朝鮮漢文小說選〈花夢集〉探析》。《花夢集》是由朝鮮佚名者所編纂的漢文短篇小說選集，是古代朝鮮半島具有代表性意義的一部漢文學作品集，全書由十篇漢文文言小說構成。研究

《花夢集》，一方面可增進我們對朝鮮歷史文化和古典文學發展的認識，另一方面也可加深我們對古代中朝之間文化交流的理解。張伯偉報告了《文字的魔力——朝鮮時代女性詩文的新考察》（會議論文收入本書時經過修改，故標題與原題有所差異，爲保持歷史原貌，綜述未做改動），張教授的報告建立在這樣的問題意識之上，即語言學家和歷史學家往往將漢字在東亞與拉丁文在歐洲的地位和功能相提並論，但這兩種文字"魔力"的範圍、機制、結果有何異同以及何以異同，學术界未能加以解釋。他認爲，若專從女性和區域角度切入，可以發現在東亞漢字世界中，朝鮮時代女性詩文具有"男性化"特徵。朝鮮女性一旦有能力將漢字作爲寫作工具，無論是其自我感覺還是家族内外男性的態度，都會發生很大改變。她們不僅可以與男性作家同處一個知識共同體，而且因此可以在相當程度上改變其家庭地位和社會地位，這與拉丁文世界中對女性的排斥，恰成鮮明對照。

7月1日下午，根據不同主題，會議分爲 A、B、C 三個討論組，與會學者就參會論文展開了深入熱烈的討論，分享了各自的研究心得，對東亞古代漢文學、朝鮮半島漢籍、日本漢籍、越南漢籍、東亞漢籍交流、東亞文人交流等議題進行了研討，也對域外漢籍研究的方法和理論進行了探究。

一、A 組會議報告綜述

7月1日下午第一場報告由鹿兒島大學高津孝主持。浙江工商大學王寶平報告了《筆談文獻芻議——以〈大河内文書〉爲中心》一文，《大河内文書》是日本學者實藤惠秀從大河内與旅日華人大量筆談資料中摘選編成的。筆談作爲一種頗受關注的新文獻，近年來以個案研究居多，而此類文獻總體上的特點、學術價值則有待進一步探討。王寶平的報告從文獻學角度研究了《大河内文書》，討論了"筆談"的文體性質、産生的原因、版本等問題。李慶曾提出筆談文獻具有四個特點：内容的廣泛性、表述的簡要性、交流的直接性、存在的單一性，王寶平對此表示認可。評議人東京大學陳捷肯定了作者在文獻處理上的努力，并提出疑問：筆談的性質可能因具體的筆談者和文獻而有所不同，從《大河内文書》歸納出的"聊天"性質，或許并不完全適用於其他文獻，如一些筆談者漢文學修養好，會用文言文或者詩歌筆談，口語化表現不是太明顯。王寶平回應説，所謂的"口語"形式，並不一定是白話文。一般的筆談以"口語"聊天爲主，文言爲輔，但特殊的筆談如詩文唱和則恰恰相反，在研究過程中應注意區別。

陳捷報告了《關於琉球〈選日通書〉及新發現的韓國國立中央圖書館藏本的價值》一文。《選日通書》是琉球王國在清朝所賜《時憲書》因路途遙遠運送不及時的情況下，結合琉球獨特的風俗習慣而編制的官制曆書，是當時琉球王府和士人之家的日用曆書。近代以來琉球文獻散失頗多，她在新發現的韓國國立中央圖書館所藏 8 種《選日通書》調查的基礎上，結合相關史料記載，考察了琉球王國編撰曆書的歷史、琉球《選日通書》與清代《時憲書》的關係，並對琉球《選日通書》的内容以及韓國國立中央圖書館藏《選日通書》的特徵及其價值進行了分析。曾與陳捷共同主編《琉球王國漢文文獻集成》的高津孝提出，《選日通書》中如果有風水文化的内容，那麼可以進一步研究，或將有更新穎的角度來闡釋漢文化對琉球的影響以及結合當地實際而發生的變化。

第二場報告由南京大學趙益主持。南京大學童嶺發表論文《唐帝國的東亞情報與佚籍〈高麗記〉再考》，他表示自己近年來努力在域外漢籍舊鈔本研究的基礎上，開始討論中古時代的東亞文學、思想與歷史。他首先指出現藏於太宰府天滿宮的舊鈔本《翰苑》一書對深入理解與研究唐史、中古注釋學、鈔本文獻學有相當重要的價值，又指出其文本層次爲張楚金的《翰苑》本文、雍公叡的《翰苑》注、以《高麗記》爲代表的引文。通過對《高麗記》佚文的考察，進一步縮小了其成書的時間範圍（624—652），並指出其作者也許不是陳大德，而應該是以陳大德爲代表的一批人。他以唐太宗征伐高麗的事實與佚文對讀比較，特別分析了《高麗記》作爲情報書的可能性及其持續作用。評議人日本關西大學陶德民首先肯定了本文考據的精善。他説敦煌文獻與域外漢籍有着不同的使用價值，敦煌文獻可以説是“藏之名山”，域外漢籍則深深植入了各自的歷史。有多少人讀過，或者讀懂了《高麗記》，它的使用價值得到了多大的發揮？明於此，在研究過程中，或許還可打開新的維度。

7 月 2 日上午第一場報告由日本中央大學的水上雅晴主持，同時他也是本場第一位發表人，他首先報告了論文《日本中世公卿與漢籍——以年號資料中的“難陳”爲考察中心》。接着南京大學金程宇報告《一封唐人尺牘的東亞傳播史——法藏致新羅義湘及其相關問題》，韓國韓國學中央研究院申翼澈報告《燕行使與“養漢的”：譯官、私商眼中的中國青樓與娼妓》，南通大學徐毅報告《清代中朝文人來往尺牘論略》。這一系列論文都從域外文獻出發，選取一個特殊而富有意義的角度對東亞漢文化圈諸國的文化交流進行審視，各位先生也認爲張伯偉教授提出的“作爲方法的漢文化圈”這一理念具有方法論的意義。在評議環節，金程宇對水上雅晴報告中所涉及的文獻《修文殿御覽》在日本是否仍然存有原本提出了疑問；申翼澈稱贊了金程宇論文中材料搜羅之宏富，並向其詢問、確認了文獻流傳的幾個重要時間節點；徐毅贊賞申翼澈論文角度新穎，並提出問題：譯官與商人交往的是否都是下層妓女？燕行使在朝鮮的娛樂情況如何？

　　第二場報告由南京大學曹虹主持。南京大學吳正嵐報告《金昌業在燕行中的頻繁提問與其家族的燕行文化——以"雪窖記憶"和"影響的焦慮"爲重點》。因爲燕行中充斥着各種虛假的信息，所以金昌業在燕行中具有頻頻提問的習慣。這種習慣與金昌業家族文化有關，吳正嵐提出了一個新名詞"雪窖記憶"，作爲家族共同記憶，影響着家族的燕行文化；另一方面，家族燕行信息的豐富也使金昌業具有"影響的焦慮"，故而產生了好問的習慣，並試圖超越家族中的燕行前輩。評議人劉婧認爲金尚憲的遭遇和雪窖全節的經歷，對整個朝鮮時代的燕行使都有深刻的心理影響，不獨影響他的族人和後代，可以從金昌業燕行記録的獨創性出發再進行下一步的探究。

　　7月2日下午第一場報告由早稻田大學稻畑耕一郎主持。第一位發表人是韓國順天鄉大學朴現圭，他的題目是《〈岣嶁碑〉在韓國的流傳和變異考》，他將田野調查和文獻研究的方法相結合，著重分析了中國的77字碑流傳到東國以後經許穆之手被改造爲48字《平水土贊碑》的過程，以此觀察中國文物流傳到韓國以後產生的"再創造"現象。評議人南京大學馮翠兒指出許穆的做法有支持者也有反對者，反對意見主要是質疑《岣嶁碑》並非禹碑，依據有很多，例如《説文》中並無"岣嶁"二字，《岣嶁碑》在中國的發現也很可疑。馮翠兒亦發表論文《新羅〈鍪藏寺碑〉考論》，戲稱朴先生是韓國人研究中國碑，而自己是中國人研究韓國碑，這樣的視角很有趣味。她著重從顯示出鮮明王羲之書風的《鍪藏寺碑》殘文分析新羅書風受到唐朝影響而產生的變異。評議人稻畑耕一郎肯定了這種從實物考察出發的研究方法。稻畑先生也報告了論文《地理學家志賀重昂的漢詩——兼論美國德克薩斯州的漢文"阿拉莫之戰紀念碑"》，他認爲這位地理學家採用漢文寫作詩碑行爲的本身，就説明了其對前一個時代的日本知識分子涵養的依歸，不過就連和他同一個時代的知識分子也並非人人具備這樣的學養，漢文開始出現衰退的徵兆。評議人浙江大學孫英剛稱，稻畑先生可謂"重新發現"了一個被遺忘的地理學家、思想家，並提出自己的好奇：在美國使用漢文的志賀有無代表性？在當時還有其他人也是如此嗎？稻畑先生回應，志賀有其特殊性，但當時人從小學習漢文，氛圍與後來不同。

　　第二場報告由韓國東國大學鄭焕局主持。北京大學漆永祥發表論文《縱然萬里來相會，憾恨知面難知心——論朝鮮燕行使筆下的清朝皇帝形象》，從皇帝形象書寫這一細節中看出燕行使對清代皇帝容貌、衣飾與舉動的記載遠比中國史書形象生動。他認爲，無論是明朝還是清朝，入中國、學禮樂、賞風物、見皇帝，仍是諸多朝鮮士大夫的夢想。但是，因爲在他們心目中有固定的"胡皇"與"夷狄"的成見，因此對清帝的右文現象，以及治國安邦之策，都視而不見，或用其他理由進行曲解，在"荒淫無度"與"勵精圖治"兩者中，他們更願意選擇前者作爲對清代皇帝的定論。評議人童嶺稱這篇文章從六個角度考察了燕行書寫中的皇帝形象，立足文獻而具有"大關懷"。同時他也提出了自己的問題：爲什麼清朝皇帝會讓朝鮮使者看到自己的面容？南京大學鄭墡謨發表論文《從成尋的〈參天台五臺山記〉看熙寧年間高麗使臣的在宋活動》，選擇《參天台五臺山記》這部重要文獻作爲立足點，結合廣泛的史學、文學文獻，分析高麗時期中原頻繁的王朝交替如何導致高麗與中國的外交關係變得複雜而微妙，高麗對中國文學的接受也隨着多變的外交關係而展現出劇烈的變化。

二、B 組會議報告綜述

7月1日下午第一場報告由日本京都大學道坂昭廣主持，同時他也是本場的報告人。道坂先生以《關於日本傳存的〈王勃集〉殘卷——其書寫形式以及"華"字缺筆的意義》爲題，報告了日本留存的"正倉院本"及"上野本""東博本"《王勃集》殘卷中有關"華"字缺筆的問題。他贊同内藤湖南之説，否定了藏中進的相關研究，並明確了殘本《王勃集》作爲文本的特點，和其展示的王勃文學特色以及在當時流行的重要意義。評議人天津師範大學王曉平稱揚了道坂先生引用出土墓誌與寫本文獻互證以及從寫本樣式等角度來探究日藏漢籍的研究方法，認爲在寫本研究中"没有細枝末節"；同時，他認爲道坂先生所引出土墓誌是從有限的資料中引出的，建議可在未來收集更多的資料，並建立大數據，這樣可使研究更進一步。隨後，王曉平報告了《日本寫本楷書俗寫與弘仁本〈文館詞林〉釋録》，武漢大學程芸就"日本寫本與敦煌寫本的差異"提問。王曉平回答説，二者有很多相通的地方，共性佔百分之八十左右；但日本使用俗字也有自己的習慣，與其特有的審美、語音及地域影響有關。他認爲，寫本研究需要一本"日本俗字譜"，這也是未來學者可做的工作。

第二場報告由王曉平主持。程芸以《龍繼棟〈烈女記〉傳奇東傳朝鮮王朝考述》爲題作報告，言晚清文人龍繼棟的《烈女記》傳奇不爲文學史及戲曲史所關注，卻留下了不少相關的文獻記載，並東傳朝鮮，受到朝鮮文人朴珪壽、李建昌的贊譽。他認爲，這一"事件"表明，"原生態"的文學史相比於從歷史語境中剥離出的孤立的文學文本更爲複雜生動，一些"平庸"的文本的文學史意義需要重估，而利用域外漢籍作研究，關注文獻外傳的細節過程，可彰顯其中隱含的文學史、書籍史意義。日本九州大學静永健作爲評議人，贊賞了程芸先生的研究，並提問：爲什麼在 19 世紀末 20 世紀初，在國內已經引進"男女平等"等現代觀念的背景下，朝鮮文人還會對《烈女記》這樣的故事感興趣？程芸回答説，當時朝鮮因日本侵入，面臨着亡國滅族的危機，故而對於守貞忠君等傳統觀念非常重視；不同於對《牡丹亭》等戲曲作品在閲讀時進行文本的賞析，朝鮮文人並未言及《烈女記》文字的美妙，而是更重視其文化意義。最後，來自日本藤女子大學的水口幹記報告了《日本最早類書〈秘府略〉的編纂及其背景——通過對文人滋野貞主的考察》一文，他聚焦於日本最早的類書《秘府略》，以平安時期文人滋野貞主爲考察媒介，討論是書的編纂情況及成書的文化背景。評議人復旦大學陳正宏結合水口先生的研究，從中國學者的角度提出一個問題，即皇權之下的高級御用文人到底從事怎樣的工作？

　　7 月 2 日上午第一場報告由王寶平擔任主持人。日本慶應義塾大學附屬研究所斯道文庫的佐佐木孝浩以《日本古籍所見中國古籍裝幀的疑問》爲題進行了報告。其從書籍裝幀的角度切入，探討日本現存的古籍裝幀的實物與中國書籍的歷史關聯，以及對中國書籍文化研究的重要意義。評議人中山大學黄仕忠認爲，佐佐木先生的研究有很大的拓展空間，對中國學界解決一些懸而未決的問題意義重大。隨後，陳正宏作報告，題目是《江户本與江南本——以和刻套印本〈米庵先生百絶〉〈米庵藏筆譜〉爲例》。陳正宏認爲，和刻套印本《米庵先生百絶》《米庵藏筆譜》是中國晚明時期江南套印本經過日本江户時代浮世繪的中介，最後在日本書道文化的浸潤下誕生的逸品。同時，他也指出文學與藝術研究者缺乏交流，這一現狀導致他們看待問題存在局限性。南開大學盧盛江認爲，陳教授利用個案研究，選題非常有意思，且功底深厚，材料扎實，思路開闊，從一般學理上推測，研究結論是可信的。日本早稻田大學河野貴美子與陳教授就日本浮世繪是否受中國影響這一問題進行了交流，兩位學者一致同意中國的套印技術確實影響了浮世繪。

　　第二場報告由陳正宏主持。韓國蔚山大學盧京姬以《17—18 世紀朝鮮和江户文壇對王世貞編著書的接受與刊行之比較研究——以〈藝苑卮言〉和〈世説新語補〉爲研究中心》爲題作報告，考察了王世貞所編撰之書如何被朝鮮、日本兩國接受，以及朝鮮與江户文壇出版的《藝苑卮言》《世説新語補》在書籍形態上的差異。南京曉莊學院陳彝秋評議認爲，作者將東亞漢學視爲一個整體，關注統一性中的多樣性，很有特色；在研究視角方面，抛棄了影響者的視角，從接受者的角度作研究，觀察很敏鋭；

關注書籍的形態變化，研究角度也很好。並提出，南京大學張伯偉與臺灣“中研院”劉家幸也在進行與《世說新語》相關的域外注本和仿作的研究工作，且收集的資料超過了作者文章中提及的文獻範圍，希望盧老師能夠關注兩位中國學者的相關研究成果。

7月2日下午第一場報告由日本九州大學靜永健擔任主持人和報告人，他報告的題目是《站在禹域的角度來看日本古漢籍的特徵》。靜永先生立足於中國文學研究者的視角，以《文選》和《白氏文集》中的實例爲研究個案，對漢籍在日本的流傳、閱讀，以及在中日之間的傳播等問題作了介紹。故宮博物院章宏偉認爲，靜永先生此文視野開闊，很有創見；文中的觀點，應關注域外漢籍的時間差異而非地域差異；日本漢籍的閱讀群體很有限；日本讀者閱讀漢籍的方法與中國讀者有差異；寫本中的誤字，以前多辨識其異同，對於不同時期寫本中的相同錯誤應給予高度的關注等，都有借鑒意義。早稻田大學河野貴美子報告了《〈源氏物語〉古注釋書所引漢籍考——以〈光源氏物語抄〉爲例》，《光源氏物語抄》是日本中世早期《源氏特語》的注釋書，該書所引的漢籍與之前的注釋書相比有大幅度的增加。《光源氏物語抄》的注釋方法和態度，反映了十三世紀時引領日本學術文化的中堅人物的教養以及學識狀況。河野教授的報告也提示我們，日本假名“抄物”也引用了大量漢籍，從中可見東亞漢籍交流的情狀。

第二場報告由溫州大學王小盾擔任主持人和報告人，其首先以《論日本音樂文獻中的古樂書》爲題進行了報告。王小盾介紹了日本雅樂、日本樂書的主要類型及其內容，以及日本樂書的文化特質等內容。評議人慶應義塾大學佐佐木孝浩提出，文章中“辛若舞”的“辛”應作“幸”，並就樂書的分類問題提出了自己的疑問。第二位報告人是臺灣中正大學毛文芳，題目是《圖籍視野與東西觀照：20世紀初 Henri Oger〈安南人的技術〉之相涉問題》，她介紹了《安南人的技術》作者 Henri Oger 的生平經歷及該書的內容、編排、版本等，從中國類書與圖像書籍的脈絡性視野、中西視野的相互觀照兩個角度研究此書，發掘了此書的多重學術價值。

三、C 組會議報告綜述

7月1日下午首場報告由臺灣“中研院”文哲所的廖肇亨帶來，題爲《不負艱難到海涯：琉球冊封使詩文中的海洋經驗與異國情調》，談到來自中國大陸的冊封使第一次來到琉球這一亞熱帶國家時，往往爲其富有異國特色的風物所吸引，如鳳尾蕉與芭蕉，並賦予其獨特的文化意蘊。更爲有趣的是冊封使對當地食物的描寫，來自內陸地區的冊封使見海蛇而不悅，望龍蝦而悚然，還諷刺龍蝦是冒龍之名。評議人西南交通大學劉玉珺舉越南使臣訪華記錄爲例，認爲其對於風物的記載與廖老師報告中提到的現象有相似處。

加拿大維多利亞大學的林宗正以《〈金山聯玉〉與黃遵憲任職舊金山總領事的三年期間——從〈金山聯玉〉對黃遵憲美國詩歌的一些想法》探討了爲何黃遵憲在美國三年時間没有詩歌創作。林教授通過考察加拿大維多利亞大學所藏黃遵憲參與評審的《金山聯玉》，并將黃遵憲在美國舊金山任職之前與之後的生活經歷和文學創作相比較，認爲黃遵憲在美國三年之所以没有詩歌創作，主要是由於當時舊金山的種族歧視與黃氏的文化認同危機，以及黃氏在文化與寫作上缺乏交流。評議人加拿大約克大學傅佛果針對黃遵憲的英語、日語水平及其在各國如何與人交流進行了提問，在得知黃遵憲對於英語基本上一竅不通，但在日本尚可通過筆談與當地人進行交流之後，他建議可以將黃遵憲在日本、美國的經歷進行聯繫比較。

從理論上對域外漢籍研究進行探索的有北京師範大學張哲俊的《第三種比較文學關係與東亞文學》和新加坡南洋理工大學衣若芬的《文圖學與東亞文化交流研究理論芻議》。張教授認爲傳統的研究都將東亞文學與中國文學的關係概括爲影響關係或平行關係，但其實還存在第三種關係，可稱之爲間接影響，由於相似的環境、經歷導致作品的相似。並舉景徐周鱗《東門柳色》與王維《渭城曲》爲例，第三種關係的提出可以將生活關係納入文學關係比較，並且可以糾正一些過去研究中影響與平行關係非此即彼的二分法。評議人林宗正提出，文學之間關係是不能完全確定的，所以也就没有必要改變文學間關係。張哲俊表示，通過文獻還是可以證明文學之間關係的。林教授舉古羅馬、古希臘考古發現與文學新認識爲例，詢問是否有超越前述三種關係之外的X關係。張教授認爲中國古代文學研究理路都是綜合的，文學藝術與生活融爲一體，第三種關係的提出，意義就在於强調生活關係對於文學關係的認識。

衣若芬憑藉多年從事文學與圖像比較研究的經驗，提出在當今這個讀圖時代，東亞地區存在大量有待發掘的圖像資料，學術升級的途徑之一就是跨學科合作，而文圖學（Text and Image Studies）正符合了這一趨勢。她認爲文圖學與東亞文化交流研究具有七個面向，即經典化、政治化、概念化、抽象化、本地化、規範化、模組化，驅動影響了文化傳播交流中接受、衍生和深植的過程與結果。她以“東坡笠屐圖”爲例，比較了中朝兩國圖像，指出其“規範化＋模組化＋本地化”的特色。在東亞地區，諸如“瀟湘八景”“桃花源”“武陵九曲”都有廣泛創作，但在不同地區有各自特色，呈現了東亞文化“和而不同”的意涵。評議人南京大學俞士玲就圖畫的政治性是否會在分析中被擴大提出了疑問，在政治背後是否也有一些因時代而發生變化的人情因素？另外，她詢問了在東亞這一具有相近圖像文化語境的圈子中，是否有人曾經背離傳統？衣若芬以高麗時代安堅的《夢遊桃源圖》爲例，説明其表現的並不是對世外桃源的嚮往，而是對現實政治的歌頌。

南京大學卞東波《宋代文本的東亞旅行：黄庭堅〈演雅〉的日本古注本及〈演雅〉在朝鮮漢文學中的傳播》以黄庭堅《演雅》在東亞文學世界中的文本流動過程來看日、朝兩國接受宋代詩歌的不同角度。日本中世和近世時期出現衆多《演雅》的注本，並對該詩基本作一種"諷寓性"的解讀，認爲詩中每個物象背後皆有政治諷寓存焉。朝鮮受到朱子學格物致知説的影響，所以對以鋪衍學問爲能事的山谷《演雅》特別感興趣，多有仿效之作，甚至産生了"演雅體"的概念。朝鮮漢詩中的"演雅體"還與其他詩體相結合，形成了文體上的創新。同一文本在中日朝漢籍中"旅行"，從而形成不同的文本風景，也演繹出不同的文學意義。評議人臺灣"中研院"文哲所廖肇亨肯定了卞東波所作的考察，並提出除了文本的旅行之外，《演雅》日本注本的插圖也含有圖像旅行的色彩，其産生的江户時代和同時的清代也産生過類似博物圖鑒，可以進行深入發掘。

南京大學俞士玲的報告《有關許蘭雪軒詩竄竊批評的社會、政治、文化、性别因素分析》，以許蘭雪軒在不同時代受到中朝兩國不同的批評展示了文學批評的複雜性，及其背後隱藏的輿論、社會、文化、性别等因素，可見文學批評並不基於純粹的文學因素，而與社會語境息息相關。評議人深圳大學左江認爲對許蘭雪軒的評價與其弟許筠密切相關，另外對一位歷史人物可能有衆多評價，但許多評價背後都有不同的動機，如何選擇材料，在利用材料的時候如何保持清醒，是一個值得學者思考的問題。接着左江發表了題爲《〈唐絶選删〉研究》的報告，研究許筠《唐絶選删》編纂的過程、體例與特點，並校正了其中的一些錯誤。她對其中的批語進行了專門研究，通過與許筠在《國朝詩删》中的批語進行整體觀照，分析得出許筠喜用短小批語，喜將詩人進行比較等批評特色。她又將《唐絶選删》與同時代其他唐詩選本進行比較，推導出此書的編選特色。

此外，許多域外漢籍研究領域的青年學者在本次大會上皆有精彩的報告，給與會學者留下了深刻的印象。比如高平、付星星、劉學軍、劉一、葉楊曦、曹逸梅等學者或考察某一文體在東亞的流傳變遷，或考察韓國學者的《詩經》學研究，或研究某一意象在中日韓文學、繪畫中的不同表現，或考察近代中日學者的交往，他們都曾經師從於張伯偉教授，現在均已成爲域外漢籍研究領域的中堅力量。

　　經過兩天的熱烈討論，"第二屆南京大學域外漢籍研究國際學術研討會" 落下帷幕。來自世界各地的專家學者對域外漢籍研究的各個層面都進行了深入的探討，既有對具體的域外新材料的考論，亦有對域外漢籍研究新方法、新問題的探索，更有對東亞漢文化圈文化與文學交流的理論思考，這都有利於未來域外漢籍研究的學科建設。域外漢籍材料極其豐富，如果不仔細分析這些材料的特性，拿來即用，就可能會產生誤解。學者們如果既能別具隻眼，深具特識，又能扎根文獻，考鏡源流，注意辨別材料的性質；同時從東亞漢文化圈的整體視域出發，對稀見或受文學史冷落的材料進行文化史的審視與考察，則可以深化既有的認識。

　　此次大會與會的近百位學者不僅貢獻了功底深厚的學術論文，更在會議中坦誠交流、直言評議，學者們嚴謹的態度、開闊的思路、新穎的視角均給後來者以觸動和啟發。從 2007 年到 2017 年，經過前輩學者的不懈努力，域外漢籍研究已逐漸成爲東亞古典學中最前沿的學術方向之一，在理論和方法上取得了長足的進步，也爲傳統的學術研究注入了新的活力。浮雲一別，流水十年，2007 年 "首屆南京大學域外漢籍研究國際學術研討會" 以來，進入這一領域的學者越來越多，讓我們繼續努力開拓，期待域外漢籍研究在未來的進一步發展。

編後記

卞東波

這是一本遲到的論文集。

2017 年 7 月初，"第二屆南京大學域外漢籍研究國際學術研討會"在南京大學召開。本次會議不僅僅是一次持續兩天的學術盛會，更是一次空前熱烈的域外漢籍研究的盛宴。爲了配合本次會議，我和研究所同仁在會議前後組織了"南京大學域外漢籍研究國際學術研討會系列講座"，邀集數位在國際學界享有盛名的學者演講，吸引了大量校内外的聽衆。"域外漢籍"的關注度也得到顯著的提升。

回首 2000 年，業師張伯偉先生以一人之力創立了世界範圍内第一家以東亞漢籍爲研究對象的研究機構——南京大學域外漢籍研究所。研究所最初處於"三無"狀態，即無固定經費、無辦公場所、無固定人員，最早的藏書也是伯偉師個人的收藏。經過二十年的發展，特別是在學校和文學院的大力支持之下，研究所漸趨壯大，不但有了固定的研究場所，有了專任的研究人員，藏書也比二十年前豐富了很多。這一切當然離不開伯偉師苦心孤詣的投入。

伯偉師有着强烈的"經營"意識，他一直發願將南京大學域外漢籍研究所建立爲國際知名的研究中心，他不但提出了"作爲方法的漢文化圈"這一理念，而且通過出版"兩書一刊"來有力地推動域外漢籍研究的進步。所謂"兩書"，即"域外漢籍研究叢書""域外漢籍資料叢書"；"一刊"即伯偉師主編的《域外漢籍研究集刊》。經過伯偉師多年的努力，"域外漢籍研究叢書"已經出版了三輯，作者不但有南京大學文學院的同仁，而且有海内外各高校的學者；《域外漢籍研究集刊》亦已出版了 20 輯。

除了這些學術活動，南京大學域外漢籍研究所還舉辦了一系列學術會議，以擴大影響。2007 年，舉辦了"首屆南京大學域外漢籍研究國際學術研討會"；2010 年，和高麗大學 BK21 韓國語文學教育研究團聯合舉辦了"韓國語文學國際學術會議"；2012 年，舉辦了"東亞漢籍研究的方法國際學術工作坊"；2014—2019 年，與韓國高麗大學漢字漢文研究所、日本立命館大學白川靜紀念東洋文字文化研究所聯合舉辦了六屆"東亞漢籍交流國際學術研討會"；2016—2019 年，與韓國成均館大學大東文化研究院聯合舉辦了四屆"《燕行録》國際學術研討會"；2016 年，舉辦了"東亞漢籍研究的學術意義國際學術工作坊"；2017 年，又與美國萊斯大學人文學院趙氏亞洲研究中心（Chao Center of Asian Studies）聯合舉辦了"重思漢文化圈國際學術研討會"（Reconsidering the Sinosphere：A Conference to Critically Analyze the Literary Sinitic in East Asian Cultures）。

在諸多研討會中，伯偉師最爲看重的是十年一次的"南京大學域外漢籍研究國際學術研討會"。至於研討會爲何要十年舉辦一次，伯偉師認爲，南京大學每年都會召開小型的域外漢籍研討會，但總結性的大會不妨十年一次，這樣可以明顯看到十年間域外漢籍研究的進步以及理念的遞嬗。臺灣"中研院"舉辦的國際漢學會議也基本是十年舉辦一次。

2007 年召開的"首屆南京大學域外漢籍研究國際學術研討會"盛況空前，在海內外引起了較好的反響，與會的國外學者紛紛著文介紹會議情況（參見水口幹記《南京大學"域外漢籍研究國際研討會"參加記》及河野貴美子《域外漢籍研究國際學術研討會》，載張伯偉編《風起雲揚：首屆南京大學域外漢籍研究國際學術研討會論文集，北京：中華書局，2009 年）。本次會議之後，我們可以看到，中國國內漸漸掀起了域外漢籍研究的熱潮。一是很多大學成立了東亞漢籍的研究機構；二是有關域外漢籍的大型資料叢書紛紛出版；三是有關域外漢籍的研究論著也如雨後春筍般不斷湧現。

如果說新世紀前十年的域外漢籍研究比較注重域外新材料的發掘與介紹，那麼第二個十年則開始向新問題、新方法、新理論挪移，故有必要召開一次規模較大的國際學術會議加以研討和總結。這就是 2017 年"第二屆南京大學域外漢籍研究國際學術研討會"召開的學術背景。我自 2016 年底領受籌辦會議的任務之後，一直在積極地準備。2017 年初，我開始發送邀請函，陸續收到近百封回執，當年 6 月底收到眾多會議論文。會議在 7 月 1 日盛大開幕，雖然只有兩天，但其形成的影響持續了相當一段時間。本次會議規模宏大，有來自 60 多個研究和出版機構的近百位學者與會。第一屆研討會境外的代表主要來自日本、韓國，而第二屆研討會時，不但日、韓學者組團參會，而且還有來自越南的代表，更有遠道而來的美國、加拿大的學者，濟濟一堂，共襄盛舉。更重要的是本次會議代表明顯年輕化，大多數與會學者年齡都不超過 50 歲，這也符合域外漢籍研究作爲所謂"朝陽學術"的預期。本次會議提交的論文早已突破對域外發現新材料的介紹，而更多的是討論東亞漢文化圈視域下東亞文明的交流、互動，涉及東亞古典學的各個方面。同時，與第一屆研討會相比，第二屆研討會提交的有關東亞古代漢文學的論文數量也有較多增長。東亞漢文學是東亞文明的結晶與瑰寶，體現了東亞文人對東亞世界的感性認知，也是東亞士人無需藉助翻譯就可以直接溝通的文化平臺。東亞漢文學受到關注也昭示了未來東亞漢籍研究的一個發展方向。與會學者對本次會議均有較高的評價，衣若芬教授甚至認爲，本次會議之後要開啓"域外漢籍研究 2.0"的時代。

本次會議提交的論文較多，作者又來自不同地域，學術習慣也不盡相同，國外學者的論文也需要在用語表達等方面做進一步的打磨潤色，這給編輯論文集帶來了不少困難。我幾次打開電腦中的文件夾，打算編輯這些論文，但打開一篇後，發現僅統一格式就不是一兩個月能完成的任務，故四年間幾次動了編輯出書之念，但事到臨頭又默默關掉了文檔。同時，很多作者提出，希望與會論文能夠在期刊上發表之後，再收入論文集。職是之故，論文集的編纂延宕至今。不過幾年來，編輯出版會議論文集的念想一直縈繞在我的心頭。

2020 年是南京大學域外漢籍研究所成立二十周年，我發願一定要在這一年將論文集交付出版。2020 年 6 月，我開啓了論文集的修改、編輯工作。光憑我一己之力，根本無法完成論文集的修改工作，遂先後請門下研究生張曉琴、李心暢、周之易、張新雨、林小溪、靳曉岳、陳越、王茹鈺、侯悅、王雍、陳鴻喆助我進行校改工作。非常感謝他們給予我的大力幫助。他們完成修改後，我又校改了一遍論文集，統一了全書的體例，改寫了會議綜述，同時對國外學者的論文進行了修飾。還有原來一些學者的引文沒有注明出處，爲了保持體例的統一，我又代爲補充了注釋中的信息。在修改過程中，友人許放、權赫子助我良多，特此感謝。校樣出來後，學者們又不厭其煩地修改校對。因爲工作量較大，校改工作持續了一年時間。

需要説明的是，一些與會學者的論文未能收入，主要是因爲以下幾點：一、論文是用外文撰寫的，也未在規定時間内譯爲中文；二、作者未回覆修改論文的郵件並提交修改稿；三、作者本人不擬收入。我僅對收入論文集中的論文的文句、標點以及注釋格式進行了修改和潤色，文章的結構和觀點則完全沒有改動。另外，有些學者認爲提交的論文篇幅過長，或者覺得會議論文還需要進一步修改，故提交了最近完成的新作，我們也尊重這些學者的意見，改換了論文。同時，有些學者當時因爲各種原因未能與會，但都提交了會議論文，這次也酌情予以收入。關於當時會議上報告論文的情況，可參考本書所附的會議綜述。

論文集的編輯工作大體完成後，我遂與中華書局學術出版中心主任俞國林先生聯繫，謀求出版。他是《風起雲揚：首屆南京大學域外漢籍研究國際學術研討會論文集》的責編，長期以來一直大力支持南京大學域外漢籍研究所各項事業的發展，這次也慨然惠允第二屆研討會論文集在中華書局出版。這裏對中華書局俞國林、羅華彤老師，以及本書責編齊浣心老師表示感謝。

以我個人微小的力量，絕對無法完成論文集的編纂和出版工作。四年前在會議籌備和召開的前後，以及本次編輯論文集的過程中，我得到了南京大學文學院院長徐興無先生、域外漢籍研究所所長張伯偉先生的大力支持，感謝興無師、伯偉師的鼓勵與幫助。

第一屆研討會論文集名爲“風起雲揚”，由伯偉師摘自漢高祖的《大風歌》，預示着域外漢籍研究事業在未來的發展，據伯偉師説，書名也與論文集封面上的漢未央宮東閣瓦硯上的銘文相互呼應，特別著意於最後四個字“正助文明”，突出的是“漢”文化；第二屆研討會論文集的書名，我考慮了一段時間，最後定爲“縞紵風雅”。一是二者書名中皆有一個“風”字，以示前後相承之意；二是“縞紵風雅”來自江戶時代外交家雨森芳洲所編的朝鮮通信使與日本學人的唱和筆談集《縞紵風雅集》。“縞紵”一詞出自《左傳·襄公二十九年》：“（吳季札）聘於鄭，見子産，如舊相識。與之縞帶，子産獻紵衣焉。”後人遂以“縞紵”形容友情深厚。雨森芳洲用“縞紵風雅”命名朝日之間使節交流的文獻是有深意的，不但形容兩國文人之間的友誼，而且這種交誼是建立在共同的文化認同之上的。《縞紵風雅集序》説：“夫天之生人也，古今同一理也，華夷同一氣也，則蘊而爲道德，發而爲文章。”此語與長屋王所説的“山川異域，風月同天”意思相同。這裏“理”應該就是一種普遍的“道”或文化認同，“文章”“風雅”都是這種“理”的表現。當今世界並不太平，東亞地區也多有歧見，立“異”似乎超過了求“同”，前現代的東亞漢文化圈早已解體，也很難再恢復，但東亞各國和平共處的“縞紵之誼”是大家共同的追求，而以“風雅”爲表徵的東亞漢文學與文化可以成爲東亞諸國交流的一個平臺。

所以，這本論文集編得遲了一點，但也正當其時。

2021 年 8 月 20 日
於南京大學域外漢籍研究所